J. v. Staudingers Kommentar

zum

Bürgerlichen Gesetzbuch

und dem Einführungsgesetz

herausgegeben von

Dr. Theodor Loewenfeld †,
Universitäts-Professor, Rechtsanwalt in München

Dr. Alfred Werner,
Rechtsanwalt in München

Dr. Hans Nipperdey,
Professor an der Universität Köln a. Rh.

Dr. Theodor Engelmann †,
Rat am Obersten Landesgericht in München

Dr. Leo Raape,
Professor an der Universität Hamburg

Dr. Erwin Riezler,
Professor an der Universität München

Dr. Karl Kober,
Rat am Obersten Landesgericht in München

Dr. Karl Geiler,
Rechtsanwalt, Professor an der Universität Heidelberg

Dr. Felix Herzfelder,
Geh. Justizrat, Rechtsanwalt in München

Fritz Keidel,
Rat am Obersten Landesgericht in München

---

9. neubearbeitete **Auflage.**

1929

München, Berlin und Leipzig

J. Schweitzer Verlag (Arthur Sellier).

J. v. Staudingers Kommentar zum Bürgerlichen Gesetzbuch und dem Einführungsgesetze

VI. Band.

Einführungsgesetz

1. Teil:

Art. 1—6,
Art. 32--218.

Erläutert

von

Fritz Keidel,
Rat am Obersten Landesgericht in München

9. neubearbeitete **Auflage.**

1929
München, Berlin und Leipzig.
J. Schweitzer Verlag (Arthur Sellier).

Druck von Dr. F. P. Datterer & Cie, Freising-München

Inhaltsübersicht
zum 1. Teil des sechsten Bandes.

Einführungsgesetz.

*) Die Art. 7—31, neu bearbeitet von Prof. Dr. Leo Raape, erscheinen mit Rücksicht auf die erhöhte Bedeutung, die das Internationale Privatrecht für die Praxis gewonnen hat, als 2. Teil des VI. Bandes in einem gesonderten Bande mit eigenem Sachregister.

Literatur im allgemeinen.

Die Spezialliteratur ist in Fußnoten (*) bei den einzelnen Abschnitten, Titeln oder Paragraphen aufgeführt.

Anschütz, Dr. Gerhard Anschütz, = Die Verfassung des Deutschen Reichs vom 11. August 1919, 3./4. Auflage.

Becher = H. Becher, Die Ausführungsgesetze zum Bürgerlichen Gesetzbuche, München 1900/1901.

Becher, Erg.-Bd. 1, 2 = Becher, Die Ausführungsgesetze zum Bürgerlichen Gesetzbuche, München 1911, 2 Bde.

Buchka = G. v. Buchka, Landesprivatrecht der Großherzogtümer Mecklenburg-Schwerin und Mecklenburg-Strelitz, Halle 1905.

Cosack = K. Cosack, Lehrbuch des Bürgerlichen Rechts, 7./8. Aufl., 1924.

Crome = K. Crome, System des deutschen Bürgerlichen Rechts.

Crusen-Müller = Das Preuß. Ausführungsgesetz zum BGB., in Verbindung mit Hobrecht erläutert von Crusen-Müller.

Dernburg, Pand. = H. Dernburg, System des römischen Rechts, der Pandekten 8. Aufl., bearbeitet von P. Sokolowski, Berlin 1912.

Dernburg, PrPrR. = Lehrbuch des preußischen Privatrechts und der Privatrechtsnormen des Deutschen Reichs, 4. Aufl.

Dernburg, Bürgerl. Recht = Das Bürgerliche Recht des Deutschen Reichs und Preußens, 4. Auflage.

Dorner = P. Dorner, Prof. Dr. Seng, Badisches Landesprivatrecht, Halle a. S. 1906.

Endemann = F. Endemann, Lehrbuch des Bürgerlichen Rechts, 8./9. Aufl.

Enneccerus, Lehrb. = Enneccerus-Kipp-Wolff, Lehrbuch des bürgerlichen Rechts, 5 Teile, 25./29. Aufl.

Fischer-Henle = Bürgerliches Gesetzbuch, Handausgabe mit Anmerkungen. 13. Aufl.

Gierke = Otto Gierke, Deutsches Privatrecht.

Goldmann-Lilienthal = Das BGB., systematisch dargestellt von E. Goldmann, L. Lilienthal und Dr. L. Stemberg.

Habicht = H. Habicht, Die Einwirkung des BGB. auf zuvor entstandene Rechtsverhältnisse, 3. Aufl. Jena 1901.

Hatschek = Jul. Hatschek, Deutsches und preuß. Staatsrecht, 2 Bde. 1922/23.

Hübner = A. H. Hübner, Grundzüge des deutschen Privatrechts, 4. Aufl., 1922.

Hue de Grais = Handbuch der Verfassung und Verwaltung in Preußen und dem Deutschen Reiche, 24. Aufl., 1927.

Jacubezky, Bem. = K. Jacubezky, Bemerkungen zu dem Entwurfe eines BGB. für das Deutsche Reich, München 1892.

Kisch = W. Kisch, Elsaß-Lothringisches Landesprivatrecht, Halle a. S. 1905.

Kloß-Müller = R. Kloß, Sächsisches Landesprivatrecht, 3. Aufl., Halle a. S. 1927.

Matthiaß = B. Matthiaß, Lehrbuch des Bürgerlichen Rechts, 6. Aufl., Berlin 1914.

Neumann = H. Neumann, Handausgabe des BGB. für das Deutsche Reich, III. Bd. 6. Aufl., Berlin 1912.

Niebner = A. Niebner, Das Einführungsgesetz, 2. Aufl., Berlin 1901.

Oertmann = Oertmann, Bayer. Landesprivatrecht, Halle 1903.

Planck = G. Planck, Bürgerliches Gesetzbuch nebst Einführungsgesetz, 4. Bd., 3. Aufl. 1905.

RGR.-Komm. = Das BGB., mit besonderer Berücksichtigung der Rechtsprechung des Reichsgerichts, erläutert von Busch, Schaffeld, Dr. Ebbecke, Erler, Krehl, Dr. Lobe, Dr. Mansfeld, Michaelis, Oegg, Schliessen und Seyffarth, Reichsgerichtsräten, 6. Aufl.

Roth-Becher = Bayerisches Zivilrecht von Paul von Roth, II. und III. Teil in 2. Aufl. bearbeitet von H. Becher, 1897/98.

Scherer, Einführungsgesetz zum BGB., Erlangen, 1900.

Stier-Somlo = Dr. Fritz Stier-Somlo, Deutsches Reichs- und Landesstaatsrecht 1924.

Stobbe = Handbuch des Deutschen Privatrechts, 3. Aufl., Berlin 1897.

Windscheid-Kipp, P. = B. Windscheid, Lehrbuch des Pandektenrechtes 9. Aufl., bearbeitet von Th. Kipp, 3. Bd., Frankfurt a. M. 1906.

Abkürzungen.

AG. = Ausführungsgesetz zum BGB.

AGO. = Ausführungsgesetz zur Grundbuchordnung und zu dem Gesetz über die Zwangsversteigerung und die Zwangsverwaltung.

AnfG. = Gesetz betr. die Anfechtung von Rechtshandlungen eines Schuldners außerhalb des Konkursverfahrens.

ArchBürgR. = Archiv für bürgerliches Recht.

ArchÖffR. = Archiv für öffentliches Recht

ArchZivPrax. = Archiv für zivilistische Praxis.

BadNotZ. = Badische Notariatszeitung.

BadRpr. = Badische Rechtspraxis.

BayObLGZ. = Sammlung v. Entscheidungen des Bayerischen Obersten Landesgerichts in Zivilsachen; — n. F. = Sammlung etc. neue Folge (von 1901 ab).

BayZ. = Zeitschrift für Rechtspflege in Bayern.

BayGemVZ. = Bayerische Gemeinde- und Verwaltungszeitung.

BayNotZ. = Zeitschrift für das bayerische Notariat und für die freiwillige Rechtspflege in Bayern.

BayVBl. = Bayerische Verwaltungsblätter.

BLR. = Bayerisches Landrecht.

BGB. = Bürgerliches Gesetzbuch.

cod. civ. = code civil.

D. = Denkschrift (z. B. D. z. ZPO.); D. (ohne Beisatz) = Denkschrift zum Entwurf eines BGB.

DJZ. = Deutsche Juristenzeitung.

DRZ = Deutsche Richterzeitung.

E. I, II, III = Entwurf I, II, III d. BGB.

EG = Einführungsgesetz z. BGB.

FGG. = Reichsgesetz über die Angelegenheiten der freiwilligen Gerichtsbarkeit.

FGJ = Jahrbuch für Entscheidungen in Angelegenheiten der freiwilligen Gerichtsbarkeit und des Grundbuchrechts (Fortsetzung der Sammlungen KGJ. und RJA.).

GBO. = Grundbuchordnung.

GemR. = Gemeines Recht.

GruchBeitr. = Beiträge zur Erläuterung des deutschen Rechts, begründet von Gruchot.

GVBl. = Gesetz- und Verordnungsblatt.

GVG. = Gerichtsverfassungsgesetz.

HansGZ = Hanseatische Gerichtszeitung.

HGB. = Handelsgesetzbuch.

HessRspr. = Hessische Rechtsprechung.

HoldheimsMSchr. = Monatsschrift für Handelsrecht usw., herausg. von Holdheim.

HRR = Höchstrichterliche Rechtsprechung, Beilage zur Juristischen Rundschau.

JGerG. = Jugendgerichtsgesetz v. 16 Febr 1923.

JheringsJ. = Jherings Jahrbücher für die Dogmatik des bürgerlichen Rechts.

JurRundsch = Juristische Rundschau.

JW. = Juristische Wochenschrift.

JWG = Reichsges. für Jugendwohlfahrt vom 9. Juli 1922.

KGJ. = Jahrbuch für Entsch. d. Kammergerichts in Sachen der freiwilligen Gerichtsbarkeit.

KO. = Konkursordnung.

Kreittmayr, Ann. = Kreittmayr, Annotationen zum bayer. Landrecht.

LZ. = Leipziger Zeitschrift für Deutsches Recht.

M. I, 1 = Motive zum Entwurfe (I) eines BGB. Bd. I Seite 1.

MecklZ. = Mecklenburgische Zeitschrift für Rechtspflege und Rechtswissenschaft.

Mot. z. EG. = Motive zum Einführungsgesetz z. BGB.

NotG. = Notariatsgesetz.

OLG. = die Rechtsprechung der Oberlandesgerichte auf dem Gebiete des Zivilrechts, herausgegeben von Mugdan und Falkmann.

P. I, 1 = Protokolle der Kommission für die zweite Lesung des Entwurfs des BGB., Bd. I Seite 1.

PrLR. = Preußisches Landrecht.

PosMSchr. = Juristische Monatsschrift für Posen, Ost- u. Westpreußen u. Pommern.

„Recht" = Das Recht, herausgegeben von Lindemann und Soergel.

RG. = Reichsgesetz.

RGBl. = Reichsgesetzblatt.

RGRK. s. unter Literatur.

RGSt. = Entscheidungen des Reichsgerichts in Strafsachen.

RGZ. = Entscheidungen des Reichsgerichts in Zivilsachen.

RJA = Entscheidungen in Angelegenheiten der freiwilligen Gerichtsbarkeit und des Grundbuchrechts, zusammengestellt im Reichsjustizamt.

RMG. = Entscheid. des Reichsmilitärgerichts.

ROHG. = Entscheidungen des Reichsoberhandelsgerichts.

RTK. 1 = Bericht der Reichstagskommission Seite 1.

RömR. = Römisches Recht.

RV. = Reichsverfassung.

Sächs. GB. = Bürgerliches Gesetzbuch für das Königreich Sachsen.

SächsArch. = Sächsisches Archiv für Rechtspflege.

SächsOLG. = Annalen des K. Sächs. Oberlandesgerichts in Dresden.

SeuffA. = Seufferts Archiv.

SeuffBl. = Dr. J. A. Seufferts Blätter für Rechtsanwendung.

StAZ. = Zeitschrift für Standesamtswesen.

StB. 1 = Stenographische Berichte des Reichstags Seite 1.

StGB. = Strafgesetzbuch.

StPO. = Strafprozeßordnung.

ZBlFG. = Zentralblatt für freiwillige Gerichtsbarkeit u. Notariat, sowie Zwangsversteigerung.

ZG. I, 1 = Zusammenst. d. gutachtl. Äußerungen zu dem Entw. eines BGB. Bd. I Seite 1.

ZPO. = Zivilprozeßordnung.

ZVG. = Gesetz über die Zwangsversteigerung und die Zwangsverwaltung.

Einleitung.

(Von Fritz Keidel.)

I. Inhalt des EG.BGB.

Die Vorschriften des EG.BGB. dienen im wesentlichen dem Zwecke, die Geltung des BGB. inhaltlich, räumlich und zeitlich abzugrenzen. Daneben finden sich einzelne allgemeine Ausführungsbestimmungen, insbesondere Abänderungen bestehender Reichsgesetze.

1. Im ersten Abschnitt werden in den Art. 1—6 **allgemeine Vorschriften** gegeben. Es wird der Zeitpunkt des Inkrafttretens des BGB. und verschiedener Nebengesetze festgestellt, der Begriff „Gesetz" sowie die Bedeutung der zugunsten der Landesgesetzgebung gemachten Vorbehalte erläutert, die Ergänzung älterer Gesetze, die auf aufgehobene Vorschriften verwiesen hatten, aus dem BGB. und dem EG. geordnet, die rechtliche Behandlung des früheren Reichslandes Elsaß-Lothringen als Bundesstaat geregelt und endlich die Zuständigkeit des Reichsgerichts als Revisionsgericht in bürgerlichen Rechtsstreitigkeiten aus dem BGB. bestimmt.

2. Die Art. 7—31 enthalten **Vorschriften über das internationale Privatrecht**, begrenzen also das Anwendungsgebiet des BGB. in räumlicher Beziehung.

3. Der zweite Abschnitt (Art. 32—54) regelt das **Verhältnis des BGB. zu den Reichsgesetzen** teils im allgemeinen teils durch Erläuterung oder Abänderung einzelner Vorschriften bestimmter Gesetze. Siehe auch Art. 4 über Ergänzung von Reichsgesetzen aus dem BGB. und dem EG.; ferner Art. 178 Abs. 2 Satz 1 RV. vom 11. Aug. 1919 über Aufrechterhaltung der Reichsgesetze.

4. Der dritte Abschnitt (Art. 55—152) befaßt sich mit der Regelung des **Verhältnisses des BGB. zu den Landesgesetzen** und stellt zugunsten der letzteren eine große Zahl von Vorbehalten auf.

Der Umfang, in dem landesgesetzliches Privatrecht nach diesen Vorbehalten zunächst zugelassen und anerkannt wurde, war und ist nicht endgültig und für alle Zeit fest bestimmt (Vorbehalte sind keine Reservate; Bd. I S. 5). Schon nach Art. 2 der alten Reichsverfassung vom 16. April 1871 hatte das Reich die Gesetzgebungsbefugnis hinsichtlich der aus Art. 4 das. ersichtlichen Gegenstände und war hienach in der Lage, die Geltung und den Erlaß von Landesgesetzen bürgerlich-rechtlichen Inhalts weiter einzuschränken, als dies mit dem Inkrafttreten des BGB. und des EG. geschehen war. So wurde durch das RG. vom 19. Juni 1901 über das Verlagsrecht (RGBl. 1901 S. 217 ff.) der Art. 76 EG. größtenteils gegenstandslos (s. die Bem. zu diesem Art.). Ferner hat der Vorbehalt des Art. 75 EG. durch das RG. vom 30. Mai 1908 über den Versicherungsvertrag (RGBl. 1908 S. 263 ff.) wenigstens an Bedeutung verloren (Bem. 3 zu Art. 75).

In der Reichsverfassung vom 11. Aug. 1919 ist die Gesetzgebungsbefugnis des Reichs noch weiter ausgedehnt. Während Art. 6 RV., im wesentlichen übereinstimmend mit dem bisherigen Rechte, die dem ausschließlichen Gesetzgebungsrecht des Reichs unterworfenen Gegenstände aufzählt, behandelt Art. 7 die sog. konkurrierende Gesetzgebungsbefugnis des Reichs. Auf den in Art. 7 Nr. 1—20 aufgeführten Rechtsgebieten haben die Länder grundsätzlich das Recht der Gesetzgebung, jedoch nur, solange und soweit das Reich von seinem Gesetzgebungsrechte keinen Gebrauch macht (Art. 12 Abs. 1 Satz 1 RV.). Das Reich ist also jederzeit in der Lage (soweit dies nicht schon geschehen ist), die in Art. 7 RV. aufgeführten Gegenstände ganz oder teilweise gesetzlich zu regeln und damit insoweit bisheriges Landesrecht zu beseitigen und den Erlaß von Landesgesetzen für die Zukunft auszuschließen. Zu verweisen ist gegenüber den Vorbehalten des EG. insbesondere auf die Nr. 1, 5, 7, 9, 12, 16, 17 des Art. 7 (Bürgerliches Recht, Armenwesen, Mutterschafts-, Säuglings-, Kinder- und Jugendfürsorge, Arbeitsrecht, Enteignungsrecht, Bergbau, Versicherungswesen).

In Anwendung des Art. 7 Nr. 7 sind die Art. 135 und 136 EG. (Zwangserziehung, Generalvormundschaft) samt den auf Grund derselben erlassenen Landesgesetze durch die §§ 64 und 48 des RG. vom 9. Juli 1922 für Jugendwohlfahrt und den Art. 4 EG.JWG. aufgehoben und durch reichsgesetzliche Vorschriften ersetzt. Das Recht der Länder zur gesetzlichen Regelung der Enteignung ist schon durch Art. 153 Abs. 2 RV. eingeschränkt (s. Bem. II zu Art. 109 EG.). Der Vorbehalt des Art. 108, der die Regelung des Ersatzes des bei einer Zusammenrottung, einem Auflauf oder einem Aufruhr entstandenen Schadens der Landesgesetzgebung überließ, ist durch reichsrechtliche Regelung des Gegenstandes beseitigt (s. Bem. II zu Art. 108).

Ferner hat das Reich nach Art. 10, 11 RV. hinsichtlich der dort bezeichneten Gegenstände die sog. Grundsatzgesetzgebung. Das Reich kann diese Gegenstände zwar nicht unter Ausschluß von Landesgesetzen erschöpfend regeln, aber es kann Richtlinien aufstellen, welche die Landesgesetzgebung bei der gesetzlichen Regelung zu beachten hat. Gegenüber den Vorbehalten des EG. kommt namentlich Art. 10 RV. in Betracht; hinsichtlich des Beamtenrechts s. auch Bem. 3 zu Art. 80 EG.

Auf dem Gebiete des bürgerlichen Rechts (Art. 7 Nr. 1 RV.) ist die Landesgesetzgebung — unbeschadet der Vorbehalte des EG. — nicht bloß durch das BGB. und auf den von diesem geregelten Rechtsgebieten ausgeschlossen, sondern außerdem durch eine Reihe von reichsrechtlichen Sondergesetzen. Zu nennen sind insbesondere das Reichshaftpflichtgesetz vom 7. Juni 1871, das RG. vom 3. Mai 1909 über den Verkehr mit Kraftfahrzeugen (§§ 7—20), das LuftverkehrsG. vom 1. Aug. 1922 (§§ 19—30), die Urhebergesetze vom 19. Juni 1901 — Urheberrecht an Werken der Literatur und der Tonkunst —, vom 9. Jan. 1907 — Urheberrecht an Werken der bildenden Künste und der Photographie —, das GeschmacksmusterschutzG. vom 11. Jan. 1876*).

5. Der vierte Abschnitt (Art. 153—218) enthält endlich die **Übergangsvorschriften** für eine große Reihe von Rechtseinrichtungen; es sind teils im EG. selbst besondere Rechtssätze für die Übergangszeit aufgestellt, teils sind die Landesgesetze zur Aufstellung von solchen für befugt erklärt worden. Dieser Abschnitt regelt also die Geltung des BGB. in zeitlicher Hinsicht, das sog. Zwischenzeitrecht (Kohler) oder „intertemporale" Privatrecht (Affolter).

II. Redaktionelles.

Vom Entwurfe der I. Komm. weicht das Einführungsgesetz nicht unerheblich ab.

Obwohl die ziemlich umfangreichen Art. 11—15 des ersten Entwurfs, welche das Verhältnis des BGB. zur ZPO., zur KO. und zu den Einführungsgesetzen für beide regeln sollten, aus dem EG. herausgenommen und besonderen Gesetzen

*) Vgl. Jäger, Reichszivilgesetze, eine Sammlung der wichtigsten Reichsgesetze über Bürgerliches Recht und Rechtspflege, 5. Aufl., München 1926; Schmidt, Sammlung von Reichsgesetzen und Verordnungen privatrechtlichen Inhalts, 4. Aufl., München 1925.

(vgl. die Gesetze vom 17. Mai 1898 über die Änderungen der ZPO. und über die Änderungen der KO. mit den Einführungsgesetzen hierzu vom gleichen Tage) zugewiesen wurden, umfaßt das nunmehrige EG. 218 Artikel, während der E. I deren nur 120 enthalten hatte. An der Änderung und Erweiterung des I. Entwurfs haben die II. Komm., welche auch dieses Gesetz einer zweimaligen Lesung unterzog, dann die Justizkommissionen des Bundesrats und des Reichstags sowie das Plenum des Reichstags mitgewirkt.

Die hauptsächlichste Erweiterung des E. I wurde durch die erst vom Bundesrate bewirkte Einfügung von Vorschriften über das internationale Privatrecht (Art. 7—31) verursacht, von welchem im gedruckten I. Entwurf nichts enthalten war, während die II. Komm. (im E. II) diesen Gegenstand in einem 6. Buche des BGB. (§§ 2236—2265) zu regeln vorgeschlagen hatte.

Bei den einzelnen Artikeln ist nachstehend regelmäßig die Abweichung des Gesetzestextes vom E. I und die Ursache der Änderung angegeben; es wird hierauf verwiesen.

Im übrigen wird auf Nr. VII der allgemeinen Einleitung zu diesem Kommentare Bezug genommen (Bd. I S. 36 ff.).

Erster Abschnitt.

Allgemeine Vorschriften.

(Erläutert von Fritz Keidel.)

Vorbemerkungen zu den allgemeinen Vorschriften der Art. 1—6.

I. Die Art. 1—6 regeln keinen zusammenhängenden Rechtsstoff.

Art. 1 stellt den **Zeitpunkt des Inkrafttretens** des BGB. und verschiedener Nebengesetze auf den 1. Januar 1900 fest.

Art. 2 erläutert den **Begriff „Gesetz"** und gibt Veranlassung zu Erörterungen über die Rechtsnormen überhaupt, namentlich auch über Staatsverträge, Autonomie, Analogie und Gewohnheitsrecht.

Art. 3 erläutert die Bedeutung und **Tragweite der Ausdrücke**, welche im BGB. und in diesem Gesetze **für die Feststellung von Vorbehalten zugunsten der Landesgesetzgebung** angewendet werden.

Art. 4 regelt die Ersetzung derjenigen reichs- und landesgesetzlichen Vorschriften, auf die in anderen Reichs- oder Landesgesetzen verwiesen ist, die aber durch das BGB. oder durch dieses EG. beseitigt sind, durch die **Verweisungen** auf die entsprechenden Vorschriften des BGB. und dieses EG.

Art. 5 erklärte das Reichsland **Elsaß-Lothringen** als einen Bundesstaat im Sinne des BGB. sowie des EG. Durch das G. vom 31. Mai 1911 (RGBl. S. 225 ff.) ist Elsaß-Lothringen überhaupt als Bundesstaat anerkannt worden. Der Artikel ist nach Abtretung von Elsaß-Lothringen an Frankreich künftig gegenstandslos.

Der jetzige, erst im Plenum des Reichstags beschlossene Art. 6 entzieht endlich dem **bayerischen obersten Landesgericht** einen Teil seiner auf dem § 8 des EG.GVG. beruhenden bisherigen Zuständigkeit; in bürgerlichen Rechtsstreitigkeiten, in denen durch Klage oder Widerklage ein Anspruch auf Grund des BGB. geltend gemacht ist, ist die Verhandlung und Entscheidung letzter Instanz dem Reichsgerichte zugewiesen.

II. Im Entwurf zum EG. waren unter den allgemeinen Vorschriften als Art. 6 bis 8 noch folgende Vorschriften enthalten:

In Art. 6 war bestimmt, daß eine Ehefrau den Wohnsitz des Ehemannes nicht teilt, wenn auf beständige Trennung von Tisch und Bett erkannt ist. Die Vorschrift wurde in der II. Komm. gestrichen; es wurde erwogen: Beständige Trennung von Tisch und Bett könne zwar unter der Herrschaft des BGB. noch in mehrfacher Weise in Betracht kommen; allein die Fälle gehörten teils dem internationalen Privatrecht an und es sei dann nach dem für die Verhältnisse der Ehegatten überhaupt maßgebenden Recht auch über den Wohnsitz der Frau zu entscheiden; soweit aber nach dem bisherigen deutschen Recht auf die Trennung erkannt sei, handle es sich um eine Übergangsvorschrift, die, wenn sie überhaupt erforderlich wäre, an anderer Stelle gebracht werden müßte (Prot. 6, 363 f.).

Die Bestimmung des Art. 7, daß die Vorschriften des BGB. über die Wirkungen eines gerichtlichen Veräußerungsverbotes auf ein Veräußerungsverbot, das von einer anderen Behörde als einem Gericht innerhalb der Grenzen ihrer Zuständigkeit erlassen ist, entsprechende Anwendung finde, ist jetzt in § 136 BGB. aufgenommen (s. Bem. 1 zu § 136 in Bd. I).

Endlich hatte Art. 8 bestimmt, daß die Vorschriften der §§ 692—700 BGB. auf Aktien, welche auf Inhaber lauten, entsprechende Anwendung finden. Diese Vorschrift wurde gestrichen, weil sie im EG.BGB. nicht am Platze sei, vielmehr bei einer Revision des HGB. Berücksichtigung finden müsse (Prot. 6, 364 f.). Die Vorschriften sind jetzt in den §§ 227—230 HGB. enthalten.

Art. 1.

Das Bürgerliche Gesetzbuch tritt am 1. Januar 1900 gleichzeitig mit einem Gesetze, betreffend Änderungen des Gerichtsverfassungsgesetzes, der Zivilprozeßordnung und der Konkursordnung, einem Gesetz über die Zwangsversteigerung und die Zwangsverwaltung, einer Grundbuchordnung und einem Gesetz über die Angelegenheiten der freiwilligen Gerichtsbarkeit in Kraft.

E. I, 1; II, 1; III, 1.

Inkrafttreten des BGB. und anderer Gesetze.

1. Entstehung: Der Artikel enthielt seine nunmehrige Gestalt erst in der Reichstagskommission, die das Datum des Inkrafttretens des BGB. auf den 1. Januar 1900 festsetzte (RTK. 1), während E. I das Datum offen gelassen und E. II das Inkrafttreten „an einem durch Kaiserliche Verordnung mit Zustimmung des Bundesrates festzusetzenden Tage, spätestens am ....“ vorgesehen hatte (Reatz III, 1). Seine erste Erweiterung hatte der Art. im E. II erfahren, in welchem die Worte „gleichzeitig mit“ bis „Gerichtsbarkeit“ eingefügt wurden.

2. Der Ausdruck „Bürgerliches Gesetzbuch“ ist mehrfach beanstandet worden; so war dessen Ersetzung durch die Worte „Reichsgesetzbuch“ oder „Zivilgesetzbuch“ oder „Reichs-Zivilgesetzbuch“ oder „Privatrechtliches Gesetzbuch“ angeregt worden, weil der Ausdruck „Bürgerliches Gesetzbuch“ nur eine Übersetzung von code civil und auch sonst (vom Standpunkte der Sprachschönheit und vielleicht auch der Sprachrichtigkeit aus) nicht einwandfrei sei. Die Beibehaltung des Ausdrucks wurde aber in der II. Komm. gutgeheißen, weil derselbe seit der Aufstellung des Entwurfs festgehalten war, dessen Fallenlassen am Abschlusse des Gesetzgebungswerkes auffällig gewesen wäre, weil ferner der Ausdruck „Zivilrecht“ im Sinne von „Privatrecht“ im Gegensatze zum öffentlichen Recht, insbesondere zum Strafrecht, längst eingebürgert und heute nur noch in diesem Sinne gebräuchlich sei, auch der Hoffnung Raum gegeben werden könne, daß das deutsche Volk sich mit der Übersetzung „Bürgerliches Recht“ und in gleicher Weise mit dem Namen „Bürgerliches Gesetzbuch“ befreunden werde (P. VI, 358, 359). Das „Bürgerliche Recht“ ist in den Mot. I, 1 „als der Inbegriff derjenigen Normen bezeichnet, welche die den Personen als Privatpersonen zukommende rechtliche Stellung und die Verhältnisse regeln, in welchen die Personen als Privatpersonen untereinander stehen.“

Das BGB. selbst hat hauptsächlich wegen der Schwierigkeit der Abgrenzung des bürgerlichen Rechtes gegenüber dem öffentlichen Rechte von einer Begriffsbestimmmung Abstand genommen (Mot. z. EG. 147).

Zurzeit kann im Sinne des wissenschaftlichen Sprachgebrauchs das „Bürgerliche Recht“ als derjenige Teil des Reichszivilrechts bezeichnet werden, der im BGB. geregelt worden ist. Vgl. wegen des im BGB. behandelten Rechtsstoffes Nr. II der allgemeinen Einleitung zu diesem Komm., Bd. I S. 4 ff. und wegen sonstigen Reichszivilrechts Einleitung I, 4, oben S. 1, 2.

3. Das **BGB.** ist **mit dem Anfange des 1. Januar 1900 in Kraft getreten.** Auch für die Konsulargerichtsbezirke und die Schutzgebiete sowie für die im Ausland lebenden Deutschen, soweit für ihre Rechtsbeziehungen nach dem internationalen Privatrecht deutsches Recht maßgebend war, ist das BGB. mit dem Zeitpunkt in Kraft getreten, in dem nach der durch RG. vom 12. März 1893 (RGBl. S. 93) eingeführten mitteleuropäischen Zeit der 1. Januar 1900 begonnen hat (Habicht S. 36 f.).

4. Der **Zeitpunkt des Inkrafttretens des EG.** ist nicht besonders bestimmt. Der Streit, ob das EG. nach der Vorschrift des Art. 2 der alten RV. nach Ablauf des 14. Tages seit seiner Verkündung im Reichsgesetzblatt, also am 7. September 1896, oder erst gleichzeitig mit dem BGB. in Kraft getreten ist, hat nur noch akademische Bedeutung. Die Frage wird im ersteren Sinne zu entscheiden sein. Allerdings haben die meisten Vorschriften des EG. erst mit dem Inkrafttreten des BGB. sachliche Bedeutung erlangt; trotzdem besteht kein innerer Grund, die Regel des Art. 2 RV. nicht anzuwenden. Die Unterscheidung zwischen formaler Geltung eines Gesetzes, nämlich der durch Verkündung erlangten rechtsverbindlichen Kraft, und einer materiellen Geltung, die erst den Zeitpunkt des Inkrafttretens bedeuten soll, findet jedenfalls in Art. 2 RV. keine Stütze. Die praktische Bedeutung der Frage bei der Entscheidung über Ansprüche auf wiederkehrende Leistung über die Zeit vom 1. Januar 1900 hinaus ergibt sich aus den nachher angeführten Entscheidungen. Die gleiche Anschauung war auch in den älteren Auflagen des Kommentars vertreten, ebenso von Planck Bem. 1, Niedner Bem. 3, Windscheid-Kipp, Pandekten, 9. Aufl. Bd. I § 6 a Anm. 32, Hübner SeuffBl. Bd. 64 S. 238, Meyer ebenda S. 240, Jacubezky in Verh. der bayer. K. der Abg. Beil. Bd. 20 vom Jahre 1899 Abt. II S. 568 und Becher, Mat. Bd. II S. 552; OLG. München in SeuffBl. Bd. 64 S. 239, BayObLG. in SeuffBl. Bd. 64 S. 520, Bd. 65 S. 129 und BayObLGZ. Bd. 1 S. 142; and. Ans. Kuhlenbeck in der 7./8. Aufl. dieses Komm. Bem. 2 zu Art. 1, Habicht § 5 Anm. 2 S. 35 f., Neumann Bem. II, 2 zu Art. 1, Singer SeuffBl. Bd. 64 S. 240 ff., Bourier ebenda S. 358 ff., Eck, Vorträge Bd. 1 S. 26; s. auch Pappenheim in DJZ. 1896 S. 169 ff.

5. Die im Texte bezeichneten weiteren **Gesetze, welche gleichzeitig mit dem BGB. in Kraft traten,** sind:

a) das Gesetz, betr. Änderungen des GVG. und der StPO. vom 17. Mai 1898 (RGBl. S. 252),
b) das Gesetz, betr. Änderungen der ZPO. vom 17. Mai 1898 (RGBl. S. 256), mit EG. hiezu vom gleichen Tage (RGBl. S. 332),
c) das Gesetz, betr. Änderungen der KO. vom 17. Mai 1898 (RGBl. S. 230), mit EG. hiezu vom gleichen Tage (RGBl. S. 248),
d) das ZVG. vom 24. März 1897 (RGBl. S. 97) mit dem EG. vom gleichen Tage (RGBl. S. 135),
e) die GBO. vom 24. März 1897 (RGBl. S. 139); siehe aber § 82 der GBO., wo bestimmt ist, daß die GBO. nur, soweit sie die Anlegung des Grundbuchs betrifft, vom 1. Januar 1900 an, im übrigen für jeden Grundbuchbezirk mit dem Zeitpunkt in Kraft tritt, in welchem (gemäß Art. 186 dieses EG. nach landesherrlicher Verordnung) das Grundbuch als angelegt anzusehen ist (vgl. zu d und e auch GruchotsBeitr. Bd. 43 S. 163),
f) das FGG. vom 17. Mai 1898 (RGBl. S. 189 ff.).

Auf Grund des Ges., betr. die Ermächtigung des Reichskanzlers zur Bekanntmachung der Texte verschiedener Reichsgesetze, vom 17. Mai 1898 (RGBl. S. 342 f.), wurden dann in Nr. 25 des RGBl. von 1898 die Texte folgender Gesetze in der nach den erfolgten Änderungen geltenden Fassung bekannt gemacht:

a) GVG. — jetzige Fassung vom 22. März 1924 (RGBl. I S. 299), abgeändert durch G. vom 13. Febr. 1926 (RGBl. I S. 99), G. vom 31. März 1926 (RGBl. S. 190), § 97 der Vergleichsordnung vom 5. Juli 1927 (RGBl. I S. 150) und durch G. vom 9. Juli 1927 (RGBl. I S. 175);
b) ZPO. — jetzige Fassung vom 13. Mai 1924 (RGBl. I S. 437), abgeändert durch G. vom 27. Febr. 1928 (RGBl. I S. 45);
c) KO.; s. hiezu das G. über den Vergleich zur Abwendung des Konkurses (Vergleichsordnung) vom 5. Juli 1927 (RGBl. I S. 139 ff.);
d) GKG. — nunmehr Fassung vom 5. Juli 1927 (RGBl. I S. 152 ff.);

e) GebO. für Gerichtsvollzieher — nun Fassung nach der Bek. vom 14. Dez. 1922 (RGBl. I S. 917) und der VO. vom 13. Dez. 1923 (RGBl. I S. 1189 ff.);
f) GebO. für Zeugen und Sachverständige — nun Fassung vom 21. Dez. 1925 (RGBl. I S. 471 ff.);
g) RAGebO. — nun Fassung vom 5. Juli 1927 (RGBl. I S. 162 ff.);
h) AnfG. — abgeändert durch § 98 der Vergleichsordnung vom 5. Juli 1927 (RGBl. I S. 151);
i) ZVG. — abgeändert durch Art. 1 des G. zur Einschränkung der Verfügungen über Miet- und Pachtzinsforderungen vom 8. Juni 1915 (RGBl. S. 327);
k) GBO. — geändert durch G. vom 14. Juli 1905 (RGBl. S. 707) und die §§ 35 und 37 der ErbbauVO. vom 15. Jan. 1919 (RGBl. S. 72, 122);
l) FGG. — abgeändert durch G. vom 5. März 1906 (RGBl. S. 387), Art. VI des G., betr. die Zuständigkeit des Reichsgerichts, vom 22. Mai 1910 (RGBl. S. 767), Art. V des G. über die Zulassung der Frauen zu den Ämtern und Berufen der Rechtspflege vom 11. Juli 1922 (RGBl. I S. 573) und § 49 des JugendgerichtsG. vom 16. Febr. 1923 (RGBl. I S. 141).

Wegen weiterer Änderungen des GVG., der ZPO., der KO., der VergleichsO., des GKG., der RAGebO. und des FGG. s. die VO. über die Abänderung des Wortlauts verschiedener Gesetze und Verordnungen aus Anlaß des Fortfalles der Bezeichnungen „Gerichtsschreiberei" und „Gerichtsschreiber" vom 30. Nov. 1927 (RGBl. I S. 334 f.).

6. Gleichzeitig mit dem BGB. ist nach Art. 1 Abs. 1 EG.HGB. vom 10. Mai 1897 (RGBl. S. 437) auch das neue **HGB. vom 10. Mai 1897** (RGBl. S. 219) in Kraft und an die Stelle des alten „Allgemeinen deutschen HGB." getreten. Nach Art. 2 Abs. 2 EG.HGB. ist der 6. Abschnitt des 1. Buches des HGB. — das sind die Vorschriften über Handlungsgehilfen und Handlungslehrlinge — mit Ausnahme des § 65 schon am 1. Januar 1898 in Kraft gesetzt worden. Der Streit, ob die Vorschriften des BGB., auf welche die früher in Kraft getretenen Vorschriften des HGB. Bezug genommen haben, schon vor dem 1. Januar 1900 in Kraft getreten sind, hat wohl jetzt jede praktische Bedeutung verloren. Hinsichtlich der in § 62 HGB. angeführten §§ 842—846 BGB. wird mit Planck Bem. 3 zu Art. 1 anzunehmen sein, daß ihre Vorschrift als Inhalt des § 62 HGB. mit diesem in Kraft getreten sind. Vgl. über die verschiedenen Meinungen noch Niedner Bem. 2, b, α zu Art. 1, Pappenheim in Z. f. ges. HR. Bd. 46 S. 377 und in GruchotsBeitr. Bd. 42 S. 309, Specht, Staub und Kahn in DJZ. 1897 S. 261, 333, 400, Staub, HGB. 6./7. Aufl. Einleitung Bem. II, 3 S. 3 f.

7. **Umfang der zeitlichen Geltung des BGB.** Die Vorschrift des Art. 1 über das Inkrafttreten des BGB. hat nicht die Bedeutung, daß vom 1. Januar 1900 alle im BGB. geregelten Rechtsverhältnisse nach dessen Vorschriften zu beurteilen waren.

a) Nach den Übergangsvorschriften des EG. (4. Abschnitt, Art. 153 ff.) waren und sind noch vielfach für Rechtsverhältnisse über den 1. Januar 1900 hinaus die Vorschriften des bisherigen Rechtes maßgebend. Teils sind für bestimmte Rechtsverhältnisse, welche zur Zeit des Inkrafttretens des BGB. bestanden, für die ganze Zeit ihres Fortbestehens die bisherigen Vorschriften anwendbar geblieben (vgl. z. B. Art. 164—168), teils erfolgt die rechtliche Behandlung eines bestehenden Rechtsverhältnisses erst von einem im EG. geregelten Zeitpunkt ab nach dem Rechte des BGB. (s. z. B. Art. 171).
b) Im Sachenrecht setzt nach Art. 189 und 191 EG. die Anwendung der Vorschriften des BGB. die Anlegung des Grundbuchs voraus. Es richtet sich auch nach dem Inkrafttreten des BGB., bis das Grundbuch als angelegt anzusehen ist, nach den bisherigen Gesetzen:
   α) der Erwerb und Verlust des Eigentums, sowie die Begründung, Übertragung, Belastung und Aufhebung eines anderen Rechts an einem Grundstück oder eines Rechtes an einem solchen Recht (Art. 189 Abs. 1; s. für die Aufhebung von Grundstücksrechten auch Abs. 3 das.);
   β) der Schutz im Besitz einer Grunddienstbarkeit oder einer beschränkten persönlichen Dienstbarkeit (Art. 191).

8. Über das **örtliche Anwendungsgebiet des BGB.** ist im Gesetz keine Bestimmung getroffen, während hinsichtlich anderer Gesetze (so z. B. für die ZPO., das GVG., die KO., das StGB., die StPO. in den §§ 1 des EG.ZPO., EG.GVG.,

EG.KO., EG.StGB., EG.StPO. und in § 103 RAO.) bestimmt ist, daß sie im ganzen Umfang des Reiches in Kraft treten.

Der Zusatz „im Umfange des Reichs" erschien entbehrlich, da es sich von selbst versteht, daß grundsätzlich das örtliche Geltungsgebiet des BGB. das Deutsche Reich ist und daß das BGB., soweit nicht besondere Schranken gezogen werden, in dem ganzen Umfange des Reichs in Kraft trat. Der Zusatz erschien aber insofern bedenklich, als sich das örtliche Geltungsgebiet des BGB. mit dem internationalen Anwendungsbereiche seiner Vorschriften nicht deckt (s. hierüber die Bem. zu Art. 7 bis 31 EG.), der Herrschaftskreis dieser Vorschriften vielmehr mehrfach über das Gebiet des Reiches hinausreicht und das BGB. auch insoweit mit dem 1. Januar 1900 in Kraft zu treten hatte (Mot. 63).

Mit dem 1. Januar 1900 (s. oben Bem. 3) trat das BGB. auch in Kraft:

a) in den Konsulargerichtsbezirken für die der Konsulargerichtsbarkeit unterworfenen Personen; nach § 47 des G. über die Konsulargerichtsbarkeit vom 10. Juli 1879 (RGBl. S. 197) erlangten neue Gesetze in den Konsulargerichtsbezirken nach Ablauf von vier Monaten von dem Tage ab, an dem das betreffende Gesetzblatt in Berlin ausgegeben worden ist, verbindliche Kraft, soferne nicht reichsgesetzlich etwas anderes bestimmt ist; eine solche Sondervorschrift gab für das BGB. allgemein — und ohne Beschränkung auf das Reichsgebiet — Art. 1 EG.BGB.

   An Stelle des Gesetzes vom 10. Juli 1879 ist am 1. Januar 1901 (Art. 6 der VO. vom 25. Okt. 1900, RGBl. S. 999) das gleichnamige Gesetz vom 7. April 1900 (RGBl. S. 213) getreten (abgeändert durch G. vom 23. Dez. 1911, RGBl. S. 1135). Dieses Gesetz enthält für die Konsulargerichtsbezirke einige Abweichungen von den Vorschriften des BGB., so in § 31 für Vereine, in § 32 für Gesellschaften, in § 33 hinsichtlich der gesetzlichen Zinsen, in § 34 in bezug auf Inhaberpapiere der in § 795 Abs. 1 BGB. bezeichneten Art, in § 35 für Fund, in § 36 hinsichtlich der Form der Eheschließung, in § 37 hinsichtlich Anlegung von Mündelgeld (§ 1807 BGB.), in § 38 für das Nottestament (§§ 2249, 2250 BGB.); außerdem sind in § 39 für die Hinterlegung, in § 41 für Handelssachen besondere Bestimmungen getroffen.

b) in den Schutzgebieten (Kolonien) nach Maßgabe des § 2 des G. über die Rechtsverhältnisse der Schutzgebiete vom 19. März 1888 (RGBl. 1888 S. 75, 1899 S. 365). Dieses Gesetz ist ersetzt seit dem 1. Januar 1901 (§ 1 der VO. vom 9. Nov. 1900, RGBl. S. 1005) durch das SchutzgebietsG. vom 10. Sept. 1900 (RGBl. S. 813); wegen Abänderungen des BGB. siehe § 3 dieses G., der die entsprechende Anwendung der §§ 31, 33—35, 37—41 KonsGG. vorschreibt, und § 7 über die Form der Eheschließung.

9. Das **räumliche Gebiet des Deutschen Reichs** war gesetzlich begrenzt durch Art. 1 der VO. vom 16. April 1871 und die sie ergänzenden Gesetze; vgl. Art. 5, RG. vom 9. Juni 1871 betr. die Vereinigung von Elsaß-Lothringen mit dem Reiche, RG. vom 16. Dez. 1890 betr. die Vereinigung von Helgoland mit dem Deutschen Reich, Vereinbarung zwischen dem Deutschen Reich und der Schweiz wegen Regulierung der Grenze bei Konstanz vom 24. Juni 1879 (RGBl. S. 307), Staatsvertrag zwischen Baden und der Schweiz vom 21. Dez. 1906 über die Verlegung der Landesgrenze bei Leopoldshöhe (RGBl. 1908 S. 495); s. ferner RG. über Verlegung der deutsch-österreichischen Grenze längs des Przemsa-Flusses vom 22. Jan. 1902 (RGBl. S. 31), dazu Bek. vom 7. Juni 1902 (RGBl. S. 228), preuß. G. vom 16. Mai 1902 (preuß. GS. S. 163); RG. über die Verlegung der deutsch-dänischen Grenze an der Norderau und der Kjärmühlenau vom 22. Jan. 1902 (RGBl. S. 32), dazu Bek. vom 13. Febr. 1902 (RGBl. S. 49), preuß. G. vom 9. Febr. 1902 (preuß. GS. S. 17); Vertrag mit Schweden über Stadt und Herrschaft Wismar usw. vom 20. Juni 1903 (RGBl. 1904 S. 295); Vertrag zwischen Mecklenburg-Schwerin und Schweden vom 20. Juni 1903 (RGBl. 1904 S. 297).

Über Neutral Moresnet vgl. RG. in JW. 1906 S. 298, Müller, Das neutrale Gebiet von Moresnet im Archiv für Landeskunde der Preuß. Monarchie Bd. 5 S. 319; ferner Schroeder, Das grenzstreitige Gebiet von Moresnet (Materialien und Rechtsgutachten), Aachen 1902, Spandau, Zur Geschichte von Neutral-Moresnet 1904.

Zum Reichsgebiet gehörten auch die Kolonien (Schutzgebiete); s. auch Bem. 8, b.

Wesentliche **Teile des Reichsgebiets** sind **durch den Friedensvertrag** zwischen Deutschland und den alliierten und assoziierten Mächten vom 28. Juni 1919 (s. G.

über den Friedensschluß vom 16. Juli 1919, RGBl. S. 687) **verloren gegangen.** S. über die jetzigen Grenzen Deutschlands überhaupt die Art. 27—30 des Friedensvertrags und über die Gebietsabtretungen insbesondere die folgenden Bestimmungen des Friedensvertrages:

Art. 32—35 Abtretung von Moresnet, Eupen und Malmedy an Belgien;

Art. 51 Abtretung von Elsaß-Lothringen an Frankreich;

Art. 83 Gebietsabtretungen an die tschecho-slowakische Republik, nämlich das sog. Hultschiner Ländchen, Teile der Kreise Ratibor und Leobschütz;

Art. 87, 88 Gebietsabtretungen an Polen; abgetreten wurden Teile von Westpreußen nach der am 11. Juli 1920 erfolgten Abstimmung und Teile von Oberschlesien nach der Abstimmung am 20. März 1921, nämlich die Kreise Pleß und Rybnik, sowie Königshütte, Kattowitz und Tarnowitz;

Art. 99 Abtretung des Memelgaues; er fiel den Litauern zu;

Art. 100 Abtretung von Danzig, das zum Freistaat wurde;

Art. 109 Gebietsabtretungen an Dänemark, nämlich Teile von Nordschleswig mit den Städten Hadersleben, Sondersburg und Tondern;

Art. 119 ff. Verzicht auf die Kolonien.

Nach **Art. 2 der RV. vom 11. Aug. 1919** besteht das Reichsgebiet jetzt aus den Gebieten der deutschen Länder, gegenwärtig 18, nämlich Preußen, Bayern, Sachsen, Württemberg, Baden, Hessen, Thüringen, Hamburg, Mecklenburg-Schwerin, Oldenburg, Braunschweig, Anhalt, Bremen, Lippe, Lübeck, Mecklenburg-Strelitz, Waldeck und Schaumburg-Lippe. Über die Änderungen im Bestande der deutschen Länder s. Vorbem. F zum 3. Abschnitt des EG. (vor Art. 55).

Als **Reichsinland,** in dem deutsches Recht und damit auch das BGB. anwendbar ist, gelten auch:

a) Die **Küstengewässer,** das ist derjenige Teil der offenen See, der von der Küste aus beständig beherrscht werden kann, obwohl sie nicht eigentlich zum Staatsgebiete gehören. Wie weit die Küstengewässer in die hohe See hinaus reichen, ist eine Frage des Völkerrechts, die nicht endgültig geklärt ist. Nach älterer Anschauung und Praxis sollten die Küstengewässer bis auf Kanonenschußweite zum Herrschaftsgebiete des Küstenstaates gehören; die fortgesetzte Erhöhung der Tragweite der Geschütze ließ diesen Maßstab nicht mehr als brauchbar erscheinen. An die Stelle trat ein in Seemeilen zu berechnender Streifen längs der Küste; über die Zahl der Seemeilen herrscht in der völkerrechtlichen Theorie und Praxis keine volle Einigkeit. Die Drei-Seemeilengrenze (5556 Meter) ist am meisten anerkannt. Gerechnet wird diese Grenze von der Küstenlinie ab. Auch die Küstenlinie steht in der völkerrechtlichen Theorie und Praxis nicht unstreitig fest; jedoch überwiegt die Anschauung, daß sie sich nach dem niedrigsten Wasserstand der Tiefebbe bestimmt*).

Das Reich hat die Gerichtsbarkeit (im bürgerlichen und im Strafrecht) hinsichtlich aller rechtlich erheblichen Tatsachen, Handlungen und Rechtsgeschäfte, die auf den Küstengewässern sich ereignen bzw. vorgenommen werden, mit Ausnahme derjenigen, die sich an Bord eines fremden, nicht verankerten Schiffes abspielen.

b) Die **deutschen Schiffe** und zwar sowohl die Kriegs- oder Staatsschiffe als die unter deutscher Flagge segelnden Handelsschiffe; sie gelten als „wandelnder Gebietsteil ihres Heimatlandes", als „schwimmender Gebietsteil" (RG. in RGSt. Bd. 23 S. 267, Henrich a. a. O. [Fußnote] S. 602).

---

*) S. hiezu namentlich Schücking, Das Küstenmeer im internationalen Recht, 1897; derselbe in DJZ. 1900 S. 202; Frenzel, Theorie über die rechtliche Natur des Küstenmeeres, Leipz. Diss. 1908; Scholz, Räumliche Bedeutung der Gebietshoheit durch Rechtskonstruktionen, Z. f. Völkerr. Bd. 5 S. 159; Liszt-Fleischmann, Völkerrecht, 12. Aufl., Berlin 1925, § 16; Strupp, Grundzüge des positiven Völkerrechts, 2. Aufl. 1922 S. 73 ff.; Niemayer, Völkerrecht, 1923, S. 100 ff., 111 ff.; Stier-Somlo in Strupp, Wörterbuch des Völkerrechts Bd. 1 S. 780 ff., Artikel „Küstenmeer"; Henrich, ebenda Bd. 2 S. 600 ff., Artikel „Staatsgebiet und Gebietshoheit"; Vorwerk, ebenda Bd. 2 S. 34 f., Artikel „Meeresküste"; Fleischmann im Wörterbuch des deutschen Staats- und Verwaltungsrechts Bd. 2 S. 702 ff., Artikel „Küstenmeer"; Leipziger Kommentar zum StGB. Bem. 2, b, d zu § 3.

c) Die **Luftsäule**, die sich oberhalb der durch die Grenzen des Reichs umschriebenen Land- und Wasserfläche (einschließlich der Küstengewässer; s. unter a) erhebt. Das ist bei der Zunahme des Luftverkehrs von wachsender Bedeutung. Bestritten ist, ob eine Luftsäule von unbegrenzter Höhe oder nur eine begrenzte Zone der Gebietshoheit unterliegt*). S. auch LuftverkehrsG. vom 1. Aug. 1922 (RGBl. I S. 681 ff.); wegen Erstreckung privaten Eigentums auf den Luftraum s. Bem. zu § 905 in Bd. 3.

d) Bestritten ist die Zugehörigkeit der von einem Lande ausgehenden **Kabel** zum Staatsgebiet; s. Leibholz in Strupp, Wörterbuch des Völkerrechts Bd. 1 S. 607 ff., Artikel „Kabelrecht".

e) Zum räumlichen Herrschaftsgebiet des BGB. gehört auch Grundeigentum fremder Staaten in Deutschland (Gesandtschaftsgebäude); denn wenn auch die Wohnung eines Gesandten im völkerrechtlichen Sinne exterritorial ist, so geht diese Fiktion doch nicht weiter als notwendig ist, um die persönliche Unverletzlichkeit des Gesandten und seiner Begleitung zu gewährleisten (vgl. Liszt-Fleischmann, Völkerrecht § 23, VII, RG. in RGSt. Bd. 3 S. 71).

Umgekehrt gehört Grundeigentum des Reichs oder deutscher Länder im Ausland nicht zum Herrschaftsgebiet deutschen Rechtes.

f) Der Bodensee**) steht als Binnensee unter der geteilten Herrschaft der Uferstaaten; auf dem zu den angrenzenden deutschen Ländern gehörigen Teile gilt also deutsches Recht und damit das BGB. (s. Liszt-Fleischmann, Völkerrecht, 12. Aufl. § 15, II, 1, c S. 139).

Art. 2.

Gesetz im Sinne des Bürgerlichen Gesetzbuchs und dieses Gesetzes ist jede Rechtsnorm.

E. I, 2; II, 2; III, 2.

Begriff „Gesetz".

I. Die herrschende Lehre unterscheidet zwei Gesetzesbegriffe (s. Laband, Staatsrecht, 7. Aufl. Bd. 2 §§ 54 ff., Finger, Staatsrecht des Deutschen Reichs § 45, II, Hatschek, Deutsches und preuß. Staatsrecht, Bd. II § 38 S. 4, Kelsen, Allgemeine Staatslehre § 34, Meißner, Das neue Staatsrecht des Reichs und seiner Länder, § 22, Lammers im Handwörterbuch der Rechtswissenschaften von Stier-Somlo und Elster Bd. II S. 857 ff., Anschütz im Handwörterbuch des deutschen Staats- und Verwaltungsrechts Bd. II S. 212 ff., Enneccerus, Lehrb. des bürgerl. Rechts Bd. I § 29, II, §§ 32—34; abweichend für Dreiteilung des Begriffes Stier-Somlo, Reichs- und Landesstaatsrecht I § 49, 3; s. auch Veröffentlichungen der Vereinigung deutscher Staatsrechtslehrer, Heft 4, Der Begriff des Gesetzes in der RV., Berlin 1927):

a) das Gesetz im materiellen Sinne, das ist jeder auf dem Willen der Gemeinschaft beruhende Rechtssatz (zum Begriff „Rechtssatz" s. Enneccerus Bd. I § 27) ohne Rücksicht darauf, in welcher Form er im Rechtsleben Anerkennung gefunden hat (über die möglichen Entstehungsarten s. unten Bem. III);

b) das Gesetz im formellen Sinne, das ist jede Willensäußerung des Staates, welche in der im öffentlichen Recht für die Erlassung von Gesetzen vorgeschriebenen Form erfolgt, ohne Rücksicht darauf, ob es einen Rechtssatz ausspricht oder nicht. (Der 5. Abschnitt der RV. vom 11. Aug. 1919 versteht unter „Gesetz" das Gesetz im formellen Sinne.)

Für den Begriff des materiellen Gesetzes ist also sein Inhalt, für den des formellen Gesetzes ausschließlich seine Form maßgebend. Das materielle Gesetz

---

*) S. hiezu Schleicher in Strupp, Handwörterbuch des Völkerrechts Bd. I S. 839 ff., Artikel „Luftraum" unter II; Liszt-Fleischmann, Völkerrecht, 12. Aufl. § 15, III.

**) Vgl. Marlitz, Annalen des Deutschen Reichs 1885 S. 278 ff.; Höninger, Der Bodensee im Völkerrecht, Heidelberger Diss. 1906; Rettich, Die völkerrechtlichen und staatsrechtlichen Verhältnisse des Bodensees, Tübingen 1884; Otto Mayer im Wörterbuch des deutschen Staats- und Verwaltungsrechts Bd. I S. 483 ff., Artikel „Binnengewässer"; Pohl im Handwörterbuch der Rechtswissenschaften von Stier-Somlo, Elster, Bd. I S. 780 f., Artikel „Bodensee"; Baur in Sachers Staatslexikon, Bd. I S. 969 f., Artikel „Bodensee".

kann zugleich formelles Gesetz sein (s. Bem. III, 1); es gibt aber formelle Gesetze, die keinen Rechtssatz enthalten; so ist z. B. in der neuen RV. vom 11. Aug. 1919 in Art. 45 für die Kriegserklärung, in Art. 85 für den Haushaltsplan, einen Akt der Verwaltung, die Form des Gesetzes vorgeschrieben.

II. **Bedeutung der Vorschrift des Art. 2:** Wo das BGB. oder das EG. den Ausdruck „Gesetz" — schlechthin oder in der Zusammensetzung „Reichsgesetz, Landesgesetz" — oder auch den Ausdruck „gesetzlich" gebraucht, ist darunter das Gesetz im materiellen Sinne, das ist die Rechtsnorm, zu verstehen, auch wenn es nicht zugleich Gesetz im formellen Sinne ist.

III. Die **Rechtsnorm** (das materielle Gesetz) kann geschaffen sein durch Gesetz im formellen Sinn, auf dem Wege der Rechtsverordnung, durch Staatsverträge, kraft Autonomie, durch Gewohnheitsrecht.

1. Der regelmäßige Weg der Schaffung von Rechtsnormen ist das **Gesetz.** Die Voraussetzungen für das Zustandekommen eines Gesetzes bestimmen sich nach dem öffentlichen Recht des Reichs und der Länder. Die Reichsgesetzgebung wurde nach der alten RV. von 1871 durch den Bundesrat und den Reichstag ausgeübt (Art. 5 Abs. 1), die Ausfertigung und Verkündung der Gesetze stand dem Kaiser unter Gegenzeichnung des Reichskanzlers zu (Art. 17). Nach Art. 68 Abs. 2 der RV. vom 11. Aug. 1919 werden die Gesetze vom Reichstag unter Mitwirkung des Reichsrats (s. Art. 69, 74 und 76 RV.) beschlossen, die verfassungsmäßig zustande gekommenen Gesetze (Art. 32, 76 RV.) hat der Reichspräsident auszufertigen und zu verkünden (Art. 70 RV.). Durch die Verkündung erlangt das Gesetz materielle Gesetzeskraft, d. h. Verbindlichkeit für diejenigen, an die es sich nach seinem Inhalt richtet; wegen des Inkrafttretens s. Art. 71 RV. Die Landesgesetzgebung ist in den Verfassungen der einzelnen deutschen Länder geregelt.

2. In gewissen Fällen können Rechtssätze ohne Mitwirkung der regelmäßig zur Gesetzgebung berufenen Volksvertretung lediglich von Regierungsorganen aufgestellt werden. Solche materielles, den Staatsbürger bindendes Gesetz enthaltende Verordnungen heißen **Rechtsverordnungen**; sie sind formell Verordnungen, stehen aber an Kraft den formellen Gesetzen gleich. Auch sie bedürfen zur Erlangung formeller und materieller Wirksamkeit der Verkündung (Laband Bd. 2 § 58, Anschütz im Wörterbuch der Rechtswissenschaften Bd. III S. 674). Die Erlassung von Rechtsverordnungen setzt immer eine besondere gesetzliche Ermächtigung (Delegation) voraus.

Während früher im Reich Träger der Verordnungsgewalt der Bundesrat, der Kaiser, der Reichskanzler oder eine andere Reichsbehörde sowie die Einzelstaaten waren, kommt jetzt das Verordnungsrecht an Stelle des Kaisers und des Bundesrats dem Reichspräsidenten und der Reichsregierung zu. Über die Verkündung von Rechtsverordnungen des Reichs s. G. vom 13. Okt. 1923 (RGBl. I S. 959).

Rechtsverordnungen können auch in den einzelnen deutschen Ländern nach dem öffentlichen Rechte derselben von den dazu gesetzlich ermächtigten landesrechtlichen Organen (Landesregierung, Staatsministerium) erlassen werden (s. z. B. Art. 61 Nr. 7 der bayr. VerfUrk. vom 14. Aug. 1919).

Den Gegensatz zu den Rechtsverordnungen bilden die Verwaltungsverordnungen, d. s. Verwaltungsakte, die sich an die Behörden richten; sie haben nicht die Kraft von Gesetzen.

S. hiezu namentlich Laband Bd. 2 § 58, Finger § 45, II, 2, Hatschek Bd. 2 § 43, Meißner §§ 24, 26, Stier-Somlo § 50, Schön, Die formellen Gesetze im Handbuch der Politik Bd. I S. 241 ff.; s. auch Enneccerus § 32, 2, b.

3. Gesetzeskraft genießen auch die **Staatsverträge** des Reiches und der einzelnen deutschen Länder, soweit diesen nach Art. 78 Abs. 2 der RV. vom 11. Aug. 1919 das Recht zum Abschluß von Verträgen mit auswärtigen Staaten zusteht (s. Anschütz, RV. Bem. 8 zu Art. 45, Finger § 4, I S. 18, Hatschek Bd. 1 § 2 Nr. 5). Über Staatsverträge des Reiches s. Art. 6 Nr. 1 und Art. 45 RV.

4. **Autonomie***) ist die Befugnis nichtstaatlicher Verbände zur Festsetzung von Rechtsnormen. Über die frühere Autonomie der souveränen Häuser, des hohen

*) Stobbe Bd. I §§ 19, 20; Gierke Bd. I § 19 (mit ausführlicher Anführung von Schrifttum) § 47; Windscheid-Kipp, Pandekten Bd. I § 19; Crome Bd. I § 18; Enneccerus Bd. I § 40; Schücking im Wörterbuch des deutschen Staats- und Verwaltungsrechts Bd. I S. 290 ff. (mit Anführung älteren Schrifttums); Stier-Somlo, Handwörterbuch der Rechtswissenschaften von Stier-Somlo und Elster, Bd. I S. 501.

und des diesem gleichgestellten Adels s. Art. 57, 58 und Bem. I, 2 zu Art. 58; Art. 109 Abs. 3 RV. vom 11. Aug. 1919 hat die Aufhebung aller öffentlichen Vorrechte der Geburt und des Staates angeordnet; auf Grund dieser Vorschrift ist durch die Gesetzgebung der deutschen Länder auch die Autonomie der bezeichneten Familien als Standesvorrecht beseitigt (s. Bem. III zu Art. 57).

Über Autonomie öffentlich-rechtlicher Körperschaften s. RGZ. Bd. 31 S. 235 ff., Bd. 38 S. 124 ff. und Stier-Somlo a. a. O. (Fußnote). Kein autonomes Recht schaffen die Satzungen rechtsfähiger Vereine, sie regeln nur die Rechtsverhältnisse des Vereins und seiner Mitglieder (bestritten; s. Bem. 5, 6, a zu § 25 in Bd. I, Enneccerus Bd. I § 40, III und Note 8).

5. Gewohnheitsrecht*). Zunächst war eine gesetzliche Regelung des Verhältnisses des Gewohnheitsrechts zum geschriebenen Recht in Aussicht genommen. Der E. I des BGB. hatte im § 2 die Bestimmung vorgeschlagen:

> „Gewohnheitsrechtliche Rechtsnormen gelten nur insoweit, als das Gesetz auf Gewohnheitsrecht verweist."

In der II. Komm. wurde anfänglich (P. I, 3) von einer Seite Streichung dieses § 2, von einer anderen Seite folgende Fassung beantragt:

> „Das Gewohnheitsrecht gilt als ergänzende Rechtsquelle. Im übrigen gilt die Gewohnheit als Rechtsquelle nur insoweit, als das Gesetz auf Gewohnheitsrecht verweist,"

während ein dritter Vorschlag dahin ging, den § 2 zu streichen, in das Einführungsgesetz jedoch folgenden Art. 2 a aufzunehmen:

> „Die Übung erzeugt keine Rechtsnorm, welche die privatrechtlichen Vorschriften der Reichsgesetze aufzuheben, zu ändern oder zu ergänzen vermag",

eventuell:

> „Die Übung erzeugt eine Rechtsnorm, welche die privatrechtlichen Vorschriften der Reichsgesetze aufzuheben, zu ändern oder zu ergänzen vermag, nur dann, wenn sie gemeines Gewohnheitsrecht begründet."

Es wurde zunächst nur der § 2 des E. I gestrichen und das weitere dem EG. vorbehalten.

Bei der Beratung des EG. wurde in der II. Komm. (P. VI, 359 und 360) die Einschaltung eines Art. 2 a in fünf verschiedenen Fassungen beantragt:

α) in der Fassung des Art. 2 des E. I.

β) „Durch Gewohnheitsrecht können die privatrechtlichen Bestimmungen der Reichsgesetze weder aufgehoben noch geändert oder ergänzt werden, es sei denn, daß eine gewohnheitsrechtliche Norm gemeines Recht begründet."

γ) „Die privatrechtlichen Bestimmungen der Reichsgesetze können durch gemeines Gewohnheitsrecht aufgehoben oder ergänzt werden."

δ) „Durch Gewohnheitsrecht können die Vorschriften des BGB. und dieses Gesetzes weder aufgehoben, noch geändert oder ergänzt werden, es sei denn, daß die gewohnheitsrechtliche Norm Reichsrecht begründet."

ε) „Die Vorschriften des BGB. und dieses Gesetzes können nicht durch Landesgewohnheitsrecht ergänzt werden",

eventuell:

„. . . geändert oder ergänzt werden."

---

*) Puchta, Das Gewohnheitsrecht, 2 Teile, 1828 und 1837; Zitelmann, Gewohnheitsrecht und Irrtum, ArchZivPrax. Bd. 66 S. 324 ff.; derselbe in Bergbohm-Festschrift S. 209; Rümelin, Dogm. Jahrb. Bd. 27 S. 153 ff.; Schuppe, Gewohnheitsrecht, 1890; Seidler, Zur Lehre vom Gewohnheitsrecht, 1898; Brie, Vom Gewohnheitsrecht, 1899; derselbe im Handwörterbuch des deutschen Staats- und Verwaltungsrechts, Bd. 2 S. 287 ff., Artikel „Gewohnheitsrecht"; Schmidt, Das Gewohnheitsrecht als Form des Gemeinwillens, 1899; Stier-Somlo, Die Volksüberzeugung als Rechtsquelle, 1900; Dove, Subjektive Elemente bei der Gewohnheitsrechtsbildung, Handelsbräuche und typische Geschäftsbedingungen, JW. 1916 S. 368; Windscheid-Kipp, Pandekten Bd. I §§ 15—18; Dernburg, Pandekten Bd. I §§ 26—28; Gierke, Deutsches Privatrecht Bd. I §§ 17, 20; Stobbe, Handb. d. DPrR. Bd. I §§ 21—23; Enneccerus, Lehrbuch Bd. I § 29, II §§ 35—38; Cosack, Lehrbuch des Bürgerlichen Rechts Bd. I S. 5, 7; Endemann, Lehrbuch Bd. I § 9; Crome, System des bürgerlichen Rechts Bd. I §§ 17, 18; Eck, Vorträge über das BGB. Bd. I § 7; Staub-Bondi, Komm. z. HGB. Bd. I Einleitung Anm. 23—29; Josef, Voraussetzung für die Entstehung einer Observanz, WürttRV. 1926 S. 113 ff.; Weigelin, Gesetzes und Gewohnheitsrecht LZ. 1926 Sp. 29 ff.; Haller, Vereinbarung, Vertrag, Herkommen, WürttRV. 1926 S. 65.

Sämtliche Anträge wurden schließlich abgelehnt, es wurde beschlossen, die Frage des Gewohnheitsrechts auch im Einführungsgesetze mit Stillschweigen zu übergehen. Dabei waren folgende Erwägungen maßgebend (P. VI, 360 f.):

„Bei der Beantwortung der Frage, ob es einer gesetzlichen Bestimmung über das Verhältnis des Gewohnheitsrechts zu dem geschriebenen Reichsrecht bedürfe, sei zwischen gemeinem und partikularem Gewohnheitsrecht zu scheiden. Hinsichtlich des letzteren sei an sich eine Vorschrift geboten, es erscheine aber nicht erforderlich, dieselbe in das BGB. aufzunehmen, weil sie nach richtiger Auffassung bereits im Art. 2 RV. (von 1871; s. jetzt Art. 13 Abs. 1 RV. vom 11. Aug. 1919) bestehe. Es sei bezweifelt worden, ob diese Bestimmung, nach der die ‚Reichsgesetze' den ‚Landesgesetzen' vorgehen, sich überhaupt auf das Gewohnheitsrecht erstrecke, die Absicht des Art. 2 aber führe gewiß dahin, daß auch hier, wie das in späteren Reichsgesetzen ausdrücklich gesagt sei, unter Gesetz jede Rechtsnorm verstanden werden müsse. Es sei daher zulässig und trotz der in der Literatur aufgetauchten abweichenden Meinung geboten, über das Verhältnis des in den einzelnen Gebietsteilen des Reichs sich bildenden Gewohnheitsrechts zu den Vorschriften des BGB. sich einer ausdrücklichen Vorschrift zu enthalten, um nicht der richtigen Auslegung des Art. 2 RV. ein Hindernis zu bereiten. Das gleiche Verfahren erscheine aber auch dem gemeinen Gewohnheitsrechte gegenüber als das richtige. Bei der Größe des künftigen deutschen Reichsgebiets und bei der Verschiedenartigkeit der darin bestehenden Verhältnisse, Anschauungen und Gewohnheiten sei die Bildung gewohnheitsrechtlicher Normen für das ganze Reichsgebiet nur in geringem Maße zu erwarten. Immerhin werde sich auf manchen Gebieten, namentlich durch die einheitliche Rechtsprechung und die dadurch beeinflußte Anschauung der beteiligten Berufskreise, einheitliches Gewohnheitsrecht bilden. Rechtssätze, die sich in der Rechtsprechung unter dem Namen der Analogie, der einschränkenden oder ausdehnenden Auslegung, der feststehenden Praxis usw. herausbildeten, seien in Wahrheit nichts anderes als Gewohnheitsrecht und dieses mit Fug und Recht ein Produkt der fortbildenden Tätigkeit des Richters. Daß solches Recht auf demselben Wege, auf dem es entstanden, auch wieder beseitigt werden könne, tue seinem Charakter als Recht keinen Abbruch. Wie es sich aber, solange es bestehe, zu dem geschriebenen Gesetzesrecht verhalte, sei eine Frage, die der Macht des Gesetzgebers entrückt sei und nur von der Theorie nach Maßgabe der jeweils im öffentlichen Leben herrschenden Anschauungen beantwortet werden könne. Ein Gesetzbuch tue daher besser, sich in diesem Punkte jeder Andeutung zu enthalten, zumal es für den Gesetzgeber wenig angemessen und für die praktische Rechtsanwendung nicht unbedenklich erscheine, im Gesetz darauf hinzuweisen, daß dessen Vorschriften unter Umständen keine Verbindlichkeit zukomme. Bei der Art, wie sich eine gemeine deutsche Rechtsnorm auf dem Wege des Gewohnheitsrechts überhaupt zu bilden vermöge, seien praktische Mißstände vom Schweigen des Gesetzes nicht zu befürchten."

Diesen Ausführungen ist zu entnehmen, daß das **Gewohnheitsrecht** als **Rechtsquelle** grundsätzlich anerkannt werden wollte. Daß sich Gewohnheitsrecht noch bilden kann, ist auch in der Rechtsprechung anerkannt (RGZ. Bd. 75 S. 41, Bd. 76 S. 113). Das Gewohnheitsrecht bedarf keiner Gestaltung durch das Gesetz (s. Bd. I Einleitung V, 2 S. 13; Enneccerus § 35, 1). Soferne man aber auch das Gewohnheitsrecht auf staatliche Autorität zurückführen will, nämlich auf seine Zulassung durch den Gesetzgeber (so Laband, Staatsrecht 5. Aufl. Bd. 2 § 57, III S. 75; Nawiasky, Bayer. Verfassungsrecht S. 340 f. u. a., Seydel, Bayer. Staatsrecht Bd. II § 201 S. 310: „Die Leute, welche durch ihre Gewohnheit den Rechtssatz schaffen, machen ihn nicht zum Rechtssatz, der Herrscher ist es, der den durch Gewohnheit gebildeten Rechtssatz zum Gesetz erhebt, indem er ihn ausdrücklich anerkennt und ihm zwingende Kraft beilegt"; ebenso Piloty-Seydel Bd. I § 145 S. 839), ist die das Gewohnheitsrecht anerkennende Vorschrift in Art. 2 EG. zu finden, weil in der Rechtswissenschaft auch das Gewohnheitsrecht als Rechtsnorm gilt (s. Eck, Vorträge a. a. O.).

Für das Gewohnheitsrecht lassen sich folgende Leitsätze aufstellen:

a) Der **Begriff** des Gewohnheitsrechts und die **Voraussetzungen** für die Bildung desselben sind der Rechtswissenschaft zu entnehmen. Darnach ist Gewohnheitsrecht das Recht, das, ohne vom Staate gesetzt zu sein, tatsächlich geübt wird. Es entsteht dadurch, daß es in gleichmäßiger dauernder Übung als Recht in der Überzeugung von der rechtlichen Notwendigkeit der Übung angewendet wird. Die Übung ist nicht nur Erkennungsmittel des Gewohnheitsrechts, sondern ein Erfordernis seiner Entstehung. (S. das Nähere in Windscheid-Kipp I §§ 15 ff.; Dernburg, Pand. § 27, Lehrb. § 28; Enneccerus §§ 35, 36; Cosack § 8; Endemann § 9; Gierke, DPrR. I S. 165 ff.; Oertmann, Rechtsordnung und Verkehrssitte S. 16 ff.; RGZ. Bd. 3 S. 210,

Bd. 20 S. 304, Bd. 44 S. 33, Bd. 75 S. 41, Bd. 76 S. 113; RG. in WarnE. 1913 Nr. 21, LZ. 1916 Sp. 120 und im „Recht" 1916 Nr. 1320).

Meinungsverschiedenheit herrscht über den Einfluß eines Irrtums (Rechtsirrtums) bei der Übung auf die Bildung von Gewohnheitsrecht. Nach richtiger Anschauung kann sich Gewohnheitsrecht nicht bilden, wenn die Übung in der irrtümlichen Annahme erfolgt, der geübte Satz sei durch Gesetz oder Gewohnheit vorgeschrieben (vgl. RG. in RGZ. Bd. 1 S. 313, Bd. 2 S. 185, Bd. 3 S. 211 ff., Bd. 6 S. 225 ff, Bd. 7 S. 235, Bd. 12 S. 293, Bd. 26 S. 323, Bd. 31 S. 272; SeuffA. Bd. 31 Nr. 120, Bd. 47 Nr. 120; Gruchots Beitr. Bd. 31 S. 893 f.; JW. 1902 S. 94 Nr. 22, S. 639 Nr. 25). Dagegen steht es der Bildung von Gewohnheitsrecht nicht ohne weiteres entgegen, daß die Übung in einem Mißverständnis eines bestehenden Rechtssatzes ihren Ursprung hat, soferne die Übung schließlich nicht mehr aus dem irrigen Grunde, sondern in der Überzeugung von ihrer Rechtmäßigkeit fortgesetzt wird (s. RGRK. Bd. I Vorbem. 2 vor § 1; Windscheid-Kipp § 16 Note 3; Enneccerus, Lehrb. § 36, I, 5, b; RG. in SeuffA. Bd. 80 Nr. 159; a. M. namentlich Zitelmann [Gewohnheitsrecht und Irrtum] in ArchZivPrax. Bd. 66 S. 323 ff., nach dem Rechtsirrtum Bildung des Gewohnheitsrechts niemals hindert; s. dort, insbesondere S. 349 Note 18, die verschiedenen Meinungen im Schrifttum; s. ferner Wendt, Jahrb. f. Dogm. Bd. 22 S. 324 ff.).

b) Dem Gewohnheitsrecht kommt als Rechtsnorm die gleiche Kraft wie dem Gesetzesrecht zu. Durch Gewohnheitsrecht kann grundsätzlich bestehendes Recht — Gewohnheits- und Gesetzesrecht — abgeändert und aufgehoben werden (Planck Bem. 2, b, Niedner Bem. 5, Enneccerus § 37, I). Auf dem Gebiete des bürgerlichen Rechts ist aber seit dem Inkrafttreten des BGB. und des EG., sowohl was die Bildung als was die Wirkung des Gewohnheitsrechts anlangt, zwischen Reichsgewohnheitsrecht und partikularem Gewohnheitsrecht zu unterscheiden.

α) **Reichsgewohnheitsrecht** — das ist Gewohnheitsrecht, das nach seinem Inhalt für das ganze Reich Bedeutung hat, wenn es auch nur für bestimmte Berufsstände, z. B. Kaufleute, oder bestimmte Angelegenheiten, z. B. Schiffahrt, gilt (Enneccerus § 37 Note 4) — kann sich uneingeschränkt auch unter der Herrschaft des BGB. bilden und zwar nicht bloß als ergänzendes, sondern auch als widerstreitendes, also abänderndes und aufhebendes Recht; auch Vorschriften des BGB. unterliegen solcher Einwirkung von Gewohnheitsrecht (ebenso Planck Bem. 1 Einl., Niedner Bem. 5, a zu Art. 2, Enneccerus § 37, II, Cosack § 8, II, 1, a, Crome § 17, 3 S. 86, Küntzel in GruchotsBeitr. Bd. 41 S. 488, Oertmann, Rechtsordnung und Verkehrssitte S. 356; s. auch Mund in GruchotsBeitr. Bd. 40 S. 698; RG. in Bd. 5 S. 130, Bd. 18 S. 261, Bd. 37 S. 179; zweifelnd hinsichtlich derogatorischer Wirkung Endemann § 9, 3, b S. 39).

Auch gegen zwingende Rechtssätze des geschriebenen Rechts kann sich Gewohnheitsrecht bilden. Die Bildung von Reichsgewohnheitsrecht setzt aber immer eine allgemeine Übung im ganzen Reich voraus (Staub-Bondi, HGB. Bd. I Einl. Anm. 27).

β) **Partikuläres Gewohnheitsrecht** auf dem Gebiete des Privatrechts ist grundsätzlich durch Art. 55 EG. beseitigt, da nach dieser Vorschrift alle privatrechtlichen Vorschriften der Landesgesetze, das sind alle landesrechtlichen Rechtsnormen (Bem. 7 zu Art. 55), außer Kraft treten, soweit nicht in dem BGB. oder dem EG. ein anderes bestimmt ist. Gegen zwingendes Reichsrecht kann sich partikulares Gewohnheitsrecht nicht mehr bilden; das ergibt sich aus Art. 3 ff., 13 Abs. 1 der RV. vom 11. Aug. 1919.

In Kraft bleibt es und es kann sich neues partikulares Gewohnheitsrecht nur bilden (Art. 3) auf den im 3. Abschnitt des EG. oder im BGB. (s. z. B. § 919) der Landesgesetzgebung vorbehaltenen Gebieten des bürgerlichen Rechts und unter örtlicher Beschränkung seiner Wirksamkeit auf das Gebiet des betreffenden deutschen Landes (im Sinne von Art. 2 Satz 1 RV. vom 11. Aug. 1919). Über die Geltung des Gewohnheitsrechts auf den vorbehaltenen Rechtsgebieten entscheidet das Landesrecht. Im Rahmen der Vorbehalte kann sich künftig landesrechtliches Gewohnheitsrecht auch für räumliche Gebiete bilden, in denen nach dem bis zum 1. Januar 1900 in Geltung gewesenen Privatrecht (wie nach französischem, badischem, sächsischem, vorderösterreichischem Recht) die Bildung ausgeschlossen war; es ist deshalb auch durch Art. 53 des sächsischen AG.BGB. vom 18. Juni 1898 der § 28 des sächs. bürgerlichen Gesetzbuchs ausdrücklich aufgehoben worden. Abgelehnt wurde von der II. Kommission der unwissenschaftliche Gedanke, gewohnheitsrechtliche Normen, welche eine Landesgesetzgebung aufgehoben hatte, wieder in das Leben zu rufen. Daß für Rechtsgebiete, in denen das bis zum Inkrafttreten des BGB. geltende Recht zwar die Bildung neuen Gewohnheitsrechts untersagt, aber das schon vorher (z. B. vor Einführung des badischen Landrechts) vorhandene Gewohnheitsrecht nicht aufgehoben hatte, ein solches auch jetzt noch geübtes Gewohnheitsrecht im Rahmen der Vorbehalte zugunsten der Landesgesetze bestehen bleibt, ist selbstverständlich (P. I, 619, Niedner Bem. 5, b).

Die Kraft partikularen Gewohnheitsrechts ist gleichfalls räumlich auf das Gebiet des Landes beschränkt, in dem es sich in zulässiger Weise bildet. Durch dasselbe können nur landesrechtliche Rechtsnormen des betreffenden deutschen Landes (Gesetzes- und Gewohnheitsrecht) abgeändert oder aufgehoben werden. Dagegen kann sich partikulares Gewohnheitsrecht nicht mit Reichsrecht in Widerspruch setzen, es kann auch Reichsrecht nicht ergänzen; Gewohnheitsrecht kann keine größere Kraft und weitergehendere Wirkung haben als Gesetzesrecht; wenn allgemein im Rahmen der Gesetzgebungsmacht des Reichs Reichsrecht dem Landesrecht vorgeht (s. Art. 55 EG., Art. 2 Satz 1 der alten, Art. 13 Abs. 1 der neuen RV.), so kann auch Landes-Gewohnheitsrecht gegen Reichsrecht keine Geltung in Anspruch nehmen (Reichsrecht bricht auch Landesgewohnheitsrecht; herrschende Meinung; RGRK. Bd. I Vorbem. 2 vor § 1; s. Crome in JheringsJ. Bd. 39 S. 32, Oertmann in ArchBürgR. Bd. 15 S. 447, Staub-Bondi, HGB. Bd. I Einl. Anm. 28, Crome, System § 17, 3; mit abweichender Begründung im Erfolg ebenso Enneccerus § 37, III und Note 6).

S. auch Bem. 7 zu Art. 55.

Örtliches Gewohnheitsrecht wird Observanz genannt; sie steht in ihrer Wirkung dem Landesgewohnheitsrecht gleich (s. RGZ. Bd. 76 S. 114).

Eine Sondervorschrift für das Verhältnis partikularen Gewohnheitsrechts zum Reichsrecht enthalten § 40 Abs. 1 KonsGG. und § 3 SchutzgebG.; darnach geht Handelsgewohnheitsrecht, das sich in den Konsulargerichtsbezirken und in Schutzgebieten gebildet hat, dem dort nach § 19 KonsGG. an sich geltenden Reichsrecht vor.

c) Hinsichtlich des **Beweises** von Gewohnheitsrecht s. § 293 ZPO.; darnach ist dem Richter die Kenntnis von Gewohnheitsrecht, auch wenn es in seinem Gerichtsbezirk gilt, nicht zugemutet. Wer sich auf Gewohnheitsrecht beruft, muß es auf Verlangen des Richters beweisen, nämlich seinen Inhalt und seine Entstehung. Der Richter ist aber weder auf den Parteibeweis angewiesen, noch an denselben gebunden, er kann vielmehr jede sonstige ihm geeignet erscheinende Erkenntnisquelle von Amts wegen benutzen (s. Näheres in den Kommentaren zur ZPO. zu § 293; aus der Rechtsprechung vgl. namentlich RG. in RGZ. Bd. 30 S. 366 ff.; SeuffA. Bd. 19 Nr. 105, 211, Bd. 40 Nr. 269; JW. 1891 S. 331 Nr. 6; BayObLGZa. Bd. 9 S. 569).

d) Einen wohl vereinzelt dastehenden Fall der Aufhebung von Gewohnheitsrecht durch Gesetz enthält das G. für den Landesteil Lübeck vom 30. März 1927 (GVBl. für Oldenburg, Landesteil Lübeck, Nr. 98), das ein dem Nachbarrecht angehöriges Gewohnheitsrecht beseitigt.

e) Kein Gewohnheitsrecht und deshalb auch keine Rechtsnorm i. S. des Art. 2 ist die **Verkehrssitte***), das ist ein Gebrauch, der nicht mit dem Willen geübt wird, eine bindende Regel zu verwirklichen, „die aus der Erfahrung zu entnehmende, den Verkehr tatsächlich beherrschende Übung" (Bem. 3 zu § 157 in Bd. I, Staub a. a. O. Anm. 32, RGZ. Bd. 49 S. 162). Da die Verkehrssitte nicht Gesetz ist, sind auch lokale Verkehrssitten durch die Vorschrift des Art. 55 EG. nicht beseitigt.

---

*) Oertmann, Rechtsordnung und Verkehrssitte, Leipzig 1914; Bendix, Verkehrssitte und Handelsgebräuche, JW. 1921 S. 226; Staub-Bondi, Komm. z. HGB. Bd. I allgem. Einleitung Anm. 30—35; Enneccerus, Lehrbuch des b. R. §§ 38, 53.

Wesentliche Bedeutung hat die Verkehrssitte für die Auslegung von Willenserklärungen und Rechtsgeschäften; s. namentlich §§ 157 und 242 BGB. und die Bem. hiezu in Bd. I und II.

Für das Gebiet des Handelsrechts stehen der Verkehrssitte die im Handelsverkehr geltenden Gewohnheiten und Gebräuche gleich, § 346, auch § 359 HGB.; auch sie sind nur Hilfsmittel zur Auslegung von Handlungen und Unterlassungen — und zwar unter Kaufleuten —, die der Richter berücksichtigen muß.

Verkehrssitte kann sich zum Gewohnheitsrecht verdichten, wenn sie dauernd gleichmäßig mit dem Willen geübt wird, Recht zu verwirklichen.

IV. Rechtsanwendung ist und schafft grundsätzlich keine Rechtssätze die **Analogie**; sie ist die Ausdehnung des einem einzelnen Gesetz (Gesetzesanalogie) oder der Rechtsordnung (Rechtsanalogie) zu entnehmenden Grundsatzes (s. das Nähere in der Einleitung zu Bd. I unter VI, 4 S. 19 ff.; Enneccerus Bd. I § 53, Fischer in JheringsJ. Bd. 65 S. 141 ff.). Aus der Analogie kann sich, nämlich durch fortdauernd gleichmäßige Anwendung, ein Satz des Gewohnheitsrechts entwickeln.

V. Die dem Art. 2 inhaltlich entsprechende Vorschrift, daß Gesetz jede Rechtsnorm sei, enthalten auch § 12 EG.ZPO., § 2 EG.KO. und § 7 EG.StPO.

VI. Die entsprechende Anwendung der Vorschrift des Art. 2 ist angeordnet in § 185 Abs. 2 FGG., § 82 Abs. 2 GBO. und § 1 Abs. 2 EG.ZVG.

Art. 3.*)

Soweit in dem Bürgerlichen Gesetzbuch oder in diesem Gesetze die Regelung den Landesgesetzen vorbehalten oder bestimmt ist, daß landesgesetzliche Vorschriften unberührt bleiben oder erlassen werden können, bleiben die bestehenden landesgesetzlichen Vorschriften in Kraft und können neue landesgesetzliche Vorschriften erlassen werden.

E. I, 3; II, 3; III, 4.

Vorbehalte des BGB. und EG. zugunsten der Landesgesetzgebung.

1. Die Vorschrift dieses Artikels hat (nach Mot. z. EG. 64) den Zweck, die Bedeutung der Ausdrücke außer Zweifel zu stellen, welche in dem BGB. und in dem EG. bei Aufstellung der Vorbehalte zugunsten der Landesgesetze angewendet worden sind. Es sind dies namentlich die Redewendungen: „Unberührt bleiben" (vgl. unten Art. 56 ff.) und „In Kraft bleiben" (vgl. unten Art. 157 ff.). Die Veranlassung zu der Vorschrift waren die Mißverständnisse, welche sich aus dem Gebrauch ähnlicher Ausdrücke in früheren Gesetzen ergeben hatten (vgl. RGZ. Bd. 7 S. 348, 399 ff.).

Die Ausdrücke:

a) „die Regelung eines Gegenstandes ist der Landesgesetzgebung vorbehalten",
b) „landesgesetzliche Vorschriften bleiben unberührt",
c) „landesgesetzliche Vorschriften können erlassen werden"

sind sprachlich nicht gleichbedeutend; so sagt der zu b eigentlich nur, daß bestehende Vorschriften in Geltung bleiben, der zu c nur, daß künftig Vorschriften der Länder zulässig sein sollen. Nach der ausdrücklichen Vorschrift des Art. 3 sollen sie aber für die Anwendung der Gesetze eindeutig sein und jeder derselben soll dahin verstanden werden: Sofern der betreffende Gegenstand landesgesetzlich schon geregelt ist, bleiben diese landesgesetzlichen Vorschriften in Kraft, sie können durch andere neue ersetzt werden und, wenn der Gegenstand landesgesetzlich noch nicht geregelt ist, kann dies jederzeit geschehen.

Eine Ausnahme macht Art. 56, der die Aufrechthaltung von Staatsverträgen der Bundesstaaten mit ausländischen Staaten zum Gegenstand hat; dort hat der Ausdruck „Unberührt bleiben" die engere Bedeutung, die ihm sprachlich zukommt; nur bereits geschlossene Staatsverträge bleiben in Kraft, neue können grundsätzlich von den Ländern nicht mehr geschlossen werden; s. Bem. 4 und 6 zu Art. 56.

2. Vorbehalte zugunsten der Landesgesetze ergeben sich aus mehrfachen Vorschriften des BGB.; s. z. B. die §§ 85, 233, 907, 919, 1315, 1322, 1723,

*) Zitelmann, Zum Grenzstreit zwischen Reichs- und Landesrecht, S. 46—48, Leipzig 1902.

1745, 1807 Abs. 2 mit 1642, 1808, 2194 Satz 2; hier ist meist anders, als in Art. 3 vorgesehen, auf Landesrecht verwiesen.

Das EG. enthält Vorbehalte namentlich im 3. Abschnitt (Art. 55—152); gewöhnlich sind die Ausdrücke „Unberührt bleiben die landesgesetzlichen Vorschriften" oder „werden nicht berührt" gebraucht. In einzelnen Artikeln findet sich die Wendung „die Landesgesetze können bestimmen"; s. z. B. Art. 141, 144 Satz 2, 145, 146, ähnlich Art. 148; auch diese Wendung ist im Sinne des Art. 3 auszulegen.

Im 4. Abschnitt des EG. ist wiederholt bestimmt, daß „die Landesgesetze in Kraft bleiben", so z. B. in Art. 164, 165, 166, 167. Dieser Ausdruck bezieht sich nur auf bestehende Gesetze; es bestimmt aber Art. 218 EG. hiezu, daß landesgesetzliche Vorschriften, die nach Bestimmungen des 4. Abschnittes maßgebend bleiben, nach dem Inkrafttreten des BGB. durch Landesgesetz auch geändert werden können.

3. Im Entwurf enthielt der Art. 3 noch den Schlußsatz:

> „ein neben dem BGB. und diesem Gesetze in Kraft bleibendes Reichsgesetz kann jedoch durch Landesgesetz nicht aufgehoben oder geändert werden."

Es sollte damit jeder Zweifel beseitigt werden, daß die in dem BGB. und dem EG. ausgesprochenen Vorbehalte nur das Verhältnis des BGB. und des EG. zu den Landesgesetzen betreffen, daß sie aber zur Durchbrechung anderer reichsgesetzlicher Vorschriften nicht ermächtigen (Mot. 64). Der Halbsatz wurde nachher als entbehrlich gestrichen, weil das Mißverständnis, dem er nach den Mot. begegnen sollte, bei richtiger Auffassung des ersten Halbsatzes des Entwurfes nicht möglich sei (Prot. VI, 362). Für die Auslegung des Art. 3 ist der Halbsatz trotz der Streichung von Bedeutung; er betonte, was Art. 3 an sich deutlich genug ergibt.

4. Soweit in bisherigen Reichsgesetzen landesgesetzliche Vorschriften vorbehalten sind, ist Art. 3 nicht anwendbar. Aus den Motiven zu Art. 27 des Entwurfs (Art. 45 EG.) ergibt sich aber, daß durch den Art. 3 „ein reichsgesetzlicher Sprachgebrauch sanktioniert" werden sollte und daß sich an denselben auch die Auslegung bisheriger Reichsgesetze anlehnen dürfe.

5. Die entsprechende Anwendung des Art. 3 ist angeordnet in § 185 Abs. 2 FGG., § 82 Abs. 2 GBO. und § 1 Abs. 2 EG.ZVG.

Art. 4.*)

Soweit in Reichsgesetzen oder in Landesgesetzen auf Vorschriften verwiesen ist, welche durch das Bürgerliche Gesetzbuch oder durch dieses Gesetz außer Kraft gesetzt werden, treten an deren Stelle die entsprechenden Vorschriften des Bürgerlichen Gesetzbuchs oder dieses Gesetzes.

E. I, 4; II. 4; III, 4.

Ersatz der Verweisung auf aufgehobenes Zivilrecht durch entsprechende Vorschriften des BGB. und des EG.

I. Entstehungsgeschichte: Die jetzige Fassung des Art. 4 entspricht mit geringen redaktionellen Änderungen der Fassung der I. Komm. In der II. Komm. war anfänglich noch folgender zweite Satz vorgeschlagen worden:

> „Das gleiche gilt für die in solcher Weise außer Kraft gesetzten Vorschriften der Landesgesetze, es sei denn, daß das Landesgesetz einen Gegenstand betrifft, welcher der landesgesetzlichen Regelung vorbehalten bleibt und die Vorschrift, auf welche verwiesen wird, einen selbständigen Teil dieses Landesgesetzes zu bilden bestimmt ist."

eventuell:

> „Das gleiche gilt für die in solcher Weise außer Kraft gesetzten Vorschriften der Landesgesetze, es sei denn, daß sich aus dem Landesgesetz etwas anderes ergibt" (P. VI, 363).

Bei der zweiten Lesung des Entwurfs war in der II. Komm. von der Redaktionskommission, der diese Anträge zugewiesen wurden, die in das Gesetz übergegangene

---

*) Schrifttum: Rahmbohr, Welche Wirkungen treten in den Fällen des Art. 4 hinsichtlich der bereits bestehenden Rechtsverhältnisse ein? Gruchots Beitr. Bd. 46 S. 318 ff.; Stranz, Verhältnis des Reichsprivatrechts zum Landesprivatrecht, Holtzendorff, Enzyklopädie Bd. I S. 787—791; Zitelmann, Zum Grenzstreit zwischen Reichs- und Landesrecht S. 48 ff., Leipzig 1902.

Fassung des Artikels vorgeschlagen, von anderer Seite aber ein etwas anderer Wortlaut und dazu folgender zweiter Satz beantragt worden:

„Für ein in Kraft bleibendes Landesgesetz gilt dies nur insoweit, als nicht aus dem Gesetze sich ein anderes ergibt" (P. IV, 599).

Es war bei dem Antrag des Falles gedacht, daß ein Landesgesetz die Vorschrift eines anderen Landesgesetzes durch Verweisung auf dasselbe nicht deshalb übernommen hatte, weil die übernommene Vorschrift damals nach ihrem Inhalt allgemein oder wenigstens für einen größeren Kreis von Rechtsverhältnissen und damit auch für das jetzt zu regelnde Rechtsverhältnis anwendbar war, sondern daß zur Erzielung einer knapperen Fassung des neuen Gesetzes oder aus einem ähnlichen Grunde gerade der Inhalt des in Bezug genommenen Gesetzes und ausschließlich derselbe in das neue Gesetz übernommen werden wollte und dauernd (und ohne Rücksicht auf den Fortbestand des verwiesenen Gesetzes) mit dem übernommenen Inhalt Bestandteil des neueren Gesetzes sein sollte.

Der Antrag wurde der Redaktionskommission überwiesen; diese ließ es jedoch — von einer rein sprachlichen Änderung abgesehen — bei dem Entwurf, der Gesetz geworden ist. Aus dem Umstande, daß der Antrag keinen Erfolg hatte, darf aber nicht geschlossen werden, daß das, was der Antrag enthielt und bezweckte, nicht anerkannt werden wollte; die Ablehnung erfolgte vielmehr, weil man in der II. Komm. befürchtete, daß die beantragte Ergänzung des Art. 4 zu Mißverständnissen Anlaß geben könnte. Das ergibt sich aus folgender Feststellung (P. VI, 600):

„Der Antrag bezweckt nur eine Verdeutlichung der Fassung. In der Sache selbst war man allseitig darüber einverstanden, daß, wenn auf das allgemeine Recht nur in dem Sinne verwiesen ist, daß dasselbe als solches, nicht als eine Besonderheit des betreffenden Gesetzes, zur Anwendung kommen solle, das BGB. an die Stelle trete, und daß es, wenn das Landesgesetz eine dem allgemeinen Rechte entnommene besondere Bestimmung enthält, eine Auslegungsfrage sei, ob die Bestimmung unter allen Umständen, oder ob sie nur deshalb gelten solle, weil sie dem allgemeinen Rechte angehöre; im letzteren Falle werde sie durch das BGB. ersetzt."

II. **Begriff der Verweisung**: Jede Rechtsordnung als solche gibt gewisse Rechtsbegriffe und Rechtssätze, welche im Rechtsleben von grundlegender Bedeutung und vielseitig anwendbar sind. Es handelt sich teils um allgemeine Vorschriften eines Rechtssystems überhaupt, teils um Rechtssätze, die wenigstens für einen bestimmt gearteten weiteren Kreis von Rechtsverhältnissen Bedeutung haben, teils um im Recht anerkannte und geregelte Rechtsbeziehungen, die in den verschiedensten Rechtslagen und Rechtsverhältnissen sich einstellen können. Der Gesetzgeber, der solche Rechtsbegriffe oder Rechtssätze vorfindet, hat, wo er sie neuerdings verwendet, nicht not, sie zu wiederholen, er kann sich auf dieselben beziehen.

Verweisung ist also der Ausdruck des Gesetzesinhalts durch Bezugnahme auf einen an anderer Gesetzesstelle oder in einem anderen Gesetze enthaltenen, inhaltlich nicht mehr wiederholten Rechtssatz (Zitelmann a. a. O. S. 49). Verwiesen kann sein auf einzelne bestimmte Gesetzesstellen (Paragraphen) oder auf durch bestimmte Gesetze geregelte Gegenstände (z. B. die Vorschriften über den Eigentumsübergang) oder auf ganze Rechtsteile und Rechtssysteme (Stranz S. 788 § 19).

Die Verweisung kann sein:

a) eine ausdrückliche: es wird auf näher bezeichnete Vorschriften eines anderen Gesetzes, welche zur Ergänzung des die Verweisung enthaltenden Gesetzes herangezogen werden sollen, verwiesen, so z. B. auf die „allgemeinen gesetzlichen Vorschriften" oder auf ganz bestimmte Stellen eines anderen Gesetzes;

b) eine stillschweigende (mittelbare); es ergibt sich aus dem Zusammenhange, daß ein gewisser anderer Rechtssatz Bestandteil des Sondergesetzes ist; eine stillschweigende Verweisung stellt es namentlich dar, wenn ein Rechtsbegriff oder eine Rechtseinrichtung, deren Inhalt und Bedeutung in einem anderen Gesetze geregelt und erläutert ist, mit der ihnen nach jenem anderen Gesetze zukommenden Bezeichnung in dem Sondergesetze genannt wird (Zitelmann a. a. O. S. 49, gegen den Ausdruck „stillschw. Verw." Stranz a. a. O. S. 785, 788), so z. B. die Ausdrücke „Wohnsitz, Geschäftsfähigkeit, Vorsatz, Fahrlässigkeit, Schadensersatz, Verjährung, Zinsen, Verwandtschaft, Schwägerschaft, gesetzlicher Vertreter, Vater, Vormund, Erbe, Pflichtteil usw."; s. aber wegen der Zweifel, die beim Gebrauch solcher Ausdrücke in aufrecht erhaltenen landesgesetzlichen Vorschriften über den Ersatz durch gleichartige Begriffe des BGB. entstehen können, unten Bem. III, 2, d.

c) Verweisung kann auch in der Weise vorkommen, daß statt des Hinweises auf die andere Gesetzesvorschrift, deren Anwendung gewollt, deren Inhalt wiederholt wird (Planck Bem. 2 Abs. 2, Niedner Bem. 1, c; abweichend Dernburg, Bürgerl. R. 3. Aufl. § 10, III, 1 S. 29, Stranz a. a. O. § 21, Zitelmann a. a. O. S. 50, welche die Wiederholung scharf von der Verweisung trennen, ohne aber im Erfolg zu einem anderen Ergebnis zu gelangen). In solchem Falle ist aber mit besonderer Vorsicht zu prüfen, welchen Sinn die Vorschrift haben soll. Eine bloße Verweisung — die bei Außerkrafttreten des herangezogenen Gesetzes gegenstandslos wird und eine Ergänzung notwendig macht — ist nur dann anzunehmen, wenn im Wege der Auslegung bestimmt zu ermitteln ist, daß nicht ein besonderer selbständiger Rechtssatz aufgestellt werden, sondern mit der Vorschrift nur die Übereinstimmung mit der anderen, inhaltlich wiederholten Gesetzesstelle hergestellt werden sollte (vgl. Stranz S. 791 § 21 Nr. 1 a. E.). So kann die Bestimmung eines gewissen Zinssatzes für eine Forderung unter Umständen nur darauf zurückzuführen sein, daß in einem anderen Gesetz allgemein der Zinsfuß für Forderungen der betreffenden Art in jener Höhe festgestellt ist. Hier richtet sich die Verzinsung mit dem Wegfall dieses anderen Gesetzes auch nach dem an seine Stelle tretenden Gesetz. S. übrigens wegen der Verzinsung von Schulden nach einem gesetzlichen Zinssatz die besondere Vorschrift in Art. 10 preuß. AG.BGB. (Becher XIV, 1 S. 6), Art. 175 Nr. 19 bayer. AG.BGB. und Art. 3 bayer. ÜbergG. (Becher III, 7 S. 97 und 8 S. 100).

d) Darüber, daß es sich unter Umständen trotz förmlicher Verweisung auf ein anderes Gesetz sachlich nicht um eine solche, sondern um eine selbständige, auch beim Außerkrafttreten des in Bezug genommenen Gesetzes in Kraft bleibende Vorschrift handeln kann, welche Bestandteil des verweisenden Gesetzes ist und bleibt, s. oben Bem. I — unechte Verweisung —. Die Unterscheidung zwischen echter und unechter Verweisung ist auch im Schrifttum anerkannt (Stranz a. a. O. § 18 S. 788, § 20 S. 790, Niedner Bem. 3, b, Planck Bem. 2, Endemann, Lehrb. 9. Aufl. § 17, 2, a, § 18, 2 a. E.; die Unterscheidung verwirft mit Unrecht Zitelmann a. a. O. S. 58ff.; gegen ihn Stranz S. 788 Note 1). S. auch unten Bem. III, 1, c, α.

III. Tragweite der Vorschrift des Art. 4.

1. Art. 4 regelt die Ergänzung der Gesetze, die vor dem 1. Januar 1900 schon gegolten hatten und in Kraft geblieben sind (siehe wegen der Reichsgesetze Art. 32, wegen der Landesgesetze Art. 55 ff. EG.), hinsichtlich derjenigen privatrechtlichen Vorschriften, auf die dort verwiesen ist, die aber mit dem 1. Januar 1900 außer Kraft getreten sind. Es sollen an die Stelle der durch das BGB. oder des EG. (s. Art. 55 das.) außer Kraft gesetzten Vorschriften die entsprechenden Vorschriften des BGB. oder des EG. treten, das sind Vorschriften, die ihrem wesentlichen Inhalte nach zum Ersatz der aufgehobenen geeignet und zur rechtlichen Regelung des nämlichen Lebensverhältnisses bestimmt sind (Stranz S. 789, II, 3, Zitelmann S. 61 f. Nr. 4).

a) Art. 4 bezieht sich nur auf das Privatrecht, kommt also unmittelbar nicht zur Anwendung, wenn der verweisende Satz dem öffentlichen Landesrechte oder Reichsrechte angehört (Stranz a. a. O. S. 789 f., II, 4); s. aber unten Bem. IV.

b) Die Vorschrift bezieht sich auf Verweisungen — ausdrückliche oder stillschweigende — in Reichsgesetzen und in Landesgesetzen. Unter Gesetz ist auch hier jede Rechtsnorm zu verstehen (Art. 2). Art. 4 gilt also namentlich auch für Staatsverträge des Reiches und der Länder (s. Art. 56), in denen Verweisungen auf das allgemeine Recht enthalten sind (Planck Bem. 3, Niedner Bem. 5), und auch für Gewohnheitsrecht, für dieses allerdings nur in beschränktem Maße, da es regelmäßig nicht mit so bestimmtem Inhalt wie Gesetze Recht geworden ist (Zitelmann S. 48 Note 20); eher ist Verweisung auf Gewohnheitsrecht denkbar (Zitelmann S. 51); s. besonders Art. 1 Abs. 2 bayer. AG.BGB., das Verweisung auf Herkommen ausdrücklich für bindend erklärt.

c) Die Vorschrift, auf welche verwiesen ist, muß außer Kraft gesetzt sein; es kann sich dabei um reichsrechtliche Vorschriften handeln, die nach Maßgabe des Art. 32 Satz 2 EG. nicht mehr gelten, oder um nicht durch Vorbehalte aufrecht erhaltenes Landesprivatrecht; wegen Gewohnheitsrecht s. oben b a. E.

2. Was die **Verweisungen in Landesgesetzen** betrifft, so ist folgendes hervorzuheben:

a) Es kann sich nur um Landesgesetze handeln, die nach den Vorschriften des BGB. (Beispiele s. in Bem. 2 zu Art. 3) oder des III. und IV. Abschnittes dieses Gesetzes dauernd oder vorübergehend auch seit dem 1. Januar 1900 noch in Geltung geblieben sind.

b) Einen Grundsatz, daß das Landesrecht notwendig seine Ergänzung aus dem BGB. findet, soferne das Landesgesetz eine Sonderregelung nicht getroffen hat, stellt das EG. nicht auf (Dernburg, Lehrb. I, 3. Aufl. § 13, VII). An die Stelle der allgemeinen und sonstigen Vorschriften des älteren Rechtes, auf welche in solchen Gesetzen verwiesen ist, traten die entsprechenden Vorschriften des BGB. oder des EG. nur,

α) wenn es sich um eine **echte Verweisung** handelt, d. h. wenn die Verweisung den Sinn hat, daß vom verweisenden Gesetze die jeweils geltenden Vorschriften des Privatrechts in bezug genommen werden wollten (s. Bem. I und II, d);

β) erst recht dann, wenn — was in den Ausführungsgesetzen der einzelnen Bundesstaaten (Länder) vielfach geschah — die Landesgesetze den Ersatz der Verweisungen aus dem neuen bürgerlichen Recht anordnen.

γ) Auf keinen Fall darf in den auf Grund der Vorbehalte erlassenen neueren Ausführungsgesetzen (und Rechtsverordnungen) der Länder in die Bestimmungen der Reichsgesetze, insbesondere des BGB., welche für die Entstehung, das Erlöschen, die Übertragung und Übertragbarkeit der auf dem Reichsrechte beruhenden Rechte und Ansprüche erlassen sind, eingegriffen werden. Auch durch eigentliche Satzungen der innerhalb der Landesgesetzgebung bestehenden autonomen Körperschaften darf dies nicht geschehen (vgl. RG. im „Recht" 1911 Nr. 2171).

c) Es bleibt dagegen bei den in solchen Gesetzen in bezug genommenen Vorschriften des älteren Rechtes,

α) wenn eine **unechte Verweisung** vorliegt; das ist der Fall, wenn die in bezug genommene Vorschrift wegen ihres besonderen Inhalts einen Bestandteil des verweisenden Gesetzes bildet; ob eine unechte Verweisung vorliegt, ob namentlich die Vorschrift, auf welche — ausdrücklich oder stillschweigend oder durch Wiederholung (Bem. II, a—c) — verwiesen ist, zum bleibenden unabänderlichen Inhalt des verweisenden Gesetzes gemacht werden sollte, ist im Wege der Auslegung zu ermitteln; s. Bem. I a. E., Bem. II, d;

β) wenn sich in dem BGB. oder in dem EG. eine entsprechende Vorschrift nicht mehr findet; das ist der Fall, wenn auf Rechtssätze oder Rechtseinrichtungen verwiesen ist, die das BGB. überhaupt nicht mehr oder nur mit wesentlich verändertem Inhalte kennt. Die Fortgeltung des in bezug genommenen Gesetzes setzt allerdings voraus, daß dies nach dem Umfange des Vorbehalts möglich ist. Der Wille des Gesetzgebers, die Vorschrift mit der bisherigen Verweisung aufrecht zu erhalten, wird sich besonders aus der Unterlassung einer Änderung und einer Anpassung des Gesetzes hinsichtlich der verwiesenen Stelle an das neue Recht ergeben. Beispiele vom BGB. nicht übernommener Rechtseinrichtungen sind die „unvordenkliche Verjährung", die Vorschriften über Obereigentum und nützbares Eigentum (vgl. Planck Bem. 2 Abs. 2 a. E.).

d) Wie schon in der vorstehenden Bemerkung c, β angedeutet, können Zweifel über die künftige Bedeutung einer Verweisung namentlich dann entstehen, wenn sich ein dem bisherigen Recht eigener Rechtsbegriff zwar auch im BGB. (oder im EG.) findet, aber mit abweichender rechtlicher Bedeutung oder anderem Inhalt. Es entsteht dann die Frage, ob sich das verweisende Gesetz den Rechtsbegriff nur in der bisherigen Bedeutung und Begrenzung zu eigen machen wollte oder ob es sein sonstiger Inhalt erlaubt, den Rechtsbegriff in seiner jetzigen Bedeutung in dasselbe einzuführen. Soferne sich nicht der Gesetzgeber selbst — wie dies im Reichsrecht vielfach geschehen, s. Bem. 3 unten — veranlaßt sieht, die Frage zu klären, ist sie durch Auslegung zu entscheiden. Die Vorschriften des neuen Rechts sind dann nicht anzuwenden, wenn sie mit dem Wesen und dem Zwecke des in dem verweisenden Gesetze enthaltenen Sonderrechts nicht in Einklang stehen (Dernburg, Lehrb. I, 3. Aufl. § 16, IV).

Als Beispiele dienen besonders die Begriffe „Ehelichkeit“, „väterliche Gewalt“, „gesetzlicher Vertreter“, „Verwandtschaft und Schwägerschaft“ (s. Planck Bem. 2 Abs. 2 und Bem. 4, 5, Niedner Bem. 3, b). Welche Kinder ehelich sind, ergibt sich aus den §§ 1591—1600 BGB.; das BGB. verleiht aber auch Kindern aus nichtiger Ehe, legitimierten und angenommenen Kindern, in gewissen Beziehungen auch unehelichen Kindern die rechtliche Stellung von ehelichen Kindern (§§ 1699, 1719, 1723, 1736, 1754, 1705; s. Vorbem. 2 vor § 1591 in Bd. IV S. 848); es kann Zweifel entstehen, ob sich da, wo in aufrecht erhaltenen Landesgesetzen von „ehelichen Kindern“ die Rede ist, eine Ausdehnung des Begriffes im Sinne des BGB. auf legitimierte und namentlich angenommene Kinder mit dem Inhalt des verweisenden Gesetzes vereinbaren läßt. Ähnlich verhält es sich mit dem Begriff „väterliche Gewalt“, an dessen Stelle im BGB. die elterliche Gewalt, die auch der Mutter zustehen kann (§§ 1684 ff. BGB.), getreten ist, und dem im BGB. gleichfalls unter bestimmten Voraussetzungen auf die Mutter ausgedehnten Begriffe „gesetzlicher Vertreter“. Soweit sich die Voraussetzungen der Verwandtschaft und Schwägerschaft im BGB. gegenüber den Landesgesetzen verändert haben, ist Prüfung am Platze, ob die verweisenden Gesetze diese Begriffe nicht gerade in ihrer bisherigen Bedeutung im Auge hatten, besonders eine Ausdehnung des Begriffes nicht vertragen.

e) Gleiche oder ähnliche Vorschriften wie Art. 4, nämlich die Anordnung der Ergänzung verweisender Gesetze aus neuen Landesgesetzen, die an die Stelle aufgehobener getreten sind, enthalten eine Reihe von Ausführungsgesetzen zum BGB.; s. für Preußen Art. 87, Sachsen § 54, Baden Art. 2 (früher Art. 3), Hessen Art. 287, Mecklenburg-Schwerin § 2, Oldenburg § 49, Braunschweig § 1, Anhalt Art. 73, Bremen § 68, Lübeck § 174, Mecklenburg-Strelitz § 2, Waldeck Art. 47, Sachsen-Altenburg § 151, Sachsen-Coburg Art. 1, Sachsen-Meiningen Art. 31 § 3, Sachsen-Weimar § 2, Schwarzburg-Rudolstadt Art. 2, Schwarzburg-Sondershausen Art. 64, Elsaß-Lothringen G. vom 29. Nov. 1899 §§ 2, 3.

3. Für die **Verweisungen in den vor dem 1. Januar 1900 in Kraft getretenen Reichsgesetzen** gilt grundsätzlich das nämliche, was unter 1 für die Verweisungen in Landesgesetzen ausgeführt ist.

Auch in Reichsgesetzen ist mit unechten Verweisungen zu rechnen, also im Einzelfall zu prüfen, ob es sich um eine reine, durch das neue Recht ersetzbare Verweisung handelt oder ob die Verweisung nicht den Sinn einer Übernahme des Inhalts der in Bezug genommenen Vorschrift hat. Dabei ist freilich zu beachten, daß es für die Regel dem Streben nach Rechtseinheit nicht entsprechen wird, daß Verweisungen auf inhaltlich möglicherweise verschiedenes Landesprivatrecht als Inhalt von Reichsgesetzen aufrecht erhalten bleiben, statt sie durch das neue einheitliche Reichsrecht zu ersetzen. In den Prot. ist besonders des Begriffes „eheliche Kinder“ gedacht und mit Recht darauf hingewiesen, daß die im BGB. vorgenommene Gleichstellung angenommener Kinder häufig nicht dem Sinne des Sondergesetzes, das sich mit Rechtsverhältnissen ehelicher Kinder befaßt, entsprechen wird (P. 562).

Viele Zweifel, die entstehen hätten können, sind durch die im 2. Abschnitt des EG. (Art. 34 ff.) vorgenommenen Änderungen bestehender Reichsgesetze, welche die Anpassung an das neue bürgerliche Recht des BGB. bezweckten, abgeschnitten (s. Vorbem. 2 zum 2. Abschnitt). Die Anwendung der Vorschriften des BGB. über Verwandtschaft und Schwägerschaft ist für eine Reihe von Reichsgesetzen in Art. 33 EG. ausdrücklich vorgeschrieben; darüber, daß Art. 33 für das Strafgesetzbuch nicht gilt, s. Bem. II, 1, c zu Art. 33.

IV. Auch das **öffentliche Recht** bedarf vielfach der Erläuterung und Ergänzung aus dem Privatrecht. Diesem ist die Bedeutung von Rechtsbegriffen wie „Wohnsitz“, „volljährig“, „minderjährig“, „eheliche Kinder“, „gesetzlicher Vertreter“ und viele dergleichen mehr zu entnehmen. Dabei handelt es sich nicht so sehr um Verweisungen auf das Privatrecht als um die Voraussetzung, daß diese Begriffe im Privatrecht geregelt sind.

Bei Reichsgesetzen öffentlich-rechtlichen Inhalts, die vor der Einführung des BGB. erlassen sind, können nicht ohne weiteres die Begriffsbestimmungen des BGB. als übernommen gelten, allein für die Regel ergibt sich die Ergänzung aus dem jeweils geltenden Reichsprivatrecht von selbst. Für das öffentliche Recht der einzelnen deutschen Länder wird häufig eine ähnliche Ergänzung dem Sinne und der Absicht des betreffenden Rechts entsprechen. Die Entscheidung hierüber im Wege der

Gesetzgebung, soweit es für erforderlich erachtet wird, ist jedoch Aufgabe der Landesgesetzgebung auf dem Gebiete des öffentlichen Rechts und konnte nicht Sache der bürgerlichen Gesetzgebung des Reiches sein. Deshalb ist Art. 4 EG. auch nicht entsprechend anwendbar. So wurde auch davon Abstand genommen, die Vorschriften des BGB. über Schuldverhältnisse auf die Schuldverhältnisse für anwendbar zu erklären, welche öffentliche Lasten und Abgaben zum Gegenstande haben; vgl. Art. 104 EG., Art. 65 des Entw. (Mot. 64 f.; s. auch Zitelmann S. 53 f. unter a und b und S. 59 ff., Kisch, Els.-Lothr. Privatrecht S. 8 Note 12, SächsOVG. Bd. 7 S. 193 ff.).

V. Ähnliche Vorschriften wie Art. 4 EG. enthalten der Art. 3 EG.HGB. aus Anlaß der Ersetzung des Allgemeinen deutschen Handelsgesetzbuchs durch das HGB. vom 10. Mai 1897, § 79 des RG. vom 7. April 1900 über die Konsulargerichtsbarkeit (RGBl. S. 213) aus Anlaß der Beseitigung des gleichnamigen Gesetzes vom 10. Juli 1879, § 138 der SeemannsO. vom 2. Juni 1902 (RGBl. S. 175), das an Stelle des gleichnamigen Gesetzes vom 27. Dez. 1872 trat, endlich § 3 EG.StGB. hinsichtlich der durch das StGB. außer Kraft gesetzten strafrechtlichen Vorschriften der Landesgesetze.

VI. Die entsprechende Anwendung des Art. 4 ist angeordnet in § 185 Abs. 2 FGG., § 82 Abs. 2 GBO. und § 1 Abs. 2 EG.ZVG.

Art. 5.

Als Bundesstaat im Sinne des Bürgerlichen Gesetzbuchs und dieses Gesetzes gilt auch das Reichsland Elsaß-Lothringen.

E. I, 5; II, 5; III, 5.

Elsaß-Lothringen war bei Erlaß des EG. nicht Bundesstaat im Sinne der alten Reichsverfassung, sondern Reichsland. Im BGB. und im EG. finden sich eine Reihe von Vorschriften für die Bundesstaaten (nunmehr nach der RV. vom 11. Aug. 1919 „deutschen Länder"); s. z. B. §§ 22, 80, 395, 1322, 1723, 1745, 1807, 1936 BGB. Zweck und Inhalt dieser Vorschriften erforderte, im Sinne derselben Elsaß-Lothringen den Bundesstaaten gleichzustellen (Mot. 65). Über die Bedeutung der Vorschrift s. Kisch, Els.-Lothr. Privatrecht S. 14 f.

Mit der Abtretung von Elsaß-Lothringen an Frankreich gemäß Art. 51 des Versailler Friedensvertrages vom 28. Juni 1919 ist die Bestimmung des Art. 5 künftig gegenstandslos.

Art. 6.*)

In bürgerlichen Rechtsstreitigkeiten, in welchen durch Klage oder Widerklage ein Anspruch auf Grund des Bürgerlichen Gesetzbuchs geltend gemacht ist, wird die Verhandlung und Entscheidung letzter Instanz im Sinne des § 8 des Einführungsgesetzes zum Gerichtsverfassungsgesetze dem Reichsgerichte zugewiesen.

Sten.-Ber. 3024, 3096.

Zuständigkeit des Reichsgerichts für Revisionen auf Grund des BGB.

1. Der Artikel wurde erst im Plenum des Reichstags beschlossen. Zur Begründung der Aufnahme dieses Artikels wurde vom Antragsteller ausgeführt: Wenn man die Einheit des bürgerlichen Rechts, wie sie das BGB. bringen solle, ernstlich wolle, müsse man auch die Einheit der Rechtsprechung sichern; der Antrag beschränke die Zuständigkeit des Reichsgerichts ausdrücklich auf alle diejenigen Dinge, für welche das BGB. materiell einheitliches Recht schaffen werde.

2. Nach § 133 Nr. 1 GVG. in der Fassung vom 22. März 1924 (RGBl. 1924 I S. 299 ff. — früher § 135) ist in bürgerlichen Rechtsstreitigkeiten grundsätzlich das Reichsgericht für die Verhandlung und Entscheidung über das Rechtsmittel der Revision gegen die Endurteile der Oberlandesgerichte sowie gegen die Endurteile der Landgerichte im Falle des § 566 a ZPO. (Sprungrevision) zuständig.

---

*) Bürck, Die Zuständigkeitsprüfung des Bayer. Obersten Landesgerichts nach § 7 EG.ZPO. im Hinblick auf Art. 6 EG.BGB., JW. 1900 S. 801 f.; Seuffert, Die Zukunft des Bayer. Obersten Landesgerichts, SeuffBl. Bd. 62 S. 97 ff.

§ 8 Abs. 1 EG.GVG. gestattete der Gesetzgebung eines Bundesstaats, in welchem mehrere Oberlandesgerichte errichtet wurden, die Verhandlung und Entscheidung der zur Zuständigkeit des Reichsgerichts gehörenden Revisionen in bürgerlichen Rechtsstreitigkeiten einem obersten Landesgerichte zuzuweisen.

Diese Ermächtigung für die Landesgesetzgebung wurde jedoch erheblich eingeschränkt durch die Bestimmung in Abs. 2 des § 8 EG.GVG. früherer Fassung. Die Zuständigkeit des obersten Landesgerichts ist ausgeschlossen, das Reichsgericht ist ausschließlich zuständig

a) in bürgerlichen Rechtsstreitigkeiten, welche zur Zuständigkeit des Reichs-Oberhandelsgerichts gehört hatten,

b) in solchen, welche durch besondere Reichsgesetze dem Reichsgerichte zugewiesen werden (s. Stein-Jonas, Komm. z. ZPO. Bem. VI, 1 zu § 1 ZPO.).

Von der Befugnis nach § 8 EG.GVG. hat lediglich **Bayern** Gebrauch gemacht; Art. 42 AG.GVG. Durch die Errichtung eines obersten Landesgerichts als Revisionsgericht sollte namentlich die einheitliche Auslegung und Anwendung des Landesrechts sichergestellt werden. Die Erreichung dieses Zweckes war bis zu einem gewissen Grade durch die Fassung und den Inhalt des Art. 6 EG.BGB. gefährdet. Deshalb wurde auf Veranlassung Bayerns dem Abs. 2 des § 8 EG.GVG. durch Art. I des RG., betr. die bei einem obersten Landesgericht einzulegenden Revisionen in bürgerlichen Rechtsstreitigkeiten, vom 20. Febr. 1911 (RGBl. S. 59) folgender Halbsatz angefügt:

„es sei denn, daß für die Entscheidung im wesentlichen Rechtsnormen in Betracht kommen, die in Landesgesetzen enthalten sind."

Über Veranlassung und Wirkung dieser Ergänzung des § 8 EG.GVG. s. des Näheren in der Begründung des Entw. zum G. vom 20. Febr. 1911, Anl. zu den StenBer. der Verhandlungen des RT. 1909/1911 (XII. Leg.-Per., 2. Sess.) Nr. 662, ferner Unzner in DJZ. 1911 S. 395 ff., insbes. S. 400, Jäger in BayZ. 1911 S. 73 ff. und in DJZ. 1911 S. 402 ff., Neumiller in SeuffBl. Bd. 76 S. 185 ff.

Darnach ist die Zuständigkeit des Reichsgerichts in Sachen, welche zur Zuständigkeit des Reichs-Oberhandelsgerichts gehört hatten oder dem Reichsgericht durch besondere Gesetze zugewiesen sind, dann nicht gegeben, wenn für die Entscheidung im wesentlichen nur Rechtsnormen in Betracht kommen, die in Landesgesetzen enthalten sind.

Die in Art. 6 EG.BGB. bezeichneten bürgerlichen Rechtsstreitigkeiten sind dem Reichsgericht als Revisionsinstanz „im Sinne des § 8 EG.GVG." zugewiesen. Die Änderung des § 8 EG.GVG. bedingt daher auch die entsprechende Einschränkung der Zuständigkeit des Reichsgerichts, soweit sie sich auf Art. 6 EG.BGB. gründen würde.

3. Zuständigkeit des Reichsgerichts nach Art. 6. Der Art. 6, der an die Vorschrift in § 8 Abs. 2 EG.GVG. („durch besondere Reichsgesetze dem Reichsgericht zugewiesen") anknüpft, dient nur der Abgrenzung der Zuständigkeit zwischen Reichsgericht und oberstem Landesgericht, hat also **nur für Bayern Bedeutung.** Das Reichsgericht ist als Revisionsgericht zuständig, die Zuständigkeit des obersten Landesgerichts ist also ausgeschlossen in bürgerlichen Rechtsstreitigkeiten, in welchen

a) ein Anspruch auf Grund des Bürgerlichen Gesetzbuchs geltend gemacht wird und zwar

b) durch Klage oder Widerklage;

c) dazu kommt nach der Fassung, welche der § 8 Abs. 2 EG.GVG. durch das G. vom 20. Febr. 1911 erhalten hat (s. Bem. 1), die negative Voraussetzung, daß nicht für die Entscheidung des Rechtsstreits im wesentlichen landesrechtliche Rechtsvorschriften maßgebend sind.

Es ist also für die Regel zur Begründung der Zuständigkeit des Reichsgerichts erforderlich und genügend, daß die tatsächliche Begründung des Anspruchs zur Anwendung von Vorschriften des BGB. führt (Planck Bem. 2), anderenteils nicht ausreichend, daß in den Rechtsstreit eine Einwendung gegen die Klage oder die Widerklage aus dem BGB. hergeleitet wird, vielmehr weiter erforderlich, daß ein den Gegenstand des Rechtsstreits bildender Anspruch, sei es daß er mit Klage oder mit Widerklage verfolgt ist, sich auf das BGB. gründet. Daß daneben auch landesrechtliche Normen zur Anwendung kommen, ist grundsätzlich für die Zuständigkeit des Revisionsgerichts unerheblich.

Eine Ausnahme von diesen Grundsätzen kann sich aber auf Grund der jetzigen Fassung des § 8 Abs. 2 EG.GVG. ergeben: Wenn für die vom Revisionsgericht zu treffende Entscheidung hauptsächlich landesrechtliche Vorschriften und deren Auslegung maßgebend ist, dann ist nicht das Reichsgericht, sondern das oberste Landesgericht zuständig, selbst wenn der mit Klage oder Widerklage geltend gemachte Anspruch auf dem BGB. beruht und nur eine Einwendung aus Landesrecht abgeleitet ist. Es kommt für die Abgrenzung der Zuständigkeit zwischen Reichsgericht und oberstem Landesgericht nur darauf an, ob in dem Rechtsstreit in der letzten Instanz eine landesrechtliche Vorschrift und ihre Auslegung und Anwendung den eigentlichen Streitpunkt bildet (Neumiller a. a. O. S. 187). In diesem Falle ist das oberste Landesgericht und nicht das Reichsgericht zur Entscheidung über die Revision zuständig, mögen auch sonst die Voraussetzungen des Art. 6 gegeben sein. Mit der Änderung des § 8 Abs. 2 EG.GVG. und ihrer Einwirkung auf die Anwendung des Art. 6 entfiel eine Reihe von Streitfragen, die sich aus der Fassung des Art. 6 ergeben hatten (vgl. Planck Bem. 2 Abs. 2 zu Art. 6). Wird z. B. nach Maßgabe des § 1027 BGB. auf Beseitigung einer Anlage geklagt, durch welche eine vor dem Inkrafttreten des BGB. angeblich entstandene Grunddienstbarkeit beeinträchtigt sein soll, und ist hauptsächlich streitig, ob die Grunddienstbarkeit nach dem maßgebenden Landesrecht überhaupt entstanden ist, dann ist jetzt die Zuständigkeit des obersten Landesgerichts, nicht mehr die des Reichsgerichts gegeben.

Die Zuständigkeit des Reichsgerichts ist nicht begründet, wenn ein Anspruch auf Grund eines nach dem internationalen Privatrecht anzuwendenden ausländischen Gesetzes geltend gemacht ist (Planck Bem. 3, Niedner Bem. 2). Wegen revisiblen Rechts überhaupt s. Stein-Jonas Bem. IV zu § 549 ZPO.

4. Bestimmung des zuständigen Revisionsgerichts. Den Schwierigkeiten, die sich bei den vor den bayerischen Oberlandesgerichten (oder Landgerichten, § 566 a ZPO.) verhandelten Sachen aus dem Nebeneinanderbestehen zweier Revisionsgerichte ergeben könnten, beugt die Vorschrift des § 7 EG. ZPO. vor*). Dieser lautet in der Fassung des Art. II des RG. vom 20. Febr. 1911 (s. oben Bem. 2):

„Ist in einem Bundesstaat auf Grund der Bestimmung des Einführungsgesetzes zum Gerichtsverfassungsgesetze § 8 für bürgerliche Rechtsstreitigkeiten ein Oberstes Landesgericht errichtet, so wird das Rechtsmittel der Revision bei diesem Gerichte eingelegt. Die Einlegung erfolgt durch Einreichung der Revisionsschrift. Eine Abschrift derselben ist der Gegenpartei von Amts wegen zuzustellen.

Das Oberste Landesgericht entscheidet ohne vorgängige mündliche Verhandlung endgültig über die Zuständigkeit für die Verhandlung und Entscheidung der Revision. Erklärt es sich für zuständig, so ist der Termin zur mündlichen Verhandlung von Amts wegen zu bestimmen und den Parteien bekannt zu machen. Erklärt es sich dagegen für unzuständig, weil das Reichsgericht zuständig sei, so sind dem letzteren die Prozeßakten zu übersenden.

Die Entscheidung des Obersten Landesgerichts über die Zuständigkeit ist auch für das Reichsgericht bindend. Der Termin zur mündlichen Verhandlung vor dem Reichsgericht ist von Amts wegen zu bestimmen und den Parteien bekannt zu machen.

Die Fristbestimmungen in den §§ 517, 519 der Zivilprozeßordnung bemessen sich nach dem Zeitpunkte der Bekanntmachung des Termins zur mündlichen Verhandlung an den Revisionsbeklagten.

Wird der Beschluß des Obersten Landesgerichts, durch welchen das Reichsgericht für zuständig erklärt wird, dem Revisionskläger erst nach dem Ablauf der Revisionsfrist zugestellt, so beginnt mit der Zustellung des Beschlusses der Lauf der Frist für die Revisionsbegründung vom neuen."

Es gilt hienach folgendes:

a) Alle Revisionen in den vor bayerischen Untergerichten verhandelten Sachen sind beim obersten Landesgerichte mittels Einreichung der Revisionsschrift einzulegen (Abs. 1 Satz 1); wegen der Revisionseinlegung

---

*) Siehe hiezu Langheineken, Einlegung der Revision beim Obersten Landesgericht, SeuffBl. Bd. 70 S. 718 ff.; Kaiser, Einwirkung der Novelle vom 5. Juni 1905 auf bayerische Revisionen, JW. 1905 S. 378; Mayer ebenda S. 714; Scherer, Die Revision in Zivilsachen gemäß der Novelle von 1905, namentlich mit Rücksicht auf Bayern, SeuffBl. Bd. 72 S. 186 ff.; Neumiller, Novelle VII, SeuffBl. Bd. 76 S. 185 ff.

s. im übrigen die §§ 553, 553a, 566 Abs. 2 Satz 2 ZPO. Solange der Zuständigkeitsbeschluß (s. unter b) nicht ergangen ist, ist das oberste Landesgericht, nicht das Reichsgericht das Revisionsgericht im Sinne des Gesetzes (a. M. nur Kaiser a. a. O.). Die Revisionsschrift braucht nicht von einem beim obersten Landesgericht zugelassenen Rechtsanwalt unterzeichnet zu sein.

b) Das oberste Landesgericht entscheidet ohne vorgängige mündliche Verhandlung im Beschlußverfahren endgültig und bindend über die Zuständigkeit zur Verhandlung und Entscheidung über die Revision (Abs. 2 Satz 1). Seine Entscheidung ist endgültig, sie wird durch eine spätere Änderung der Revisionsanträge nicht berührt; sie bindet auch das Reichsgericht, wenn dieses für zuständig erklärt wird (Abs. 3 Satz 1), eine Nachprüfung der Entscheidung durch das Reichsgericht ist ausgeschlossen.

Der Beschluß des obersten Landesgerichts wird den Parteien von Amts wegen zugestellt (§ 329 Abs. 3 ZPO.). Bis zur Zustellung des Beschlusses können alle auf die Revision bezüglichen Rechtshandlungen nur gegenüber dem obersten Landesgericht vorgenommen werden und behalten ihre prozeßrechtliche Wirksamkeit auch im Falle der Überweisung der Sache an das Reichsgericht. So ist auch der Antrag auf Wiedereinsetzung in den vorigen Stand gegen den Ablauf der Revisionsfrist zur Wahrung der Frist des § 234 ZPO. beim obersten Landesgericht einzureichen, solange dessen Beschluß über die Zuständigkeit nicht zugestellt ist (Stein-Jonas, Komm. z. ZPO. Bem. VI zu § 7 EG.ZPO.); die Entscheidung über den Antrag trifft erst das für zuständig erklärte Gericht.

Nach Zustellung des Abgabebeschlusses sind Prozeßhandlungen eines beim Reichsgericht nicht zugelassenen Rechtsanwalts unwirksam (RG. in BayZ. 1906 S. 63).

c) Die Prüfung, ob die Revision statthaft und form- und fristgerecht eingelegt ist (§ 554a ZPO.), obliegt erst dem Gericht, das nach der Entscheidung des obersten Landesgericht zur Entscheidung über die Revision zuständig ist.

d) Erklärt sich das oberste Landesgericht für unzuständig, weil das Reichsgericht zuständig ist, so werden diesem die Prozeßakten übersendet (Abs. 2 Satz 3).

Der durch das RG. vom 20. Febr. 1911 dem § 7 angefügte Abs. 5 bezweckte, dem Revisionskläger unter allen Umständen von der Zustellung des Beschlusses über die Zuständigkeit des Reichsgerichts ab noch die volle Frist des § 554 Abs. 2 Satz 2 ZPO. für die Revisionsbegründung durch einen beim Reichsgericht zugelassenen Anwalt zu wahren. Die Frist begann nach der früheren Fassung des § 554 ZPO. mit dem Ablauf der Revisionsfrist. Nach der Fassung vom 13. Mai 1924 (RGBl. 1924 I S. 497) beginnt die Revisionsbegründungsfrist nunmehr schon mit der Einlegung der Revision. Der Abs. 5 des § 7 wurde der veränderten Fassung des § 554 ZPO. nicht angepaßt; trotzdem ist sinngemäß anzunehmen, daß immer für den Revisionskläger die Begründungsfrist erst mit der Zustellung des die Zuständigkeit des Reichsgerichts aussprechenden Beschlusses zu laufen beginnt (Stein-Jonas Bem. II Abs. 2 zu § 7 EG.ZPO., Förster-Kann Bem. 1 a. E.).

e) Nach Abs. 2 Satz 2 und Abs. 3 Satz 2 des § 7 EG.ZPO. ist zur Verhandlung vor dem für zuständig erklärten Gericht — obersten Landesgericht oder Reichsgericht — Termin zur mündlichen Verhandlung von Amts wegen zu bestimmen und den Parteien bekannt zu machen. Auch diese Vorschriften finden nach der veränderten Fassung des § 554 ZPO. nur mit der Maßgabe Anwendung, daß zuerst nach § 554 Abs. 7 ZPO. zu verfahren, nämlich zunächst eine Frist zum Nachweis der Gebührenzahlung zu setzen ist.

f) Die in Abs. 3 angeführten §§ 517, 519 ZPO. sind noch diejenigen alter Fassung der ZPO. (vor der Neutextierung vom 20. Mai 1898). Jetzt ist § 555 Abs. 2 ZPO. maßgebend.

Die Erläuterungen

zu Art. 7—31 (internationales Recht) folgen am

Schlusse dieses Bandes.

Zweiter Abschnitt.

Verhältnis des Bürgerlichen Gesetzbuchs zu den Reichsgesetzen.

(Erläutert von Fritz Keidel.)

Vorbemerkungen zu Art. 32—54.*)

1. Für das **Verhältnis des BGB. zu den Reichsgesetzen** stellt Art. 32 den **Grundsatz** auf: Das auf bisherigen Reichsgesetzen beruhende Privatrecht wird aufrechterhalten, soweit sich nicht aus dem BGB. und aus diesem Gesetz Ausnahmen ergeben. Die bisherigen reichsgesetzlichen Vorschriften werden also (wie auch schon der Grundsatz lex generalis posterior non derogat priori speciali ergeben würde) nicht aufgehoben, sondern sie bleiben auch fernerhin in Kraft, soweit nicht in diesem Gesetze oder im BGB. entweder ausdrücklich etwas anderes bestimmt oder aus diesen beiden Gesetzen der Aufhebungswille durch Auslegung zu entnehmen ist. **Das BGB. tritt also den älteren Reichsgesetzen gegenüber nicht als eine Kodifikation ausschließenden Charakters auf.** Vgl. im einzelnen die Bem. zu Art. 32; ferner Einl. im I. Bd. dieses Kommentars unter II, S. 4 und 5.

Daß das BGB. und dieses Gesetz an die Stelle jener allgemeinen Vorschriften der Reichs- und Landesgesetze treten, welche durch das BGB. und dieses Gesetz außer Kraft gesetzt werden, ist schon in Art. 4 bestimmt. Vgl. die Bem. zu Art. 4 und zu Art. 32.

2. Außerdem enthält der zweite Abschnitt eine Reihe von Vorschriften, durch welche der Inhalt **bestimmter Reichsgesetze** mit den Vorschriften des **BGB. in Einklang gebracht** werden sollen, nämlich:

im Art. 33 zum Gerichtsverfassungsgesetze, zur Zivilprozeßordnung, zur Strafprozeßordnung, zur Konkursordnung und zum Anfechtungsgesetze (hinsichtlich der Begriffe Verwandtschaft und Schwägerschaft),
im Art. 34 zum Strafgesetzbuch,
im Art. 35 zur Strafprozeßordnung,
im Art. 36 zur Gewerbeordnung,
im Art. 37 zum Freizügigkeitsgesetz vom 1. November 1867,
im Art. 38 zum Gesetz über die Bundeskonsulate vom 8. November 1867,
im Art. 39 zum Gesetz über die vertragsmäßigen Zinsen vom 14. November 1867,
im Art. 40 zum Bundesgesetz über die Eheschließung und Personenstands-Beurkundung im Auslande vom 4. Mai 1870,
im Art. 41 zum Gesetz über die Bundes- und Staatsangehörigkeit vom 1. Juni 1870,
im Art. 42 zum Reichshaftpflichtgesetz vom 7. Juni 1871,
im Art. 43 zum Reichsbeamtengesetz vom 31. März 1873,
im Art. 44 und 45 zum Reichsmilitärgesetz vom 2. Mai 1874,
im Art. 46 zum Personenstandsgesetz vom 6. Februar 1875,
im Art. 47 zum Wuchergesetz vom 24. Mai 1880,
im Art. 48 zum Ges. betr. die Fürsorge für die Witwen und Waisen der Reichsbeamten vom 20. April 1881,

---

*) Schrifttum: Bensche, Die Grundsätze für das Verhältnis des BGB. zum Reichs- und Landesrecht, Erlangen 1908 (Diss.); Oertmann, über den Satz: lex posterior derogat priori speciali und seine Bedeutung für das BGB., ArchÖffR. Bd. 13 S. 1—9; über die Einwirkung des BGB. auf das Reichsstrafgesetzbuch vgl. Lobe, Einfluß des BGB. auf das Strafrecht, Leipzig 1898; Kuhlenbeck, Von den Pand. z. BGB. I S. 537 ff. Vgl. auch Bruhns, Gesetzestafel des deutschen Reichsrechts, Berlin 1902.

im Art. 49 zum Ges. über die Fürsorge für die Witwen und Waisen von Angehörigen des Heeres und der Marine vom 17. Juni 1887,

im Art. 50 zum Reichsschuldbuchgesetz vom 31. Mai 1891 (jetzt in der Fassung vom 31. Mai 1910, RGBl. 1910 S. 840 ff.),

im Art. 51 zum Ges. über die Fürsorge für die Witwen und Waisen der Personen des Soldatenstandes und der Marine vom 13. Juni 1895.

Die Art. 52—54 regeln endlich für die Fälle der reichsgesetzlichen Zwangsenteignung und insbesondere (Art. 54) für das Reichsrayongesetz vom 21. Dezember 1871 die Rechte der Realberechtigten an der Entschädigung, die dem Eigentümer der vom Eingriffe berührten Sache zukommt.

Die vorstehend genannten Reichsgesetze haben zum Teil später noch weitere Änderungen erfahren. Aufgehoben und ersetzt durch das Reichs- und Staatsangehörigkeitsgesetz vom 22. Juli 1913 ist das Gesetz über die Bundes- und Staatsangehörigkeit (Art. 41; s. die Bem. zu diesem Art.); aufgehoben sind ferner die in Art. 44, 48, 49 und 51 erwähnten Reichsgesetze.

3. Als ältere Reichsgesetze zivilrechtlichen Inhalts, die neben den unter 2 genannten durch das BGB. unberührt geblieben sind, seien hervorgehoben: PostG. vom 28. Okt. 1871, abgeändert durch G. vom 20. Dez. 1875, 22. Dez. 1899, 13. Dez. 1922, 18. März 1924 und 5. Febr. 1925 (RGBl. 1871 S. 347 ff., 1875 S. 318 ff., 1899 S. 715 ff., 1922 I S. 913 ff., 1924 I S. 287 ff. und 1925 I S. 10 ff.); StrandungsO. vom 17. Mai 1874, abgeändert durch G. vom 30. Dez. 1901, 7. Jan. 1913 und 19. Juli 1924 (RGBl. 1874 S. 73 ff., 1902 S. 1 ff., 1913 S. 90 ff. und 1924 I S. 667 ff.), Bankgesetz vom 14. Mai 1875 (RGBl. S. 177 ff.), ersetzt durch BankG. vom 30. Aug. 1924, abgeändert durch G. vom 8. Juli 1926 (RGBl. 1924 II S. 235 ff., 1926 II S. 355 ff.), MusterschutzG. vom 11. Jan. 1876 (RGBl. S. 11 ff.), GenossenschaftsG. vom 1. Mai 1889 in der Fassung vom 20. Mai 1898 (RGBl. 1898 S. 810 ff.), abgeändert durch G. vom 1. Juli 1922 und 12. Mai 1923, VO. vom 27. Dez. 1923, G. vom 4. Febr. 1925 und 19. Jan. 1926 (RGBl 1922 I S. 567 ff., 1923 I S. 238 ff. und S. 1252 ff., 1925 I S. 9, 1926 I S. 91), PatentG. vom 13. Mai 1891 (RGBl. S. 79 ff.), in der Fassung vom 7. Dez. 1923 (RGBl. II S. 437 ff.), GebrauchsmusterG. vom 1. Juni 1891 (RGBl. S. 290 ff.) in der Fassung der Bek. vom 7. Dez. 1923 (RGBl. II S. 445 ff.), G. betr. Gesellschaften mit beschränkter Haftung vom 20. April 1892 in der Fassung vom 20. Mai 1898 (RGBl. 1898 S. 846 ff.), abgeändert durch G. vom 28. Juni 1926 (RGBl. I S. 315), WarenzeichenG. vom 12. Mai 1894 (RGBl. S. 441 ff.) in der Fassung der Bek. vom 7. Dez. 1923 (RGBl. II S. 445 ff.), AbzahlungsG. vom 16. Mai 1894 (RGBl. S. 450 ff.), BinnenschiffahrtsG. vom 15. Juni 1895 in der Fassung vom 20. Mai 1898 (RGBl. 1898 S. 868 ff.), FlößereiG. vom 15. Juni 1895 (RGBl. S. 341 ff.), DepotG. vom 5. Juli 1896 (RGBl. S. 183, 194), geändert durch VO. vom 21. Nov. 1923 (RGBl. I S. 1119), HypothekenbankG. vom 13. Juli 1899 (RGBl. S. 375 ff.), abgeändert durch G. vom 14. Juli 1923 und 26. Jan. 1926 (RGBl. 1923 I S. 635 und 1926 I S. 97), G. betr. die gemeinsamen Rechte der Besitzer von Schuldverschreibungen, vom 4. Dez. 1899 (RGBl. S. 691 ff.), abgeändert durch G. vom 14. Mai 1914 (RGBl. S. 121).

Hinzuweisen ist außerdem auf die Bestimmungen privatrechtlichen Inhalts, die in den besonderen Gesetzen vom 17. Mai 1898 über die Abänderung des GVG. und der StPO., der ZPO., der KO. und der Einführungsgesetze hiezu enthalten sind.

Hinsichtlich des QuartierleistungsG. vom 25. Juni 1868 (BGBl. S. 523; abgeändert durch G. vom 7. Jan. 1924, RGBl. I S. 665), des NaturalleistungsG. vom 21. Juni 1887 (neue Fassung der Bek. vom 6. April 1925, RGBl. I S. 44 ff.), des GenossenschaftsG. vom 4. Juli 1868, des UnterstützungswohnsitzG. vom 6. Juni 1870 (zum größten Teil aufgehoben durch § 29 des G. über die Fürsorgepflicht vom 3. Febr. 1924), des G. über die Großjährigkeit vom 17. Febr. 1875 und des

Reichsgerichtskosten G. ist in den Motiven (S. 133, 135 und 141) dargelegt, warum ausdrückliche Bestimmungen über Änderung oder Aufhebung nicht getroffen wurden.

4. Die Kodifikation in Gestalt des Bürgerlichen Gesetzbuchs erstreckt sich nicht auf das **Wechsel- und Handelsrecht und das dazu gehörige Rechtsgebiet** (Binnenschiffahrt, Versicherung, Verlagsrecht, Erwerbs- und Wirtschaftsgenossenschaften), ferner nicht auf das Urheberrecht, sowie auf das Recht des Patent-, Marken- und Musterschutzes (E. Mot. 67).

Hier ist insbesondere auf Art. 2 des EG.HGB. zu verweisen:

> „In Handelssachen kommen die Vorschriften des BGB. nur insoweit zur Anwendung, als nicht im Handelsgesetzbuch oder in diesem Gesetz ein Anderes bestimmt ist.
>
> Im übrigen werden die Vorschriften der Reichsgesetze durch das Handelsgesetzbuch nicht berührt."

Hinsichtlich der übrigen vorgenannten Materien sind die Art. 32 und 4 dieses Gesetzes von besonderer Bedeutung (vgl. die Bem. zu Art. 32). Bezüglich des Versicherungs- und Verlagsrechts vgl. Art. 75 und 76 mit Bem.

5. Hinsichtlich **späterer Gesetze privatrechtlichen Inhalts** ist das Verhältnis zum BGB. und zu diesem Gesetze nicht geregelt, es ist jeweils den neuen Gesetzen zu entnehmen. Dabei ist grundsätzlich davon auszugehen, daß das spätere Gesetz, wenn es Abweichungen vom BGB. und von diesem Gesetze enthält, vorgeht (lex posterior derogat priori).

Als besonders wichtige spätere Reichsgesetze privatrechtlichen Inhalts sind hervorzuheben: G., betr. das Urheberrecht an Werken der Literatur und Tonkunst, vom 19. Juni 1901 (RGBl. S. 227 ff.), VerlagsG. vom 19. Juni 1901 (RGBl. S. 217 ff.), G., betr. das Urheberrecht an Werken der bildenden Künste und der Photographie, vom 9. Jan. 1907 (RGBl. S. 7 ff.; s. zu diesen drei Gesetzen das G. vom 22. Mai 1910 zur Ausführung der revidierten Berner Übereinkunft zum Schutze von Werken der Literatur und Kunst, vom 13. Nov. 1908, RGBl. 1910 S. 793), ScheckG. vom 11. März 1908 (RGBl. S. 71 ff.), BörsenG. in der Fassung vom 27. Mai 1908 (RGBl. S. 215 ff.), abgeändert durch G. vom 23. Dez. 1920 und 28. Dez. 1921 (RGBl. 1920 S. 2317 und 1922 I S. 25) und VO. vom 21. März 1925 (RGBl. I S. 31), KraftfahrzeugG. vom 3. Mai 1909 (RGBl. S. 437), abgeändert durch G. vom 21. Juli 1923 (RGBl. I S. 743), VO. vom 5. und 6. Febr. 1924 (RGBl. 1924 I S. 42, 43), G. über die Sicherung von Bauforderungen vom 1. Juni 1909 (RGBl. S. 449 ff.), G. über den unlauteren Wettbewerb vom 7. Juni 1909 (RGBl. S. 499 ff.), G. über die Haftung des Reichs für seine Beamten vom 22. Mai 1910 (RGBl. S. 793 ff.), G. zur Einschränkung der Verfügungen über Miet- und Pachtzinsforderungen vom 8. Juni 1915 (RGBl. S. 327 ff.), VO. über das Erbbaurecht vom 15. Jan. 1919 (RGBl. S. 72 ff.), Kleingarten- und Kleinpachtlandordnung vom 31. Juli 1919 (RGBl. S. 1371 ff.), AufruhrschadenG. vom 12. Mai 1920 (RGBl. S. 941 ff.), abgeändert durch VO. vom 8. Jan. und 29. März 1924 (RGBl. I S. 23 und 381), G. über die religiöse Kindererziehung vom 15. Juli 1921 (RGBl. S. 939), JugendwohlfahrtG. vom 9. Juli 1922 (RGBl. I S. 633 ff.), hiezu EG. vom 9. Juli 1922 (RGBl. I S. 647) und VO. vom 14. Febr. 1924 (RGBl. I S. 110), LuftverkehrG. vom 1. Aug. 1922 (RGBl. I S. 681, 722 und 758), abgeändert durch VO. vom 5. und 6. Febr. 1924 (RGBl. I S. 42 und 43), G. über die Anlegung von Mündelgeld vom 23. Juni 1923 (RGBl. I S. 411), PrivatnotenbankG. vom 30. Aug. 1924 (RGBl. 1924 II S. 246, 1925 II S. 114), KabelpfandG. vom 31. März 1925 (RGBl. I S. 37), G. über die Bestellung von Pfandrechten an im Bau befindlichen Schiffen vom 4. Juli 1926 (RGBl. I S. 367), ReichsmietenG. vom 24. März 1922 in der Fassung der G. vom 10. Juli 1926 und 14. Febr. 1928 (RGBl. I 1922 S. 273, 1926 S. 403, 1928 S. 20), G. über Mieterschutz und Mieteinigungsämter vom 1. Juni 1923 in der Fassung der Bek. vom 30. Juni 1926 und der G. vom 17. März 1927 und 13. Februar 1928 (RGBl. I 1923 S. 353, 1926 S. 347, 1927 S. 71, 1928 S. 17).

6. Das Verhältnis zu den früheren Landesgesetzen ist in den Art. 55 ff. (dritter Abschnitt) geregelt und zwar grundsätzlich im entgegengesetzten Sinne wie das Verhältnis zu den früheren Reichsgesetzen; s. Art. 55 und die Bem. hiezu.

Art. 32.

Die Vorschriften der Reichsgesetze bleiben in Kraft. Sie treten jedoch insoweit außer Kraft, als sich aus dem Bürgerlichen Gesetzbuch oder aus diesem Gesetze die Aufhebung ergibt.

E. I, 9; II, 6; III, 31.

I. Entstehung. Art. 32 stimmt mit Art. 9 des E. I überein. Mehrere in der II. Komm. gestellte Abänderungsanträge wurden abgelehnt. Vgl. hierüber EM. 67 ff., Reatz III, 13 und P. VI, 560—563.

II. Allgemeines.

1. Der Satz 1 des Art. 32 stellt als Regel auf, daß die Vorschriften der bisherigen Reichsgesetze in Kraft bleiben, daß sie also nicht allgemein durch das BGB. und dieses EG. für aufgehoben zu erachten sind.

Eine allgemeine Ausnahme von dieser Regel stellt aber Satz 2 auf: Der Rechtsinhalt der früheren Reichsgesetze soll insoweit außer Kraft treten, als sich eine derartige Aufhebung aus dem BGB. oder diesem EinfG. (unmittelbar oder mittelbar) ergibt — abgesehen von den Abänderungen einzelner Reichsgesetze, wie sie in Art. 33 ff. gesondert verfügt werden.

2. Eine weitere Ausnahme von der Regel des Satz 1 ergibt sich aus der Vorschrift des Art. 4 über Verweisungen; s. hierüber unten Bem. V.

3. Als Gründe dafür, warum die privatrechtlichen Bestimmungen der bisherigen Reichsgesetze nicht samt und sonders aufgehoben, und diejenigen von ihnen, welche auch künftig einen Bestandteil der Rechtsordnung bilden sollen, als formell neue Normen in das BGB. eingestellt wurden, werden in den Motiven (67) namentlich hervorgehoben,

a) daß die Ausscheidung privatrechtlicher Bestimmungen aus den Sondergesetzen in manchen Fällen nicht nur das Verständnis der übrig bleibenden Teile des Einzelgesetzes erschwert, sondern auch die wahre Bedeutung der aus ihrem natürlichen Zusammenhange losgelösten Normen verdunkelt haben würde,

b) daß der Vorteil, daß das gesamte Reichsprivatrecht mit Ausnahme der ausgeschiedenen Materien in einem Gesetze vereinigt wäre, nur ein vorübergehender gewesen sein würde, da der weitere Ausbau des Reichsrechts notwendig auch neue privatrechtliche Normen zeitigt,

c) daß die dem Grundsatze der Kodifikation entsprechende Vollständigkeit und Geschlossenheit sachlich dadurch schon zur Genüge erzielt wird, daß die privatrechtlichen Bestimmungen der Reichsgesetze im Wege einer besonderen Vorschrift, vorbehaltlich der zu machenden Ausnahmen, in Kraft erhalten und damit in gewissem Sinne der Kodifikation einverleibt werden.

III. **Die Regel** des Satzes 1:

Satz 1 enthält als Grundsatz eine Bestätigung der bisherigen Reichsgesetze in dem Zeitpunkte der Kodifikation des BGB. Diese Bestätigung (welche zugleich eine ausdrückliche authentische Deklaration der Verneinung der Derogation in sich trägt) soll außerdem verhindern, daß das BGB. jenen Reichsgesetzen gegenüber als das jüngere Gesetz erscheint; vielmehr gelten nunmehr nach dem Grundsatze des Satzes 1 diese Gesetze und das BGB. und das EG. als im gleichen Zeitpunkt erlassen; vgl. hiezu RGZ. Bd. 63 S. 346 ff., Crome in DJZ. 1896 S. 185 ff., insbes. S. 187 und System Bd. 1 § 9 sowie EM. 68, ferner Planck Bem. 2, v. Blume im VerwArch. Bd. 7 S. 480 ff. und Endemann Bd. I § 17 und Anm. 7 hiezu. Die durch das BGB. selbst erfolgte Kodifikation hat somit keinen streng ausschließlichen Charakter, da sie auch das ältere Reichsrecht bestehen läßt.

Im einzelnen ist hervorzuheben:

a) Unter den hiermit aufrecht erhaltenen Vorschriften sind nicht bloß solche privatrechtlichen Inhalts zu verstehen, sondern auch andere, z. B. jene über das Verfahren (EM. 69). Vgl. z. B. § 231 Abs. 2 StGB. über die **Buße** (P. VI, 579), §§ 292 und 433 StPO. über die Wirkung der **Beschlagnahme** des Vermögens eines abwesenden Beschuldigten und der Vermögensbeschlagnahme nach § 93 StGB. sowie über die Einleitung einer **Güterpflege** (EM. 129); vgl. Bd. IV Vorbem. 7, b vor § 1909.

b) Was hier von den „Reichsgesetzen" gilt, gilt auch von den **Staatsverträgen**, welche das Reich mit ausländischen Staaten abgeschlossen hat (RGZ. Bd. 71 S. 296). Diese sind durch das BGB. an sich nicht geändert worden, sie sind auch als Reichsgesetze zu betrachten. Die Einwirkung der neuen Gesetzgebung auf sie ist demzufolge gleichfalls aus Art. 32 und 4 zu beurteilen (vgl. insbesondere Bem. III 1, b zu Art. 4 bezüglich der Verweisungen in Staatsverträgen). Hinsichtlich der **Staatsverträge der Bundesstaaten** (deutschen Länder) gibt Art. 56 eine besondere Vorschrift (vgl. P. VI, 563).

c) Da das BGB. somit nicht als das jüngere Gesetz erscheint, so kann der **Rechtsgrundsatz, wonach das ältere Gesetz bei einem sich ergebenden Widerspruche dem jüngeren zu weichen hat** (lex posterior derogat priori), **für das Verhältnis zwischen BGB. und den älteren Reichsgesetzen nicht zur Anwendung** kommen (vgl. oben Vorbem. 1 und EM. 68). Aber es bleibt immerhin zu untersuchen, ob und inwieweit es möglich ist, die in dem bestehenden „Reichsrechte" enthaltenen Rechtsvorschriften neben dem BGB. aufrecht zu erhalten (vgl. Neukamp im VerwArch. Bd. 5 S. 109 ff. und den Auszug hiervon in GruchotsBeitr. Bd. 42 S. 192, 193). Vgl. auch Bem. IV, 1.

d) Die Aufrechterhaltung des **Reichsgewohnheitsrechts** ergibt sich gleichfalls aus Art. 32 im Zusammenhalte mit Art. 2 EG. Das ist z. B. wichtig für die Aufrechterhaltung des Gewohnheitsrechts, wonach der Wechselakzeptant 6% Verzugszinsen zu zahlen hat; vgl. KG. in OLG. Bd. 1 S. 259, sowie Staub-Könige, Komm. zum HGB., Anm. 12 zu § 352 HGB. und Staub-Stranz, Komm. zu WO., Anm. 12 zu Art. 50 WO.; s. aber jetzt auch G. über die Wechsel- und Scheckzinsen vom 3. Juli 1925 (RGBl. I S. 93). Vgl. auch Bd. I Einleitung S. 12 f.

IV. Die **Ausnahme** des Satzes 2:

Der zweite Satz des Artikels bestimmt, wie bereits oben betont, eine Ausnahme von der Regel des ersten Satzes dahin, daß die Vorschriften der bisherigen Reichsgesetze insoweit außer Kraft treten, als sich aus dem BGB. oder diesem Gesetze der **Aufhebungswille** ergibt.

Hinsichtlich einzelner Vorschriften bestimmter Reichsgesetze kommt dieser Aufhebungswille klar in den nachfolgenden Artikeln 33—54 zum Ausdruck. Im übrigen aber wird durch die Bestimmung des zweiten Satzes die Frage, ob Vorschriften der bisherigen Reichsgesetze durch das BGB. aufgehoben oder inhaltlich geändert sind, zu einer Auslegungsfrage, deren Lösung der Rechtsprechung und der Wissenschaft überlassen bleibt (vgl. P. VI, 561).

1. Die Fassung des Gesetzes weist darauf hin, daß nicht nur eine unmittelbare Aufhebung im Einzelfalle sich ergeben kann, sondern daß bei der Auslegung auch mit einem unausgesprochenen (mittelbaren) Aufhebungswillen hier gerechnet werden muß (vgl. Neumann Bem. 3 zu Art. 32). Gerade in letzterem Punkte liegen oft die Schwierigkeiten (vgl. hiezu auch Neukamp a. a. O.).

2. Zur Erforschung dieses Aufhebungswillens können alle vorhandenen Auslegungsmittel herangezogen werden, insbesondere kommen aber in Betracht

a) der Zweck des alten Gesetzes auf der einen Seite, anderseits Absicht und Inhalt der betreffenden Vorschrift des BGB. (vgl. P. VI, 561).

Der Auslegungsbehelf aus dem Zwecke des alten Gesetzes darf jedoch nicht überschätzt werden; denn auf diesen wird regelmäßig nur insofern etwas ankommen, als er zur Lösung der Frage beitragen kann, ob die Identität des Gegenstandes des alten Gesetzes mit jenem, welchen das neue Recht regelt, gegeben ist. Im übrigen ist Niedner Bem. II, 3, a zuzustimmen, wenn er betont, daß sich die Aufhebung nur dann ergibt, wenn das bisherige Recht einen Rechtsstoff als Sonderrecht behandelte, welcher nach der Absicht des neuen Rechtes Gegenstand der allgemeinen Kodifikation geworden ist und werden sollte; anderenfalls gilt der Satz: lex posterior generalis non derogat priori speciali.

b) Von besonderer Bedeutung ist das Verhältnis, in welchem allgemeine Rechtsnormen zu den für die Regelung eines bestimmten engeren Kreises von Rechtsverhältnissen gegebenen Rechtssätzen stehen. Die Bestimmungen der früheren Reichsgesetze gehören überwiegend der letzteren Klasse von Rechtssätzen an. Zumeist enthalten sie Sonderregelungen einzelner dem Kreise des Privatrechts entnommener Verhältnisse. Es wird daher der Regel nach kein Anlaß sein, den allgemeinen Normen des BGB. Einfluß auf die Bestimmungen der Reichsgesetze zuzugestehen.

α) Als Beispiel kann hier zunächst die in der II. Komm. aufgeworfene Frage gelten, ob durch den § 1757 BGB., wonach ein angenommenes Kind die rechtliche Stellung eines ehelichen Kindes des Annehmenden (im Gegensatze zum PrALR. Tl. II Tit. 2 § 681) erlangt, die Folge eintreten werde, daß überall da, wo eine öffentliche Fürsorge für die ehelichen Kinder eines Verletzten vorgeschrieben sei — also namentlich nach den Versicherungs- und Beamtengesetzen — die Fürsorge sich künftig auch auf die angenommenen Kinder würde erstrecken müssen. Die Frage wurde in den Komm. mit Recht verneint (P. VI, 562 ff.; s. auch P. IV Bem. 1 zu § 1757; s. jetzt §§ 559 b Abs. 2 Nr. 3, 591 Abs. 3 und 1259 Abs. 2 Nr. 3 RVO. in der Fassung vom 25. Juni 1926, § 14 Abs. 2 Nr. 3 RBesoldG. vom 16. Dez. 1927, RGBl. I S. 349 ff., auch § 9 ErbschStG. in der Fassung vom 22. Aug. 1925 und § 8 Abs. 1 Nr. 4 GrunderwerbStG. vom 12. Sept. 1919 in der Fassung vom 11. März 1927, RGBl. I S. 72 ff.).

β) Hierbei ist insbesondere auch hervorzuheben (vgl. Neukamp a. a. O.), daß, soweit reichsrechtlich das privatrechtliche Sonderrecht einzelner Stände geregelt ist, dieses durch das BGB., das eine Kodifikation der allgemeinen Privatrechtsnormen enthält, nicht berührt wird.

γ) Im einzelnen vgl. hierzu ferner Vorbem. I, B, 9, b vor § 1 in Bd. I dieses Komm. (Zurücksetzung des weiblichen Geschlechts), Vorbem. IX, 1 vor §§ 21 ff. (Juristische Personen des Privatrechts), sowie Vorbem. III, A, 1, e und IV, 3 vor § 21 (Vereine), Vorbem. II, 4, 5, c vor § 611, Bem. I und IV zu § 618, Bem. 1 zu § 630 (Dienstverträge) und vgl. hiezu auch Fuld in GruchotsBeitr. Bd. 44 S. 592 ff. (über Aufhebung des Dienstvertrags nach der GewO. und dem BGB.); Vorbem. I und III, 12 vor §§ 631 ff. (Werkvertrag), Vorbem. XVI vor §§ 823 ff. (unerlaubte Handlungen); Vorbem. IV vor §§ 1353 ff. (Wirkungen der Ehe); Vorbem. 7, b vor §§ 1909 ff. (Pflegschaft); Einleit. Bem. V zu Buch V (Erbrecht); Bem. II zu Art. 33 EG. Vgl. ferner unten Bem. IV, e.

δ) Als ein Sonderrecht in obigem Sinne ist insbesondere auch das Wechselrecht anzusehen (wegen des Gewohnheitsrechts in dieser Hinsicht vgl. oben III, d); in dieser Beziehung stimmen Schrifttum und Rechtsprechung überein.

c) Anders aber verhält es sich, **soweit das BGB. selbst Vorschriften über besondere Rechtsverhältnisse aufstellt, welche durch Reichsgesetze gleichfalls besonders und abweichend von dem BGB. geregelt sind.** Das Überwiegen des BGB. kann solchenfalls nicht zweifelhaft sein (EM. 69).

Als Beispiel mag hier die in der II. Komm. behandelte Frage angeführt werden, ob die Vorschrift des § 34 Nr. 5 StGB., daß die Aberkennung der bürgerlichen Ehrenrechte die Unfähigkeit begründet, Zeuge bei Aufnahme von Urkunden zu sein, durch die Vorschrift des § 2237 Nr. 2 BGB. („Als Zeuge soll bei der Errichtung des Testaments nicht mitwirken, wer der bürgerlichen Ehrenrechte für verlustig erklärt ist") eine Änderung erfahren habe. Denn die Verletzung einer bloßen Sollvorschrift (Ordnungsvorschrift) zieht keine Nichtigkeit des Rechtsgeschäfts nach sich, der § 2237 Nr. 2 BGB. begründet also keine Unfähigkeit zum Zeugnis im strengsten Sinne des testis inhabilis. Diese Frage wurde mit Recht bejaht. In dieser Beziehung wurde übrigens bemerkt, daß das Wort „Unfähigkeit" in § 34 Nr. 5 StGB. lediglich als Ausdruck eines Verbots anzusehen sei, bei welchem die Folgen des Zuwiderhandelns durch andere gesetzliche Vorschriften bestimmt werden. Diese andere gesetzliche Bestimmung bildet nun der § 2237 Nr. 2 BGB., der die Tragweite des Ehrverlustes für die Tauglichkeit zum Testamentszeugen regelt. Vgl. P. VI, 562 ff. und 570 ff.

(Die in der Kommission hier weiter berührten Fragen über die Zugehörigkeit des Gesamtgutes der ehelichen Gütergemeinschaft zur Konkursmasse im Falle des über das Vermögen des Ehemanns eröffneten Konkurses, bezüglich des Nachlaßkonkurses usw. haben ihre Erledigung durch die Änderung der KO. gefunden; vgl. Bd. IV Bem. 6 zu § 1459.)

Aus diesem Grunde ergibt sich ferner z. B. auch die Aufhebung des RG. vom 14. Nov. 1867, betr. die vertragsmäßigen Zinsen, da dessen Inhalt durch die §§ 246 ff. gedeckt wird, die Aufhebung von Teilen des PStG. (vgl. RG. in JW. 1901 S. 378) usw. Das EG. hat übrigens diese und weitere Fälle ohnedies in den nachfolgenden Art. besonders behandelt.

Vgl. weiter die Bem. e unten.

d) Soweit das bisherige Reichsrecht seine Ergänzung durch die privatrechtlichen Normen des Landesrechts gefunden hat, tritt an deren Stelle in Zukunft das BGB., welches als allgemeine Kodifikation des deutschen Privatrechts die landesrechtlichen Privatrechtsnormen zu ersetzen bestimmt ist. (Vgl. Neukamp a. a. O. und auch Niedner in Bem. II, b zu Art. 32.) Das Recht des BGB. bildet zusammen mit dem im Art. 32 EG. aufrecht erhaltenen bisherigen Reichsrecht eine einheitliche Kodifikation.

Von diesem Gesichtspunkte geht auch das RG. in RGZ. Bd. 53 S. 75 ff. aus, indem es ausführt: Die allgemeinen Vorschriften des BGB. sowohl im I. Buche wie im I. Abschnitte von Buch II erfassen auch die in den einzelnen Gesetzen geregelten Rechtsbegriffe, soweit nicht der besondere Zweck und gesetzgeberische Gedanke der letzteren dem entgegensteht. Diese Anwendbarkeit des BGB. beschränkt sich nicht auf die Fälle, in denen ausdrücklich in den Sondergesetzen auf Bestimmungen des BGB. verwiesen wird. Das Recht des BGB. soll ja nunmehr mit den durch Art. 32 aufrecht erhaltenen Reichsgesetzen ein einheitliches Gesetzeswerk darstellen. Daraus wird in jenem Urteile mit Recht gefolgert, daß sowohl § 254 Abs. 1 (mitwirkendes Verschulden des Beschädigten) als § 276 BGB. (Begriff des Verschuldens) unbedenklich auch für das HaftpflG. gelten müssen, obwohl sie in Art. 42 nicht besonders erwähnt sind, wie dies nunmehr allgemein anerkannten Rechtens ist.

Anderseits ist jedoch stets zu beachten, daß die allgemeinen Vorschriften neben sonderrechtlichen nur subsidiäre Bedeutung haben (vgl. RGZ. Bd. 69 S. 143 ff.: „Soweit die Konkursordnung und das Anfechtungsgesetz Sonderbestimmungen enthalten, die von den allgemeinen Grundsätzen des BGB. abweichen, sind allein diese Sonderbestimmungen anwendbar und nicht die Bestimmungen des BGB. für die hiervon betroffenen Rechtsverhältnisse. Daher können die fraudulösen Rechtsgeschäfte im Sinne der KO. und des AnfG. nur nach diesen angefochten werden und nicht zugleich nach den §§ 134, 138 BGB. nichtig sein.")

e) Als weitere **Beispiele** und **Untersuchungen aus Schrifttum und Rechtsprechung** seien hervorgehoben:

Aus dem Schrifttum:

α) Über das Verhältnis des BGB. zum **Reichsbörsengesetz**, insbesondere die Einwirkung des § 764 BGB., s. hinsichtlich des alten Börsengesetzes Oertmann in DJZ. 1897 S. 129 ff. Hinzuweisen ist hier aber auf § 58 des BörsG. in der Fassung vom 27. Mai 1908 (RGBl. S. 215 ff.); vgl. die Bem. zu § 764 und die dort vermerkten Schriften und Entscheidungen.

β) Eine Untersuchung über das Verhältnis des BGB. zur **Reichsgewerbeordnung** hat Neukamp im VerwArch. Bd. 5 S. 209 ff. angestellt, vgl. hierzu den Auszug in GruchotsBeitr. Bd. 42 S. 192 und 193, sowie unten die Bem. zu Art. 36 EG., s. ferner Fuld in GruchotsBeitr. Bd. 44 S. 592 (über Aufhebung des Dienstvertrags nach der GewO. und dem BGB.), ferner auch Sigel, Der gewerbliche Arbeitsvertrag nach dem BGB. S. 11 bis 13 und Lotmar, Der Arbeitsvertrag. Vgl. noch Bem. I, 1, c zu Art. 36.

γ) Über das Verhältnis des **§ 616 BGB.** (über unverschuldete Verhinderung an Dienstleistungen) zur GewO. und sonstigen Reichsgesetzen vgl. Bem. I, c zu § 616 und die dort angeführten Schriften und Entscheidungen, insbesondere v. Blume „Recht" 1902 S. 138 ff.

δ) Über die Einwirkung des BGB. auf das **Reichshaftpflichtgesetz** vgl. im einzelnen Bem. I zu Art. 42.

ε) Über das Verhältnis des BGB. zum früheren **Gesetze gegen unlauteren Wettbewerb** s. Lobe im SächsArch. Bd. 7 S. 19 ff. mit folgendem Ergebnis (vgl. auch GruchotsBeitr. Bd. 42 S. 193): Die Vorschriften des BGB., soweit sie sich auf unlauteren Wettbewerb anwenden lassen, gelten subsidiär neben dem UnlWG., da dieses die Materie nicht erschöpft (Lobe S. 24). Die Bestimmungen des BGB. über Schadensersatz ändern die entgegenstehenden Bestimmungen jenes Gesetzes nicht ab, weil letztere Sonderbestimmungen sind (Lobe S. 25). Vgl. hierzu auch unten Bem. V.

Neben diesen zum älteren Gesetz gemachten Ausführungen siehe zum neuen Gesetz vom 7. Juni 1909 Lobe, Der unlautere Wettbewerb als Rechtsverletzung nach dem BGB. und Nebengesetzen (1907) I S. 143, dazu Anhang I, II S. 425 ff., 457 ff., und die dort angeführten Entscheidungen RGZ. Bd. 47 S. 101, Bd. 48 S. 115 ff., Bd. 55 S. 109, Bd. 56 S. 275. Vgl. auch Rosenthal, Komm. z. UnlWG., 6. Aufl. S. 9 ff.

ζ) Wegen der Einwirkung auf das **Strafgesetzbuch** vgl. Bem. I zu Art. 34.

Aus der **Rechtsprechung** vgl. ferner

RG. in JW. 1901 S. 473 ff. (Der gerichtliche **Prozeßvergleich**, der nach wie vor als ein Prozeßakt gilt und nicht etwa ein Ausfluß der freiwilligen Gerichtsbarkeit ist, ist nicht an jene Vorschriften des BGB. gebunden, die eine besondere Form für gewisse Verträge und Vorverträge verlangen.) Vgl. hierzu auch Vorbem. VI vor § 779 in Bd. II, Bem. 1 Abs. 4 zu § 128 in Bd. I, aber wegen Ausschluß der Beurkundung der Auflassung in einem gerichtlichen Vergleich Bem. B, II, 2, a zu § 925 in Bd. III.

Darüber, daß § 15 Abs. 3 des GmbHG. (i. d. F. vom 20. Mai 1898) neben den Vorschriften des BGB. über Abtretung von Rechten Geltung hat, s. RG. in JW. 1903 Beil. S. 19.

V. Bei Anwendung der früheren Reichsgesetze darf aber auch neben Art. 32 die wichtige Vorschrift des **Art. 4 EG. über Verweisungen** niemals außer acht gelassen werden. Es ergibt sich demgemäß jeweils die Notwendigkeit einer Prüfung nach zwei Richtungen (vgl. Neumann Bem. 4 zu Art. 32):

a) Zunächst ist zu prüfen, ob das betreffende Reichsgesetz seinem Zwecke und Inhalte nach durch die Kodifikation des BGB. aufgehoben, abgeändert, ergänzt oder ersetzt ist — Art. 32.

b) Ist nach dieser Prüfung das betr. Gesetz noch als „fortgeltend" anzusehen, so kommt weiter in Betracht, ob es nicht Verweisungen auf Rechtsbegriffe enthält, die nunmehr vom BGB. geordnet sind und daher durch die Vorschriften des BGB. ersetzt sind — Art. 4. Vgl. in dieser Hinsicht auch die Bem. II—IV zu Art. 4.

Diese Prüfung hat besondere praktische Bedeutung z. B. bei der Frage des Schadensersatzes und der Verjährung. Soweit in Reichsgesetzen (insbesondere in den verschiedenen Gesetzen über Urheberrecht, Patentrecht, Gebrauchs- und Geschmacksmuster, Warenzeichen) allgemein von Schadensersatz und Verjährung die Rede ist, haben nunmehr die allgemeinen Vorschriften des BGB. zu gelten, die zum Teil Änderungen bringen, soweit aber die Schadensersatzpflicht an besondere Voraussetzungen geknüpft ist, z. B. ein Schadensersatz nur bei Vorsatz und grober Fahrlässigkeit zugebilligt wird (vgl. u. a. § 14 WZG., § 35 PatG. usw.), kann nicht etwa unter Anwendung der allgemeinen Vorschrift des § 823 BGB. nunmehr ein Schadensersatz bei jedweder fahrlässigen Verletzung eines derartigen Rechtes begehrt werden. Ähnliches gilt bei der Verjährung, soweit in jenen Sondergesetzen eine besondere Verjährungsvorschrift aufgestellt ist. (Übereinstimmend Planck in Bem. 2, b zu Art. 32.)

VI. Das **Verhältnis des BGB. zum Handelsgesetzbuch** ist in Art. 2 d. EG.HGB. besonders geregelt, vgl. Vorbem. 4.

VII. Eine **entsprechende Geltung des Art. 32** ist ferner verfügt in FGG. § 185, GBO. § 82 und EG.ZwVG. § 1.

Art. 33.*)

Soweit in dem Gerichtsverfassungsgesetze, der Zivilprozeßordnung, der Strafprozeßordnung, der Konkursordnung und in dem Gesetze, betreffend die Anfechtung von Rechtshandlungen eines Schuldners außerhalb des Konkurs=

*) Keßler, Außereheliche Verwandtschaft und Schwägerschaft im Gebiet des Strafrechts und Strafprozesses, BayZ. 1905 S. 460 ff.; Schröder, über Wechselwirkungen des bürgerlichen Rechts und des Strafrechts, ArchZivPrax. Bd. 97 S. 361 ff.

verfahrens vom 21. Juli 1879 (Reichs-Gesetzbl. S. 277) an die Verwandtschaft oder die Schwägerschaft rechtliche Folgen geknüpft sind, finden die Vorschriften des Bürgerlichen Gesetzbuchs über Verwandtschaft oder Schwägerschaft Anwendung.

E. I, 10; II, 7; III, 32.

Art. 33 gibt den Art. 10 des E. I mit unwesentlichen redaktionellen Änderungen wider (EM. 69 ff., P. IV, 464 ff., Reatz III, 13).

I. Art. 33 befaßt sich im Geltungsbereich der einzelnen aufgeführten Gesetze, nämlich des GVG., der ZPO., der StPO., der KO. und des AnfG. nur mit dem Rechtsbegriff der **Verwandtschaft und Schwägerschaft.** Soweit rechtliche Folgen an die Verwandtschaft und Schwägerschaft in jenen Gesetzen geknüpft werden, sollen für die Bedeutung dieser beiden Begriffe ausschließlich die Vorschriften des BGB. maßgebend sein (vgl. P. VI, 564, 600).

1. Die hier in Betracht kommenden Einzelstellen jener Reichsgesetze (die gewöhnlich unter dem Sammelnamen „Justizgesetze" genannt werden) sind:

a) **GVG.:** § 155 Nr. I, 3, II, 3 (Ausschließung des Gerichtsvollziehers kraft Gesetzes von der Ausübung seines Amtes wegen Verwandtschaft usw.).

b) **ZPO.:** §§ 41 Nr. 3, 49 (Ausschließung des Richters und Gerichtsschreibers kraft Gesetzes von der Ausübung seines Amtes wegen Verwandtschaft usw.); §§ 383 Nr. 5, 385, 393 Abs. 1 Nr. 3, Abs. 2 (Zeugen betr.); §§ 402, 408 (betr. Sachverständige). Hinsichtlich der sonstigen Änderungen der ZPO. infolge des BGB. vgl. das RGes. vom 17. Mai 1898.

c) **StPO.:** §§ 22 Nr. 3, 31, 32 (Ausschließung des Richters, Gerichtsschreibers, sowie der Schöffen und Geschworenen kraft Gesetzes wegen Verwandtschaft usw.); §§ 52 Nr. 3, 58 (betr. Zeugen); §§ 72, 76 (Sachverständige betr.); § 361 (Wiederaufnahme des Verfahrens nach Ableben des Verurteilten auf Antrag des Verwandten). Bezüglich weiterer Änderungen d. StPO. s. Art. 35 mit Bem.

d) **KO.:** §§ 31 Nr. 2, 40 Nr. 2 (Anfechtung).

e) **AnfG.** vom 21. Juli 1879 (neue Fassung vom 20. Mai 1898) § 3 Nr. 2.

2. Die hier zur Anwendung herangezogenen Vorschriften des BGB. über Verwandtschaft und Schwägerschaft sind:

a) die für diese Begriffe im allgemeinen grundlegenden §§ 1589 und 1590 (Grundbegriff der Verwandtschaft in gerader Linie und in der Seitenlinie und der Schwägerschaft, Bestimmung der Grade bei Verwandtschaft und Schwägerschaft; vgl. die Bem. zu jenen Paragraphen in Bd. IV);

b) die §§ 1589 Abs. 2 und 1705 bezüglich der unehelichen Kinder:
Das uneheliche Kind und dessen Vater gelten nicht als verwandt; dagegen hat dieses im Verhältnisse zur Mutter und deren Verwandten die rechtliche Stellung eines ehelichen Kindes. Vgl. insbesondere Bem. 3, d zu § 1589 und die Bem. zu § 1705;

c) die §§ 1699 ff. hinsichtlich der Kinder aus nichtigen Ehen;

d) die §§ 1757, 1762, 1763 bezüglich der angenommenen Kinder;

e) die §§ 1736 und 1737 hinsichtlich der für ehelich erklärten Kinder.

3. Als selbstverständlich muß gelten, daß, soweit hiernach die allgemeinen Begriffe Verwandtschaft und Schwägerschaft sich nach den Vorschriften des BGB. bemessen, das gleiche auch für die Unterbegriffe, z. B. Vater, Mutter, Kind, Geschwister usw. gelten muß. Es gelten daher z. B. zwei außereheliche Kinder nur als halbbürtige Geschwister, selbst wenn sie Vater und Mutter gemeinsam haben (im Hinblick auf § 1589 Abs. 2), und falls sie von demselben Vater, aber verschiedenen Müttern abstammen, sind sie überhaupt nicht miteinander verwandt (vgl. Bem. 3, d zu § 1589). Das angenommene Kind des Ehemannes gilt nach § 1763 BGB. weder als Kind der Ehefrau des letzteren noch als mit dieser verschwägert, vgl. Bem. 2 zu § 1763.

4. Hinsichtlich anderer allgemeiner familienrechtlicher Begriffe als Verwandtschaft und Schwägerschaft gelten auch für die im Art. 33 genannten Gesetze die zu Art. 32 entwickelten Grundsätze; vgl. RG. in JW. 1901 S. 473.

II. Anwendung des Art. 33 auf andere Reichsgesetze.

Art. 33 muß seinem Wesen nach, zumal die Gesetze, für welche die Vorschriften des BGB. über Verwandtschaft und Schwägerschaft gelten sollen, einzeln aufgeführt werden, als Sondervorschrift erachtet werden. Die Vorschrift des Art. 33 darf daher weder im Wege der Analogie noch als argumentum e contrario auf die übrigen früheren Reichsgesetze ohne weiteres erstreckt werden. Auch in der II. Kommission wurde bei Beratung des Art. 33 von der Mehrheit, die sich für diesen Artikel aussprach, ausdrücklich unter Hinweis auf diese Motive betont, daß aus der Vorschrift dieses Artikels Schlüsse für die künftige Auslegung anderer Reichsgesetze nicht gezogen werden dürfen; vgl. P. VI, 564.

1. Es ist also aus den obigen Gründen bei der Prüfung derartiger Fragen jeweils auf die Art. 32 und 4 zurückzugreifen (insbesondere wird letzterer Artikel von Wichtigkeit) und im Einzelfalle zu prüfen, ob das betr. Reichsgesetz einen besonderen Begriff von Verwandtschaft und Schwägerschaft mit selbständigem Inhalt aufstellen will, oder ob es lediglich eine Verweisung auf die allgemeinen bürgerlichrechtlichen Begriffe wollte, die nunmehr durch das BGB. gedeckt werden. (Vgl. Bem. 6, c zu § 1589 und RGSt. Bd. 34 S. 420 ff., ferner übereinstimmend Niedner und Neumann; Planck nimmt an, daß die Anwendung der Art. 4 und 32 auf die übrigen Reichsgesetze regelmäßig zu demselben Ergebnisse führen müsse wie in den durch Art. 33 entschiedenen Fällen.) Das gilt auch für diejenigen Reichsgesetze, die durch das EG. in einzelnen Punkten abgeändert worden sind, vgl. Bem. 6, e zu § 1589.

a) Beispielsweise werden hienach die Vorschriften des BGB. über Verwandtschaft und Schwägerschaft Anwendung finden können in § 14 der Rechtsanwaltsordnung, in der Reichsversicherungsordnung §§ 593, 1641, auch beim Gewerbegerichtsgesetz § 26 (übereinstimmend Niedner a. a. O.), dem Kaufmannsgerichtsgesetz § 16 Abs. 1, nun dem Arbeitsgerichtsgesetz vom 23. Dez. 1926 § 46 Abs. 2, welche Gesetze auf die Verfahrensvorschriften der ZPO. Bezug nehmen.

b) Dagegen wird z. B. insbesondere der Begriff der angenommenen Kinder in früheren Reichsgesetzen nicht gleichgestellt werden dürfen mit dem in den §§ 1741 ff. BGB. entwickelten Begriffe, vgl. P. VI, 562.

c) Aus den vorstehend entwickelten Grundsätzen und dem weiteren Umstande, daß Art. 34, der die notwendigen Änderungen des StGB. durch das BGB. gesondert erbringt, den Begriff der Verwandtschaft für das StGes. nicht abändert, wird von der herrschenden Meinung mit Recht angenommen, daß für das Strafgesetzbuch (§§ 52 Abs. 2, 173 Abs. 1, 247, 370 Nr. 5) Art. 33 nicht gilt. (Vgl. Meyer „Recht" 1903 S. 455 f., Keßler a. a. O. S. 462 f., RG. vom 8. Nov. 1901 in DJZ. 1902 S. 177, RGSt. Bd. 34 S. 421, Bd. 48 S. 198 f.; übereinstimmend auch Niedner und Neumann zu Art. 33.) Übrigens stellt das StGB. in § 52 Abs. 2 den Begriff der „Angehörigen" auf, zu denen es die Verwandten und Verschwägerten auf- und absteigender Linie rechnet; hier ist nach der Auslegung, welche die Vorschrift allgemein gefunden hat, die Abstammung, also die Blutsverwandtschaft, nicht § 1589 Abs. 1 BGB. maßgebend; auch uneheliche Abstammung vermittelt die Verwandtschaft i. S. der Vorschrift (Leipz. Komm. z. StGB. Bem. 5 a zu § 52, Olshausen, Komm. z. StGB. Bem. zu § 52). Ebenso ist unter „Verwandten aufsteigender Linie" im Sinne des § 173 Abs. 1 StGB. wie bisher (vgl. Olshausen, Komm. z. StGB., Bem. 2 zu § 173, RGSt. Bd. 2 S. 239 ff., RGRspr. Bd. 5 S. 613 ff.) auch der uneheliche Vater zu verstehen (vgl. P. VI, 564, Keßler a. a. O. S. 426 f.; and. Ans. Schröder a. a. O. S. 372). Demgemäß muß (s. die Bem. 6, c zu § 1589), die uneheliche, noch nicht 18 Jahre alte Tochter des aus § 173 StGB. angeklagten Vaters, mit der sich derselbe vergangen hat, gegen ihren Vater als Zeugin aussagen und beeidigt werden; dies ergibt sich aus der Ausgestaltung des § 52 Nr. 3 StPO. durch Art. 33 und der dadurch herbeigeführten Anwendung des § 1589 Abs. 2 BGB., während sie, falls sie mehr als 18 Jahre alt ist, nach § 173 Abs. 1 StGB. strafbar ist (gegen diese Divergenz zwischen materiellem und formellem Strafrecht wendet sich mit Recht K. Meyer „Recht" 1903 S. 455 ff.).

Vgl. auch RG. „Recht" 1903 S. 162 Nr. 911 über Schwägerschaftsverhältnis im Rahmen des Strafrechts und RGSt. Bd. 34 S. 320 über den Begriff der Schwägerschaft i. S. des § 173 Abs. 2 StGB.

d) § 38 des PStG. ist durch Art. 46 Abs. 2 Nr. I besonders aufgehoben worden.

2. Der Grundsatz des Art. 33 EG. wird dagegen unbedenklich auf diejenigen Reichsgesetze ausgedehnt werden dürfen, die nach dem BGB. erlassen worden sind, so z. B. auf das FGG. vom 17. Mai 1898, das KinderarbeitG. vom

30. März 1903, das Reichs- und Staatsangehörigkeitsgesetz vom 22. Juli 1913, da nicht angenommen werden kann, daß der Gesetzgeber, wenn er von bürgerlichrechtlichen, im BGB. besonders geregelten Begriffen ausgeht, hiemit einen von den Vorschriften des BGB. abweichenden Sinn verbunden haben sollte; vgl. Bem. 5, l und 6, b zu § 1589, sowie Endemann II § 193 Note 12.

3. Das gleiche muß regelmäßig für die nach dem BGB. erlassenen Landesgesetze angenommen werden (vgl. z. B. bayr. NotG. vom 9. Juni 1899 Art. 15 Nr. 3; vgl. Bem. 6, c zu § 1589).

4. Bezüglich der vor dem BGB. erlassenen Landesgesetze aber müssen im Einzelfalle, wie bei den bisherigen Reichsgesetzen, die Art. 32 und 4 EG. (vgl. oben) in dieser Hinsicht zur Anwendung kommen, sowie ferner auch Art. 55 EG. Insbesondere bezüglich der Gleichstellung der angenommenen Kinder mit ehelichen vgl. Bem. 1 a. E. zu § 1757 in Bd. IV.

III. **Die Begriffe Angehörige, Familienangehörige und Hinterbliebene,** die sich in Reichsgesetzen allenthalben vorfinden (vgl. z. B. GewO. §§ 119, 123 Nr. 7, 124 Nr. 3, die Reichsversicherungsordnung §§ 1271, 1305, 1312, Reichsbeamtengesetz § 69, StGB. §§ 52, 54, 247, 258, 263, Bankdepotgesetz § 9 Abs. 3 usw.) sind Sonderbegriffe, welche das BGB. selbst allgemein nicht geregelt hat; diese sind aus den einschlägigen Einzelbestimmungen zu schöpfen. Vgl. auch Einl. Ziff. 2 zu Bd. IV, Bem. III, c zu Art. 32.

Art. 34.

Das Strafgesetzbuch wird dahin geändert:

I. Im § 34 Nr. 6 werden die Worte: „Vormund, Nebenvormund, Kurator, gerichtlicher Beistand oder Mitglied eines Familienrats" ersetzt durch die Worte:

„Vormund, Gegenvormund, Pfleger, Beistand der Mutter, Mitglied eines Familienrats oder Kurator."

II. An die Stelle des § 55 treten folgende Vorschriften:

Wer bei Begehung der Handlung das zwölfte Lebensjahr nicht vollendet hat, kann wegen derselben nicht strafrechtlich verfolgt werden. Gegen denselben können jedoch nach Massgabe der landesgesetzlichen Vorschriften die zur Besserung und Beaufsichtigung geeigneten Maßregeln getroffen werden. Die Unterbringung in eine Familie, Erziehungsanstalt oder Besserungsanstalt kann nur erfolgen, nachdem durch Beschluß des Vormundschaftsgerichtes die Begehung der Handlung festgestellt und die Unterbringung für zulässig erklärt ist.

III. An die Stelle des § 65 treten folgende Vorschriften:

Der Verletzte, welcher das achtzehnte Lebensjahr vollendet hat, ist selbständig zu dem Antrage auf Bestrafung berechtigt. Solange er minderjährig ist, hat unabhängig von seiner eigenen Befugnis auch sein gesetzlicher Vertreter das Recht, den Antrag zu stellen.

Ist der Verletzte geschäftsunfähig oder hat er das achtzehnte Lebensjahr noch nicht vollendet, so ist sein gesetzlicher Vertreter der zur Stellung des Antrages Berechtigte.

IV. Als § 145a wird folgende Vorschrift eingestellt:

Wer im Inlande Schuldverschreibungen auf den Inhaber, in denen die Zahlung einer bestimmten Geldsumme versprochen wird, ohne die erforderliche staatliche Genehmigung ausstellt und in den Verkehr bringt, wird mit einer Geldstrafe bestraft, die dem fünften Teile des Nennwerts der ausgegebenen Schuldverschreibungen gleichkommen kann, mindestens aber *dreihundert Mark* beträgt.

V. Im § 171 Abs. 1 und Abs. 3 werden die Worte: „aufgelöst, für ungültig oder nichtig erklärt worden ist", ersetzt durch die Worte:

„aufgelöst oder für nichtig erklärt worden ist".

VI. An die Stelle des § 195 tritt folgende Vorschrift:

Ist eine Ehefrau beleidigt worden, so hat sowohl sie als ihr Ehemann das Recht, auf Bestrafung anzutragen.

VII. Im § 235 werden die Worte: „ihren Eltern oder ihrem Vormunde" ersetzt durch die Worte:

„ihren Eltern, ihrem Vormunde oder ihrem Pfleger".

VIII. Im § 237 werden die Worte: „ihrer Eltern oder ihres Vormundes" ersetzt durch die Worte:

„ihrer Eltern, ihres Vormundes oder ihres Pflegers".

IX. Im § 228 werden die Worte: „für ungültig erklärt worden ist" ersetzt durch die Worte:

„für nichtig erklärt worden ist".

E. I, 16; II, 8; III, 83.

Änderungen des **Strafgesetzbuchs:**

Art. 34 stimmt mit dem Art. 16 des E. I nur teilweise überein. Er hat sowohl in der II. Komm., als auch noch in der Reichstagskommission Abänderungen erlitten (EM. 123 ff., P. IV, 633—635, VI, 568—577, 585, Reatz III, 14 ff., RTK. 434 und 435).

I. Allgemeines.

Das StGB. wendet in seinen Vorschriften viele Begriffe an, welche dem bürgerlichen Recht entnommen sind. Im allgemeinen wird für deren Inhalt und Erläuterung seit dem 1. Januar 1900 das BGB. maßgebend sein und zwar nach Maßgabe der Art. 4 und 32 dieses Gesetzes. Hier ist beispielsweise zu nennen der Begriff der **Widerrechtlichkeit**, soweit er jeweils aus den Normen des bürgerlichen Rechts entnommen werden muß, vgl. z. B. die Frage der Widerrechtlichkeit einer Sachbeschädigung im Falle einer nunmehr durch das BGB. erlaubten und ausdrücklich zugelassenen **Selbsthilfe** (vgl. in dieser Hinsicht Bem. 4 zu § 904 in Bd. III). So sind z. B. auch die Begriffe des mittelbaren und unmittelbaren Besitzes, sowie der des Besitzdieners im Einzelfalle von Einfluß (vgl. z. B. Bem. I, 2, b zu § 935); auch der § 857 BGB. hat hier bezüglich der Qualifikation strafbarer Handlungen an Nachlaßsachen Einfluß geübt. Soweit dagegen das StGB. besondere Begriffe zu unmittelbaren Tatbestandsmomenten eines bestimmten Verbrechens oder Vergehens oder einer bestimmten Übertretung verwendet, muß im Einzelfalle die ursprüngliche Rechtsauffassung des StGB. als fortdauernd gelten. Beispielsweise dürfen die Begriffe Besitz und Gewahrsam als unmittelbare und besondere Tatbestandsmerkmale bei Diebstahl und Unterschlagung nicht durch die rein zivilistischen Gesichtspunkte des BGB. für abgeändert gelten (ein hierauf abzielender Antrag wurde in der II. Komm. ausdrücklich abgelehnt, s. RTK. 330 ff.). Vgl. in dieser Hinsicht Vorbem. VIII vor § 854, Olshausen Bem. 15 und 17, c zu § 242 und Bem. 9 zu § 246 StGB., Leipziger Komm. z. StGB. Bem. 2 zu § 242.

Über die Frage, ob und inwieweit bezüglich der Begriffe **Verwandtschaft** und **Schwägerschaft** die Vorschriften des BGB. zu gelten haben, vgl. Bem. II, I, d zu Art. 33.

Zum ganzen vgl. Lobe, Einfluß des BGB. auf das StGB. (1898) und Schmidt in DJZ. 1900 S. 146, Der Einfluß des BGB. auf das Strafrecht. Kuhlenbeck, Von den Pand. z. BGB. I S. 537, derselbe, Das Recht der Selbsthilfe im weiteren und engeren Sinne, Langensalza 1907 S. 46—79, v. Ferneck, Die Rechtswidrigkeit, 2 Bde., Jena 1905.

Über Einfluß des BGB. und seiner Nebengesetze auf die landesgesetzlichen, insbesondere preußischen Strafgesetze s. Delius in DJZ. 1899 S. 494 ff. und vgl. hiezu auch „Recht" 1900 S. 414, DJZ. 1902 S. 203 und Bem. zu § 763 (Spielen in auswärtigen Lotterien).

II. Die durch Art. 34 eingeführten Änderungen im einzelnen:

A. Nr. I: StGB. § 34 Nr. 6:

Die bisherige Vorschrift lautete:

> Die Aberkennung der bürgerlichen Ehrenrechte bewirkt ferner die Unfähigkeit, während der im Urteile bestimmten Zeit Vormund, Nebenvormund, Kurator, gerichtlicher Beistand oder Mitglied eines Familienrats zu sein, es sei denn, daß es sich um Verwandte absteigender Linie handele und die obervormundschaftliche Behörde oder der Familienrat die Genehmigung erteile.

1. Die Änderungen, welche diese Ziffer für den § 34 Nr. 6 StGB. bringt, sind folgende:

a) Die Worte „gerichtlicher Beistand" wurden gestrichen, weil mit diesen Worten nur der Beistand des französischen Rechtes (nicht auch z. B. nach § 90 ZPO. oder nach § 149 StPO.) getroffen werden sollten und durch das BGB. die Bestellung eines Beistandes des französischen Rechtes, und zwar gemäß Art. 211 auch schon für die Übergangszeit, beseitigt wird (Art. 156).

b) An Stelle der vorerwähnten Worte wurden im Hinblick auf die §§ 1687 ff. BGB. die Worte „Beistand der Mutter" gesetzt.

c) Das Wort „Nebenvormund" wurde im Hinblick auf §§ 1792 ff. BGB. durch das Wort „Gegenvormund" ersetzt.

d) Im Hinblick auf die §§ 1909 ff. BGB. wurde das Wort „Pfleger" eingeschaltet (P. VI, 568—571).

2. Das Wort „Kurator", mit welchem früher der „Pfleger" bezeichnet war, blieb daneben stehen, weil hierunter nach früherem Sprachgebrauch auch andere Stellungen, z. B. jene des Konkursverwalters, verstanden wurden (P. VI, 571); vgl. auch die alte ZPO. §§ 220, 694 und das RBG. vom 31. März 1873 i. d. F. vom 18. Mai 1907 §§ 62, 64. Vgl. auch RGSt. Bd. 41 S. 388.

Unter der „obervormundschaftlichen Behörde" ist jetzt das Vormundschaftsgericht zu verstehen. Da nach § 1872 BGB. der Familienrat die Rechte und Pflichten des Vormundschaftsgerichts hat, sind die Worte „oder der Familienrat" entbehrlich.

3. Nicht geändert wurde in StGB. § 34 der Ausdruck „Unfähigkeit, Zeuge (Nr. 5) oder Vormund usw. (Nr. 6) zu sein", obwohl nach den einschlägigen Vorschriften (§§ 1318, 1781, 2237) des BGB. und des FGG. § 173 mit der entgegen der Vorschrift des § 34 StGB. erfolgten Aufstellung als Zeuge, Vormund usw. eine Nichtigkeit der Aufstellung oder der unter ihrer Mitwirkung geschlossenen Rechtsgeschäfte nicht verbunden ist, da die angezogenen Bestimmungen des bürgerlichen Rechtes nur eine Sollvorschrift enthalten (vgl. P. VI, 570, 571). Der Verstoß gegen das Verbot des § 34 StGB. hat künftig nur die aus dem BGB. (FGG.) sich ergebenden Wirkungen; vgl. Bem. IV, c zu Art. 32. Ebenso Planck Bem. II, 1, c Abs. 3 und Neumann Bem. I, b; vgl. auch Bem. 4 zu § 1318 und Bem. 2, d zu § 1781 in Bd. IV, sowie Olshausen Bem. 7, a zu § 34 StGB. und Leipziger Komm. z. StGB. Bem. 2, f zu § 34.

B. Nr. II: StGB. § 55:

Die bisherige Vorschrift lautete:

> Wer bei Begehung der Handlung das zwölfte Lebensjahr nicht vollendet hat, kann wegen derselben nicht strafrechtlich verfolgt werden.
>
> Gegen denselben können jedoch nach Maßgabe der landesgesetzlichen Vorschriften die zur Besserung und Beaufsichtigung geeigneten Maßregeln getroffen werden. Insbesondere kann die Unterbringung in eine Erziehungs- oder Besserungsanstalt erfolgen, nachdem durch Beschluß der Vormundschaftsbehörde die Begehung der Handlung festgestellt und die Unterbringung für zulässig erklärt ist.

1. Die Fassung der Ziff. II beruht auf einem Beschlusse der Reichstagskommission (RTK. 299, 434), welche hier den E. I wiederherstellte. In der II. Komm. war die Ziff. II gestrichen worden (P. IV, 633 ff., VI, 571, 572).

2. Die Änderungen des § 55 StGB. bestehen, von der Vereinigung des bisherigen Abs. 2 mit Abs. 1 abgesehen, daß darin der nunmehrige Satz 3 mit den Vor-

schriften des BGB. in Einklang gebracht (Berücksichtigung der Unterbringung „in einer Familie" nach Maßgabe des § 1666 und Ersetzung des Wortes „Vormundschaftsbehörde" durch „Vormundschaftsgericht"), im übrigen zum Ausdruck gebracht wurde, daß der landesgesetzlichen Zuständigkeit eine gewisse Schranke gezogen sein soll.

Über die landesgesetzlichen Vorschriften, die schon vor dem Inkrafttreten des BGB. auf Grund des § 55 StGB. über die Unterbringung verwahrloster Kinder und deren Zwangserziehung erlassen waren, s. Mot. z. EG. S. 123 f.

3. § 55 StGB. ist (nebst den §§ 56, 57) durch § 47 des Jugendgerichtsgesetzes vom 16. Febr. 1923 (RGBl. 1923 I S. 135 ff.) **aufgehoben.** Nunmehr bestimmt § 2 JGerG.:

„Wer eine mit Strafe bedrohte Handlung begeht, ehe er vierzehn Jahre alt geworden ist, ist nicht strafbar."

Diese Vorschrift — Erhöhung der Strafmündigkeit von 12 auf 14 Jahre — ist nebst der entsprechenden Vorschrift des § 45 Abs. 1 JGerG., daß gegen Personen, die zur Zeit der Tat noch nicht 14 Jahre alt waren, Strafen nicht vollstreckt werden dürfen (s. dortselbst auch wegen der Strafregistereinträge hinsichtlich früher erkannter Strafen), nach § 43 JGerG. schon mit der Verkündung dieses Gesetzes in Kraft getreten, während das Gesetz im übrigen erst mit dem 1. Juli 1923 in Kraft trat. § 2 JGerG. enthält, wie der frühere § 55 StGB., einen persönlichen Strafausschließungsgrund (RGSt. Bd. 57 S. 207; Leipziger Komm. z. StGB. Bem. 1 zu §§ 1, 2 JGerG., 3. Aufl. S. 282). Die Altersgrenze von 14 Jahren gilt auch unbedingt für das Landesrecht, abweichende Vorschriften durch die Landesgesetzgebung sind ausgeschlossen.

Eine dem Satz 2 und 3 des § 55 StGB. entsprechende Vorschrift über Erziehungsmaßnahmen gegen Strafunmündige enthält das Jugendgerichtsgesetz nicht mehr. Der Vorbehalt des Art. 135 EG. zugunsten der Landesgesetzgebung hinsichtlich der Zwangserziehung ist beseitigt, Art. 135 EG. ist samt den auf Grund desselben erlassenen Landesgesetzen durch § 64 des Jugendwohlfahrtsgesetzes vom 9. Juli 1922 und Art. 4 des Einführungsgesetzes zu diesem Gesetze aufgehoben. Die gegen die verwahrloste Jugend und damit auch gegen die Strafunmündigen zulässigen Maßregeln sind — neben den nach §§ 1631 Abs. 2 und 1666 BGB. allgemein zulässigen Maßnahmen des Vormundschaftsgerichts — nunmehr durch das Jugendwohlfahrtsgesetz reichsrechtlich geregelt. Zulässig sind Schutzaufsicht und Fürsorgeerziehung. Beide Maßregeln dienen dem Schutze eines Minderjährigen zur Verhütung seiner körperlichen, geistigen und sittlichen Verwahrlosung (§§ 56, 62 JWG.), die Fürsorgeerziehung auch der Beseitigung der Verwahrlosung (§ 62 JWG.). Schutzaufsicht und Fürsorgeerziehung können gegenüber noch nicht strafmündigen Minderjährigen nur vom Vormundschaftsgericht — von Amts wegen oder auf Antrag — angeordnet werden (§ 57 Abs. 1, § 63 Abs. 1 JWG.). Gegen Jugendliche im Sinne des § 1 JGerG., nämlich Minderjährige, die über 14, aber noch nicht 18 Jahre alt sind, kann auch das Strafgericht Maßregeln, die (neben anderen, s. § 7 Nr. 1—4 JGerG.) als Erziehungsmaßnahmen neben oder an Stelle einer Strafe zulässig sind, anordnen; das Strafgericht kann sich aber auch auf den Ausspruch beschränken, daß Erziehungsmaßregeln zulässig sind und die Auswahl und Anordnung dem Vormundschaftsgericht überlassen. Siehe auch die Bem. zu Art. 135 EG.

C. Nr. III: StGB. § 65.

Die bisherige Vorschrift lautete:

Der Verletzte, welcher das achtzehnte Lebensjahr vollendet hat, ist selbständig zu dem Antrage auf Bestrafung berechtigt.

Solange der Verletzte minderjährig ist, hat der gesetzliche Vertreter desselben, unabhängig von der eigenen Befugnis des Verletzten, das Recht, den Antrag zu stellen.

Bei bevormundeten Geisteskranken und Taubstummen ist der Vormund der zur Stellung des Antrages Berechtigte.

1. Die Änderungen, welche an § 65 StGB. getroffen werden, sind folgende:

a) Der bisherige Abs. 2 wurde dem Abs. 1 als zweiter Satz hinzugefügt und im übrigen nur redaktionell geändert.

b) Der neue Abs. 2 weicht von dem bisherigen Abs. 3 darin ab, daß

α) die **Taubstummen** gestrichen werden. Dieselben erhalten künftig, sofern sie nicht wegen Minderjährigkeit unter elterlicher Gewalt oder unter Vormundschaft stehen oder wegen Geisteskrankheit entmündigt oder unter vorläufige Vormundschaft gestellt sind, nach Maßgabe des § 1910 BGB. nur einen Pfleger. Sie sind vollständig geschäftsfähig und können selbst Strafantrag stellen. Vgl. Bem. 6, a zu § 1910 BGB. Es kann dies aber im Namen des Taubstummen auch dessen Pfleger, wenn die Vertretungsmacht des letzteren soweit reicht; dies ist immer dann der Fall, wenn die Pflegschaft nach BGB. § 1910 Abs. 1 (zur Besorgung aller seiner Angelegenheiten) bestellt wurde (vgl. Bem. 3, a zu § 1910); ist die Pflegschaft aber nach § 1910 Abs. 2 (zur Besorgung einzelner Angelegenheiten) bestellt, so kommt es darauf an, ob die Pflegschaft für die betreffende Angelegenheit selbst oder für den einschlägigen Kreis von Angelegenheiten bestellt ist (vgl. Bem. 3, b zu § 1910). Übereinstimmend Planck Bem. 3, d Satz 3, wenn dessen Satz 2 a. a. O. „Ob sie (die Taubstummen) dazu (nämlich zur persönlichen Stellung des Strafantrags) imstande sind, hängt davon ab, ob sie sich genügend verständigen können" richtig dahin zu verstehen ist, daß die Fähigkeit des Taubstummen, den Strafantrag persönlich zu stellen, das Recht des für den Taubstummen (mit seiner Zustimmung) bestellten Pflegers, in dessen Namen den Strafantrag zu stellen, nicht ausschließt. Ein praktisches Bedürfnis wird hier nicht fehlen. Man bedenke nur, daß, wie auch Planck unter Bem. 3 Abs. 1 hervorhebt, die Strafantragstellung für sehr viele Straftaten Voraussetzung der Strafverfolgung ist, z. B. StGB. §§ 102—103, 104, 123, 170, 172, 179, 182, 189, 194—196, 232, 236, 237, 247, 263, 288, 289, 292, 299, 300—302, 303, 370 Nr. 5, 6, LitUrhG. § 45, KunstUrhG. § 41, GebrMustG. § 10, WZG. § 15, ferner PatG. § 36. A. M. Niedner Bem. III, b, β, welcher die Vertreter der beschränkt Geschäftsfähigen weder ausschließlich noch neben dem Verletzten für antragsberechtigt erklärt, wenn es sich nicht um eine gewillkürte Stellvertretung handelt. Niedners Ansicht entspricht allerdings dem Wortlaute dieses Gesetzes, aber doch nicht dem BGB. § 1915 und wohl auch nicht dem Willen des Gesetzgebers. Denn aus P. VI, 574 (wonach dem Vormunde des vorläufig wegen Geisteskrankheit Entmündigten nicht das gleiche Recht zur Strafantragstellung verliehen wurde wie dem Vormunde des endgültig wegen Geisteskrankheit Entmündigten, weil „es während der vorübergehenden Dauer der Bevormundung genüge, wenn der Vormund wie jeder andere Vertreter im Namen und aus dem eigenen Rechte des Bevormundeten einen etwaigen Strafantrag stellen könne") folgt doch wohl, daß letztere Befugnis für selbstverständlich gehalten wurde. Vgl. hiezu unten Bem. δ, Olshausen Bem. 16 zu § 65 StGB., der für entsprechende Ausdehnung überhaupt eintritt (z. B. auch für den Pfleger eines Abwesenden, einer Leibesfrucht usw.) und übereinstimmend auch Binding, Handb. Bd. 1 S. 222, s. außerdem auch RGSt. Bd. 34 S. 99 ff. und Bresler in DJZ. 1902 S. 173.

β) Im übrigen ist die Vorschrift des Abs. 1 (gegenüber dem bisherigen Abs. 3) auf alle **Geschäftsunfähigen** (s. BGB. § 104) und auf die (vom bisherigen Abs. 2 betroffenen) Minderjährigen, welche das 18. Lebensjahr noch nicht vollendet haben, mit der Maßgabe erstreckt worden, daß an Stelle des „Vormunds" der „gesetzliche Vertreter" tritt. Gesetzlicher Vertreter ist der Vater oder die Mutter (s. GoltdArch. Bd. 55 S. 334) als Inhaber der elterlichen Gewalt, der Vormund oder der Pfleger (M. IV, 1252). Ein der Mutter für alle Angelegenheiten bestellter Beistand (§§ 1687 ff. BGB.) ist in dieser Eigenschaft nicht gesetzlicher Vertreter des Minderjährigen (GoltdArch. Bd. 47 S. 440). Bei den Geschäftsunfähigen und den Minderjährigen, die das 18. Lebensjahr noch nicht vollendet haben, steht also dem gesetzlichen Vertreter das Antragsrecht ausschließlich zu (vgl. auch Vorbem. II, 16 vor § 1631, Leipziger Komm. z. StGB. Bem. 4 zu § 65).

γ) Die Anträge, welche bezielten, dem gesetzlichen Vertreter einer jeden **in der Geschäftsfähigkeit beschränkten Person** (s. § 114), also auch dem gesetzlichen Vertreter eines wegen Geistesschwäche, Verschwendung oder Trunksucht Entmündigten oder einer nach § 1906 BGB. unter vorläufige Vormundschaft gestellten Person ebenfalls die Befugnis zu verleihen, unabhängig von der eigenen Befugnis des Verletzten, also kraft eigenen Rechtes, den Strafantrag zu stellen, wurden in der II. Komm. abgelehnt, s. P. VI, 569, 570, 572 ff. und vgl. unten ε.

δ) Hinsichtlich der (wegen Geisteskrankheit) **unter vorläufige Vormundschaft Gestellten** fand man es in der II. Komm., wie schon (s. oben α) bemerkt, für die vorübergehende Dauer der vorläufigen Bevormundung als genügend, wenn der Vormund wie jeder andere Vertreter im Namen und aus dem Rechte des Bevormundeten einen etwaigen Strafantrag stellen könne. (P. VI, 573.) Die ausschließliche Befugnis, an Stelle des unter vorläufige Vormundschaft gestellten Verletzten Strafantrag zu stellen, steht ihm also nicht zu. Vgl. die Bem. α am Ende, sowie RGSt. Bd. 34 S. 98ff., GoltdArch. Bd. 58 S. 182.

ε) Ein **selbständiges Antragsrecht** hat hienach in Erweiterung der bürgerlichrechtlichen Rechtsfähigkeit der Verletzte, wenn er das achtzehnte Lebensjahr vollendet hat (§ 65 StGB.) und nicht geschäftsunfähig ist im Sinne des § 104 BGB. Dieses Recht hat er dann neben dem gesetzlichen Vertreter; der gesetzliche Vertreter kann das ihm zustehende Antragsrecht unabhängig von dem Willen des Vertretenen ausüben; vgl. Olshausen Bem. 9 zu § 65 StGB., Leipziger Komm. z. StGB. Bem. 2, 3 zu § 65. Wegen der Vollendung des achtzehnten Lebensjahres s. § 187 Abs. 2 BGB., RGSt. Bd. 35 S. 37.

ζ) Zu beachten bleibt ferner, daß der gesetzliche Vertreter ein selbständiges Antragsrecht neben dem Verletzten nur hat, solange der Verletzte minderjährig ist. Es fällt demnach auch dann fort, wenn der Minderjährige für volljährig erklärt ist (vgl. Neumann Bem. III, c zu Art. 34).

η) An der bisherigen Auffassung, daß der **Vater des getöteten Kindes** noch zum Strafantrage trotz des Todes des Kindes berechtigt sei (vgl. RGSt. Bd. 13 S. 115, Bd. 35 S. 131), ist durch Art. 34 nichts geändert worden, s. RGSt. Bd. 35 S. 131.

2. Soweit der gesetzliche Vertreter nur neben dem Vertretenen antragsberechtigt ist (s. Bem. 1, b, ε), kann jeder von beiden nur den von ihm gestellten Strafantrag zurücknehmen, nicht den des anderen. Dagegen kann der gesetzliche Vertreter den von der früher nicht vertretenen (nun entmündigten) Person gestellten Strafantrag zurücknehmen. Anderseits kann der Verletzte natürlich nach erlangter Volljährigkeit oder wiedererlangter unbeschränkter Geschäftsfähigkeit den von dem bisherigen gesetzlichen Vertreter gestellten Strafantrag zurücknehmen (RGSt. Bd. 22 S. 256, Bd. 24 S. 427). Der gesetzliche Vertreter kann den Strafantrag wirksam zurücknehmen, solange seine Vertretungsbefugnis dauert (RGSt. Bd. 5 S. 192); das Antragsrecht ist damit endgültig, auch für seinen Nachfolger, verloren (RGSt. Bd. 36 S. 64).

3. Wenn die Sorge für die Person und die Sorge für das Vermögen verschiedenen gesetzlichen Vertretern zusteht, so steht das Recht der Strafantragstellung in der Regel demjenigen Vertreter zu, der für die Person des Vertretenen zu sorgen hat (vgl. Vorbem. II, 16 vor § 1631). Es kann dieses Recht in besonderen Fällen aber auch demjenigen zustehen, der für das Vermögen oder für bestimmte Vermögensteile zu sorgen hat. (Ebenso Planck Bem. 4.) In zweifelhaften Fällen wird das Vormundschaftsgericht den zuständigen Vertreter zu bestimmen haben; ebenso Niedner Bem. II, c. Vgl. zu diesen Fragen im einzelnen auch Olshausen Bem. 6 und 20 zu § 65 StGB.

4. Über den Fall einer Interessenkollision, wenn der Gewalthaber oder eine der im § 1795 erwähnten Personen gegenüber dem Kinde eine nur auf Antrag verfolgbare strafbare Handlung begangen hat und im letzteren Falle der Gewalthaber sich weigert, Strafantrag zu stellen, vgl. im einzelnen Bem. VI, 6, d zu § 1630.

D. Nr. IV: StGB. § 145 a.

Der neue § 145 a StGB. wurde erst in der II. Komm. beschlossen. Er bildet eine Ergänzung zu § 795 BGB. und zugleich dessen Verstärkung hinsichtlich des daselbst ausgesprochenen **Verbots einer Ausgabe von Inhaberpapieren** ohne die erforderliche Genehmigung. Vgl. P. VI, 585.

a) Als Tatbestandsmerkmale sind (nach dem Vorbilde des preuß. Ges. betr. das Verbot der Ausgabe von Inhaberpapieren ohne Königliche Genehmigung, vom 17. Juni 1833 § 5, und des badischen G. vom 5. Juni 1860 § 5; vgl. auch das bayr. G. vom 18. März 1896 Art. 14 Abs. 2) kumulativ hingestellt das „Ausstellen" und das „in Verkehr bringen". Die Vorschrift des § 145 a ist nur noch auf verzinsliche Inhaber-Schuldverschreibungen anwendbar, die unbefugte Ausgabe unverzinslicher Schuldverschreibungen ist jetzt durch § 39 BankG. vom 30. Aug. 1924 (RGBl. 1924 II S. 244) unter Strafe gestellt. Im einzelnen vgl. hiezu die Bem. 3 bei Olshausen, Leipziger Komm. z. StGB. Bem. 2, sowie Jacobi, Wertpapiere (Jena 1901) S. 175. Zum inneren Tatbestand genügt Fahrlässigkeit.

b) Die Zuwiderhandlung gegen Bestimmungen, unter denen dem Aussteller die Genehmigung zur Ausgabe der Papiere erteilt wurde, ist an sich nicht unter Strafe gestellt. Wenn es sich aber um solche bei der Genehmigung auferlegte Verpflichtungen handelt, welche vor der Ausgabe zu erfüllen sind, so hat deren Nichtbeachtung zur Folge, daß die Papiere ohne Genehmigung ausgegeben sind. In diesem Falle tritt also die Strafe des § 145 a ein (vgl. P. VI, 584).

c) Die Mindeststrafe beträgt jetzt nach § 27 Abs. 2 Nr. 1 StGB. in der Fassung des Art. I der VO. über Vermögensstrafen und Bußen vom 6. Febr. 1924 (RGBl. 1924 I S. 44 ff.) mit Art. XIV Abs. 2 Nr. 2 der gleichen VO. und § 2 der 2. DVO. zum MünzG. vom 12. Dez. 1924 (RGBl. I S. 775) drei Reichsmark.

d) Die Straftat des § 145 a ist gemäß § 1 Abs. 2 StGB. in der Fassung des Art. I der VO. vom 6. Febr. 1924 (RGBl. I S. 44) ein Vergehen. Zuständig waren früher nach § 74 Nr. 1 GVG. i. d. F. des Art. I der Nov. vom 17. Mai 1898 die landgerichtlichen Strafkammern. Nunmehr sind die Amtsgerichte zuständig (§ 24 Nr. 2 GVG. in der Fassung der Bek. vom 22. März 1924).

e) Die einschlägigen landesgesetzlichen Strafvorschriften sind durch § 145 a im Hinblick auf EG.StGB. § 2 Abs. 1 außer Kraft getreten.

f) Wegen der Inhaberpapiere mit Prämien s. §§ 1, 6 des RGes. vom 8. Juni 1871.

E. Nr. V: StGB. § 171.

1. Die bisherige Vorschrift lautete:

Ein Ehegatte, welcher eine neue Ehe eingeht, bevor seine Ehe aufgelöst, für ungültig oder nichtig erklärt worden ist, ingleichen eine unverheiratete Person, welche mit einem Ehegatten, wissend, daß er verheiratet ist, eine Ehe eingeht, wird mit Zuchthaus bis zu fünf Jahren bestraft.

Sind mildernde Umstände vorhanden, so tritt Gefängnisstrafe nicht unter sechs Monaten ein.

Die Verjährung der Strafverfolgung beginnt mit dem Tage, an welchem eine der beiden Ehen aufgelöst, für ungültig oder nichtig erklärt worden ist.

2. Die Änderung des Abs. 1 und 3 des § 171 StGB. (**Doppelehe** oder Bigamie), welche Ziff. V bringt, besteht in der Streichung der Worte „für ungültig“.

Das StGB. unterschied nämlich bisher im Anschluß an das PStG. je nach Beschaffenheit des Ehehindernisses zwischen Ungültigkeits- und Nichtigkeitserklärung der Ehe. Da nach dem Sprachgebrauche des BGB. auch die anfechtbare Ehe auf erfolgte Anfechtung als von Anfang an nichtig anzusehen ist (BGB. § 1343) und sowohl das auf die Nichtigkeitsklage als auf die Anfechtungsklage ergehende Urteil die Ehe für nichtig erklärt, so wurde die Fassung des § 171 StGB. mit jener des BGB. in Einklang gebracht (vgl. P. VI, 545).

Unter dem Schutze der Strafvorschrift des § 171 steht nunmehr auch: a) die aus einem anderen Grunde als wegen Formmangels nichtige Ehe, b) die wegen Formmangels nichtige, aber in das Heiratsregister eingetragene Ehe, selbst wenn die Voraussetzungen, unter denen sie nach § 1324 Abs. 2 nachträglich gültig werden kann, noch nicht erfüllt sind, c) die anfechtbare Ehe. Die Gültigkeit der neuen Ehe hindert die Bestrafung wegen Doppelehe nicht. Vgl. RGRK. Bem. 5 zu § 1326; Leipziger Komm. z. StGB. Bem. 5 Abs. 3 zu § 171. Vgl. auch StGB. § 338. (Ein Religionsdiener oder Personenstandsbeamter, welcher, wissend, daß eine Person verheiratet ist, eine neue Ehe derselben schließt, wird mit Zuchthaus bis zu fünf Jahren bestraft.)

F. Nr. VI: StGB. § 195.

1. § 195 StGB. lautete bisher:

„Sind Ehefrauen oder unter väterlicher Gewalt stehende Kinder beleidigt worden, so haben sowohl die Beleidigten als deren Ehemänner und Väter das Recht, auf Bestrafung anzutragen.“

2. Die neue Fassung dieses § 195 nach Maßgabe der Ziff. VI unterscheidet sich von der bisherigen namentlich dadurch, daß **das selbständige Antragsrecht des Vaters** für die unter seiner Gewalt stehenden Kinder hier beseitigt wurde, da die frühere Vorschrift insbesondere im Hinblick auf § 1626 BGB. neben § 65 Abs. 2 StGB. in der n. F. (s. oben Bem. C) keinen Sinn mehr hatte (volljährige Kinder stehen jetzt nicht mehr unter elterlicher Gewalt). Das Antragsrecht des Vaters richtet sich jetzt ausschließlich nach jenem § 65 in n. F.; es steht ihm auch nur mehr als Inhaber der elterlichen Gewalt zu, vgl. oben Bem. C, 1, b, β und Leipziger Komm. z. StGB. Bem. 1 zu § 195; s. auch Löwenstein JW. 1905 S. 108.

3. Zufolge Verweisung (vgl. Art. 4 EG.) in § 232 Abs. 3 StGB. gilt die Vorschrift nunmehr auch bei der Körperverletzung. Vgl. EM. 126ff. und P. VI, 570 und 575.

G. Zu Nr. VII und VIII: StGB. §§ 235, 237.

1. Die bisherigen Vorschriften lauteten:

§ 235. Wer eine minderjährige Person durch List, Drohung oder Gewalt ihren Eltern oder ihrem Vormunde entzieht, wird mit Gefängnis und, wenn die Handlung in der Absicht geschieht, die Person zum Betteln oder zu gewinnsüchtigen oder unsittlichen Zwecken oder Beschäftigungen zu gebrauchen, mit Zuchthaus bis zu zehn Jahren bestraft.

§ 237. Wer eine minderjährige, unverehelichte Frauensperson mit ihrem Willen, jedoch ohne Einwilligung ihrer Eltern oder ihres Vormundes, entführt, um sie zur Unzucht oder zur Ehe zu bringen, wird mit Gefängnis bestraft.

Die Verfolgung tritt nur auf Antrag ein.

2. Die Änderungen, welche diese beiden Ziffern hinsichtlich der §§ 235 und 237 StGB. bringen, bestehen darin, daß die Straftat des § 235 künftig auch dann gegeben ist, wenn die minderjährige Person „ihrem Pfleger" entzogen wird, und daß die Bestrafung aus § 237 StGB. auch eintreten kann, wenn die Entführung der minderjährigen unverehelichten Frauensperson ohne Einwilligung „ihres Pflegers" erfolgt.

3. Wegen der weiteren Änderung, die § 235 StGB. erfahren hat, s. G., betr. Änderung des StGB., vom 19. Juni 1912 Nr. 3 (RGBl. 1912 S. 396). § 235 lautet nunmehr:

„Wer eine minderjährige Person durch List, Drohung oder Gewalt ihren Eltern, ihrem Vormund oder ihrem Pfleger entzieht, wird mit Gefängnis bestraft.

Sind mildernde Umstände vorhanden, so kann auf Haftstrafe erkannt werden.

Geschieht die Handlung in der Absicht, die Person zum Betteln oder zu unzüchtigen oder gewinnsüchtigen Zwecken oder Beschäftigungen zu gebrauchen, so tritt Zuchthaus bis zu zehn Jahren ein."

4. Es kann nur ein solcher Pfleger in Betracht kommen, dem die Obhut der minderjährigen Person anvertraut ist, dem also die Sorge für die Person zusteht (BGB. §§ 1629, 1666, 1794, 1909), weil sonst von einer Entziehung der minderjährigen Person gegenüber dem Pfleger bzw. von einem Einwilligungsrechte desselben nicht gesprochen werden kann (P. VI, 570, 575, 576; vgl. auch EM. 127).

H. Zu Nr. IX: StGB. § 238.

1. § 238 StGB. lautete bisher:

„Hat der Entführer die Entführte geheiratet, so findet die Verfolgung nur statt, nachdem die Ehe für ungültig erklärt worden ist."

2. Durch die Ziffer IX wird das Wort „ungültig" aus demselben Grunde durch das Wort „nichtig" ersetzt, aus welchem in Ziff. V die dort vorgesehene Änderung des § 171 StGB. verfügt wurde (P. VI, 545); s. oben die Bem. E, 2.

Art. 35.

Die Strafprozeßordnung wird dahin geändert:

I. Im § 11 Abs. 1 treten an die Stelle der Sätze 2, 3 folgende Vorschriften:

In Ermangelung eines solchen Wohnsitzes gilt die Hauptstadt des Heimatstaats als ihr Wohnsitz; ist die Hauptstadt in mehrere Gerichtsbezirke geteilt, so wird der als Wohnsitz geltende Bezirk von der Landesjustizverwaltung durch allgemeine Anordnung bestimmt. Gehört ein Deutscher *einem Bundesstaate nicht* an, so gilt als sein Wohnsitz die Stadt Berlin; ist die Stadt Berlin in mehrere Gerichtsbezirke geteilt, so wird der als Wohnsitz geltende Bezirk von dem *Reichskanzler* durch allgemeine Anordnung bestimmt.

II. An die Stelle des § 149 Abs. 2 tritt folgende Vorschrift:

Dasselbe gilt von dem gesetzlichen Vertreter eines Angeklagten.

E. I, 17; II, 9; III, 84.

Änderungen der Strafprozeßordnung.

I. Allgemeines:

1. Die Strafprozeßordnung bot nur zu wenigen Änderungen Anlaß. Es genügten hier die allgemeinen Vorschriften der Art. 32 und 4 EG. Bezüglich des Begriffs „gesetzlicher Vertreter", der in § 414, nun § 374, Abs. 3 StPO. vorkommt, lassen die Motive (EM. 129) „die Frage auf sich beruhen, welchem gesetzlichen Vertreter die Befugnis, die Privatklage zu erheben oder als Nebenkläger sich anzuschließen, zukommt", „ebensowenig liege ein hinreichender Grund vor, den § 374 (414) Abs. 3 StPO. nach der Richtung hin zu erläutern, ob unter dem dort erwähnten gesetzlichen Vertreter nur der Vertreter einer geschäftsunfähigen oder in der Geschäftsfähigkeit beschränkten Person oder auch der Pfleger eines Gebrechlichen oder eines Abwesenden (§§ 1910, 1911 BGB.) zu verstehen ist". Entsprechend den Ausführungen in Bem. II, C, 1, b, β zu Art. 34 ist unter dem „gesetzlichen Vertreter" im Sinne des § 374 (414) Abs. 3 StPO. ausschließlich der gesetzliche Vertreter einer geschäftsunfähigen oder in der Geschäftsfähigkeit beschränkten Person zu verstehen, die Erhebung einer Privatklage oder der Anschluß als Nebenkläger seitens eines Pflegers im Rahmen der §§ 1910, 1911 (Gebrechlichkeit, Abwesenheit) also unzulässig. Vgl. auch Bem. 3, b zu § 1911 in Bd. IV dieses Komm.

2. Bezüglich der Begriffe Verwandtschaft und Schwägerschaft im Rahmen des Strafgesetzes s. Art. 33 mit Bem.

3. Dem Art. 17 des E. I entspricht nur die Ziff. II des Art. 35; die Ziff. I dieses Artikels wurde in der II. Komm. beschlossen und dadurch der Gleichlaut des § 11 StPO. mit § 15 ZPO. und § 3 FGG. herbeigeführt (EM. 128, P. VI, 577 ff., Reatz III, 15 ff., vgl. auch RTK. 331, 436).

II. Hinsichtlich der durch Artikel 35 bewirkten Änderungen der StPO. ist folgendes im einzelnen zu bemerken:

A. Zu Ziff. I.

1. Die bisherige Vorschrift lautete:

§ 11. Deutsche, welche das Recht der Exterritorialität genießen, sowie die im Ausland angestellten Beamten des Reichs oder eines Bundesstaates behalten in Ansehung des Gerichtsstandes den Wohnsitz, welchen sie in dem Heimatsstaate hatten. In Ermangelung eines solchen Wohnsitzes gilt die Hauptstadt des Heimatstaates als ihr Wohnsitz. Ist die Hauptstadt in mehrere Gerichtsbezirke geteilt, so wird der als Wohnsitz geltende Bezirk im Wege der Justizverwaltung durch allgemeine Anordnung bestimmt.

Auf Wahlkonsuln finden diese Bestimmungen keine Anwendung.

2. Von diesem § 11 Abs. 1 StPO., der eine Erläuterung zu § 8 StPO. (Gerichtsstand des Wohnorts) enthält und über den Wohnsitz der Deutschen, welche das Recht der Exterritorialität genießen, sowie der im Ausland angestellten Beamten des Reiches oder eines Bundesstaats Vorschriften gab, wurden Satz 2 und 3 in einen Satz mit zwei Halbsätzen zusammengezogen und in geringem Maße redaktionell geändert.

3. Die weitere Änderung des § 11 Abs. 1 StPO. besteht in der Hinzufügung des letzten (dritten) Satzes. Diese war veranlaßt durch § 6 SchutzGebG. vom 15. März 1888, nun § 9 des gleichnamigen G. vom 10. Sept. 1900, weil hiernach — entgegen dem § 1 StAG. vom 1. Juni 1870 — jemand die Reichsangehörigkeit erwerben konnte, ohne vorher die Staatsangehörigkeit in einem deutschen Bundesstaat erworben zu haben. Auch das Reichs- und Staatsangehörigkeitsgesetz vom 22. Juli 1913 kennt unmittelbare Reichsangehörigkeit (§§ 1, 33—35).

4. In der neuen Fassung der StPO. nach der Bek. vom 22. März 1924 (RGBl. 1924 I S. 299 ff.) hat § 11 Abs. 1 Satz 3 zwei weitere Änderungen

erfahren, welche durch die staatsrechtlichen Änderungen bedingt sind; die Vorschrift lautet nunmehr:

„Gehört ein Deutscher keinem deutschen Lande an, so gilt als sein Wohnsitz die Stadt Berlin; ist die Stadt Berlin in mehrere Gerichtsbezirke geteilt, so wird der als Wohnsitz geltende Bezirk von dem **Reichsminister der Justiz** durch allgemeine Anordnung bestimmt."

B. Zu Ziff. II.

1. Nach der bisherigen Vorschrift des § 149 Abs. 2 StPO. waren Vater, Adoptivvater oder Vormund eines minderjährigen Angeklagten in der Hauptverhandlung als Beistand zuzulassen und auf ihr Verlangen zu hören.

Durch die Ziff. II des gegenwärtigen Artikels werden in § 149 Abs. 2

a) die Worte: „Vater, Adoptivvater oder Vormund" durch die Worte „gesetzlicher Vertreter" ersetzt und

b) das Wort „minderjährig" gestrichen.

Als „gesetzlicher Vertreter" kommen nunmehr in Betracht (vgl. auch EM. 128):

α) der Vater des Minderjährigen, solange und soweit ihm kraft elterlicher Gewalt die Vertretung des Minderjährigen zukommt. Die Vertretung fehlt ihm in den Fällen der §§ 1680, 1676—1678, 1666 BGB. (Verwirkung, Ruhen, Entziehung der elterlichen Gewalt); ob und inwieweit hier die Mutter oder ein Vormund bzw. Pfleger einzutreten hat, ist nach Maßgabe der §§ 1684, 1685, 1773 und 1909 BGB. zu entscheiden. Vgl. ferner auch § 1685 (tatsächliche Verhinderung des Vaters an der Ausübung der elterlichen Gewalt).

β) die Mutter des Kindes nach dem Tode des Vaters und in den unter d berührten Sonderfällen. Vgl. übrigens auch § 1686 BGB.

γ) der Adoptivvater und die Adoptivmutter, d. h. diejenige Person, welche einen anderen an Kindes Statt angenommen hat, s. § 1757 BGB. Hinsichtlich einer Frau vgl. § 1758 Abs. 1 BGB.; s. ferner auch § 1757 Abs. 2 BGB. (bezüglich eines von einem Ehepaare angenommenen Kindes).

δ) Hinsichtlich legitimierter Kinder s. §§ 1719, 1736 BGB.; bezüglich Kinder aus nichtiger Ehe s. §§ 1699—1702.

ε) Strittig ist, ob auch der Vormund eines Volljährigen als Beistand zugelassen werden darf (z. B. eines Verschwenders oder Trunksüchtigen). Von verschiedener Seite wird dies deshalb verneint, weil eine Vertretung, welche lediglich die Wahrnehmung vermögensrechtlicher Interessen bezwecke, für das Strafverfahren bedeutungslos sein müsse. Allein auch dem Vormund des Volljährigen kommt, wenngleich beschränkt, eine Sorge für die Person des Mündels zu (vgl. §§ 1897, 1793, 1901), anderseits ist der hier vom Gesetze gewollte Schutz gleichfalls zu den die Person betreffenden Angelegenheiten zu rechnen (s. Bd. IV Vorbem. II vor § 1631, Bem. a zu § 1901; übereinstimmend John, Strafprozeß Bd. I S. 971, Binding S. 235 und Planck in Bem. 2 zu Art. 35 und nunmehr auch Löwe-Rosenberg, Komm. z. StPO., 17. Aufl., S. 319 Bem. 3, b zum 11. Abschnitt).

ζ) Auch ein Pfleger ist als Beistand zuzulassen, soweit sein Wirkungskreis die hier maßgebende persönliche Angelegenheit umschließt, vgl. §§ 1909, 1910, 1915 BGB. Die Fälle der §§ 1911—1914 müssen aber hier selbstverständlich ausscheiden (übereinstimmend Planck a. a. O.).

2. Über die Befugnisse des gesetzlichen Vertreters sind im einzelnen die §§ 137, 140, 149, 298 StPO. zu vergleichen. (Über die Frage, ob für den im Deutschen Reiche in ein Strafverfahren verwickelten Ausländer, der zwar über 21 Jahre alt, jedoch nach den Gesetzen seines Heimatstaates noch nicht volljährig ist, dessen gesetzlicher Vertreter gemäß § 340 ZPO. selbständig ein Rechtsmittel einlegen kann, vgl. Wagner „Recht" 1903 S. 99, 100.)

Für den Ehemann der beschuldigten Frau treffen nur die §§ 149, 298, 365 StPO. zu (nicht aber §§ 137, 140), vgl. Löwe-Rosenberg Bem. 4 zum 11. Abschnitt der StPO.

Art. 36.

Die Gewerbeordnung wird dahin abgeändert:

I. Der § 11 Abs. 2 fällt weg; als § 11a werden folgende Vorschriften eingestellt:

Betreibt eine Ehefrau, für deren güterrechtliche Verhältnisse ausländische Gesetze maßgebend sind, im Inlande selbständig ein Gewerbe, so ist es auf ihre Geschäftsfähigkeit in Angelegenheiten des Gewerbes ohne Einfluß, daß sie Ehefrau ist.

Soweit die Frau infolge des Güterstandes in der Verfügung über ihr Vermögen beschränkt ist, finden die Vorschriften des § 1405 des Bürgerlichen Gesetzbuchs Anwendung. Hat die Frau ihren Wohnsitz nicht im Inlande, so ist der Einspruch des Mannes gegen den Betrieb des Gewerbes und der Widerruf der erteilten Einwilligung in das Güterrechtsregister des Bezirks einzutragen, in welchem das Gewerbe betrieben wird.

Betreibt die Frau das Gewerbe mit Einwilligung des Mannes oder gilt die Einwilligung nach § 1405 Abs. 2 des Bürgerlichen Gesetzbuchs als erteilt, so haftet für die Verbindlichkeiten der Frau aus dem Gewerbebetriebe ihr Vermögen ohne Rücksicht auf die dem Manne kraft des Güterstandes zustehenden Rechte; im Falle des Bestehens einer ehelichen Gütergemeinschaft haftet auch das gemeinschaftliche Vermögen.

II. Im § 107 Abs. 1 werden

1. im Satz 4 die Worte: „an den Vater oder Vormund, sofern diese es verlangen", ersetzt durch die Worte:
„an den gesetzlichen Vertreter, sofern dieser es verlangt",
2. im Satz 5 die Worte: „an die Mutter" ersetzt durch die Worte:
„an die zur gesetzlichen Vertretung nicht berechtigte Mutter".

III. Im § 108 treten an die Stelle des Satz 2 folgende Vorschriften:

Die Ausstellung erfolgt auf Antrag oder mit Zustimmung des gesetzlichen Vertreters. Ist die Erklärung des gesetzlichen Vertreters nicht zu beschaffen oder verweigert dieser die Zustimmung ohne genügenden Grund und zum Nachteile des Arbeiters, so kann die Gemeindebehörde die Zustimmung ergänzen.

IV. Im § 110 Abs. 1 werden die Worte „seines Vaters oder Vormunds" ersetzt durch die Worte:
„seines gesetzlichen Vertreters".

V. Im § 113 tritt an die Stelle des Abs. 4 folgende Vorschrift:

Ist der Arbeiter minderjährig, so kann das Zeugnis von dem gesetzlichen Vertreter gefordert werden. Dieser kann verlangen, daß das Zeugnis an ihn, nicht an den Minderjährigen ausgehändigt werde. Mit Genehmigung der Gemeindebehörde des in § 108 bezeichneten Ortes kann auch gegen den Willen des gesetzlichen Vertreters die Aushändigung unmittelbar an den Arbeiter erfolgen.

VI. Im § 131 Abs. 1 Satz 1*) werden die Worte: „von dem Vater oder Vormunde" ersetzt durch die Worte:

„von dem gesetzlichen Vertreter".

VII. Im § 133 Abs. 2 Satz 1**) werden die Worte: „der Vater des Lehrlings" ersetzt durch die Worte:

„der Vater des Lehrlings, sofern er die Sorge für die Person des Lehrlings hat".

E. I, 18; II, 10; III, 35.

Änderungen der **Gewerbeordnung*****).

I. Allgemeines:

Kaum ein Reichsgesetz ist fortlaufend so zahlreichen Änderungen und Zusätzen unterworfen, wie die GewO. Die letzte Neufassung hat die GewO. durch die Bek. des Reichskanzlers vom 26. Juli 1900 erhalten (RGBl. 1900 S. 870ff.). Seitdem ist sie aber wiederholt abgeändert und ergänzt worden.

1. Im allgemeinen müssen bezüglich der Einwirkung des BGB. auf die GewO. die Vorschriften der Art. 4 und 32 EG. gelten sowie auch Art. 55.

a) Gerade aus dem Umstande, daß die Vorschriften des BGB. als ergänzendes Privatrecht an Stelle des bisherigen Landesrechts treten, ergibt sich eine Anzahl von Änderungen der GewO., insbesondere im VII. Titel derselben. Hinzuweisen ist z. B. in diesem Zusammenhang auf den Einfluß der §§ 394 und 400 BGB. (Aufrechnungsverbot, Abtretungsverbot), auf § 115 GewO., sowie auf die Frage der Zulässigkeit des Zurückbehaltungsrechts; vgl. in dieser Hinsicht die Bem. zu §§ 394, 400, sowie Landmann, Komm. z. GewO. Bem. 2, i und 4 zu § 115, Neukamp, GewO. Bem. 2 zu § 115.

b) Soweit die GewO. aber Vorschriften öffentlich-rechtlicher Natur enthält, werden diese durch das BGB. an sich nicht berührt, soweit sich nicht etwa aus dessen Inhalt im einzelnen ausdrücklich das Gegenteil ergibt. Vgl. Neukamp a. a. O.

c) Von besonderer Bedeutung ist das **Verhältnis des bürgerlichen Dienstvertrags zum gewerblichen Dienstvertrag.** Im allgemeinen bleiben die Sondervorschriften der GewO. hierüber insoweit in Kraft, als sie Gegenstände behandeln, die das BGB. im Titel über den Dienstvertrag regelt; andernteils können die Vorschriften des BGB. insoweit Anwendung finden, als sich aus dem Inhalt und Sinne der Einzelbestimmungen der GewO. Regeln nicht aufstellen lassen. Eine eingehende Untersuchung hierüber hat angestellt v. Schulz-Schalhorn im GewG. Bd. 4 S. 7 und Soziale Praxis Bd. 10 S. 8ff., vgl. den in Neumanns Jahrb. Bd. II, 1 S. 326 gegebenen Auszug, s. ferner Sigel, Der gewerbliche Arbeitsvertrag nach dem BGB. 1903 S. 1ff. und S. 11ff., Lotmar, Der Arbeitsvertrag, die Vorbem. vor und die Bem. zu §§ 611ff. in diesem Kommentar Bd. II Teil 2; vgl. auch Baum, Handbuch der Gewerbegerichte S. 119ff., Staub-Bondi Anm. 15 zu § 59 HGB., Crome, System Bd. I § 9, Endemann I § 173 Note 23.

Wegen des Verhältnisses des § 133c Abs. 2 GewO. insbesondere zu § 616 BGB. vgl. Bem. I, c zu § 616 und die dortselbst angegebenen Schriften; wegen des Wechselverhältnisses zwischen § 626 BGB. und §§ 123—124a GewO. s. Bem. III, 2 zu § 626, Lotmar a. a. O. Bd. 1 S. 544ff., Sigel a. a. O. S. 11.

---

*) Der § 131 ist jetzt § 127e.

**) Der § 133 ist nunmehr § 127g.

***) Schrifttum: v. Landmann, Komm. zur Gewerbeordnung, 7. Aufl. München 1924, 8. Aufl. Bd. I, 1928; Reger-Stöhsel, Gewerbeordnung mit den Vollzugsvorschriften des Reichs und Bayerns, 6. Aufl. Ansbach 1916/1926; Hiller und Luppe, Gewerbeordnung, 20. Aufl. Berlin 1921; Stier-Somlo, Gewerbeordnung, 2. Aufl. Mannheim 1923; Neukamp im VerwArch. Bd. 5 S. 209ff.

d) Hinsichtlich der Begriffe Angehörige, Familienangehörige, Hinterbliebene usw. vgl. Bem. II und III zu Art. 33.

e) Über das Verhältnis des bürgerlichen Rechtes und dessen Einschränkung durch § 26 GewO. (Beschränkung des Nachbarrechts) vgl. Bem. 5, b zu § 1004 in Bd. III, Landmann, Komm. z. GewO., Bem. 2 zu § 26, Hörle, Die Beeinträchtigung des Eigentums durch gewerbliche Anlagen nach dem BGB. und der GBO., VerwArch. Bd. 10 S. 366 ff., Linkelmann, Zwei Fragen aus dem Gebiete des Schadensersatzrechts, im ArchBürgR. Bd. 24 S. 238 ff., Riehl, Über Klagen zur Abwehr von Belästigung durch Rauch, Gerüche usw., Berlin 1907, Schwabenberg, Die Beschränkungen des Nachbarrechts aus § 26, Z. f. d. ges. techn. und gewerbl. Recht, 3. Jahrg. S. 67 ff.

2. Weitere Änderungen der GewO. — abgesehen von Art. 36 — brachten um die gleiche Zeit:

a) Art. 9 Nr. 1 und 2 EG.HGB. (Neueinstellung von §§ 15a und 133 f, sowie Zusatz zu § 148);

b) das G. vom 6. Aug. 1896 (RGBl. S. 685 ff.; betrifft insbesondere den Gewerbebetrieb im Umherziehen);

c) das G. vom 26. Juli 1897 (RGBl. S. 663 ff.), die sog. Handwerkernovelle (Innungswesen, Handwerkskammern, Lehrlingsverhältnisse, Meistertitel usw.);

d) das G. vom 30. Juni 1900 (RGBl. S. 321, betrifft insbesondere Arbeitsverhältnisse).

Seitdem hat die GewO. noch zahlreiche Änderungen erfahren.

II. Entstehung. Die Änderungen, welche Art. 36 an der GewO. trifft, stimmen nur teilweise mit jenen überein, welche im E. I vorgeschlagen wurden; die Streichung des Abs. 2 vom § 11, der neue § 11 a, die Änderungen des § 107 Abs. 1, § 110 Abs. 1, § 113 Abs. 4 wurden erst in der II. Komm. beschlossen, und von der in Ziff. III des Art. 36 vorgesehenen Änderung des § 108 ist der letzte Satz einem Beschlusse der Reichstagskommission zu verdanken. Die im E. I vorgeschlagene Änderung von Abs. 2 und 3 des § 137 war schon durch die Novelle vom 1. Juni 1891 gegenstandslos geworden (EM. 129 ff.; P. VI, 579—587, 600; Reat III, 17, RTK. 440 d S. 6).

III. Hinsichtlich der durch Art. 36 vorgenommenen **Änderungen ist im einzelnen** folgendes hervorzuheben:

A. Zu Nr. I: § 11 und § 11 a Gewerbeordnung.

1. Der aufgehobene Abs. 2 des § 11 GewO. hatte gelautet:

„Frauen, welche selbständig ein Gewerbe treiben, können in Angelegenheiten ihres Gewerbes selbständig Rechtsgeschäfte abschließen und vor Gericht auftreten, gleichviel, ob sie verheiratet oder unverheiratet sind. Sie können sich in betreff der Geschäfte aus ihrem Gewerbebetriebe auf die in den einzelnen Bundesstaaten bestehenden Rechtswohltaten der Frauen nicht berufen. Es macht hierbei keinen Unterschied, ob sie das Gewerbe allein oder in Gemeinschaft mit anderen Personen, ob sie dasselbe in eigener Person oder durch einen Stellvertreter betreiben."

Durch diese Vorschrift waren die vor dem 1. Januar 1900 in Geltung gewesenen landesgesetzlichen Bestimmungen über die Beschränkung der Geschäftsfähigkeit der Frau und über die weiblichen Rechtswohltaten reichsrechtlich für Gewerbefrauen beseitigt. Die Streichung des Abs. 2 des § 11 GewO. war eine Folge der Bestimmung des Art. 32 Satz 2 EG., daß Reichsrecht insoweit außer Kraft tritt, als sich aus dem BGB. die Aufhebung ergibt. Nach dem jetzigen bürgerlichen Recht begründet das Geschlecht allgemein, also auch in Ansehung des Betriebes eines Gewerbes, keinen Unterschied hinsichtlich der Geschäftsfähigkeit. Auch in der Prozeßfähigkeit ist die Frau, auch wenn sie Ehefrau ist, allgemein nicht mehr beschränkt (§ 52 ZPO.). Auch weibliche Rechtswohltaten, wie sie nach früheren Rechten Frauen zukamen, kennt das BGB. nicht mehr. Für Frauen, deren Geschäftsfähigkeit gemäß Art. 7 EG. nach deutschem Recht zu beurteilen ist, ist hienach die Vorschrift des § 11 Abs. 2 GewO. gegenstandslos geworden. Auch die Geschäftsfähigkeit einer Ausländerin, die ledig oder nicht mehr verheiratet ist, ist in Ansehung eines Gewerbes, das sie im Inland treibt, und der Rechtsgeschäfte, die sie als Gewerbefrau im Inlande vornimmt, nach Art. 7 Abs. 3 EG. nach deutschem Rechte zu beurteilen; wenn sie selbst wegen ihres Geschlechts nach dem ausländischen Recht in der Geschäftsfähigkeit beschränkt ist, ist sie im Inlande hinsichtlich des Gewerbebetriebs allein wegen ihrer Eigenschaft als Frau nicht mehr in der Geschäftsfähigkeit beschränkt; auch für sie ist deshalb § 11 Abs. 2 GewO. durch das bürgerliche Recht des BGB. gegenstandslos geworden. Nicht das gleiche gilt dagegen für Ehefrauen, für deren güterrechtliche Verhältnisse nach Art. 15 EG. ausländisches Recht maßgebend ist, wenn sie im Inlande ein Gewerbe treiben; die für solche Ehefrauen geltenden Vorschriften sind deshalb nach Aufhebung des Abs. 2 des § 11 GewO. in dem neuen § 11 a GewO. zusammengefaßt (s. hierüber unten Bem. A, 2).

Für die Frau, deren Rechtsverhältnisse nach inländischem Rechte zu beurteilen sind, ergeben sich gewisse Beschränkungen in Ansehung eines von ihr betriebenen Gewerbes — allerdings nicht hinsichtlich der Geschäfts- und der Prozeßfähigkeit —, wenn sie Ehefrau ist.

a) Eine besondere Genehmigung des Ehemanns zum Gewerbebetrieb der Ehefrau ist auch nach BGB. grundsätzlich nicht erforderlich (Mot. IV, 107, 108). Soweit jedoch durch den Betrieb des Erwerbsgeschäfts das gemeinschaftliche eheliche Leben der Ehegatten berührt, insbesondere der Frau den sich für sie aus §§ 1353 Abs. 1 und 1356 BGB. regelnden Verpflichtungen entzogen wird, kann ihr der Mann den Fortbetrieb untersagen; über die prozessuale Geltendmachung dieses Verbietungsrechts s. Bd. IV Bem. 4 zu § 1353 BGB. Nur wenn sich die Untersagung durch den Mann als ein Mißbrauch seines Rechtes darstellt, ist die Frau nicht gehalten, derselben Folge zu leisten; vgl. §§ 1353 Abs. 2, 1354 Abs. 2 und Bem. 2 zu § 1353 und Bem. 4 zu § 1354 in Bd. IV. Dritten gegenüber ist die Untersagung durch den Mann rechtlich bedeutungslos.

b) Beschränkungen für die rechtliche Bewegungsfreiheit der gewerbetreibenden Ehefrau ergeben sich aus dem Güterrecht.

α) Die Frau darf ohne Zustimmung des Mannes nicht über ihr eingebrachtes Gut und über Gesamtgut einer Gütergemeinschaft verfügen; §§ 1395, 1442, 1519, 1525, 1549, 1550 BGB.

β) Im gesetzlichen Güterstand haftet den Gläubigern der Gewerbefrau das eingebrachte Gut nicht für Verbindlichkeiten aus Rechtsgeschäften, die die Frau nach der Eingehung der Ehe vorgenommen hat, soferne nicht der Mann zu dem Gewerbebetrieb oder zu dem einzelnen Rechtsgeschäft seine Zustimmung erteilt hat (§ 1412 BGB.; s. auch § 1414 BGB.; über den Einfluß der Zustimmung des Mannes s. unten c). Entsprechendes gilt bei Errungenschafts- und bei Fahrnisgemeinschaft (§§ 1525 Abs. 2, 1550 Abs. 2 BGB.).

Die Haftung des Gesamtguts für Schulden aus dem Gewerbebetrieb ergibt sich aus den Vorschriften der §§ 1462, 1530, 1532, 1533, 1549 BGB.

Soweit die Haftung des eingebrachten Gutes der Frau oder des Gesamtguts hienach ausgeschlossen ist, haftet nur das Vorbehaltsgut der Frau (s. über dieses die §§ 1366—1370, 1440 Abs. 2, 1526, 1549 BGB.).

γ) Wegen der Zwangsvollstreckung s. § 741 ZPO.

c) Die Beschränkungen, denen die verheiratete Gewerbefrau in ihrer rechtlichen Bewegungsfreiheit nach Güterrecht an sich unterliegt, fallen im gesetzlichen Güterstand nach § 1405 Abs. 1 und 2 BGB. weg, wenn die Frau das Gewerbe mit Einwilligung des Mannes oder doch mit seinem Wissen und ohne daß er dagegen wirksam Einspruch erhebt, betreibt; die Gewerbefrau bedarf dann der besonderen Zustimmung des Mannes zu den Rechtsgeschäften und Rechtsstreitigkeiten, die der Gewerbebetrieb mit sich bringt, nicht mehr. Über die rechtliche Bedeutung der Einwilligung des Mannes im einzelnen s. Bem. 3 zu § 1405 in Bd. IV. Der Einspruch des Mannes oder der Widerruf seiner Einwilligung ist Dritten gegenüber nur wirksam, wenn er in das Güterrechtsregister des zuständigen Gerichts eingetragen oder dem Dritten bekannt war (§ 1405 Abs. 3 mit § 1435 BGB.); wegen der Zuständigkeit für die Eintragung s. § 1558 BGB.

Die Vorschrift des § 1405 BGB. findet in den vertragsmäßigen Güterständen des BGB. Anwendung nach den §§ 1452, 1519 Abs. 2, 1525 Abs. 2, 1549 BGB.

d) Für die Übergangszeit behielt der förmlich aufgehobene § 11 Abs. 2 GewO. infolge der Vorschrift des Art. 200 EG. weiter Bedeutung, weil durch diese Vorschrift die Beschränkungen, denen eine Frau nach den bisherigen Gesetzen infolge des Güterstandes oder der Ehe in der Geschäftsfähigkeit erlitten hatte, in Kraft blieb, solange der bisherige Güterstand bestand. Die partikularrechtlichen Bestimmungen über Verfügungsbeschränkungen der Frau und die ihr zukommenden Rechtswohltaten waren für die Gewerbefrau weiter durch § 11 Abs. 2 GewO. ausgeschaltet.

2. Der neu eingefügte § 11a GewO. regelt die Rechtsstellung der gewerbetreibenden Ehefrau, deren güterrechtliche Verhältnisse nach ausländischem Rechte zu beurteilen sind, und gleicht sie im wesentlichen der Stellung der Frau an, für deren Rechtsverhältnisse das deutsche Recht maßgebend ist. § 11a findet Anwendung, gleichviel ob die im Inlande ein Gewerbe treibende Ehefrau den Wohnsitz im Inland oder im Ausland hat (vgl. Abs. 2 Satz 2), auf die Ehefrau, die im Inland Wohnsitz hat, auch dann, wenn die Ehegatten die Wirksamkeit des ausländischen Güterstandes gegenüber Dritten durch Eintragung in das Güterrechtsregister gesichert haben; s. Art. 16 Abs. 1 EG. und Bem. hiezu, wegen der Eintragung ins Güterrechtsregister §§ 1558 ff. BGB., § 161 FGG.

a) Abs. 1 des § 11a stellt für die Gewerbefrau mit ausländischem Güterstand im besonderen den Grundsatz auf, der sich allgemein für den Ausländer, der im Inland ein Rechtsgeschäft vornimmt, aus Art. 7 Abs. 3 Satz 1 EG. ergibt; ihre Geschäftsfähigkeit in Ansehung des inländischen Gewerbebetriebs wird dadurch, daß sie Ehefrau und als solche nach dem maßgebenden ausländischen Recht sonst in der Geschäftsfähigkeit beschränkt ist, nicht beschränkt. Sie ist also insoweit der Gewerbefrau, für deren Rechtsverhältnisse das deutsche Recht maßgebend ist, gleichgestellt (s. vorstehende Bem. 1 Abs. 2).

Die Vorschrift des Abs. 1 gilt ohne Rücksicht darauf, ob die Frau das Gewerbe mit oder ohne Einwilligung des Mannes betreibt (Planck Bem. 2, Landmann, Komm. z. GewO. Bem. 2 zu § 11a).

b) Auch hinsichtlich des Einflusses der Einwilligung des Mannes oder seiner stillschweigenden Zustimmung zum Gewerbebetrieb ist die Gewerbefrau mit ausländischem Güterstand, soferne sie infolge des Güterstandes in der Verfügung über ihr Vermögen beschränkt ist, der deutschen Gewerbefrau gleichgestellt. § 1405 BGB. ist ausdrücklich durch Abs. 2 Satz 1 des § 11a für anwendbar erklärt; s. über die Tragweite des § 1405 BGB. obige Bem. 1, c.

Satz 2 regelt die Zuständigkeit für die Eintragung des Einspruchs des Mannes gegen den Gewerbebetrieb und den Widerruf der erteilten Einwilligung für den Fall, daß die Gewerbefrau ihren Wohnsitz nicht im Inlande hat, weil sich für diesen Fall die Zuständigkeit aus § 1558 BGB. nicht ergibt. Die Eintragung erfolgt in das Güterrechtsregister des Bezirks, in dem das Gewerbe betrieben wird.

c) Abs. 3 des § 11a regelt endlich, wieder in Angleichung an das deutsche Recht, die Haftung des Vermögens der Gewerbefrau mit ausländischem Güterstand für Verbindlichkeiten aus dem Gewerbebetrieb und des gemeinschaftlichen Vermögens im Falle des Bestehens einer Gütergemeinschaft, wenn der Mann seine Einwilligung zu dem Gewerbebetrieb der Frau erteilt oder gegen den Betrieb keinen wirksamen Einspruch erhoben hat (§ 1405 Abs. 2 BGB.); s. obige Bem. 1, b und c und die §§ 1411 ff., 1459 ff., 1525, 1530 ff., 1549, 1550 BGB. Es haftet das Frauenvermögen trotz der daran nach dem ausländischen Güterrechte dem Manne zustehenden Rechte; bei Gütergemeinschaft haftet das gemeinschaftliche Vermögen. Eine persönliche Haftung des Ehemanns für die Schulden aus dem mit seiner Einwilligung betriebenen Gewerbe, wenn sie sich für die Gütergemeinschaft nach deutschem Recht aus § 1459 mit § 1452 BGB. ergibt, begründet aber § 11a Abs. 3 nicht.

d) Der § 11a GewO. gilt auch für den Gewerbebetrieb einer Stellenvermittlerin nach § 14 des StellenvermittlerG. vom 2. Juni 1910 (RGBl. 1910 S. 862).

B. Zu Nr. II—VI. Die Änderungen, welche § 107 Abs. 1, § 108 Satz 2, § 110 Abs. 1, § 113 Abs. 4 und § 131 (jetzt § 127e) Abs. 1 Satz 1 GewO. durch Art. 36 erfahren haben, sind folgende:

a) Die Worte „Vater oder Vormund" in den §§ 107, 110, 131 GewO. sind durch die Worte „gesetzlicher Vertreter" ersetzt, um der im BGB. erfolgten Regelung der gesetzlichen Vertretung Minderjähriger Rechnung zu tragen, wie dies auch durch Art. 35 Ziff. II dieses Gesetzes im § 149 Abs. 2 der StPO. geschah. (Vgl. Bem. B zu Art. 135 und EM. 130 und 131, sowie P. VI, 583.)

b) Im Satz 5 von § 107 Abs. 1 GewO. wurden zwischen die Worte: „an die — Mutter" die Worte: „zur gesetzlichen Vertretung nicht berechtigte" aus dem Grunde eingeschaltet, weil dann, wenn die Mutter die gesetzliche Vertreterin des minderjährigen Kindes ist, die Aushändigung des Arbeitsbuches an sie schon nach der neuen Fassung von Satz 4 des § 107 Abs. 1 GewO. erfolgen muß.

Darnach ergibt sich folgende Fassung der neuen Vorschrift: GewO. § 107:

„Minderjährige Personen dürfen, soweit reichsgesetzlich nicht ein anderes zugelassen ist, als Arbeiter nur beschäftigt werden, wenn sie mit einem Arbeitsbuche versehen sind. Bei der Annahme solcher Arbeiter hat der Arbeitgeber das Arbeitsbuch einzufordern. Er ist verpflichtet, dasselbe zu verwahren, auf amtliches Verlangen vorzulegen und nach rechtmäßiger Lösung des Arbeitsverhältnisses wieder auszuhändigen. Die Aushändigung erfolgt an den gesetzlichen Vertreter, sofern dieser es verlangt, oder der Arbeiter das sechzehnte Lebensjahr noch nicht vollendet hat, andernfalls an den Arbeiter selbst. Mit Genehmigung der Gemeindebehörde des im § 108 bezeichneten Ortes kann die Aushändigung des Arbeitsbuchs auch an die zur gesetzlichen Vertretung nicht berechtigte Mutter oder einen sonstigen Angehörigen oder unmittelbar an den Arbeiter erfolgen.

Auf Kinder, welche zum Besuche der Volksschule verpflichtet sind, finden vorstehende Bestimmungen keine Anwendung."

c) Der zweite Satz der in der Reichstagskommission beschlossenen Ersatzbestimmung für den bisherigen Satz 2 des § 108 GewO. hat den Zweck und die Wirkung, daß die Gemeindebehörde die nötige Zustimmung des gesetzlichen Vertreters einer minderjährigen Person zur Ausstellung eines **Arbeitsbuchs**, welche nicht beschafft werden kann oder ohne genügenden Grund und zum Nachteile des Arbeiters verweigert wird, auch dann ergänzen kann, wenn der gesetzliche Vertreter des Minderjährigen nicht der Inhaber der elterlichen Gewalt, sondern ein Vormund oder Pfleger ist; es ist also um die Ergänzung einer solchen Zustimmung nicht das Vormundschaftsgericht anzugehen (RTK. 440d S. 6).

In der neuen Fassung lautet darnach § 108 GewO.:

„Das Arbeitsbuch wird dem Arbeiter durch die Polizeibehörde desjenigen Ortes, an welchem er zuletzt seinen dauernden Aufenthalt gehabt hat, wenn aber ein solcher im Gebiete des Deutschen Reichs nicht stattgefunden hat, von der Polizeibehörde des von ihm zuerst erwählten deutschen Arbeitsorts kosten- und stempelfrei ausgestellt. Die Ausstellung erfolgt auf Antrag oder mit Zustimmung des gesetzlichen Vertreters. Ist die Erklärung des gesetzlichen Vertreters nicht zu beschaffen oder verweigert dieser die Zustimmung ohne genügenden Grund und zum Nachteile des Arbeiters, so kann die Gemeindebehörde die Zustimmung ergänzen. Vor der Ausstellung ist nachzuweisen, daß der Arbeiter zum Besuche der Volksschule nicht mehr verpflichtet ist, und glaubhaft zu machen, daß bisher ein Arbeitsbuch für ihn noch nicht ausgestellt war."

d) Der § 110 GewO. lautet in der neuen Fassung:

„Das Arbeitsbuch muß den Namen des Arbeiters, Ort, Jahr und Tag seiner Geburt, Namen und letzten Wohnort seines gesetzlichen Vertreters und die Unterschrift des Arbeiters enthalten. Die Ausstellung erfolgt unter dem Siegel und der Unterschrift der Behörde. Letztere hat über die von ihr ausgestellten Arbeitsbücher ein Verzeichnis zu führen.

Die Einrichtung der Arbeitsbücher wird durch den Reichskanzler bestimmt."

e) Der § 113 GewO. lautet in der neuen Fassung:

„Beim Abgange können die Arbeiter ein Zeugnis über die Art und Dauer ihrer Beschäftigung fordern.

Dieses Zeugnis ist auf Verlangen der Arbeiter auch auf ihre Führung und ihre Leistungen auszudehnen.

Den Arbeitgebern ist untersagt, die Zeugnisse mit Merkmalen zu versehen, welche den Zweck haben, den Arbeiter in einer aus dem Wortlaute des Zeugnisses nicht ersichtlichen Weise zu kennzeichnen.

Ist der Arbeiter minderjährig, so kann das Zeugnis von dem gesetzlichen Vertreter gefordert werden. Dieser kann verlangen, daß das Zeugnis an ihn, nicht an den Minderjährigen ausgehändigt werde. Mit Genehmigung der Gemeindebehörde des im § 108 bezeichneten Ortes kann auch gegen den Willen des gesetzlichen Vertreters die Aushändigung unmittelbar an den Arbeiter erfolgen."

C. **Zu Nr. VII.** Die Bedingung, von welcher durch die Änderung des § 133 Abs. 2 Satz 1 GewO. (jetzt § 127 g) die **Haftung des Vaters** für die an den Lehrherrn **bei unbefugtem Verlassen der Lehre seitens des Lehrlings** zu zahlende Entschädigung abhängig gemacht wird, ist (nach den EM. S. 131) deshalb aufgestellt worden, weil

a) die selbstschuldnerische Haftung des Vaters des Lehrlings bezweckt, darauf hinzuwirken, daß der Vater vermöge seines Erziehungsrechts den Lehrling zur **Rückkehr** in die Lehre veranlasse, sowie zu verhindern, daß der Vater unter Mißbrauch des Erziehungsrechts den Lehrling zum Verlassen der Lehre verleite oder doch in seinem Vorhaben unterstütze und weil

b) dieser Gesichtspunkt notwendig mit sich bringt, daß der Vater nur dann haftet, wenn er wirklich das Erziehungsrecht, mithin die tatsächliche Sorge für die Person des Lehrlings hat, nicht aber auch dann, wenn ihm die Sorge für die Person des Lehrlings (nach Maßgabe der §§ 1666, 1680, 1684, 1685 BGB.) nicht zusteht.

Die Haftung der Mutter des Lehrlings ist auch dann nicht begründet, wenn ihr die Sorge für die Person desselben zusteht.

Art. 37.

Der § 2 des Gesetzes über die Freizügigkeit vom 1. November 1867 (Bundes-Gesetzbl. S. 55) wird dahin geändert:

Wer die aus der Reichsangehörigkeit folgenden Befugnisse in Anspruch nimmt, hat auf Verlangen den Nachweis seiner Reichsangehörigkeit und, sofern er unter elterlicher Gewalt oder unter Vormundschaft steht, den Nachweis der Genehmigung des gesetzlichen Vertreters zu erbringen.

Eine Ehefrau bedarf der Genehmigung des Ehemanns.

E. I, 19; II, 11; III, 36.

1. Art. 37 stimmt wörtlich mit Art. 19 von E. I überein (EM. 131 ff., P. VI, 584, Reatz III, 21).

Das Freizügigkeitsgesetz ist Reichsgesetz zufolge § 2 des RGes. vom 16. April 1871; es wurde in Bayern durch RGes. vom 22. April 1871, in Helgoland durch VO. vom 29. März 1909 eingeführt.

2. Bisher lautete der § 2 des **Freizügigkeitsgesetzes:**

„Wer die aus der Bundesangehörigkeit folgenden Befugnisse in Anspruch nimmt, hat auf Verlangen den Nachweis seiner Bundesangehörigkeit und, sofern er unselbständig ist, den Nachweis der Genehmigung desjenigen, unter dessen (väterlicher, vormundschaftlicher oder ehelicher) Gewalt er steht, zu erbringen."

Die durch Art. 37 getroffenen Änderungen sind also folgende:

a) Das Wort „Bundesangehörigkeit" ist durch das Wort „Reichsangehörigkeit" ersetzt, wie es den durch die Reichsgründung geschaffenen Verhältnissen entspricht.

b) Die Worte „unselbständig ist" sind durch die Worte: „unter elterlicher Gewalt oder Vormundschaft steht" und die Worte „desjenigen, unter dessen ..... er steht" durch die Worte: „des gesetzlichen Vertreters" ersetzt.

Diese Änderungen sind dadurch bedingt, daß das BGB. von einer ehelichen Gewalt überhaupt nicht mehr spricht, daß den unselbständigen Personen im Sinne des Freizügigkeitsgesetzes diejenigen Personen entsprechen, welche im Sinne des BGB. unter elterlicher Gewalt oder Vormundschaft stehen, und daß der Gewalthaber einer unselbständigen Person im Sinne des BGB. der gesetzliche Vertreter derselben, also z. B. auch die Mutter ist, wenn ihr die elterliche Gewalt zusteht.

c) Der neue Abs. 2 des § 2 des FreizügG. ist aus dessen bisherigem einzigen Absatz herausgehoben und so, wie geschehen, gefaßt worden, weil, wie schon unter b erwähnt, das BGB. von einer ehelichen Gewalt nicht mehr spricht und weil die in diesem Abs. 2 erforderte Genehmigung des Mannes dem in § 1354 BGB. begründeten Rechte des Mannes zur Entscheidung in den das gemeinschaftliche eheliche Leben betreffenden Angelegenheiten entspricht.

Steht die Ehefrau noch unter elterlicher Gewalt oder unter Vormundschaft (BGB. §§ 1633, 1800; vgl. § 1354), so ist neben der Genehmigung des Ehemanns auch die Genehmigung ihres gesetzlichen Vertreters erforderlich (EM. 132).

3. Vgl. wegen der Freizügigkeit noch Art. 111 der Reichsverfassung vom 11. Aug. 1919 (und hiezu KG. vom 26. April 1923 JFG. Bd. 1 [1924] S. 396 ff.), ferner das G. über das Paßwesen vom 12. Okt. 1867 (BGBl. S. 33), abgeändert durch § 8 des RGes. vom 1. April 1920 (RGBl. S. 466), Art. IV des RGes. vom 24. Febr. 1923 (RGBl. I S. 149), § 1 des RGes. vom 5. Nov. 1923 (RGBl. I S. 1077), letzteres in Kraft seit dem 1. Juli 1924 laut VO. vom 27. Juni 1924 (RGBl. I S. 657), ferner PaßVO. vom 10. Juni 1919 (RGBl. S. 516) und Bek. zur Ausführung der PaßVO., vom 4. Juni 1924, abgeändert durch Bek. vom 22. Dez. 1924 (RGBl. I S. 613 und 694).

4. Wegen Änderung des § 5 des Freizügigkeitsgesetzes s. § 30 der VO. über die Fürsorgepflicht vom 13. Febr. 1924, RGBl. 1924 I S. 105.

Art. 38.

Das Gesetz, betreffend die Organisation der Bundeskonsulate, sowie die Amtsrechte und Pflichten der Bundeskonsuln, vom 8. November 1867 (Bundes-Gesetzbl. S. 137) wird dahin ergänzt:

I. Der § 16 erhält folgenden Abs. 2:

Einem Wahlkonsul steht in Ansehung der Errichtung einer Verfügung von Todes wegen das im Abs. 1 bezeichnete Recht der Notare nur dann zu, wenn das Recht ihm von dem Reichskanzler besonders beigelegt ist.

II. Als § 17a wird folgende Vorschrift eingestellt:

Auf die Errichtung einer Verfügung von Todes wegen finden nicht die Vorschriften des § 17, sondern die Vorschriften des Bürgerlichen Gesetzbuchs Anwendung.

E. I, 20; II, 12; III, 87.

I. Das Bundeskonsulatsgesetz vom 8. Nov. 1867 ist Reichsgesetz zufolge § 2 des RGes. vom 16. April 1871; in Bayern ist es eingeführt durch RGes. vom 22. April 1871.

II. Art. 38 bringt hinsichtlich der **Zuständigkeit zur Errichtung einer Verfügung von Todes wegen durch die Reichskonsuln** sowie hinsichtlich der Formvorschriften für die vor einem Reichskonsul errichteten letztwilligen Verfügungen Änderungen an den §§ 16 und 17 des KonsOG.

Zu Ziff. I:

a) Nach § 16 steht den Reichskonsuln innerhalb ihres Amtsbezirks in Ansehung der Rechtsgeschäfte, welche Bundes-(Reichs-)Angehörige errichten, insbesondere auch derjenigen, welche sie mit Fremden schließen, das Recht der Notare zu, dergestalt, daß die von ihnen aufgenommenen und mit ihrer Unterschrift versehenen Urkunden den innerhalb der Bundesstaaten (jetzt deutschen Länder) aufgenommenen Notariatsurkunden gleichzuachten sind.

Der durch Art. 38 eingefügte Abs. 2 des § 16 trägt dem Umstand Rechnung, daß durch §§ 2231 Nr. 1, 2276 BGB. allgemein die Zuständigkeit der Notare zur Beurkundung letztwilliger Verfügungen (Testamente und Erbverträge) begründet ist, und beschränkt die Zuständigkeit der Reichskonsuln zur Errichtung letztwilliger Verfügungen auf die Berufskonsuln und jene Wahlkonsuln, welchen der Reichskanzler (nunmehr der Reichsminister des Auswärtigen, Art. 179 der RV. vom 11. Aug. 1919, § 5 des Übergangsges. vom 4. März 1919, RGBl. S. 285) diese Zuständigkeit besonders beilegt (M. V, 288; EM. 132). Dies geschah mit Rücksicht auf die zur Testamentserrichtung erforderliche Rechtskenntnis.

b) Nach § 2231 Nr. 1 des BGB. kann ein **öffentliches Testament** vor einem Richter oder Notar errichtet werden. Die Beschränkung dieser Zuständigkeit nur auf Richter oder nur auf Notare, welche nach Art. 141 dieses Gesetzes für die einzelnen deutschen Länder landesgesetzlich zugelassen ist, kann nicht bewirken, daß in Ländern, in welchen Notare letztwillige Verfügungen nicht errichten dürfen, den von einem Reichskonsul, welchem nach § 16 des KonsOG. das Recht der Notare zusteht, errichteten letztwilligen Verfügungen die Wirksamkeit eines öffentlichen Testaments abgesprochen wird, da Art. 141 nur für die im betreffenden Lande errichteten letztwilligen Verfügungen Bedeutung haben kann (P. VI, 584, vgl. übrigens auch § 7 des KonsGG. vom 7. April 1900; übereinstimmend Planck und Neumann zu Art. 38, a. M. dagegen Niedner Bem. I, a, b zu Art. 38 im Anschluß an EM. 132; vgl. übrigens auch Niemeyer, IPR. S. 206).

c) Gemäß § 2231 Nr. 2 BGB. ist nun auch in den Konsulargerichtsbezirken entgegen dem Beschlusse der II. Komm. (P. a. a. O.) das **eigenhändige Testament** als zugelassen zu erachten.

Zu Ziff. II. Nach § 17 des KonsOG. haben die Konsuln bei Aufnahme von Urkunden (§ 16) zwei Zeugen zuzuziehen, in deren Gegenwart die Verhandlung vorzulesen und von den Beteiligten durch Unterschrift zu vollziehen ist; die Befolgung dieser Vorschrift muß aus der Urkunde hervorgehen.

§ 17a enthält eine Ausnahme von diesen Formvorschriften; er fordert nämlich für die Errichtung letztwilliger Verfügungen auch in den Konsularbezirken die Beobachtung der Vorschriften des BGB. (§§ 2231 ff., 1176 ff.).

III. Ergänzt und teilweise abgeändert ist das KonsOG. vom 10. Juli 1879 durch das für das bürgerliche Recht wichtige Ges. über die Konsulargerichtsbarkeit vom 7. April 1900 (RGBl. S. 213 ff.), abgeändert durch RGes. vom 23. Dez. 1911 (RGBl. 1911 S. 1135); vgl. insbesondere dessen 4. und 5. Abschnitt (§§ 31—48). Vgl. ferner VO. zur Einführung dieses G. vom 25. Okt. 1900 (RGBl. S. 999).

Art. 39.

Das Gesetz, betreffend die vertragsmäßigen Zinsen, vom 14. November 1867 (Bundes-Gesetzbl. S. 159) wird aufgehoben.

E. I, 21; II, 13; III, 38.

1. Das Gesetz vom 14. Nov. 1867 über die **vertragsmäßigen Zinsen** (das in Bayern und Elsaß-Lothringen nicht gegolten hatte) ist ausdrücklich aufgehoben worden, weil das BGB. in den §§ 246 ff., 288 ff. die Zinspflicht allgemein geregelt hat; s. für das Handelsrecht §§ 352, 353 HGB.; vgl. auch wegen der Zinsansprüche der Pfandleiher und Pfandleihanstalten Art. 94 EG.

Das bayer. Ges. vom 5. Dez. 1867, die Abänderung der gesetzlichen Bestimmungen über die Zinsen betr., ist durch Art. 175 Nr. 19 des bayer. AG.BGB. ebenfalls ausdrücklich aufgehoben.

2. Der Grundsatz der Vertragsfreiheit hinsichtlich der Höhe der Zinsen (**§ 1** des Ges. vom 14. Nov. 1867) gilt auch nach § 246 BGB.; eine Beschränkung ergibt sich nur aus dem gesetzlichen Verbot wucherischer Zinsvereinbarungen nach § 138 BGB. (vgl. hiezu Art. 47 EG. mit Bem.).

3. Die Vorschriften des **§ 2** sind teilweise ersetzt durch die des § 247 BGB., wonach der Schuldner, falls ein höherer Zinssatz als sechs vom Hundert vereinbart ist, das Kapital nach Ablauf von sechs Monaten unter Einhaltung einer Kündigungsfrist von sechs Monaten kündigen kann. (Die Vorschrift des § 247 ist durch das RGes. vom 3. März 1923 [RGBl. 1923 I S. 163] mit dem Tage der Verkündigung dieses Gesetzes einstweilen außer Kraft gesetzt; s. hiezu Bd. II Bem. 5 zu § 247). Im Gegensatz zu § 2 Abs. 3 des Ges. vom 14. Nov. 1867 gilt § 247 BGB. auch für das Handelsrecht, auch wenn beide Teile Kaufleute sind.

4. Die Vorschrift des **§ 3**, daß der höhere vertragsmäßige Zinssatz auch für Verzugszinsen maßgebend bleibt, soweit Darlehen und andere kreditierte Forderungen in Frage stehen, ist, erweitert für Forderungen jeder Art, nun in § 288 Abs. 1 Satz 2 BGB. enthalten.

5. Bezüglich des Verbotes der Vereinbarung von Zinseszinsen (sog. Anatozismus, § 4) s. nunmehr § 248 BGB., § 353 Satz 2 HGB.; vgl. auch § 289 Satz 1 BGB. hinsichtlich Zinsen von Verzugszinsen.

Die Zinsen können in ihrem Gesamtbetrage das Kapital übersteigen; eine Einschränkung in dieser Beziehung besteht nicht mehr.

6. Der Vorbehalt des § 5 zugunsten der Landesgesetzgebung ist schon durch Art. 55 EG. beseitigt.

Art. 40.

Das Gesetz, betreffend die Eheschließung und die Beurkundung des Personenstandes von Bundesangehörigen im Auslande, vom 4. Mai 1870 (Bundes-Gesetzbl. S. 599) wird dahin geändert:

I. In dem § 3 Abs. 1 Satz 1, dem § 9, dem § 11 Abs. 2 und dem § 12 Abs. 1 Satz 2 wird das Wort: „muß" ersetzt durch das Wort: „soll".

II. An die Stelle der §§ 7, 8 treten folgende Vorschriften:

§ 7.

Die Ehe wird dadurch geschlossen, daß die Verlobten vor dem Beamten persönlich und bei gleichzeitiger Anwesenheit erklären, die Ehe miteinander eingehen zu wollen. Der Beamte muß zur Entgegennahme der Erklärungen bereit sein.

Die Erklärungen können nicht unter einer Bedingung oder einer Zeitbestimmung abgegeben werden.

§ 7 a.

Der Beamte soll bei der Eheschließung in Gegenwart von zwei Zeugen an die Verlobten einzeln und nacheinander die Frage richten, ob sie die Ehe miteinander eingehen wollen, und, nachdem die Verlobten die Frage bejaht haben, aussprechen, daß sie kraft dieses Gesetzes nunmehr rechtmäßig verbundene Eheleute seien.

Als Zeugen sollen Personen, die der bürgerlichen Ehrenrechte für verlustig erklärt sind, während der Zeit, für welche die Aberkennung der Ehrenrechte erfolgt ist, sowie Minderjährige nicht zugezogen werden. Personen, die mit einem der Verlobten, mit dem Beamten oder miteinander verwandt oder verschwägert sind, dürfen als Zeugen zugezogen werden.

§ 8.

Als zur Eheschließung ermächtigter Beamter (§ 1) gilt auch derjenige, welcher, ohne ein solcher Beamter zu sein, das Amt eines solchen öffentlich ausübt, es sei denn, daß die Verlobten den Mangel der amtlichen Befugnis bei der Eheschließung kennen.

§ 8 a.

Eine Ehe, die vor einem zur Eheschließung ermächtigten Beamten (§ 1) oder vor einer im § 8 einem solchen Beamten gleichgestellten Person geschlossen wird, ist wegen Formmangels nur dann nichtig, wenn bei der Eheschließung die im § 7 vorgeschriebene Form nicht beobachtet worden ist.

Ist die Ehe in das Heiratsregister eingetragen worden und haben die Ehegatten nach der Eheschließung zehn Jahre oder, falls einer von ihnen vorher gestorben ist, bis zu dessen Tode, jedoch mindestens drei Jahre als Ehegatten miteinander gelebt, so ist die Ehe als von Anfang an gültig anzusehen. Diese Vorschrift findet keine Anwendung, wenn bei dem Ablaufe der zehn Jahre oder zur Zeit des Todes des einen Ehegatten die Nichtigkeitsklage erhoben ist.

E. I, 22; II. 14; III. 39.

1. Entstehung: Art. 40 weicht vom Art. 22 des E. I vielfach ab. Seine nunmehrige Fassung hat er erst in der II. Komm. und bezüglich der §§ 7, 7a und 8a erst in der Reichstagskommission gefunden (EM. 134; P. VI, 587 ff.; Reatz III, 21 ff.; RTK. 440d S. 6 und 440b S. 176).

2. **Das Gesetz vom 4. Mai 1870 über Eheschließung und Beurkundung des Personenstandes im Auslande** gewährt Inländern die Möglichkeit, auch im Auslande eine Ehe in den Formen des inländischen Rechts einzugehen. Die **Änderungen und Ergänzungen**, welche Art. 40 bringt, bezwecken, die Vorschriften dieses Gesetzes mit den einschlägigen Vorschriften des BGB. und des PStG. vom 6. Febr. 1875 i. d. F. des Art. 46 dieses Gesetzes in Einklang zu bringen.

Im einzelnen ist hervorzuheben:

Zu Nr. I: Hier werden die Vorschriften des G. vom 4. Mai 1870 in § 3 Abs. 1 (über das Aufgebot), § 9 (über die Eintragung in das Heiratsregister), § 11 Abs. 2 (über die Eintragung in das Geburtsregister) und § 12 Abs. 1 Satz 2 (über die Eintragung in das Sterberegister) aus zwingenden Vorschriften in Ordnungsvorschriften umgewandelt und hierdurch mit den entsprechenden Bestimmungen des BGB. (§ 1316) sowie des PStG. (§§ 54, 22 und 59) und der allgemeinen Bestimmung in § 13 Abs. 2 des letzteren Gesetzes in Einklang gebracht.

Zu Nr. II: Nach der neuen Fassung entsprechen von den durch diese Vorschrift betroffenen Bestimmungen des G. vom 4. Mai 1870 der § 7 dem § 1317, § 7a den Abs. 1 und 2 des § 1318, § 8 dem § 1319 und § 8a dem § 1324 BGB.

Vgl. die Bem. zu §§ 1317, 1318, 1319 und 1324 BGB. in Bd. IV.

3. Hinzuweisen ist in diesem Zusammenhange

a) auf § 36 des KonsGG. vom 7. April 1900 (RGBl. 1900 S. 220), wonach sich die Form einer Ehe, die in einem Konsulargerichtsbezirke von einem Deutschen oder von einem Schutzgenossen, der keinem Staate angehört, geschlossen wird, ausschließlich nach den Vorschriften des G. vom 4. Mai 1870 bestimmt (vgl. hierzu Vorbem. 8 vor §§ 1303 ff.);

b) auf § 7 des SchutzgebG. in der durch Bek. vom 10. Sept. 1900 festgesetzten Fassung (s. RGBl. 1900 S. 814), wonach auf die Eheschließung und die Beurkundung des Personenstandes in den Schutzgebieten die §§ 2—9, 11, 12 und 14 des G. vom 4. Mai 1870 entsprechende Anwendung finden sollen (vgl. hierüber Vorbem. 8 vor §§ 1303 ff.).

4. Über weitere Änderungen des Ges. vom 4. Mai 1870 siehe Art. 2 des RGes. über den Personenstand vom 11. Juni 1920, RGBl. 1920 S. 1210.

Art. 41.*)

Das Gesetz über die Erwerbung und den Verlust der Bundes- und Staatsangehörigkeit vom 1. Juni 1870 (Bundes-Gesetzbl. S. 355) wird dahin geändert:

---

*) Schrifttum: Finger, Über die Entlassung von Minderjährigen aus dem Staatsverband und die Beschwerde aus FGG. §§ 20, 57, ElsLothZ. Bd. 27 S. 91 ff., 202 ff.; Sartorius, Der Einfluß des Familienstandes auf die Staatsangehörigkeit nach dem RG. vom 1. Juni 1870 in der Fassung des EG.BGB. (Sonderabdruck aus dem VerwArch.

I. An die Stelle des § 11 treten folgende Vorschriften:

Die Verleihung der Staatsangehörigkeit erstreckt sich, insofern nicht dabei eine Ausnahme gemacht wird, zugleich auf die Ehefrau und auf diejenigen minderjährigen Kinder, deren gesetzliche Vertretung dem Aufgenommenen oder Naturalisierten kraft elterlicher Gewalt zusteht. Ausgenommen sind Töchter, die verheiratet sind oder verheiratet gewesen sind.

II. Als § 14a werden folgende Vorschriften eingestellt:

Die Entlassung eines Staatsangehörigen, der unter elterlicher Gewalt oder Vormundschaft steht, kann von dem gesetzlichen Vertreter nur mit Genehmigung des Vormundschaftsgerichts beantragt werden.

Die Genehmigung des Vormundschafsgerichts ist nicht erforderlich, wenn der Vater oder die Mutter die Entlassung für sich und zugleich kraft elterlicher Gewalt für ein Kind beantragt. Erstreckt sich der Wirkungskreis eines der Mutter bestellten Beistandes auf die Sorge für die Person des Kindes, so bedarf die Mutter in einem solchen Falle der Genehmigung des Beistandes zu dem Antrag auf Entlassung des Kindes.

III. An die Stelle des § 19 treten folgende Vorschriften:

Die Entlassung erstreckt sich, sofern nicht dabei eine Ausnahme gemacht wird, zugleich auf die Ehefrau und auf diejenigen Kinder, deren gesetzliche Vertretung dem Entlassenen kraft elterlicher Gewalt zusteht.

Diese Vorschrift findet keine Anwendung auf Töchter, die verheiratet sind oder verheiratet gewesen sind, sowie auf Kinder, die unter der elterlichen Gewalt der Mutter stehen, falls die Mutter zu dem Antrage auf Entlassung der Kinder nach § 14a Abs. 2 Satz 2 der Genehmigung des Beistandes bedarf.

IV. An die Stelle des § 21 Abs. 2 treten folgende Vorschriften:

Der hiernach eingetretene Verlust der Staatsangehörigkeit erstreckt sich zugleich auf die Ehefrau und auf diejenigen Kinder, deren gesetzliche Vertretung dem Ausgetretenen kraft elterlicher Gewalt zusteht, soweit sich die Ehefrau oder die Kinder bei dem Ausgetretenen befinden. Ausgenommen sind Töchter, die verheiratet sind oder verheiratet gewesen sind.

E. I, 23; II. 15; III. 40.

Bd. 7); Laband, Die Feststellung der Staatsangehörigkeit in der freiwilligen Gerichtsbarkeit, „Recht" 1904 S. 383; Mumm, Die Aufnahme bzw. Naturalisation Minderjähriger in DJZ. 1904 S. 640.

Siehe zu den nunmehr geltenden Vorschriften des Reichs- und Staatsangehörigkeitsgesetzes vom 22. Juli 1913 die Kommentare zu diesem Gesetz von Cahn, 4. Aufl., Berlin 1914; Keller-Trautmann, München 1914; Welser, München 1914; Woeber-Fischer, 4. Aufl., München 1927; Stier-Somlo, Reichs- und Landesstaatsrecht Bd. I S. 418ff., Berlin 1924; Hatschek, Deutsches und preuß. Staatsrecht Bd. I § 8 S. 150ff.

I. Entstehung: Die Nr. I, III und IV des Art. 41 entsprechen, von unerheblichen redaktionellen Änderungen abgesehen, dem Art. 23 des Entw. I; die Nr. II wurde in der II. Komm. hinzugefügt (EM. 134 ff., P. VI 590, 743, IV, 565, 757, Reatz III 23 ff.).

Die durch Art. 41 abgeänderten und neu eingefügten Bestimmungen des Bundes- und Staatsangehörigkeitsgesetzes vom 1. Juni 1870 befaßten sich mit der Erstreckung der Verleihung und des Verlustes der Staatsangehörigkeit auf Ehefrau und Kinder (§§ 11, 19, 21 Abs. 2) und der Entlassung unter elterlicher Gewalt oder Vormundschaft stehender Personen (§ 14a). Der Zweck der vorgenommenen Änderungen war, das Gesetz vom 1. Juni 1870 mit den einschlägigen Bestimmungen des BGB. in Einklang zu bringen.

II. Mit Wirkung vom 1. Januar 1914 ist an die Stelle des Gesetzes vom 1. Juni 1870 das **Reichs- und Staatsangehörigkeitsgesetz vom 22. Juli 1913** (RGBl. S. 583 ff.) getreten. Das Gesetz hat sich rückwirkende Kraft nicht beigelegt; für die vor dem 1. Jan. 1914 liegenden Verhältnisse ist das Gesetz vom 1. Juni 1870 maßgebend (Keller-Trautmann Bem. II zu § 41 des G. vom 22. Juli 1913).

Einzelne an die Stelle der §§ 11, 14a, 19 und 21 Abs. 2 des G. vom 1. Juni 1870 getretenen Vorschriften des G. vom 22. Juli 1913 stimmen mit den Bestimmungen des alten Gesetzes im wesentlichen überein, andere — hinsichtlich der Erstreckung der Entlassung auf Ehefrau und Kinder — weichen grundsätzlich von denselben ab.

S. auch Art. 110 Abs. 1 Satz 1 der Reichsverfassung vom 11. Aug. 1919, wonach die Staatsangehörigkeit im Reiche und in den Ländern nach den Bestimmungen eines Reichsgesetzes erworben und verloren wird; gemeint ist das G. vom 22. Juli 1913.

1. Zu Nr. I. Erstreckung der **Verleihung der Staatsangehörigkeit** auf Ehefrau und Kinder.

a) Nach der ursprünglichen Fassung des § 11 des G. vom 1. Juni 1870 erstreckte sich die Verleihung der Staatsangehörigkeit, insoferne nicht dabei eine Ausnahme gemacht wurde, außer auf die Ehefrau auf die noch unter väterlicher Gewalt stehenden minderjährigen Kinder. Den Vorschriften des BGB. entsprechend (§§ 1626 ff.) erstreckte die neue Fassung des § 11 die Verleihung auf die unter elterlicher Gewalt stehenden Kinder. Der elterlichen Gewalt sind nur eheliche und diesen gleichgestellte, nämlich legitimierte (§§ 1719, 1723 ff. BGB.) und an Kindes Statt angenommene (§ 1757 BGB., Vorbem. 3, b vor § 1741 in Bd. IV) Kinder unterstellt; s. für das frühere Recht Art. 209 EG. Hienach erstreckte sich die von einer Ehefrau beantragte Verleihung, insofern nicht dabei eine Ausnahme gemacht war, im Hinblick auf die §§ 1684, 1685, 1627 ff., 1701 BGB. auch auf die unter ihrer elterlichen Gewalt stehenden Kinder, da die Mutter auf Grund der elterlichen Gewalt die Verleihung der Staatsangehörigkeit an die Kinder beantragen kann, ohne daß hierzu die Genehmigung des Vormundschaftsgerichts erforderlich ist.

Voraussetzung für die Erstreckung der Verleihung der Staatsangehörigkeit auf die minderjährigen Kinder ist, daß dem betreffenden Elternteil, dem die Staatsangehörigkeit verliehen ist, die gesetzliche Vertretung der Kinder in persönlichen Angelegenheiten als Bestandteil der elterlichen Gewalt zusteht, daß derselbe also nicht auf die elterliche Nutznießung daran beschränkt ist (vgl. §§ 1630, 1666, 1676 ff., 1678, 1686, 1696 BGB.). Für die Entscheidung der Frage, ob dem Naturalisierten die gesetzliche Vertretung seiner minderjährigen Kinder kraft elterlicher Gewalt zusteht, ist dasjenige Recht maßgebend, dem der Elternteil, welchem die Staatsangehörigkeit verliehen wird, vor der Verleihung unterstand (vgl. die Bem. zu Art. 19 und P. VI, 743).

§ 11 bezieht sich auf die Verleihung jeder Art, also durch Aufnahme, Naturalisation, Anstellung, Wiederaufnahme und Renaturalisation (§§ 2, 6 ff., 21).

b) **Nunmehr** bestimmt **§ 16 Abs. 2** des G. vom 22. Juli 1913:

„Die Aufnahme oder Einbürgerung erstreckt sich, insofern nicht in der Urkunde ein Vorbehalt gemacht wird, zugleich auf die Ehefrau und auf diejenigen Kinder, deren gesetzliche Vertretung dem Aufgenommenen oder Eingebürgerten kraft elterlicher Gewalt zusteht. Ausgenommen sind Töchter, die verheiratet sind oder verheiratet gewesen sind."

Diese Vorschrift deckt sich inhaltlich mit der des § 11 des G. vom 1. Juni 1870; es kann daher auf die Ausführungen unter a Bezug genommen werden (vgl. auch Keller-Trautmann, Komm. z. StAngG. Bem. IV, 2, VI zu § 16, Bem. X zu § 7). Ob dem Aufgenommenen oder Eingebürgerten die elterliche Gewalt zusteht, ist nach deutschem Recht zu beurteilen (Keller-Trautmann a. a. O.; and. Ans. Woeber-Fischer Bem. 16 zu § 16).

Wegen der Aufnahme s. § 3 Nr. 4, §§ 7, 14, wegen der Einbürgerung § 3 Nr. 5, §§ 8—15 StAngG.

Wegen der Erstreckung des Wiedererwerbes der Staatsangehörigkeit in den Fällen des § 26 Abs. 3 Satz 2 (nach schuldhaftem Verlust der Staatsangehörigkeit durch einen militärpflichtigen Deutschen) s. § 29 und unten Bem. 4, b.

c) Die sowohl in § 11 des G. vom 1. Juni 1870 als in § 16 Abs. 2 des G. vom 22. Juli 1913 gemachte Ausnahme hinsichtlich der verheirateten oder verheiratet gewesenen minderjährigen Töchter war notwendig, da nach § 1633 BGB. die elterliche Gewalt über eine Tochter durch deren Verheiratung nicht beendigt wird, dem Inhaber der elterlichen Gewalt vielmehr die gesetzliche Vertretung der Tochter in den die Person betreffenden Angelegenheiten verbleibt, während anderenteils Ehefrauen, auch wenn sie minderjährig sind, regelmäßig die Staatsangehörigkeit des Ehemannes teilen (§§ 5, 13 Nr. 5 des G. vom 1. Juni 1870, §§ 6, 17 Nr. 6 des G. vom 22. Juli 1913).

d) Hingewiesen sei in diesem Zusammenhang noch auf folgendes:

α) Das uneheliche Kind folgt der Staatsangehörigkeit der Mutter, solange nicht eine wirksame Legitimation erfolgt (§§ 3, 13 Nr. 4 des G. vom 1. Juni 1870, §§ 4 Abs. 1, 17 Nr. 5 des G. vom 22. Juli 1913).

Wegen Findelkinder s. § 4 Abs. 2 des G. vom 22. Juli 1913.

β) Durch Annahme an Kindes Statt allein wird für das Kind die Staatsangehörigkeit des Annehmenden nicht begründet; dies war in Abs. 2 des G. vom 1. Juni 1870 ausdrücklich ausgesprochen, ergibt sich aber ohne weiteres daraus, daß die Annahme an Kindes Statt ein bürgerlich-rechtlicher Vertrag ist (§ 1741 BGB.), so daß das dadurch begründete Rechtsverhältnis Wirkungen auf öffentlich-rechtlichem Gebiete nur haben kann, soweit sie ihm ausdrücklich beigelegt sind (vgl. Keller-Trautmann Bem. IV, Welser Bem. 2 Abs. 4 zu § 3).

γ) Wegen des Erwerbes durch Legitimation s. § 2 Abs. 1 Nr. 2, § 4 des G. vom 1. Juni 1870, § 3 Nr. 2, § 5 des G. vom 22. Juli 1913; eine nach den deutschen Gesetzen wirksame Legitimation durch einen Deutschen begründet für das Kind die Staatsangehörigkeit des Vaters.

2. Zu Nr. II. Der in der II. Komm. eingeschaltete § 14a des G. vom 1. Juni 1870 betrifft die **Entlassung** der unter elterlicher Gewalt oder Vormundschaft stehenden Personen **aus der Staatsangehörigkeit.** Die Vorschrift bezweckt, auch im öffentlichen Interesse, eine Sicherung minderjähriger, geschäftsunfähiger oder in der Geschäftsfähigkeit beschränkter Personen gegen nachteilige Verfügungen über ihre Staatsangehörigkeit.

A. **Bisheriges Recht** (G. vom 16. Juni 1870 in der Fassung des EG. BGB.).

Aus § 14a ergibt sich zunächst, daß auch ein beschränkt Geschäftsfähiger, der unter elterlicher Gewalt oder Vormundschaft steht, den Entlassungsantrag nicht selbst stellen kann. Zur Nachprüfung der Zweckmäßigkeit der Entlassung vom Standpunkte der unter elterlicher Gewalt oder Vormundschaft stehenden Person ist auch die Antragsberechtigung des gesetzlichen Vertreters durch das Erfordernis der Genehmigung des Vormundschaftsgerichts (bzw. gegenüber der Mutter des Beistands) eingeschränkt.

Die Entlassung auf einen Antrag, der der gesetzlich erforderten Genehmigung des Vormundschaftsgerichts entbehrte, ist jedoch wegen dieses Mangels des Antrags nicht unwirksam.

a) Wenn der Vater die Entlassung seines minderjährigen Kindes beantragte, so war die Genehmigung des Vormundschaftsgerichts nicht erforderlich, wenn er die Entlassung zugleich für sich beantragt und ihm die elterliche Gewalt über das Kind im vollen Umfange zusteht; dagegen bedurfte es der Genehmigung des Vormundschaftsgerichts, wenn er die Entlassung nur für das Kind, nicht auch für sich beantragt.

Nicht zweifellos war, ob die Genehmigung des Vormundschaftsgerichts auch dann erforderlich war, wenn der Vater die Entlassung zugleich für sich beantragte und wenn ihm aber zwar die elterliche Gewalt, nicht aber auch die Sorge für die Person des Kindes zustand (s. §§ 1635, 1666 BGB.). Die Frage wurde bejaht, da in einem solchen Falle nicht davon gesprochen werden könne, daß die Entlassung kraft der elterlichen Gewalt beantragt sei, und da der Antrag gar nicht von dem gesetzlichen Vertreter gestellt sei. Diese Begründung ist allerdings nicht ganz bedenkenfrei. Wegen der Lösung, die die Frage in § 19 des G. vom 22. Juli 1913 gefunden hat, s. unten Bem. B.

b) Wurde der Entlassungsantrag von der Mutter des minderjährigen Kindes als Inhaber der elterlichen Gewalt gestellt, so galt das gleiche wie unter a mit dem Abmaße, daß zwar nicht die Genehmigung des Vormundschaftsgerichts, aber jene des Beistandes erforderlich war, wenn zwar die Mutter die elterliche Gewalt über das minderjährige Kind hatte und zugleich für sich und das Kind die Entlassung beantragte, der Mutter aber ein Beistand nach BGB. § 1687 bestellt war, und dessen Wirkungskreis sich nach BGB. § 1688 auf die Sorge für die Person des Kindes erstreckte.

c) Wurde der Entlassungsantrag für einen unter Vormundschaft stehenden (minderjährigen oder volljährigen, s. §§ 1773, 1896 BGB.) Staatsangehörigen von dem Vormunde gestellt, so war stets die Genehmigung des Vormundschaftsgerichts erforderlich, welche gemäß §§ 1827 und 1847 BGB. erst nach Anhörung des Mündels, wenn dieser das 14. Lebensjahr vollendet hatte, sowie von dessen Verwandten oder Verschwägerten erteilt werden sollte, sofern letztere ohne erhebliche Verzögerung und ohne unverhältnismäßige Kosten gehört werden können; wegen der Anhörung des volljährigen entmündigten Mündels s. Bem. 1 a. E. zu § 1897 in Bd. IV.

d) Das Prüfungsrecht der Vormundschaftsbehörde war sachlich verschieden von jenem, das der höheren Verwaltungsbehörde bei der Entscheidung über den Entlassungsantrag zukam. Die Verwaltungsbehörde hat lediglich zu prüfen, ob ein gesetzlicher Grund vorlag, die Entlassung zu verweigern, die Vormundschaftsbehörde dagegen hatte zu prüfen, ob die Entlassung im privaten Interesse des Kindes liege, dabei kamen nur Nützlichkeits- und Zweckmäßigkeitsgründe in Betracht; vgl. Bd. IV Bem. 6 zu § 1822 und im einzelnen Finger a. a. O. Öffentliche, namentlich militärische Interessen hatte das Vormundschaftsgericht zu der Zeit, als noch die allgemeine Wehrpflicht bestand, bei seiner Entscheidung nicht wahrzunehmen (vgl. hiezu Sartorius a. a. O., auch LG. Colmar ZBlFG. Bd. 2 S. 339, OLG. Colmar „Recht" 1907 S. 130 Nr. 183, auch M. IV, 1139); nur soweit solche etwa im Rahmen des privaten Interesses des Kindes gelegen gewesen wären, hätten sie für die Entscheidung der Vormundschaftsbehörde in Betracht gezogen werden müssen (vgl. Finger a. a. O., auch KGJ. Bd. 33 A S. 49).

B. Geltendes Recht (G. vom 22. Juli 1913).

§ 19 dieses Gesetzes bestimmt:

„Die Entlassung einer Person, die unter elterlicher Gewalt oder unter Vormundschaft steht, kann nur von dem gesetzlichen Vertreter und nur mit Genehmigung des deutschen Vormundschaftsgerichts beantragt werden. Gegen die Entscheidung des Vormundschaftsgerichts steht auch der Staatsanwaltschaft die Beschwerde zu; gegen den Beschluß des Beschwerdegerichts ist die weitere Beschwerde unbeschränkt zulässig.

Die Genehmigung des Vormundschaftsgerichts ist nicht erforderlich, wenn der Vater oder die Mutter die Entlassung für sich und zugleich kraft elterlicher Gewalt für ein Kind beantragt und dem Antragsteller die Sorge für die Person des Kindes zusteht. Erstreckt sich der Wirkungskreis eines der Mutter bestellten Beistandes auf die Sorge für die Person des Kindes, so bedarf die Mutter zu dem Antrag auf Entlassung des Kindes der Genehmigung des Beistandes."

a) Abs. 1 Satz 1 und Abs. 2 des § 19 stimmen zum größten Teil wörtlich mit der Vorschrift des § 14a des G. vom 1. Juni 1870 überein. Insoweit ist auf die Erläuterungen unter A zu verweisen.

Durch die Worte in Abs. 1 Satz 1 „kann nur von dem gesetzlichen Vertreter" ist, was auch für das frühere Gesetz galt, noch besonders zum Ausdruck gebracht, daß ein Antrag auf Entlassung durch den sechzehn Jahre alten

Minderjährigen — anders als der Aufnahme- und der Einbürgerungsantrag, § 7 Abs. 2 Satz 2, § 8 Abs. 1 Nr. 1 — nicht gestellt werden kann. Dagegen steht demselben nach § 59 FGG. das selbständige Beschwerderecht gegen die Entscheidung des Vormundschaftsgerichts zu.

b) Abs. 1 Satz 1 schreibt ausdrücklich die Genehmigung des deutschen Vormundschaftsgerichts vor; die Genehmigung eines ausländischen Vormundschaftsgerichts, das etwa über einen im Ausland wohnenden Mündel der Vormundschaft führt, kann nach dem Zwecke des Erfordernisses vormundschaftsgerichtlicher Genehmigung (s. unten Bem. d) nicht in Frage kommen.

Die Zuständigkeit des deutschen Vormundschaftsgerichts bemißt sich, soweit nicht schon eine Vormundschaft anhängig ist, also namentlich soweit eine unter elterlicher Gewalt stehende Person in Frage kommt, nach §§ 36, 43 FGG.

c) Zweifelhaft war früher, ob die Genehmigung des Vormundschaftsgerichts auch dann erforderlich ist, wenn dem Inhaber der elterlichen Gewalt, der den Entlassungsantrag zugleich für sich stellt, die Sorge für die Person des Kindes nicht zusteht (s. oben Bem. 2, A, a; vgl. §§ 1628, 1630 mit 1796, 1635, 1637 BGB.). Das Gesetz hat diese Frage in Abs. 2 Satz 1 damit bejaht, daß es die vormundschaftsgerichtliche Genehmigung nur für den Fall als entbehrlich erklärt, daß dem Antragsteller die Sorge für die Person des Kindes zusteht. Die Nichtmitwirkung des Vormundschaftsgerichts soll nicht allein durch den Besitz der elterlichen Gewalt seitens des Antragstellers, der den Entlassungsantrag für sich und das Kind stellt, bedingt sein, sondern durch den Besitz des für den Entlassungsantrag gerade wesentlichen Rechts der Personenfürsorge (s. Keller-Trautmann Bem. I Abs. 2, Bem. V zu § 19; Prot. 5330 C, D, 5331 A, 5767 B).

d) Für die Anfechtung der Entscheidung des Vormundschaftsgerichts mit Beschwerde sind grundsätzlich die Vorschriften der §§ 19 ff. FGG., für das Beschwerderecht die §§ 20, 57 Nr. 9, 59 FGG. maßgebend; die Beschwerde ist in allen Fällen an keine Frist gebunden, da ein Fall der sofortigen Beschwerde nach dem FGG. nicht gegeben ist (Keller-Trautmann Bem. III, 5 Abs. 2 zu § 19).

§ 19 Abs. 1 Satz 2 verleiht das Beschwerderecht außerdem der Staatsanwaltschaft und zwar ohne Unterschied, ob die Genehmigung zu dem Antrag erteilt oder versagt wurde. Zur Ausübung des Beschwerderechts ist die Staatsanwaltschaft des Landgerichts berufen, in dessen Bezirk das zuständige Vormundschaftsgericht gelegen ist (wegen der Mitteilung der beim Vormundschaftsgericht einlaufenden Entlassungsanträge an die Staatsanwaltschaft s. preuß. JMBek. vom 1. Okt. 1917 und württemberg. JMBek. vom 15. März 1917). Die Frage, ob auch der Verwaltungsbehörde das Beschwerderecht nach § 20 Abs. 1 FGG. zustehe, ist angesichts der Verleihung des Beschwerderechts an die Staatsanwaltschaft von geringerem Interesse, dürfte aber, auch soweit die Wahrung öffentlichen Interesses in Frage kommt, gerade im Hinblick auf das der Staatsanwaltschaft eingeräumte Beschwerderecht zu verneinen sein (ebenso KG. in KGJ. Bd. 51 S. 61 = RJM. Bd. 16 S. 175, Keller-Trautmann Bem. IV zu § 19). Aus § 57 Nr. 9 FGG. kann jedenfalls ein Beschwerderecht der Verwaltungsbehörde nicht abgeleitet werden, weil die Verwaltungsbehörde nicht berufen ist, das Interesse des Kindes wahrzunehmen (Schlegelberger, Komm. z. FGG. Bem. 21, Keidel, FGG. Bem. 10 zu § 57; s. auch Josef im ArchÖffR. Bd. 13 S. 550 ff. und VerwArch. Bd. 23 S. 276).

Abweichend von der Regel des § 27 FGG., daß die weitere Beschwerde nur auf eine Verletzung des Gesetzes gestützt werden kann, gibt § 19 Abs. 1 Satz 2 der Staatsanwaltschaft das Recht zur weiteren Beschwerde unbeschränkt, also auch, um die Nachprüfung von Tat- und Ermessensfragen durch das Gericht der weiteren Beschwerde (in Preußen das Kammergericht, in Bayern das Oberste Landesgericht, in den anderen Ländern das Oberlandesgericht, s. Keidel FGG. Bem. 1 zu § 28) herbeizuführen; darüber, daß das Wort „unbeschränkt" auch sachlich zu verstehen ist, s. Keller-Trautmann Bem. III, 5, Wöber-Fischer Bem. 13 zu § 19.

e) Bei der Würdigung des Entlassungsgesuches hat das Vormundschaftsgericht neben dem Interesse des Kindes oder Mündels auch das öffentliche Interesse zu berücksichtigen. Das ergibt sich jetzt schon aus dem Umstande, daß der Staatsanwaltschaft, einer im allgemeinen zur Wahrung öffentlicher Interessen und nicht privater Interessen Einzelner berufenen Behörde, das Beschwerderecht gegen die Verfügung des Vormundschaftsgerichts in § 19 StAngG. eingeräumt ist. Es muß also auch schon das Vormundschaftsgericht bei der Entschließung über die Genehmigung des Entlassungsgesuchs den Interessen Rechnung tragen, wegen deren nicht entsprechender Berücksichtigung die Staatsanwaltschaft seine Verfügung anfechten kann (ebenso Trautmann-Keller Bem. III, 4 zu § 19; BayObLG. in BayObLGZ. Bd. 19 S. 78 ff. und OLG. Bd. 33 S. 369; OLG. Karlsruhe, RIA. Bd. 15 S. 103; OLG. Stuttgart „Recht" 1917 Nr. 493; Bek. des bayr. JMin. vom 12. April 1916, JMBl. 1916 S. 22; Erlaß des bad. JMin. vom 28. Sept. 1916, JMBl. 1916 S. 120; a. M. Josef in ArchÖffR. Bd. 31 S. 450 ff. und im „Recht" 1918 S. 76). Die Frage ist übrigens seit der Abschaffung der allgemeinen Wehrpflicht von geringerer Bedeutung, da an öffentlichen Interessen hauptsächlich militärische in Frage kamen; vgl. die in Bem. 2, A, d angeführte Entscheidung des KG. in KGJ. Bd. 33 A S. 49.

3. Zu Nr. III: **Erstreckung der Entlassung aus dem Staatsverband auf Frau und Kinder.**

a) Nach der ursprünglichen Fassung des § 19 des G. vom 1. Juni 1870 erstreckte sich die **Entlassung** aus der Staatsangehörigkeit außer auf die Ehefrau auf die unter väterlicher Gewalt stehenden minderjährigen Kinder. Den Vorschriften des BGB. (§§ 1626 ff.) entsprechend erstreckte die neue Fassung des § 19 in Abs. 1 die Entlassung auf die unter elterlicher Gewalt stehenden Kinder; vgl. oben Bem. II, 1, a.

Die in dem hinzugefügten Abs. 2 für verheiratete oder verheiratet gewesene Töchter gemachte Ausnahme von der Regel des Abs. 1 beruht auf dem nämlichen Grunde wie die entsprechende Vorschrift hinsichtlich der Verleihung der Staatsangehörigkeit in § 11 Satz 2 des alten und in § 16 Abs. 2 des neuen Gesetzes; s. hierüber oben Bem. II, 1, c.

Eine weitere Ausnahme macht Abs. 2 hinsichtlich der unter der elterlichen Gewalt der Mutter stehenden Kinder; die Entlassung der Mutter aus der Staatsangehörigkeit erstreckt sich auf die Kinder nicht, wenn der Mutter ein Beistand bestellt ist und wenn sich der Wirkungskreis des Beistands auf die Sorge für die Person der Kinder erstreckt. Wenn die Mutter, die in der Personenfürsorge durch Bestellung eines Beistandes beschränkt ist, den Entlassungsantrag für das Kind nicht ohne die Genehmigung des Beistands stellen kann, so darf sich folgerichtig auch der von der Mutter für ihre Person gestellte Entlassungsantrag im gleichen Falle nicht auf die Kinder, für die dem Beistand die Personenfürsorge zusteht, erstrecken. In solchem Falle mußte vielmehr der Entlassungsantrag für das Kind gesondert nach § 14 a Abs. 2 Satz 2 gestellt werden.

b) **Jetzt** bestimmt **§ 23 Abs. 2** des G. vom 22. Juli 1913:

> „Soll sich die Entlassung zugleich auf die Ehefrau oder die Kinder des Antragstellers beziehen, so müssen auch diese Personen in der Entlassungsurkunde mit Namen aufgeführt werden."

Nach Abs. 1 des § 23 wird die Entlassung mit der Aushändigung einer Entlassungsurkunde wirksam. Nach der Vorschrift des Abs. 2 des § 23 tritt die Entlassung der Ehefrau und der Kinder nicht mehr, wie nach § 19 des G. vom 1. Juni 1870 als Rechtsfolge der Entlassung des Ehemannes und Vaters ein; der Entlassungsantrag muß vielmehr auch für die Frau und die Kinder nach Maßgabe der §§ 18, 19 Abs. 1 gestellt werden, da nur unter dieser Voraussetzung die Verwaltungsbehörde die Entlassung auch der Frau und der Kinder aussprechen und ihre Namen in der Entlassungsurkunde mit aufführen kann.

4. Zu Nr. IV: **Erstreckung des Verlustes der Staatsangehörigkeit auf Frau und Kinder.**

a) Auch in § 21 Abs. 2 des G. vom 1. Juni 1870 brachte das EG. die Ersetzung des Wortes „väterliche" durch das Wort „elterliche" Gewalt und die Ausnahme hinsichtlich der verheirateten und verheiratet gewesenen Töchter; s. hiezu oben Bem. II, 1, a und c und 3, a.

b) **Jetzt** bestimmt **§ 29** des G. vom 22. Juli 1913:

> „Der Verlust der Staatsangehörigkeit in den Fällen des § 26 Abs. 1, 2 und der §§ 27, 28 sowie der Wiedererwerb der Staatsangehörigkeit in den

Fällen des § 26 Abs. 3 Satz 2 erstreckt sich zugleich auf die Ehefrau und auf diejenigen Kinder, deren gesetzliche Vertretung dem Ausgeschiedenen oder dem Wiedereingebürgerten kraft elterlicher Gewalt zusteht, soweit sich die Ehefrau oder die Kinder mit ihm in häuslicher Gemeinschaft befinden. Ausgenommen sind Töchter, die verheiratet sind oder gewesen sind."

Nach § 26 Abs. 1 und 2 trat der Verlust der Staatsangehörigkeit unter näher geregelten Voraussetzungen für militärpflichtige und für fahnenflüchtige Deutsche ein, die im Inland weder Wohnsitz noch dauernden Aufenthalt hatten. (Die Vorschrift ist zurzeit als Verlustgrund gegenstandslos.) Durch Beschluß der Zentralbehörde seines Heimatstaats kann nach § 27 ein Deutscher, der sich im Ausland aufhält, wenn er im Falle eines Krieges oder einer Kriegsgefahr einer Aufforderung zur Rückkehr nicht Folge leistet, nach § 28 ein Deutscher, der ohne Erlaubnis seiner Regierung in ausländische Dienste getreten ist und einer Aufforderung zum Austritt nicht Folge leistet, seiner Staatsangehörigkeit verlustig erklärt werden.

In diesen drei Fällen erstreckt sich der **Verlust der Staatsangehörigkeit** — anders als die Entlassung; s. § 23 Abs. 2 und oben Bem. 2, b — kraft Gesetzes und ohne daß es in den Fällen der §§ 27, 28 eines bezüglichen Ausspruches in der Verlusterklärung bedarf, auf Frau und Kinder unter folgenden Voraussetzungen:

α) Frau und Kinder müssen sich mit dem Ehemann beziehungsweise Vater in häuslicher Gemeinschaft befinden. Daß sie sich gleichfalls im Auslande befinden, genügt allein nicht. Ob häusliche Gemeinschaft (Leben im nämlichen Haushalt) besteht, ist Tatfrage; vgl. auch Bem. 1 zu § 1353 in Bd. IV.

β) Die Kinder müssen unter der elterlichen Gewalt des Vaters stehen und der Vater muß kraft derselben ihr gesetzlicher Vertreter sein, darf also die Vertretungsmacht nicht verloren haben. Der Besitz der elterlichen Gewalt bemißt sich nach dem deutschen Rechte.

γ) Auf verheiratete und verheiratet gewesene Töchter erstreckt sich der Verlust nicht; vgl. die entsprechenden Bestimmungen in § 16 Abs. 2 und § 29 und oben Bem. II, 1, c.

Wegen Erstreckung des Verlustes der Staatsangehörigkeit nach rechtskräftiger Verurteilung wegen Verfehlung gegen das RG. gegen die Steuerflucht vom 26. Juli 1918 (RGBl. S. 951 ff.) auf Frau und Kinder s. § 23 Abs. 2 dieses Gesetzes, der dem § 29 des StAngG. im wesentlichen entspricht.

Wer nach § 26 Abs. 1 und 2 die Staatsangehörigkeit verloren hat, hat nach § 26 Abs. 3 Satz 2 einen Anspruch auf **Wiedereinbürgerung**, wenn er nachweist, daß ihm hinsichtlich der Nichterfüllung der Wehrpflicht ein Verschulden nicht zur Last fällt.

Die Wiedereinbürgerung erstreckt sich unter den nämlichen Voraussetzungen und im nämlichen Umfange wie der Verlust der Staatsangehörigkeit auf Frau und Kinder; es haben also insbesondere Frau und Kinder, die nicht in häuslicher Gemeinschaft mit dem Eingebürgerten stehen, keinen Anspruch auf Einbürgerung und die Einbürgerung erstreckt sich auf sie an sich nicht; da es aber nach § 16 Abs. 2 die Einbürgerung auf Frau und Kinder, deren gesetzlicher Vertreter der Eingebürgerte kraft elterlicher Gewalt ist, erstreckt, sofern nicht ein Vorbehalt in der Einbürgerungsurkunde gemacht ist, bedarf es in diesem Falle auch noch dieses Vorbehaltes, um ihre Miteinbürgerung auszuschließen.

III. Nach § 37 des StAngG. vom 22. Juli 1913 traten mit dem Inkrafttreten dieses Gesetzes, also mit dem 1. Januar 1914 (§ 41 daselbst), soweit in Reichs- oder in Landesgesetzen auf Vorschriften des Staatsangehörigkeitsgesetzes vom 1. Juni 1870 (und des Gesetzes betr. die Naturalisation von Ausländern, welche im Reichsdienst angestellt sind, vom 20. Dez. 1875) verwiesen ist, an deren Stelle die entsprechenden Vorschriften dieses Gesetzes.

Art. 42.*)

Das Gesetz, betreffend die Verbindlichkeit zum Schadenersatze für die bei dem Betriebe von Eisenbahnen, Bergwerken usw. herbeigeführten Tötungen

*) Schrifttum: Aron, E., Die durch Art. 42 EG.BGB. abgeänderten Vorschriften des Haftpflichtgesetzes in EisenbE. Bd. 14 S. 183 ff.; Rutz, Über die Abänderungen am

und Körperverletzungen, vom 7. Juni 1871 (Reichs-Gesetzbl. S. 207) wird dahin geändert:

I. An die Stelle des § 3 treten folgende Vorschriften:

§ 3.

Im Falle der Tötung ist der Schadenersatz (§§ 1 und 2) durch Ersatz der Kosten einer versuchten Heilung sowie des Vermögensnachteils zu leisten, den der Getötete dadurch erlitten hat, daß während der Krankheit seine Erwerbsfähigkeit aufgehoben oder gemindert oder eine Vermehrung seiner Bedürfnisse eingetreten war. Der Ersatzpflichtige hat außerdem die Kosten der Beerdigung demjenigen zu ersetzen, dem die Verpflichtung obliegt, diese Kosten zu tragen.

Stand der Getötete zur Zeit der Verletzung zu einem Dritten in einem Verhältnisse, vermöge dessen er diesem gegenüber kraft Gesetzes unterhaltspflichtig war oder unterhaltspflichtig werden konnte, und ist dem Dritten infolge der Tötung das Recht auf den Unterhalt entzogen, so hat der Ersatzpflichtige dem Dritten insoweit Schadenersatz zu leisten, als der Getötete während der mutmaßlichen Dauer seines Lebens zur Gewährung des Unterhalts verpflichtet gewesen sein würde. Die Ersatzpflicht tritt auch dann ein, wenn der Dritte zur Zeit der Verletzung erzeugt, aber noch nicht geboren war.

§ 3a.

Im Falle einer Körperverletzung ist der Schadenersatz (§§ 1 und 2) durch Ersatz der Kosten der Heilung sowie des Vermögensnachteils zu leisten, den der Verletzte dadurch erleidet, daß infolge der Verletzung zeitweise oder dauernd seine Erwerbsfähigkeit auf-

---

Reichshaftpflichtgesetz, SeuffBl. Bd. 64 S. 1 ff., 41 ff., 81 ff.; Schierlinger, Das Reichshaftpflichtgesetz und § 254 BGB., daselbst Bd. 70 S. 109 ff., sowie Bd. 75 S. 661 ff.; ferner die Kommentare von Eger, HaftpflG. vom 7. Juni 1871 i. d. F. des Art. 42 EG. und unter Berücksichtigung der Bestimmungen des BGB., 7. Aufl., 1913; Laß und Maier, Haftpflichtrecht, 2. Aufl., 1902; Coermann 1898; Reindl, München 1901 und die verschiedenen Abhandlungen in den EisenbE.; vgl. ferner die bei WarnJ. Bd. 3 angegebene Spezialliteratur zu den einzelnen Paragraphen des Haftpflichtgesetzes; Hilse, Maß der Schadloshaltung aus der Haftpflicht für verschuldete Betriebsunfälle, „Recht" 1901 S. 141, 142; Hammer, Die Haftung der Eisenbahnen bei Verletzung und Tötung von Personen nach dem RG. vom 7. Juni 1871, in HirthsAnn. 1906 S. 688 ff., 761 ff.; Reindl, Die Haftung der Eisenbahnen bei Verletzung von Reisenden durch Mitreisende, „Recht" 1906 S. 979; Wussow, Die Haftpflicht der Straßenbahnen, Berlin 1905; ders., in EisenbE. Bd. 24 S. 78 über das Verhältnis des § 254 BGB. zum Haftpflichtgesetz; Seligsohn, Die Haftung der Eisenbahnen für vorsätzliche Tötungen und Körperverletzungen nach dem deutschen Reichshaftpflichtgesetz, in ZHR. Bd. 71 S. 163, „Recht" 1912 S. 522; derselbe, Eisenbahnunternehmer und Tierhalter, in JW. 1912 S. 375; Reichel, Haftpflicht der Eisenbahn bei Verletzung durch Dritte, „Recht" 1912 S. 348; Lange, Das HaftpflG. erläutert durch die Rechtsprechung 1912; Beckhaus, Das Haftpflichtrecht nach dem heutigen Stande der Rechtsprechung, 1913; Fromherz, Haftpflichtrecht, München 1913; Seligsohn, Haftpflichtgesetz, Berlin und Leipzig 1920; Schmidt-Ernsthausen, Höhere Gewalt im Eisenbahnrecht, EisenbahnZ. Bd. 36 S. 109; Seligsohn, Der Begriff „höhere Gewalt" im RHaftpflichtG. und die Rechtsprechung des Reichsgerichts, EisenbZ. Bd. 3 S. 7, 107; Heucke, Haftpflichtgesetz, Berlin 1926.

gehoben oder gemindert oder eine Vermehrung seiner Bedürfnisse eingetreten ist.

II. Im § 5 werden die Worte: „der in den §§ 1 bis 3 enthaltenen Bestimmungen ersetzt durch die Worte:

„der in den §§ 1 bis 3a enthaltenen Bestimmungen".

III. An die Stelle der §§ 7, 8, 9 treten folgende Vorschriften:

§ 7.

Der Schadenersatz wegen Aufhebung oder Minderung der Erwerbsfähigkeit oder wegen Vermehrung der Bedürfnisse des Verletzten sowie der nach § 3 Abs. 2 einem Dritten zu gewährende Schadenersatz ist für die Zukunft durch Entrichtung einer Geldrente zu leisten.

Die Vorschriften des § 843 Abs. 2 bis 4 des Bürgerlichen Gesetzbuchs und des § 648 Nr. 6*) der Zivilprozeßordnung finden entsprechende Anwendung. Das Gleiche gilt für die dem Verletzten zu entrichtende Geldrente von der Vorschrift des § 749 Abs. 3**) und für die dem Dritten zu entrichtende Geldrente von der Vorschrift des § 749 Abs. 1 Nr. 2**) der Zivilprozeßordnung.

Ist bei der Verurteilung des Verpflichteten zur Entrichtung einer Geldrente nicht auf Sicherheitsleistung erkannt worden, so kann der Berechtigte gleichwohl Sicherheitsleistung verlangen, wenn die Vermögensverhältnisse des Verpflichteten sich erheblich verschlechtert haben; unter der gleichen Voraussetzung kann er eine Erhöhung der in dem Urteile bestimmten Sicherheit verlangen.

§ 8.

Die Forderungen auf Schadenersatz (§§ 1 bis 3a) verjähren in zwei Jahren von dem Unfall an. Gegen denjenigen, welchem der Getötete Unterhalt zu gewähren hatte (§ 3 Abs. 2), beginnt die Verjährung mit dem Tode. Im übrigen finden die Vorschriften des Bürgerlichen Gesetzbuchs über die Verjährung Anwendung.

§ 9.

Die gesetzlichen Vorschriften, nach welchen außer den in diesem Gesetze vorgesehenen Fällen der Unternehmer einer in den §§ 1, 2 bezeichneten Anlage oder eine andere Person, insbesondere wegen eines eigenen Verschuldens, für den bei dem Betriebe der Anlage durch Tötung oder Körperverletzung eines Menschen entstandenen Schaden haftet, bleiben unberührt.

E. I, 24; II, 16; III, 41.

I. Entstehung: Die Fassung des Art. 42 weicht zwar von jener des Art. 24 E. I ab; die in der II. Komm. vorgenommenen Änderungen sind jedoch fast nur redaktioneller Art (EM. 136 ff., P. VI, 590—595, 601, Reatz III, 25 ff.).

*) Jetzt: § 708 Nr. 6.
**) Jetzt: § 850.

II. Allgemeines zum Verhältnis des HaftpflichtG. zum BGB.

1. Die in Art. 42 enthaltenen Änderungen bezwecken, das Reichshaftpflichtgesetz mit dem BGB. in Einklang zu bringen, jedoch nur bezüglich der Vorschriften des BGB. in §§ 843, 844 über die Schadensersatzpflicht im Falle der Körperverletzung und Tötung eines Menschen. Hierbei ist darauf hinzuweisen, daß die §§ 843, 844 BGB. ihrerseits ohnedies den §§ 3 und 7 des HaftpflG. alter Fassung im wesentlichen nachgebildet wurden (vgl. P. VI, 590—595, 601).

2. Über die Fragen, ob und inwieweit sonst das BGB. auf das Reichshaftpflichtgesetz einen Einfluß ausübt, umgestaltend oder ergänzend zu wirken hat, ist aus Art. 42 selbst zufolge seines oben berührten beschränkten Gebietes nichts weiter zu entnehmen.

Es kommen daher auch hier zunächst allgemein die Art. 4 und 32 EG. für die Beantwortung solcher Fragen zur Anwendung, vgl. die Bem. hierzu; s. auch wegen des Vorbehalts zugunsten der Landesgesetzgebung hinsichtlich der Verantwortlichkeit der Unternehmer von Eisenbahnbetrieben und anderen mit gemeiner Gefahr verbundenen Betrieben für Sachschäden Art. 105 EG. mit Bem.

Im einzelnen sei hier auf folgende Punkte hingewiesen:

a) **Rechtscharakter der Ansprüche aus dem Reichshaftpflichtgesetz:** Die Haftpflicht des Betriebsunternehmers ist an sich eine Legalobligation. Voraussetzung der Haftung ist lediglich die Tatsache der Tötung oder Verletzung einer Person beim Betrieb. Die Haftpflicht tritt ohne Rücksicht auf ein Verschulden des Unternehmers oder seiner Erfüllungsgehilfen oder zu einzelnen Verrichtungen bestellten Personen ein; der Betriebsunternehmer haftet selbst für Zufall, soferne sich dieser nicht als höhere Gewalt darstellt. Das BGB. hat nun eine Reihe von außerkontraktlichen Schadensersatzansprüchen, die nicht einem schuldhaften Verhalten des Ersatzpflichtigen entspringen (vgl. §§ 829, 833, 835) in dem Titel „Unerlaubte Handlungen" geregelt und damit (nicht bloß äußerlich, sondern auch begrifflich, vgl. RG. in JW. 1905 S. 317, 318) einen von dem bisherigen Sprachgebrauch abweichenden weiteren Begriff der unerlaubten Handlung aufgestellt. Da nun nach Art. 32 EG. auch das Haftpflichtgesetz mit dem BGB. ein einheitliches Gesetz darstellt (s. Bem. IV, 2, d zu Art. 32), ist auch der Haftpflichtanspruch als ein Anspruch aus einer unerlaubten Handlung im Sinne des BGB. anzusehen (s. die eingehende Begründung in RGZ. Bd. 53 S. 114ff., insbesondere S. 120ff.; ebenso Seligsohn Anm. 131 zu § 1; and. Ans. Eger Anm. 1; s. darüber, daß die Verantwortlichkeit des Betriebsunternehmers im Gegensatz zur reinen Gefährdungshaftung des Tierhalters als in der Mitte zwischen den auf vermutetem Verschulden und den auf reiner Gefährdung beruhenden Schadenshaftungen liegend anzusehen ist, RGZ. Bd. 61 S. 56 und abweichend für Gefährdungshaftung Seligsohn a. a. O.).

In sachlich-rechtlicher Hinsicht ergibt sich hieraus, daß die im Titel über „unerlaubte Handlungen" enthaltenen Bestimmungen auch auf die Haftpflicht anzuwenden sind (so namentlich die Vorschriften der §§ 828, 830, 840, 846 BGB.), soweit nicht das HaftpflichtG., so namentlich in §§ 3 und 3a über Art und Umfang des zu ersetzenden Schadens und die Person des Ersatzberechtigten und in § 8 über die Verjährung, besondere abweichende Bestimmungen getroffen hat; s. auch unten unter c.

Als prozessuale Folge ergibt sich: Für Klagen aus dem HaftpflichtG. ist nach § 32 ZPO. auch das Gericht zuständig, in dessen Bezirk sich der Betriebsunfall ereignet hat; dies gilt nicht bloß für Klagen aus § 2, wo die Haftung des Unternehmers aus einem Verschulden seines Vertreters abgeleitet wird, sondern auch für solche aus § 1 (so auch RGZ. Bd. 60 S. 300 unter Aufgabe der in RGZ. Bd. 50 S. 408 vertretenen entgegengesetzten Meinung, Stein-Jonas, Komm. z. ZPO. Bem. II zu § 32 — jetzt gemeine Meinung).

b) In Übereinstimmung mit RGZ. Bd. 53 S. 78 (vgl. auch Bem. IV, 2, d zu Art. 32) ist anzunehmen, daß die **allgemeinen Vorschriften des BGB.**, und zwar sowohl die im I. Buche als die im I. Abschnitte des II. Buches enthaltenen, auch **auf das Haftpflichtgesetz zur Anwendung kommen** müssen, soweit nicht der besondere Zweck oder der gesetzgeberische Gedanke dieses Gesetzes entgegensteht; denn das Recht des BGB. soll nunmehr mit den durch Art. 32 EG. aufrecht erhaltenen Reichsgesetzen ein einheitliches Gesetzeswerk darstellen (zustimmend Seligsohn Anm. 195 zu § 1 HaftpflG.; s. ebenda über die abweichenden Meinungen).

Daraus ergibt sich:

α) Sowohl **§ 254** Abs. 1 (über mitwirkendes Verschulden) als auch **§ 276 BGB.** (Begriff des Verschuldens überhaupt) sind auf das Haftpflichtgesetz anwendbar (ebenso hinsichtlich § 254 Planck Bem. 1, RGRK. Bem. 4, Oertmann Bem. 3, Neumann Bem. 1, c und 7 zu § 254, Enneccerus § 468, I, 4 und II, 4, Seligsohn Anm. 195 zu § 1 HaftpflG., Frommherz a. a. O. S. 79, Schierlinger SeuffBl. Bd. 70 S. 109 ff., Bd. 73 S. 261 ff., Bd. 75 S. 661 ff., Weber, EisenbE. Bd. 19 S. 78 ff., Weinrich ebenda Bd. 19 S. 369, Droncke ebenda Bd. 21 S. 413, Bd. 25 S. 35 Anm. 1, Hammer HirthAnn. 1906 S. 850 und das Reichsgericht in ständiger Rechtsprechung, s. insbesondere RGZ. Bd. 53 S. 75 ff., 394 ff., Bd. 56 S. 154 ff., Bd. 62 S. 146, 346 ff., Bd. 63 S. 332 [hinsichtlich § 2 HaftpflG.], JW. 1908 S. 552, 1909 S. 46, S. 469 Nr. 41, 1911 S. 753 Nr. 8, 1912 S. 71 Nr. 8, 1913 S. 144 Nr. 24; and. Ans. Eger Bem. 12, II, Reindl Bem. 11 zu § 1, Aron, EisenbE. Bd. 14 S. 190, v. Rutz SeuffBl. Bd. 64 S. 91, Cohn GruchotsBeitr. Bd. 43 S. 100, Laß-Maier S. 99, OLG. Hamburg „Recht" 1903 S. 504; s. auch Wussow, EisenbE. Bd. 24 S. 78). Abzuwägen sind bei der Anwendung des § 254 gegeneinander die Ursächlichkeit der allgemeinen Gefährlichkeit des Eisenbahnbetriebs (Bergwerks-, Fabrikbetriebs) einerseits und das eigene Verschulden des Verletzten anderseits.

Daß im älteren Schrifttum dem § 254 BGB. die Anwendbarkeit auf die Haftpflichtfälle des Haftpflichtgesetzes versagt wurde, erklärt sich durch die Verhandlungen der II. Kommission. Ein Antrag, dem nunmehrigen § 3 Abs. 2 als letzten Satz die Bestimmung anzufügen: „Die Vorschrift des § 249 (nun 254) BGB. findet Anwendung" wurde abgelehnt (P. a. a. O.). Die Mehrheit, welche sich für die Ablehnung entschied, ging hierbei von folgenden Erwägungen aus: „Die Rechtsprechung habe für das Haftpflichtgesetz den Satz herausgebildet, daß bei der Anwendung des Gesetzes hinsichtlich des Einflusses eines mitwirkenden Verschuldens des Verletzten nicht auf die allgemeinen Grundsätze des bürgerlichen Rechts zurückgehen, vielmehr selbständig zu prüfen sei, ob durch das in Frage kommende Verschulden des Geschädigten der ursächliche Zusammenhang zwischen dem Unfall und der Verletzung gestört werde. Es solle nach § 2 des HaftpflG. nicht auf ein Verschulden ankommen, welches dem Arbeiter in einem gewerblichen Betriebe deshalb begegne, weil er durch das tägliche Umgehen mit der Gefahr gegen diese abgestumpft sei ... Bei diesen sachlich angemessenen Sätzen werde man verbleiben müssen." Allein § 254 enthält nur eine Fortentwicklung des von der Rechtsprechung bei der Anwendung des Haftpflichtgesetzes entwickelten Rechtsatzes, daß bei beiderseitigem Verschulden eine Abwägung desselben einzutreten habe und das schwerer wiegende Verschulden als die ausschlaggebende Ursache des Unfalles zu erachten sei. Der Rechtssatz des § 254, daß bei mitwirkendem Verschulden des Beschädigten die Ersatzpflicht nach Verhältnis der Verursachung des Schadens durch den einen oder anderen Teil der Richter die Ersatzpflicht ermäßigen kann, steht mit dem Zweck des Haftpflichtgesetzes nicht in Widerspruch, sondern ergänzt es vielmehr in förderlicher Weise (RGZ. Bd. 53 S. 78; vgl. auch wegen der Bedeutung der Anwendung des § 254 Schierlinger in SeuffBl. Bd. 70 S. 109 ff.).

Bezüglich des Umfangs des Schadens aber kommt § 254 BGB. nicht zur Anwendung, vgl. RG. in JW. 1904 S. 88 und 1905 S. 14 und unten unter c.

β) Über die Frage eines Verschuldens von Kindern unter und über 7 Jahren und von Unzurechnungsfähigen im Rahmen des § 254 und des HaftpflG. vgl. Bem. 2, c zu § 254, Seligsohn Anm. 173—175 zu § 1, RG. in GruchotsBeitr. Bd. 47 S. 920, RG. in SächsArch. Bd. 14 S. 81 und die bei WarnJ. Bd. 3 S. 190 und 191 weiter zit. Urt., ferner Tilsch in EisenbE. Bd. 17 S. 168 ff. und Reindl S. 71, 78, RG. in JW. 1904 S. 183, BayObLGZ. Bd. 3 S. 303.

Bei Verletzung von Kindern kann häufig von dem Eintritt einer Erwerbsfähigkeit überhaupt nicht gesprochen werden, vgl. Eger a. a. O. S. 323, 324, Reindl S. 135, 155, Seligsohn Anm. 25 zu § 3 a; s. aber auch RG. im „Recht" 1905 S. 46 Nr. 192.

γ) Aus dem gleichen Grunde, wie § 254, ist aber auch der allgemeine Rechtssatz des § 840 BGB. über die Haftung Mehrerer, die durch eine gemeinschaftlich begangene Handlung einen Schaden verursacht haben, auf die Fälle des § 1 des HaftpflG. anzuwenden, vgl. RG. in JW. 1905 S. 318.

c) Da das Haftpflichtgesetz ein Sondergesetz ist, müssen bezüglich der Art und des Umfangs des Schadens seine Vorschriften ausschließlich zur Anwendung gelangen (s. oben unter a). Die §§ 842, 845, 847 BGB. finden daher im Bereiche des Haftpflichtgesetzes regelmäßig keine Anwendung. Schmerzensgeld, Entschädigung für körperliche Entstellung usw. kann also nach dem Haftpflichtgesetz nicht begehrt werden. Solche Ansprüche können nur dann Berücksichtigung finden, wenn die allgemeinen Voraussetzungen der §§ 823 ff. oder der besonderen Landesgesetze (Art. 105 EG.) vorliegen. Vgl. hierzu Eger Bem. 31 zu § 3, Seligsohn Anm. 2 zu § 3, Anm. 7 ff. zu § 9, RG. in JW. 1904 S. 174 Nr. 16.

d) Über das Verhältnis des § 833 (Tierhalter) zum Haftpflichtgesetz vgl. das interessante Urteil des RG. in RGZ. Bd. 58 S. 335 ff.; s. auch RGZ. Bd. 53 S. 114 ff., Fromherz S. 54, Mattes im „Recht" 1907 S. 43. Das Reichsgericht nimmt in ständiger Rechtsprechung an, daß im Verhältnis zwischen Eisenbahnunternehmer und Tierhalter der erstere allein haftet; and. Ans. Seligsohn Anm. 142 zu § 1.

3. Die Bestimmungen des HaftpflichtG. beziehen sich nur auf Tötung und Verletzung von Menschen. Ein Schadensersatzanspruch für **Beschädigung von Sachen** im Betrieb einer Eisenbahn kann aber auf Grund landesgesetzlicher Sondervorschriften bestehen (Art. 105, 106 EG.; vgl. die Bem. zu diesen Art.).

4. Über die Frage, in welchem Verhältnisse die Haftpflicht des Betriebsunternehmers zu anderen Schadensersatzverpflichteten steht, vgl. unten Bem. III, C, d, β.

5. Eine Ergänzung und Ausdehnung der Haftung des Unternehmers gemeingefährlicher Betriebe ist allgemein möglich für das Landesrecht im Rahmen des Art. 105 EG. (vgl. z. B. oben Bem. 3); desgleichen bei Anlagen und Betrieben auf Grundstücken im öffentlichen Gebrauche nach Maßgabe des Art. 106 EG. Vgl. die Bem. zu diesem Artikel im einzelnen, sowie auch unten Bem. III, C, d.

6. Über das Verhältnis der früheren Unfallversicherungsgesetzgebung zu den Ansprüchen aus dem Haftpflichtgesetze vgl. im einzelnen Reinhard „Recht" 1905 S. 1 ff. und 29 ff.; s. jetzt § 1542 RVO.

III. Die Änderungen durch Art. 42 im einzelnen:

A. Zu Nr. I:

a) Der neue § 3 entspricht der Nr. 1 des bisherigen § 3; doch sind im ersten Satze des neuen § 3 die Kosten der Beerdigung weggelassen und ist hinsichtlich dieser durch Satz 2 des neuen § 3 eine mit Abs. 1 des § 844 des BGB. übereinstimmende Vorschrift getroffen. Bezüglich des Umfangs dieser Kosten vgl. im einzelnen die Bem. zu § 1968 in Bd. V dieses Komm. Bezüglich der Verbindlichkeit zur Tragung der Kosten der Bestattung vgl. abgesehen von § 1968 auch §§ 528, 1580, 1615 und 1713 BGB. Die Personen, denen die Verpflichtung zur Kostentragung obliegt, haben jetzt einen unmittelbaren Klageanspruch gegen den Verpflichteten, vgl. Aron a. a. O. S. 184.

An Stelle des zweiten Satzes des Nr. 1 des bisherigen § 3 bringt der zweite Absatz des neuen § 3 Vorschriften, welche wörtlich mit Abs. 2 des § 844 BGB. übereinstimmen mit dem Abmaße, daß die Bestimmungen, es sei der Schadensersatz durch Entrichtung einer Geldrente zu leisten und es fänden die Vorschriften des § 843 Abs. 2—4 BGB. entsprechende Anwendung, hier weggelassen, dagegen in die Absätze 1 und 2 des neuen § 7 übernommen sind.

b) Die Bemerkungen der Motive treffen, da der Gesetzestext nur redaktionell vom Texte des I. Entwurfes abweicht, auch auf den neuen § 3 zu. Es seien in Anlehnung an diese noch folgende Erläuterungen zu Abs. 2 herausgehoben:

α) Der Kreis der unterhaltsberechtigten Personen bemißt sich (entgegen z. B. ROHG. Bd. 24 S. 115 und RGZ. Bd. 1 S. 49) nach dem Zeitpunkte der Beibringung der tödlichen Verletzung; im Satz 2 des Abs. 2 ist jedoch zugunsten der zwar nicht Geborenen, aber bereits Erzeugten im Einklange mit der bisherigen Rechtsprechung (vgl. z. B. ROHG. Bd. 23 S. 197) eine Ausnahme gemacht. Vgl. auch Bem. II zu § 1 in Bd. I dieses Komm., sowie § 844 und Bem. III, 2, a hierzu in Bd. II, 2.

Die Frage, wer ein gesetzliches Recht auf Unterhalt hat, bemißt sich nach den Vorschriften des BGB., vgl. §§ 1345—1347, 1351, 1360, 1361, 1578—1583, 1601 ff., 1700, 1703, 1719, 1757, 1762, 1765 f., 1969, 2141. Hervorzuheben ist insbesondere, daß auch die unehelichen Kinder diesen Anspruch haben, vgl. §§ 1708, 1715, 1712 BGB., ferner Seligsohn Anm. 30 zu § 3, Aron a. a. O. S. 185.

β) Die Fassung des § 3 stellt klar, daß es sich um einen Schadensersatzanspruch handelt (Mot. II, 779 ff.), also nicht etwa um einen Unterhaltsanspruch, vgl. im übrigen oben Bem. I, 2, sowie die Bem. zu § 844.

γ) Der Schadensersatzanspruch steht auch denjenigen zu, welche zwar zu der entscheidenden Zeit zu den im Gesetz als unterhaltsberechtigt anerkannten Personen gehörten, damals aber einen Anspruch auf Verabreichung des Unterhalts nicht erheben konnten, weil ein durch das Gesetz vorgeschriebenes Erfordernis noch nicht erfüllt war, sofern nachträglich dieses Erfordernis eintritt. Dies trifft z. B. hinsichtlich jener Unterhaltsberechtigten zu, welche im maßgebenden Zeitpunkte nicht hilfsbedürftig sind, es aber später werden (RGZ. Bd. 4 S. 104, Bd. 33 S. 281, Seligsohn Anm. 24 zu § 3).

δ) Der Ersatzanspruch wird nicht dadurch ausgeschlossen, daß ein anderer an Stelle des Getöteten den Unterhalt zu gewähren hat oder daß bei Begehung der unerlaubten Handlung deren Folgen für das Recht auf den Unterhalt nicht vorauszusehen waren (M. II, 778, 782; ROHG. Bd. 14 S. 406, Bd. 18 S. 3, Bd. 23 S. 299, 330).

c) § 845 findet auf § 3 keine Anwendung (vgl. oben Bem. I, 2, c und RGZ. Bd. 57 S. 52 = DJZ. 1904 S. 457 und „Recht" 1924 Nr. 289).

d) Der Unterhaltsberechtigte ist zur Klage auf künftige Leistung von Schadensersatz wegen Tötung des Unterhaltspflichtigen bereits berechtigt, bevor der Getötete noch die Fähigkeit zur Unterhaltsgewährung erlangt hatte (Bay. ObLG. in SeuffA. Bd. 57 Nr. 218).

e) Die durch § 3 begründete Ersatzpflicht wird nicht dadurch aufgehoben, daß neben dem Getöteten andere Personen durch Gesetz oder Vertrag (z. B. Versicherung) zur Gewährung des Unterhalts verpflichtet sind, vgl. RGZ. Bd. 47 S. 211 und GruchotsBeitr. Bd. 45 S. 1066, ferner eingehend Oertmann, Die Vorteilsausgleichung beim Schadensersatzanspruch, Berlin 1901 § 14 S. 111 ff., Laß und Maier S. 87 ff. und die Bem. zu § 843 und § 844 in Bd. II Teil 2 dieses Komm. Vgl. aber auch § 4 HaftpflG. selbst.

f) Besonders bezüglich der Ansprüche von Witwen vgl. RG. in EisenbE. Bd. 18 S. 23 (die Möglichkeit der Wiederverheiratung kann nicht in Anschlag kommen) und RG. in JW. 1903 S. 68 (eine Witwe, die ihren Ehemann erst nach der Verletzung heiratete, hat keinen Anspruch auf Unterhalt, den sie bei Lebzeiten des Mannes nicht gehabt hat). Vgl. hierzu auch Aron a. a. O. S. 186, sowie Bem. zu § 844.

g) Bezüglich der Entschädigung eines Ehemanns für den Erwerbsverlust aus der Tätigkeit der Ehefrau vgl. RGZ. Bd. 47 S. 92.

h) Aus dem Schrifttum vgl. zu § 3 Weber, Das Recht Dritter im Haftpflichtgesetz, in EisenbE. Bd. 18 S. 272 ff. und Reindl a. a. O. zu § 3.

i) Der neue § 3a entspricht der Nr. 2 des bisherigen § 3 mit dem Abmaße, daß in Übereinstimmung mit § 843 Abs. 1 BGB. der Ersatzanspruch ausdrücklich auch auf den Vermögensnachteil ausgedehnt wurde, den der Verletzte dadurch erleidet, daß infolge der Verletzung eine Vermehrung seiner Bedürfnisse eingetreten ist. (Vgl. RGZ. Bd. 3 S. 2.)

Gegenüber einer in der II. Komm. gegebenen Anregung, die Haftpflicht auch auf einen solchen Schaden auszudehnen, den der Verletzte durch eine Störung in der Vorbereitung auf seinen Beruf erleide, wurde erwidert, eine solche Vorschrift erscheine entbehrlich, da der § 260 (nun 287) ZPO. genügende Aushilfe biete (P. a. a. O.). Vgl. hiezu übrigens auch RGZ. Bd. 53 S. 48 ff.

B. Zu Nr. II: Diese Bestimmung bringt für den § 5 HaftpflG. nur eine redaktionelle, durch die Fassung der Ziff. I dieses Art. 42 veranlaßte Änderung.

C. Zu Nr. III:

a) Durch § 7 HaftpflG. war schon bisher hinsichtlich der Art der Ersatzleistung für den zukünftigen Unterhalt und Erwerb als Regel die Entrichtung einer

Rente vorgesehen und das Recht auf Berichtigung des zur Entrichtung der Rente verurteilenden Erkenntnisses wegen Änderung der maßgebend gewesenen Verhältnisse sowie das Recht des Berechtigten auf Sicherheitsleistung geregelt.

Die neue Fassung des § 7 zeigt zwar sowohl von der bisherigen als auch von jener des E. I erhebliche Abweichungen; in letzterer Richtung handelt es sich aber fast nur um redaktionelle Änderungen (P. a. a. O.), in ersterer um eine Verdeutlichung oder Ergänzung oder um einen weiteren Ausbau des HaftpflichtG. meist im Sinne der demselben durch die Rechtsprechung zuteil gewordenen Auffassung (M. II, 784 ff., EM. 137); vgl. hierzu auch Aron a. a. O. S. 187.

b) Im einzelnen ist folgendes hervorzuheben:

α) Abs. 1 des neuen § 7 entspricht den Vorschriften des § 843 Abs. 1 und § 844 Abs. 2 BGB., auf welche Bezug genommen wird.

β) Der Abs. 2 des § 7 in seiner jetzigen Fassung bezeichnet die Vorschriften des BGB. und der ZPO., die auf die Rentenleistung nach dem HaftpflG. entsprechend anwendbar sind.

Anwendbar ist außerdem § 323 ZPO., der wegen nachträglicher Änderung der maßgebenden Verhältnisse die Klage auf entsprechende Abänderung des über die Rentenleistung ergangenen Urteils und der Schuldtitel des § 794 Nr. 1 und 5 ZPO. gewährt. Die allgemeine Vorschrift des § 323 ZPO. ist an die Stelle des § 7 Abs. 2 HaftpflG. der ursprünglichen Fassung getreten, der dem Verpflichteten unter Umständen den Anspruch auf Aufhebung oder Minderung der Rente gewährt hatte; vgl. Seligsohn, Anhang zu § 7 S. 293 ff.

γ) Der Abs. 3 entspricht fast wörtlich dem § 324 ZPO., der den Anspruch auf Sicherheitsleistung für die Fälle der Rentenleistung nach den §§ 843 bis 845 BGB. vorsieht.

δ) Wegen des neu eingefügten § 7a s. Art. I des RGes. vom 8. Juli 1923 zur Änderung des Reichshaftpflichtgesetzes (RGBl. 1923 I S. 615) und hiezu die VO. vom 6. Aug., 19. Sept. und 24. Okt. 1923 (RGBl. 1923 I S. 762, 893, 993), ferner § 2 der zweiten VO. zur Durchführung des MünzG. vom 12. Dez. 1924 (RGBl. 1924 I S. 775). Hienach haftet der Unternehmer im Falle des § 7 Abs. 1 nur bis zu einer Jahresrente von zehntausend Reichsmark. Bei wesentlicher Änderung der wirtschaftlichen Verhältnisse kann die Reichsregierung mit Zustimmung des Reichsrats den Höchstbetrag anderweitig festsetzen.

c) Von dem neuen § 8, der die Verjährung von Schadensersatzansprüchen aus dem HaftpflichtG. regelt, entsprechen Satz 1 und 2 dem Satz 1 und 2 des bisherigen § 8; Satz 3 lautete bisher:

„Die Verjährung läuft auch gegen Minderjährige und diesen gleichgestellten Personen von denselben Zeitpunkten an, mit Ausschluß der Wiedereinsetzung."

Durch den neuen Satz 3 werden an die Stelle der letzteren Vorschrift die §§ 202 ff. BGB. gesetzt, vgl. hierzu Seligsohn Anm. 11 ff. zu § 8.

Über nachträgliche Anfechtung eines wegen Verjährung abgeschlossenen Vergleichs vgl. EisenbE. Bd. 20 S. 332. S. auch RGZ. Bd. 108 S. 38 ff. über Geldentwertung und Verjährung.

d) Der neue § 9 HaftpflG. unterscheidet sich vom bisherigen § 9 dadurch, daß in Abs. 1 die Worte des letzteren: „die Bestimmungen der Landesgesetze" durch die Worte: „die gesetzlichen Vorschriften" ersetzt wurden, sowie durch die Streichung des bisherigen Abs. 2, welcher lautete:

„Die Vorschriften der §§ 3, 4, 6 bis 8 finden auch in diesen Fällen Anwendung, jedoch unbeschadet derjenigen Bestimmungen der Landesgesetze, welche dem Beschädigten einen höheren Ersatzanspruch gewähren."

α) Diese Änderungen haben darin ihren Grund, daß die einschlägigen Vorschriften der Landesgesetze mit dem Inkrafttreten des BGB. hinfällig wurden, und daß als gesetzliche Vorschriften im Sinne des § 9 künftig nur noch Reichsgesetze, darunter die Unfallversicherungsgesetze (nun die RVO.) und namentlich das BGB. in Betracht kamen (EM. 137), soweit eine Haftpflicht wegen Beschädigung von Personen beim Betrieb einer Eisenbahn in Frage steht. Der Art. 105

EG., der einen Vorbehalt zugunsten der Landesgesetzgebung enthält, bezieht sich auf eine Beschädigung von Sachen; s. auch Bem. 2, c zu Art. 105.

β) Über das Verhältnis der Haftung des Betriebsunternehmers zu anderen Schadensersatzverpflichteten (z. B. dem Tierhalter) s. die Bem. zu § 840 und zu § 833, sowie zu § 426, Seligsohn Anm. 138—142 zu § 1, RGZ. Bd. 53 S. 114, Bd. 58 S. 335, Bd. 61 S. 56, JW. 1905 S. 318, 734, 1911 S. 220, 1915 S. 324, insbes. auch RG. vom 20. März 1905 in JW. 1905 S. 318 Nr. 3; s. auch oben Bem. II, 2, d. Das HaftpflG. selbst enthält hierüber keine Sonderbestimmungen.

Für den Fall, daß der Schaden durch eine Eisenbahn und ein Kraftfahrzeug verursacht ist, enthalten die §§ 17, 18 KraftfahrzG. besondere Bestimmungen.

Hinsichtlich der Frage, ob der Verletzte, der auch von einer anderen Person Schadensersatz verlangen kann, verpflichtet ist, dem gleichfalls schadensersatzpflichtigen Betriebsunternehmer seinen Anspruch gegen jene andere Person abzutreten, vgl. OLG. Celle „Recht" 1901 S. 24.

IV. Eine erweiterte Haftung, die vielfach übereinstimmend mit der des Betriebsunternehmers nach dem HaftpflG. geregelt ist, entsteht aus dem Betrieb eines Kraftfahrzeugs und eines Luftfahrzeugs nach den §§ 7 ff. des **RG. über den Verkehr mit Kraftfahrzeugen***) vom 3. Mai 1909 (RGBl. 1909 S. 437), abgeändert durch G. vom 23. Dez. 1922 (RGBl. 1923 I S. 1), G. vom 21. Juli 1923 (RGBl. 1923 I S. 743), VO. vom 3. Okt. 1923 (RGBl. 1923 I S. 932), VO. vom 5. Febr. 1924 (RGBl. 1924 I S. 43) und VO. vom 6. Febr. 1924 (RGBl. 1924 I S. 42) und den §§ 19 ff. des **LuftverkehrG.****) vom 1. Aug. 1922 (RGBl. 1922 I S. 681, 722, 758), abgeändert durch VO. vom 5. und vom 6. Febr. 1924 (RGBl. 1924 I S. 43 und 42).

Art. 43.

Der § 6 Abs. 2 des Gesetzes, betreffend die Rechtsverhältnisse der Reichsbeamten vom 31. März 1873 (Reichs-Gesetzbl. S. 61) wird aufgehoben.

E. I, 25; II, 17; III, 24.

1. Der § 6 Abs. 2 des G. vom 31. März 1873 bestimmte für den Fall einer zulässigen Übertragung oder Verpfändung des einem Reichsbeamten zustehenden Anspruchs auf die Zahlung von Diensteinkünften, Wartegeldern oder Pensionen, daß die Benachrichtigung an die auszahlende Kasse durch eine der Kasse auszuhändigende öffentliche Urkunde geschehe.

Der § 411 BGB. spricht dasselbe allgemein für alle Beamten aus.

Im E. I war vorgeschlagen, den fraglichen § 6 Abs. 2 dahin zu fassen: „die Vorschrift des § 311 (nun § 411) BGB. findet Anwendung" (vgl. EM. 138).

Die II. Komm. (P. VI, 596) faßte dagegen den zum Gesetze gewordenen Beschluß, diesen § 6 Abs. 2 zu streichen, weil er durch die allgemeine Vorschrift des § 411 BGB. vollständig gedeckt werde.

2. Eine neue Fassung erhielt das Reichsbeamtengesetz auf Grund der Bek. vom 18. Mai 1907: s. RGBl. 1907 S. 245 ff.; es wurde weiter geändert durch G. vom 30. April 1920 (RGBl. S. 805), G. vom 23. März 1921 (RGBl. S. 329), G. vom 19. Juli 1921 (RGBl. S. 938), G. vom 21. Nov. 1921 (RGBl. S. 1365), G. vom 4. und 21. Juli und 25. Okt. 1922 (RGBl. I S. 565, 585, 802), G. vom 26. Mai 1922 über Autonomie der Reichsbank (RGBl. II S. 135), G. vom 16. Mai, 18. Juni und 17. Juli 1923 (RGBl. I S. 295, 385, 683), PersonalabbauVO. vom 27. Okt. 1923 (RGBl. I S. 999), G. vom 4. Aug. 1925 über Einstellung des Personalabbaus und Änderung der PersonalabbauVO. (RGBl. I S. 181).

---

*) S. die Handausgaben und Kommentare zu dem Gesetz von Grau, Berlin 1926, Heucke, Berlin 1926, Müller, Berlin 1926, Seuffert-Dittmann, München 1926, Steinberg, Neuwied 1926, ferner Pflug-Babst, Kraftfahrzeugverkehr, Berlin 1925, Weitz-Grau, Das neue Automobilrecht, Berlin 1925; Eger, EisenbahnE. Bd. 40 S. 69, 168, Änderungen der Kraftfahrzeugpflicht im Jahre 1923.

**) Bredow-Müller, LuftverkehrG., Berlin 1922.

Art. 44.*)

Die Vorschriften des § 44 des Reichs-Militärgesetzes vom 2. Mai 1874 (Reichs-Gesetzbl. S. 45) finden entsprechende Anwendung auf Personen, die zur Besatzung eines in Dienst gestellten Schiffes der Kaiserlichen Marine gehören, solange das Schiff sich außerhalb eines inländischen Hafens befindet oder die Personen als Kriegsgefangene oder Geiseln in der Gewalt des Feindes sind, ingleichen auf andere an Bord eines solchen Schiffes genommene Personen, solange das Schiff sich außerhalb eines inländischen Hafens befindet und die Personen an Bord sind. Die Frist, mit deren Ablaufe die letztwillige Verfügung ihre Gültigkeit verliert, beginnt mit dem Zeitpunkt, in welchem das Schiff in einen inländischen Hafen zurückkehrt oder der Verfügende aufhört, zu dem Schiffe zu gehören, oder als Kriegsgefangener oder Geisel aus der Gewalt des Feindes entlassen wird. Den Schiffen stehen die sonstigen Fahrzeuge der Kaiserlichen Marine gleich.

E. I. 26; II. 18; III. 43.

I. Bisheriges Recht.

1. Art. 44 unterschied sich von Art. 26 des E. I nur durch unwesentliche redaktionelle Änderungen. (EM. 138, P. VI, 596, Reatz III, 28.)

2. Art. 44 dehnte die Vorschriften des § 44 RMilG. über das privilegierte **Militärtestament** mobiler Truppen unter gewissen Voraussetzungen auf die Marine aus (**Marinetestament**). Nach § 2 BRVO. vom 14. Jan. 1915 (RGBl. S. 18) galt Art. 44 für die Kaiserliche Marine allgemein.

A. Nach § 44 Abs. 1 Nr. 2 RMilG. war ein privilegiertes Militärtestament in gültiger Form errichtet,

a) wenn es vom Erblasser eigenhändig geschrieben und unterschrieben war; Angabe von Ort und Tag der Errichtung war nicht (wie nach § 2231 Nr. 2 BGB. beim eigenhändigen Testament) erforderlich; als Ortsangabe genügte „Geschrieben im Felde"; vgl. Meikel JW. 1916 S. 373, Franke „Recht" 1916 S. 159, Thiesing DJZ. 1916 S. 429 gegen Rentner DJZ. 1916 S. 329; über Briefform vgl. OLG. Dresden „Recht" 1916 Nr. 679, RG. im „Recht" 1915 Nr. 2057, über Unterschrift RJA. Bd. 15 S. 117; wegen Minderjähriger s. RG. in JW. 1916 S. 607;

b) wenn es (zwar von einer anderen Person geschrieben, aber) vom Erblasser eigenhändig unterschrieben und entweder von zwei Zeugen oder von einem Auditeur (an die Stelle der Auditeure waren nach § 20 EG. zur MStGO. vom 1. Dez. 1898 die Kriegs- oder Oberkriegsgerichtsräte getreten) oder von einem Offizier mitunterzeichnet war;

c) wenn entweder von einem Auditeur (Kriegs- oder Oberkriegsgerichtsrat) oder von einem Offizier entweder unter Zuziehung von zwei Zeugen oder noch eines Auditeurs (Kriegs- oder Oberkriegsgerichtsrats) oder noch eines Offiziers über die mündliche Erklärung des Erblassers eine schriftliche Verhandlung aufgenommen, diese dem Erblasser vorgelesen und von dem Auditeur (Kriegs- oder Oberkriegsgerichtsrat) oder Offizier und den Zeugen, bzw. von den Auditeuren oder Offizieren unterschrieben war (öffentliches privilegiertes Militärtestament).

d) In den Fällen von b und c war bei verwundeten oder kranken Militärpersonen die Form auch dann gewahrt, wenn die dort erwähnten Auditeure oder Offiziere durch Militärärzte oder höhere Lazarettbeamte oder Militärgeistliche vertreten wurden.

*) Schrifttum über privilegierte Militärtestamente: Levin, DJZ. 1914 S. 1064; Schlegelberger, GruchotsBeitr. Bd. 59 S. 240 ff.; Weyl, DJZ. 1915 S. 298, ZBlFG. Bd. 15 S. 493, GruchotsBeitr. Bd. 59 S. 422 (dagegen Unger, „Recht" 1915 S. 211 und Josef, ebenda S. 123); Kretzschmar, SächsRpflArch. 1915 S. 229 (zum Teil gegen Schlegelberger); Delius, „Recht" 1916 S. 368; Frese, ZBlFG. Bd. 17 S. 505; Leonhard, JW. 1919 S. 479.

Wegen der zugunsten der Aufrechterhaltung der Militär- und Marinetestamente aufgestellten Vermutungen s. unten Bem. II, 5.

Über die Einwirkung der BRVO. vom 10. März 1917 (RGBl. S. 219) auf das Formerfordernis des privaten Militärtestaments vgl. Leonhard JW. 1917 S. 760 (rückwirkende Kraft), Josef GruchotsBeitr. Bd. 62 S. 341; vgl. auch Josef „Recht" 1917 S. 377 wegen der Tätigkeit des Nachlaßgerichts.

B. Nach Art. 44 EG. konnten privilegierte letztwillige Verfügungen der unter A bezeichneten Art errichtet werden:

a) von Personen, die zur Besatzung eines in Dienst gestellten Schiffes oder sonstigen Fahrzeuges der Kaiserlichen Marine gehörten, solange entweder

α) das Schiff sich außerhalb eines inländischen Hafens befand oder

β) die zur Besatzung gehörenden Personen als Kriegsgefangene oder Geiseln in der Gewalt des Feindes waren;

b) von anderen (als den zur Besatzung gehörenden, aber) an Bord eines solchen Schiffes oder Fahrzeugs genommenen Personen, jedoch von diesen nur solange, als das Schiff sich außerhalb eines inländischen Hafens befand und die Personen an Bord waren.

Die Vorschrift des Art. 44 galt nur in bezug auf Fahrzeuge der deutschen Kriegs-Marine; bezüglich anderer deutscher, nicht zur deutschen Kriegs-Marine gehöriger Fahrzeuge vgl. BGB. § 2251 mit Bem. (sog. Seetestament).

Als in Dienst gestellte Fahrzeuge der Kaiserlichen Marine waren alle nicht durch § 2251 BGB. betroffenen (deutschen) Fahrzeuge zu behandeln. Vgl. auch Perels, Marine-Rundschau 1900 S. 1005, 1009, 1010.

C. Nach Satz 2 des Art. 44 mit § 44 Nr. 5 RMilG. verloren die nach A und B errichteten letztwilligen Verfügungen ihre Gültigkeit mit dem Ablauf eines Jahres von dem Tage ab, an welchem entweder

a) das Schiff in einen inländischen Hafen zurückkehrte oder

b) der Verfügende aufhörte zu dem Schiffe zu gehören, oder

c) als Kriegsgefangener oder Geisel aus der Gewalt des Feindes entlassen wurde, jedoch mit dem Abmaße, daß der Lauf der einjährigen Frist durch anhaltende Unfähigkeit des Verfügenden zur Errichtung einer anderweitigen letztwilligen Verfügung gehemmt wurde, und daß die Ungültigkeit nicht eintrat, wenn der Erblasser innerhalb des Jahres vermißt und in dem Verfahren auf Todeserklärung festgestellt wurde, daß er seit jener Zeit verschollen war.

II. Geltendes Recht:

1. Das Reichsmilitärgesetz vom 2. Mai 1874 ist durch § 48 Nr. 3 des Wehrgesetzes vom 23. Mai 1921 aufgehoben. Damit ist auch Art. 44 EG. gegenstandslos geworden.

Nunmehr bestimmt **§ 38 des Wehrgesetzes vom 23. März 1921** (RGBl. 1921 S. 337 f.):

„1. Letztwillige Verfügungen in erleichterter Form (Militärtestamente) können errichtet werden

a) in Kriegszeiten,

b) in Friedenszeiten in solchen Bezirken, in denen Maßnahmen gemäß Artikel 48 der Reichsverfassung unter Heranziehung der Wehrmacht getroffen sind.

2. Militärtestamente können in diesen Fällen errichtet werden

a) von den Angehörigen der Wehrmacht und den nach dem Militärstrafgesetzbuche den Militärgesetzen unterworfenen Personen, solange auf sie die Fälle der Nr. 1 a und b zutreffen. Die Befugnis beginnt mit dem Zeitpunkt des Verlassens des Standorts, in Kriegszeiten auch mit dem Beginn eines Angriffs auf den Standort oder einer Belagerung des Standorts. Tritt der Zustand nach Nr. 1 b im Standort ein, so beginnt die Befugnis mit dem Zeitpunkt der Anordnung der Maßnahmen,

b) von den Kriegsgefangenen und Geiseln, solange sie sich in der Gewalt des Feindes befinden,

c) von den Personen, die zur Besatzung eines in Dienst gestellten Schiffes oder sonstigen Fahrzeuges der Reichsmarine gehören, sowie für andere an Land genommene und daselbst befindliche Personen, solange sich das Fahrzeug außerhalb eines inländischen Hafens befindet.

3. Militärtestamente sind gültig errichtet,
   a) wenn sie vom Erblasser eigenhändig geschrieben und unterschrieben sind,
   b) wenn sie vom Erblasser und zwei Zeugen oder einem oberen Beamten der Wehrmacht oder einem Offizier eigenhändig unterschrieben sind,
   c) wenn über die mündliche Erklärung des Erblassers von einem oberen Beamten der Wehrmacht oder einem Offizier unter Zuziehung zweier Zeugen oder noch eines oberen Beamten der Wehrmacht oder Offiziers eine schriftliche Verhandlung aufgenommen, dem Erblasser vorgelesen, von ihm genehmigt und von den oberen Beamten der Wehrmacht oder dem Offizier und den Zeugen — oder dem weiteren oberen Beamten der Wehrmacht oder Offizier — unterschrieben ist.
   d) Gemäß Nr. 3c aufgenommene Verhandlungen haben bezüglich ihres Inhalts und der Zeit der Aufnahme die Beweiskraft öffentlicher Urkunden.
   e) Bei den gemäß Nr. 3a oder b erwähnten Militärtestamenten spricht die Vermutung für die Richtigkeit der angegebenen Zeit der Errichtung.
   f) Wird ein Militärtestament in Zeiten der Nr. 1a und b oder zwei Wochen nach deren Aufhören einer Militärbehörde übergeben oder wird es in einem Feldnachlasse gefunden, so spricht die Vermutung für die Errichtung während des die erleichterte Form zulassenden Zustandes.
   g) Militärtestamente verlieren die Gültigkeit mit dem Ablauf eines Jahres von dem Tage ab, mit dem für den Erblasser die Fälle der Nr. 1a und b aufhören oder an dem er als Kriegsgefangener oder Geisel aus der Gewalt des Feindes entlassen wird, bei den in Nr. 2c genannten Personen mit dem Ablauf eines Jahres von dem Tage ab, an dem das Fahrzeug in einen inländischen Hafen zurückkehrt oder der Erblasser aufhört, zu dem Fahrzeug zu gehören. Der Ablauf der Frist wird durch die Unfähigkeit des Erblassers zur Errichtung einer anderen letztwilligen Verfügung und ferner dadurch gehemmt, daß nach Aufhören des die erleichterte Form zulassenden Zustandes dieser für den Erblasser wieder beginnt."

2. Der § 38 des Wehrgesetzes entspricht im wesentlichen den Vorschriften des § 44 des aufgehobenen Reichs-Militärgesetzes. An Stelle des Belagerungszustandes ist der Ausnahmezustand nach Art. 48 der neuen RV. vom 11. Aug. 1919 getreten (1, b). Die Militärärzte sind als Zeugen oder mitwirkende Personen nicht mehr besonders aufgeführt, weil sie schon unter den allgemeinen Begriff der Offiziere fallen (Sanitäts-, Veterinär-Offiziere, § 2 WehrG. in der Fassung vom 18. Juni 1926); an die Stelle der „Kriegsgerichtsräte, Lazarettbeamten" und „Militärgeistlichen" sind die oberen Militärbeamten als Zeugen zur Mitwirkung bei der Testamentserrichtung zugelassen (vgl. oben Bem. I, 2, A, d).

3. **Angehörige der Wehrmacht** (Reichswehr), welche ein Militärtestament nach § 38 WehrG. errichten können, sind nach § 1 Abs. 1 WehrG. die Angehörigen des **Reichsheeres** und der **Reichsmarine**, nämlich die Soldaten und die nicht im Waffendienst tätigen Militärbeamten; zu den Soldaten gehören die Offiziere aller Gattungen, Deckoffiziere, Unteroffiziere und Mannschaften.

4. Die **Zeit**, während welcher ein Militärtestament nach § 38 errichtet werden kann, ist in Nr. 1, c dortselbst für die zur Besatzung eines in Dienst gestellten Schiffes oder sonstigen Fahrzeugs der Reichsmarine gehörigen Personen sowie für die an Bord genommenen oder dort befindlichen Personen ebenso bestimmt wie früher in § 44 RMilG.; s. oben Bem. I, 2, B.

5. Auch die **Form** der Testamentserrichtung ist in § 38 WehrG. ebenso wie in § 44 RMilG. geregelt mit der Maßgabe, daß als Zeugen und mitwirkende Personen nur noch Offiziere und obere Beamte der Wehrmacht aufgeführt sind; s. vorstehende Bem. 2 und im übrigen Bem. I, 2, A; obere Beamte der Wehrmacht sind die im Offiziersrang stehenden Militärbeamten (§ 2 WehrG.); auch die in der Wehrmachtverwaltung tätigen Zivilbeamten gelten als Militärbeamte.

Der wesentliche Unterschied des eigenhändig geschriebenen Militärtestaments nach § 38 Nr. 3a WehrG. vom eigenhändigen Testament nach § 2231 Nr. 2 BGB. besteht darin, daß seine Gültigkeit nicht davon abhängt, daß Ort und Tag der Errichtung in demselben angegeben sind.

Das in § 2231 Nr. 2 BGB. für das eigenhändige Testament aufgestellte Erfordernis eigenhändiger Niederschrift kommt für das sonst formlos errichtete Militärtestament in Wegfall, wenn das — von der Hand eines Dritten geschriebene — Testament außer von dem Erblasser von zwei Zeugen oder einem oberen

Beamten der Wehrmacht oder einem Offizier mitunterzeichnet ist; eigenhändige Unterschrift des Testierenden ist auch hier erforderlich. Angabe von Ort und Tag der Errichtung ist dagegen auch hier kein Erfordernis der Gültigkeit des Testaments; § 38 Nr. 3, b.

Ist in einem Militärtestament, das in einer dieser beiden Formen (§ 38 Nr. 3 a oder b) errichtet ist, die Zeit der Errichtung angegeben, so spricht die Vermutung für die Richtigkeit der Zeitangabe (§ 38 Nr. 3 c); Gegenbeweis ist zulässig. Fehlt eine Zeitangabe, so spricht die Vermutung für die Errichtung innerhalb der Zeit, während deren nach § 38 Nr. 1 in der erleichterten Form testiert werden kann, wenn das Testament einer der in § 38 Nr. 2 aufgeführten Personen entweder innerhalb zweier Wochen nach Aufhören des Kriegs- oder Ausnahmezustandes einer Militärbehörde übergeben oder wenn es in einem Feldnachlasse, unerheblich wann, gefunden wird; § 38 Nr. 3 f.

Soweit Zeugen bei der Testamentserrichtung zugezogen werden (§ 38 Nr. 3 b und c), gelten für dieselben die Vorschriften der §§ 2234—2237 BGB. nicht.

6. Die Dauer der Gültigkeit des in der erleichterten Form errichteten Militärtestaments ist, wenn der Erblasser den Kriegs- oder Ausnahmestand überlebt, nach § 38 Nr. 3 g in der nämlichen Weise beschränkt wie früher nach § 44 Nr. 5 RMilG.; s. oben Bem. I, 2, C. Teilweise abweichend ist nur die Hemmung des Fristablaufs dahin geregelt, daß außer der Unfähigkeit des Erblassers zur Errichtung einer anderen letztwilligen Verfügung auch der Wiederbeginn eines die erleichterte Form der Testamentserrichtung zulassenden Zustandes für den Erblasser (§ 38 Nr. 1, 2) den Fristenlauf hemmt; es beginnt in diesem Falle die einjährige Frist nach Ablauf des neuen Zustandes, der die erleichterte Form der Testamentserrichtung zuließe, von neuem zu laufen.

7. Hinsichtlich der Zuständigkeit der Geschwader-Auditeure, nunmehr der Kriegsgerichts- und Oberkriegsgerichtsräte, für **Beurkundigungen und Beglaubigungen auf Schiffen der deutschen Marine** im allgemeinen vgl. § 184 FGG.; derselbe lautet:

„Für die nach § 167 den Amtsgerichten obliegenden Verrichtungen sind in Ansehung solcher Personen, die zur Besatzung eines in Dienst gestellten Schiffes der Kaiserlichen Marine gehören oder die in anderer Eigenschaft an Bord eines solchen Schiffes sind, auch die Geschwader-Auditeure zuständig, solange das Schiff sich außerhalb eines inländischen Hafens befindet. Den Schiffen stehen die sonstigen Fahrzeuge der Kaiserlichen Marine gleich.

Die Ausfertigung der Protokolle über die Beurkundung eines Rechtsgeschäfts ist von dem Auditeur zu unterschreiben und mit dem Gerichtssiegel zu versehen.

Die Vorschriften des Art. 44 des EG.BGB. bleiben unberührt."

Durch die Vorschrift des § 184 FGG. wird auch die nunmehr geltende Vorschrift des § 38 WehrG. nicht berührt.

8. Ferner ist hier noch zu erwähnen das Reichsgesetz, betr. die freiwillige Gerichtsbarkeit und andere Rechtsangelegenheiten in Heer und Marine vom 28. Mai 1901 (RGBl. S. 185 ff.), insbes. hinsichtlich der Befugnisse der Kriegsgerichtsräte und Oberkriegsgerichtsräte.

Dieses Gesetz enthält folgende Bestimmungen:

§ 1. Im Felde (EG.MStGO. § 5) sind beim Heere hinsichtlich der im § 1 Nr. 1, 6, 7, 8 der MStGO. vom 1. Dez. 1898 bezeichneten Personen auch die Kriegsgerichtsräte und die Oberkriegsgerichtsräte zuständig:

1. für die nach § 167 des FGG. vom 17. Mai 1898 den Amtsgerichten zustehenden Verrichtungen,
2. für die Entgegennahme von Versicherungen an Eides Statt, sowie für die Aufnahme von Urkunden über Tatsachen, auch soweit diese nicht unter die Nr. 1 fallen,
3. für die Erledigung von Ersuchen um Rechtshilfe, jedoch unbeschadet der Vorschriften des § 13 des EG.MStGO.

§ 2. In den Fällen des § 1 Nr. 1 finden die Vorschriften der §§ 168—183 des FGG. und, sofern ein Testament oder ein Erbvertrag den Gegenstand der Beurkundung bildet, die Vorschriften des Bürgerlichen Gesetzbuchs über die Errichtung von Testamenten und Erbverträgen Anwendung; die Geschäfte eines Gerichtsschreibers versieht der Militärgerichtsschreiber. Die Vorschriften des § 173 Nr. 1 des FGG. bleiben außer Anwendung bei Zeugen, die dem aktiven Heere angehören. Die Vorschriften des § 44 des RMilG. bleiben unberührt.

§ 3. In den Fällen des § 1 Nr. 2 finden folgende Vorschriften Anwendung:
1. Die Urkunde muß den Ort und den Tag der Verhandlung oder, falls sie nicht in der Form eines Protokolls aufgenommen wird, den Ort und den Tag der Ausstellung angeben und mit der Unterschrift des Kriegsgerichtsrats oder des Oberkriegsgerichtsrats versehen sein. Wird die Urkunde den Beteiligten in Urschrift ausgehändigt, so muß sie auch mit Siegel oder Stempel versehen sein.
2. Die Beurkundung soll, sofern nicht ein anderes bestimmt ist, in der Form eines Protokolls erfolgen. Außer dem Kriegsgerichtsrat oder dem Oberkriegsgerichtsrate sollen auch die übrigen bei der Verhandlung mitwirkenden Personen das Protokoll unterzeichnen.
   Das Protokoll ist den Beteiligten behufs der Genehmigung vorzulesen oder ihnen zur Durchsicht vorzulegen und von ihnen zu unterschreiben. Kann ein Beteiligter das Protokoll nicht unterschreiben, so ist dies unter dem Protokoll anzugeben.
3. Bei Zustellungen, bei der Beglaubigung von Abschriften, bei der Sicherstellung der Zeit, zu welcher eine Privaturkunde ausgestellt ist, bei Lebensbescheinigungen und bei sonstigen einfachen Zeugnissen bedarf es nicht der Aufnahme eines Protokolls.
4. Die Beglaubigung einer Abschrift geschieht durch einen unter die Abschrift zu setzenden Vermerk, der die Übereinstimmung mit der Hauptschrift bezeugt. In dem Vermerke soll ersichtlich gemacht werden, ob die Hauptschrift eine Urschrift, eine einfache oder beglaubigte Abschrift oder eine Ausfertigung ist; ist sie eine beglaubigte Abschrift oder eine Ausfertigung, so ist der Beglaubigungsvermerk oder der Ausfertigungsvermerk in die beglaubigte Abschrift mitaufzunehmen.
   Durchstreichungen, Änderungen, Einschaltungen, Radierungen oder andere Mängel einer von den Beteiligten vorgelegten Schrift sollen in dem Vermerk angegeben werden.
   Soll ein Auszug aus einer Urkunde beglaubigt werden, so sind in den Auszug außer solchen Teilen der Urkunde, welche die Beobachtung der Förmlichkeiten nachweisen, diejenigen Teile aufzunehmen, welche den Gegenstand betreffen, auf den sich der Auszug beziehen soll. In dem Beglaubigungsvermerk ist der Gegenstand anzugeben und zu bezeugen, daß weitere den Gegenstand betreffende Bestimmungen in der Urkunde nicht enthalten sind.
5. Die Sicherstellung der Zeit, zu welcher eine Privaturkunde ausgestellt ist, geschieht durch einen unter die Urkunde zu setzenden Vermerk, in welchem der Kriegsrat oder der Oberkriegsgerichtsrat bezeugt, wann ihm die Urkunde vorgelegt worden ist. Die Vorschriften der Nr. 4 Abs. 2 finden Anwendung.

§ 4. In den Fällen des § 1 werden Beschwerden im Aufsichtswege erledigt. Dies gilt auch bei Ersuchen um Rechtshilfe in Strafsachen (§ 13 des EG.MStGO.).

§ 5. In Ansehung solcher Personen, die zur Besatzung eines in Dienst gestellten Schiffes der Kaiserlichen Marine gehören oder die in anderer Eigenschaft an Bord eines solchen Schiffes sind, finden die Vorschriften des § 1 Nr. 2 und der §§ 3, 4 Anwendung, solange das Schiff sich außerhalb eines inländischen Hafens befindet. Den Schiffen stehen die sonstigen Fahrzeuge der Kaiserlichen Marine gleich.

§ 6. Im Felde liegt beim Heere nach dem Tode eine der im § 1 bezeichneten Personen die vorläufige Sicherung des Nachlasses dem zunächst vorgesetzten Offizier oder Beamten ob.

§ 7. Nach dem Tode eines Angehörigen des aktiven Heeres (RMilG. vom 2. Mai 1874 § 38) hat, unbeschadet der Zuständigkeit des Nachlaßgerichts, die Militärbehörde, welcher der Verstorbene angehörte, für die Sicherung der amtlichen Akten oder der sonstigen Sachen, deren Herausgabe auf Grund des Dienstverhältnisses verlangt werden kann, zu sorgen, soweit hierfür ein Bedürfnis besteht.

Werden bei der Ausführung einer Maßregel, die das Gericht zur Sicherung des Nachlasses angeordnet hat, Sachen der im Abs. 1 bezeichneten Art vorgefunden, so hat das Gericht die Militärbehörde, welcher der Verstorbene angehörte, hiervon zu benachrichtigen und ihr zugleich von den Sicherungsmaßregeln, die in Ansehung dieser Sachen vorgenommen worden sind, Mitteilung zu machen. Der Militärbehörde liegt es ob, das Weitere zu veranlassen.

War der Verstorbene der einzige Beamte der Behörde, so tritt an die Stelle der Militärbehörde das am Standorte befindliche Garnisonkommando.

§ 8. Der § 39 Abs. 3 des RMilG. wird aufgehoben.

Für Militärpersonen, deren Truppenteil sich im Ausland aufhält und im Inland einen Garnisonort weder hat noch gehabt hat, kann für Angelegenheiten der streitigen Gerichtsbarkeit ein im Inlande belegener Ort als Garnisonort durch Kaiserliche Verordnung bestimmt werden.

9. Darüber, daß durch § 44 RMilG. im Zusammenhalte mit § 158 MStGB. zugleich den Anforderungen der Haager Friedenskonferenz hinsichtlich der Testamente Kriegsgefangener genügt war, vgl. Kaufmann in DJZ. 1902 S. 428.

Art. 45.

Der § 45 Abs. 2 Satz 2 des Reichs-Militärgesetzes vom 2. Mai 1874 (Reichs-Gesetzbl. S. 45) wird aufgehoben.

E. I, 27; II, 19; III, 44.

Der § 45 Abs. 2 RMilG. vom 2. Mai 1874 enthielt eine ähnliche Vorschrift wie der § 6 Abs. 2 RBeamtenG. und wurde ebenso wie letzterer im Hinblick auf § 411 BGB. aufgehoben (EM. 139; P. VI, 596). Vgl. die Bem. zu Art. 43.

Nunmehr ist das RMilG. vom 2. Mai 1874 durch § 48 Nr. 3 WehrG. vom 23. März 1921 (RGBl. 1921 S. 340) seit dem 1. Januar 1921 überhaupt aufgehoben.

Art. 46.*)

Das Gesetz über die Beurkundung des Personenstandes und die Eheschließung vom 6. Februar 1875 (Reichs-Gesetzbl. S. 23) wird dahin geändert:

I. Die §§ 28 bis 40, 42, 43, 51 bis 53 werden aufgehoben.

II. An die Stelle der §§ 41, 44, 50, 55 treten folgende Vorschriften:

§ 41.

Für die Eheschließung sind die Vorschriften des Bürgerlichen Gesetzbuchs maßgebend.

§ 44.

Für die Anordnung des vor der Eheschließung zu erlassenden Aufgebots ist jeder Standesbeamte zuständig, vor dem nach § 1320 des Bürgerlichen Gesetzbuchs die Ehe geschlossen werden darf.

§ 50.

Der Standesbeamte soll ohne Aufgebot die Eheschließung nur vornehmen, wenn ihm ärztlich bescheinigt wird, daß die lebensgefährliche Erkrankung eines der Verlobten den Aufschub der Eheschließung nicht gestattet.

§ 55.

Ist eine Ehe für nichtig erklärt, ist in einem Rechtsstreite, der die Feststellung des Bestehens oder des Nichtbestehens einer Ehe zwischen den Parteien zum Gegenstande hat, das Nichtbestehen der Ehe festgestellt, ist eine Ehe vor dem Tode eines der Ehegatten auf-

---

*) Schrifttum: Mantey, Das Eheschließungsrecht des BGB. 1878; Wiest, Das PStG. in der vom 1. Jan. 1900 ab geltenden Fassung, 1900; Rocholl, Das Eherecht des BGB., S. 15 ff.; Sartorius, Komm. zum Personenstandsges., München 1902; Reger-Dames, Handausgabe, 4. Aufl., Ansbach 1908; Hinschius-Boschan, Personenstandsgesetz, 4. Aufl., Berlin 1909; Sauer, Eheschließungs- und Ehescheidungsrecht, München 1909; derselbe, Das deutsche Personenstandsgesetz in seiner neuen Fassung, München 1925; Stölzel, Das Personenstandsgesetz in heutiger Gestalt, 3. Aufl., Berlin 1926.

gelöst oder ist nach § 1575 des Bürgerlichen Gesetzbuchs die eheliche Gemeinschaft aufgehoben, so ist dies am Rande der über die Eheschließung bewirkten Eintragung zu vermerken.

Wird die eheliche Gemeinschaft nach der Aufhebung wieder hergestellt, so ist dies auf Antrag am Rande zu vermerken.

III. Der § 67 erhält folgenden Absatz 2:

Eine strafbare Handlung ist nicht vorhanden, wenn der Geistliche oder der Religionsdiener im Falle einer lebensgefährlichen, einen Aufschub nicht gestattenden Erkrankung eines der Verlobten zu den religiösen Feierlichkeiten der Eheschließung schreitet.

IV. Im § 69 werden die Worte: „in diesem Gesetze" ersetzt durch die Worte: „in diesem Gesetze und in dem Bürgerlichen Gesetzbuche".

V. Im § 75 Abs. 1 werden die Worte: „nach den Vorschriften dieses Gesetzes" ersetzt durch die Worte:

„nach den Vorschriften des Bürgerlichen Gesetzbuchs".

E I, 28; II, 20; III, 45.

I. Entstehung. Art. 46 weicht vom Art. 28 des E. I nicht unerheblich ab. Die Abänderungen und Zusätze sind teils der II. Komm., teils der Reichstagskommission zu verdanken. (EM. 139; M. IV, 8 ff.; P. VI, 596, IV, 48, V 133; RTK. 330, 333, 440, 441.)

Vgl. Bek. betr. Vorschriften zur Ausführung des PStG. vom 25. März 1899 (RGBl. S. 225).

II. Allgemeines.

1. Der Art. 46 hat die Aufgabe, das PStG. mit den einschlägigen Bestimmungen des BGB. in Einklang zu setzen. Vollständig beseitigt sind durch Nr. I und II dieses Art.: Die sämtlichen Vorschriften in Abschn. III und IV (§§ 28—40, 42, 43, 51—53) PStG. über die Eheschließung (bezüglich der materiellen und formellen Voraussetzungen), ausgenommen die Vorschrift des § 54 über die Beurkundung der Eheschließung im Heiratsregister und die formalen Vorschriften hinsichtlich des Eheaufgebots (§§ 45—49); durch Nr. III—V dieses Artikels werden ferner einzelne Bestimmungen des Abschnitts VIII PStG. (Schlußbestimmungen) abgeändert.

2. Eine vollständige Aufhebung oder Revision des PStG. erschien nicht notwendig. Es muß daher in Einzelfragen unter Umständen auf die allgemeine Auslegungsregel des Art. 32 EG. zurückgegriffen werden, vgl. die Bem. zu Art. 32.

Als gegenstandslos muß z. B. § 77 des G. gelten, ohne daß er in Art. 46 ausdrücklich als beseitigt bezeichnet wird; vgl. hiezu RG. in JW. 1901 S. 379; Sartorius PStG. S. 450 ff., Sauer Bem. zu § 77, Stölzel Bem. 3, 4 zu § 77, s. auch §§ 1575, 1576 BGB. mit Bem.

Fraglich kann die Fortgeltung des § 25 erscheinen, der von der Eintragung der Anerkennung eines unehelichen Kindes in das Geburtsregister handelt. Die Motive (S. 140), welche diese Frage auch erörtern, wollen die Entscheidung der Auslegung der Wissenschaft und Praxis überlassen. Niedner in Bem. 4 zu Art. 46 betrachtet ihn als nicht mehr praktisch, da nunmehr einer derartigen Anerkennung, soweit sie überhaupt rechtliche Wirkungen äußere (vgl. §§ 1718, 1719, 1723, 1736, 1883), nur mehr die Bedeutung eines Beweismittels zukommen könne, außer es stünde § 1725 (Legitimation) in Frage.

Allein im Hinblick insbesondere auf die §§ 1708 ff. und 1718—1729, 1722 BGB. wird nicht bezweifelt werden können, daß die Eintragung der Anerkennung der Vaterschaft eines unehelichen Kindes in das Geburtsregister auch künftig von erheblicher Bedeutung ist und daß sohin § 25 noch in Geltung steht, wenn er auch auf dem von ihm früher allein beherrschten Gebiete nicht mehr allein maßgebend ist, vielmehr jetzt seine Ergänzung in einer Reihe anderweitiger Bestimmungen findet. Vgl. hierzu insbesondere Sartorius, PStG. S. 179 ff., ferner Bem. 6 zu § 1718, Vorbem. 10 vor §§ 1705 ff. in Bd. IV dieses Komm., sowie Urt. vom 28. April 1903 BayObLGZ.

Bd. 4 S. 283 ff., SeuffBl. Bd. 67 S. 37, SeuffA. Bd. 59 Nr. 175, „Recht" 1903 S. 344, OLG. (KG.) Bd. 1 S. 371 und Bd. 7 S. 121.

Über die Anerkennung der Vaterschaft vor dem Jugendamt s. jetzt § 43 Abs. 2 des RGes. für Jugendwohlfahrt vom 9. Juli 1922 (RGBl. I S. 633).

3. Über **das allgemeine Verhältnis des BGB. zum Personenstandsgesetze** vgl. Vorbem. 2 vor §§ 1303 ff. in Bd. IV S. 31 f. Hervorzuheben ist:

a) Das BGB. regelt sowohl die Ehehindernisse erschöpfend als auch die Folgen eines Verstoßes hiergegen im einzelnen; das Personenstandsgesetz dagegen hatte die Regelung der Rechtsfolgen einer Zuwiderhandlung gegen die von ihm aufgestellten Ehehindernisse (mit wenigen Ausnahmen) dem Landesrecht überlassen. Außerdem wurden auch einige grundlegende Bestimmungen über das Aufgebot und die Beurkundung der Eheschließung in das BGB. selbst aufgenommen (vgl. M. IV, 8 ff., EM. 139 ff., P. IV, 48 ff., V, 133, VI, 596 ff., RTK. 185, 332 ff. und ferner Vorbem. 3 vor §§ 1303 ff.).

b) Sachlich sind die eherechtlichen Vorschriften des Personenstandsgesetzes in weitem Umfang unverändert in das BGB. übernommen worden.

An dem Grundsatz der obligatorischen Zivilehe wurde festgehalten (Vorbem. 4 vor §§ 1303 ff. und Bem. 1 zu § 1317 in Bd. IV), nur die Form der Eheschließung wurde der kanonischen näher gebracht, indem jetzt die Erklärung der Verlobten, daß sie die Ehe eingehen wollen, vor dem Standesbeamten die maßgebende Grundlage ausmacht und nicht mehr das „Zusammengeben" des Standesbeamten, vgl. hiezu § 1317 BGB. und Bem. 2 in Bd. IV, Sauer Bem. 1 zu § 41 PStG., Stölzel S. 162, Bem. zu § 1317 BGB.

c) Durch die Einführung des neuen bürgerlichen Rechtes sind zugleich die Voraussetzungen der Registerführung wesentlich verändert worden dadurch, daß Rechtsvorgänge, die der Standesbeamte zu beurkunden oder zu vermerken hat, sich auf anderen Grundlagen und in anderen Formen aufbauen (z. B. bei der Legitimation eines Kindes), sowie auch durch Einführung neuer Rechtseinrichtungen (z. B. Wiederherstellung der ehelichen Gemeinschaft und deren Vermerkung s. § 1587 BGB. mit Bem. V und § 55 PStG.). Der Einfluß des neuen Rechtes ist hier mehr ein innerlicher und tritt äußerlich weniger hervor.

d) Das neue bürgerliche Recht knüpft ferner aber auch besondere Rechtswirkungen an die Registerführung; insbesondere fällt der Eintragung ins Heiratsregister eine gewichtige Rolle sowohl in materieller wie in formeller Hinsicht zu (vgl. hierzu §§ 1324 Abs. 2, 1329 Satz 2, 1344 Abs. 2, 1345 Abs. 2, 1699 Abs. 2, 1721, 1771 Abs. 2 und die Bem. hierzu).

4. **Weitere Änderungen und Ergänzungen des Personenstandsgesetzes** ergeben sich durch die §§ 69—71, 186, 197 des FGG. Dieses Gesetz hat außerdem (vgl. §§ 167 Abs. 2, 191) die Zuständigkeit der Standesbeamten grundsätzlich dadurch erweitert, daß es den Standesbeamten urkundliche Funktionen auch außerhalb der Standesregister übertrug und dem Landesrecht vorbehielt, in dieser Beziehung noch weiter zu gehen; anderseits hat das FGG. die Vorbehalte für das Landesrecht hinsichtlich des Verfahrens beseitigt (§ 186) und in dieser Beziehung selbständige Bestimmungen teils allgemeiner Natur, teils besonderer Art aufgestellt.

III. Im einzelnen:

1. Zu Nr. I:

a) Von den durch Nr. I aufgehobenen Vorschriften des PStG., welche **die materiellen Voraussetzungen der Eheschließung** (Ehemündigkeit, Ehehindernisse, Nichtigkeit, Anfechtbarkeit und Form der Ehe) behandelten, sind ersetzt § 28 durch § 1303, § 29 durch §§ 1304 und 1305, § 30 durch § 1304, § 31 durch § 1306, § 32 durch § 1308, § 33 durch die §§ 1310—1312, § 34 durch § 1309, § 35 durch § 1313, § 36 durch die §§ 1326—1329, 1332—1347, § 38 Abs. 1 durch § 1315, § 38 Abs. 2 durch § 1314, § 40 durch § 1322, § 42 durch die §§ 1319, 1320, § 43 durch § 1321, § 51 durch § 1316, § 52 durch § 1317 und § 1318 Abs. 1 und § 53 durch § 1318 Abs. 2 BGB.

Bezüglich des aufgehobenen § 36 ist auch auf § 1661 BGB. zu verweisen.

b) § 37 ist ersatzlos beseitigt. Der Vormund kann mit dem Mündel unter Zustimmung eines für letzteren bestellten Pflegers künftig auch während der

Dauer der Vormundschaft eine Ehe eingehen. (Vgl. §§ 1304, 1909 BGB. und Bem. 7 zu § 1304 in Bd. IV).

c) § 39 (welcher besagte: „Alle Vorschriften, welche das Recht zur Eheschließung weiter beschränken, als es durch dieses Gesetz geschieht, werden aufgehoben") ist ebenfalls nicht ersetzt und zwar (nach den EM. 139, 140) deshalb, weil in Ansehung der bürgerlichen Beschränkungen der Eheschließung die Verweisung auf die Vorschriften des BGB. im nunmehrigen § 41 (nach den Motiven § 28) genügt, während in Ansehung der polizeilichen Beschränkungen der Eheschließung jedes aus der Aufhebung etwa herzuleitende Bedenken durch das Gesetz über die Aufhebung der polizeilichen Beschränkungen der Eheschließung vom 4. Mai 1868 (BGBl. S. 55) sich erledigt.

Auch bezüglich des bayer. Vorbehalts über das Verehelichungswesen wurde ebensowenig wie im bisherigen Personenstandsgesetz eine ausdrückliche Vorschrift aufgenommen, weil jener Vorbehalt nach Maßgabe des Bündnisvertrags vom 23. Nov. 1870 unter III § 1 Abs. 1 und des Schlußprotokolls von demselben Tage unter I selbstverständlich unberührt bleibt und Bayern, soweit jener Vorbehalt reicht, überhaupt außerhalb der Reichsgesetzgebung stand (EM. 140). Die bayerischen Sondervorschriften über das distriktspolizeiliche Verehelichungszeugnis haben übrigens seit dem 1. Jan. 1916 ihre Geltung verloren (s. hierüber Vorbem. 6, II vor §§ 1303 ff. in Bd. IV).

2. Zu Nr. II:

a) Der bisherige § 41 des PStG. ist in § 1317 BGB. mitenthalten; vgl. die Bem. hiezu, insbes. Bem. 2, c in Bd. IV.

Die verweisende Vorschrift des nunmehrigen § 41 entspricht den §§ 28, 41 und 52 von Art. 28 des E. I. Die jetzt maßgebenden Vorschriften des BGB. sind die §§ 1303 ff. BGB. Vgl. Bem. 1.

Im übrigen ergibt sich die Hinfälligkeit des bisherigen § 41 schon im Hinblick auf Art. 13 Abs. 3 EG. (Die Form einer Ehe, die im Inlande geschlossen wird, bestimmt sich ausschließlich nach den deutschen Gesetzen.)

Der neue § 41 ist nunmehr zum ersten Paragraph des III. und IV. Abschnitts geworden und vertritt hier die Stelle der sämtlichen aufgehobenen Vorschriften.

b) Der bisherige § 44 Abs. 1 über das Erfordernis des Aufgebots vor der Eheschließung ist ersetzt durch § 1316 Abs. 1 Satz 1 BGB. Vgl. hierzu die Bem. zu § 1316 in Bd. IV.

Der neue § 44 entspricht dem bisherigen § 44 Abs. 2.

c) Die Ordnungsvorschrift des neuen § 50 entspricht dem bisherigen § 50 Abs. 2 und steht mit § 1316 Abs. 2 BGB., der von dem Aufgebote abzusehen erlaubt, wenn die lebensgefährliche Erkrankung eines der Verlobten den Aufschub der Eheschließung nicht gestattet, mit dem Abmaß im Einklang, daß in § 50 ärztliche Bescheinigung als Voraussetzung für die Vornahme der Eheschließung ohne Aufgebot verlangt wird. Vgl. hierzu Bem. 5 zu § 1316 in Bd. IV.

Eine dem bisherigen § 50 Abs. 1 entsprechende Vorschrift enthält § 1322 Abs. 2 mit § 1316 Abs. 3 BGB. Vgl. Bem. 6 zu § 1316 in Bd. IV.

d) Der neue § 55 entspricht dem bisherigen § 55 Abs. 1; die veränderte Fassung ist durch den Sprachgebrauch und die Vorschriften des BGB. (§§ 1323 ff.; § 1348 Abs. 2; §§ 1564, 1575, 1586 und 1587) sowie der ZPO. (§ 606) veranlaßt (P. VI, 596 ff., RTK. 332, 333, 440, 441). Vgl. hierzu Vorbem. X vor §§ 1323 ff. in Bd. IV; auch OLG. (RG.) Bd. 7 S. 412 (die Eintragung der Nichtigkeit einer Ehe in das Standesregister kann nur auf Grund eines im Inland ergangenen Urteils erfolgen).

Der bisherige § 55 Abs. 2, der die landesrechtlichen Vorschriften unberührt ließ, nach welchen es zur Trennung einer Ehe einer besonderen Erklärung und Beurkundung vor dem Standesbeamten bedurfte, kommt infolge der Vorschrift des § 1564 BGB. in Wegfall (EM. 140).

3. Zu Nr. III. Diese erst in der RTK. (S. 332, 333) beschlossene Zusatzbestimmung zum § 67, welche einen Geistlichen oder Religionsdiener, der zu den religiösen Feierlichkeiten einer Eheschließung schreitet, bevor ihm nachgewiesen worden ist, daß die Ehe vor dem Standesbeamten geschlossen sei, von der Strafe des nunmehrigen § 67 Abs. 1 befreit, wenn die Ursache der Vornahme der religiösen Feierlichkeiten eine

lebensgefährliche, einen Aufschub nicht gestattende Erkrankung eines der Verlobten ist, beruht auf demselben Gedanken, wie die Vorschriften des § 50 (s. oben 2, c) und des § 1316 Abs. 2 BGB. Für die Auslegung ist also jene letztere Vorschrift von Bedeutung. (Vgl. Bem. 5 zu § 1316 in Bd. IV.) Die Straflosigkeit des Geistlichen bewirkt selbstverständlich nicht die bürgerliche Gültigkeit der Ehe.

4. Zu Nr. IV. Die Einschaltung „und in dem BGB." ist in § 69 notwendig, weil, wie oben dargelegt, ein großer Teil der Vorschriften über die Eheschließung künftig nicht mehr im Personenstandsgesetze, sondern im BGB. enthalten ist.

5. Zu Nr. V. Die Vorschriften des BGB., auf welche hier für künftig verwiesen wird, sind die §§ 1317—1321.

IV. Über weitere Änderungen des PStG. vom 6. Febr. 1875 s. das RGes. vom 14. April 1905 (RGBl. S. 251), ferner Art. I des RGes. vom 11. Juni 1920 über den Personenstand (RGBl. 1920 S. 1209), RGes. vom 8. März 1923 über standesamtliche Gebühren (RGBl. 1923 I S. 16 ff.) und VO. vom 14. Febr. 1924 über standesamtliche Scheine (RGBl. 1924 I S. 116 ff.).

Art. 47.

Der Artikel 3 des Gesetzes, betreffend den Wucher, vom 24. Mai 1880 (Reichs-Gesetzbl. S. 109) in der Fassung des Art. II des Gesetzes, betreffend Ergänzung der Bestimmungen über den Wucher, vom 19. Juni 1893 (Reichs-Gesetzbl. S. 197) wird aufgehoben.

1. Dieser Artikel wurde erst in der Reichstagskommission beschlossen (RTK. 47 und 48). Nach dem E. I hätte an dem Wuchergesetz nichts geändert werden sollen (EM. 134).

2. Der Art. 3 des WucherG. vom 24. Mai 1880 i. d. F. des Art. II des G. vom 19. Juni 1893 enthielt besondere Vorschriften über die bürgerlich-rechtlichen Folgen der wucherlichen Eigenschaft eines Rechtsgeschäfts und lautete:

„Verträge, welche gegen die Vorschriften der §§ 302 a, 302 b, 302 c des StGB. verstoßen, sind ungültig.

Sämtliche von dem Schuldner oder für ihn geleisteten Vermögensvorteile (§§ 302 a, 302 c) müssen zurückgewährt und vom Tage des Empfangs an verzinst werden. Hierfür sind diejenigen, welche sich des Wuchers schuldig gemacht haben, solidarisch verhaftet, der nach § 302 c des StGB. Schuldige jedoch nur in der Höhe des von ihm oder einem Rechtsnachfolger Empfangenen. Die Verpflichtung eines Dritten, welcher sich des Wuchers nicht schuldig gemacht hat, bestimmt sich nach den Vorschriften des bürgerlichen Rechts.

Das Recht der Rückforderung verjährt in fünf Jahren seit dem Tage, an welchem die Leistung erfolgt.

Der Gläubiger ist berechtigt, das aus dem ungültigen Vertrage Geleistete zurückzufordern; für diesen Anspruch haftet die für die vertragsmäßige Forderung geleistete Sicherheit. Die weiter gehenden Rechte eines Gläubigers, welchem nach den Bestimmungen des bürgerlichen Rechts die Ungültigkeit des Vertrags nicht entgegengesetzt werden kann, werden hierdurch nicht berührt."

3. An die Stelle des aufgehobenen Art. 3 des WucherG. treten folgende Vorschriften des BGB.:

a) Abs. 1 ist durch § 138 BGB. ersetzt, wonach das wucherische Rechtsgeschäft nichtig ist (s. die Bem. II zu § 138).

b) Abs. 2 ist ersetzt durch die allgemeinen Vorschriften der §§ 812, 817 ff., 823 ff. BGB. über ungerechtfertigte Bereicherung und unerlaubte Handlungen. Insbesondere ist der Wucherer dem Bewucherten außer zur Herausgabe auch zum Schadensersatze verpflichtet (§ 826). Das letztere gilt auch von einem Dritten, welcher in Kenntnis der Sachlage die mit dem wucherlichen Geschäfte erwachsenen Vermögensvorteile erwirbt und entweder weiter veräußert oder geltend macht, sofern er sich hierbei bewußt ist, daß er durch seine Handlung dem Bewucherten Schaden zufügt, und nicht etwa z. B. in der wohlwollenden Absicht handelt, den Schuldner aus den Händen des Wucherers zu befreien (RTK. 440 S. 43, 44 zu § 809 a). Vgl. insbesondere auch die Bem. zu § 817.

c) An die Stelle des Abs. 3 tritt § 852 BGB.; die Verjährungsfrist beträgt drei Jahre von dem Zeitpunkt an, in dem der Verletzte von dem Schaden und der Person des Ersatzpflichtigen Kenntnis erlangt, ohne Rücksicht auf diese Kenntnis dreißig Jahre von der Begehung der Handlung an.

d) Auch an die Stelle des Abs. 4 treten die §§ 812 ff. BGB. Die besondere Vergünstigung, welche Halbsatz 2 von Satz 1 dem Gläubiger bisher gewährte, kommt in Wegfall.

4. Von den **bürgerlich-rechtlichen Vorschriften des Wuchergesetzes** ist nach Aufhebung des Art. 3 nur noch **Art. 4** (der allerdings in Abs. 2 auch eine Strafvorschrift enthält) übrig und zwar i. d. F. des Art. II des G., betr. die Ergänzung der Bestimmungen über den Wucher, vom 19. Juni 1893 (RGBl. S. 197). Er lautet:

Art. 4. „Wer aus dem Betriebe von Geld- oder Kreditgeschäften ein Gewerbe macht, hat die Rechnung des Geschäftsjahres für jeden, welcher ein Geschäft der bezeichneten Art mit ihm abgeschlossen hat und daraus sein Schuldner geworden ist, abzuschließen und dem Schuldner binnen drei Monaten nach Schluß des Jahres einen schriftlichen Auszug dieser Rechnung mitzuteilen, der außer dem Ergebnis derselben auch erkennen läßt, wie solches erwachsen ist.

Wer sich dieser Verpflichtung vorsätzlich entzieht, wird mit Geldstrafe bis zu *fünfhundert* Mark oder mit Haft bestraft und verliert den Anspruch auf die Zinsen für das verflossene Jahr hinsichtlich der Geschäfte, welche in den Rechnungsauszug aufzunehmen waren.

Die vorstehenden Bestimmungen finden keine Anwendung:

1. wenn das Schuldverhältnis auf nur Einem während des abgelaufenen Geschäftsjahres abgeschlossenen Rechtsgeschäfte beruht, über dessen Entstehung und Ergebnis dem Schuldner eine schriftliche Mitteilung behändigt ist;

2. auf öffentliche Banken, Notenbanken, Bodenkreditinstitute und Hypothekenbanken auf Aktien, auf öffentliche Leihanstalten, auf Spar- und Darleihinstitute öffentlicher Korporationen und auf eingetragene Genossenschaften, soweit es sich bei den eingetragenen Genossenschaften um den Geschäftsverkehr mit den Mitgliedern handelt;

3. auf den Geschäftsverkehr zwischen Kaufleuten, deren Firma in das Handelsregister eingetragen ist."

Der Strafrahmen des Art. 4 Abs. 2 beträgt jetzt 3—10000 Reichsmark (§ 27 Abs. 2 Nr. 1 StGB. in der Fass. des Art. I der VO. über Vermögensstrafen und Bußen vom 6. Febr. 1924, RGBl. 1924 I S. 44, Art. VIII, XIV dieser VO., 2. DVO. zum MünzG. vom 12. Dez. 1924, RGBl. I S. 775). Zuständig ist der Amtsrichter allein (§ 24 Nr. 2, § 25 Abs. 1 Nr. 2 GVG.); wegen Zulässigkeit des Strafbefehls s. § 407 StPO.

5. Bezüglich der zulässigen Höhe der Zinsen vgl. die Bem. zu Art. 39 EG.

Art. 48.

Der § 16 Abs. 2 des Gesetzes, betreffend die Fürsorge für die Witwen und Waisen der Reichsbeamten der Zivilverwaltung, vom 20. April 1881 (Reichsgesetzbl. S. 85) wird aufgehoben.

E. I, 29; II, 22; III, 46.

1. Nach Art. 29 des E. I hätte der § 16 Abs. 2 eine mit den §§ 197 und 201 BGB. übereinstimmende Fassung finden sollen (EM. 142, Reatz III, 32). Die II. Komm. beschloß jedoch, dem Artikel die nunmehrige Fassung zu geben, weil obiger § 16 Abs. 2 durch die erwähnten §§ 197 und 201 BGB. vollständig gedeckt ist (P. VI, 598, 599). Daß die Verjährung auch künftighin zum Vorteil der Reichskasse erfolgt, ist selbstverständlich (EM. 143).

2. Das RG. vom 20. April 1881 ist durch § 23 Abs. 1 Nr. 1 des Beamtenhinterbliebenengesetzes vom 17. Mai 1907 außer Kraft gesetzt worden (RGBl. 1907 S. 213).

Art. 49.

Der § 18 Abs. 2 des Gesetzes, betreffend die Fürsorge für die Witwen und Waisen von Angehörigen des Reichsheeres und der Kaiserlichen Marine, vom 17. Juni 1887 (Reichs-Gesetzbl. S. 237) wird aufgehoben.

E. I, 30; II, 23; III, 47.

Das RGes. vom 17. Juni 1887 ist schon durch § 23 Abs. 1 Nr. 2 des Beamtenhinterbliebenengesetzes vom 17. Mai 1907 (RGBl. 1907 S. 213) und § 55 Abs. 2 des Militärhinterbliebenengesetzes vom 17. Mai 1907 (RGBl. 1907 S. 232) außer Kraft gesetzt.

S. nun §§ 76—80 des Wehrmachtsversorgungsgesetzes i. d. F. der Bek. vom 19. Sept. 1925 (RGBl. 1925 I S. 359).

Art. 50.

Der § 9 des Gesetzes, betreffend das Reichsschuldbuch, vom 31. Mai 1891 (Reichs-Gesetzbl. S. 321) wird dahin geändert:

Eine Ehefrau wird zu Anträgen ohne Zustimmung des Ehemanns zugelassen.

Die Ehefrau bedarf der Zustimmung des Ehemannes, wenn ein Vermerk zu dessen Gunsten eingetragen ist. Ein solcher Vermerk ist einzutragen, wenn die Ehefrau oder mit ihrer Zustimmung der Ehemann die Eintragung beantragt. Die Ehefrau ist dem Ehemanne gegenüber zur Erteilung der Zustimmung verpflichtet, wenn sie nach dem unter ihnen bestehenden Güterstande über die Buchforderung nur mit Zustimmung des Ehemannes verfügen kann.

E. II, 24; III, 48.

1. Durch das RGes. vom 31. Mai 1891 ist ein Reichsschuldbuch eingerichtet worden, dessen Führung der Reichsschuldenverwaltung übertragen ist. Vgl. dazu die Kaiserliche VO. vom 24. Jan. 1892 (RGBl. S. 303):

Weitere Änderungen hat das Reichsschuldbuchgesetz erfahren durch § 188 FGG., durch RGes. vom 28. Juni 1904 (RGBl. 1904 S. 251) und 6. Mai 1910 (RGBl. 1910 S. 665 ff.). Auf Grund der in Art. III des letzteren Gesetzes erteilten Ermächtigung ist es am 31. Mai 1910 in neuer Fassung bekannt gemacht (RGBl. 1910 S. 840) ff.). Der § 9 ist in der neuen Fassung als **§ 14** gleichlautend geblieben.

2. Der bisherige § 9 des G. vom 31. Mai 1891 hatte gelautet:

„Ehefrauen und großjährige Personen unter väterlicher Gewalt werden zu Anträgen ohne Zustimmung des Ehemannes bzw. Vaters zugelassen."

3. Hinsichtlich des Inhalts, welchen § 9 (14) durch Art. 50 erhalten hat, ist folgendes hervorzuheben:

a) Der Abs. 1 des neuen § 9 stimmt hinsichtlich der Ehefrauen inhaltlich mit dem bisherigen § 9 vollständig überein.

Großjährige Personen unter väterlicher Gewalt gibt es nach dem BGB. (§ 1626) nicht, weshalb diese aus der Vorschrift des bisherigen § 9 gestrichen werden mußten.

b) Der Abs. 2 ist neu und von der II. Komm. aus denselben Gründen wie der Abs. 2 des Art. 97 dieses Gesetzes, mit dem er sachlich übereinstimmt, aufgestellt worden. Es wird deshalb hierher auf Bem. 2 zu Art. 97 Bezug genommen. Durch die neue Vorschrift des Abs. 2 erlangt der Mann ein selbständiges Recht auf Eintragung gegen die Reichsschuldenverwaltung, während letztere bisher nicht verpflichtet war, sich mit dem Manne einzulassen, und selbst wenn sie tatsächlich einen Vermerk zugunsten des Mannes eintrug, für ein Zuwiderhandeln gegen den Vermerk nur aus besonderen Gründen verantwortlich gemacht werden konnte (P. VI, 598, 599).

Vgl. hierzu § 1393 BGB. mit Bem. 2 (in Verbindung mit §§ 1081, 1395, 1438 Abs. 3, 1519 Abs. 2, 1549), s. ferner Bem. 2, c, γ zu § 1376, auch Bem. III zu § 806.

4. Über das RSchuldbG. vgl. v. Hugo, Die Obliegenheiten des Nachlaßgerichts S. 61 ff. Nach § 1 des Ges. können Schuldverschreibungen der Reichsanleihen in Buchschulden des Reichs auf den Namen eines bestimmten Gläubigers umgewandelt werden. Rechtsnachfolger von Todes wegen haben sich durch einen Erbschein oder durch eine Bescheinigung darüber, daß sie über die eingetragene Forderung zu

verfügen befugt sind, auszuweisen; es genügt auch eine in öffentlicher Urkunde enthaltene letztwillige Verfügung; vgl. §§ 1, 16 der neuen Fassung vom 31. Mai 1910 (RGBl. S. 840 ff.).

S. auch die Reichsschuldenordnung vom 13. Febr. 1924 (RGBl. 1924 I S. 95 ff.), deren § 40 Abs. 2 den § 27 RSchuldbG. aufhebt, ferner RGes. vom 19. Mai 1923, betr. die Beseitigung kleiner im Reichsschuldbuch eingetragener Forderungen (RGBl. 1923 S. 296 f.).

5. Über das Staatsschuldbuchwesen der deutschen Länder vgl. Art. 97.

Art. 51.

Der § 8 Abs. 2 des Gesetzes, betreffend die Fürsorge für die Witwen und Waisen der Personen des Soldatenstandes des Reichsheeres und der Kaiserlichen Marine vom Feldwebel abwärts, vom 13. Juni 1895 (Reichs-Gesetzbl. S. 261) wird aufgehoben.

E. II, 25; III, 49.

Das Gesetz vom 13. Juni 1895 ist durch § 55 des Militär-Hinterbliebenengesetzes vom 17. Mai 1907 (RGBl. S. 214) aufgehoben worden.

Art. 52.*)

Ist auf Grund eines Reichsgesetzes dem Eigentümer einer Sache wegen der im öffentlichen Interesse erfolgenden Entziehung, Beschädigung oder Benutzung der Sache oder wegen Beschränkung des Eigentums eine Entschädigung zu gewähren und steht einem Dritten ein Recht an der Sache zu, für welches nicht eine besondere Entschädigung gewährt wird, so hat der Dritte, soweit sein Recht beeinträchtigt wird, an dem Entschädigungsanspruche dieselben Rechte, die ihm im Falle des Erlöschens seines Rechtes durch Zwangsversteigerung an dem Erlöse zustehen.

E. I, 31 Abs. 1 und 2; II, 26; III, 50.

I. Recht an Entschädigungsansprüchen bei Enteignung auf Grund reichsgesetzlicher Bestimmungen. Der Art. 31 des E. I hat in der II. Komm. eine Umarbeitung in die nunmehrigen Art. 52, 53 und 54 dieses Gesetzes erfahren, welche nicht bloß redaktionell, sondern auch in ihren Wirkungen nicht unerheblich vom ersten Entwurf abweichen (Mot. z. EG. 143 ff., P. VI, 598, 599, Reatz III, 33 ff.).

II. Nach Art. 32 EG. blieben die reichsgesetzlichen Vorschriften über die Enteignung **unberührt.** Das gleiche gilt nach Art. 109 Satz 1 EG. für die Vorschriften der Landesgesetze. Die landesgesetzlichen Vorschriften über das Verfahren bei Streitigkeiten, welche die Zwangsenteignung und die Entschädigung wegen derselben betrafen, hat § 15 Nr. 2 EG.ZPO. unberührt gelassen.

1. In die freie Befugnis, die Enteignung in sachlicher und verfahrensrechtlicher Beziehung zu regeln, hat die neue Reichsverfassung vom 11. Aug. 1919 eingegriffen. Nach Art. 7 Nr. 12 RV. hat nunmehr das Reich die Gesetzgebung über das Enteignungsrecht. Ein Reichs-Enteignungsgesetz ist aber bisher noch nicht erlassen. Eine erhebliche Einschränkung erfährt aber die Gesetzgebung sowohl des Reiches als der Länder durch **Art. 153 Abs. 2 RV.**; seinen zwingenden Vorschriften sind auch die Landesgesetze anzupassen, es dürfen Landesgesetze mit entgegenstehendem In-

---

*) Schrifttum: Feldhahn in GruchotsBeitr. Bd. 41 S. 318 ff., insbesondere S. 335 ff. (Das Reichsrayongesetz vom 21. Dez. 1871 in seiner Bedeutung für die Hypotheken- und Grundgläubiger nach Landes- und Reichsrecht); Ludowig, Erwirbt der Ersteher eines Grundstücks den Ersatzanspruch für den durch Bergwerkbetrieb zugefügten Schaden? JW. 1909 S. 94 ff.; Dochow, Enteignung und Reichsverfassung, PrVerwBl. Bd. 44 S. 389 ff.; M. Wolff, Reichsverfassung und Eigentum (in der Festgabe für Wilhelm Kahl), Tübingen 1923; Krückmann, Enteignung und Entziehung nach alter und neuer Reichsverfassung, Leipzig 1925.

halt nicht mehr erlassen werden, ältere Landesgesetze sind, soweit sie den Vorschriften des Art. 153 Abs. 2 RV. nicht entsprechen, aufgehoben (RGZ. Bd. 104 S. 138 ff., Bd. 109 S. 323).

Abs. 1 des Art. 153 gewährleistet das Eigentum mit dem Inhalt und den Schranken, wie sie sich aus den Gesetzen ergeben. Abs. 2 stellt die **Voraussetzungen auf, unter denen künftig eine Enteignung stattfinden darf**: die Enteignung darf grundsätzlich nur erfolgen zum Wohle der Allgemeinheit (s. über den Sinn dieser Beschränkung RGZ. Bd. 103 S. 202) und nur gegen eine angemessene Entschädigung (s. hiezu Anschütz, RV. Bem. 9 zu Art. 153, RGZ. Bd. 109 S. 322 f.); für den Streit über die Höhe der Entschädigung muß der Rechtsweg bei den ordentlichen Gerichten offen gehalten werden (s. hiezu RGZ. Bd. 104 S. 138). Von den beiden letzten Voraussetzungen läßt die Reichsverfassung Ausnahmen zu, es kann in diesen beiden Beziehungen durch Reichsgesetz ein anderes bestimmt werden (s. hiezu RGZ. Bd. 102 S. 161); den Reichsgesetzen stehen die Reichsverordnungen, die auf Grund reichsgesetzlicher Ermächtigung erlassen werden, gleich (RGZ. Bd. 102 S. 165, Bd. 107 S. 381 f.). Es kann also durch Reichsgesetz (nicht auch durch Landesgesetz) für bestimmte Enteignungsfälle verfügt werden, daß Enteignung ohne Entschädigung zulässig sei, ferner daß über die Höhe der Entschädigung andere Behörden als die ordentlichen Gerichte zu entscheiden haben. Die erstere Ausnahme erfährt aber wieder eine Einschränkung durch Satz 4 des Abs. 2: Enteignung durch das Reich gegenüber Ländern, Gemeinden und gemeinnützigen Verbänden (wozu auch die Kirchen gehören, s. Freytagh-Loringhoven, Die Weimarer Verfassung S. 342) kann nur gegen Entschädigung erfolgen, eine Abweichung von diesem Rechtssatze kann nicht durch gewöhnliches Reichsgesetz, sondern nur durch verfassungänderndes Gesetz (Art. 76 RV.) verfügt werden.

2. Auch der **Begriff der Enteignung** hat eine Wandelung erfahren. Im Sinne der Vorschriften der früheren Landesverfassungen wurde unter Enteignung nur derjenige Verwaltungsakt verstanden, durch welchen Privateigentum entzogen und auf einen anderen, den Staat oder einen Dritten, übertragen wurde; Enteignung führte stets zur Übereignung (vgl. hiezu RGZ. Bd. 61 S. 102 ff. und die S. 105 in den Noten 1 und 2 angeführten Schriften, Bd. 72 S. 88, Bd. 79 S. 65, 434, Bd. 97 S. 56). Im Sinne einer neueren Rechtsauffassung und jedenfalls des Art. 153 Abs. 2 der neuen RV. sind unter Enteignung nicht nur die Fälle zu verstehen, in denen im Verwaltungswege Eigentum zum Zwecke der Übertragung auf einen anderen entzogen wird, sondern auch alle diejenigen Fälle, in denen Privatrechte unmittelbar durch Gesetz aufgehoben werden, ohne daß eine Übertragung derselben stattfindet, überhaupt alle um des Gemeinwohles willen vorgenommenen Handlungen der Staatsgewalt, durch die der Eigentümer in dem Gebrauche der Sache und in der Verfügung darüber nicht nur vorübergehend beschränkt wird, so insbesondere Auflegung dinglicher Nutzungsrechte und Beschlagnahmen (Anschütz, RV. Bem. 6 zu Art. 153, M. Wolff S. 21 ff., Leibholz, Die Gleichstellung vor dem Gesetz S. 34 ff.; s. auch RGZ. Bd. 102 S. 161 ff., Bd. 103 S. 200 ff., Bd. 105 S. 253, Bd. 107 S. 269, 375, Bd. 109 S. 310 ff., Bd. 111 S. 226 ff., Bd. 116 S. 268 ff. und hiezu Sölling in JurRundsch. 1928 S. 40, Rieß in LZ. 1928 Sp. 217; Bay. KompKonflGer. vom 18. Mai 1921, LZ. 1921 Sp. 422; and. Ans. Giese, RV. Bem. 2 zu Art. 153 und nun BayKompKonflGer. vom 13. Okt. 1927, BayVerwBl. 1928 S. 57 ff.; über Enteignung von Eigentum und anderen dinglichen Rechten durch Polizeiverordnung s. auch BayObLGSt. Bd. 26 S. 114 ff. und die Bem. zu Art. 109).

Es gelten also die Beschränkungen des Art. 153 Abs. 2 RV. für alle Enteignungsfälle in diesem Sinne.

3. Rückwirkende Kraft haben die Vorschriften des Art. 153 Abs. 2 RV. nicht, auf Enteignungsfälle, die vor dem 14. Aug. 1919, dem Tage des Inkrafttretens der neuen RV. (Art. 181 daselbst), vorgenommen worden sind, finden sie keine Anwendung (RG. in WarnE. 1923/24 Nr. 182).

4. Art. 155 Abs. 2 Satz 1 RV. läßt insbesondere die Enteignung von Grundbesitz, dessen Erwerb zur Befriedigung des Wohnungsbedürfnisses, zur Förderung der Siedelung und Urbarmachung und zur Hebung der Landwirtschaft nötig ist, zu. Endlich kann nach Art. 156 Abs. 1 Satz 1 RV. das Reich durch Gesetz, unbeschadet der Entschädigung, in sinngemäßer Anwendung der für die Enteignung geltenden Bestimmungen, für die Vergesellschaftlichung (vgl. Art. 7 Nr. 13 RV.) geeignete private Unternehmungen in Gemeineigentum überführen.

III. Die Art. 52 bis 54 ff. **ergänzen** die Reichsgesetze über Enteignung durch Vorschriften über die Rechte der an der enteigneten Sache (in dem unter

Bem. 2 erläuterten weiteren Sinne) berechtigten Personen gegen den Eigentümer an der ihm für die Enteignung gewährten Entschädigung. Die Art. 52, 53 beziehen sich auf alle Fälle, in denen auf Grund eines Reichsgesetzes dem Eigentümer einer Sache wegen der im öffentlichen Interesse erfolgenden Entziehung, Beschädigung oder Benutzung der Sache oder wegen Beschränkung des Eigentums eine Entschädigung zu gewähren ist und einem Dritten ein Recht an der Sache zusteht, für das eine besondere Entschädigung nicht gewährt wird (RGZ. Bd. 71 S. 267 ff.; s. aber unten Bem. IV, e). Art. 52 regelt allgemein den Anspruch des Dritten, dessen Recht durch die Enteignungsmaßnahmen beeinträchtigt ist; die Regelung erschien erforderlich, da „die hier einschlägigen Enteignungsgesetze eine staatliche Entschädigungspflicht lediglich dem Eigentümer gegenüber bestimmen, die Regelung der Frage aber, welche Rechte anderen Realberechtigten außer dem Eigentümer an der den letzteren wegen des Eingriffs zu gewährenden Entschädigung zustehen, dem Privatrecht überlassen" (Mot. z. EG. 143). Art. 53 enthält weitere Vorschriften für den Fall, daß die Entschädigung dem Eigentümer eines Grundstücks gewährt wird. Art. 54 trifft im Anschluß hieran eine Sonderbestimmung für die nach dem Reichs-Rayongesetz zu zahlende Entschädigung.

Die Vorschriften der Art. 52, 53 finden auf Schäden Anwendung, die vor dem Jahre 1900 geregelt wurden, soferne die Entschädigung erst nach diesem Zeitpunkt zahlbar ist (RGZ. Bd. 61 S. 226 ff.).

IV. Art. 52 stellt folgende **allgemeine Voraussetzungen** für die von ihm getroffene Regelung der Rechte des Drittberechtigten auf:

1. Dem Eigentümer einer Sache muß eine Entschädigung gewährt werden und zwar entweder

a) wegen Entziehung der Sache oder

b) wegen Beschädigung der Sache oder

c) wegen Benutzung der Sache oder endlich

d) wegen Beschränkung des Eigentums an der Sache.

Damit sind alle Fälle erfaßt, welche auch nach Art. 153 Abs. 2 RV. unter den Begriff der Enteignung zu bringen sind (s. oben Bem. II). Die Sache kann eine bewegliche oder eine unbewegliche sein; wegen der unbeweglichen Sachen s. die Sondervorschriften in Art. 53.

2. Die Maßnahme im Sinne von 1, a—d, die zur Entschädigung des Eigentümers der Sache Anlaß gibt, muß im öffentlichen Interesse getroffen sein. Art. 52 EG. deckt sich insoferne mit der Vorschrift des Art. 153 Abs. 2 Satz 1 RV., welche die Enteignung nur zum Wohle der Allgemeinheit zuläßt (s. hiezu oben Bem. II).

3. Die Maßnahme muß auf Grund eines Reichsgesetzes getroffen sein. Wegen der Anwendung des Art. 52 bei Maßnahmen auf Grund Landesrecht s. Art. 109 Satz 2 EG., wegen der Anwendung im Bergrecht Art. 67 Abs. 2 EG.

4. Das Recht des Dritten muß infolge der zu Lasten des Eigentümers getroffenen Maßnahme in bezug auf die belastete Sache beeinträchtigt sein und dem Dritten darf wegen dieser Beeinträchtigung nicht eine besondere Entschädigung gewährt worden sein.

V. Unter den in Bem. IV aufgeführten Voraussetzungen treten für den Drittberechtigten folgende **Rechtswirkungen** ein: Soweit sein Recht beeinträchtigt ist, erlangt er an dem Entschädigungsanspruch des Eigentümers die nämlichen Rechte, die ihm im Falle des Erlöschens seines Rechts durch Zwangsversteigerung an dem Versteigerungserlöse zustehen würden. Ein allgemeiner Rechtssatz, daß an die Stelle der enteigneten Sache der Entschädigungsanspruch trete, besteht nicht (RGZ. Bd. 94 S. 21 ff.). Der Grund für die entsprechende Anwendung der Vorschriften über die Zwangsversteigerung ist darin zu erblicken, daß es sich in den Fällen der Enteignung und der Zwangsversteigerung um das gleiche Rechtsverhältnis handelt und um die gleichen wirtschaftlichen Beziehungen; in beiden Fällen war der Gegenstand allen Beteiligten entzogen und tritt an die Stelle desselben eine Geldsumme (P. II, 8953 ff.).

1. Handelt es sich um ein Recht an einem Grundstück oder an einem Recht, für welches die sich auf Grundstücke beziehenden Vorschriften gelten (§ 864 Abs. 1, § 870 ZPO., § 11 ErbbauVO. vom 15. Jan. 1919, Art. 63, 67—69, 196 EG.BGB.), so sind die Grundsätze und Vorschriften des ZVG. anzuwenden:

a) Ist das beeinträchtigte Recht auf Zahlung eines Kapitals gerichtet (Hypothek, Grundschuld, Ablösungssumme für eine Rentenschuld oder eine

Reallast), so tritt an die Stelle des Rechts der Anspruch auf Zahlung des entsprechenden Betrages aus der Entschädigungssumme (§§ 10, 117 ZVG.; vgl. RG. in JW. 1908 S. 736).

b) Ist das Recht nicht auf Zahlung eines Kapitals gerichtet (Grunddienstbarkeiten, §§ 1018 ff., Reallasten, §§ 1105 ff., dingliche Vorkaufsrechte, die nicht auf den Fall des Verkaufs durch den Besteller beschränkt sind, § 1097 2. Halbsatz BGB., die durch Art. 113 EG. aufrecht erhaltenen landesgesetzlich geregelten ablösbaren Rechte), so tritt an die Stelle des Rechts der Anspruch auf Ersatz des Wertes aus der Entschädigungssumme (§ 92 Abs. 1 ZVG.). Ist für das Recht ein Höchstbetrag des Wertersatzes oder eine Ablösungssumme im Grundbuch nicht eingetragen (§ 882 BGB.), so ist der Wert durch Schätzung zu ermitteln und erforderlichenfalls im Prozeßwege festzustellen.

c) Ist das beeinträchtigte Recht ein Nießbrauch (§§ 1030 ff.), eine beschränkte persönliche Dienstbarkeit (§§ 1090 ff.) oder eine Reallast von unbestimmter Dauer (§§ 1105 ff.; z. B. Altenteils-, Austragsrechte), so ist der Wertersatz aus der Entschädigungssumme durch Zahlung einer Geldrente zu leisten, die dem Jahreswerte des Rechtes gleichkommt; die Rente ist für drei Monate vorauszuzahlen; der Anspruch auf eine fällig gewordene Zahlung verbleibt dem Berechtigten auch dann, wenn das Recht auf die Rente vor dem Ablauf der drei Monate erlischt (§ 92 Abs. 2 ZVG.). Ist ein Höchstbetrag des Rechts im Grundbuch eingetragen, so sind im Zweifel die Zinsen aus diesem Betrage als Rente zu gewähren (vgl. Jäckel-Güthe Komm. z. ZVG. Bem. 7 zu § 92).

d) Ist das beeinträchtigte Recht ablösbar (Rentenschuld, §§ 1199 ff. BGB., Reallast, Art. 114, 116 EG.), so bestimmt sich der Betrag der Ersatzleistung aus der Entschädigungssumme durch die Ablösungssumme (§ 92 Abs. 3 ZVG., s. auch oben unter a).

e) Darüber, daß sich aus Art. 52 (und § 45 Abs. 2 des preuß. EnteignG.) nicht der allgemeine Rechtssatz herleiten läßt, daß in allen Fällen der Enteignung die Entschädigungssumme hinsichtlich aller Eigentums-, Nutzungs- und sonstigen Realansprüche an die Stelle der enteigneten Sache tritt, s. RGZ. Bd. 94 S. 20 ff.

2. Handelt es sich um ein Recht an einer beweglichen Sache, so kommt § 1247 Satz 2 BGB. in Betracht; die Entschädigungssumme für die Entziehung, Beschädigung, Benützung der Sache oder Beschränkung des Eigentums daran tritt an die Stelle der Sache (Surrogationsprinzip; s. Bd. III Bem. 3 zu § 1247).

VI. **An einzelnen Reichsgesetzen**, welche die Enteignung zulassen und durch die Vorschriften der Art. 52, 53 ihre Ergänzung finden (Bem. 3), sind zu nennen und zwar:

ältere vor der RV. vom 11. Aug. 1919 erlassene Reichsgesetze:

§ 51 der Gewerbeordnung (Untersagung einer gewerblichen Anlage im Interesse des Gemeinwohls),

RinderpestG. vom 7. April 1869 § 3 (Tötung von Tieren),

RayonG. vom 21. Dez. 1871 §§ 34 ff. (Beschränkung des Grundeigentums in der Nähe von Festungen) und §§ 44 ff. (Armierung von Befestigungen); vgl. auch Art. 54 mit Bem.,

KriegsleistungsG. vom 13. Juni 1873 (RGBl. S. 129 ff.) §§ 14—27, nun aufgehoben durch G. vom 19. März 1924 (RGBl. I S. 285),

NaturalleistungsG. vom 13. Febr. 1875 i. d. F. der Bek. vom 6. April 1925 (RGBl. I S. 44 ff.) §§ 14, 16,

Strandungsordnung vom 17. Mai 1874 § 25 i. d. F. des Art. I des RGes. vom 30. Dez. 1901 (RGBl. 1902 S. 1),

G. zur Bekämpfung der Reblaus vom 6. Juli 1904 (RGBl. 1904 S. 261 ff.) § 6, hiezu VO. vom 24. Juli 1904 (RGBl. S. 325),

ViehseuchenG. vom 26. Juni 1909 (RGBl. 1909 S. 519 ff.) §§ 66 ff.,

TelegraphenwegeG. vom 18. Dez. 1899 (RGBl. 1899 S. 705 ff.) § 12 i. d. F. des G. vom 7. März 1908 (RGBl. 1908 S. 79),

G. betr. Bekämpfung gemeingefährlicher Erkrankungen vom 30. Juni 1900 (RGBl. 1900 S. 306 ff.) §§ 11, 29 ff. (s. zu § 29 RGZ. Bd. 60 S. 256); dazu Bek. vom 21. Febr. 1904 (RGBl. S. 67 ff.), abgeändert durch Bek. vom 5. April 1907 (RGBl. S. 91 ff.), vom 10. Juli 1913 (RGBl. S. 572 ff.) und vom 24. Febr. 1920 (RGBl. S. 281 ff.), Bek. vom 11. April 1907 (RGBl. S. 95) und vom 29. Aug. 1907 (RGBl. S. 563 ff.), abgeändert durch die Bek. vom 24. Febr. 1920;

neuere Reichsgesetze:

SozialisierungsG. vom 23. März 1919 (RGBl. 1919 S. 341 f.) §§ 2—4; s. hiezu Art. 156 Abs. 1 Satz 1 RV. (s. oben Bem. 2),

G. betr. die Sozialisierung der Elektrizitätswirtschaft vom 13. Dez. 1919 (RGBl. 1920 S. 19 ff.) §§ 2 ff., 15,

G. über Enteignungen und Entschädigungen aus Anlaß des Friedensvertrags zwischen Deutschland und den alliierten und assoziierten Mächten vom 31. Aug. 1919 (RGBl. 1919 S. 1527 ff.),

ReichssiedelungsG. vom 11. Aug. 1919 (RGBl. 1919 S. 1429 ff.) § 15 i. d. F. des Art. II des G., betr. Ergänzung des ReichssiedelungsG., vom 7. Juni 1923 (RGBl. 1923 I S. 364 ff.) § 24, G. vom 7. Juni 1923 Art. I und G. zur Abänderung des ErgänzungsG. zum ReichssiedelungsG., vom 18. Aug. 1923 (RGBl. 1923 I S. 805),

ReichsheimstättenG. vom 10. Mai 1920 (RGBl. 1920 S. 962 ff. mit Berichtigung S. 1218) § 28,

RG. über Enteignungsrecht von Gemeinden bei Aufhebung oder Ermäßigung von Rayonbeschränkungen vom 27. April 1920 (RGBl. 1920 S. 697 ff.),

VO., betr. Vergütung für die an Abdeckereien abzuliefernden Tiere, Tierkörper und Tierkörperteile, vom 4. Mai 1920 (RGBl. 1920 S. 891) Art. I (s. hiezu RGZ. Bd. 107 S. 377, wo die Rechtsgültigkeit dieser VO. bejaht wird),

LuftverkehrG. vom 1. Aug. 1922 (RGBl. 1922 I S. 681 ff.) §§ 15, 16,

VO. über Notstandsversorgung vom 13. Juli 1923 (RGBl. 1923 I S. 718 ff.) §§ 8—10,

WohnungsmangelG. vom 26. Juli 1923 (RGBl. 1923 I S. 754 ff.) § 6,

VO. über die Vereinfachung der Genossenschaftsbildung und die Förderung der Ödlanderschließung vom 13. Febr. 1924 (RGBl. 1924 I S. 111 ff.) Art. II §§ 1—3,

ReichspostfinanzG. vom 18. März 1924 (RGBl. 1924 I S. 287 ff.) § 14,

RG. über die Deutsche Reichsbahngesellschaft vom 30. Aug. 1924 (RGBl. 1924 II S. 272 ff.) § 38.

VII. Wegen der landesrechtlichen Enteignungsfälle s. Art. 109, wegen der Anwendung des Art. 52 auf die Entschädigung wegen Beschädigung durch Bergbau s. Art. 67 mit Bem.; die Vorschriften der Art. 52, 53 finden in beiden Fällen nur Anwendung, soweit die Landesgesetze nicht ein anderes bestimmen (Art. 67 Abs. 2, Art. 109 Satz 2).

VIII. Einen reichsrechtlichen Vorbehalt gegenüber den Vorschriften der Art. 52, 53 enthält Art. 54 für die nach dem Reichsrayongesetz zu leistende Entschädigung.

Art. 53.

Ist in einem Falle des Artikel 52 die Entschädigung dem Eigentümer eines Grundstücks zu gewähren, so finden auf den Entschädigungsanspruch die Vorschriften des § 1128 des Bürgerlichen Gesetzbuchs entsprechende Anwendung. Erhebt ein Berechtigter innerhalb der im § 1128 bestimmten Frist Widerspruch gegen die Zahlung der Entschädigung an den Eigentümer, so kann der Eigentümer und jeder Berechtigte die Eröffnung eines Verteilungsverfahrens nach den für die Verteilung des Erlöses im Falle der Zwangsversteigerung geltenden Vorschriften beantragen. Die Zahlung hat in diesem Falle an das für das Verteilungsverfahren zuständige Gericht zu erfolgen.

Ist das Recht des Dritten eine Reallast, eine Hypothek, eine Grundschuld oder eine Rentenschuld, so erlischt die Haftung des Entschädigungsanspruchs, wenn der beschädigte Gegenstand wiederhergestellt oder für die entzogene bewegliche Sache Ersatz beschafft ist. Ist die Entschädigung wegen Benutzung des Grund=

stücks oder wegen Entziehung oder Beschädigung von Früchten oder von Zubehörstücken zu gewähren, so finden die Vorschriften des § 1123 Abs. 2 Satz 1 und des § 1124 Abs. 1, 3 des Bürgerlichen Gesetzbuchs entsprechende Anwendung.

E. I, 31 Abs. 1 und 2; II, 27; III, 51.

I. Vgl. über die allgemeinen Voraussetzungen, unter denen Art. 53 Anwendung findet, und die Anwendungsfälle die Bem. zu Art. 52, ferner P. VI, 464—469, 586.

II. Art. 53 gibt besondere Vorschriften für den Fall, daß Gegenstand der Enteignung im Sinne des Art. 52 ein **Grundstück** oder eine bewegliche Sache ist, auf die sich die Haftung des Grundstücks gegenüber dem Realberechtigten erstreckt (s. unten Bem. 2).

1. Ist die Entschädigung für die Entziehung oder Beschädigung des Grundstücks oder die Beschränkung des Eigentums daran zu gewähren, so finden auf das Verhältnis der Beteiligten (Entschädigungspflichtiger, Eigentümer, Realberechtigte) hinsichtlich der Entschädigungssumme die Vorschriften des § 1128 (über die Haftung der Gebäude-Versicherungssumme) entsprechende Anwendung, ergänzt durch die Vorschriften des Art. 53 Abs. 1 Satz 2 und 3 über die Wirkungen eines Widerspruches des Realberechtigten gegen die Auszahlung der Entschädigungssumme an den Eigentümer. Hienach gilt folgendes:

a) Für die Haftung der Entschädigungssumme und ihre Auszahlung gelten im allgemeinen die Vorschriften der §§ 1279—1290 BGB. (§§ 1128 Abs. 2 1. Halbsatz). Der Realberechtigte hat ohne weiteres ein gesetzliches Pfandrecht an der Forderung auf Zahlung der Entschädigung, die Ausübung seiner Rechte richtet sich nach den Vorschriften über das Forderungspfandrecht; s. über die sich im einzelnen hieraus ergebenden Folgerungen Bem. 1 zu § 1128 in Bd. III. Der Entschädigungspflichtige kann sich nicht darauf berufen, daß er ein aus dem Grundbuch ersichtliches Recht eines Dritten nicht gekannt habe (§ 1128 Abs. 2, 2. Halbsatz).

b) Nach § 1281 BGB. kann der Entschädigungspflichtige grundsätzlich nur an die Realberechtigten und den Grundstückseigentümer gemeinsam leisten, zur Auszahlung der Entschädigung an den Eigentümer allein muß die Zustimmung aller Realberechtigten beigebracht werden. Der Entschädigungspflichtige kann die Entschädigung hinterlegen und es den Beteiligten überlassen, ihre Ansprüche an dieselbe im Rechtsstreite gegeneinander geltend zu machen. Es ist jedoch in entsprechender Anwendung des § 1128 Abs. 1 ein Weg eröffnet, unter bestimmten Voraussetzungen die **Auszahlung der Entschädigungssumme an den Grundstückseigentümer allein** zu ermöglichen. Diese **Voraussetzungen** sind:

α) Der Entschädigungspflichtige oder der Grundstückseigentümer muß von dem Eintritt des Entschädigungsfalles Anzeige an den Realberechtigten machen, soferne sie nicht untunlich ist (z. B. nur nach den Vorschriften über die öffentliche Zustellung ausführbar wäre);

β) Seit dem Empfang der Anzeige (s. Bem. 3 zu § 130 in Bd. I, auch § 132 BGB.) und, wenn die Anzeige untunlich war, seit der Fälligkeit der Entschädigungssumme (die sich aus den Vorschriften der einzelnen einschlägigen Gesetze, sonst aus der allgemeinen Vorschrift des § 271 BGB. ergibt) muß ein Monat abgelaufen sein, ohne daß der Realberechtigte Widerspruch gegenüber dem Entschädigungspflichtigen gegen die Zahlung der Entschädigung erhoben hat; wegen der Berechnung der Frist s. § 187 Abs. 1, § 188 Abs. 2 BGB.

Beim Vorliegen dieser Voraussetzungen wird die stillschweigende Zustimmung der benachrichtigten (oder für eine Anzeige nicht erreichbaren) Realberechtigten zur Auszahlung der Entschädigung an den Grundstückseigentümer allein angenommen; der Schuldner wird durch die Leistung an ihn von der Haftung gegenüber dem Dritten frei (s. das Nähere Bem. 2 zu § 1128 in Bd. III).

c) Ist rechtzeitig Widerspruch erhoben, so ist damit die Auszahlung der Entschädigung verhindert. Einer Einigung des Grundstückseigentümers mit dem Realberechtigten über die Verteilung der Entschädigung steht an sich nichts im Wege (vgl. den nach § 1128 Abs. 2 anwendbaren § 1284 BGB.). Um aber beim Vorhandensein mehrerer Realberechtigter die Feststellung der Anteile der einzelnen Berechtigten und die Verteilung zu erleichtern, kann der Grundstückseigentümer und jeder Realberechtigte die Einleitung eines **Verteilungsverfahrens** beantragen (Art. 52 **Abs. 1 Satz 2**). Der Antrag ist an keine Frist gebunden und auch noch während eines Rechtsstreites der Beteiligten zulässig. Zuständig ist das Amtsgericht, in dessen Bezirk das von der Eintragung betroffene Grundstück liegt (§ 1 ZVG.). Für das Verfahren sind die Vorschriften der §§ 105 ff. ZVG. maßgebend. Sobald der Antrag gestellt ist, kann sich der Entschädigungspflichtige nicht mehr durch Hinterlegung bei der ordentlichen Hinterlegungsstelle befreien (§ 1281 BGB.), sondern muß die Entschädigungssumme an das für das Verteilungsverfahren zuständige Gericht zahlen (Abs. 1 **Satz 3**).

2. Ist die Entschädigung zu gewähren

nur wegen Benützung des Grundstücks oder

wegen Entziehung oder Beschädigung von Früchten oder von Zubehörstücken des Grundstückes, auf welche sich die Haftung des Grundstücks erstreckt (§§ 1120, 1192 Abs. 1 BGB.),

so finden die Vorschriften des § 1123 Abs. 2 Satz 1 und des § 1124 Abs. 1 und 3 BGB. (über die Haftung von Miet- und Pachtzinsen des Hypothekgegenstandes) entsprechende Anwendung (**Abs. 2 Satz 2**; vgl. die entsprechende Vorschrift in § 1129 BGB.). Das bedeutet:

a) Der Entschädigungspflichtige kann grundsätzlich die Entschädigung ohne Haftung gegenüber den Realberechtigten auszahlen und zwar sowohl an den Grundstückseigentümer selbst als an einen Dritten, dem er die Forderung abgetreten oder verpfändet hat; der Realberechtigte geht dem Pfandgläubiger der Forderung im Range nach (§ 1124 Abs. 1).

Der Übertragung der Entschädigungsforderung auf einen Dritten steht es gleich, wenn das Grundstück, das oder dessen Früchte oder Zubehörstücke von der Enteignungsmaßnahme im Sinne des Art. 53 Abs. 2 Satz 2 betroffen sind, veräußert wird, ohne daß zugleich die Forderung auf Entschädigung auf den Erwerber übertragen wird (§ 1124 Abs. 3); denn in diesem Falle hört die Verbindung zwischen Grundstück und Forderung auf.

b) Die Auszahlung der Entschädigung an den Eigentümer kann der Realberechtigte nur durch rechtzeitige Beschlagnahme der Forderung verhindern, nämlich durch Pfändung des Entschädigungsanspruchs, Pfändungsbenachrichtigung oder einstweilige Verfügung (§§ 828 ff., 845, 935 ff. ZPO.).

Das Recht des Realberechtigten zur Beschlagnahme des Entschädigungsanspruchs mit dieser Wirkung besteht nicht mehr bzw. erlischt,

α) wenn der Grundstückseigentümer die Forderung schon abgetreten oder verpfändet hat (§ 1124 Abs. 1 Satz 2),

β) wenn das Grundstück ohne die Forderung veräußert ist (§ 1124 Abs. 3) und außerdem

γ) wenn seit dem Eintritt der Fälligkeit des Entschädigungsanspruchs (s. oben Bem. 1, b, β) ein Jahr verstrichen ist (§ 1123 Abs. 2 Satz 1).

3. Nach **Abs. 2 Satz 1** des Art. 53 **erlischt** die **Haftung** des Entschädigungsanspruchs, wenn das dingliche Recht des Dritten auf Zahlung eines Geldbetrages gerichtet ist (Hypothek, Grundschuld, Rentenschuld, Reallast; s. Bem. 5, a, α zu Art. 52), in folgenden beiden Fällen:

a) wenn für die dem Eigentümer entzogene bewegliche Sache, auf welche sich die Haftung des Grundstücks erstreckte (§§ 1120, 1192 Abs. 1 BGB.), Ersatz in Natur beschafft ist,

b) wenn die — unbewegliche oder bewegliche — Sache dem Eigentümer nicht entzogen, sondern nur beschädigt war und wiederhergestellt ist.

An den wiederbeschafften oder wiederhergestellten Gegenständen bestehen ohne weiteres wieder die Rechte des Dritten, wie sie an den entzogenen oder beschädigten Gegenständen bestanden hatten (vgl. auch die entsprechende Vorschrift in § 1127 Abs. 2 BGB. und Bem. II, 2 zu § 1127 in Bd. III).

III. Die Entschädigungsforderung wird auch frei von der Haftung durch ein nach Landesrecht erteiltes Unschädlichkeitszeugnis; Art. 120 Abs. 2 Nr. 3 EG., s. Bem. 2, A, d zu Art. 120.

IV. Wegen der landesrechtlichen Enteignungsfälle s. Art. 109 Satz 2, wegen Anwendung des Art. 53 auf die Entschädigung wegen Beschädigung durch Bergbau Art. 67 Abs. 2; s. auch Bem. VII zu Art. 52.

V. Art. 53 war auch anwendbar auf die Entschädigung für Enteignungsmaßnahmen, die vor dem 1. Januar 1900 vorgenommen worden waren, wenn die Entschädigung erst nach diesem Zeitpunkt auszuzahlen war (RGZ. Bd. 61 S. 226 ff.).

Art. 54.*)

Die Vorschrift des § 36 Abs. 4 des Gesetzes, betreffend die Beschränkungen des Grundeigentums in der Umgebung von Festungen, vom 21. Dezember 1871 (Reichs-Gesetzbl. S. 459) wird durch die Vorschriften der Artikel 52, 53 nicht berührt. Findet nach diesen Vorschriften ein Verteilungsverfahren statt, so ist die Entschädigung auf Ersuchen des für das Verfahren zuständigen Gerichts an dieses zu leisten, soweit sie zur Zeit der Stellung des Ersuchens noch aussteht.

Die Vorschrift des § 37 desselben Gesetzes wird dahin geändert:

> Ist das Grundstück mit einem Rechte belastet, welches durch die Beschränkung des Eigentums beeinträchtigt wird, so kann der Berechtigte bis zum Ablauf eines Monats, nachdem ihm der Eigentümer die Beschränkung des Eigentums mitgeteilt hat, die Eröffnung des Verteilungsverfahrens beantragen.

E. I, 31 Abs. 3; II, 28; III, 52.

1. Der Art. 31 Abs. 3 des E. I lautete:

„Die Vorschrift des § 36 Abs. 4 des Gesetzes betr. die Beschr. des Grundeigentums in der Umgebung von Festungen vom 21. Dezember 1871 bleibt unberührt. Die Vorschrift des § 37 desselben Gesetzes wird aufgehoben."

Die nunmehrige Fassung des Artikels beruht auf dem Beschlusse der II. Komm. Vgl. Bem. 1 zu Art. 52.

2. Das **Rayongesetz** unterwirft die Benutzung des Grundeigentums in der nächsten Umgebung von permanenten Befestigungen gewissen dauernden Beschränkungen, für welche das Reich Entschädigung gewährt und zwar nach § 36 Abs. 1—3 je nach den gegebenen Voraussetzungen entweder in einer Rente oder in einer Kapitalsabfindung.

Abs. 4 des § 36 lautet:

„Die Rente wird dem jeweiligen im Rayonkataster bezeichneten Besitzer des Grundstücks in vierteljährigen Raten postnumerando bezahlt."

Diese (in RGZ. Bd. 17 S. 33 erläuterte) Vorschrift wird nach Art. 54 Abs. 1 durch die Vorschriften der Art. 52 und 53 nicht berührt; die Festungskasse bleibt also berechtigt, an den im Rayonkataster eingetragenen Besitzer des Grundstücks ohne Rücksicht auf die Haftung der Rente für Ansprüche von dinglich Berechtigten (Art. 52) und ohne Rücksicht auf die in Art. 53 festgesetzte Zahlungssperre zu bezahlen. Diese Befugnis erlischt erst mit dem Zeitpunkt, in welchem nach den Vorschriften der Art. 52

---

*) Vgl. hierzu die Abhandlung von Feldhahn in GruchotsBeitr. Bd. 41 S. 318 ff. Wegen der Berechtigung des Reichs zur Anlage von Festungen innerhalb des Reichsgebiets vgl. RGes. vom 30. Mai 1873 (RGBl. S. 123), Art. 65 der alten Reichsverfassung vom 16. April 1871; dazu Laband, Staatsrecht des Deutschen Reichs IV S. 71 ff. Über Rückgabe entbehrlich werdender Festungsgrundstücke vgl. RGes. vom 25. Mai 1873 (RGBl. S. 113 f., §§ 7, 8) und RGes. vom 30. Mai 1873 (RGBl. S. 124), Art. IV, V. Wegen der Abrüstung und Schleifung bestehender Festungen und Befestigungen und der Beschränkung in der Anlage neuer Befestigungen s. Art. 180 des Friedensvertrages vom 16. Juli 1919.

Siehe jetzt ferner VO. vom 13. Febr. 1924 über das Belassen von Befestigungsanlagen, RGBl. 1924 I S. 90 ff. (betrifft Befestigungsanlagen, die während des Krieges hergestellt worden sind), RGes. vom 25. Aug. 1924 betr. das Eingehen deutscher Festungen, RGBl. 1924 I S. 693 ff. (regelt den Wegfall der Rayonbeschränkungen und das Aufhören der Zahlung der Rayonentschädigungsrenten in den nach dem Gesetze eingehenden Festungen) und hiezu VO. vom 22. Jan. 1926 über die Aufhebung von Rayonbeschränkungen, RGBl. I S. 98, und Bek. vom 27. Mai 1926 gleichen Betr., RGBl. I S. 251; s. ferner RGes. vom 27. April 1920 über Enteignungsrecht von Gemeinden bei Aufhebung oder Ermäßigung von Rayonbeschränkungen, RGBl. 1920 S. 697 ff.

und 53 ein Verteilungsverfahren beantragt ist (s. Bem. II, 1, c zu Art. 53; s. auch unten Bem. 3) und das hierfür zuständige Gericht an die Festungskasse das Ersuchen richtet, die Entschädigung an das Gericht zu bezahlen. Von diesem Zeitpunkt an darf sie nicht mehr an den Eigentümer bezahlen, sondern muß im jeweils noch bestehenden Betrag an das für das Verteilungsverfahren zuständige Gericht leisten; durch diese Leistung wird sie von jeder weiteren Haftung befreit (vgl. P. VI, 469, 605).

Die Vorschrift in § 36 Abs. 5, wonach geringfügige Renten kapitalisiert und sofort ausbezahlt werden, ist unberührt geblieben (Planck Bem. 1).

3. § 37 des Rayongesetzes lautete bisher:

„Welche Rechte anderen Realberechtigten an der Entschädigung zustehen, bestimmt sich nach den Landesgesetzen."

Die nunmehrige Vorschrift des § 37 gibt den Realberechtigten nicht alle ihnen in anderen Enteignungsfällen zustehenden Rechte, sondern hat im Zusammenhalte mit Abs. 1 des Art. 54 folgende Tragweite (vgl. hierzu auch Feldhahn a. a. O. S. 336, 337):

a) Die Festungskasse hat nicht die in Art. 53 EG. mit § 1128 BGB. dem Entschädigungspflichtigen auferlegte Verpflichtung, dem Realberechtigten Anzeige zu machen und mit der Zahlung an den Eigentümer nach Maßgabe des § 1128 BGB. zurückzuhalten.

b) Wohl aber ist sie befugt, die Zahlung an den Eigentümer zu verweigern, bis dieser den Realberechtigten Anzeige gemacht hat und die Frist von einem Monat abgelaufen ist.

c) Die Realberechtigten haben, wenn sie verhindern wollen, daß die Festungskasse an den Eigentümer bezahlt, nur das Mittel, die Eröffnung des Verteilungsverfahrens zu beantragen; denn erst das Ersuchen des Gerichts, nicht etwa schon ein Widerspruch des Realberechtigten gegenüber der Festungskasse, verpflichtet letztere, nicht mehr an den Eigentümer zu zahlen. Der Antrag auf Einleitung des Verteilungsverfahrens ist nur zulässig bis zum Ablaufe eines Monats, nachdem der Eigentümer von der Beschränkung des Eigentums Mitteilung gemacht hat, der Antrag kann aber auch vor der Mitteilung des Eigentümers gestellt werden.

4. Aus der Rechtsprechung zum Rayongesetz s. RGZ. Bd. 22 S. 31 ff., Bd. 24 S. 29 ff., Bd. 43 S. 15 ff., Bd. 71 S. 267 ff., Bd. 76 S. 49 ff., Bd. 83 S. 407 ff., Bd. 84 S. 151 ff., 298 ff., Bd. 90 S. 361 ff., Bd. 97 S. 51 ff.

Dritter Abschnitt.

Verhältnis des Bürgerlichen Gesetzbuchs zu den Landesgesetzen.*)

Vorbemerkungen.

A. Der III. Abschnitt regelt das Verhältnis des BGB. zu den Landesgesetzen und stellt in Art. 55 den Grundsatz an die Spitze, daß durch das BGB. das Landesprivatrecht in seiner Gesamtheit aufgehoben und ausgeschlossen wird, mag es mit dem im BGB. enthaltenen Rechte inhaltlich übereinstimmen, diesem Rechte widerstreiten oder Lücken seiner Satzungen ergänzen (Mot. z. EG. 146).

Man bezeichnet diesen Grundsatz als **Kodifikationsprinzip**, weil er die gesetzgeberische Absicht ausdrückt, das Reichsprivatrecht als ein einheitliches Ganzes zu regeln. Daß alles in diesem einheitlichen Ganzen, dem neuen Kodex des Reichsprivatrechts, enthaltene Privatrecht solches Landesprivatrecht aufgehoben hat, das die im BGB. geregelten Rechtsverhältnisse betrifft, folgt nicht aus aus diesem Kodifikationsprinzip an sich, sondern in Verbindung damit aus Art. 2 der alten Reichsverfassung, wonach Reichsgesetze den Landesgesetzen vorgehen; auch die neue Reichsverfassung vom 11. Aug. 1919 hat in Art. 13 Abs. 1 wieder ausgesprochen: „Reichsrecht bricht Landesrecht" (s. über diesen Grundsatz Stier-

*) Zitelmann, Zum Grenzstreit zwischen Reichs- und Landesrecht, Leipzig 1902.

(Somlo im Handwörterbuch der Rechtswissenschaften Bd. V S. 17f.). Das jetzige Reichsrecht ist darnach im Gegensatz zu demjenigen des älteren deutschen Rechts **zwingend** oder **absolut gemeines Recht**, d. h. es kann durch Landesgesetze auch in Zukunft nicht ausgeschlossen oder abgeändert werden. Aber auch eine bloß subsidiäre Geltung der Landesgesetze, mag es sich um früher entstandene oder um zukünftige handeln, ist in den durch das BGB. geregelten Stoffen nach diesem Kodifikationsprinzipe grundsätzlich ausgeschlossen. Dies folgt aus Art. 55 dieses Gesetzes; eine ergänzende Regelung dieser Rechtsstoffe durch Landesgesetze ist nur gestattet, soweit das BGB. oder dieses Gesetz kraft ausdrücklicher Vorbehalte landesgesetzliche Regelung gestattet.

Von der Kodifikation des BGB. werden nicht berührt:

I. selbstverständlich alle Rechtsgebiete, welche nicht dem bürgerlichen Rechte angehören; dazu sind das öffentliche Recht, das Verfahren in bürgerlichen Rechtsstreitigkeiten und das Verfahren in der freiwilligen Rechtspflege zu rechnen. (Vgl. Bem. 3, 4, 5 zu Art. 55.)

II. Von der Kodifikation werden weiter nicht berührt die privatrechtlichen Vorschriften der Landesgesetze, zu deren Gunsten bereits im BGB. ein anderes bestimmt, also ein Vorbehalt gemacht ist (Bem. 2 zu Art. 55).

III. Endlich fallen nicht unter die Kodifikation die privatrechtlichen Vorschriften, hinsichtlich deren zugunsten der Landesgesetzgebung in diesem Gesetze ein **Vorbehalt** gemacht ist.

Die durch das EG. vorbehaltene Landesgesetzgebung ist grundsätzlich durch die Verfassung des Deutschen Reichs vom 11. Aug. 1919 nicht berührt, solange und soweit nicht die Reichsgesetzgebung eingreift und eingegriffen hat. Soweit das Reich von seinem Gesetzgebungsrecht über das bürgerliche Recht Gebrauch macht, geht das Reichsrecht dem Landesrecht vor (Art. 7 Nr. 1, Art. 12 Abs. 1 Satz 1, Art. 13 Abs. 1 RV.); s. auch Bem. 11 zu Art. 55.

Die Regelung der Vorbehalte ist die Aufgabe der Art. 56—152 dieses Abschnittes. Einleitend ist hierzu folgendes zu bemerken:

1. Über die Gründe dieser Vorbehalte s. Bem. 8 zu Art. 55.

2. Die **Vorbehalte** sind teils allgemeine, teils besondere. Die allgemeinen Vorbehalte überweisen ganze Rechtsgebiete dem Landesrechte; die besonderen Vorbehalte betreffen einzelne Rechtsverhältnisse (vgl. Art. 77 bis 152 EG.). Über die Bedeutung des Unterschiedes s. Näheres in Bem. 9 zu Art. 55, auch Zitelmann, Zum Grenzstreit zwischen Reichs- und Landesrecht S. 5ff. Ist dem Landesrechte ein Rechtsgebiet allgemein zugewiesen, so werden durch den Vorbehalt alle Vorschriften getroffen, welche die Regelung des Rechtsgebiets zum Gegenstande haben. Zu einer Durchbrechung der allgemeinen Vorschriften des BGB. (I. Buch) wird durch die Beschaffenheit des betreffenden Rechtsgebietes bei einem künftigen Eingreifen der Landesgesetzgebung begründeter Anlaß nicht häufig gegeben sein. An und für sich werden etwaige allgemeine Rechtssätze des bisherigen Landesrechts, die nur zur Ergänzung seiner besonderen Vorschriften dienen und auf die etwa in den Sondergesetzen ausdrücklich oder stillschweigend verwiesen ist, für beseitigt gelten müssen, da sie begrifflich nicht in das vorbehaltene Rechtsgebiet fallen; jedoch sind auch in Ansehung der allgemeinen Vorschriften des BGB. auf dem vorbehaltenen Gebiete Abweichungen statthaft; es steht z. B. nichts entgegen, daß die Landesgesetzgebung auf einem ihr vorbehaltenen Gebiete Sonderbestimmungen trifft über die Formerfordernisse eines Rechtsgeschäfts, über Statthaftigkeit oder Unstatthaftigkeit von Bedingungen oder Zeitbestimmungen, über die Verjährung, über die Wirksamkeit des rechtskräftigen Urteils gegen Dritte usw. Ebenso schließt die Beseitigung der Rechtseinrichtungen der unvordenklichen Verjährung und der Wiedereinsetzung in den vorigen Stand durch das BGB. nicht aus, daß landesgesetzliche Vorschriften über unvordenkliche Verjährung und Wiedereinsetzung in den vorigen Stand für eine vorbehaltene Materie getroffen werden, bzw. daß bereits getroffene derartige Vorschriften ihre Kraft behalten. Vgl. wegen der unvordenklichen Verjährung SchleswHolstAnz. 1907 S. 17ff. (Kiel, Entsch. betr. Fischereirecht). In Kraft bleiben nicht minder diejenigen Vorschriften, welche zwar inhaltlich von dem bisherigen gemeinen Privatrechte nicht abweichen, nach der Absicht des betr. Gesetzes aber nicht lediglich die Bedeutung einer erläuternden Wiederholung des gemeinen Rechtes haben, sondern einen Bestandteil des Sonderrechts bilden sollen (Mot. z. EG. 149). Ob und inwieweit im einzelnen Falle auf Grund eines allgemeinen Vorbehalts an Stelle der allgemeinen Vorschriften des BGB. diejenigen des Landesrechts Anwendung finden sollen, ist Auslegungsfrage (s. hiezu Kloß-Müller, Sächs. Landesprivatrecht, 3. Aufl., S. 4).

3. Durch **allgemeine Vorbehalte** werden aufrecht erhalten:

in Art. 56 die vor dem 1. Januar 1900 abgeschlossenen Staatsverträge einzelner Bundesstaaten mit ausländischen Staaten,

in Art. 57 die Sonderrechte der landesherrlichen und solchen gleichgestellten Häuser,

in Art. 58 die Landesgesetze über die Autonomie des hohen Adels; s. jedoch jetzt die Bem. zu Art. 57 und 58.

Durch weitere allgemeine Vorbehalte werden gedeckt die Landesgesetze:

in Art. 59 über Lehen, Familienfideikommisse und Stammgüter (s. aber jetzt Bem. zu Art. 59),

in Art. 60 über die Revenuen-Hypothek,

in Art. 62 über die Rentengüter,

in Art. 63 über die Erbpacht, das Häusler- und Bündnerrecht,

in Art. 64 über das Anerbenrecht,

in Art. 65 über das Wasserrecht,

in Art. 66 über das Deich- und Sielrecht,

in Art. 67 über das Bergrecht,

in Art. 68 über Gewinnung eines nicht bergrechtlichen Minerals,

in Art. 69 über Jagd und Fischerei,

in Art. 70—72 über den Wildschadenersatz,

in Art. 73 über Regalien,

in Art. 74 über Zwangs- und Bannrechte und Realgewerbeberechtigungen,

in Art. 75 über das Versicherungsrecht und

in Art. 76 über das Verlagsrecht.

Nachdem inzwischen ein Reichsgesetz betr. das **Verlagsrecht** vom 19. Juni 1901 verkündet worden ist, ist Art. 76, soweit das Verlagsrecht an Werken der Literatur und Tonkunst in Frage steht, gegenstandslos (s. die Bem. zu Art. 76). Ein **Reichsgesetz, betr. den Versicherungsvertrag** vom 30. Mai 1908 (RGBl. 263ff.) hat inzwischen die Tragweite des Art. 75 geschmälert (vgl. das Nähere Bem. 4 zu Art. 75).

4. Die **besonderen Vorbehalte** sind nach der Einteilung des BGB. geordnet und zwar betreffen:

a) den allgemeinen Teil:

Art. 77 über die Haftung des Staates für Beamte,

Art. 78 über die Haftung des Staates für Stellvertreter und Gehilfen,

Art. 79 über die Haftung von amtlich bestellten Sachverständigen (Schätzern) zur Feststellung des Wertes von Grundstücken,

Art. 80 und 81 über vermögensrechtliche Ansprüche und Verbindlichkeiten von Beamten, Geistlichen usw.,

Art. 82 über konzessionierte Vereine,

Art. 83 über Waldgenossenschaften,

Art. 84 über die Rechtsfähigkeit von Religions- und geistlichen Gesellschaften,

Art. 85 über den Anfall eines Vermögens eines aufgelösten Vereins,

Art. 86—88 über die Erwerbsbeschränkungen für juristische Personen, Religiosen, Ausländer,
Art. 89 über Privatpfändung,
Art. 90 über die Sicherheitsleistung von Beamten und Gewerbetreibenden und
Art. 91 über den gesetzlichen Hypothektitel des Fiskus und anderer juristischer Personen des öffentlichen Rechts.

b) In das Recht der Schuldverhältnisse schlagen ein die Vorbehalte:
in Art. 92 über Zahlungen aus öffentlichen Kassen,
in Art. 93 über Fristen für Räumung gemieteter Wohnungen,
in Art. 94 über das Pfandleihgewerbe,
in Art. 95 über das Gesinderecht,
in Art. 96 über Leibgedingsverträge,
in Art. 97 über das Staatsschuldbuch,
in Art. 98 über Rückzahlung und Umwandlung von Staatsschulden,
in Art. 99 über öffentliche Sparkassen,
in Art. 100 und 101 über Staats- und Kommunalschuldverschreibungen auf den Inhaber,
in Art. 102 über Kraftloserklärung und Zahlungssperre von Legitimationspapieren,
in Art. 103 über Ersatzansprüche für Armenunterstützung,
in Art. 104 über Rückerstattung öffentlicher Abgaben,
in Art. 105 und 106 über die Haftung von Betriebsunternehmern,
in Art. 107 über den Ersatz für Schaden an Grundstücken,
in Art. 108 über den Ersatz eines durch Aufruhr verursachten Schadens.

c) Das Sachenrecht betreffen die Vorbehalte:
in Art. 109 über Zwangsenteignung,
in Art. 110 über die Rechte an den bei Wiederherstellung zerstörter Gebäude in anderer Lage beteiligten Grundstücken,
in Art. 111 über Eigentumsbeschränkungen im öffentlichen Interesse,
in Art. 112 über Bahneinheit,
in Art. 113 über Grundstückszusammenlegung, Gemeinheitsteilung, Ordnung gutsherrlich-bäuerlicher Verhältnisse, Wegregulierung, Ablösung, Umwandlung und Einschränkung von Grunddienstbarkeiten und Reallasten,
in Art. 114 über Befreiung der Ablösungsrenten von der Eintragung im Grundbuch,
in Art. 115 über Beschränkungen der Belastung des Grundstückseigentums,
in Art. 117 über Verschuldungsgrenzen für Grundstücke,
in Art. 118 über Vorzugsrechte für Meliorationsdarlehen,
in Art. 119 über die Beschränkung von Grundstücks-Veräußerungen, -Teilungen und -Vereinigungen,
in Art. 120 über das Unschädlichkeitszeugnis,
in Art. 121 über die Teilung ablösungsrentenpflichtiger Grundstücke,
in Art. 122 über Eigentumsbeschränkungen zum Schutze der Obstbäume,
in Art. 123 über den Notweg zu Wasserstraßen und Eisenbahnen,
in Art. 124 über das Nachbarrecht,
in Art. 125 über Ausdehnung des § 26 der Gewerbeordnung auf Verkehrsunternehmungen,
in Art. 126 über die Übertragung von Grundstückseigentum zwischen dem Staate und Kommunalverbänden und den letzteren unter sich,
in Art. 127 über die Übertragung des Eigentums an buchungsfreien Grundstücken,
in Art. 128 über Begründung und Aufhebung von Dienstbarkeiten an buchungsfreien Grundstücken,
in Art. 129 über Aneignung herrenloser Grundstücke,
in Art. 130 über Aneignung von Tauben,

in Art. 131 über das Stockwerkseigentum,
in Art. 132 über Kirchen- und Schulbaulast,
in Art. 133 über das Recht auf Kirchenstühle und Begräbnisplätze.

d) Auf das Familienrecht bezogen sich die Vorbehalte:
in Art. 134 über die religiöse Erziehung der Kinder,
in Art. 135 über öffentliche Zwangserziehung Minderjähriger,
in Art. 136 über den Anstaltsvormund.

Darüber, daß die Vorbehalte dieser drei Artikel durch reichsgesetzliche Regelung der Gegenstände gegenstandslos geworden sind, s. die Bem. zu diesen Artikeln.

e) Sowohl in das Familien- als in das Erbrecht schlägt ein der Vorbehalt:
in Art. 137 über Feststellung des Ertragswerts eines Landguts.

f) Zum Erbrechte gehören die Vorbehalte:
in Art. 138 über das Recht auf eine erblose Erbschaft,
in Art. 139 über Rechte an dem Nachlasse von Personen, welche von juristischen Personen verpflegt oder unterstützt wurden,
in Art. 140 über Sicherung des Nachlasses.

5. Die Art. 61 und 116 enthalten **reichsgesetzliche Ausnahmevorschriften** in bezug auf die betreffenden vorausgegangenen Vorbehalte, und zwar Art. 61 in bezug auf die Art. 57—59 (betr. Unzulässigkeit der Veräußerung oder Belastung eines Gegenstandes bei Gütern des hohen Adels, Lehen, Fideikommissen und Stammgütern), Art. 116 in bezug auf Art. 113—115 (betr. Agrarrecht, Ablösungsrenten, Belastung mit gewissen Grunddienstbarkeiten und Reallasten).

6. Die Art. 141—152 enthalten **Vorbehalte zugunsten landesgesetzlicher Zuständigkeits- und Verfahrensvorschriften**, aber auch einiger **allgemeiner landesgesetzlicher Vorschriften des materiellen Rechtes**. Es betreffen:
Art. 141 den Ausschluß der Gerichte oder Notare für die Zuständigkeit von Beurkundungen,
Art. 142 die Zuständigkeit für Beurkundung von Grundstücks-Veräußerungs-Verträgen,
Art. 143 die Zuständigkeit für Entgegennahme der Auflassung und Erleichterungen für letztere,
Art. 144—146 das Hinterlegungswesen,
Art. 147 die Zuständigkeit in Vormundschafts- und Nachlaßsachen,
Art. 148 die Ausschließung der Zuständigkeit des Nachlaßgerichts zur Aufnahme des Inventars,
Art. 149 die Zuziehung einer besonders bestellten Urkundsperson an Stelle des Gerichtsschreibers oder der zwei Zeugen bei Testamentserrichtung,
Art. 150 die Zuständigkeit für Aufnahme des Nottestaments,
Art. 151 die Zulässigkeit allgemeiner landesgesetzlicher Vorschriften über die Errichtung letztwilliger Verfügungen,
Art. 152 die Rechtshängigkeit und deren Wirkungen in Streitigkeiten, welche nicht nach der ZPO. zu erledigen sind.

7. Soweit im 3. Abschnitt Vorbehalte zugunsten der Landesgesetzgebung gemacht sind, gelten sie auch für die Vorschriften der Landesgesetze:
a) über das **Grundbuchwesen** (§ 83 GBO.),
b) über die **Zwangsversteigerung und die Zwangsverwaltung** (§ 2 Abs. 1 EG.ZVG.),
c) über die Angelegenheiten der **freiwilligen Gerichtsbarkeit** (§ 189 FGG.).

Der in diesen drei reichsgesetzlichen Vorschriften enthaltene Zusatz, daß den Landesgesetzen nach Maßgabe der Art. 57, 58 EG. die Hausverfassungen gleichstehen, ist gegenstandslos, da diese auf Grund des Art. 109 Abs. 3 RV. vom 11. Aug. 1919 aufgehoben wurden; s. Bem. zu Art. 57.

8. Soweit die Vorbehalte des 3. Abschnitts Platz greifen, ist für die Übergangsbestimmungen im 4. Abschnitt kein Raum (RGZ. Bd. 81 S. 245; s. auch Bem. V zu Art. 163).

9. Hervorzuheben ist (im Hinblick auf Mot. z. EG. 151 ff.) noch, daß allgemeine Vorbehalte nicht aufgestellt wurden:

a) für das **Kirchenrecht**, auf das sich allerdings die besonderen Vorbehalte in Art. 80, 82, 84—87, 132, (134) beziehen. Das Verhältnis des Staates zur Kirche und die inneren Verhältnisse der Kirche gehören dem öffentlichen Recht an, verbleiben also schon nach Nr. I der landesgesetzlichen Regelung. Soweit es sich um Vorschriften über die privatrechtlichen Beziehungen der Kirche zu dritten Personen und um solche Vorschriften handelt, durch welche privatrechtliche (vermögensrechtliche und persönliche) Verhältnisse der Kirchenangehörigen geordnet werden, fallen diese allerdings unter die Kodifikation und treten deshalb, wenn sie nicht durch einen der oben erwähnten besonderen Vorbehalte oder durch einen Vorbehalt des BGB. (vgl. §§ 25 ff., 85 ff.) selbst gedeckt werden, außer Kraft. Außer Kraft traten namentlich die eherechtlichen Vorschriften, soweit sie noch dem partikulären Kirchenrecht angehörten, die Vorschriften über Privilegien der Kirche, der kirchlichen Institute und kirchlichen Beamten auf dem Gebiete des Vermögensrechts, sowie die Vorschriften über die zugunsten von Kirchengut (res sacrae) bestehenden objektiven Veräußerungsverbote. Dabei kommt aber in Betracht, daß eine ohne die erforderliche Genehmigung der Aufsichtsbehörde erfolgte Veräußerung oder Belastung wie eine Verfügung durch einen Nichtberechtigten (vgl. BGB. §§ 135, 136) zu behandeln ist. (P. VI, 435 ff.)

Über das Verhältnis von Kirche und Staat vgl. jetzt auch Art. 137 der Reichsverfassung vom 11. Aug. 1919.

b) Weiter fehlt ein allgemeiner Vorbehalt hinsichtlich des **Militärrechts**. Alle privatrechtlichen Vorrechte der Militärpersonen und der Angehörigen der Kaiserlichen Marine traten daher, soweit sie nicht reichsrechtlich (z. B. durch das BGB. §§ 9, 15, 394, 400, 570, 1069, 1274, 1315; vgl. auch § 850 ZPO.) aufrecht erhalten sind, außer Kraft.

c) Auch für das **Verwaltungsrecht** fehlt ein allgemeiner Vorbehalt. Soweit dasselbe privatrechtliche Vorschriften enthält, welche nicht durch andere Vorbehalte (z. B. über Zwangsenteignung, Zwangserziehung, Staatsschuldbuch, Sparkassen, Bahneinheit, Wasserrecht, Bergrecht, Jagd und Fischerei) gedeckt sind, tritt es außer Kraft.

B. Die unter A, III, 3 und 4 gegebene Übersicht des Inhalts dieses Abschnitts läßt ersehen, daß vom bisherigen Landesprivatrechte noch ein recht erheblicher Teil aufrecht erhalten geblieben ist. Mehrfach hat jedoch die Regelung, welche die Gesetzgebungsbefugnis des Reichs in Art. 6—12 und 13 der Reichsverfassung vom 11. Aug. 1919 erfahren hat, die Vorbehalte des EG. geschmälert oder beseitigt.

C. Die Vorbehalte haben eine zweifache Bedeutung. Soweit sie reichen, blieb nämlich:

a) das bisherige einschlägige Landesrecht unberührt,

b) können neue landesgesetzliche Vorschriften erlassen werden.

Eine Neuregelung des aufrecht gebliebenen Landesprivatrechts ist in sehr umfassender Weise durch die sog. **Ausführungsgesetze** der einzelnen Bundesstaaten (Länder) erfolgt, durch die auch die zunächst unberührt gebliebenen landesrechtlichen Rechtsstoffe in den meisten Ländern eine weitgreifende Neuordnung erfahren haben. Notwendig wurden diese Ausführungsgesetze hauptsächlich aus folgenden Gründen:

1. Bei der historisch bedingten Abgrenzung zwischen dem Begriff des öffentlichen und privaten Rechtes (vgl. Bem. 5 zu Art. 55) würde es häufig sehr zweifelhaft sein, ob eine landesgesetzliche Vorschrift dem öffentlichen Rechte angehört, also ohne unter einen der besonderen Vorbehalte zu fallen, trotz der Vorschrift des Art. 55

bestehen bleibt. Die Ausführungsgesetze beseitigen vielfach diesen Zweifel, indem sie eine große Zahl von Landesgesetzen, auch soweit sie schon durch das BGB. ihre Geltung verloren haben, ausdrücklich aufheben. Vgl. Planck Bem. 8 zum dritten Abschnitt dieses Gesetzes: preuß. AG.BGB. Art. 89; preuß. FGG. Art. 144.

Es unterliegt keinem Zweifel, daß die Frage, ob eine Vorschrift dem öffentlichen oder dem privatbürgerlichen Rechte eines Bundesstaats (Landes) angehört, von Fall zu Fall an der Hand der öffentlichen Einrichtungen des einzelnen Bundesstaats zu prüfen ist (vgl. RGZ. Bd. 64 S. 197 = JW. 1907 S. 42; RGZ. Bd. 75 S. 98 = JW. 1911 S. 209, Vereinbarungen zwischen Rechtsanwalt und Auftraggeber über Gebühren); a. M. Wolf, Hessisches Landesprivatrecht, Erg.-Bd. VII zu Dernburgs Bürgerl. R. § 2 Nr. 2, wo ausschließlich dem Reichsrecht die Entscheidung über den Begriff des öffentlichen Rechts zuerkannt wird. Die Behauptung Wolfs ist nur insoweit richtig, als das Landesrecht ein Institut, welches vom Reichsrecht für privatrechtlich erklärt ist, mit Rücksicht auf Art. 2 (jetzt Art. 13) der RV. nicht für öffentlich-rechtlich erklären darf.

Wegen der öffentlich-rechtlichen Natur des Wappenrechts vgl. RGZ. Bd. 71 S. 262 = JW. 1909 S. 411. Im übrigen s. Bem. 5 zu Art. 55.

2. Verweisungen: Nach Art. 4 dieses Gesetzes treten, soweit in Reichsgesetzen oder Landesgesetzen auf Vorschriften verwiesen ist, welche durch das BGB. oder durch dieses Gesetz außer Kraft gesetzt werden, an deren Stelle die entsprechenden Vorschriften des BGB. oder dieses Gesetzes.

Die Ausführungsgesetze der einzelnen Bundesstaaten haben sich nun vielfach der Aufgabe unterzogen, dem Richter die oft schwierige Substitution der entsprechenden Vorschriften des BGB. zu ersparen oder zu erleichtern, das ältere Landesrecht also „modernisiert".

Soweit letzteres nicht geschehen ist, hat der Richter die entsprechende Anwendung derjenigen Bestimmungen des BGB., die nach Art. 4 an Stelle früheren Landeszivilrechts treten, selber vorzunehmen. Hierbei ist zu beachten, daß der Art. 4 nicht zur Anwendung kommt, wenn die vom Landesgesetz in Bezug genommenen Sätze entweder dem öffentlichen Rechte des betreffenden Bundesstaats oder selbst wieder dem vorbehaltenen Landesrecht angehören. Vgl. Oertmann, Bayerisches Landesprivatrecht S. 4 Nr. 2.

D. Die wichtigsten auf Grund der Vorbehalte des EG. noch geltenden und erlassenen Landesgesetze*), die inzwischen mehrfache Änderungen erfahren haben (an den einschlägigen Stellen angeführt), sind:

I. Preußen:

a) AG.BGB. vom 20. September 1899;
b) AV.BGB. vom 16. November 1899;
c) AG.GBO. vom 26. September 1899;
d) preuß. FGG. vom 21. September 1899;
e) AG.ZVG. vom 23. September 1899;
f) VO. betr. den Güterstand bestehender Ehen vom 20. Dezember 1899;
g) (G. über die Fürsorgeerziehung Minderjähriger vom 2. Juli 1900, nun) AG.JWG. vom 29. März 1924; s. Bem. zu Art. 135;
h) G. betr. das Anerbenrecht bei Renten- und Siedelungsgütern vom 8. Juni 1896;
i) StaatsschuldbuchG. vom 20. Juli 1883, nun in der Fassung vom 30. Mai 1916;
k) G. über die Haftung des Staates und andere Verbände für Amtspflichtverletzungen bei Ausübung der öffentlichen Gewalt, vom 1. August 1910;
l) Wassergesetz vom 7. April 1913;
m) Quellenschutzgesetz vom 14. Mai 1908;
n) Berggesetz vom 24. Juni 1865; mehrfach geändert, s. Bem. 4 zu Art. 67;

*) Eine Sammlung der zur Ausführung des BGB. und seiner Nebengesetze bis zum Jahre 1910 erlassenen Gesetze der früheren Bundesstaaten ist die von Dr. H. Becher, München 1901—1911, J. Schweitzer Verlag; auf dieselbe ist verwiesen, soweit die angeführten Stellen der Landesgesetze noch unverändert sind.

o) Jagdordnung vom 15. Juli 1907, nun in der Fassung vom 19. Oktober 1922, noch mehrfach geändert;
p) Fischereigesetz vom 11. Mai 1916;
q) Enteignungsgesetz vom 11. Juni 1874.

II. Bayern:

a) AG.BGB. vom 9. Juni 1899 (bayr. AG.);
b) G. betr. Übergangsvorschriften zum BGB. vom 9. Juni 1899 (bayr. ÜbergG.);
c) AG. zur GBO. und ZVG. vom 9. Juni 1899 (bayr. AGO.);
d) NotariatsG. vom 9. Juni 1899;
e) Hinterlegungsordnung vom 18. Dezember 1899;
f) VO. z. Ausf. des BGB. und seiner Nebengesetze (Zuständigkeitsverordnung) vom 24. Dezember 1899;
g) G. betr. das Unschädlichkeitsgesetz vom 15. Juni 1898;
h) G. betr. das Liegenschaftsrecht in der Pfalz vom 1. Juli 1898;
i) G. betr. Überleitung der Hypotheken vom 15. Mai 1906;
k) VO. betr. den Güterstand der vor dem Inkrafttreten des BGB. geschlossenen, nach dem badischen Landrechte zu beurteilenden Ehen, vom 28. September 1903;
l) (Zwangserziehungsgesetz vom 10. Mai 1902, nun) Jugendamtsgesetz vom 20. Juli 1925;
m) G. betr. das Ersatzgeld und Pfändungsrecht und die Verfolgung von Ersatzansprüchen aus Feldpolizeiübertretungen (Feldschadensgesetz) vom 6. März 1902;
n) G. über Güterzertrümmerung vom 13. August 1910;
o) Wassergesetz vom 23. März 1907;
p) Jagdgesetz vom 30. März 1850, mehrfach geändert;
q) Fischereigesetz vom 15. August 1908;
r) Berggesetz vom 13. August 1910;
s) Zwangsenteignungsgesetz vom 17. November 1837 mit ErgG. vom 9. Mai 1918.

III. Sachsen:

a) AG.BGB. vom 18. Juni 1898;
b) VO. zur Ausf. des BGB. und der zu dessen Ein- und Ausführung ergangenen Gesetze vom 6. Juli 1899;
c) AV.GBO. vom 26. Juli 1899;
d) G. betr. Anlegung von Mündelgeld vom 22. Dezember 1899;
e) VO. zur Ausführung der Gesetze über die Angelegenheiten der freiwilligen Gerichtsbarkeit und des Hinterlegungswesens vom 16. Juni 1900;
f) G., die Zwangsvollstreckung in das unbewegliche Vermögen betr., vom 18. Juni 1900;
g) VO. zur Ausführung der gesetzlichen Bestimmungen über die Zwangsvollstreckung in das unbewegliche Vermögen vom 19. Juni 1900;
h) G. zur Ausf. der ZPO. und der KO. vom 20. Juni 1900;
i) G. über Familienanwartschaften vom 7. Juli 1900;
k) EnteignungsG. vom 24. Juni 1902;
l) VO. vom 12. Mai 1905 betr. eine Abänderung der VO. zur Ausführung des BGB. und der zu dessen Ein- und Ausführung ergangenen Gesetze vom 6. Juli 1899;
m) (G. über Fürsorgeerziehung vom 1. Febr. 1909, nun) Wohlfahrtspflegegesetz vom 28. März 1925;
n) Wassergesetz vom 12. März 1909;
o) G. enthaltend die neue einheitliche Fassung der gesamten Berggesetzgebung vom 31. August 1910;
p) Jagdgesetz vom 1. Juli 1925.

IV. Württemberg:

a) AG.BGB. vom 28. Juli 1899;
b) VO. betr. Grundbuchwesen vom 30. Juli 1899;

c) (G. betr. die Zwangserziehung Minderjähriger vom 9. Dezember 1899, nun) AG.JWG. vom 23. November 1927;
d) G. betr. die Haftung für Sachschäden bei dem Eisenbahnbetrieb vom 4. Juni 1903;
e) G. betr. den Leibgedingsvertrag vom 2. Dezember 1904;
f) G. über das Unschädlichkeitszeugnis vom 28. November 1906;
g) Wassergesetz vom 1. Dezember 1900;
h) Jagdgesetz vom 27. Oktober 1855 (mehrfach geändert);
i) Fischereigesetz vom 27. November 1865 (mehrfach geändert);
k) Berggesetz vom 7. Oktober 1874, geändert durch G. vom 17. Februar 1906.

V. Baden:

a) AG.BGB. vom 17. Juni 1899, nun in der Fassung der Bek. vom 13. Oktober 1925;
b) G., die Eintragung des Eigentums in das Grundbuch betr., vom 14. April 1898;
c) G., die geschlossenen Hofgüter betr., vom 20. August 1898;
d) G., die freiwillige Gerichtsbarkeit und das Notariat betr., vom 17. Juni 1899 (Rechtspolizeigesetz), nun ersetzt durch das Landesgesetz über die freiwillige Gerichtsbarkeit in der Fassung der Bek. vom 13. Oktober 1925;
e) AG.GBO. vom 19. Juni 1899, nun Grundbuchausführungsgesetz in der Fassung der Bek. vom 13. Oktober 1925;
f) Landesherrliche VO., die Ausführung des BGB. und damit zusammenhängender Gesetze betr. (Allgemeine AusführungsVO.), vom 11. November 1899;
g) AV.GBO. vom 13. Dezember 1900;
h) Landesherrliche VO., die Inkraftsetzung des reichsgesetzlichen Grundbuchrechts betr., vom 4. Mai 1901;
i) (G. betr. die Zwangserziehung, Fassung der Bek. vom 31. August 1900, nun) AV.JWG. vom 31. März 1924;
k) VO., das Verfahren bei der Zwangsversteigerung und Zwangsverwaltung betr., vom 4. Mai 1901 (Zwangsversteigerungsverordnung);
l) G., die Überleitung der ehelichen Güterstände des älteren Rechts in das Reichsrecht betr., vom 4. August 1902;
m) G., das Grundbuchwesen und die Zwangsvollstreckung in Grundstücke betr., vom 13. Juli 1904;
n) G., die Abänderung des Gesetzes vom 17. Juni 1899, die Ausführung des BGB. betr., vom 25. August 1903;
o) Rechtspolizeiordnung vom 1. März 1907, dazu VO. vom 8. März 1910;
p) Landesherrliche VO., Namensänderungen betr., vom 15. Dezember 1909;
q) Landesherrliche VO. vom 22. Januar 1910, den Nachweis der Rechtspersönlichkeit und der Befugnis zur Vertretung juristischer Personen betr.;
r) Hinterlegungsgesetz vom 7. März 1910, dazu VO. vom 11. Oktober 1910;
s) Wassergesetz in der Fassung vom 12. April 1913;
t) Jagdgesetz vom 2. Dezember 1850, mehrfach geändert;
u) Fischereigesetz vom 29. März 1852, mehrfach ergänzt;
v) Berggesetz vom 22. Juni 1890, nun in der Fassung vom 17. April 1925.

VI. Thüringen:

1. Für das vereinigte Thüringen (s. unten Bem. F, 1) sind bisher erlassen:
   a) AV.BGB. vom 16. Mai 1923 (GS. S. 287 ff.), in Kraft getreten mit Ausnahme des § 28 am 1. Juli 1923 (§ 156); nach § 155 sind alle dieser VO. entgegenstehenden Gesetze und Verordnungen der einzelnen thüringischen Länder, namentlich die Ausführungsgesetze, mit den aus § 155 Abs. 2 ersichtlichen Ausnahmen aufgehoben;
   b) AV.FGG. vom 25. August 1923 (GS. S. 599 ff.);
   c) AG.JWG. vom 16. September 1927;
   d) G. über Bahneinheiten vom 4. Dezember 1926;

e) VO. über die Bahngrundbücher vom 14. Januar 1927;
f) Jagdordnung vom 27. April 1926;
g) Fischereiordnung vom 27. April 1926;
h) NotG. über die Nutzung öffentlicher Gewässer vom 29. Dezember 1923.

2. Die Landesgesetze der jetzt zu dem Lande Thüringen vereinigten Länder sind zum Teil durch die thüringischen Ausführungsgesetze aufgehoben; s. namentlich § 155 der thüring. AV.BGB. vom 16. Mai 1923, der die Ausführungsgesetze zum BGB. mit Ausnahme einzelner bestimmter Vorschriften aufhebt. Die wichtigeren Landesgesetze werden wegen ihrer jedenfalls historischen Bedeutung aufgeführt:

Sachsen-Weimar-Eisenach:
a) AG.BGB. vom 5. April 1899; abgeändert durch G. vom 27. März 1907;
b) Hinterlegungsordnung vom 29. November 1899;
c) (Gesindeordnung vom 11. Oktober 1899);
d) G. betr. Zwangsvollstreckung in das unbewegliche Vermögen vom 6. Dezember 1899;
e) G. vom 12. April 1899, die Ausf. des FGG. vom 17. Mai 1898 betr.;
f) MinBek. vom 28. September 1901 betr. Bezeichnung des Amtsgerichts zu Weimar als zuständiges Gericht für das Aufgebotsverfahren zum Zwecke der Todeserklärung eines verschollenen Angehörigen des Großherzogtums in Ermangelung eines letzten inländischen Wohnsitzes;
g) G. betr. die Beseitigung des Vorbehalts besserer Rechte Dritter an Grundstücken, vom 12. März 1902;
h) MinVO. über die Behandlung der Funde vom 11. Januar 1900;
i) Berggesetz vom 1. März 1905, geändert durch G. vom 20. Dezember 1905 und 30. März 1910.

Sachsen-Meiningen:
a) AG.BGB. vom 9. August 1899;
b) GBO. vom 14. August 1899;
c) AG.FGG. vom 15. August 1899;
d) G. vom 27. Dezember 1899 betr. das Hinterlegungswesen;
e) G. vom 10. August 1899 über das Ehegüterrecht;
f) (Gesindeordnung vom 12. März 1901);
g) VO. vom 9. Juli 1904 betr. die Kraftloserklärung von Schuldbüchern (Einlagebüchern, Sparbüchern);
h) G. vom 8. Dezember 1906 über die Überleitung von Hypotheken;
i) Berggesetz vom 17. April 1868 in der Fassung vom 18. Februar 1904.

Sachsen-Gotha:
a) AG.BGB. vom 20. November 1899;
b) AG.GBO. vom 23. Oktober 1899;
c) G. über die freiwillige Gerichtsbarkeit vom 23. Oktober 1899;
d) Hinterlegungsordnung vom 23. Oktober 1899;
e) AV.GBO. vom 1. Dezember 1899;
f) G. betr. das Staatsschuldbuch vom 30. September 1903 und AusfVO. dazu vom 5. Oktober 1903;
g) G. vom 2. März 1906 und vom 18. März 1908 zur Abänderung des AG.BGB. vom 20. November 1899;
h) Berggesetz vom 23. Oktober 1899, abgeändert durch G. vom 26. Januar 1909.

Sachsen-Altenburg:
a) AG.BGB. vom 4. Mai 1899;
b) AV.BGB. vom 24. Juni 1899;
c) AG.GBO. vom 4. Mai 1899 und AV.GBO. vom 5. September 1899;
d) AG.FGG. vom 4. Mai 1899, geändert durch G. vom 15. März 1909;
e) G. betr. den Wildschaden vom 20. Dezember 1899.

Reuß ältere Linie:
a) AG.BGB. vom 26. Oktober 1899;
b) AG.FGG. vom 27. Oktober 1899;
c) AG.GBO. vom 28. Oktober 1899 und AB.GBO. vom 6. Dezember 1899;
d) Hinterlegungsordnung vom 6. November 1899;
e) BO. vom 21. April 1909, die Ausübung der Jagd betr.;
f) (Gesindeordnung vom 15. Januar 1910);

Reuß jüngere Linie:
a) AG.BGB. vom 26. Oktober 1899;
b) AG.FGG. vom 27. Oktober 1899;
c) AG.GBO. vom 28. Oktober 1899 und AB.GBO. vom 6. Dezember 1899;
d) Hinterlegungsordnung vom 6. November 1899;
e) Jagdgesetz vom 7. April 1897;
f) G. über Zusammenlegung von Grundstücken vom 6. Juli 1909.

Schwarzburg-Rudolstadt:
a) AG.BGB. vom 11. Juli 1899;
b) AG.FGG. vom 11. Juli 1899;
c) Hinterlegungsordnung vom 11. Dezember 1899;
d) AG.GBO. vom 28. Februar 1900;
e) (Gesindeordnung vom 28. Februar 1900);
f) G. vom 1. April 1902 betr. eine Ergänzung des AG.BGB. vom 11. Juli 1899 hinsichtlich der Gemeindewaisenräte;
g) G. vom 6. April 1909 betr. eine weitere Ergänzung des AG.BGB. vom 11. Juli 1899 hinsichtlich des Vormundschaftswesens;
h) BO. vom 10. August 1904 über die Anlegung der Grundbücher.

Schwarzburg-Sondershausen:
a) AG.BGB. vom 19. Juli 1899;
b) AG.FGG. vom 29. Juli 1899;
c) AG.GBO. vom 29. Juli 1899;
d) (Gesindeordnung vom 29. Juli 1899);
e) Hinterlegungsordnung vom 29. Juli 1899;
f) BO. betr. die Behandlung von Fundsachen durch die Polizeibehörden vom 13. Dezember 1899;
g) Notariatsordnung vom 29. Juli 1899;
h) Enteignungsgesetz vom 29. Juli 1899.

VII. Hessen:
a) G., das Notariat betr. vom 15. März 1899;
b) AG.BGB. vom 17. Juli 1899, AB. zu Art. 2 Abs. 3 desselben, vom 14. Oktober 1899 und BO. vom 23. Dezember 1899;
c) AG.FGG. vom 18. Juli 1899;
d) AG.GBO. vom 22. Juli 1899;
e) G., die Anlegung des Grundbuchs betr. vom 16. März 1899;
f) BO., die Anlegung des Grundbuchs und die Ausführung der GBO. betr. vom 13. Januar 1900;
g) G., die Umwandlung und Ablösung von Reallasten und Dienstbarkeiten betr. vom 24. Juli 1899;
h) BO., die Behandlung von Fundsachen betr. vom 9. August 1899;
i) BO., die gerichtlichen Hinterlegungen betr. vom 19. August 1899, ergänzt durch BO. vom 7. Januar 1903;
k) (Gesindeordnung vom 28. April 1877/3. August 1899);
l) G., die Enteignung von Grundeigentum betr. vom 26. Juli 1884/30. September 1899;

m) G., die Bäche und die nicht ständig fließenden Gewässer betr. vom 30. Juli 1887, 30. September 1899, 15. Juli 1908;
n) Berggesetz vom 28. Januar 1876/30. September 1899, geändert durch G. vom 28. März 1908;
o) G., die Teilung belasteter Grundstücke betr. vom 27. Juli 1904;
p) Staatsschuldbuchgesetz vom 27. März 1908 in der Fassung vom 1. April 1909.

VIII. Hamburg:
a) AG.BGB. vom 14. Juli 1899, wiederholt geändert, und AV.BGB. vom 1. Dezember 1899;
b) Hamburg. FGG. vom 29. Dezember 1899;
c) AG.GBO. vom 14. Juli 1899;
d) G. betr. die Vormundschaftsbehörde vom 14. Juli 1899;
e) G. betr. den Güterstand der vor dem Inkrafttreten des BGB. geschlossenen Ehe vom 14. Juli 1899;
f) G., das Notariat betr. vom 29. Dezember 1899, 18. Januar 1909;
g) Hinterlegungsordnung vom 19. Juli 1899; hiezu Bek. vom 20. April 1910;
h) (Dienstbotenordnung vom 7. Dezember 1898);
i) Staatsschuldbuchgesetz vom 14. April 1902;
k) Jagdgesetz vom 2. Januar 1903, mehrfach geändert;
l) G. betr. die Ausübung der Fischerei vom 15. Juni 1887; hiezu G. vom 30. April 1906.

IX. Mecklenburg-Schwerin:
a) AV.BGB. vom 9. April 1899, ergänzt und abgeändert durch VO. vom 9. Februar 1906 und 3. Dezember 1910; hiezu VO. zur Erläuterung des AV.BGB. vom 28. März 1908;
b) AV.FGG. vom 9. April 1899, abgeändert und ergänzt durch VO. vom 10. Juni 1905;
c) AV.GBO. vom 9. April 1899;
d) Hinterlegungsordnung vom 9. April 1899;
e) VO. betr. das Verfahren in Vereinssachen vom 9. April 1899;
f) Notariatsordnung vom 10. Juni 1905;
g) (Gesindeordnung vom 9. April 1899);
h) VO. betr. den Ersatz von Wildschaden vom 9. April 1899;
i) JagdG. vom 9. Dezember 1920.

X. Mecklenburg-Strelitz:
a) AV.BGB. vom 9. April 1899, ergänzt durch VO. vom 9. Februar 1906, erläutert durch VO. vom 28. März 1908;
b) AV.FGG. vom 9. April 1899, abgeändert und ergänzt durch VO. vom 10. Juni 1905;
c) AG.GBO. vom 9. April 1899;
d) Hinterlegungsordnung vom 9. April 1899;
e) VO. betr. das Verfahren in Vereinssachen vom 9. April 1899:
f) Notariatsordnung vom 10. Juni 1905;
g) (Gesindeordnung vom 9. April 1899);
h) VO. betr. den Wildschaden vom 18. Dezember 1899;
i) Jagdordnung vom 24. Juni 1924.

XI. Oldenburg:
a) G. für Herzogtum Oldenburg betr. das Grunderbrecht vom 19. April 1899;
b) AG. zum BGB. und HGB. für Herzogtum Oldenburg vom 15. Mai 1899; abgeändert durch G. vom 27. März 1903, 25. März 1907 und 18. Mai 1908;
c) AV.BGB. für Großherzogtum Oldenburg vom 1. Dezember 1899;
d) AG.GBO. für Herzogtum Oldenburg vom 15. Mai 1899 und AV.GBO. vom vom 15. Mai 1899;
e) AG.FGG. für Großherzogtum Oldenburg vom 15. Mai 1899;
f) (Gesindeordnung für Großherzogtum Oldenburg vom 15. Mai 1899);

g) G. für Großherzogtum Oldenburg betr. die Haftung des Staats und anderer Verbände für Amtspflichtverletzungen von Beamten usw. vom 22. Dezember 1908;
h) G. für Großherzogtum Oldenburg betr. Ausübung der Jagd vom 17. April 1897, 12. Februar 1900, 5. April 1906, nun Jagdgesetz vom 3. Juli 1926;
i) AG.BGB. für Fürstentum Birkenfeld vom 15. Mai 1899;
k) AG.GBO. vom 13. Oktober 1899 und AV.GBO. vom 13. Oktober 1899 für Fürstentum Birkenfeld;
l) JagdG. für Fürstentum Birkenfeld vom 5. April 1897, 29. November 1902;
m) AG.BGB. für Fürstentum Lübeck vom 15. Mai 1899;
n) AG.GBO. vom 15. Mai 1899 und AV.GBO. vom 15. Mai 1899 für Fürstentum Lübeck;
o) G. betr. das Grunderbrecht für Fürstentum Lübeck vom 14. Juni 1899;
p) JagdG. für Fürstentum Lübeck vom 8. Februar 1888, 2. Januar 1900, 11. April 1908;
q) G. für Fürstentum Lübeck betr. die Ablösung von Dienstbarkeiten vom 27. April 1900, 14. Februar 1907;
r) Berggesetz für Herzogtum Oldenburg und Fürstentum Lübeck vom 3. April 1908.

XII. Braunschweig:

a) AG.BGB. vom 12. Juni 1899, mehrfach abgeändert;
b) AV.BGB. vom 1. August 1899;
c) AG.GBO. vom 12. Juni 1899;
d) G. über das Hinterlegungswesen vom 12. Juni 1899;
e) (Gesindeordnung vom 15. Oktober 1832, 12. Juni 1899);
f) G. über die Haftung des Staats und anderer Verbände für Amtspflichtverletzungen von Beamten usw. vom 28. Juli 1910;
g) Berggesetz vom 15. April 1867, mehrfach geändert.

XIII. Anhalt:

a) AG.BGB. vom 18. April 1899;
b) AG.GBO. vom 20. April 1899;
c) (Gesindeordnung vom 21. April 1899);
d) G., den Ersatz des Wildschadens betr., vom 21. April 1899;
e) VO. betr. das Grundbuchwesen vom 10. Dezember 1899; Art. 14 abgeändert durch § 14 des G. vom 17. Februar 1920 über die Familiengüter;
f) G. betr. die Haftung des Staats und anderer Verbände für Amtspflichtverletzungen von Beamten usw. vom 2. April 1910;
g) BergG. in der Fassung der Bek. vom 20. März 1896 und der G. vom 20. April 1906 und 24. März 1909.

XIV. Bremen:

a) AG.BGB. vom 18. Juli 1899;
b) G. betr. den Güterstand der vor dem Inkrafttreten des BGB. geschlossenen Ehen vom 18. Juli 1899;
c) G. betr. die durch die Einführung des BGB. und anderer RG. veranlaßten Änderungen verschiedener Bremischer Gesetze vom 18. Juli 1899;
d) Hinterlegungsordnung vom 18. Juli 1899;
e) AG.GBO. vom 18. Juli 1899;
f) AV.BGB. vom 18. Juli 1899;
g) G. über die Enteignung von Grundeigentum vom 18. Juli 1899;
h) (Gesindeordnung vom 18. Juli 1899);
i) AG.FGG. vom 18. Juli 1899;
k) G. betr. das Staatsschuldbuch vom 24. April 1910;
l) Jagdordnung vom 15. April 1921.

XV. Lippe:
a) AG.BGB. vom 17. November 1899, abgeändert durch G. vom 15. März 1900, 12. April 1907;
b) (Gesindeordnung vom 17. November 1899);
c) AG.GBO. vom 17. November 1899;
d) AG.FGG. vom 17. November 1899.

XVI. Lübeck:
a) AG.BGB., HGB. und WO. vom 30. Oktober 1899 mit Nachträgen;
b) AG.GBO. vom 18. Dezember 1899 mit Nachträgen;
c) AG.FGG. vom 18. September 1899;
d) VO. über die Einrichtung der Grundbücher und über andere der Landesjustizverwaltung durch die Grundbuchordnung vorbehaltene Gegenstände vom 24. Januar 1900;
e) Notariatsordnung vom 23. April 1900 mit Nachträgen;
f) G. über Bahneinheiten vom 25. Januar 1904;
g) Jagdgesetz vom 28. Februar 1900 (neu gefaßt 1907).

XVII. Waldeck:
a) AG.BGB. vom 11. Dez. 1899;
b) AG.GBO. vom 11. Dez. 1899;
c) G. betr. Hinterlegungswesen vom 11. Dez. 1899;
d) VO. über das Grundbuchwesen vom 20. Dez. 1899;
e) G. über die Haftung des Staates und der Kommunalbehörden für Amtspflichtverletzungen von Beamten bei Ausübung der öffentlichen Gewalt vom 18. Dez. 1909;
f) G. über das Anerbenrecht bei land- und forstwirtschaftlichen Besitzungen vom 27. Dez. 1909.

XVIII. Schaumburg-Lippe:
a) AG.BGB. vom 23. August 1899;
b) GBO. vom 19. August 1899;
c) Hinterlegungsordnung vom 20. Juni 1899;
d) AV.FGG. vom 16. August 1899;
e) Bek. vom 14. Juni 1902 betr. Ausführungsbestimmungen zu den §§ 980, 981 und 983 des BGB.;
f) Berggesetz vom 28. März 1906;
g) G. betr. die Leibzuchtsverträge vom 24. März 1909.

E. Schrifttum zum landesgesetzlichen Privatrecht:

1. Im allgemeinen: Mecke, Das Verhältnis des BGB. zu den Landesgesetzen (Gutachten aus dem Anwaltstande S. 3—8, 1273—1274); Fuld, Reichsrecht und Landesrecht in GruchotsBeitr. 1889 S. 628—638; Immerwahr, Die gleichzeitige Anwendung von Reichs- und Landesrecht in DJZ. 1898 S. 345 ff.; Klein in SeuffBl. Bd. 72 S. 473 f.; Zitelmann, Zum Grenzstreit zwischen Reichs- und Landesrecht 1902; Dronke in GruchotsBeitr. Bd. 44 S. 703; Gläßing in ArchÖffR. Bd. 18 S. 65; Stranz, Verhältnis des Reichsprivatrechts zum Landesprivatrecht in Holtzendorff-Kohlers Enzyklopädie Bd. 1 S. 793 ff.; Posener, Das deutsche Reichsrecht im Verhältnis zum Landesrechte 1900; Bensche, Die Grundsätze des Bürgerlichen Gesetzbuchs zum Reichs- und Landesrecht, Diss. Erlangen 1898.

2. Besondere Bearbeitungen und Sammlungen der Ausführungsgesetze und der Landesrechte auf Grund der Vorbehalte des EG.:
a) Preußen: Dernburg, Das Bürgerliche Recht des Deutschen Reichs und Preußens; Glock und Weißler, Das in Preußen geltende Reichs- und Landesrecht sowie die Vollzugsbestimmungen in übersichtlicher Zusammenstellung. Ein Handbuch für den Gebrauch der amtlichen Gesetzblätter und der Verordnungsblätter und der Amtsblätter der Ministerien 1910; Busch, Die preußischen Ausführungs-

gesetze, Verordnungen und ministeriellen Verfügungen zum BGB. usw., Textausgabe mit Sachregister 2. Aufl. von Eylau, Berlin 1907; Weißler, Preußisches Landesprivatrecht 1901; Stranz und Gerhard, Die preußischen Ausführungsgesetze zum BGB. 1899; Crusen und Müller, Das preuß. AG.BGB. vom 20. Sept. 1899, Berlin 1900; Stegemann, Die preußischen Ministerialverfügungen zur Ausf. des BGB. und der Neben- und Ausführungsgesetze, 2. Aufl. Berlin 1911. S. auch Lorenz, Allg. Landrecht für die preuß. Staaten in dem jetzt gültigen Umfang, 2. Aufl., Berlin 1926.

Preußische Provinzen: Schleswig-Holstein: Kähler, Das schleswig-holsteinische Landesprivatrecht. Eine Darstellung des in Schleswig-Holstein und Lauenburg seit Inkrafttreten des Bürgerlichen Gesetzbuchs noch geltenden einheimischen Privatrechts; Hannover: Linkelmann und Fleck, Das hannoverische Privatrecht nach dem Inkrafttreten des Bürgerlichen Gesetzbuchs. Hannover 1903.

b) Bayern: Roth, Bayrisches Zivilrecht, bearbeitet von Becher, Tübingen 1899; Bleyer, Sammlung bayerischer Justiz- und Verwaltungsgesetze, 1. Band, Justizgesetze, München 1926; Kollmann, Übersichtliche Zusammenstellung der in Bayern geltenden Vorschriften, Gesetze, Verordnungen usw., 4. Aufl., München 1927; Oertmann, Bayrisches Landesprivatrecht 1903; Böhm und Klein, Das bayr. AG.BGB. vom 9. Juni 1899, München 1900; Henle und Schneider, Die bayrischen Ausführungsgesetze zum BGB. vom 9. Juni 1899, 1. AG. zum BGB., 2. G., Übergangsvorschriften betr., Handausgabe mit Einl., erläuternden Anm. usw., 2. Aufl., München 1909; Meikel, Die bayrischen Ausführungsgesetze zum BGB. und zur ZPO. usw., 2. Aufl., München 1909; Glock und Schiedermair, Das im Königreich Bayern geltende Reichs- und Landesrecht, mit Nachtrag, Karlsruhe 1911.

c) Württemberg: v. Mandry, Das Württembergische Privatrecht 1901; Nieder, Die Ausführungsgesetze zum BGB. mit den Nebengesetzen für Württemberg 1901; Lang, Die Veränderungen unseres Privatrechts durch das BGB., Oberndorf 1899; Glock und Schneidler, Das im Königreich Württemberg geltende Reichs- und Landesrecht samt den Vollzugsbestimmungen in übersichtlicher Zusammenstellung. Ein Handbuch für den Gebrauch der amtlichen Gesetzblätter und Verordnungsblätter und der Amtsblätter der Ministerien, Karlsruhe 1909; Schneidler, Das gesamte Württembergische Landesprivatrecht im Anschluß an die einzelnen Paragraphen des BGB., HGB. und der WO. des Gesetzes über die Angelegenheiten der freiwilligen Gerichtsbarkeit, der Grundbuchordnung und des Zwangsversteigerungsgesetzes systematisch dargestellt, Stuttgart 1908; Mayer, Das Württemberg. Ausführungsgesetz zum BGB. und dessen Nebengesetze, Stuttgart 1921, 1923; Speidel, Führer durch das Württemb. Zivilrecht außerhalb des BGB. 1925.

d) Sachsen: Kloß-Müller, Sächsisches Landesprivatrecht, 3. Aufl.; Breit, Sächsische Ausführungsbestimmungen zum BGB. und den Nebengesetzen, 3. Aufl. 1913; Jäger-Apelt, Sächsische Landesgesetze, 2. Aufl., Leipzig 1925.

e) Baden: Dorner und Seng, Badisches Landesprivatrecht; Glock, Das im Großherzogtum Baden geltende Reichs- und Landesrecht in übersichtlicher Zusammenstellung. Ein Handbuch für den Gebrauch der amtlichen Gesetzblätter usw., Karlsruhe, 2. Aufl. 1911; Kopp, Wörterbuch zum Nachschlagen der für das Großherzogtum Baden wichtigen Gesetze, Staatsverträge, Verordnungen usw., 4. Aufl., Karlsruhe 1901; Helbling, Das deutsche und badische bürgerliche Recht, Karlsruhe 1900; Sauter, Badisches bürgerliches Recht. Eine übersichtliche Darstellung des Landesrechts, Karlsruhe 1909. Das geltende badische Recht, herausgegeben von Mitgliedern der Heidelberger juristischen Fakultät. 1. Bd. Bürgerliches Recht und Verfahren. Die badischen Ausführungsgesetze zum BGB., ZVG., FGG.

nach dem Stande vom 1. Januar 1927; amtliche Ausgabe, Karlsruhe (Masch und Vogel).

f) Thüringische Staaten: Böckel, Landesprivatrecht der Thüringischen Staaten. In Verbindung mit Max Porzig, Albert Unger, Alexander Stichling, Johannes Krause, Ergänzungsband 9 zu Dernburg, Das bürgerliche Recht. Halle a. S. 1912. Sachsen-Meiningen: Unger, Handbuch des im Herzogtum Sachsen-Meiningen geltenden partikularen Privatrechts. 3 Bde. Hildburghausen (2. Aufl.) 1890. Reuß: Thüringisches Verwaltungsrecht, Sammlung thüringischer Gesetze und Verordnungen verfassungs- und verwaltungsrechtlichen Inhalts, Berlin 1927; Wagner, Thüringisches Notariatsrecht, Weimar 1926.

g) Hessen: Heinzerling, Das Großherzogl.-hessische Privatrecht, wie es in den Provinzen Starkenberg-Oberhessen neben dem BGB. und den sonstigen Reichsgesetzen in Geltung ist, Darmstadt 1904; Best, Die hessischen Gesetze und Verordnungen, Dienstanweisungen usw. zur Ausführung des BGB. und seiner Nebengesetze, erl. 5 Bde., Mainz 1900; Wolf, Hessisches Landesprivatrecht. In Gemeinschaft mit Ludwig Gauf, L. Fuchs herausgegeben. (Dernburg, Das bürgerliche Recht in Einzeldarstellungen Erg.-Bd. 7) Halle a. S. 1910.

h) Hamburg: Bitter, Die hamburgischen Ausführungsgesetze und Verordnungen. Mit Anmerkungen. Hamburg 1900; Nöldecke, Hamburgisches Landesprivatrecht (Dernburg, Das bürgerliche Recht usw., Ergänzungsband 6). Halle a. S. 1907.

i) Mecklenburg: Buchka, Mecklenburgisches Landesprivatrecht, Halle a. S. 1905; Langfeld, Mecklenburgische AB.BGB., Rostock 1899.

k) Oldenburg: Ruhstrat, Das oldenburgische Landesprivatrecht. Oldenburg 1900.

l) Braunschweig: Hampe, Das partikuläre braunschweigische Privatrecht 1901; Brandis, Die braunschweigischen Ausführungsgesetze zum BGB., gemeinverständlich dargestellt, Berlin 1900; Wolff, Braunschw. Landesgesetze, 3 Bde., Braunschweig 1902. Die braunschweig. Ausführungsgesetze zum BGB., amtliche Ausgabe mit Begründung, Braunschweig 1900.

m) Anhalt: Pannier, Die anhaltischen Ausführungsgesetze und Ergänzungsgesetze z. BGB. und dessen Nebengesetzen. Cöthen 1900; Heinze, Sammlung anhaltischer Gesetze und Verordnungen, herausgegeben im Auftrage des Verbandes der anhaltischen Kreise in Dessau, 1926.

n) Bremen: Möller, Sammlung von Gesetzen und Verordnungen der freien Stadt Bremen, Bremen 1927.

o) Waldeck: Lange, Landesprivatrecht der Fürstentümer Waldeck und Pyrmont.

[p) Elsaß-Lothringen: Kisch, Elsaß-Lothringisches Landesprivatrecht (Dernburg, Das bürgerl. Recht, Ergänzungsband 2) Halle a. S. 1905 (wegen seiner Bemerkungen zur Auslegung des EG. weiter von Bedeutung).]

F. Änderungen in dem Bestande der deutschen Länder:

Die Änderung des Gebietes von Ländern und die Neubildung von Ländern innerhalb des Reichs erfolgt regelmäßig durch verfassungsänderndes Reichsgesetz (Art. 18 Abs. 1 Satz 2 der Verfassung des Deutschen Reichs vom 11. Aug. 1919; s. auch Art. 76 das.), ausnahmsweise durch einfaches Reichsgesetz (Art. 18 Abs. 2 und 3).

1. Nach Maßgabe des Vertrages vom 4. Januar 1920 mit Änderungen vom 28. Januar und 10. Februar 1920 (GesS. S. 1, 20 und 26) über den Zusammenschluß der thüringischen Staaten und auf Grund Reichsgesetzes vom 30. April 1920 (RGBl. 1920 S. 481) haben sich mit Wirkung vom 1. Mai 1920 zu dem Lande **Thüringen** zusammengeschlossen: Sachsen-Weimar-Eisenach, Sachsen-Meiningen, Sachsen-Gotha (ohne das Gebiet von Coburg; s. unten Bem. 2), Sachsen-Altenburg, die beiden Reuß, die sich vorher miteinander vereinigt hatten (Gesetze vom 4. April und 10. Okt. 1919), Schwarzburg-Rudolstadt und Schwarzburg-Sondershausen (s. auch § 2 Abs. 1 der Verfassung des Landes Thüringen vom 11. März 1921, GesS. 1921 Nr. 10 S. 57).

Nachdem zunächst § 1 des Übergangsgesetzes vom 9. Dez. 1920 (GesS. S. 256) bestimmt hatte, daß die vor dem 1. Mai 1920 erlassenen Gesetze und Verordnungen vorerst in Geltung bleiben und die einzelnen Länder ein Gesetzgebungsrecht nur insoweit haben, als sie durch thüringische Landesgesetze oder durch Verordnung des thüringischen Staatsministeriums besonders ermächtigt werden, ergibt sich jetzt aus § 63 der Verfassung vom 11. März 1921 folgendes: Jeder der ehemaligen thüringischen Freistaaaten bildet für die Übergangszeit einen Kommunalverband höherer Ordnung, Gebiet genannt, mit dem Rechte der Selbstverwaltung, aber ohne Gesetzgebungsbefugnis. Die Gesetze und Verordnungen der ehemaligen thüringischen Freistaaten bleiben solange in Kraft, als nicht die in ihnen geregelte Materie durch Thüringen rechtlich geordnet ist. Ein Gesetz soll das Nähere, insbesondere die erforderlichen Änderungen regeln.

S. auch das G. vom 22. Okt. 1922 über die Schließung der Gesetzsammlungen der Gebiete (GesS. für Thüringen S. 486) und G. vom 20. März 1923 über Ausführungsgesetze auf dem Gebiete der Rechtspflege (GesS. S. 225).

2. Coburg ist gemäß Staatsvertrag vom 14. Febr. 1920 mit Schlußprotokoll vom gleichen Tag, Zusatzprotokoll vom 1. Juni 1920 nach Maßgabe des bayr. G. vom 16. Juni 1920 (GVBl. S. 335, 344) und auf Grund Reichsgesetzes vom 30. April 1920 (RGBl. S. 482) mit Wirkung vom 1. Juli 1920 (VO. des Reichspräsidenten vom 21. Juni 1920) **mit Bayern vereinigt.** S. auch Zusatzprotokoll vom 18. Juni 1920 und G. vom 14. Dez. 1920 (GVBl. S. 493). Die Verfassungsurkunde des Freistaates Bayern vom 14. Aug. 1919 trat in Coburg mit dem Tage der Vereinigung in Kraft (§ 5 des G. vom 16. Juni 1920). Die im Zeitpunkt der Vereinigung in Coburg geltenden Gesetze und Verordnungen bleiben nach § 6 des G. vom 16. Juni 1920 in Kraft, bis sie aufgehoben oder abgeändert werden. Zur Einführung bayerischer Gesetze und Verordnungen, die vor dem 1. Juli 1920 erlassen sind, in den vormals coburgischen Landesteilen sind durch G. vom 18. Dez. 1920 (GVBl. S. 498) und VO. vom 25. März 1921 (GVBl. S. 132), ferner G. vom 10. Dez. 1921 (GVBl. 1922 S. 7) die Staatsministerien ermächtigt. Auf Grund dieser Ermächtigung sind eine Anzahl bayerischer Vorschriften in den vormals coburgischen Landesteilen eingeführt und die entsprechenden coburgischen Vorschriften außer Kraft gesetzt; s. Bek. vom 5. März 1921, betr. Einführung des bayer. Bergrechts in Coburg (GVBl. S. 67 f.), wonach das bayer. Bergrecht mit gewissen Maßgaben ab 1. April 1921 in Coburg in Kraft trat; s. hiezu Bek. vom 30. Sept. 1920 betr. das Bergwesen (GVBl. S. 434); Bek. des JMin. vom 26. März 1921 (GVBl. S. 235 ff.) über die Einführung einer Anzahl von Justizgesetzen; Bek. des Min. des Innern vom 14. April 1921 (GVBl. S. 253 ff.; enthält eine Übersicht der vom 1. April 1921 ab eingeführten Gesetze, Verordnungen und Ministerialbekanntmachungen und Entschließungen); Bek. des Min. für Landwirtschaft vom 11. April 1921 (GVBl. S. 288 ff.; betrifft unter anderem die Einführung der Vorschriften über Güterzertrümmerung, Abmarkung, Ablösung von Weiderechten, Feldpolizei, Landeskulturrentenanstalt); Bek. des FinMin. vom 27. April 1921 (GVBl. S. 299 ff.); JMinBek. vom 27. April 1921 (GVBl. S. 307 ff.; betrifft namentlich die Einführung des bayer. Notariatsrechtes, des AG.BGB. und zum ZVG. und einzelner Vorschriften des AG.BGB.); Bek. des Min. für Unterricht und Kultus vom 20. Mai 1921 (GVBl. S. 324); JMBek. vom 2. Juli 1921 (GVBl. S. 375); Bek. des Min. für Handel, Industrie und Gewerbe und für Soziale Fürsorge (GVBl. S. 385); Bek. des Min. der Justiz, des Innern und der Finanzen vom 20. Okt. 1921 (GVBl. S. 523); Bek. des FinMin. vom 29. Okt. 1921 (GVBl. S. 537 ff.; betrifft u. a. Einführung des Staatsschuldbuchs); JMBek. vom 30. Jan. 1922 (GVBl. S. 153 ff.; betrifft namentlich Einführung von Vorschriften des AG. BGB. und des ÜbergG.); Bek. vom 15. März 1922 über die Einführung des bayer. ForstG. (GVBl. S. 206); Bek. der Min. der Justiz und des Innern vom 1. Mai 1922 (GVBl. S. 291); Bek. vom 6. Febr. 1923 (GVBl. S. 25 f.); Bek. vom 7. Febr. 1923 (GVBl. S. 26; betrifft Verwaltungszwangsverfahren); Bek. vom 22. Nov. 1923 (GVBl. S. 387; betrifft die Rechtsverhältnisse der Wassergenossenschaften).

Das bayerische Gemeinderecht ist in Coburg durch G. vom 22. Juli 1921 (GVBl. S. 383 ff.) eingeführt. S. ferner G. vom 13. Dez. 1922 über Grundstückszusammenlegungen (Flurbereinigungen) in den vormals koburgischen Landesteilen durch preuß. Landeskulturbehörden (S. 693 ff.); G. über Übergang der Landesrentenbank in Coburg an die bayerische Staatsbank vom 18. Jan. 1922 (GVBl. S. 11).

3. Der Gebietsteil **Pyrmont** des Landes Waldeck-Pyrmont ist durch Staatsvertrag vom 29. Mai 1921 nach Maßgabe des preuß. G. vom 22. Febr. 1922 (GesS. S. 37) auf Grund Reichsgesetzes vom 24. März 1922 (RGBl. S. 281) seit dem 1. April 1922 **mit** dem Lande **Preußen vereinigt.** S. hiezu die VO. vom 31. März 1922 über die Einführung preußischer Gesetze im Gebietsteil Pyrmont (GesS. S. 70); s. auch VO. über die Einführung des G. über die Form der Auflassung vom 13. Mai 1918 im Gebietsteil Pyrmont vom 3. Sept. 1923 (GesS. S. 247); VO. über Einführung des preuß. WasserG. vom 12. März 1924 (GesS. S. 138); VO. über die Zuweisung des Gebietsteils Pyrmont zum Bezirke des Oberbergamts in Klausthal vom 5. Mai 1924 (GesS. S. 485).

4. Die Vereinigung von **Waldeck** mit Preußen auf Grund Staatsvertrags vom 23. März 1928 steht bevor.

G. Mecklenburg-Strelitz ist nach der Entscheidung des Staatsgerichtshofes vom 5. Juni 1926 (RGZ. Bd. 113 Anhang S. 1 f.) ein Land im Sinne der Reichsverfassung (neben Mecklenburg-Schwerin).

H. Verhältnis des dritten und vierten Abschnitts: Soweit die Vorbehalte des dritten Abschnitts Platz greifen, ist für die Übergangsbestimmungen des vierten Abschnitts kein Raum, RGZ. Bd. 81 S. 245 ff.; s. z. B. über das Verhältnis von Art. 82 zu Art. 163 Bem. V zu Art. 163.

Art. 55.

Die privatrechtlichen Vorschriften der Landesgesetze treten außer Kraft, soweit nicht in dem Bürgerlichen Gesetzbuch oder in diesem Gesetz ein Anderes bestimmt ist.

E. I, 32; II. 29; III. 53.

1. Entstehung. Der gegenwärtige Artikel stimmt mit dem Art. 32 des Entw. I unter der Abweichung überein, daß die Schlußworte früher lauteten: „... bestimmt ist, daß sie in Kraft bleiben sollen", während schon vom Bundesrate dafür die Worte: „ein anderes bestimmt ist" gesetzt wurden. Diese Änderung ist offenbar nicht sachlicher, sondern formeller Natur und sollte nur klarstellen, daß auf die Form, in welcher im BGB. oder in diesem Gesetzbuche der Wille des Reichsgesetzes ausgedrückt wurde, daß die Landesgesetze in Kraft bleiben sollen, nichts anzukommen hat. Über die verschiedenen desfallsigen Formeln vgl. Art. 3 oben und die Anm. hierzu.

2. Das BGB. verweist auf die Landesgesetze in § 44 (Verfahren bei der Entziehung der Rechtsfähigkeit eines Vereins), § 85 (Verfassung einer Stiftung), § 233 (Eigentumserwerb des Fiskus oder der als Hinterlegungsstelle bestimmten Anstalt an hinterlegten Geldern oder Wertpapieren), § 907 (Bestimmungen für eine Anlage auf einem Grundstücke, durch welche ein bestimmter Abstand von der Grenze oder sonstige Schutzmaßregeln vorgeschrieben werden), § 919 (Abmarkung von Grundstücken), § 1315 (besondere Erlaubnis zur Eheschließung für Militärpersonen und Landesbeamte), §§ 1784 (in der Fassung des § 48 Abs. 1 des JWG. vom 9. Juli 1922) und 1888 mit 1694 und 1915 (Erfordernis einer besonderen Erlaubnis zur Übernahme oder Fortführung einer Vormundschaft, Pflegschaft, Beistandschaft seitens eines Beamten oder Religionsdieners, Zulässigkeit der Untersagung), § 1807 (Grundsätze, nach welchen für Anlegung von Mündelgeld die Sicherheit einer Hypothek, Grundschuld oder Rentenschuld festzustellen ist), § 1808 (Bestimmung von Banken, welche zur Anlegung von Mündelgeld geeignet sind). Vgl. auch §§ 1322, 1642, 1723, 1745, 2194 und 2249 BGB.

3. Inhalt. Während in Art. 32 angeordnet ist, daß die Vorschriften der Reichsgesetze in Kraft bleiben, soweit sich nicht deren Aufhebung aus besonderen Bestimmungen dieses Gesetzes oder des BGB. ergibt, ist für die **privatrechtlichen Vorschriften der Landesgesetze** umgekehrt bestimmt, daß sie außer Kraft treten, soweit nicht in dem BGB. oder in diesem Gesetze ein anderes bestimmt ist, soweit also nicht die einzelne landesgesetzliche Vorschrift durch einen besonderen reichsgesetzlichen Vorbehalt geschützt ist. Die privatrechtlichen Vorschriften der Landesgesetze treten auf Grund des Art. 55 von Rechts wegen außer Kraft, ohne daß es einer besonderen Aufhebung durch Landesgesetz bedarf. Die meisten Bundesstaaten haben aber zur Beseitigung von Zweifeln in ihren Ausführungsgesetzen eine Reihe nach Art. 55 außer Kraft getretener Landesgesetze noch besonders aufgehoben; s. unten Bem. 10. Das Landesprivatrecht tritt, soweit ein Vorbehalt nicht gemacht ist, auch hinsichtlich solcher Gegenstände außer Kraft, die im BGB. nicht geregelt sind.

Das öffentliche Recht der Länder (z. B. Verfassungsrecht) wird durch das BGB. und das EG. überhaupt nicht berührt (s. Vorbem. A, I).

Abgesehen von den in Bem. 2 hervorgehobenen privatrechtlichen Bestimmungen der Landesgesetze bleiben die in Art. 153—218 dieses Gesetzes aufgeführten nur noch für die Übergangszeit und auch da nur für die in den genannten Artikeln näher bezeichneten Rechtsverhältnisse in Kraft; alle übrigen privatrechtlichen Bestimmungen der Landesgesetze traten mit dem 1. Januar 1900 außer Kraft.

Unter den „privatrechtlichen Vorschriften" sind jene des sachlichen bürgerlichen Rechtes im Gegensatze einerseits zu dem öffentlichen Recht, anderseits zu dem Verfahren in bürgerlichen Rechtsstreitigkeiten (vgl. die EG.ZPO. vom 30. Jan. 1877, insbes. § 14, und 17. Mai 1898, dann zur KO. vom 10. Febr. 1877 und 17. Mai 1898, sowie zum ZVG. vom 24. März 1897) und in der freiwilligen Rechtspflege (vgl. FGG. §§ 1, 185 ff., GBO. §§ 82 ff.) zu verstehen (Mot. z. EG. 147). Nach § 189 FGG. gelten aber alle Vorbehalte, welche in diesem EG. zugunsten der Landesgesetze gemacht sind, auch zugunsten der Vorschriften der Landesgesetze über die im FGG. geregelten Gegenstände (vgl. unten Bem. 9). Darauf, ob eine Vorschrift in einem Verfassungsgesetz oder in einem Prozeßgesetz oder dgl. steht, kommt nichts an. Hinsichtlich des öffentlichen Rechtes s. unten Bem. 5.

Zu den Vorbehalten gehören nicht die Übergangsvorschriften des EG. (RGZ. Bd. 55 S. 256).

4. Getroffen werden von der Außerkraftsetzung auch diejenigen landesgesetzlichen Bestimmungen, welche von bereits vor dem 1. Januar 1900 erlassenen Reichsgesetzen in Bezug genommen sind, wenn ihnen nicht reichsgesetzliche Kraft besonders beigelegt ist (Mot. z. EG. 147). Es würde also beispielsweise § 38 Abs. 2 PStG., auch wenn er nicht in Art. 46 dieses Gesetzes besonders aufgehoben worden wäre, schon kraft der Bestimmung dieses Artikels außer Kraft treten, während anderseits §§ 74 Abs. 2 und 75 Abs. 2 PStG. in Kraft bleiben; letzterenfalls handelt es sich überhaupt nicht mehr um eine landesgesetzliche, sondern um eine reichsgesetzliche Vorschrift.

5. Welche Bestimmungen dem öffentlichen Rechte, welche dem Privatrechte angehören, wird häufig schwierig zu entscheiden sein (vgl. Vorbem. C, 1 vor Art. 55). Die Grenze läßt sich — so sagen die Mot. z. EG. 147 — nicht aprioristisch, sondern nur an der Hand der Rechtsentwicklung, welche sich in den einzelnen Bundesstaaten (Ländern) zum Teil verschieden gestaltet hat, in befriedigender Weise bestimmen. Es erübrigt nichts, als der Rechtslehre und Rechtsprechung die Aufgabe zuzuweisen, da, wo es fraglich sein mag, ob eine Vorschrift dem bürgerlichen oder öffentlichen Rechte angehört, die der Sachlage entsprechende Entscheidung im Einklange mit der Verfassung und den öffentlichen Einrichtungen der Bundesstaaten (Länder) zu treffen. Darauf, daß eine Bestimmung in einem sog. Verfassungsgesetze steht, wird ein entscheidendes Gewicht nicht gelegt werden können. So hätte z. B. in Bayern § 109 Abs. 2 der VII. Verf.-Beilage gegenüber § 2109 BGB. nicht in Kraft bleiben können. Er ist auch durch Art. 135 Abs. 1 Ziff. II, 2 AG.BGB. ausdrücklich aufgehoben.

Übrigens enthält auch das BGB. Vorschriften, welche wohl als öffentlich-rechtliche zu betrachten wären, wenn sie nicht im BGB. stünden (vgl. z. B. §§ 44, 80, 89, 795). Ferner führen die Mot. z. EG. S. 146 aus, daß die Kodifikation sich auch auf Vorschriften erstreckt, die insofern einen öffentlich-rechtlichen Charakter aufweisen, als sie, aus Bedürfnissen des inneren Staatsrechts hervorgegangen, ihrem Grund und Zweck nach darauf gerichtet sind, Institutionen des öffentlichen Rechtes vor Verfall zu schützen, zu pflegen und zu fördern, die aber ihrem Inhalte nach gleichwohl einen Teil der Regelung des bürgerlichen Verkehrs ausmachen und deshalb den Normen des bürgerlichen Rechts zugezählt werden müssen. Sehr klar ist diese Äußerung übrigens nicht. Es wird auch hier die Frage, ob es sich um einen Gegenstand des öffentlichen Rechtes handelt, wohl nach dem Staatsrechte des betreffenden Landes beantwortet werden müssen. Man denke z. B. an die Ansprüche an staatliche Versicherungs- oder an staatliche Pensionsanstalten.

Wegen der geschichtlich bedingten Unterscheidung zwischen öffentlichem Recht und Privatrecht im allgemeinen vgl. Vorbem. C, 1 vor Art. 55; Gierke, Das Privatrecht I S. 26 ff.; s. ferner über die Unterscheidung Enneccerus Bd. I § 31, Stier-Somlo, Reichs- und Landesstaatsrecht § 1 S. 2 ff., Otto Mayer, Deutsches Verwaltungsrecht (3. Aufl. 1924) Bd. I § 11, auch Kelsen, Allgemeine Staatslehre (Berlin 1925) § 17, der eine besondere Theorie aufstellt.

Vgl. auch Klein in SeuffBl. Bd. 72 S. 473: Es kommt darauf an, was der Gesetzgeber als öffentliches oder Privatrecht ansah, als er die Regelung des Art. 55 traf.

Zwar decken sich grundsätzlich die auf den **Weg des Zivilprozesses** verwiesenen „bürgerlichen Rechtsstreitigkeiten" mit den Streitigkeiten des Privatrechts, während Streitfälle des öffentlichen Rechts im Wege der Verwaltungsrechtsprechung oder eines anderen nicht zivilprozessualen Verfahrens erledigt werden. Gleichwohl ist **dieses rein formale Merkmal** des Privatrechts **kein unbedingt zureichendes.** Denn

a) vielfach fehlt es an einer ausdrücklichen derartigen Feststellung, so daß umgekehrt, um über die Zulässigkeit oder Unzulässigkeit des Zivilprozesses zu entscheiden, die Frage nach der privatrechtlichen oder öffentlich-rechtlichen Natur der Rechtssätze zuerst beantwortet und somit auf deren inneren Gehalt zurückgegangen werden muß. Gierke a. a. O. S. 31.

b) Es gibt auch Privatrecht, das nur nach Art des öffentlichen Rechtes geschützt ist, beispielsweise die Ansprüche auf Unfallsentschädigung, auf Invaliditäts- und Altersrente (vgl. RVO.), das Recht des Erfinders auf ein Patent (RG. vom 7. April 1891, nun in der Fassung vom 7. Dez. 1923 [RGBl. II S. 437] §§ 13 und 27).

c) Vielfach sind auch jetzt bürgerliche Rechtsstreitigkeiten reichsrechtlich den ordentlichen Gerichten entzogen.

Vgl. Gierke a. a. O. S. 32, ferner Stein-Jonas Komm. z. ZPO. Vorbem. II, A vor § 1.

Die gemeinrechtlichen Vorschriften über den **Schutz des Gemeingebrauchs an öffentlichen Wegen und Plätzen** bilden nach Ansicht des Reichsgerichts keinen Teil des öffentlichen Rechtes und sind deshalb als aufgehoben zu betrachten. RGZ. Bd. 53 S. 384 = DJZ. 1903 S. 202, SeuffA. Bd. 37 Nr. 285, RGZ. Bd. 7 S. 215, Bd. 8 S. 152, Bd. 22 S. 304, Bd. 30 S. 246 ff., Bd. 40 S. 280, Bd. 42 S. 205, Gruchots Beitr. Bd. 33 S. 420 ff. Vor allem vgl. RG. vom 1. Juni 1910, in Mitteilungen der Zentralstelle der deutschen Städtetage II, 17 (1910). Diese Ansicht ist nicht unbestritten. Vgl. im allgemeinen: Gierke, D. Privatrecht Bd. II S. 19 ff., Otto Meyer, Handbuch des Verwaltungsrechts 3. Aufl. Bd. II § 53 S. 295 ff.

Man muß zwischen öffentlichem Recht im engeren Sinn (des Staatsrechts) und in einem weiteren Sinne (Sozialrecht) unterscheiden, und beides dem Individualrecht als dem Rechte, „das die menschlichen Willensträger als Einzelwesen zueinander in Beziehungen setzt" (Gierke a. a. O. S. 26) gegenüberstellen.

Sozialrecht ist das Recht, „insoweit es die Beziehungen der menschlichen Willensträger als Gesellschaftswesen ordnet" (Gierke). Das **Recht des Gemeingebrauchs** fällt zweifellos unter das öffentliche Recht im weiteren Sinne; bei ihm treffen die Interessen des Individuums mit denjenigen der Gemeinschaft zusammen. Nach Ansicht einzelner Schriftsteller stehen die dem Gemeingebrauch unterworfenen Sachen, soweit der Gemeingebrauch reicht, nicht im Privateigentum des Staates, wie andere rein fiskalische Sachen; der Staat übt an ihnen lediglich ein Hoheitsrecht aus oder, wenn man will, ein eigenartiges sog. publizistisches Eigentum. Vgl. v. Ihering, Der Streit zwischen Basel-Stadt und Basel-Land, Rechtsgutachten, Leipzig 1802, Eisele, Rechtsverhältnis der res publicae in publico usu. Daher war die sog. popularis actio des römischen Rechts, bei denen der einzelne als Vertreter des öffentlichen allgemeinen Rechtes auftritt, kein rein zivilrechtliches Rechtsmittel. Vgl. auch v. Ihering, Zweck im Recht I S. 466, Geist des römischen Rechts Bd. 3 S. 348 (Zwecksubjekt ist die Gesellschaft im engeren Sinne). Nach Ansicht einzelner Schriftsteller stimmt auch die deutschrechtliche Auffassung des Rechtsverhältnisses damit überein. Vgl. Hahn, Die materielle Übereinstimmung der römischen und germanischen Rechtsprinzipien S. 384 N. 61, S. 407, 416—418, Gierke, Genossenschaftsrecht Bd. 3 S. 47. Vgl. auch Bem. III, 1, a zu § 854, Bem. III, 1, b zu § 903 in Bd. III dieses Komm. Aus dem Schrifttum s. noch Gierke DPR. II S. 19 ff., Anschütz, VerwArch. Bd. 5 S. 87 ff., Jurist. Literaturblatt, 19. Jahrg. S. 216 f., Otto Meyer, Handbuch des Deutschen Verwaltungsrechts, 3. Aufl. Bd. II § 53 S. 295 ff.

Vgl. OLG. Marienwerder vom 10. Febr. 1903 (PosMSchr. 6, 44), wonach die Verpflichtung der „Instleute" in Ost- und Westpreußen, vor der Klagerhebung gegen die Gutsherrschaft die polizeiliche Vermittlung nachzusuchen, in Kraft geblieben ist.

6. **Neue Landesgesetze:** Soweit den Bundesstaaten (Ländern) das Gesetzgebungsrecht vorbehalten ist, können, wie in Art. 3 und 218 bestimmt ist, auch nach dem Inkrafttreten des BGB. neue landesgesetzliche Vorschriften erlassen und die bestehenden geändert werden.

7. **Landesgewohnheitsrecht:** Unter Gesetz ist auch hier jede Rechtsnorm, insbesondere also auch das Gewohnheitsrecht zu verstehen. Bezüglich der Erfordernisse eines Gewohnheitsrechts s. Bem. III, 5 zu Art. 2; über Landesgewohnheitsrecht insbes. Bem. III, 5, b, β.

Das Gewohnheitsrecht ist eine dem gesetzlichen Recht gleichwertige erzeugende Rechtsquelle und gesetzliche Verbote oder Einschränkungen der Bildung von Gewohnheitsrecht sind machtlos. Jedoch kann zwingendes Reichszivilrecht nicht durch partikuläres Gewohnheitsrecht aufgehoben werden. Aber auch nachgiebige (dispositive) Rechtsvorschriften des BGB. können durch Landesgewohnheitsrecht nicht abgeändert werden (vgl. Bem. III, 5, b, β zu Art. 2). Landesgewohnheitsrecht muß überall hinter dem Reichsrecht zurückstehen. Nur auf den der Landesgesetzgebung vorbehaltenen Rechtsgebieten ist noch Raum für Landesgewohnheitsrecht (Dernburg Bd. I § 28, II und III, Cosack Bd. I § 8, II, 2, Endemann Bd. I § 9 Nr. 3, a, Crome § 17 Nr. 3 und in JheringsJ. Bd. 34 S. 336; a. M. Krückmann, Das Gewohnheitsrecht und das BGB. in JheringsJ. Bd. 38 S. 191). Dagegen steht nichts im Wege, dem partikulären Gewohnheitsrecht eine ergänzende, subsidiäre Bedeutung neben dem BGB. beizulegen. Das bayr. AG.BGB. Art. 1 Abs. 2 bestimmt: „Soweit in den in Kraft bleibenden Gesetzen und in diesem Gesetz auf örtliche Verordnungen oder auf das Herkommen verwiesen ist, behalten die bestehenden Verordnungen und das Herkommen ihre Geltung." Unter „Herkommen" ist hier offenbar, abweichend von der heutigen wissenschaftlichen Terminologie, die diesen Ausdruck auf konkrete Rechtsverhältnisse beschränkt, Gewohnheitsrecht verstanden. Die Bestimmung scheint von der zur Zeit allgemein abgelehnten sog. Gestattungstheorie auszugehen. Die Gültigkeit eines bestehenden Gewohnheitsrechts ist nicht durch ausdrückliche gesetzliche Gestattung bedingt. Vgl. Kuhlenbeck, Von d. Pand. z. BGB. S. 12. Für Bayern insbesondere vgl. Oertmann, Bayrisches Landesprivatrecht § 10 S. 35 f., 37—40; für Mecklenburg Buchka, Mecklenburg. Landesprivatrecht § 2, VII S. 13.

8. **Rechtsgrund der Vorbehalte:** Die Gründe, die für die in den Art. 56 ff. gemachten Vorbehalte zugunsten der Landesgesetze maßgebend waren, sind nicht für alle Vorschriften die gleichen, sondern sie liegen

a) entweder darin, daß für besonders zweifelhafte Fälle die Zuständigkeitsgrenzen festgestellt werden wollten (vgl. z. B. Art. 60, 61), oder

b) darin, daß einem Gegenstand oder einem einzelnen Verhältnisse Besonderheiten eigen sind, welche der gemeinsamen reichsrechtlichen Regelung widerstreben und zwar

α) teils deswegen, weil örtliche Beziehungen eine verschiedene gesetzliche Behandlung erheischen (z. B. Art. 63, 66),

β) teils deswegen, weil der Zusammenhang, in dem der Gegenstand oder das Verhältnis mit staatlichen oder politischen Einrichtungen steht (z. B. Art. 56 bis 59, 80—86), das fernere Walten der landesrechtlichen Gesetzgebung wünschenswert macht (Mot. z. EG. 148; Mat. 2).

9. Auch der **Umfang der einzelnen Vorbehalte** ist ein verschiedener. Die Motive (S. 148 und gleichlautend die Mat. S. 2) sagen hierüber folgendes:

„Die einzelnen Vorbehalte zugunsten der Landesgesetze sind teils allgemeiner, teils besonderer Natur. Ist dem Landesrecht allgemein ein Gegenstand zugewiesen, so werden durch den Vorbehalt alle Vorschriften getroffen, welche die Regelung des Gegenstandes betreffen. Zu einer Durchbrechung der allgemeinen Vorschriften des BGB. wird durch die Beschaffenheit des betreffenden Gegenstandes bei einem künftigen Eingreifen der Landesgesetzgebung begründeter Anlaß nicht häufig gegeben sein. An und für sich sind auch in Ansehung der allgemeinen Vorschriften des BGB. auf dem vorbehaltenen Gebiete Abweichungen statthaft. Es steht nichts entgegen, daß die Landesgesetzgebung Sonderbestimmungen trifft über die Formerfordernisse eines Rechtsgeschäfts, über die Statthaftigkeit oder Unstatthaftigkeit von Bedingungen oder Zeitbestimmungen, über die Verjährung, über die Wirksamkeit des rechtskräftigen Urteils gegen Dritte, über die das Grundbuchrecht betreffenden Fragen usw. Ebenso schließt die Beseitigung der Rechtseinrichtungen der unvordenklichen Verjährung und der Wiedereinsetzung in den vorigen Stand durch das BGB. nicht aus, daß landesgesetzliche Vorschriften über unvordenkliche Verjährung und Wiedereinsetzung in den vorigen Stand für einen vorbehaltenen Gegenstand getroffen werden können, beziehungsweise bereits getroffene derartige Vorschriften ihre Kraft behalten. In Kraft bleiben nicht minder diejenigen bestehenden Vorschriften, welche zwar inhaltlich von dem bisherigen gemeinen Privatrechte nicht abweichen, nach der Absicht des betreffenden Gesetzes aber nicht lediglich die Bedeutung einer erläuternden Wiederholung des gemeinen Rechtes haben, sondern einen Bestandteil des Sonderrechts bilden sollen. — Wie weit andere weniger allgemein gefaßte Vorbehalte tragen, muß der Fassung derselben entnommen werden." S. auch Zitelmann, Zum Grenzstreit zwischen Reichs- und Landesrecht S. 9ff.

Hinsichtlich des Verfahrens in der freiwilligen Gerichtsbarkeit können Vorschriften zur Ergänzung und Ausführung des FGG. mit Einschluß der erforderlichen Übergangsbestimmungen auch insoweit erlassen werden, als das FGG. Vorbehalte für die Landesgesetzgebung nicht enthält. Soweit jedoch durch Landesgesetz allgemeine Vorschriften über die Errichtung gerichtlicher oder notarieller Urkunden erlassen werden, kann einem Verstoße gegen eine solche Vorschrift nur dann, wenn dieselbe die sachliche Zuständigkeit betrifft, die Folge der Ungültigkeit der Beurkundung vom Landesgesetz beigelegt werden. (FGG. § 200.)

10. Nach Art. 55 außer Kraft getretene Landesgesetze sind durch nachbezeichnete landesgesetzliche Ausführungsvorschriften ausdrücklich aufgehoben:

Preußen Art. 89 AG.BGB. (Becher XIV, 1 S. 59); Bayern Art. 1 und 175 AG.BGB. (Becher III, 7 S. 1, 26ff.); Sachsen § 53 AG.BGB. (Becher XVII, 1 S. 10); Württemberg Art. 283 AG.BGB. (Becher XXVI, 1 S. 70ff.); Baden Art. 89 AG.BGB. vom 17. Juni 1899 (Becher II, 9 S. 33ff.); Hessen Art. 286 AG.BGB. (Becher VIII, 3 S. 116); Mecklenburg-Schwerin § 392 AV.BGB. (Becher XI, 2 S. 77); Oldenburg § 50 AG.BGB. (Becher XIII, 3 S. 16); Braunschweig §§ 1, 118 AG.BGB. (Becher IV, 1 S. 1, 26ff.); Anhalt Art. 75 AG.BGB. (Becher I, 1 S. 30); Bremen § 67 AG.BGB. (Becher V, 5 S. 17); Mecklenburg-Strelitz § 349 AV.BGB. (Becher XII, 1 S. 64); von den thüringischen Staaten: Sachsen-Weimar §§ 249, 250 AG.BGB. (Becher XXI, 3 S. 50); Sachsen-Meiningen Art. 31 §§ 4, 5 AG.BGB. (Becher XX, 1 S. 23); Sachsen-Coburg-Gotha Art. 55 AG.BGB. (Becher XIX, 8 S. 85); Sachsen-Altenburg § 51 AG.BGB. (Becher XVIII, 1 S. 11); Reuß ä. L. § 156 AG.BGB. (Becher XV, 1 S. 30); Reuß j. L. § 142 AG.BGB. (Becher XVI, 1 S. 31); Schwarzburg-Rudolstadt Art. 194, 195 AG.BGB. (Becher XXIII, 2 S. 34).

11. Verhältnis von Reichs- und Landesrecht nach dem neuen Reichsrecht: Ausdrücklich und allgemein ist der Grundsatz: „Reichsrecht bricht Landesrecht" in Art. 13 Abs. 1 der Reichsverfassung vom 11. Aug. 1919 ausgesprochen (s. Stier-Somlo im Handwörterbuch der Rechtswissenschaft Bd. V S. 17f.; Döhl, ArchÖffR. Bd. 51 S. 37ff.). Damit ist zum Ausdruck gebracht, daß durch den Erlaß eines Reichsgesetzes über einen Gegenstand das den nämlichen Gegenstand betreffende bisherige Landesrecht aufgehoben ist und daß künftig Landesgesetze, welche den nämlichen Gegenstand betreffen, nicht mehr erlassen werden können.

Die neue Reichsverfassung kennt neben der ausschließlichen Gesetzgebung des Reichs (die nach Art. 6 das bürgerliche Recht nicht umfaßt) eine konkurrierende Gesetzgebungsbefugnis des Reichs, die sich nach Art. 7 Nr. 1 auf das bürgerliche Recht erstreckt und auch einzelne im EG. berührte Gegenstände umfaßt (Art. 7 Nr. 12 Enteignungsrecht, Nr. 16 Bergbau). Auf den hieher gehörigen Rechtsgebieten ist die Landesgesetzgebung solange und soweit nicht ausgeschlossen, als nicht das Reich von seiner Gesetzgebungsbefugnis Gebrauch macht; das ist in Art. 12 Abs. 1 Satz 1 RV. ausdrücklich ausgesprochen. Die Vorbehalte des EG. bleiben daher zunächst wirksam, solange nicht das Reich den Gegenstand auf Grund der ihm in Art. 7 RV. verliehenen Befugnis regelt.

Endlich kennt die Reichsverfassung noch die sog. Grundsatzgesetzgebung des Reichs. Das Reich kann für die in Art. 10, 11 RV. aufgeführten Gegenstände die Richtlinien durch Gesetz bestimmen, unter deren Beachtung die Landesgesetzgebung den Gegenstand näher regeln kann.

Art. 56.

Unberührt bleiben die Bestimmungen der Staatsverträge, die ein Bundesstaat mit einem ausländischen Staate vor dem Inkrafttreten des Bürgerlichen Gesetzbuchs geschlossen hat.

E. II, 80; III, 54.

1. Entstehung. Dieser Artikel wurde erst in der II. Komm. aufgestellt. Im I. Entwurf ist mit Rücksicht darauf, daß das internationale Privatrecht in dem BGB. Regelung nicht fand, die Aufnahme einer solchen Bestimmung unterblieben, während anfänglich beabsichtigt war, eine ausdrückliche, dem gegenwärtigen Art. 56 entsprechende Vorschrift aufzunehmen; es waren nämlich in der Rechtswissenschaft hinsichtlich der von den Bundesstaaten mit ausländischen Staaten über Gegenstände des Zivilprozesses und der Gerichtsverfassung abgeschlossenen Staatsverträge Meinungsverschiedenheiten hervorgetreten, während der Bundesrat die fortdauernde Geltung dieser Staatsverträge als selbstverständlich betrachtet und deshalb die dieses ausdrücklich festzusetzenden Art. 4 bzw. § 14 der Entwürfe der EG. z. GVG. und z. ZPO. gestrichen hatte (Mot. z. EG. 148; M. I, 3; P. VI, 365 ff., 743 ff.; Reatz III, 35; Mat. ad 87 a S. 3).

2. Grund der Vorschrift. Die Bestimmungen der **Staatsverträge, welche ein einzelner Bundesstaat (Land) über in das Gebiet des Bürgerlichen Rechtes einschlagende Verhältnisse mit einem ausländischen Staat abgeschlossen** hat, haben an sich einem Reichsgesetz gegenüber keine größere Kraft als die landesgesetzlichen Bestimmungen. Sie würden daher, soweit sie innerstaatliche privatrechtliche Rechtsverhältnisse zum Gegenstand haben, nach der Regel des Art. 55 außer Kraft treten. Ihre Aufrechterhaltung erfolgte, weil sie der Rechtseinheit auf dem Gebiete des Privatrechts keinen nennenswerten Abbruch tun und weil man die Beziehungen der Bundesstaaten zum Ausland nicht erschweren wollte (P. VI, 365). Durch die Vorschrift des Art. 56 werden also die in einem solchen Staatsvertrage enthaltenen privatrechtlichen Vorschriften geschützt.

Vgl. Zitelmann, Zum Grenzstreite zwischen Reichs- und Landesrecht 1902 S. 65 f. Art. 56 bestimmt, daß, wenn ein Bundesstaat durch einen Gesetzgebungsakt einen Staatsvertrag zugleich zum innerstaatlichen materiellen Rechte gemacht hat, dann diese innerstaatlichen Rechtssätze auch in dieser Eigenschaft unberührt bleiben.

Er ist in Wahrheit nur eine Übergangsbestimmung, mithin kann Art. 3 auf diesen Vorbehalt nicht in Anwendung kommen. Infolgedessen darf, wenn ein derartiger Staatsvertrag als solcher außer Kraft getreten ist, der Einzelstaat nunmehr die Vertragsbestimmungen nicht einseitig als innerstaatliches Recht weiter bestehen lassen, wie auch eine inhaltliche Änderung der materielles Recht bildenden Vertragsbestimmungen nicht möglich ist (Niedner Bem. 3, Planck Bem. 3).

Partikuläre Staatsverträge über internationales Privatrecht sind insoweit außer Kraft getreten und für die Zukunft ausgeschlossen, als dieses Gesetz über den Gegenstand in den Art. 7—31 reichsgesetzliche Vorschriften enthält; sie sind in Kraft geblieben, soweit das neue Recht keine Vorschriften enthält; sie gelten dann nur für den Bundesstaat (das Land), der den Vertrag abgeschlossen, aber nicht für die übrigen deutschen Länder; sie gelten für das Reich, wenn dieses eine Angelegenheit als Landessache zu behandeln hat, aber nicht in anderen Fällen (Neumayer in SeuffBl. Bd. 71 S. 333 ff.).

3. Die Frage, ob bei Verweisungen eines solchen Staatsvertrags auf das inländische Privatrecht an Stelle des letzteren die Vorschriften des BGB. zu treten haben, ist eine nach Art. 4 dieses Gesetzes zu beurteilende Auslegungsfrage. Es wird aus dem Sinne des Vertrags zu ermitteln sein, ob sich die Verweisung auf das bisherige oder auf das jeweils geltende allgemeine bürgerliche Recht bezieht. Im ersteren Falle bleiben in den Grenzen der Vorbehalte auch die bisherigen Vorschriften des allgemeinen bürgerlichen Rechtes in Kraft (vgl. auch Planck Bem. 2). Über die Anwendbarkeit des Art. 4 EG. auf Staatsverträge an sich s. Bem. III, 1, b zu Art. 4.

4. Nur die vor dem Inkrafttreten des BGB. bereits geschlossenen Staatsverträge bleiben in Kraft. Neue Staatsverträge dieser Art, die einen der Landesgesetzgebung nicht vorbehaltenen Gegenstand behandeln, konnten und können also seit dem 1. Januar 1900 von den einzelnen Ländern nicht mehr geschlossen werden; s. Bem. 6.

5. Die unter Bundesstaaten abgeschlossenen Staatsverträge über privatrechtliche Normen traten außer Kraft, soweit ihnen Reichsgesetze entgegenstanden.

6. Daß über Gegenstände des Privatrechts, deren Regelung der Landesgesetzgebung auch fernerhin vorbehalten ist (vgl. Art. 55), nach wie vor von den einzelnen Bundesstaaten (Ländern) nicht bloß unter sich, sondern auch mit ausländischen Staaten Verträge geschlossen werden konnten und können, ergibt sich aus Art. 3 dieses Gesetzes im Zusammenhalt mit Art. 4 und 11 der alten Reichsverfassung und Art. 45 Abs. 3 und Art. 78 Abs. 2 der Reichsverfassung vom 11. Aug. 1919. Das Vertragsschließungsrecht der Länder mit auswärtigen Staaten ist jedoch jetzt durch Art. 78 Abs. 2 RV. unter die Kontrolle des Reichs gestellt; solche Verträge bedürfen künftig zur staatsrechtlichen Vollziehbarkeit und zur völkerrechtlichen Wirksamkeit der Zustimmung des Reichs (vgl. Anschütz, RV. Bem. 3—6 zu Art. 78).

7. Staatsverträge eines Landes mit einem anderen oder mit einem auswärtigen Staate, die unberührt bleiben, sind als landesrechtliche Normen der Revision entzogen (§ 549 Abs. 1 ZPO.).

8. Wegen der Wirksamkeit älterer Staatsverträge mit ausländischen Staaten gegenüber der KO. und der ZPO. s. Tetzner in LZ. 1910 Sp. 450.

Art. 57.*)

In Ansehung der Landesherren und der Mitglieder der landesherrlichen Familien sowie der Mitglieder der Fürstlichen Familie Hohenzollern finden die Vorschriften des Bürgerlichen Gesetzbuchs nur insoweit Anwendung, als nicht besondere Vorschriften der Hausverfassungen oder der Landesgesetze abweichende Bestimmungen enthalten.

Das Gleiche gilt in Ansehung der Mitglieder des vormaligen Hannoverschen Königshauses, des vormaligen Kurhessischen und des vormaligen Herzoglich Nassauischen Fürstenhauses.

E. I, 33; II, 31; III, 55.

I. Bisheriges Recht.

1. Entstehung. Der Abs. 1 stimmt wörtlich mit dem Art. 33 des ersten Entwurfs überein; der Abs. 2 wurde erst in der Sitzung des Reichstags vom 27. Juni 1896 auf Antrag des Abg. Dr. Lieber hinzugefügt, um klar zu stellen, daß auch die im Jahre 1866 depossedierten souveränen deutschen Fürstenhäuser unter den Vorbehalt des Abs. 1 fallen. (Mot. z. EG. 154; M. I, 10, 11; P. VI, 367, 369, 743; Reatz III, 35; Mat. 3; StB. 3025.)

2. Gründe der Vorschrift. In den Motiven ist die Vorschrift dieses Artikels, wie folgt, begründet:

---

*) Schrifttum: Heffter, Die Sonderrechte der souveränen Häuser; Gierke, Deutsches Privatrecht Bd. I S. 149 ff.; Rehm, Modernes Fürstenrecht, München 1904; Neumeyer, Zur Begrenzung zwischen Privatfürstenrecht und gem. R. in DJZ. 1905 S. 494 ff.; Schultze-Gävernitz in Holtzendorffs Enzyklopädie I (5. Aufl. S. 1349); Schulze, Die Hauptgesetze der regierenden deutschen Fürstenhäuser, 3 Bde. Jena 1862 bis 1882; Beseler, über die Stellung des Bürgerlichen Gesetzbuchs Deutschlands zu dem Familienrechte des hohen Adels, Denkschrift Berlin 1911; Hübler, Das landesherrliche Scheidungsrecht, DJZ. 1902 S. 33; Stölzel, daselbst S. 84; Wilke, Zum landesherrlichen Scheidungsrecht, daselbst S. 290; Opet, Zur Anfechtung der Ehelichkeit nach Privatfürstenrecht, DJZ. 1903 S. 189; Köhler, Die Haus- und Familiengewalt der deutschen Landesherren (Diss. Erlangen) 1908; Baumann, Hausgesetz und Staatsgesetz (Diss. Erlangen) 1906; Häußler, Das nach Art. 57 des EG.BGB. geltende Privatfürstenrecht (in Anlehnung an das Königl. Sächsische Hausgesetz vom 31. Dez. 1837 und seine Nachträge), (Diss. Leipzig) 1909; Robeck, Beiträge zur Geschichte des Eherechts deutscher Fürstenhäuser bis zur Durchführung des Tridentinum (Münster i. W.) 1910; Abt, Mißheiraten in deutschen Fürstenhäusern (Deutschrechtliche Beiträge, Forschungen und Quellen zur Geschichte des Deutschen Rechts von Beyerle, Bd. 7 Heft 2), (Heidelberg) 1911; Bornhak, Hausgesetz und Hausvertrag, DJZ. 1927 S. 1142.

„Die Autonomie der souveränen Häuser muß, wie sie bisher bestanden hat, auch ferner bestehen. Die Aufrechterhaltung des Sonderrechts dieser Häuser ist ebensowohl durch deren besondere staatsrechtliche Stellung als durch den engen Zusammenhang, in welchem das Sonderrecht mit dem geltenden Staatsrechte steht, geboten. Die Normen, betreffend die Volljährigkeit, das Vormundschaftswesen, die Unveräußerlichkeit des Familienguts, die in dasselbe stattfindende Individualsukzession gehören in Ansehung der regierenden Familien nach der einen Seite dem Privatrechte, nach der anderen Seite dem Staatsrechte an ..... Das BGB. kann insoweit nur subsidiäre Geltung haben; es gehen ihm vor sowohl die zur Zeit der Einführung bestehenden als auch die künftig erlassenen haus- oder landesgesetzlichen Vorschriften."

Damit sind auch Inhalt und Tragweite des Artikels ausreichend gekennzeichnet. Über dem Privatfürstenrecht und der Autonomie der hochadeligen und landesherrlichen Familien steht die Landesgesetzgebung (vgl. OLG. Jena FGJ. Bd. 2 S. 295 ff.). Eine Grenze zwischen Hausverfassung und Landesgesetz hat Art. 57 nicht gezogen, diese zu ziehen war Sache des Landesrechts, Art. 57 grenzt nur Reichsrecht von Landesrecht ab (RGZ. Bd. 109 S. 11 ff.).

Auch die Vorschriften des internationalen Privatrechts hatten gegenüber den besonderen Vorschriften der Hausverfassungen und der Landesgesetze in Ansehung der Landesheren und der Mitglieder der landesherrlichen und der diesen gleichgestellten Familien nur subsidiäre Geltung, obwohl die Vorschriften des EG. BGB. im Art. 57 nicht genannt sind, da dies offenbar nur aus Versehen unterlassen worden ist, als das stark gekürzte internationale Privatrecht aus dem BGB. selbst in das EG. versetzt wurde. Vgl. Zitelmann, Zum Grenzstreit zwischen Reichs- und Landesrecht 1902 S. 61—62 zu S. 204, Bem. 2.

Ausdrücklich erstreckt war Art. 57, 58 auf Vorschriften des EG.BGB. in Art. 88 preuß. AG.BGB. (Becher XIV, 1 S. 59).

3. Hinsichtlich der Verweisungen gilt die Bem. 3 zu Art. 56.

Als subsidiäre Quelle der durch diesen Artikel aufrecht erhaltenen Sonderrechte kam auch das **gemeine deutsche Privatfürstenrecht** in Betracht. (RGZ. Bd. 2 S. 149, Bd. 26 S. 149 ff.; vgl. ferner Opet in DJZ. 1903 S. 189 ff.).

4. Die Erstreckung des Vorbehalts auf die Mitglieder der fürstlichen Familie Hohenzollern entsprach der diesem Hause durch Vertrag (Akzessionsvertrag vom 7. Dez. 1849) und Gesetz (preuß. G. vom 12. März 1850) gewährleisteten bevorzugten Stellung. (M. I, 11.)

Der Abs. 2 des Art. 57 war ferner ausgedehnt auf das Herzogl. Holsteinische Fürstenhaus durch G. vom 25. März 1904 (RGBl. S. 149).

5. Besondere Vorschriften über dingliche Belastung und Veräußerung von Grundstücken geben die Art. 60 und 61 EG.

6. In gleicher Weise wie dieser Artikel enthielten Ausnahmebestimmungen zugunsten der souveränen Häuser § 5 EG.GVG., § 5 EG.ZPO., § 219 Abs. 2, § 375 Abs. 2, § 479 Abs. 2, § 482 ZPO., § 4 EG.StPO., § 2 Abs. 1 EG.ZVG., §§ 83 und 90 Abs. 1 GBO., § 72 PStG.

7. **Aus den Landesgesetzen:** Preußen, dispositio Achillea (Schulze III, 678), der Geraische Hausvertrag vom 11. Juni 1603 (daselbst 708); Edikt und Hausgesetz vom 17. Dez. 1908 über die Veräußerlichkeit der Domänen (GS. 604); vgl. ferner §§ 17, 18 ALR. II, 13 (Privatrecht des Landesherrn und seiner Familie); § 176 ALR. I, 12 (Testamentserrichtung der Mitglieder der landesherrlichen Familie); §§ 676, 677 ALR. II, 11 (Prinzen und Prinzessinnen des Kgl. Hauses können ohne Einwilligung des Familienoberhaupts bei preußischen Gerichten aus Darlehen nicht verklagt werden); AGO. Anh. 201 (Gegen regierende deutsche Fürsten und abgeteilte Fürsten aus den Häusern der regierenden Fürsten findet kein Arrest statt). Die für die Vermögensverwaltung der deutschen Landesherren usw. bestehenden Behörden gelten im Sinne der ZPO. als gesetzliche Vertreter für alle zu ihrem Geschäftskreise gehörigen Gegenstände mit den Rechten und Pflichten der gesetzlichen Vertreter einer nicht prozeßfähigen Partei. Besonderheiten in Ansehung der Eidesleistung s. AG. ZPO. vom 24. März 1879 i. d. F. des G. vom 22. Sept. 1899 § 2. Vgl. endlich AG.BGB. Art. 88; FGG. Art. 136, 137. Für das fürstliche Haus Hohenzollern: Haus- und Familienstatut vom 24. Jan. 1821 (Schulze III, 754) mit Nachträgen vom 26. März 1851 (daselbst 776) und 9. Januar bzw. 1. März 1893. In Bayern waren einschlägig Art. 1 AG.BGB., ferner die Verfassungsurkunde von

1818, insbes. die Tit. II und III; das Königliche Familienstatut vom 5. Aug. 1819, das G. über die Zivilliste vom 1. Juli 1834, das G. über den Wittelsbacher Palast vom 11. April 1843 und das G. vom 26. April 1882, betr. die Hausgesetze des fürstlichen Gesamthauses Nassau, jetzt Großherzogl. Luxemburgischen Hauses (P. VI, 367, 369).

Subsidiär galt auch in Bayern das gemeine deutsche Privatfürstenrecht (Roth, BZR. 2. Aufl. § 31 Note 12, Oertmann S. 62).

Sachsen, HausG. vom 30. Dez. 1837; Nachtrag vom 20. Aug. 1879; G. vom 13. April 1888 und vom 6. Juli 1900 betr. die Ergänzung und Änderung des Königl. Hausgesetzes vom 30. Dez. 1837 und des Nachtrags vom 20. Aug. 1879; Württemberg, AG. Art. 130, 131 (Becher XXVI, 1 S. 25, 26); Königl. HausG. vom 8. Juni 1828 mit AG.BGB. Art. 130 und 131; im übrigen vgl. Heffter, Die Sonderrechte der souveränen Häuser usw., Berlin 1871; Häußler in der Diss. Leipzig 1909 (Lit.-Note).

Vgl. für Hessen: G. betr. die Ergänzung und Änderung des Gesetzes, den Gerichtsstand und das gerichtliche Verfahren in Ansehung des Landesherrn und der Mitglieder des Großherzogl. Hauses betr. vom 7. Juni 1879, vom 19. Juli 1899 (Becher VIII, 5 S. 153). Ein Hausgesetz ist in Hessen nicht erlassen worden. Als solches galten: 1. das Testament Philipps des Großmütigen; 2. das Dokument über die Gründung der Hessen-Darmstädtischen und Hessen-Kasseler Linien vom 21. Mai 1568; 3. die Primogeniturordnung Georgs I. vom 13. Aug. 1606; 4. das Testament Ludwigs V. vom 6. Okt. 1625; 5. Erbvertrag zwischen Hessen und den Sächsischen Linien vom 9. Juni 1373; 6. Erbverbrüderung zwischen Hessen, Sachsen und Brandenburg vom 27. Mai 1457.

Baden: Hausgesetze vom 4. Okt. 1817 (RBl. 93); für die Hausgüter des Großherzoglichen Hauses, zu welchen jedenfalls auch ein großer Teil der „Domänen" gehörte, galten besondere nicht kodifizierte Regeln, vgl. bad. VerfUrk. vom 22. Aug. 1818 i. d. F. des G. vom 24. Aug. 1904 (GVBl. 339) § 59, dazu Walz, Bad. Staatsrecht 37 und ZivillisteG. vom 3. März 1854 (RBl. 43); ferner § 4 der Landesherrlichen VO. vom 27. Juli 1885 (GVBl. 291), die Standesbeurkundung für die Mitglieder des Großherzoglichen Hauses und deren Eheschließung betr.

Mecklenburg-Schwerin: HausG. vom 23. Juni 1821 (Raabe 4, 558 ff.); VO. vom 22. Dez. 1899 betr. Ausf. des Art. 57 EG.BGB. (RBl. Nr. 64); vgl. auch VO. vom 24. Aug. 1904 (RBl. Nr. 33).

Mecklenburg-Strelitz: VO. vom 22. Dez. 1899 zur Ausf. des Art. 57 (s. Buchka, Landesprivatr. von Mecklenburg S. 12).

II. Da es seit dem Umsturz vom November 1918 Landesherrn und landesherrliche Familien nicht mehr gibt, sind **Vorschriften**, die in bezug auf diese **auf Grund des Vorbehalts des Art. 57** erlassen sind, **gegenstandslos**. Bestehende Hausverfassungen haben nur noch insoweit Geltung, als sie nicht mit der Reichsverfassung, den Landesverfassungen oder anderen Gesetzen in Widerspruch stehen oder einen Landesherrn voraussetzen.

III. Die Aufhebung der Standesvorrechte.

1. **Nach Art. 109 Abs. 3 Satz 1 RV.** vom 11. Aug. 1919 sind öffentlich-rechtliche Vorrechte der Geburt oder des Standes aufzuheben. Öffentlich-rechtliche Vorrechte sind solche, die ihren Grund in einer bevorzugten Stellung im öffentlichen Recht haben. Die Vorschrift trifft die nach dem bisherigen Rechte noch bevorrechtigt gewesenen Geburtsstände, das sind die Stände, denen nach Art. 57 und 58 EG. durch die Landesgesetzgebung eine bevorrechtigte Stellung eingeräumt werden konnte und eingeräumt war, also die vormals regierenden Fürstenhäuser, die standesherrlichen und depossedierten Familien (der hohe Adel) und in gewissen Beziehungen auch der niedere Adel.

Die Vorschrift der Reichsverfassung hob die öffentlichen Vorrechte dieser Stände nicht unmittelbar und mit sofortiger Wirksamkeit auf, sie enthält vielmehr nur eine Weisung an die zuständige Gesetzgebung (Reichs- oder Landesgesetzgebung je nach dem Gegenstand des Vorrechts), der die Aufhebung überlassen ist (RGZ. Bd. 103 S. 92, Stier-Somlo, Reichs- und Landesstaatsrecht I § 65, I, c S. 441; Anschütz, Reichsverfassung Bem. 4 zu Art. 109; Meißner, Das neue Staatsrecht § 41 S. 222, v. d. Pfordten BayGemZ. 1919 S. 638; a. M. Piloty im „Recht" 1920 S. 12, der dem Art. 109 entnehmen will daß die Art. 57, 58 dem Inhalte nach ohne weiteres erledigt sind).

Das Gebot des Art. 109 bezieht sich nur auf öffentlich-rechtliche Vorrechte; die privatrechtliche und hausrechtlich familien- und vermögensrechtliche Sonderstellung kraft Geburt oder Standes ist von der Vorschrift des Art. 109 Abs. 3 Satz 1 nicht betroffen (Verf.Aussch.Prot. S. 371, RGZ. Bd. 101 S. 185, Stier-Somlo, Anschütz a. a. O.).

Wegen der künftigen Führung der Adelsbezeichnung als Teil des Namens s. Bd. I Bem. II, b zu § 12, auch Nawiasky, Bayer. Verfassungsrecht § 35 Nr. 12 S. 262 und das dort angeführte Schrifttum.

2. Landesgesetze:

a) Für Preußen s. G. über die Aufhebung der Standesvorrechte des Adels und die Auflösung der Hausvermögen vom 23. Juni 1920 (sog. Adelsgesetz, GS. S. 367 ff.; durch dieses G. ist die VO. vom 10. März 1919 ersetzt; über die Rechtsgültigkeit des Adelsgesetzes s. die Entsch. des Staatsgerichtshofes, RGZ. Bd. 111 Anhang S. 1); aufgehoben sind hiedurch auch Art. 88 preuß. AG.BGB. und Art. 136 f. preuß. FG.; s. ferner VO. vom 30. Nov. 1918 über die Zuständigkeit des mit dem Kammergericht verbundenen geheimen Justizrats (GS. S. 185), VO. über Familiengüter vom 10. März 1919 (GS. S. 39) in der Fassung vom 30. Dez. 1920 (GS. 1921 S. 77), ZwangsauflösungsVO. vom 19. Dez. 1920 (GS. S. 463), ÜberleitungsVO. vom 3. März 1921 (GS. S. 339), G. vom 7. Jan. 1922 (GS. S. 5), VO. vom 23. Sept. 1922 zur Einführung der Vorschriften über die Aufhebung der Standesrechte des Adels und die Auflösung der Familiengüter und Hausvermögen in Oberschlesien (GS. S. 296).

b) Bayern: G. über den Adel vom 28. März 1919 (GVBl. S. 144), das den bayerischen Adel aufhob; hiezu MinBek. vom 5. April 1919 (GVBl. S. 161); Verfassungsurkunde vom 14. Aug. 1919 § 15 Abs. 2 Satz 1: „Der bayerische Adel ist aufgehoben." Mit diesen Vorschriften ist der Anordnung des Art. 109 Abs. 3 RV. genügt; jedenfalls ist der Aufhebung des Adels zu entnehmen, daß damit auch seine Vorrechte beseitigt werden sollten (Nawiasky, Bayer. Verfassungsrecht § 35 Nr. 12 S. 261 f., Kratzer, Bayer. VerfUrk. Bem. 2, c zu § 15); s. auch die vorausgegangenen Vorschriften des Staatsgrundgesetzes vom 4. Jan. 1919 Nr. 11 (GVBl. S. 1), vorläufiges Staatsgrundgesetz vom 17. März 1919 § 12 (GVBl. S. 109).

Mit der Aufhebung der Adelsrechte ist auch die Autonomie aufgehoben (BayObLGZ. Bd. 20 A S. 282).

c) Sachsen: Verfassung des Freistaats vom 1. Nov. 1920 (GBl. S. 445) Art. 51, 52, 53 Abs. 2; G. vom 24. März 1925 über die Aufhebung von Vorschriften des Hausgesetzes vom 30. Dez. 1837 und seiner Nachträge (GBl. S. 55).

d) Baden: Verfassung vom 21. März 1919 (GVBl. S. 279) §§ 9, 66.

e) Thüringen: G. über Aufhebung der Standesvorrechte des Adels und anderer Ausführungsbestimmungen zur Reichsverfassung vom 6. März 1922 (GS. S. 138); PolizeiVO. zur Ausf. dieses G. vom 9. Mai 1922 (GS. S. 143); JMVO. vom 9. Mai 1922 (GS. S. 144).

f) Hessen: G. vom 22. Juni 1923, die Aufhebung der Standesvorrechte betr. (RegBl. S. 217); G. vom 18. Dez. 1919 über Aufhebung der besonderen Gerichtsstände des großherzogl. Hauses und der standesherrl. Familien (RegBl. 1920 S. 1); VO. vom 19. Dez. 1919 über Führung der standesamtlichen Geschäfte für das vormalige großherzogl. Haus (RegBl. 1920 S. 2).

g) Mecklenburg-Schwerin: G. vom 17. Mai 1920 über Einführung der Verfassung, Art. 3, 5, auch 25, 28 (RegBl. S. 671).

h) Oldenburg: Verfassung vom 17. Juni 1919 (GBl. f. Landesteil Oldenburg Stück 46 S. 391) § 4 Abs. 2; G. vom 3. Juli 1922 betr. die Aufhebung der Vorrechte des großherzoglichen Hauses (GBl. S. 1099).

i) Anhalt: G. vom 23. Juli 1919 über die Aufhebung der Sonderrechte des früheren herzoglichen Hauses (GS. S. 103 Nr. 1551); G. vom 15. März 1923 über die Aufhebung der Standesvorrechte und die Aufhebung des Hausvermögens des früher regierenden herzoglichen Hauses (GS. S. 9 Nr. 1712).

Art. 58.*)

In Ansehung der Familienverhältnisse und der Güter derjenigen Häuser, welche vormals reichsständisch gewesen und seit 1806 mittelbar geworden sind, oder welche diesen Häusern bezüglich der Familienverhältnisse und der Güter durch Beschluß der vormaligen deutschen Bundesversammlung oder vor dem Inkrafttreten des Bürgerlichen Gesetzbuchs durch Landesgesetz gleichgestellt worden sind, bleiben die Vorschriften der Landesgesetze und nach Maßgabe der Landesgesetze die Vorschriften der Hausverfassungen unberührt.

Das Gleiche gilt zugunsten des vormaligen Reichsadels und derjenigen Familien des landsässigen Adels, welche vor dem Inkrafttreten des Bürgerlichen Gesetzbuchs dem vormaligen Reichsadel durch Landesgesetz gleichgestellt worden sind.

E. I, 34; II, 32; III, 56.

I. Bisheriges Recht.

1. Entstehung. Der Art. 34 des I. E. traf die gleiche Bestimmung, welche der gegenwärtige Art. 58 enthält, nur für die vormals reichsständischen und seit 1906 mittelbar gewordenen Häuser, sowie für den ehemaligen Reichsadel. Die Ausdehnung, welche demgegenüber der nunmehrige Art. 58 enthält, ist erst in der II. Komm. bzw. erst im Bundesrat erfolgt, da die Erstreckung der Vorschriften dieses Artikels auf diejenigen Familien des landsässigen Adels, welche vor dem Inkrafttreten des BGB. dem vormaligen Reichsadel durch Landesgesetz gleichgestellt worden sind, noch in der 429. Sitzung der II. Komm. vom 14. Okt. 1895 abgelehnt worden war. Die in der Reichstagskommission und im Plenum des Reichstags gestellten Anträge auf Streichung der Vorschrift hatten keinen Erfolg (M. I, 11 ff., Mot. z. EG. 155 ff., Reatz III, 36, P. VI, 367—369, 605, 606, 743, Mat. 4 ff., RTK. 440 d S. 8, StB. 3025).

2. Inhalt. **Autonomie des hohen und des diesem gleichgestellten Adels.**

A. Der Artikel betrifft

a) die standesherrlichen Häuser, welche bis zum Jahre 1806 Reichsstandschaft und Landeshoheit besessen und entweder damals oder später diese Eigenschaft verloren haben (ein Verzeichnis derselben siehe bei Heffter, Die Sonderrechte der souveränen und der mediatisierten, vormals reichsständischen Häuser

---

*) Schrifttum zum früheren Recht: Schücking, Die Tragweite des Art. 58, DJZ. Bd. 8 S. 49. Das Sonderrecht der Standesherren, beruhend auf sehr verschiedenartigen, zum Teil schwer zugänglichen Quellen, ist dargestellt bei Hausmann, Die deutschen Standesherren und ihre Sonderrechte 1888; Oelenheinz, Die Adelshoheit des Monarchen in Preußen und die Selbständigkeit der richterlichen Entscheidung in JW. 1912 S. 173 ff.; Rehm, Modernes Fürstenrecht, München 1904; ders., Die juristische Persönlichkeit der standesherrlichen Familien, Denkschrift im Auftrage des Vereins der deutschen Standesherrn, Straßburg 1911; Loening, über Heilung notorischer Mißheiraten. Denkschrift im Auftrage des Verei der deutschen Standesherrn, Halle a. S. 1839; Eichwede, Rechtsgeschichtliche Darstellung der Entwicklung der Stände in Deutschland und die Ehe zur linken Hand, Diss. (Heidelberg) 1907; Abt, Mißheiraten in deutschen Fürstenhäusern unter besonderer Berücksichtigung der landesherrlichen Familien (Bd. 7 Heft 2 der deutschrechtlichen Beiträge), Heidelberg 1911; Oertmann, Die standesherrliche Autonomie im heutigen deutschen Recht. Denkschrift, Erlangen 1905; Köhler, Die Haus- und Familiengewalt der deutschen Landesherrn, Diss. Erlangen 1908; Häring, Vom deutschen hohen Adel. Eine rechtsgeschichtliche Abhandlung, Berlin 1909; Beseler, über die Stellung des Bürgerlichen Gesetzbuchs für Deutschland zu dem Familienrechte des hohen Adels. Denkschrift, Berlin 1911; Scholly, Das Autonomierecht des hohen Adels in seiner Entwicklung seit der Aufhebung des älteren deutschen Rechts, Diss. (Erlangen) 1894; Wartensleben, Die Veräußerung der Hausgüter des hohen Adels, Diss. (Erlangen) 1895; Heß, Der Einfluß des BGB. auf die Autonomie der deutschen Standesherren usw. Darmstadt 1909 (Diss. Gießen); Hübner, Die Mediatisierungsfrage in der Frankfurter Nationalversammlung; Bornhak, Beiträge zur deutschen Hausgesetzgebung, ArchÖffR. Bd. 34 S. 287; Kakule v. Stradewitz, Ebenbürtigkeit und hausoberhauptliche Ehegenehmigung unter der neuen Reichsverfassung, GesuR. 1920 S. 144; hiezu Bornhak ebenda S. 310; Könnecke, Ebenbürtigkeit und Hausgüter, DJZ. 1920 S. 680; Recken, Titel und Namen morganatischer Ehefrauen usw. JW. 1920 S. 629.

Deutschlands S. 325 ff.); s. Wiener Bundesakte vom 8. Juni 1815 Art. XIV, Wiener Schlußakte vom 15. Mai 1820 Art. 63 (unten Bem. B); über den Umfang der Autonomie der Standesherrn s. auch BayObLGZ. Bd. 20 A S. 235 und 273;

b) jene Häuser, welche bezüglich der Familienverhältnisse und der Güter durch Beschluß des vormaligen deutschen Bundes den Standesherrn gleichgestellt wurden, wie dieses z. B. durch Bundesbeschluß vom 27. April 1861 bezüglich der Grafen v. Giech geschah (Poezl, VerfR. S. 208 Anm. 2);

c) diejenigen Häuser, welche bezüglich der Familienverhältnisse und Güter durch Landesgesetz den standesherrlichen Häusern gleichgestellt wurden (Klüber, Öffentl. Recht des deutschen Bundes, 815, Zoepfl, Staatsrecht I, 284, II, 96, Döllinger IV, 183, 190);

d) den vormaligen Reichsadel (vgl. Roth, Bayr. Zivilr., II. Aufl. Bd. I § 32, Roth, DPR. I § 70);

e) diejenigen Familien des landsässigen Adels, welche vor dem Inkrafttreten des BGB. dem vormaligen Reichsadel durch Landesgesetz gleichgestellt worden sind. Vgl. Bem. 1. Der Antrag auf Einfügung dieser Adelsklasse war damit begründet worden, daß in Württemberg im Anfange dieses Jahrhunderts eine Gleichstellung des im Besitze bestimmter Güter befindlichen „altlandsässigen" mit dem ritterschaftlichen Adel in Aussicht genommen war und teilweise, wenigstens auf öffentlichrechtlichem Gebiete, auch erfolgte, daß die Gleichstellung das Rechtsleben nicht gefährde, die Beseitigung des bestehenden Rechtszustandes dagegen Unzuträglichkeiten im Gefolge hätte, weil die Grenze zwischen den von den Art. 58 und 59 bestimmten Rechtsverhältnissen nicht immer leicht zu bestimmen sei, und weil die Ermittelung der Zugehörigkeit einer bestimmten Familie zum ritterschaftlichen oder altlandsässigen Adel oft tatsächliche Schwierigkeiten biete (P. 8782 bis 8784).

Ein in der II. Komm. gestellter Antrag hatte die auf den kgl. preuß. Verordnungen vom 16. Januar 1836 und vom 21. Januar 1837 (GS. von 1837 S. 7—12, 77 ff.) beruhende sog. Autonomie des rheinischen und westphälischen ritterschaftlichen Adels im Auge und lautete:

„Unberührt bleiben die landesgesetzlichen Vorschriften, nach welchen der ritterschaftliche Adel in Ansehung der Familienverhältnisse, der Erbfolge und der Güter Anordnungen treffen kann."

Dieser Antrag wurde abgelehnt, weil die autonomischen Dispositionsbefugnisse des rheinischen und westphälischen Adels ihrem rechtlichen Charakter nach von anderer Beschaffenheit seien als die Autonomie der ehemals reichsständischen und des ehemals reichsunmittelbaren Adels (Dernburg, PrPrR. 5. Aufl. Bd. I § 15 Anm. 5), und weil ähnliche Vorrechte des Adels in anderen Bundesstaaten durch die Landesgesetzgebung ohne störende Folgen beseitigt worden seien (P. VI, 367 ff.).

B. Die Vorrechte, welche den mediatisierten, vormals reichsständischen Häusern zukamen, gründeten sich auf **Art. XIV der deutschen Bundesakte** vom 8. Juni 1815, welcher in seinen hier erheblichen Bestimmungen lautet:

„Um den im Jahre 1806 und seitdem mittelbar gewordenen ehemaligen Reichsständen und Reichsangehörigen, in Gemäßheit der gegenwärtigen Verhältnisse, in allen Bundesstaaten einen gleichförmig bleibenden Rechtszustand zu verschaffen, so vereinigen die Bundesstaaten sich dahin:

a) daß diese fürstlichen und gräflichen Häuser fortan nichtsdestoweniger zu dem hohen Adel in Deutschland gerechnet werden und ihnen das Recht der Ebenbürtigkeit, in dem bisher damit verbundenen Begriff, verbleibt;

b) (ohne Belang);

c) es sollen ihnen überhaupt in Rücksicht ihrer Personen, Familien und Besitzungen alle diejenigen Rechte und Vorzüge gesichert werden oder bleiben, welche aus ihrem Eigentum und dessen ungestörtem Genusse herrühren und nicht zu der Staatsgewalt und den höheren Regierungsrechten gehören.

Unter vorerwähnten Rechten sind insbesondere und namentlich begriffen:

1. (ohne Belang);

2. werden nach den Grundsätzen der früheren deutschen Verfassung die noch bestehenden Familienverträge aufrecht erhalten und ihnen die Befugnis zugesichert, über ihre Güter und Familienverhältnisse verbindliche Verfügungen zu treffen,

welche jedoch dem Souverän vorgelegt und bei den höchsten Landesstellen zur allgemeinen Kenntnis und Nachachtung gebracht werden müssen. Alle bisher dagegen erlassenen Verordnungen sollen für künftige Fälle nicht weiter anwendbar sein;

3. (ohne Belang);

4. Bei der näheren Bestimmung der angeführten Befugnisse sowohl, wie überhaupt in allen übrigen Punkten wird zur weiteren Begründung und Feststellung eines in allen deutschen Bundesstaaten übereinstimmenden Rechtszustandes der mittelbar gewordenen Fürsten, Grafen und Herren die in dem Betreff erlassene königlich bayrische Verordnung vom Jahre 1807 als Basis und Norm unterlegt werden."

Die Vorrechte des vormals reichsritterschaftlichen Adels gründen sich auf die Schlußsätze des Art. XIV der deutschen Bundesakte, welche lauten:

„Dem ehemaligen Reichsadel werden die sub Nr. 1 und 2 angeführten Rechte" — (betr. die Freiheit der Wahl des Aufenthaltsortes und die Familienautonomie), — „Anteil der Begüterten an Landstandschaft, Patrimonial- und Forstgerichtsbarkeit, Ortspolizei, Kirchen-Patronat und der privilegierte Gerichtsstand zugesichert. Diese Rechte werden jedoch nur nach Vorschrift der Landesgesetze ausgeübt.

In den durch den Frieden von Luneville vom 9. Februar 1801 von Deutschland abgetretenen und jetzt wieder damit vereinigten Provinzen werden bei Anwendung der obigen Grundsätze auf den ehemaligen unmittelbaren Reichsadel diejenigen Beschränkungen stattfinden, welche die dort bestehenden Verhältnisse notwendig machen."

C. Der **Vorbehalt dieses Artikels** hatte im wesentlichen folgende **Tragweite**:

a) Die Vorrechte, welche den Adelsfamilien landesrechtlich belassen werden konnten, durften sich nur auf deren **Familienverhältnisse und Güter** beziehen. Über Beschränkung der Autonomie der Standesherrn auf die Güter, die innerhalb des früheren reichsständischen Besitzes lagen, s. PrALFG. in JW. 1926 S. 2325. Die grundlegenden und allgemeinen Vorschriften des BGB. hatten auch auf dem der Autonomie überlassenen Gebiete unbedingte Anerkennung zu finden (M. I, 13). Das Recht, eine morganatische Ehe einzugehen, stand nach dem PStG. vom 6. Febr. 1875 § 72 nur mehr den Mitgliedern der landesherrlichen Familien und der Familie Hohenzollern, nicht aber den Mitgliedern der standesherrlichen Familien zu (Roth, DPR. § 70 Note 11; s. auch Bd. IV S. 5 dieses Komm.).

b) Die **Hausverfassungen** der in Frage kommenden Familien (und bzw. die autonomischen Bestimmungen derselben) blieben insoweit in Kraft, als die Landesgesetze dieses bestimmten (Seydel, Bayr. Staatsrecht, 2. Aufl. S. 322). Insoweit gingen die Hausverfassungen als Sondergesetze den Landesgesetzen vor. Dieselben konnten aber jederzeit landesrechtlich geändert, ergänzt und aufgehoben werden (P. VI, 605, 606). Eine aus den Kreisen des hohen Adels gestellte Bitte,

„es möchten bei der Kodifikation des bürgerlichen Rechtes reichsgesetzliche Garantien dafür geschaffen werden, daß an dem bestehenden Rechtszustande rücksichtlich der privatrechtlichen Sonderrechte des hohen Adels nichts geändert werde",

fand in der II. Komm. keine Berücksichtigung (P. VI, 367 ff.). Vgl. auch RG. in HessRspr. Bd. 13 S. 21, „Recht" 1912 Nr. 614. (Durch autonome Satzung eines hochadeligen Hauses kann die Ebenbürtigkeit über den hohen Adel hinaus erweitert werden).

Die Vorschriften des BGB. über den Wohnsitz fielen nicht unter den Vorbehalt des Art. 58. RG. in JW. 1901 S. 833 Nr. 3.

Streitig war, ob nach Aufhebung des Gesetzes vom 17. Febr. 1875 über das Alter der Großjährigkeit die in Art. 58 genannten Familien hausgesetzlich wieder einen anderen Großjährigkeitstermin einführen konnten. Die Frage war zu bejahen, da die Vorschriften über die Volljährigkeit nur noch auf dem BGB. beruhten und Art. 58 diesem gegenüber der Autonomie der Mediatisierten freien Spielraum gab. Vgl. Schücking DJZ. 1903 S. 49; a. M. Georg Meyer, NeumannJ. 1904 S. 765.

3. Eine Einschränkung des Vorbehalts enthielt Art. 61. S. auch Art. 60 und 216.

4. Vgl. EG.ZVG. § 2, GBO. § 83.

5. Aus den früheren Landesgesetzen: Preußen VO. betr. die Verhältnisse der vormals unmittelbaren deutschen Reichsstände vom 21. Juni 1815 (GS. S. 105);

Instruktion vom 30. Mai 1820 wegen Ausführung des Edikts vom 21. Juni 1815 (GS. S. 81); G. vom 10. Juni 1854 betr. die Deklaration der VerfUrk. vom 31. Jan. 1850 in bezug auf die Rechte der mittelbar gewordenen Reichsfürsten und Grafen (GS. S. 363); VO. vom 12. Nov. 1855, die Wiederherstellung des privilegierten Gerichtsstandes für die unmittelbar gewordenen deutschen Reichsfürsten und Grafen betr., § 4 (GS. S. 686) und VO. vom 12. Nov. 1855, die Ausführung der infolge des G. vom 10. Juni 1854 noch erforderlichen Maßregeln usw. betr. § 1 (GS. S. 88); G. vom 15. März 1869 betr. die Ordnung der Rechtsverhältnisse der mittelbar gewordenen deutschen Reichsfürsten und Grafen (GS. S. 490); G. vom 18. Juli 1892 betr. die Aufhebung der Befreiung von ordentlichen Personalsteuern gegen Entschädigung (GS. S. 210); PALR. Tl. II Tit. 1 mit AG.BGB. Art. 89, 1, c (vgl. M. hierzu S. 209; Becher XIV, 1 S. 59); die hauptsächlichsten Quellen s. bei Weißler, Preußisches Landesprivatrecht 1901 Bd. 2 S. 321 ff. Vgl. u. a. Goldschmidt, Die Sonderstellung der Mediatisierten Preußens nach dem öffentlichen Rechte Preußens und des Deutschen Reiches, Marburg 1909 (Diss.); Bayern AG.BGB. Art. 1 (Becher III, 7 S. 29), ÜbergG. Art. 106 (im übrigen vgl. Roth, Bayr. Zivilr. 2. Aufl. Bd. I § 32); Sachsen, VO. z. Ausf. einiger Reichsges. (Becher XVII, 3 S. 27), § 15; Württemberg AG.BGB. Art. 14, 24—31, 78, 93, 216, 280, 281 (Becher XXVI, 1 S. 3); vgl. ferner § 15 der Kgl. Deklaration vom 8. Dez. 1821 (RBl. 879). Vgl. auch RBl. 1825, 671 und 675; hiernach war dem standesherrlichen und ritterschaftlichen Adel das Recht eingeräumt, über Familien- und Güterverhältnisse durch Familienverträge und Familiengesetze zu bestimmen, welche bei Standesherren durch den König, bei ritterschaftlichen Familien durch die Zivilkammer des Landgerichts bestätigt werden mußten (s. Meyer, Württ. AG.BGB. II. Tl. S. 4 ff.); Baden: § 23 der VerfUrk. vom 22. August 1918 i. d. F. vom 24. August 1904 (GVBl. 339); Edikt vom 23. April 1918, die Rechtsverhältnisse der vormaligen Reichsstände und Reichsangehörigen betr. (RBl. 45). Auf Grund dieses Edikts wurden mit den einzelnen Familien über ihre Sonderrechte Verhandlungen gepflogen und deren Ergebnisse durch Edikte und Deklarationen verkündet. Die Rechtsgültigkeit derselben wurde bestritten (vgl. Walz, Bad. Staatsrecht 28, Glockner, Bad. Verfassungsrecht 59, Dorner-Seng § 6 Anm. 9); Hessen, Art. 10 des Standesherrenedikts vom 18. Juli 1858; s. im übrigen über die Rechtsverhältnisse des Adels in Hessen Wolf, Hess. LPrR. § 11.

II. Wegen der **Aufhebung der Adelsvorrechte** s. Bem. III zu Art. 57.

Art. 59.*)

Unberührt bleiben die landesgesetzlichen Vorschriften über Familienfideikommisse und Lehen, mit Einschluß der allodifizierten Lehen, sowie über Stammgüter.

E. I, 35; II, 33; III, 57.

*) Schrifttum: Knipschildt, Tractatus de fideicommissis familiarum nobilium, Von Stammgütern. Sive de bonis quae pro familiarum nobilium conservatione constituuntur. Ed. 4. Augustae Vindelic. 1750; Fabricius, De fideicommissorum familiae natura. Diss. inaug. Gottingae 1844; Neubauer, Zusammenstellung des in Deutschland geltenden Rechts betr. Stammgüter, Familienfideikommisse usw., Berlin 1879; Altvater, über Grundzüge der neueren mecklenburgischen Fideikommißsatzungen in Mecklenburg, MecklZ. Bd. 21 S. 349 ff.; Dispecker, Die Erbfolge in Familienfideikommisse, BayZ. Bd. 2 S. 397; Gierke, Der Verzicht des Fideikommißbesitzers, JheringsJ. Bd. 49 S. 187. Vgl. auch Hager, Familienfideikommisse, Jena 1897; Pfaff und Hoffmann, Zur Geschichte der Fideikommisse, Wien 1884; Negelein, Die rechtliche Natur und die Ausgestaltung der Sukzession im Familienfideikommisse; Wolf, Die Neugestaltung des Familienfideikommißrechts in Preußen, Berlin 1904; Krause, Familienfideikommisse vom wirtschaftlichen, legislatorischen usw. Gesichtspunkte, Berlin 1910; Beyerle, Ein Beitrag zum deutschen Familienfideikommißrecht in JheringsJ. Bd. 58 S. 1 ff. Vgl. ferner: Hoffmann, Das Recht des Adels und der Fideikommisse in Bayern, München 1896; Lebrecht, Die Rechtsverhältnisse des niederen Adels in Bayern, Diss., Erlangen 1905; Schmitt, Der Familienwechsel nach bayrischem Fideikommißrecht, München 1907; HirthsAnn. 1907 Nr. 2 S. 641 f.; Stois, Das bayrische Fideikommißrecht, Diss., Würzburg 1909; Kreß, Fideikommißmatrikel und Grundbuch in BayNotZ. 1909 S. 284; Rambohr, Das Familienfideikommiß im Gebiet des Allgemeinen Landrechts, Berlin 1909; Lewis, Das Recht der Familienfideikommisse, Berlin 1861; Verdelot, Du bien de famille en Allemagne et de

I. Das bisherige Recht.

1. Entstehung. Der Art. 59 entspricht wörtlich dem Art. 35 des I. Entw. Ein in der Reichstagskommission und im Plenum des Reichstags gestellter Antrag auf Streichung hatte keinen Erfolg; ebensowenig der in der II. Komm. gestellte Antrag: „Neue Familienfideikommisse dürfen nicht mehr errichtet werden" (Mot. z. EG. 157 ff., Reatz III, 36, P. VI, 369—371, 606, 743, Mat. 8, RTK. 440d, StB. 3025).

2. Inhalt.

A. Der Artikel betrifft Familienfideikommisse, Stammgüter und Lehen.

a) **Familienfideikommisse** sind zu einer rechtlichen Einheit verbundene Sondervermögen, die darauf beruhen, daß auf Grund gesetzlicher Ermächtigung durch die Willensmacht des Stifters ein Vermögen zu dem Zwecke, es der Familie dauernd zu erhalten, ausgesondert wird, so daß der unmittelbare Nutzen dieses Vermögens immer nur einem oder mehreren Familienmitgliedern in bestimmter Folgeordnung zukommt (Seelmann-Klässel, Das Recht der FamFid. S. 35). Die Vorschrift dieses Artikels bezog sich nur auf deutschrechtliche Familienfideikommisse (M. 158). Der Vorhalt des Art. 59 galt aber nicht bloß da, wo besondere Gesetze über Fideikommisse bestanden, sondern überall, wo Fideikommisse nach Landesrecht bestanden; zu den landesgesetzlichen Vorschriften gehören auch die Normen des gemeinen Fideikommißrechts (RG. in LZ. 1926 Sp. 1340 = SeuffA. Bd. 80 Nr. 171). Fideikommisse bestanden in dem größten Teile Deutschlands, nur in der bayer. Rheinpfalz, in Elsaß-Lothringen und in Oldenburg (G. vom 28. März 1852) waren sie ausgeschlossen; in Baden diente den Zwecken des Familienfideikommisses (nach LR. Satz 896, 597c, a ff.) gleichzeitig das eigenartig geordnete Institut des Stammguts (M. 157).

Von den Familienfideikommissen, die Vermögen sind, sind zu unterscheiden die Familienstiftungen, die juristische Personen sind, § 80 BGB. (vgl. Mot. z. EG. 128; s. Bd. I Vorbem. VII vor § 80 S. 307, Vorbem. X S. 310; auch RGZ. Bd. 61 S. 28); wegen des Unterschieds von hochadeligem Hausgut s. Wolff, Sachenrecht § 93, I, 1 und Note 1, a, wegen des Unterschieds von Stammgut ebenda unter 3, BayObLGZ. Bd. 22 A S. 208.

Für die Tätigkeit der auf Grund des preuß. Ges. über Familienschlüsse bei Familienfideikommissen usw. vom 15. Febr. 1840 bestellten Vormünder kamen nur die Vorschriften dieses Gesetzes und nicht die des BGB. über Vormünder und Pfleger zur Anwendung (KG. vom 19. Jan. 1903, preuß. JMBl. 65, 96, KGJ. Bd. 25 A S. 214).

Die Bestellung einer Pflegschaft für ein Familienfideikommiß und die bei ihm beteiligten unbekannten Anwärter lag in Preußen dem Oberlandesgerichte ob; eine vom Amtsgerichte bestellte Pflegschaft war wegen sachlicher Unzuständigkeit unwirksam; der § 7 FGG. fand keine Anwendung. Dagegen fand auf die vom Oberlandesgerichte bestellte Pflegschaft der § 32 FGG. Anwendung (Josef, Komm. z. FGG. Anm. 2 zu § 7 und Zus. IV zu § 32 a. E., KGJ. Bd. 25 A S. 214).

---

la possibilité de son institution en France, Paris 1899; Die Fideikommißgesetzgebung in den deutschen Bundesstaaten (Verhandlungen der 32. Plenarversammlung des deutschen Landwirtschaftsrats) 1904; Krause, Die Familienfideikommisse vom wirtschaftlichen, legislatorischen, geschichtlichen und politischen Gesichtspunkte. Mit Karten. Berlin 1909 (Puttkammer & Mühlbrecht); Dickel, Forstzivilrecht S. 988, 995 (über Lehnrecht, Stammgüter, Fideikommisse); Linck, Ein Beitrag zur Auslegung des bayerischen Fideikommißediktes, BayZ. 1914 S. 395; Kraus, SchleswHolstAnz. 1917 S. 1, 17, 33 (über das Recht der Familienfideikommisse und der Familienstiftungen in Schleswig-Holstein); Frommhold, Die Familienstiftung, ArchZivPrax. Bd. 117 S. 87; Bauer, Die Fideikommißgerichte als Vormundschaftsgerichte, BayZ. 1920 S. 92; Meyer, Über Familienfideikommisse nach württemberg. Recht, BoschersZ. 1918 S. 101; Trübinger, Die Fideikommisse, insbes. in Württemberg, WürttJ. für Statistik und Landeskunde 1919; Breuer, Rechtsformen für gebundenen Grundbesitz, HessRspr. 25. Jahrg. Nr. 12; Heitzer, Familienfideikommisse und Komplexlasten, BayZ. 1920 S. 291; Gebhard, Über Pflichtteilsrecht bei Fideikommißanfällen, BayZ. 1924 S. 302; Döhl, Die gegenwärtige Bedeutung lehensrechtlicher Eintragungen in den Grundbüchern der älteren preußischen Landesteile, JW. 1927 S. 2493 f.; Wolff, Sachenrecht, 7. Bearbeitung, Marburg 1927, §§ 93, 94.

Über Erfordernis der Errichtung eines Familienfideikommisses nach gemeinem Recht s. RGZ. Bd. 98 S. 309. Ob die auf einem Fideikommißgrundstück errichteten Gebäude zum Fideikommiß gehören oder Allodialeigentum sind, ist nach früherem Rechte zu beurteilen; ob die Gebäude wesentliche Bestandteile des Grundstückes sind, entscheidet sich nicht nach Fideikommißrecht, sondern nach dem BGB. (RGZ. Bd. 97 S. 102).

b) **Stammgüter** sind solche Güter, welche unveräußerlich oder nur beschränkt veräußerlich sind und nach einer auf Gesetz oder Observanz beruhenden besonderen Nachfolgeordnung vererbt werden; eine solche Stammgutseigenschaft kann auch Gütern, welche sich in Händen nicht adeliger Familien befinden, zukommen (Mot. z. EG. 159, Stobbe, DPR. 2. Aufl. Bd. V § 320, Bd. II § 137).

c) **Lehen** ist das Rechtsverhältnis, vermöge dessen durch Verleihung von seiten des Lehensherrn ein erbliches Nutzungsrecht an einer lehensfähigen Sache oder einem derartigen Rechte unter Verpflichtung zur Lehenstreue und zu rittermäßigen Diensten begründet wird (Roth-Becher, Bayer. Zivilrecht Bd. II Tl. III S. 4). Allodifizierte Lehen sind solche vormalige Lehen, welche durch Gesetz oder Vertrag in das freie Eigentum (Allod) des bisherigen Lehensmannes übergegangen sind (Roth-Becher a. a. O. S. 459)*). Über die Bedeutung des Lehensverbandes vgl. RG. in JW. 1917 S. 542 = Gruchots Beitr. Bd. 61 S. 617; über die Bedeutung der lehensherrlichen Genehmigung zur Veräußerung des Lehensgutes und der Wirkung ihres Mangels RG. in JW. 1926 S. 988.

d) Nach den Erklärungen in der II. Komm. fallen unter diesen Artikel auch die landwirtschaftlichen **Erbgüter** nach dem bayr. G. vom 22. Febr. 1855 und dem hessischen G. vom 11. Sept. 1858.

B. Die **Landesgesetzgebung** hatte volle Freiheit für die zweckmäßige Gestaltung des Familienfideikommiß-, Lehen- und Stammgüterrechts, sie konnte beispielsweise auch anordnen, daß Inhaberpapiere, die zu einem Familienfideikommiß oder Lehen gehören, auf das Fideikommiß oder Lehen umzuschreiben sind (P. VI, 742), ferner war die Landesgesetzgebung nicht gehindert, vom BGB. abweichende Vorschriften dahin zu treffen, daß gewisse Kinder, obwohl sie für das Gebiet des bürgerlichen Rechtes nach den Grundsätzen des BGB. über Ehelichkeit, Legitimation und Annahme an Kindes Statt ehelich seien oder die rechtliche Stellung ehelicher Kinder hätten, von der Sukzession in die Lehen, Familienfideikommisse und Stammgüter ausgeschlossen sein sollen (P. VI, 371, 606, Mat. 10; s. auch Bd. IV Bem. 3 zu § 1593).

C. Eine den zugunsten der Landesgesetzgebung gemachten Vorbehalt einschränkende Ausnahmevorschrift trifft der Art. 61 dieses Gesetzes. S. auch Art. 60.

3. Hinsichtlich des Adels war ein ausdrücklicher Vorbehalt nicht gemacht. Die Vorschriften hierüber gehörten jedoch dem öffentlichen Recht an und wurden vom BGB. ohnehin nicht berührt (M. IV, 106, 983, P. IV, 97 ff., RTK. 440 b S. 95, 16. P. des bayr. JA. d. K. d. Abg. S. 253 ff.).

4. **Einschlägige Landesgesetze:**

Für **Preußen****) lag schon vor dem Kriege den beiden Häusern des Landtags der Entwurf eines Gesetzes über Familienfideikommisse und Familienstiftungen vor, der aber nicht Gesetz geworden ist (Seelmann-Klässel a. a. O. S. 30 ff.). Es blieb bei der verschiedenen Regelung des Fideikommißrechts in den verschiedenen preußischen Provinzen. Maßgebend blieben folgende Vorschriften: AG. BGB. Art. 1—3, PrALR. Tl. I Tit. 18 §§ 1—679, Tit. 2 §§ 17, 18, Tl. II Tit. 4, insbesondere §§ 23—26, 48—226 mit AG.BGB. Art. 89 c, die Gesetze vom 2. März 1850 § 3 und vom 5. Juni 1852 Art. 2, ferner verschiedene Provinzialgesetze (z. B. für Hannover vom 13. April 1836, 19. Juli 1848 und 24. Jan. 1851, für Kurhessen vom 26. Aug. 1848). Vgl. auch M. z. AG.BGB. S. 210.

Vgl. ferner im einzelnen:

A. Für Familienfideikommisse PrALR. II, 4, dazu AG.BGB. Art. 89 Ziff. 1, c. Bestimmungen für die Rheinprovinz, wo die Fideikommisse unter französischer Herrschaft aufgehoben waren (c. c. art. 896): Kabinettsorder vom 25. Febr. 1826 (GS. S. 19); G. vom 23. März 1828 wegen der in dem zum vormaligen Großherzogtum Berg gehörig gewesenen Landesteilen vor Einführung der franz. Gesetze

*) Becker, Die allodifizierten Lehen des badischen Rechts in BadNotZ. III S. 26 ff.

**) Seelmann-Klässel, Das Recht der Familienfideikommisse usw. in Preußen, Berlin 1920.

bestandenen Fideikommisse (GS. S. 38): VO., die autonomische Sukzessionsbefugnis der Rheinischen Ritterschaft usw. betr., vom 21. Jan. 1837 (GS. S. 7) §§ 6—8; s. auch VO. vom 11. März 1818 (GS. S. 17), Deklaration vom 1. Juli 1820 (GS. S. 131), VO. vom 9. Juni 1827 (GS. S. 76), KabO. vom 24. Juli 1832 (GS. S. 201), G. vom 14. Juli 1833 (GS. S. 33), G. vom 23. Aug. 1834 (GS. S. 167), KabO. vom 22. Aug. 1832 (GS. S. 498); VO. vom 13. April 1821 über Wiederherstellung der Fideikommisse in Ostfriesland, Lingen und Eichsfeld (Hannov. GS. S. 126); KabO. vom 4. Sept. 1830 über den Nachweis der Ahnen (GS. S. 129); G. vom 15. Febr. 1840 für Schlesien und die Grafschaft Glatz (GS. S. 25); G. vom 12. Juli 1896 für Neuvorpommern und Rügen (GS. S. 162). Schleswig-Holsteinische VO.: vom 15. Juli 1778 über die Nicht-Sukzessionsfähigkeit der durch nachfolgende Ehe legitimierten Kinder (Schlesw. Samml. S. 36); vom 31. Okt. 1804 für das Herzogtum Schleswig betr. die Bestätigung letztwilliger Stiftungen oder Fideikommisse (Schlesw. Samml. S. 311); vom 4. Febr. 1854 betr. die Gültigkeit testamentarischer Dispositionen ohne Allerhöchste Konfirmation (Schlesw. Samml. S. 9); vom 15. Mai 1834 betr. eine Instruktion und Gerichtsordnung für die Landes-Dikasterien des Herzogtums Schleswig (Schlesw. Samml. S. 313), abgeändert durch § 25 Kgl. VO. vom 26. Juni 1867 (GS. S. 1073) und 49 AG.GVG. vom 24. April 1878 i. d. F. des Art. 130, VII preuß. FGG. vom 21. Sept. 1899 (GS. S. 249); s. für Schleswig-Holstein und Lauenburg Kähler, Schlesw.-holst. Landesrecht, 2. Aufl. § 15, II S. 138 ff. Hannover: Hannov. VO. vom 28. Dez. 1821 über das Verbot aller Privateide (Hannov. GS. 1822 S. 43), aufgehoben durch Art. 144 FGG. vom 21. Sept. 1899 (GS. S. 249) bis auf §§ 17—20, 28—32, die für Lehn- und Fideikommißsachen noch gültig; auch § 9 wird noch für gültig angesehen; Hannov. G. vom 13. April 1836 über die Ablösbarkeit des Lehnsverbandes und die Errichtung von Familien-Fideikommissen (Hannov. GS. S. 33), abgeändert durch G. vom 19. Juli 1848 (das. S. 206), § 7 bzw. § 3 deklariert durch G. vom 24. Jan. 1851 (das. § 11), § 5 aufgehoben durch G. vom 13. April 1887 (GS. S. 115); Frankfurt a. M.: Frankfurter G. vom 28. April 1848, die Fideikommisse betr. (Frankf. GS. S. 8, 242). G. vom 12. Juli 1896 betr. die Familienfideikommisse in Neuvorpommern (GS. S. 162 f.). Allgemein vgl. wegen Grundbuchs preuß. AG.GBO. vom 26. Sept. 1899 (GS. S. 307, Becher XIV, 6), Art. 15, 16, 17. 18. Vgl. endlich die Gesetze über die Unschädlichkeitszeugnisse in Bem. 4 zu Art. 120 EG.

B. Für Lehen: Vgl. im allgemeinen PrALR. II, 2, §§ 17, 18, 150 und I, 18. Diese landesrechtlichen Bestimmungen, die zum großen Teil durch die im Ablösungsgesetze vom 2. März 1850 (GS. S. 77) angeordnete Aufhebung des Obereigentums und durch das in der Verfassung angeordnete Verbot der Neuerrichtung von Lehen unanwendbar geworden sind, hatten nur subsidiäre Geltung hinter dem Provinzialrechte gehabt; letztere beruhten zum größten Teile auf Gewohnheitsrecht, das aus Privatarbeiten der Provinzialschriftsteller zu entnehmen ist. Siehe auch G. vom 5. Juni 1852, betr. die Abänderung der Art. 40 und 41 der Verfassungsurkunde (GS. S. 319), wodurch die Errichtung von Lehen untersagt und angeordnet ist, daß der in Bezug auf die vorhandenen Lehen noch bestehende Lehensverband durch Gesetz aufgelöst werden soll. Wegen des Lehensrechtes in den einzelnen Provinzen siehe:

Für Ostpreußen vgl. die Lehnsablösungsgesetze vom 23. März 1857 (GS. S. 169) und vom 16. März 1877 (GS. S. 101); Pommern: G. vom 28. Nov. 1826 über das Aufgebot der Agenten bei Veräußerung der Lehen in Pommern an Familienglieder (GS. S. 120); VO. vom 11. Mai 1839 über das Verfahren bei Subhastation Pommerscher Lehngüter (GS. S. 167); Deklaration vom 11. Juli 1845 über Errichtung von Familienschlössern für Altvorpommersche und Hinterpommersche Lehen (GS. S. 482); G. vom 10. Juni 1856 betr. die erleichterte Umwandlung Alt-Vorpommerscher und Hinterpommerscher Lehen in Familienfideikommisse (GS. S. 554); G. vom 4. März 1867 über Auflösung des Lehnsverbandes in Alt-, Vor- und Hinterpommern und die Abänderung der Lehnstaxe (GS. S. 362), mit ErgänzungsG. vom 27. Juni 1875 (GS. S. 406); Neuvorpommersches GrundbuchG. vom 26. Mai 1873 (GS. S. 229). Überhaupt vgl. Zettwach, Pommersches Lehnrecht 1832, v. Wilmowski, Beiträge zum Pommerschen Lehnrechte 1870.

Brandenburg und Provinz Sachsen: Deklaration vom 30. Sept. 1820 betr. die Sukzession der Mantelkinder (GS. S. 201); KabO. vom 20. Aug. 1832 betr. Aufhebung der Konsense zu Zessionen und Verpfändungen von Lehnshypotheken (GS. S. 213); KabO. vom 6. Juli 1838, die Verschuldung der Lehne in Ober- und Niederlausitz betr. (Kamptz Jahrb. 52, 150); Deklaration vom 5. Nov. 1843, betr. den Konsens der Agnaten zu Lehnguts-Verpfändungen (GS. S. 339); KabO. vom

7. Febr. 1845 über Aufhebung der Unfähigkeit von Bauern zur Erwerbung von Lehn-Rittergütern (GS. S. 96); G. vom 15. Mai 1852 betr. die Erleichterung gewisser Dispositionen über Kurmärkische Lehne (GS. S. 290); G. vom 18. April 1855 betr. die Verbindlichkeit der Mitbelehnten zur Anmeldung ihrer Rechte (GS. S. 222); Lehnsablösungsgesetze vom 23. Juli 1875 (GS. S. 537) und 28. März 1877 (GS. S. 111).

Überhaupt vgl. v. Scholz und Hermensdorff, Provinzialrecht der Kurmark Brandenburg, 3. Aufl. v. Günsburg 1895; v. Kunow, Neumärkisches Provinzialrecht; Neumann, Provinzialrecht des Markgraftums Niederlausitz; Pinder, Provinzialrecht der vormals sächsischen Landesteile; Schlesien: LehnsauflösungsG. vom 19. Juni 1876 (GS. S. 238); Westfalen und die Kreise Rees, Essen, Duisburg und Mühlheim: Lehns-AuflösungsG. vom 3. Mai 1876 (GS. S. 112); Lauenburg: Lehnsauflösungsgesetz vom 8. März 1876 (Offizielles Wochenblatt für Lauenburg 69); im übrigen Schleswig-Holstein ist die Lehnseigenschaft der zwei in Betracht kommenden Güter zweifelhaft, es würde für dieselben dänisches Recht in Betracht kommen (vgl. Kähler, Schlesw.-holst. Landesrecht, 2. Aufl. § 14, II S. 132); Hannover: G. vom 13. April 1836 über die Ablösbarkeit des Lehnsverbandes, die Verhältnisse bleibender Lehen und die Errichtung von Familienfideikommissen (Hannov. GS. S. 33), abgeändert durch die G. vom 19. Juli 1848 (GS. S. 206), 24. Jan. 1851 (das. S. 11), vom 13. April 1887 (preuß. GS. S. 115), Allerh. Erlaß vom 11. April 1868 (GS. S. 399) und vom 29. Aug. 1884 (GS. S. 341); GrundbuchG. vom 28. Mai 1873 (GS. S. 253). Vgl. auch Linkelmann und Fleck, Das hannoversche Privatrecht 1903; Kurhessen: G. vom 26. Aug. 1848 (Kurhess. GS. S. 67), dazu VO. vom 20. Nov. 1848 (Möller und Fuchs 1242).

Wegen der Zuständigkeit der Oberlandesgerichte als Lehns- und Fideikommißbehörden: AG.GVG. vom 24. April 1878 (GS. S. 230) i. d. F. des Art. 130, VII preuß. FGG. vom 21. Sept. 1899 (GS. S. 249) § 49; AG.GBO. vom 26. Sept. 1899 (GS. S. 307) Art. 17; G. vom 5. März 1855 (GS. S. 175); für die neuen Landesteile: Kgl. VO. vom 11. April 1868 (GS. S. 399) und 29. Aug. 1884 (GS. S. 341); für Thronlehne: Kgl. VO. vom 3. Okt. 1848 (GS. S. 269).

Wegen der Grundbuchbehandlung: AG.GBO. vom 26. Sept. 1899 (GS. S. 307), Art. 15, 19, 20.

C. Für Stammgüter: In Hannover: Erbstammgüter nach Bremischem Ritterrechte von 1577/1738. Vgl. dazu VO. vom 19. April 1847 und 31. Dez. 1860 (Hannov. GS. S. 233); Stammgüter nach den Statuten der Calenberg-Göttingen-Grubenhagenschen Ritterschaft, bestätigt durch VO. vom 4. Sept. 1847; vgl. Linkelmann und Fleck, Das hannoversche Privatrecht 1903; Kähler, Das schlesw.-holst. Landesrecht, 2. Aufl. § 14, III S. 133.

In den vormals großherzoglich hessischen Gebietsteilen gilt das bei Hessen angeführte Erbgütergesetz vom 11. Sept. 1858.

Für **Bayern***) vgl. G. vom 22. Febr. 1855, geändert durch AG.BGB. Art. 152, AG.GBO. und ZVG. Art. 13—16, 34—36, AG.BGB. Art. 135.

Es gehören hierher:

a) Die Majorate nach dem Edikte vom 20. Dez. 1811 (Döllinger V, 88),
b) die Familienfideikommisse nach der VII. VerfBeil. mit G. vom 11. Sept. 1825, Instr. vom 2. Dez. 1818 (Döllinger V, 117) und vom 3. Sept. 1857 (RegBl. S. 255),
c) die Familienfideikommisse der Reichsritterschaft und des Adels in den erst seit 1812 mit Bayern vereinigten Provinzen (VII. VerfBeil. §§ 104—107),
d) die standesherrlichen Fideikommisse nach der IV. VerfBeil. § 9 mit VII. Verf.-Beil. § 102, für welche auch künftighin die Bestimmungen der Hausverfassungen und das gemeine Recht zur Anwendung kommen (2. P. d. JA. d. K. d.

---

*) Vgl. Oertmann, Bayrisches Landesprivatrecht § 103, S. 442—461; Hoffmann, Das Recht des Adels und der Fideikommisse in Bayern, München 1896 (J. Schweitzer); Schmitt, Der Familienwechsel nach bayrischem Fideikommißrechte, in AnnDR. 1907 (Nr. 9) S. 461 ff.; Kollmann, Die Rechtsverhältnisse des Adels in Bayern, Diss. Erlangen 1907; Stois, Das bayrische Fideikommißrecht, München 1909; v. Schirnding, Die rechtliche Stellung der Fideikommiß-Anwärter nach bayerischem und österreichischem Recht, Bayreuth 1911; v. Grafenstein, Die Fideikommißerrichtung nach bayerischem Rechte unter besonderer Berücksichtigung der Pflichtteilsberechtigten, Weiden 1912.

Abg. S. 7 ff.), — die betr. Vorschriften aufrecht erhalten durch Art. 1 des AG.BGB.

In der Pfalz konnten auch fernerhin Familienfideikommisse nicht errichtet werden (AG. Art. 135 Abs. 2). Hinsichtlich der Stammgüter vgl. Roth-Becher, Bayr. Zivilr. Bd. III S. 48 (2. P. d. JA. d. K. d. Abg. S. 9), Oertmann a. a. O. § 104 S. 462, 465, BayObLGZ. Bd. 22 S. 208; bezüglich der Lehen s. Lehenedikt vom 7. Juli 1808 mit Novelle vom 15. Aug. 1828 und dem G. über Ablösung des Lehensverbandes vom 4. Juni 1848. In der Pfalz sind die Lehen durch die französische Gesetzgebung (G. vom 29. Juni 1790, Dekr. vom 17. Juni 1793 und 8. pluv. II und Staatsratsgutachten vom 13. mess. XIII) beseitigt. Einschlägig sind noch Art. 13—16 und 34—36 bayr. AGO. (Becher III, 9 S. 29 ff.).

Für **Sachsen** vgl. das G. vom 7. Juli 1900 über Familienanwartschaften*) (GVBl. S. 452; Becher XVII, 15 S. 164—190). Wegen des sächsischen Adelsrechtes im allgemeinen vgl. das G., die Einrichtung eines Adelsbuches und die Führung des Adels und der Adelszeichen betr., VO. zur Ausführung dieses G. und VO., betr. die Anerkennung nicht sächsischer Adelsverleihungen, sämtliche vom 19. Sept. 1902**). Auf das Lehenrecht bezügliche Vorschriften des Ausführungsgesetzes s. in AG.FGG. §§ 23, 30, 131, AG.ZVG. § 27 Abs. 2, AG.ZPO. §§ 7, 8, AG.GBO. § 44 Nr. 4, § 179, auch FamAnwG. §§ 105, 109. G. vom 30. März 1926 über hypothekarische Belastung von familienanwartschaftlichen Grundstücken und Lehengütern (GBl. S. 86)***). — Früheres Recht: sächs. GB. §§ 2527—2541, ferner Deklaration v m 22. Febr. 1834, 3. Juni 1852 und 22. Mai 1872 (s. hiezu Friesen in SächsRpfl... 1916 S. 95).

Württemberg, AG.BGB. Art. 14, 24—31, 55, 78, 93, 216, 280, 281 (Becher XXVI, 1), G. vom 14. April 1848 (RBl. 165) über Aufhebung des Lehns-Obereigentums (s. Meyer, Das Württemb. AG.BGB. Tl. II S. 11 ff.).

Baden s. V. Konstitutionsedikt vom 12. Aug. 1807, G. vom 19. April 1856 über die Rechtsverhältnisse abgelöster Lehen und vom 9. Aug. 1862 über die Aufhebung des Lehensverbandes, ferner AG.BGB. Art. 36 (M. zu diesem Gesetze S. 56 ff.). (Becher II, 9 S. 26), vgl. dazu RG. in JW. 1910 S. 116.

Hessen, G., die Familienfideikommisse betr., vom 13. Sept. 1858 (vgl. Reg.-Bl. 1899 S. 729), AG.BGB. Art. 102, 103, 277 (Becher VIII, 3); G. vom 2. Mai 1849 über Aufhebung des Lehnsverbandes (RegBl. S. 205), VO. vom 26. Juni 1875 über Behandlung von Lehnssachen (RegBl. S. 383); s. Wolf, HessLPrR. §§ 111, 167.

Braunschweig, AG.BGB. § 41 (Becher IV, 1 S. 9).

Mecklenburg-Schwerin, AV.BGB. §§ 8, 31, 124—152 (betr. Familienfideikommisse), §§ 153—163 (Lehenrecht), §§ 265—348 (lehenrechtliche Erbfolge), Becher XI, 2 S. 3, 8, 29 ff., 54 ff.

Mecklenburg-Strelitz, AV.BGB. § 8 (allodifizierte Lehen), § 88 (Enteignung bei Lehen), §§ 122—149 (Familienfideikommiß), §§ 150—160, 262—317 Becher XII, 1 S. 2, 17, 26 ff. 50 ff.

Für beide Mecklenburg vgl. Buchka, Meckl. Landesprivatrecht §§ 29, 30, 538, I; Jahn, Die Fideikommißpflegschaft nach mecklenburgischem Rechte, in MecklZ. Bd. 30 S. 467 ff.

Sachsen-Altenburg, AG.BGB. § 5 (die Errichtung von Familienfideikommissen bedarf landesherrlicher Genehmigung). Becher XVIII, 1 S. 2.

Sachsen-Coburg-Gotha, AG.BGB. Art. 5 (Errichtung neuer Fideikommisse untersagt). Becher XIX, 8 S. 47.

Sachsen-Meiningen, AG.BGB. Art. 2 (Becher XX, 1 S. 2). (Familienfideikommisse, Errichtung und Einverleibung von Grundstücken in solche bedürfen landesherrlicher Genehmigung).

---

*) Handausgabe von Börner, Leipzig 1901; Kloß-Müller, Sächsisches Landesprivatrecht, 3. Aufl. §§ 112—119 S. 261 ff.; vgl. auch Reinige, Die Sukzession in Familienanwartschaften nach sächsischem Recht, Diss., Leipzig 1905; v. Heynitz, Beschränkungen der Veräußerungsbefugnis des Anwartschaftsbesitzers rücksichtlich der Gegenstände der Familienanwartschaft nach neuestem sächsischem Rechte, Leipzig 1911 (Diss.).

**) Handausgabe von Einsiedel, Leipzig 1902; erläutert von Pritz, Flöha 1903; vgl. auch Wündrich, Ritterschaftliche Sonderrechte im Gebiet des Königreichs Sachsen, Dresden 1912.

***) Vgl. Otto, Das Recht der Lehengüter in den Erblanden des Königreichs Sachsen, Leipzig 1888.

Sachsen-Weimar-Eisenach, AG.ZPO. und KO. § 5 (Becher XXI, 4 S. 52 (Zwangsvollstreckung in Lehen- und Fideikommißgrundstücke).

Schwarzburg-Rudolstadt, AG.BGB. Art. 7 (Becher XXIII, 2).

Schwarzburg-Sondershausen, AG.BGB. Art. 45 (Becher XXIV, 1 S. 20).

Waldeck, AG.BGB. Art. 1—3 (Familienstiftungen betr.; Becher XXV, 1 S. 1—4).

5. An reichsrechtlichen Bestimmungen für Familienfideikommisse kommen in Betracht: EG.KO. § 5, KO. § 52, EG.ZPO. § 15 Nr. 4, VO. vom 28. Sept. 1879 (RGBl. S. 299), Bek. vom 11. April 1880 (RGBl. S. 102) betr. Zivilprozeß.

6. Wegen des Steueranspruches gegen den Inhaber eines Fideikommisses, Lehens oder Stammgutes, eines Hausgutes oder eines sonstigen nach landesgesetzlichen Vorschriften gebundenen Vermögens s. § 80 Abs. 1 RAbgabenO.; wegen der Erhebung der Grunderwerbsteuer bei gebundenem Besitz § 10 Abs. 1 Nr. 1, § 28 des GrunderwerbsteuerG. in der Fassung vom 11. März 1927 (RGBl. I S. 72).

7. S. auch das deutsch-polnische Familienabkommen vom 16. Dez. 1925, das mit Bek. vom 2. Jan. 1926 im RGBl. 1926 II S. 94 ff. veröffentlicht ist. Es regelt vorzüglich die Zuständigkeit für die Staatsaufsicht. Hiezu AV. des JM. vom 13. Febr. 1926 (JMBl. S. 65).

II. Die Auflösung der Familienfideikommisse.

1. § 155 Abs. 2 Satz 2 der Reichsverfassung vom 11. Aug. 1919 schreibt vor: „Die Familienfideikommisse sind aufzulösen." Diese Bestimmung enthält eine zwingende Anweisung an die Landesgesetzgebung, die zur Auflösung der Fideikommisse und ähnlichen gebundenen Vermögen erforderlichen Maßnahmen zu treffen (StenB. S. 17645).

Die der Vorschrift der RV. entsprechend ergangene Auflösungsgesetzgebung bezieht sich nur auf deutsch-rechtliche Fideikommisse (Rechtsentscheid des Landesamts für Familiengüter, JW. 1922 S. 410 und Dr. Schwerin ebenda; s. oben Bem. I, 2, A, a).

2. Die Landesgesetze.

a) In **Preußen** *) war die Auflösung der Familiengüter — das sind die standesherrlichen Hausvermögen, Familienfideikommisse, Lehen und Erbgüter — schon

*) Schrifttum: Seelmann und Klässel, Das Recht der Familienfideikommisse und anderer Familiengüter, insbesondere ihre Aufhebung, und das Recht der Familienstiftungen in Preußen, Berlin 1920; Modersohn, Die Auflösung der Familienfideikommisse und anderen Familiengüter, Berlin 1921; Sparr, Die Auflösung der Familiengüter in Preußen, Berlin 1921; von Arnim, Die Familienfideikommisse in Preußen, ihre Rechtsstellung, politische, wirtschaftliche und soziale Bedeutung, sowie die Wirkung ihrer Auflösung, Berlin 1921; Breme, Das Waldrecht der Auflösungsgesetze, Berlin 1922; Quirl, Das Waldgutrecht der VO. vom 19. Nov. 1920, Anhang zu Drechsler, Das Höferecht für die Provinz Hannover; Seelmann, Das neue Fideikommißgesetz, JW. 1919 S. 476, 927; Eschenbach, dasselbe, JW. 1919 S. 478; Zeltner, Auflösung der Fideikommisse, JW. 1919 S. 670; Brauer, Zum neuesten Fideikommißrecht, JW. 1919 S. 927; Stahl, Die Auflösung der Familiengüter, JW. 1921 S. 193; Friedrichs, Auflösung der Familiengüter, GesuR. 1921 S. 321; Lüders, Neues Fideikommißrecht, SchlHolstAnz. 1921 S. 105; Kübler, Die Auflösungsbehörden in Preußen, JW. 1924 S. 756; Pinder, Die Auflösung der Samtfideikommisse in Preußen, JW. 1925 S. 2199; Beutner, Zur Zwangsvollstreckung der Fideikommisse, JW. 1925 S. 2424; Reichhelm, Zum Lehen- und Fideikommißgrundbuchrecht, JurRundsch. 1925 S. 737; Gundlach, Zwangsvollstreckung in preuß. Familienfideikommisse, JW. 1926 S. 966; Ermel, Von der Tätigkeit der Auflösungsämter für Familienfideikommisse in Preußen, DJZ. 1925 Sp. 247 und JW. 1927 S. 436; derselbe, Zur Haftung des Fideikommißbesitzers, DJZ. 1926 Sp. 1557; derselbe, Kein Nebeneinander mehr von gerichtlicher Zwangsverwaltung und Pflegschaft aus § 11 der preuß. FamiliengüterVO. vom 30. Dez. 1920 für Familiengüter, DJZ. 1926 Sp. 1636; Klässel, Schuldenhaftung und Zwangsvollstreckung bei preuß. Familienfideikommissen, JW. 1927 S. 747; Breme, Das Waldgut der Zwangsauflösung, GruchotsBeitr. Bd. 65 S. 317; derselbe, Das Forstschutzrecht bei freiwilliger Auflösung gebundener Güter, ZBlFG. 22. Jahrg. S. 26, 50; Kübler-Beutner, Die Auflösung der Familiengüter in Preußen, Berlin 1927; Klässel, Die „Bindungen" von Grundbesitzern bei der Auflösung von Familienfideikommissen, ArchZivPrax. Bd. 128 S. 88 ff.; Wolff, Sachenrecht, 7. Bearb., Marburg 1927, § 94; Lorenz, Das Recht der Töchter der Lehensbesitzer, Rostock 1927.

vor dem Inkrafttreten der Reichsverfassung durch die VO. vom 10. März 1919 über die Familiengüter (GS. S. 39) angeordnet worden; hiezu Allgem. Verf. vom 10. Juni 1919 (JMBl. S. 320); Rundverfügung vom 10. Juni 1919 (JMBl. S. 321); VO. vom 22. Sept. 1920 (GS. S. 431); neue Fassung der VO. über die Familiengüter vom 30. Dez. 1920 (GS. 1921 S. 77); AusfVerf. vom 30. Dez. 1920 (JMBl. 1921 S. 21); wegen Aufhebung des § 10 Nr. I der VO. vom 10. März 1919 s. G. vom 23. Juni 1920 § 25 (GS. S. 367). ZwangsauflösungsVO. vom 19. Nov. 1920 (GS. S. 463), abgeändert durch G. vom 22. Sept. 1920 (GS. S. 431). G. vom 7. Jan. 1922 (GS. S. 5) und G. vom 3. März 1922 (GS. S. 49) wegen Auflösung von Familienfideikommissen, eingeführt in Oberschlesien durch VO. vom 23. Sept. 1923 (GS. S. 296); die ZwangsauflösungsVO. ist durch Entscheidung des Staatsgerichtshofs vom 10. Mai 1924 (RGZ. Bd. 111, Anhang S. 1ff.) für rechtsgültig erklärt worden.

Verf. vom 30. Nov. 1920 (JMBl. S. 671), vom 20. Sept. und 5. Dez. 1921 (JMBl. S. 498 und 642); VO. vom 23. Sept. 1922 (GS. S. 296); Verf. vom 5. und 27. März 1923 (JMBl. S. 199 und 300). Wegen der Auflösungsbehörden s. Verf. vom 15. Febr. 1921 (JMBl. S. 106), wegen Rechtshilfeersuchen Verf. vom 5. März 1923 (JMBl. S. 199); Kostenwesen bei Auflösung VO. vom 11. Jan. 1924 (GS. S. 29), geändert durch VO. vom 31. Mai 1924 (GS. S. 545); wegen Gebührenfreiheit der Löschung s. Verf. vom 20. Juli 1925 (JMBl. S. 267).

S. auch wegen der Bildung von Wald-, Land-, Deich- und Weingütern usw. G. vom 3. Jan. 1922 (GS. S. 6) und Verf. vom 31. Dez. 1920 (LMBl. 1921 S. 352) und vom 20. Sept. 1921 (LMBl. S. 357).

Nach der VO. vom 10. März 1919 sollte die Zwangsauflösung durch das Staatsministerium angeordnet werden, soweit nicht die Aufhebung bis 1. April 1921 (1. April 1922; s. Beschl. der Landesversammlung vom 3. Okt. 1919) im Wege des Familienschlußverfahrens durchgeführt ist; durch Einführung dieses Verfahrens war die freiwillige Aufhebung der Familiengüter erleichtert. Der Familienschluß, zu dem die Anwärter (Anwärterpfleger) beizuziehen waren, bedurfte der Aufnahme und Bestätigung durch die Aufsichtsbehörde (Oberlandesgericht). Gleichzeitig wurde die Errichtung neuer Familiengüter sowie die Vergrößerung bestehender durch unentgeltliche Zuwendung untersagt. Die Neufassung vom 30. Dez. 1920 hat es im wesentlichen bei dieser Regelung belassen. Mit der rechtskräftigen Bestätigung und der Genehmigung des Familienschlusses ist das Familiengut aufgelöst. Mit der Aufhebung oder dem Erlöschen eines Familiengutes erwirbt jeder Anfallberechtigte die ihm gesetzlich oder stiftungsgemäß zugewiesenen Bestandteile des bisher gebundenen Vermögens unmittelbar kraft Gesetzes ohne Auflassung und Übergabe (Rechtsentscheid des Landesamts für Familiengüter, „Recht" 1926, 744).

Die ZwangsauflösungsVO. vom 19. Nov. 1920 regelt die Auflösung der Familienfideikommisse (§§ 1—11), die Erhaltung bestimmter Bestandteile von Familiengütern (Wald-, Land-, Deich-, Weingüter, Kunstwerke usw., §§ 12—17), die Versorgung der Familienmitglieder, die Schuldenhaftung und die Sicherstellung der Gläubiger (§§ 18—28), das Verfahren vor den Auflösungsbehörden (§§ 29—32), denen auch die Entscheidung obliegt, ob ein gebundenes Vermögen und welche Art desselben gegeben ist (§ 39), die Auflösung der Lehen, Erbstammgüter und der standesherrlichen Hausvermögen (§§ 33—37) und bestimmt endlich, unter welchen Voraussetzungen die Zwangsauflösung entfällt (§ 38).

Die übrigen Gesetze, Verordnungen und Verfügungen dienen der weiteren Ausführung.

Rechtsprechung des Landesamts für Familiengüter s. JW. 1924 S. 2094ff., 1925 S. 1174ff., 1926 S. 1073ff. und Jahrbuch des deutschen Rechts Bd. 22 S. 358ff., Bd. 23 S. 448ff., Bd. 24 S. 481ff., Bd. 25 S. 421ff.

b) In **Bayern** *) hat zunächst schon das G. vom 9. Mai 1918 (GVBl. S. 287) die Errichtung und Erweiterung von Familienfideikommissen während des Krieges und fünf Jahre nach Beendigung desselben verboten (s. Becher a. a. O.;

---

*) Schrifttum: Becher, Das G. vom 9. Mai 1918, Die Familienfideikommisse betr., BayZ. 1918 S. 207; v. Unzner, Die Aufhebung der Familienfideikommisse in

BayObLGZ. Bd. 19 A S. 79). Die Aufhebung der Familienfideikommisse erfolgte in dem G. vom 28. März 1919 über die Aufhebung der Familienfideikommisse (GVBl. S. 114 ff.); hiezu AusführungsVO. vom 26. Sept. 1919 (GVBl. S. 647 ff. und JMBl. S. 359 ff.); s. auch Art. 71 des KostenG. vom 16. Febr. 1921 (GVBl. S. 134 ff.) über Gebühren.

Durch §§ 1, 2 Abs. 2 des G. vom 28. März 1919 werden die Familienfideikommisse, adeligen Stamm- und Hausgüter, die Familiengüter, die im Erbverbande stehen, und die landwirtschaftlichen Erbgüter aufgehoben. Aufgehoben sind alle Fideikommisse, ob sie in die Matrikel eingetragen sind oder nicht (BayObLGZ. Bd. 22 A S. 194). Auf Familienstiftungen privatrechtlicher Natur bezieht sich das Gesetz nicht (OLG. Nürnberg BayObLGZ. Bd. 20 B S. 480).

Nach § 4 in der Fassung des G. vom 14. Juni 1919 (GVBl. S. 291) mit § 48 der VO. vom 26. Sept. 1919 ist das Gesetz am 1. Okt. 1919 in Kraft getreten.

Die rechtlichen Verhältnisse, die sich aus der Aufhebung ergeben, sind in den erwähnten Ausführungsvorschriften geregelt. Über gebundene Güter im Sinne der AV. s. BayObLGZ. Bd. 21 A S. 383. Ergänzt werden die Ausführungsvorschriften vom 26. Sept. 1919 durch die VO. vom 23. Jan. 1924 über Zwangsvollstreckung in Fideikommißsachen (GVBl. S. 27). Mit der Aufhebung der Fideikommisse erlischt deren Gebundenheit, sie werden in der Hand ihres derzeitigen Besitzers Allod; nach seinem Tode fällt aber das allod gewordene Vermögen demjenigen Anwärter an, der nachfolgeberechtigt wäre, wenn das Fideikommiß nicht aufgehoben worden wäre, vorbehaltlich einer abweichenden Vereinbarung mit sämtlichen lebenden Anwärtern über eine anderweitige Nachfolge oder die Teilung des bisherigen Fideikommißvermögens; die Vereinbarung bedarf der Bestätigung durch das Fideikommißgericht (§§ 1, 2). Der bisherige Fideikommißbesitzer gilt rechtlich als Vorerbe, der nächste Anwärter als Nacherbe; zur Wahrnehmung der Rechte des Nachfolgeberechtigten als Nacherben wird vom Fideikommißgericht ein Pfleger bestellt, dessen Zustimmung zu Verfügungen über Grundstücke und Grundstücksrechte durch das Fideikommißgericht ersetzt werden kann (§ 8). In der Hand des Rechtsnachfolgers des Besitzers im Zeitpunkte der Aufhebung wird das Fideikommißvermögen frei, der Rechtsnachfolger kann darüber unter Lebenden und von Todes wegen frei verfügen (§ 12). Den Abkömmlingen des Fideikommißbesitzers steht gegen den Anwärter ein näher geregelter Pflichtteilsanspruch zu (§ 11).

Die Versorgungsansprüche der Familienmitglieder (Apanagen, Wittum, Aussteuer) werden in gewissen Grenzen gewahrt; die Versorgungsmassen werden in Stiftungen nach den §§ 85—88 BGB. verwandelt; Genehmigung der Stiftung, Bestimmung der Satzung und Stiftungsaufsicht obliegt dem Fideikommißgericht; weitere Satzungsmaßnahmen sind zugelassen (§§ 14—22). Für Fideikommißschulden und Lasten haftet das Fideikommißvermögen auch nach der Aufhebung; gewisse Sicherungsmaßnahmen sind vorgesehen. Außerdem haftet der Fideikommißbesitzer und sein Rechtsnachfolger persönlich vorbehaltlich der in entsprechender Anwendung der Vorschriften der §§ 1975—1991 BGB. herbeizuführenden Beschränkung der Haftung auf das Fideikommißvermögen (§§ 23—31). Für die Gehalts- und Versorgungsansprüche der Fideikommißbeamten und ihrer Hinterbliebenen haftet ebenfalls das Fideikommißvermögen; für die Ansprüche entsteht regelmäßig am Grundbesitz des bisherigen Fideikommißvermögens eine Reallast (§ 32); s. hiezu OLG. Bamberg BayObLGZ. Bd. 20 B S. 525, BayObLG. in BayObLGZ. Bd. 22 A S. 81.

Zur Entscheidung der mit der Aufhebung der Fideikommisse zusammenhängenden Fragen ist in weitem Umfange unter Ausschluß des ordentlichen Rechtswegs das Fideikommißgericht als Behörde der freiwilligen Gerichtsbarkeit zuständig. Fideikommißgericht ist das Oberlandesgericht, bei dem bisher die Fideikommißmatrikel für das Fideikommiß geführt wurde; Beschwerdegericht ist das Oberste Landesgericht (§§ 33—39).

Bayern, BayZ. 1919 S. 367, 399, 431; 1920 S. 12, 40, 60; Spangenberger, Die Aufhebung der Familienfideikommisse in Bayern, DJZ. 1919 Sp. 919; Bauer, Das Fideikommißgericht als Vormundschaftsgericht, BayZ. 1920 S. 92; Lindl, Die Aufhebung der Familienfideikommisse in Bayern, HessRspr. 1921 S. 13; Gebhard, über das Pflichtteilsrecht bei Fideikommißanfällen, BayZ. 1924 S. 302.

Diese Vorschriften gelten mit einzelnen Abweichungen auch für den übrigen gebundenen Familienbesitz des Adels (§§ 40—46).

Die landwirtschaftlichen Erbgüter nach dem G. vom 22. Febr. 1855 gingen dagegen mit der Aufhebung in das freie Vermögen des Besitzers im Zeitpunkt der Aufhebung über, der darüber unter Lebenden und von Todes wegen frei verfügen kann (§ 47).

Aus der Rechtsprechung des BayObLG. s. über die Rechtsstellung des Fideikommißbesitzers nach dem G. vom 28. März 1919 Bay. ObLGZ. Bd. 20 A S. 90; über seine Beschränkung bei Veräußerung von Fideikommißbestandteilen Bd. 22 A S. 263; über den Begriff des Anwärters (nur Personen, die es bei fortdauernder Geltung des Fideikommißedikts gewesen wären) Bd. 21 A S. 392, Bd. 22 A S. 217; über Feststellung der Anwärtereigenschaft zur Herbeiführung eines Teilungsvertrags Bd. 22 A S. 47; über die Stellung des Anwärterpflegers Bd. 20 A S. 90 und 180, Bd. 22 S. 263; über die Zuständigkeit des Fideikommißgerichts Bd. 20 A S. 440, B S. 496, Bd. 21 A S. 201, Bd. 22 A S. 194, 318, Bd. 24 A S. 246; über die Grenzen seiner Aufsichtstätigkeit Bd. 20 A S. 180; über das Beschwerderecht des Fideikommißbesitzers gegen die Versagung der Genehmigung zur Zustimmung des Anwärterpflegers zu einer Verfügung über Fideikommißgrundstücke Bd. 20 A S. 90; über Beschwerderecht des Inhabers eines Stammguts Bd. 22 A S. 249; über Zulässigkeit der Beschwerde gegen Versagung der Genehmigung einer Stiftung Bd. 21 A S. 27; über das Beschwerderecht Dritter an einer Fideikommißangelegenheit beteiligter Personen Bd. 20 A S. 235; über Grundsätze für die Auseinandersetzung des Fideikommißvermögens Bd. 26 S. 130 ff.; über Teilung des Fideikommißvermögens (§ 2 AV.) Bd. 20 A S. 161, 299; über zwingende Natur der Vorschrift des § 15 b der AV. Bd. 20 A S. 75; über die Gestaltung der Satzung der Stiftung (§ 17 AV.) Bd. 21 A S. 193; über Beiträge des Fideikommißbesitzers zur Schuldentilgung (§ 20 AV.) Bd. 21 A S. 189; wegen Fideikommißlasten nach § 24 AV. Bd. 20 A S. 93; über Versorgungsansprüche i. S. des § 33 AV. Bd. 22 A S. 336; über Sicherungsmaßregeln für die Ansprüche der versorgungsberechtigten Familienmitglieder Bd. 23 A S. 122; über die Anwendbarkeit des § 46 AV. Bd. 22 A S. 151; wegen des Verzichts des Fideikommißbesitzers auf das Fideikommiß Bd. 22 A S. 149; wegen der Gebührenregelung in Fideikommißaufhebungssachen Bd. 21 A S. 109; über Gebührenfreiheit der Eintragung der Reallasten nach § 32 AV. Bd. 22 A S. 279; über Anwendung der Vorschriften über die Aufhebung der Fideikommisse auf alle in Bayern gelegenen Grundstücke, auch wenn sie kein selbständiges Fideikommiß, sondern Bestandteil eines außerhalb Bayerns gelegenen Fideikommisses sind, Bd. 20 A S. 277. Die Rechtssätze, die bisher für die Stammgüter des hohen Adels galten, sind durch das G. über die Aufh. der FK. aufgehoben und durch die entsprechenden Vorschriften des BGB. über die Vorerbschaft ersetzt worden, Bd. 25 S. 21. Über die Anwendung des § 3 Nr. 4 AufwertungsG. vom 16. Juli 1925, wenn bei der Auseinandersetzung eines Fideikommisses Forderungen übertragen werden, s. Bd. 26 S. 264 ff.

Lehen dürfen nach § 1 Abs. 1 des G. vom 28. März 1919 über die Lehen (GVBl. S. 114) nicht mehr verliehen werden. Die verliehenen Lehen — wozu nach dem G. vom 25. Aug. 1919 (GVBl. S. 562) auch die aufgetragenen (feuda oblata) und die durch den Vasallen vom Lehenherrn erkauften Lehen (feuda emtitia) gehören — sollten durch besonderes Gesetz aufgelöst werden. Dieses Gesetz (LehenauflösungsG.) ist am 20. Aug. 1920 erlassen (GVBl. S. 417). Zu dessen § 5 Abs. 3 s. VO. vom 24. Febr. 1926 (GVBl. S. 225).

Sachsen hat noch keine Vorschriften über Fideikommißauflösung getroffen; die Regelung der Auflösung der Familienanwartschaften steht aber bevor (Entwurf vom 4. März 1927; s. Becker in DJZ. 1928 Sp. 432 f.). S. auch G. über die hypothekarische Belastung von familienanwartschaftlichen Grundstücken und Lehengütern vom 30. März 1926 (GBl. S. 86); VO. über die Anwendbarkeit dieses Gesetzes vom 12. Aug. 1927 (GBl. S. 140).

Württemberg *): Verfassung vom 25. Sept. 1919 (RegBl. S. 281 ff.) § 60 Abs. 2: „Das Sonderrecht der Fideikommiß-, Lehen- und Stammgüter wird durch besonderes Gesetz aufgehoben. Neue Fideikommisse irgendwelcher

*) Über die adeligen Fideikommisse s. Schäfer, WürttNotV. 1925 S. 148.

Art. Lehen- und Stammgüter dürfen nicht errichtet werden." G. vom 27. Mai 1920 betr. vorläufige Maßregeln gegen fideikommissarische Bindung von Vermögen (RegBl. S. 379), geändert durch G. vom 27. Dez. 1923 (RegBl. S. 526), mit Vollzugsverf. vom 4. Juni 1920 (RegBl. S. 384), MinVerf. vom 31. Aug. 1920 betr. die Ausübung des Vorkaufsrechts (RegBl. S. 516); G. vom 6. Febr. 1923, betr. Verlängerung der Frist zur freiwilligen Auflösung der Fideikommisse (RegBl. S. 75); VO. vom 7. Febr. 1924 über Gebühren in Fideikommißsachen (RegBl. S. 67); s. Meyer, Das Württemberg. AG. BGB. Tl. II S. 9 ff.

Baden**): Verfassung vom 21. März 1919 (GVBl. S. 279 ff.) § 66: „Neue Stammgüter dürfen nicht errichtet werden. Das Sonderrecht der bestehenden Familien- und Stammgüter, mit Einschluß der Fideikommisse des vormaligen Großherzoglichen Hauses und des Hausvermögens der standesherrlichen Familien ist aufgehoben. Das Nähere wird durch Gesetz geregelt. Bis zur Erlassung dieses Gesetzes ist zur Veräußerung von solchen Gütern oder von Teilen derselben Genehmigung des Staatsministeriums erforderlich." Zur Ausführung dient das StammgüteraufhebungsG. vom 18. Juli 1923 (GVBl. S. 233); s. hiezu Entsch. des RFinH. vom 8. Juli 1927 (DJZ. 1928 Sp. 456).

Thüringen***): G. vom 5. Mai 1922 über Auflösung der Familiengüter (GS. S. 135); VO. vom 9. Mai 1922 zur Ausf. dieses G. (GS. S. 137); 2. AusfVO. vom 29. Aug. 1922 (GS. S. 385); G. vom 14. März 1923 (GS. S. 247); AusfVO. vom 24. April 1923 (GS. S. 249), wieder geändert durch G. vom 16. Juli 1924 (GS. S. 309) und VO. vom 8. Juli 1924 (GS. S. 309); AusfVO. vom 2. Dez. 1924 (GS. S. 432).

Hessen: VO. vom 17. März und 22. April 1919 (RegBl. S. 106, 135) und vom 13. Dez. 1919 (RegBl. 1920 S. 3); VO. vom 24. Aug. 1920 über Beschränkungen im Liegenschaftsrecht (RegBl. S. 258); VO. vom 2. Dez. 1921 wegen einheitlicher Auflösung in mehreren Ländern befindlicher gebundener Vermögen (RegBl. S. 291); G. vom 11. Nov. 1923 über Auflösung von Familienfideikommissen (RegBl. S. 481); AusfVO. hiezu vom 8. Febr. 1924 (RegBl. S. 107); geändert durch VO. vom 25. Juli 1927 (RegBl. S. 153).

Hamburg: G. vom 22. Okt. 1920 zur Auflösung der Fideikommisse (Amtsbl. S. 1323).

Mecklenburg-Schwerin: Verfassung vom 17. Mai 1920 (RegBl. S. 653) § 10 Abs. 3; G. vom 17. Mai 1920 über Einführung der Verfassung Art. 9, 10; G. vom 28. März 1927 über die Veräußerung von fideikommissarischen Grundstücken (RegBl. S. 69).

Mecklenburg-Strelitz: vorläufige Verfassung vom 29. Jan. 1919 § 44 (aufgehoben durch EG. vom 24. März 1923 zum Landesgrundgesetz, Art. I); G. vom 16. Jan. 1919 über den blinden Hausschatz (Amtl. Anz. S. 96); G. vom 29. Nov. 1920 über Auflösung der Familienfideikommisse (Amtl. Anz. S. 1079), geändert durch G. vom 24. März 1923 (Amtl. Anz. Nr. 31), 9. Juni 1925 (Amtl. Anz. Nr. 32) und 11. Nov. 1926 (Amtl. Anz. Nr. 58); AusfVO. hiezu vom 9. Febr. 1921 (Amtl. Anz. S. 225); Bek. vom 9. Febr. und 8. März 1921 (Amtl. Anz. S. 231, 266); G. vom 3. Dez. 1920 über Allodifikation der Lehengüter (Amtl. Anz. S. 1099).

Oldenburg: G. vom 3. Juli 1922 betr. Auflösung der Familienfideikommisse (GBl. S. 1089); Bek. vom 20. Juni 1923 zur Ausf. desselben (GBl. S. 381).

Anhalt: G. über die Familiengüter vom 17. Febr. 1920 (GS. S. 28 Nr. 1584) (ändert in § 14 den Art. 14 AG.GBO.).

Bremen: G. vom 24. Juni 1922 betr. Auflösung der Fideikommisse (GBl. S. 315), geändert durch G. vom 11. Febr. 1926 (GBl. S. 21); G. vom 30. März 1922 betr. einheitliche Auflösung in mehreren Ländern befindlicher Fideikommisse (GBl. S. 113).

Lippe: G. vom 5. Mai 1920 betr. Abtrennung von Teilen eines Fideikommißgutes (GS. S. 120); G. vom 8. März 1924 über die Aufhebung der Fideikommisse (GS. S. 507).

**) Schmitt, Das badische StammgüteraufhebungsG., Mannheim, Berlin, Leipzig 1923.

***) Vgl. hiezu Knauth in DJZ. 1924 S. 894 (Auflösung der Familiengüter in Thüringen).

Sachsen-Altenburg: G. vom 23. Juni 1919 über Beseitigung der Sonderrechte der vormaligen fürstlichen Häuser (GBl. S. 79).

Sachsen-Coburg-Gotha: G. vom 31. Juli 1919 betr. Einziehung des Gotha'schen Hausfideikommisses usw. (GS. S. 105); G. vom 3. Juli 1919 über Aufhebung der Familienfideikommisse (GS. S. 176).

Wegen Auflösung von Fideikommissen und Familiengütern, die sich über mehrere deutsche Länder erstrecken, sind vielfach Staatsverträge unter den Ländern geschlossen; s. z. B. preuß. GS. 1923 S. 92, 149, 543, 544; 1924 S. 481 (Vereinbarungen zwischen Preußen und Hessen); 1923 S. 284 (Vereinbarung mit Hessen und Anhalt); 1924 S. 204 (mit Hessen und Waldeck); 1925 S. 167 (mit Mecklenburg-Schwerin); 1926 S. 191 (mit Thüringen).

III. Über die **anderweitige Festsetzung von Verwaltungsansprüchen**, welche einzelnen Familienmitgliedern gegenüber den Inhabern von bisherigen Stammgütern und Familienfideikommissen entweder nach dem geltenden früheren Rechte aus Gesetz, Fideikommißstiftung oder Vertrag zustehen oder im Zusammenhange mit der Auflösung der gebundenen Familiengüter begründet worden sind, s. das RGes. über die anderweitige Festsetzung von Geldbezügen aus Altenteilsverträgen vom 18. Aug. 1923 (RGBl. I S. 815) und hiezu das Nähere in Bem. V zu Art. 96. Der ordentliche Rechtsweg ist für Ansprüche auf Aufwertung von Versorgungsansprüchen aus Fideikommiß ausgeschlossen, wo landesrechtlich auf Grund des G. vom 18. Aug. 1923 ein Einigungsverfahren stattfindet (s. § 1 Abs. 2, § 5 Abs. 2 des G.).

IV. Vgl. auch § 2 Abs. 1 Nr. 2, § 3 Abs. 1 Nr. 8 und § 6 des **ErbschaftssteuerG.** in der Fassung vom 22. Aug. 1925 (RGBl. I S. 320 ff.). Darnach gilt steuerlich der Erwerb auf Grund einer Nachfolge in ein Hausgut, Lehen, Fideikommiß oder Stammgut oder in ein sonstiges gebundenes Vermögen als Erwerb von Todes wegen, eine freigebige Zuwendung bei Auflösung eines Fideikommisses oder anderweitiger Aufhebung der Bindung von Vermögen als Schenkung. Der Erwerber auf Grund einer Nachfolge in ein Hausgut, Lehen, Fideikommiß oder Stammgut oder in ein sonstiges gebundenes Vermögen wird als Nießbraucher behandelt.

Wegen der **Vermögenssteuer** s. Art. I § 18 des G. über Vermögens- und Erbschaftssteuer vom 10. Aug. 1925 (RGBl. I S. 233 ff.). Wegen der **Grunderwerbsteuer** s. § 10 Nr. 1, § 17, § 20 Abs. 2 und 3, § 28 des GrunderwerbsteuerG. in der Fassung vom 11. März 1927 (RGBl. I S. 72 ff.).

Art. 60.

Unberührt bleiben die landesgesetzlichen Vorschriften, welche die Bestellung einer Hypothek, Grundschuld oder Rentenschuld an einem Grundstücke, dessen Belastung nach den in den Artikeln 57 bis 59 bezeichneten Vorschriften nur beschränkt zulässig ist, dahin gestatten, daß der Gläubiger Befriedigung aus dem Grundstücke lediglich im Wege der Zwangsverwaltung suchen kann.

E. I, 36; II, 34; III, 58.

Zulässigkeit von Revenuenhypotheken.

1. Entstehung. Art. 60 entspricht dem Art. 36 des I. Entw. und zeigt gegenüber letzterem nur geringe redaktionelle Änderungen (Mot. z. EG. 159, Mat. [ad Nr. 87a] S. 11, P. VI, 369, 606; Reatz III, 36).

2. Inhalt. Während das BGB. nur die Substanzhypothek kennt (§§ 1113, 1118, 1147; s. Bd. III Vorbem. VIII vor § 1113 S. 964 f.) und die Befriedigung des Gläubigers aus dem Grundstück und den Gegenständen, auf welche sich die Hypothek erstreckt, im Wege der Zwangsvollstreckung, also auch der Zwangsversteigerung (ZPO. §§ 803 ff., 866 ff.) anordnet, gestattet Art. 60 der Landesgesetzgebung, die **Revenuenhypothek** für solche Fälle zuzulassen, in denen das mit einer Hypothek, Grundschuld (BGB. §§ 1191 ff.) oder Rentenschuld (BGB. §§ 1199 ff.) belastete Grundstück Gegenstand eines Familienfideikommisses, Lehens oder Stammguts nach Maßgabe der Art. 57—59 dieses Gesetzes ist. Die Landesgesetzgebung konnte also anordnen, daß der Hypothek-, Grundschuld- oder Rentenschuldgläubiger Befriedigung nur aus den Nutzungen eines Familienfideikommisses, Lehens oder Stammguts, also nur im Wege der Zwangsverwaltung (ZVG. §§ 146 ff.) suchen könne. S. auch Art. 192 Abs. 2 EG.

3. **Landesgesetze:** Preußen: PrALR. I, 18; §§ 323 ff.; G. vom 5. Mai 1872 (für Lehen) § 18; PrALR. II, 4 §§ 80 ff. (für Familienfideikommisse). Vgl. auch AG.BGB. Art. 89 (Becher XIV, 1 S. 59 f. Ziff. 1); AG.ZVG. Art. 13; ZwangsauflösungsVO. vom 19. Nov. 1920 §§ 22 f.; Sachsen: G. vom 7. Juli 1900 über Familienanwartschaften § 23; AG.ZVG. § 27 Abs. 2; s. auch Kloß-Müller, Sächs. Landesprivatrecht 3. Aufl., § 117, II, 2, a, β S. 269 und § 139 II S. 339; Württemberg: AG.BGB. Art. 14, 24—31, 93, 216, 280, 281 (Becher XXVI, 1 S. 3, 5 ff., 52, 69); Hessen: PfandG. Art. 10; Mecklenburg-Schwerin: AV.ZPO. § 15, AV.BGB. § 150 (Becher XI, 8 S. 133 und 2 S. 33); Mecklenburg-Strelitz: AV.ZPO. § 15, AV.BGB. § 147 (Becher XII, 8 S. 117 und 2 S. 30); Sachsen-Weimar: PfandG. § 18.

4. Eine Ausnahmebestimmung enthält der Art. 61.

5. Mit der Auflösung der Fideikommisse usw. wird die Bestimmung des Art. 60 gegenstandslos (s. Bem. II zu Art. 59).

Art. 61.

Ist die Veräußerung oder Belastung eines Gegenstandes nach den in den Artikeln 57 bis 59 bezeichneten Vorschriften unzulässig oder nur beschränkt zulässig, so finden auf einen Erwerb, dem diese Vorschriften entgegenstehen, die Vorschriften des Bürgerlichen Gesetzbuchs zugunsten derjenigen, welche Rechte von einem Nichtberechtigten herleiten, entsprechende Anwendung.

E. I, 37; II, 35; III, 59.

Schutz des gutgläubigen Erwerbs.

1. Entstehung. Art. 61 weicht von dem entsprechenden Art. 37 des I. Entw. nur in redaktioneller Beziehung ab (Mot. z. EG. 160, Mat. 11, P. VI, 371, 607; Reatz III, 38).

2. Inhalt. Der Art. 61 enthält eine **Einschränkung der Vorbehalte der Art. 57 bis 59.** Nach diesen Artikeln blieben die landesrechtlichen oder autonomen Vorschriften des Inhalts, daß ein zu einem Familiengute, Familienfideikommisse, Lehen oder landwirtschaftlichen Erbgute gehöriger beweglicher oder unbeweglicher Gegenstand vom jeweiligen Gutsinhaber gar nicht oder nur unter gewissen Voraussetzungen (z. B. mit Zustimmung der Anerben, Genehmigung des Fideikommißgerichts) veräußert oder verpfändet oder sonst belastet werden darf, auch fernerhin bestehen. **Soweit** nun aber **entgegen diesen Vorschriften nach dem Inkrafttreten des BGB.** eine **Veräußerung oder Belastung eines solchen Gegenstandes** erfolgte, galten zugunsten desjenigen, der ohne Kenntnis der Veräußerungs- oder Belastumgshindernisse vom Gutsinhaber ein Recht erwarb, die Vorschriften der §§ 892, 893, 932—936, 1032, 1138, 1140, 1148, 1192, 1199, 1207, 1208, 1244—1246 BGB. Aus der Bestimmung des Art. 61 ergab sich die Notwendigkeit, die Eigenschaft eines Grundstücks als Bestandteil eines gebundenen Besitzes zur Wirksamkeit gegenüber dem öffentlichen Glauben des Grundbuchs in das Grundbuch einzutragen. Die Regelung der Eintragung war Sache der Landesgesetze.

Art. 61 galt an sich auch für die buchungsfreien Grundstücke (§ 90 GBO.; s. Bd. III Vorbem. II, 1, a vor § 873 S. 86, Bem. III zu § 925 S. 422), kam aber hier nur zur Anwendung, wenn sie trotz der Freiheit vom Buchungszwang in das Grundbuch einzutragen waren.

Art. 61 schützte den Gutgläubigen aber nicht gegen die Kondiktion, die dann gegeben war, wenn das Landesrecht den obligatorischen Vertrag über die Veräußerung eines Fideikommisses verbot und für nichtig erklärte. Vgl. Raape, Das gesetzliche Veräußerungsverbot S. 161, Neumann Jahrb. 1909 S. 580.

Landesgesetze: Für Preußen mußte also z. B. das auf den statutarischen Bestimmungen der Ritterschaft des Herzogtums Bremen beruhende Vorkaufs- und Retraktsrecht der Agnaten an ritterschaftlichem Erbstammgütern, welches im preuß. G. vom 24. Dez. 1872 aufrecht erhalten war, in das Grundbuch eingetragen werden (M. z. preuß. AG.BGB. S. 64). Vgl. ferner preuß. AG.GBO. Art. 15—20 (Becher XIV, 6 S. 115 ff.). In Preußen gehörten auch die Grundstücke des Landesherrn nicht zu den buchungsfreien Grundstückem, VO. vom 13. Nov. 1899 (GS. S. 519).

Bayern, Art. 13—16 AG.GBO. (Becher III, 9 S. 135).

Für Sachsen s. G. vom 7. Juli 1900 über die Familienanwartschaften § 31; vgl. Kloß-Müller, Sächs. Landesprivatrecht 3. Aufl., § 117, V S. 271.

Württemberg, AG.BGB. Art. 24—31 (Becher XXVI, 1 S. 5, 6).

Hessen, AG.GBO. Art. 102, 103 (Becher VII, 3 S. 49, 50).

Anhalt, AG.GBO. Art. 141 (Becher I, 8 S. 62), geändert durch § 14 des G. vom 17. Febr. 1920 über Familiengüter (GS. S. 28).

Schaumburg-Lippe, AG.GBO. § 13 (Becher XXII, 8 S. 57).

Waldeck, AG.GBO. Art. 115, 16 (Becher XXV, 3 S. 36, 37).

Art. 62.*)

Unberührt bleiben die landesgesetzlichen Vorschriften über Rentengüter.

E. II, 36; III, 60.

Rentengüter.

1. Entstehung. Art. 62 wurde erst in der II. Komm. aufgenommen und erhielt nach mehrfachen Änderungen bei der II. Lesung im Reichstage die schon von der II. Komm. in der II. Lesung beschlossene Fassung (P. III, 766, 767 und VI, 472—474, Mat. 12, RTK. 440a Nr. 10 S. 6 und 440d S. 8, StB. 3026, 3096; Neat III, 38).

2. Der Begriff „Rentengüter" wurde in den Verhandlungen der gesetzgebenden Körperschaften nicht näher bestimmt. Der Artikel bezog sich auf die nach den preußischen Gesetzen vom 26. April 1886, 27. Juni 1890 und 7. Juli 1891 in Westpreußen und Posen gebildeten Rentengüter. Die hiefür gebildete Ansiedelungskommission ist jetzt aufgehoben (G. vom 10. März 1924, GS. S. 126; AusfVO. vom 24. April 1924, GS. S. 479). Vgl. ferner preuß. G. vom 8. Juni 1896 betr. das Anerbenrecht bei Renten- und Ansiedlungsgütern, preuß. G. vom 20. April 1898 betr. Abänderung des Ansiedlungsgesetzes.

Im preuß. AG.BGB. Art. 29 und in § 1 des G. vom 27. Juni 1890 (s. Bem. 5) ist das Rentengut als ein Grundstück bezeichnet, das gegen Übernahme einer festen Rente zu Eigentum übertragen ist. Die Höhe der Rente braucht nicht in einem bestimmten Verhältnis zum Werte des Grundstücks zu stehen (KG. in OLG. Bd. 18 S. 154). Dem Beteiligten steht es frei, Vereinbarungen über die Ablösbarkeit der Rente zu treffen und den Eigentümer gewissen Beschränkungen zu unterwerfen.

Der Vorbehalt sichert für Rentengüter namentlich das vom BGB. abgelehnte dingliche Wiederkaufsrecht (vgl. M. III, 451 und Vorbem. I, 1 vor §§ 497 ff.; über die Deckung des mit der Rentengutsbildung verbundenen dinglichen Wiederkaufsrechtes durch den Vorbehalt s. RGZ. Bd. 84 S. 104, über die Form der Begründung des Wiederkaufsrechts RGZ. Bd. 110 S. 328 ff.) sowie die Aufrechterhaltung der in § 4 des G. vom 27. Juni 1890 dem Erwerber eines Rentengutes mit dinglicher Wirkung auferlegten Verpflichtung, die wirtschaftliche Selbständigkeit des über-

---

*) Schrifttum: Andresen, Die Rentengütergesetze in Preußen vom 27. Juni 1890 und 7. Juni 1891. Text mit Anmerkungen. Berlin 1892; Waldhecker, Preußische Rentengutsgesetzgebung, 1894; Graslhoff, Das G. betr. die Beförderung deutscher Ansiedlungen und Art. 62 des EG. in preuß. VerwBl. 1898 S. 329—331; Stemeberg und Pelzer, Die preuß. Rentengutsgesetze, Berlin 1898; M. und B. Peltasohn, Rentenguts- und Anerbenrechts-Gesetzgebung in Preußen, 1903; Haack, Die preuß. Gesetze über Rentengüter. Erläutert. Berlin 1913; v. Kaull, Die preuß. Rentengutsgesetzgebung und das Heimstättenrecht, Heidelberg, Diss. 1895; Aal, Das preuß. Rentengut, seine Vorgeschichte und seine Gestaltung in Gesetzgebung und Praxis, Stuttgart 1901; Linschmann, Das preuß. Rentengut, Berlin 1904; ders., Die Wirkungen der preuß. Rentengutsgesetzgebung, Diss., Tübingen 1905; Freisen, Das dingliche Wiederkaufsrecht bei den preuß. Rentengütern nach dem Art. 29 des preuß. AG.BGB., Diss., Heidelberg 1911; Westphal, Die geschichtliche Entwicklung des Rentengutes und seine rechtliche Gestaltung in Preußen, Erlangen 1911; Pesl, Ansiedelungsfragen, Hirths Ann. 1916 S. 522; Krüger, Die preuß. Rentengutgesetzgebung, Braunschw. 1918 S. 3, 33; Haak, Die preuß. Agrargesetzgebung I. Die preuß. Gesetze über Rentengüter, 2. Aufl. 1921; Krause im Handwörterbuch der Staatswissenschaften Bd. VII Artikel „Rentengüter" S. 18 ff.

S. auch Pelzer, Das G. über das Anerbenrecht bei Renten- und Ansiedelungsgütern vom 8. Juni 1896; Stüwert, Das Anerbenrecht bei Renten- und Ansiedelungsgütern, Diss. Greifswald 1900; v. Königsdorff, Die rechtliche Natur des Anerbenrechts bei preuß. Rentengütern, Diss. Heidelberg 1905.

nommenen Grundstücks durch Erhaltung des baulichen Zustands darauf befindlicher oder darauf zu errichtender Gebäude, durch Erhaltung eines bestimmten landwirtschaftlichen Inventars auf demselben oder durch andere Leistungen dauernd zu sichern (P. VI, 472 ff.).

Von der Erbpacht unterscheidet sich das Rentengut dadurch, daß hier Eigentum erworben wird, während jene trotz Veräußerlichkeit und Vererblichkeit ein Recht an fremder Sache ist.

3. Der Vorbehalt ermöglicht (vgl. Art. 3) auch in anderen deutschen Ländern über Rentengüter privatrechtliche Bestimmungen zu treffen, welche von jenen des BGB. abweichen; s. auch Bd. III S. 653. Auf Rentengüter in Mecklenburg-Schwerin, die keine Erbpachtgüter sind, finden die §§ 166—169, 171, 172, 174, 175 der AV.BGB. entsprechende Anwendung (Becher XI, 2 S. 35); Mecklenburg-Strelitz, AV.BGB. § 178 (Becher XII, 1 S. 35); s. Buchka, Meckl. Landesprivatrecht § 31, XII.

4. Durch Art. 62 wurde die gesamte zur Zeit der Erlassung des preuß. G. vom 26. April 1886 bestehende Rechtslage der Rentengüter vollständig aufrecht erhalten, so daß auch solche dingliche Rechte an ihnen gegenwärtig begründet werden können, die nach dem früheren Rechte zulässig, nach dem BGB. unzulässig sind (LG. Bromberg in PosMSchr. 1901 S. 138). Vgl. KGJ. Bd. 26 A S. 118 ff. (Die im § 4 des preuß. RentengutsG. vom 27. Juni 1890 vorausgesetzten Vereinbarungen können nicht in das Grundbuch eingetragen werden, weil sie dem allgemeinen Rechte angehören.)

5. **Landesgesetze:**

Preußen: G. betr. Ablösung der Reallasten vom 2. März 1850 (GS. S. 77); G. betr. die Wiederzulassung der Vermittelung von Rentenbanken vom 17. Jan. 1888 (GS. S. 5); G. betr. die Beförderung deutscher Ansiedelungen in den Provinzen Westpreußen und Posen vom 26. April 1886 (GS. S. 131), ergänzt durch G. vom 20. April 1898 (GS. S. 63), 1. Juli 1902 (GS. S. 234), 20. März 1908 (GS. S. 29) und 28. Mai 1913 (GS. S. 269); G. über die Rentengüter vom 27. Juni 1890 (GS. S. 209), das die Bildung von Rentengütern auch Privatpersonen gestattet und in ganz Preußen zuläßt, ergänzt durch G. vom 8. Mai 1916 zur Förderung der Ansiedelung (GS. S. 51) und § 38 des preuß. AG. vom 15. Dez. 1919 zum ReichssiedelungsG. vom 11. Aug. 1919 (GS. S. 1920 S. 31); G. betr. die Beförderung der Errichtung von Rentengütern (GS. S. 279); hiezu Art. III des G. vom 10. Aug. 1904 (GS. S. 232); G. betr. die Gewährung von Zwischenkrediten bei Rentengutsgründungen vom 12. Juli 1900 (GS. S. 300), geändert durch G. vom 20. Juli 1910 (GS. S. 149) und G. vom 8. Mai 1916); G. betr. das Anerbenrecht bei Renten- und Ansiedelungsgütern vom 8. Juni 1896 (GS. S. 124), eingeführt in Lauenburg 10. Okt. 1906 (GS. S. 411); G. betr. die Ablösung von Reallasten in der Provinz Schleswig-Holstein vom 3. Jan. 1875 (GS. S. 3), ausgedehnt auf Lauenburg durch G. vom 29. Mai 1903 (GS. S. 189). Vgl. noch Art. 12 § 1 AG.BGB. (Form des Rentengutsvertrages), Art. 29 (Wiederkaufsrecht bei Rentengütern), ferner Art. 12, 20 AG.GBO. S. über die Eintragung der in § 6 des G. vom 26. April 1886 und in § 4 des G. vom 27. Juni 1890 bezeichneten Verpflichtungen in das Grundbuch KGJ. Bd. 39 A S. 205 und über die mangelnde Eintragungsfähigkeit gewisser vertragsmäßiger Beschränkungen in Ansehung der Verfügung über Rentengüter KGJ. Bd. 45 S. 220.

Oldenburg: NaturalrentenG. vom 11. Mai 1921 (GBl. S. 148).

Braunschweig: SiedelungsG. vom 19. April 1918 (GVS. S. 89), geändert durch Art. 3 des G. vom 30. Mai 1919 (GVS. S. 163); HeimstättenG. vom 19. April 1918 (GVS. S. 93); hiezu G. vom 19. Aug. 1918 über Änderung des LeihhausG. (GVS. S. 101).

Anhalt: SiedelungsG. vom 28. Okt. 1918 (GS. S. 315).

Lippe: RentengutG. vom 22. Jan. 1921 (GS. 1921 Nr. 2 S. 386).

Mecklenburg-Schwerin: §§ 180, 184 AV.BGB.; G. vom 3. Juli 1919 betr. die Errichtung eines Siedelungsamts für Meckl.-Schwerin (RegBl. S. 605).

Mecklenburg-Strelitz: §§ 178, 182 AV.BGB.

In Sachsen bestehen Vorschriften über Rentengüter nicht (Kloß-Müller, Sächs. Landesprivatrecht, 3. Aufl. § 74 I S. 163), ebensowenig in Württemberg (Meyer, Württ. AG.BGB. Tl. II S. 26).

6. § 1 des ReichssiedelungsG. vom 11. Aug. 1919 (RGBl. S. 1429; geändert durch G. vom 7. Juni 1923, RGBl. I S. 364, G. vom 18. Aug. 1923, RGBl. I S. 805, und G. vom 8. Juli 1926, RGBl. I S. 398) schreibt den deutschen

Ländern vor, Einrichtungen zur Förderung der landwirtschaftlichen Siedelung ins Leben zu rufen; s. auch § 27 das. Damit ist der Landesgesetzgebung besondere Anregung zur Erlassung von Gesetzen über Rentengüter gegeben; s. die Gesetze für Oldenburg und Lippe in Bem. 5, ferner preuß. AusfG. vom 15. Dez. 1919 (GS. 1920 S. 31).

7. Die Förderung der Ansiedelung kleinerer Besitzer bezweckt das **Reichsheimstättenᴳ.** vom 10. Mai 1920 (RGBl. S. 962). Ausgeber der Heimstätte kann jedoch nur das Reich, ein Land, eine Gemeinde oder ein Gemeindeverband sein. Der Heimstätte haften gewisse Eigentumsbeschränkungen kraft Gesetzes an. Die nähere Regelung ist in weitem Umfange dem Landesrecht überlassen; s. die §§ 3, 22—24, 27—30, 32, 33.

Art. 63.*)

Unberührt bleiben die landesgesetzlichen Vorschriften über das Erbpachtrecht, mit Einschluß des Büdnerrechts und des Häuslerrechts, in denjenigen Bundesstaaten, in welchen solche Rechte bestehen. Die Vorschriften des § 1017 des Bürgerlichen Gesetzbuches finden auf diese Rechte entsprechende Anwendung.

E. II, 87; III, 61.

Erbpachtrecht.

1. Entstehung. Der Art. 63 wurde erst in der II. Komm. aufgestellt.

Das BGB. hat die Emphyteuse, das Erbzinsrecht und das Erbpachtrecht nicht geregelt. Auch wurde bei der Aufstellung des I. Entw. ein Bedürfnis für die künftige Zulassung solcher Rechtsinstitute unter Hinweis auf die Vorschriften des BGB. über das dingliche Vorkaufsrecht an Grundstücken und über die Reallasten nicht anerkannt.

Wie der Art. 197 dieses Gesetzes, so hat auch der gegenwärtige Artikel seinen Hauptgrund in den eigentümlichen Verhältnissen von Mecklenburg-Schwerin und -Strelitz (P. VI, 475—479, 485, 486, 607, 608, 650, 651, Reatz III, 38, Mat. zu 87 a S. 12. Vgl. auch Mot. z. EG. 277).

2. **Erbpachtrecht, Büdnerrecht und Häuslerrecht** sind die drei Formen des dinglichen Nutzeigentums an kleineren ländlichen Grundstücken, die sich namentlich in den kleineren deutschen Ländern (Mecklenburg, Braunschweig und in den meisten thüringischen Staaten) erhalten haben. Es konnten dort der Landesherr und mit dessen Genehmigung die Städte, die sonstigen juristischen Personen des öffentlichen Rechtes und die Besitzer ritterschaftlicher Landgüter ein Erbpachtverhältnis begründen. Die Stellung des Erbpächters ist der des Eigentümers ähnlich (Recht der freien Veräußerung, Verschuldung, Vererbung). Beschränkt ist der Erbpächter im agrarpolitischen Interesse durch verschiedene Verpflichtungen, z. B. die Parzellierung des Grundstücks oder dessen Zusammenlegung mit anderen Grundstücken zu unterlassen, es nicht mit Dienstbarkeiten oder Reallasten zu beschweren, das Grundstück nicht zu Fabrik- oder gewerblichen Anlagen zu benutzen, kein Stroh zu veräußern, Wirtschaftsgebäude sowie das wirtschaftliche Inventar in ordnungsmäßigem Stande zu erhalten, sowie durch die Vorschrift, daß der Besitz der Erbpachtstelle, abgesehen von dem Mitbesitze mehrerer Erben bis zur Erbauseinandersetzung, nur einer Person zustehen kann. Vgl. dazu namentlich v. Buchka, Landesprivatrecht der Großherzogtümer Mecklenburg, S. 137 bis 151.

Ein Erbpachtrecht liegt auch vor, wenn es jedem Teil freisteht, nach 100 Jahren vom Vertrag wieder abzugehen (RGZ. Bd. 98 S. 215 ff.), dagegen nicht, wenn bei Zeitpacht das Kündigungsrecht des Verpächters dauernd ausgeschlossen ist (RG. in HansGZ. 1923 Beibl. S. 213).

Das Büdnerrecht ist ein dingliches, vererbliches und veräußerliches Nutzungsrecht an einem bäuerlichen Grundstück, welches jedoch Beseler (DPR. S. 746) nicht zu den Bauerngütern, sondern zu den kleineren Stellen rechnet, auf denen nicht mit Gespannkraft gewirtschaftet wird.

---

*) Schrifttum: Baumeister, Beiträge zum Grundbuchrecht der mecklenburgischen Erbpachtgrundstücke, MecklZ. Bd. 31 S. 402 ff.; Elvers, Fragen bei Begründung von Erbpachtrechten, MecklZ. Bd. 31 S. 207; Gerner, Kleinbäuerliche Ehe- und Erbverträge, BadRpr 91. Jahrg. Nr. 8; Hedemann, Sachenrecht, Berlin 1924, § 35, IV; Wolff, Sachenrecht, 7. Bearbeitung, Marburg 1927, § 104, XIII.

Ebenso ist das Häuslerrecht ein dingliches, veräußerliches und vererbliches Nutzungsrecht an einem Grundstück; die Häuslerei dient wesentlich nur der Ansässigmachung der ländlichen Arbeiterbevölkerung und pflegt außer dem Haus- und Hofplatz nur aus Gartenland zu bestehen (P. VI, 486).

Das öffentliche Recht Mecklenburgs machte die Erhaltung dieser Rechtseinrichtungen namentlich dann notwendig, wenn die Bildung kleineren ländlichen Grundbesitzes aus einem ritterschaftlichen Gute gefördert werden sollte.

S. insbesondere Mecklenburg-Schwerin: AV.BGB. §§ 164—179, 181, 184 (Becher XI, 2 S. 35 ff.); s. auch § 5 Abs. 1 daselbst; VO. vom 24. Jan. 1902, betr. Einführung eines neuen Erbpachtvertrags usw. (GBl. S. 11); VO. vom 21. Dez. 1912, betr. Verschuldbarkeit der Erbpachthufen (RegBl. S. 587); VO. vom 27. Febr. 1914 über Grundbrief für Büdnereien und Häuslereien (RegBl. S. 13); G. vom 5. Juni 1919 über Aufhebung der noch bestehenden Beschränkungen hinsichtlich der Belastung und Verfügung von Todes wegen in Ansehung der Landgüter und Bauerngüter (RegBl. S. 551).

Mecklenburg-Strelitz: AV.BGB. §§ 161—177, 179, 182 (Becher XII, 1 S. 32 ff.).

S. für die beiden Mecklenburg Buchka, meckl. Landesprivatr. § 31, § 45, XIV.

Lübeck: AG.BGB. §§ 74—80 (Becher X, 6 S. 52); auch in Lübeck ist Neubegründung von Erbpachtrechten und zwar an Grundstücken des Staats, der Lübeckischen Stiftungen und Anstalten des öffentlichen Rechts zulässig.

Wegen weiterer landesgesetzlicher Vorschriften s. unten Bem. 3.

3. Der Vorbehalt des Art. 63 gilt aber auch in allen anderen deutschen Ländern, in denen vor dem 1. Januar 1900 Erbpacht-, Büdner- oder Häuslerrechte bestanden (vgl. Stobbe-Lehmann, Deutsches Privatrecht, 3. Aufl., §§ 188 ff., 191); in denjenigen Ländern, in denen diese Rechte vor diesem Zeitpunkte nicht bestanden, konnten und können sie auch später nicht mehr eingeführt werden (P. IV, 650; vgl. Bd. III S. 652, Pesl in HirthsAnn. 1916 S. 522, Güthe-Triebel, GBO. Bem. 2 zu § 84).

Die Ausführungsgesetze der vormals selbständigen thüringischen Länder enthielten folgende Vorschriften:

Sachsen-Weimar: AG.BGB. §§ 126—128 (Becher XXI, 3 S. 26 f.);

Sachsen-Meiningen: AG.BGB. § 31, § 8 (Becher XX, 1 S. 24);

Sachsen-Coburg-Gotha: AG.BGB. Art. 26 (Becher XIX, 8 S. 61), AG.GBO. Art. 13 (Becher XIX, 7 S. 44);

Sachsen-Altenburg: AG.BGB. § 79 (Becher XVIII, 1 S. 17);

Reuß ä. L.: AG.BGB. § 95 (Becher XV, 2 S. 16);

Reuß j. L.: AG.BGB. § 68 (Becher XVI, 1 S. 15);

Schwarzburg-Rudolstadt: AG.BGB. Art. 79, 80 (Becher XXIII, 2 S. 16).

Diese Vorschriften sind für die jetzt in dem Lande Thüringen vereinigten Länder (s. oben Vorbem. F zum 3. Abschnitt, S. 107) durch § 155 Abs. 1 AV.BGB. vom 16. Mai 1923 (GS. für Thüringen 1923 S. 287 ff.) außer Kraft gesetzt und ersetzt durch die Vorschrift des § 86 der genannten AV.; darnach ist Erbpachtrecht auch ferner in Thüringen zulässig.

In den mit Bayern vereinigten coburgischen Landesteilen gilt die Vorschrift des Art. 26 AG.BGB. für Sachsen-Coburg-Gotha nach der Bek. vom 30. Jan. 1922, B, II, a (Bayer. GVBl. 1922 S. 155) fort.

Für Hessen s. AG.BGB. Art. 223 Abs. 1 (Becher VIII, 3 S. 78), wonach ein zur Zeit des Inkrafttretens des BGB. bestehendes Erbpachtrecht als ein persönliches Recht anzusehen ist; hiezu AG.BGB. Art. 93 Abs. 4 (Neubegründung unzulässig), Art. 102, 154.

Für Oldenburg s. G. für das Herzogtum Oldenburg, betr. das nutzbare Eigentum an Grundstücken, vom 25. April 1899 (GBl. für Oldenburg Bd. XXXII S. 400), G. für das Fürstentum Lübeck, gleichen Betreffs, vom 25. April 1899 (GBl. für Fürstentum Lübeck 1899 Bd. 22 Stück XX S. 117, Becher XIII, 15 S. 84).

Für Lippe s. AG.GBO. § 7 (Becher IX, 6 S. 30), für Waldeck AG.GBO. Art. 15 (Becher XXV, 3 S. 36), in beiden Ländern über Eintragung der Erbpachten im Grundbuch.

Über das Erblehen oder den sog. Erbbestand des badischen Landrechts vgl. Martin in BadNotZ. 1909 S. 123.

Über das Recht des Erbpächters an einem im hamburgischen Landesgebiet belegenen Grundstück nach gemeinem Recht s. RG. im „Recht" 1919 Nr. 1805 bis 1808, 1810.

Über Erbpacht, Erbfeste und Meierrecht in Schleswig-Holstein s. Kähler, Schlesw.-holst. Landesrecht, 2. Aufl., § 28, III S. 232 ff.

[Für Elsaß-Lothringen s. über die Pachtungen auf 99 Jahre den Bericht der Spezialkommission des Landesausschusses zu § 79 des Entw. des AG.BGB., Kisch, Elsaß-Lothr. Landesprivatrecht S. 736.]

4. In mehreren Ländern sind die Erbpachtrechte überhaupt beseitigt und ihre künftige Begründung ausgeschlossen.

a) In Preußen hat für die alten Provinzen Art. 42 der Verfassung vom 31. Januar 1850 (GS. S. 17 ff.) die Ablösbarkeit der Grundlasten gewährleistet und nur die Überlassung vollen Eigentums zugelassen. Nach § 2 Nr. 2 des G. vom 2. März 1850 über die Ablösung der Reallasten und die Regulierung der gutherrlichen und bäuerlichen Verhältnisse (GS. S. 77 ff.) ist das Eigentumsrecht des Verpächters mit der Bestimmung aufgehoben, daß der Erbpächter mit dem Tage der Rechtskraft des Gesetzes und lediglich auf Grund desselben das volle Eigentum erhielt. Wegen des Fortbestandes der aus dem Rechtsverhältnis entsprungenen Berechtigungen, soweit sie nicht für aufgehoben erklärt sind, s. § 5 des Gesetzes und hiezu RGZ. Bd. 50 S. 287, RG. in GruchotsBeitr. Bd. 57 S. 1163 ff. = „Recht" 1913 S. 47, auch RG. im „Recht" 1912 S. 358, ferner RGZ. Bd. 98 S. 215.

Für Hannover s. G. vom 23. Juni 1833 und vom 2. Juli 1876; für die linksrheinischen Gebiete cod. civ. art. 543.

b) Für Sachsen s. G. vom 17. März 1832, 15. Mai 1851, sächs. BG. § 226; s. auch Kloß-Müller, Sächs. Landesprivatrecht, 3. Aufl., § 67, III S. 144.

c) Für Braunschweig s. G. vom 28. März 1874.

5. Das Obereigentum ist für ablösbar erklärt und die Begründung des Erbpachtrechts ist für die Zukunft untersagt: in Lauenburg, G. vom 14. April 1872; Hessen-Nassau, G. vom 5. April 1869, 15. Febr. 1872, 8. Juni 1874, 16. Juni 1876; Ostfriesland, G. vom 2. Juli 1876 (s. hiezu RGZ. Bd. 49 S. 163); Bayern, G. vom 4. Juni 1848; Württemberg, G. vom 14. April 1848; Schaumburg-Lippe, Verf.-Urk. vom 17. Nov. 1868, G. vom 13. Dez. 1872; Lippe-Detmold, Ablösungsordnung von 1838; Bremen, G. vom 14. Jan. 1876.

6. In Bayern wurde von dem Vorbehalte des Art. 63 kein Gebrauch gemacht; neue Erbpachtrechte können also in Bayern vom 1. Januar 1900 an nicht mehr begründet werden (vgl. Art. 1 bayr. AG. und P. d. JA. d. K. d. RR. S. 5). Für die Pfalz bestanden bisher im Hinblick auf das Dekret vom 18./29. Dez. 1790, relativ au rachat des rentes forcières Tit. 1 Art. 1, mit dem Taxregulativ für Gebühren der Notarien vom 9. April 1822 einerseits und anderseits auf cod. civ. art. 543 Zweifel darüber, ob seit dem cod. civ. Konstituierung von Erbpachtrechten auf Zeit zulässig war; für die Zukunft ist das nicht mehr möglich; dem Übergangsstadium tragen die Nr. 249, 272 der Grundbuchanlegungsverordnung für die Pfalz vom 14. Sept. 1898 Rechnung (2. P. d. JA. d. K. d. Abg. S. 11). Vgl. Oertmann, Bayer. Landesprivatrecht § 110 S. 485.

Auch in Württemberg ist keines der in Art. 63 bezeichneten Rechte gesetzlich oder gewohnheitsrechtlich in Geltung (Meyer, Das Württ. AG.BGB. Tl. II S. 26), eine Einführung deshalb auch nicht mehr zulässig.

7. Nach **Satz 2 des Art. 63** sollen auf das Erbpacht-, das Büdner- und das Häuslerrecht die Vorschriften des § 1017 BGB. (Erbbaurecht) entsprechende Anwendung finden. Damit waren seit dem 1. Januar 1900 auf diese Rechte anzuwenden

a) die sich auf Grundstücke beziehenden Vorschriften des BGB. (z. B. §§ 94, 95, 98, 313, 867, 875, 891, 905, 916, 946, 1009, 1010, 1018 ff., 1030 ff., 1094 ff., 1113 ff.), der GBO. (§ 84), der ZPO. (§§ 864 ff., 932) und des ZVG.,

b) die für den Erwerb des Eigentums geltenden Vorschriften des BGB. (§§ 925—927) und

c) die für die Ansprüche aus dem Eigentum geltenden Vorschriften des BGB. (§§ 985—1007, 916 mit 912—914).

Für Erbpachtrechte, Büdner- und Häuslerrechte, die im Zeitpunkt des Inkrafttretens der VO. vom 15. Jan. 1919 über das Erbbaurecht (21. Jan. 1919) bestanden, bleibt es nach § 38 dieser VO. bei der Anwendung des § 1017 BGB. und der auf

Grund desselben geltenden Vorschriften. Nach § 36 der ErbbauVO. treten, soweit in Reichs- oder Landesgesetzen auf die §§ 1012—1017 BGB. verwiesen ist, an deren Stelle die entsprechenden Vorschriften der ErbbauVO. Hienach findet auf die seit dem 21. Januar 1919 errichteten Rechte der in Art. 63 behandelten Art der § 11 ErbbauVO. Anwendung, es gelten sohin die sich auf Grundstücke beziehenden (reichs- und landesrechtlichen) Vorschriften mit Ausnahme der §§ 925, 927, 928 BGB. sowie die Vorschriften über die Ansprüche aus dem Eigentum entsprechend. Die Begründung des Erbpachtrechts erfolgt daher künftig in der Form der Belastung des Grundstücks mit einem begrenzten Rechte (s. das Nähere in Bd. III Bem. zu § 11 ErbbauVO., S. 708 ff.).

Über die Anwendbarkeit des Art. 63 Satz 2 auf das Erblehen und den Erbbestand des Bad. Landrechts s. Martin, BadNotZ. 1909 S. 123.

Die Vorschrift des Satz 2 führt zu einer Einschränkung des Vorbehalts des Satz 1. Die Landesgesetzgebung kann Bestimmungen über die Begründung und den Inhalt, über die Zulässigkeit der Übertragung und Belastung des Erbpachtrechts treffen (hieher gehört auch die Frage, ob und wie auf ein Erbpachtrecht mit der Wirkung, daß es untergeht, verzichtet werden kann, OLG. Rostock DJZ. 1908 Sp. 370; wegen der Unzulässigkeit der Löschung eines Häuslerrechts nach mecklenburg. Recht auf einseitige Verzichtserklärung des Berechtigten s. OLG. Rostock RJA. Bd. 8 S. 278). Im übrigen findet das Reichsrecht Anwendung, wie es sich aus § 1017 BGB. bzw. § 11 der ErbbauVO. ergibt.

Die Beschränkung des Art. 61 EG. gilt hier nicht. Die Landesgesetze können daher auch die Grundsätze über den Erwerb in gutem Glauben durchbrechen (Niedner Bem. VII; s. auch RGZ. Bd. 98 S. 215 ff.; vgl. Mecklenburg-Schwerin, AB.BGB. § 178; Mecklenburg-Strelitz, AB.BGB. § 176).

8. Für die **grundbuchrechtliche Behandlung** des Erbpachtrechts gibt § 84 GBO. eine Vorschrift. Es sollen die Vorschriften der § 20 und § 22 Abs. 2 über das Erbbaurecht (über Voraussetzungen von Eintragungen, Grundbuchberichtigung) und des § 50 (Bezugnahme auf Eintragsbewilligung) entsprechende Anwendung finden. Ist auf dem Blatt eines Grundstücks ein Erbpachtrecht, Büdner- oder Häuslerrecht eingetragen, so ist auf Antrag für dieses Recht ein besonderes Grundbuchblatt anzulegen. Die Anlegung erfolgt von Amts wegen, wenn das Recht veräußert oder belastet werden soll. Sie wird auf dem Blatte des Grundstücks vermerkt; die Landesgesetze können bestimmen, daß statt dieser Vorschriften diejenigen der §§ 14—17 der ErbbauVO. entsprechend anzuwenden sind.

9. Die Zwangsvollstreckung und Arrestvollziehung in die in Art. 63 genannten Rechte erfolgt gemäß §§ 864 ff., 870, 932 ZPO.

10. Übergangsvorschriften Art. 196, 197 EG.

11. Zu verweisen ist jetzt auch auf Art. 10 Nr. 4 und Art. 155 der Reichsverfassung vom 11. Aug. 1919, das ReichssiedelungsG. vom 11. Aug. 1919 (RGBl. S. 1429) und das ReichsheimstättenG. vom 10. Mai 1920 (RGBl. S. 962) und die Ausführungsgesetze hiezu; vgl. Bem. 6 und 7 zu Art. 62.

12. **Aufwertung von Erbpachtzinsen:** § 63 Abs. 5 des Aufwertungsgesetzes vom 16. Juli 1925 (RGBl. I S. 117) ermächtigt die Länder, im Wege der Gesetzgebung Vorschriften über die Aufwertung von Erbpachtzinsen (Kanon), Grundmieten, Erbleihen und ähnlichen Ansprüchen zu erlassen. Solange ein Land von dieser Ermächtigung keinen Gebrauch macht, verbleibt es bei der Anwendung der Vorschriften des AufwG. (RGZ. Bd. 113 S. 93). Das dingliche Recht unterliegt der Vorschrift des § 31 AufwG. über die Aufwertung einer Reallast; ein etwa bestehender persönlicher Anspruch aus einem gegenseitigen Vertrag ist frei aufwertbar (s. hiezu Quassowski, AufwG. Bem. III, Neukirch Anm. 12, Schlegelberger-Harmening Anm. 13, Mügel Anm. 7 zu § 63). Für Mecklenburg-Strelitz s. G. vom 9. April 1927 (Amtl. Anz. S. 143); für Lippe G. vom 21. April 1927 (GS. S. 129); hiezu Gieseke in MecklZ. Bd. 42 S. 206, Bd. 43 S. 3 ff.

Art. 64.*)

Unberührt bleiben die landesgesetzlichen Vorschriften über das Anerbenrecht in Ansehung landwirtschaftlicher und forstwirtschaftlicher Grundstücke nebst deren Zubehör.

---

*) Schrifttum: Peltzer, Peltasohn, Stüwert, v. Königsdorff in *-Note zu Art. 62; A. v. Miaskowski, Das Erbrecht und die Grundeigentumsverteilung

Die Landesgesetze können das Recht des Erblassers, über das dem Anerbenrecht unterliegende Grundstück von Todes wegen zu verfügen, nicht beschränken.

E. I, 83–87; II, 103; III, 62.

Anerbenrecht.

I. Entstehung. Der Artikel entspricht den Art. 83—87 des E. I, in welchen einerseits der Vorbehalt, welchen dieser Artikel in bezug auf das Anerbenrecht zugunsten der Landesgesetzgebung aufstellt, weiter eingeschränkt, anderseits aber einzelne Befugnisse, welche der Vorbehalt mitenthalten soll, ausdrücklich aufgezählt worden waren. Seine gegenwärtige Fassung erhielt der Artikel in der II. Komm. (Mot. z. EG. 205 ff., P. VII, 510—515, 622—625, 744; Reatz III, 39—49, Mat. zu Nr. 87 a, 15 ff.).

II. **Begriff.** Das **Anerbenrecht** im Sinne dieses Artikels umfaßt die Vorschriften, nach denen, wenn zum Nachlasse ein zum Betriebe der Land- oder Forstwirtschaft bestimmtes Grundstück gehört und mehrere Erben vorhanden sind, einer der Erben (Anerbe) von den übrigen Miterben verlangen kann, daß ihm bei der Auseinandersetzung das Grundstück mit Zubehör (Anerbengut) gegen Ersatz eines gewissen Wertes überlassen wird. (E. I Art. 83 und Stobbe DPR. Bd. V S. 383, Kipp, Erbrecht § 146, I.) Das Anerbenrecht wird als ein geeignetes Mittel betrachtet, welches einen wirksamen Schutz gegen die mit der gemeinen Erbfolge verbundenen Gefahren der Zersplitterung und Überschuldung des ländlichen Grundbesitzes gewährt, die Erhaltung des dauernden Besitzes der Landgüter in der Familie fördert und so zur Erhaltung eines gesunden und lebensfähigen Bauernstandes beiträgt (P. VI, 744). Mit dem Anerbenrecht sind die mit ihm zusammenhängenden Einrichtungen, so namentlich die Bestimmungen über die vom Anerben zu gewährenden Abfindungen, über den Altenteil des überlebenden Ehegatten, über Leibzucht, Fortführung der Wirtschaft und Interimswirtschaft erhalten geblieben. Von dem Anerbenrecht, das objektives Recht ist, verschieden sind bloße Vererbungssitten, die namentlich in Überlassungsverträgen ihren Ausdruck finden.

Das Anerbenrecht diente ursprünglich nur dem fiskalischen und grundherrlichen Interesse der Erhaltung eines hinsichtlich der Zinsen, Zehnten und Frohnen leistungsfähigen Bauernstandes (das Geschlecht diente dem Gute, nicht das Gut dem Geschlechte). Erst später trat der Gesichtspunkt hierzu, daß diese singuläre Vererbung

---

im Deutschen Reiche Abt. II S. 135 ff.; Neubauer, Zusammenstellung des in Deutschland geltenden Rechts, betr. Stammgüter usw., bäuerliches Nutzungsrecht usw., Berlin 1879; Frommhold, Deutsches Anerbenrecht, Greifswald 1896; Oeltzig, Das deutsche Grunderbrecht in Vergangenheit, Gegenwart und Zukunft, Breslau 1899; Varenhorst in DJZ. 1901 S. 254, Das bäuerliche Recht und das BGB. Bedeutung der Bestimmungen des BGB. über die eheliche Gütergemeinschaft und das Erbrecht für das Recht des bäuerlichen Grundbesitzes; Poll, Zum Anerbenrecht, MecklZ. 20, 287; Huther, Über das Anerbenrecht im Falle, daß zur Zeit des Besitzers das Bauerngut verkauft, aber noch nicht auf den Käufer verlassen ist, MecklZ. 22, 64; Raabe, Über Vererbung von Anbauwesen nach heutigem Rechte, und dazu Hampe, BraunschwZ. 49, 50; Neumann, Jahrb. 2 (1904) S. 766; Paezold, Das gerichtliche Erbauseinandersetzungsverfahren nach dem preuß. G. vom 8. Juni 1896 betr. das Anerbenrecht bei Renten- und Ansiedelungsgütern, ZBlStB. Bd. 5 S. 689 ff.; Sering, Erbrecht und Agrarverfassung in Schleswig-Holstein auf geschichtlicher Grundlage, Berlin 1908; Tasche, Das Lippische Höferecht, Lage 1909. Vgl. auch Guggenheim, Das bäuerliche Erbrecht des Schweizer. Zivilgesetzbuchs, verglichen mit dem kantonalen Recht und den deutschen Anerbenrechten. Aarau 1909; Francke, Der bäuerliche Übergabevertrag im heutigen Rechte, „Recht" 1910 S. 399 ff. Vgl. auch Niemann, Das schlesische Auenrecht, Breslau 1911; Kähler, Der Entwurf eines G. betr. das Anerbenrecht in SchlHolstAnz. 1912 S. 49 ff., 113 ff.; Linckelmann, Das Höfegesetz für die Provinz Hannover, 1914; Wellenkamp, Die Gütergemeinschaft im Höferecht für die Provinz Hannover, JW. 1914 S. 629; Drechsler, Das Höferecht in der Provinz Hannover, 1921; Dickel, Forstzivilrecht S. 126 (über Anerbenrecht in Preußen); Reinbeck, Erwerb des Alleineigentümers am Bauernhof für den Anerben, der Abfindung für die Abfindungen, BraunschwZ. Bd. 71 S. 49 ff. und 73 ff.; Schullern-Schrattenhofen in Staatslexikon (herausgegeben von Sacher) Bd. I Artikel „Anerbe, Anerbenrecht", 1926; Hürmes-Wygodzinski im Handwörterbuch der Staatswissenschaften Bd. I Artikel „Anerbenrecht" (dort auch Angabe des älteren Schrifttums), 1925; Haack im Handwörterbuch der Rechtswissenschaften (herausgegeben von Stier-Somlo und Elster) Bd. I, Artikel „Anerbenrecht", 1926; Kipp, Erbrecht, 5. Bearbeitung § 146 S. 468 ff.

im Interesse der bäuerlichen Familien und der allgemeinen Wohlfahrt liege. Die Erwägung, daß eine zu weitgehende Teilung der Güter auch volkswirtschaftlich nachteilig sei, hat in verschiedenen Gebieten Deutschlands zu einer gesetzlichen Regelung der zunächst aus Familienrücksichten eingebürgerten Erbgebräuche für Bauerngüter geführt. In Geltung war das Anerbenrecht namentlich in Westfalen, Hannover, Schleswig-Holstein, Mecklenburg-Schwerin und -Strelitz, Oldenburg, Braunschweig, Lippe, Schaumburg-Lippe, Waldeck, in einigen Teilen des Kurfürstentums Hessen, sowie in den Landgebieten von Lübeck und Bremen (E. 206).

Bei der im vorigen Jahrhundert mehrfach erfolgten gesetzlichen Regelung wurde das Anerbenrecht teils als fakultatives — nur auf Antrag des Eigentümers eintretendes —, teils als obligatorisches — kraft Gesetzes eintretendes — eingeführt, letzteres namentlich in dem preuß. G. vom 8. Juni 1896, betr. das Anerbenrecht bei Renten- und Ansiedelungsgütern (GS. S. 124) und vom 2. Juli 1898, betr. das Anerbenrecht bei Landgütern in der Provinz Westfalen und in den Kreisen Rees, Essen (Land), Essen (Stadt), Duisburg, Ruhrort und Mühlheim a. d. Ruhr (GS. S. 139).

Weitere Gesetze sind erlassen in Mecklenburg-Schwerin (VO., betr. die Intestaterbfolge in die Bauerngüter, vom 24. Juni 1869 und vom 4. Mai 1872), in Schaumburg-Lippe (G., betr. die Rechtsverhältnisse der Bauernhöfe, vom 11. April 1870), im Großherzogtum Oldenburg (G., betr. das Erbrecht vom 24. April 1873) und in der preuß. Provinz Hannover (G., betr. das Höferecht, vom 2. Juni 1874 mit den weiteren G. vom 24. Febr. 1880, 20. Febr. 1884 und 28. Juli 1909), in Oldenburg für das Fürstentum Lübeck (G., betr. das Erbrecht, vom 10. Jan. 1879), in Bremen (G., betr. die Rechtsverhältnisse des Grundbesitzes im Landgebiete, vom 14. Jan. 1876 und vom 28. Juni 1885), in Preußen (G., betr. das Höferecht im Kreise Herzogtum Lauenburg, vom 21. Febr. 1881, die preuß. Landgüterordnungen für die Provinzen Westfalen und die Kreise Rees, Essen [Land], Essen [Stadt], Duisburg und Mühlheim a. d. Ruhr, vom 30. April 1882, für die Provinz Brandenburg vom 10. Juli 1883, für die Provinz Schlesien vom 24. April 1884, für die Provinz Schleswig-Holstein mit Ausnahme des Kreises Herzogtum Lauenburg vom 2. April 1886, für den Regierungsbezirk Kassel mit Ausnahme des Kreises Rinteln vom 1. Juli 1887), in Braunschweig (G. vom 28. März 1874, betr. den bäuerlichen Grundbesitz).

Ein ähnliches Rechtsinstitut wie das Anerbenrecht ist das Vorwahlrecht nach BLR. Tl. III cap. 1 § 14 und einigen anderen bayrischen Statuten (Bamberg LR. 89; F. Kempten LO. Art. 92 Nr. 1 Samml. 326 mit VO. vom 4. Juni 1792 Samml. 332; Rettenberg LO. §§ 10 und 12), ferner die Vorteilsgerechtigkeit des badischen Landrechts Satz 827 c bis g mit Edikt vom 23. März 1808, G. vom 23. Mai 1888 und VO. vom 21. Juli 1888.

Auf demselben Gedanken wie das Anerbenrecht beruhen die wenig erfolgreichen Gesetze über die landwirtschaftlichen Erbgüter in Bayern vom 22. Febr. 1855 und in Hessen vom 11. Sept. 1858; die Errichtung solcher Güter hat fast nirgends stattgefunden.

Die Entwicklung des Anerbenrechts in den verschiedenen Teilen Deutschlands ist eine ganz verschiedene (vgl. hierüber Beseler, DPR. § 187 S. 767 ff., und Stobbe, DPR. Bd. V § 232 S. 375 ff., Miaskowski, Das Erbrecht und die Grundverteilung im Deutschen Reiche Abt. II S. 135 ff.).

Die wesentlichen Unterschiede, welche jetzt noch bestehen, sind folgende: Auf der einen Seite wird das Anerbenrecht als eine **Sondernachfolge in das Bauerngut** behandelt. Es bildet das Bauerngut mit Zubehör in Ansehung der Intestaterbfolge und Erbteilung einen abgesonderten Bestandteil des Nachlasses; mit dem Gute gehen die auf diesem lastenden Schulden und Leistungen auf den Anerben über; für die sonstigen Nachlaßschulden haftet das Gut nur, soweit der übrige Nachlaß zur Bezahlung der Schulden nicht ausreicht. Auch bei diesem System ist der Besitzer in der letztwilligen Verfügung über das Gut sowie in dessen Veräußerung und Belastung unbeschränkt. Eine Beschränkung kann durch letztwillige Verfügung des Vorbesitzers herbeigeführt werden, welche, falls sie den Rechtsnachfolger binden soll, der landesherrlichen Bestätigung bedarf. So der Rechtszustand nach den Verordnungen von 1869 und 1872 in Mecklenburg.

Auf der andern Seite wird der Anerbe nicht mehr als der alleinige Erbe des Hofbesitzers, sondern nur als einer der in Gemäßheit des gemeinen Rechts berufenen Erben behandelt, jedoch mit dem Vorzuge, daß ihm gegen eine nach näheren gesetzlichen Vorschriften zu bestimmende Taxe der Hof zukommt. Auch hier ist der Hofbesitzer in bezug auf Veräußerung und Belastung sowie letztwillige Verfügung völlig frei. Bei diesem Systeme werden hauptsächlich zwei Richtungen unterschieden. Nach der einen (Schaumburg-Lippe, Braunschweig) greift das Anerbenrecht Platz, sofern nicht der Besitzer des Hofes dasselbe durch Verfügung von Todes wegen ausgeschlossen hat, nach der andern (Oldenburg, Lübeck, Preußen) tritt das Anerbenrecht nur ein, wenn der Besitzer das Grundstück in die **Höferolle** hat eintragen lassen, und es besteht nur solange, als es nicht auf Antrag des jeweiligen Besitzers in der Höferolle wieder gelöscht ist.

Ein großer Unterschied besteht u. a. auch in bezug auf die dem Anerbenrecht unterworfenen Grundstücke, indem bald aller Grundbesitz, soweit er nicht in Lehen-, Stamm- oder Familiengütern besteht, bald nur der bäuerliche Grundbesitz, bald nur der größere bäuerliche Grundbesitz, bald nur geschlossene Bauernhöfe demselben unterstellt sind, sowie hinsichtlich der Bestimmung der Person des Anerben (Majorat, Minorat, Wahl des Erben, Los, Erbrecht oder Nießbrauchrecht des überlebenden Ehegatten) und hinsichtlich des Umfangs der demselben zuteil werdenden Bevorzugung.

III. Inhalt. Der Vorbehalt, welchen der gegenwärtige Artikel zugunsten der Landesgesetzgebung hinsichtlich des Anerbenrechts aufstellt, ist ein sehr weitgehender. Aufrecht erhalten werden alle landesgesetzlichen Vorschriften, welche das Institut der bäuerlichen Erbfolge nach seinem Inhalte, seinen Voraussetzungen und Wirkungen unmittelbar regeln, aber auch solche, die sich um jenes Instituts willen gebildet haben und in so engem Zusammenhange mit ihm stehen, daß sie als ihm ausschließlich oder doch zugleich zu dienen bestimmt erscheinen (OLG. Braunschweig RJA. Bd. 5 S. 264 = KGJ. Bd. 29 A S. 274).

Das Anerbenrecht gilt namentlich für die Rentengüter, um deren Übergang auf einen Erben und die ungeteilte Erhaltung derselben zu sichern.

Beschränkt ist die Landesgesetzgebung nur in folgender Weise:

a) Der Vorbehalt bezieht sich nur auf das Anerbenrecht in Ansehung land- und forstwirtschaftlicher Grundstücke nebst Zubehör.

b) Das Recht des Erblassers, über das dem Anerbenrecht unterliegende Grundstück von Todes wegen zu verfügen, darf sie nicht ausschließen oder beschränken (Abs. 2).

Nach Abs. 2 hat der Erblasser nicht etwa bloß die Wahl, das Grundstück dem Anerbenrechte ganz zu entziehen oder es bei der landesgesetzlichen Regelung ganz zu belassen; er kann vielmehr letztwillige jede nach den Vorschriften des BGB. zulässige, von der gesetzlichen Erbfolge abweichende Bestimmung treffen, so insbesondere auch die Abfindungen der Kinder und die Leibzucht der Witwe nach freiem Ermessen bestimmen (RGZ. Bd. 74 S. 50 f.).

Alle übrigen im ersten Entwurf enthaltenen Beschränkungen des Vorbehalts haben in das Gesetz keine Aufnahme gefunden.

Die Landesgesetzgebung kann also z. B.:

1. Das Anerbenrecht nur in gewissen Teilen des betreffenden Landes oder für das ganze Gebiet desselben einführen,

2. dasselbe nur auf landwirtschaftliche oder nur auf forstwirtschaftliche Grundstücke, auf arrondierte oder zerstreut liegende, auf alle oder nur auf große oder mittlere oder kleine Grundstücke erstrecken,

3. den Begriff des Zubehörs in Übereinstimmung mit dem BGB. oder abweichend von demselben (§§ 97, 98) bestimmen,

4. ein beliebiges System — mit oder ohne Höferolle — für die Regelung des Anerbenrechts zugrunde legen,

5. das Recht des Besitzers des Anerbenguts, über das letztere unter Lebenden frei zu verfügen oder es zu belasten, ausschließen (P. VI, 510 ff.),

6. die für die Ermittelung des Wertes des Anerbengutes maßgebenden Grundsätze aufstellen (vgl. BGB. § 2049),

7. Bestimmungen über einen dem Anerben aus dem Gutswerte gebührenden Voraus treffen,

8. in Ansehung der den übrigen Erben — wegen der Übernahme des Anerbenguts — gegen den Anerben zustehenden Forderungen der Fälligkeit, die Verzinslichkeit und das Erlöschen durch den Tod des Gläubigers regeln oder dem Anerben bestimmte Verpflichtungen gegen die übrigen Erben, insbesondere in Ansehung der Sicherstellung auferlegen,

9. Vorschriften erlassen, nach welchen im Falle des Eintritts des Anerbenrechts bis zur Auseinandersetzung — unbeschadet der Zulässigkeit der Zwangsvollstreckung

wegen einer Nachlaßverbindlichkeit — der Anteil eines Erben an dem Anerbengut ohne Zustimmung der übrigen Erben nicht veräußert oder belastet werden kann,

10. die Übertragung des Anspruchs eines Erben auf Auseinandersetzung und auf Abfindung aus dem Anerbengute für unzulässig erklären,

11. in Ansehung des Anerbenguts das Pflichtteilsrecht des BGB. ausschließen oder einschränken,

12. dem Anerben hinsichtlich der Haftung für die Nachlaßschulden gegenüber den Miterben besondere Verpflichtungen auferlegen und den Miterben in irgendeiner Weise Schutz gegen eine über die Vorschriften des § 2059 BGB. hinausgehende Haftung den Nachlaßgläubigern gegenüber gewähren,

13. den Preis der Personen, aus welchen der Anerbe zu nehmen ist, und die Reihenfolge derselben bestimmen,

14. Vorschriften erlassen, nach welchen, wenn zu dem Gesamtgut einer durch den Tod eines der Ehegatten aufgelösten allgemeinen Gütergemeinschaft oder Errungenschaftsgemeinschaft oder Fahrnisgemeinschaft oder zum Gesamtgut einer aufgelösten fortgesetzten Gütergemeinschaft ein dem Anerbenrecht unterliegendes Grundstück gehört, der nach den Vorschriften des BGB. zur Übernahme des Grundstücks Berechtigte und, sofern mehrere gemeinschaftlich berechtigt sind, einer derselben, sofern aber ein zur Übernahme Berechtigter nicht vorhanden ist, einer der Teilhaber am Gesamtgute von den übrigen Teilhabern verlangen kann, daß ihm bei der Auseinandersetzung das Grundstück mit Zubehör gegen Ersatz eines gewissen Wertes überlassen werde (vgl. BGB. § 1515), wobei nur das Recht der Ehegatten, durch Ehevertrag abweichende Bestimmungen zu treffen, landesgesetzlich nicht ausgeschlossen werden kann, was sich als Konsequenz der Bestimmung des Abs. 2 dieses Artikels ergeben dürfte (vgl. E. I Art. 87 und P. VI, 511),

15. Vorschriften über die von dem Anerben seinen Geschwistern zu gewährenden Abfindungen und Unterhaltsleistungen, über das Recht des überlebenden Ehegatten auf Gewährung eines Altenteils, einer Leibzucht oder auf Fortführung der Wirtschaft in Ansehung des dem Anerbenrecht unterliegenden Grundstücks, sowie über das mit dem Anerbenrecht in Verbindung stehende Recht der Interimswirtschaft erlassen, jedoch mit der Maßgabe, daß, soweit mit der Interimswirtschaft familienrechtliche Wirkungen, insbesondere ein Erziehungsrecht des Interimswirts, verbunden sind, landesgesetzliche Vorschriften ausgeschlossen sind, und daß der Vorbehalt auch nicht auf das besondere bäuerliche eheliche Güterrecht — abgesehen von der Bestimmung des Art. 200 dieses Gesetzes — sich erstreckt (P. VI, 510 ff., 622, 744).

IV. Landesgesetzgebung.

Preußen: Über die in der neueren Landesgesetzgebung über das Anerbenrecht zu unterscheidenden Systeme (abgesonderte Erbfolge in das Bauerngut, Damnationsgrübegat, Vindikationsgrübegat) s. Kipp, Erbrecht § 146, III.

Art. 47 § 3 AG.BGB. (Becher XIV, 2 S. 24); G. vom 8. Juni 1896 betr. das Anerbenrecht bei Renten- und Ansiedelungsgütern (GS. S. 124), ausgedehnt durch § 4 des G. über Stärkung des Deutschtums in einigen Landesteilen (Besitzfestigungsgesetz) vom 26. Juni 1912 (GS. S. 183) auf die nach diesem Gesetz gegründeten Rentengüter, und dazu Art. 108 des preuß. FGG. über die Zuständigkeit der Dorfgerichte; darüber, daß die Eigenschaft als Anerbengut durch Zwangsversteigerung nicht erlischt, s. KGJ. Bd. 42 S. 202; Provinz Hannover, G. vom 2. Juni 1874 betr. das Höferecht jetzt in der Fassung der Bek. vom 9. Aug. 1909 (GS. S. 663; s. hiezu KG. in DJZ. 1926 Sp. 1785), eingeführt in der Grafschaft Schaumburg durch G. vom 9. Juli 1910 (GS. S. 113); für Lauenburg s. G. vom 21. Febr. 1881 betr. das Höferecht (GS. S. 19), VO. vom 10. Okt. 1906 (GS. S. 411); G. vom 2. Juli 1898 betr. das Anerbenrecht bei Landgütern in der Provinz Westfalen und in den Kreisen Rees, Essen (Land), Essen (Stadt), Duisburg und Mühlheim a. d. Ruhr (GS. S. 139); Landgüterordnung für die Provinz Brandenburg vom 10. Juli 1883 (GS. S. 111) mit AusfVerf. vom 6. Aug. 1883 (JMBl. S. 280); Landgüterordnung für die Provinz Schlesien vom 24. April 1884 (GS. S. 121) mit AusfVerf. vom 15. Mai 1884 (JMBl. S. 98); der Anerbe erwirbt nach der LGO. von 1884 das Landgut nicht mit dem Erbfall, er hat nur einen persönlichen Anspruch auf Überlassung desselben gegen die Miterben (KG., OLG. Bd. 45 S. 195); Landgüterordnung für die Provinzen Schleswig-Holstein mit Ausnahme des Kreises Herzogtum Lauenburg vom 2. April 1886 (GS. S. 117) mit AusfVerf. vom 10. Mai 1886 (JMBl. S. 110); s. hiezu Kähler, Schlesw.-Holst. Landesrecht, 2. Aufl. § 53 S. 538 ff. und RG. in JurRundsch. 1926 Nr. 479; Landgüterordnung für den Regierungsbezirk Kassel mit Ausnahme des Kreises Rinteln vom 1. Juli 1887 (GS. S. 315) mit AusfVerf. vom 18. Aug. 1887 (JMBl. S. 198); G. vom 11. Juli 1891 betr. Eintragungen in die Höferolle und Landgüterrolle auf Ersuchen der Generalkommissionen (GS. S. 303); ostpreuß. Provinzialrecht Zus. 30. Für die vormals hessischen Gebietsteile s. G. vom 11. Sept. 1858 (Hess. RegBl. S. 537).

Darüber, daß die Vorschrift in § 12 Abs. 4 der preuß. ZwangsauflösungsVO. vom 23. Juni 1920 (GS. S. 367) über Beschränkungen des Waldgutbesitzers in der Verfügung über das Waldgut durch die Art. 64 und 109 EG. gedeckt ist, s. Rechtsentscheid des Landesamts für Familiengüter in JW. 1926 S. 2654 und Bem. hiezu von Görcke.

In **Bayern** sind Vorschriften aus der Zeit vor dem Jahre 1818 aufgehoben, da Art. 64 in Art. 1 AG.BGB. nicht erwähnt ist, neue Vorschriften nicht erlassen; vgl. Oertmann, Bayer. Landesprivatrecht § 148 S. 638. Das G. vom 22. Febr. 1855 über landwirtschaftliche Erbgüter ist beseitigt; nach § 2 des G. vom 28. März 1919 über die Aufhebung der Familienfideikommisse (GVBl. S. 114) dürfen landwirtschaftliche Erbgüter nach dem G. vom 22. Febr. 1855 nicht mehr errichtet werden, die bestehenden landwirtschaftlichen Erbgüter werden aufgehoben; s. hiezu auch § 47 der AusfVO. vom 26. Sept. 1919 (GVBl. S. 647).

In **Sachsen** ist das Anerbenrecht bisher nicht eingeführt (Kloß-Müller, Sächs. Landesprivatrecht 3. Aufl. § 151, II S. 371).

Baden: G. vom 20. Aug. 1898 betr. die geschlossenen Hofgüter (GVBl. S. 405; Becher II Nr. 6 S. 9); VollzugsVO. vom 5. Juni 1900 (GVBl. S. 790, 791).

Mecklenburg-Schwerin: §§ 31, 349—388 AV.BGB. (Becher XI, 2 S. 69 ff.); Mecklenburg-Strelitz: §§ 30, 318—345 AV.BGB.; s. hiezu v. Buchka, Mecklenb. Landesprivatrecht S. 191 ff.

Oldenburg: G. vom 19. April 1899 betr. das Grunderbrecht (GBl. S. 391; Becher XIII, 1 S. 1), geändert durch G. vom 25. Mai 1921 (GS. S. 162); G. für Fürstentum Lübeck vom 14. Juni 1899 betr. das Grunderbrecht (GBl. S. 219; Becher XIII, 16 S. 85 ff.).

Braunschweig: G. vom 28. März 1874 betr. den bäuerlichen Grundbesitz (GVS. S. 43); ergänzt durch G. vom 22. März 1919 (GVS. S. 81); §§ 14, 17 AG.GBO. (Becher IV, 2 S. 35, 36).

Bremen: § 27 AG.BGB. (Becher V, 1 S. 7); G. vom 14. Mai 1890 in der Fassung vom 18. Juli 1899 betr. das Höferecht im Landbezirke (GBl. S. 327, Becher V, 20 S. 120), geändert durch G. vom 29. Juni 1923 (GBl. S. 407).

Lippe: G. über Anerbengüter vom 26. März 1924 (GS. S. 577), abgeändert durch G. vom 12. Okt. 1925 (GS. S. 189).

Lübeck: § 148 AG.BGB.

Schaumburg-Lippe: G. vom 11. April 1870 und 8. März 1888; G. vom 24. März 1909 betr. die geschlossenen Bauernhöfe und das Anerbenrecht (LVO. 1909 S. 371); hiezu Allgem. Verf. vom 2. Aug. 1909 (S. 423).

Rechtsprechung über das Anerbenrecht der Länder s. im Jahrbuch des deutschen Rechts zu Art. 64 EG.

V. Wegen der steuerlichen Behandlung der Nachfolge in ein Anerbengut s. § 7 Abs. 5 des ErbschStG. in der Fassung vom 22. Aug. 1925 (RGBl. I S. 320 ff.).

VI. Auf Güter, welche dem Anerbenrecht unterliegen, bezieht sich die Bestimmung des Art. 155 Abs. 2 Satz 2 der Reichsverfassung vom 11. Aug. 1919, wonach Fideikommisse aufzulösen sind (s. Bem. II zu Art. 59), nicht (Anschütz, RV. Bem. 2 zu Art. 155). Die Anerbengutseigenschaft bedeutet im Gegensatz zur Fideikommißeigenschaft keine Bindung oder Verfügungsbeschränkung, sondern äußert ihre Wirkungen nur im Falle der gesetzlichen Erbfolge. Es besteht daher in denjenigen Landesteilen, in denen Anerbengesetze gelten, die Möglichkeit, bisher gebundenen Besitz dem Anerbenrecht zu unterstellen.

Art. 65.*)

Unberührt bleiben die landesgesetzlichen Vorschriften, welche dem Wasserrecht angehören, mit Einschluß des Mühlenrechts, des Flötzrechts und des Flößerei-

*) Schrifttum: Im allgemeinen: Neubauer, Zusammenstellung des in Deutschland geltenden Wasserrechts, Berlin 1881; Wagner, über deutsches und öster-

rechts sowie der Vorschriften zur Beförderung der Bewässerung und Entwässerung der Grundstücke und der Vorschriften über Anlandungen, entstehende Inseln und verlassene Flußbetten.

E. I, 39; II, 38; III, 63.

Wasserrecht.

1. Entstehung. Der Art. 65 entspricht wörtlich dem Art. 39 des I. Entw. In der Reichstagskommission wurde zwar ein Abänderungsantrag gestellt; dieser wurde jedoch abgelehnt und dafür folgende Resolution beschlossen,

die verbündeten Regierungen zu ersuchen, die reichsgesetzliche Regelung des gesamten Wasserrechtes tunlichst bald in Erwägung zu ziehen.

Die reichsgesetzliche Regelung wurde mit Recht nicht beliebt, weil die einschlägigen Vorschriften meist örtlichen oder territorialen Verhältnissen angepaßt und anzupassen sind, auch teilweise einen polizeilichen Inhalt haben (Mot. z. EG. 161, M. III, 5, Reatz III, 49, P. VI, 372).

2. **Begriff und Inhalt.** **Wasserrecht** ist der Inbegriff derjenigen Vorschriften, welche die Rechtsverhältnisse des natürlichen Wassers und der Wasserläufe betreffen. In den Motiven (Mot. z. EG. 162) wird der Sinn des Ausdrucks als ein feststehender bezeichnet, der den Vorbehalt genügend begrenze. Für ganz sicher erachtete jedoch auch schon die I. Komm. die Grenze des Vorbehalts nicht, weil sie selbst Zweifel darüber aussprach, ob das Deich- und Sielrecht hierunter falle, und weil deshalb für das Deich- und Sielrecht in Art. 66 ein besonderer Vorbehalt gemacht wurde.

---

reichisches Wasserrecht in seiner Anwendung auf Quellen- und Grundwässer sowie über wünschenswerte Abänderungen desselben unter besonderer Bezugnahme auf eine reichsgerichtliche Entscheidung und den Entw. des BGB., Freiburg i. S. 1888; Hager, über die Aufnahme des Wasserrechts in das BGB. mit besonderer Rücksicht auf die Flußverunreinigung durch Fabrikabwässer, Berlin 1890; Opitz, Reichswasserrecht? Gutachten über die Vorschläge der Deutschen Landwirtschaftsgesellschaft für Verbesserung des deutschen Wasserrechts (Sonderabdruck Berlin 1892), im Auftrage des K. Sächs. Landeskulturrates erstattet, Dresden 1893; Meyer, Das Recht an der Wasserquelle, Diss. (Gekrönte Preisschrift), Göttingen 1895; Aeström, über das Wasserrecht in Nord- und Mitteleuropa, Leipzig 1905; Peteska, Das Wasserrecht der Weistümer, Prag 1905; Stobbe-Lehmann, Deutsches Privatrecht II S. 357 ff.; Hübner, Grundzüge des deutschen Privatrechts § 40, I S. 250; Nieberding-Frank, Wasserrecht und Wasserpolizei im preuß. Staate, Breslau 1899. Für die früher gemeinrechtlichen Gebiete kommt noch in Betracht Dig. 39, 3 de aqua et aqua pluvia arcenda. Metz, Ist die Schaffung eines einheitlichen deutschen Wasserrechts zu empfehlen? JW. 1899 S. 359 ff.; Endemann, Das ländliche Wasserrecht, 1862; Ubbelohde, über das im Königreich Hannover geltende Recht der Entwässerung und Bewässerung, 1862; Kappeler, Der Rechtsbegriff des öffentlichen Wasserlaufs, 1867; Bezzola, über Rechtsverhältnisse an öffentlichen Wasserläufen; Verhandlungen des Schweizer Juristentags, 1900; Ossig, Römisches Wasserrecht, 1898; Gefflen, Zur Geschichte des deutschen Wasserrechts in Savigny Ztschr. XXI S. 173 ff.; Moll, Zur Lehre von den öffentlichen Sachen, GruchotsBeitr. Bd. 54 S. 313 ff.; Klötz, Das deutsche Wasserrecht und das Recht der Bundesstaaten, Berlin 1908; derselbe, Die Rechtsstellung der Quelle und des Grundwassers nach deutschem Recht, GruchotsBeitr. Bd. 54 S. 296 und Bd. 57 S. 124; Hermes in Wörterbuch des deutschen Staats- und Verwaltungsrechts Bd. 3 S. 881 ff. Artikel „Wasserrecht"; Schmidt, Die staatliche Bewilligung zur Anlage von Wassertriebwerken, Diss., Leipzig 1908; Mayr, Die Verwertung der Wasserkräfte und ihre modernrechtliche Ausgestaltung in den wasserwirtschaftlich wichtigsten Staaten Europas, Wien und Leipzig, Hartlebens Verl., 1909; Reiserer, Eigentum an Gewässern, München 1909 (Diss., Würzburg); Haff, Das Wasserkraftrecht nach den Entwürfen eines preuß. Wassergesetzes und dem badisch-bayerischen Rechte. Eine kritische Studie. Mannheim 1910; Hesse, Zur Lehre vom Eigentum am Meeresstrande, Kiel 1911 (Diss.); Bosser, Der Gemeingebrauch am Wasser (Sammlung wasserwirtschaftlicher Schriften, Bd. 2), Halle a. S. 1911; Hofacker, Das „Eigentum" an Wasserläufen, VerwArch. Bd. 30 S. 161; Schultheß, Das internationale Wasserrecht, Zürich 1916; Neumayer, Ein Beitrag zum internationalen Wasserrecht (Sonderabdruck aus der Festgabe für Georg Cohn), Zürich 1915; Lederle, Zur Lehre des internationalen Wasserrechts, HirthsAnn. 1915 S. 598; Hedemann, Sachenrecht, Berlin 1924, § 37; Wolff, Sachenrecht, 7. Bearbeitung, Marburg 1927, §§ 99—103, S. 332 ff.

Der Vorbehalt **unterscheidet nicht zwischen öffentlichen und Privatgewässern** (vgl. Stobbe, DPR. 3. Aufl., Bd. I § 64 S. 597 ff.; Bd. II § 103 S. 357 ff.).

Nach gemeinem Rechte sind öffentliche Flüsse solche, die beständig fließen; ein Gewohnheitsrecht, daß nur die schiff- und floßbaren Flüsse zu den öffentlichen gehörten, ist nicht nachweisbar (RGZ. Bd. 52 S. 380 = SeuffA. Bd. 58 Nr. 135). Vgl. über diese wichtigste Streitfrage des gemeinrechtlichen Wasserrechts einerseits Kappeler, Der Rechtsbegriff des öffentlichen Wasserlaufs, entwickelt aus den Quellen des römischen Rechts, Zürich 1867; Krische ArchBürgR. Bd. 5 S. 465 ff., Ossig, Römisches Wasserrecht S. 87 ff.; andererseits Dernburg, Pand. I § 73, 1, bürgerl. R. § 136, 1; Baumert, Die Unzulänglichkeit der bestehenden Wassergesetze in Deutschland und die Notwendigkeit gesetzlichen Schutzes des Wassers als Triebkraft. Vorschläge usw., Berlin 1876 S. 9; Nieberding-Frank, Wasserrecht und Wasserpolizei im preußischen Staate usw., 2. Aufl. 1889, S. 62; Pfleghart, Grundzüge einer Bundesgesetzgebung über die Ausnützung und Verwertung der Wasserkräfte, I. Teil, Die Ausnützung der Wasserkräfte, Zürich 1907 S. 39 ff., 50 ff.; die letztgenannten betrachten, der deutschrechtlichen Auffassung folgend (Const. de regalibus vom Jahre 1158), als öffentliche Gewässer nur die Flüsse, soweit sie schiff- oder floßbar sind, und die schiffbaren Meeresarme, Buchten und Häfen; s. auch Kipp, Sachenrecht § 99 Note 4.

Die Unterscheidung zwischen öffentlichen Gewässern und Privatgewässern findet sich noch in den älteren auf Grund des Vorbehaltes erlassenen Landesgesetzen und bildet zum Teil die Grundlage für die nähere Regelung. So behandelt das bayerische Wassergesetz die öffentlichen und die Privatgewässer in getrennten Abschnitten, gibt aber zugleich in Art. 1 eine gesetzliche Begriffsbestimmung der öffentlichen Gewässer. Das preußische Wassergesetz von 1913 hat den Unterschied aufgegeben und teilt die Gewässer je nach ihrem Umfang und ihrer wirtschaftlichen Bedeutung in drei Gruppen und regelt darnach die Rechtsverhältnisse daran.

Auch zwischen fließenden und geschlossenen Gewässern, zwischen solchen, die sich in natürlichen und in künstlichen Wasserläufen bewegen, macht der Vorbehalt keinen Unterschied. Er bezieht sich auf natürliche Gewässer aller Art.

Der Landesgesetzgebung steht es auf Grund des Vorbehaltes frei, alle privatrechtlichen Beziehungen zu den Gewässern zu regeln und insbesondere die dem Privatrecht angehörenden Befugnisse des einzelnen einzuschränken.

Die Landesgesetze beschränken sich übrigens nicht auf die Regelung der privatrechtlichen Seite des Wasserrechts, sondern regeln meist überhaupt die allgemeinen Rechtsverhältnisse der Gewässer, die Wasserbenützung, die Entwässerung, die Unterhaltung, den Uferschutz und den Hochwasserschutz, die Ausbeutung der Wasserkraft, die Zwangsrechte zur Förderung der Benützung und Instandhaltung der Gewässer, die Wassergenossenschaften und die Zuständigkeit und das Verfahren.

Über unvordenkliche Verjährung im Wasserrecht s. RG. in SeuffA. Bd. 80 S. 107 = JurRundsch. 1926 Nr. 684 (erforderlich über Menschengedenken hinausgehender ununterbrochener Besitzstand), auch JurRundsch. 1926 Nr. 1134.

3. Unter das Wasserrecht im Sinne des Art. 65 fallen:

a) die Rechtsverhältnisse am Wasser und am Flußbette; über die Bestimmung der Grenze zwischen Flußbett und Ufer auf den der Ebbe und Flut unterworfenen Flußstrecken s. RGZ. Bd. 44 S. 124 = SeuffA. Bd. 55 Nr. 2;

b) die Rechtsverhältnisse hinsichtlich des Eigentums und der Benützung des Wassers. Daß hierunter auch die Regelung der Frage fällt, ob der Eigentümer eines Grundstücks den infolge der natürlichen Bodenverhältnisse stattfindenden Wasserabfluß von einem anderen Grundstücke zu dulden hat oder nicht, ergibt sich auch daraus, daß in der II. Komm. mit Rücksicht auf den Vorbehalt des gegenwärtigen Artikels die einschlägige Vorschrift des § 856 E. I gestrichen wurde, nachdem die Regelung des Wasserrechts „im vollen Umfange" der Landesgesetzgebung vorbehalten bleiben soll (P. a. a. O.). Es gehören demnach hierher auch die Wasserdienstbarkeiten (servitutes aquaeductus, aquaeducendae, educendae, immittendae, hauriendae, sowie die servitus pecoris ad aquam appulsus).

Um alle Zweifel auszuschließen, zählt das Gesetz ausdrücklich noch auf

c) das Mühlenrecht (vgl. Stobbe Bd. I S. 615 Note 53 a, Bd. II S. 361);

d) das Flößrecht und Flößereirecht (Stobbe Bd. I S. 614, Bd. II S. 365). Der Vorbehalt bezieht sich insoweit auf die Benützung des Wassers zur Flößerei, während das Reichsgesetz vom 15. Juni 1895, betr. die privatrechtlichen Verhältnisse der Flößerei, wie seine Überschrift besagt, sich mit den Rechtsverhältnissen aus dem Betriebe der Flößerei selbst (mit Rechten und Pflichten des Floßführers, der Floßmannschaft usw.) befaßt;

e) die Vorschriften zur Förderung der Bewässerung und Entwässerung der Grundstücke;

f) die Vorschriften über

α) Anlandungen (Alluvionen); s. wegen des Besitzerwerbes Bem. II, 4 zu § 868 in Bd. III; Eigentumserwerb durch Alluvion am Ufer stehender Gewässer (Landseen, Teichen) findet nach gemeinem Recht nicht statt (RGZ. Bd. 54 S. 52 = SeuffA. Bd. 58 Nr. 236); vgl. auch Vorbem. VII vor § 946 in Bd. III;

β) entstehende Inseln (insula in flumine nata) und

γ) das verlassene Flußbett (alveus derelictus).

S. hiezu Stobbe Bd. II, 1 § 122 S. 529 f., Windscheid, Pandekten Bd. I § 185, Kipp, Sachenrecht § 100, VI.

Nicht hieher gehört das Fischereirecht, dessen Regelung aber durch Art. 69 EG. ebenfalls der Landesgesetzgebung vorbehalten wurde.

Auch das Seerecht einschließlich des Seenhandelsrechts gehört nicht hieher; es ist reichsrechtlich geregelt. Das gleiche gilt außer der schon unter d erwähnten Flößerei für die Binnenschiffahrt (RG. betr. die privatrechtlichen Verhältnisse der Binnenschiffahrt in der Fassung vom 20. Mai 1898, RGBl. S. 868).

4. Aus Art. 65 ergibt sich nur, daß, soweit landesgesetzliche dem Wasserrecht angehörende Vorschriften bestehen, dieselben unberührt bleiben; im übrigen wird durch die landesgesetzliche Regelung des Wasserrechts die Anwendung von Vorschriften des BGB. auf wasserrechtliche Verhältnisse nicht ausgeschlossen (RGZ. Bd. 97 S. 115 f.; s. dort insbesondere über die Anwendbarkeit des § 836 BGB. auf wasserrechtliche Verhältnisse; das Landesrecht kann aber, wenn der eine unerlaubte Handlung darstellende Tatbestand dem Gebiete des Wasserrechts angehört, die Verantwortlichkeit abweichend von den Vorschriften des BGB. regeln; so RG. in Gruchots Beitr. Bd. 59 S. 925).

Über die Geltung des § 909 auch im Wasserrecht s. RG. in SeuffA. Bd. 69 Nr. 81 = GruchotsBeitr. Bd. 58 S. 662; s. auch Bem. 3 zu § 909 in Bd. III.

5. Der Eigentumsbegriff im Wasserrecht.

An der fließenden Wasserwelle kann, soferne sie nicht ihren Lauf auf einem abgegrenzten im Eigentum der nämlichen Person stehenden Grundstück endet, kein Eigentum als ausschließliche Herrschaft über die Sache (§ 903 BGB.) bestehen. Vgl. L. 2 D. de divisione rerum I, 8. Fließendes Wasser gelangt erst durch einen Aneignungsakt an einer bestimmten Wassermenge (Ausschöpfen, Ableiten in ein geschlossenes Behältnis) in den Herrschaftsbereich des Menschen. Wahres Eigentum ist vielmehr nur an den von dem fließenden Wasser überdeckten Flußbetten denkbar. Auch das Eigentum des Staats an öffentlichen Gewässern ist nicht privatrechtliches Eigentum, sondern ein Hoheitsrecht, kraft dessen er die Nutzung und den Gemeingebrauch regelt (s. hiezu Hesse, Grundzüge des Wasserrechts nach gemeinem Recht S. 298, Walter, D. Privatrecht S. 185, Gerber, System des D. Privatrechts, 7. Aufl. S. 90, Hübner, Grundzüge des D. Privatrechts, 2. Aufl. S. 253 ff., Moll, Zur Lehre von den öffentlichen Sachen, GruchotsBeitr. Bd. 54 S. 313 ff., Hofacker, Das „Eigentum" an Wasserläufen, VerwArch. Bd. 30 S. 161, Otto Mayer, Deutsches Verwaltungsrecht 3. Aufl. Bd. II § 35, Wolff, Sachenrecht, 7. Bearbeitung § 100, IV, V, Haff, Institutionen des D. Privatrechts Bd. I § 50 S. 175, Hedemann, Sachenrecht § 37, I, c S. 361 und namentlich Eymann-Schubert, Komm. z. bayer. WasserG., 2. Aufl. Bd. 2 S. 469—503, wo die verschiedenen Ansichten über die Eigentumsfragen an Gewässern wiedergegeben und eingehend widerlegt sind).

Die Landesgesetze und namentlich das neueste derselben, das preußische Wassergesetz von 1913 haben gleichwohl die Ausdrucksweise „Eigentum" auch in bezug auf fließende Gewässer beibehalten (s. die §§ 7 ff.; auch bayer. WasserG. Art. 2, 21). Man wird mit Eymann-Schubert daran festhalten müssen, daß es sich um wahres Privateigentum nicht handelt, sondern daß damit nur das Verfügungs- und Nutzungsrecht gemeint ist.

Über Eigentumsbeschränkungen an Gewässern vgl. Bem. C zu § 903 in Bd. III.

6. Landesgesetze: In **Preußen***) ist das *gesamte Wasserrecht* durch das *WasserG. vom 7. April 1913* (GS. S. 53), abgeändert durch § 133 des FischereiG. vom 11. Mai 1916 (GS. S. 55 — s. auch §§ 9—11 dieses Gesetzes), durch Gesetz vom 27. April 1920 (GS. S. 123), vom 25. Juli 1923 (GS. S. 341), VO. vom 16. Febr. und 12. März 1924 und G. vom 14. März und 18. Juni 1924 (GS. S. 112, 130, 137, 555) *erschöpfend geregelt*. Das Gesetz ist laut VO. vom 13. April 1914 (GS. S. 64) in seinem ganzen Umfange am 1. Mai 1914 in Kraft getreten, nachdem einzelne Vorschriften schon mit der Verkündung des Gesetzes in Kraft gesetzt waren (§ 400 Abs. 1). Mit VO. vom 12. März 1924 (GS. S. 138) ist das preuß. WasserG. in seiner geltenden Fassung am 1. April 1924 mit gewissen Vorbehalten zugunsten bestehender Rechte in dem durch das G. vom 22. Febr. 1922 (GS. S. 37) mit Preußen vereinigten Gebietsteile *Pyrmont* eingeführt worden.

Alle dem Wasserrecht angehörenden *Vorschriften des bisherigen Rechts*, soweit sie nicht Gegenstände betreffen, die von dem Wassergesetz nicht berührt werden, sind *außer Kraft* gesetzt; s. § 399, der in Abs. 2 in 79 Nummern die insbesonders aufgehobenen Vorschriften aufzählt. *Aufrechterhalten* sind nur einzelne Vorschriften in den §§ 387—390, 392—397 (§ 391 ist aufgehoben durch § 133 Abs. 2 Nr. 14 des FischereiG. vom 11. Mai 1916, GS. S. 55), nämlich die Wiesenordnung für den Kreis *Siegen* und die auf den Kreis Siegen bezüglichen Vorschriften des Zuständigkeitsgesetzes vom 1. Aug. 1883 (GS. S. 237), das G. vom 28. Febr. 1843 über die Benutzung der Privatflüsse (GS. S. 41) und das G. vom 15. Nov. 1811 wegen des Wasserstauens bei Mühlen und Verschaffung von Vorflut (GS. S. 352 — § 387), einzelne Vorschriften der *Nassauischen* VO. vom 27. Juli 1858 (VOS. S. 100) über die Ausführung von Bachregulierungen und von Bewässerungs- und Entwässerungsanlagen durch Gemeinden (§ 388), für beim Inkrafttreten des WasserG. vorhandene Triebwerkkanäle und andere Wassergräben, die keine Wasserläufe im Sinne des WasserG. sind, die Vorschriften des bisherigen Rechts über Unterhaltung, Rechte und Pflichten in bezug auf dieselben (§ 389), des G. vom 14. Juli 1904, betr. die Bildung einer Genossenschaft zur Regelung der Vorflut und zur Abwässerreinigung im *Emschergebiet* (GS. S. 175) unter gleichzeitiger Abänderung durch § 392, das QuellenschutzG. vom 14. Mai 1908 (GS. S. 105; s. hiezu RGZ. Bd. 90 S. 280, Bd. 92 S. 325) und die Nassauische VO. vom 7. Juli 1860 betr. den Schutz von Mineralquellen (Nass. VOS. S. 137 — § 394); das G. betr. die Verbesserung der Oder und der Spree sowie die Abänderung des G. vom 9. Juli 1886 betr. den Bau neuer Schiffahrtskanäle usw. vom 6. Juni 1888 (GS. S. 238), das G. vom 20. Juni 1888 betr. die Regulierung der Stromverhältnisse der Weichsel und Nogat (GS. S. 251), das G. vom 16. Sept. 1899 betr. Schutzmaßregeln im Quellengebiete der linksseitigen Zuflüsse der Oder in der Provinz Schlesien (GS. S. 169), G. vom 25. Juni 1900 betr. Regulierung des Hochwasserprofils der Weichsel (GS. S. 249), G. vom 30. Juli 1900 betr. Maßnahmen zur Verhütung von Hochwassergefahren in der Provinz Schlesien (GS. S. 171) unbe-

*) *Schrifttum*: *Gottschalk*, Das preuß. WasserG., Bonn 1913; *Herrmann*, Das preuß. WasserG., Breslau 1913; *derselbe*, Die Ausf.-Best. zum preuß. WasserG., Breslau 1913; *Bitta*, Das neue preuß. WasserG., DJZ. 1913 Sp. 438 ff.; *Lehnhard* und *Reichau*, WasserG., Berlin 1914/1918; *Klöß-Kreutz*, Das preuß. WasserG. nebst Ausf.-Best., 2. Aufl., Berlin 1922; *Born*, Das preuß. WasserG., Berlin 1926; *Holtz-Kreutz*, Das preuß. WasserG., neu bearbeitet von *Schlegelberger*, Bd. I, Berlin 1927; *Wulff-Herold*, WasserG. vom 7. April 1913, 2. Aufl., Berlin 1928; *Bochalli*, Verleihung und Sicherstellung von Wasserbenutzungsrechten nach dem preuß. WasserG., Berlin 1923; *derselbe*, Die Meliorationen nach dem WasserG., PrVerwBl. Bd. 35 S. 189; *derselbe*, Das Eigentum am Wasserlauf, PrVerwBl. Bd. 37 S. 673; *derselbe*, Der Gemeingebrauch an Wasserläufen, PrVerwBl. Bd. 38 S. 22; *derselbe*, Die Wassergenossenschaften, VerwArch. Bd. 28 S. 359; *derselbe*, Wassergenossenschaften und Deichrecht nach dem preuß. Wasserrecht, 2. Aufl., Berlin 1925; *Peltzer*, Verleihung und Sicherstellung nach dem preuß. WasserG. vom 7. April 1913, in der Praxis des Landeswasseramtes und Oberverwaltungsgerichts, Berlin-Halensee 1926; *derselbe*, Das preuß. Wasserbuch und die Rechtsgrundsätze des Landeswasseramts für die Eintragung von Wasser- und Fischereirechten usw., Berlin 1925; *Schlegelberger*, Die Aufrechterhaltung älterer Benutzungsrechte nach dem preuß. WasserG., GruchotsBeitr. Bd. 63 S. 259; *Holtze*, Der Wasserlauf und das Grundbuch, JW. 1925 S. 1082; *derselbe*, Die Uferlinie, JW. 1925 S. 1094; *Stelling*, Das Jagdrecht auf den Wasserläufen erster Ordnung und auf den Reichswasserstraßen, JW. 1925 S. 1085; s. auch *Hue de Grais*, Handbuch der Verfassung und Verwaltung in Preußen und im Deutschen Reich, 24. Aufl. (Berlin 1927) §§ 352—356 S. 754 ff.

schadet der Vorschriften in § 104 Abs. 4, §§ 107, 109 WasserG., G. vom 4. Aug. 1904 betr. die Verbesserung der Vorflut in der unteren Oder, der Havel, Spree, Lausitzer Neiße und dem Bober (GS. S. 185), G. vom 4. Aug. 1904 betr. Maßnahmen zur Verhütung von Hochwassergefahren in der Provinz Brandenburg und dem Havelgebiete der Provinz Sachsen (GS. S. 197), G. vom 1. Aug. 1905 betr. die Herstellung und den Ausbau von Wasserstraßen (GS. S. 179), G. vom 12. Aug. 1905 betr. Maßnahmen zur Regelung der Hochwasser-, Deich- und Vorflutverhältnisse an der oberen und mittleren Oder (GS. S. 335), G. vom 14. Mai 1908 betr. den Bau eines Masurischen Kanals usw. (GS. S. 141), G. vom 20. Juli 1910 betr. den Nogatabschluß (GS. S. 131), soweit diese Gesetze vom WasserG. abweichende Vorschriften enthalten (§ 395), die Vorschriften des Allgemeinen Berggesetzes in der geltenden Fassung (s. Bem. 4 zu Art. 67) mit der Maßgabe, daß bei einem Widerspruch mit dem WasserG. die Vorschriften des letzteren vorgehen (§ 396), endlich die Vorschriften über die Verbriefung des Rechts zur Erhebung von Verkehrsabgaben, die Feststellung der Tarife sowie die Vorschriften über das Fährregal (§ 397).

Über die Aufrechterhaltung von Rechten, die auf Grund aufgehobener Gesetze begründet sind, wird in den §§ 379, 380 bestimmt. Über Ersitzung und unvordenkliche Verjährung im Wasserrecht s. RGZ. Bd. 111 S. 90 und RG. in JurRundsch. 1926 Nr. 1134.

Zur Ausführung des WasserG. sind ergangen: VO. vom 7. Jan. 1914 betr. die Ausgestaltung der Wasserbeiräte (GS. S. 53), VO. vom 18. März 1914 betr. das Landeswasseramt (GS. S. 55), VO. vom 18. März 1914 zur Abänderung der VO. betr. das Grundbuchwesen vom 13. Nov. 1899 usw. (GS. S. 49), welche u. a. die Anlegung eines Grundbuchblattes für einen Wasserlauf oder einen Anteil an einem solchen regelt, die Min.-Erlasse vom 13. Jan., 1. Mai, 13. Juli, 6. Aug. und 13. Okt. 1914 (MinBl. f. d. Landwirtschaft S. 30, 199, 275, 277 und 335) und die 9 Ausführungsanweisungen vom 26. April und 22. Juli 1913 (ebenda S. 161 und 279), vom 29. April, 29. April, 24. April, 24. April, 29. April, 28. Aug. und 2. Juli 1914 (ebenda S. 139, 162, 174, 193, 196, 286 und 237).

S. auch VO. vom 1. Sept. 1916 betr. Abänderung des Verzeichnisses der Wasserläufe erster Ordnung (GS. S. 129), genehmigt durch G. vom 20. Jan. 1917 (GS. S. 14).

Zu erwähnen sind noch das G. vom 15. Aug. 1921 betr. anderweite Regelung der auf Gesetz beruhenden Zuständigkeit des Ministers der öffentlichen Arbeiten (GS. S. 487) und die VO. vom 12. März 1924 betr. die Eingliederung des Landeswasseramts in das Oberverwaltungsgericht (GS. S. 130).

In **Bayern** waren ältere wasserrechtliche Bestimmungen aus der Zeit vor dem Jahre 1818 schon durch Art. 1 Abs. 1 AG.BGB. aufgehoben. Das Wasserrecht ist jetzt einheitlich geregelt in dem Wassergesetz vom 23. März 1907*) (GVBl. S. 157 ff.), in Kraft seit 1. Jan. 1908 (Art. 214), mit den Abänderungen vom 30. Dez. 1922 (GVBl. 1923 S. 13; s. hiezu Dr. H. in BayZ. 1923 S. 103) und vom 25. Juni 1926 (GVBl. S. 327); hiezu VollzugsVO. vom 1. Dez. 1907 (GVBl. S. 873) in der Fassung der VO. vom 14. April 1924 (GVBl. S. 142) und vom 25. Juni 1926 (GVBl. S. 330) und Vollzugsvorschriften vom 3. Dez. 1907 (GVBl. S. 876 ff.), MinEntschl. vom 4. Mai 1909, Vollzugsvorschriften über die Wasserschau betr. (MABl. S. 350), MinEntschl. vom 3. Dez. 1909, Vollzug des WasserG. betr. (MABl. S. 980), MinEntschl. vom 10. Sept. 1910, Vollzug des Art. 19 WasserG. betr. (MABl. S. 589), MinEntschl. vom 25. Okt. 1911, Vollzug des WasserG. und des FischereiG. betr. (MABl. S. 733), VollzugsBek. vom 6. März 1923 zum G. vom 30. Dez. 1922 (GVBl. S. 107), MinBek. vom 3. Juni 1924 über Wasserbücher (MABl. S. 99; ändert die Bek. vom 3. Dez. 1907), MinEntschl. vom 3. Juni 1924 über Wasserbücher (MABl. S. 99).

Die Gesetze vom 28. Mai 1852 über die Benützung des Wassers, über Bewässerungs- und Entwässerungsunternehmungen zum Zwecke der Bodenkultur und über den Uferschutz und den Schutz gegen Überschwemmungen, die durch Art. 147—149 AG. BGB. geändert worden waren, und das G. vom 15. April 1875 betr. Art. 89 des WasserbenützungsG. sind durch Art. 211 des neuen WasserG. außer Kraft gesetzt.

---

*) Brenner-Fergg, Das bayer. WasserG., 2. Aufl., München 1928; Eymann-Schubert, Das bayer. WasserG. vom 23. März 1907 in seiner neuesten Fassung, 2. Aufl., Ansbach 1926/1927; Harster-Casimir, Bayer. WasserG., 2. Aufl., bearbeitet von Fuchs-Mayrhofer, in Vorbereitung; Wein, Die Wasserkraft im Rechtssinne, BayNotZ. Bd. 51 S. 161; Dittmann, Zivilistische Bemerkungen zum bayer. Wassergesetz von 1907, BayZ. 1908 S. 5 ff., 34 ff., 60 ff., 79 ff.

In den vormals coburgischen Landesteilen ist das WasserG. nebst seinen Vollzugsbestimmungen mit Wirkung vom 1. April 1921 ab durch MinBek. vom 14. April 1921 (GVBl. S. 253 ff., Anlage 1 Nr. 20, Anlage 2 Nr. 88) eingeführt; s. auch die Bek. vom 22. Nov. 1923 über die Rechtsverhältnisse der Wassergenossenschaften (GVBl. S. 387).

Sachsen*): WasserG. vom 12. März 1909 (GVBl. S. 227), abgeändert durch § 3 der NotVO. vom 29. März 1924 (GVBl. S. 213) und § 198 Nr. 9 der Gemeindeordnung in der Fassung vom 15. Juni 1925 (GVBl. S. 136 ff.); AusfVO. vom 21. Sept. 1909; s. hiezu Kloß-Müller, Sächs. Landesprivatrecht, 3. Aufl., §§ 107 bis 112, S. 245 ff.

Württemberg: WasserG. vom 1. Dez. 1900**) (RegBl. S. 921); VollzugsVO. vom 16. Nov. 1901 (RegBl. S. 379). Punkt 10—12 der Mühlordnung vom 18. Jan. 1729 (RegBl. 1864 S. 163) blieben nach Art. 121 WasserG. in Kraft. S. auch Meyer, Württ. AG.BGB. Tl. II S. 27 ff.

Baden: WasserG. in der Fassung der Bek. vom 12. April 1913 (GVBl. S. 250), geändert durch G. vom 22. Febr. 1923 (GVBl. S. 25) und vom 8. Aug. 1924 (GVBl. S. 241)***); VollzugsVO. vom 12. April 1913 (GVBl. S. 311). Darüber, daß das neue bad. WasserG. nicht eine Ergänzung der älteren wasserrechtlichen Bestimmungen, sondern eine vollständige und umfassende Neuregelung im Anschluß an die Vorschriften des BGB. darstellt, s. RG. LZ. 1914 Sp. 178.

In **Thüringen******) ist das Wasserrecht noch nicht einheitlich geregelt (s. Dochow, Zum Entwurf eines Wassergesetzes für Thüringen, VerwArch. Bd. 29 S. 335). Das NotG. vom 20. Dez. 1923 über Benützung öffentlicher Gewässer (GS. S. 820), geändert durch G. vom 25. Jan. 1927 (GS. S. 31), bestimmt die Grundsätze, nach denen die öffentlichen Gewässer benützt werden dürfen. Im übrigen sind in den jetzt zu dem Lande Thüringen vereinigten Ländern noch folgende Vorschriften maßgebend:

Sachsen-Weimar-Eisenach: G. vom 16. Febr. 1854 über den Schutz gegen fließende Gewässer und über die Benutzung derselben. Nachtrag vom 21. Mai 1872. G. vom 11. März 1903, betr. die Erhaltung der zur Speisung von Wasserleitungen dienenden Quellen (RegBl. S. 49). Vgl. Fürbringer, Das Mühlenrecht in Sachsen-Weimar, ThürBl. Bd. 57 S. 16.

Sachsen-Meiningen: G. vom 6. Mai 1872, die Benutzung und die Behandlung der Gewässer betr.

Sachsen-Gotha: Gothasches G. vom 12. April 1859 über die Benutzung des Wassers und über den Schutz gegen dasselbe (GS. Bd. 10 S. 581); hiezu Art. 38 AG.BGB. (Becher XIX, 8 S. 66), aufrecht erhalten durch § 155 Abs. 2 Nr. 9 der thüringischen AV.BGB. vom 16. Mai 1923 (GS. für Thüringen S. 302).

Sachsen-Altenburg: G. vom 18. Okt. 1865 über die Rechtsverhältnisse hinsichtlich des Wassers (GS. S. 282); hiezu § 88 AG.BGB. (Becher XVIII, 1

---

*) Ferchland, Sächs. WasserG., Dresden 1909; Schelcher, Wassergesetz, 2. Aufl., Leipzig 1914/1915; derselbe, Einführung in das neue sächs. Wasserrecht, Leipzig 1909, FischersZ. Bd. 35 S. 269 ff.; derselbe, Das Wassergesetz für das Königreich Sachsen, JahrbÖffR. Bd. 4 S. 331 ff.; Kretzschmar, Das sächs. Wassergesetz, SächsArch. Bd. 4 S. 441 ff.; Opitz, Das neue Wasserrecht in Sachsen, Leipzig 1910; Meutzner, Das sächs. Wasserrecht, Nossen 1910.

**) Kommentare von Nieder und Haller; Hofacker, Das württ. Wasserrecht in seinen Grundzügen, Berlin 1927; Niethammer, Zur Anwendung des Art. 3 des WasserG., WürttZ. Bd. 6 S. 222; Haller, Hat der an einem öff. Gewässer Nutzungsberechtigte, der in Ausübung seines Nutzungsrechts von einem anderen am gleichen Wasser Nutzungsberechtigten gestört wird, die Abwehr der Störung bei der Polizei, bei dem bürgerlichen oder bei dem Verwaltungsrichter nachzusuchen? WürttZ. Bd. 22 S. 117; Hofacker, Das württ. Wasserrecht, Nr. 190 der Mitteilungen des deutschen Wasserwirtschafts- und Wasserkraftverbandes, Berlin 1927.

***) Neue Fassung s. Handbuch der Bad. Verwaltung von Dr. Merk, Bd. I S. 703; Wiener, Das badische Wasserrecht, Karlsruhe 1913, hiezu Ergänzungsband von Schenkel; Bayer-Ehrenbach, Das badische Wasserrecht in seinen heutigen Grundzügen gemeinverständlich dargestellt, Berlin-Halensee, 1926; Merk, Das neue preuß. WasserG. im Vergleich zum geltenden badischen Wasserrecht, BadNotZ. 1914 S. 8.

****) Köttgen, Grundprobleme des Wasserrechts; Josephy, Wirtschaftliche Probleme des thüringischen Wasserrechts; 1. Heft der „Beiträge zur Wasserwirtschaft"; Schlegelberger, Zur Neuordnung des thüringischen Wasserrechts, Z. f. Agrar- und Wasserrecht Bd. 6 Heft 2.

S. 19), aufrecht erhalten durch § 155 Abs. 2 Nr. 9 der thüring. AB.BGB. vom 16. Mai 1923.

Reuß j. L.: G. vom 8. März 1907 betr. den Schutz der Wasserleitungen (GS. S. 19).

Schwarzburg-Sondershausen: G. vom 19. März 1904 über die Erhaltung der zur Speisung von Wasserleitungen dienenden Quellen und Teiche (GS. S. 15).

Schwarzburg-Rudolstadt: G. vom 7. Febr. 1868 betr. Benutzung des Wassers und Schutz gegen dasselbe (GS. S. 151); hiezu thüring. VO. vom 12. Mai 1923 (GS. für Thüringen S. 302).

Hessen: G. vom 14. Juni 1887, das Dammbauwesen und das Wasserrecht in den Gebieten des Rhein, Main, Neckar und des schiffbaren Teiles der Lahn betr. (RegBl. S. 105); G. vom 30. Juli 1887, die Bäche und nicht ständig fließenden Gewässer betr. (RegBl. S. 149) in der Fassung vom 30. Sept. 1899, mit Ergänzung vom 15. Juli 1908 (RegBl. S. 191); s. hiezu Art. 281, 282 AG.BGB. (Becher VIII, 3 S. 105). S. Wolf, Hess. Landesprivatrecht §§ 125 ff., 131 ff.

Hamburg: Regulativ vom 13. Juli 1906, betr. die Wasserversorgung der Stadt Hamburg (GS. I, 98); G. vom 21. Febr. 1881 betr. Wasserversorgung der Elbinseln Steinwärder, Kleiner Grasbrook und Veddel sowie Entwässerung derselben (Wulff II, 496); § 17 AG.GBO. (Becher VII, 4 S. 32) (Frontrecht an öffentlichen Wasserwegen); § 101 BaupolG. vom 23. Juni 1882; G. vom 18. Mai 1896, betr. die Herstellung einer Wasserleitung für Cuxhafen und Döse (GS. I, 59); § 13 Alsterordnung vom 3. März 1904; im übrigen gemeinrechtliche und gewohnheitsrechtliche Normen, insbes. actio aquae pluviae arcendae. Vgl. Nöldecke, Hamb. Landesprivatrecht §§ 92, 93.

In **Mecklenburg** gilt das gemeine Wasserrecht; v. Buchka, Mecklenb. Landesprivatrecht S. 82, 83, 113; vgl. noch VO. vom 31. Juli 1846 §§ 14, 32 Abs. 2; VO. vom 30. Aug. 1893 (RegBl. Nr. 16), ZusatzVO. dazu vom 14. Juli 1896 (RegBl. Nr. 25). Vgl. auch RGZ. Bd. 64 S. 249 ff. = JW. 1907 S. 62; Raspe, Darstellung des in Mecklenburg geltenden Wasserrechts in der MecklZ. Bd. 23 S. 258 ff., 330 ff.

Oldenburg-Birkenfeld: AG.BGB. §§ 10—24 (Becher XIII, 7 S. 34, 35).

Braunschweig*): WasserG. vom 20. Juni 1876; G. vom 28. Mai 1913 über Änderung und authentische Erklärung des WasserG. vom 20. Juni 1876 (GVBl. S. 207).

Anhalt: Wasserordnung für das Herzogtum Anhalt-Dessau vom 24. März 1842 (GS. Nr. 184), ausgedehnt durch VO. vom 6. Jan. 1857 auf die Landesteile des vormal. Herzogtums Anhalt-Cöthen und durch G. vom 2. April 1887 (GS. Nr. 774) teilweise auf die Landesteile des ehemal. Herzogtums Anhalt-Bernburg, abgeändert durch G. vom 12. März 1893 (GS. Nr. 893) und G. vom 8. Febr. 1924 (GS. S. 12 Nr. 1770); VorflutG. für Anhalt-Bernau vom 12. April 1858 (GS. Bd. 12 S. 417 Nr. 856); G. vom 19. März 1887, betr. die Bildung von öffentlichen Wassergenossenschaften (GS. Nr. 741).

Lippe: G. vom 15. Mai 1920, betr. Unterhaltung und Räumung der öffentlichen Gewässer (GS. S. 129).

Schaumburg-Lippe: G. vom 19. Juli 1919, betr. den Ausbau und die Unterhaltung der Wasserläufe (LV. S. 119).

7. Rechtsprechung zu den Landesgesetzen s. in Neumanns Jahrb. des deutschen Rechts zu Art. 65 EG.

8. Einfluß der neueren Gesetzgebung: Nach Art. 97 Abs. 1 der Reichsverfassung vom 11. August 1919 ist es Aufgabe des Reichs, die dem allgemeinen Verkehre dienenden Wasserstraßen in sein Eigentum und seine Verwaltung zu übernehmen. In Vollzug dieser Bestimmung ist zwischen der Reichsregierung und den Regierungen der Länder Preußen, Bayern, Sachsen, Württemberg, Baden, Hessen, Hamburg, Mecklenburg-Schwerin, Braunschweig, Oldenburg, Anhalt, Bremen, Lippe, Lübeck und Mecklenburg-Strelitz der Staatsvertrag betr. den Übergang der Wasserstraßen von den Ländern auf das Reich (RGBl. S. 962 ff.) geschlossen worden, der durch RGes. vom 29. Juli 1921 (RGBl. S. 961)

---

*) Buchholz, über das Eigentum am Mühlwasser nach braunschw. Wasserrecht, BraunschwZ. 1924 S. 25.

genehmigt und — unbeschadet seiner Eigenschaft als Vertrag — mit Wirkung vom 1. April 1921 als Gesetz in Kraft gesetzt wurde. Wegen der Zusatzverträge mit Preußen, Hamburg, Bremen und Lübeck und ihrer gesetzlichen Genehmigung s. RGBl. 1922 S. 222 ff. Mit dieser vertraglichen Regelung ist die Bestimmung des Art. 171 RV. gegenstandslos geworden.

Der Vorbehalt des Art. 65 EG. und die Landesgesetzgebung auf dem Gebiete des Wasserrechts ist durch den Staatsvertrag nicht berührt. Nach § 15 des Staatsvertrags bleiben die Gesetze und Verordnungen der Länder bis zu einer anderweiten reichsgesetzlichen Regelung in Kraft.

Über den Umfang, in dem die Wasserstraßen in das Eigentum des Reichs übergegangen sind, s. §§ 2—4 des Staatsvertrags. Darnach sind namentlich auch die Wasserkräfte, die aus den an das Reich übergegangenen Wasserstraßen gewonnen werden, auf das Reich übergegangen; erworbene Rechte Dritter an Wasserkräften bleiben aber unberührt (§ 3 Abs. 2). Das Reich ist in die öffentlich-rechtlichen und in die privatrechtlichen Verträge der Länder, soweit sie Rechte und Pflichten für die Verwaltung der auf Grund des Staatsvertrags übergegangenen Wasserstraßen begründen, eingetreten (§ 5).

Art. 66.*)

Unberührt bleiben die landesgesetzlichen Vorschriften, welche dem Deich- und Sielrecht angehören.

E. I, 40; II, 39; III, 64.

Deich- und Sielrecht.

1. Art. 66 entspricht wörtlich dem Art. 40 des I. Entw. Die Entstehungsgeschichte teilt er mit dem Art. 65.

2. Das Deich- und Sielrecht umfaßt die Vorschriften, welche die zum Schutze gegen Hochwasser und Überschwemmungen errichteten Deiche (künstliche Dämme) und die zur Entwässerung angelegten Siele (Abzugskanäle) betreffen. Es ist sonach ein Teil des Wasserrechts. Deiche sind künstliche Erderhöhungen zum Schutze gegen Überschwemmungen, Siele die Abzüge zur Ableitung des hinter den Deichen sich sammelnden Wassers.

Der Vorbehalt bezieht sich auf Meeres- und auf Flußdeiche.

Die deichrechtlichen Vorschriften befassen sich im wesentlichen mit der Regelung der Deichlast, also der Verpflichtung zur Herstellung und Erhaltung von Deichen und Sielen. Das gemeinsame Interesse am Wasserschutz führte schon vor Jahrhunderten zur Bildung von Deichverbänden, die im neueren Recht zu rechtsfähigen Körperschaften des öffentlichen Rechts unter Staatsaufsicht ausgebildet sind. Das Eigentum am Deich und seinem Zubehör steht gewöhnlich dem Deichverbande zu (s. Wolff, Sachenrecht, 7. Bearbeitung § 103, II). In den süddeutschen Ländern haben sich größere Deichverbände nicht gebildet; hier ist das Deichrecht im allgemeinen Uferschutzrecht enthalten, die Fürsorge obliegt im wesentlichen den Gemeinden und dem Staat.

3. Landesgesetze:

In **Preußen** erfolgte eine einheitliche Regelung durch das G. vom 28. Jan. 1848 über das Deichwesen, das mit einigen Änderungen durch G. vom 11. April 1872 auf die Provinzen Hannover und Schleswig-Holstein ausgedehnt wurde. Nur in

*) Schrifttum: Aus dem älteren Schrifttum vgl. Rousseau, Beiträge zur Deich- und Flußbaupolizeigesetzgebung nebst einem Anhange über die bei Hochgewässern oder Eisgängen notwendigen Vorkehrungen, Nürnberg 1820; Neubauer, Zusammenstellung des in Deutschland geltenden Rechts betreffend verschiedene Rechtsmaterien (Expropriation, Forstrecht, Jagdrecht, Fischereirecht, Deich- und Sielrecht, Näherrecht, Gesinderecht) unter Benutzung amtlicher Materialien, Berlin 1880; Gierke, Die Geschichte des deutschen Deichrechts Tl. I 1901; Tl. II 1918; Runde, Grundsätze des deutschen Privatrechts, Aufl. 7 und 8 §§ 113—123; Hübner, Grundzüge des deutschen Privatrechts § 40, III S. 258; Deichordnungen bei Mittermeier, § 224 N. 10; Block, Die schleswigschen Deichstavengerechtigkeiten, SchlHolstAnz. 1913 S. 257; Anschütz, Handwörterbuch der Staatswissenschaften, 4. Aufl., Bd. 3, Artikel „Deichwesen", S. 226 ff.; Gierke, Handwörterbuch der Rechtswissenschaften (Herausgabe von Stier-Somlo und Elster), Bd. 2, Artikel „Deichverbände", S. 1 ff.; Hermes-Holtz, Stengel-Fleischmanns Wörterbuch des deutschen Staats- und Verwaltungsrechts, Artikel „Deichwesen".

den Marschgebieten (Nordseeküste) und einigen anderen Landstrichen blieben die bisher in Geltung gewesenen Deich- und Sielordnungen in Kraft (Art. II Nr. 1 des G. vom Jahre 1872); es gelten hier das Patent vom 29. Jan. 1801, das allgemeine Deichreglement vom 6. April 1803, die Deichordnung für Bremen und Verden vom 29. Juli 1743, die Deich- und Sielordnungen für Ostfriesland und Lüneburg vom 12. Juni 1853 und 14. April 1862, die Deich- und Abwässerungsordnung für Hoya und Diepholz vom 22. Jan. 1864 (s. hiezu Kähler, Schlesw.-Holst. Privatrecht § 34 S. 308 ff., 334). Dem Schutz gegen Hochwassergefahr diente weiter das G. vom 12. Aug. 1905, betr. Maßnahmen zur Regelung der Hochwasser-, Deich- und Vorflutverhältnisse an der oberen und mittleren Oder (GS. S. 335) und das G. vom 16. Aug. 1905 zur Verhütung von Hochwassergefahren (GS. S. 342).

Nunmehr hat das Deichwesen in dem WasserG. vom 7. April 1913 (GS. S. 53 ff.) eine umfassende Neuregelung gefunden. Die das Deichwesen betreffenden Vorschriften finden sich im IV. Abschnitt „Verhütung von Hochwassergefahr" §§ 284—329; s. insbesondere über Seedeiche an der Ostsee § 291, über die Deichverbände die §§ 294—318, über Deiche, die keinem Deichverbande angehören, die §§ 319—322 und die besonderen Vorschriften der §§ 323—329 für die Provinzen Hannover und Schleswig-Holstein; die in diesen Provinzen bisher in Geltung gewesenen Gesetze und Verordnungen und die durch rechtsverbindliches Herkommen feststehenden deich- und sielrechtlichen Bestimmungen sind in den §§ 323, 324 mit den sich aus den §§ 325—329 ergebenden Ergänzungen und Änderungen aufrecht erhalten. S. hiezu Hue de Grais, Handb. der Verf. u. Verw., 24. Aufl. § 355 S. 762.

Auch in **Sachsen** hat mit dem gesamten Wasserrecht auch das Hochwasserschutz- einschließlich des Deichrechts eine Neuregelung in dem WasserG. vom 12. März 1909 (GVBl. S. 227; s. Bem. 3 zu § 65) gefunden; s. §§ 63, 65, 93—98.

Für **Hamburg** s. die privatrechtlichen Vorschriften über das Deichrecht in AG. BGB. §§ 51—66 (Becher VII, 1 S. 9 ff.), G. vom 18. Sept. 1885, betr. der Deichverhältnisse in der Stadtmarsch, bei § 5 abgeändert durch G. vom 20. April 1894 (Wulff II S. 459); Deichordnung vom 4. März 1899 für die Landherrschaften der Marschlande und Bergedorf (Wulff II S. 462); Deichordnung für Bergedorf und Ritzebüttel (Klefeker, Samml. der Hamburger Gesetze XI, 309), die Neufelder DO. revid. vom 20. April 1698, DO. vom 6. März 1885 für die Arenschen und Berenschen Deiche (GS. II S. 159), vom 16. Aug. 1897 für Döse (GS. II S. 136), vom 26. Jan. 1900 für den alten Hadeler Seebandsteich (GS. II S. 141). Siele: §§ 93—95, 129, 130 BaupolG. vom 23. Juni 1882, §§ 93 und 130 abgeändert durch das G. vom 26. Jan. 1906 (GS. I S. 3); G. vom 21. Febr. 1881 (Wulff II S. 496); G. vom 30. Juni 1899, betr. die Beseitigung der Abwässer und Fäkalien usw. (Wulff II S. 163); G. vom 18. Mai 1896 betr. Sielanlage in Cuxhafen (GS. I S. 62); G. vom 13. Juli 1906, betr. Ausdehnung des Sielbezirkes in Cuxhafen (GS. I S. 94); G. vom 26. Juni 1918 betr. Änderung deichrechtlicher Vorschriften (ABl. S. 996, GS. I S. 97). S. hiezu Nöldecke, Hamb. Landesprivatrecht § 95.

Für **Hessen** s. AG.BGB. Art. 281 (Becher VIII, 3 S. 105), ferner das G. vom 14. Juni 1887, betr. das Dammbauwesen usw. (RegBl. S. 105) Art. 1—47 über Uferschutz- und Deichbaupflicht (auch Deichverbände), Art. 93, 96, 112. S. Wolf, Hess. Landesprivatrecht §§ 128—130.

Für **Anhalt** s. G. vom 28. Febr. 1868, die Regelung des Deichwesens betr. (GS. Nr. 161); hiezu LandespolizeiVO. vom 27. März 1889 (Nr. 807) und LandespolizeiVO. vom 13. März 1902, betr. den Schutz landesfiskalischer Deiche im Falle drohender Gefahr (Nr. 1139).

Für **Bremen** s. Deichordnung vom 27. Dez. 1878, geändert durch G. vom 10. Aug. 1919 (GBl. S. 323) und VO. vom 14. Febr. und 7. Dez. 1924 (GBl. S. 118 u. 533).

4. Siehe auch das deutsch-dänische Abkommen zur Regelung der Wasser- und Deichverhältnisse an der deutsch-dänischen Grenze vom 10. April 1922 (RGBl. II S. 152).

Art. 67.*)

Unberührt bleiben die landesgesetzlichen Vorschriften, welche dem Bergrecht angehören.

---

*) Allgemeines Schrifttum: Achenbach, Das gemeine deutsche Bergrecht, 1871; H. Veith, Deutsches Bergwörterbuch, 1870; Bitter, Rechtsprechung des RG.

Ist nach landesgesetzlicher Vorschrift wegen Beschädigung eines Grundstücks durch Bergbau eine Entschädigung zu gewähren, so finden die Vorschriften der Artikel 52, 53 Anwendung, soweit nicht die Landesgesetze ein Anderes bestimmen.

E. I, 38; II, 40; III, 65.

Bergrecht.

1. Entstehung. Abs. 1 entspricht dem Art. 38 des I. Entw. Abs. 2 wurde in der II. Komm. hinzugefügt (Mot. z. EG. 161, P. VI, 371, 372, 469, 470, Reatz III, 49, RTK. 440, d S. 10, Mat. 87, a S. 25).

2. Begriff und Inhalt.

A. **Bergrecht** ist der Inbegriff der auf den Bergbau bezüglichen, teils dem öffentlichen Rechte, teils dem Privatrecht angehörenden besonderen Rechtsnormen. Den Kern des Bergrechts, soweit es dem Privatrecht angehört, bilden Vorschriften, welche gewisse Mineralien von dem Verfügungsrechte des Grundeigentümers ausschließen, die Begründung, Veränderung und Aufhebung sowie den Inhalt des Bergwerkseigentums regeln, die Gewerkschaft und deren Verfassung, die Rechtsverhältnisse zwischen den Bergbautreibenden und den Grundbesitzern, die Haftung der Bergwerkseigentümer für den anderen Bergwerken verursachten Schaden sowie die Rechtsverhältnisse der Bergarbeiter ordnen, die grundbuchliche Behandlung und die Zwangsvollstreckung in bergrechtliche Gerechtsame regeln.

Dieses gesamte Bergrecht überläßt der Vorbehalt dieses Artikels der Landesgesetzgebung. Gemeinrechtlich (const. de Regal., Goldene Bulle) wurde das Bergrecht als landesherrliches Regal aufgefaßt. Später wurde aber dieses Regal entweder abgeschwächt oder, wie in Preußen, ganz beseitigt und nur als sog. Berghoheit festgehalten (vgl. Arndt, Zur Geschichte und Theorie des Bergregals und der Bergbaufreiheit, 1879). Es betrifft dieser Vorbehalt alle Vorschriften, welche die Gewinnung gewisser Mineralien bergrechtlichen Normen unterwirft, auch wenn das Mineral der Verfügung des Eigentümers nicht entzogen ist, was z. B. bezüglich der Gewinnung von Kohlen nach den älteren Gesetzen von Sachsen (BergG. vom 16. Juni 1868 § 48 und G. vom 18. März 1887 und G. vom 20. Juni 1898), Sachsen-Altenburg (G. vom 18. April 1872 § 3 in der Fassung des § 53 AG.BGB.) und Preußen (mit Beschränkung auf die vormals sächs. Landesteile nach dem G. vom 22. Febr. 1869 § 2 in der Fassung des Art. 38 AG.BGB.) von Bedeutung ist. Bezüglich der Gewinnung von Eisen bestehen, soweit dieses Mineral der Verfügung des Eigentümers nicht entzogen ist (§ 211 des preuß. BergG. vom 24. Juni 1865), Zweifel darüber, ob dessen Gewinnung bergrechtlichen Normen unterworfen ist; jedenfalls kann aber die

---

in bergrechtlichen Grundbuchsachen, daselbst Bd. 44 S. 119 f.; Mahle, daselbst Bd. 42 S. 68 ff.; Dernburg, Das Bürgerl. Recht III, Sachenrecht §§ 142 ff.; Stobbe-Lehmann, D. Privatrecht II S. 537 ff.; vgl. auch Einecken, Die Sicherheitsvorschriften für die Bergwerke in Deutschland. Sammlung der von den Bergbehörden erlassenen Vorschriften für die Sicherheit der ihrer Aufsicht unterstellten Betriebe und Arbeiter, nebst den wichtigsten einschlägigen Bestimmungen anderer Behörden der Bundesstaaten und des Deutschen Reiches, Essen-Ruhr 1909; Holländer, Die Entschädigungen für Bergbauschäden. Zugleich ein Beitrag zur Lehre vom Schadensersatz, Berlin (Guttentag) 1913; Westhoff, Grundlegende Fragen des bergbaulichen Enteignungsrechts, ZBergR. Bd. 46 S. 43—89, 223—269; Stark, Über das Verhältnis des Bergbaus zu öffentlichen Verkehrsanstalten, JW. 1914 S. 582; Müller-Erzbach, Das Bergrecht Preußens und des weiteren Deutschlands, Stuttgart 1916, 1917; Schlüter, Reichsverordnungen über den Bergbau, Dortmund 1919; Bartholomäus, Entschädigung des Bergwerkseigentümers bei bergpolizeilichen Eingriffen, LZ. 1919 Sp. 462 ff.; Völkel, Grundzüge des Bergrechts unter Berücksichtigung des Bergrechts Preußens, Berlin 1920; Werneburg, Die hypothekarische Haftung des Bergschadenanspruchs, ZBergR. Bd. 57 S. 58 ff.; derselbe, Die Blanko-Zession von Kuxen, HoldheimsMSchr. 1917 S. 86 ff.; derselbe, Aus dem Kuxrecht, ebenda S. 159 ff.; derselbe, Umwandlung und Auflösung der Gewerkschaft, ebenda 1918 S. 54 ff.; Isay, Das Bergrecht des Saarreviers nach dem Friedensvertrag, RheinZ. 1920 S. 244 ff.; Haage, Geschichte und Rechtsnatur der Mineralien und des Bergwerkseigentums, Berlin-Halensee 1921; Schlüter im Staatslexikon, herausgegeben von Sacher, Artikel „Bergrecht" Bd. I S. 793 ff.; Sattig im Handwörterbuch der Rechtswissenschaften, herausgegeben von Stier-Somlo und Elster, Artikel „Bergrecht", Bd. I S. 606 ff.; von Gothein, Müller-Erzbach, Lütgen, Flegel im Handwörterbuch der Staatswissenschaften, Artikel „Bergbau", Bd. 2 S. 469 ff.; Wolff, Sachenrecht, 7. Bearb., Marburg 1927, §§ 95—98, S. 317 ff. (s. dort auch Nachweisungen von weiterem Schrifttum).

Landesgesetzgebung sie solchen Normen unterwerfen (vgl. Mot. z. EG. 161). Vgl. auch § 1037 BGB. und M. III, 502 ff., ferner Art. 68 dieses Gesetzes.

Der Landesgesetzgebung ist auch die Regelung der Voraussetzungen der Gründung einer Gewerkschaft sowie die Regelung der Rechtsfolgen, die sich beim Vorhandensein eines wesentlichen Gründungsmangels ergeben, überlassen (RG. im „Recht" 1913 Nr. 1770). Die Landesgesetzgebung kann auch ohne Rücksicht auf reichsrechtliche Vorschriften oder in der Wissenschaft ausgebildete allgemeine Grundsätze des internationalen Privatrechts selbständig Bestimmungen treffen, durch die der Sitz einer Gewerkschaft festgesetzt wird und ob auch ein bloß formeller Sitz genügt (RG. in JW. 1920 S. 49 = RGZ. Bd. 99 S. 217). Über die Staatszugehörigkeit einer Gewerkschaft entscheidet ihr Sitz (RG. in WarnE. 1917 Nr. 254).

Zufolge des Vorbehalts des Art. 67 gelten auf dem Gebiete des Bergrechts die einzelnen Länder im Verhältnis zueinander als Ausland (RGZ. Bd. 92 S. 75).

B. In der II. Komm. wurden Zweifel darüber ausgesprochen, ob, wenn ein Bergwerk Gegenstand eines Nießbrauchs oder einer Vorerbschaft ist, für den Betriebsplan die Vorschriften des BGB. §§ 1038 Abs. 2 bzw. 2123 Abs. 2) oder gemäß des Vorbehalts dieses Artikels die Landesgesetze maßgebend sind. Hierauf wurde erwidert, daß in den Fällen, in welchen die Errichtung eines Betriebsplans nach den Bestimmungen des Bergrechts vorgeschrieben sei, dieser den bergrechtlichen Bestimmungen entsprechende Betriebsplan auch gegenüber dem privatrechtlichen Verhältnisse zwischen dem Nießbraucher und dem Eigentümer, sowie zwischen dem Vorerben und Nacherben wirksam bleiben müsse, wenn aber die Errichtung eines Betriebsplanes bergrechtlich nicht vorgeschrieben sei, so könne der Vorbehalt nicht Platz greifen und bleibe es alsdann bei dem, was aus den allgemeinen Vorschriften über Nießbrauch und Vorerbschaft sich ergebe (P. VI, 470 ff.).

C. **Anwendbarkeit der sich auf Grundstücke beziehenden Vorschriften des BGB.:** Abweichend von Art. 68, wo für nicht bergrechtliche Abbaugerechtigkeiten die Anwendbarkeit des § 1017 BGB. vorgeschrieben ist, ist reichsrechtlich die Geltung der sich auf Grundstücke beziehenden Vorschriften für das Bergwerkseigentum nicht bestimmt. Soviel ersichtlich ist, haben aber alle Landesgesetzgebungen die Grundstücksnatur des Bergwerkseigentums anerkannt und die Anlegung eines Grundbuchblatts für dasselbe vorgeschrieben. Vgl. z. B. Preußen § 50 BergG. in der Fassung des Art. 37, I AG.BGB., Art. 22 AG.GBO., Bayern Art. 44, 45 BergG. in der Fassung des Art. 157, IV AG.BGB., Art. 17 AG.GBO.

Soweit landesgesetzliche Vorschriften nicht bestehen, finden die reichsgesetzlichen Vorschriften als solche, sohin als revisible Rechtsnormen, auch auf dem Gebiete des Bergrechts Anwendung (RG. im „Recht" 1921 Nr. 158; vgl. auch RGZ. Bd. 109 S. 310).

Wegen der rechtlichen Natur des Bergwerkseigentums s. Bd. III Vorbem. VI, 9 vor § 903, S. 288, wegen der Beschränkung des Grundeigentums durch dasselbe Bem. 5 zu § 905; wegen der Form des Vertrags über Übertragung des Bergwerkseigentums s. RG. JW. 1927 S. 262. Die Ausübung der dem Bergwerkseigentümer in Preußen durch § 54 BergG. eingeräumten Befugnis darf ihm auch durch die Abwehrklage des Grundstückseigentümers nicht unmöglich gemacht werden; für die Klage der benachbarten Grundstückseigentümer auf Unterlassung von Beeinträchtigungen (§§ 906, 1004 BGB.) besteht die Schranke, daß nicht Betriebseinstellung verlangt werden kann (RGZ. Bd. 99 S. 178).

D. **Anwendung der Art. 52, 53:** Die Vorschrift des Abs. 2 gilt nur, soweit landesgesetzlich nichts anderes bestimmt ist; ein entgegenstehender Antrag wurde in der II. Komm. abgelehnt, weil es unpraktisch sei, hinsichtlich der Frage, ob und wie eine Entschädigung wegen Bergschäden zu gewähren sei, das Landesrecht entscheiden zu lassen, dagegen die Entscheidung der Frage, in welcher Weise die Entschädigungssumme unter die einzelnen Entschädigungsberechtigten, den Eigentümer und die Realberechtigten zu verteilen sei, dem Reichsrechte zuzuweisen (P. VI, 470).

Nach **Art. 52** dieses Gesetzes hat, **wenn auf Grund eines deutschen Berggesetzes** dem Eigentümer einer Sache wegen der im bergrechtlichen Interesse erfolgenden Entziehung, Beschädigung oder Benutzung der Sache oder wegen Beschränkung des Eigentums **eine Entschädigung zu gewähren ist,** ein Dritter, dem ein Recht an der Sache zusteht, für welches nicht eine besondere Entschädigung gewährt wird, an dem Entschädigungsanspruche dieselben Rechte, die ihm im Falle des Erlöschens seines Rechtes durch Zwangsversteigerung an dem Erlöse zustehen (d. h. es kommen die §§ 91, 92 ZVG. zur Anwendung).

Auf den Entschädigungsanspruch finden ferner nach **Art. 53** die Vorschriften des § 1128 BGB. entsprechende Anwendung, d. h. **der zur Entschädigung Verpflichtete kann die Entschädigungssumme mit Wirkung gegen den Dritten** an den Entschädigungsberechtigten **erst zahlen, wenn er oder der Entschädigungsberechtigte den Eintritt des Schadens dem Dritten angezeigt hat oder seit dem Empfange der Anzeige ein Monat verstrichen** ist. Der Dritte kann bis zum Ablaufe der Frist dem Entschädigungsverpflichteten gegenüber der Zahlung widersprechen. Die Anzeige darf unterbleiben, wenn sie untunlich ist; in diesem Falle wird der Monat von dem Zeitpunkt an berechnet, in welchem die Entschädigungssumme fällig wird. — Im übrigen finden die für eine verpfändete Forderung geltenden Vorschriften (BGB. §§ 1279 ff.) Anwendung, der Entschädigungsverpflichtete kann sich jedoch nicht darauf berufen, daß er eine aus dem Grundbuch ersichtliche Hypothek nicht gekannt habe.

Erhebt ein Berechtigter innerhalb der im § 1128 BGB. bestimmten Frist Widerspruch gegen die Zahlung der Entschädigung an den Eigentümer, so kann der Eigentümer und jeder Berechtigte die Eröffnung eines Verteilungsverfahrens nach den für die Verteilung des Erlöses im Falle der Zwangsversteigerung geltenden Vorschriften beantragen. Die Zahlung hat in diesem Falle an das für das Verteilungsverfahren zuständige Gericht zu erfolgen.

Ist das Recht des Dritten eine Reallast, eine Hypothek, eine Grundschuld oder eine Rentenschuld, so erlischt die Haftung des Entschädigungsanspruchs, wenn der beschädigte Gegenstand wiederhergestellt oder für die entzogene bewegliche Sache Ersatz beschafft wird. Ist die Entschädigung wegen Benutzung des Grundstücks oder wegen Entziehung oder Beschädigung von Früchten oder Zubehörstücken zu gewähren, so finden die Vorschriften des § 1123 Abs. 2 Satz 1 und des § 1124 Abs. 1, 3 BGB. entsprechende Anwendung. § 1123 Abs. 2 Satz 1: Soweit die Forderung fällig ist, wird sie mit dem Ablaufe eines Jahres nach dem Eintritte der Fälligkeit von der Haftung frei, wenn nicht vorher die Beschlagnahme zugunsten des berechtigten Dritten erfolgt. § 1124 Abs. 1, 3: Wenn die Entschädigungsforderung eingezogen wird, bevor sie zugunsten des Dritten in Beschlag genommen ist, oder wenn vor der Beschlagnahme in anderer Weise über sie verfügt wird, so ist die Verfügung dem Dritten gegenüber wirksam. Besteht die Verfügung in der Übertragung der Entschädigungsforderung auf einen (anderen) Dritten, so erlischt die Haftung der Entschädigungsforderung; erlangt ein (anderer) Dritter ein Recht an der Entschädigungsforderung, so geht dieses der Haftung zugunsten des an der Sache auf Grund des Art. 52 berechtigten Dritten vor. Der Übertragung der Entschädigungsforderung auf einen (anderen) Dritten steht es gleich, wenn das Grundstück ohne die Forderung veräußert wird.

Die entsprechende Anwendung des Art. 52, 53 setzt voraus:

a) daß landesgesetzlich eine Entschädigung für die Beschädigung eines Grundstückes durch Bergbau zu zahlen ist;

b) daß diese Entschädigung dem Eigentümer des Grundstücks zu zahlen ist;

c) daß die Landesgesetze nichts von den vorstehenden Vorschriften Abweichendes enthalten.

Die Vorschriften der Art. 52, 53 EG. finden auch auf Entschädigungen für Bergschäden, die sich vor dem Jahre 1900 ereignet haben, Anwendung, wenn die Entschädigung erst nach diesem Zeitpunkt zu zahlen ist (RGZ. Bd. 61 S. 226 = JW. 1905 S. 523). Wegen der Erstreckung der Hypothek auf die Entschädigungsansprüche und den Übergang auf den Ersteher s. RG. in JW. 1908 S. 736, RGZ. Bd. 69 S. 247 = DJZ. 1909 S. 209 und dazu Ludowieg in JW. 1909 S. 94 und Grundmann, ebenda S. 307.

E. Über die Anwendbarkeit der Vorschrift des § 29 BGB. über den Ersatz fehlender Vorstandsmitglieder durch das Amtsgericht im Bergrecht s. BayObLGZ. Bd. 24 S. 117 = JW. 1925 S. 1880.

3. Einfluß der neueren Reichsgesetzgebung. Zu der nach dem Umsturz angestrebten Sozialisierung des Bergbaus ist es nicht gekommen (s. VO. betr. den Bergbau vom 18. Jan. 1919, RGBl. S. 64, SozialisierungsG. vom 23. März 1919, RGBl. S. 341, Art. 156 der RV. vom 11. Aug. 1919). Das in Ausführung des Sozialisierungsgesetzes erlassene KohlenwirtschaftsG. vom 23. März 1919 (RGBl. S. 342), abgeändert durch G. vom 20. Aug. 1919 (RGBl. S. 1447), und das KaliwirtschaftsG. vom 24. April 1919 (RGBl. S. 413), abgeändert durch G. vom 19. Juli 1919 (RGBl. S. 661), haben in die Vorbehalte zugunsten des Landesrechts nicht eingegriffen; sie befassen sich nicht mit der Gewinnung, sondern nur mit der Bewirtschaftung von Kohle und Kali.

Nach Art. 7 Nr. 16 der RV. vom 11. Aug. 1919 hat das Reich die Gesetzgebung über den Bergbau. Die Länder behalten aber nach Art. 12 Abs. 1 Satz 1 das Recht der Gesetzgebung, solange und soweit das Reich von seinem Gesetzgebungsrecht keinen Gebrauch macht. Zu der nach dem Umsturz geplanten Schaffung eines Reichsberggesetzes ist es nicht gekommen. Nur das Knappschaftswesen*) hat eine einheitliche reichsrechtliche Regelung in dem **ReichsknappschaftsG.** vom 23. Juni 1923 (RGBl. I S. 431), nun in der Fassung vom 1. Juli 1926 (RGBl. I S. 369), mit EinführungsG. vom 23. Juni 1923 (RGBl. S. 454), geändert durch G. vom 23. Juni 1923 (S. 466) und G. vom 25. Juni 1926 (RGBl. I S. 291), G. vom 8. April 1927 (RGBl. I S. 95) und G. vom 29. März 1928 (RGBl. I S. 117), gefunden. Das ReichsknappschaftsG. ist am 1. Jan. 1924 in Kraft getreten (Art. 1 des EG. zum RKG. vom 23. Juni 1923). Damit sind die Vorschriften der Landesgesetze über knappschaftliche Versicherungseinrichtungen außer Kraft getreten, soweit das ReichsknappschaftsG. nichts anderes vorschreibt (Art. 54 Abs. 2 des EG. zum RKG.).

Nach Art. 155 Abs. 4 RV. stehen alle Bodenschätze und alle wirtschaftlichen nutzbaren Naturkräfte unter Aufsicht des Staates. Private Regale sind im Wege der Gesetzgebung auf den Staat zu überführen. Die im ersten Satz dieser Vorschrift vorgesehene Staatsaufsicht kann sich nur auf Grund und nach Maßgabe besonderer Gesetze äußern. Zur Ausführung der Vorschrift in Satz 2 erging z. B. in Preußen das G. vom 19. Okt. 1920 (GS. S. 441).

4. Landesgesetze und Ausführungsgesetze.

Preußen**): Allgemeines BergG. für die preußischen Staaten vom 24. Juni 1865 (GS. S. 705) in der durch die Gesetze vom 9. April 1873, 24. Juni 1892, 8. April 1894, Art. 37 des AG.BGB., 20. Sept. 1899, 7. Juli 1902, 14. Juli 1905, 19. Juni 1906, 18. Juni 1907 (GS. S. 119), 28. Juli 1909 (GS. S. 677), 3. Juni 1912, 17. Juni 1912, 23. Dez. 1912, 30. Dez. 1912, 23. Juni 1920 (GS. S. 380), 18. Dez. 1920 (GS. 1921 S. 97), 6. Aug. 1921 (GS. S. 486), 22. April 1922 (GS. S. 93), 24. Mai 1923 (GS. S. 268), 3. Jan. 1924 (GS. S. 17 und 18) abgeänderten, derzeit maßgebenden Fassung; VO. vom 22. Febr. 1867 betr. Einführung des Allg. BergG. in das Gebiet des vorm. Herzogtums Nassau (GS. S. 237), VO. vom 8. Mai 1867 betr. Einführung desselben in das Gebiet des vorm. Königreichs Hannover (GS. S. 601); VO. vom 1. Juni 1867 betr. Einführung desselben in das mit Preußen vereinigte Gebiet des vorm. Kurfürstentums Hessen und der vorm. freien Stadt Frankfurt, sowie der vorm. bayerischen Landesteile (GS. S. 770); G. vom 12. März 1869 betr. Einführung desselben in Schleswig und Holstein (GS. S. 453); s. hiezu Kähler, SchleswHolst. Landesrecht, 2. Aufl., § 38 S. 398 ff.); G. vom 26. März 1856 über die Bestrafung unbefugter Gewinnung oder Aneignung von Mineralien (GS. S. 203); G. vom 5. Juni 1863 wegen Verwaltung der Bergbauhilfskassen (GS. S. 365); G. vom 22. Febr. 1867 betr. die Bernsteingewinnung (GS. S. 272; s. dazu Seidl, Die rechtlichen Verhältnisse des Bernsteinbergbaues im Samtlande, Kattowitz 1911); G. vom 11. Febr. 1924 über die Bestrafung der unbefugten Gewinnung von Bernstein (GS. S. 106); G. vom 22. Febr. 1869 betr. die Rechtsverhältnisse des Stein- und Braunkohlenbergbaues in denjenigen Landesteilen, in welchen das Kurfürstlich Sächsische Mandat vom 19. Aug. 1743 Gesetzeskraft hat

*) Siehe hierüber im allgemeinen Röpke im Handwörterbuch der Staatswissenschaften, Artikel „Knappschaftswesen", Bd. 5 S. 723 ff.; Reuß-Hense, Reichsknappschaftsgesetz, 2. Aufl. Berlin 1927; Thielmann, Reichsknappschaftsrecht, 3. Aufl. Berlin 1928.

**) Schrifttum zum preuß. Bergrecht: Arndt, Allg. BergG., 9. Aufl., Freiburg 1925; Isay, Allg. BergG. unter besonderer Berücksichtigung des Gewerkschaftsrechts, Berlin-Leipzig 1919/1920; Reuß, Das preuß. BergG. in der gegenwärtig geltenden Fassung, 4. Aufl., Berlin 1926; Schlüter, Allg. BergG. in seiner jetzigen Fassung, Dortmund 1925; Müller-Erzbach, Das Bergrecht Preußens und des weiteren Deutschland, Stuttgart 1916, 1917; Völkel, Grundzüge des Bergrechts unter besonderer Berücksichtigung des Bergrechts Preußens, 2. Aufl., Berlin 1924; Werneburg, Die Zubußanklage aus § 129 Allg. BergG., ZBlFG. Bd. 20 S. 163; s. auch die Abhandlungen desselben, *-Note S. 155; derselbe, Der Kausalzusammenhang zwischen dem Bergwerksbetriebe und dem Schaden gemäß § 148 Allg. BergG. und §§ 823 ff. BGB., ZBergR. Bd. 57 S. 168; Mitteis, Neue Wege im preuß. Bergrecht, DJZ. 1920 S. 683; Sattig, Die preuß. Bergwerk- und Hüttenbau-Aktiengesellschaft, ZBergR. Bd. 65 S. 150; v. Ballestrem, Das materielle bergbauliche Grundabtretungsrecht in Preußen, Berlin 1925; s. auch Hue de Grais, Handbuch der Verfassung und Verwaltung in Preußen und dem Deutschen Reich, 24. Aufl. (Berlin 1927) §§ 321—324, S. 690 ff. „Bergbau".

(GS. S. 401), geändert durch Art. 38 AG.BGB.; G. vom 14. Juli 1895 betr. Ausdehnung verschiedener Bestimmungen des Allg. BergG. auf den Stein- und Kalisalzbergbau in der Provinz Hannover (GS. S. 295); G. vom 6. Juni 1904 betr. die Ausdehnung einiger Bestimmungen des AllgBergG. auf die Aufsuchung und Gewinnung von Erdöl (GS. S. 105); G. vom 26. Juni 1904 betr. die Ausdehnung einiger Bestimmungen des Allg. BergG. auf die Arbeiten zur Aufsuchung von Stein- und Kalisalz und von Solquellen in der Provinz Hannover (GS. S. 135); G. vom 4. Aug. 1904 über die Bestellung von Salzabbaugerechtigkeiten in der Provinz Hannover (GS. S. 235); G. vom 23. Juni 1909 über den Bergwerksbetrieb ausländischer juristischer Personen und den Geschäftsbetrieb außerpreußischer Gewerkschaften (GS. S. 619); Ausführungsanweisung vom 13. Okt. 1909 zum G. vom 28. Juli 1909 betr. Änderung des Allg. BergG. (GS. S. 453); G. vom 30. Mai 1917 über die Gewerkschaftsfähigkeit von Kalibergwerken in Hannover (GS. S. 71); G. vom 17. Dez. 1919 zur Sicherung der Überführung der Privatregale an den Staat (GS. 1920 S. 42); G. vom 19. Okt. 1920 über Überführung der standesherrlichen Bergregale an den Staat (GS. S. 441); G. vom 12. Jan. 1921 über die Bergschulvereine (GS. S. 228); G. vom 22. April 1922 über die Vereinigung von Steinkohlenfeldern im Oberbergamtsbezirk Dortmund (GS. S. 93); G. vom 22. Mai 1922 über Aufsuchung und Gewinnung von Steinkohle (GS. S. 118); G. vom 3. Juni 1922 über einen Sonderstock zu Ausgleichszwecken und zur Selbstbewirtschaftung bei den Bergwerks-, Hütten- und Salinenbetrieben (GS. S. 138); G. vom 22. Juli 1922 zur Regelung der Grenzen von Bergwerksfeldern, dessen Gegenstand die sog. bergrechtliche Flurbereinigung ist (GS. S. 203); G. vom 9. Jan. 1923 über phosphorhaltige Mineralien und Gesteine (GS. S. 13); G. vom 24. Mai 1923 über Aufsichtsräte bei Berggewerkschaften (GS. S. 268); G. vom 9. Okt. 1923 betr. Übertragung der Verwaltung und Ausbeutung des staatlichen Bergwerksbesitzes an eine Aktiengesellschaft (GS. S. 467; s. hiezu VO. vom 19. Jan. 1924, GS. S. 45); G. vom 26. Juli 1926 über Einbringung staatlichen Bergwerkbesitzes in die Preuß. Bergwerk- und HüttenAG. (GS. S. 234); G. vom 3. Jan. 1924 über die Verleihung von Braunkohlenfeldern an den Staat (GS. S. 18); G. vom 3. Jan. 1924 über ein verändertes Verfahren zur Verleihung von Steinkohlenfeldern an den Staat (GS. S. 17). VO. vom 10. Okt. 1927 über erweiterten Staatsvorbehalt zur Aufsuchung und Gewinnung von Steinkohle und Erdöl (GS. S. 189) und hiezu Meyer in JW. 1927 S. 2977 wegen der Bedenken, ob sich die VO. mit Art. 153 RV. vereinbaren läßt. Nach JMBek. vom 2. Dez. 1925 (GS. S. 175) ist die Anlegung der **Berggrundbücher** für alle Bezirke des Freistaats Preußen beendet.

S. auch G. vom 9. Okt. 1923 betr. Übertragung der Verwaltung und Ausbeutung des staatl. Bergwerksbesitzes an eine Aktiengesellschaft (GS. S. 467); s. hiezu Sattig in der ZBergR. Bd. 65 S. 150); G. vom 24. Okt. 1924 betr. Übertragung der Verwaltung und Ausbeutung der Gemeinschaftsanteile an den sog. Kommunion-Unterharzischen Berg-, Hütten- und Fabrikhaushalt in eine G. m. b. H. (GS. S. 655); ferner §§ 69, 396 des preuß. WasserG. vom 7. April 1913.

S. auch AG.BGB. Art. 22 Nr. 1 und 2 darüber, daß das in den Fällen der Enteignung oder der Grundabtretung zu Zwecken des Bergbaubetriebs bestehende gesetzliche Vorkaufsrecht und die Gebrauchs- und Nutzungsrechte, welche nach den §§ 8, 142 Allg. BergG. im Wege des Zwangsverfahrens erworben werden können, zur Erhaltung der Wirksamkeit gegenüber dem öffentlichen Glauben des Grundbuchs der Eintragung nicht bedürfen.

Das KnappschaftsG. vom 17. Juni 1912 (GS. S. 137) mit seinen Änderungen ist durch das ReichsknappschaftsG. gegenstandslos geworden; s. Bem. 3.

Bayern *): BergG. vom 20. März 1869 (GVBl. 1866/69 S. 673), abgeändert durch Art. 78 AG.ZPO. und KO. vom 23. Febr. 1879, Art. 157 AG.BGB. und G. vom 30. Juni 1900 (GVBl. S. 745) und neu veröffentlicht als **BergG. vom 13. Aug. 1910** (GVBl. S. 815), wieder abgeändert durch Art. 48 AG. vom 2. Nov. 1912 zur RVO. (GVBl. S. 1135), G. vom 15. Aug. 1914 (GVBl. S. 413), G. vom 21. Juli 1918 über das Knappschaftswesen (GVBl. S. 377), G. vom 17. Aug. 1918 (GVBl. S. 551), G. vom 10. Okt. 1919 (GVBl. S. 676) und G. vom 9. Febr. 1924 (GVBl. S. 25); G. vom 27. Juli 1921 über die phosphorhaltigen Mineralien und Gesteine (GVBl. S. 384); VO. vom 31. März 1924 über die Übertragung der Verwaltung und Ausbeutung des staatlichen Bergwerks-, Hütten- und Salinenbesitzes an

*) **Rauck**, Bayer. BergG., 2. Aufl., München-Berlin 1911, mit Ergänzungsband von 1918; **Schäfer**, Die Änderung des bayer. BergG. vom 10. Okt. 1919, BayZ. 1920 S. 89 ff.; **Nothaas-Miesbach**, Bayer. BergG., München 1927.

eine Aktiengesellschaft (GVBl. S. 138); G. vom 1. April 1927 über die Übertragung der Verwaltung und Ausbeutung des staatlichen Bergwerks-, Hütten- und Salinenbesitzes an eine Aktiengesellschaft (GVBl. S. 109; tritt an Stelle der vom Landtag nicht genehmigten VO. vom 31. März 1924, GVBl. S. 138).

In den vormals coburgischen Landesteilen ist das bayerische Bergrecht mit Wirkung vom 1. April 1921 mit der Maßgabe in Kraft getreten, daß Art. 281 BergG. auf das Gebiet des bisherigen Freistaates Coburg sinngemäße Anwendung findet und die Rechtsverhältnisse der am 1. April 1921 bestandenen Gewerkschaften auch weiterhin nach dem 4. Titel des coburgischen BergG. vom 23. Okt. 1899 in der Fassung des G. vom 26. Jan. 1909 und 1. Juni 1918 zu beurteilen sind; Bek. vom 5. März 1921 (GVBl. S. 67) und vom 14. April 1921 (GVBl. S. 253) Anlage 1 Nr. 1; s. auch die Bek. vom 30. Sept. 1920 betr. Bergwesen in Coburg (GVBl. S. 434) über die Behördenorganisation.

Die Bek. vom 31. März 1919 betr. Zwangsenteignung zur Beschaffung von Arbeitsgelegenheit (GVBl. S. 122) sah ein vereinfachtes Verfahren zur Enteignung nach dem BergG. vor.

S. auch AG.GVO. Art. 17, 18, 37—51 (Becher III, 9 S. 135, 138 ff.).

Darüber, daß durch Art. 170 BergG. (und § 127 preuß. Allg. BergG.) die Anwendung des § 29 BGB. nicht ausgeschlossen ist, s. BayObLG. in JW. 1925 S. 1880 (mit zustimmender Bemerkung von Arndt) = BayObLGZ. Bd. 24 S. 116.

In **Sachsen***) hat die gesamte Berggesetzgebung durch das am 1. Januar 1911 in Kraft getretene Allgemeine Berggesetz vom 31. Aug. 1910 eine neue einheitliche Fassung erhalten (über die Entwicklung des sächsischen Bergrechts und die früheren Bestimmungen s. Kloß-Müller, Sächs. Landesprivatrecht, 3. Aufl., § 88, III S. 196 ff.); hiezu AusfVO. vom 20. Dez. 1910, die gleichfalls alle bis dahin erlassenen Ausführungsbestimmungen aufhob. Das BergG. ist geändert und ergänzt durch G. vom 14. Juni 1918 über das staatliche Kohlenbergbaurecht, G. vom 21. Juli 1919, 9. Febr. 1920 (GBl. 1919 S. 195, 1920 S. 32), G. vom 7. Aug. 1922 (GBl. S. 489), NotV. vom 30. Nov. 1922 (GBl. S. 610), G. vom 9. Aug. 1923 (GBl. S. 420), G. vom 21. Dez. 1923 (GBl. S. 613); NotVO. vom 15. Okt. 1925 (GBl. S. 255); G. vom 30. Jan. 1924 über die Übertragung des staatl. Kohlen- und Elektrizitätsunternehmens an die Aktiengesellschaft Sächsische Werke zu Dresden (GBl. S. 51).

Württemberg**): BergG. vom 7. Okt. 1874 (RegBl. S. 265), abgeändert durch Art. 207 und 208 AG.BGB. (Becher XXVI, 1 S. 16 ff.), G. vom 17. Febr. 1906 (RegBl. S. 10), vom 25. Juli 1910 (RegBl. S. 413), vom 22. Dez. 1916 (RegBl. 1917 S. 114), vom 29. März 1918 (RegBl. S. 48) und vom 29. März 1924 (RegBl. S. 190); G. vom 18. Mai 1921 betr. die staatl. Hüttenwerke (RegBl. S. 227).

Baden: BergG. vom 22. Juni 1890, mehrfach geändert, nunmehr in der Fassung vom 17. April 1925 (GVBl. S. 103); VO. vom 12. Jan. 1901 betr. Anlegung der Berggrundbücher (GVBl. S. 3); §§ 11, 26 AG.GBO. in der Fassung der Bek. vom 13. Okt. 1925 (GVBl. S. 296 ff.). Über standesherrliche Sonderrechte im bad. Bergrecht s. Merk in ArchÖffR. Bd. 9 S. 129.

Thüringen hat eine einheitliche Regelung des gesamten Bergrechts noch nicht vorgenommen; s. G. vom 14. Juni 1920 betr. die Aufsuchung und Gewinnung von Stein- und Braunkohle (GS. S. 109), geändert durch § 3 der VO. vom 3. Aug. 1926 (GS. S. 365); AusfVO. hiezu vom 15. Sept. 1920 (GS. S. 209); VO. vom 30. Sept. 1921 über die Zuständigkeit in Bergsachen (GS. S. 262); G. vom 26. Sept. 1922 /4. Jan. 1923 über die thüringischen Bergbehörden (GS. 1922 S. 459, 1923 S. 20); VO. vom 9. Mai 1925 und 17. Dez. 1926 über die Zuständigkeit in Berggrundbuchsachen (GS. 1925 S. 139, 1926 S. 432); VO. vom 20. Dez. 1923 über die Gebühren in Bergbausachen (GS. S. 38). Die die Berggesetze einzelner thüringischer Länder abändernden Vorschriften ihrer AG.BGB., nämlich Altenburg §§ 52, 53, Gotha Art. 22 Nr. 1, Reuß ä. L. § 75, Reuß j. L. § 66, Rudolstadt Art. 62 Nr. 1, 2, Art. 125, Sondershausen Art. 44, sind durch § 155 Nr. 11 der AV.BGB. vom

---

*) Schrifttum: Kloß-Müller a. a. O. §§ 88—106, S. 196 ff.; Wahle, Handausgabe des BergG., Leipzig 1911; derselbe, Die neue Berggesetzgebung in Sachsen, Leipzig 1919; derselbe in ZBergR. Bd. 58 S. 144 ff., Bd. 61 S. 66, 206, Bd. 62 S. 112 ff., Bd. 65 S. 467, Bd. 66 S. 295, 467; Hallbauer in SächsRpflArch. Bd. 13 S. 177 ff.; Just ebenda Bd. 15 S. 49 ff.; Kretzschmar, Das sächs. G. über das staatl. Kohlenbergbaurecht, ZBlFG. Bd. 19 S. 49.

**) S. Meyer, Württ. AG.BGB. Tl. II S. 303 ff.; Speidel, Das württemb. Berggesetz, Heilbronn 1920.

16. Mai 1923 (GS. für Thüringen S. 302) aufrechterhalten. Die Berggesetze der einzelnen Länder sind:

Sachsen-Weimar-Eisenach: Allg. BergPolO. vom 16. Juni 1906, BergG. vom 1. März 1905, abgeändert durch G. vom 20. Dez. 1905 und 30. März 1910;

Sachsen-Meiningen: BergG. vom 17. April 1808 in der Fassung vom 23. März 1903;

Sachsen-Gotha: BergG. vom 23. Okt. 1899 (GS. S. 137); BergG. vom 20. März 1896, abgeändert durch G. vom 20. April 1906 (GS. S. 543), vom 6. März 1912 (GS. S. 3) und vom 1. Juni 1918 (GS. S. 52); s. hiezu Ehwald in ThürZ. Bd. 39 S. 161 ff.; über die Rechtsgültigkeit gothaischer Kaufgewerkschaften in Württemberg s. RGZ. Bd. 100 S. 210.

Sachsen-Altenburg: BergG. vom 18. April 1872 (GS. S. 29), abgeändert durch G. vom 1. Sept. 1896 (GS. S. 89) und § 52 AG.BGB. (Becher XVIII, 1 S. 11); G. vom 14. Juni 1920 betr. Aufsuchung und Gewinnung von Kohle (GS. S. 89); BergPolVO. für den Braunkohlenbergbau vom 12. März 1917 (GS. S. 13) und 16. Juni 1920 (GS. S. 51); thüring. VO. vom 30. Juni 1926 zur Änderung der BergPolVO. in Sachsen-Altenburg vom 16. Juni 1920 (thüring. GS. S. 272).

Reuß ä. L.: AG.BGB. § 75 (Becher XV, 1 S. 13).

Reuß j. L.: BergG. vom 9. Okt. 1870 (GS. Bd. 16 S. 199), abgeändert durch § 66 AG.BGB. (Becher XVI, 1 S. 14), G. vom 5. März 1907 (GS. S. 13), vom 7. Jan. 1913 (GS. Bd. 29 S. 1) und vom 3. Juli 1918 (GS. Bd. 30 S. 63).

Schwarzburg-Rudolstadt: BergG. vom 20. März 1894 (GS. S. 19), abgeändert durch Art. 125 AG.BGB. (Becher XXIII, 2 S. 24) und G. vom 7. Mai 1913 (GS. S. 179); s. auch Art. 62 Nr. 1 und 2 AG.BGB.

Schwarzburg-Sondershausen: G. über den Bergbau vom 6. März 1894, abgeändert durch Art. 44 AG.BGB. (Becher XXIV, 1 S. 19).

Hessen: BergG. vom 28. Jan. 1876 in der Fassung vom 30. Sept. 1899 (Reg.-Bl. S. 801 ff.), abgeändert durch Art. 283 AG.BGB. (Becher VIII, 3 S. 107) und G. vom 28. März 1908 (RegBl. S. 89); G. vom 12. März 1920 betr. Beschränkung der Verfügung über Bergwerkseigentum und Gewerkschaftsanteile (RegBl. S. 59); Allgem. BergpolizeiVO. vom 7. März 1924 (RegBl. S. 211). S. Wolff, Hess. Landesprivatrecht §§ 154 ff.; s. auch G. vom 8. Okt. 1927 über Aufsuchen und Gewinnung von Schwerspat (RegBl. 1927 Nr. 16).

Hamburg: G. vom 20. Sept. 1907 betr. Regelung einzelner bergrechtlicher Verhältnisse (GS. S. 235); G. vom 25. Juni 1906 über die Gewinnung von Stein- und Kalisalzen (GS. I S. 89); BergG. vom 3. Juni 1911 (GS. I S. 80).

Mecklenburg-Schwerin: VO. vom 16. Mai 1879 betr. Aufsuchung und Gewinnung von Salzen (RegBl. Nr. 23); VO. vom 19. Juni 1896 betr. Gewerkschaften (RegBl. Nr. 21); VO. vom 22. Juni 1900 betr. den Salz-Bergbau (RegBl. Nr. 22) mit Zusatz-VO. vom 16. Aug. 1904 (RegBl. Nr. 30); VO. vom 30. Dez. 1915 betr. Aufsuchung und Gewinnung von Bitumen und Kohle (RegBl. S. 1125); G. vom 3. März 1921 betr. Zusatzbestimmung zum § 20 der VO. vom 22. Juni 1900 (RegBl. S. 457); nunmehr BergG. vom 2. März 1922 (RegBl. S. 185), das in § 116 die bisherigen Vorschriften außer Kraft setzt.

Oldenburg und Landesteil Lübeck: BergG. vom 3. April 1908 (GBl. S. 875); BergPolVO. vom 4. Okt. 1918 (GBl. Bd. 40 S. 171).

Braunschweig: BergG. vom 15. April 1867 in der Fassung vom 14. März 1913 (GVS. S. 55), abgeändert durch G. vom 9. Juli 1915 (GVS. S. 155), vom 28. Okt. 1916 (GVS. S. 203), vom 20. Dez. 1921 (GVS. S. 327); vom 3. Jan. 1924 (GVS. S. 18); G. vom 19. Mai 1894 wegen Aufsuchen und Gewinnung von Mineralien, abgeändert durch G. vom 25. Febr. 1899 und vom 13. Juni 1917 (GVBl. S. 123); Bek. vom 21. Dez. 1913 (GVBl. S. 471); NotV. vom 9. Juli 1923 über ein vereinfachtes Enteignungsverfahren nach dem Berggesetze (GVS. S. 263); G. vom 3. Jan. 1924 über Aufsichtsräte bei Berggewerkschaften (GVS. S. 19); G. vom 15. Okt. 1924 betr. Übertragung der Verwaltung und Ausbeute staatlichen Grund- und Bergwerksbesitzes an eine G. m. b. H. (GVS. S. 247); G. vom 18. Nov. 1924 betr. Übertragung der Verwaltung und Ausbeutung der Gemeinschaftsanteile an dem sog. Kommunion-Unterharzischen Berg-, Hütten- und Fabrikhaushalt an eine G. m. b. H. (GVBl. S. 344); BergpolizeiVO. vom 10. Nov. 1924 (GVBl. 1925 S. 3).

Anhalt: BergG. in der Fassung der Bek. vom 20. März 1896 (GS. Nr. 960; Becher, ErgBd. I, 13 S. 99 ff.), abgeändert durch Art. 53 AG.BGB. vom 18. April 1899, G. vom 20. April 1906 (GS. Nr. 1236), vom 24. März 1909 (Nr. 1284),

9. April 1917 (Nr. 1457), G. vom 27. März 1920 (S. 47 Nr. 1589); G. vom 13. März 1924 über Aufsichtsräte bei Berggewerkschaften (GS. S. 17 Nr. 1773), G. vom 23. März 1924 (GS. S. 17), G. vom 10. April 1924 (GS. S. 92 Nr. 1791); G. vom 26. März 1925 (GS. S. 33 Nr. 1834); BergpolizeiVO. vom 9. März 1907 (Nr. 2151), abgeändert 14. Juni 1924 (Amtsbl. Nr. 49).

Über die Revisibilität der anhaltischen Berggesetzgebung s. RGZ. Bd. 109 S. 310.

Bremen: G. vom 14. April 1908 betr. die Regelung bergrechtlicher Verhältnisse (GBl. S. 47, Becher ErgBd. V S. 48).

Lippe: BergO. vom 30. Sept. 1857; VO.en vom 26. April 1907 (LV. Bd. 24 S. 671), vom 25. Okt. 1913 (LV. Bd. 26 S. 79) und vom 27. Nov. 1918 (GS. S. 875) betr. Vorbehalt des Bergwerkseigentums.

Lübeck: G. vom 28. Okt. 1895 und Nachtrag vom 21. März 1904 (VO. S. 89).

Mecklenburg-Strelitz: VO. vom 25. Mai 1917 über Aufsuchen und Gewinnung von Bitumen und Kohle (OffAnz. S. 697).

Waldeck: G. vom 1. Jan. 1869 in der Fassung des G. vom 30. Dez. 1907 (betr. Einführung des Allg. Preuß. BergG.); G. vom 5. Jan. 1911 (GVBl. S. 21).

Schaumburg-Lippe: BergG. vom 28. März 1906 (LandVO. S. 215), Allg. BergPolVO. vom 24. Aug. 1911 (LandVO. S. 69).

5. **Rechtsprechung** zu den Berggesetzen der Länder s. in Neumanns Jahrbuch des Deutschen Rechts zu Art. 67.

6. Vgl. auch das deutsch-polnisch-oberschlesische Bergwerksabkommen vom 22. Juni 1922 (RGBl. II S. 118), ratifiziert am 9. März 1923, Bek. vom 7. Sept. 1923 (RGBl. II S. 369).

Art. 68.*)

Unberührt bleiben die landesgesetzlichen Vorschriften, welche die Belastung eines Grundstücks mit dem vererblichen und veräußerlichen Rechte zur Gewinnung eines den bergrechtlichen Vorschriften nicht unterliegenden Minerals gestatten und den Inhalt dieses Rechtes näher bestimmen. Die Vorschriften der §§ 874, 875, 876, 1015, 1017 des Bürgerlichen Gesetzbuchs finden entsprechende Anwendung.

E. I, 71; II, 41; III, 66.

Gewinnung von Mineralien.

1. Entstehung. Der Art. 68 entspricht im wesentlichen dem Art. 71 E. I (Mot. z. EG. 195, P. VI, 344 ff.; Reatz III, 49, Mat. 87, a S. 26).

2. Inhalt. Wie schon zu Art. 67 in Bem. 2, A hervorgehoben, ist die Landesgesetzgebung ungehindert, die Gewinnung von **Mineralien aller Art** den bergrechtlichen Normen zu unterwerfen. In diesem Falle tritt der Vorbehalt des Art. 67 ein.

Es kommen aber, wie die Motive besagen (namentlich in Sachsen nach der GerO. vom 9. Jan. 1865 § 114 Nr. 5, § 124 Nr. 8), veräußerliche und vererbliche Berechtigungen vor, welche darauf gerichtet sind, ein Grundstück zur Gewinnung von Bodenbestandteilen, welche dem Verfügungsrechte des Eigentümers nicht entzogen sind (Steine, Schiefer, Ton, Porzellanerde usw. usw.), zu benutzen, ohne daß die Ausübung eines solchen Rechtes bergrechtlichen Normen und Beschränkungen unterworfen ist.

Der Vorbehalt des gegenwärtigen Artikels ermächtigt die Landesgesetzgebung, solche Rechte, welche, weil es sich um veräußerliche und vererbliche Nutzungsrechte handelt, an sich nach dem BGB. (§§ 1059, 1061) nicht zulässig wären, aufrecht zu erhalten und deren Inhalt zu regeln, mit der Maßgabe jedoch, daß diese Rechte den Vorschriften der §§ 874—876, 1015 und 1017 BGB. unterworfen wurden, daß also für die Begründung, die Aufhebung, den Schutz und die grundbücherliche Behandlung dieser Rechte die entsprechende Gleichbehandlung mit dem Erbbaurechte reichsgesetzlich angeordnet ist. Der Vorbehalt bezieht sich aber nur auf Sondervor-

---

*) Lohmann, Die rechtmäßige Gewinnung bergfreier und fremder Mineralien, Diss. Gießen 1910 (auch in der Berg- und Hüttenmännischen Zeitschrift, Jahrg. 1910); Reinhard, Von sächsisch-rechtlichen dinglichen Abbaurechten auf ein den bergrechtlichen Vorschriften nicht unterliegendes Mineral, SächsZ. 1921 S. 50; Wein, Abbaurechte, BayZ. 1917 S. 309.

schriften in bezug auf jene Rechte, nicht auf allgemeine Rechtssätze des gemeinen Rechts (OLG. Darmstadt HessRspr. 1916 S. 303 ff.).

An Stelle der §§ 1015, 1017 BGB. sind jetzt gemäß § 36 der VO. vom 15. Jan. 1919 über das Erbbaurecht (RGBl. S. 72 ff.) die entsprechenden Vorschriften dieser Verordnung getreten.

Hienach gilt für die von Art. 68 betroffenen Abbaurechte reichsrechtlich folgendes:

a) § 1015 BGB. verlangte für die zur Bestellung des Erbbaurechts nach § 873 BGB. erforderliche Einigung des Eigentümers und des Erwerbers die Erklärung bei gleichzeitiger Anwesenheit beider Teile vor dem Grundbuchamt; dieses Erfordernis ist durch § 11 ErbbVO. beseitigt, es tritt an die Stelle des § 1015 BGB. der § 873 BGB. schlechthin (s. Bd. III S. 776 Bem. zu § 36 ErbbVO.). Es genügt also gemäß § 873 BGB. zur Bestellung des Abbaurechtes die Einigung des Grundstückseigentümers und des Erwerbers über die Bestellung des Rechtes sowie die Eintragung der Rechtsänderung im Grundbuch.

b) An die Stelle des § 1017 BGB. ist § 11 der ErbbVO. getreten. Darnach finden auf das Abbaurecht die sich auf Grundstücke beziehenden Vorschriften mit Ausnahme der §§ 925, 927, 928 BGB. sowie die Vorschriften über Ansprüche aus dem Eigentum entsprechende Anwendung, soweit sich nicht aus der ErbbVO. ein anderes ergibt. Eine Übertragung des Erbbaurechts, die unter einer Bedingung oder einer Zeitbestimmung erfolgt, ist unwirksam. Auf einen Vertrag, durch den sich der Grundstückseigentümer verpflichtet, ein Erbbaurecht zu bestellen, findet der § 313 BGB. entsprechende Anwendung. S. die Bem. zu § 11 ErbbVO. im Bd. III S. 708 ff. dieses Kommentars.

c) Bei der Eintragung des Abbaurechts kann zur näheren Bezeichnung seines Inhalts auf die Eintragungsbewilligung Bezug genommen werden, soweit nicht das Gesetz ein anderes vorschreibt (§ 874 BGB.).

d) Zur Aufhebung des Rechts ist, soweit nicht das Gesetz ein anderes vorschreibt, die Erklärung des Berechtigten, daß er das Recht aufgebe, und die Löschung des Rechtes im Grundbuche erforderlich. Die Erklärung ist dem Grundbuchamt oder demjenigen gegenüber abzugeben, zu dessen Gunsten sie erfolgt.

Vor der Löschung ist der Berechtigte an seine Erklärung nur gebunden, wenn er sie dem Grundbuchamte gegenüber abgegeben oder demjenigen, zu dessen Gunsten sie erfolgt, eine den Vorschriften der Grundbuchordnung entsprechende Löschungsbewilligung ausgehändigt hat (§ 875 BGB.).

e) Ist das Abbaurecht mit den Rechten eines Dritten belastet, so ist zur Aufhebung des belasteten Rechtes die Zustimmung des Dritten erforderlich. Steht das aufzuhebende Recht dem jeweiligen Eigentümer eines anderen Grundstücks oder Inhaber eines anderen Abbaurechts zu, so ist, wenn dieses Grundstück oder Abbaurecht mit dem Rechte eines Dritten belastet ist, die Zustimmung des Dritten erforderlich, es sei denn, daß dessen Recht durch die Aufhebung nicht berührt wird. Die Zustimmung ist dem Grundbuchamt oder demjenigen gegenüber zu erklären, zu dessen Gunsten sie erfolgt; sie ist unwiderruflich.

f) Wegen der grundbücherlichen Behandlung s. § 84 GBO.

g) Wegen der Zwangsversteigerung und Zwangsverwaltung s. § 2 Abs. 1 EG.ZVG.

3. Landesgesetze: Siehe für Sachsen AG.BGB. §§ 14—17 und AV.BGB. vom 6. Juli 1899 § 19 (Becher XVII, 2 S. 15); s. auch Kloß-Müller, Sächs. Landesprivatrecht, 3. Aufl., § 121; für Preußen s. AG.BGB. Art. 40 (Becher XIV, 1 S. 21); G. vom 9. Jan. 1913 über phosphorhaltige Mineralien und Gesteine (GS. S. 13); für Thüringen AV.BGB. vom 16. Mai 1923 § 85 (GS. S. 295).

In Bayern bestehen einschlägige Vorschriften nicht; über die in Bayern nicht besonders geregelten Abbaurechte, z. B. Graphit, Ton usw. s. Wein a. a. O.; über die Zulässigkeit der Begründung von Rechten im Sinne des Art. 68 als veräußerliche und vererbliche Personalservituten im Anwendungsgebiet des gemeinen Rechts und des bayerischen Landrechts s. BayObLGZ. Bd. 13 S. 732.

Wegen der Kalisalze vgl. Bem. 3 zu Art. 67.

4. Die Bestimmung des Art. 155 Abs. 4 der Reichsverfassung vom 11. Aug. 1919, daß alle Bodenschätze unter Aufsicht des Staates stehen, gilt auch für Mineralien im Sinne des Art. 68 (vgl. Bem. 3 a. E. zu Art. 67).

Art. 69.*)

Unberührt bleiben die landesgesetzlichen Vorschriften über Jagd und Fischerei, unbeschadet der Vorschrift des § 958 Abs. 2 des Bürgerlichen Gesetzbuchs und der Vorschriften des Bürgerlichen Gesetzbuchs über den Ersatz des Wildschadens.

E. I, 43; II, 42; III, 67.

Jagd; Fischerei.

1. Entstehung. Der Art. 43 des E. I lautete: „Unberührt bleiben die Vorschriften der Landesgesetze über Jagd und Fischerei mit Einschluß der Vorschriften über den Ersatz des Wildschadens."

Infolge der Veränderung der Fassung der nunmehrigen §§ 958 Abs. 2 und 835 BGB. erhielt dann der Art. 69 in der II. Komm. seine nunmehrige Gestalt (M. III, 5, Mot. z. BG. 164, Reatz III, 49, P. II, 806—811, 820 ff., III, 250 ff., VI, 377 ff., 743, Mat. 27).

---

*) Schrifttum: Im allgemeinen vgl. Archiv der Forst- und Jagd-Gesetzgebung der deutschen Bundesstaaten, 20 Bde. (Freiburg i. B., Frankfurt a. M.) 1834 bis 1847. Im einzelnen: a) Jagd: Bauer, Sammlung der deutschen Jagdgesetze, Neudamm 1896 (2. Aufl.); Albert, Die deutsche Jagdgesetzgebung nach ihrem dermaligen Stande, München 1890; Schumann, Das Wesen des Jagdpachtvertrages und sein Gegenstand, aus der rechtlichen Natur des Jagdrechts entwickelt, Diss. Greifswald 1909; Dickel, Jagd- und forstrechtliche Streitfragen in Zeitschr. f. Forst- und Jagdwesen Bd. 42, 44, Berlin 1910; Saaler, Die Rechtsstellung des Jagdpächters bei Veräußerung des Grundstückes (Festgabe für Gierke), Breslau 1910; v. Brünneck, Das heutige deutsche Jagdrecht im ArchZivPrax. Bd. 48 S. 80 ff. und GruchotsBeitr. Bd. 16 S. 182 ff.; Neubauer, Zusammenstellung des in Deutschland geltenden Rechts betr. verschiedene Rechtsmaterien (Expropriation, Forstrecht, Jagdrecht usw.) 1880 S. 85—102, 1881 S. 98 ff.; Ebner, Die Grundbegriffe des Jagdrechts in GruchotsBeitr. Bd. 55 S. 535 ff., 737 ff.; derselbe, Besitz und Eigentum an jagdbarem Wild, GruchotsBeitr. Bd. 57 S. 343; Dernburg, Bürgerl. Recht III, Sachenrecht § 113; Wolff, Sachenrecht § 80, 7. Bearbeitung, S. 246 ff.; Stobbe-Lehmann, D. Privatrecht II, § 127; Hübner, Grundzüge des D. Privatrechts, 2. Aufl. § 39, II S. 246 ff.; Hedemann, Sachenrecht, Berlin 1924, § 16, II; Schmidt-Pasing, Ansprüche und rechtliche Befugnisse des Jagdausübungsberechtigten gegenüber dem sein Aneignungsrecht verletzenden Wilderer; Raape, Aneignungsüberlassung, JheringsJ. Bd. 74 S. 179; Schmidt, Ansprüche und rechtliche Befugnisse des Jagdberechtigten gegenüber dem sein Aneignungsrecht verletzenden Wilderer, SeuffBl. Bd. 69 S. 367; Berger, Die Stellung des wilden Kaninchen im Zivil- und Strafrecht (Neudamm, Neumanns Verl. 1901); Ludewig, Die Unterlassungsklage des Jagdpächters, JW. 1924 S. 775; Raitz v. Frantz, Das Jagdrecht in den besetzten Gebieten Westdeutschlands, DJZ. 1919 S. 268; Mitzschke, Die Grenzen der Erfüllungshaftung bei der Jagdpacht, Marburg 1923; von Dassel, Verträge in fraudem legis auf dem Gebiete des Jagdrechts, PrVerwBl. Bd. 46 S. 255; s. dazu Elze, ebenda S. 361; Stelling, Das Jagdrecht auf den Wasserläufen erster Ordnung und den Reichswasserstraßen; die Freijagd auf der Elbe, JW. 1926 S. 966; Ebner, Rechtsprechung und Schrifttum zum preuß. Jagdrecht aus den Jahren 1924—1926, VerwArch. Bd. 32 S. 269 f., 431 f.

b) Fischerei: Neubauer, Zusammenstellung usw. (s. unter a) S. 102—117; derselbe, Zusammenstellung des in Deutschland gültigen Wasserrechts, Berlin 1881 S. 99 ff.; Stobbe-Lehmann, Deutsches Privatrecht II, 1 S. 584; Hübner, Grundzüge des Deutschen Privatrechts, 2. Aufl., § 40, II S. 256 ff.; Dernburg, Bürgerl. Recht III, Sachenrecht § 114; Wolff, Sachenrecht, 7. Bearbeitung, § 81 S. 252; Hedemann, Sachenrecht, Berlin 1924, § 16, III; Friedrichs, Der Fischereipachtvertrag, Neudamm 1911; Josef, Erörterungen zum Fischereirecht, insbes. dem preuß. FischereiG. vom 1. Mai 1916, ArchZivPrax. Bd. 117 S. 247; Delius, Über Fischerei in einem Stausee, PrVerwBl. Bd. 39 S. 272; Haller, Über das Fischereirecht in Werkkanälen, WürttZ. Bd. 22 S. 65; Hagen, See- und Binnenfischerei, PrVerwBl. Bd. 41 S. 2; Strippel, Das beschränkte selbständige Fischereirecht im Prozeß, insbes. die Fischereirechte der kurhessischen Müller in ihren Mühlengräben, JW. 1925 S. 2195.

S. auch die bei Bem. 3 zu den einzelnen Landesgesetzen angeführten Schriften.

2. Inhalt.

A. Das Gesetz spricht von Vorschriften über Jagd und Fischerei, nicht von einem „Jagdrecht und Fischereirecht", weil von einem solchen Rechte nicht in gleichem Sinne gesprochen werden könne, wie von einem Wasserrecht oder Bergrechte. Der Landesgesetzgebung wurde die Regelung dieser Gegenstände überlassen, weil sie im einzelnen nur nach den Bedürfnissen und geschichtlich gegebenen Verhältnissen größerer oder kleinerer Bezirke geregelt werden können, weil ferner die Art und Weise dieser Regelung eine mehr als lokale Bedeutung nicht hat und weil meist der polizeiliche Inhalt der einschlägigen Vorschriften ein weiteres Hindernis der Kodifikation bildete (Mot. z. EG. 164, M. III, 5).

B. Jagdrecht und Fischereirecht gehören zu den ausschließlichen Aneignungsrechten; s. über die rechtliche Konstruktion des Jagdrechts im engeren Sinne und des Fischereirechts Bd. III dieses Komm., Bem. II, 2, a zu § 958; über die rechtliche Natur des Jagdrechts und die Unpfändbarkeit des Jagdausübungsrechts am eigenen Grundstück s. auch Ebner in PrVBl. Bd. 47 S. 376.

C. Der Vorbehalt dieses Artikels überläßt der Landesgesetzgebung freie Hand in der Regelung des Jagd- und Fischereiwesens, jedoch mit der Einschränkung, daß

a) für die Frage des Eigentumserwerbs an jagdbarem Wild sowie an Gegenständen des Fischereirechts (Fischen, Krebsen und anderen Wassertieren) die Vorschrift des § 958 Abs. 2 BGB. maßgebend bleibt (vgl. Bd. III dieses Komm., Bem. II zu § 958, sowie Staudinger in SeuffBl. Bd. 63 S. 285), und daß

b) bei der Regelung des Ersatzes des Wildschadens die Vorschriften des § 835 BGB. und außerdem die Vorschriften der Art. 70–72 dieses Gesetzes zu beobachten sind.

D. Nach § 958 Abs. 1 BGB. erwirbt regelmäßig, wer eine herrenlose Sache in Eigenbesitz nimmt, das Eigentum an der Sache. Nach Abs. 2 verschafft aber ausnahmsweise die Okkupation in zwei Fällen kein Eigentum, wenn nämlich die Aneignung gesetzlich verboten ist oder wenn durch die Besitzergreifung das Aneignungsrecht eines anderen verletzt wird; es dauert also in diesen Fällen die bisherige Herrenlosigkeit der Sache fort (s. Bd. III dieses Komm., Bem. II zu § 958). Das Verbot für die Landesgesetzgebung, von dem Grundsatze des § 958 Abs. 2 abzuweichen, bezweckt, die einheitliche Entscheidung der Eigentumsfrage im Jagd- und Fischereirecht in bürgerlich-rechtlicher und strafrechtlicher Beziehung sicherzustellen.

Hienach können die Landesgesetze nicht bestimmen:

a) daß die verbotene Aneignung von jagdbaren Tieren oder Fischen (und anderen dem Fischereirecht unterliegenden Tieren) Eigentum verschafft. Die gesetzlichen Schonzeiten (zeitliche Okkupationsbeschränkungen) sind jedoch keine Aneignungsverbote in diesem Sinne (RGSt. Bd. 7 Nr. 28; Niedner Bem. 3, a zu Art. 69; Bem. II, 1, b zu § 958 in Bd. III dieses Komm. und das weitere dort angeführte Schrifttum);

b) daß der Jagdberechtigte durch die verbotene Aneignung (z. B. seitens des Wilderers) unmittelbar Eigentum erwirbt. Der Wilddieb erlangt an dem erlegten Wild Besitz, der Jagdberechtigte aber beim Mangel eines der in § 868 angeführten Verhältnisse nicht mittelbaren Besitz (Bem. II, 4 zu § 868 in Bd. III). Das Wild bleibt einstweilen herrenlos, bis entweder der Jagdberechtigte davon Besitz ergreift oder ein gutgläubiger Dritter es erwirbt; gegen den, der es sich unberechtigt angeeignet hat, besteht nur ein Anspruch auf Herausgabe auf Grund des § 812 BGB. und ein Anspruch auf Schadensersatz nach § 823 Abs. 1 mit §§ 249 ff. BGB. Wenn in einzelnen Jagdgesetzen bezüglich der „Jagdfolge" der Satz aufgestellt ist: „das Wild gehört demjenigen, in dessen Gebiet es fällt", so ist der Ausdruck „gehören" nicht im sachenrechtlichen Sinne des Eigentumserwerbs zu verstehen, es ist vielmehr damit nur das jagdrechtliche Aneignungsrecht geregelt. Wer einer solchen Vorschrift entgegen sich jagdbares Wild aneignet, begeht also auch strafrechtlich keine Eigentumsverletzung im Sinne des StGB., sondern nur ein Jagdvergehen (s. zu der Frage die Bem. II, 2, c zu § 958 in Bd. III und die dort angeführten Schriften und Entscheidungen, ferner Planck Bem. 4 zu Art. 69, abweichend Schmidt in SeuffBl. Bd. 69 S. 357); s. auch die Sonderschriften: Stelling GruchotsBeitr. Bd. 57 S. 343, Raape IheringsJ. Bd. 74 S. 179, Janus, Der Erwerb des Eigentums am Wilderergut, Diss. Breslau 1894, Lux, Der Erwerb des Eigentums an jagdbaren Tieren, Diss. Breslau 1896, Nußbaum, Eigentumserwerb an widerrechtlich erlegtem Wild, Diss. (Erlangen) 1897,

Jaehner, Eigentumserwerb am Wilderergut, Diss. 1897; Reichelt, Die rechtliche Natur des Jagdwildes und des Wildererguts. Eine Studie für Jäger und Juristen, Breslau 1897, Wilke, Die Streitfrage nach dem rechtlichen Schicksal des von einem Unbefugten okkupierten Wildes, Diss. (Erlangen) Berlin 1898, Dühmer, Der Eigentumserwerb am Wilderergut, Diss. (Rostock) 1902, Winkler, Wilderergut und Jagdberechtigung, Diss. (Berlin) 1911, Posadowsky-Wehner, Die widerrechtliche Aneignung von Wild in zivil- und strafrechtlicher Bedeutung, Diss. (Breslau) 1909, Preßler, Eigentumserwerb an jagdbaren Tieren nach BGB. unter Berücksichtigung des sächsischen Landesrechts, Leipzig 1911 (Diss.).

3. Landesgesetze:

I. Jagdgesetze:

Preußen*): PrALR. I, 9 §§ 128, 129, 139, 140, 152, 153, 155—159. Jagdordnung vom 15. Juli 1907 (GS. S. 207) in der Fassung des G. vom 19. Oktober 1922 (GS. S. 308), vom 15. April 1923 (GS. S. 91), der VO. vom 12. November 1923 (GS. S. 532) und des G. vom 15. Juli 1924 (GS. S. 577); dieselbe stellt eine erschöpfende Kodifikation des Jagdrechts dar und gilt in ganz Preußen mit Ausnahme der Provinz Hannover, der Hohenzollernschen Lande und der Insel Helgoland; für den Geltungsbereich der JagdO. hebt dann § 86 eine Reihe älterer Gesetze und Verordnungen auf; wegen teilweise noch fortgeltender Gesetze s. § 86 Nr. 10, 13, 15, 18. Hannoversche Jagdordnung vom 11. März 1859 (Hannov. GS. S. 159) in der Fassung der preuß. VO. vom 6. Nov. 1915 (GS. S. 153) und des Art. I des preuß. G. vom 31. Juli 1925 (GS. S. 100); WildschadenG. vom 21. Juli 1848 (Hannov. GS. I S. 215), WildschadenG. vom 14. Juli 1904 (GS. S. 159); Jagdordnung für die Hohenzollernschen Lande vom 10. März 1902 (GS. S. 33) in der Fassung des Art. IV des preuß. G. vom 31. Juli 1925 (GS. S. 100); WildschadenG. vom 11. Juli 1891 (GS. S. 307); in Kurhessen gilt das kurhessische JagdG. vom 7. Sept. 1865 (Kurhess. GS. S. 571) — hiezu G. vom 31. Juli 1925 Art. V (GS. S. 100) — und das kurhessische WildschadenG. vom 26. Jan. 1854 (Kurhess. GS. S. 9) mit den sich aus § 81 der preuß. JagdO. vom 15. Juli 1907 regelnden Abänderungen fort; weitere Änderungen G. vom 31. Juli 1925 (GS. S. 100, 101). Ostfriesland, Jagdordnung vom 31. Juli 1838 (Hannov. GS. III S. 160), in der Fassung des G. vom 26. Juli 1897 (GS. S. 253).

Bayern**): JagdG. vom 30. März 1850 (GBl. 1849/50 S. 117), abgeändert durch Art. 10, 11 AG.StPO., Art. 143 AG.BGB., G. vom 22. Jan. 1924 (GVBl. S. 9); das JagdG. gilt (mit Ausnahme der auch in der Pfalz geltenden Art. 1, a

*) Schrifttum: Wagner, Die preuß. Jagdgesetzgebung, 2. Aufl., 1889; Dalcke-Delius, Das preuß. Jagdrecht, 6. Aufl., Breslau 1914; Ebner, Die preuß. Jagdgesetze in ihrer gegenwärtigen Fassung, 7. Aufl., Berlin 1919, mit Nachtrag 1924; Bauer, Die Jagdordnung vom 15. Juli 1907, 5. Aufl., Neudamm 1924; Görke, Die preuß. Jagdordnung vom 15. Juli 1907, 5. Aufl. von Kohli, Berlin 1920; Ebner, Die Rechtsprechung und Literatur zum preuß. Jagdrecht aus den Jahren 1910 und 1911, VerwArch. 1912 S. 357 ff.; von 1918—1920 Bd. 29 S. 133, von 1921—1923 Bd. 30 S. 317; derselbe, Die Grundbegriffe des Jagdrechts in GruchotsBeitr. Bd. 55 S. 535 ff., 737 ff.; derselbe, Besitz und Eigentum an jagdbarem Wilde, GruchotsBeitr. Bd. 57 S. 343; Stelling, Die ungeteilten Gemeinschaften nach der Hannoverschen Jagdordnung vom 11. März 1859, Zeitschr. f. Forst- und Jagdwesen, 57. Jahrg. Heft. 11; derselbe, Das Jagdrecht auf den Wasserläufen erster Ordnung und den Reichswasserstraßen, JW. 1925 S. 1085 und 1926 S. 966; Gröhe, Jagdrecht auf der Elbe, JW. 1925 S. 2226; Brüneck, Das Recht der Jagdausübung in seiner Eigenschaft und Bedeutung wie in seinem Verhältnisse zum Jagdrechte nach der preuß. JagdO. vom 15. Juli 1907, GruchotsBeitr. Bd. 57 S. 365 ff.; Löwenstein, Das Notwild und § 28 des Kurhess. JagdG. vom 7. Sept. 1865; Schobe, Zum hannoverschen Jagdrecht, „Recht" 1912 S. 125.

**) Höchst, Systematische Darstellung des im rechtsrheinischen Bayern geltenden Jagdrechts, München 1895; Schüllermann, Jagdrecht, München 1901; Wirschinger, Das Jagdrecht des Königreichs Bayern, 1902; Behr, Das bayer. JagdG., mit den G. über Ersatz des Wildschadens und sonstigen einschlägigen reichs- und landesgesetzlichen Bestimmungen, 2. Aufl. München 1928; Pollwein, Bayer. G. betr. die Ausübung der Jagd und G. über Ersatz des Wildschadens, 10. Aufl., München 1923; derselbe, Die Übertragung der Gemeindejagdrechte in Bayern, Augsburg 1917; Notthaft, Das Jagdrecht auf den Gewässern im rechtsrheinischen Bayern, BayZ. 1918 S. 244; Männer, Das Jagdrecht der Pfalz, Kirchheimbolanden 1892.

und 23) nur im rechtsrheinischen Bayern, wegen des pfälzischen Jagdrechts s. Henle-Schneider Bem. 6 zu Art. 1 AG.BGB., Pollwein, JagdG. Bem. 1 zu Art. 24, auch Kääb, Die Jagdkarte nach pfälzischem Jagdrecht, BayVerwBl. 1927 S. 449 ff.; WildschadenG. vom 15. Juni 1850 (GBl. 1849/50 S. 185), abgeändert durch Art. 144 AG.BGB.; VO. vom 11. Juli 1900 betr. die jagdbaren Tiere (GVBl. S. 693, Becher, ErgBd. III, 14 S. 191); JagdpolizeiVO. vom 6. Juni 1909 (GVBl. S. 409), beide abgeändert durch VO. vom 5. Mai 1913 zum Schutze der Vögel (GVBl. S. 168), eingeführt in den vormals coburgischen Landesteilen durch Bek. vom 11. April 1921 (GVBl. S. 288); im übrigen gilt das bayerische Jagdrecht in den vormals coburgischen Landesteilen mit Wirkung vom 1. April 1921 ab laut MinBek. vom 14. April 1921 (GVBl. S. 253, Anlage 1 Nr. 22, Anlage 2 Nr. 90, 91) mit der Maßgabe, daß die in diesem Zeitpunkte gemäß § 3 des coburg. G. vom 19. Juni 1907 bisher erworbenen Eigenjagdrechte unberührt bleiben; VO. vom 7. Juni 1926 über die Ausübung und Behandlung der Jagd (GVBl. S. 332).

S. dazu Oertmann, Bayer. Landesprivatrecht § 91.

Sachsen: Die älteren Gesetze vom 15. Okt. 1808, 28. Mai 1828, 25. Nov. 1858, 1. Dez. 1864 und 22. Juli 1876 sind nunmehr ersetzt durch das am 1. Sept. 1925 in Kraft getretene JagdG. vom 1. Juli 1925*) (GBl. S. 201 ff.); AusfVO. hiezu vom 23. Juli 1925 (GBl. S. 210 ff.); s. Kloß-Müller, Sächs. Landesprivatrecht, 3. Aufl. § 68.

Württemberg**): JagdG. vom 27. Okt. 1855 (RegBl. S. 223), abgeändert durch Art. 206 AG.BGB. (Becher XXVI, 1 S. 43) und G. vom 27. Dez. 1906 (RegBl. 1907 S. 1); MinVerf. vom 23. Juli 1906, die Art. der Ausübung der Jagd betr.; s. hiezu Meyer, AG.BGB. Tl. II S. 285 ff.

Baden: G. vom 2. Dez. 1850, die Ausübung der Jagd betr. in der Fassung vom 29. April 1886 und 9. Aug. 1898 (GVBl. S. 395); weiter abgeändert durch G. vom 26. Juli 1910 (GVBl. S. 435), vom 8. Juli 1914 (GVBl. S. 237) und vom 18. März 1920 (GVBl. S. 67); neue Fassung vom 28. Mai 1927 (GVBl. S. 119); Vollzugsordnung hiezu vom 6. Nov. 1886, abgeändert durch VO. vom 18. März 1914 (S. 61), 16. Mai 1906 (GVBl. S. 118), 16. Dez. 1909 (GVBl. S. 555) und VO. vom 17. Nov. 1920 (GVBl. S. 525); G. vom 18. Dez. 1924 über Jagdpachtverträge (GVBl. S. 305); über Rechtswirksamkeit dieses Gesetzes s. OLG. Karlsruhe BadRpr. Bd. 91 S. 65.

Thüringen: Jagdordnung vom 26. April 1926 (GS. S. 47 ff.), deren § 79 alle denselben Gegenstand regelnden Vorschriften der jetzt zu Thüringen vereinigten Länder (s. oben Vorbem. vor F, 1 vor § 55) sowie das thüringische Gesetz über die vorläufige Vereinheitlichung der Jagdscheine und Schonzeiten vom 27. Dez. 1922 (GS. S. 563) außer Kraft setzt; hiezu AusfVO. vom 12. Mai und 12. Juli 1926 (GS. S. 67 und 275).

Hessen: JagdG. vom 2. Aug. 1858 (RegBl. S. 357); JagdstrafG. vom 19. Juli 1858 (RegBl. S. 341), abgeändert durch G. vom 19. Aug. 1893 (RegBl. S. 129); G. über Bildung von Jagdgenossenschaften vom 19. Aug. 1893 (RegBl. S. 127), G. über Ersatz des Wildschadens vom 1. Juni 1876, abgeändert durch Art. 276 AG.BGB. (Becher VIII, 3 S. 94), neu veröffentlicht am 28. Juli 1899 (RegBl. S. 405); VO. vom 2. Aug. 1899 über Wildschadenersatz, geändert durch VO. vom 31. März 1925 (RegBl. S. 44). S. hiezu Wolff, Hess. LPrR. §§ 143 ff.

Hamburg: JagdG. vom 2. Jan. 1903 (GS. S. 1), abgeändert durch G. vom 27. Dez. 1905 (GS. S. 142), 25. April 1910 (GS. Nr. 22) und G. vom 7. April 1920 (Amtsbl. S. 503); s. hiezu Nöldeke, Hamb. Landesprivatrecht § 85 S. 471 ff.

Mecklenburg-Schwerin: JagdG. vom 9. Dez. 1920 (RegBl. S. 19; beseitigt das JagdG. vom 14. Nov. 1919, RegBl. S. 997); Bek. vom 4. Nov. 1918 über Wildabschuß und Wildschadenvergütung (RegBl. S. 1205); VogelschutzVO. vom 28. März 1918 (RegBl. S. 86).

Oldenburg: G. vom 12. Febr. 1900 betr. Ausübung der Jagd; JagdG. vom 17. April 1897, abgeändert durch G. vom 5. Mai 1914 (GBl. Bd. 39 S. 150), vom 31. Dez. 1915 (GBl. S. 399), vom 11. März 1920 (GS. S. 668); G. vom 13. März

---

*) Schmidt-Leonhardt, Das sächs. JagdG., Leipzig 1925; Weigel, dasselbe, Dresden 1925; Hundt von Hafften, dasselbe, Dresden 1926.

**) Rampacher, Das Jagd- und Fischereirecht in Württemberg, 1900; Rupp, Über das Verhältnis zwischen dem öffentlichen und dem bürgerlichen Recht bei der Verpachtung der Gemeindejagd und bei privaten Rechtsgeschäften der öffentlichen Körperschaften überhaupt, WürttZ. Bd. 24 S. 19.

1920 betr. Vogelschutz (GS. S. 668). S. auch Verfassung für den Freistaat Oldenburg (GB. für Landesteil Oldenburg S. 391) § 14.

Birkenfeld, JagdG. vom 20. Jan. 1873, abgeändert durch G. vom 11. April 1908 (GBl. S. 471).

Braunschweig: JagdO. vom 3. März 1911 (GVS. S. 53), abgeändert durch G. vom 23. Febr. 1914 (GVS. S. 45), 15. April 1919 (GVS. S. 135), 29. Okt. 1921 (GVS. S. 288), 25. Nov. 1924 (GVS. S. 353); AusfBek. vom 20. April 1911, geändert durch Bek. vom 14. April 1923 (GVS. S. 170), Bek. vom 6. Sept. und 28. Dez. 1923 (GVS. S. 293 und 418).

Anhalt: JagdpolizeiG. in der Fassung vom 15. Mai 1907 (GS. Nr. 1259), geändert durch G. vom 4. April 1924 (GS. S. 38); s. auch wegen geschützter Tiere MVO. vom 22. Jan. 1924 zur Ausf. des NaturschutzG. vom 14. Juni 1923 (GS. 1924 S. 1).

Bremen: Jagdordnung vom 27. Sept. 1889 (GBl. S. 163), abgeändert durch G. vom 25. Juli 1909 (GBl. S. 203), vom 5. April 1913 (GBl. S. 97); 14. Juli 1922 (GBl. S. 365), 15. Dez. 1922 (GBl. S. 701), 14. Febr. 1924 (GBl. S. 118); G. vom 9. Juni 1915 betr. den Schutz der Vögel (GBl. S. 140); G. vom 25. Juli 1919 (GBl. S. 287).

Lippe: Jagdordnung vom 14. Mai 1921 (GS. S. 449, 543); VO. vom 20. Juni 1921 (GS. S. 509); G. vom 13. Nov. 1923 und 30. Dez. 1924 betr. Änderung der JagdO. (LV. Bd. 28 S. 407, 777).

Lübeck: JagdG. vom 28. Febr. 1900 (VOS. Bd. 67 S. 53; Becher X, 13 S. 104 ff.), Nachträge vom 20. Nov. 1906 (GS. S. 247), 29. Juli 1908 (GS. S. 92), 8. März 1911 (S. 73), 30. Juni 1915 (S. 113), 4. Juni 1919 (S. 194), 1. Dez. 1920 (S. 300), 22. Juni 1921 (S. 97), 18. März 1925 (S. 36).

Mecklenburg-Strelitz: Jagdordnung vom 31. März 1921 (Amtl. Anz. S. 363); Bek. vom 24. Mai 1921 betr. Jagdaufsichtsamt (Amtl. Anz. S. 429); G. vom 7. April 1920 (Amtl. Anz. S. 339) und vom 29. Nov. 1911 (S. 684).

Schaumburg-Lippe: G. vom 6. Mai 1870 betr. Jagdpolizei, abgeändert durch G. vom 21. März 1906 (VOBl. S. 193).

II. Fischereiordnungen:

Preußen*): PrALR. I, 9 §§ 170 ff. Auch das Fischereiwesen ist in Preußen neu, einheitlich und erschöpfend geregelt durch das FischereiG. vom 11. Mai 1916 (GS. S. 55), in Kraft seit 15. April 1917 laut VO. vom 27. März 1917 (GS. S. 50); in § 133 des FischereiG. sind alle diesem Gesetze entgegenstehenden Vorschriften des bisherigen Rechtes außer Kraft gesetzt; eine Reihe von aufgehobenen Vorschriften ist in Abs. 2 besonders aufgeführt, so außer den Fischereigesetzen vom 30. Mai 1874 und 30. März 1880 namentlich die Provinzialrechte; aufrecht erhalten sind § 17 der FischereiO. für die Binnengewässer der Provinz Preußen vom 7. März 1845 (GS. S. 114), die FischereiO. für das Frische und das Kurische Haff vom 7. März 1845 (GS. S. 121 und 139) und das G. betr. die Koppelfischerei im Regierungsbezirk Cassel vom 19. Mai 1908 (GS. S. 133). Fischereiordnung (PolizeiVO. zum FischereiG.) vom 29. März 1917 (LMBl. S. 153), geändert am 16. März 1918 (LMBl. S. 51), die in § 54 alle auf Grund des Gesetzes von 1874 erlassenen Polizeiverordnungen aufhebt. Ausführungsanweisung vom 16. März 1918 (LMBl. S. 52), abgeändert durch VO. vom 27. April 1923 (LMBl. S. 438), 14. Febr. 1925 (LMBl. S. 96). (Über Zulässigkeit des Rechtswegs bei Streit über das Fischereirecht s. RGZ. Bd. 112 S. 269; über Ausübung der Fischerei in den früher öffentlichen Flüssen von Ost- und Westpreußen s. RGZ. Bd. 105 S. 186). G. vom 2. Sept. 1911 über den Erwerb von Fischereigerechtigkeiten für den Staat usw. (GS. S. 189); G. vom 18. Juli 1919 über die Sicherung der Bewirtschaftung von Fischereigewässern (GS. S. 140) mit AusfAnw. vom 11. Aug. 1919. KüstenfischereiVO. vom 12. Jan. 1880 (GS. S. 7).

---

*) Lippmann, Das neue preuß. FischereiG., DJZ. 1916 S. 954; Herrmann, Das preuß. FischereiG. vom 11. Mai 1916, JW. 1916 S. 891; Das preuß. Fischereirecht, Sammlung der geltenden gesetzl. und polizeil. Vorschriften, bearbeitet im Ministerium für Landwirtschaft, 1919; Delius, Das FischereiG., mit Nachtrag, Berlin 1916; Görcke, Preuß. FischereiG. nebst FischereiO., mit Nachtrag, Berlin 1918; Breuhahn, Das preuß. Fischereirecht, Berlin 1919; Strippel, Das beschränkte selbständige Fischereirecht (§§ 5, 8, 19, 20 preuß. FischereiG.), JW. 1925 S. 2195; Schlegelberger, Das Recht zum Ablassen von Fischgewässern nach § 379 Abs. 6 des preuß. WasserG., ZAgrR. Bd. 1 S. 241; Born, Preußisches Fischereigesetz, Berlin 1928.

Bayern*): FischereiG. vom 15. Aug. 1908 (GVBl. S. 527), geändert durch Art. XI Abs. 2 des G. vom 7. März 1924 (GVBl. S. 65); es hat in Art. 111 die früheren fischereirechtlichen Vorschriften, soweit sie einen in dem neuen Gesetze geregelten Gegenstand betreffen, aufgehoben. Art. 67 FischereiG. ist ersetzt durch Art. 170 Abs. 1 Nr. 27 KostenG. vom 16. Febr. 1921 und Tarifstelle 21 des StempelG. vom 16. Febr. 1921 (GVBl. S. 134, 182); VollzugsVO. vom 18. März 1909 (GVBl. S. 245); MinBek. vom 19. März 1909 (GVBl. S. 252), ergänzt durch MinBek. vom 9. Febr. 1920 (GVBl. S. 74) und abgeändert (§ 58 Abs. 6 aufgehoben) durch Bek. vom 8. Febr. 1924 (StAnz. 35); Bek. vom 15. März 1909 über die Eintragung der Fischereirechte in das Grundbuch (JMBl. S. 136); Bek. vom 19. März 1909 über die Abmarkung der Fischereirechte (GVBl. S. 249); Landesfischereiordnung vom 23. März 1909 (GVBl. 1909 S. 294); Bek. vom 17. Juni 1909 (FMBl. S. 497; betrifft die Fischereirechte des Staats).

Das FischereiG. und die VollzugsVO. gelten ab 1. April 1921 auch in den vormals coburgischen Landesteilen; die in Coburg bestehenden Angelfischereirechte bleiben unberührt, für ihre Ausübung sind die bayerischen Vorschriften maßgebend; die Eintragung bestehender selbständiger Fischereirechte bemißt sich nach dem bayerischen Recht; s. Bek. vom 14. April 1921 (GVBl. S. 253), Anlage 1 Nr. 21, Anlage 2 Nr. 89.

Sachsen**): G. vom 15. Okt. 1868 über die Ausübung der Fischerei in fließenden Gewässern; AusfVO. hiezu vom 16. Mai 1913 (GS. S. 137), ergänzt durch VO. vom 23. Febr. 1926 (GBl. S. 46); s. Kloß-Müller, Sächs. Landesprivatrecht, 3. Aufl., § 69.

Württemberg: G. vom 27. Nov. 1865 (RegBl. S. 499), abgeändert durch G. vom 7. Juni 1885 (RegBl. S. 227); AG.BGB. Art. 206 (Becher XXVI, 1 S. 43); s. hiezu Meyer, AG.BGB. Tl. II S. 293.

Baden: G. vom 29. März 1852, das Recht zur Fischerei usw. betr., geändert durch G. vom 3. März 1870, 26. April 1886, 29. März 1890 (GVBl. S. 143,; MinVO. vom 21. Nov. 1913 betr. Ausübung und Schutz der Fischerei (GVBl. S. 572); MinBek. vom 3. Juni 1914 betr. Änderung der FischereiO. für Untersee und Rhein (GVBl. S. 165); LandesfischereiO. vom 3. Febr. 1888 (GVBl. S. 13), ergänzt durch VO. vom 15. Juli 1920 (GVBl. S. 423).

Thüringen: Fischereiordnung vom 27. April 1926 (GS. S. 113), in Kraft seit 1. Jan. 1927 (VO. vom 2. Dez. 1926, GS. S. 438), deren § 91 die denselben Gegenstand regelnden Vorschriften der zu Thüringen vereinigten Länder (s. oben Vorbem. F, 1 vor § 55) außer Kraft setzt, jedoch die auf Staatsverträgen beruhenden Bestimmungen über die Fischerei in Gewässern, die dem Lande Thüringen und anderen Ländern gemeinsam sind, aufrecht erhält; hiezu AusfVO. vom 15. Dez. 1926 (GS. S. 446).

Hessen: G. vom 17. April 1881 (RegBl. S. 43); Bek. zur Ausführung des FischereiG. vom 14. Dez. 1887 (RegBl. S. 303), vom 3. Okt. 1896 (S. 146), vom 15. Jan. 1913 (RegBl. S. 37), vom 9. Sept. 1916 (RegBl. S. 186), vom 30. April 1917 (RegBl. S. 101), vom 14. Mai 1920 (S. 89), vom 13. März und 13. April 1923 (S. 65 und 102) und Bek. vom 17. April 1923 (S. 103); s. Wolf, Hess. Landesprivatrecht §§ 148 ff.

Hamburg: Revidiertes G. betr. die Ausübung der Fischerei, vom 15. Juni 1887, abgeändert durch G. vom 30. April 1906 (GS. I Nr. 32); s. Nöldeke, Hamb. Landesprivatrecht § 87.

Oldenburg: Verfassung vom 17. Juni 1919 (GS. S. 391) § 14.

Braunschweig: FischereiG. vom 1. Juli 1879; AusfVO. vom 4. Nov. 1889; VO. vom 3. Mai 1906, VO. vom 9. März 1923 (GVS. S. 101).

Anhalt: FischereiG. vom 10. Juli 1876 (GS. Nr. 426); AV. hiezu vom 17. Nov. 1887 (GS. Nr. 761).

Bremen: FischereiG. vom 27. Mai 1888 mit Änderung vom 7. Dez. 1893 (GBl. S. 133) und 25. Okt. 1894 (GBl. S. 255).

Lübeck: FischereiO. vom 28. Febr. 1920 (GVS. S. 41).

Schaumburg-Lippe: G. vom 10. April 1923 zum Schutze der Fischerei (LV. Bd. 26 S. 627); Fischereiordnung vom 21. April 1923 (LV. Bd. 27 S. 19).

---

*) Malsen-Hofer, Das bayerische Fischereirecht, München 1910; Bleyer, Das bayer. FischereiG. vom 15. Aug. 1908 mit der LandesfischereiO. vom 23. März 1909 und den sonstigen Vollzugsvorschriften, 3. Aufl., München, Berlin, Leipzig 1925.

**) Lotze-Bareuther-Nitze, Die kgl. sächsischen Gesetze über Jagd und Fischerei, 4. Aufl., Leipzig 1913.

III. Rechtsprechung
zum Jagd- und Fischereirecht der Länder s. Neumanns Jahrbuch des deutschen Rechts zu Art. 69.

4. Das Vogelschutz G. vom 30. Mai 1908 (RGBl. S. 317) findet auf die nach Maßgabe der Landesgesetze jagdbaren Vögel keine Anwendung; nur das Verbot des Fangens mit Schlingen findet auch auf diese Anwendung (§ 9, b und Schlußsatz). Weitergehende landesgesetzliche Bestimmungen zum Schutz der Vögel bleiben unberührt (§ 9).

5. Nach Art. 7 Nr. 18 der Reichsverfassung vom 11. Aug. 1919 hat das Reich die Gesetzgebung über die Hochsee- und die Küstenfischerei; solange und soweit das Reich von seinem Gesetzgebungsrechte keinen Gebrauch gemacht hat, behalten nach Art. 12 Abs. 1 RV. die Länder das Recht der Gesetzgebung: S. RGes. vom 30. April 1884 (RGBl. S. 48), Erl. vom 1. Febr. 1889 (RGBl. 1890 S. 5) und vom 22. März 1891 (RGBl. S. 21).

Art. **70.***)

Unberührt bleiben die landesgesetzlichen Vorschriften über die Grundsätze, nach welchen der Wildschaden festzustellen ist, sowie die landesgesetzlichen Vorschriften, nach welchen der Anspruch auf Ersatz des Wildschadens innerhalb einer bestimmten Frist bei der zuständigen Behörde geltend gemacht werden muß.

E. (I, 43); II, 43; III, 68.

Wildschaden.

1. Entstehung. Während Art. 43 des I. Entw. das ganze Jagd- und Fischereiwesen einschließlich der Vorschriften über den Ersatz des Wildschadens der Landesgesetzgebung vorbehalten wollte, sind, wie schon zu Art. 69 erwähnt, im BGB. selbst über den Wildschadenersatz einschlägige Vorschriften gegeben worden. Es wurden deshalb in der II. Komm. die nunmehrigen Art. 70—72 neu aufgestellt (Mot. z. EG. 164; P. II, 806—811, 820—828, VI, 378; Reatz III, 50; Mat. 87, a S. 28).

2. Inhalt.

A. Das BGB. bestimmt in § 835 über den **Ersatz des Wildschadens,** daß

a) als Wildschaden eine durch Schwarz-, Rot-, Elch-, Dam- oder Rehwild verursachte Beschädigung eines Grundstücks, an welchem dem Eigentümer das Jagdrecht nicht zusteht, sowie an den getrennten, aber noch nicht eingeernteten Erzeugnissen desselben zu betrachten ist,

b) daß dem Verletzten diesen Schaden

α) der Jagdberechtigte da zu ersetzen hat, wo, wie in Mecklenburg, noch ein Jagdrecht an fremdem Gut und Boden besteht,

β) daß dann, wenn dem Eigentümer die Ausübung des ihm zustehenden Jagdrechts durch das Gesetz entzogen (und z. B. der Gemeinde übertragen) ist, derjenige diesen Schaden zu ersetzen hat, welcher zur Ausübung des Jagdrechts nach dem Gesetze berechtigt ist,

γ) daß weiter dann, wenn der Eigentümer des Grundstücks, auf dem das Jagdrecht wegen der Lage des Grundstücks nur gemeinschaftlich mit dem Jagdrecht auf einem anderen Grundstück ausgeübt werden darf, und wenn das Jagdrecht dem Eigentümer dieses anderen Grundstücks verpachtet ist, der letztere die Verantwortung für den Schaden zu tragen hat, endlich

δ) daß die Eigentümer der Grundstücke eines Bezirks, wenn sie zum Zwecke der gemeinschaftlichen Ausübung des Jagdrechts zu einem Verbande vereinigt sind, der nicht als solcher haftet, nach dem Verhältnisse der Größe ihrer Grundstücke (nicht etwa nach dem Maßstabe des § 706 BGB.) ersatzpflichtig sind. Vgl. hiezu auch BGB. §§ 426 und 840.

---

*) Schrifttum: Simon, Der Wildschaden, seine rechtliche Behandlung, seine Ermittelung und Berechnung im Gebiete des Königreichs Preußen, Neudamm 1912; Dittrich, Zum Wildschadenersatzverfahren, PrVerwBl. Bd. 34 S. 336; Mark, Die Verfolgung der Wildschadenersatzansprüche nach badischem Rechte, BadRpr. 1913 S. 53; Dittler, Wildschadenersatz und Wildschadenverhütung nach dem badischen Recht, Heidelberg 1914.

An diese Vorschriften hat der Art. 69 dieses Gesetzes die Landesgesetzgebung gebunden, jedoch läßt Art. 71 gewisse Ausnahmen von diesen Vorschriften zu (s. Bem. zu Art. 71).

B. Der **Vorbehalt des gegenwärtigen Artikels** läßt keine Ausnahme von den unter A dargelegten Vorschriften des § 835 BGB. zu. Die Landesgesetzgebung erhält nur die Befugnis, die Art der Feststellung des Wildschadens und die formelle Voraussetzung der Geltendmachung des Ersatzanspruchs zu regeln. (Über die rechtliche Natur der landesgesetzlichen Vorschriften über den Wildschadenersatz als Schutzgesetze s. einerseits LG. Braunschweig in NiemayersZ. Bd. 27 S. 380, andererseits Kleine ebenda Bd. 28 S. 259.)

a) Die Landesgesetzgebung kann Grundsätze für die Feststellung des Wildschadens aufstellen und zwar sowohl durch nähere Regelung des bei der Feststellung zu beobachtenden Verfahrens als durch Anweisung, wie der Schaden sachlich festzustellen sei (z. B. Rücksichtnahme auf den Ausgleich des Schadens durch Wiederanbau, Bestimmung des Umfanges des Schadens nach einem gewissen Zeitpunkte).

b) Die Landesgesetzgebung kann bestimmen, daß der nach § 835 BGB. an sich bestehende Anspruch — bei Meidung des Verlustes des Anspruchs oder eines sonstigen Rechtsnachteils — innerhalb einer bestimmten Frist bei der zuständigen Behörde geltend gemacht werden muß. Auch die Regelung der Form der Geltendmachung des Anspruchs und die Bestimmung der Behörde, bei der die Geltendmachung erfolgen muß, ist Sache der Landesgesetzgebung (Anmeldung bei einer Verwaltungsbehörde, Klageerhebung vor dem nach § 23 Abs. 2 GVG. zuständigen ordentlichen Gericht oder Geltendmachung bei der zur Entscheidung über den Anspruch nach Landesrecht zuständigen Verwaltungsbehörde, § 13 GVG.). Von einer befristeten Anmeldung des Anspruchs bei einer Verwaltungsstelle kann die Verfolgbarkeit des Anspruchs auch dann abhängig gemacht werden, wenn im übrigen der Rechtsweg vor den ordentlichen Gerichten gegeben ist.

Die Verjährung des Anspruchs richtet sich aber auch, wenn die landesgesetzlich gesetzte Ausschlußfrist eingehalten ist, nach den allgemeinen reichsrechtlichen Vorschriften (vgl. §§ 852, 198 ff., 220 BGB.); Vorschriften über die Verjährung des Ersatzanspruchs kann die Landesgesetzgebung nicht treffen.

3. Landesgesetze über Wildschaden:

Preußen: JagdO. vom 15. Juli 1907 §§ 51—60; das WildschadenG. vom 11. Juli 1891 ist durch § 86 Nr. 2 der JagdO. für deren Geltungsbereich (s. Bem. 3, I zu Art. 69) aufgehoben; für Kurhessen s. das kurhessische WildschadenG. vom 26. Jan. 1854 in der Fassung des § 81 der preuß. JagdO. von 1907, für Hannover und Hohenzollern deren Jagdordnungen und Wildschadengesetze (s. Bem. 3, I zu Art. 69);

Bayern: WildschadenG. vom 15. Juni 1850 (GBl. 1849/50 S. 185) in der Fassung des Art. 144 AG.BGB.; Einführung in Coburg s. GVBl. 1921 S. 258; s. hiezu Behr, Das materielle und formelle Wildschadensrecht in Bayern, Bayr. Bürgermeister 1917 S. 99 ff., 115 ff., ferner Behr, JagdG., 2. Aufl., München 1928, S. 324 ff., Pollwein, JagdG., 10. Aufl., München 1923, S. 298 ff.;

Sachsen: JagdG. vom 1. Juli 1925 §§ 45 ff. (von dem Vorbehalt des Art. 70 ist nicht Gebrauch gemacht; s. auch Kloß-Müller, Sächs. Landesprivatrecht, 3. Aufl. § 53);

Württemberg: AG.BGB. Art. 190—201 (Becher XXVI, 1 S. 39 ff.): Anmeldung beim Ortsvorsteher, Feststellung durch das Oberamt, Zulässigkeit der Klage binnen zwei Wochen seit dem Tage der Feststellung; MinVerf. vom 30. Dez. 1899 (RegBl. 1900 S. 21); hiezu Meyer, Württ. AG.BGB. Tl. II S. 222 ff.;

Baden: G. vom 9. Aug. 1898 betr. die Abänderung des JagdG. vom 2. Dez. 1850 und die Aufhebung des WildschadenG. vom 31. Okt. 1833 (GVBl. S. 395; Becher II, 5 S. 6);

Thüringen: JagdO. vom 26. April 1926 (GS. S. 47 ff.) §§ 49—57, 76; damit ist § 155 Abs. 2 Nr. 3 AV.BGB. vom 16. Mai 1923 (GS. S. 301) gegenstandslos;

Hessen: G. vom 1. Juni 1876 über den Ersatz des Wildschadens, abgeändert durch Art. 276 AG.BGB.; VO. vom 2. Aug. 1899 über Wildschadenersatz, geändert durch VO. vom 31. März 1925 (RegBl. S. 44);

Mecklenburg-Schwerin: VO. vom 9. April 1899 betr. den Ersatz von Wildschaden (Becher XI, 12 S. 161 ff.), G. vom 4. Febr. 1920 (RegBl. S. 114);

Braunschweig: AG.BGB. §§ 32—37 (Becher IV, 1 S. 6 ff.); JagdO. vom 3. März 1911 (GBS. S. 53) §§ 43—54;

Anhalt: G. vom 21. April 1899 betr. den Ersatz des Wildschadens (GS. S. 171; Becher I, 10 S. 76 ff.), abgeändert durch G. vom 20. März 1905 (GS. S. 307; Becher ErgBd. I, 17 S. 161);

Lübeck: JagdG. vom 28. Febr. 1900 (mit seinen Abänderungen; s. Bem. 3, I zu Art. 69) §§ 58—80;

Mecklenburg-Strelitz: G. vom 7. April 1920 (Amtl. Anz. S. 339) und vom 29. Nov. 1921 (ebenda S. 684) zur Änderung der VO. vom 18. Dez. 1899; JagdO. vom 31. März 1921 (Amtl. Anz. S. 363) §§ 27—30.

Art. 71.

Unberührt bleiben die landesgesetzlichen Vorschriften, nach welchen

1. die Verpflichtung zum Ersatze des Wildschadens auch dann eintritt, wenn der Schaden durch jagdbare Tiere anderer als der im § 835 des Bürgerlichen Gesetzbuchs bezeichneten Gattungen angerichtet wird;
2. für den Wildschaden, der durch ein aus einem Gehege ausgetretenes jagdbares Tier angerichtet wird, der Eigentümer oder der Besitzer des Geheges verantwortlich ist;
3. der Eigentümer eines Grundstücks, wenn das Jagdrecht auf einem anderen Grundstücke nur gemeinschaftlich mit dem Jagdrecht auf seinem Grundstück ausgeübt werden darf, für den auf dem anderen Grundstück angerichteten Wildschaden auch dann haftet, wenn er die ihm angebotene Pachtung der Jagd abgelehnt hat;
4. der Wildschaden, der an Gärten, Obstgärten, Weinbergen, Baumschulen und einzelstehenden Bäumen angerichtet wird, dann nicht zu ersetzen ist, wenn die Herstellung von Schutzvorrichtungen unterblieben ist, die unter gewöhnlichen Umständen zur Abwendung des Schadens ausreichen;
5. die Verpflichtung zum Schadensersatz im Falle des § 835 Abs. 3 des Bürgerlichen Gesetzbuchs abweichend bestimmt wird;
6. die Gemeinde an Stelle der Eigentümer der zu einem Jagdbezirke vereinigten Grundstücke zum Ersatze des Wildschadens verpflichtet und zum Rückgriff auf die Eigentümer berechtigt ist oder an Stelle der Eigentümer oder des Verbandes der Eigentümer oder der Gemeinde oder neben ihnen der Jagdpächter zum Ersatze des Schadens verpflichtet ist;
7. der zum Ersatze des Wildschadens Verpflichtete Erstattung des geleisteten Ersatzes von demjenigen verlangen kann, welcher in einem anderen Bezirke zur Ausübung der Jagd berechtigt ist.

E. II. 44; III. 69.

A. Über die Entstehungsgeschichte s. Bem. 1 zu Art. 70. Hinzuzufügen ist, daß die Ziff. 7 dieses Artikels in der Reichstagskommission abgelehnt, im Plenum dagegen angenommen wurde. (P. II, 806—811, 820—828, VI, 378; Reatz III, 50; Mat. 97 a S. 28, RTK. 440, d S. 10; StB. 2852, 2893.)

B. Inhalt. Die Vorschriften des Art. 71 ermöglichen der Landesgesetzgebung teils **Abänderungen**, teils **Ergänzungen des § 835 BGB.** (s. Bem. 2 zu Art. 69).

1. Zu Nr. 1. § 835 Abs. 1 beschränkt die besondere Wildschadenersatzpflicht auf den durch Schwarz-, Rot-, Elch-, Dam- oder Rehwild oder durch Fasanen verursachten Schaden. Der Vorbehalt der Nr. 1 gewährt die Möglichkeit, landesgesetzlich die Wildschadenersatzpflicht auch noch hinsichtlich **weiterer Tiere** (in Betracht kommen namentlich Hasen und Kaninchen) einzuführen; es muß sich aber um jagdbare Tiere handeln. S. z. B. Art. 2 des bayerischen WildschadenG. vom 15. Juni 1850 in der Fassung des Art. 144 AG.BGB., Art. 190 des württemb. AG.BGB.

2. Zu Nr. 2. Nach § 835 Abs. 1 haftet für den Wildschaden der Jagdberechtigte für den Schaden an einem Grundstück, an welchem dem Eigentümer das Jagdrecht nicht zusteht, nach Abs. 2 derjenige, der an einem fremden Grundstücke das Jagdrecht ausübt, für den an diesem Grundstück angerichteten Schaden. Nr. 2 ermöglicht der Landesgesetzgebung einen **weiteren Fall der Ersatzpflicht** für Wildschaden einzuführen. Für Wildschaden, der durch das aus dem Gehege ausgetretene Wild angerichtet wird, kann landesgesetzlich der Eigentümer oder der Besitzer (z. B. Pächter) des Geheges für verantwortlich erklärt werden. Eine solche landesgesetzliche Vorschrift kann sich aber nur auf Tiere beziehen, die sich innerhalb des Geheges noch auf freier Wildbahn befinden (Prot. II Bd. 2 S. 841). Der Ersatz des Schadens, den gefangene Tiere anrichten, bemißt sich überhaupt nicht nach den besonderen Vorschriften über Wildschadenersatz (§ 835), sondern nach den allgemeinen Vorschriften des § 833 BGB. über die Haftung des Tierhalters.

Siehe z. B. Art. 191 des württembergischen AG.BGB.

3. Zu Nr. 3. Diese Vorschrift sieht eine Ergänzung der Bestimmung des § 835 Abs. 2 Satz 2 BGB. vor. Hiernach ist **reichsrechtlich**, wenn der Eigentümer eines Grundstücks, auf dem das Jagdrecht wegen der Lage des Grundstücks nur gemeinschaftlich mit dem Jagdrecht auf einem anderen Grundstück ausgeübt werden darf, das Jagdrecht dem Eigentümer dieses anderen Grundstücks verpachtet, der letztere (Pächter) für den Schaden verantwortlich. Nach Nr. 3 kann landesgesetzlich für den an einem solchen Grundstück angerichteten Wildschaden der Eigentümer des anderen Grundstücks auch dann für verantwortlich erklärt werden, wenn er die Pachtung des Grundstücks, obwohl sie ihm angeboten war, abgelehnt hat.

Siehe z. B. Art. 192 des württembergischen AG.BGB. Für Preußen ist der Vorbehalt nach der in den §§ 51 ff. der JagdO. vom 15. Juli 1907 getroffenen Regelung der Wildschadenersatzpflicht jetzt gegenstandslos; s. früher § 7 JagdPolG. vom 7. März 1850 und § 3 WildschadenG. vom 11. Juli 1891.

4. Zu Nr. 4. Nach dieser Vorschrift kann die Landesgesetzgebung für den an **Gärten, Obstgärten, Baumschulen, Weingärten und einzelstehenden Bäumen** angerichteten Wildschaden die Anwendung des § 835 BGB. ausschließen und anordnen, daß solcher Wildschaden nicht vergütet wird, wenn die Herstellung von Schutzvorrichtungen unterblieben ist, die unter gewöhnlichen Umständen zur Abwendung des Schadens ausreichen. Es müssen dann die Besitzer von Obstkulturen, Weinbergen ausreichende Schutzvorrichtungen herstellen, falls sie Ersatz für Wildschaden an solchen verlangen wollen.

Siehe z. B. für Bayern Art. 5 WildschadenG. vom 15. Juni 1850 in der Fassung des Art. 144 Nr. IV AG.BGB. (Becher III, 7 S. 60), für Württemberg Art. 190 Satz 2 AG.BGB.

Wegen der Anwendung des § 254 BGB., wenn dem Beschädigten die Herstellung von Schutzvorrichtungen überhaupt zugemutet werden konnte, vgl. RGZ. Bd. 52 S. 350 = JW. 1903 Beil. S. 1.

5. Zu Nr. 5. § 835 Abs. 3 BGB. regelt die Haftung der zur gemeinschaftlichen Ausübung des Jagdrechts durch das Gesetz zu einem Verbande vereinigten Eigentümer der Grundstücke eines Bezirks dahin, daß sie nach dem Verhältnisse der Größe ihrer Grundstücke haften. Die Landesgesetzgebung kann diese Haftung auch anders regeln. Diese Ausnahme von der reichsrechtlichen Regelung wurde der Landesgesetzgebung deshalb zu treffen freigestellt, um das bestehende Recht und namentlich die innere Organisation der bestehenden Jagdgemeinschaften aufrecht zu erhalten. Die Landesgesetzgebung kann also die Haftung der Jagdgenossen für den Wildschaden völlig frei regeln, sie ist weder an BGB. § 835 Abs. 3 noch beispielsweise an § 54 BGB. gebunden; sie kann also z. B. Haftung nach Kopfteilen oder gesamtschuldnerische Haftung eintreten lassen.

Siehe z. B. § 23 der hannoverschen JagdO. vom 11. März 1859 und die frühere Vorschrift des § 2 des preuß. WildschadenG. vom 11. Juli 1891.

6. Zu Nr. 6. Der Vorbehalt trägt den öffentlich-rechtlichen Verhältnissen der einzelnen Länder Rechnung, indem er die Haftung der Gemeinde oder des Jagdpächters an Stelle der zu einem Jagdbezirke vereinigten Eigentümer einzuführen zuläßt. Es kann landesgesetzlich bestimmt werden,

a) daß die Gemeinde an Stelle der Eigentümer der zu einem Jagdbezirke vereinigten Grundstücke für den Wildschaden ersatzpflichtig, aber zum

Rückgriff auf die Eigentümer berechtigt ist, wobei auch die Art, wie der Rückgriff genommen, und das Verhältnis, nach dem die Eigentümer haften, geregelt werden kann,

oder daß

b) der Beschädigte entweder

α) die Wahl hat, ob er sich an den Jagdpächter, an die Eigentümer oder den Verband der Eigentümer oder an die Gemeinde halten will,

oder

β) zuerst den Pächter oder zuerst den Verpächter der Jagd zu belangen verpflichtet ist.

Vgl. z. B. für Bayern Art. 144 Nr. III AG.BGB., für Württemberg Art. 193 AG.BGB.

7. Nr. 7 läßt landesgesetzlich ein Rückgriffsrecht des zum Ersatze des Wildschadens Verpflichteten gegen den in einem anderen Bezirke zur Ausübung der Jagd Berechtigten zu. Vgl. z. B. § 4 des hannoverschen Gesetzes vom 21. Juli 1848. [„Ist der Schaden durch Wild verursacht, welches nicht in dem Jagdbezirke des Entschädigungspflichtigen seinen regelmäßigen Aufenthalt hat (Streif- und Wechselwild), so ist dieser berechtigt, Ersatz von demjenigen zu verlangen, aus dessen Wildstande dasselbe ausgetreten ist (Standwild)."]; s. auch für Sachsen § 45 Abs. 2 JagdG. vom 1. Juli 1925, für Mecklenburg WildschadenVO. § 5 (Buchka, Landesprivatrecht § 17, IV).

Art. 72.

Besteht in Ansehung eines Grundstücks ein zeitlich nicht begrenztes Nutzungsrecht, so finden die Vorschriften des § 835 des Bürgerlichen Gesetzbuchs über die Verpflichtung zum Ersatze des Wildschadens mit der Maßgabe Anwendung, daß an die Stelle des Eigentümers der Nutzungsberechtigte tritt.

E. II, 45; III, 70.

1. Über die Entstehung dieses Artikels s. Bem. 1 zu Art. 70 (P. II, 820—826, 830—833, 840—842, VI, 377; Reatz III, 51; Mat. 87a S. 29).

2. Inhalt.

A. Nach den in der II. Komm. gemachten Bemerkungen bezieht sich dieser Artikel einerseits auf dingliche Nutzungsrechte, anderseits auf die der Erbpacht nahestehenden, zwar nicht dinglichen, aber vererblichen, regelmäßig unkündbaren und zeitlich unbeschränkten Pachtrechte, wie sie in Mecklenburg bestehen (vgl. die Bem. zu Art. 63, 189, 196, 197; s. Planck Bem. 3 zu Art. 72). Ausdrücklich wurde (P. VI, 377) hervorgehoben, daß ein solches Nutzungsrecht nicht vorliegt, wenn jemand nur einen Anspruch auf den Reingewinn oder einen Teil des Reingewinns hat, den der das Grundstück Nutzende, sei es der Eigentümer, sei es ein Dritter, aus der Nutzung zieht.

B. Der Zweck des gegenwärtigen Artikels besteht darin, dem im § 853 BGB. vorausgesetzten Falle, daß dem Eigentümer des vom Wildschaden betroffenen Grundstücks das Jagdrecht nicht zusteht oder die Ausübung des ihm zustehenden Jagdrechts durch das Gesetz entzogen ist, den Fall gleichzustellen, daß in Ansehung des beschädigten Grundstücks (nach Maßgabe der unberührt bleibenden Landesgesetze) ein **zeitlich nicht begrenztes Nutzungsrecht** besteht, der Berechtigte aber das Jagdrecht nicht hat oder an dessen Ausübung durch Gesetz gehindert ist (P. II, 821 ff.).

Für einen solchen Nutzungsberechtigten gilt sonach alles, was in § 835 BGB. für den Eigentümer bestimmt ist, und es ist wohl selbstverständlich, daß auch die Bestimmungen der Art. 70 und 71 dieses Gesetzes, soweit einschlägig, entsprechende Anwendung finden.

Es soll also dem jagdberechtigten Dritten gegenüber der nicht jagdberechtigte Nutzungsberechtigte dieselbe Rechtsstellung haben wie der nicht jagdberechtigte Eigentümer.

C. Es handelt sich bei der Vorschrift des Artikels nicht um einen Vorbehalt zugunsten der Landesgesetzgebung, sondern um eine Ergänzung des § 835 BGB.

Art. 73.*)

Unberührt bleiben die landesgesetzlichen Vorschriften über Regalien.

E. I, 45; II, 46; III, 71.

Regalien.

1. Entstehung. Art. 73 entspricht fast wörtlich dem Art. 45 des E. I (Mot. z. EG. 105, P. VI, 378; Reatz III, 51; Mat. 87, a S. 30).

2. Unter **Regalien** verstand man ursprünglich die Gesamtheit der dem Landesherrn als solchen zustehenden Rechte, die sog. Hoheitsrechte. Später wurde der Ausdruck „Regalien" für die dem Staate zustehenden nutzbaren Rechte gebraucht (Finanzregale). Das sind „nutzbare Rechte, die kraft eines Satzes des öffentlichen Rechts ausschließlich dem Staat zustehen, während ihr Inhalt an sich als privatrechtliche Befugnis gilt" (Gierke, DPrR. Bd. 2 S. 399). Die Hoheitsrechte wurden dann als höhere, die Finanzregale als niedere Regalien bezeichnet. Die letzteren sind jetzt noch vorzugsweise unter den Regalien verstanden (s. Neumark a. a. O., Hue de Grais, Handb. der Verfassung und Verwaltung, 24. Aufl. § 90, Hübner, Grundzüge des DPrR. Bd. 2 § 38 S. 241, Roth, Bayer. Zivilr. 2. Aufl., 2. Tl. 3. Abt. § 269, Dorner-Seng, Bad. LPrR. § 102 S. 544, Kähler, Schlesw.-Holst. PrR. § 26).

Das PLR. Tl. II Tit. 14 §§ 21, 22, 24 erklärt die Land- und Heerstraßen, die von Natur schiffbaren Ströme, das Ufer des Meeres als ein gemeines Eigentum des Staates, rechnet ebendahin das ausschließende Recht, gewisse Arten der herrenlosen Sachen in Besitz zu nehmen und nennt die Nutzungsrechte vorstehender Arten des Staatseigentums niedere Regalien. Roth a. a. O. teilt die kleineren oder zufälligen Regalien in grundherrschaftliche und Gewerberegalien, bemerkt, daß letztere (z. B. Postregal, Münzregal) im Zivilrechte überhaupt nicht in Betracht kommen, und rechnet unter die hier in Betracht kommenden Regalien die grundherrschaftlichen, unter welchen er das Bergregal, das Jagdregal und das Wasserregal, nicht aber ein Straßenregal anerkennt.

3. Inhalt. Der Vorbehalt des Art. 73 bezieht sich nur auf die sog. niederen Regalien. Nach den Motiven (S. 165) kommen Vorschriften privatrechtlicher Natur in Ansehung der sog. niederen oder nutzbaren Regalien vor, welche in der neueren Zeit allein Regalien genannt zu werden pflegen.

Auch bezüglich dieser sind vielfach Vorschriften des öffentlichen Rechtes einschlägig, welche vom BGB. nicht berührt werden. Durch den uneingeschränkten Vorbehalt dieses Artikels ist die Landesgesetzgebung ermächtigt, auch die privatrechtliche Seite der Regalien im vollen Umfange zu regeln; sie kann also z. B. Regalien neu begründen, Vorschriften über die Entstehung, Übertragung und Beendigung derselben erlassen, die Erwerbung durch Ersitzung (wegen Möglichkeit der Vollendung der Ersitzung noch nach dem 1. Jan. 1900 s. RG. in SeuffA. Bd. 79 Nr. 115) oder unvordenkliche Verjährung zulassen und die Rechtsstellung des Erwerbers, Nutznießers, Pächter eines Regals bestimmen.

Zu unterscheiden ist zwischen a) grundherrschaftlichen und b) gewerblichen Regalien.

a) Als grundherrschaftliche Regalien kommen vor: Das Bergregal, Salzregal, Jagdregal, Fischereiregal, Bernsteinregal, Flößereiregal, Fährregal und Mühlenregal. Teilweise ist der Vorbehalt in Ansehung dieser Regalien schon durch die Art. 65, 67 gedeckt. Vgl. Bem. 2, A zu Art. 67, Bem. 4 zu Art. 65.

b) Als gewerbliche Regalien sind zu nennen: Postregal und Telegraphenregal als reichsrechtliche Regalien; in früheren Landesrechten kamen noch das Regal des Salzhandels und Handels mit Spielkarten und einzelne Fabrikmonopole, Tabaksregal und Branntweinregal vor. Vgl. Gierke, D. Privatr. II S. 401.

---

*) Schrifttum: Jargow, Von den Regalien, Rostock 1757; Hüllmann, Geschichte des Ursprungs der Regalien in Deutschland, Frankfurt a. O. 1806; Gemeiner, Beitrag zur Lehre an den Regalien, München 1842; Zachariae, Ztschr. f. deutsches Recht XIII S. 319 ff.; Strauch, über Ursprung und Natur der Regalien, Erlangen 1865; Grimm, Rechtsaltertümer I S. 344 ff.; Mittermaier, D. Privatrecht I §§ 200 ff.; Maurenbrecher I §§ 269 ff.; Beseler § 92; Häusler, Institutionen des D. Privatrechts Bd. 1 S. 368; Schröder, Lehrbuch der deutschen Rechtsgeschichte, 6. Aufl. S. 584; Gierke, D. Privatrecht II § 124 S. 396 ff.; Hübner, Grundzüge des D. Privatrechts § 38 S. 241 ff.; Neumark im Handwörterbuch der Staatswissenschaften, 4. Aufl., Bd. 6 S. 1208 ff. (s. dort auch übersicht über das ältere und neuere Schrifttum).

4. Landesgesetze: Für **Preußen** vgl. ALR. II, 14 §§ 21ff.; II, 16 §§ 30ff., VO. vom 5. Juli 1867 über die rechtliche Natur, Veräußerlichkeit und Verwaltung der Regalien in den neuerworbenen Gebietsteilen (GS. S. 1182) (Jagdregal), ostpreußisches Provinzialrecht, Zus. 228 (Bernsteinregal), G. vom 16. Febr. 1857 (GS. S. 87) betr. die Einführung des westpreußischen Provinzialrechts in die Stadt Danzig und deren Gebiet, Art. X (Bernsteinregal); westpreuß. Provinzialrecht §§ 74ff.; ostpreuß. Provinzialrecht, Zus. 228; G. vom 22. Febr. 1867 betr. die Bestrafung der unbefugten Aneignung von Bernstein (GS. S. 272), geändert durch G. vom 11. Febr. 1924 (GS. S. 106); vgl. Dernburg, BR., Sachenrecht S. 313. In Westpreußen und den früher westpreußischen Distrikten ist der am Strande und in der Ostsee gefischte, in Ostpreußen auch der im Lande gewinnbare Bernstein Regal. Vgl. v. Brünneck, Recht auf Zueignung der Meeresprodukte und das Bernsteinregal, 1874; vgl. auch Bem. 4 zu Art. 67.

Auch das Recht, Fähren und Prahmen zur Übersetzung von Flüssen für Geld zu halten, gehört in Preußen zu den niederen Regalien des Staates (vgl. OLG. Köln in RheinZ. Bd. 5 S. 536). Anwendbar sind die §§ 51 II, 15 und §§ 21, 24, 76 II, 14 ALR. Der Staat befördert Güter und Personen auf Grund privatrechtlicher Beförderungsverträge, für welche die maßgebenden Privatrechtsnormen, insbesondere also auch § 278 BGB. anwendbar sind, vgl. RG. im „Recht" 1909 Ziff. 3385 = RGZ. Bd. 72 S. 52 = JW. 1909 S. 721. (Der Staat haftet daher für Fehler, welche durch mangelhafte Bedienung des Fährprahms entstehen, einerlei, ob die mangelhafte Betriebssicherheit der Fähre durch eigene Nachlässigkeit des Inhabers oder durch Versehen eines Dritten verursacht ist, ALR. II, 15 §§ 138—140, OTr. Bd. 14 S. 92.)

Das „Eigentum" am **Meeresstrande** steht nach geltendem gemeinem Rechte und PrALR. II, 15 § 80 dem Staate zu. Dies Recht ist aber von dem privaten fiskalischen Eigentum verschieden und schließt es aus. (Es ist vielmehr ein Hoheitsrecht, vgl. Bem. 3 zu Art. 65). Dies hindert unter Umständen nicht, eine vor Aufnahme des römischen Rechts erlassene landesherrliche Urkunde über die Verleihung von Eigentumsrechten am Meeresstrande dahin auszulegen, daß damit unbeschränkte Eigentumsrechte an einem Teile des Meeresufers und zwar des im Laufe der Zeiten unveränderlichen Meeresstrandes durch Privileg übertragen worden sind. RG. im „Recht" 1900 S. 373, JW. 1926 S. 270 Nr. 1, Helfritz, Der Meeresstrand im preuß. öffentl. Recht der Gegenwart, in der Festgabe zur Feier des 50jährigen Bestehens des Oberverwaltungsgerichts S. 62.

In Betracht kommen ferner für Preußen: Fischereiregal in der Rheinprovinz, Jülich-Bergische Polizeiordnung von 1554 Titel: Von Verwüstung der Fischereien, aufrecht erhalten durch Art. 166 des Décret portant l'organisation de l'administration forestière du 22. juin 1811; Fährregal am Rheine: Loi relative au regime, à la police et à l'administration des bacs et bateaux du 6. frimaire VII (bei Dronke, Rhein. Landesprivatrecht 1900/1901, 2, 15); G. vom 4. Juli 1840, betr. die Befugnis zum Übersetzen vom linken zum rechten Rheinufer (GS. S. 227); Recht an herrenlosem Gut in Schleswig: Jütsches Low v. 1240 (Esmarch Samml. der Statute I, 1) III, 62, §§ 3, 4; III, 61, §§ 2, 3; auf Anschwemmungen in der Marsch: Bescheid vom 30. Dez. 1671 (Corp. Const. Holsat. II, 936).

S. für Preußen auch Hue de Grais, Handbuch der Verf. und Verw. §§ 90—93.

In **Bayern** bewirkt die Nichtaufnahme des Art. 73 in den Art. 1 AG.BGB. die Aufhebung des Salpeterregals (vgl. M. zu Art. 1), so daß von hierher bezüglichen Regalien nur verblieben die Perlenfischerei nach Art. 26 des WasserG. vom 23. März 1907 (vgl. Bem. 3 zu Art. 69) und nach dem BergG. vom 20. März 1869 auch die Steinsalz- und Solegewinnung im Gebiete des Bezirksamts Berchtesgaden; durch Art. 2 des BergG. in der Fassung vom 17. Aug. 1918, nun 9. Febr. 1924, ist die Aufsuchung und Gewinnung von Steinsalz und der Solequellen überhaupt dem Staate vorbehalten. Für die Pfalz ergibt sich aus Art. 1 AG.BGB. die Beseitigung der Art. 539 und 713 Code civil, d. h. die Beseitigung des Rechtes des Staates auf Aneignung herrenloser Sachen, in welcher Beziehung künftighin § 928 Abs. 2 BGB. und Art. 190 dieses Gesetzes eintreten. Von einem Wasserregale konnte in Bayern schon seit dem WasserbenützungsG. vom 28. Mai 1852 überhaupt nicht mehr gesprochen werden. Vgl. Oertmann, Bayr. Landesprivatrecht S. 137ff., Seydel-Graßmann, Bayer. Staatsrecht, 2. Bd. § 158 S. 16f. Das Goldwäschereiregal ist beseitigt durch BergG., das Recht der Goldwäscherei nach dem WasserG. vom 23. März 1907 Ausfluß des Eigentums am Flußbett. Über die rechtliche Natur von Fährgerechtigkeiten s. KompKonflGH. in BayZ. 1914 S. 29.

Sachsen: Ausbeutung von Steinsalzlagern und Salzquellen, Gewinnung radiumhaltiger Mineralien und radioaktiver Gewässer (Allgem. BergG. vom 31. Aug. 1910

§ 5; s. Kloß-Müller, Sächs. Landesprivatrecht, 3. Aufl. §§ 97, 98), das staatliche Kohlenbergbaurecht (G. vom 14. Juni 1918 über das staatliche Kohlenbergbaurecht; s. Kloß-Müller § 88, III, 6 S. 199 f. und § 96 S. 214 ff.); Perlenfischerei in der weißen Elster und ihren Nebenflüssen, § 2 des FischereiG.; Flößerei mit unverbundenen Hölzern auf allen freifließenden Gewässern (s. WasserG. vom 12. März 1909 § 22 Abs. 2).

In **Württemberg** sind die Regalien im allgemeinen aufgehoben; s. aber Art. 19 des WasserG. vom 1. Dez. 1900 (RegBl. S. 921) wegen Wasserregalzinse und Art. 3 des BergG. vom 29. März 1918, wonach das Schürfen nach Salz, Eisen und Eisenerzen, Bitumen und schwefelsaurem Kalk dem Staate vorbehalten ist.

Baden: BergG. § 2 (s. zu Art. 67), Salzregal (Ausbeutung von Salzablagerungen und Solquellen). Über die aus Regalien abgeleiteten vererblichen Nutzungsrechte s. Dorner-Seng, Bad. LPrR. § 102 S. 544 f.

Hessen: § 1 des BergG. (s. zu Art. 67), Salzregal.

Mecklenburg: Salzregal: VO. vom 16. Mai 1879 (RBl. Nr. 23) und 19. Juni 1896 (RBl. Nr. 21), 22. Juni 1890 (RBl. Nr. 22), VO. vom 22. Juni 1900 betr. Salzbergbau (RBl. Nr. 22) und ZusatzVO. zu § 20 vom 16. Aug. 1904 (RBl. Nr. 30).

Auch das Fischereirecht in öffentlichen Binnen-Gewässern ist grundsätzlich Regal.

Hamburg: Hauptrezeß von 1712; s. Nöldeke, Hamb. Landesprivatrecht S. 118 Anm. 4.

5. Über das Recht des Fiskus an herrenlosen Grundstücken vgl. BGB. § 928 Abs. 2, EG. Art. 129, 190; es gilt auch in Ansehung solcher Grundstücke, die zu der Zeit, in welcher das Grundstück als angelegt gilt, herrenlos sind; unberührt bleiben die Landesgesetze, nach welchen dieses Aneignungsrecht anderen Personen als dem Fiskus zusteht.

6. Neueres Reichsrecht: Nach Art. 155 Abs. 4 Satz 2 der RV. vom 11. Aug. 1919 sind private Regale auf den Staat zu überführen. In Betracht kommen namentlich private Bergregale. S. für Preußen G. vom 17. Dez. 1919 zur Sicherung der Überführung der privaten Bergregale an den Staat (GS. 1920 S. 42), G. vom 19. Okt. 1920 zur Überführung der standesherrlichen Bergregale an den Staat (GS. S. 441).

Art. 74.*)

Unberührt bleiben die landesgesetzlichen Vorschriften über Zwangsrechte, Bannrechte und Realgewerbeberechtigungen.

E. I, 44; II, 47; III, 72.

Zwangsrechte, Bannrechte und Realgewerbeberechtigungen:

1. Entstehung: Art. 74 entspricht fast wörtlich dem Art. 44 des E. I (Mot. z. EG. 165, P. VI, 378; Reatz III, 51; Mat. 87, a S. 30; RTK. 440, d S. 10).

2. Begriff und Inhalt.

A. Zwangs- und Bannrechte sind Rechte, vermöge deren der Berechtigte bestimmten Personen oder den Besitzern gewisser Grundstücke oder den Bewohnern eines Bezirks oder gewissen Klassen derselben verbieten darf, gewisse wirtschaftliche Bedürfnisse bei anderen Personen zu befriedigen, z. B. Mahlzwang, Bierzwang, Fleischzwang, Schmiedezwang, Krugverlag (s. hiezu RG. im „Recht" 1915 S. 425), vgl. PLR. Tl. I Tit. 23 § 53. Diese Vorschrift des PLR. wird von den M. d.

*) Schrifttum: Dernburg, BR., Sachenrecht S. 198 ff.; R. Schmid, über dingliche Gewerberechte im ArchZivPrax. Bd. 44 S. 1 ff., 174 ff.; Anschütz, Beiträge zum deutschen Privatrecht, ArchZivPrax. Bd. 54 S. 407 ff.; Seydel, Das Gewerbepolizeirecht nach der RGewO., HirthsAnn. 1881 S. 569 ff., insbes. S. 588 ff.; Loening, Handbuch der Staatswissenschaften, Art. „Realgewerberecht", Bd. VI S. 1172 ff.; Förster-Eccius, Preußisches Privatrecht (7. Aufl.) I, 152, III, 34. über Krugverlagsgerechtigkeiten im Herzogtum Braunschweig vgl. Hampe in BraunschwZ. Bd. 57 S. 42; über das Abdeckereiwesen in der Provinz Posen vgl. Tittel in PosMSchr. 1910 S. 1 ff.; Pfizer, Die bayer. Konzessionshypotheken in erbrechtlicher Beziehung, BayZ. 1921 S. 113; Bertram, Die hamburgischen Brunnengerechtsamen, HansRZ. 1922 S. 924; Schiedermair, Reale und radizierte Gewerberechte, Verfahren zur Feststellung der Rechte, Bay. GemVerwZ. 1927 S. 215.

AG.BGB. in Preußen (S. 209) durch den Vorbehalt dieses Art. 74 als nicht gedeckt betrachtet und wird durch Art. 89 jenes AG. für Preußen der ganze Tit. 23 von Tl. I des PLR. aufgehoben; im übrigen vgl. Beseler, DPR. § 212. Nach den Motiven kommen hier nur solche Zwangs- und Bannrechte in Betracht, welche Verbietungsrechte sind, nicht aber solche Berechtigungen, welche einem Gewerbetreibenden das Recht geben, von anderen Personen positiv die Abnahme gewerblicher Leistungen zu verlangen, wie das oben erwähnte Krugverlagsrecht, wobei noch bemerkt ist, daß die Belastung eines Grundstücks mit einem solchen Verlagsrechte nach den Vorschriften des BGB. nicht zulässig erscheint, während dagegen der Übernahme einer schuldrechtlichen Verbindlichkeit des angedeuteten Rechtes nichts entgegensteht (vgl. preuß. G. über die polizeil. Verhältnisse der Gewerbe vom 7. Sept. 1811 § 54).

Soweit dies nicht landesgesetzlich schon früher geschah, sind die meisten Zwangs- und Bannrechte durch § 7 der GewO. aufgehoben, die noch bestehenden (z. B. die Abdeckereiberechtigung und der Schmiedezwang, welche noch hier und da vorkommen) unterliegen gemäß § 8 a. a. O. der Ablösung und nach § 10 a. a. O. können neue Zwangs- und Bannrechte fortan nicht mehr erworben werden (vgl. hiezu Landmann, Komm. zur GewO. 8. Aufl. Bem. 4 zu § 10).

Unter den Vorbehalt dieses Artikels fallen daher hauptsächlich noch Vorschriften über die Übertragung, Sicherung, Aufhebung, ferner auch über die Ablösung der Zwangs- und Bannrechte sowie über den Inhalt der Befugnisse des Berechtigten, soweit nicht schon reichsgesetzlich eine Grenze gezogen ist.

B. Unter **Realgewerbeberechtigungen** werden bald die an ein bestimmtes Grundstück geknüpften Befugnisse zur Ausübung eines Gewerbes, bald jene Berechtigungen zur Ausübung eines Gewerbes verstanden, welche, ohne an einem bestimmten Grundstücke zu haften, vererblich und veräußerlich sind und gleich dinglichen Rechten behandelt werden, z. B. Wirtschafts-, Apothekengerechtigkeiten (vgl. Landmann, Komm. z. GewO.. 8. Aufl. Bd. I Bem. 5 zu § 10; s. zu dem Begriff auch OLG. Rostock, MecklZ. Bd. 35 S. 266, RG. in JurRundsch. 1925 Nr. 1047).

Solche Realgewerbeberechtigungen dürfen nach § 10 Abs. 2 der GewO. nicht mehr neu begründet werden, die früher begründeten bestehen aber fort; deshalb können die landesgesetzlichen Vorschriften über dieselben hauptsächlich nur den Inhalt der Berechtigung, die Übertragung, die Sicherung und das Erlöschen derselben betreffen, soweit nicht reichsgesetzliche Bestimmungen entgegenstehen. Nur eine gewerbepolizeiliche Beschränkung in der Ausübung solcher Rechte enthält § 48 GewO., daß nämlich, wer ein Realrecht für eigene Rechnung ausüben will, die erforderliche Befähigung besitzen muß.

3. **Aus den Landesgesetzen:** Für **Preußen** Art. 40 AG.BGB. (Becher XIV, 1 S. 21). Darnach gelten für Gerechtigkeiten der im Art. 74 gedachten Art, die nach dem bisherigen Rechte in Ansehung der Eintragung den Grundstücken gleichstehen, wenn sie in das Grundbuch eingetragen sind, die Vorschriften über Grundstücke (RGZ. Bd. 86 S. 272); die Apothekengerechtigkeiten, die kein Grundbuchblatt erhalten haben, sind also keine unbeweglichen Sachen (RGZ. Bd. 106 S. 224). Vgl. außerdem ALR. I, 23, II, 8 §§ 456—474 (Apotheken), VO. betr. die Einrichtung einer Standesvertretung der Apotheker vom 2. Febr. 1901 (GS. S. 49), ALR. II §§ 88 ff. (Zollgerechtigkeit), Edikt vom 28. Okt. 1810 wegen der Mühlengerechtigkeit und Aufhebung des Mühlenzwangs, des Bier- und Branntweinzwangs in der ganzen Monarchie (GS. S. 95); für Hannover G. vom 17. April 1852 (Hann. GS. S. 45), Frankfurt a. M. G. vom 12. Jan. 1864 (GS. S. 16, 83); EntschädigungsG. vom 17. Jan. 1845 (GS. S. 79); Lauenburg, G. vom 20. April 1874; wegen Aufhebung und Ablösung in den neuen Provinzen G. vom 17. März 1868 (GS. S. 249); ferner für die nach § 7 Nr. 2 GewO. ausgeschlossenen Abdeckereien G. vom 31. Mai 1858 betr. die Regulierung des Abdeckereiwesens (GS. S. 333) und AblösungsG. vom 17. Dez. 1872 (GS. S. 117); [s. auch RGes. betr. die Beseitigung von Tierkadavern vom 17. Juni 1911, RGBl. S. 248, AusfBest. vom 28. März 1912, RGBl. S. 230; ferner VO. der RReg. vom 4. Mai 1920 betr. Vergütung für die an Abdeckereien abzuliefernden Tiere usw. und über die Rechtswirksamkeit dieser VO., RG. in RGZ. Bd. 107 S. 377 und WarnE. 1925 Nr. 75; s. über das Aneignungsrecht des Abdeckers auch RG. in JurRundsch. 1925 Nr. 1047]; G. vom 24. April 1888 betr. die Kehrbezirke der Schornsteinfeger (GS. S. 79); Bergschmiede-Gerechtigkeit in Hannover: Art. 17 VO. vom 8. Mai 1867 (GS. S. 601).

Eine Regelung der vermögenswerten Gerechtsamen durch besonderes Gesetz ist in § 21 des preuß. AdelsG. vom 23. Juni 1920 (GS. S. 367) vorgesehen, aber noch nicht erfolgt.

In **Bayern** sind durch Art. 1 AG.BGB., Bayr. GewG. vom 30. Jan. 1868 Art. 7, RGO. § 1 Abs. 2 die zu Recht bestehenden Gewerbsrechte aufrecht erhalten. Vgl. Henle in SeuffBl. Bd. 69 S. 389 ff. Es kommen in Betracht die radizierten (d. i. an ein bestimmtes Grundstück geknüpften), die nicht radizierten Gewerbsrechte und die Ehehaften, auf deren Ablösung sich das G. vom 23. Febr. 1868 i. d. F. des Art. 153 AG. bezieht. Vgl. hierüber auch Roth, Bayr. Zivilr. 2. Aufl. Bd. II Abt. 3 §§ 270, 323. Über die Konstituierung dinglicher Gewerbsrechte vgl. Becher, Landeszivilrecht § 192 Ziff. IV, Wagner, Handb. d. amtsgerichtl. Verf., 2. Aufl. § 81, Keidel, Verfahren der Gerichte in der freiwill. Gerichtsbarkeit § 95. Über den Begriff und Begründung radizierter Tafernrechte nach dem bayer. Landesrechte s. BayObLGZ. Bd. 20 S. 197 und Landmann a. a. O. 8. Aufl. Bem. 6 zu § 10. Vgl. ferner Oertmann, Bayr. Landesprivatr. S. 498 ff. S. auch AG.GBO. Art. 17 (Becher III, 9 S. 135).

Sachsen: G. vom 24. Juni 1902 betr. die Aufhebung der mit Apothekengerechtigkeiten verbundenen Verbietungsrechte (GBl. S. 194); s. hiezu Kloß-Müller, Sächs. Landesprivatrecht, 3. Aufl. S. 64, 121, 130.

Württemberg: G. vom 8. Juni 1849 (RBl. 159), durch welches die Zwangs- und Bannrechte aufgehoben sind. Als Realgewerbeberechtigungen kommen noch vor: dingliche Wirtschaftsgerechtigkeiten, G. vom 3. Nov. 1855 (RBl. 269) und dingliche Apothekenberechtigungen, VO. vom 4. Jan. 1843 (RegBl. S. 25); s. auch Meyer, Württ. AG.BGB. Tl. II S. 63 f.

Baden: a) Realrechte: G. vom 11. Sept. 1898, betr. Ausübung der Realberechtigungen (GVBl. 417, Berichtigung 436) mit VollzugsVO. vom 22. Okt. 1898 (GVBl. 505); betrifft besonders Apotheken und Schankgerechtigkeiten; G. vom 3. Juni 1899, betr. das Abdeckereiwesen (GVBl. 155), mit VollzugsVO. vom 3. Mai 1900 (GVBl. 603); b) Zwangs- und Bannrechte im wesentlichen durch eine große Reihe von Gesetzen aufgehoben. Jedoch ist durch § 2 der KaminfegerO. vom 29. Nov. 1887 (GVBl. 417) ein gewisses Zwangs- und Bannrecht in Geltung geblieben.

Thüringen: AV.BGB. vom 16. Mai 1923 § 84 (GS. S. 295) nun für alle thüringischen Gebietsteile; [s. bisher Sachsen-Weimar AG.BGB. § 125, Sachsen-Altenburg AG.BGB. §§ 77, 78, AG.ZVG. §§ 4—18, Reuß ä. L. AG.BGB. § 93, Reuß j. L. AG.GBO. § 13, AG.ZVG. § 14, Schwarzburg-Sondershausen AG. BGB. Art. 27, 28].

Mecklenburg: Abdeckereiberechtigung: VO. vom 3. Dez. 1708, 22. Juli 1750, 28. Febr. 1789 (Parchimsche GS. 5, 81, 88, 252); §§ 343—345 des landesgrundgesetzlichen Erbvergleichs vom 18. April 1755 (das. 3, 130); Apothekereiberechtigung: Kap. 9 MedizinalO. vom 18. Febr. 1830 (Raabe 3, 677); Bek. vom 13. Okt. 1871 (RBl. Nr. 63).

4. **Aus der Rechtsprechung** s. RG. in JW. 1909 S. 475 zu Art. 74 EG., § 8 GBO., ALR. I, 2 § 64 Einl., §§ 69, 105 ff. über Entbehrlichkeit der Eintragung von bestehenden Realgewerberechten in das Grundbuch, Zulässigkeit der Neubegründung; RG. in GruchotsBeitr. Bd. 56 S. 1181 ff. über Erwerb eines realen Apothekerprivilegs durch unvordenkliche Verjährung.

Aus der Rechtsprechung des BayObLG. s. über Erlöschen realer Gewerbeberechtigungen durch Nichtgebrauch und Verzicht BayObLGZ. Bd. 10 S. 27 (= SeuffBl. Bd. 74 S. 315), Bd. 13 S. 322; über Anwendung der sich auf Grundstücke beziehenden Vorschriften auf reale nicht radizierte Gewerbeberechtigungen Bd. 14 S. 463; über Wirkung der Transferierung einer Taferngerechtsame auf ein anderes Anwesen, Ausübung einzelner Befugnisse der Gerechtsame in dem alten Anwesen Bd. 15 S. 128; über den Ausschluß gerichtlicher Nachprüfung der gewerbepolizeilichen Genehmigung zur Übertragung eines radizierten Gewerberechts Bd. 17 A S. 236; über Erlöschen einer realen Bierschankgerechtigkeit Bd. 25 S. 39.

5. Über Freiheit des Erwerbes und Gewerbes s. jetzt auch Art. 111, 151 der Reichsverfassung vom 11. Aug. 1919. Der Vorbehalt des Art. 74 ist dadurch nicht berührt.

Art. 75.

Unberührt bleiben die landesgesetzlichen Vorschriften, welche dem Versicherungsrecht angehören, soweit nicht in dem Bürgerlichen Gesetzbuche besondere Bestimmungen getroffen sind.

E. II, 48; III, 73.

Versicherungsrecht.

1. Entstehung. Dieser Artikel wurde erst in der II. Komm. unter Streichung der im I. Entw. BGB. dem § 1070 beigegebenen Anmerkung aufgenommen.

Der von Bayern ausgehende Antrag, welcher die Aufnahme dieses Artikels veranlaßte, lautet:

> „Unberührt bleiben die landesgesetzlichen Vorschriften über das öffentliche Versicherungswesen, mit Einschluß der Vorschriften, nach welchen die bei einer öffentlichen Versicherungsanstalt zugunsten des Eigentümers eines Grundstücks bewirkte Versicherung eines Gebäudes, das sich auf dem Grundstücke befindet, im Falle der Belastung des Grundstückes mit einer Hypothek, einer Grundschuld oder einer Rentenschuld fortdauert, bis sie mit Zustimmung des Gläubigers aufgehoben wird."

Die Mehrheit der II. Komm. zog jedoch vor, nur einen allgemeinen Vorbehalt aufzunehmen. (Reatz III, 52; P. VI, 440, 441, 471, 610, 611, Mat. 31.)

2. Inhalt und Bedeutung. Versicherung ist der Vertrag, durch den sich der Versicherer zur Übernahme einer gewissen Gefahr gegen Entrichtung einer bestimmten Zahlung seitens des Versicherten verpflichtet. Durch den Vorbehalt sind grundsätzlich die besonderen privatrechtlichen Vorschriften der Landesgesetze, welche sich auf den Abschluß von Versicherungsverträgen beziehen, aufrecht erhalten.

Eine Einschränkung erleidet der Vorbehalt schon durch Art. 75 selbst. An die besonderen Bestimmungen des BGB. in bezug auf den Versicherungsvertrag ist die Landesgesetzgebung gebunden und kann Abweichendes nicht bestimmen. Es kommen folgende Vorschriften des BGB. in Betracht:

a) Die §§ 330—332 über Lebensversicherungsverträge als Verträge zugunsten Dritter;

b) die §§ 1045, 1046 über die Verpflichtung des Nießbrauchers, die mit dem Nießbrauche belastete Sache zu versichern, über seine Pflichten gegenüber dem Eigentümer der Sache in bezug auf die Versicherung und über seine Rechte und Pflichten aus der Versicherung;

c) die §§ 1127—1130 über die Erstreckung der Hypothek auf die Forderung gegen den Versicherer und die Rechtsverhältnisse, die sich aus der hypothekarischen Belastung des versicherten Gebäudes oder anderer Gegenstände ergeben;

d) die §§ 1385 Nr. 3, 1388 über die Verpflichtung des Ehemannes gegenüber der Frau, im gesetzlichen Güterstand für die Dauer der Verwaltung und Nutznießung die Zahlungen für die Versicherung der zum eingebrachten Gute gehörenden Gegenstände zu leisten, und seine gesamtschuldnerische Haftung neben der Frau gegenüber dem Versicherer;

e) die §§ 1654, 1686 über die entsprechende Verpflichtung und Haftung des Gewalthabers (Vater oder Mutter) in Ansehung der zum nicht freien Vermögen des Kindes gehörigen versicherten Gegenstände.

f) S. auch § 2 Nr. 2 der VO. über das Erbbaurecht vom 15. Jan. 1919 (RGBl. S. 72) über Versicherung des Bauwerks, an dem ein Erbbaurecht besteht.

Wesentlich eingeschränkt ist der Vorbehalt durch das Reichsrecht überhaupt und hat seine Bedeutung zum größten Teile verloren; s. darüber folgende Note 3.

3. Der **Einfluß des Reichsrechts.** Der Vorbehalt war von vorneherein nur ein vorläufiger. Schon nach Art. 4 Nr. 1 der alten RV. vom 16. April 1871 hatte das Reich die Gesetzgebung über das Versicherungswesen. Das gleiche bestimmt Art. 7 Nr. 17 der RV. vom 11. Aug. 1919. Nach Art. 12 Abs. 1 S. 1 RV. behalten aber die Länder das Gesetzgebungsrecht, solange und soweit das Reich von seinem Rechte der Gesetzgebung keinen Gebrauch macht. Tatsächlich hat das Reich von seinem Rechte, das Versicherungswesen gesetzlich zu regeln, schon in ausgedehntem Maße Gebrauch gemacht.

a) Die Seeversicherung war schon in den §§ 778—900, 905 HGB. geregelt, abgeändert durch das G. vom 30. Mai 1908 (RGBl. S. 307).

b) Das **RGes. über die privaten Versicherungsunternehmungen** vom 12. Mai 1901 (RGBl. S. 139) — inzwischen mehrfach geändert und ergänzt — ließ es hinsichtlich des Versicherungsvertrags bei dem bestehenden Recht; es befaßt sich, von der Vorschrift des § 119 abgesehen, nur mit den privaten (sog. freien) Versicherungsunternehmungen (§ 1) — im Gegensatz zu den Anstalten, welche wegen ihrer öffentlich-rechtlichen Beziehungen den Charakter unmittelbarer oder mittelbarer Staatsanstalten besitzen — und unterwirft dieselben der Konzessionspflicht und der Staatsaufsicht, die teils vom Reich, teils von den Ländern geübt wird, regelt auch die Geschäftsführung.

c) Insbesondere hat Art. 75 seine Tragweite verloren durch das **RGes. über den Versicherungsvertrag** vom 10. Mai 1908 (RGBl. S. 263), in Kraft seit 1. Jan. 1910 (Art. 1 EG. VVG.), geändert durch § 10 des G. vom 20. Dez. 1911 (RGBl. S. 985) und VO. vom 12. Febr. 1924 (RGBl. I S. 65). Das Gesetz befaßt sich mit dem gesamten Versicherungsrecht mit Ausnahme der Seeversicherung und der Rückversicherung (§ 186); über eine weitere Beschränkung des Anwendungsgebietes s. § 187. Es enthält neben allgemeinen Vorschriften für sämtliche Versicherungszweige besondere Vorschriften für die Schadensversicherung — Feuer-, Hagel-, Vieh-, Transport- und Haftpflichtversicherung —, die Lebensversicherung und die Unfallversicherung. Nach dem Gesetz besteht grundsätzlich auch für das Versicherungsrecht Vertragsfreiheit; zum Schutze des Versicherungsnehmers sind aber eine Reihe von Bestimmungen getroffen, die durch Vereinbarung teils überhaupt nicht, teils nur zugunsten des Versicherungsnehmers durch Vertrag abgeändert werden können. Das VVG. läßt unberührt die landesgesetzlichen Vorschriften

α) über Versicherungsverhältnisse, die bei einer nach Landesrecht errichteten öffentlichen Anstalt unmittelbar kraft Gesetzes entstehen, sowie über Versicherungen, die bei einer solchen Anstalt infolge gesetzlichen Zwanges genommen werden (§ 192 Abs. 1); hieher gehören namentlich die öffentlichen Brandversicherungsanstalten; s. auch § 192 Abs. 2 über weitere Einschränkung der Anwendung von Vorschriften des VVG. zugunsten landesrechtlich errichteter öffentlicher Anstalten und darüber, welche Anstalten als öffentliche anzusehen sind, § 192 Abs. 3;

β) über die Verpflichtung des Versicherers, die Entschädigungssumme nur zur Wiederherstellung des versicherten Gegenstandes zu zahlen (§ 193).

In Bayern erlangen die Vorschriften des VVG. nach Art. 2 des EG. hiezu vom 30. Mai 1908 (RGBl. S. 305) für das Immobilienversicherungswesen nur mit Zustimmung der bayerischen Regierung Geltung; eine Zustimmung ist bisher nicht erfolgt. Der Vorbehalt des Art. 2 bezieht sich auf Feuer-, Hagel- und Glasversicherung, ferner auf die Versicherung gegen Sturm- und Wasserleitungsschäden (Hager-Bruck, VVG. Bem. 2 zu Art. 2 EG.VVG.; Gerhard-Hagen, VVG. Anm. zu Art. 2 EG.VVG.).

d) Die Reichsversicherungsordnung vom 19. Juli 1911 (RGBl. S. 509) in der Fassung der Bek. vom 15. Dez. 1924 und vom 9. Jan. 1926 (RGBl. 1924 I S. 779, 1926 I S. 9), abgeändert durch die Ges. vom 26. März, 22. Mai und 25. Juni 1926 (RGBl. I S. 179, 243, 311), 8. April, 15. Juli und 16. Dez. 1927 (RGBl. I S. 95, 98, 219, 337) und 29. März 1928 (RGBl. I S. 116), regelt die Sozialversicherung (Kranken-, Unfall-, Invalidenversicherung).

e) Das AngestelltenversicherungsG. vom 20. Dez. 1911 (RGBl. S. 989) in der Fassung vom 28. Mai 1924 (RGBl. I S. 563), geändert durch G. vom 23. März 1925 (RGBl. I S. 28), 28. Juli 1925 (RGBl. I S. 157), vom 25. Juni 1926 (RGBl. I S. 311), vom 8. April und 22. Dez. 1927 (RGBl. I S. 95 und 507) und vom 29. März 1928 (RGBl. I S. 116) befaßt sich unter dem nämlichen Gesichtspunkt mit der Versicherung der Angestellten für den Fall der Berufsunfähigkeit und des Alters sowie zugunsten der Hinterbliebenen.

f) Das ReichsknappschaftsG. vom 22. Juni 1923 (RGBl. I S. 431) in der Fassung vom 1. Juli 1926 (RGBl. I S. 369), abgeändert durch G. vom 8. April 1927 (RGBl. I S. 95) und G. vom 29. März 1928 (RGBl. I S. 117), regelt die Kranken- und Pensionsversicherung der Arbeiter und Angestellten in knappschaftlichen Betrieben.

g) Das G. über Arbeitsvermittelung und Arbeitslosenversicherung vom 16. Juli 1927 (RGBl. I S. 187), abgeändert durch G. vom 16. Dez. 1927 (RGBl. I S. 337), befaßt sich mit der Versicherung für den Fall der Arbeitslosigkeit.

4. Landesgesetze:

Preußen: AG.BGB. Art. 89 Nr. 1, b mit ALR. I, 11 §§ 651, 652, II, 8 §§ 1934—2358; G. vom 25. Juli 1910 über die öffentl. Feuerversicherungsanstalten (GS. S. 241); EinfVO. für Hohenzollern vom 21. Okt. 1912 (GS. S. 223).

Bayern: BrandversicherungsG. vom 3. April 1875 in der Fassung des Art. 164 AG.BGB., noch mehrfach geändert, neuerdings durch G. vom 23. Juli 1918 (GVBl. S. 369), 8. April 1920 (GVBl. S. 99), 18. Aug. 1922 (GVBl. S. 421), 16. Aug. 1923 (GVBl. S. 265), VO. vom 22. Jan. 1924 (GVBl. S. 11), G. vom 10. Okt. 1925 (GVBl. S. 259), G. vom 28. Juli 1927 über die Aufwertung von Brandentschädigungen (GVBl. S. 265); HagelversicherungsG., ViehversicherungsG. und PferdeversicherungsG. in der Fassung vom 23. April 1910 (GVBl. S. 180), geändert durch G. vom 23. Juli 1918 (GVBl. S. 369), 1. Aug. 1919 (GVBl. S. 665), 15. Dez. 1920 (GVBl. S. 494), 21. Febr. 1921 (GVBl. S. 32), 16. Aug. 1923 (GVBl. S. 265) und 31. Dez. 1924 (GVBl. 1925 S. 1); das PferdeversicherungsG. ist mit der Vereinigung der Landesversicherungs- und der Landespferdeversicherungsanstalt in die Landestierversicherungsanstalt außer Kraft getreten (s. MinBek. vom 29. Okt. 1923, GVBl. S. 376); s. ferner G. vom 12. April 1928 (GVBl. S. 199).

In den vormals **coburgischen** Landesteilen sind die das Versicherungswesen betreffenden Gesetze am 1. April 1921 in Kraft getreten, s. Bek. vom 14. April 1921 (GVBl. S. 253) Anlage 1 Nr. 34—44, Anlage 2 Nr. 94—96.

Sachsen: G. vom 1. Juli 1910 über die Landesbrandversicherungsanstalt (GBl. S. 159), geändert durch G. vom 25. März 1916 (GBl. S. 20); G. vom 30. Juni 1919 über Vergütung für Gebäudeversicherung (GBl. S. 130); G. vom 26. Febr. 1922 über Abänderung des BrandversG. (GVBl. S. 130); G. vom 16. April 1925 über Aufwertung von Gebäudeschadenvergütungen der Landesbrandversicherungsanstalt (GBl. S. 72); G. die staatl. Schlachtviehversicherung betr. in der Fassung vom 25. April 1906 (GBl. S. 74); VO. über Einrichtung einer staatl. Pferdeversicherung vom 29. Jan. 1909 (GVBl. S. 91), geändert durch VO. vom 15. Nov. 1913 (GBl. S. 504) und 29. Mai 1918 (GBl. S. 71).

Württemberg: G. vom 14. März 1853 betr. die veränderte Einrichtung der allgemeinen Brandversicherungsanstalt (RegBl. S. 79), abgeändert durch Art. 205 AG.BGB. (Becher XXVI, 1 S. 42); G. vom 27. April 1921 (RegBl. S. 197); G. vom 21. Dez. 1922 (RegBl. S. 518); G. vom 24. Dez. 1926 (RegBl. S. 323); s. Meyer, Württ. AG.BGB. Tl. II S. 239 ff.

Baden: GebäudeversicherungsG. vom 5. Juni 1917 (GVBl. S. 188), geändert durch G. vom 4. Aug. 1920 (GBl. S. 453); VO. vom 12. Okt. 1920 (GBl. S. 502, 508); G. die Versicherung der Rindviehbestände betr. vom 26. Juni 1890 (GVBl. S. 493), mehrfach geändert; G. die Versicherung gegen Hagelschaden betr. vom 11. April 1900 (GVBl. S. 547), nun ersetzt durch G. vom 24. März 1927 (GVBl. S. 95).

Thüringen: G. vom 28. April 1922 über die th. Landesbrandversicherungsanstalt (GS. S. 159); VO. vom 12. Juli 1922 über Inkrafttreten und zur Ausführung dieses G. (GS. S. 276); Brandversicherungsordnung vom 20. Dez. 1922 (GS. 1923 S. 21), abgeändert durch G. vom 1. Juni 1923 (GS. S. 381); AusfVO. vom 19. Juni 1925 (GS. S. 196); NotG. vom 27. Juli 1926 über die Aufwertung der Brandentschädigungen der thüringischen Landesbrandversicherungsanstalt (GS. S. 350); hiezu Bek. vom 30. Dez. 1926 (GS. S. 462); G. vom 1. Dez. 1922 über die thür. Landesanstalt für Viehversicherung (GS. S. 571); Schlachtviehversicherungsgesetz vom 1. Dez. 1922 (GS. S. 573).

Hessen: AG.BGB. Art. 274 (Becher VIII, 3 S. 90); G. betr. die Landesbrandversicherungsanstalt vom 28. Sept. 1890 in der Fassung vom 30. Sept. 1899 (RegBl. S. 699), abgeändert durch G. vom 2. Aug. 1902 (RegBl. S. 336) und G. vom 11. Sept. 1924 (RegBl. S. 369); s. Wolff, Hess. Landesprivatrecht § 20, V und Nachtrag zu § 36 (S. 608).

Hamburg: FeuerkassenG. vom 18. Juli 1923 (GS. S. 669 — hebt das G. vom 28. Febr. 1910 mit seinen Änderungen auf), geändert durch G. vom 24. Aug., 26. Sept. 1923 (GS. S. 909, 1153) und G. vom 23. Dez. 1925 (GS. S. 625); G. vom 15. Okt. 1926 über nachträgliche Entschädigung für Feuerschäden aus der Zeit der Geldentwertung (GS. S. 693).

Mecklenburg-Schwerin: VO. vom 5. Febr. 1910; Satzung der Domanial-Brandversicherungsanstalt vom 24. Okt. 1909, hiezu Bek. vom 26. Febr. 1912; Satzung der Brandversicherungsanstalt der meckl. Städte vom 31. März 1913.

Braunschweig: G. über die Landesbrandversicherungsanstalt vom 9. Mai 1913 (GVS. S. 171), abgeändert durch G. vom 8. April 1921 (GVS. S. 147); G. vom 27. Nov. 1923 (GVS. S. 370); G. vom 22. Jan. 1924 (GVS. S. 25) und G. vom 20. Okt. 1925 (GVS. S. 267); EinfVO. vom 12. Sept. 1915; G. vom 14. April 1924 über Errichtung von Anstalten zum Betrieb der Mobiliar- und Lebensversicherung (GVS. S. 175).

Oldenburg: G. betr. die Brandkasse vom 28. April 1910, 22. April 1918, 13. April 1920 (GBl. Bd. 37 S. 525, Bd. 40 S. 99, 708); Brandkassen-TeuerungsG. vom 12. Aug. 1920 (GBl. Bd. 40 S. 1001).

Anhalt: FeuerversicherungsG. vom 26. März 1911 (GS. Nr. 1324), abgeändert durch G. vom 18. März 1919 (GS. S. 37 Nr. 1526); G. vom 10. Mai 1920 (GS. S. 78 Nr. 1597); G. vom 2. Juni 1922 (GS. S. 89 Nr. 1690); neue Fassung vom 10. Mai 1926 (GS. S. 31); AusfVO. vom 12. Mai 1912 (GS. Nr. 1348); AusfBest. vom 24. Nov. 1922 (Amtsbl. Nr. 96) in der Fassung vom 2. Jan. 1924 (Amtsbl. Nr. 1).

Bremen: G. vom 20. Jan. 1924, Vorbereitung der Einführung der bremischen Brandkasse betr. (GBl. S. 47); G. vom 4. Jan. 1925 und 17. Dez. 1925 (GBl. S. 3, 277).

Lippe: G. vom 26. April 1877, geändert durch G. vom 23. Dez. 1901; G. vom 16. April 1924 betr. die Landesbrandversicherungsanstalt (LV. Bd. 28 S. 577), geändert durch G. vom 23. März 1925 (LV. Bd. 29 S. 41) und G. vom 3. Mai 1926 (LV. 1926 S. 334); G. vom 2. April 1924 betr. Abschluß von Verträgen über Gebäudeversicherung bei Privatanstalten (LV. Bd. 28 S. 542); G. vom 25. Juli 1924 betr. Einführung der Mobiliar- und Einbruchdiebstahlversicherung bei der Landesbrandversicherungsanstalt (LV. Bd. 28 S. 696); AusfVO. vom 22. Sept. 1924 zum G. vom 16. April 1924 (LV. S. 724), ergänzt durch VO. vom 20. Febr. 1926 (LV. S. 256).

Lübeck: G. über die öffentl. Feuerversicherungsanstalt vom 13. Okt. 1920.

Mecklenburg-Strelitz: VO. vom 5. Febr. 1910; Satzung der Landesversicherungsgesellschaft der meckl. Städte vom 25. März 1913.

Waldeck: G. über die Feuerversicherungsanstalt vom 4. Jan. 1912.

5. Wegen landesgesetzlicher Vorschriften für den Fall, daß zerstörte Gebäude in anderer Lage wieder hergestellt werden, s. Art. 110 EG.

Art. 76.

Unberührt bleiben die landesgesetzlichen Vorschriften, welche dem Verlagsrecht angehören.

E. II, 49; III, 74.

1. Der Vorbehalt des Art. 76 ist durch den Erlaß des **Reichsgesetzes betr. das Verlagsrecht***) vom 19. Juni 1901 (RGBl. S. 217), abgeändert in § 2 durch RG. vom 22. Mai 1910 Art. II (RGBl. S. 796) insoweit gegenstandslos geworden, als es sich um das Verlagsrecht an Werken der Literatur und der Tonkunst handelt. Dieser Rechtsstoff ist in dem Verlagsgesetz reichsrechtlich geregelt, landesgesetzliche Vorschriften sind damit beseitigt.

Für das sonstige Verlagsrecht fehlen bis jetzt reichsrechtliche Vorschriften, so insbesondere hinsichtlich der Werke der bildenden Künste (s. Kloß-Müller, Sächs. Landesprivatrecht, 3. Aufl. § 43); s. jetzt die „Richtlinien für Abschluß und Auslegung von Verträgen zwischen bildenden Künstlern und Verlegern" (veröffentlicht im Buchhändler-Börsenblatt vom 2. Nov. 1926 Nr. 256 und in „Kunst und Wirtschaft" 1926 Nr. 11) und hiezu Kobel in DJZ. 1926 Sp. 1748 ff.

2. Auf Rechtsverhältnisse, die vor dem 1. Jan. 1902, dem Tage seines Inkrafttretens (§ 50), entstanden sind, findet das VerlagsG. keine Anwendung (RGZ. Bd. 54 S. 435 ff.).

Vorbemerkung zu den Art. 77—81.

Die Art. 77—81 enthalten besondere Vorbehalte (vgl. Bem. 10 zu Art. 55); sie umfassen nicht ganze Rechtsgebiete, sondern beschränken sich auf einzelne Fragen; der

*) Allfeld, Komm. zu den Gesetzen vom 19. Juni 1901 betr. das Urheberrecht an Werken der Literatur und der Tonkunst und über das Verlagsrecht, München 1902; Voigtländer-Fuchs, Die Gesetze vom 19. Juni 1901 usw., 2. Aufl., Leipzig 1914; Heinitz-Marwitz, Das RGes. über das Verlagsrecht, 3. Aufl., Berlin 1922; Hoffmann, Das RGes. über das Verlagsrecht, Berlin 1925; Kohler, Urheberrecht an Schriftwerken und Verlagsrecht, Stuttgart 1907; Goldbaum, Urheberrecht und Urhebervertragsrecht, Berlin 1922.

Umfang des der Landesgesetzgebung gelassenen Spielraums bestimmt sich nach dem Inhalte des einzelnen Vorbehaltes. Vgl. darüber Zitelmann, Zum Grenzstreite zwischen Reichs- und Landesrecht 1902 S. 6ff., 14ff.

Sie beziehen sich auf öffentliche Beamte (s. zum Begriff Beamter Bem. III, 3, a zu Art. 77); Art. 77 enthält einen Vorbehalt hinsichtlich Haftung des Staates, der Gemeinden und anderer Kommunalverbände für den von ihren Beamten in Ausübung der ihnen anvertrauten öffentlichen Gewalt zugefügten Schaden; dieser Vorbehalt ist durch die Vorschrift des Art. 131 der Reichsverfassung vom 11. Aug. 1919 zum Teile gegenstandslos geworden (s. Bem. III zu Art. 77); Art. 78 betrifft die Haftung der Beamten für die von ihnen angenommenen Stellvertreter und Gehilfen; Art. 79 die Haftung der zur amtlichen Feststellung des Wertes von Grundstücken bestellten Sachverständigen; Art. 80 die vermögensrechtlichen Ansprüche und Verpflichtungen der Beamten, Geistlichen und Lehrer an öffentlichen Unterrichtsanstalten aus dem Amts- und Dienstverhältnisse, einschließlich der Ansprüche der Hinterbliebenen und das Pfründenrecht; Art. 81 betrifft die Übertragbarkeit der Ansprüche auf Besoldung, Wartegeld, Ruhegehalt, Witwen- und Waisengeld, sowie die Aufrechnung gegen solche Ansprüche.

Art. 77.*)

Unberührt bleiben die landesgesetzlichen Vorschriften über die Haftung des Staates, der Gemeinden und anderer Kommunalverbände (Provinzial-, Kreis-, Amtsverbände) für den von ihren Beamten in Ausübung der diesen anvertrauten öffentlichen Gewalt zugefügten Schaden sowie die landesgesetzlichen Vorschriften, welche das Recht des Beschädigten, von dem Beamten den Ersatz eines solchen Schadens zu verlangen, insoweit ausschließen, als der Staat oder der Kommunalverband haftet.

E. I, 56; II, 50; III, 75.

---

*) Schrifttum: Loening, Die Haftung des Staates aus rechtswidrigen Handlungen der Beamten, 1879; Freund, ArchÖffR. I S. 361ff.; Dock im ArchÖffR. Bd. 16 S. 244; Oertmann, Bayr. Landesprivatrecht § 59 S. 256ff. und in HirthsAnn. 1902 S. 886; Bauer, Die rechtlichen Grenzen der Gehorsamspflicht und die Verantwortlichkeit für auf Befehl begangene Handlungen, ebenda 1906 S. 439ff.; v. Schelhorn, Die Amtshaftpflicht gegenüber Dritten nach deutschem und bayrischem bürgerlichem Rechte; Boden, Haftung der Beamten der freiwilligen Gerichtsbarkeit für Verschulden, im ZBlFG. Bd. 2 S. 244ff.; Brettner, Zur Haftpflicht des Grundbuchrichters im „Recht" 1902 S. 430; Delius, Die Beamtenhaftpflicht des Reiches und der Länder, 3. Aufl., 1921; ders., Die Haftpflicht der Beamten unter Berücksichtigung der neuen Rechtsprechung in DJZ. 1904 S. 525; derselbe, Haftung für Beschädigungen durch Beamte und Militärpersonen während des Krieges, LZ. 1916 Sp. 911ff.; derselbe, Die Beamtenhaftpflicht im Falle der Ausübung öffentlicher Gewalt im Lichte der neuestem Rechtsprechung, LZ. 1921 Sp. 45ff.; v. Krais, Zur Frage der Beamtenhaftpflicht, in BlAdmPr. Bd. XXXIII S. 33ff., Bd. L S. 289ff.; Laband, Staatsrecht des Deutschen Reichs Bd. I, 5. Aufl., S. 468ff.; Meltz, Die Beamtenhaftpflicht nach § 839 BGB.; Nöldecke, Die zivilrechtliche Haftung des Richters nach dem BGB. in GruchotsBeitr. Bd. 42 S. 795ff.; Oertmann, Die Haftung der Notare, insbes. nach bayrischem Recht, im ZBlFG. Bd. 4 S. 771ff.; Piloty, Die Haftung des Staats für rechtswidrige Handlungen und Unterlassungen der Beamten in Ausübung staatlicher Hoheitsrechte, in HirthsAnn. 1888 S. 245ff.; Dyroff, Bayr. VerwaltgsGG. 5. Aufl., Ansbach 1917 mit Nachtrag 1925; Rehm, Der Beamtenbegriff des BGB. und seine Nebengesetze, in HirthsAnn. 1900 S. 369ff.; v. Stengel, Die Haftung des Staates für den durch seine Organe und Beamten Dritten zugefügten Schaden in HirthsAnn. 1901 S. 481ff., 561ff.; Stier-Somlo, Die Haftung des Staates für Beamte in DWirtschZ. 1907 S. 289ff.; Gierke, Haftung des Staates und der Gemeinden für ihre Beamten in DJZ. 1909 S. 17ff.; v. Schelhorn, Die Amtshaftpflicht gegenüber Dritten

Haftung für Beamte.

I. Entstehung. Der Artikel hat seine gegenwärtige Fassung erst in der 2. Lesung der II. Komm. erhalten. Art. 56 E. I erstreckte sich nur auf den ersten Teil des Artikels und wich (auch bezüglich dieser vom nunmehrigen Wortlaute darin ab, daß statt der Worte: „in Ausübung der diesen anvertrauten öffentlichen Gewalt" der Ausdruck gebraucht war: „unbeschadet der Vorschriften der §§ 46, 63 BGB.", welchen letzteren nun die §§ 31, 89 BGB. entsprechen. (Mat. 42; P. I, 609—611, II, 670, 671, VI, 410, 411; Reatz III, 52).

II. **Bisheriges Recht.**

1. **Inhalt** des Art. 77: Die §§ 31 und 89 BGB. regeln die Haftung des Staats und der sonstigen juristischen Personen des öffentlichen Rechtes für den Schaden, den ihre Beamten bei der Vornahme privatrechtlicher Verrichtungen verursachen. Diese Haftung kommt in Betracht, soweit der Staat im Rechtsverkehr als Privatrechtsperson (als Gewerbetreibender, bei Abschluß eines einzelnen privatrechtlichen Rechtsgeschäfts) auftritt. In diesen Fällen kann der Verletzte nach § 839 (§§ 840, 841) BGB. den Beamten stets unmittelbar in Anspruch nehmen; er kann aber unter den Voraussetzungen der §§ 31, 89 BGB. auch den Staat (die öffentlich-rechtliche Körperschaft) in Anspruch nehmen (s. Bem. 11 zu § 31, Bem. 2 zu § 89 in Bd. I).

Dagegen handelt Art. 77 von dem Schaden, den Staats- oder Gemeindebeamte **in Ausübung der ihnen anvertrauten öffentlichen Gewalt** einem Dritten zufügen. Art. 77 hat einen doppelten Inhalt:

a) Unberührt wurden gelassen die Vorschriften über die Haftung des Staats, der Gemeinden und anderer Kommunalverbände überhaupt. Der Landesgesetzgebung stand es also frei, die Haftung des Staats usw. ganz auszuschließen, auf gewisse Fälle zu beschränken, die Voraussetzungen, unter denen sie eintreten sollte, zu regeln. Der Vorbehalt hatte seinen Grund darin, daß es, mochte man die Haftung für den von einem Beamten in Ausübung der ihm anvertrauten öffentlichen Gewalt verursachten Schaden für eine öffentlichrechtliche oder eine privatrechtliche ansehen, jedenfalls wegen des Zusammenhanges mit dem öffentlichen Rechte zweckmäßig erschien, die Regelung der Landesgesetzgebung zu überlassen.

---

nach deutschem und bayrischem Recht, HirthsAnn. 1906 S. 439 ff., 525 ff., 606 ff., 662; derselbe, Die Beamtenhaftung, BayVerwBl. 1927 S. 65 ff.; Kröner, Die Beamtenhaftung im Reich und in den Bundesstaaten, 1911; Salman, Haftung für Beamte in Preußen und im Reich; Cöster, Die Haftung des Staates für Amtsdelikte bei Ausübung der öffentl. Gewalt in Preußen, ArchÖffR. Bd. 5 S. 285; Siegel, Die zivilrechtliche Verantwortlichkeit der Gemeindebeamten gegenüber der Gemeinde in BlAdmPr. Bd. 59 S. 272 f. Vgl. auch Freund, Die Verantwortlichkeit der Beamten für die Gesetzmäßigkeit ihrer Amtshandlungen nach dem Rechte des Deutschen Reiches und der größeren Gliedstaaten. Gekrönte Preisschrift, Straßburg 1883; Mayer, Die Haftung des Staats für rechtswidrige Amtshandlungen, SächsArch. 1913 S. 1 ff.; König, Haftung des Amts nach dem G. vom 11. Aug. 1909 für Amtspflichtverletzungen des Amtmanns innerhalb seiner polizeilichen Befugnisse, PrVerwBl. Bd. 35 S. 792 f.; Pfordten, Die Haftung des Staats für Angehörige des bayerischen Heeres, BayZ. 1914 S. 7 ff.; Licht, Die Haftung für Amtspflichtverletzungen der Lehrer in Preußen, Berlin 1915; Werneburg, Haftung des Militärfiskus, DJZ. 1916 Sp. 290 ff.; Reimer, Beiträge zur Lehre von der Amtspflicht in Preußen und im Reich, 1919; Blanckmeister, Die Haftbarkeit des Staates für den durch einen Streik seiner Beamten verursachten Schaden, Gruchots Beitr. Bd. 64 S. 432 ff.; Delius, Haftung für durch Arbeiter- und Soldatenräte schuldhaft verursachte Schäden, LZ. 1920 Sp. 684 ff.; derselbe, Die Beamtenhaftpflicht bei Ausübung öffentlicher Gewalt nach dem Stande der neuesten Rechtsprechung, PrVerwBl. Bd. 45 S. 347; derselbe, Zulässigkeit des Rechtswegs bei Schadensklagen wegen Beamtenverschuldens, LZ. 1922 Sp. 435; derselbe, Schadensersatzansprüche gegen den Staat wegen ungültiger Gesetze? PrVerwBl. Bd. 44 S. 277; derselbe, Kann ein preuß. Landkreis seinen Landrat gerichtlich belangen? PrVerwBl. Bd. 44 S. 456; dazu Hofacker ebenda Bd. 45 S. 55; Löwenthal, Zur Auslegung des Art. 131 RV., PrVerwBl. Bd. 45 S. 231; Schumburg, Gerichtsweg gegen Verwaltungsbehörden, PrVerwBl. Bd. 46 S. 149; Götte, Die Einwirkung der Reichsverfassung auf die Auslegung von Gesetzen und Rechtsgeschäften, „Recht" 1922 S. 17; d'Oleire, Die Haftpflicht für Amtspflichtverletzungen der Reichsbevollmächtigten der Außenhandelsstelle, JW. 1922 S. 1116; Friedrichs, Schadensersatzansprüche gegen Reichs-, Staats- und Kommunalbehörden nach Reichs- und preuß. Recht, Berlin 1923.

b) In seinem zweiten Teil gestattete Art. 77 der Landesgesetzgebung, die Haftung des Beamten — abweichend von §§ 839—841 BGB. — auszuschließen, soweit der Staat oder der Kommunalverband haftet. Dabei stand es der Landesgesetzgebung frei, den Rückgriff auf den Beamten zu regeln.

2. Landesgesetzliche Vorschriften: Von dem Vorbehalte des Art. 77 war in ausgedehntem Maße Gebrauch gemacht worden. Darüber, wie weit die nachstehend aufgeführten Landesgesetze weiter gelten, s. unten Bem. III, 2, e.

In **Preußen** war der Rechtszustand zunächst kein einheitlicher; vgl. AG.BGB. Art. 89 Nr. 2, wonach Art. 1384 des Rhein. Bürgerlichen Gesetzbuchs, soweit er auf die Haftung des Staates, der Gemeinden und anderer Kommunalverbände für den von ihren Beamten in Ausübung der diesen anvertrauten öffentlichen Gewalt zugefügten Schaden Anwendung findt, aufrecht erhalten blieb (wegen Aufhebung der Art. 1382, 1383 c. c. s. RGZ. Bd. 63 S. 431), ferner AG.GBO. Art. 8 hinsichtlich der Haftung des Staats für Amtspflichtverletzungen von Grundbuchbeamten. S. auch ALR. Tl. II Tit. 10 §§ 88—91, 127—145. Am 1. Okt. 1909 trat das G. über die Haftung des Staats und anderer Verbände für Amtspflichtverletzungen von Beamten bei Ausübung der öffentlichen Gewalt vom 1. Aug. 1909 (GS. S. 691) in Kraft, ergänzt durch G. vom 14. Mai 1914 (GS. S. 117; s. hiezu Brand, Beamtenrecht, 2. Aufl. §§ 167, 184—191). Danach trifft, wenn ein unmittelbarer Staatsbeamter in Ausübung der ihm anvertrauten öffentlichen Gewalt vorsätzlich oder fahrlässig die ihm einem Dritten gegenüber obliegende Amtspflicht verletzt, die im § 839 BGB. bestimmte Verantwortlichkeit grundsätzlich an Stelle des Beamten den Staat bzw. den Kommunalverband (§ 1 Abs. 1, § 4). Nach dem durch das ErgänzungsG. vom 14. Mai 1914 (GS. S. 117) eingefügten § 4a gelten die Vorschriften auch hinsichtlich der Lehrer und Lehrerinnen eines Schulverbandes. Zu §§ 2, 3 des G. vom 1. Aug. 1909 s. RGZ. Bd. 96 S. 143. S. künftig auch das in Bem. III, 2, b erwähnte Gesetz vom 16. Nov. 1920.

Für **Bayern** s. AG.BGB. Art. 60, 61 (Becher III, 7 S. 40) hinsichtlich der Haftung des Staats usw. für den durch Beamte verursachten Schaden, ab 1. Mai 1921 in den coburgischen Landesteilen in Geltung (Bek. vom 27. April 1921, GVBl. S. 299), und NotG. Art. 126 (Becher III, 10 S. 163) über die Haftung für Notare. S. auch das in Bem. III, 2, b erwähnte Gesetz vom 7. März 1924.

In **Sachsen** bestehen einschlägige Vorschriften nicht; gewohnheitsrechtlich haftet der Staat und die Gemeinden für die Ansprüche, welche gegen ihre mit Wahrnehmung öffentlichrechtlicher Befugnisse betrauten Beamten wegen Pflichtverletzung bei deren Ausübung erwachsen sind (s. Kloß-Müller, Sächs. Landesprivatrecht, 3. Aufl. § 52; OLG. Dresden SächsArch. 1920 S. 210, SeuffA. Bd. 73 Nr. 132, RGZ. Bd. 55 S. 364); s. jedoch § 6 des G. vom 1. Juli 1910 (GBl. S. 159 hinsichtlich der Haftung von in Brandversicherungsangelegenheiten tätigen Beamten.

Württemberg, Art. 202—204 AG.BGB. (Becher XXVI, 1 S. 42).

Baden, Art. 4 AG.BGB., nun in der Fassung der Bek. vom 13. Okt. 1925 (GVBl. S. 281); s. hiezu RGZ. Bd. 54 S. 205; JW. 1908 S. 233; G. vom 11. Sept. 1908.

Thüringen, AB.BGB. vom 21. Mai 1923 § 55 (GS. S. 292) nunmehr für alle thüringischen Gebietsteile; diese Vorschrift nimmt ausdrücklich auf Art. 131 RV. Bezug, dem sie sich anschließt. Daneben ist der Rückgriff des Staates gegen den Beamten geregelt und die Haftung gegenüber Ausländern beschränkt.

Hessen, Art. 77—80 AG.BGB. (Becher VIII, 3 S. 44); Art. 21 AG.GBO. (Becher VIII, 8 S. 166); s. hiezu Wolf, Hess. Landesprivatrecht § 48.

Hamburg, §§ 34, 35 AG.GBO. (Becher VII, 4 S. 34).

Mecklenburg-Schwerin, § 49 AG.BGB. (Becher XI, 2 S. 12); Mecklenburg-Strelitz, § 48 AG.BGB. (Becher XII, 1 S. 10).

Oldenburg, G. vom 22. Dez. 1908 betr. die Haftung des Staats usw. (GBl. Bd. 23 S. 1110; Becher ErgBd. XIII S. 191).

Braunschweig, G. vom 28. Juli 1910 betr. die Haftung des Staats usw. (Becher ErgBd. IV S. 124).

Anhalt, Art. 32 AG.BGB. (Becher I, 3 S. 18); Art. 9 AG.GBO. (Becher I, 8 S. 61); G. vom 2. April 1910 betr. die Haftung des Staates usw. (Becher ErgBd. I, S. 176).

Bremen, § 10 AG.GBO. (Becher V, 6 S. 66).

Lippe, § 11 AG.GBO. (Becher IX, 6 S. 30).

Lübeck, G. vom 17. Febr. 1912 (GVBl. S. 78); § 3 AG.GBO. (Becher X, 10 S. 81).

Waldeck, G. vom 18. Dez. 1909 über die Haftung des Staats usw. (Becher ErgBd. XXV S. 108); Art. 8 AG.GBO. (Becher XXV, 3 S. 36).

Schaumburg-Lippe, § 16 AG.BGB. (Becher XXII, 9 S. 64).

S. auch die weiteren in Bem. III, 5 angeführten neueren Landesgesetze.

3. Als Staat im Sinne des Art. 77 war auch das **Reich** anzusehen (RGZ. Bd. 54 S. 198, Bd. 89 S. 255; and. Ans. Hartmann in LZ. 1918 Sp. 1322). Die Haftung des Reichs für Amtspflichtverletzungen der Reichsbeamten regelte das G. vom 22. Mai 1910 über die Haftung des Reichs für Beamte (RGBl. S. 798). Nach § 1 trifft, wenn ein Reichsbeamter in Ausübung der ihm anvertrauten öffentlichen Gewalt vorsätzlich oder fahrlässig die ihm einem Dritten gegenüber obliegende Amtspflicht verletzt, die in § 839 BGB. bestimmte Verantwortlichkeit an Stelle des Beamten das Reich. Ist die Verantwortlichkeit des Beamten deshalb ausgeschlossen, weil er den Schaden im Zustande der Bewußtlosigkeit oder in einem die freie Willensbestimmung ausschließenden Zustande krankhafter Störung der Geistestätigkeit verursacht hat, so hat gleichwohl das Reich den Schaden zu ersetzen, wie wenn den Beamten Fahrlässigkeit zur Last fiel, jedoch nur insoweit, als die Billigkeit die Schadloshaltung fordert.

Nach § 2 kann das Reich von dem Beamten Ersatz des Schadens verlangen. Dieser Regreßanspruch verjährt in drei Jahren von dem Zeitpunkt an, in welchem der Ersatzanspruch des Dritten diesem gegenüber von dem Reich anerkannt oder dem Reich gegenüber rechtskräftig festgestellt ist. Die §§ 5, 7 schließen die Anwendung des Gesetzes aus

a) für Beamte, die auf Bezug von Gebühren angewiesen sind,

b) bei amtlicher Erklärung des Reichskanzlers über Rechtfertigung durch politische oder internationale Rücksichten,

c) im Falle der nicht verbürgten Gegenseitigkeit gegenüber Ausländern.

§ 5 Nr. 2 ist durch Art. 131 RV. (s. nachstehende Bem. III, 2, b) nicht aufgehoben (RGZ. Bd. 102 S. 166); s. auch Bem. III, 2, c.

Beamte im Sinne des RGes. vom 22. Mai 1910 sind auch die Reichswehrsoldaten (WehrG. vom 23. März 1921, RGBl. S. 329); s. Geck in JW. 1921 S. 661. Auch früher haftete nach der Reichsverfassung von 1871 für militärische Amtspflichtverletzungen von Personen des Soldatenstandes das Reich (RGZ. Bd. 97 S. 263); § 1 Abs. 3 des RGes. vom 22. Mai 1910 stellte die Personen des Soldatenstandes — mit Ausnahme derjenigen des bayerischen Kontingents — hinsichtlich der Haftung für ihre Amtshandlungen den Reichsbeamten gleich; für Bayern s. G. vom 6. Dez. 1913 über die Haftung des Staates für Angehörige des bayer. Heeres (GVBl. S. 911) und hiezu BayObLGZ. Bd. 15 S. 308, 406.

III. Nunmehriges Recht:

1. Der bisherige Rechtszustand ist — wenigstens nach der Rechtsprechung des Reichsgerichts (s. unten Abs. 5) — wesentlich durch die Vorschriften des **Art. 131 der Reichsverfassung** vom 11. Aug. 1919 beeinflußt und verändert worden.

Art. 131 RV. lautet:

> „Verletzt ein Beamter in Ausübung der ihm anvertrauten öffentlichen Gewalt die ihm einem Dritten gegenüber obliegende Amtspflicht, so trifft die Verantwortlichkeit grundsätzlich den Staat oder die Körperschaft, in deren Dienste der Beamte steht. Der Rückgriff gegen den Beamten bleibt vorbehalten. Der ordentliche Rechtsweg darf nicht ausgeschlossen werden.
>
> Die nähere Regelung liegt der zuständigen Gesetzgebung ob."

Im Schrifttum und in der Rechtsprechung oberster Landesbehörden wurde zunächst überwiegend die Anschauung vertreten, daß Art. 131 RV. nicht sofort geltendes Recht sei, sondern nur ein Programm für die zuständige Gesetzgebung enthalte. Zur Begründung dieser Anschauung berief man sich in erster Linie auf die Entstehungsgeschichte der Vorschrift, namentlich auf Ausführungen der Abgeordneten Burlage und Waldstein in der Nationalversammlung (Verhandl. d. NatVers. Bd. 328 S. 1637 f., 1639 f., 1641). Ferner glaubte man aus dem Worte „grundsätzlich" in Abs. 1 Satz 1 des Art. 131 in Verbindung mit der Bestimmung in Abs. 2 schließen zu müssen, daß eben Abs. 1 nur einen Grundsatz aufstelle, eine Richtschnur gebe, nach der die zuständige Gesetzgebung — sei es des Reiches, sei es der Länder — die nähere Regelung zu treffen habe. Endlich wurde das Bedenken erhoben, daß, im Falle

Art. 131 RV. sofort geltendes Recht wäre, in den Ländern, die bisher die Staatshaftung für Amtspflichtverletzungen von Beamten noch nicht gesetzlich geregelt hatten, eine Haftung für die vor der künftigen gesetzlichen Regelung begangenen Amtspflichtverletzungen aller Beamten, also auch der auf den Bezug von Gebühren angewiesenen, insbesondere der Notare, sich ergeben würde.

Vgl. Reimer DNotV. 1920 S. 31 ff. und JW. 1920 S. 550; Delius JW. 1920 S. 135 und LZ. 1921 Sp. 680; Hirsch DRichtZ. 1921 S. 120; Groß BayZ. 1923 S. 105; Fürstenau JW. 1922 S. 492 f. Anm.; Meißner, Das neue Staatsrecht des Reichs usw. S. 249; Pötzsch, RV. Bem. 1 zu Art. 131; Anschütz, RV. Bem. zu Art. 131 in der 1. Aufl.; aus der Rechtsprechung s. preuß. Gerichtshof für Kompetenzkonflikte, PreußVerwBl. Bd. 42 S. 525, Bd. 43 S. 310; JW. 1922 S. 613 und 839; DJZ. 1922 Sp. 261; JW. 1923 S. 329, 1924 S. 1062; KG. in KGBl. Bd. 20 S. 83; bayer. Gerichtshof für Kompetenzkonflikte, LZ. 1921 Sp. 422, Bay. ObLGZ. Bd. 22 B S. 27 und BayZ. 1922 S. 288; BayObLG., BayObLGZ. Bd. 21 S. 179; bayer. Verwaltungsgerichtshof Entsch. in JW. 1924 S. 73; bad. Verwaltungsgerichtshof, JW. 1922 S. 1361 (= Zeitschr. f. bad. Verw. u. Verw.-Rechtspfl. 53. Jahrg. S. 202); hess. Verwaltungsgerichtshof, Entsch. dieses Gerichtshofs Bd. 5 S. 63 und 114; OLG. Hamburg LZ. 1921 Sp. 70. And. Ans., nämlich für sofortige Anwendbarkeit des Art. 131 RV., Düringer JW. 1919 S. 701, Liedtke DRichtZ. 1919 S. 338, JW. 1920 S. 372.

Dagegen hat das Reichsgericht in ständiger Rechtsprechung (vgl. RGZ. Bd. 102 S. 168 und 393, Bd. 103 S. 430, Bd. 104 S. 291, auch Bd. 105 S. 334) und in einer gemäß Art. 13 Abs. 2 RV. getroffenen Entscheidung (RGZ. Bd. 106 S. 34 ff. = RGBl. 1923 I S. 292) den **Art. 131 Abs. 1 für unmittelbar anwendbares Recht** erklärt. Zur Begründung wird im wesentlichen ausgeführt: „Die Tragweite des Art. 131 könne nur aus seinem Wortlaut und aus dem Zusammenhang mit anderen Vorschriften unseres Rechtssystems geschöpft werden. Die Zufälligkeiten der Entstehung des Art. 131 und die Äußerungen der dafür und dagegen eingetretenen Abgeordneten in der Nationalversammlung seien nicht ausschlaggebend. Das Gesetz selbst sei davon losgelöst und müsse seine Auslegung lediglich in sich selbst — als individuelle Vorschrift und zugleich als Teil des Gesamtrechtskörpers — finden. Der vorausgehende Art. 129 RV. gebe, wie RGZ. Bd. 92 S. 262 ff. näher ausführe, den Beamten und Berufssoldaten gleichfalls sofortige, unmittelbare Rechte, insbesondere den Rechtsweg für ihre vermögensrechtlichen Ansprüche. Satz 1 des Art. 131 gebe nach seinem Wortlaut eine gegenwärtige, d. h. sofort mit der ganzen Verfassung ins Leben tretende, keines weiteren Ein- oder Ausführungsgesetzes bedürftige Vorschrift. Die Bestimmung in Satz 3 bedeute also, daß der ordentliche Rechtsweg von Verfassungsrechts wegen nunmehr offen stehe (vgl. Art. 129 Abs. 1 Satz 4 RV.) und zwar schlechthin, nämlich derart, daß er durch die in Abs. 2 des Art. 131 vorbehaltene nähere Regelung nicht ausgeschlossen werden dürfe. Satz 3 bedeute also nicht, daß erst die die Staatsverantwortlichkeit einführende Gesetzgebung den ordentlichen Rechtsweg geben müsse, sondern daß die gegenwärtig durch die Verfassung begründete Staatsverantwortlichkeit vor dem ordentlichen Richter ausgetragen werden müsse, also auch durch eine spätere ‚nähere Regelung' nicht einer Verwaltungsstelle oder einem Verwaltungsgerichte überwiesen werden dürfe. Die Bedeutung des Wortes ‚grundsätzlich' in Abs. 1 Satz 1 werde durch den den Art. 131 abschließenden Abs. 2 klargestellt; der Grundsatz der reichsverfassungsrechtlich aufgestellten Staatsverantwortlichkeit dürfe durch die ‚nähere Regelung' nicht angetastet werden; unbeschadet des bereits verwirklichten Grundsatzes werde nur die Regelung von Einzelheiten — Durchführung, Erweiterung, einzelne Ausnahmen — zugelassen. Eine erst noch ausstehende zukünftige Verwirklichung des Grundsatzes könne nicht als ‚nähere' Regelung bezeichnet werden. Allerdings sei in Ländern, die bisher keine Staatshaftungsvorschrift gehabt hätten, die Verantwortlichkeit des Staats (der Körperschaften) zunächst ausnahmslos für alle Beamten eingeführt; die Bedenken gegen diese allgemeine Geltung des Grundsatzes könnten den betroffenen Ländern dringenden Anlaß geben, die nähere Regelung durch ihre Gesetzgebung alsbald zu treffen (die erforderlich erscheinenden Ausnahmen zu treffen); wäre dagegen Art. 131 Abs. 1 nur eine Richtlinie für eine spätere Landesgesetzgebung, so bliebe es dem einzelnen Lande überlassen, ob und wann es die Richtlinie der Staatsverantwortlichkeit für sein Land verwirklichen wolle, und es sei zweifelhaft, ob das Reich, etwa im Wege des Art. 15 RV., eine solche Landesgesetzgebung herbeiführen könne." Das RG. weist auch darauf hin, daß die Bestimmung in Abs. 1 Satz 3 des Art. 131 als prozeßrechtliche Norm sofortige Geltung erlangt und den Rechtsweg auch für Ansprüche, die zur Zeit der Verkündung der Verfassung bereits begründet gewesen seien, eröffnet habe (RGZ. Bd. 102 S. 393, Bd. 103 S. 430, Bd. 104 S. 291, Bd. 106 S. 38; vgl. Bd. 48 S. 406 und Bd. 101 S. 426).

2. Daraus, daß die Vorschrift des Art. 131 Abs. 1 aktuelles Recht ist, ergibt sich:

a) Die unmittelbare Haftung des Staats und der anderen öffentlichen Körperschaften aus Pflichtverletzungen ihrer Beamten beruht seit dem Inkrafttreten der neuen Reichsverfassung einzig auf Reichsrecht, nämlich Art. 131 Abs. 1 Satz 1 RV., nicht mehr auf den Landesgesetzen, auch nicht soweit sie inhaltlich mit der Vorschrift der Reichsverfassung übereinstimmen (RGZ. Bd. 102 S. 171, Bd. 105 S. 335).

b) Durch die Vorschrift in Satz 3 des Art. 131 Abs. 1 RV., daß der ordentliche Rechtsweg nicht ausgeschlossen werden darf, ist die Wirksamkeit aller Landesgesetze beseitigt, welche den Rechtsweg in irgendeiner Weise beschränkten, so insbesondere die auf Grund des § 11 EG.GVG. erlassenen Gesetze, welche anordneten, daß der Klage zum ordentlichen Gericht die Vorentscheidung einer Verwaltungsbehörde über die Frage, ob der Beamte eine Amtspflicht verletzt habe, vorauszugehen hatte. Die Landesgesetzgebung kann die Entscheidung auch nicht an ein Verwaltungsgericht übertragen (RGZ. Bd. 106 S. 406 = LZ. 1923 Sp. 279). (S. aber Schelhorn in JW. 1924 S. 1036, der die Einrichtung der Vorentscheidung gemäß § 11 Abs. 2 EG. GVG. nicht für völlig beseitigt hält.)

Dem in dieser Richtung geänderten Rechtszustand haben die Länder teilweise durch ihre Gesetzgebung Rechnung getragen.

In Preußen ist durch das G. vom 16. Nov. 1920 betr. die Beseitigung der Konfliktserhebung bei gerichtlicher Verfolgung von Beamten und Personen des Soldatenstandes wegen Amts- und Diensthandlungen und bei Klagen gegen den Staat wegen Pflichtverletzungen von Beamten bei Ausübung der öffentlichen Gewalt (GS. 1921 S. 65) die in den Gesetzen vom 13. Febr. 1854 (GS. S. 86) und vom 1. Aug. 1909 (GS. S. 691) zugelassene Konfliktserhebung beseitigt. Außer Wirksamkeit ist auch die Vorschrift in § 5 des G. vom 1. Aug. 1909, wonach der Staat wegen einer Schaden stiftenden Polizeiverfügung erst haftbar gemacht werden kann, wenn die Verfügung aufgehoben ist (RGZ. Bd. 100 S. 25, Bd. 102 S. 391, Bd. 104 S. 243, 291, Bd. 106 S. 34 = RGBl. 1923 I S. 292; Delius in LZ. 1919 Sp. 1173; and. Ans. PrKompGH. in PrVerwBl. Bd. 42 S. 525 = „Recht" 1921 Nr. 2523).

In Bayern ist der die Vorentscheidung regelnde Art. 7 des G. über den Verwaltungsgerichtshof durch Art. I des G. vom 7. März 1924 (GVBl. S. 65) entsprechend geändert worden; die Vorentscheidung ist auf die Fälle beschränkt, in denen sie mit der Vorschrift des Art. 131 Abs. 1 RV. noch vereinbar ist, in denen nämlich der Beamte selbst verklagt werden kann (s. Dyroff, Normennachtrag von 1925 S. 3 f. und VGH. vom 21. April 1926 in BayVerwBl. 1927 S. 14; über die Beseitigung des Art. 7 Nr. 2—4 VGHG. alter Fassung durch Art. 131 RV. s. BayObLGZ. Bd. 22 S. 234 ff., 338 ff.).

c) Die Landesgesetze über die Haftung aus Amtspflichtverletzungen von Beamten behalten ihre Gültigkeit nur insoweit, als sie entweder mit den in Art. 131 Abs. 1 Satz 1 und 3 RV. aufgestellten Grundsätzen nicht in Widerspruch stehen oder sich inhaltlich als die „nähere Regelung" im Sinne des Art. 131 Abs. 2 RV. darstellen (RGZ. Bd. 102 S. 171, Bd. 106 S. 34 ff., Bd. 107 S. 62). Es ist, wie aus dem Worte „grundsätzlich" in Art. 131 Abs. 1 RV. zu schließen ist, nicht ausgeschlossen, daß die Landesgesetzgebung in einzelnen bestimmten Schadensfällen besonderer Art den Grundsatz der Staatsverantwortlichkeit durchbricht (RG. im „Recht" 1923 Nr. 1381 und RGZ. Bd. 102 S. 173).

So sind z. B. die Vorschriften über die Beschränkung der Haftung des Staats gegenüber Reichsausländern auf den Fall der Verbürgung der Gegenseitigkeit (s. z. B. § 7 preuß. G. vom 1. Aug. 1909, Art. 60 Abs. 2 bayer. AG.BGB., Art. 202 Abs. 3 württemb. AG.BGB.) in Kraft geblieben (RG. in RGZ. Bd. 111 S. 378 und im „Recht" 1925 S. 765; OLG. Kiel in SchleswHolstAnz. 1925 S. 19; Obergericht Danzig im „Recht" 1924 S. 257 Nr. 1083); s. auch Bem. II, 3.

Unberührt werden auch Vorschriften bleiben, nach denen die Verantwortlichkeit des Staates ausgeschlossen ist bei Beamten, die ausschließlich auf den Bezug von Gebühren angewiesen sind, sowie bei solchen Amtshandlungen anderer Beamten, für welche die Beamten eine besondere Vergütung durch Gebühren von den Beteiligten zu beziehen haben (s. z. B. preuß. G. vom

1. Aug. 1909 § 1 Abs. 3; vgl. Brand, Beamtenrecht § 184 S. 536, Delius JW. 1920 S. 135, Reimer JW. 1920 S. 550; a. M. Liedtke DRichtZ. 1919 S. 338, JW. 1920 S. 372).

d) In Rechtsgebieten, welche bisher Vorschriften über die Staatshaftung nicht hatten, ist durch Art. 131 Abs. 1 RV. die Verantwortlichkeit des Staats (oder sonstigen öffentlich-rechtlichen Körperschaft) nunmehr eingeführt und verwirklicht. Solange nicht auf Grund Art. 131 Abs. 2 RV. eine nähere Regelung erfolgt, erstreckt sich die Verantwortlichkeit auf Amtspflichtverletzungen aller Beamten (RGZ. Bd. 102 S. 170 f.).

3. Die in Art. 77 EG. und den darauf beruhenden Landesgesetzen wie in Art. 131 RV. geregelte **Haftung des Staats** und der anderen öffentlichrechtlichen Körperschaften hat folgende **Voraussetzungen:**

a) Der Schadenstifter muß **Beamter** sein. Eine allgemein gültige Begriffsbestimmung des Beamten ist in keinem Gesetz aufgestellt. Maßgebend dafür, wer Reichsbeamter ist, ist das Reichsrecht, wer Landesbeamter ist, das öffentliche Recht des betreffenden Landes (RGZ. Bd. 67 S. 117, Bd. 84 S. 178, Bd. 114 S. 197; s. auch Hue de Grais, Handb. der Verf. u. Verw. 24. Aufl. § 21 S. 49 und § 66 S. 157). Auch die Beamten der öffentlichen Körperschaften, zu denen auch die Anstalten des öffentlichen Rechts (z. B. Reichsversicherungsanstalt für Angestellte) gehören, fallen unter die Vorschriften (RG. in JW. 1926 S. 1442 = JurRundsch. 1926 Nr. 73). Über gleichzeitige Eigenschaft als Reichs- und Landesbeamter s. RG. in RGZ. Bd. 111 S. 115, JurRundsch. 1926 Nr. 2284 und JW. 1927 S. 449.

Entscheidend ist das Dienstverhältnis und sein Inhalt. Die von dem Beamten zu leistenden Dienste müssen unmittelbar oder mittelbar zur Förderung staatlicher Zwecke bestimmt sein, wogegen der Staat dem Beamten bei Ausübung seiner Rechte und Pflichten einen gewissen öffentlich-rechtlichen Schutz angedeihen läßt. Lebenslänglichkeit ist kein wesentliches Erfordernis des Beamtenverhältnisses, auch auf Zeit, auf Widerruf oder auf Kündigung angestellte Personen können Beamte sein. Es ist auch nicht notwendig, daß die zu leistenden Dienste obrigkeitlicher Natur sind (s. über den Beamtenbegriff Brand, Beamtenrecht, 2. Aufl. §§ 4—15, Dyroff, Bayer. VerwGHG. Anm. 5 zu Art. 7, S. 228, Laband, Staatsrecht Bd. I § 44, Seydel-Piloty, Bayer. Staatsrecht Bd. I § 125).

S. auch Bem. 4 zu § 839 in Bd. II.

Auf die Art der Begründung des Dienstverhältnisses kommt es für die Staatshaftung nicht an. Eine öffentlich-rechtliche Anstellung ist nicht erforderlich; auch durch Privatvertrag verpflichtete Personen können Beamte sein, soferne nur durch den Vertrag eine öffentlich-rechtliche Machtbefugnis verliehen ist (RG. in GruchotsBeitr. Bd. 65 S. 631, „Recht" 1922 Nr. 1174). Über die Bedeutung der Leistung eines Diensteides für die Begründung des Beamtendienstverhältnisses s. RG. in JW. 1927 S. 1255 und die Bemerkungen hiezu in JW. 1927 S. 2185 Note 2.

b) Der Schaden muß von dem Beamten **in Ausübung einer** ihm anvertrauten **öffentlichen Gewalt** verursacht sein.

Die Handlung muß also eine Ausübung öffentlicher Hoheitsrechte darstellen, sie muß unmittelbar auf Verwirklichung öffentlicher Zwecke gerichtet sein; die Amtstätigkeit muß zu diesem Zwecke mit gewissen Zwangsbefugnissen gesetzlich ausgestattet sein. Dagegen ist nicht erforderlich, daß der Beamte eine öffentliche Zwangsgewalt in der Richtung gegen eine einzelne Person ausgeübt hat, es gehört vielmehr hieher jede Handlung innerhalb des Rahmens der dem Beamten obliegenden Tätigkeit; der Beamte muß aber die Befugnis zur Ausübung der anvertrauten öffentlichen Gewalt von einer verfassungsmäßig dazu berufenen Stelle herleiten, auch wenn sie sich nur tatsächlich im Besitze der Staatsgewalt befindet, z. B. bei Revolutionen (vgl. RGZ. Bd. 56 S. 89, Bd. 68 S. 285, Bd. 82 S. 86, Bd. 84 S. 27, Bd. 86 S. 122, Bd. 91 S. 274, 384, Bd. 97 S. 265, Bd. 101 S. 354, Bd. 102 S. 32, Bd. 104 S. 289, Bd. 105 S. 100, Bd. 111 S. 179, Bd. 114 S. 197; Brand, Beamtenrecht §§ 168, 187, Dyroff, Bayer. VerwGHG. S. 230 Anm. 6 zu Art. 7, Delius, Beamtenhaftung § 1, c S. 15).

Die Beschädigung muß in Ausübung der öffentlichen Gewalt, nicht bloß bei Gelegenheit und aus Anlaß amtlicher Betätigung erfolgt sein (RGZ. Bd. 78 S. 325).

Den Gegensatz zur Ausübung öffentlicher Gewalt bilden, begründen also nicht die unmittelbare Staatshaftung im Sinne des Art. 131 RV., Art. 77 EG., diejenigen Handlungen, welche ein Beamter als Vertreter des Staats (der sonstigen öffentlich-rechtlichen Körperschaft) zur Wahrnehmung von privatrechtlichen Interessen desselben vornimmt, also die bloße Verwaltung öffentlichen Vermögens und überhaupt die Besorgung rein wirtschaftlicher Angelegenheiten, z. B. Abschluß eines dem bürgerlichen Rechte angehörenden Vertrages für den Staat (s. Delius a. a. O. § 13 S. 231). Hier kann eine Haftung des Staats, der Körperschaft nach §§ 31, 89 BGB. begründet sein, wenn der Beamte den Schaden durch eine in Ausführung der ihm zustehenden Verrichtungen begangene, zum Schadensersatz verpflichtende Handlung einem Dritten zugefügt hat (außerkontraktlich verursachter Schaden) oder nach § 278 BGB., wenn es sich um ein Verschulden des Beamten als gesetzlichen Vertreters oder Erfüllungsgehilfen in Ansehung der Erfüllung einer Verbindlichkeit des Staats, der Körperschaft handelt.

Über die reiche Rechtsprechung, die Einzelfälle und Beispiele der Ausübung öffentlicher Gewalt enthält, s. namentlich Neumann, Jahrbuch des deutschen Rechts zu Art. 77 sowie RGRK. A. 1 zu § 839 und Bem. 14 zu § 839 in Bd. II dieses Komm.

c) Der Schaden muß in Ausübung einer dem schadenstiftenden Beamten **anvertrauten** öffentlichen Gewalt verursacht sein. Die schadenstiftende Handlung muß also für den Beamten eine Amtshandlung gewesen sein, die im Bereiche der ihm obliegenden Dienstgeschäfte liegt (Brand a. a. O. § 187, 3; Bayer. VerwGH. im „Recht" 1922 Nr. 548). Überschreitung der dienstlichen Befugnisse und Handeln des Beamten aus eigennützigen Beweggründen schließt die Staatshaftung nicht aus (RGZ. Bd. 104 S. 286). Dagegen haftet der Staat nicht aus unerlaubten Handlungen, die der Beamte wenn auch in Diensträumen oder während der Dienststunden ohne Beziehung zu seinen amtlichen Befugnissen und seinen besonderen Amtspflichten aus rein persönlichen Beweggründen verübt hat.

d) Der Beamte muß **eine ihm gegenüber einem Dritten obliegende Amtspflicht** verletzt haben, also nicht bloß eine Amtspflicht dem Staate gegenüber. Dieses Erfordernis für den Eintritt der Staatshaftung ist in Art. 131 Abs. 1 S. 1 RV. ausdrücklich ausgesprochen und deckt sich mit dem in § 839 BGB. aufgestellten Erfordernis für die Haftung des Beamten. Dasselbe Erfordernis galt auch nach Art. 77 EG., insoferne er zuließ, an die Stelle der Haftung des Beamten aus § 839 BGB. die unmittelbare Haftung des Staats oder der sonstigen Körperschaft zu setzen, und ist auch in einzelnen Landesgesetzen ausdrücklich aufgestellt worden (s. z. B. Bayer. AG.BGB. Art. 60 Abs. 1). Siehe im einzelnen über dieses Erfordernis Bem. 5 zu § 839 in Bd. II; auch Brand a. a. O. § 174. Auch die Begriffe Vorsatz und Fahrlässigkeit sind im nämlichen Sinne zu verstehen wie in § 839 BGB. (RG. in JW. 1921 S. 1237).

e) **Umfang der Haftung:** Daraus, daß die Haftung des Staats, der öffentlich-rechtlichen Körperschaft dem Geschädigten gegenüber an die Stelle der Haftung des Beamten nach den §§ 839, 841 BGB. tritt, ergibt sich, daß sich die Haftung des Staats usw. grundsätzlich ebenfalls in den Grenzen dieser Vorschriften des BGB. hält, wie sie auch nur unter den dort geregelten Voraussetzungen eintritt (RGZ. Bd. 102 S. 168 f.).

Die Vorschrift in § 1 Abs. 2 des RGes. vom 22. Mai 1910 und die landesgesetzlichen Vorschriften, welche darüber hinaus die Haftung des Staats usw. begründen, wenn der Beamte den Schaden im Zustande der Bewußtlosigkeit, in einem die freie Willensbestimmung ausschließenden Zustande krankhafter Störung der Geistestätigkeit gestiftet hat (s. z. B. preuß. G. vom 1. Aug. 1909 § 1 Abs. 2, bayer. AG.BGB. Art. 61 Abs. 1, württ. AG.BGB. Art. 202 Abs. 2), behalten ihre Wirksamkeit, weil sie sich mit dem Grundsatze, der sich aus Art. 131 Abs. 1 Satz 1 RV. ergibt, nicht in Widerspruch befinden und als „nähere Regelung" der Haftpflicht im Sinne des Art. 131 Abs. 2 gelten müssen.

f) Gläubiger des aus einer Amtspflichtverletzung erwachsenden Anspruchs kann auch ein Beamter sein; ein solcher ist nicht auf Ansprüche aus dem Beamtenverhältnisse beschränkt (RGZ. Bd. 100 S. 188).

4. Der **Rückgriff** des Staates, der Körperschaft **auf den schadenstiftenden Beamten** kann auch künftig auf Grund des Art. 131 Abs. 2 RV. landesgesetzlich geregelt

werden; die Landesgesetzgebung hat in dieser Richtung freie Hand; sie kann insbesondere auch die Verjährungsfrist für den Rückgriffsanspruch bestimmen (vgl. RGZ. Bd. 102 S. 169).

5. **An neueren Landesgesetzen**, welche dem durch die Reichsverfassung geschaffenen Zustande schon Rechnung tragen, sind noch zu erwähnen:

für Hamburg G. vom 26. Jan. 1920 (Amtsbl. S. 137), das dem AG.BGB. die Art. 27 a—c einfügt; s. auch G. vom 22. Okt. 1919 (GS. S. 370) Art. 4 über Amtspflichtverletzungen von Beamten der Vormundschaftsbehörde;

für Mecklenburg-Schwerin G. vom 2. März 1921 (RegBl. S. 463), ergänzt durch G. vom 11. Nov. 1926 (RegBl. S. 463);

für Mecklenburg-Strelitz G. vom 27. Jan. 1921 (Amtl. Anz. S. 139);

für Bremen G. vom 19. März 1921 (GBl. S. 101).

IV. Besonders reichsrechtlich geregelt war schon bisher in § 12 GBO. die Haftung für Amtspflichtverletzungen von Grundbuchbeamten. Verletzt ein Grundbuchbeamter vorsätzlich oder fahrlässig die ihm obliegende Amtspflicht, so trifft den Beteiligten gegenüber die im § 839 BGB. bestimmte Verantwortlichkeit an Stelle des Beamten der Staat oder die Körperschaft, in deren Dienste der Beamte steht. Das Recht des Staates oder der Körperschaft, von dem Beamten Ersatz zu verlangen, bleibt unberührt. Die Vorschrift steht mit der des Art. 131 Abs. 1 RV. vollständig in Einklang, besteht daher auch künftig zu Recht.

V. Die Ersatzpflicht der Post ist in dem Postgesetz erschöpfend geregelt und durch Art. 131 RV. nicht berührt (RGZ. Bd. 107 S. 41 = JW. 1924 S. 465; s. hiezu die Bemerkungen von Breithaupt ebenda und Möhring JW. 1924 S. 1136).

Art. 78.

Unberührt bleiben die landesgesetzlichen Vorschriften, nach welchen die Beamten für die von ihnen angenommenen Stellvertreter und Gehilfen in weiterem Umfange als nach dem Bürgerlichen Gesetzbuche haften.

E. II, 51; III, 76.

Haftung des Beamten für Stellvertreter und Gehilfen.

1. Entstehung. Dieser Artikel ist von der II. Komm. infolge eines Wunsches der bayerischen Regierung aufgestellt worden, hat aber seine nunmehrige Fassung erst in der RTK. erhalten (Reatz III, 52, P. II, 670, 671, VI, 409, 410, 611, RTK. 440 d S. 11). Vgl. Jacubezky S. 176.

2. **Inhalt.** Der Vorbehalt dieses Artikels befaßt sich mit der Verantwortlichkeit der Beamten für ihre Stellvertreter und Gehilfen.

a) Er bezieht sich nur auf die Verantwortlichkeit gegenüber Dritten, die durch die Handlungen der Stellvertreter und Gehilfen einen Schaden gelitten haben, nicht auf die Haftung des Beamten gegenüber dem Staat (Planck Bem. 1; and. Ans. Kisch, Elsaß-Lothr. Privatrecht S. 238). Die Haftung gegenüber dem Staat zu regeln, ist die Landesgesetzgebung auf Grund des Vorbehalts des Art. 80 in der Lage.

b) Er bezieht sich nur auf die Verantwortlichkeit für die von dem Beamten selbst angenommenen Stellvertreter und Gehilfen, nicht auf solche, die dem Beamten von einer anderen Dienstesstelle, also amtlich, bestellt oder beigeordnet werden. Daß der Beamte der dienstlichen Genehmigung zur Annahme der Stellvertreter oder Gehilfen bedarf, schließt dagegen die landesgesetzliche Sonderregelung der Haftung des Beamten nicht aus.

Nach § 839 haftet der Beamte für vorsätzliche oder fahrlässige Verletzung der ihm gegenüber Dritten obliegenden Amtspflicht. Die Haftung für Gehilfen und Stellvertreter ergibt sich aus § 831 BGB. Darnach ist, wer einen anderen zu einer Verrichtung bestellt, grundsätzlich zum Ersatze des Schadens verpflichtet, den der andere in Ausführung der Verrichtung einem Dritten widerrechtlich zufügt; der Geschäftsherr kann sich aber u. a. durch den Nachweis, daß er bei der Auswahl der bestellten Person die im Verkehr erforderliche Sorgfalt beobachtet habe, von der Ersatzpflicht befreien.

Nach Art. 78 ist die Landesgesetzgebung befugt, die **Haftung** für schadenstiftende Handlungen von Vertretern und Gehilfen zu **erweitern**, so insbesondere, indem sie die Beweislast abweichend von § 831 BGB. zuungunsten des haftbaren

Beamten regelt oder die Entschuldung im Sinne des § 831 überhaupt ausschließt. Den Beamten die Haftung für angenommene Stellvertreter und Gehilfen zu erleichtern oder gar abzunehmen, ist die Landesgesetzgebung nicht befugt.

Es handelt sich also hier um landesgesetzliche Vorschriften gegenüber Beamten, welche ihre Gehilfen und Stellvertreter selbst zu wählen berechtigt sind, wie in Bayern die Notare nach Art. 20 NotG.

Die Vorschrift des § 278 BGB. kommt bei Art. 78 nicht in Frage, da es sich nach § 278 BGB. nur um die Haftung des Schuldners für das Verschulden derjenigen handelt, deren er sich zur Erfüllung einer Verbindlichkeit bedient.

3. Landesgesetze: Für Preußen s. ALR. Tl. I Tit. 13 §§ 41—45 mit Art. 89 Nr. 1, b AG.BGB.; Art. 101 preuß. FG. bezieht sich auf den amtlich bestellten Vertreter des Vaters.

Für Bayern kamen früher außer den Vorschriften in Art. 123 NotG. von 1861 und den Vorschriften des G. vom 21. Okt. 1807 für die Hypothekenbewahrer in der Pfalz auch in Betracht Art. 1384 des cod. civ. und BLR. Tl. I Tit. 13 §§ 46—48. Diese Bestimmungen fielen, weil sie allgemeines bürgerliches Recht enthalten, nach einer Erklärung des bayr. Justizministers in der Sitzung des Justiz-Ges.-Aussch. d. AbgK. vom 10. Nov. 1898 (AP. S. 12) weg. Im übrigen sind nach Art. 1 AG.BGB. auch die älteren Vorschriften aus der Zeit vor 1818 noch aufrecht erhalten und sind hier auch das G. vom 21. Okt. 1807, betr. die Hypothekenbewahrer für die Pfalz, ferner Art. 12 des G. vom 21. ventôse VII, relative à l'organisation de la conservation de hypothèques, welche Vorschriften übrigens nur noch bis zur Anlegung des Grundbuchs in der Pfalz Bedeutung hatten, einschlägig. Siehe jetzt Art. 20 und 115 des NotG. vom 9. Juni 1899 (GVBl. Beil. 137). Vgl. Oertmann, Bayr. Landesprivatrecht § 57 S. 250 ff.

Für Sachsen bestehen einschlägige Vorschriften nicht (Kloß-Müller, Sächs. Landesprivatrecht, 3. Aufl., § 56, II S. 119).

Für Württemberg s. Art. 96 Abs. 5 AG.BGB. (Becher XXVI, 1 S. 19) hinsichtlich der Haftung für den angenommenen Gehilfen; Art. 102 Abs. 2 handelt vom amtlich bestellten Vertreter des Notars.

Für Hessen s. Art. 21 NotG. (Becher VIII, 1 S. 4) hinsichtlich der Haftung für angenommene Gehilfen des Notars; Art. 32 handelt um die Haftung neben dem amtlich bestellten Vertreter; s. ferner Art. 15 VO. die Ortsgerichte betr. vom 2. Aug. 1899 (Becher VIII, 11 S. 185).

Art. 79.

Unberührt bleiben die landesgesetzlichen Vorschriften, nach welchen die zur amtlichen Feststellung des Wertes von Grundstücken bestellten Sachverständigen für den aus einer Verletzung ihrer Berufspflicht entstandenen Schaden in weiterem Umfange als nach dem Bürgerlichen Gesetzbuche haften.

E. II, 52; III, 77.

Haftung der Grundstücksschätzer.

1. Entstehung. Dieser Artikel ist erst von der II. Komm. aufgestellt (Reatz III, 52, P. II, 670, 671, VI, 410, 611, Mat. 32) und in der RTK. redaktionell geändert worden (RTK. 440, d S. 11). Vgl. auch Jacubezky, Bem. S. 176.

2. Inhalt. Der Artikel bezieht sich schon seinem Wortlaute nach nicht auf Sachverständige oder Schätzer, welche nicht bloß amtlich bestellt sind, sondern auch die Eigenschaft von Beamten haben. Für solche Sachverständige und Schätzer mit Beamtenqualität bestimmt sich die Haftung nach § 839 BGB., Art. 77, 80 EG. BGB., Art. 131 RV.

Über die Haftung anderer **Sachverständigen und Schätzer (ohne Beamtenqualität)** wegen Verletzung ihrer Berufspflichten enthält das BGB. keine Sonderbestimmung (M. II, 827). Sie haften also nur wegen unerlaubter Handlungen (§§ 823, 826 BGB.) oder, soweit sie ihre Vertragspflicht gegenüber denjenigen verletzen, welche ihre Dienste in Anspruch genommen haben. Eine Erweiterung dieser Haftung ist namentlich nach der Richtung hin ein Bedürfnis, daß diese Sachverständigen und Schätzer nicht bloß denjenigen gegenüber, welche ihre Dienste in Anspruch genommen haben, sondern jedem haften, der im Vertrauen auf die Richtigkeit der Schätzung eine Handlung vorgenommen hat, hierbei aber wegen der Unrichtigkeit der Schätzung in Schaden gekommen ist. Der infolge einer Anregung der bayerischen Regierung in das EG. aufgenommene Vorbehalt ermöglicht der Landesgesetzgebung, diesen Bedürfnissen Rechnung zu tragen und hierbei auch das Verfahren für die amtliche Ermittlung des Wertes von Grundstücken festzustellen. (Vgl. die M. zu Art. 79 und 78 des E. des bayr. AG. S. 47.)

Die Landesgesetzgebung kann für solche Sachverständige die Haftung nur erweitern, nicht aber auch einschränken.

3. Landesgesetze: Für Preußen bestimmt § 11 Abs. 5 des SchätzungsamtsG. vom 8. Juni 1918 (GS. S. 83) nur, daß Amtspflichtverletzungen der Schätzer nicht dem BeamtenhaftpflG. vom 11. Aug. 1909 unterliegen; eine Vorschrift im Sinne des Art. 79 enthält das Gesetz nicht.

Dagegen hat Bayern von dem Vorbehalt Gebrauch gemacht. Nach Art. 88 AG.BGB. (Becher III, 7 S. 46) haften die zur amtlichen Feststellung des Wertes von Grundstücken mit Rücksicht auf die Sicherheit von Hypotheken, Grundschulden oder Rentenschulden bestellten Schätzer für vorsätzliche oder fahrlässige Verletzung der Berufspflicht den Hypotheken-, Grundschuld- oder Rentenschuldgläubigern für den ihnen entstehenden Schaden. Die Vorschrift gilt seit 1. April 1922 auch in den vormals coburgischen Landesteilen (Bek. vom 30. Jan. 1922, GVBl. S. 153); vgl. die ähnliche Vorschrift des Art. 20 AG.BGB. für Sachsen-Coburg-Gotha.

Eine gleiche Vorschrift enthält für Hessen Art. 76 AG.BGB. (Becher VIII, 3 S. 43).

Für Sachsen s. § 1508 Sächs. GB.; über dessen fortdauernde Geltung s. Kloß-Müller, Sächs. Landesprivatrecht, 3. Aufl., § 51; a. M. Niedner Bem. 1, b zu Art. 79. S. auch MinVO. vom 12. Dez. 1900 (GVBl. S. 952) und VO. vom 26. März 1907 (GVBl. S. 90).

Württemberg hat von dem Vorbehalt keinen Gebrauch gemacht, vgl. Art. 39, 40 AG.BGB. (Becher XXVI, 1 S. 8).

Art. 80.

Unberührt bleiben, soweit nicht in dem Bürgerlichen Gesetzbuch eine besondere Bestimmung getroffen ist, die landesgesetzlichen Vorschriften über die vermögensrechtlichen Ansprüche und Verbindlichkeiten der Beamten, der Geistlichen und der Lehrer an öffentlichen Unterrichtsanstalten aus dem Amts- oder Dienstverhältnisse, mit Einschluß der Ansprüche der Hinterbliebenen.

Unberührt bleiben die landesgesetzlichen Vorschriften über das Pfründenrecht.

E. I, 54; II, 53; III, 78.

Vermögensrechtliche Wirkungen des Beamten-Dienstverhältnisses.

I. Entstehung. Die Art. 80 und 81 haben ihre Fassung erst in der II. Komm. erhalten; an ihrer Stelle war im I. Entw. ein Art. 54 folgenden Wortlauts beantragt:

> „Unberührt bleiben, soweit nicht durch das BGB. eine besondere Bestimmung getroffen ist, die Vorschriften der Landesgesetze über die vermögensrechtlichen Ansprüche und Verbindlichkeiten der Beamten aus dem Amtsverhältnisse mit Einschluß der Ansprüche der Hinterbliebenen."

(P. VI, 408, 409, 433, 434, 611, Reatz III, 52.)

II. Zu Abs. 1: Nach Art. 80 Abs. 1 bleiben vorbehaltlich besonderer Bestimmungen des BGB. unberührt die landesgesetzlichen Vorschriften

a) über die vermögensrechtlichen **Ansprüche** der **Beamten,** der **Geistlichen** und der **Lehrer** an öffentlichen Unterrichtsanstalten **aus dem Amts- oder Dienstverhältnisse,**

b) über die **Verbindlichkeiten** der unter a genannten Personen **aus dem Amts- oder Dienstverhältnisse,**

c) über die **Ansprüche der Hinterbliebenen** der zu a genannten Personen.

Der Vorbehalt des Abs. 1 hat wesentliche Einschränkungen durch die Reichsverfassung vom 11. Aug. 1919 (Art. 10 Nr. 3, 128 Abs. 3, 129) erfahren; s. hierüber unten Bem. III.

Zunächst ist zu Art. 80 Abs. 1 im einzelnen folgendes zu bemerken:

1. Vermögensrechtliche Ansprüche aus dem Amts- oder Dienstverhältnisse sind die Ansprüche auf Besoldung, Ortszulagen, Wohnungsgeld, Kinder- und Frauenzulagen, Dienstwohnung, Aufwandsgelder, Entschädigung für Reiseauslagen und Umzugskosten, auf Wartegeld und Pension und alle sonstigen vermögensrechtlichen Dienstvorteile (s. Brand, Beamtenrecht § 133).

Die Begründung des Beamtenverhältnisses durch Anstellung beruht auf staatlichem Hoheits- oder Verwaltungsakt, gehört also dem öffentlichen Rechte an (s. Brand, Beamtenrecht § 16, Laband, Staatsrecht des D. R. Bd. 1 S. 434; Hue de Grais, Handbuch der Verf. u. Verw. 24. Aufl. §§ 21, 66; Seydel-Graßmann-Piloty, Bayer. Staatsrecht Bd. 1 § 125; RGRK. Bem. 2, b vor § 611; Meißner, Das neue Staatsrecht des Reichs und seiner Länder S. 244).

Da das Beamtenverhältnis öffentlichrechtlicher Natur ist, sind auch die aus demselben beiderseits entspringenden Ansprüche nach öffentlichrechtlichen Grundsätzen zu beurteilen; Vorschriften des bürgerlichen Rechts sind nur insoweit verwertbar, als sie einen allgemeinen Rechtsgedanken zum Ausdruck bringen, der auch für das öffentliche Recht gilt (RGZ. Bd. 107 S. 189 f.).

Das Gehalt des Beamten ist keine Entlohnung für die einzelnen von ihm geleisteten Dienste, sondern eine ihm für die Dauer seines Amtes zugebilligte, für den standesgemäßen Unterhalt bestimmte Rente, die der Staat dafür gewährt, daß der Beamte seine ganze Persönlichkeit in den staatlichen Dienst zu stellen hat.

Da sich die rechtliche Stellung des Landesbeamten überhaupt nach dem Landesrecht bemißt, wurde auch die Regelung der vermögensrechtlichen Ansprüche (und Verbindlichkeiten) der Beamten der Landesgesetzgebung überlassen.

S. über die Rechtsverhältnisse des Beamten überhaupt und der Landesbeamten insbesondere Meißner, Das neue Staatsrecht des Reichs und seiner Länder §§ 48, 50, 51.

2. Zu den **vermögensrechtlichen Verbindlichkeiten** gehören die Ansprüche, welche dem Staate oder einem Dritten aus dem Mißbrauche der Dienstgewalt oder aus einer Vernachlässigung der Dienstpflichten erwachsen (vgl. hierzu Art. 77). Insbesondere gehören hierher Rückgriffsverpflichtungen, die Verpflichtung zur Zahlung von Ordnungsstrafen (RGZ. Bd. 56 S. 339 f.). Die Landesgesetzgebung kann bei der Regelung solcher Ansprüche gegen Landesbeamte Bestimmungen treffen, die von den Vorschriften des BGB. abweichen, so z. B. bestimmen, daß ein Anspruch der fraglichen Art erlischt, falls er nicht innerhalb einer bestimmten Zeit geltend gemacht wird („Recht" 1903 S. 606). Wegen des Rückgriffes gegen Grundbuchbeamte vgl. GBO. § 12, Preußen, Art. 8 AG.GBO.

Nicht sind **hierher zu rechnen:**

a) die Verpflichtung der Beamten, ohne besondere behördliche Erlaubnis kein Gewerbe zu betreiben, kein Nebenamt und keine Nebenbeschäftigung zu übernehmen (§ 12 Abs. 2 GewO.);

b) die Verpflichtung der Beamten, den Erwerb von Grundstücken oder sonstigen Vermögensgegenständen, sowie die Übernahme einer Pachtung oder die Eingehung einer Bürgschaft zu unterlassen, und zwar bald mit der Wirkung, daß dem Verbote zuwiderlaufende Erwerbungen als nichtig betrachtet werden, bald ohne solche Wirkung (vgl. hierzu Bem. III zu § 456 in Bd. II, 1);

c) die Verpflichtung der Bergbeamten, ihrer Frauen und unter väterlicher Gewalt stehenden Kinder, in dem betr. Verwaltungsbezirke nicht durch Mutung Bergwerke oder Kuxe zu erwerben (s. hiezu den Vorbehalt in Art. 67 EG.);

d) die Verpflichtung der Beamten, an Veräußerungen, Verpachtungen und ähnlichen Geschäften, welche ihrer Leitung anvertraut sind, weder unmittelbar noch durch Stellvertreter als Partei teilzunehmen noch später in solche Geschäfte einzutreten (vgl. ALR. Tl. I Tit. 11 §§ 21—25, cod. civ. art. 1596, bad. LR. Satz 1596 usw.);

e) die den Beamten, die bei dem Gerichte, bei welchem ein Rechtsstreit anhängig ist, angestellt oder in dem Bezirke des zur Entscheidung zuständigen Gerichts amtsberechtigt sind, auferlegte Verpflichtung, daß sie den Erwerb streitiger Rechte unterlassen (vgl. PLR. Tl. I Tit. 11 §§ 385—387, Anh. § 16, cod. civ. art. 1597, bad. LR. S. 1597);

f) die Verpflichtung der Beamten, Geschenke ohne Genehmigung der vorgesetzten Behörde nicht anzunehmen.

Solche und ähnliche Vorschriften sind für das Beamten-Dienststrafrecht von Bedeutung, eine privatrechtliche Wirkung äußern sie aber nicht (Mot. z. EG. 183). Dagegen ist für Beamte das Verbot der Teilnahme an einem Kauf privatrechtlichen Inhalts; dasselbe ist jetzt in den §§ 456—458 BGB. enthalten.

Hinsichtlich der Beschlagnahme oder Einziehung der Akten, Register, Dienstsiegel und anderer Dienstgegenstände der Beamten werden die landesgesetzlichen Vorschriften auch durch den Vorbehalt des Art. 109 gedeckt (Mot. z. EG. 163 Ziff. 5).

Ein Vorbehalt zugunsten landesgesetzlicher Vorschriften, welche an den Eintritt in den Staatsdienst die Erlangung der Volljährigkeit knüpfen oder welche Beamten in privatrechtlicher Hinsicht einen gesetzlichen Wohnsitz beilegen, wurde nicht aufgenommen. Derartige landesgesetzliche Vorschriften verloren mit dem Inkrafttreten des BGB. ihre Geltung (M. I, 57, 74; Mot. z. EG. 184).

3. Der Vorbehalt dieses Artikels gilt aber nicht, d. h. die Landesgesetzgebung kann abweichende Vorschriften nicht erlassen, soweit besondere Vorschriften im BGB. für die hier bezeichneten Ansprüche und Verbindlichkeiten enthalten sind; s. unten Bem. V.

4. Wer als **Beamter** im Sinne dieses Artikels aufzufassen ist, wird durch das öffentliche Recht jedes Landes entschieden (s. Brand, Beamtenrecht §§ 4ff.; s. auch Bem. 4 zu § 839 in Bd. II dieses Komm.). Es können auch Gemeindebeamte hierher zu rechnen sein (P. VI, 409, Mat. 37). Erforderlich ist immer die Anstellung in einem öffentlichrechtlichen Dienstverhältnis. Dagegen ist die Übertragung obrigkeitlicher Befugnisse nicht notwendige Voraussetzung der Beamteneigenschaft.

Ob die Lehrer an den öffentlichen Unterrichtsanstalten nach dem Landesrechte Beamte sind, ist unerheblich, da sie in Art. 80 Abs. 1 neben den Beamten besonders aufgeführt sind. Öffentliche Unterrichtsanstalten sind im Gegensatz zu den privaten diejenigen, deren Besuch unter bestimmten Voraussetzungen jedermann freisteht; sie gehören regelmäßig öffentlichrechtlichen Körperschaften (Staat, Gemeinde), aber auch mitunter Stiftungen. Wegen der Lehrer an öffentlichen Schulen s. auch unten Bem. III, 6.

Die Geistlichen sind als solche nicht Beamte des Staates oder der Gemeinde. Geistliche im Sinne des Vorbehalts sind die Diener derjenigen Religionsgesellschaften, welche Körperschaften des öffentlichen Rechts sind (s. Art. 137 Abs. 4 RV.).

Wer zu den Hinterbliebenen zu rechnen ist, ob insbesondere die nach dem BGB. den ehelichen Kindern gleichgestellten Kinder, für ehelich erklärte und angenommene Kinder dazu gehören, entscheidet das Landesrecht.

5. **Landesgesetze:** Das Beamtenrecht, namentlich das Besoldungswesen, ist zum Teil unter dem Einfluß des wirtschaftlichen Zusammenbruchs, aber auch der neuen Reichsgesetzgebung (s. unten Bem. III) in weitem Umfange neu geregelt*).

Preußen**): An älteren Gesetzen kommen noch in Betracht: G. betr. die Dienstvergehen der nicht richterlichen Beamten, die Versetzung derselben auf eine andere Stelle oder in den Ruhestand vom 21. Juli 1862/4. Aug. 1922 (GS. S. 465/S. 208); G. vom 24. Mai 1861 betr. die Erweiterung des Rechtswegs (GS. S. 242); G. vom 27. März 1872 betr. die Pensionierung der unmittelbaren Staatsbeamten, sowie der Lehrer usw. (GS. S. 286), mehrfach geändert; G. vom 7. März 1908 (GS. S. 35, enthält Vorschriften über das Gnadenvierteljahr); G. betr. die Pensionierung der Lehrer und Lehrerinnen an den öffentlichen Volksschulen vom 6. Juli 1885 /10. Juni 1907 (GS. S. 298/S. 133), mehrfach geändert, zuletzt durch § 31 des Personalabbau-AbwickelungsG. vom 25. März 1926 (GS. S. 114); G. betr. die Fürsorge für die Witwen und Waisen der unmittelbaren Staatsbeamten vom 20. Mai 1882/27. Mai 1907 (GS. S. 298/S. 99), mehrfach geändert, zuletzt durch § 30 des Personalabbau-AbwickelungsG. vom 25. März 1926 (GS. S. 114).

Für die Besoldung sind grundlegend nunmehr die Besoldungsgesetze vom 17. Dez. 1920: BeamtendiensteinkommensG. vom 17. Dez. 1920, nun in der Fassung der Bek. vom 13. Mai 1924 (GS. S. 487), inzwischen wieder mehrfach geändert, jetzt BesoldungsG. vom 17. Dez. 1927 (GS. S. 223); hiezu Besoldungsvorschriften in der Neufassung vom 17. Dez. 1927 für die planmäßigen unmittelbaren Staatsbeamten (GS. S. 235). Volksschullehrer-DiensteinkommensG., nunmehr in der Fassung vom 18. Febr. 1925 (GS. S. 17),

---

*) Da die Regelung namentlich der Beamtenbesoldung noch nicht als abgeschlossen gelten kann, sind im folgenden nur die wichtigsten Gesetze ohne Angabe ihrer sämtlichen in der Zwischenzeit erfolgten Änderungen aufgeführt. Änderungen sind insbesondere neuerdings erfolgt zur Angleichung der Gehälter der Landesbeamten an die der Reichsbeamten nach Maßgabe des BesoldG. vom 16. Dez. 1927 (RGBl. I S. 349ff.).

**) Brand, Das Beamtenrecht, Die Rechtsverhältnisse der preuß. Staats- und Kommunalbeamten, Berlin 1926; derselbe, Die preuß. Beamtengesetze über Ruhegehalt, Wartegeld, Hinterbliebenen- und Unfallfürsorge, 2. Aufl. Berlin 1927.

inzwischen ebenfalls wieder geändert; Mittelschullehrer-Diensteinkommens G. in der Fassung vom 8. Febr. 1923 (GS. S. 18), mehrfach geändert; Gewerbe- und Handelslehrer-Diensteinkommens G. in der Fassung vom 17. Okt. 1922 (GS. S. 319), wiederholt geändert; G. vom 17. Dez. 1920 über das Diensteinkommen der Leiter und Lehrer an nicht staatlichen höheren Lehranstalten (GS. S. 323); wegen der Gemeindebeamten s. das G. vom 8. Juli 1920 betr. vorläufige Regelung verschiedener Punkte des Gemeindebeamtenrechts (GS. S. 383) und die AusfAnw. des MI. vom 6. Okt. 1920 (MBl. S. 359); Beamten-Fürsorge G. vom 2. Juni 1902 (GS. S. 153) in der Fassung vom 21. Nov. 1922 (GS. S. 431); Beamten-Altruhegehalts G. in der Fassung des Beamtendiensteinkommens G. vom 17. Dez. 1920 (GS. 1921 S. 214) und seiner Änderungen; Volksschullehrer-Altruhegehalts G. in der Fassung des Volksschullehrer-Diensteinkommens G. vom 17. Dez. 1920 (GS. S. 665) nebst Änderungen; Volksschullehrer-Hinterbliebenen-Fürsorge G. in der Fassung vom 17. Dez. 1920 (GS. S. 623) nebst Änderungen.

Personal-Abbau VO. vom 8. Febr. 1924 (GS. S. 73); Personalabbau-Abwickelungs G. vom 25. März 1926 (GS. S. 105).

Gesetze über die Bereitstellung von Mitteln zur Aufbesserung des Diensteinkommens der Geistlichen der evangelischen Landeskirchen und der katholischen Pfarrer, je vom 17. Dez. 1920 (GS. 1921 S. 104 und 106), wiederholt geändert.

G. betr. die Einführung einer Altersgrenze vom 15. Dez. 1920 (GS. S. 621), geändert durch § 84 der Personalabbau VO. vom 8. Febr. 1924.

G. über das Übergangsgeld der Staatsminister vom 14. Jan. 1921 (GS. S. 224); G. über die Versorgung der Staatsminister vom 13. Juni 1924 (GS. S. 547).

Bayern: Beamten G. vom 16. Aug. 1908 (GVBl. S. 581), wiederholt geändert durch die neuen Besoldungsgesetze und die Abänderungsgesetze zu denselben und Art. I Polizeibeamten G. vom 12. April 1928 (GVBl. S. 193); Verfassungsurkunde vom 14. Aug. 1919 § 67 Abs. 2 und 3; Beamtenbesoldungs G. vom 2. Juni 1920 (GVBl. S. 275, 348; Art. 67 setzt die VO. vom 6. Sept. 1908 und 4. Aug. 1909 außer Kraft); Volksschullehrer G. vom 14. Aug. 1919 (GVBl. S. 437) in der Fassung des BBes G. vom 2. Juni 1920; Pensionsergänzungs G. vom 23. März 1921 (GVBl. S. 117); G. vom 19. Dez. 1919 über Besoldung der Minister und Staatssekretäre (GVBl. 1920 S. 11); über Ansprüche der Minister auf Besoldung s. § 60 der VerfUrk. vom 14. Aug. 1919; G. vom 27. Juli 1922 über das Diensteinkommen der Hochschulprofessoren (GVBl. S. 377). Sämtliche Gesetze sind seit Erlaß wiederholt geändert und ergänzt worden; s. Kollmann, Vorschriftensammlung Nr. 234, 247, 248, 261; s. jetzt Besoldungs G. vom 27. März 1928 (GVBl. S. 201); G. vom 3. Okt. 1919 über die Ruhestandsversetzung von Beamten über 65 Jahre (GVBl. S. 695); für Gemeindebeamten s. jetzt Art. 78 ff., 99, 100 Gemeinde O. vom 17. Okt. 1927 (GVBl. S. 273), die in Art. 164 Nr. 5 das Gemeindebeamten G. vom 15. Juli 1916 mit Ausnahme des Art. 24 aufhebt, VO. vom 31. März 1928 (GVBl. S. 181, 186), für Bezirksbeamte Art. 36 ff. der Bezirks O. vom 17. Okt. 1927 (GVBl. S. 325), für Beamte der Kreise Art. 38 der Kreis O. vom 17. Okt. 1927 (GVBl. S. 335). Das Landessperr G. vom 24. Dez. 1923 (GVBl. S. 409) ist wieder aufgehoben.

In den vormals coburgischen Landesteilen ist das bayerische Beamtenrecht teilweise am 1. Mai 1921 eingeführt worden laut Bek. vom 27. April 1921 (GVBl. S. 299); s. auch Bek. vom 22. Okt. 1921 (GVBl. S. 527).

G. über die Bezüge der Erzbischöfe, Bischöfe und Mitglieder des Domkapitels, nun vom 7. April 1925 (GVBl. S. 135) und G. über die Ergänzung des Einkommens der Seelsorgegeistlichen vom 7. April 1925 (GVBl. S. 137).

Sachsen *): G. vom 7. März 1835 betr. die Verhältnisse der Zivilstaatsdiener (GBl. S. 169; nur noch teilweise in Geltung), abgeändert durch G. vom 3. Juni 1876 in der Fassung der Bek. vom 18. Febr. 1924 (GBl. S. 121); G. über die Besoldung der Staatsbeamten und Lehrer (Beamten Besoldungs G.) vom 21. Mai 1920 in der Fassung der Bek. vom 18. Febr. 1924 (GBl. S. 134), geändert durch G. vom 6. Mai und 17. Juli 1926 (GBl. S. 120 und 147), G. vom 24. März 1927 (GVBl. S. 51) und G. vom 28. Dez. 1927 (GVBl. S. 228); s. hiezu die Entsch. des RG. vom 21. Nov. 1925 in RGBl. I S. 468; G. über die Auszahlung der Dienst-

*) Schulze-Roth, Das sächsische Beamtenrecht, Dresden 1925; Kloß-Müller, Sächs. Landesprivatrecht, 3. Aufl., § 49, IV S. 101 ff.

bezüge der Volks- und Fortbildungsschullehrer usw. vom 24. Febr. 1922 (GBl. S. 127); Besoldungsbestimmungen vom 22. Febr. 1924 (GBl. S. 158), wiederholt geändert; G. über die Dienstbezüge der Gemeindebeamten vom 7. Juli 1921 (GBl. S. 225) in der Fassung des G. vom 13. April 1922 (GBl. S. 176) und 1. Aug. 1923 (GBl. S. 373); Richtlinien für die Gemeindebeamten-Besoldungsvorschriften vom 12. Jan. 1928 (GVBl. S. 21); ReisekostenG. vom 7. Juli 1924 (GBl. S. 415); Reisekostenordnung vom 25. Juli 1924 (GBl. S. 439) in der Fassung der VO.en vom 26. Nov. 1924 (GBl. S. 571) und 13. Juli 1925 (GBl. S. 27); UmzugskostenG. vom 28. April 1906 (GBl. S. 93) in der Fassung der G. vom 24. Juli 1924 (GBl. S. 435) und 8. Juli 1925 (GBl. S. 192); VO. über die Gewährung einer Entschädigung an versetzte Beamte vom 1. Juli 1924 (GBl. S. 407) in der Fassung der VO. vom 13. Jan. 1925 (GBl. S. 27); PensionsergänzungsG. in der Fassung von Art. 3 des Ges. vom 13. Dez. 1921 (GBl. S. 429), von Art. 2 des G. vom 6. April 1922 (GBl. S. 149) und von Art. 4 des G. vom 18. Dez. 1923 (GBl. S. 545); G. über Versorgung von Hinterbliebenen von Staatsdienern vom 15. Juni 1912 in der Fassung der Bek. vom 18. Febr. 1924 (GBl. S. 121); G. die Unfallfürsorge für Beamte betr. vom 1. Juli 1902 (GB. S. 248); G. über die Dienststellung der Minister vom 5. Juli 1919 (GBl. S. 135) in der Fassung vom 2. Juli 1924 (GBl. S. 411).

Hinsichtlich der Lehrer s. weiter SchulbedarfG. vom 31. Juli 1922 (GBl. S. 405); ÜbergangsschulG. vom 22. Juli 1919 (GBl. S. 171); G. über Gymnasien, Realschulen und Seminare vom 22. Aug. 1876 (GBl. S. 317) §§ 20, 21, 32; G. vom 25. März 1892 betr. Abänderungen der gesetzl. Bestimmungen über die Pensionsverhältnisse der ständigen Lehrer usw. (GBl. S. 21), mehrfach geändert; G. vom 21. Juni 1912 über die Versorgung der Hinterbliebenen von Lehrern in der Fassung vom 18. Febr. 1924 (GBl. S. 121, 131).

Über die Verpflichtung des sächs. Staats zur Gewährung von Beihilfen zur Besoldung der Geistlichen der evangelisch-lutherischen Landeskirche s. Schiedsspruch des RG. vom 17. Febr. 1926, RGZ. Bd. 113 S. 349.

In **Württemberg***) sind die Verhältnisse der Staatsbeamten geregelt im BeamtenG. vom 28. Juni 1876 (Text neu bekannt gemacht RegBl. 1912 S. 716; s. auch RegBl. 1920 S. 65; ferner Art. 13 G. vom 17. Mai 1921, RegBl. S. 215); BesoldungsG. vom 31. Mai 1920 (RegBl. S. 339) in der Fassung der Bek. vom 30. April 1923 (RegBl. S. 173), PensionsergänzungsG. vom 17. Mai 1921 (RegBl. S. 215). Über die Rechtsverhältnisse der Gemeinde- und Körperschaftsbeamten s. die GemO. und die BezO., ferner G. über die Pensionsrechte der Körperschaftsbeamten und ihrer Hinterbliebenen vom 7. Mai 1914 (RegBl. S. 195), G. vom 25. Jan. und 28. April 1921 (RegBl. S. 65, 185). S. ferner G. betr. Unfallfürsorge für Beamte vom 23. Dez. 1902 (RegBl. S. 589), G. vom 29. Dez. 1899 (RegBl. S. 1231), G. betr. Unfallfürsorge für Körperschaftsbeamte vom 7. Mai 1914 (RegBl. S. 139). Für Geistliche s. PfarrbesoldungsG. vom 31. Mai 1920 (RegBl. S. 367). Für Volksschullehrer s. LehrerG. vom 10. Juli 1912 (RegBl. S. 235) und Art. 1 Abs. 3 BesoldG. vom 31. Mai 1920. Hochschullehrer-BesoldG. vom 9. Aug. 1923 (RegBl. S. 354). Sämtliche Gesetze sind inzwischen mehrfach geändert. G. vom 26. März 1927 über die Dienstverhältnisse der Minister (RegBl. S. 123); hiezu Entsch. des RG. vom 5. Dez. 1927 (RGBl. 1928 S. 16), wonach die Art. 12, 13 jenes Ges., soweit sie dem Gesetz rückwirkende Kraft beilegen, mit der Reichsverfassung nicht vereinbar sind.

Baden: BeamtenG. vom 12. Aug. 1908 (GVBl. S. 420) in der Fassung der PersonalabbauVO. vom 5. Dez. 1923 (GVBl. S. 353), mehrfach geändert (s. zuletzt GVBl. 1926 S. 31); BesoldungsG. in der Fassung vom 26. Juni 1923 (GVBl. S. 183), wieder mehrfach geändert (s. GVBl. 1923 S. 373, 1924 S. 55, 71, 191, 277, 278, 289, 306); G. vom 5. Okt. 1921 über die Besoldung der Körperschaftsbeamten (GVBl. S. 343); FürsorgeG. für Gemeinde- und Körperschaftsbeamte vom 26. Juli 1921 (GVBl. S. 175); G. über die Aufbesserung gering besoldeter Pfarrer aus Staatsmitteln vom 15. Mai 1899/15. Juni 1914, mehrfach geändert.

Thüringen: StaatsbeamtenG. vom 14. Mai 1923 (GS. S. 129) mit Änderungen vom 28. Dez. 1923 (GS. S. 839), vom 12. Febr. und 1. April 1924 (GS. S. 81 und 202), 8. Sept. 1925 (GS. S. 277) und 16. Dez. 1926 (GS. S. 437); AusfVO.en hiezu vom 16. Mai, 28. Juni und 2. Nov. 1923 (GS. S. 426, 439 und 745); BeamtenbesoldungsG. und StaatsbeamtenhinterbliebenenG., beide in der neuen Fassung vom 7. April 1925 (GS. S. 89 und 106), ersteres geändert durch Art. 7

*) Hammer, Sammlung der württembergischen Beamtengesetze, Stuttgart 1924.

des G. vom 8. Sept. 1925 (GS. S. 277); Besoldungsvorschriften vom 19. Febr. 1924 (GS. S. 97), ergänzt durch Bek. vom 8. Juni 1926 (GS. S. 174); Altbeamtenversorgungs G. vom 11. Juli 1924 (GS. S. 345); PensionsergänzungsG. vom 22. April 1921 (GS. S. 115); G. vom 11. Juni 1925 über die Bezüge und Dienstverhältnisse der Minister (GS. S. 161); G. vom 20. Juli 1922 über die Dienstbezüge der Gemeindebeamten (GS. S. 326); NotG. vom 26. März und 26. Juni 1926 über die Besoldung der Beamten der Gemeinden und öffentlichen Körperschaften (GS. S. 33 und 175), bestätigt mit Bek. vom 25. Jan. 1927 (GS. S. 32).

Hessen: Staatsbeamten-BesoldungsG. vom 14. Okt. 1921 (RegBl. S. 232); G. vom 14. Okt. 1921, die Besoldungen, Ruhegehalte und Hinterbliebenenversorgung der Volksschullehrer betr. (RegBl. S. 268), je mit Änderungen; G. vom 27. Sept. 1927 über Ruhegehalt und Hinterbliebenenversorgung der Mitglieder der Regierung (RegBl. 1927 S. 185); G. vom 30. März 1928.

Hamburg: BeamtenbesoldungsG. in der Fassung vom 30. Juli 1926 (GVBl. S. 505); BeamtenruhestandsG. in der Fassung vom 30. Juli 1926 (GVBl. S. 520); BeamtenhinterbliebenenG. in der Fassung vom 30. Juli 1926 (GVBl. S. 533); G. vom 4. Okt. 1927 zur Neuregelung der Beamtenbesoldung (GVBl. S. 439); Änderungen des BeamtenruhestandsG., des HinterbliebenenG. und des Disziplinar- und PensionsG. für die nicht richterlichen Beamten vom 4. Okt. 1927 (GVBl. S. 446, 447, 448).

Mecklenburg-Schwerin: G. vom 19. Mai 1920 betr. die Besoldung der Staatsbeamten (RegBl. S. 571); G. vom 19. Mai 1920 betr. Anpassung der Ruhegehälter und Versorgungsbezüge der Staatsbeamten und ihrer Hinterbliebenen an das BesoldungsG. vom 19. Mai 1920 (RegBl. S. 600); G. vom 19. Mai 1920 betr. Diensteinkommen usw. der seminarischen Lehrer und Lehrerinnen an den früher ritter- und landschaftlichen Landschulen (RegBl. S. 617); G. vom 6. Juni 1919 betr. die Zahl der Staatsminister und ihre Besoldung (RegBl. S. 529); sämtliche wiederholt geändert; das BesoldungsG. zuletzt durch G. vom 6. Febr. 1928 (RegBl. Nr. 9); hiezu Bek. vom 6. Febr. 1928.

Oldenburg: ZivilstaatsdienerG. vom 28. März 1867, Beamten-DiensteinkommenG. vom 11. Aug. 1920 (GBl. Bd. 40 S. 963); G. vom 4. Juli 1919 wegen Anstellung und Besoldung der Mitglieder des Staatsministeriums (GBl. Bd. 40 S. 435); G. vom 17. Aug. 1920 betr. Diensteinkommen der Lehrer und Lehrerinnen an Volksschulen (GBl. 40 S. 1015); G. vom 17. Aug. 1920 betr. das Diensteinkommen der Leiter und Lehrer an Gemeindeschulen (GBl. Bd. 40 S. 1020), sämtliche wiederholt geändert.

Braunschweig: ZivilstaatsdienerG. vom 4. April 1889 in der Fassung vom 4. April 1923 (GVS. S. 151); StaatsbeamtenbesoldungsG. vom 8. April 1922 in der Fassung vom 24. März 1924 (GVS. S. 95); BeamtenruhegehaltsG. vom 8. April 1922 (GVS. S. 275); LehrerbesoldungsG. vom 10. Juni 1922 (GVS. S. 397); LehrerruhegehaltsG. vom 10. Juni 1922 (GVS. S. 427), je mit Änderungen.

Anhalt: ZivilstaatsdienstG. vom 22. Dez. 1875 (GS. Nr. 408), geändert durch G. vom 10. Juli 1879 (GS. Nr. 540) und G. vom 23. Juni 1923 (GS. S. 11); BesoldungsG. vom 23. April 1921 (GS. S. 11 Nr. 1634), geändert durch G. vom 17. Nov. 1921, 5. April 1922, 18. Mai 1923, 4. April, 26. Mai, 17. Juli und 17. Okt. 1924, 23. April 1925 (GS. Nr. 1663, 1673, 1722, 1785, 1798, 1802, 1808, 1827); G. vom 23. Dez. 1927 (GS. S. 51); AltruhegehaltsG. vom 23. April 1921 (GS. S. 47 Nr. 1635), ebenfalls mehrfach geändert; G. vom 23. April 1921 über die Hinterbliebenenversorgung der Staatsbeamten (GS. S. 50 Nr. 1636); AG. vom 31. Okt. 1921 zum RG. zur Sicherung einer einheitlichen Regelung der Beamtenbesoldung (GS. S. 151 Nr. 1658); G. vom 2. Juni 1922 über die Anhaltische Witwenkasse (GS. S. 84 Nr. 1689); VO. vom 25. Nov. 1921 über die Satzung der Anhaltischen Beamten-Sterbekasse (GS. S. 239 Nr. 1664); G. vom 18. Dez. 1926 über die Besoldung und Versorgung der Gemeindebeamten (GS. S. 67); OrdnungspolizeibeamtenG. vom 4. April 1924 (GS. S. 39); G. vom 23. Okt. 1923 über Besoldung, Ruhegehalt und Hinterbliebenenversorgung der Staatsminister (GS. S. 122).

Bremen: G. betr. die Rechtsverhältnisse der Beamten in der Fassung vom 1. Sept. 1926 (GVBl. S. 201); BeamtenbesoldungsG. vom 10. Juni 1920 (GVBl. S. 243) mit seinen Änderungen; BeamtenruhestandsG. und BeamtenhinterbliebenenG., beide in der Fassung vom 1. Sept. 1926 (GVBl. S. 217 und 228).

Lippe: DiensteinkommenG. vom 10. Okt. 1921 in der Fassung vom 28. Nov. 1922 (LV. Bd. 27 S. 878); BeamtenruhegehaltG. vom 31. März 1924 (GS. S. 531);

BeamtenhinterbliebenenG. vom 5. April 1924 (GS. S. 543); alle wiederholt geändert.

Lübeck: BeamtenbesoldungsG. vom 21. März 1923 (GVBl. S. 100); BeamtenruhestandsG. vom 22. Dez. 1923 (GVBl. S. 535); BeamtenhinterbliebenenG. vom 22. Dez. 1923 (GVBl. S. 544), sämtliche wiederholt geändert, insbesondere im G. vom 20. Jan. 1926 über Einstellung des Personalabbaues und Abänderung der Beamtengesetze (GVBl. S. 13); SenatorenruhestandsG. und SenatorenhinterbliebenenG., je vom 31. März 1925 (GVBl. S. 45 und 48).

Schaumburg-Lippe: ZivilstaatsdienerG. vom 8. März 1872 (LV. Bd. 11 S. 299); Beamten-DiensteinkommenG. vom 2. Dez. 1922 (LV. Bd. 26 S. 362); Volksschullehrer-DiensteinkommenG. vom 18. Mai 1922 (LV. Bd. 26 S. 151); Geistlichen-DiensteinkommenG. vom 15. Jan. und 16. Dez. 1923 (LV. Bd. 27 S. 448); G. vom 17. Dez. 1923 über Ruhegehalt der emeritierten Geistlichen (LV. Bd. 27 S. 451); G. vom 15. Dez. 1923 über Witwen- und Waisenversorgung in der evang. Landeskirche (LV. Bd. 27 S. 453), sämtliche mehrfach geändert.

Waldeck: Beamten-DiensteinkommenG. vom 15. März 1922 (RegBl. S. 65); G. vom 15. März 1922 über die Dienst- und Versorgungsbezüge der unmittelbaren Staatsbeamten (RegBl. S. 83); Volksschullehrer-DiensteinkommenG. vom 15. März 1922 (RegBl. S. 85); Beamten- und Lehrer-AltruhegehaltG. vom 16. März 1922 (RegBl. S. 105); G. vom 15. März 1922 über die Besoldung der Gemeindebeamten (RegBl. S. 108), sämtliche wiederholt geändert.

III. Einfluß der neueren Reichsgesetzgebung.

1. Die Gesetzgebungsbefugnis der Länder hinsichtlich des Landesbeamtenrechts erleidet künftig eine Einschränkung durch die sog. **Grundsatzgesetzgebung des Reichs.** Nach Art. 10 Nr. 3 der RV. vom 11. Aug. 1919 kann das Reich im Wege der Gesetzgebung Grundsätze für das Recht der Beamten aller öffentlichen Körperschaften aufstellen. Art. 128 Abs. 3 RV. verpflichtet den Reichsgesetzgeber, von der ihm in Art. 10 Nr. 3 übertragenen Zuständigkeit Gebrauch zu machen durch die Anweisung, die Grundlagen des Beamtenverhältnisses zu regeln; s. über das Verhältnis von Art. 10 Abs. 3 und Art. 128 Abs. 3 Hüfner in LZ. 1922 Sp. 547 und Wolfstieg, Beamtenreichsrecht S. 127. S. auch Holstein in ArchÖffR. Bd. 52 S. 153 ff.

a) Streitig ist die Tragweite der Vorschriften der RV. Nach Wortlaut, Sinn und Zweck der Vorschrift in Art. 10 Nr. 3 RV. ist die Reichsgesetzgebung darauf beschränkt, Grundsätze für die Regelung des Beamtenrechts aufzustellen, also allgemeine Richtlinien zu geben, welche für die Landesgesetzgebung bindend sind und nach denen sie die nähere Regelung nach den besonderen Verhältnissen und Bedürfnissen des Landes treffen kann und muß. Daraus ergibt sich zweierlei:

α) Das Reich kann nicht das Beamtenrecht der Länder oder Teile desselben unmittelbar erschöpfend regeln, so daß eine landesgesetzliche nähere Regelung nicht mehr möglich ist (Anschütz, RV. Bem. 1 zu Art. 10, Hatschek, Deutsches und preuß. Staatsrecht Bd. 1 S. 87 f.).

β) Das Reich kann überhaupt nicht Rechtssätze aufstellen, die für jedermann, insbesondere die rechtsanwendenden Behörden unmittelbar bindend sind, es bedarf immer erst eines Landesgesetzes, um auf Grund des Reichsgesetzes solche bindende Vorschriften zu schaffen (so mit beachtenswerten Gründen BayObLG. in BayVerwBl. 1927 S. 22; and. Ans. Anschütz Bem. 4 zu Art. 10, Block in DJZ. 1925 Sp. 1499, PreußOVerwG. in RBesoldBl. 1925 S. 141; unentschieden Pötsch, RV. Vorbem. vor Art. 6—12).

b) Zu einer Prüfung der Rechtmäßigkeit und Rechtswirksamkeit eines auf Grund des Art. 10 Nr. 3 RV. erlassenen Reichsgesetzes sind die rechtsanwendenden Behörden und Gerichte befugt (PreußOVerwG. a. a. O., Meiser in BayZ. 1924 S. 313 ff.; a. M. Anschütz Bem. 1).

c) Die Vorschriften der Art. 10 Nr. 3 und 128 Abs. 3 RV. beziehen sich nur auf die Landesbeamten, aber auf die Beamten aller öffentlich-rechtlichen Körperschaften, auch z. B. der Religionsgesellschaften (Hüfner in LZ. 1920 Sp. 777; a. M. Giese unter Hinweis auf Art. 137 Abs. 3 RV.).

d) Solange und soweit das Reich von seiner Befugnis zur Grundsatzgesetzgebung keinen Gebrauch macht, hat die Landesgesetzgebung in der Regelung freie Hand.

2. Alle **Ausnahmebestimmungen** der Landesgesetze **gegen weibliche Beamte** sind durch Art. 128 Abs. 2 RV. mit Inkrafttreten der RV. **beseitigt;** auch Art. 128 Abs. 2 enthält sofort geltendes Recht. Es sind also Ausnahmebestimmungen nicht bloß für die Zukunft verboten, sondern es sind auch alle bestehenden Ausnahmebestimmungen außer Wirksamkeit gesetzt (so in fester Rechtsprechung das RG. in RGZ. Bd. 102 S. 145, Bd. 106 S. 154 [= JW. 1923 S. 987], Bd. 110 S. 189 [= JW. 1925 S. 2433]; zustimmend jetzt auch Anschütz, RV. Bem. 4; and. Ans. Friebe in PrVerwBl. Bd. 45 S. 162, 182; s. auch Kaisenberg in ArchÖffR. Bd. 41 S. 216 und DJZ. 1921 S. 482, Schmid in Zeitschr. d. Bayer. Statist. LA. 1925 S. 70, Fürstenau JW. 1925 S. 2433, Hahn in DJZ. 1925 S. 1213 und 1578 und gegen ihn Mohr ebenda S. 1577).

Was als Ausnahmebestimmung gegen weibliche Beamte anzusehen ist, läßt sich nicht allgemein, sondern nur von Fall zu Fall entscheiden. Sondervorschriften für weibliche Beamte sind an sich nicht zu vermeiden und insoweit zulässig, als sie nicht zu einer grundlegenden Verschiedenheit der Behandlung von Mann und Frau im Beamtenverhältnis führen. Unzulässig sind jedenfalls (nach RG.) Verbote und Beschränkungen der Eheschließung und Vorschriften, nach denen das Beamtenverhältnis durch Verehelichung erlischt. Mit Art. 128 Abs. 2 RV. sind also namentlich Vorschriften unvereinbar, welche die Entlassung von Lehrerinnen für den Fall ihrer Verheiratung anordnen. Gesetze, Verordnungen und Erlasse dieses Inhalts sind rechtsunwirksam, auch wenn sie älter sind als die Reichsverfassung.

S. auch Kaisenberg, Die Reichsgerichtsentscheidung über das Verehelichungsrecht der Beamtinnen in ArchÖffR. Bd. 41 S. 216 ff.

Wegen der Kündigung des Dienstverhältnisses verheirateter weiblicher Beamter und der Versorgung derselben im Falle der Kündigung s. Art. 14 RPersonalabbauVO. vom 27. Okt. 1923 (RGBl. I S. 1006) in der Fassung der VO. vom 28. Jan. 1924 (RGBl. I S. 40) und des Art. 2 § 2 Nr. IX des RG. über Einstellung des Personalabbaues usw. vom 4. Aug. 1925 (RGBl. I S. 182). Die Länder haben entsprechende Vorschriften erlassen.

3. Eine Einschränkung des Vorbehalts des Art. 80 Abs. 1 EG. bedeutet auch die Vorschrift des Art. 129 Abs. 1 Satz 4 RV. vom 11. Aug. 1919: „Für die vermögensrechtlichen Ansprüche der Beamten steht der **Rechtsweg** offen."

Auch diese Vorschrift enthält einen sofort anwendbaren Rechtssatz (RGZ. Bd. 99 S. 261, Bd. 106 S. 38).

a) Die Landesgesetzgebung kann den Rechtsweg nicht vollständig ausschließen. Unter Rechtsweg ist die Verfolgung der Ansprüche vor den ordentlichen Gerichten verstanden (RGZ. Bd. 109 S. 286, RG. in FischersZ. Bd. 59 S. 124, BayVerwGH. in JW. 1922 S. 1747 mit zustimmender Bem. von Heinsheimer). Beseitigt sind damit Vorschriften der Landesgesetze, welche für die Verfolgung von vermögensrechtlichen Ansprüchen von Beamten die Zuständigkeit der Verwaltungsgerichte bestimmte.

Auch den Geistlichen einer mit den Rechten einer öffentlichen Körperschaft ausgestatteten Religionsgemeinschaft steht als kirchlichen Beamten der Rechtsweg wegen ihrer Gehaltsansprüche offen (RG. im „Recht" 1926 Nr. 1628, 1995 = JurRundsch. 1926 Nr. 1977).

b) Die Vorschrift des Art. 129 Abs. 1 Satz 4 RV. bezieht sich

α) nur auf Ansprüche, die der Beamte als solcher gegen das Gemeinwesen, dem er dient (Reich, Land, Gemeinde) erhebt (Anschütz, RV. Bem. 4 zu Art. 129),

β) nur auf Ansprüche aus dem Dienstverhältnis, also aus einer durch Verleihung des Amtes tatsächlich gegebenen Stellung des Beamten, sohin z. B. nicht für Ansprüche auf Ersatz eines durch verspätete Verleihung einer Amtsstelle entstandenen Schadens oder auf Einreihung in eine andere Besoldungsgruppe (RGZ. Bd. 104 S. 252 f., Bd. 107 S. 329 ff.). Auch für Klagen, mit denen die selbständige von vermögensrechtlichen Ansprüchen losgelöste Feststellung verlangt wird, daß der Kläger Beamter sei, ist der Rechtsweg nicht gegeben (RGZ. Bd. 108 S. 117 ff.).

c) Die Vorschrift der RV. schließt aber gewisse landesgesetzliche Beschränkungen für die Betretung des Rechtswegs nicht aus.

Unberührt bleiben deshalb die (reichs- und) landesgesetzlichen Vorschriften, welche die Erhebung der Klage vor den ordentlichen Gerichten wegen vermögensrechtlicher Ansprüche von der Vorentscheidung einer Verwaltungsbehörde oder eines Verwaltungsgerichts abhängig machen (s. z. B. § 150 RBeamtenG.; § 2 preuß. G. betr. die Erweiterung des Rechtsweges vom 24. Mai 1861, GS. S. 242; Art. 177 bayer. BeamtenG.). Denn es handelt sich bei diesen landesgesetzlichen Vorschriften nicht um den Ausschluß des Rechtsweges, sondern nur um die Hinausschiebung seiner Beschreitung (Brand, Beamtenrecht S. 399, Wolffstieg, Beamtenreichsrecht S. 95, Anschütz, RV. Bem. 5 zu Art. 129, RGZ. Bd. 108 S. 146, RG. in LZ. 1923 Sp. 556, WarnE. 1925 Nr. 171, JW. 1927 S. 2194 Nr. 10, BayObLGZ. Bd. 22 S. 127, ThürOVG. in JW. 1926 S. 2319; and. Ans. Eickel, Beamtenjahrb. 1924 S. 186).

d) Soweit auf das Dienstverhältnis einwirkende Entschließungen von Verwaltungsbehörden dem Ermessen derselben überlassen sind, ist eine Anfechtung derselben im Rechtsweg vor den ordentlichen Gerichten ausgeschlossen, auch wenn sie mittelbar vermögensrechtliche Ansprüche des Beamten berühren; s. auch folgende Bem. 4.

S. Falck, Der Rechtsweg für vermögensrechtliche Ansprüche der Beamten, Preuß. JustAmtZ., Jub.-Ausg. 1924 S. 25, Zeck, Der Rechtsweg im Beamtenrecht, Staats- und Selbstverwaltung 1926 S. 521, Arndt, Anwendbarkeit des Art. 129 RV. auf Kirchenbeamte, in LZ. 1927 Sp. 184.

4. Bindend für die ordentlichen Gerichte sind (s. auch Bem. 3, d) Verfügungen und Entscheidungen von Verwaltungs- und Dienstaufsichtsbehörden und von Dienststrafgerichten, von denen der vermögensrechtliche Anspruch aus dem Dienstverhältnis abhängt oder beeinflußt wird, so über die Einreihung in eine bestimmte Gruppe der Besoldungsordnung, über Dienstenthebung mit Sperrung von Dienstbezügen, Dienstentlassung, Versetzung in den Ruhestand und den Zeitpunkt derselben, Festsetzung des Besoldungsdienstalters u. dgl.; s. die ausdrücklichen Vorschriften über die Bindung z. B. in § 155 RBeamtenG., § 5 des preuß. G. vom 24. Mai 1861, Art. 178 des bayer. BeamtenG. (s. Entsch. des KompKonflGerH. in BayVerwBl. 1926 S. 18). Daran hat auch die Vorschrift des Art. 129 Abs. 1 Satz 4 RV. nichts geändert (Brand, Beamtenrecht § 137 S. 406 ff., Anschütz, RV. Bem. 5 zu Art. 129, RGZ. Bd. 103 S. 291, Bd. 104 S. 251, Bd. 107 S. 328, Bd. 108 S. 345, Bd. 110 S. 263, RG. in JurRundsch. 1926 Nr. 609, OLG. München in BayZ. 1926 Sp. 177, BayKompGH. in BayObLGZ. Bd. 24 S. 394 = BayVerwBl. 1926 S. 18 = DJZ. 1926 S. 178).

5. Eine wesentliche Einschränkung hatte der Vorbehalt des Art. 80 Abs. 1 EG., soweit er die Länder ermächtigte, die Bezüge der Beamten usw. auch der Höhe nach zu regeln, durch das auf Grund des Art. 10 Nr. 3 RV. erlassene Reichsgesetz zur Sicherung einer einheitlichen Regelung der Beamtenbesoldung vom 21. Dez. 1920 (Sperrgesetz; RGBl. S. 2117) in der Fassung der Gesetze vom 22. März 1923 (RGBl. I S. 215) und 23. Juni 1923 (RGBl. I S. 419), des Art. 11 der PersonalabbauVO. vom 27. Okt. 1923 (RGBl. I S. 1004) und des G. vom 24. März 1925 (RGBl. I S. 30) erfahren. Hienach dürfen die Dienstbezüge der hauptamtlichen Beamten und Lehrer der Länder, Gemeinden und sonstigen öffentlichen Körperschaften nicht günstiger geregelt werden als die gleichzubewertenden Reichsbeamten, eine entsprechende Neuregelung wird angeordnet, soweit die bisherige Regelung dem aufgestellten Grundsatze nicht entspricht.

Die Geltungsdauer dieses Gesetzes war ursprünglich bis 1. April 1923 vorgesehen (§ 15), ist wiederholt verlängert worden. Jetzt ist das Gesetz außer Kraft.

6. Hinsichtlich der **Lehrer** bestimmt Art. 143 Abs. 3 RV.: „Die Lehrer an öffentlichen Schulen haben die Rechte und Pflichten der Staatsbeamten."

Damit ist nicht reichsrechtlich ausgesprochen, daß die Lehrer an öffentlichen Schulen Staatsbeamte sind, sondern daß sie durch die Landesgesetzgebung in Ansehung ihrer Rechte und Pflichten — also namentlich hinsichtlich Besoldung, Ruhegehalt, Hinterbliebenenversorgung, Verantwortlichkeit, Dienststrafrecht — so zu behandeln sind, als ob sie Staatsbeamte wären (Anschütz, RV. Note 4 zu Art. 143, Arndt in JW. 1921 S. 567). Nach wie vor entscheidet also das Landesrecht darüber, ob die Lehrer unmittelbare oder mittelbare Staatsbeamte oder Gemeindebeamte sind oder welche rechtliche Stellung sie einnehmen.

IV. Für die **Reichsbeamten** gilt das ReichsbeamtenG. in der Fassung vom 18. Mai 1907 (RGBl. S. 245) mit seinen zahlreichen Änderungen, das RBesoldungsG. vom 30. April 1920 (RGBl. S. 2075), nun vom 16. Dez. 1927 (RGBl. I S. 349 ff.), das PensionsergänzungsG. vom 21. Dez. 1920 (RGBl. S. 2109) mit zahlreichen Änderungen; das AltrentnerG. vom 18. Juli 1921 (RGBl. S. 953) in der Fassung vom 22. Dez. 1927 (RGBl. I S. 531); das WehrmachtversorgungsG. in der Fassung vom

19. Sept. 1925 (RGBl. I S. 389). Über Reichsbahnbeamte s. das ReichsbahnpersonalG. vom 30. Aug. 1924 (RGBl. II S. 287). S. über die Rechtsverhältnisse der Reichsbeamten nach dem geltenden Recht Finger, Das Staatsrecht des Deutschen Reichs (Stuttgart 1923) § 17, Meißner, Das neue Staatsrecht des Reichs und seiner Länder (Berlin 1921) § 49, Delius, Zivilrechtliche Haftung des Reichs bei Amtspflichtverletzungen des Reichspräsidenten und der Reichsminister, LZ. 1928 Sp. 242 ff.

V. **Reichsrechtliche Vorschriften**, welche auch für Landesbeamte gelten und von der Landesgesetzgebung nicht abgeändert werden können, sind enthalten in § 197 BGB. (die Verjährung der Ansprüche auf Besoldung usw.), § 411 BGB. (Abtretung des übertragbaren Teils des Diensteinkommens, Wartegelder, Ruhegehalt), §§ 394, 400, 1274 BGB. (Ausschließung der Aufrechnung, Abtretung und Verpfändung in Ansehung des unpfändbaren Teils des Diensteinkommens usw.), § 570 BGB. (Kündigungsrecht der Miete bei Versetzung), §§ 839, 841 BGB. (Haftung aus Amtspflichtverletzung), § 1315 BGB. (Erfordernis besonderer Erlaubnis zur Eheschließung), §§ 1784, 1888 BGB. (Erfordernis besonderer Erlaubnis zur Übernahme einer Vormundschaft).

S. ferner § 15 ZPO. (Gerichtsstand von im Ausland angestellten Reichs- und Landesbeamten), § 850 Abs. 1 Nr. 6—9, Abs. 2 und 4 ZPO. in der Fassung des G. vom 27. Febr. 1928 (RGBl. I S. 45; Pfändungsprivilegien) und hiezu Bem. zu Art. 81 EG.

VI. Zu Abs. 2. Pfründenrecht *).

Pfründevermögen (bona beneficii) ist der Inbegriff derjenigen Sachen (Gebäude, Grundstücke, bewegliche Sachen, Kapitalien, Wertpapiere usw.) und Rechte (Nutzungen, Forderungen, Abgaben, Reichnisse), die mit einem bestimmten Kirchenamt bleibend verbunden sind und aus deren Ertrag der jeweilige Inhaber des Amtes seinen Unterhalt zieht. Pfründenrecht ist die Summe der Vorschriften, die die Erhaltung, Verwaltung und namentlich die Nutzung des Pfründevermögens durch den Inhaber der Pfründe regeln. Inhaber einer Pfründe können nicht bloß Geistliche, sondern auch andere Diener (Beamte, Angestellte) der Kirche sein. Pfründen sind der katholischen wie der evangelischen Kirche eigen.

Das Pfründenrecht (als subjektives Recht) hat seiner Entstehung, seiner Geschichtlichen Entwicklung und seiner heutigen Gestalt nach privatrechtliche Natur und ist ein Nutzungsrecht (Kipp, Sachenrecht § 2, III, 1, § 114, III, 2, Dernburg, Bürgerl. R. Bd. III § 183 Nr. 2). Es wurde für unzulässig erachtet, das Pfründenrecht den für den Nießbrauch des bürgerlichen Rechts geltenden Grundsätzen zu unterwerfen, da die Gründe für die besondere Ausgestaltung des Pfründenrechts in seinem Zusammenhange mit dem kirchlichen Ämterwesen liegen. Deshalb wurde die Regelung des Pfründenrechts in seinem ganzen Umfange der Landesgesetzgebung überlassen. Das Wort „Pfründe" ist dabei im weitesten Sinne zu verstehen, so daß das Pfründenrecht nicht bloß das Nutzungsrecht der Pfarrer (Geistlichen), sondern auch das entsprechende Recht anderer kirchlicher Stelleninhaber umfaßt (P. VI, 436).

S. Vorbem. 2 vor § 1030 in Bd. III S. 829.

Nach bayer. Recht sind Pfründen öffentliche Stiftungen, die Geistlichen haben Nießbrauch daran, Verwaltung und gesetzliche Vertretung (RG. in StrS. in BayZ. 1922 S. 99). Pfründen sind aber nicht immer Stiftungen, da die Pfründestelle selbst regelmäßig Vermögensinhaberin und insoweit juristische Person ist.

Über die Geltung der Vorschriften des BGB. über den Nießbrauch als subsidiäre Rechtsquelle für die rechtliche Beurteilung des Nutzungsrechts des Pfründebesitzers s. BayVerwGH. in SeuffBl. Bd. 77 S. 526. Über die Beseitigung der Pfründebaulast an Pfründewohngebäuden durch Art. 49 Abs. 2 Nr. 2 der Satzung für die Kirchenverwaltungen und kirchlichen Steuervertretungen in den bayer. Diözesen vom 9. Jan. 1922 (Beil. zum Würzburger Diözesanbl. 1922 Nr. 11) s. Hofmann in Bay. GemVerwZ. 1923 S. 206 f., ebenso BayVerwGH. Bd. 48 S. 13, 18.

---

*) Schrifttum: Eichmann, Lehrbuch des Kirchenrechts auf Grund des Codex Juris Canonici, 2. Aufl., Paderborn 1926, 5. Teil, S. 473 ff. „Das Benefizialrecht"; Sägmüller, Lehrbuch des kath. Kirchenrechts, 2. Aufl., § 200 (mit Nachweis älteren Schrifttums); Friedberg, Lehrbuch des kath. und evang. Kirchenrechts, 6. Aufl., §§ 178 ff.; Meurer, Bayerisches Pfründerecht, Stuttgart 1901; Krick, Handbuch des kath. Pfründewesens, 3. Aufl., Passau 1897; s. auch Seydel-Graßmann-Piloty, Bayer. Staatsrecht Bd. 2 S. 519 f.; Haring, Grundzüge des kath. Kirchenrechts, Graz 1916, § 201; L. Meier, Die Herstellung, Unterhaltung und Mietenpflicht in den Pfründegebäuden in Bayern, Aichach 1926; Hinschius (Smend) im Wörterbuch des deutschen Staats- und Verwaltungsrechts, 2. Aufl., Bd. 3 S. 76, Artikel „Pfründe" (mit Nachweis von Schrifttum).

VII. **Patronatsrecht** *).

1. Über das **Patronatsrecht** wurde keine reichsgesetzliche Bestimmung getroffen, weil die II. Komm. einstimmig feststellte, daß dasselbe dem öffentlichen Rechte angehöre. Das Patronatsrecht ist im allgemeinen ein aus der Stiftung von Kirchen oder Pfründen entspringendes Rechtsverhältnis, ein Inbegriff von Rechten und Verbindlichkeiten. Ein Patronat kann nämlich als sog. gemischtes auch einem Laien zustehen und mit dem Besitze einer Sache, insbesondere eines Grundstücks, so verknüpft sein, daß es dem jedesmaligen Besitzer zusteht (dingliches Patronatsrecht). Das Patronatsrecht an sich darf nicht Gegenstand eines Kaufgeschäfts sein (Simonie). Häufiger, aber nicht wesentlicher Inhalt eines Patronatsrechts ist das sog. Repräsentationsrecht, das Recht, für das erledigte Pfarramt (beneficium) einen Nachfolger zu präsentieren. Als weitere Rechte kommen in Betracht die Aufsicht über die kirchliche Vermögensverwaltung, gewisse Ehrenrechte und der Anspruch auf notdürftigen Unterhalt aus dem Kirchenvermögen bei schuldloser Verarmung. Die Pflichten des Patrons bestehen hauptsächlich in der Kirchenbaulast.

2. **Art. 137 der Reichsverfassung** vom 11. Aug. 1919 spricht den Grundsatz der Trennung von Kirche und Staat aus. Nach Abs. 3 Satz 2 das. verleiht jede Religionsgesellschaft ihre Ämter ohne Mitwirkung des Staates und der bürgerlichen Gemeinde. Damit ist die Gewaltentrennung auch für die Ämterbesetzung ausdrücklich ausgesprochen. Das Recht des Patrons, eine für die Besetzung einer kirchlichen Stelle geeignete Person vorzuschlagen, ist aber innerkirchlicher Natur und beruht nicht auf staatskirchlicher Hoheit (Anschütz RV. Bem. 5 a zu Art. 137, Schön VerwArch. Bd. 29 S. 10). Das Patronatsrecht ist deshalb durch die Vorschrift in Art. 137 Abs. 3 Satz 2 RV., auch soweit es sich um staatliches oder kommunales Patronat handelt, nicht berührt, ebensowenig durch Art. 138 (Königer-Giese, Grundzüge des kathol. Kirchenrechts S. 225). Nach Art. 83 der preuß. Verfassung vom 30. Nov. 1920 (GS. S. 543 ff.) ist ein bestehendes Patronat auf Antrag eines Beteiligten aufzuheben, sobald die vermögensrechtlichen Verpflichtungen abgelöst sind; das zur Regelung des Verfahrens und zur Bestimmung der Grundsätze für die Auflösung in Aussicht gestellte Gesetz ist noch nicht erlassen. Auch § 21 des preuß. Adelsgesetzes vom 23. Juni 1920 (GS. S. 367) sieht die Regelung der Rechtsverhältnisse der Patronate durch besonderes Gesetz vor. Vorerst bestehen die Patronate im bisherigen Umfange weiter; s. auch Art. 19 Abs. 1 des preuß. Staatsgesetzes vom 8. April 1924 (GS. S. 221), wonach die Rechtsverhältnisse des Patrons, soweit staatliche Vorschriften in Frage kommen, unberührt bleiben. Kirchlich besteht das Bestreben, die Patronate als eine die kirchliche Gewalt beschränkende Einrichtung abzubauen. Nach dem Codex juris canonici vom 27. Mai 1917 werden keine neuen Patronate zugelassen, den vorhandenen Patronen soll der Verzicht auf das Patronat gegen gewisse Vorteile nahegelegt werden. Auch in der evangelischen Kirche wird nach neueren Kirchenverfassungen (so namentlich in Württemberg, Baden, Thüringen, Schleswig-Holstein) auf Beseitigung der Patronate hingearbeitet; für die altpreußische Kirche s. Art. 153 der Verfassungsurkunde für die evangelische Kirche.

3. Über Zulässigkeit des **Rechtswegs** für den Streit über Bestehen eines kirchlichen Patronats nach Inkrafttreten des preuß. StaatsG. vom 8. April 1924 betr. die Kirchenverfassung der evangel. Kirche s. RGZ. Bd. 111 S. 161 (anders bei Streit über Patronatsbaulast in Preußen; s. RGZ. Bd. 110 S. 160 und RG. in JW. 1927 S. 785 Nr. 16 und Stüber in ArchÖffR. Bd. 49 S. 213); s. auch RG. in DRZ. 1927 Nr. 890. Die Rechtsverhältnisse des Patronats sind überhaupt, soweit staatliche Vorschriften darüber in Betracht kommen, durch die neuen Kirchenverfassungen nicht berührt (s. Art. 19 des G. vom 8. April 1924, GS. S. 221).

4. Vorschriften, welche die **Beseitigung bestehender Patronate** anstreben, enthalten die neuen Verfassungen einiger Länder:

---

*) **Schrifttum:** Eichmann, Lehrbuch des Kirchenrechts auf Grund des Codex Juris Canonici, 2. Aufl. (Paderborn 1926) § 183; Schön, Das evangelische Kirchenrecht in Preußen, Bd. 2 Abt. 1 §§ 49—52; Arndt, Das Kirchenpatronat im ehemaligen Königreich, jetzigen Freistaat Sachsen, FischersZ. Bd. 58 S. 177; Haring, Grundzüge des kath. Kirchenrechts, 2. Aufl. (Graz 1916) S. 656 ff.; Sägmüller, Lehrbuch des kath. Kirchenrechts, 2. Aufl. (Freiburg 1909) S. 316 ff.); Heckel, Die Besetzung fiskalischer Patronatsstellen in der evang. Landeskirche und in den kath. Diözesen Altpreußens; Zeitschr. der Savigny-Stiftung f. Rechtsgeschichte Bd. 46; Hinschius (Smend) im Wörterbuch des deutschen Staats- und Verwaltungsrechts, 2. Aufl., Bd. 3 S. 47, Artikel „Patronat" (mit Nachweis älteren Schrifttums); Oschey, Die Präsentationsrechte ehemaliger Reichsstädte in Bayern auf evangelische Kirchenstellen und Art. 137 RV., BayGemVerwZ. 1923 S. 602 ff.

Nach Art. 83 der Verf. des Freistaats Preußen (GS. S. 543) ist ein bestehendes Patronat auf Antrag eines Beteiligten aufzuheben, sobald die vermögensrechtlichen Verpflichtungen abgelöst sind. Das Verfahren und die Grundsätze für die Ablösung sollen durch besonderes Gesetz geregelt werden. S. auch § 21 des preuß. AdelsG. vom 23. Juni 1920 (GS. S. 367), der die Regelung der Patronate durch ein besonderes Gesetz vorsieht. Vorerst s. noch ALR. II, 11 §§ 567, 569—577, 584, 586, 587, 659—662, 668, 669, 674. S. hieher auch Mirow, Die Rechte des preuß. Staates gegenüber der Kirche nach Neuregelung ihrer Rechtsverhältnisse, in DJZ. 1928 Sp. 557, und die dort angeführte Entsch. des OVG. vom 14. Juni 1927.

Nach Art. 14 § 3 des bayerischen Konkordats vom 29. März 1924 (GVBl. 1925 S. 53) bleiben dagegen die staatlichen Patronats- und Präsentationsrechte aus besonderen kanonischen Rechtstiteln unberührt.

Nach § 65 der Verf. Württembergs vom 25. Sept. 1919 (RegBl. S. 281) sind die Patronatsrechte des Staats und staatlichen Anstalten aufgehoben; die übrigen Patronatsrechte werden von den Kirchen geregelt.

Nach § 18 Abs. 3 Satz 5 des G., die badische Verf. betr., vom 21. März 1919 (GVBl. S. 279) sind die ehemals landesherrlichen Patronate aufgehoben, ebenso die standes- und grundherrlichen Patronate, soweit diese nicht nachweislich Privatpatronate sind.

Die gleiche Bestimmung enthält Art. 63 der hessischen Verf. vom 12. Dez. 1919 (RegBl. S. 439); die Aufhebung oder Ablösung der Privatpatronate sollte durch besonderes Gesetz bis spätestens 31. Dez. 1924 erfolgen. Wegen Präsentationen auf Schulstellen s. Abs. 3 das.

Die Art. 16 und 23 des EG. zur Verf. von Mecklenburg-Schwerin vom 17. Mai 1920 (RegBl. S. 671) handeln von der Aufhebung der ritterschaftlichen und landschaftlichen Patronate.

Art. 81.

Unberührt bleiben die landesgesetzlichen Vorschriften, welche die Übertragbarkeit der Ansprüche der im Artikel 80 Abs. 1 bezeichneten Personen auf Besoldung, Wartegeld, Ruhegehalt, Witwen- und Waisengeld beschränken, sowie die landesgesetzlichen Vorschriften, welche die Aufrechnung gegen solche Ansprüche abweichend von der Vorschrift des § 394 des Bürgerlichen Gesetzbuchs zulassen.

E. (I, 54); II, 54; III, 79.

Übertragung, Aufrechnung von Ansprüchen der Beamten.

1. Entstehung. Vgl. Bem. I zu Art. 80. Der Artikel ist in der II. Komm. auf Anregung von Bayern, Sachsen und Württemberg aufgestellt worden, da diese Staaten in der Aufrechnung von Ansprüchen aus dienstlichem Verschulden der Landesbeamten gegen deren Gehalts- und Pensionsansprüche freie Hand behalten wollten. Insbesondere glaubte die bayer. Eisenbahnverwaltung die Aufrechnungsbefugnis nicht entbehren zu können, um das Unterpersonal an schonende Behandlung des Materials zu gewöhnen (P. I, 374, 375, 385, VI, 409, Mat. 38).

2. **Beschränkung der Übertragbarkeit von Ansprüchen der Beamten usw. aus dem Dienstverhältnis.** Nach § 400 BGB. kann eine Forderung nicht übertragen werden, soweit sie der Pfändung nicht unterworfen ist. Pfändungsbeschränkungen hinsichtlich der dienstlichen Bezüge von Beamten, Geistlichen, Lehrern an öffentlichen Anstalten, und hinsichtlich der Bezüge ihrer Hinterbliebenen regeln sich aus § 850 Abs. 1 Nr. 7 und 8, Abs. 2 und 4 ZPO. in der Fassung des G. vom 27. Febr. 1928 (RGBl. I S. 45). Art. 81 ermöglicht es der Landesgesetzgebung, die Übertragung und Verpfändung der Ansprüche der öffentlichen Diener und ihrer Hinterbliebenen auf Besoldung, Ruhegehalt, Witwen- und Waisengeld über die sich aus § 400 BGB. mit § 850 ZPO. ergebenden Grenzen hinaus weiter zu beschränken und sogar gänzlich auszuschließen.

3. **Aufrechnung gegen Ansprüche der Beamten usw. aus dem Dienstverhältnis.** Die Schranke für die Aufrechnung ist nach § 394 BGB. die nämliche wie für die Abtretung. Soweit die in Art. 81 bezeichneten Ansprüche nach § 850 Abs. 1 Nr. 7 und 8, Abs. 2 und 4 ZPO. der Pfändung nicht unterworfen sind, findet auch die Aufrechnung gegen dieselben nicht statt. Hier gestattet Art. 81 zuungunsten des Beamten der Landesgesetzgebung die Aufrechnung zuzulassen, also die reichsgesetzlich gesetzte Schranke des § 394 BGB. zu beseitigen. Ältere Vorschriften.

welche die Aufrechnung in weiterem Maße als § 394 BGB. zuließen, sind aber nur insoweit aufrechterhalten, als es sich um Sondervorschriften, nicht um allgemeine Rechtsgrundsätze für die Aufrechnung handelt (RGZ. Bd. 55 S. 1).

Daß die Aufrechnung nur zugunsten von Ansprüchen des Staates oder der Gemeinde aus dienstlichem Verschulden der Landesbeamten zugelassen werden darf, ist im Gesetze nicht zum Ausdrucke gelangt, obwohl die Vorschrift nur hiermit begründet wurde (P. 752). An sich kann also die Landesgesetzgebung die Aufrechnung zugunsten von Ansprüchen jeder Art zulassen.

4. Aus den Landesgesetzen: Preußen: Vorschriften, die das Aufrechnungsrecht der Behörden zuungunsten der Beamten über den Rahmen des § 394 BGB. hinaus erweitern, sind nicht ergangen (RGZ. Bd. 55 S. 1, Brand, Beamtenrecht § 42, 1). In Kraft geblieben sind die Vorschriften des Publikandum vom 18. Nov. 1802 und des Anhangs § 163 zu § 108 Tl. I Tit. 24 AGO., wonach die Abtretung von Besoldungen ausgeschlossen ist (Brand a. a. O. § 39, § 58 Nr. 11, § 69 Nr. 8); wegen Unabtretbarkeit der Ruhegehaltsbezüge s. G. vom 27. März 1872 betr. Pensionierung der unmittelbaren Staatsbeamten usw. (GS. S. 268) § 26 Abs. 1, des Witwen- und Waisengeldes G. vom 20. Mai 1882 betr. die Fürsorge für Witwen und Waisen usw. (GS. S. 298) § 17, der Unfallrenten G. vom 2. Juni 1902 betr. die Fürsorge für Beamte infolge von Betriebsunfällen (GS. S. 153) § 9 und G. vom 20. Mai 1882 §§ 16, 17.

In Bayern enthielt eine dem Art. 81 entsprechende Vorschrift der Art. 2 des G. vom 18. Dez. 1887, die der Pfändung nicht unterworfenen Sachen und Forderungen betr.; dieses Gesetz ist durch Art. 175 Abs. 1 Nr. 31 AG.BGB. aufgehoben. Jetzt bestimmt Art. 12 AG.BGB. (Becher III, 7 S. 30):

„Gegen die Ansprüche der Hof-, Staats- und Gemeindebeamten, öffentlichen Diener und Geistlichen auf Gehalt oder Pension können Ansprüche aus dem Amts- oder Dienstverhältnisse sowie die von dem Gehalt oder der Pension zu entrichtenden Steuern oder Umlagen unbeschränkt aufgerechnet werden.

Für die Ansprüche der Hinterbliebenen der im Abs. 1 bezeichneten Bediensteten auf Witwen- und Waisenbezüge gilt das gleiche in Ansehung der von den Bezügen zu entrichtenden Steuern oder Umlagen. Die Witwen- und Waisenbezüge können weder abgetreten noch verpfändet werden.

Auf die Bezüge der Angehörigen des Heeres und deren Witwen und Waisen finden diese Vorschriften keine Anwendung."

In Sachsen sind die Abs. 1 und 2 des § 2 des ZivilstaatsdienerG. von 1835 über die Übertragung von Besoldungsansprüchen außer Wirksamkeit getreten; wegen der Aufrechnung s. Abs. 3 daselbst; § 45 Abs. 3 ist durch § 23 HVG. vom 18. Febr. 1924 aufgehoben; s. jetzt § 22 des Hinterlassenen-VersorgungsG. vom 15. Juli 1912 und § 21 des Lehrer-HinterlVersorgG. vom 21. Juni 1912, beide Gesetze in der Fassung vom 18. Febr. 1924 (GBl. S. 121) hinsichtlich Übertragung und Aufrechnung. S. hiezu Kloß-Müller, Sächs. Landeszivilrecht, 3. Aufl. S. 101 ff.

Für Baden § 74 des BeamtenG. vom 12. Aug. 1908 (GVBl. S. 441).

Für Thüringen § 25 AV.BGB. vom 16. Mai 1923 (GS. S. 287) hinsichtlich Aufrechnung für alle thüringischen Gebietsteile unter Aufhebung der früheren besonderen Vorschriften derselben (§ 155 Abs. 1 AV.).

Für Hessen Art. 35 AG.BGB. (Becher VIII, 3 S. 35) hinsichtlich Aufrechnung.

Für Hamburg § 10 G. vom 11. Dez. 1903 betr. die Fürsorge für Witwen und Waisen der Staatsbeamten (GS. I S. 165).

Für Mecklenburg-Schwerin § 38 AV.BGB. (Becher XI, 2 S. 9) hinsichtlich Aufrechnung.

Für Mecklenburg-Strelitz § 37 AV.BGB. (Becher XII, 1 S. 7) wie vor.

Für Oldenburg § 3 AG.BGB. (Becher XIII, 3 S. 8); Birkenfeld § 5 AG.BGB. (Becher XIII, 7 S. 33); Lübeck § 3 AG.BGB. (Becher XIII, 11 S. 62) hinsichtlich Aufrechnung.

Für Braunschweig § 22 AG.BGB. (Becher IV, 1 S. 4) hinsichtlich Aufrechnung.

5. S. auch RG. vom 30. Juni 1927 über die Abtretung von Beamtenbezügen zum Heimstättenbau (RGBl. I S. 133).

Art. 82.*)

Unberührt bleiben die Vorschriften der Landesgesetze über die Verfassung solcher Vereine, deren Rechtsfähigkeit auf staatlicher Verleihung beruht.

E. II, 57; III, 81.

Verfassung von Vereinen.

1. Entstehung. Dieser Artikel wurde erst in der II. Komm. aufgestellt (P. VI, 399, 400, Reatz III, 54, Mat. 87 a S. 40, RTK. 440 S. 28).

2. Inhalt.

a) Während das öffentliche Recht der Vereine durch das Reichsvereinsgesetz vom 19. April 1908 (abgeändert durch G. vom 26. Juni 1916 und 19. April 1917; s. jetzt auch Art. 123, 124, 137, 159 und 178 Abs. 2 der neuen Reichsverfassung vom 11. Aug. 1919) geregelt ist, kommen für die privaten Rechtsverhältnisse der Vereine im allgemeinen die Vorschriften der §§ 25 ff. und §§ 55 ff. BGB. zur Anwendung. Der Vorbehalt dieses Artikels betrifft die **Vereine, deren Rechtsfähigkeit auf staatlicher Verleihung beruht.** Das sind nach § 22 BGB. solche Vereine, deren Zweck auf einen wirtschaftlichen Geschäftsbetrieb gerichtet ist und welche die Rechtsfähigkeit nicht auf anderem Wege erlangen können (Bem. 2 Abs. 2 zu § 22 in Bd. I), nämlich weder auf Grund der Vorschriften von Reichsgesetzen noch auf Grund von Landesgesetzen, die auf anderweitigen Vorbehalten beruhen (s. z. B. Art. 65 bis 67, 69, 83, 113 EG., also dem Wasserrecht, Bergrecht, Jagdrecht usw. angehörige Vereine). Über den Begriff der wirtschaftlichen Vereine s. Bd. I Bem. B, V zu § 21, über die Bedeutung des § 22 BGB. Bem. 2 hiezu.

Da die Rechtsverhältnisse einer großen Anzahl von wirtschaftlichen Vereinen anderweitig, teils reichsgesetzlich, teils auf Grund der erwähnten Vorbehalte landesgesetzlich geregelt sind, kommt staatliche Verleihung der Rechtsfähigkeit nur in verhältnismäßig wenigen Fällen tatsächlich in Betracht (s. Bem. 1 Abs. 3, Bem. 3 zu § 22 in Bd. I). Der Vorbehalt des Art. 82 hat daher keine erhebliche praktische Bedeutung.

Die §§ 42 und 43 E. I BGB. wollten die juristische Persönlichkeit und die Verfassung jedes Personenvereins, für welche nicht besondere reichsgesetzliche Vorschriften bestehen, durch die Landesgesetze bestimmen lassen. Es wurde aber bei der 2. Lesung für genügend erachtet, für die bereits bestehenden Vereine, deren Rechtsfähigkeit auf staatlicher Verleihung beruht, eine Übergangsvorschrift zu treffen (vgl. die Art. 163—166 EG.), während im übrigen die der Landesregierung zustehende Prüfung der Satzung ausreiche, um eine mit den bestehenden Landesgesetzen nicht vereinbare Vereinsverfassung auszuschließen (Mat. 87, a S. 41).

Der Vorbehalt bezieht sich auf Vereine, deren Rechtsfähigkeit auf staatlicher Verleihung beruht, gleichviel ob sie beim Inkrafttreten des BGB. schon bestanden haben oder nicht.

b) Der Vorbehalt des Art. 82 läßt hinsichtlich der in § 22 BGB. bezeichneten Vereine, welche zur Erlangung der Rechtsfähigkeit staatlicher Verleihung bedürfen, Bestimmungen über die Verfassung unberührt; es können also nach Art. 3 auch neue Vorschriften über die Verfassung solcher Vereine erlassen werden.

α) An älteren Vorschriften sind nur solche aufrechterhalten, welche Sonderrecht für konzessionierte Vereine darstellen, also Vorschriften, welche von den allgemeinen älteren Vorschriften für rechtsfähige Vereine abweichen. Dagegen sind nicht aufrechtzuerhalten Bestimmungen, welche allgemein für rechtsfähige Vereine gelten. Wenn also in einem Rechtsgebiete ein Verein Rechtsfähigkeit überhaupt nur durch staatliche Konzession erlangen konnte, so sind die für diese Vereine geltenden Vorschriften kein Sonderrecht, sondern eben die allgemeinen landesgesetzlichen Vorschriften für rechtsfähige Vereine. Dieses allgemeine landesgesetzliche

---

*) Schrifttum: Hubrich, Über die Entstehung öffentlichrechtlicher Korporationen in Preußen, ArchBürgR. Bd. 33 S. 22 ff.; Müller und Schmid, VereinsG. vom 19. April 1908 nebst den Ausführungsbestimmungen der sämtlichen deutschen Bundesstaaten und Anhang (bisheriges preußisches, bayerisches, ausländisches Vereinsrecht usw.), München 1908.

private Vereinsrecht ist aber durch Art. 4 und 55 EG. beseitigt und durch die reichsrechtlichen Vorschriften des BGB. ersetzt (ebenso mit eingehender Begründung und unter Hinweis auf die Entstehungsgeschichte des Art. 82 Habicht S. 113 f., Niedner Bem. 3 zu Art. 32, dem sich auch das Reichsgericht angeschlossen hat, RGZ. Bd. 81 S. 244 ff., JW. 1925 S. 49; and. Ans. Planck Bem. 3, b).

Da in einem großen Teile Deutschlands die Erlangung der Rechtsfähigkeit durch staatliche Verleihung die gesetzliche Regel bildete, hat der Vorbehalt für die Aufrechterhaltung älterer Vorschriften nur eine beschränkte Bedeutung.

Dagegen eröffnete der Vorbehalt des Art. 82 der Landesgesetzgebung die Möglichkeit, neue Vorschriften für die jetzt noch ausnahmsweise zur Erlangung der Rechtsfähigkeit staatlicher Verleihung bedürftigen Vereine über die Verfassung zu erlassen und dabei von den Vorschriften des BGB. abzuweichen.

β) Vorschriften über die Verfassung sind diejenigen, „durch welche Zweck und Mittel des Vereins, die Voraussetzungen und Folgen der Mitgliedschaft, Zusammensetzung, Organe, insbesondere deren Bildung, Bestellung und Wirkungskreis, Sitz und Name des Vereins bestimmt werden" (Bem. 1 zu § 25 in Bd. I). Das sind also jedenfalls die Vorschriften der §§ 26—40 BGB., mit Ausnahme des die Haftung des Vereins regelnden § 31. Zu den Vorschriften über die Verfassung, welche also der Abänderung durch die Landesgesetzgebung unterliegen, sind aber auch die Vorschriften, welche die Auflösung des Vereins und das nach der Auflösung eintretende Rechtsverhältnis betreffen, also die §§ 41, 45—54, zu rechnen; denn auch durch diese Vorschriften werden noch die Verhältnisse des Vereins und seiner Mitglieder nach innen und außen geordnet (ebenso Planck Bem. 3, a; and. Ans. Niedner Bem. 4 und Habicht S. 113, 114 Note 3 hinsichtlich der §§ 47 ff. über die Liquidation). Die Vorschriften der §§ 42—44 BGB. über den Verlust und die Entziehung der Rechtsfähigkeit gehören sowenig hieher wie diejenigen über den Erwerb derselben. Auch zwingende Vorschriften des BGB. können durch die Landesgesetzgebung geändert werden (s. Bem. 1 und 2 zu § 40 in Bd. I).

Soweit die Landesgesetzgebung die Verfassung der konzessionierten Vereine nicht regelt, verbleibt es bei den Vorschriften des BGB.

Das Landesrecht kann Vorschriften über die Verfassung erlassen, es kann aber nicht jede Verfassung ausschließen (Bem. 7, c zu § 22 in Bd. I).

c) In Art. 49 E. I war ein Vorbehalt für die Landesgesetzgebung auch hinsichtlich der Verwaltung und Beaufsichtigung der juristischen Personen gemacht (Mot. z. EG. 170 ff.). Dieser Vorbehalt wurde zum Teil schon in der II. Komm. (P. VI, 400), zum Teil in der Reichstagskommission (Drucksache 440 S. 26) gestrichen, weil zu landesgesetzlichen Vorschriften über die Verwaltung nur soweit Raum sei, als auch die Verfassung der landesgesetzlichen Regelung unterstehe, und weil der Vorbehalt hinsichtlich der Beaufsichtigung ohnehin gelte, da er dem öffentlichen Rechte angehöre, während das BGB. nur das Privatrecht regle.

3. Landesgesetze: Das gemeine Recht enthielt Sondervorschriften für konzessionierte Vereine nicht. Für Preußen s. Tl. II Tit. 6 ALR., soweit er sich auf die Verfassung rechtsfähiger Vereine, die vor dem Inkrafttreten des BGB. Rechtsfähigkeit erlangen, bezieht, aufrechterhalten durch Art. 89 Nr. 1, c AG.BGB. (Becher XIV, 1 S. 60); s. hiezu RGZ. Bd. 81 S. 249; s. auch Art. 1—3 AV.BGB. (Becher XIV, 9 S. 151).

Von dem Vorbehalt ist, soweit ersichtlich, bisher von keinem Lande Gebrauch gemacht. S. für Vereine überhaupt folgende Ausführungsvorschriften der Länder: Preußen AV.BGB. §§ 1—6 (Becher XIV, 9 S. 151); Bayern AG.BGB. Art. 4, Art. 175 Abs. 1 Nr. 23 (Becher III, 7 S. 29, 98); ÜbergangG. Art. 1, 2 (Becher III, 8 S. 100); s. auch bayer. VereinsG. vom 26. Febr. 1850 in der Fassung vom 15. Juni 1898; Sachsen AV.BGB. §§ 2—6 (Becher XVII, 12 S. 12); Württemberg AG.BGB. §§ 135 ff. (Becher XXVI, 1 S. 26 f.); Baden AG.BGB. in der Fassung der Bek. vom 13. Okt. 1925 Art. 3 (GVBl. S. 281); Thüringen AV.BGB. vom 16. Mai 1923 §§ 6—8 (GS. S. 287); Hessen AG.BGB. Art. 4—6 (Becher VIII, 3 S. 29; s. auch Wolf, Hess. Landesprivatrecht § 13, II, 3 S. 35); Hamburg AG.BGB. § 1 (Becher VI, 1 S. 1); Mecklenburg-Schwerin AV.

BGB. § 13 (Becher XI, 2 S. 5); Mecklenburg-Strelitz AV.BGB. § 13 (Becher XII, 1 S. 3); Oldenburg AV.BGB. §§ 1—6 (Becher XIII, 19 S. 113); Braunschweig AG.BGB. §§ 5—9 (Becher IV, 1 S. 2); Anhalt AG.BGB. Art. 2, 3 (Becher I, 3 S. 8); Bremen AG.BGB. § 2 (Becher V, 1 S. 2); Lippe AG.BGB. § 3 (Becher IX, 1 S. 1); Lübeck AG.BGB. § 3 (Becher X, 6 S. 41); Waldeck AG.BGB. Art. 1—6, AV.BGB. Art. 1—6 (Becher XXV, 1 S. 1 f., 8 S. 60 f.); Schaumburg-Lippe AG.BGB. Art. 6—8 (Becher XXII, 9 S. 62).

4. Über das Verhältnis des Art. 82 zu Art. 163 EG. s. RGZ. Bd. 81 S. 244 ff., Bem. V zu Art. 163; dem Art. 82 kommt im Verhältnis zu Art. 163 der Vorrang zu.

5. Durch Art. 124 der RV. vom 11. Aug. 1919 ist Art. 82 EG. nicht berührt.

Art. 83.*)

Unberührt bleiben die landesgesetzlichen Vorschriften über Waldgenossenschaften.

E. II, 57; III, 81.

Waldgenossenschaften.

1. Entstehung. Auch dieser Artikel wurde erst in der II. Komm. aufgestellt (P. VI, 491, 494, Reatz III, 54, Mat. 87a S. 41, RTK. 440 S. 28).

2. Das Forst- und Waldrecht gehört im wesentlichen dem öffentlichen Rechte an. Privatrechtliche Vorschriften der Landesgesetze, die sich mit der Waldbewirtschaftung befassen, sind durch das BGB. beseitigt, soweit nicht das Einführungsgesetz Vorbehalte macht (Art. 55 EG.). Solche Vorbehalte, die sich auch auf Waldgrundstücke beziehen, finden sich in Art. 89 (Privatpfändungsrecht), Art. 107 (Schadensersatzpflicht bei Zuwiderhandeln gegen Strafvorschriften zum Schutze von Grundstücken), Art. 109, 111, 124 (Enteignung und Eigentumbeschränkungen, besonders nachbarrechtliche), Art. 114 (Ablösung von Forst- und Waldberechtigungen), endlich Art. 83, der sich mit Vereinigungen zur Bewirtschaftung und Nutzung von Wäldern befaßt. Die Übergangsvorschrift des Art. 164 für Realgemeinden und ähnliche Verbände bezieht sich auch auf Waldgenossenschaften, hat jedoch nur die zur Zeit des Inkrafttretens des BGB. bestehenden im Auge (s. Bem. 4, C zu Art. 164).

3. Begriff der Waldgenossenschaften. Waldgenossenschaften sind Vereinigungen, welche den Zweck haben, die Landeskultur durch Pflege und Erhaltung der vorhandenen Waldungen sowie durch Aufforstung von Ödländern zu fördern und ihren Mitgliedern die Nutzungen der gemeinschaftlichen Waldungen zu gewähren. Solche Waldgenossenschaften können die Gemeinden als solche bilden, sei es daß sich die Zugehörigkeit ohne weiteres an die Gemeindemitgliedschaft knüpft, sei es daß sie noch von weiteren Voraussetzungen abhängig ist (z. B. Grundbesitz, gewisse Leistungen; s. Gierke Bd. I S. 606 f.). Weiter kommen Verbände in Betracht, die sich unabhängig vom Gemeindeverband entwickelt haben und die sich auch über das Gebiet mehrerer Gemeinden erstrecken können (Markgenossenschaften, Agrargenossenschaften, Haubergsgenossenschaften, Holzgemeinden u. ähnl.; s. Gierke Bd. I S. 612 ff.; wegen der einschlägigen Landesgesetze s. unten Bem. 6). Namentlich gehören die Waldzwangsgenossenschaften hieher (§§ 23—46 des preuß. Ges. betr. Schutzwaldungen und Waldgenossenschaften, vom 6. Juli 1875, GS. S. 416 ff.).

4. Grund des Vorbehalts. Eine vorteilhafte Forstverwaltung ist regelmäßig nur auf einem größeren Waldkomplex möglich. Deshalb ist vielfach die Zusammenfassung mehrerer verschiedenen Eigentümern gehörigen Forstgrundstücke zum gemeinsamen Betriebe und im Zusammenhang damit eine Einschränkung der aus dem Eigentum fließenden Rechte an den Waldgrundstücken der einzelnen Eigentümer notwendig. Art. 83 will eine solche Zusammenfassung angesichts der volkswirtschaftlichen Bedeutung des Waldes und des öffentlichen Interesses an der Erhaltung und ertragreichen Bewirtschaftung des Waldes erleichtern und von den Schranken, die sich aus den Vorschriften des Vereins- und Gesellschaftsrechtes des BGB. ergeben würden, befreien. Insbesondere schienen die Vorschriften über die Auflösung der Vereine (§§ 41 ff. BGB.) und über die Freiheit des Austritts der

*) Schrifttum: Haff, Die Weide-, Forst- und Alpengenossenschaften im rechtsrheinischen Bayern und bürgerlichen Recht, Stuttgart 1910 (Festschrift für Hugo Burkhard); Pregler, Die rechtliche Natur der Grundstückszusammenlegung mit besonderer Berücksichtigung des bayer. Rechts, Diss. Erlangen 1910.

Mitglieder (§ 39 BGB.) mit den Zwecken der Waldgenossenschaften nicht in Einklang zu stehen. In der Hauptsache sind für die Waldgenossenschaften Bestimmungen des öffentlichen Rechtes maßgebend, es berühren sich aber hier öffentlichrechtliche und privatrechtliche Vorschriften oft nahe. Deshalb wurde der Vorbehalt namentlich auch aufgenommen, damit nicht die Landesgesetzgebung, um die Anwendung nichtpassender Vorschriften des BGB. auszuschalten, dazu schreite, Vorschriften und Einrichtungen als öffentlichrechtliche zu kennzeichnen, die in Wahrheit dem privatrechtlichen Gebiete angehören (P. VI, 496).

5. Bedeutung des Vorbehalts. Der Vorbehalt bezieht sich nicht nur auf beim Inkrafttreten des BGB. bestehende Waldgenossenschaften, für welche das bisherige Recht, soweit es auf Gesetz, Gewohnheit oder Herkommen beruht, schon nach der Übergangsvorschrift des Art. 164 in Geltung bleibt; er erlaubt vielmehr auch die Neubildung solcher Genossenschaften und die Regelung ihrer Rechtsverhältnisse durch die Landesgesetzgebung.

Unerheblich ist es, ob die die Waldgenossenschaft bildende Vereinigung juristische Persönlichkeit besitzt oder nicht und ob die Mitgliedschaft an Grundbesitz geknüpft ist (Niedner Bem. 2 Abs. 1 zu Art. 83). Wesentliches Merkmal ist, daß die Mitglieder als solche zu den Nutzungen der zusammengezogenen Waldgrundstücke befugt sind.

Durch den Vorbehalt des Art. 83 hat die Landesgesetzgebung die Befugnis erhalten, Vorschriften für die bestehenden und für künftig zu bildende Waldgenossenschaften zu erlassen; bestehende Gesetze bleiben in Kraft. Eine Eintragung der Waldgenossenschaften des Landesrechts in das Vereinsregister ist ausgeschlossen.

6. Landesgesetze:

Preußen: Ges. betr. Schutzwaldungen und Waldgenossenschaften, vom 6. Juli 1875 §§ 23 ff. (GS. S. 416 ff.); Ges. über gemeinschaftliche Holzungen vom 14. März 1881 (GS. S. 261 ff.); Ges. betr. die Verfassung der Realgemeinden in der Provinz Hannover vom 5. Juni 1888 (GS. S. 233 ff.); Haubergsordnungen für den Kreis Siegen vom 5. Sept. 1805, 6. Dez. 1834 und 17. März 1879 (GS. S. 228; s. hiezu OLG. Hamm in KGJ. Bd. 47 S. 272 ff), für den Dillkreis und Oberwesterwaldkreis vom 4. Juni 1887 (GS. S. 289); Polizeiordnung für die Hauberge im Kreis Altenkirchen vom 9. April 1890 (GS. S. 55); ForstGes. für das Amt Olpa vom 6. Jan. 1810; Ges. betr. die Regelung der Forstverhältnisse für das ehemalige Justizamt Olpa (GS. S. 285); WaldkulturGes. für den Kreis Wittgenstein vom 1. Juni 1854 (GS. S. 329).

In Bayern bestehen einschlägige Vorschriften nicht. Auch dem **sächsischen** Recht sind Waldgenossenschaften unbekannt (Kloß-Müller S. 40).

Vgl. ferner für Württemberg ForstPolGes. vom 19. Febr. 1902 Art. 13 (RegBl. S. 51); für Hessen Ges., die Landeskulturgenossenschaften betr., vom 28. Sept. 1887 mit Art. 272 AG.BGB.; für Braunschweig AG.BGB. § 44 (Becher IV, 1 S. 10); Ges., die ungeteilten Genossenschaftsforsten betr., vom 29. Mai 1890 (über Vorkaufsrecht der Forstgenossenschaft beim Verkauf eines Forstnutzungsrechts nach § 9 dieses Gesetzes s. OLG. Braunschweig in BraunschwZ. 1913 S. 87 ff.); für Sachsen-Meiningen Ges. vom 15. März 1910 betr. Waldgenossenschaften (Becher ErgBd. XX S. 150); für Sachsen-Coburg-Gotha WaldschutzGes. vom 19. Juli 1906 (GS. S. 61); für Gotha Ges. vom 19. Juli 1905 (GS. S. 77); für Schwarzburg-Sondershausen AG.BGB. Art. 3 (Becher XXIV, 1 S. 2), in Geltung geblieben nach § 155 Abs. 2 Nr. 2 der thüringischen AV.BGB. vom 16. Mai 1923 (GS. S. 301).

Für Baden vgl. Dorner-Seng, Badisches Landesprivatrecht § 103, 3, e S. 549 f.

Art. 84.*)

Unberührt bleiben die landesgesetzlichen Vorschriften, nach welchen eine Religionsgesellschaft oder eine geistliche Gesellschaft Rechtsfähigkeit nur im Wege der Gesetzgebung erlangen kann.

E. II, 58; III, 83.

---

*) Schrifttum: Giese, Das katholische Ordenswesen nach dem geltenden preußischen Staatskirchenrecht, HirthsAnn. 1908 S. 161 ff., 278 ff., 339 ff.; Hinschius, Die Orden und Kongregationen der katholischen Kirche in Preußen, 1874; Oertmann, Bayerisches Landesprivatrecht § 25; Seydel, Bayerisches Staatsrecht, 2. Aufl. Bd. III S. 434; Seydel-Graßmann-Piloty, Bayerisches Staatsrecht Bd. II

Religionsgesellschaften und geistliche Gesellschaften:

I. Bisheriges Recht.

1. Entstehung. Art. 84 wurde erst in der II. Komm. aufgestellt (P. VI, 490, 619, VI, 381 ff., Reatz III, 54, Mat. 87 a S. 41, RTK. 440 S. 28).

2. Inhalt.

a) Nach § 21 BGB. erlangt ein Verein, dessen Zweck nicht auf einen wirtschaftlichen Geschäftsbetrieb gerichtet ist, Rechtsfähigkeit durch Eintragung in das Vereinsregister des zuständigen Amtsgerichts.

Der Vorbehalt des Art. 84 ermöglichte der Landesgesetzgebung, von der Vorschrift dieses § 21 des BGB. hinsichtlich einer Religionsgesellschaft oder einer geistlichen Gesellschaft eine Ausnahme zu machen.

Die Ausdrücke **„Religionsgesellschaft"** und **geistliche Gesellschaft"** sind den §§ 10—12 und 938 von Tl. II Tit. 11 des PLR. entnommen, wo in § 10 unter der Überschrift „Religionsgesellschaften" ausgesprochen ist, daß mehrere Einwohner des Staates zu Religionsübungen sich verbinden können, während die §§ 11 und 12 verfügen, daß diejenigen Religionsgesellschaften, welche sich zur öffentlichen Feier des Gottesdienstes verbunden haben, Kirchengesellschaften, jene aber, welche zu gewissen anderen besonderen Religionsübungen vereinigt sind, geistliche Gesellschaften genannt werden. In § 939 daselbst ist dann noch weiter gesagt: „Unter geistlichen Gesellschaften, deren Mitglieder sich mit anderen Religionsübungen als der Seelsorge hauptsächlich beschäftigen, werden die vom Staate aufgenommenen Stifte, Klöster und Orden verstanden." S. wegen der Baptistengemeinde RG. in RJA. Bd. 12 S. 140 f., wegen der in Preußen beheimateten Gemeinden der sächsischen Brüderunität RG. in OLG. Bd. 42 S. 170, „Recht" 1923 Nr. 159; wegen der freien evangelischen Kirchengemeinden in Preußen RG. in WarnE. 1911 Nr. 89. Feuerbestattungsvereine sind keine religiösen Vereine (PrOVG. in Reger Bd. 26 S. 123).

b) Der Zweck der Vorschrift dieses Artikels war, der Meinung entgegenzutreten, daß Religionsgesellschaften oder geistliche Gesellschaften, insbesondere auch neu sich bildende Sekten (welche in P. VI, 381 als Gesellschaften bezeichnet werden, die nicht zu den juristischen Personen des öffentlichen Rechts gehören), in der Lage seien, trotz entgegenstehender landesgesetzlicher Vorschriften durch Eintragung in das Vereinsregister nach Maßgabe der Vorschriften des BGB. Rechtsfähigkeit zu erlangen. Eine solche entgegenstehende landesgesetzliche Vorschrift war z. B. § 13 der alten preuß. VerfUrk., welcher bestimmt, daß Religionsgesellschaften und geistliche Gesellschaften, soweit sie nicht zu den vom Staat ausdrücklich aufgenommenen oder anerkannten und als solche mit juristischer Persönlichkeit bekleideten Körperschaften gehören, die Rechtsfähigkeit nur durch besonderes Gesetz erlangen (RTK. 440 S. 28).

c) Es blieb also hinsichtlich der Frage, ob und unter welchen Voraussetzungen eine Religionsgesellschaft oder geistliche Gesellschaft Rechtsfähigkeit erlangen konnte, bei den Bestimmungen des öffentlichen Rechtes der einzelnen Länder, wie es denn auch im übrigen selbstverständlich war, daß das BGB. an dem öffentlichen Vereinsrecht, also beispielsweise an einer dahingehenden landesgesetzlichen Vorschrift, daß religiöse Orden nur mit staatlicher Genehmigung errichtet oder eingeführt werden können, nichts geändert hat. (Vgl. BGB. § 61 Abs. 2, § 74 Abs. 3; P. VI, 382.)

S. 444 ff.; Kloß-Müller, Sächs. Landesprivatrecht, 3. Aufl., § 23; Bogang, Erwerbsbeschränkungen juristischer Personen nach deutschem Reichs- und Landesprivatrechte mit besonderer Rücksicht auf den entgeltlichen Erwerb, 1908; Cuno, Der Erwerb der juristischen Persönlichkeit seitens der Orden und ordensähnlichen Genossenschaften nach den im Deutschen Reich geltenden Rechten, Diss. Leipzig 1908; Friedrich, Der Erwerb von Korporationsrechten durch Religionsgesellschaften in Hessen, HessRspr. 1912 S. 324 ff.; Aull ebenda 1912 S. 354 f. und Wolf ebenda 1913 S. 12; Ahlbrecht, Religionsgesellschaften und Registerrichter, DJZ. 1911 S. 123; Wiedemann, Beiträge zur Lehre von den idealen Vereinen, Zürich 1908 S. 199 f.; Kihn, Religionsgesellschaften und Religionsgemeinden nach der Verfassung des Deutschen Reichs vom 11. Aug. 1919 und der Verfassung des Freistaates Bayern vom 14. Aug. 1919, BayZ. 1924 S. 249 ff., 265 ff.

d) Durch Eintragung ins Vereinsregister konnten demnach Religionsgesellschaften oder geistliche Gesellschaften nur in solchen deutschen Ländern bürgerlichrechtliche Rechtsfähigkeit erwerben, in welchen das öffentliche Recht nicht entgegenstand.

3. Auch § 24 des Vereinsgesetzes vom 19. April 1908 (RGBl. S. 151), nach dessen § 1 Abs. 1 alle Reichsangehörigen das Recht hatten, zu Zwecken, die den Strafgesetzen nicht zuwiderliefen, Vereine zu bilden, ließ die Vorschriften des Landesrechts über kirchliche und religiöse Vereine sowie über geistliche Orden und Kongregationen unberührt; darüber, daß auch diese Vorschrift nach der neuen Reichsverfassung vom 11. August 1919 nicht mehr gilt, s. unten Bem. II.

4. **Aus den bisherigen Landesgesetzen:** Für Preußen: s. ALR. Tl. II Tit. 11 §§ 17, 20, 939, 940, VerfUrk. vom 31. Jan. 1850 Art. 13 (s. hiezu RGZ. Bd. 77 S. 19 ff., RG. in JW. 1911 S. 801; s. über den Begriff der geistlichen Gesellschaften im Sinne des Art. 13 der VerfUrk. und die Unzulässigkeit der Eintragung im Vereinsregister KG. in OLG. Bd. 8 S. 164 ff, über die Unzulässigkeit der Umgehung des Art. 13 durch Gründung einer Gesellschaft mit beschränkter Haftung oder einer Aktiengesellschaft KG. in RJA. Bd. 6 S. 48 ff., OLG. Bd. 9 S. 371, Bd. 12 S. 438 und Bd. 24 S. 133, DJZ. 1912 Sp. 352; vgl. über die Unterscheidung zwischen Religionsgesellschaft und geistlicher Gesellschaft in Preußen auch Bd. I dieses Komm. Bem. V, 1, a zu § 61); Ges. vom 12. Juni 1874 betr. Mennoniten (GS. S. 238 ff.), Ges. vom 7. Juli 1875 betr. Baptisten (GS. S. 374 ff.); für Bayern Religionsedikt vom 26. Mai 1818 §§ 3, 4, 26, 45; Aug. Reinhard, Die Kirchenhoheitsrechte des Königs von Bayern, München 1884, S. 130; E. Meyer, Die Kirchenhoheitsrechte des Königs von Bayern, München 1889, S. 138; Seydel, Bayer. Staatsrecht, 2. Aufl. Bd. III S. 485 ff.; Seydel-Graßmann-Piloty, Bayer. Staatsrecht Bd. II S. 460 ff.; s. auch Bd. I dieses Komm. Bem. V, 1, b zu § 61; wegen der Eigenschaft der Marianischen Kongregationen als geistliche Gesellschaften s. BayObLG. in SeuffBl. Bd. 70 S. 26 ff.

Aus den **Ausführungsgesetzen** s. wegen der Verleihung der Rechtsfähigkeit an Religionsgemeinschaften oder geistliche Gesellschaften für Mecklenburg-Schwerin AV.BGB. § 14 (Becher XI, 2 S. 5), für Mecklenburg-Strelitz AV.BGB. § 14 (Becher XII, 1 S. 3), für Sachsen-Meiningen AG.BGB. Art. 4 (Becher XX, 1 S. 2), für Sachsen-Weimar-Eisenach AG.BGB. § 11 (Becher XXI, 3 S. 5), für Schwarzburg-Rudolstadt AG.BGB. Art. 8 (Becher XXIII, 2 S. 6), für Schwarzburg-Sondershausen AG.BGB. Art. 4 (Becher XXIV, 1 S. 2), für Reuß ältere Linie AG.BGB. § 7 (Becher XV, 1 S. 2), für Reuß jüngere Linie AG.BGB. § 11 (Becher XVI, 1 S. 3); vgl. hiezu wegen der Unzulässigkeit der Umgehung durch Gründung einer Aktiengesellschaft OLG. Jena in RJA. Bd. 10 S. 181 ff., für Lippe AG.BGB. Art. 13 (Becher IX, 1 S. 3), für Schaumburg-Lippe AG.BGB. § 7 (Becher XXII, 9 S. 62), für Lübeck AG.BGB. § 2 (Becher X, 6 S. 41).

Für Hamburg s. Art. 96 der Verfassung vom 13. Okt. 1873 (Wulff I 35), Ges. vom 28. Sept. 1860 (Wulff III, 488).

Für Hessen s. einerseits Friedrich a. a. O., der zum Erwerb der Rechtsfähigkeit landesherrliche Verordnung für erforderlich hält, anderseits Aull a. a. O., der die Rechtspersönlichkeit durch Eintragung erwerben läßt; nach RGZ. Bd. 77 S. 19 ff. ist die Eintragung einer preußischen Religionsgesellschaft in das hessische Vereinsregister unter formeller Verlegung ihres Sitzes nach Hessen wirkungslos; s. auch RG. in JW. 1911 S. 801.

II. Geltendes Recht *).

Schon der Aufruf des Rats der Volksbeauftragten an das deutsche Volk vom 12. Nov. 1918 (RGBl. S. 1303), der durch § 1 des ÜbergG. vom 4. März 1919 (RGBl. S. 285) aufrecht erhalten worden ist, verfügte in Nr. 2, daß das Vereinsrecht keiner Beschränkung unterliegt. Jedenfalls ist aber der **Vorbehalt des Art. 84** durch Art. 124 und Art. 137 der neuen Reichsverfassung vom 11. Aug. 1919 **beseitigt.** Auch die Vorschrift des § 24 des Vereinsgesetzes vom 19. April 1908 (s. oben Bem. I, 3) gilt nicht mehr.

1. Art. 124 RV. regelt die Rechtsstellung der **religiösen Vereine und Gesellschaften,** das Recht zur Vereinsbildung und den Erwerb der Rechtsfähigkeit. „Religiös" ist ein Verein, eine Gesellschaft, wenn die Personenvereinigung der Pflege

---

*) Schrifttum: Kommentare zur neuen Reichsverfassung zu Art. 124 und 137; Stier-Somlo, Reichs- und Landesstaatsrecht, Berlin und Leipzig **1924,** S. 460 ff., 485 ff.; Königer-Giese, Grundzüge des Staatskirchenrechts, Bonn 1924, S. 214 ff.

oder Ausdehnung oder Verteidigung eines bestimmten Bekenntnisses oder einer bestimmten Weltanschauung dient; regelmäßig werden die Mitglieder durch ein gemeinsames Bekenntnis verbunden sein (hieher gehören namentlich die intrakonfessionellen Vereine innerhalb einer Religionsgesellschaft, z. B. die Orden der katholischen Kirche); doch kann die Vereinigung auch interkonfessionell sein, d. h. aus Personen, die verschiedenen Religionsgesellschaften angehören, bestehen, und endlich auch akonfessionell sein (vgl. Königer-Giese a. a. O. S. 215, Giese, JahrbÖffR. 1925 S. 259).

a) Auch für religiöse Vereine und Gesellschaften gilt unbeschränkt der Grundsatz der Vereinsfreiheit, d. h. alle Deutschen haben das Recht, solche Vereine und Gesellschaften zu bilden, soferne der Zweck des Vereins den Strafgesetzen nicht zuwiderläuft; dieses Recht kann nicht durch Vorbeugungsmaßregeln beschränkt werden (Art. 124 Abs. 1 RV.). Dies gilt auch für die Orden und Kongregationen der katholischen Kirche. Die Vereinsbildung kann also nicht von Fall zu Fall von staatlicher Genehmigung abhängig gemacht werden. Alle Sondervorschriften der Landesgesetzgebung sind damit von Rechts wegen beseitigt, neue können nicht mehr erlassen werden.

b) Die religiösen Vereine erwerben die bürgerlichrechtliche Rechtsfähigkeit gemäß den Vorschriften des bürgerlichen Rechts, der Erwerb der Rechtsfähigkeit darf einem Vereine nicht wegen des religiösen Zweckes, den er verfolgt, versagt werden (Art. 124 Abs. 2 RV.). Auch insoweit ist für abweichende landesgesetzliche Vorschriften kein Raum mehr (wegen öffentlichrechtlicher Rechtsfähigkeit s. unten Bem. 2).

Hienach kann nunmehr jeder religiöse Verein die Rechtsfähigkeit durch Eintragung in das Vereinsregister des zuständigen Amtsgerichts erlangen (§ 21 BGB.). Nur dem religiösen Vereine, nicht auch der Gesellschaft, steht der Erwerb der Rechtsfähigkeit auf diese Weise offen. Wegen des Unterschieds zwischen Verein und Gesellschaft s. Bd. I Vorbem. II, 2, B vor § 21 S. 168; das wesentlichste Unterscheidungsmerkmal liegt darin, daß beim Verein der Mitgliederbestand veränderlich ist, während die Gesellschaft ein Vertragsverhältnis bestimmter Personen darstellt.

Beseitigt sind durch die Vorschrift des Art. 124 Abs. 2 Satz 2 RV., daß einem Vereine wegen seines religiösen Zweckes der Erwerb der Rechtsfähigkeit nicht versagt werden darf, die Bestimmungen des § 43 Abs. 3 BGB., der die Entziehung der Rechtsfähigkeit erlaubt, wenn ein Verein einen religiösen Zweck verfolgte, und der § 61 Abs. 2 BGB., der Verwaltungsbehörde steht ein Einspruchsrecht gegen die Eintragung des Vereins wegen seines religiösen Zweckes nicht mehr zu.

2. **Art. 137 RV.** befaßt sich mit den **Religionsgesellschaften** — das sind Vereinigungen, die aus den Anhängern eines und desselben, bestimmten und besonderen Glaubensbekenntnisses bestehen (Anschütz, RV. Bem. 2) — und stellt ihnen die **Vereinigungen zur gemeinschaftlichen Pflege einer Weltanschauung** (z. B. Monismus, Materialismus) gleich.

a) Das Recht zur freien Bildung von Religionsgesellschaften ist in Art. 137 Abs. 2 Satz 1 gesetzlich ausgesprochen: „Die Freiheit der Vereinigung zu Religionsgesellschaften wird gewährleistet." Der Zusammenschluß zu Religionsgesellschaften unterliegt keinen anderen Beschränkungen wie die Gründung anderer Vereine, weder nach Reichs- noch nach Landesrecht. Auch der Zusammenschluß von mehreren Religionsgesellschaften innerhalb des Reichsgebietes unterliegt keinen Beschränkungen (Art. 137 Abs. 2 Satz 2). Es können sich also alte wie neue Religionsgesellschaften des Reichsgebiets zu höheren religionsgesellschaftlichen Verbänden vereinigen (so der Zusammenschluß der Evangelischen Landeskirchen Deutschlands zum „Deutschen Evangelischen Kirchenbund" durch den Kirchenbundsvertrag vom 25. Mai 1922, RGBl. S. 141). Dagegen kann die Vereinigung mit außerdeutschen Religionsgesellschaften beschränkt oder verboten werden.

Die nämlichen Grundsätze gelten nach Art. 137 Abs. 7 für die Vereinigungen, die sich die gemeinschaftliche Pflege einer Weltanschauung zur Aufgabe machen.

b) Religionsgesellschaften und Vereinigungen zur gemeinschaftlichen Pflege einer Weltanschauung erwerben grundsätzlich die bürgerlichrechtliche Rechtsfähigkeit künftig nach den allgemeinen Vorschriften des bürgerlichen Rechts, also durch Eintragung in das Vereinsregister (§ 21) wie die religiösen Vereine (Art. 137 Abs. 4 RV.). Die durch Art. 84 EG. vorbehaltenen Landesgesetze, wonach Religionsgesellschaften die Rechtsfähigkeit nur im Wege der Gesetzgebung erlangen können, sind damit aufgehoben. Solche Religionsgesellschaften sind also Vereine des bürgerlichen Rechts. Mit der bürgerlichrechtlichen Rechtsfähigkeit erlangt die Religionsgesellschaft nicht auch ohne weiteres die öffentlichrechtliche; über diese s. folgende Bem. c und d. Umgekehrt knüpft sich an den Erwerb der Eigenschaft als öffentlichrechtliche Körperschaft sofort auch die Rechtsfähigkeit auf dem Gebiete des Privatrechts.

c) Die Rechtsfähigkeit als Körperschaften des öffentlichen Rechts behalten nach Art. 137 Abs. 5 Satz 1 RV. diejenigen Religionsgesellschaften, welche bisher Körperschaften des öffentlichen Rechts waren. Das sind insbesondere die katholische Kirche und die evangelischen Landeskirchen, in einzelnen Ländern auch Altkatholiken, Altlutheraner und jüdische Kultusgemeinschaften. Damit ist diesen Religionsgesellschaften die Eigenschaft als Körperschaften des öffentlichen Rechts und damit die Rechtsfähigkeit durch das Reich verfassungsmäßig gewährleistet, ferner durch Art. 137 Abs. 6 RV. das Recht, Steuern zu erheben. Im übrigen unterliegt die Regelung der Art und des Umfanges der Rechte, die sich aus der Eigenschaft dieser Religionsgesellschaften als öffentlichrechtliche Körperschaften ergeben, der Landesgesetzgebung (s. auch Art. 137 Abs. 8 RV.; hier ist die Durchführung der Bestimmungen des Art. 137 ausdrücklich der Landesgesetzgebung übertragen). Für die Rechte und Pflichten der Religionsgesellschaften kann das Reich nach Art. 10 Nr. 1 RV. im Wege der Gesetzgebung Grundsätze aufstellen.

d) Rechtsfähigkeit können durch Erwerb der Rechtsstellung als Körperschaften des öffentlichen Rechts nach Art. 137 Abs. 5 Satz 2 RV. auch andere Religionsgesellschaften auf ihren Antrag erlangen, „wenn sie durch ihre Verfassung und die Zahl ihrer Mitglieder die Gewähr der Dauer bieten". Zur Bestimmung, welche Staatsorgane der Länder über das Vorliegen dieser verfassungsmäßigen Voraussetzung zu entscheiden haben und in welcher Form (Gesetz, Verwaltungsakt) die Verleihung der Rechtsstellung erfolgt, ist nach Art. 137 Abs. 8 RV. die Landesgesetzgebung berufen. In Preußen ist ein Gesetz erforderlich (Giese JahrbÖffR. 1925 S. 303; s. Ges. betr. die Delegatur für den preuß. Anteil der Erzdiözese Gnesen-Posen, vom 15. Aug. 1921, GS. S. 487 f.; s. auch Bredt ArchÖffR. Bd. 42 S. 358; zu Art. 137 RV. vgl. auch Art. 2 der preuß. Verf. vom 30. Nov. 1920; wegen der bisher in Preußen bestehenden Religionsgesellschaften s. Hue de Grais, Handbuch der Verfassung und Verwaltung, 24. Aufl. S. 506 Note 13); für Bayern s. § 18 Abs. 2 der Verf. vom 14. Aug. 1919 (neue Religionsgesellschaften „können Rechtsfähigkeit nach Maßgabe des geltenden Rechts erwerben", s. Kratzer, VerfUrk. des Freistaats Bayern Bem. 2, a, Kihn a. a. O. S. 266, hienach zuständig das Staatsministerium für Unterricht und Kultus); in Württemberg erfolgt die Verleihung durch das Kultusministerium (s. Bek. über Religionsgesellschaften des öffentlichen Rechts vom 27. März 1924, RegBl. 1924 S. 260; betrifft die Methodistenkirche und den Landesverband der Evangelischen Gemeinschaft in Württemberg); in Sachsen erfolgte Verleihung durch das Gesamtstaatsministerium (Art. 50 Abs. 2 der Verf. vom 1. Nov. 1920; s. Bek. betr. die Evangelische Brüderunität in Deutschland und ihre sächsischen Unterverbände [Brüdergemeinden] vom 5. Juli 1922, GBl. 1922 S. 244; Bek. über die Rechtsstellung der Evangelisch-lutherischen Freikirche in Sachsen mit dem Sitz in Niederplanitz, vom 23. Mai 1923, GBl. 1923 S. 109; Bek. über die Rechtsstellung der Vereinigung der Baptisten in Dresden vom 23. Okt. 1924, GBl. 1924 S. 559); in Baden ist Anerkennung durch das Staatsministerium erforderlich (§ 18 Abs. 4 der bad. Verf. vom 21. März 1919); in Thüringen erfolgt die Verleihung durch das Ministerium für Volksbildung und Justiz (s. Bek. über die Verleihung der Rechte einer Körperschaft des öffentlichen Rechts an die bischöfliche Methodistenkirche in Thüringen vom 27. Dez. 1923, und an das römisch-katholische Bistum Meißen für seine thüringischen Teile vom 14. März 1924, GS. für Thür. 1924 S. 26 und 178). Gesetz ist erforderlich in Mecklenburg-Strelitz nach § 58 des Landesgrundgesetzes vom 24. Mai 1923 und Bremen nach § 87 Abs. 4 der Verf. vom 18. Mai 1920; für Mecklenburg-Schwerin s. § 17 Abs. 4 der Verf. vom 17. Mai 1920. Wegen landesgesetzlicher Vorschriften in den Ausführungsbestimmungen zum BGB. s. oben Bem. I, 4.

e) Endlich kommt nach Art. 137 Abs. 5 Satz 3 RV. einem Verband von öffentlich-rechtlichen Religionsgesellschaften der unter c und d bezeichneten Art die Rechtsstellung einer öffentlich-rechtlichen Körperschaft zu und zwar ohne weiteres als Folge des Zusammenschlusses und ohne Verleihung. Wegen der Zulässigkeit des Zusammenschlusses s. Art. 137 Abs. 2 Satz 2 RV. und oben unter 2, a. Dasselbe gilt auch für den Fall der Verschmelzung mehrerer Religionsgesellschaften zu einer einzigen (z. B. Thüringer evangelische Kirche).

f) Den Religionsgesellschaften sind die Vereinigungen zur gemeinschaftlichen Pflege einer Weltanschauung grundsätzlich auch hinsichtlich des Erwerbes der Rechtsstellung als öffentlich-rechtliche Körperschaften und des Zusammenschlusses und seiner Wirkungen durch Art. 137 Abs. 8 RV. gleichgestellt.

Art. 85.

Unberührt bleiben die landesgesetzlichen Vorschriften, nach welchen im Falle des § 45 Abs. 3 des Bürgerlichen Gesetzbuchs das Vermögen des aufgelösten Vereins an Stelle des Fiskus einer Körperschaft, Stiftung oder Anstalt des öffentlichen Rechtes anfällt.

E. II, 59; III, 84.

Anfall von Vereinsvermögen.

1. Entstehung. Auch dieser Artikel ist erst in der II. Komm. aufgestellt, ein in der RTK. beantragter Abs. 2, welcher eine reichsgesetzliche Bestimmung hinsichtlich des Vermögens eines aufgelösten Vereins, einer staatlich anerkannten Religionsgesellschaft treffen sollte, ist abgelehnt worden (P. I, 539 ff., VI, 407, 448, Reatz III, 54, Mat. 87 a S. 42, RTK. 29).

2. **Inhalt.**

a) Nach § 45 Abs. 3 BGB. fällt das **Vermögen eines aufgelösten Vereins,** der nach der Satzung nicht ausschließlich den Interessen seiner Mitglieder diente, wenn die Satzung keine andere Bestimmung trifft, an den **Fiskus** des Bundesstaats (Landes), in dessen Gebiet der Verein seinen Sitz hat; es tritt eine Gesamtnachfolge ein (s. Bd. I Bem. II, 2, b zu § 45). Der Art. 85 ermöglicht der Landesgesetzgebung (ähnlich wie die Art. 129 und 138 dieses Gesetzes, s. unten Bem. 5) Bestimmungen dahin zu treffen, daß der Anfall des Vermögens nicht an den Fiskus, sondern an eine Körperschaft, Stiftung oder Anstalt des öffentlichen Rechtes zu erfolgen hat.

b) Über die Begriffe **„Körperschaft, Stiftung, Anstalt des öffentlichen Rechts"** s. Bd. I Vorbem. IV, A zum 2. Titel (Juristische Personen), S. 157 ff., Vorbem. VII, 2 zu §§ 80—88, S. 308 f. und Bem. 2 zu § 89 BGB. Die Entscheidung, welche Personenverbände, Stiftungen oder Anstalten als öffentlich-rechtliche anzusehen sind, ist dem öffentlichen Rechte des Landes zu entnehmen, in dem sie bestehen (P. I, 498, 607 ff., 330; Planck Bem. 1 zu § 89 BGB.). Eine Stiftung des öffentlichen Rechts liegt jedenfalls vor, wenn die Stiftung auf einem Akte des öffentlichen Rechts beruht (Gesetzgebungsakt). Durch Privatrechtsgeschäft begründete Stiftungen können zu öffentlich-rechtlichen werden, wenn sie nach dem Stiftungszweck dem Organismus des Staats oder einer anderen öffentlich-rechtlichen Person angegliedert werden (s. Bd. I S. 164 und 308 f., auch Planck Bem. 1 zu § 89 BGB.). Die Begriffe „Stiftung des öffentlichen Rechts" und „öffentliche Stiftungen" decken sich nicht vollkommen (s. hierüber Oertmann, Bayer. Landesprivatrecht § 28, 2 S. 110; BayVerwGH. Bd. 47 S. 33).

c) Kraft des Vorbehaltes des Art. 85 kann die Landesgesetzgebung das Anfallsrecht hinsichtlich des Vermögens eines aufgelösten Vereins nur Körperschaften, Stiftungen oder Anstalten des öffentlichen Rechts, nicht anderen Rechtssubjekten verleihen.

Dagegen kann das Anfallsrecht bei den Vereinen, deren Rechtsfähigkeit auf staatlicher Verleihung beruht, auf Grund des Vorbehalts des Art. 82 in der Verfassung, über welche die Landesgesetze bestimmen können, für den Fall der Auflösung des Vereins beliebig geregelt werden. Dies gilt auch für Vereine, die dem Wasserrecht, Bergrecht, Jagd- oder Fischereirecht angehören, und für Waldgenossenschaften nach Art. 65, 67, 69, 83, 113 EG.

3. Aus den Landesgesetzen: In Preußen bestimmt sich das Anfallsrecht in Ansehung von Vereinsvermögen ausschließlich nach den Vorschriften des BGB.; s. AG.BGB. Art. 5 § 1 (Becher XIV, 1 S. 4).

In Bayern ist eine Vorschrift hinsichtlich des Anfalles des Vereinsvermögens im Anschluß an Art. 84 nicht erlassen.

Auch in Sachsen fehlt eine dem Vorbehalt entsprechende Vorschrift (Kloß-Müller, Sächs. Landesprivatrecht, 3. Aufl. S. 47).

Für Württemberg s. AG.BGB. Art. 136 (Becher XXVI, 1 S. 2), wo das Anfallsrecht verschieden bestimmt ist, je nachdem es sich um das Vermögen eines nach der Satzung für bürgerliche oder für kirchliche Zwecke bestimmten Vereins handelt.

Für Thüringen beläßt es AB.BGB. vom 16. Mai 1923 (GS. S. 288) § 8 ausdrücklich bei den Vorschriften des BGB.

In Hessen entscheidet über die Verwendung des dem Fiskus angefallenen Vereinsvermögens das Staatsministerium; s. AG.BGB. Art. 11 (Becher VIII, 3 S. 30); ebenso in Braunschweig nach AG.BGB. § 9 (Becher IV, 1 S. 2).

Für Anhalt s. AG.BGB. Art. 8 (Becher I, 3 S. 10); für Waldeck AG.BGB. Art. 4 § 1 (Becher XXV, 1 S. 4).

4. Art. 85 bezieht sich nur auf den Anfall des Vermögens eines aufgelösten Vereins. Über den Anfall des Vermögens einer erloschenen Stiftung kann das Landesrecht zu §§ 85, 88 BGB. Bestimmungen treffen. Meist ist der Fiskus als anfallberechtigt bezeichnet, sofern nicht die Verfassung der Stiftung einen anderen Anfallberechtigten bezeichnet, mehrfach auch die Gemeinde oder eine sonstige Körperschaft des öffentlichen Rechts.

S. für Preußen AG.BGB. Art. 5 § 1 (Becher XIV, 1 S. 4); für Bayern AG.BGB. Art. 5 (Becher III, 7 S. 29), s. hiezu Oertmann, Bayer. Landesprivatrecht S. 116; Sachsen AB.BGB. § 7 Abs. 2 (Becher XVII, 2 S. 13); Württemberg AG.BGB. Art. 136 (Becher XXVI, 1 S. 27); Thüringen AB.BGB. vom 16. März 1923 § 14 (GS. S. 288); s. auch Art. 155 Abs. 1; Hessen AG.BGB. Art. 9 (Becher VIII, 3 S. 30); Hamburg AG.BGB. § 19 (Becher VII, 1 S. 4); Mecklenburg-Schwerin AB.BGB. §§ 21, 22 (Becher XI, 2 S. 6); Mecklenburg-Strelitz AB.BGB. § 21 (Becher XII, 1 S. 4); Braunschweig AG.BGB. § 14 (Becher IV, 1 S. 4); Bremen AG.BGB. § 5 (Becher V, 1 S. 2); Lippe AG.BGB. § 11 (Becher IX, 1 S. 3); Lübeck AG.BGB. § 11 (Becher X, 6 S. 42); Waldeck AG.BGB. Art. 4 § 2 (Becher XXV, 1 S. 4).

5. Wegen des Rechtes zur Aneignung herrenloser Grundstücke an Stelle des Fiskus s. Art. 129 EG., wegen des gesetzlichen Erbrechts an einem sonst erblosen Nachlasse an Stelle des Fiskus Art. 138 EG.

Art. 86.*)

Unberührt bleiben die landesgesetzlichen Vorschriften, welche den Erwerb von Rechten durch juristische Personen beschränken oder von staatlicher Genehmigung abhängig machen, soweit diese Vorschriften Gegenstände im Werte von mehr als fünftausend Reichsmark**) betreffen. Wird die nach dem Landesgesetze zu einem Erwerbe von Todes wegen erforderliche Genehmigung erteilt, so gilt sie als vor dem Erbfall erteilt; wird sie verweigert, so gilt die juristische Person

---

*) Schrifttum: Kahl, Die deutschen Amortisationsgesetze; Bogang, Erwerbsbeschränkungen juristischer Personen nach deutschem Reichs- und Landesprivatrecht, Berlin 1908; Meurer, Das bayerische Amortisationsrecht und seine Reform, BlAdmPrax. Bd. 49 S. 1ff.; Geiger, Die Neugestaltung der bayerischen Amortisationsvorschriften durch das BGB., ArchKathKR. Bd. 80 S. 259ff.; Eulau, Erwerbsbeschränkungen für juristische Personen mit besonderer Beziehung auf Art. 12 AG.BGB. für Hessen, HessRspr. Bd. 1 S. 87, 95; Wiedemann, Beiträge zur Lehre von den idealen Vereinen, Zürich 1908; Philipsborn, Erhöhung der Wertgrenze für genehmigungsfreie Zuwendungen an juristische Personen und für den Erwerb von Grundstücken durch sie, JW. 1922 S. 900.

**) Durch § 1 Abs. 1 der zweiten VO. zur Durchführung des Münzgesetzes vom 12. Dez. 1924 (RGBl. I S. 775) und Anlage 1 hiezu, Nr. 2 ist das Wort „Mark" ersetzt durch „Reichsmark"; s. auch Bem. II, 1, d, a.

in Ansehung des Anfalls als nicht vorhanden; die Vorschrift des § 2043 des Bürgerlichen Gesetzbuchs findet entsprechende Anwendung.

E. I, 49; II, 61; III, 86.

Erwerbsbeschränkungen für juristische Personen.

I. Entstehung. Dieser Artikel entspricht dem Abs. 2 Art. 49 des I. Entw.; der Abs. 1 des letzteren, welcher lautete:

„Unberührt bleiben die Vorschriften der Landesgesetze über die Verwaltung und Beaufsichtigung juristischer Personen",

war in der II. Komm. und im Bundesrate unter Streichung des Wortes „Verwaltung" als besonderer Art. 80 angenommen worden, wurde aber in der Reichstagskommission gestrichen, weil der Inhalt desselben von selbst gelte, nachdem er sich nur auf das öffentliche Aufsichtsrecht beziehe und das BGB. ohnehin nur das Privatrecht, nicht aber das öffentliche Recht regele.

Der 3. Absatz des Art. 49 E. I lautete:

„Auf juristische Personen, deren juristische Persönlichkeit auf besonderer reichsgesetzlicher Vorschrift beruht, finden die Vorschriften des 2. Absatzes keine Anwendung."

Dieser 3. Absatz verursachte in der II. Komm. längere Verhandlungen, welche damit endeten, daß er in etwas veränderter Fassung angenommen wurde. Der Bundesrat strich diesen 3. Absatz, die Reichstagskommission nahm ihn anfänglich wieder an. Schließlich wurde er aber doch fallen gelassen. Mit dem Abs. 3 wollte hauptsächlich bezweckt werden, daß Aktiengesellschaften und Kommanditgesellschaften auf Aktien, wie z. B. Pfandbriefanstalten und Immobiliengesellschaften, aber auch andere durch das Reichsrecht mit Ausnahme des BGB. geschaffene juristische Personen, die in einem Bundesstaate domizilieren, in jedem anderen Bundesstaat unter denselben Voraussetzungen wie die einheimischen Institute Grundbesitz und anderweitiges Vermögen erwerben können, während zurzeit in Preußen auf Grund der G. vom 4. Mai 1846 und 23. Febr. 1870, bzw. eines Allerh. Erl. vom 14. Febr. 1882, ausländische Korporationen und andere juristische Personen des Auslandes (worunter auch die nichtpreußischen deutschen Bundesstaaten verstanden werden) Grundeigentum in Preußen nur mit königlicher und bzw. ministerieller Genehmigung erwerben könnten und Ähnliches auch in Hamburg und Mecklenburg der Fall sei, obwohl das Reichsgericht in den Entscheidungsgründen eines Urteils vom 14. April 1882 eine derartige differentielle Behandlung der juristischen Personen verschiedener Bundesstaaten als mit dem § 3 der Reichsverfassung kollidierend erachte. Als Gegengrund gegen den 3. Absatz wurde geltend gemacht, daß der Art. 3 der Reichsverfassung sich nur auf physische, nicht auf juristische Personen beziehe, daß der Abs. 2 in das öffentliche Recht der Bundesstaaten eingreife und die reichsgesetzliche Regelung des Pfandbriefwesens, welche in Aussicht genommen sei, verzögere.

Der 2. Absatz des Art. 49 E. I erlitt dadurch Veränderungen, daß im ersten Satze in der Reichstagskommission die Einschränkung auf Gegenstände im Werte von mehr als 3000 Mk., im Plenum des Reichstags auf Gegenstände im Werte von mehr als **5000 Mk.** beschlossen, und daß im zweiten Satze schon von der II. Komm. der nunmehrige Wortlaut aus Abs. 2 des Art. 48 des I. Entw. (nun Art. 87) mit einer geringen redaktionellen Änderung herübergenommen wurde (Mot. z. EG. 170 ff., Reatz III, 53, 54, 55, P. VI S. 400—407, 612—616, Mat. 38 [zu Art. 80] und 42 ff., RTK. 440 S. 26 ff. und RTK. 440, d S. 11, StB. 3030).

II. Inhalt:

1. Art. 86 läßt in Satz 1 landesgesetzliche Vorschriften zu — bestehende Vorschriften blieben unberührt, neue können in den Ländern erlassen werden —, durch welche der Erwerb von Rechten durch juristische Personen beschränkt oder von staatlicher Genehmigung abhängig gemacht wird, aber nur hinsichtlich des Erwerbs von Gegenständen, deren Wert 5000 Reichsmark übersteigt.

a) Der Vorbehalt bezieht sich auf **alle juristischen Personen;** es ist unerheblich, ob ihre Rechtsfähigkeit auf dem BGB. oder auf anderen Reichsgesetzen oder auf staatlicher Verleihung beruht. Auf nicht rechtsfähige Vereine bezieht sich der Vorbehalt nicht (RG. in JW. 1917 S. 221). Auch die juristischen Personen des Handelsrechts, die Aktiengesellschaften, die Gesellschaften mit beschränkter Haftung und die verschiedenen Arten der gesetzlich geordneten Genossenschaften sind von dem Vorbehalt betroffen. Der Vorbehalt macht auch keinen Unterschied hinsichtlich des Zweckes oder des Gegenstandes der Betätigung der juristischen Person, er trifft also namentlich nicht bloß religiöse Gesellschaften. Der Landesgesetzgebung steht es frei, Erwerbsbeschränkungen für alle oder nur für einzelne Arten von juristischen Personen zu bestimmen.

Ausgeschlossen sind abweichende landesgesetzliche Vorschriften, soweit reichsrechtlich für bestimmte juristische Personen besondere Erwerbsbeschränkungen bestehen oder Erwerbsbeschränkungen ausgeschlossen sind. Das erstere ist der Fall für Versicherungsaktiengesellschaften und Versicherungsvereine auf Gegenseitigkeit; diese bedürfen nach § 54 des VersicherungsaufsichtsG. vom 12. Mai 1901 (RGBl. S. 139ff.) zum Erwerb von Grundstücken der Genehmigung der Aufsichtsbehörde (§ 2 des G.), soweit es sich nicht um den Erwerb von ihnen beliehener Grundstücke im Zwangsversteigerungsverfahren handelt; nach § 54 Abs. 2 bedarf es zum Grundstückserwerb der landesgesetzlich vorgeschriebenen staatlichen Genehmigung auch nicht, soweit die Genehmigung der Aufsichtsbehörde nicht erforderlich ist.

Nach § 5 Abs. 3 Satz 2 des HypothekenbankG. vom 13. Juli 1899 (RGBl. S. 375) stehen in jedem deutschen Lande Hypothekenbanken, die im Gebiete eines anderen deutschen Landes ihren Sitz haben, in Ansehung des Erwerbes von Grundstücken, soweit ihnen derselbe nach Satz 1 daselbst erlaubt ist, den einheimischen Hypothekenbanken gleich.

b) Der Vorbehalt bezieht sich auf **jede Art des Erwerbes**, auf entgeltlichen und auf unentgeltlichen, auf den Erwerb durch Rechtsgeschäft unter Lebenden und auf Erwerb von Todes wegen. Es ist gleichgültig, welche Gegenstände in Frage kommen, sowohl bewegliche und unbewegliche Sachen, als auch Forderungen bzw. Rechte werden von dem Vorbehalt umfaßt. Ferner gestattet der Vorbehalt nicht nur, den dinglichen Erwerb, sondern auch die Entstehung eines schuldrechtlichen Anspruchs durch Rechtsgeschäfte irgendwelcher Art zu beschränken. Er läßt der Landesgesetzgebung völlige Freiheit hinsichtlich der Art, wie der Erwerb beschränkt werden soll. So kann die Landesgesetzgebung den Erwerbsakt überhaupt für nichtig (unwirksam) erklären oder seine Wirksamkeit von einer staatlichen Genehmigung im einzelnen Falle abhängig machen; sie können auch die juristische Person verpflichten, den erworbenen Gegenstand innerhalb einer bestimmten Zeit wieder zu veräußern. Die Landesgesetzgebung kann ihre Beschränkungen beliebig auf gewisse Erwerbsarten, z. B. auf Verfügungen von Todes wegen oder auf Schenkungen oder auf den Erwerb von Grundstücken begrenzen.

c) Wird die Wirksamkeit des Vermögenserwerbes einer juristischen Person von staatlicher Genehmigung abhängig gemacht, so können die Landesgesetze gleichzeitig (unbeschadet der Vorschrift in Art. 86 2. Satz 3. Satzteil; s. unten Bem. 2, c) über den Rechtszustand bis zur Erteilung oder Verweigerung der Genehmigung Bestimmungen treffen, namentlich also darüber, ob die Beteiligten an einen auf den Erwerb der juristischen Person abzielenden Vertrag bis zur Entscheidung über die Genehmigung gebunden sind.

Fehlt es an einer derartigen landesgesetzlichen Vorschrift, so ist die genehmigungspflichtige, aber noch nicht genehmigte Verfügung, die zum dinglichen Erwerb durch die juristische Person führen soll, grundsätzlich gültig; es besteht aber bis zur Genehmigung ein Schwebezustand, ähnlich dem bei rechtsgeschäftlichen Bedingungen, vgl. § 161 BGB. (RGZ. Bd. 88 S. 339, Josef in BadRpr. 1917 S. 118). An einen Vertrag sind die Beteiligten gebunden, bis durch Verweigerung der Genehmigung feststeht, daß der Vertrag gegenstandslos, seine Erfüllung unmöglich ist (ebenso Planck Bem. 3 unter Hinweis darauf, daß es sich um eine Erwerbsbeschränkung, nicht um eine Beschränkung der Geschäftsfähigkeit handelt; abweichend Niedner Bem. 6). Eine Verfügung, welche der Verpflichtete während der Schwebezeit, also bis zur Entscheidung über die Genehmigung, über den an die juristische Person zu übertragenden Gegenstand trifft, ist, unbeschadet wohlerworbener Rechte Dritter, unwirksam, soweit sie den Erwerb der juristischen Person vereiteln oder beeinträchtigen würde. Unberührt bleibt selbstverständlich das Recht, einseitige Rechtsgeschäfte — Schenkungen, Verfügungen von Todes wegen — nach den allgemein für Geschäfte der betreffenden Art geltenden Vorschriften zu widerrufen oder wieder aufzuheben.

d) Eine **Schranke** setzt der Vorbehalt der Landesgesetzgebung: Nur der Erwerb eines Gegenstandes im **Werte von mehr als 5000 Reichsmark** ist beschränkbar.

α) Die Wertgrenze hatte früher 5000 „Mark" betragen, aber durch die Geldentwertung ihre Stabilität verloren. Durch § 1 Satz 2 MünzG. vom 30. Aug. 1924 (RGBl. II S. 254 ff.) ist als Rechnungseinheit für die neue Goldwährung die **Reichsmark** aufgestellt. Auf Grund der ihr in § 19 dieses Gesetzes erteilten Ermächtigung hat die Reichsregierung in § 1 der zweiten VO. zur Durchführung des MünzG. vom 12. Dez. 1924 (RGBl. I S. 775 ff.) angeordnet, daß in den in der Anlage 1 zu dieser VO. aufgeführten Gesetze und Verordnungen das Wort „Mark" durch „Reichsmark" ersetzt werde; s. wegen des EG. Nr. 2 der Anlage.

Damit ist die Wertgrenze, welche die Voraussetzung für landesgesetzliche Erwerbsbeschränkung ist, reichsrechtlich wieder fest bestimmt. Landesgesetzliche Vorschriften, welche, der Entwertung der Mark (Papiermark) Rechnung tragend, die Wertgrenze anderweitig festgesetzt hatten (s. z. B. Preußen in den in Bem. IV angeführten Gesetzen), sind wieder gegenstandslos, soweit der festgesetzte Betrag hinter 5000 Reichsmark zurückbleibt.

β) Die in Art. 86 gesetzte **Wertgrenze von 5000 Reichsmark ist die niedrigste** für die Zulässigkeit landesgesetzlicher Erwerbsbeschränkungen. Die Landesgesetzgebung kann die Wertgrenze für die von ihr einzuführenden Erwerbsbeschränkungen höher, auch für verschiedene Erwerbsarten in verschiedener Höhe festsetzen.

γ) Der Wert, von dem ab Art. 86 landesgesetzliche Erwerbsbeschränkungen zuläßt, ist der **Bruttowert**, d. i. der Wert des Gegenstandes des Erwerbs **ohne Abzug der etwa auf demselben ruhenden Lasten**. Art. 86 spricht nicht von einem Erwerb, welcher der juristischen Person einen Vermögenszuwachs von mehr als 5000 Reichsmark zubringen würde — dadurch wäre nicht mißverständlich zum Ausdruck gebracht, daß der Nettowert gemeint ist —, sondern von dem Erwerb eines Gegenstandes im Werte von mehr als 5000 Reichsmark; sprachlich versteht man unter dem Wert eines Gegenstandes gemeinhin den Verkehrswert desselben an sich, nicht den Reinwert für den Inhaber des Gegenstandes; wo es auf diesen ankommt oder ankommen soll, pflegt es besonders betont zu werden (ebenso Planck Bem. 4, der auch den Zweck der Vorschrift nur dann für vollständig erreicht ansieht, wenn unter dem Wert der Bruttowert verstanden wird; RGZ. Bd. 76 S. 386 mit ausführlicher Begründung; and. Ans. KG. in KGJ. Bd. 40 A S. 26 = DNotV. 1912 S. 121, das für Erbschaften im ganzen den reinen, für Grundstücke den Bruttowert als maßgebend ansieht).

Beim Erwerb von Grundstücken sind also die darauf lastenden Hypotheken, Grundschulden usw., beim Erbschaftserwerb die Nachlaßverbindlichkeiten bei der Wertfeststellung **nicht** in Abzug zu bringen.

δ) Erwirbt eine juristische Person eine **Mehrheit von Gegenständen**, so ist der Wert derselben **zusammenzurechnen** und der Gesamtwert maßgebend, **wenn** der Erwerb sämtlicher Gegenstände **von der nämlichen Person** hergeleitet wird **und der Erwerbsgrund ein einheitlicher** ist. Dies ist nicht bloß dann der Fall, wenn eine juristische Person mehrere Gegenstände von der nämlichen Person auf Grund ein und desselben Rechtsgeschäfts (Kauf, Schenkung, letztwillige Verfügung) erwirbt, sondern auch, wenn jemand einer juristischen Person in mehreren zu verschiedenen Zeiten getroffenen letztwilligen Verfügungen mehrere Zuwendungen macht, weil der Erwerb hinsichtlich aller Zuwendungen einheitlich durch den Tod des Zuwendenden bedingt ist.

Anderseits kommt es nicht gerade darauf an, daß der Erwerb der mehreren Gegenstände gleichzeitig eintritt, sofern die Zuwendung nachweisbar auf einem einheitlichen Entschlusse des Zuwendenden beruht. Das ist bei unentgeltlichen Zuwendungen schon zur Vermeidung der Umgehung des Gesetzes durch zeitliche Trennung der Zuwendungen anzunehmen (Niedner Bem. 5).

Erwirbt dagegen eine juristische Person gleichzeitig mehrere Gegenstände von verschiedenen Eigentümern, so ist der Wert derselben selbst dann **nicht** zusammenzurechnen, wenn der Erwerbsgrund rechtlich der nämliche ist und der Anspruch auf die Übertragung tatsächlich einheitlich (z. B. in der nämlichen Urkunde) begründet wird.

ε) Übersteigt der Wert des Gegenstandes die Wertgrenze, ist der Gegenstand aber teilbar, so ist der Erwerb bis zur Wertgrenze auch dann wirksam, wenn die Genehmigung für den Erwerb versagt wird oder die sonstigen gesetzlichen Voraussetzungen für den Erwerb über die Wertgrenze nicht erfüllt sind, sofern der teilweise Erwerb dem Willen der Beteiligten, also namentlich bei einseitigen Rechtsgeschäften dem Willen des Zuwendenden entspricht. Dies gilt namentlich für Summenzuwendungen. Das Gegenteil kann auch die Landesgesetzgebung nicht bestimmen; denn sie kann nur den Erwerb über die Wertgrenze durch beschränkende Vorschriften hintanhalten.

Ist dagegen der Gegenstand nicht teilbar oder entspricht eine teilweise Zuwendung nicht dem Willen der Beteiligten, so unterliegt der ganze Erwerb der landesgesetzlich bestimmten Beschränkung, also gegebenenfalls der staatlichen Genehmigung.

2. Besondere Vorschriften enthält **Satz 2** des Art. 86 **für** nach landesgesetzlicher, auf Grund des Vorbehaltes von Satz 1 erlassener Vorschrift **genehmigungsbedürftigen Erwerb von Todes wegen.** Als Erwerb von Todes wegen gilt der Erwerb durch Erbfolge, durch Vermächtnis oder als Pflichtteil (vgl. § 1369 BGB.). Gesetzliches Erbrecht oder Pflichtteilsrecht kann einer juristischen Person nach landesgesetzlicher auf dem Vorbehalt der Art. 138 oder 139 EG. beruhender Vorschrift zustehen. Hauptsächlich kommt Erbeinsetzung und Zuwendung eines Vermächtnisses in Frage.

a) Wird die zum Erwerb von Todes wegen erforderliche Genehmigung nach dem Tode des Erblassers erteilt, so gilt sie als vor dem Eintritt des Erbfalles erteilt. Es wird also so angesehen, als ob der Erwerb sofort mit dem Tode des Erblassers eingetreten wäre; sowohl der Anfall einer Erbschaft (s. § 1922 BGB.) als eines Vermächtnisses wird auf den Zeitpunkt des Todes des Erblassers zurückbezogen, es kommen beim Vermächtnisanfall nicht die Vorschriften der §§ 2177—2179 BGB. zur Anwendung.

b) Wird die erforderliche Genehmigung nicht erteilt, so wird es in Ansehung des Anfalls so angesehen, als ob die juristische Person nicht vorhanden wäre. Sie wird nicht Erbe und der Anfall der Erbschaft an denjenigen, der beim Wegfall der juristischen Person Erbe wird, gilt als mit dem Eintritte des Erbfalls erfolgt (s. RG. in RJA. Bd. 7 S. 98 = OLG. Bd. 12 S. 354; auch Dennler BayNotZ. 1906 S. 226 ff.). Ein Vermächtnis, mit dem sie bedacht war, ist gemäß § 2160 BGB. unwirksam.

c) Bis festgestellt ist, ob die erforderliche Genehmigung erteilt oder versagt wird, ist ungewiß, ob die juristische Person Erbe wird. Ist sie neben anderen als Miterbe berufen, so ist — gemäß Art. 86 Satz 2 Teilsatz 3 in entsprechender Anwendung des § 2043 BGB. — die Auseinandersetzung in Ansehung des Nachlasses ausgeschlossen (s. Bem. 1 zu § 2043 in Bd. 5).

Die in der Schwebezeit bis zur Entscheidung über die Genehmigung herrschende Ungewißheit, ob die juristische Person Erbe wird, kann für das Nachlaßgericht Anlaß zu Sicherungsmaßregeln nach § 1960 BGB. geben.

III. Der **Vorbehalt des Art.** 86 und die auf diesem beruhenden Landesgesetze sind, **soweit religiöse Gesellschaften in Betracht kommen, durch die Reichsverfassung** vom 11. Aug. 1919 **nicht berührt.** Nach Art. 137 Abs. 2 Satz 1 RV. ordnet und verwaltet jede Religionsgesellschaft ihre Angelegenheiten selbständig innerhalb der Schranken des für alle geltenden Gesetzes. Damit ist den Religionsgesellschaften das Selbstbestimmungsrecht verliehen, das seine Schranken in den für jeden Staatsbürger geltenden Gesetzen findet; auch die Religionsgesellschaften sind den Gesetzen des Staates unterworfen. Mit der Unterwerfung unter die „für alle" (nämlich allgemein für jeden Staatsbürger) geltenden Gesetzen ist aber nicht zum Ausdruck gebracht, daß für die Religionsgesellschaften künftig nur die auch für andere Staatsbürger geltenden Gesetze maßgebend sein sollen und daß besondere nur die Religionsgesellschaften oder wenigstens einen engeren auch die Religionsgesellschaften umschließenden Kreis betreffende Vorschriften der Gesetze unzulässig und ausgeschlossen seien und daß jede Art von Staatsaufsicht über die Religionsgesellschaften ausgeschlossen sei (s. Anschütz, RV. Bem. 4 zu Art. 137 und das dort angeführte Schrifttum). Es bleiben also die Erwerbsbeschränkungen, die auf Grund reichsrechtlicher Ermächtigung durch Landesgesetz verfügt sind, wirksam und zwar ohne Rücksicht darauf, ob sie sich allgemein gegen juristische Personen oder etwa nur gegen religiöse Gesellschaften richten.

Der Vorbehalt des Art. 86 erleidet auch, soweit er den Grundstückserwerb betrifft, keine Einschränkung durch Art. 111 RV. vom 11. Aug. 1919. Abgesehen von der Frage, ob Art. 111 auf juristische Personen zu beziehen ist, wird dort das Recht,

Grundstücke zu erwerben, nur vorbehaltlich reichsgesetzlicher Einschränkungen gewährleistet. Landesgesetzliche Einschränkungen sind durch die reichsgesetzliche Ermächtigung des Art. 86 EG. gedeckt; das Reich kann seine Befugnis zu einschränkenden Vorschriften auf die Länder übertragen.

IV. Landesgesetze.

Der Vorbehalt des Art. 86 hatte hauptsächlich auf die gegen den Vermögenserwerb der kirchlichen Gesellschaften und der frommen Stiftungen gerichteten Amortisationsgesetze Bezug, die u. a. in Preußen, Bayern, Württemberg, Baden, Hessen, Sachsen-Weimar, Sachsen-Meiningen, Sachsen-Altenburg, Sachsen-Coburg-Gotha und in Elsaß-Lothringen galten; s. Kahl, Die deutschen Amortisationsgesetze. Die einzelnen Amortisationsgesetze waren von sehr verschiedenem Inhalt; teils gaben sie nur den Erwerb beweglicher, teils nur den Erwerb unbeweglicher Sachen frei; der Erwerb beweglicher Sachen wurde teils ohne Rücksicht auf den Wert, teils mit ganz abweichenden Wertabstufungen beschränkt; die Beschränkungen des Erwerbs unbeweglicher Sachen betrafen teils nur den lukrativen, teils nur den onerosen Erwerb, teils beiderlei Erwerbsarten, wieder teils ohne Rücksicht auf den Wert, teils hinsichtlich Grundstücke von erheblicherem Wert.

Die Ausführungsgesetze zum BGB. haben in den einzelnen Ländern eine Neuregelung der Erwerbsbeschränkungen gebracht, auch soweit nicht die in Art. 86 EG. gezogene Schranke (s. oben II, 1, d) dazu zwang.

Preußen: Durch Art. 89 Nr. 13 und 26 AG.BGB. ist das G. über die Erwerbung von Grundeigentum für Kongregationen und andere juristische Personen des Auslandes vom 4. Mai 1846 (GS. S. 235) und das G. betr. die Genehmigung zu Schenkungen und letztwilligen Zuwendungen, sowie zur Übertragung von unbeweglichen Gegenständen an Kongregationen und andere juristische Personen vom 23. Febr. 1870 (GS. S. 118) aufgehoben. § 50 Nr. 1 des G. vom 20. Juni 1875 über die Vermögensverwaltung in den katholischen Kirchengemeinden ist beseitigt (KG. in OLG. Bd. 5 S. 252, KGJ. Bd. 26 A S. 257). Die Erwerbsbeschränkungen für juristische Personen sind nun in Art. 6, 7 AG.BGB. (Becher XIV, 1 S. 4 f.) geregelt und zwar in Art. 6 hinsichtlich Schenkungen und Zuwendungen von Todes wegen (s. auch ALR. Tl. II Tit. 11 §§ 24, 198, 1185—1196, 1198), in Art. 7 hinsichtlich des Erwerbes von Grundstücken und zwar besonders für juristische Personen, die in Preußen ihren Sitz haben (§ 1) und solche, die in einem anderen deutschen Lande oder im Auslande Sitz haben (§ 2); s. hiezu KG. in ZBlFG. Bd. 2 S. 204 und wegen der Genehmigungspflicht zum Grundstückserwerb durch ein anderes deutsches Land KG. in JMBl. 1925 S. 32. Die Wertgrenze von 5000 Mark in Art. 6 und 7 ist aus Anlaß der Geldentwertung wiederholt geändert (G. vom 28. März 1922, GS. S. 77, und G. vom 31. Mai 1923, GS. S. 271) und zuletzt durch G. vom 8. April 1924 über die Erhöhung von landesrechtlich festgelegten Geldbeträgen (GS. S. 201) auf 3000 Goldmark festgesetzt worden. Diese Bestimmung einer stabilen Wertgrenze durch Landesgesetz ist gegenüber der nun reichsgesetzlich auf 5000 Reichsmark festgesetzten Wertgrenze unwirksam, solange 3000 Goldmark dem Werte nach weniger als 5000 Reichsmark sind (s. **-Note auf S. 216 und oben Bem. II, 1, d, α).

Wegen der Zuständigkeit zur Genehmigung des Grundstückserwerbes durch außerpreußische juristische Personen s. Art. 6 AV.BGB. vom 16. Nov. 1899 in der Fassung der VO. vom 25. März 1920 (GS. S. 85) und Vf. vom 28. Jan. 1925 (JMBl. S. 52). S. wegen Zuwendungen an juristische Personen auch Vf. vom 1. Mai 1918 (JMBl. S. 193), Erl. vom 19. Okt. 1922 (MBl. i. VS. 1038).

Über Unzulässigkeit der Eintragung juristischer Personen als Grundstückseigentümer in das Grundbuch, solange nicht die nach Art. 7 AG.BGB. erforderliche Genehmigung zum Grundstückserwerb erteilt ist, s. AV. des JM. vom 2. März 1926 (JMBl. S. 75).

Streitig ist, ob die Kirchengemeinden zur Annahme von Schenkungen, zum Erwerb von Todes wegen und zum Erwerb von Grundstücken noch gemäß Art. 6, 7 AG.BGB. der Genehmigung der Staatsaufsichtsbehörde bedürfen; für Bejahung der Frage Schlüter JW. 1926 S. 954 und 2309, für Verneinung v. Bonin PrVerwBl. 1924 S. 337, Custodis RheinNotZ. 1925 S. 83, Giese JW. 1926 S. 1479 in Übereinstimmung mit LG. Brieg ebenda. Dem StaatsG. betr. die Kirchenverfassung der evangelischen Landeskirche vom 8. April 1924 (GS. S. 221 — und für die katholische Kirche dem G. über die Verwaltung der kath. Kirche vom 24. Juli 1924, GS. S. 585) ist unmittelbar nichts für die Verneinung der Frage zu entnehmen. Die Genehmigungspflicht zum Grunderwerb über die gesetzliche Wertgrenze wird bejaht im Erlaß des PrMinWissKuVolksb. vom 8. Okt. 1925 (JMBl. 1925 S. 379) und vom KG.

JurRundsch. 1926 Nr. 943 und Nr. 2137, OLG. Bd. 45 S. 194 = DNotV. 1926 S. 197; DJZ. 1927 Sp. 322 und von Schlüter JW. 1926 S. 954. Über Genehmigungspflicht des Erwerbs eines in Preußen gelegenen Grundstücks seitens eines anderen deutschen Landes nach Art. 7 Abs. 2 AG.BGB. s. Gutachten des KG. vom 23. Dez. 1924 (JMBl. 1925 S. 32).

Für Schleswig-Holstein und Lauenburg s. Kähler, Schlesw.-holst. Landesrecht, 2. Aufl. § 7, III S. 67.

In **Bayern** sind die älteren Vorschriften aus der Zeit vor 1818 durch Art. 1 AG.BGB. außer Kraft gesetzt und die Erwerbsbeschränkungen der juristischen Personen in Art. 7—10 AG.BGB. (Becher III, 7 S. 29 f.) neu geregelt; Schenkungen und Zuwendungen an geistliche Gesellschaften bedurften hienach zu ihrer Wirksamkeit der Genehmigung, wenn sie Gegenstände im Werte von mehr als 10000 Mark betrafen, und der Erwerb von unbeweglichem Vermögen war bei Übersteigung der nämlichen Wertgrenze überhaupt und ohne Rücksicht auf die Erwerbsart genehmigungspflichtig; der Erwerb durch ausländische (nicht deutsche) juristische Personen, welche religiöse oder wohltätige oder Zwecke des Unterrichts oder der Erziehung verfolgen, ist in Art. 10 AG.BGB. noch weiter beschränkt. Die Art. 7—10 AG.BGB. waren mit Bek. vom 30. Jan. 1922 (GVBl. S. 153) seit dem 1. April 1922 auch in den vormals coburgischen Landesteilen eingeführt. (S. zum bisherigen Rechtszustand Oertmann, Bayer. Landesprivatrecht § 22.) Nunmehr unterliegen Orden und religiöse Kongregationen nach Art. 2 Abs. 2 Satz 3 des Konkordats zwischen Papst Pius XI. und dem Staate Bayern vom 29. März 1924 in bezug auf den Erwerb keiner besonderen staatlichen Beschränkung. Das Konkordat ist durch G. vom 15. Jan. 1925 (GVBl. S. 53, wo auch das Konkordat abgedruckt ist) genehmigt und hat dadurch die Kraft eines neueren Gesetzes erlangt, wodurch die älteren Vorschriften des AG.BGB., soweit sie entgegenstehen, beseitigt wurden; in Art. 15 § 2 des Konkordats ist das besonders ausgesprochen. Die Vorschriften der Art. 7 und 8 AG.BGB. sind deshalb, da sich der Begriff „geistliche Gesellschaften" mit dem der „Orden und religiösen Kongregationen" decken wird, vollständig, die des Art. 10 hinsichtlich der Orden und religiösen Kongregationen gegenstandslos geworden. Die Wertgrenze in Art. 10 beträgt jetzt 5000 RMk. (VO. vom 25. Nov. 1925, GVBl. S. 265).

In **Sachsen** sind Vorschriften auf Grund des Vorbehalts des Art. 86 nicht erlassen; s. Kloß-Müller, Sächs. Landesprivatr. 3. Aufl. S. 26.

In **Württemberg** sind die Erwerbsbeschränkungen der toten Hand in Art. 140 AG.BGB. geregelt (Becher XXVI, 1 S. 28); s. hiezu Mayer, AG.BGB. Tl. II S. 140; auch Schmid WürttZ. 1924 S. 252 und WürttNotV. 1925 S. 136.

Für **Baden** s. § 1 des G. vom 5. Mai 1870, die Rechtsverhältnisse und die Verwaltung der Stiftungen betr., in der Fassung des Art. 8 AG.BGB. vom 17. Juni 1899 (Becher II, 9 S. 20); § 13 der allgem. AusführungsVO. vom 11. Nov. 1899 (Becher II, 13 S. 68).

Für **Thüringen** sind die Erwerbsbeschränkungen für in- und ausländische Personen nunmehr in den §§ 16, 18 AV.BGB. vom 16. Mai 1923 (GS. S. 288) einheitlich geregelt, die Vorschriften der Ausführungsgesetze der einzelnen thüringischen Länder sind durch § 155 Abs. 1 AV.BGB. aufgehoben.

Hessen: Art. 12—14 AG.BGB. (Becher VIII, 3 S. 31) in der Fassung des G. vom 28. Nov. 1923 (RegBl. S. 514); hiezu VO. vom 15. Dez. 1923, 25. März und 9. Aug. 1924 (RegBl. 1923 S. 513, 1924 S. 182 und 298; s. auch Wolf, Hess. Landesprivatrecht § 12).

Mecklenburg-Schwerin: §§ 26—30 AV.BGB. (Becher XI, 2 S. 6 f.); Mecklenburg-Strelitz §§ 26—29 AV.BGB. (Becher XII, 1 S. 5).

Anhalt: G. betr. die Genehmigung zu Zuwendungen an juristische Personen und die Beaufsichtigung von Stiftungen vom 29. April 1904 (Becher I, 16 S. 159 ff.).

Hamburg: G. vom 20. Febr. 1920 (Amtsbl. S. 269); juristische Personen mit Ausnahme solcher des hamb. öffentlichen Rechts bedürfen bei Grundstückswert über 5000 Mark der Genehmigung zum Erwerb (OLG. Hamburg OLG. Bd. 41 S. 144).

Lübeck: §§ 13—15 AG.BGB. (Becher X, 6 S. 42).

V. Über Steuerfreiheit von Zuwendungen an inländische Kirchen und gewisse inländische Stiftungen, Gesellschaften, Vereine und Anstalten s. § 18 Abs. 1 Nr. 18 und 19 des ErbschaftssteuerG. in der Fassung vom 23. Aug. 1925 (RGBl. I S. 320 ff.).

Art. 87.*)

Unberührt bleiben die landesgesetzlichen Vorschriften, welche die Wirksamkeit von Schenkungen an Mitglieder religiöser Orden oder ordensähnlicher Kongregationen von staatlicher Genehmigung abhängig machen.

Unberührt bleiben die landesgesetzlichen Vorschriften, nach welchen Mitglieder religiöser Orden oder ordensähnlicher Kongregationen nur mit staatlicher Genehmigung von Todes wegen erwerben können. Die Vorschriften des Artikel 86 Satz 2 finden entsprechende Anwendung.

Mitglieder solcher religiöser Orden oder ordensähnlicher Kongregationen, bei denen Gelübde auf Lebenszeit oder auf unbestimmte Zeit nicht abgelegt werden, unterliegen nicht den in den Abs. 1, 2 bezeichneten Vorschriften.

E. I, 48; II, 62; III, 87.

Erwerbsbeschränkungen der Religiosen:

1. Entstehung. Abs. 1 und Satz 1 von Abs. 2 entsprechen wörtlich dem Art. 48 des E. I. Satz 2 von Abs. 2 hat im Hinblick auf die spätere Fassung von Satz 2 des nunmehrigen Art. 86 (vgl. dort Anm. 4) eine veränderte Fassung erhalten, entspricht aber inhaltlich dem Satz 2 von Abs. 2 des Art. 48 des E. I.

Abs. 3 wurde erst in der Reichstagskommission hinzugefügt (Mot. z. EG. 168 ff., Reatz III, 55, P. VI, 381, RTK. 440 S. 33, 440, d S. 11, Mat. 87 a S. 46 ff.).

2. Zweck. Art. 87 verschafft der Landesgesetzgebung die Möglichkeit, auch die Erwerbsfähigkeit der sogenannten Religiosen einzuschränken. Die Erwerbsbeschränkungen für die tote Hand (Art. 86) könnten sonst durch Zuwendungen an die Mitglieder religiöser Orden und ordensähnlicher Kongregationen umgangen werden.

Während bisher Ordenspersonen gemeinrechtlich und nach verschiedenen Statuten in der Art besitz- und erwerbsunfähig waren, daß sie mit Ablegung des Klostergelübdes nur für das Kloster noch erwerben und weder unter Lebenden noch von Todes wegen verfügen konnten und daß sie auch dem Kloster nur eine bestimmte Summe (summa pragmatica) zuwenden konnten, hat das BGB. eine solche Beschränkung der Rechtsfähigkeit der Ordenspersonen nicht anerkannt, sondern dieselben grundsätzlich als voll rechtsfähig behandelt (M. I, 25). Die hierauf gerichteten Vorschriften der Landesgesetze sind deshalb zufolge des Art. 55 dieses G. mit dem 1. Jan. 1900 außer Kraft getreten, und die bisherigen Religiosen werden von diesem Zeitpunkte an in vollem Umfange rechtsfähig, soweit nicht der gegenwärtige Artikel noch landesgesetzliche Einschränkungen zuläßt. S. auch Vorbem. I, B, 2 vor § 1, Bd. I S. 42 dieses Komm.

---

*) Schrifttum: Geiger, Die Stellung der Klöster und Ordenspersonen im BGB., ArchKathKR. Bd. 80 S. 493 ff.; v. Brünneck, Das Klostergelübde und seine vermögensrechtliche Bedeutung im Gebiet des preuß. Allg. LR., GruchotsBeitr. Bd. 45 S. 193 ff.; Giese, Das katholische Ordenswesen nach dem geltenden preußischen Staatskirchenrecht in HirthsAnn. 1908 S. 161 ff., 173 Note 1 S. 278 ff., 339 ff., Meurer, Das bayerische Amortisationsrecht und seine Reform, BlAdmPrax. Bd. 49 S. 1 ff., insbes. 23 ff. Vgl. auch Louis, Des effets de la „professio monastica" quant aux droits du patrimoine, Paris 1896 (A. Pedone); Nervegna, De jure practico regularium, Romae 1900 (typographia gentilis); Arndt, Die kirchlichen Rechtsbestimmungen für die Frauen-Kongregationen, Mainz 1901; v. Hobe-Gelting, Die Rechtsfähigkeit der Mitglieder religiöser Orden und ordensähnlicher Kongregationen nach kanonischem und deutschem Recht, Breslau 1903; Loening, Die Rechtsstellung der Orden und ordensähnlichen Kongregationen der Katholischen Kirche nach staatlichem Recht, Denkschrift im amtlichen Auftrage verfaßt, I. Teil (als Handschrift gedruckt, Halle a. S. 1903, Buchdruckerei des Waisenhauses); Arndt, Die kirchlichen und weltlichen Rechtsbestimmungen für Orden und Kongregationen (Seelsorger-Praxis, Sammlung praktischer Taschenbücher für den katholischen Klerus Nr. 12), Paderborn 1904 (Schöningh); Bastian, Kirchenrechtliches Handbuch für die religiösen Genossenschaften mit einfachen Gelübden. Nach den neuesten Erlassen des heiligen Stuhles. Unter Mitwirkung des Verf. aus dem Französischen übertragen von Elsner, Freiburg i. B. 1911; Jansen, Ordensrecht. Kurze Zusammenstellung der geltenden kirchenrechtlichen Bestimmungen für Orden und religiöse Kongregationen, Paderborn (Schöningh) 1911.

3. Früherer Rechtszustand. Über das vormalige Recht bemerken die Motive (S. 168 ff.):

a) Gemeinrechtlich galt noch der auf dem römischen und kanonischen Rechte (Nov. 5 cap. 5; C. 26 X de statu monach. 335; Conc. Trid. sess. XXV de regularibus cap. 2) beruhende Satz, daß Klosterpersonen vermögensunfähig sind. Das z. B. der Ablegung des feierlichen Gelübdes der Armut ihnen gehörende Vermögen ging auf das Kloster über; das später von ihnen Erworbene wurde unmittelbar dem Kloster erworben. Der Religiose konnte an sich beerbt werden. Eine vor Ablegung des Professes errichtete letztwillige Verfügung blieb in Kraft und wurde infolge der eintretenden Verfügungsunfähigkeit unwiderruflich. War der Orden seiner Verfassung nach vermögensunfähig, so wurde der Religiose mit Ablegung des Professes als tot angesehen und sofort beerbt. Andernfalls trat die Beerbung erst mit dem natürlichen Tode ein und stand Verwaltung und Genuß des von einer letztwilligen Verfügung erfaßten Vermögens dem Kloster zu. Über den Pflichtteil der Abkömmlinge eines Religiosen und eine von demselben gemachte Divisio inter liberos s. Nov. 123 cap. 38, deren Verhältnis zum kanonischen Rechte strittig ist.

b) Nach dem PLR. (Tl. II Tit. 11 §§ 1199—1209, Tl. II Tit. 2 § 270, vgl. aber Tl. II Tit. 11 §§ 1167, 1168) hatte die Ablegung des Klostergelübdes den bürgerlichen Tod zur Folge. Dieser eröffnete die gewöhnliche Erbfolge; dem Kloster können nur gewisse kleine Beträge (Tl. II Tit. 11 §§ 1182—1197) zugewendet werden. Der Religiose konnte nach Ablegung des Professes (anders als im gemeinen Rechte), da seine Erwerbsfähigkeit unterbunden war, dem Kloster fremde Erbschaften nicht zuführen.

c) In Bayern kamen bisher die Amortisationsgesetze in Betracht. Nach dem Amortisationsgesetze vom 13. Okt. 1764, dem Mainzer LR. XIV, 5 der Mainzer VO. vom 5. April 1737, dem vorderösterr. Patent vom 26. Aug. 1771 und dem vorderösterr. Hofdekrete vom 31. Aug. 1780 wurde der Religiose nach Ablegung des Professes von seinem Testaments- oder Intestaterben beerbt. Das Kloster konnte regelmäßig nur die pragmatische Summe (1500—2000 fl.) erhalten, und die Ordensperson war nur insoweit noch erbfähig, als es sich um die Gewinnung dieser Summe handelte. Gemäß der VO. vom 4. April 1807, welche in ganz Bayern mit Ausnahme der nach 1807 erworbenen Landesteile galt und auf das ehemalige Großherzogtum Würzburg ausgedehnt wurde, wurde ferner über das Vermögen eines bayer. Staatsangehörigen, der in ein außerbayrisches Kloster eintrat, mit Ablegung des Professes die Erbfolge eröffnet. Dem Kloster konnte nur der Zinsengenuß der Aussteuer, welche 2000 fl. nicht überschreiten durfte, zugewendet werden. Die Erbfähigkeit der Religiosen hörte auf.

d) Im übrigen vgl. Kahl, Amortisationsgesetze; auch Roth, DPR. Bd. I S. 401, Roth, BZR. 2. Aufl. § 33 Ziff. 4 S. 222 ff., Schulte, Kirchenrecht 4. Aufl. § 200 Ziff. VI S. 446, Geiger, Die Neugestaltung der bayr. Amortisationsvorschriften durch das BGB., ArchKathKR. Bd. 80 S. 259 ff.

4. Inhalt. Art. 87 läßt nach Abs. 3 Beschränkungen nur zu hinsichtlich des Erwerbes von Mitgliedern solcher religiöser Orden und ordensähnlichen Kongregationen, bei denen Gelübde auf Lebenszeit oder auf unbestimmte Zeit abgelegt werden. Welche Orden und Kongregationen hieher gehören und unter welchen Voraussetzungen jemand als Mitglied derselben zu betrachten ist, bestimmt sich nach Kirchenrecht (s. Sägmüller, Kirchenrecht, 2. Aufl. § 188).

Der Vorbehalt des Art. 87 weicht von dem des Art. 86 in mehrfachen Beziehungen ab; in einzelnen Beziehungen gleicht er sich ihm an.

a) Nur der unentgeltliche Erwerb kann eingeschränkt werden, nämlich

α) der Erwerb durch Schenkung; hieher gehört sowohl die Übereignung durch Schenkung (§ 516) als das Schenkungsversprechen (§ 518 BGB.);

β) der Erwerb von Todes wegen; in Betracht kommt hier auch der Erwerb als gesetzlicher Erbe (§§ 1924 ff. BGB.), ferner der Erwerb auf Grund Verfügung von Todes wegen (Testament, letztwillige Verfügung, § 1937 BGB.), als Vermächtnisnehmer (§ 1939 BGB.) und als Pflichtteilsberechtigter (§§ 2303 ff. BGB.).

b) Die Beschränkung kann nur darin bestehen, daß die Wirksamkeit des Erwerbes von staatlicher Genehmigung abhängig gemacht wird. Andere Beschränkungen, insbesondere ein völliges Verbot unentgeltlichen Erwerbes, sind ausgeschlossen; Vorschriften, welche den Erwerb von Religiosen schlechthin beschränkten oder verboten, sind außer Kraft getreten.

c) Von einem bestimmten Gegenstandswerte ist die Zulässigkeit landesgesetzlicher Erwerbsbeschränkungen nicht abhängig gemacht. Der Gegenstandswert wird hier erst bei der Entscheidung über die Genehmigung eine Rolle spielen.

d) Ein Unterschied in Ansehung des Gegenstandes ist nicht gemacht. Der Vorbehalt bezieht sich namentlich sowohl auf bewegliche als auf unbewegliche Sachen.

e) Die Verweigerung der Genehmigung hat die Unwirksamkeit der Zuwendung zur Folge. Über die Pflicht des Grundbuchbeamten oder des sonst zur Aufnahme der Auflassungserklärung zuständigen Beamten, sich über die Erteilung der Genehmigung zu vergewissern, s. Turnau-Förster, 3. Aufl. Bd. 1 S. 467.

f) Für den Erwerb von Todes wegen insbesondere gelten die Vorschriften des Art. 86 Satz 2 über die Wirkung der Erteilung und der Verweigerung der Genehmigung und den Ausschluß der Auseinandersetzung in Ansehung des Nachlasses bis zur Entscheidung über die Genehmigung; s. Bem. II, 2 zu Art. 86.

5. Auch der Vorbehalt des Art. 87 ist durch die Reichsverfassung vom 11. Aug. 1919 nicht berührt; die Vorschriften in Art. 109 Abs. 1, 111 Satz 2, 136 Abs. 1 und 2, 138 Abs. 2, 152 Abs. 1, 154 Abs. 1 RV. geben keinen Anlaß zu Zweifeln hieran; Art. 154 Abs. 1 gewährleistet das Erbrecht „nach Maßgabe des bürgerlichen Rechtes", also der jeweils bestehenden und von der RV. angetroffenen Vorschriften, ebenso wie gemäß Art. 152 Abs. 1 Vertragsfreiheit „nach Maßgabe der Gesetze", also mit den sich aus bestehenden Gesetzen ergebenden Ausnahmen, gilt. S. auch Bem. III zu Art. 86.

6. **Landesgesetze:** Von dem Vorbehalte des Art. 87 ist nur in beschränktem Maße Gebrauch gemacht.

In Preußen sind die Vorschriften des ALR., welche die Klosterpersonen für vermögensunfähig erklärt hatten, durch Art. 89 AG.BGB. beseitigt. Das AG.BGB. beschränkt die Erwerbsfähigkeit der Ordensmitglieder nicht mehr. S. über die Erbunfähigkeit der Mönche und Nonnen nach preuß. ALR. RGZ. Bd. 41 S. 295 ff., 308 ff.

In Bayern sind alle älteren Vorschriften aus der Zeit vor 1818 durch Art. 1 AG.BGB. außer Kraft gesetzt, neue nicht erlassen, die Vorschriften der Art. 7—10 AG. BGB. betreffen nur die geistlichen Gesellschaften, nicht ihre Mitglieder (s. Oertmann, Bayer. Landesprivatr. § 12 Nr. 1, S. 43).

Sachsen hat von dem Vorbehalt keinen Gebrauch gemacht (Kloß-Müller, Sächs. Landesprivatr., 3. Aufl. S. 22), ebensowenig Württemberg (Meyer, Württ. AG. BGB. Tl. II S. 75) und Baden.

Dagegen enthält für Thüringen der § 17 AV.BGB. vom 16. Mai 1923 (GS. S. 288) eine dem Art. 87 EG. entsprechende Vorschrift. Die Vorschriften der Ausführungsgesetze einzelner Länder (Art. 14 AG.BGB. für Sachsen-Altenburg, Art. 29 AG.BGB. für Schwarzburg-Rudolstadt, Art. 14, 59 AG.BGB. für Schwarzburg-Sondershausen und § 14 AG.BGB. für Reuß j. L.) sind durch § 155 Abs. 1 der AV.BGB. für Thüringen aufgehoben.

Endlich hat noch Lübeck in den §§ 14, 15 AG.BGB. (Becher X, 6 S. 42) von dem Vorbehalt Gebrauch gemacht.

Art. 88.

Unberührt bleiben die landesgesetzlichen Vorschriften, welche den Erwerb von Grundstücken durch Ausländer von staatlicher Genehmigung abhängig machen.

E. III, 88.

Erwerbsbeschränkungen der Ausländer.

1. Entstehung. Dieser Artikel wurde erst vom Bundesrat aufgestellt (Reatz III, 56).

2. **Inhalt.** Ausländer sind nach den Grundsätzen des internationalen Privatrechts in Deutschland an und für sich in privatrechtlicher Hinsicht in der Rechtsfähigkeit nicht beschränkt, also auch fähig, Grundstücke zu erwerben. Art. 88 ermächtigt jedoch

die Landesgesetzgebung, den Erwerb von **Grundstücken** durch Ausländer von staatlicher Genehmigung abhängig zu machen.

a) Unter Ausländern sind, wie in Art. 7ff. EG., nur Nichtdeutsche zu verstehen, also Personen, die weder die Staatsangehörigkeit in einem deutschen Lande noch die unmittelbare Reichsangehörigkeit besitzen (vgl. §§ 1, 3ff., 33 des StAG. vom 22. Juli 1913, RGBl. S. 583, in der Fassung vom 5. Nov. 1923, RGBl. I S. 1077). Der Vorbehalt bezieht sich auf natürliche und juristische Personen, kommt aber wesentlich für letztere in Ergänzung des Vorbehalts des Art. 86 in Betracht; wegen der Beschränkung des Grundstückserwerbs für ausländische Vereine s. namentlich Wiedemann (*Note zu Art. 86) S. 470.

Auf offene Handelsgesellschaften kann der Vorbehalt nicht bezogen werden, auch wenn ein Gesellschafter Ausländer ist (OLG. Hamburg HansGZ. 1901 Beibl. S. 243).

b) Über den Begriff „Grundstück" s. Vorbem. I, 1 vor § 873 in Bd. III dieses Komm. S. 85. Der Vorbehalt erstreckt sich gemäß § 11 Abs. 1 Satz 1 der ErbbauVO. vom 15. Jan. 1919 (RGBl. S. 72) auch auf Erbbaurechte (ebenso OLG. Hamburg JW. 1927 S. 2323 und Hagelberg, Note 5 das.).

c) Nur der Erwerb, nicht auch das auf den Erwerb abzielende schuldrechtliche Rechtsgeschäft (and. Ans. mit Bezug auf Art. 7 § 2 preuß. AG.BGB. das RG. in GruchotsBeitr. Bd. 67 S. 338) kann von staatlicher Genehmigung abhängig gemacht werden. Es ist also der Zeitpunkt der Auflassung maßgebend (RGZ. Bd. 105 S. 173). Der Vorbehalt trifft den entgeltlichen wie den unentgeltlichen Erwerb, auch den Erwerb durch Zuschlag im Zwangsversteigerungsverfahren (PrOVG. Bd. 68 S. 190). Wird die Genehmigung zum Erwerb verweigert, so ist die Erfüllung des schuldrechtlichen Geschäfts unmöglich; wegen der Folgen dieser Unmöglichkeit s. §§ 275, 323ff. BGB.

d) Zulässig ist es nur, den Erwerb von Grundstücken von staatlicher Genehmigung abhängig zu machen; andere Beschränkungen oder ein vollständiges Verbot des Grundstückserwerbs durch Ausländer sind ausgeschlossen.

3. Staatsverträge der Länder mit auswärtigen Staaten über den Grundstückserwerb von Angehörigen des betreffenden Auslandsstaats in dem vertragschließenden deutschen Lande müssen nach Art. 78 Abs. 2 RV. für zulässig erachtet werden, bedürfen aber der Zustimmung des Reichs.

4. Landesgesetze, welche auf Grund des Art. 88 den Grundstückserwerb von Ausländern von staatlicher Genehmigung abhängig machen, haben keine Wirksamkeit, soweit **Staatsverträge des Reichs** den Angehörigen bestimmter ausländischer Staaten den Grundstückserwerb im Inlande erlauben. Denn Reichsrecht, wozu auch die Staatsverträge des Reichs gehören, bricht Landesrecht (Art. 13 Abs. 1 RV.).

In Betracht kommen insbesondere folgende Verträge des Reichs: mit Belgien vom 6. Dez. 1891 (RGBl. 1892 S. 92, 241), nun vorläufiges Handelsabkommen mit der belgisch-luxemburgischen Wirtschaftsunion vom 4. April 1925 (RGBl. 1925 II S. 883, 947) Art. 1; mit Bolivien vom 22. Juli 1908 Art. 2 in der Fassung der Vereinbarung vom 30. Juni 1927 über die Wiederinkraftsetzung des Freundschafts- und Handelsvertrags vom 22. Juli 1908 (RGBl. 1927 II S. 455, 881, s. auch RGBl. 1910 S. 507ff.); mit Bulgarien vom 1. Aug. 1905 Art. 2 (RGBl. 1906 S. 1), verlängert laut Notenwechsel vom 29. Sept. 1912 (RGBl. 1912 S. 488); mit Estland vom 27. Juni 1923 (RGBl. 1924 II S. 160) Art. 1 Nr. 3; mit Finnland, vorläufiges Handelsabkommen vom 26. Juni 1926 (RGBl. 1926 S. 557, 638, 722) Art. 1 Abs. 3; mit Frankreich, vorläufiges Handelsabkommen vom 5. Aug. 1926 (RGBl. 1926 II S. 435, 629) Art. 8, verlängert am 16. Febr. 1927 (RGBl. II S. 27), s. auch Zusatzabkommen vom 31. März 1927 (RGBl. II S. 106) Art. 6; mit Griechenland vom 9. Juli 1884 (RGBl. 1885 S. 23), nun Handels- und Schifffahrtsvertrag vom 24. März 1928 (RGBl. II S. 240ff.) Art. 4; mit Großbritannien und Irland vom 13. Dez. 1909 (RGBl. 1909 S. 979), nun Handels- und Schiffahrtsvertrag vom 2. Dez. 1924 (RGBl. 1925 II S. 777, 947) Art. 5; wegen Ausdehnung des Vertrages auf britische Besitzungen s. RGBl. 1926 II S. 182, 211, 254, 619, 673; mit Japan zunächst vom 4. April 1896 (RGBl. 1896 S. 715), dann vom 24. Juni 1911 (RGBl. S. 477), nun Art. I Nr. 5 des Handels- und Schiffahrtsvertrags vom 20. Juli 1927 (RGBl. II S. 1088; mit Italien vom 6. Dez. 1891 (RGBl. 1892 S. 97), nun Handels- und Schiffahrtsvertrag vom 31. Okt. 1925 (RGBl. 1925 II S. 1021) Art. 3, ratifiziert 22. Dez. 1925 (RGBl. 1925 II S. 459);

mit Lettland vom 28. Juni 1926 (RGBl. 1926 II S. 631, 722) § 3; mit Litauen vom 1. Juni 1923 (RGBl. 1924 II S. 205) Art. 2; wegen Ratifikation s. RGBl. 1926 II S. 253; mit Mexiko vom 5. Dez. 1882 (RGBl. 1883 S. 247) Art. 15, nun gekündigt (RGBl. 1925 II S. 1138), s. aber RGBl. 1926 II S. 582, 1927 II S. 101; mit Portugal Handelsabkommen vom 20. März 1926 (RGBl. 1926 II S. 289) Art. 5; mit Rumänien vom 31. Okt. 1893 Art. 2 (RGBl. 1894 S. 1); mit Rußland vom 10. Febr./29. Jan. 1894 (RGBl. 1894 S. 153) Art. 2, nun Niederlassungsabkommen vom 12. Okt. 1925 (RGBl. 1926 II S. 6, 138) Art. 4; mit Schweden Handels- und Schiffahrtsvertrag vom 14. Mai 1926 (RGBl. 1926 II S. 383, 424) Art. 1 Abs. 4; mit der Schweiz vom 31. Mai 1890 (RGBl. 1890 S. 131) Art. 1, jetzt auch Vertrag vom 31. Okt. 1910 (RGBl. 1911 S. 892); mit Serbien vom 21./9. Aug. 1892 (RGBl. 1893 S. 269) Art. 2; jetzt Handels- und Schiffahrtsvertrag mit dem Königreich der Serben, Kroaten und Slovenen vom 6. Okt. 1927 (RGBl. 1927 II S. 1126 ff.) Art. 1 Abs. 4, ratifiziert am 17. Dez. 1927 (RGBl. 1927 II S. 1186); mit Spanien vom 12. Febr. 1899 (RGBl. 1899 S. 335), jetzt Handelsabkommen vom 7. Mai 1926 (RGBl. 1926 II S. 296, 326) Art. 9 Abs. 4; mit der Türkei vom 26. Aug. 1890 (RGBl. 1891 S. 117) Art. 1, Niederlassungsvertrag vom 11. Juli 1917 (RGBl. 1918 S. 300) Art. 2, nun Niederlassungsabkommen vom 12. Jan. 1927 (RGBl. II S. 76) Art. 3; mit den Vereinigten Staaten in Amerika vom 8. Dez. 1923 (RGBl. 1925 S. 795, 967) Art. I.

Wegen Wiederinkrafttreten von Verträgen, welche durch den Weltkrieg außer Kraft getreten waren, s. Art. 289 Abs. 1 des Versailler Friedensvertrages; s. auch Art. 291, 292 daselbst.

5. Landesgesetze:

Preußen: Art. 7 § 2 Abs. 2 AG.BGB. (Becher XIV, 1 S. 5) fordert die Genehmigung zum Grundstückserwerb für juristische Personen jeder Art; s. hiezu RG. in JurRundsch. 1926 Nr. 942.

Bayern: Art. 10 AG.BGB. (Becher III, 7 S. 30), in den vormals coburgischen Landesteilen eingeführt durch Bek. vom 30. Jan. 1922 (GVBl. S. 153), hat von dem Vorbehalt nur bezüglich solcher ausländischer juristischer Personen Gebrauch gemacht, die religiöse oder wohltätige Zwecke oder Zwecke des Unterrichts oder der Erziehung verfolgen. Soweit Orden und religiöse Kongregationen in Frage kommen, ist die Vorschrift des Art. 10 AG.BGB. durch Art. 2 Abs. 2 Satz 3 und Art. 15 § 2 des Konkordats vom 29. März 1924 gegenstandslos geworden; s. Bem. IV zu Art. 86 zu „Bayern".

In Sachsen ist von dem Vorbehalt nicht Gebrauch gemacht (Kloß-Müller, Sächs. Landesprivatr. 3. Aufl. S. 23), auch nicht in Württemberg.

In Baden hat Art. 39 Nr. 26 AG.BGB. vom 17. Juni 1899 (Becher II, 9 S. 34) das Gesetz über den Erwerb von Liegenschaften durch Ausländer vom 4. Juni 1864 aufgehoben.

In Hessen ist nach Art. 15 AG.BGB. (Becher VIII, 3 S. 31) der Grundstückserwerb durch Ausländer genehmigungspflichtig, soweit nicht Gegenseitigkeit verbürgt ist; s. Wolf, Hess. Landesprivatr. S. 22; s. auch RG. in JW. 1923 S. 751.

Für Mecklenburg s. Buchka, Landesprivatr. § 4, I S. 16; s. auch für Mecklenburg-Schwerin Bek. über den Verkehr mit landwirtschaftlichen Grundstücken vom 17. Jan. 1920 (RegBl. S. 57), für Mecklenburg-Strelitz Bek. gleichen Betreffs vom 29. Jan. 1920.

Hamburg: § 28 AG.BGB. (Becher VII, 1 S. 5); wegen der Geltung gegenüber Russen s. RGZ. Bd. 111 S. 40 gegen OLG. Hamburg LZ. 1924 Sp. 481.

Waldeck: Art. 6 § 2 Abs. 2 AG.BGB. (Becher XXV, 1 S. 5).

6. Für ausländische Versicherungsunternehmungen ist Art. 88 EG. nicht außer Kraft gesetzt; s. § 85 Abs. 2 und § 54 Abs. 2 des PrivVUntG. vom 12. Mai 1901 (RGBl. S. 139 ff.); s. Brockhausen DJZ. 1907 S. 763, Königs-Petersen, Komm. z. PrivVUntG. Bem. 2 zu § 54; and. Ans. Alexander Katz ZVersWiss. Bd. 3 S. 477 ff.; vgl. dagegen hinsichtlich des Art. 86 Bem. II, 1, a hiezu.

Art. 89.*)

Unberührt bleiben die landesgesetzlichen Vorschriften über die zum Schutze der Grundstücke und der Erzeugnisse von Grundstücken gestattete Pfändung von

*) Schrifttum: Gierke, D. Privatr. Bd. I Kap. 3 § 39 II S. 338 ff.; Stobbe, D. Privatr. Bd. I § 70 S. 661 ff.; Brunner, Deutsche Rechtsgeschichte II, 534 Anm. 22;

Sachen, mit Einschluß der Vorschriften über die Entrichtung von Pfandgeld oder Ersatzgeld.

E. I, 62; II, 63; III, 89.

Pfändung von Sachen zum Schutze von Grundstücken und deren Erzeugnissen.

1. Entstehung. Der Artikel entspricht mit geringen redaktionellen Änderungen dem Art. 62 des I. Entw. (M. I, 353, 354, Mot. z. EG. 187 ff., Reatz III, 56, P. VI, 431—433, 616 ff., Mat. S. 49).

2. Inhalt. Die §§ 229—231 BGB. regeln die Voraussetzungen, unter denen Selbsthilfe geübt werden darf. Darüber hinaus behält Art. 89 der Landesgesetzgebung vor:

A. über die **Privatpfändung von Sachen** zum Schutze der Grundstücke und der Erzeugnisse von Grundstücken und

B. über die hiermit zusammenhängende Entrichtung von **Pfandgeld** oder **Ersatzgeld** Vorschriften zu erlassen oder die hierüber bestehenden Vorschriften aufrecht zu erhalten. Der Vorbehalt bezweckt, den Beweis widerrechtlicher Einwirkung auf Grundstücke und Grundstückserzeugnisse und ihrer Beschädigung zu sichern und die Erlangung des Schadenersatzes zu sichern und zu erleichtern.

Zu A ist hervorzuheben:

a) Das Privatpfändungsrecht im Sinne dieses Artikels ist die dem Eigentümer oder Nutzungsberechtigten eines Grundstücks zustehende Befugnis, Personen oder Tiere, welche auf dem Grundstücke schadenstiftend betroffen werden, in der Weise zu pfänden, daß er, nötigenfalls unter Anwendung von Gewalt, den Personen Sachen abnimmt, Tiere aber in seinen Gewahrsam bringt (vgl. M. I, 353, Stobbe DPR. 2. Aufl. Bd. I § 70 S. 604 ff., Roth, Bayer. Zivilr. 2. Aufl. § 64 S. 376). In Norddeutschland wird dieses Recht der Privatpfändung auch als „Schütten", „Schüttung" bezeichnet. Insbesondere konnten die Markgenossen das Vieh der Ausmärker, die in ihrer Mark mit keiner Weidetrift berechtigt waren, schütten oder pfänden. An vielen Orten hatte man zu einstweiliger Unterbringung „geschütteten oder gepfändeten Viehes" sog. gemeine Schüttställe. Vgl. darüber u. a. v. Cramer, Wetzlar, Nebenständen, Tl. XLVI, I S. 1 ff., Klöntrup, Alphabetisches Handbuch der besonderen Rechte und Gewohnheiten, Osnabrück 1800.

b) Das Privatpfändungsrecht betrifft nicht jene Fälle, in welchen es sich um erlaubte Selbsthilfe im Sinne der §§ 229 ff. BGB. oder um Schutz des Besitzes gegen verbotene Eigenmacht im Sinne der §§ 859 ff. BGB. handelt. In diesen Beziehungen sind die landesgesetzlichen Bestimmungen durch das BGB. ersetzt. Der Vorbehalt ermöglicht vielmehr die Gewährung eines weiteren und weitergehenden Rechts.

c) Die Landesgesetzgebung ist nicht befugt, die Festnahme einer Person zuzulassen; die Festnahme darf vielmehr nur nach strafprozessualen Grundsätzen (§§ 127 ff. StPO.) oder nur dann erfolgen, wenn die Voraussetzungen der §§ 229, 230 Abs. 3 BGB. vorliegen (Mot. zu EG. 189).

d) Die Zulassung der Privatpfändung ist nicht auf Feld- oder Waldgrundstücke (Mot. zu EG. 189), zu deren Schutze sie allerdings hauptsächlich in Betracht kommt, auch nicht auf die Pfändung von auf das Grundstück übergetretenen fremden Tieren beschränkt, welche ohne Anhalten einer Person sich vollzieht (a. a. O.). Die Privatpfändung ist vielmehr bei allen Grundstücken zulässig. Ein in der II. Komm. gestellter Antrag, die Pfändung in letzterer Beziehung zu beschränken, wurde abgelehnt (P. VI, 431 ff.).

e) Die Ausübung des Pfändungsrechts setzt mindestens objektiv rechtswidrige Einwirkung auf Grundstücke oder Grundstückserzeugnisse voraus. Es

---

Förster-Eccius, Preuß. Privatrecht (7. Aufl.) I S. 240 ff.; Bayer, Das Recht eigenmächtiger Pfändung, Diss. Berlin 1889; Heusler, Institutionen des D. Privatr. Bd. 2 § 117 S. 205 f.; Nägeli, Germanisches Selbstpfändungsrecht 1876; Samuelsohn, Wirkungen der Privatpfändung nach deutschem Recht 1878; Wilda, Pfändungsrecht in Ztschr. f. deutsches Recht I, 315 ff.; v. Meibom, Das deutsche Pfandrecht 1867 S. 241. Vgl. auch noch Harprecht, Das Recht der Fuhrleute, mit einem Anhang von dem Pfändungsrecht, Celle 1706; v. Wyß, Schuldbetreibung nach schweizerischem Recht, Ztschr. f. schweizerisches Recht Bd. 7 S. 3 ff.; Val de Lièvre, Launegild und Wadia, 1877; Stryck, De jure pignorandi, Dissertationes III.

ist Abstand davon genommen, die Zulässigkeit der gegen Personen gerichteten Pfändung schlechthin davon abhängig zu machen, daß der zu Pfändende eine strafbare Handlung begangen oder dem Grundstücke Schaden zugefügt hat.

f) Die Landesgesetzgebung kann nähere Bestimmungen treffen, wer zur Ausübung des Pfändungsrechts berechtigt ist (z. B. auch der Pächter, der dinglich Nutzungsberechtigte), auf welche Sachen dasselbe etwa beschränkt sein soll, und schließlich, welches Recht (Pfandrecht oder Zurückbehaltungsrecht) der Pfändende an den Sachen erlangt (Mot. zu EG. 189).

g) Ein in der II. Komm. gestellter Antrag, die Anwendbarkeit des nunmehrigen § 231 BGB. anzuordnen, wenn das Pfändungsrecht in der irrigen Annahme ausgeübt wird, daß die Voraussetzungen der Ausübung vorliegen, wurde abgelehnt. Demnach kommen die allgemeinen Vorschriften über unerlaubte Handlungen (§§ 823 ff.) zur Anwendung, sofern nicht die Landesgesetzgebung eine dem § 231 BGB. entsprechende Vorschrift erläßt.

h) Nach den Motiven (S. 188) bestanden vor 1900 einschlägige Vorschriften in Preußen (PLR. Tl. I Tit. 14 §§ 413—465, FeldPolO. vom 1. Nov. 1847 §§ 4 ff., G. vom 3. April 1856, Feld- und ForstPolG. vom 1. April 1880 §§ 77 ff.), Bayern (BLR. Tl. II cap. 6 § 24 Nr. 7 und PLR. wie vorhin, ferner in der Pfalz, abgesehen von Art. 12, 52, 55, 56, 126 Abs. 8 des pfälz. ForststrafG.), das Dekret vom 28. Sept. bzw. 6. Okt. 1791, concernant les biens et usages ruraux et la police rurale Tit. II Art. 12), Sachsen (GB. §§ 488—494), Württemberg, Elsaß-Lothringen (FeldPolStG. vom 9. Juli 1888 §§ 42 ff., ForstStG. vom 28. April 1880 §§ 58 ff.), Hessen (FeldStG. vom 21. Sept. 1841 §§ 18, 19), Mecklenburg-Schwerin und -Strelitz (VO., betr. die Bestrafung der Forstfrevel vom 31. Mai 1879 § 39, betr. die Bestrafung der Feldfrevel vom 2. Sept. 1879 §§ 21—38), Braunschweig (ForstStG. vom 1. April 1879 § 69 Abs. 1), Sachsen-Koburg-Gotha (Feld- und ForstPolG. vom 26. Mai 1880 §§ 77 ff.), sowie in verschiedenen anderen thüringischen Staaten, in welchen die kursächs. Konstitutionen von 1572 (const. 7, 8, 27 p. II) noch Geltung haben, desgleichen in Anhalt (FeldPolO. vom 19. Nov. 1849 §§ 36 ff.), Schaumburg-Lippe (Feld- und ForstPolG. vom 28. April 1880 §§ 69 ff.) und Waldeck (FeldPolO. vom 15. Mai 1855 §§ 3 ff.).

Zu B (**Pfandgeld und Ersatzgeld**) ist zu bemerken:

a) Nach den unter A, h aufgeführten Rechten begründet das Pfändungsrecht der Regel nach für den Berechtigten die Befugnis, an Stelle des Schadensersatzes und ohne daß der Nachweis des Schadens erforderlich ist, einen bestimmten Geldbetrag (Pfandgeld) zu fordern.

b) Einige Rechte haben dem Berechtigten sogar, ohne daß eine Pfändung erfolgt, den Anspruch auf das Pfandgeld zugebilligt und das letztere aus dem Rahmen des Pfändungsinstituts herausgehoben (preuß. FeldPolO. vom 1. Nov. 1847 § 8 Abs. 1; mecklenburg. VO. vom 31. Mai 1879 § 15; FeldPolO. für Anhalt vom 10. Nov. 1849 § 40 und für Waldeck vom 15. Mai 1855 § 7).

c) In anderen Gesetzen ist die Loslösung des Pfandgeldes vom Pfändungsinstitute dadurch zum Ausdruck gebracht worden, daß dasselbe den Namen „Ersatzgeld" erhalten hat (Feld- und ForstPolG. für Preußen vom 1. April 1880 §§ 69 ff.; für Coburg-Gotha vom 26. Mai 1880 §§ 69 ff.; für Schaumburg-Lippe vom 28. April 1880 §§ 62 ff.; ForstG. für Elsaß-Lothringen vom 28. April 1880 § 23). Das Pfand- bzw. Ersatzgeld steht auch in dieser Gestaltung mit dem Pfändungsinstitut in solchem Zusammenhange, daß es von jenem nicht getrennt werden kann (Mot. z. EG. 190).

Im älteren Rechte war auch da und dort Pfändung lediglich zur Sicherung des Beweises zugelassen.

3. Daß § 18 des Ges. über das **Postwesen** des Deutschen Reichs vom 28. Oktober 1871 (RGBl. S. 347), nach welchem gegen die ordentlichen Posten, Extraposten, Kuriere und Estafetten die Pfändung nicht erlaubt ist und eine solche auch nicht gegen Postillone geübt werden darf, welche mit ledigem Gespanne zurückkehren, vom gegenwärtigen Vorbehalte nicht berührt wird, folgt schon aus Art. 3 dieses Gesetzes.

4. Landesgesetze: Für Preußen ergibt sich aus Art. 89 Nr. 1, b AG.BGB., daß die Bestimmungen in §§ 413 ff., I. 14 ALR. aufgehoben sind (Mot. zum AG.

BGB. S. 40, 207); in Betracht kommen nur noch die §§ 63—84 des Feld- und ForstpolizeiG. vom 1. April 1880 (GS. S. 230), geändert durch G. vom 30. Juli 1883 § 51 (§ 76), G. vom 12. Jan. 1924 Art. I (GS. S. 37 — §§ 71, 72) und G. vom 12. März 1924 (GS. S. 127) Art. II, 6 (§ 68); nun in der Fassung vom 21. Jan. 1926 (GS. S. 83); s. auch Kähler, Schlesw.-holst. Landesrecht, 2. Aufl., § 16 S. 155.

In Bayern blieben zunächst nach Art. 1 AG.BGB. die älteren Vorschriften (s. Bem. 2, A, h) in Kraft. Am 1. April 1902 trat das G. vom 6. März 1902, das Ersatzgeld und das Pfändungsrecht usw. betr. (FeldschadenG., GVBl. S. 99) in Kraft, das in Art. 20 Abs. 2 alle bisherigen Vorschriften über das Privatpfändungsrecht beseitigte; Umrechnung in neuere Reichswährung s. VO. vom 25. Nov. 1925 (GVBl. S. 265) § 1, III; das Gesetz ist geändert durch Art. II G. vom 9. Febr. 1924 (GVBl. S. 27); in den vormals coburgischen Landesteilen ist es eingeführt durch Bek. vom 11. April 1921 (GVBl. S. 288). S. auch Art. 88 ForstG. in der Fassung vom 4. Juli 1896 (GVBl. S. 325) hinsichtlich des Ersatzes bei Übertritt von Vieh auf Waldgrundstücke, und Art. 87 FischereiG. vom 15. Aug. 1908 wegen des Pfändungsrechts bei Fischereifrevel.

In Sachsen sind an die Stelle der zunächst in Kraft gebliebenen Vorschriften der §§ 488—494 sächs. BGB. die §§ 35—46 des Forst- und Feldstrafgesetzes vom 26. Febr. 1909 (GVBl. S. 277) in der Fassung des G. vom 17. Juni 1924 (S. 395) getreten; s. auch § 74 das. (s. Kloß-Müller, sächs. Landesprivatrecht, 3. Aufl. § 55).

In Württemberg gilt noch das Pfändungsrecht des gemeinen deutschen Privatrechts; ein Pfand- oder Ersatzgeld gibt es dort nicht (Meyer, Württ. AG.BGB. Tl. II S. 76).

In Hessen sind die Vorschriften des gemeinen Rechts über die Privatpfändung zum Schutze von Grundstücken durch Art. 286, I Nr. 11, a aufgehoben; s. jetzt ForststrafG. vom 13. Aug. 1904 (RegBl. S. 267), FeldstrafG. vom 13. Aug. 1904 (RegBl. S. 282).

Hamburg, §§ 35—48 G. vom 12. Dez. 1898, betr. den Forst- und Feldfrevel.

Anhalt, Feldpolizeiordnung für die Herzogtümer Anhalt-Dessau und Anhalt-Köthen vom 10. Nov. 1849 §§ 36 ff., 66; AG.BGB. Art. 11 (Becher I, 3 S. 11).

Mecklenburg, VO. vom 31. Mai 1879, betr. die Bestrafung der Forstfrevel (RegBl. Nr. 38), VO. vom 2. Sept. 1879 (RegBl. Nr. 47); s. Buchka, Mecklenb. Landesprivatrecht § 18.

Art. 90.

Unberührt bleiben die landesgesetzlichen Vorschriften über die Rechtsverhältnisse, welche sich aus einer auf Grund des öffentlichen Rechtes wegen der Führung eines Amtes oder wegen eines Gewerbebetriebs erfolgten Sicherheitsleistung ergeben.

E. I, 53; II, 64; III, 90.

Sicherheitsleistung auf Grund des öffentlichen Rechts.

1. Entstehung. Der Art. 90 entspricht wörtlich dem Art. 53 E. I. (Mot. z. EG. 179, Reatz III, 56, P. VI, 408, 616, Mat. 87 S. 52.)

2. Inhalt.

A. Die Rechtsverhältnisse, welche sich aus einer **Sicherheitsleistung** ergeben, **die jemand nach den Vorschriften des öffentlichen Rechtes wegen der Führung eines Amtes oder wegen eines Gewerbebetriebes zu leisten hat,** hängen mit dem öffentlichen Rechte der einzelnen deutschen Länder zusammen. Die Gesetze und Verordnungen hierüber enthalten aber auch eine Reihe privatrechtlicher Vorschriften, so z. B. die, daß die Amtskaution für alle von dem kautionspflichtigen Beamten aus seiner Amtsführung zu vertretenden Schäden und Mängel an Kapital und Zinsen nicht nur dem Staate, sondern auch dritten Personen zu haften hat. Auch enthielt z. B. das preuß. G. vom 25. März 1873 § 11 die Bestimmung, daß der Staat nicht verpflichtet ist, im Falle des Konkurses die verpfändeten Wertpapiere in die Konkursmasse einzuliefern (vgl. § 127 KO.).

Die Regelung solcher Rechtsverhältnisse wird wegen des engen Zusammenhangs derselben mit dem öffentlichen Rechte der einzelnen Länder der Landesgesetzgebung überlassen.

B. Der Vorbehalt dieses Artikels beschränkt sich auf Rechtsverhältnisse, welche sich ergeben aus einer Sicherheitsleistung, die auf Grund des öffentlichen Rechts und zwar entweder wegen der Führung eines Amtes oder wegen eines Gewerbebetriebs für oder von einem Beamten des Staats, einer Gemeinde oder einer sonstigen öffentlichen Körperschaft oder für oder von einem Gewerbetreibenden erfolgt.

C. Wirkungen. Obwohl die Pflicht zur Sicherheitsleistung auf Grund von Landesgesetzen dem öffentlichen Rechte angehört, sind doch die Wirkungen der Sicherheitsleistung nach den Vorschriften des bürgerlichen Rechts, also an sich nach den §§ 232—240 BGB. zu beurteilen. Der Art. 90 läßt besondere landesgesetzliche Vorschriften über diese privatrechtlichen Wirkungen unberührt, so z. B. Vorschriften über den Umfang der Haftung der geleisteten Sicherheit (Haftung der Sicherheit gegenüber dritten Personen für Schadensersatz).

D. Nicht hierher gehören deshalb Vorschriften, nach welchen bei der Verpfändung von Bezügen eines Beamten oder einer Militärperson an Diensteinkommen, Wartegeldern oder Pensionen zur Wirksamkeit der Verpfändung eine Benachrichtigung der auszahlenden Kasse durch Vorlegung einer öffentlichen Urkunde, oder nach welchen bei Bestellung von Amtskautionen durch Niederlegung von Wertpapieren die Erteilung eines Empfangsscheines über die Niederlegung zur Wirksamkeit der Verpfändung erforderlich ist (Mot. z. EG. 180), da in dieser Beziehung künftighin die §§ 1273, 1274, 1280, 411, 1206 BGB. gelten.

3. Landesgesetze: In Preußen ist die Kautionspflicht der Staatsbeamten (s. G. vom 25. März 1873, KabO. vom 24. Jan. 1844, betr. Ersatz der Defekte) durch das G. vom 7. März 1898 (GS. S. 19) aufgehoben; s. auch Verf. vom 19. Nov. 1910, welche auch die Kautionspflicht der Gerichtsvollzieher beseitigte, die nach dem Gesetz vom 7. März 1898 noch bestanden hatte.

Für Bayern ergibt sich die Aufhebung älterer Vorschriften aus der Zeit vor der Verfassungsurkunde von 1818 (s. das die Amtsbürgschaft der Hypothekenbewahrer in der Pfalz betreffende G. vom ventôse VII) aus Art. 1 AG.BGB. (vgl. 3. Prot. d. JA. d. K. d. Abg. vom 11. Nov. 1898 S. 29). Im übrigen ist die Pflicht von Staatsbeamten zur Sicherheitsleistung abgeschafft durch G. vom 11. Dez. 1898; s. auch VO. vom 12. Dez. 1898 (GVBl. S. 603, 604); s. auch Oertmann, Bayer. Landesprivatrecht § 52 S. 233.

In Sachsen besteht ebenfalls eine Pflicht der Staatsbeamten zur Sicherheitsleistung seit dem G. vom 8. Juni 1898 nicht mehr; s. Kloß-Müller, Sächs. Landesprivatrecht, 3. Aufl. § 49, VI, 1 S. 103.

Für Württemberg s. G. vom 28. März 1899 betr. die Aufhebung der Dienstkautionen der Staatsbeamten (RegBl. S. 273), MinVerf. vom 29. April 1899.

In Hessen ist die Sicherheitsleistung wegen der Führung eines Amtes oder wegen eines Gewerbebetriebes in Art. 23—31 AG.BGB. (Becher VIII, 3 S. 33 f.) geregelt; s. Wolf, Hess. Landesprivatrecht § 29.

4. Auch die Verpflichtung der Reichsbeamten zur Kautionsleistung nach Maßgabe des G. vom 2. Juni 1869 (BundesGBl. S. 161) ist durch § 1 des G. vom 20. Febr. 1898 (RGBl. S. 29) aufgehoben. Nur die über die Kautionspflicht der Reichsbankbeamten bestehenden Vorschriften ließ § 3 dieses Gesetzes unberührt.

Wegen der Pflicht der Auswanderungs-Unternehmer und Agenten zur Sicherheitsleistung s. RG. über das Auswanderungswesen vom 9. Juni 1897 §§ 5, 7, 14, 20, 21 in der Fassung der 4. DVO. zum MünzG. vom 18. Juni 1926 (RGBl. I S. 274) und Bek. des Bundesrats vom 14. März 1898 (RGBl. S. 39) §§ 26 ff.

Art. **91.**

Unberührt bleiben die landesgesetzlichen Vorschriften, nach welchen der Fiskus, eine Körperschaft, Stiftung oder Anstalt des öffentlichen Rechtes oder eine unter der Verwaltung einer öffentlichen Behörde stehende Stiftung berechtigt ist, zur Sicherung gewisser Forderungen die Eintragung einer Hypothek an Grundstücken des Schuldners zu verlangen, und nach welchen die Eintragung der Hypothek auf Ersuchen einer bestimmten Behörde zu erfolgen hat. Die

Hypothek kann nur als Sicherungshypothek eingetragen werden; sie entsteht mit der Eintragung.

E. I, 74; II, 65; III, 91.

Gesetzliche Hypothekentitel des Fiskus, öffentlich-rechtlicher Körperschaften, Stiftungen oder Anstalten.

1. Entstehung. Art. 91 entspricht im wesentlichen dem Art. 74 E. I. Dort waren nur die Rechtssubjekte etwas allgemeiner, nämlich nur mit „Fiskus oder eine andere juristische Person" bezeichnet und statt des letzten Satzes am Schlusse „sie entsteht mit der Eintragung" hieß der Schlußsatz: „Die Vorschriften des § 1130 Abs. 2 und des § 1131 BGB. finden entsprechende Anwendung." Die später gestrichenen §§ 1130 und 1131 des I. Entw. d. BGB. bezogen sich auf die Zwangshypothek und enthielten auch die Bestimmung, daß die Zwangshypothek mit der Eintragung in das Grundbuch begründet wird (Reatz III S. 56, P. VI, 437, 438, Mot. z. EG. 199, Mat. S. 53).

2. **Inhalt.** Art. 91 hat seine Veranlassung darin, daß nach dem Rechte verschiedener Bundesstaaten, z. B. nach dem bayr. HypG. vom 1. Juni 1822 (§ 12), dem Code civil (art. 2121) und dem sächsischen Gesetzbuche (§ 393) verschiedenen juristischen Personen für gewisse Forderungen an einzelne ihrer Beamten ein gesetzlicher Hypothektitel auf die Grundstücke der Beamten zustand, während das BGB. weder ein gesetzliches Pfandrecht an Grundstücken noch einen gesetzlichen Hypothekentitel kennt. Die sonstigen Hypothekentitel der Landesrechte sind, soweit sie nicht durch die Vorbehalte des EG. unberührt bleiben, beseitigt. Der Art. 91 will der Landesgesetzgebung ermöglichen, für diese weggefallenen Hypothekentitel in derselben Weise Ersatz zu schaffen, in welcher der gesetzliche Hypothekentitel bevormundeter Personen am Vermögen des Vormunds durch die Vorschrift des § 54 FGG. ersetzt wurde. Die in Art. 91 aufgeführten juristischen Personen sollen für ihre Forderungen eine Sicherungshypothek nach Maßgabe der §§ 1184, 1185, 1190 BGB. erwerben können. Der Landesgesetzgebung sind weder hinsichtlich der Bestimmung der Forderungen, für welche der Anspruch auf die Sicherungshypothek zugelassen werden will, noch hinsichtlich des Maßes der Sicherung Schranken gesetzt. Die Schranke, welche in letzterer Hinsicht der I. Entw. durch den Hinweis auf § 1131 BGB. ziehen wollte, ist, wie schon in Bem. 1 erwähnt, fallen gelassen worden. Auch kann die Landesgesetzgebung bestimmen, daß die Eintragung der Sicherungshypothek im Grundbuche gemäß § 39 GBO. lediglich auf Grund des Ersuchens einer Behörde, welche die Eintragungsbewilligung, den Antrag und die etwa sonst noch erforderlichen Erklärungen (nach Maßgabe der §§ 19, 13 und 29 GBO.) ersetzt, erfolgen soll. Das Ersuchen muß aber den §§ 1113 und 1190 BGB. und § 28 GBO. entsprechen. Daß der haftungspflichtige Beamte, wenn tunlich, vor der Eintragung der Hypothek gehört werden soll, braucht nicht (wie in FGG. § 54) vorgeschrieben zu werden. Die Hypothek entsteht (wie nach FGG. § 54 und ZPO. § 867) mit der Eintragung, ohne daß es der sonst nach § 873 BGB. erforderlichen Einigung der Beteiligten bedarf.

Ob statt der Eintragung einer Sicherungshypothek auch eine Vormerkung im Sinne der §§ 883 ff. BGB. verlangt werden kann, entscheidet sich nach der Fassung der landesgesetzlichen Vorschriften (s. Bem. II, 2, a, d zu § 1113 in Bd. III S. 995).

3. Über die Begriffe „Körperschaft, Stiftung, Anstalt des öffentlichen Rechtes" und „unter der Verwaltung einer öffentlichen Behörde stehende Stiftung" vgl. Bd. I Vorbem. IV, A zum 2. Titel, S. 157 ff., Vorbem. VII, 2 vor §§ 80—88, S. 308 f. und Bem. 2 zu § 89, ferner Bem. 2, b zu Art. 85. Wenn von dem Vorbehalte dieses Artikels Gebrauch gemacht wird, so wirkt die Vorschrift auch in Ansehung der nicht in dem betreffenden deutschen Lande gelegenen Grundstücke; dem nach Art. 91 gestellten Ersuchen um Eintragung hat das Grundbuchamt jedes deutschen Landes ohne weiteres zu entsprechen.

4. **Landesgesetze: Preußen** hat von dem Vorbehalt keinen Gebrauch gemacht; vgl. übrigens DefektenVO. vom 24. Jan. 1844 § 15, ferner Art. XI G. betr. die Einführung der Konkursordnung vom 8. Mai 1855, abgedruckt als Anlage zu § 11 des G. vom 6. März 1879 (GS. S. 109); die Geltung ist, da sich keine genaue Deckung mit dem Vorbehalt ergibt, mindestens zweifelhaft. Ebenso zweifelhaft die Geltung der loi du 5. Septembre 1807 und des G. vom 2. Juli 1833 betr. Eintragung der fiskalischen Vorrechte für Rheinland (s. Dronke, Rhein. Privatr. II S. 189, 190).

Für **Bayern** s. AG.BGB. Art. 89 (Recht der Gemeinden und Stiftungen auf Eintragung einer Sicherungshypothek gegenüber ihren Verwaltern), 123 (Anspruch der Staatskasse für ihre Ansprüche wegen fälliger Abgaben und Kosten des Verfahrens; s. hiezu Pachmayr und Schumann in BayZ. 1926 S. 273 und 319), 128 Abs. 2 (Becher III, 7 S. 52, 54), die seit 1. April 1922 auch in den vormals coburgischen Landesteilen gelten (Bek. vom 30. Jan. 1922, GVBl. S. 153). Alle älteren Vorschriften aus der Zeit vor der Verfassungsurkunde von 1818 (so z. B. für die Pfalz G. vom 5. Dez. 1807 relative aux droits de tresor public sur les biens des comptables) sind durch Nichtaufnahme des Art. 91 EG. in den Art. 1 AG.BGB. aufgehoben. Für die Übergangszeit s. ÜbergG. Art. 50—56, 61, 119—122. Vgl. Oertmann, Bayerisches Landeszivilrecht S. 234 (3), 530—532. Wegen der Gleichstellung von Kreisumlagen mit den Landessteuern hinsichtlich der Anwendbarkeit des Art. 123 AG.BGB. s. BayObLGZ. Bd. 23 A S. 78. Der Anspruch aus Art. 123 AG.BGB. auf Sicherungshypothek stand gemäß Art. 18 Abs. 1 des jetzt nicht mehr geltenden BesVerändAbgG. vom 14. Aug. 1910 auch den Gemeinden für örtliche Besitzveränderungsgebühren zu; BayObLGZ. Bd. 18 S. 2607. Eintragung einer bloßen Vormerkung zur Sicherung des Anspruchs auf Einräumung einer Sicherungshypothek auf Grund des Art. 123 AG.BGB. ist unzulässig (BayObLGZ. Bd. 21 A S. 274 f.). Vgl. auch Bem. II, 2, a, δ zu § 1113 in Bd. III S. 995/6.

In **Sachsen** ist durch § 53 AG.BGB. (Becher XVII, 2 S. 11) der § 393 des sächs. BGB. trotz des diese Vorschrift deckenden Vorbehalts des Art. 91 aufgehoben (s. Kloß-Müller, Sächs. Landesprivatrecht, 3. Aufl. § 49, VI, 2 S. 103).

Württemberg hat von dem Vorbehalt keinen Gebrauch gemacht.

Für **Baden** s. nunmehr AG.BGB. in der Fassung der Bek. vom 13. Okt. 1925 Art. 5 (GVBl. S. 282; frühere Fassung Art. 6).

Für **Lübeck** s. AG.BGB. § 63 (Becher X, 6 S. 50).

Für **Hessen** s. G. betr. die Gerichtskosten vom 30. Dez. 1904 Art. 97.

Art. 92.

Unberührt bleiben die landesgesetzlichen Vorschriften, nach welchen Zahlungen aus öffentlichen Kassen an der Kasse in Empfang zu nehmen sind.

E. II. 66; III, 92.

Zahlungen aus öffentlichen Kassen.

1. Entstehung. Dieser Artikel ist in der II. Komm. aufgestellt worden und bezweckt die Aufrechthaltung eines Vorrechts, das der Fiskus und die sonstigen juristischen Personen des öffentlichen Rechtes in mehreren Bundesstaaten (genannt wurden Preußen, Bayern, Sachsen) genossen. Die Vorschläge, welche bezweckten, dieses Vorrecht durch eine Zusatzbestimmung zu dem nunmehrigen § 270 BGB. zu regeln, wurden abgelehnt (P. I, 307 ff., VI, 408).

2. Inhalt. Es handelt sich in diesem Artikel um eine Ausnahme von § 270 BGB. Während nach dieser Vorschrift regelmäßig eine Geldschuld in der Art zu zahlen ist, daß der Schuldner auf seine Gefahr und seine Kosten das Geld dem Gläubiger an dessen Wohnsitz oder unter Umständen an den Ort seiner gewerblichen Niederlassung übermittelt, sollen die einzelnen Länder befugt sein, zu bestimmen, daß **Zahlungen aus ihren öffentlichen Kassen an der Kasse in Empfang zu nehmen** sind.

a) Öffentliche Kassen sind die Kassen der juristischen Personen des öffentlichen Rechts, also des Staats, der Gemeinden und anderen Verbände des öffentlichen Rechts, sowie der Stiftungen des öffentlichen Rechts (Planck Bem. 1 Abs. 1, Oertmann, Bayer. Landesprivatrecht § 44, 2, b S. 182, Kloß-Müller, Sächs. Landesprivatrecht 3. Aufl. S. 75, Böckel, Thüring. Landesprivatrecht S. 116, Kisch, Els.-Lothr. Landesprivatrecht S. 246). Die nähere Regelung der Voraussetzungen, unter denen das Vorrecht von der öffentlichen Kasse in Anspruch genommen werden kann, ob unbedingt oder nur in bestimmten Fällen, obliegt der Landesgesetzgebung.

Für Zahlungen **an** öffentliche Kassen ist eine Sonderbestimmung der Landesgesetzgebung nicht zugelassen (Mot. S. 54, 55).

b) Die Vorschrift bezieht sich auf Zahlungen jeder Art, gleichviel ob sie auf Gesetz oder Rechtsgeschäft beruhen, ob sie zur Erfüllung einer öffentlichrechtlichen oder einer privatrechtlichen Verbindlichkeit erfolgt, auch auf Zahlungen, die nicht zur Erfüllung einer Verbindlichkeit, sondern aus einem anderen Rechtsgrund erfolgen, z. B. zur Gewährung eines Darlehens. Allerdings gebraucht das BGB. häufig das Wort „Zahlung", wo von der Erfüllung einer Geldschuld die Rede ist (s. z. B. §§ 244, 245); das entspricht aber nur dem allgemeinen Sprachgebrauch und läßt nicht den Schluß zu, daß der im Sinne des Sprachgebrauches viel weitere Begriff „Zahlung" im Gesetz zum technischen Ausdruck für „Erfüllung einer Geldschuld" geworden sei (ebenso Planck Bem. 1 zu Art. 92, Nöldecke, Hamburgisches Landesprivatrecht S. 201, Kisch, Elf.-Lothr. Landesprivatrecht S. 246, Kloß-Müller, Sächs. Landesprivatrecht, 3. Aufl. S. 75; a. M. Oertmann, Bayer. Landesprivatrecht S. 184).

c) Der Erfüllungsort (§ 269 BGB.) wird durch den Vorbehalt nicht berührt.

3. **Ausführungsgesetze:** Von dem Vorbehalt haben alle deutschen Länder Gebrauch gemacht:

Preußen AG.BGB. Art. 11 (Becher XIV, 1 S. 6); s. hiezu OLG. Hamburg, 14. Febr. 1924, EisenbahnE. Bd. 41 S. 115: Das Privilegium des Art. 11 ist bei dem Übergang der preußischen Eisenbahnen auf das Reich nicht mit übergegangen.

Bayern AG.BGB. Art. 11 (Becher III, 7 S. 30); Art. 11 gilt nach Bek. vom 30. Jan. 1922 (GVBl. S. 153) seit dem 1. April 1922 auch in den vormals coburgischen Landesteilen.

Württemberg AG.BGB. Art. 142 (Becher XXVI, 1 S. 29); s. hiezu Meyer, Württ. AG.BGB. Tl. II S. 176.

Baden Art. 86 Abs. 3 des BeamtenG. vom 24. Juli 1888 in der Fassung des Art. 11 AG.BGB. (Becher II, 9 S. 21).

Thüringen AV.BGB. vom 16. Mai 1923 § 23 (GS. S. 289) nunmehr für alle thüringischen Gebietsteile unter Außerkraftsetzung der bisherigen Vorschriften der zu Thüringen vereinigten Länder (§ 155 Abs. 1 AV.).

Hessen AG.BGB. Art. 32 (Becher VIII, 3 S. 34).

Hamburg AG.BGB. § 23 (Becher VII, 1 S. 4).

Mecklenburg-Schwerin AV.BGB. § 35 (Becher XI, 2 S. 9).

Oldenburg AG.BGB. und HGB. für Oldenburg § 1 (Becher XIII, 3 S. 7), AG.BGB. für Birkenfeld § 3 (Becher XIII, 7 S. 33) und für Landesteil Lübeck § 1 (Becher XIII, 11 S. 61).

Braunschweig AG.BGB. § 21 (Becher IV, 1 S. 4).

Anhalt AG.BGB. Art. 13 (Becher I, 3 S. 11).

Bremen AG.BGB. § 11 (Becher V, 1 S. 3).

Lippe AG.BGB. § 17 (Becher IX, 1 S. 4).

Lübeck AG.BGB. § 24 (Becher X, 6 S. 44).

Mecklenburg-Strelitz AV.BGB. § 34 (Becher XII, 1 S. 7).

Waldeck AG.BGB. Art. 8 (Becher XXV, 1 S. 6).

Schaumburg-Lippe AG.BGB. § 15 (Becher XXII, 9 S. 64).

4. Nach § 75 Abs. 2 des RGes. über das Branntweinmonopol vom 8. April 1922 (RGBl. I S. 405 ff.) gilt die Zahlung des Branntweinübernahmegeldes (§ 75 Abs. 1) nicht als Leistung aus öffentlichen Kassen im Sinne des Art. 92 EG.

Art. 93.

Unberührt bleiben die landesgesetzlichen Vorschriften über die Fristen, bis zu deren Ablaufe gemietete Räume bei Beendigung des Mietverhältnisses zu räumen sind.

E. I, 58; II, 67; III, 93.

Räumungsfristen bei der Wohnungsmiete.

1. Entstehung. Art. 93 zeigt gegenüber dem Art. 58 E. I nur unwesentliche redaktionelle Änderungen (Mot. z. EG. 186, P. VI, 417, Reatz III, 57, Mat. 87 a S. 55).

2. Inhalt. Der Vorbehalt des Art. 93 bezieht sich nur auf die Wohnungsmiete (Mot. z. EG. 186), nicht auf die Miete oder Pacht von Grundstücken überhaupt (P. VI, 417). In beweglichen Sachen befindliche Räume fallen nicht unter den Vorbehalt (vgl. Mittelstein in SeuffBl. Bd. 72 S. 361 ff.).

Das Mietverhältnis endigt nach § 564 BGB. mit dem Ablaufe der Zeit, für die es eingegangen ist, oder im Falle der Kündigung mit Ablauf der Kündigungsfrist. Nach Beendigung des Mietverhältnisses hat der Mieter die gemietete Sache nach § 556 BGB. zurückzugeben, der Mieter eines Raumes also den Raum zu verlassen. Die Landesgesetzgebung kann insoweit abweichende Vorschriften nicht treffen.

Schon nach Reichsrecht erfordern es Treu und Glauben (§ 242 BGB.), daß der Vermieter bei unverschuldeter Verzögerung der Räumung Nachsicht übt (s. Bem. I, 2, b, γ, δ zu § 556 in Bd. II, 1). Darüber hinaus hat die Landesgesetzgebung auf Grund Art. 93 die **Befugnis**, für alle Fälle **Räumungsfristen festzusetzen**, welche bei Beendigung des Mietverhältnisses der Vermieter gewähren, der Mieter einhalten muß, also für die tatsächliche Räumung Fristen zu bestimmen, welche von dem Zeitpunkte der rechtlichen Beendigung des Mietverhältnisses ab laufen. Eine innerhalb der landesgesetzlichen Räumungsfrist erfolgte Räumung ist rechtzeitig.

3. Landesgesetze: Für Preußen s. G. vom 30. Juni 1834 § 2 (GS. S. 92); G. vom 4. Juni 1890 über die Termine bei Verträgen über Wohnungsräume in den Provinzen Schleswig-Holstein, Hannover und Hessen-Nassau (GS. S. 177; s. Kähler, Schlesw.-holst. Landesrecht, 2. Aufl. § 20 S. 175); ostpreuß. Provinzialrecht Zus. 78 (Königsberg); die Polizeibehörde ist mit Regierungsgenehmigung befugt, bei größeren Wohnungen Anordnungen über die Räumungsfristen zu erlassen.

In Bayern sind ältere Vorschriften aus der Zeit vor Erlassung der alten Verfassungsurkunde beseitigt (Art. 1 AG.BGB.); s. nun Art. 38 PolStGB.

In Sachsen bestehen einschlägige Vorschriften nicht (vgl. Kloß-Müller, Sächs. Landesprivatrecht, 3. Aufl. § 56, II S. 119), auch nicht in Württemberg (Meyer, AusfG. Tl. II S. 148) und Baden.

Für Thüringen bestimmt nunmehr § 27 AV.BGB. vom 21. Mai 1923 (GS. S. 289), und zwar für alle thüringischen Gebietsteile: „Die Gemeinden können in Ortsgesetzen die Frist bestimmen, bis zu deren Ablauf Mieter nach der Beendigung des Mietverhältnisses die Räumung von Wohnungen und anderen Räumen auszuführen haben." Vgl. die bisherigen ähnlichen Vorschriften für Sachsen-Altenburg in AG.BGB. § 32 (Becher XVIII, 1 S. 7) und Sachsen-Weimar-Eisenach in AG.BGB. § 34 (Becher XXI, 3 S. 9); Schwarzburg-Rudolstadt G. vom 29. Dez. 1917 (GS. S. 65).

Hessen: G. vom 6. Jan. 1906, die Räumungsfristen bei der Wohnungsmiete betr. (RegBl. S. 9).

Hamburg: AG.BGB. § 25 (Becher VII, 1 S. 5): „Gemietete Räume, für welche vierteljährliche oder längere Kündigungsfristen bestehen, sind, soweit das BGB. für das Mietverhältnis maßgebend ist, bei Beendigung desselben bis 12 Uhr mittags des auf die Beendigung nächstfolgenden Werktages zu räumen."; G. vom 2. Okt. 1917 über Räumungsfristen (Amtsbl. S. 1719), G. vom 27. Okt., 8. Dez. 1924 und 2. Nov. 1925 betr. Verlängerung der Räumungsfrist (GS. S. 715, 941 und 523), geändert durch G. vom 28. Nov. 1927 (GS. S. 541).

Mecklenburg-Schwerin: AV.BGB. § 40 (Becher XI, 2 S. 10).

Mecklenburg-Strelitz: AV.BGB. § 39 (Becher XII, 1 S. 8).

Anhalt: AG.BGB. Art. 27 (Becher I, 3 S. 15): „Die Räumung von Mietwohnungen muß, wenn das Mietverhältnis mit dem Schlusse eines Kalendervierteljahrs endigt und der Mietzins nicht nach Monaten oder kürzeren Zeiträumen bemessen ist, spätestens bis mittags 12 Uhr am dritten Tage des folgenden Kalendervierteljahrs vollständig erfolgt sein. — An Sonntagen und staatlich anerkannten allgemeinen Feiertagen ruht die Verpflichtung des Mieters zur Räumung. Die Räumungsfrist wird um so viele Tage verlängert, als Sonn- und Feiertage in dieselbe fallen."

Bremen: AG.BGB. § 13 (Becher V, 1 S. 4): „Bei Wohnungsmieten, welche mit dem Schlusse eines Kalendervierteljahrs endigen, beginnt die Räumungsfrist am letzten Tage des Mietverhältnisses mittags 12 Uhr und endigt mit Beginn der Mittagstunde des folgenden Tages. Ist der folgende Tag ein Sonntag oder allgemeiner Feiertag, so beginnt die Räumungsfrist am letzten Tage des Mietverhältnisses 8 Uhr morgens und endigt an demselben Tage 8 Uhr abends. Der Vermieter oder derjenige, welcher die Wohnung bezieht, ist von Beginn der Räumungsfrist an zur Mitbenutzung der Wohnung berechtigt.

Fällt das Ende des Mietverhältnisses auf einen Sonntag oder einen allgemeinen Feiertag, so tritt als letzter Tag des Verhältnisses der nächstfolgende Werktag an seine Stelle.

Diese Vorschriften finden auf Mietverträge, welche zu einer Ziehzeit des bisherigen Rechts endigen, mit der Maßgabe entsprechende Anwendung, daß an die Stelle der gesetzlichen Ziehtage des bisherigen Rechts (§ 1 des G. vom 26. Jan. 1895, GBl. S. 3) der 31. März und der 30. Sept. treten."

S. auch VO. vom 26. Sept. 1920 (GBl. S. 471).

Lippe: AG.BGB. § 21 (Becher IX, 1 S. 5): „Die Räumung von Mietswohnungen hat, wenn das Mietsverhältnis mit dem Schlusse eines Kalendervierteljahrs jahres endigt und der Mietzins nicht nach Monaten oder kürzeren Zeiträumen bemessen ist, spätestens bis mittags 12 Uhr am zweiten Tage des folgenden Kalendervierteljahrs zu geschehen. Fällt dieser Tag auf einen Sonntag oder allgemeinen Feiertag, so tritt der nachfolgende Werktag an seine Stelle. — Mit Genehmigung des Fürstlichen Staatsministeriums kann durch Ortssatzung für einzelne Orte die in Abs. 1 bestimmte Frist anders festgestellt werden."

Lübeck: AG.BGB. § 26 (Becher X, 6 S. 449): „Mieträume sind bis 12 Uhr mittags des ersten Werktags zu räumen, der auf das Ende der Mietzeit folgt."

Art. 94.*)

Unberührt bleiben die landesgesetzlichen Vorschriften, welche den Geschäftsbetrieb der gewerblichen Pfandleiher und der Pfandleihanstalten betreffen.

Unberührt bleiben die landesgesetzlichen Vorschriften, nach welchen öffentlichen Pfandleihanstalten das Recht zusteht, die ihnen verpfändeten Sachen dem Berechtigten nur gegen Bezahlung des auf die Sache gewährten Darlehens herauszugeben.

E. I, 47; II, 68; III, 94.

Der gewerbliche Betrieb des Pfandleihgeschäfts und Pfandleihanstalten.

I. Entstehung. Abs. 1 dieses Artikels gibt den Art. 47 des I. Entw. wieder, während der Abs. 2 in der II. Komm. neu aufgenommen wurde (Mot. z. EG. 167, III, 369, 370, VI, 380, 381, Reatz III, 57, Mat. S. 55; vgl. auch BGB. E. I §§ 939 bis 941 mit P. III, 369, 370 und M. III, 417 ff.).

II. Inhalt.

A. **Der allgemeine Vorbehalt des Abs. 1.**

1. Der **Geschäftsbetrieb der gewerblichen Pfandleiher und Pfandleihanstalten** ist zunächst und in bezug auf seine öffentlichrechtliche Seite durch die §§ 34 und 38 der Gewerbeordnung geregelt. Nach § 34 Abs. 1 GO. bedarf der behördlichen Erlaubnis, wer das Geschäft eines Pfandleihers oder Pfandvermittlers betreiben will. Das Pfandleihgewerbe betreibt, wer gewerbsmäßig Geld gegen Verpfändung von beweglichen Gebrauchsgegenständen leiht; Pfandvermittler verpfänden die ihnen von Dritten zu diesem Zwecke übergebenen Sachen auf ihren Namen in öffentlichen Leihhäusern oder bei Pfandvermittlern und führen die erhaltenen Darlehen an ihre Auftraggeber ab (Landmann, Komm. z. GO. Bem. 2 zu § 34); über den Unterschied zwischen Pfandleihgeschäft und Pfandvermittelungsgeschäft s. BayObLGZ. Bd. 8 S. 110. Nach Abs. 2 des § 34 GO. gilt als Pfandleihgewerbe auch der gewerbsmäßige Ankauf beweglicher Sachen mit Gewährung des Rückkaufsrechts. Nach § 38 Abs. 1 GO. sind die Zentralbehörden befugt, über den Umfang der Befugnisse und Verpflichtungen sowie über den Geschäftsbetrieb der Pfandleiher und Pfandvermittler Vorschriften zu treffen, soweit darüber Landesgesetze nicht Bestimmungen treffen. Die Zentralbehörden sind nach § 38 Abs. 4 ferner befugt, Vorschriften darüber zu erlassen, in welcher Weise die Rückkaufshändler ihre Bücher zu führen und welcher polizeilichen Kontrolle über den Umfang und die Art ihres Geschäftsbetriebes sie sich zu unterwerfen haben.

Zur Regelung des Geschäftsbetriebs der gewerblichen Pfandleiher und Pfandleihanstalten waren in den Ländern teils Gesetze (so in Preußen das G. vom 17. März 1881 über das Pfandleihgewerbe, in Sachsen das G. vom 21. April 1882), teils Verordnungen (in Baden eine solche vom 9. Juni 1881, in Hessen vom 16. Febr. 1882) erlassen, teils Ministerialentschließungen (in Württemberg am 15. März und 28. Mai 1882) ergangen. Alle diese Anordnungen enthalten auch Vorschriften, welche in das bürgerliche Recht eingreifen, so z. B.

a) über die zulässige Höhe der Zinsen, sowie über deren Berechnung (vgl. BGB. §§ 256 ff.),

---

*) Schrifttum: Olshausen, Die Regelung des Pfandleihgewerbes im Deutschen Reiche, in SchmollersJ. Bd. 30 S. 147 ff.; Meyer-Löning, Handwörterbuch der Staatswissenschaften, 4. Aufl. Bd. 6 S. 860 ff., Artikel „Pfandleih- und Rückkaufgeschäfte"; Nelken, Wörterbuch des deutschen Staats- und Verwaltungsrechts, Bd. 3 S. 70 f., Artikel „Pfandleihe"; Meißner, Die Haftung des persönlichen Schuldners beim Versatzpfandrecht, Berlin 1926.

b) über die Fälligkeit und die Prolongation des vom Pfandverleiher gewährten Darlehens (vgl. BGB. §§ 608, 609),

c) über die Unstatthaftigkeit des Ausbedingens oder Nehmens weiterer Vergütung neben den Zinsen oder des Vorausnehmens der Zinsen,

d) über die dem Inhaber des Pfandscheins zustehenden Rechte (vgl. BGB. §§ 798 ff., 808, 1223).

e) über den Pfandverkauf (BGB. §§ 1233—1240).

Die vom BGB. abweichende Regelung dieser und ähnlicher Verhältnisse behält der Abs. 1 dieses Artikels auch für die Zukunft der Landesgesetzgebung vor.

Während nach § 1205 BGB. für den Erwerb des Pfandrechts an beweglichen Sachen die Übergabe der Sache an den Gläubiger und das Einverständnis darüber, daß dem Gläubiger das Pfandrecht zustehen soll, genügt, haben einige Staaten, nämlich Preußen, Sachsen-Altenburg, Lübeck, Bremen jenen Erwerb des weiteren davon abhängig gemacht, daß der Pfandleiher das Geschäft in sein über solche Geschäfte nach der Zeitfolge zu führendes Pfandbuch einträgt. Ferner ist im Interesse des Darlehensnehmers fast überall der Pfandleiher verpflichtet, dem Verpfänder einen Pfand- oder Versatzschein zu geben, der eine wörtliche Abschrift der auf das Geschäft bezüglichen Eintragung im Pfandbuch zu enthalten hat.

2. Eine Schranke ist der Landesgesetzgebung durch § 38 Abs. 2 GO. gesetzt: Im Geschäftsbetrieb der Rückkaufshändler (§ 34 Abs. 2; s. oben Bem. 1) gilt die Zahlung des Kaufpreises als Hingabe des Darlehens, der Unterschied zwischen dem Kaufpreis und dem verabredeten Rückkaufspreis als bedungene Vergütung für das Darlehen und die Übergabe der Sache als Verpfändung derselben für das Darlehen. Eine von dieser Vorschrift der GO. abweichende Regelung kann die Landesgesetzgebung nicht treffen.

Eine weitere Schranke ergibt sich aus Abs. 2 dieses Artikels insoferne, als der Lösungsanspruch nur öffentlichen Pfandleihanstalten gewährt werden darf (s. darüber nachfolgende Bem. B, 2).

Weitere Schranken sind der Landesgesetzgebung für die Regelung des Geschäftsbetriebs der Pfandleiher nicht gezogen. Namentlich wurde in der Reichstagskommission ein Antrag abgelehnt, welcher dahin ging, im ersten Satze die Worte hinzuzufügen: „jedoch darf ein höherer Zinsfuß als 8% nicht zugelassen werden".

3. Nur der Geschäftsbetrieb der **gewerblichen** Pfandleiher wird von diesem Artikel betroffen. Über den Begriff „Pfandleiher" s. oben Bem. 1; Gewerbsmäßigkeit setzt voraus, daß die Tätigkeit des Pfandleihers auf Erwerb gerichtet ist und berufsmäßig ausgeübt wird (Landmann, Komm. z. GO. S. 55 und Bem. 1, a zu § 1 S. 70 f.). Inwieweit Banken und Kreditanstalten unter den Begriff von Pfandleihanstalten fallen, hängt von deren Geschäftsbetrieb ab (Mot. z. EG. 168).

B. Der Lösungsanspruch.

1. Der **Abs. 2** hebt von den Befugnissen, welche nach Abs. 1 der Landesgesetzgebung vorbehalten wurden, die Regelung der Voraussetzungen, unter denen eine öffentliche Pfandleihanstalt verpfändete Sachen herauszugeben hat (den Lösungsanspruch), deshalb besonders hervor, weil die Mehrheit der II. Komm. der Meinung war, daß die in diesem Abs. 2 enthaltene Vorschrift sich nicht ohne weiteres unter die Vorschriften über den Geschäftsbetrieb (nach Abs. 1) subsumieren lasse (P. VI, 380).

Nach § 1207 mit § 932 BGB. erwirbt der Pfandgläubiger bei der Verpfändung einer beweglichen Sache das Pfandrecht grundsätzlich auch dann, wenn die verpfändete Sache nicht dem Verpfänder gehört; der Erwerb des Pfandrechts tritt nur dann nicht ein, wenn der Pfandgläubiger nicht in gutem Glauben ist, d. h. wenn ihm bekannt oder infolge grober Fahrlässigkeit nicht bekannt war, daß die Sache nicht dem Verpfänder gehört. Ebenso geht das Pfandrecht nach § 1208 BGB. dem Rechte eines Dritten, mit dem die Sache bei der Verpfändung belastet war, vor, es sei denn, daß der Pfandgläubiger zur Zeit des Erwerbes des Pfandrechts nicht in gutem Glauben war. Ist aber die verpfändete Sache dem Eigentümer oder dem unmittelbaren Besitzer gestohlen worden, verloren gegangen oder sonst abhanden gekommen, so erwirbt auch der gutgläubige Pfandgläubiger kein Pfandrecht (ausgenommen wieder, wenn es sich um Geld oder Inhaberpapiere handelt); er hat auch keinen Lösungsanspruch, d. h. keinen Anspruch auf Ersatz dessen, wofür ihm das Pfandrecht bestellt worden war (§§ 1207, 1208 mit § 935 BGB., s. aber auch § 367 HGB.; vgl. hiezu Bem. 1 zu § 1207, Bem. 1 zu § 1208 und Bem. I, 4, c zu § 935 in Bd. III dieses Komm.).

Ein Lösungsanspruch stand nun nach landesgesetzlichen Bestimmungen vielfach öffentlichen Leihanstalten zu (vgl. Mot. zu Art. 81 des Entw. zum bayer. AG.BGB.). Dagegen konnte, nachdem der im I. Entw. BGB. §§ 939, 940 vorgesehene Lösungsanspruch ersatzlos beseitigt wurde, nach dem BGB. auch der gutgläubige Pfandgläubiger eine abhanden gekommene Sache dem Berechtigten nicht unter dem Verlangen vorenthalten, daß der Berechtigte das auf die Sache gewährte Darlehen bezahlen müsse. Der Abs. 2 des gegenwärtigen Artikels ermöglicht es aber der Landesgesetzgebung, Pfandleihanstalten den Lösungsanspruch einzuräumen, jedoch nur den öffentlichen, d. h. den vom Staate, von Gemeinden oder sonstigen öffentlichen Korporationen errichteten Pfandleihanstalten. Der Vorbehalt des Lösungsanspruchs stößt bei diesen nicht auf das gegen seine Zulassung bei Privaten sprechende Bedenken einer gewerbsmäßigen Begünstigung oder Hehlerei. Ein Interesse oder ein Bedürfnis, den Vorbehalt auf Privatinstitute auszudehnen, ist in der II. Komm. verneint worden.

2. Der **Lösungsanspruch** gewährt ein Zurückbehaltungsrecht (BGB. §§ 273, 274) an der Sache zugunsten des gegebenen Darlehens. Darüber, ob sich dasselbe auch auf die Zinsen erstreckt, enthält der Abs. 2 keine Bestimmung. Es darf aber wohl angenommen werden, daß das Zurückbehaltungsrecht in dem nämlichen Umfange begründet werden kann, in welchem das Pfandrecht bestehen würde, wenn es sich nicht um eine abhanden gekommene Sache handeln würde, also auch bezüglich der Zinsen (vgl. Mot. z. bayr. AG. Art. 81).

Über das Verfahren bei der Einlösung sagen die meisten Gesetze bzw. Verordnungen nichts. In Preußen (Sachsen-Altenburg), Anhalt, Lübeck, Bremen kann die Einlösung bis zum Ablauf von drei Wochen nach Fälligkeit des Darlehens nur gegen Rückgabe des Pfandscheins, später auch ohne diese erfolgen. Besondere Vorschriften regeln die Art des Verkaufs, dessen Öffentlichkeit übrigens schon aus § 1235 Abs. 1 BGB. zu folgern ist, soweit nicht Pfänder in Betracht kommen, die einen Börsen- oder Marktpreis haben (§ 1221 BGB.) oder Gold- und Silbersachen (§ 1240 BGB.). Sachsen-Altenburg hatte hier die zweckmäßige Bestimmung, daß der Wert der Gold- und Silbersachen durch Abschätzung eines verpflichteten Sachverständigen festgestellt werden muß. Zu beachten ist § 1234 Abs. 2 BGB., wonach der Verkauf nicht früher als einen Monat nach eingetretener Fälligkeit des Darlehens ausgeführt werden darf.

III. Landesgesetze: Einschlägig sind für Preußen §§ 19—22 G. betr. das Pfandleihgewerbe vom 17. März 1881 (GS. S. 265), abgeändert durch Art. 41 AG.BGB. und G. vom 7. Juli 1920 (GS. S. 387), VO. vom 23. Nov. 1923 (GS. S. 534), VO. vom 11. Febr. 1924 (GS. S. 113), VO. vom 17. Dez. 1924 (GS. S. 761), VO. vom 23. Juli 1925 (GS. S. 94); dazu G. vom 10. April 1872 betr. die Pfandleihanstalten zu Kassel, Fulda und Hanau (GS. S. 373), abgeändert durch G. vom 5. Juli 1896 (GS. S. 169); über das städtische Pfandhaus zu Frankfurt a. M.: § 2 G. vom 9. April 1873 betr. die Aufhebung verschiedener Gesetze in Frankfurt a. M. (GS. S. 177); Betriebsvorschriften für Pfandleiher vom 16. Juni 1881 (MBliV. S. 169), abgeändert unterm 11. Juli 1902 (das. S. 135), 4. Febr. 1907 (MBl. f. Handel u. Gewerbe Nr. 66), 10. April 1908 (MBliV. S. 85); zu **Abs. 2:** Kgl. Erlaß vom 25. Febr. 1834 für das Kgl. Leihamt Berlin (GS. S. 23), desgl. vom 12. Aug. 1850 (GS. S. 370).

Für Bayern s. Art. 91 AG.BGB. (Becher III, 7 S. 47), in den vormals coburgischen Landesteilen seit 1. April 1922 in Geltung laut Bek. vom 30. Jan. 1922 (GVBl. S. 153), und die Bek. vom 11. Febr. 1911 (GVBl. S. 83 und 94), abgeändert durch Bek. vom 8. Jan. 1912 (GVBl. S. 18); vgl. auch Oertmann, Bayr. LPR. § 114.

In Sachsen s. nunmehr (an Stelle des mehrfach geänderten G. vom 21. April 1882) das G. über das Pfandleihgewerbe vom 24. März 1924 in der Fassung der VO. vom 31. März 1924 (GBl. S. 230); hiezu AusfBestimmungen in der VO. vom 21. März 1924 (GBl. S. 232) in der Fassung der VO. vom 29. Jan. 1925 (GBl. S. 32) und vom 21. Aug. 1925 (GBl. S. 233); s. hiezu Kloß-Müller, Sächs. Landesprivatrecht, 3. Aufl. § 134 S. 322, 324.

Württemberg: Verf. vom 15. März/28. Mai 1882 betr. den Gewerbebetrieb der Pfandleiher (RegBl. S. 83/200), Verf. vom 13. März 1924 (RegBl. S. 130).

Für Baden s. nun Art. 35 AG.BGB. in der Fassung der Bek. vom 13. Okt. 1925 (GVBl. S. 281).

Für Thüringen s. Pfandleihordnung vom 7. Nov. 1922 (GS. S. 543), in deren § 27 alle bestehenden Bestimmungen über das Pfandleihgewerbe aufgehoben sind, mit Änderungen.

Für Hessen s. VO. die Gewerbe der Pfandleiher und Trödler betr. vom 2. Aug. 1899 (RegBl. S. 421); hiezu Wolf, Hess. Landesprivatrecht § 179.

Für Hamburg Pfandleihordnung vom 10. Dez. 1880, Leihhausordnung vom 29. Dez. 1882, aufgehoben und ersetzt durch G. vom 14. März 1923 über Pfandleihgewerbe (GS. S. 239), LeihanstaltsG. vom 21. Okt. 1927 (GS. S. 475), VO. vom 10. Dez. 1927 über den Geschäftsbetrieb der Pfandleiher (GS. S. 562).

Für Mecklenburg-Schwerin G. vom 22. Nov. 1921 (RegBl. S. 1015).

Für Braunschweig § 64 AG.BGB. (Becher IV, 1 S. 16) zur Änderung der Bek., den Geschäftsbetrieb der Pfandleiher usw. betr., vom 21. Dez. 1881 Nr. 2 von 1882; Bek. vom 15. Sept. 1920 (GVS. Nr. 130); VO. vom 12. März und 10. Aug. 1925 (GVS. S. 122, 191).

Für Anhalt G. das Pfandleihgewerbe betr. vom 17. März 1899 (Becher I S. 1 ff.), geändert durch G. vom 13. März 1925 (GS. S. 7).

Für Bremen G. vom 16. Okt. 1881 (GBl. S. 129), abgeändert durch G. vom 20. Nov. 1920 (GBl. S. 543).

Für Lübeck Leihhausordnung vom 30. Okt. 1899 (Becher X, 7 S. 69 ff.); hiezu Nachtrag vom 30. März 1921 (GVBl. S. 54) und vom 4. Nov. 1923 (GVBl. S. 466); VO. vom 27. Nov. 1923 und 19. Febr. 1927 zur Ausführung der §§ 1—4 des G. vom 4. Nov. 1923.

Art. 95.*)

Unberührt bleiben die landesgesetzlichen Vorschriften, welche dem Gesinderecht angehören. Dies gilt insbesondere auch von den Vorschriften über die Schadensersatzpflicht desjenigen, welcher Gesinde zum widerruflichen Verlassen des Dienstes verleitet oder in Kenntnis eines noch bestehenden Gesindeverhältnisses in Dienst nimmt oder ein unrichtiges Dienstzeugnis erteilt.

Die Vorschriften der §§ 104 bis 115, 131, 278, 617 bis 619, 624, 831, des § 840 Abs. 2 und des § 1358 des Bürgerlichen Gesetzbuchs finden Anwendung, die Vorschriften des § 617 jedoch nur insoweit, als die Landesgesetze dem Gesinde nicht weitergehende Ansprüche gewähren.

---

*) Schrifttum zum bisherigen Recht: Vgl. Neubauer, Zusammenstellung des in Deutschland geltenden Rechts betr. verschiedene Rechtsmaterien, Berlin 1880; Kähler, Gesindewesen und Gesinderecht in Deutschland 1896; Dernburg, Bürgerl. Recht Bd. II Abs. 2 § 311; Stobbe-Lehmann, Deutsches Privatrecht III § 249; Nußbaum, Die Reform des Gesinderechtes, DJZ. 1901 S. 520; Scherer in JW. 1901 S. 186: Das Gesinderecht und das BGB. in Verbindung mit dem EG. Art. 95; Gentzen in JW. 1901 S. 694 ff.: Zur Frage der Formfreiheit des Gesindevertrags nach dem EG. auf dem Boden des preußischen Rechts; Gorden, Die Dienstbotenordnung und das BGB. in HansGZ. 26 S. 101, 233; Leo, HansGZ. 26 S. 113; Francke in GruchotsBeitr. Bd. 46 S. 291: Durch das BGB. ist keinerlei Vorschrift weggefallen, nach welcher ein Gesindevertrag mündlich nur mit Geben und Nehmen von Mietgeld abgeschlossen wird; ders. Ansicht Drabert, DJZ. 1904 S. 114; dagegen Lothholz, DJZ. 1904 S. 444; Gerhard, Die geltenden preuß. Gesindeordnungen, 2 Bde., Berlin 1902, Guttentag; Jakobi, Preußische Gesindeordnung, 2. Aufl. Berlin 1906; Lindenberg, Das preußische Gesinderecht im Geltungsbereiche der GesindeO. vom 8. Nov. 1810, Berlin 1912; Maguhn, Die preuß. GesindeO. vom 8. Nov. 1810 auf der Grundlage des vom 1. Jan. 1900 an geltenden Rechts, 4. Aufl. des Komm. von Hönighaus, Berlin 1912; Hedemann, Zur Reform des Gesinderechts, DJZ. 1906 S. 1338 ff.; Fuld, ArchÖffR. Bd. 14 S. 93—112; Cordes, JW. 1907 S. 383 ff.; Süßkind, Das Gesinderecht der Provinz Hessen-Nassau, Marburg 1908; Weil, Bayrisches Gesinderecht, Diss. Würzburg 1907; Geßler, Bayrisches Dienstbotenrecht, München 1908; Frankenberg, Das braunschweigische Gesinderecht nach den Vorschriften der abgeänderten Gesindeordnung, Braunschweig 1900; Baillant, Das Dienstbotenrecht in Elsaß-Lothringen, Metz 1903; Singer, Die Rechtsverhältnisse zwischen Herrschaft und Dienstboten nach dem im Bremer Staat geltenden Recht, Bremen 1903; Schmid, WürttZ. 1909 S. 339 f. (Welche Bedeutung hat die Vorschrift des § 617 BGB. für das württembergische Gesinderecht?).

Siehe auch die Angaben über Schrifttum in DJZ. 1900 S. 501.

Ein Züchtigungsrecht steht dem Dienstberechtigten dem Gesinde gegenüber nicht zu.

E. I, 46; II, 60; III, 95.

Gesinderecht.

I. Das bisherige Recht.

1. Entstehung. Der Art. 95 entspricht zwar im allgemeinen dem Art. 46 des I. Entw., hat aber schon in der II. Komm. Veränderungen erfahren, welche namentlich durch die Aufstellung der nunmehrigen §§ 618 und 619 BGB. bedingt waren, und verdankt seine nunmehrige Fassung, insbesondere den auf den § 617 BGB. bezüglichen Teil und den dritten Absatz, erst der RTK. (Mot. z. EG. 166, P. II, 284—295, VI, 379, 380, Reatz III, 57, Mat. S. 36, RTK. Nr. 440 S. 90).

Wegen des Einflusses der neueren Gesetzgebung seit 1918 s. unten Bem. II.

2. Eine Begriffsbestimmung für das **„Gesinde"** wurde nicht aufgestellt. Schon in der RTK. (Nr. 440 S. 91) und wiederholt im Plenum des Reichstages (StB. 3031) war beantragt, dem Art. 95 als Satz 2 hinzuzufügen:

„Unter Gesinde (Dienstboten) sind diejenigen Personen zu verstehen, welche sich einem anderen unter Eintritt in seine Hausgenossenschaft zur fortlaufenden Verrichtung von häuslichen (eventuell ‚oder wirtschaftlichen') Diensten und Arbeiten gegen Vergütung verpflichtet haben."

Der Antrag wurde mit großer Majorität abgelehnt. In der RTK. war gegen denselben bemerkt worden, daß nach der Verschiedenheit der Gesindeverhältnisse auch der Kreis von Personen, welche man der Gesindeordnung unterstelle, an den verschiedenen Orten keineswegs ein übereinstimmender sei, daß es aber untunlich erscheine, unter Aufrechterhaltung der verschiedenen Gesindeordnungen gleichwohl den Personenkreis, auf welchen diese sich beziehen, reichsgesetzlich ordnen zu wollen. Auch das bayer. AG.BGB. lehnt die Aufstellung einer Begriffsbestimmung ab. Man verwies auf die landläufige Bedeutung des Wortes Dienstboten, welche auch für das Polizeistrafgesetzbuch, in dem ebenfalls eine Begriffsbestimmung fehle (Art. 56, 58, 66, 106—110), maßgebend sei (vgl. Mot. zu Art. 9—24 a. E.).

Grundsätzlich wird man unter Gesinde diejenigen Personen zu verstehen haben, die gegen Entgelt häusliche Dienste niederer Art verrichten und in die häusliche Gemeinschaft des Arbeitgebers aufgenommen sind. S. Dernburg, Bürgerl. R. Bd. II § 311, II, Oertmann, Bayer. LPrR. S. 209 f.

Juristische Personen sind nicht fähig, Gesinde in Gesindedienst zu nehmen, da sie keinen Hausstand haben; das auf einem Landgute des Fiskus im Dienste stehende Gesinde steht in einem Gesindeverhältnisse nicht zum Fiskus, sondern zum Gutsverwalter (Jacobi a. a. O. S. 58).

Es unterscheiden sich (s. Landmann-Rohmer, GewO. 8. Aufl. Bd. I S. 53, 64) die Dienstboten von den Gewerbegehilfen im allgemeinen dadurch, daß erstere für die Hauswirtschaft, letztere für Zwecke des Gewerbebetriebs beschäftigt sind. Dient eine Person beiden Arbeitszweigen, so wird das Entscheidende der Wille der Arbeitgeber und Arbeitnehmer darüber sein, in welcher Eigenschaft die dienende Person gedungen wurde und sich verdungen hat. Wenn ein solcher Wille nicht festzustellen ist, so wird entscheidend sein, welche Art der Beschäftigung tatsächlich überwiegt.

Die Grenze kann gegenüber Gewerbs- und Handlungsgehilfen, welche mit der Dienstherrschaft in häuslicher Gemeinschaft leben und auch häusliche Arbeiten verrichten (z. B. Laufburschen in Handelsgeschäften, Kellnerinnen in kleineren Wirtschaften auf dem Lande — Reger Entsch. Bd. 8 S. 357, Bd. 13 S. 284), manchmal zweifelhaft sein.

Nach den Motiven (S. 67, Mat. S. 57) ist zwar die Landesgesetzgebung ermächtigt, „nicht nur den Dienstvertrag und dessen Inhalt zu regeln, sondern auch den Begriff des Gesindes festzustellen und darüber zu befinden, welche Vorschriften für das Gesinde überhaupt oder für einzelne Kategorien desselben gelten sollen". Allein die Regelung der Grenze zwischen dem gewerblichen Arbeiter und dem Dienstboten wird für die Landesgesetzgebung noch schwieriger sein als für die Reichsgesetzgebung, weil erstere nicht wird für befugt erachtet werden können, in die reichsrechtlichen Normen über die Arbeiterverhältnisse hinüberzugreifen.

Dies ist auch dadurch nicht widerlegt, daß nach dem Berichte der RTK. (S. 90) auf eine Anfrage von Seite der Vertreter der verbündeten Regierungen die Erklärung abgegeben wurde: „Der Vorbehalt des Art. 95 beziehe sich nur auf das Gesinde; Dienstverträge solcher Personen, welche nicht zum Gesinde gehörten, unterlägen, vorbehaltlich der neben dem BGB. bestehenden besonderen reichsrechtlichen Vorschriften, den Vorschriften des BGB. in allen Beziehungen, auch insoweit, als das Landesrecht gewisse Vorschriften des Gesinderechts auf nicht zum Gesinde gehörende Personen anwende. Demgemäß komme auch für die Hausoffizianten des PLR. Tl. II Tit. 5 §§ 177 ff. in Zukunft das Reichsrecht in allen Beziehungen zur Anwendung, soweit nach preuß. Recht jene Personen nicht als eigentliches Gesinde aufzufassen seien." Durch Art. 89, c des AG.BGB. ist auch für Preußen der ganze 5. Titel von Tl. II des PLR. aufgehoben. (Vgl. Mot. zu diesem AG. S. 210).

3. **Inhalt** des Art. 95.

A. Die Landesgesetzgebung kann das Gesinderecht im vollen Umfange regeln, also den Dienstvertrag, die Form seines Abschlusses (Hingabe und Annahme von Mietgeld), seinen Inhalt, seine Wirkungen und seine Beendigung, auch die Verjährung des Gesindelohnes (Prot. S. 380).

Nur in folgenden Beziehungen ist die Landesgesetzgebung beschränkt:

a) Dem Dienstberechtigten kann gegenüber dem Gesinde ein **Züchtigungsrecht** nicht eingeräumt werden **(Abs. 3)**; nicht ausgeschlossen dürfte sein, daß Eltern oder Vormünder das ihnen (nach Maßgabe der §§ 1631, 1634, 1800 BGB.) zustehende Züchtigungsrecht im Einzelfalle auf den Dienstherrn übertragen.

Bestritten war, ob durch Abs. 3 der § 77 der preuß. GesO. vom 11. Nov. 1810 beseitigt ist, der für die Dienstherrschaft bei geringfügigen Tätlichkeiten unter Umständen einen Strafbefreiungsgrund enthielt; verneinend Jacobi, preuß. GesO.; OLG. Marienwerder in PosMSchr. 1901 S. 170; bejahend Weißler DJZ. 1899 S. 18, 19; Brettner ebenda S. 292; Nußbaum, Preuß. GesO. S. 94; Planck Bem. 4. Der Strafbefreiungsgrund dürfte schon durch das StGB. (s. Art. 2 EG.StGB.) beseitigt sein.

b) Mit den in **Abs. 2** aufgeführten Vorschriften des BGB. darf sich die Landesgesetzgebung nicht in Widerspruch setzen:

α) mit den Vorschriften der §§ 104—115 BGB. über die Geschäftsfähigkeit;

β) mit § 131 BGB., der das Wirksamwerden der einem Geschäftsunfähigen oder in der Geschäftsfähigkeit Beschränkten gegenüber abgegebenen Willenserklärung regelt;

γ) mit § 278 BGB. über die Haftung des Geschäftsherrn für seine Gehilfen, also der Dienstherrschaft für Verschulden des Dienstboten;

δ) mit der Vorschrift des § 617 BGB. über die Verpflichtung des Dienstberechtigten zur Verpflegung des erkrankten Dienstverpflichteten und Gewährung ärztlicher Behandlung während bestimmter Zeit, jedoch mit der Maßgabe, daß die Landesgesetzgebung befugt ist, dem Dienstboten weitergehende Ansprüche einzuräumen, als sie ihm nach § 617 zustünden;

ε) mit der den Schutz des Dienstverpflichteten gegen Gefahr für Leib und Leben bezweckenden Vorschrift des § 618 BGB.;

ζ) mit § 619 BGB., der es verbietet, die Verpflichtungen des Dienstberechtigten aus den §§ 617, 618 im voraus durch Vertrag aufzuheben oder zu beschränken;

η) mit § 624 BGB., wonach ein auf Lebenszeit oder längerer Zeit als fünf Jahre eingegangene Dienstverhältnis nach fünf Jahren mit sechsmonatiger Kündigungsfrist kündbar ist;

ϑ) mit der Vorschrift des § 831 BGB. über Schadensersatzpflicht desjenigen, der einen anderen zu einer Verrichtung bestellt, für den von dem anderen in Ausführung der Verrichtung einem Dritten widerrechtlich zugefügten Schaden, und der damit zusammenhängenden Vorschrift des § 840 Abs. 2 BGB. über die Haftung im Verhältnis zwischen dem nach § 831 Ersatzpflichtigen und dem anderen;

ι) endlich mit der Vorschrift des § 1358 BGB. über das Kündigungsrecht des Ehemannes der dienstverpflichteten Person.

c) Gewisse Schranken ergeben sich für die Landesgesetzgebung aus den Vorschriften anderer Reichsgesetze, nämlich des HGB., der GewO., der SeemannsO., des BinnenschiffahrtsG. und des FlößereiG.

d) Auch von gewissen verfahrensrechtlichen Vorschriften kann die Landesgesetzgebung nicht abweichen, so von § 200 Abs. 2 Nr. 5 GVG. (Feriensachen; s. aber jetzt unten Bem. III, 2 a. E.), § 850 Nr. 1 ZPO. (Pfändungsbeschränkung), §§ 22 und 61 Nr. 1 KO. (Kündigungsrecht und Vorrecht im Konkurs), § 10 Abs. 1 Nr. 2, § 155 Abs. 2 ZVG. (Vorrecht im Zwangsvollstreckungsverfahren).

B. Dagegen ist die Landesgesetzgebung ausdrücklich ermächtigt **(Abs. 1 Satz 2)**, die Schadensersatzpflicht abweichend von den Vorschriften des BGB., insbesondere der §§ 249—257, zu regeln, wenn jemand

a) Gesinde zum widerrechtlichen Verlassen des Dienstes verleitet oder

b) in Kenntnis eines noch bestehenden Dienstverhältnisses Gesinde in Dienst nimmt, oder

c) ein unrichtiges Dienstzeugnis (vgl. § 630 BGB.) ausstellt.

4. Soweit die Landesgesetzgebung im Rahmen der ihr zustehenden Befugnis Bestimmungen nicht trifft, hat es bei den Vorschriften des BGB., insbesondere denen der §§ 611—630 über den Dienstvertrag sein Bewenden.

5. Landesgesetze vor 1918.

In Preußen galten folgende Gesindeordnungen:

a) im Gebiet des PLR. mit Ausnahme der Kreise Rees und Duisburg die GesindeO. vom 8. Nov. 1810 (GS. S. 101). An Stelle der in § 94 der preuß. GesindeO. vom 8. Nov. 1810 in Bezug genommenen §§ 80, 81 PLR. Tl. I Tit. 13 ist gemäß Art. 4 EG.BGB. die Vorschrift des § 617 BGB. getreten, LG. Breslau vom 9. Juni 1902, Breslauer AnwaltsZ. 1902 S. 50;

b) in der Rheinprovinz die GesindeO. vom 19. Aug. 1844, durch Verordnung vom 21. Sept. 1847 auch in den Kreisen Rees und Duisburg eingeführt (GS. S. 410 [1844], S. 356 [1847]);

c) in Neuvorpommern und Rügen die GesindeO. vom 11. April 1815 (GS. S. 391);

d) in Schleswig-Holstein die GesindeO. vom 25. Febr. 1840;

e) in Hannover die Dienstbotenordnungen:

α) für den Landdrosteibezirk Osnabrück vom 28. April 1838 (Hannov. GS. III S. 73);

β) für die Herzogtümer Bremen und Verden vom 12. April 1844 (Hannov. GS. III S. 51);

γ) für das Land Hadeln vom 12. Okt. 1853 (Hannov. GS. III S. 142);

δ) für die Landdrosteibezirke Hannover, Hildesheim, Lüneburg und den Harzbezirk vom 15. Aug. 1844 (Hannov. GS. I S. 161);

ε) für Ostfriesland und Harlingerland vom 10. Juli 1859 (Hannov. GS. S. 713);

f) in der Provinz Hessen-Nassau:

α) für die Städte Kassel, Marburg, Rinteln und Hanau die Gesindeordnung vom 15. Mai 1797 (Neue Sammlung der Landesordnungen usw. für die älteren Gebiete Kurhessens Bd. 4 S. 253);

β) für die Stadt Frankfurt und deren Gebiet die GesindeO. vom 5. März 1822 (Gesetze- und Statutensammlung Bd. 3 S. 41);

γ) die Nassauische VO., die Dienstverhältnisse des Gesindes und der Handwerksgehilfen betr., vom 15. Mai 1819 (Sammlung der Edikte und Verordnungen des Herzogtums Nassau, Bd. 3 S. 121 ff.);

δ) die Kurhessische VO., das Gesindewesen in dem Großherzogtum Fulda betr., vom 28. Dez. 1816 (Möller und Fuchs, Sammlung der im vormaligen Kurfürstentum Hessen noch geltenden gesetzlichen Bestimmungen S. 113 ff.);

ε) die Kurhessische VO., das Gesindewesen in den Landstädten und auf dem Lande betr., vom 18. Mai 1801 (Neue Sammlung der Landesverordnungen für die älteren Gebietsteile Kurhessens S. 368);

g) in Hohenzollern-Sigmaringen GesindeO. vom 31. Jan. 1843 (Sigmar. Gesetzsammlung Bd. 6 S. 291);

h) in Hohenzollern-Hechingen GesindeO. vom 20. Dez. 1843 (Hechinger Verordnungsbl. 1843 S. 341);

i) in Lauenburg Landesherrl. Edikt betr. die Dienstboten vom 22. Dez. 1732 (Lauenburger Verordnungssammlung Bd. 1 S. 392).

S. außerdem Art. 14 AG.BGB. (Becher XIV, 1 S. 7 f.).

Für Bayern s. Art. 15—31 AG.BGB. (Becher III, 7 S. 31 ff.), auch Art. 106 bis 110 PolStGB. (s. hiezu Oertmann, Bayer. LPrR. § 51 S. 208 ff.); Sachsen, rev. GesindeO. vom 2. Mai 1889 (GVBl. S. 145), neu gefaßt durch G. vom 21. Mai 1898 (GVBl. S. 106), abgeändert durch G. vom 9. Jan. 1906 (GVBl. S. 6); Württemberg GesindeO. vom 28. Juli 1899, Anlage zum AG.BGB. (Becher XXVI, 1 S. 74 ff.); Baden, G., die Rechtsverhältnisse der Dienstboten betr., in der Fassung der Bek. vom 14. Aug. 1899 (Becher II, 21 S. 179); thüringische Länder, nämlich Sachsen-Weimar, GesindeO. vom 11. Okt. 1899 (Becher XXI, 7 S. 70 ff.); Sachsen-Coburg-Gotha, GesindeO. vom 8. Dez. 1899 (Becher XIX, 10 S. 92 ff.); Sachsen-Altenburg, GesindeO. vom 25. Nov. 1897, geändert durch Art. 15 AG.BGB. (Becher XVIII, 1 S. 3 f.); Schwarzburg-Sondershausen, GesindeO. vom 29. Juli 1899 (Becher XXIV, 8 S. 76 ff.); Hessen, GesindeO. vom 28. April 1877, geändert durch Art. 273 AG.BGB. (Becher VIII, 3 S. 87); Hamburg, DienstbotenO. vom 7. Dez. 1898 (GS. I S. 199), abgeändert durch G. vom 11. Okt. 1901 (GS. I S. 125); AusfVO. vom 7. Dez. 1898; G. vom 17. Juli 1903, betr. die Krankenversicherung der Dienstboten; Mecklenburg-Schwerin, GesindeO. vom 9. April 1899 (Becher XI, 13 S. 169 ff.); Oldenburg, GesO. vom 15. Mai 1899 (Becher XIII, 18 S. 98 ff.); Braunschweig, GesO. vom 15. Okt. 1832, abgeändert durch G. vom 12. Juni 1899 (Becher IV, 10 S. 77 ff.); Anhalt, GesO. vom 21. April 1899 (Becher I, 9 S. 64 ff.); Bremen, GesO. vom 22. Juni 1894 (GBl. S. 189), abgeändert durch Art. des G., die durch Einführung des BGB. veranlaßten Änderungen bremischer Gesetze betr. vom 18. Juli 1899 (Becher V, 3 S. 49 f.); Lippe, GesO. vom 17. Nov. 1899 (Becher IX, 7 S. 31 ff.); Lübeck, GesO. vom 19. Juli 1899 (Becher X, 1 S. 1 ff.); Mecklenburg-Strelitz, GesO. vom 9. April 1899 (Becher XII, 9 S. 125 ff.); Waldeck, Art. II AG.BGB. (Becher XXV, 1 S. 7); Schaumburg-Lippe, GesO. vom 14. Aug. 1899 (Becher XII, 6 S. 26 ff.); [Elsaß-Lothringen, G. vom 26. Juli 1903, betr. die Rechtsverhältnisse der Dienstboten (Becher VI, 16 S. 94 ff.)].

II. Die Aufhebung der Gesindeordnungen *).

1. Durch Nr. 8 des **Aufrufes der Volksbeauftragten vom 12. Nov. 1918** (RGBl. S. 1303) „werden die Gesindeordnungen außer Kraft gesetzt". Der Aufruf hat nach § 1 Satz 2 und 5 des ÜbergangsG. vom 1. März 1919 (RGBl. S. 285) Gesetzeskraft; er ist in das in Nr. 79 des Reichsanzeigers von 1919 veröffentlichte Verzeichnis aufgenommen. Die weitere Aufrechterhaltung ergibt sich jetzt aus Art. 178 Abs. 2 der RV. vom 11. Aug. 1919 (s. auch KG. in JFG. Bd. 3 S. 61 f.).

Damit war jedoch der Art. 95 nicht aufgehoben und der in diesem enthaltene Vorbehalt zugunsten der Landesgesetzgebung nicht beseitigt. Beseitigt war vielmehr zunächst nur das bisherige landesrechtliche besondere Gesinderecht. Verpönt ist aber seitdem der Ausdruck „Gesinde" oder „Dienstboten" und ersetzt durch die Ausdrücke „Hausangestellte, Hausgehilfen". Die Dienstboten sind Hausangestellte niederer Ordnung (s. Hueck-Nipperdey, Lehrbuch des Arbeitsrechts S. 54 f., Aubele, BayZ. 1926 S. 299 ff.).

Die rechtliche Folge der Aufhebung der Gesindeordnungen ist, daß auf das Dienstverhältnis des Gesindes (jetzt Hausgehilfen oder Hausangestellte niederer Art genannt) grundsätzlich nur noch die Vorschriften des BGB. über den Dienstvertrag anwendbar sind. Inwieweit daneben trotz des Aufrufes der Volksbeauftragten landesgesetzliches Sonderrecht aufrecht erhalten geblieben ist, läßt sich nicht allgemein entscheiden (s. namentlich für Preußen und Bayern unten Bem. 2).

Aus dem erkennbaren Zweck des Aufrufes der Volksbeauftragten, rechtliche Benachteiligungen der dienenden Klasse zu beseitigen, muß gefolgert werden, daß alle landesgesetzlichen Vorschriften, welche die rechtliche Stellung des Gesindes im Verhältnis zu dem allgemein für Dienstverpflichtete geltenden Reichsrecht ungünstiger gestalteten, aufgehoben sein sollen, auch dann, wenn sie nicht Inhalt einer geschlossenen Gesindeordnung waren. Dagegen konnten Vorschriften, die sich nach ihrem Inhalt nicht gegen das Gesinde richteten, sondern nur sonstige Vorschriften in bezug auf das

*) Schrifttum: Dr. Schultz, Die Fragen des Gesinderechts nach Aufhebung der Ausnahmegesetze, Berlin 1920; Delius, Preuß. VerwBl. Bd. 40 S. 189, 265; Hofmann, ebenda S. 242; Rausnitz, Das neue Recht der Hausangestellten, 2. Aufl. Berlin 1925; Aubele, Hausgehilfen, BayZ. 1926 S. 299 ff.

Dienstverhältnis desselben gaben, namentlich einseitig der Dienstherrschaft Verpflichtungen auferlegten, ihre Rechtswirksamkeit behalten. Denn es entspricht nicht dem Sinn und Zweck des Aufrufes der Volksbeauftragten, auch solche dem Dienstboten rechtlich mindestens nicht nachteilige Vorschriften zu beseitigen, wenn sie einem besonderen Bedürfnisse, das sich aus der Eigenart des Gesindeverhältnisses ergab, zu dienen geeignet waren. Dagegen erscheint es nicht unbedenklich, frühere landesgesetzliche Bestimmungen, die Inhalt von Gesindeordnungen waren, zur Ausfüllung von Lücken, die sich bei der Anwendung des Reichsrechts eben wegen jener Eigenart des Gesindeverhältnisses ergeben, nunmehr als Gewohnheitsrecht anzuwenden (so Hueck-Nipperdey, Lehrbuch des Arbeitsrechts § 10 S. 55); denn in der kurzen Zeit seit der Beseitigung der Gesindeordnungen als Gesetze konnte sich kein Gewohnheitsrecht bilden (s. Bem. III, 5 zu Art. 2; über die Ausfüllung von Lücken bis zur Regelung des Hausgehilfenrechts s. übrigens auch Kaskel, Arbeitsrecht S. 39).

2. Im Anschluß an den Aufruf der Volksbeauftragten haben einzelne **Länder** ihr bisheriges Gesinderecht ganz oder teilweise ausdrücklich aufgehoben, auch neue Vorschriften erlassen, wozu der fortdauernd geltende Art. 95 EG. die Rechtsgrundlage bot.

a) In Preußen ist fortdauernde Geltung des Art. 14 AG.BGB. vom KG. anerkannt (JFG. Bd. 3 S. 61 f.; s. auch RGRK. Anm. 1 zu § 7 BGB.; die Anerkennung der Rechtswirksamkeit landesgesetzlicher Vorschriften über Begründung des Wohnsitzes durch ein Dienstverhältnis dortselbst bezieht sich wohl auf Art. 14 AG.BGB.). S. ferner Delius in PrVerwBl. Bd. 40 S. 189, 265, der durch den Erlaß der preuß. Regierung vom 12. Nov. 1918 außer den Gesindeordnungen auch alle in anderen Gesetzen enthaltenen Vorschriften, welche die Rechtsstellung des Gesindes hinsichtlich des Arbeitsvertrags im Vergleich mit jener von anderen Arbeitnehmern einschränkend regelten, für aufgehoben erachtet; vgl. dazu Hofmann ebenda S. 242.

b) Für Bayern s. den Erlaß des Demobilmachungs-Kommissärs vom 13. Dez. 1918 (StAnz. Nr. 295), der in Nr. I § 1 die strafrechtlichen Gesindeordnungen (Art. 106—110 PolStGB.) außer Kraft setzt und in § 3 die Neuordnung der bürgerlich-rechtlichen Seite des Gesindeverhältnisses (Art. 15—31 AG. BGB.) der gesetzlichen Regelung vorbehält; s. ferner die Richtlinien hiezu vom 31. Dez. 1918 (StAnz. 1919 Nr. 4), die in Nr. 8 besagen, daß Art. 21 AG.BGB. (über das Recht der Dienstherrschaft zur Aufrechnung mit Entschädigungsansprüchen aus dem Dienstverhältnis) nicht Anwendung finden sollen, die Bek. vom 27. Mai 1919 (GVBl. S. 286, StAnz. Nr. 141) und die vorläufige Landarbeiter-Ordnung vom 16. Aug. 1919 (StAnz. Nr. 202), die zu § 1 bestimmt, daß die Art. 15—31 AG.BGB. in Kraft bleiben, endlich die Bek. der Demobilmachungsstelle vom 7. Mai 1920 über Normaldienstleistungen für Hausangestellte (StAnz. Nr. 113).

In Bayern sind hienach jedenfalls die Art. 106, 107 Abs. 2, 108 und 109 PolStGB. nicht mehr in Kraft. Dagegen gilt die Vorschrift des Art. 107 Abs. 1 daselbst, die lediglich der Dienstherrschaft eine Verpflichtung auferlegt, nämlich die Anzeige des Eintrittes und Austrittes von Dienstboten, und insoweit auch die Vorschrift des Art. 110 über die Verwendung der Strafgelder fort (Schmitt PolStGB. Bem. zu Art. 110, Schiedermair PolStGB. Vorbem. vor Art. 106, Weinisch PolStGB. Bem. zu Art. 107, BayObLGSt. Bd. 20 S. 222 = BayZ. 1920 S. 275). Bestritten ist, ob die Vorschriften der Art. 15—31 AG.BGB. noch gelten; für die fortdauernde Geltung Schmitt a. a. O., Buckel, Braunmühl und Meier in BayZ. 1921 S. 121, 161 und 172, die sich auf die Stellungnahme der Regierung berufen konnten; gegen die Aufrechthaltung dieser Vorschriften Keidel in BayZ. 1920 S. 66, 121, 173 und 283 und neuerdings anscheinend auch Aubele in BayZ. 1926 S. 299 ff., 301, hauptsächlich unter Hinweis auf Wortlaut und Zweck des Aufrufes der Volksbeauftragten.

c) In Württemberg wurde Art. 16 PolStGB. von 1871 durch das G. vom 24. April 1919 (RegBl. S. 75) aufgehoben.

d) Für Hessen s. Andrä in HessRspr. Bd. 20 S. 90, der sich für die fortdauernde Geltung des Art. 24 der GesindeO. vom 28. April 1877 über die abgekürzte Verjährung einsetzt; dazu Langenbach ebenda S. 121.

e) In Mecklenburg-Schwerin ist die Arbeitszeit der Hausgehilfen durch die VO. vom 16. Jan. 1919 (RegBl. S. 63), in Mecklenburg-Strelitz durch die VO. vom 25. Jan. 1919 (Amtl. Anz. S. 141) geregelt.

f) In Sachsen-Weimar hob die Bek. vom 23. Nov. 1918 (RegBl. S. 314) die GesindeO. vom 11. Okt. 1899 nebst den Ausführungsvorschriften vom

13. Okt. 1899 auf und unterstellte die Haus- und Landbediensteten und die Hausangestellten vom 1. Jan. 1919 ab den Vorschriften der Gewerbeordnung.

g) Für Reuß j. L. s. G. vom 19. Nov. 1918 (GS. Bd. 30 S. 101); für Schwarzburg-Rudolstadt G. vom 13. Dez. 1918 (GS. S. 100).

III. Das neue Reichsrecht.

1. Nach Art. 7 Nr. 9 der Reichsverfassung vom 11. Aug. 1919 hat das Reich nunmehr die Gesetzgebung über das Arbeitsrecht. In dieser Allgemeinheit umfaßt das Arbeitsrecht die Rechtsverhältnisse aller Arbeitnehmer, also auch der Hausgehilfen und Hausangestellten (Hueck-Nipperdey, Lehrbuch des Arbeitsrechts § 21 S. 96). Solange und soweit das Reich von seinem Gesetzgebungsrechte keinen Gebrauch macht, behalten aber die Länder das Recht der Gesetzgebung gemäß Art. 12 Abs. 1 Satz 1 RV. Der Vorbehalt des Art. 95 EG. ist also auch durch die neue Reichsverfassung noch nicht beseitigt, er wird erst gegenstandslos, wenn und soweit das Reich auch das Hausgehilfenrecht regelt.

Das Reich hat in der letzten Zeit von seinem Recht der Gesetzgebung über das Arbeitsrecht einen ausgedehnten Gebrauch gemacht. Der Entwurf eines Reichs-Hausgehilfengesetzes (s. RArbeitsblatt 1921 Nr. 23 S. 809) ist aber noch nicht Gesetz geworden. Eine beschränkte Regelung enthielt schon vor Erlaß der neuen RV. die vorläufige Landarbeitsordnung vom 24. Jan. 1919 (RGBl. S. 111); über deren Rechtsgültigkeit s. JW. 1919 S. 210, BayZ. 1919 S. 107. In sachlich-rechtlicher Beziehung steht also das Gesetzgebungsrecht noch bei den Ländern.

2. Dagegen findet das ArbeitsgerichtsG. vom 21. Dez. 1926 (RGBl. I S. 507 ff.) auch auf die Hausgehilfen Anwendung. Die Arbeitsgerichte sind nach § 2 Abs. 1 Nr. 2 und Abs. 2 unter Ausschluß der ordentlichen Gerichte ohne Rücksicht auf den Wert des Streitgegenstandes zuständig für bürgerliche Rechtsstreitigkeiten zwischen Arbeitgebern und Arbeitnehmern aus dem Arbeits- oder Lehrverhältnis, über das Bestehen oder Nichtbestehen eines Arbeits- oder Lehrverhältnisses, aus Verhandlungen über die Eingehung eines Arbeits- oder Lehrverhältnisses und aus dessen Nachwirkungen sowie für bürgerliche Rechtsstreitigkeiten aus unerlaubten Handlungen, soweit diese mit dem Arbeits- oder Lehrverhältnisse im Zusammenhange stehen. Eine erweiterte fakultative Zuständigkeit der Arbeitsgerichte ist in § 3 ArbGerG. geschaffen; es können auch nicht unter § 2 fallende Klagen gegen Arbeitgeber oder Arbeitnehmer (sowie von solchen gegen Dritte) bei den Arbeitsgerichten erhoben werden, wenn der Anspruch mit einer bei einem Arbeitsgericht anhängigen oder gleichzeitig anhängig werdenden bürgerlichen Rechtsstreitigkeit der in § 2 Nr. 2 bezeichneten Art in rechtlichem oder unmittelbarem wirtschaftlichen Zusammenhange steht und für seine Geltendmachung nicht eine ausschließliche Zuständigkeit gegeben ist.

§ 5 des G. bestimmt den Begriff des Arbeitnehmers dahin, daß Arbeitnehmer im Sinne dieses Gesetzes Arbeiter und Angestellte (einschließlich der Lehrlinge) sind. Unter den weiten Begriff der „Arbeiter“ ist auch das Gesinde, nunmehr Hausgehilfen genannt, einzureihen (Dersch-Volkmar ArbGerG. Bem. 5, b zu § 5, Stöhsel ArbGerG. Bem. zu Abs. I des § 5).

Damit ist die Vorschrift des § 200 Abs. 1 Nr. 5 GVG. (Gerichtsferien) für die Zukunft gegenstandslos.

Art. 96.*)

Unberührt bleiben die landesgesetzlichen Vorschriften über einen mit der Überlassung eines Grundstücks in Verbindung stehenden Leibgedings-, Leibzuchts-, Altenteils- oder Auszugsvertrag, soweit sie das sich aus dem Vertrag ergebende Schuldverhältnis für den Fall regeln, daß nicht besondere Vereinbarungen getroffen werden.

E. I, 59; II, 70; III, 96.

---

*) Schrifttum: Franke, Zum Leibgedingsvertrage des Art. 96 EG.BGB., GruchotsBeitr. Bd. 54 S. 551 und „Recht“ 1910 S. 399; Josef, Die Rechtsverhältnisse bezüglich des Altenteils nach dem BGB., GruchotsBeitr. Bd. 41 S. 302 ff.; derselbe, Streitfragen zum Altenteilsrecht, GruchotsBeitr. Bd. 54 S. 79 ff., Bd. 56 S. 75 ff.; derselbe, Zur Pfändbarkeit und Übertragbarkeit des Altenteils, RheinZ. Bd. 6 S. 227 ff.; derselbe, Annahmeverzug des Altbesitzers, ArchZivPrax. Bd. 119 S. 407; Behrends,

Leibgedings-, Leibzuchts-, Altenteils- oder Auszugsverträge.

I. Entstehung: Der Art. 96 entspricht im wesentlichen dem Art. 59 Entw. I. Abgesehen von den redaktionellen Änderungen, ist in der II. Komm. nur das Wort „Gut" durch „Grundstück" ersetzt worden, um nicht durch das Wort „Gut" im Zusammenhalte mit einer Bemerkung in den Mot. (S. 187) das Mißverständnis aufkommen zu lassen, daß darunter, wenn auch nicht ein geschlossenes Hofgut oder Landgut, doch nur ein größerer, den Unterhalt der Familie sichernder und zusammenhängender Komplex von landwirtschaftlichen Grundstücken zu verstehen sei (P. VI, 419, Mat. S. 58, Reatz III, 57).

II. Das BGB. gibt keine Begriffsbestimmung der Versorgungsverträge, von denen Art. 96 handelt und auch keine allgemeinen Vorschriften für dieselben (s. Mot. II, 636). Gemeinsam ist den Leibgedings-, Leibzuchts-, Altenteils- und Auszugsverträgen, daß sie den Erwerber eines Grundstücks verpflichten, dem Berechtigten in regelmäßiger Wiederkehr gewisse Leistungen zu machen und Nutzungen einzuräumen. In Betracht kommt namentlich die Lieferung von Lebensmitteln, Brennmaterial, Bekleidungsstücken, auch Geldzahlungen, die Einräumung des Wohnrechts an einem bestimmten Teile des veräußerten Gebäudes oder in einem kleineren Hause (Leibzuchtskate), der Nießbrauch an bestimmten Äckern und Wiesen, das Recht, eine bestimmte Art und Anzahl Vieh auf dem Bauerngut zu halten (s. aus der Rechtsprechung SeuffA. Bd. 22 S. 60, Bd. 26 S. 254, Bd. 61 Nr. 37). Leibgeding (Leibzucht, Altenteil, Auszug) ist also ein Inbegriff von Rechten verschiedener Art, die durch die gemeinsame Zweckbestimmung, dem Berechtigten die Versorgung (ganz oder teilweise) zu gewähren, zu einer Einheit verbunden sind (vgl. Dernburg, bürgerl. R. Bd. III § 205, Oertmann, bayer. LPrR. § 119, II, 2 S. 513, Roth-Becher, bayer. ZivR. 2. Tl., 2. Abt., S. 189).

Der Vertrag, durch den das Leibgeding usw. begründet wird, unterliegt an sich den allgemeinen Vorschriften über Verträge. Die besonderen Vorschriften der §§ 759, 760 und namentlich die Formvorschrift des § 761 BGB. (schriftliche Erteilung des Versprechens) finden dagegen nur insoweit Anwendung, als es sich um die regelmäßig wiederkehrende Leistung von Geld oder anderen vertretbaren Sachen, also um eine Leibrente handelt (s. über den Begriff des Leibrentenvertrags und seinen Gegenstand die Vorbem. 1 vor § 759 in Bd. II; RGZ. Bd. 104 S. 272).

Wird der Leibgedingsvertrag (Leibzuchts-, Altenteils-, Auszugsvertrag) in das Grundbuch eingetragen, so stellen sich für die Eintragung die ausbedungenen wiederkehrenden Leistungen als Reallasten (§ 1105 BGB. und Bem. I hiezu in Bd. III, 2), die vorbehaltenen Nutzungsrechte als persönliche Dienstbarkeiten dar. Für Geldleistungen kann auch Hypothek bestellt werden. Als einheitliches Recht kann ein Leibgeding oder Altenteil nicht in das Grundbuch eingetragen werden (s. Einleitung zum Sachenrecht III, 1, b, Bd. III S. 5; KG. in RJA. Bd. 13 S. 135; wegen der Bestimmung des Inhalts des dinglichen Rechts durch die Beteiligten s. Schmidt in BayNotZ. 1915 S. 260). Über die Art der Eintragung s. § 50 GBO., wegen des Einflusses der Zwangsversteigerung des belasteten Grundstücks auf die als Leibgedinge, Leibzucht, Altenteil oder Auszug eingetragene Dienstbarkeit oder Reallast § 9 EG. ZVG. in der Fassung vom 20. Mai 1898 (RGBl. S. 750).

III. Inhalt des Art. 96.

1. Schon auf Grund des Vorbehalts des Art. 64 wären an sich nicht bloß landesgesetzliche Vorschriften über eine im Falle des Eintrittes des Anerbenrechts zu gewährende Leibzucht aufrecht erhalten und zulässig, sondern auch Vorschriften über eine Leibzucht usw., welche ausbedungen wird, wenn ein Gut mit Rücksicht auf ein künftiges Anerbenrecht durch Vertrag unter Lebenden übergeben wird. Der Vorbehalt des Art. 96 geht darüber hinaus (vgl. Planck Bem. 1, Niedner Bem. 2, a).

a) Er umfaßt alle Fälle der Ausbedingung von Leibgeding, Leibzucht, Altenteil oder Auszug ohne Rücksicht auf ein bestehendes Anerbenrecht.

b) Er begreift auch die Fälle in sich, in denen es sich nicht um die Ausbedingung solcher Rechte aus Anlaß der Übergabe eines ganzen Gutes handelt, sondern

---

Das Altenteilsverhältnis nach preußischem Recht seit dem Inkrafttreten des BGB., Borna-Leipzig 1909; Baer, Der Leibgedingsvertrag nach badischem Recht, Berlin und Leipzig 1908; Lutz, Das neue württembergische Gesetz vom 2. Dez. 1904 über den Leibgedingsvertrag, Ellwangen 1905; Hutter, Einführung des altrechtlichen Altenteilsultimats in das neue Recht, MecklZ. Bd. 29 S. 178; Dernburg, Bürgerl. R. Bd. 3 § 205; Stobbe, Deutsches Privatrecht Bd. 5 § 325; Oertmann, Bayerisches Landesprivatrecht § 119 S. 509.

auch diejenigen, in denen nur die Übergabe einzelner (noch keine wirtschaftliche Einheit bildende) Grundstücke erfolgt (Planck Bem. 1; and. Ans. Niedner Bem. 4).

2. Art. 96 läßt die landesgesetzlichen Vorschriften über einen mit der Überlassung eines Grundstücks in Verbindung stehenden Leibgedings-, Leibzuchts-, Altenteils oder Auszugsvertrag unberührt, soweit sie das aus dem Vertrage sich ergebende Schuldverhältnis für den Fall regeln, daß nicht besondere Vereinbarungen getroffen werden. Daraus ergeben sich folgende **Beschränkungen** für die Landesgesetzgebung:

a) Landesgesetzliche Vorschriften sind nur zulässig für Verträge, die **mit der Überlassung eines Grundstücks** (Gutes oder Einzelgrundstücks, s. oben A, b) **in Verbindung** stehen. Erforderlich und genügend ist ein innerer (rechtlicher und wirtschaftlicher) Zusammenhang der Ausbedingung des Versorgungsrechts mit einem Guts- oder Grundstücksübergabevertrag, daß also das Recht auf Versorgung aus Anlaß der Übereignung und gerade mit Rücksicht auf dieselbe erfolgt (OLG. Cöln in RheinArch. Bd. 106 I S. 9 ff.). Beide Rechtsgeschäfte müssen also nicht äußerlich im nämlichen Vertrage und in unmittelbarem zeitlichem Zusammenhange geschlossen werden. Das übergebene Grundstück kann ein ländliches oder ein städtisches sein (Mot. zu EG. 187). Leistungen können von dem Übergeber nicht bloß für sich, sondern auch für andere Personen, z. B. bei Übergabe durch die Eltern für die Geschwister des Übernehmers ausbedungen werden, auch solche Leistungen fallen unter den Begriff des Leibgedings (BayNotZ. 1918 S. 126). Der Altenteilsvertrag setzt überhaupt keinen Abschluß unter Verwandten voraus (RG. in JW. 1924 S. 813).

b) Die Landesgesetzgebung kann — mit der Beschränkung unter a — **nur** das **vertragsmäßige Schuldverhältnis** regeln, die schuldrechtliche Seite des Rechtsverhältnisses (RG. in RJA. Bd. 13 S. 135). Soweit eine dingliche Sicherung der ausbedungenen Leistungen und Nutzungen erfolgt (s. oben Bem. II, 2 Abs. 3), sind für dieselben grundsätzlich die Vorschriften des BGB. maßgebend, die Landesgesetzgebung kann Vorschriften über die Begründung und den Inhalt der dinglichen Rechte auf Grund des Vorbehalts des Art. 96 nicht erlassen; solche Bestimmungen können nur im Rahmen der Vorbehalte der Art. 113, 115 EG. getroffen werden.

Nur der Inhalt des Schuldverhältnisses kann landesgesetzlich geregelt werden, nicht die Form des Vertrages; für diese sind ausschließlich die reichsgesetzlichen Vorschriften (unbeschadet der Vorbehalte der Art. 141 bis 143 EG.) maßgebend. Soweit also der Versorgungsvertrag mit dem Grundstücksüberlassungsvertrag auch äußerlich durch Beurkundung in der nämlichen Urkunde verbunden ist, bedarf auch er der gerichtlichen oder notariellen Beurkundung gemäß § 313 BGB. Wird der Versorgungsvertrag vor oder nach dem Grundstücksüberlassungsvertrag geschlossen, mit dem er in innerem Zusammenhang steht, so bedarf er der Schriftform nur, wenn und soweit er einen Leibrentenvertrag darstellt (§ 761 BGB.; s. oben Bem. II, 2 Abs. 2).

Auch über Abtretung und Verpfändung der Versorgungsansprüche kann die Landesgesetzgebung Vorschriften nicht erlassen; maßgebend sind die Vorschriften der §§ 399, 413, 1274 Abs. 2 BGB., 851 ZPO.

c) Auch in bezug auf den Inhalt des Schuldverhältnisses kann die Landesgesetzgebung die **Vertragsfreiheit nicht beschränken**; sie kann lediglich nicht zwingende und Auslegungsvorschriften erlassen. Auch zwingende Vorschriften des BGB. kann sie nicht ändern (so hinsichtlich der Vorschrift des § 530 BGB. über den Widerruf einer Schenkung wegen Undanks RGZ. Bd. 54 S. 107 ff.).

In Betracht kommen insbesondere Vorschriften über den Gegenstand der einzelnen Leistungen, über Maß, Umfang und Art der Ausübung, über Berücksichtigung einerseits des Bedürfnisses des Berechtigten, anderseits der Leistungsfähigkeit des Gutes, über Berücksichtigung veränderter Umstände (s. jetzt auch unten Bem. V), Folgen von Verzug und Vertragsverletzung, Übertragbarkeit einzelner Leistungen (s. Niedner Bem. 3).

IV. Landesgesetze: Die meisten Länder haben den Gegenstand neu geregelt.

Preußen: Art. 15 §§ 1—10 AG.BGB. (Becher XIV, 1 S. 8); für Schleswig-Holstein und Lauenburg s. Kähler, Schlesw.-holst. LR., 2. Aufl. § 24, IV S. 235; zu Art. 15 § 7 s. RGZ. Bd. 101 S. 275 (kein Leibgeding im Sinne dieser Vorschrift, wenn ein Dritter mit dem Abkäufer des Guts Leistungen zugunsten eines Altbesitzers ausbedingt); auch RG. in LZ. 1924 Sp. 825 (kein Rücktritt wegen positiver Vertragsverletzung); wegen der Rechtsnatur der an die Stelle der Naturalleistungen unter Umständen nach Art. 15 § 8 zu gewährenden Geldleistungen als Schadensersatz s. RG. „Recht" 1916 S. 649; zu Art. 15 § 9 s. Hofmann DJZ. 1909 S. 318, Eckstein DJZ. 1912 S. 919, OLG. Celle SeuffA. Bd. 67 Nr. 14, LG. Kiel SchleswHolstAnz. 1913 S. 210. S. auch wegen der Aufhebung älterer Vorschriften Art. 89 Nr. 5 AG. BGB. (Becher XIV, 1 S. 60) und wegen Berücksichtigung der im Grundbuch als Leibgeding usw. eingetragenen Dienstbarkeiten und Reallasten bei der Zwangsversteigerung Art. 6 Abs. 2 AG.ZVG. (Becher XIV, 4 S. 100).

Bayern: Alle älteren Bestimmungen aus der Zeit vor 1818 sind durch Art. 1 AG.BGB. außer Kraft gesetzt; der Leibgedingsvertrag ist nunmehr geregelt in Art. 32—48 AG.BGB. (Becher III, 7 S. 35); seit 1. April 1922 in Geltung in den vormals coburgischen Landesteilen durch Bek. vom 30. Jan. 1922 (GVBl. S. 153); s. hiezu Oertmann, bayer. LPrR. § 119 S. 511 ff. Übergangsbestimmungen s. in Art. 48, 116—118 ÜbergG. (Becher III, 8 S. 111, 127), wegen Zwangsversteigerung s. Art. 27 AG.BGB. (Becher III, 9 S. 137). S. auch BayObLGZ. Bd. 22 S. 3 (= „Recht" 1922 Nr. 733) und BayObLG. in „Recht" 1922 Nr. 1354.

Sachsen: §§ 31, 32 AG.BGB. (Becher XVII, 1 S. 6); Kloß-Müller, Sächs. Landesprivatr., 3. Aufl. § 130.

Württemberg, G. vom 2. Dez. 1904 betr. den Leibgedingsvertrag (RegBl. S. 401; Becher XXVI, 9 S. 169); hiezu Meyer, Württ. AG.BGB. Tl. II S. 150 ff., Landauer im ZBlFG. Bd. 5 S. 769 ff. und Lutz in *Note.

Baden: Art. 6 AG.BGB. in der Fassung vom 13. Okt. 1925 (GVBl. S. 282), § 5 AG.ZVG. und ZPO. in der Fassung vom 13. Okt. 1925 (GVBl. S. 302).

Thüringen: §§ 29—48, 149 AV.BGB. vom 21. Mai 1923 (GS. S. 287 ff.) nunmehr für alle thüringischen Gebietsteile; die bisherigen Vorschriften der einzelnen Länder sind durch § 155 Abs. 1 AV.BGB. außer Kraft gesetzt [Sachsen-Weimar §§ 34—54 AG.BGB., Sachsen-Meiningen Art. 11 AG.BGB., Sachsen-Coburg-Gotha Art. 14 AG.BGB., Sachsen-Altenburg §§ 38—47 AG.BGB., Reuß ä. L. §§ 33—49 AG.BGB., Reuß j. L. §§ 30—45 AG.BGB., Schwarzburg-Rudolstadt Art. 32—43 AG.BGB., Schwarzburg-Sondershausen Art. 16 AG.BGB.].

Hessen: Art. 37—66 AG.BGB. (Becher VIII, 3 S. 35); hiezu Wolf, Hess. Landesprivatr. § 41.

Für Hamburg s. Nöldeke, Hamb. Privatrecht S. 586; gesetzliche Vorschriften bestanden nicht, auch neue Vorschriften sind nicht erlassen.

Anhalt: Art. 28 §§ 1—13 AG.BGB. (Becher I, 3 S. 15 ff.), Auszugsvertrag.

Bremen: § 27 AG.BGB. (Becher V, 1 S. 7) enthält nur Vorschriften über die Eintragungspflicht des Eigentümers bei Altenteilen und Stellabfindungen.

Lippe: §§ 22, 23 AG.BGB. (Becher IX, 1 S. 5), Leibgedingsvertrag.

Lübeck: §§ 27—43 AG.BGB. (Becher X, 6 S. 44), Auszugsvertrag.

Waldeck: Art. 12 §§ 1—10 AG.BGB. (Becher XXV, 1 S. 7), Leibgedingsvertrag.

Schaumburg-Lippe: G. vom 24. März 1909 über den Leibzuchtsvertrag (GBl. S. 393).

V. Aufwertung von Geldbezügen aus Altenteilsverträgen*).

Aus der Natur dieser Geldbezüge als wiederkehrende Unterhaltsleistungen ergab sich grundsätzlich deren Aufwertbarkeit, wenn sie infolge der Geldentwertung zur Deckung des Aufwandes, zu dessen Befriedigung sie dienen sollten, nicht mehr ausreichten. Aus dem Wesen des Gutsüberlassungsvertrages als eines entgeltlichen Vertrages, bei dem der Erwerber die Altenteilsverpflichtung als Gegenleistung für die Übereignung der Hofesstelle übernimmt und die Leistungen dem Werte der Hofesstelle entsprechend festgesetzt sind, folgt, daß bei der Erhöhung der Geldrente die Erhaltung der Hofesstelle zu berücksichtigen ist; es dürfen also dem Verpflichteten nicht höhere Leistungen auferlegt werden, als er nach billigem Ermessen aus dem Ertrage der übernommenen Hofesstelle gewähren kann (vgl. RG. in JW. 1924 S. 813 Nr. 23, WarnE. 1923/24 Nr. 78; OLG. Braunschweig in LZ. 1923 Sp. 289 und OLG. Bd. 43 S. 193; LG. Berlin in JW. 1922 S. 1347).

---

*) Schrifttum: Hagemann, Abänderung von Altenteilsverträgen wegen der Geldentwertung, JW. 1921 S. 66; Bovensiepen, Die clausula rebus sic stantibus bei den sog. Altenteils- und Auszugsverträgen, DanzJurZ. Bd. 2. Nr. 5.

Die durch fortschreitende Geldentwertung immer zunehmende Notlage der Altrentner ließ gesetzliche Maßnahmen geboten erscheinen, um mit möglichster Beschleunigung eine Erhöhung der Geldrenten oder ihre Umwandlung in Naturalleistungen herbeizuführen. Wegen der Verschiedenartigkeit der Rechtsverhältnisse der Auszugs-, Leibgedings-, Leibzuchtsgerichts- und Altenteilsverträge wurde, wie in Art. 96 EG. von einer einheitlichen reichsrechtlichen Regelung Umgang genommen und in dem **RGes. über die anderweitige Festsetzung von Geldbezügen aus Altenteilsverträgen** vom 18. Aug. 1923 (RGBl. I S. 815) den Obersten Landesbehörden die Ermächtigung zu einer Regelung gegeben, für welche das Reichsgesetz die Richtlinien gibt (vgl. Verh. des RT., Bd. 379 Nr. 6112). Das Aufwertungsgesetz vom 16. Juli 1925 hat ebensowenig wie die vorausgegangene 3. Steuernotverordnung vom 14. Febr. 1924 in die Sonderregelung der Aufwertung der Geldrenten aus Altenteilsverträgen eingegriffen (§ 14 der 3. StNotVO., § 1 Abs. 2 AufwG.).

1. Gegenstand der Regelung durch das RGes. vom 18. Aug. 1923 sind:

a) Wiederkehrende Geldleistungen, auch aus Naturalleistungen umgewandelte, aus Verträgen der in Art. 96 EG. bezeichneten Art; vorausgesetzt wird also auch hier, daß die Ausbedingung des Altenteils, Leibgedings, Auszugs oder der Leibzucht mit der Überlassung eines Grundstücks in Verbindung steht (§ 1 Abs. 1, § 3). Auf Altenteilsverhältnisse, die bei Überlassung eines Grundstücks durch letztwillige Verfügung entstanden sind, findet das Gesetz keine Anwendung (RG. in JW. 1924 S. 2005 = RGBl. 1924 S. 109).

b) Ohne Beziehung auf Art. 96 EG. auch Versorgungsansprüche von einzelnen Familiengliedern gegenüber Inhabern von bisherigen Stammgütern und Familienfideikommissen, die ihnen entweder nach dem früheren Recht, soweit es noch gilt, zustehen oder in Zusammenhang mit der Auflösung der gebundenen Familiengüter begründet worden sind (§ 1 Abs. 2; s. Bem. II zu Art. 59).

c) Das für die Geldleistung an einem Grundstück bestellte dingliche Recht (§ 4).

2. **Voraussetzung für die Änderung** der Geldleistung und die Erweiterung des dinglichen Rechtes ist, daß die anderweitige Festsetzung der Billigkeit entspricht. Nur unter dieser Voraussetzung kann die oberste Landesbehörde die Änderung zulassen (§ 1; über Zulässigkeit wiederholter anderweitiger Festsetzung bei abermaliger Änderung der maßgebend gewesenen Verhältnisse s. BayObLGZ. Bd. 24 A S. 221).

3. **Inhalt der Änderung.**

a) Die Geldleistungen sollen nach Möglichkeit entweder in Naturalleistungen umgewandelt oder in dem Werte einer Menge von Naturalerzeugnissen ausgedrückt werden (Naturalwertrente, § 2); vgl. wegen der Festsetzung der Rente in Goldmark seit Stabilisierung der Währung RG. in JurRundsch. 1925 Nr. 90.

b) Das dingliche Recht kann im nämlichen Maße wie die Geldleistungen erweitert werden, wenn der persönlich Verpflichtete zugleich Eigentümer des belasteten Grundstücks ist, dagegen höchstens proportional der durch die Geldentwertung bedingten ziffermäßigen Wertsteigerung des Grundstücks, wenn der Eigentümer des Grundstücks nicht zugleich persönlich haftet. Die Erweiterung ist an der nächstbereiten Stelle im Grundbuch einzutragen. § 9 EG. ZVG. findet entsprechende Anwendung (§ 4).

4. Wesentlich war die Vereinfachung und damit die Beschleunigung des Verfahrens. Die Entscheidung erfolgt in einem **Einigungsverfahren durch das Amtsgericht** und kann in den Fällen des § 1 Abs. 2 der Fideikommißbehörde übertragen werden. Die nähere Regelung des Verfahrens und der Zulässigkeit von Rechtsmitteln ist der obersten Landesbehörde überlassen. Durch das Einigungsverfahren und soweit dieses Platz greift, ist der ordentliche Rechtsweg ausgeschlossen; s. hiezu Falisch in JW. 1924 S. 776, RG. in JW. 1926 S. 801.

5. Die **landesgesetzliche Regelung** ist erfolgt:

für Preußen in der VO. vom 8. Sept. 1923 (GS. S. 433); hiezu JM. vom 3. Dez. 1924 (JMBl. S. 743), über registermäßige Behandlung JM. vom 30. Jan. 1924 (JMBl. S. 50) und über Zuständigkeit in Altenteilssachen JM. vom 26. Juni 1924 (JMBl. S. 267);

für Bayern in der MinVO. vom 14. Dez. 1923 (GVBl. S. 391); s. hiezu die VO. vom 3. Dez. 1925 (GVBl. S. 269) über die Verlängerung der Amtsdauer der Beisitzer; über Zulässigkeit wiederholter anderweitiger Festsetzung von Geldbezügen und Versorgungsansprüchen s. BayObLGZ. Bd. 24 A S. 221;

für Sachsen in der VO. vom 24. Nov. 1923 (GBl. S. 526 ff.);
für Württemberg durch Verf. des Justizmin. vom 10. Okt. 1923 (RegBl. S. 461);
für Baden durch VO. vom 5. Dez. 1923 (GVBl. S. 357);
für Hamburg durch VO. vom 23. Nov. 1923 (GVBl. S. 1478);
für Mecklenburg-Schwerin durch Bek. vom 17. Nov. 1923 (RegBl. S. 862), für Mecklenburg-Strelitz durch Bek. vom 18. Dez. 1923 (OffAnz. S. 933);
für Oldenburg durch VO. vom 18. Okt. 1924 (GBl. S. 621);
für Braunschweig in der VO. vom 24. Sept. 1923 (GVS. S. 309), geändert durch VO. vom 16. Juni 1925 (GVS. S. 164);
für Bremen in der VO. vom 7. März 1924 (GBl. S. 138);
für Lippe in der VO. vom 19. Okt. 1923 (GS. Bd. 28 S. 343); aufrecht erhalten durch § 80 der VO. über Anerbengüter vom 26. März 1924; abgeändert durch VO. vom 20. Mai 1925 (GS. S. 69);
für Lübeck in der VO. vom 28. März 1924 (GVBl. S. 113);
für Waldeck in der VO. vom 29. Febr. 1924 (RegBl. S. 91);
für Schaumburg-Lippe in der VO. vom 19. Dez. 1923 (LV. S. 459).

Art. 97.

Unberührt bleiben die landesgesetzlichen Vorschriften, welche die Eintragung von Gläubigern des Bundesstaats in ein Staatsschuldbuch und die aus der Eintragung sich ergebenden Rechtsverhältnisse, insbesondere die Übertragung und Belastung einer Buchforderung, regeln.

Soweit nach diesen Vorschriften eine Ehefrau berechtigt ist, selbständig Anträge zu stellen, ist dieses Recht ausgeschlossen, wenn ein Vermerk zugunsten des Ehemanns im Schuldbuch eingetragen ist. Ein solcher Vermerk ist einzutragen, wenn die Ehefrau oder mit ihrer Zustimmung der Ehemann die Eintragung beantragt. Die Ehefrau ist dem Ehemanne gegenüber zur Erteilung der Zustimmung verpflichtet, wenn sie nach dem unter ihnen bestehenden Güterstand über die Buchforderung nur mit Zustimmung des Ehemanns verfügen kann.

E. I, 57; II, 71; III, 97.

Staatsschuldbücher:

I. Entstehung: Abs. 1 des Art. 97 entspricht teilweise dem Art. 57 des Entw. I. Der auf die Vinkulierung von auf den Inhaber ausgestellten Schuldverschreibungen eines Bundesstaats betreffende Teil jenes Art. 57 liegt dem nunmehrigen Art. 101 zugrunde. Seine dermalige Fassung hat Abs. 1 in der II. Komm. erhalten, in welcher auch der nunmehrige Abs. 2 hinzugefügt wurde (Mot. z. EG. 185, P. VI S. 411—414, 604, 612, Reatz III, 57 ff., Mat. 87 a S. 59).

II. Inhalt: Im Reich (ReichsschuldbuchG. vom 31. Mai 1891; s. jetzt unten Bem. IV) und in einigen Bundesstaaten (so Preußen, Sachsen, Hessen, Sachsen-Weimar, Bremen) bestand schon vor dem Jahre 1900 die Einrichtung des Schuldbuches (Reichsschuldbuch, Staatsschuldbuch). Durch Eintragung in das Schuldbuch konnten auf den Inhaber lautende Schuldverschreibungen auf Antrag des Inhabers in auf den Namen eines bestimmten Gläubigers lautende Schulden des Reiches oder Bundesstaats umgewandelt werden. Der Vorbehalt des Art. 97 ermöglicht es der Landesgesetzgebung, die Einrichtung des Staatsschuldbuches beizubehalten oder neu zu schaffen und dabei, soweit privatrechtliche Beziehungen in Frage kommen, von den Vorschriften des BGB. abzuweichen.

1. Auf Grund des Vorbehalts ist die Landesgesetzgebung nicht befugt, das Rechtsverhältnis zwischen den Staatsgläubigern und dritten Personen, also die Rechte Dritter an Buchforderungen abweichend von den Vorschriften des BGB. zu regeln; nur die Regelung des Rechtsverhältnisses des Gläubigers zum Staat als Schuldner ist der Landesgesetzgebung vorbehalten. **Abs. 1** läßt landesgesetzliche Vorschriften zu:

a) über die Eintragung von Gläubigern des Bundesstaats in das Staatsschuldbuch, also z. B. über die Voraussetzungen der Eintragung,

Prüfung der Legitimation des Antragstellers, Form des Antrages und der Eintragung usw.,

b) über die aus der Eintragung sich ergebenden Rechtsverhältnisse, also z. B. über die Pflichten des Staates aus der Eintragung, über die Rechte des Eingetragenen, über die Art der Ausübung des Verfügungsrechts des Käufers über die Buchforderung und, wie das Gesetz ausdrücklich hervorhebt, über die Übertragung und Belastung der Buchforderung, d. i. über die förmlichen Voraussetzungen, unter welchen ein Dritter gegenüber dem Staate Rechte auf die Buchforderung erwerben kann, sowie über den Inhalt dieser Rechte. Vorschriften über sachliche Berechtigung des eingetragenen Gläubigers zur Übertragung und Belastung der Buchforderung, so über das Verfügungsrecht der Frau als Gläubigerin im Verhältnis zum Manne, fallen dagegen nicht in den Rahmen des Vorbehalts.

2. Die Bestimmungen des **Abs. 2** entsprechen denjenigen des § 9 des Reichsschuldbuchgesetzes in der Fassung, welche diese Vorschrift durch Art. 50 EG. erhalten hat (s. die Bem. zu Art. 50) und des § 14 des ReichsschuldbuchG. in seiner jetzigen Fassung (s. Bem. IV). § 14 Abs. 1 RSchBG. läßt eine Ehefrau zu Anträgen gegenüber der Schuldbuchbehörde ohne Zustimmung des Ehemannes zu. Art. 97 Abs. 2 setzt voraus, daß das Landesgesetz die gleiche Vorschrift enthält. Die Schuldbuchbehörde wird durch eine solche Vorschrift von der Verpflichtung zur Prüfung, ob die einen Antrag stellende Frau verheiratet ist, in welchem Güterstande sie lebt und ob sie nach Maßgabe desselben dem Manne gegenüber berechtigt ist, den Antrag zu stellen, entbunden. Die auf einen solchen Antrag einer Frau hin von der Schuldbuchbehörde getroffene Verfügung, z. B. die Umschreibung der Buchforderung der Frau auf einen Dritten, ist für die Buchbehörde rechtswirksam und berechtigt sie z. B. zur Zahlung von Zinsen und Kapital an den Dritten mit befreiender Wirkung, auch wenn die Frau im Verhältnis zum Manne zu der Verfügung über die Buchforderung nicht berechtigt war. Der Mann hat der Frau oder dem Dritten gegenüber die Unwirksamkeit der Verfügung ihm gegenüber geltend zu machen und die Berichtigung des Schuldbuches von ihnen zu verlangen.

Eine Ehefrau kann nun nach den Vorschriften des BGB. nur dann ohne Zustimmung des Ehemanns über ihr Vermögen verfügen,

a) wenn sie in Gütertrennung (BGB. §§ 1426 ff.) lebt, oder wenn es sich um Vermögensgegenstände handelt, welche zu ihrem Vorbehaltsgute gehören (§§ 1365, 1440, 1526, 1549),

b) oder wenn die Frau wegen Dringlichkeit der Sache und Verhinderung des Mannes ohne dessen Zustimmung zu handeln befugt ist (§§ 1401, 1450 mit 1525, 1549 und 1550),

c) oder wenn es sich um ein Rechtsgeschäft handelt, das auf ein von der Frau mit Zustimmung des Mannes selbständig betriebenes Erwerbsgeschäft sich bezieht (§§ 1405, 1452 mit 1525 und 1549),

d) oder wenn ein von der Frau in Ausübung ihrer Schlüsselgewalt vorgenommenes Rechtsgeschäft in Frage steht (§ 1357),

e) oder wenn die Zustimmung des Mannes durch jene des Vormundschaftsgerichts ersetzt ist (§§ 1402, 1451 und 1525, 1549, 1550),

f) oder wenn es sich um einen der Fälle der §§ 1406, 1407, 1453, 1525, 1549 und 1550 BGB. handelt,

g) endlich wenn die Frau Vormund des Mannes ist (§§ 1409, 1457, 1525, 1549, 1550).

Im übrigen bedarf die Ehefrau, wenn es sich um eine Verfügung über Vermögensgegenstände handelt, die zu ihrem eingebrachten Gute oder zum Gesamtgut einer ehelichen Gütergemeinschaft gehören, der Zustimmung des Ehemanns, welchem die Verwaltung und Nutznießung des eingebrachten Gutes und des Gesamtguts zusteht (BGB. §§ 1363, 1373, 1395, 1443, 1519, 1525, 1549, 1550).

Um den Mann vor Nachteilen aus der unbeschränkten Antragsberechtigung der Frau zu schützen, läßt Abs. 2 — wie § 14 Abs. 2 RSchuldbG. — zu, daß das **Antragsrecht der Frau durch** einen **Vermerk im Schuldbuch beschränkt** wird und sieht folgende landesgesetzliche Vorschriften vor:

α) Das Recht der Frau, selbständig Anträge in bezug auf eine Buchforderung zu stellen, ist ausgeschlossen, wenn in das Schuldbuch ein Vermerk eingetragen ist, der ihr beschränktes Verfügungsrecht über die Buchforderung im Hinblicke auf den ehelichen Güterstand erkennen läßt.

β) Ein solcher Vermerk muß auf Antrag eingetragen werden, antragsberechtigt ist die Frau und mit Zustimmung der Frau auch der Mann.

γ) Die Frau ist dem Ehemanne — nicht auch der Schuldbuchbehörde — gegenüber verpflichtet, die Zustimmung zur Eintragung zu erteilen, wenn es sich um eine Buchforderung handelt, über welche sie nach dem bestehenden Güterstande nicht ohne Zustimmung des Mannes verfügen kann. Die Erteilung dieser Zustimmung kann im Prozeßwege erzwungen werden und gilt mit der Rechtskraft des Urteils, durch welches die Ehefrau hierzu verurteilt ist, als erfolgt (ZPO. § 894).

Als selbstverständlich wurde es in der II. Komm. erachtet, daß dann, wenn die Frau das Recht erlangt, über eine eingetragene, mit einem Vermerke zugunsten des Ehemanns belastete Buchforderung selbständig zu verfügen, der Mann verpflichtet ist, seine Zustimmung zu der Löschung des Vermerks zu erteilen (P. VI, 603, 604). Es folgt das aus allgemeinen Grundsätzen, und die Landesgesetzgebung ist zur Erlassung einer entgegenstehenden Bestimmung nach obigen Erörterungen deshalb nicht zuständig, weil es sich hier um ein Rechtsverhältnis zwischen dem Staatsgläubiger und einem Dritten handelt.

III. **Landesgesetze:**

Preußen: StaatsschuldbuchG. vom 20. Juli 1883, abgeändert durch Art. 16 AG.BGB., nun in der Fassung vom 27. Mai 1910 (GS. S. 55); wieder abgeändert durch § 31 der VO. vom 12. März 1924 (GS. S. 130); § 27 ist außer Kraft gesetzt durch § 31 Nr. 7 der Staatsschuldenordnung vom 12. März 1924 (GS. S. 132); AusfBest. vom 30. und 31. Mai 1910 (MBl. S. 173 und 184), Verf. vom 24. Febr. 1913 (MBl. S. 48), Erl. vom 25. Jan. 1914 (MBl. S. 74).

Bayern: G. vom 20. Juli 1912, das Staatsschuldbuch betr. (GVBl. S. 683), in Kraft seit 1. Jan. 1913 (VO. vom 20. Dez. 1912, (GVBl. S. 1283); in den vormals coburgischen Landesteilen eingeführt durch Bek. vom 29. Okt. 1921 (GVBl. S. 537).

Sachsen: StaatsschuldbuchG., ältere Fassung vom 18. Dez. 1911 (GVBl. S. 226), nach Änderung durch G. vom 19. April 1927 (GVBl. S. 226), nun in der Fassung der Bek. vom 8. Aug. 1927 (GVBl. S. 129); AusfVO. vom 19. Dez. 1911 (GVBl. S. 235); s. Kloß-Müller, Sächs. Landesprivatr., 3. Aufl. § 45 S. 86 ff., auch § 151, V S. 372.

Württemberg: G. vom 12. Aug. 1911, betr. das Staatsschuldbuch (RegBl. S. 319); dazu Art. 8 G. vom 17. Juli 1920 betr. die Staatsschuld (RegBl. S. 453); s. hiezu Mayer. Württ. AG.BGB. Teil II S. 166.

Baden: G. vom 8. Juni 1912, Die Errichtung eines Staatsschuldbuchs betr. (GVBl. S. 212), VO. vom 10. und 17. Dez. 1912 (GVBl. S. 457, 473), JMErl. vom 22. Dez. 1913 (JMBl. 1914 S. 1).

Hessen: StaatsschuldbuchG. vom 27. März 1898 in der Fassung vom 1. April 1909 (RegBl. S. 80; Becher VIII, 42 S. 386); s. dazu Wolf, Hess. LPrR. § 44.

Hamburg: G. vom 17. Febr. 1911 betr. das hamburgische Staatsschuldbuch (GS. I S. 6); AusfBest. vom 20. März 1911 (GS. II S. 36); früher G. vom 14. April 1902 (GS. I S. 20).

Oldenburg: G. vom 25. März 1913 (GBl. S. 483); MinBek. vom 25. März 1913 (GBl. S. 494); G. vom 6. Jan. 1914 (GBl. S. 40); G. vom 20. März 1914 über Errichtung des Staatsschuldbuches (GBl. S. 112), geändert durch G. vom 4. März 1920 (GBl. S. 658); G. vom 7. Juli 1926 (GBl. S. 675); MinBek. vom 14. Aug. 1914 (GBl. S. 229); AusfBek. vom 23. Juli 1927 (GBl. S. 321) und vom 28. Jan. 1928 (GBl. Bd. 31 S. 5).

Bremen: G. vom 24. April 1910 betr. das Staatsschuldbuch (GBl. S. 101; Becher V, 58 S. 236); geändert durch G. vom 8. Febr. 1911 (GBl. S. 37).

Lübeck: G. vom 24. Nov. 1909 betr. das Lübeckische Staatsschuldbuch (GS. S. 328), ergänzt durch G. vom 5. Febr. 1919 (GS. S. 12); AusfBest. vom 7. Febr. 1910 (GS. S. 30).

IV. Für das **Reich** s. ReichsschuldbuchG. in der Fassung vom 31. Mai 1910 (RGBl. 840); hiezu G. vom 19. Mai 1923 betr. die Beseitigung kleiner im Reichsschuldbuch eingetragener Forderungen (RGBl. S. 296), wieder aufgehoben durch § 53 des G. vom 16. Juli 1925 über die Ablösung öffentlicher Anleihen (RGBl. I S. 144); § 40 der Reichsschuldenordnung vom 13. Febr. 1924 (RGBl. I S. 100) hebt § 27 des RSchuldbG. auf.

Art. 98.*)

Unberührt bleiben die landesgesetzlichen Vorschriften über die Rückzahlung oder Umwandlung verzinslicher Staatsschulden, für die Inhaberpapiere ausgegeben oder die im Staatsschuldbuch eingetragen sind.

Rückzahlung und Umwandlung verzinslicher Staatsschulden:

1. Entstehung. Art. 98 wurde erst in der Reichstagskommission mit Zustimmung der Regierungsvertreter als Art. 97a aufgestellt (RTK. 440, d S. 11).

2. Inhalt. Die Aufstellung dieses Artikels wurde veranlaßt durch die angeregte Konvertierung der auf Grund des preuß. G. vom 4. Mai 1885 ausgegebenen konsolidierten 4½%igen Staatsanleihen. Der § 2 dieses G. lautet:

„Bevor die Kündigung erfolgt (§ 1), ist den Inhabern der Schuldverschreibungen der 4½%igen konsolidierten Staatsanleihe die Umwandlung dieser Schuldverschreibungen in solche der 4%igen konsolidierten Staatsanleihe durch öffentliche Bekanntmachung des Finanzministers mit der Wirkung anzubieten, daß das Angebot für angenommen gilt, wenn nicht binnen einer Frist unter Einreichung der Staatsschuldverschreibungen die Bezahlung des Kapitals beantragt wird."

Diese Bestimmung steht, soweit sie die Wirkung der nicht oder nicht rechtzeitig erklärten Annahme des Vertragsantrags betrifft, mit §§ 146 ff. BGB. nicht in Einklang und wäre deshalb ohne den Vorbehalt des gegenwärtigen Artikels mit Inkrafttreten des BGB. als aufgehoben zu erachten gewesen.

Der Vorbehalt ermöglichte nun nicht bloß die Aufrechterhaltung der vorerwähnten preußischen Vorschrift, sondern ermächtigt nach seiner allgemeinen Fassung die Landesgesetzgebung allgemein, über die **Rückzahlung** und über die **Umwandlung** verzinslicher Staatsschulden, für welche **Inhaberpapiere** ausgegeben oder welche im **Staatsschuldbuch** eingetragen sind, Vorschriften zu erlassen, welche von den Bestimmungen des BGB. abweichen. Gewöhnlich handelt es sich bei Konversionen um Herabsetzung des Zinsfußes.

3. Landesgesetze: Die letzten Konversionen haben im Jahre 1896 stattgefunden; s. für Preußen G. vom 23. Dez. 1896, Bayern G. vom 20. Dez. 1896, Baden G. vom 24. Jan. 1897, Hessen G. vom 31. März 1897.

Allgemeine Vorschriften haben nur wenige Länder erlassen; s. für Württemberg Art. 177, 178 AG.BGB. (Becher XXVI, 1 S. 35), auch Art. 12 G. betr. die Staatsschuld vom 17. Juli 1920 (RegBl. S. 453); Braunschweig § 26 AG.BGB. (Becher IV, 1 S. 5); Mecklenburg-Schwerin § 44 AV.BGB. (Becher XI, 2 S. 11); Lübeck § 47 AG.BGB. (Becher X, 6 S. 47); Mecklenburg-Strelitz § 43 AV.BGB. (Becher XII, 1 S. 9).

Art. 99.

Unberührt bleiben die landesgesetzlichen Vorschriften über die öffentlichen Sparkassen, unbeschadet der Vorschriften des § 808 des Bürgerlichen Gesetzbuchs und der Vorschriften des Bürgerlichen Gesetzbuchs über die Anlegung von Mündelgeld.

E. II, 72; III, 98.

Öffentliche Sparkassen:

1. Entstehung. Dieser Artikel wurde in der II. Komm. aufgestellt. Veranlassung hierzu gab der § 12 des elsaß-lothringischen Ges. vom 14. Juli 1895, welcher die Sparkassen ermächtigt, Ehefrauen und Minderjährigen die von ihnen gemachten Anlagen ohne Zustimmung des Ehemannes oder gesetzlichen Vertreters zurückzuzahlen, sowie die Äußerung des Wunsches, einen Vorbehalt für die Landesgesetzgebung zur Ermöglichung der Aufrechterhaltung dieses Gesetzes zu machen. Mit Rücksicht auf die sozialpolitische Bedeutung des Sparkassenwesens und im Hinblick darauf, daß auch Preußen und Hessen damals Gesetze über die Sparkassen vorbereiteten, erachtete die Kommission es für zweckmäßiger, den Vorbehalt allgemeiner zu fassen und die Rege-

*) Heckel-Lotz im Handwörterbuch der Staatswissenschaften, 4. Aufl., Bd. 5 S. 879 ff., Artikel „Konversionen".

lung des Sparkassenwesens, auch soweit es sich um privatrechtliche Normen handle, vollständig und nur mit den beiden in diesem Artikel selbst gemachten Ausnahmen der Landesgesetzgebung zu überlassen. (P. VI, 618—620, Reatz III, 58, Mat. S. 60.)

2. Inhalt. Was als öffentliche Sparkasse anzusehen ist, bemißt sich nach dem Rechte der einzelnen Länder (RGZ. Bd. 117 S. 261); diese können die Errichtung, Verwaltung und Beaufsichtigung der Sparkassen regeln. Solche Bestimmungen gehören dem öffentlichen Rechte an. Der Vorbehalt des Art. 99 ermöglicht es der Landesgesetzgebung, auch die privatrechtliche Seite des Sparkassenwesens, und zwar abweichend von den Vorschriften des BGB., zu regeln. Die Einlage bei der Sparkasse ist an sich Darlehensvertrag (s. Bem. II, 8 zu § 607 in Bd. II). Landesgesetzlich können Sondervorschriften über die Entstehung, den Inhalt und die Aufhebung des durch die Spareinlage begründeten Rechtsverhältnisses erlassen werden.

Der Vorbehalt ist jedoch in zweifacher Beziehung eingeschränkt:

a) Die Vorschriften des § 808 BGB. können nicht durch Landesgesetz ausgeschaltet werden. Sparkassenbücher sind gewöhnlich sog. qualifizierte Legitimationspapiere im Sinne des § 808 (s. Bem. II zu § 808 in Bd. II). Für diese gelten folgende durch Landesgesetz nicht abänderbaren Vorschriften:

α) Wenn die Urkunde, welche den Gläubiger nennt, mit der Bestimmung ausgegeben wird, daß die in der Urkunde versprochene Leistung an jeden Inhaber bewirkt werden kann, so wird der Schuldner (hier die Sparkasse) durch die Leistung an den Inhaber der Urkunde (des Sparbuches) befreit, ohne zur Prüfung der Legitimation verpflichtet zu sein.

β) Der Schuldner ist aber zur Prüfung der Legitimation berechtigt, der Inhaber kann die Leistung nicht ohne Nachweis seiner Berechtigung verlangen.

γ) Der Schuldner ist nur gegen Aushändigung der Urkunde zur Leistung verpflichtet.

δ) Ist die Urkunde abhanden gekommen, so kann sie im Wege des Aufgebotsverfahrens für kraftlos erklärt werden; dann kann die Zahlungssperre nach § 802 BGB. verfügt werden; diese Vorschrift ist nach § 808 Abs. 2 Satz 2 aber nicht zwingend, sie kann vom Aussteller durch vorherige ausdrückliche Vereinbarung ausgeschlossen werden (s. Bem. II, 4, e zu § 808).

Nach Art. 102 Abs. 2 EG. kann jedoch landesgesetzlich für die Kraftloserklärung der in § 808 bezeichneten Urkunden ein anderes Verfahren als das Aufgebotsverfahren bestimmt werden.

Durch Vertrag oder Statut (allgemein oder für bestimmte Fälle) kann aber die Sparkasse bestimmen, daß die Einlage nur an den Einleger (z. B. an den Vormund mit Einwilligung des Vormundschaftsgerichts; s. Planck Bem. 3, a zu Art. 99) zurückbezahlt werden darf. In diesem Falle verliert das Sparkassenbuch seine Eigenschaft als qualifiziertes Legitimationspapier, die Vorschriften des § 808 BGB. kommen nicht mehr in Betracht.

b) Weiter können landesrechtlich die Vorschriften über Anlegung von Mündelgeld nicht abgeändert werden; s. §§ 1807 Abs. 1 Nr. 5, 1809, 1812, 1813 Abs. 1 Nr. 2 und 3 und Abs. 2, 1818, 1819, 1825, 1828, 1852, 1855, 1897, 1915 BGB.

c) Über die Anlegung von Mündelgeld bei öffentlichen Sparkassen und die hiezu erlassenen landesgesetzlichen Vorschriften s. Bem. 1, d zu § 1807 in Bd. IV S. 1450 f.

3. Landesgesetzliche Vorschriften: Für Preußen s. AG.BGB. Art. 75 (Becher XIV, 1 S. 39 ff.; s. auch Weißler, Preuß. Landesprivatrecht 2 S. 263); für Bayern AG.BGB. Art. 109—121 (Becher III, 7 S. 50 f.); in Sachsen sind einschlägige Vorschriften nicht erlassen (Kloß-Müller, Sächs. Landesprivatrecht, 3. Aufl. § 44, IV S. 85); für Württemberg. s. AG.BGB. Art. 188 (Becher XXVI, 1 S. 38), Art. 15 der Bezirksordnung vom 28. Juli 1906 (RegBl. S. 449); § 40 VollzugsVO. vom 30. Okt. 1907 (RegBl. S. 668); vgl. auch Art. 190 Nr. 4 GemO. und § 277 der VollzugsVerf. hiezu; über die württembergische Landessparkasse s. RegBl. 1920 S. 106; für Hessen AG.BGB. Art. 71 (Becher VIII, 3 S. 42); SparkassenG. vom 8. Aug. 1902 (GBl. S. 363).

4. Über die Aufwertung der Sparkassenguthaben s. §§ 55—58 des AufwertungsG. vom 16. Juli 1925 (RGBl. I S. 117 ff.) und die von den Ländern gemäß § 58 hiezu erlassenen Ausführungsverordnungen.

Art. 100.

Unberührt bleiben die landesgesetzlichen Vorschriften, nach welchen bei Schuldverschreibungen auf den Inhaber, die der Bundesstaat oder eine ihm angehörende Körperschaft, Stiftung oder Anstalt des öffentlichen Rechtes ausstellt:

1. die Gültigkeit der Unterzeichnung von der Beobachtung einer besonderen Form abhängt, auch wenn eine solche Bestimmung in die Urkunde nicht aufgenommen ist;
2. der im § 804 Abs. 1 des Bürgerlichen Gesetzbuchs bezeichnete Anspruch ausgeschlossen ist, auch wenn die Ausschließung in dem Zins- oder Rentenscheine nicht bestimmt ist.

E. I, 60; II, 73; III, 99.

Schuldverschreibungen des Staates oder einer juristischen Person des öffentlichen Rechtes auf den Inhaber:

1. Entstehung. Von Art. 100 entspricht die Ziff. 1 dem Abs. 4 vom Art. 701 des I. Entw. BGB., die Ziff. 2 dem Art. 60 des I. Entw. dieses Ges. mit dem Abmaße, daß die Vorschriften dieses Artikels in der II. Komm. auch auf die von juristischen Personen des öffentlichen Rechtes ausgestellten Inhaberpapiere ausgedehnt und am Art. 701 Abs. 4 auch eine redaktionelle Änderung vorgenommen wurde. (M. II, 709 ff., 721; Mot. z. EG. 187, P. II, 558, VI, 419, 420, 617 ff., Reatz III, 58 ff., Mat. 87 a S. 60 — zu Art. 100 —).

2. Inhalt. Art. 100 enthält einen Vorbehalt für die Landesgesetzgebung hinsichtlich der **Inhaberpapiere** (BGB. § 793), welche von dem betr. **Bundesstaate** (deutschen Lande) selbst oder den **ihm angehörenden** juristischen Personen des öffentlichen Rechtes (vgl. hierüber Bem. 2, b zu Art. 85) ausgestellt sind; die Landesgesetzgebung wird, um für die genannten Schuldverschreibungen die im Verkehr erwünschten Erleichterungen zu schaffen, zu folgenden Ausnahmebestimmungen von den Vorschriften des BGB. ermächtigt:

a) Während nach § 793 Abs. 2 Satz 1 BGB. die Gültigkeit der Unterzeichnung einer Inhaberschuldverschreibung nur durch eine in die Urkunde selbst aufgenommene Bestimmung von der Beobachtung einer besonderen Form abhängig gemacht werden kann, kann für die Unterschrift der in Art. 100 bezeichneten Schuldverschreibungen eine solche Formvorschrift getroffen werden, ohne daß die Bestimmung in die Urkunde aufgenommen wird.

b) Nach § 804 Abs. 2 BGB. kann der in Abs. 1 daselbst dem bisherigen Inhaber eines abhanden gekommenen oder vernichteten Zins- oder Rentenscheins verliehene Anspruch aus dem Schein nur durch einen in den Schein selbst aufgenommenen Vermerk ausgeschlossen werden; abweichend hievon kann die Landesgesetzgebung für die Zins- und Rentenscheine der in Art. 100 bezeichneten Schuldverschreibungen bestimmen, daß beim Verlust oder bei der Vernichtung derselben der Anspruch nach § 804 Abs. 1 BGB. ausgeschlossen ist, ohne daß die Ausschließung in dem Zins- oder Rentenscheine bestimmt ist.

Auf Gewinnanteilscheine wurde die Vorschrift zu b nicht ausgedehnt, weil diese das BGB. bei dem von den Inhaberpapieren handelnden Titel nur dann aufführe, wenn sie als selbständige Inhaberpapiere in Betracht kommen könnten (vgl. einerseits § 799, 801, 804, anderseits § 805 BGB., P. VI, 617).

3. Landesgesetze: Für Preußen s. AG.BGB. Art. 17 §§ 1 und 2 in der Fassung des G. vom 5. Dez. 1923 (GS. S. 547); von dem Vorbehalt ist nach beiden Richtungen Gebrauch gemacht; s. ferner Staatsschuldenordnung vom 12. März 1924 (GS. S. 132) §§ 5 und 17.

Bayern hat von dem Vorbehalt nicht Gebrauch gemacht; s. AG.BGB. Art. 49—57, 90 (Becher III, 7 S. 38 und 47), ÜberG. Art. 8 (Becher III, 8 S. 101); vgl. auch Oertmann, Bayer. Landesprivatrecht S. 238.

Für Sachsen s. G. vom 5. Mai 1916 zur weiteren Ausführung des EG.BGB. (GBl. S. 40), wo von dem Vorbehalt zu Nr. 1 Gebrauch gemacht ist; § 17 Abs. 1 des G. über die Errichtung der Staatsschuldenkasse vom 29. Sept. 1834 in der Fassung des G. vom 18. Jan. 1882 ist aufgehoben.

Für Württemberg s. über die Gültigkeit der Unterzeichnung von Staatsschuldurkunden Art. 6, 7 des G. vom 20. Juli 1920 betr. die Staatsschuld (RegBl. S. 453).

Für Thüringen AV.BGB. vom 21. Mai 1923 § 52 (GS. S. 291) nunmehr für alle thüringischen Gebietsteile (s. bisher für Sachsen-Weimar AG. BGB. §§ 55—58; Sachsen-Meiningen AG.BGB. Art. 10, VO. vom 22. Jan. 1900; Sachsen-Coburg-Gotha AG.BGB. Art. 15; Sachsen-Altenburg AG.BGB. Art. 33—36; Reuß. ä. L. AG.BGB. §§ 50, 51; Reuß j. L. AG.BGB. § 46 Abs. 3; Schwarzburg-Rudolstadt AG.BGB. Art. 17 §§ 2, 3, Art. 46 bis 52; Schwarzburg-Sondershausen AG.BGB. Art. 17, 18).

Für Hessen s. G. vom 14. Jan. 1905 betr. die Ausfertigung von Schuldverschreibungen des Staats und der Kommunalverbände (RegBl. S. 19; s. Wolf, Hess. Landesprivatrecht § 43); für Mecklenburg-Schwerin s. AV.BGB. §§ 44 bis 48 (Becher XI, 2 S. 11), für Mecklenburg-Strelitz AV.BGB. §§ 43—47 (Becher XII, 1 S. 9); für Oldenburg AG.BGB. §§ 4—6 (Becher XIII, 3 S. 8); Birkenfeld AG.BGB. §§ 6—8 (Becher XIII, 7 S. 33); für Braunschweig AG.BGB. § 27 (Becher IV, 1 S. 6); für Lübeck AG.BGB. §§ 46—58 (Becher X, 6 S. 47).

4. Hinsichtlich der Schuldverschreibungen des Reichs s. §§ 5, 6 und 17 der Reichsschuldenordnung vom 13. Febr. 1924 (RGBl. 1924 I S. 95 ff.), die an die Stelle der RSchO. vom 19. März 1900 (RGBl. 1900 S. 126 ff.) getreten ist (vgl. deren §§ 4, 16 Abs. 2).

Art. **101.**

Unberührt bleiben die landesgesetzlichen Vorschriften, welche den Bundesstaat oder ihm angehörende Körperschaften, Stiftungen und Anstalten des öffentlichen Rechtes abweichend von der Vorschrift des § 806 Satz 2 des Bürgerlichen Gesetzbuchs verpflichten, die von ihnen ausgestellten, auf den Inhaber lautenden Schuldverschreibungen auf den Namen eines bestimmten Berechtigten umzuschreiben, sowie die landesgesetzlichen Vorschriften, welche die sich aus der Umschreibung einer solchen Schuldverschreibung ergebenden Rechtsverhältnisse, mit Einschluß der Kraftloserklärung, regeln.

E. I. 57; II. 74; III. 100.

Verpflichtung zur Umschreibung von Inhaberschuldverschreibungen des Staates oder einer juristischen Person des öffentlichen Rechtes auf eine bestimmte Person.

I. Entstehung. Art. 101 hat einen Teil des Inhalts des Art. 57 des Entw. I in sich aufgenommen und seine gegenwärtige Fassung, namentlich die Ausdehnung auf die Schuldverschreibungen der Korporationen des öffentlichen Rechtes, in der II. Komm. erhalten (Mot. z. EG. 186, P. VI, 411, 412, 414—416, 618, 652, 653, Reatz III, 59, Mat. 87, a S. 61 — zu Art. 101 —).

II. Inhalt. Nach § 806 Satz 1 BGB. kann die Umschreibung einer auf den Inhaber lautenden Schuldverschreibung (§ 793 BGB.) auf den Namen eines bestimmten Berechtigten nur durch den Aussteller erfolgen. Nach Satz 2 ist aber der Aussteller nicht verpflichtet, die Schuldverschreibung auf den Namen eines bestimmten Berechtigten umzuschreiben.

Vgl. hierzu Art. 174 und Art. 176 mit Bem. Der Vorbehalt ermächtigt die Landesgesetzgebung:

1. zur Aufrechterhaltung sowie zur Erlassung einer dem § 806 S. 2 BGB. entgegenstehenden Bestimmung, also dahin, daß der Aussteller zur Umschreibung verpflichtet ist, jedoch nur hinsichtlich derjenigen auf den Inhaber lautenden Schuldverschreibungen, welche vom betreffenden **Bundesstaate** (deutschen Lande) oder einer **ihm angehörenden** Körperschaft, Stiftung oder Anstalt des öffentlichen Rechtes (über die Ausdruckweise vgl. Bem. 2, b zu Art. 85) ausgestellt sind, — während eine Verpflichtung zur Umschreibung auf den Namen des Berechtigten hinsichtlich der von anderen als von dem betreffenden Bundesstaate oder von den ihm angehörenden juristischen Personen des öffentlichen Rechtes ausgestellten Inhaberpapiere landesgesetzlich nicht verfügt werden kann.

2. zur Regelung der sich aus der Umschreibung einer solchen Schuldverschreibung ergebenden Rechtsverhältnisse mit Einschluß der Kraftloserklärung. Der letztere Vorbehalt trifft nicht bloß jene Fälle, in denen auf Grund des gegenwärtigen Artikels ein Zwang zur Namensumschreibung landesgesetzlich ausgesprochen ist, sondern auch jene, in denen die Umschreibung stattfindet, ohne daß eine Verpflichtung hierzu besteht (P. VI, 652, 653), und ermächtigt die Landesgesetzgebung, Bestimmungen darüber zu treffen,

a) welche Rechte und Pflichten dem Aussteller und dem Gläubiger aus einer solchen Umschreibung erwachsen;

b) unter welchen Voraussetzungen und in welcher Form über die Schuldverschreibungen und die sich hieraus ergebende Forderung vom Gläubiger oder einem Dritten verfügt, wie sie übertragen, wie sie belastet werden kann;

c) ob die Zahlung auch nach der Umschreibung — abweichend von § 371 Satz 2 BGB. — nur gegen Rückgabe der Schuldverschreibung zu erfolgen braucht, selbst wenn der Gläubiger zur Rückgabe außerstande zu sein behauptet, und in der Folge insbesondere auch darüber, ob eine umgeschriebene Staatsschuldverschreibung für kraftlos erklärt werden kann, unter welchen Voraussetzungen die Kraftloserklärung zulässig ist, welche Wirkungen sie hat; sofern landesgesetzlich die Kraftloserklärung im Wege des Aufgebotsverfahrens zugelassen wird, hat nach § 11 EG.ZPO. die Landesgesetzgebung auch die Befugnis, die Anwendung der Bestimmungen der ZPO. über das Aufgebotsverfahren (§§ 1003 ff.) auszuschließen oder diese Bestimmungen durch andere Vorschriften zu ersetzen.

Eine dem Art. 97 Abs. 2 entsprechende Schranke ist hier der Landesgesetzgebung nicht gezogen und auch nicht notwendig, weil der Mann, falls ihm nach dem für die Ehe maßgebenden Güterstande Rechte an den Wertpapieren der Frau zustehen oder die Papiere zum Gesamtgute gehören (gemäß BGB. §§ 1373, 1443, 1519, 1525, 1549, 1550), die Papiere in Besitz nehmen und dadurch sich selbst schützen kann (vgl. Mot. zu Art. 42—48 des Entw. eines bayer. AG.BGB.).

III. Vgl. auch § 11 EG.ZPO. Darnach können die Landesgesetze bei Aufgeboten, deren Zulässigkeit auf landesrechtlichen Vorschriften beruht, die Anwendung der Bestimmungen der ZPO. über das Aufgebotsverfahren ausschließen oder diese Bestimmungen durch andere Vorschriften ersetzen.

IV. Landesgesetze: Für Preußen s. Art. 18 AG.BGB. (Becher XIV, 1 S. 10), auch §§ 11 ff. Staatsschuldenordnung vom 12. März 1924 (GS. S. 132); für Bayern Art. 49—57 AG.BGB. (Becher III, 7 S. 38 ff.); MinBek. vom 23. Nov. 1899, 15. Dez. 1899, 13. Febr. 1900; diese Vorschriften gelten seit dem 1. April 1922 auch in den vormals coburgischen Landesteilen laut Bek. vom 30. Jan. 1922 (GVBl. 1922 S. 153); für Württemberg s. Art. 181, 182 AG.BGB. in der Fassung der Nr. 3 des Ges. vom 21. Juli 1909 (RegBl. S. 125); Art. 28 StaatsschuldbuchG. vom 12. Aug. 1911 (RegBl. S. 391); für Baden §§ 11, 12 AG.ZBG. und ZPO. in der Fassung der Bek. vom 13. Okt. 1925 [früher §§ 12, 13 (Becher II, 11 S. 53)], FMinBek. vom 20. Dez. 1902, die Umwandlung staatlicher Schuldverschreibungen auf die Namen bestimmter Berechtigter betr. (GVBl. S. 373); für Thüringen die gemäß § 155 Abs. 2 Nr. 4 thüring. AV.BGB. (GS. S. 301) in Geltung gebliebenen Vorschriften der einzelnen jetzt thüringischen Länder, nämlich für Sachsen-Meiningen Art. 10 §§ 3—6 AG.BGB. (Becher XX, 1 S. 5 f.); für Gotha Art. 15 § 3 AG.BGB. (Becher XIX, 8 S. 51); für Sachsen-Altenburg §§ 34, 35 AG.BGB. (Becher XVIII, 1 S. 7 f.); für Schwarzburg-Rudolstadt Art. 46—51 AG.BGB. (Becher XXIII, 2 S. 11 f.), Art. 11, 12 AG.ZPO. (Becher XXIII, 4 S. 50); für Schwarzburg-Sondershausen Art. 18 AG. BGB. (Becher XXIV, 1 S. 8); für Hessen Art. 68—70 AG.BGB. (Becher VIII, 3 S. 41 ff.); für Hamburg § 7 AG.ZPO.; für Mecklenburg-Schwerin §§ 45 bis 47 AV.BGB. (Becher XI, 2 S. 11); für Oldenburg Art. 16 G. vom 10. Febr. 1906, betr. die staatliche Kreditanstalt; hiezu § 15 der AusfBest. vom 7. Sept. 1912; für Lübeck §§ 48—58 AG.BGB. (Becher X, 6 S. 47); für Mecklenburg-Strelitz §§ 44—47 AV.BGB. (Becher XII, 1 S. 9 f.); für Schaumburg-Lippe G. vom 25. März 1900, betr. die Umschreibung von auf den Inhaber lautenden Schuldverschreibungen auf den Namen der Inhaber (Becher XXII, 13 S. 92 ff.), VO. vom 7. April 1900.

Sachsen hat von dem Vorbehalt des Art. 101 keinen Gebrauch gemacht (Kloß-Müller, Sächs. Landesprivatrecht, 3. Aufl., § 43, II).

Art. 102.

Unberührt bleiben die landesgesetzlichen Vorschriften über die Kraftloserklärung und die Zahlungssperre in Ansehung der im § 807 des Bürgerlichen Gesetzbuchs bezeichneten Urkunden.

Unberührt bleiben die landesgesetzlichen Vorschriften, welche für die Kraftloserklärung der im § 808 des Bürgerlichen Gesetzbuchs bezeichneten Urkunden ein anderes Verfahren als das Aufgebotsverfahren bestimmen.

E. I, 61; II. 75; III, 101.

Kraftloserklärung und Zahlungssperre bei den in §§ 807, 808 BGB. bezeichneten Urkunden:

1. Entstehung. Art. 61 des I. Entw. lautete:

„Unberührt bleiben die Vorschriften der Landesgesetze über Kraftloserklärung und Zahlungssperre in Ansehung der in den §§ 702, 703 BGB. bezeichneten Urkunden."

Dem § 702 des I. Entw. entspricht der nunmehrige § 807, dem § 703 des I. Entw. entspricht der nunmehrige § 808 BGB.

Der Unterschied zwischen dem Art. 61 des I. Entw. und dem nunmehrigen Art. 102 dieses Gesetzes liegt darin, daß in letzterem der § 703 (nunmehr § 808) aus dem Art. 61 des I. Entw. herausgenommen und hierüber eine abweichende Bestimmung in einem beigefügten Abs. 2 (des nunmehrigen Art. 102) getroffen wurde.

Diese Änderung ruht darin, daß in dem I. Entw. des BGB. die Amortisation der sog. qualifizierten Legitimationspapiere reichsgesetzlich nicht geregelt war, während in der II. Komm. durch den nunmehrigen § 808 Abs. 2 BGB. und den § 1023 ZPO. eine reichsgesetzliche Regelung erfolgte (Mot. z. EG. 187, P. II, 562—566, VI, 198, 199, 420, Reatz III, 59, Mat. 62.)

2. Inhalt des **Abs. 1.** Der Abs. 1 betrifft die **Urkunden des § 807 BGB.,** das sind „Karten, Marken und ähnliche Urkunden", z. B. Fahrkarten, Eintrittskarten, Eisenbahnbillets, Speise- und Biermarken, Gutscheine u. dgl., in denen ein Gläubiger nicht bezeichnet ist, hinsichtlich deren aber aus den Umständen zu folgern ist, daß der Aussteller zu der in der Urkunde zugesicherten Leistung jedem Inhaber verpflichtet sein will (s. Bd. II, 2 Bem. I zu § 807).

Reichsgesetzlich gibt es für diese einfache Art von Legitimationspapieren kein Aufgebot und keine Zahlungssperre. Während auf diese Urkunden nach § 807 BGB. verschiedene der für Schuldverschreibungen auf den Inhaber geltenden Vorschriften Anwendung finden, sind die §§ 799, 800 BGB. über die Kraftloserklärung und die Zahlungssperre nicht für anwendbar erklärt.

Der Abs. 1 überläßt es der Landesgesetzgebung, zu bestimmen, ob für solche Urkunden überhaupt ein Amortisationsverfahren (Kraftloserklärung mit Zahlungssperre) zugelassen werden will oder nicht. Im ersteren Falle ist der Landesgesetzgebung auch überlassen, die Voraussetzungen und die Wirkungen der Kraftloserklärung und Zahlungssperre sowie das Verfahren bei derselben zu bestimmen. Nach § 11 EG.ZPO. kann die Landesgesetzgebung, soweit sie die Kraftloserklärung der in § 807 BGB. bezeichneten Urkunden zuläßt, die Anwendung der Bestimmungen der ZPO. ausschließen oder diese Bestimmungen durch andere Vorschriften ersetzen.

Die allgemeine Zulassung der Amortisation (im BGB.) wurde bei diesen Urkunden in der II. Komm. deshalb für unmöglich erklärt, weil ihnen oft ausreichende Kennzeichen fehlten, um sie von anderen Urkunden derselben Art zu unterscheiden. Auch wurde bemerkt, daß die Kraftloserklärung in diesen Fällen ohne praktische Erheblichkeit sein werde (P. II, 562).

3. Inhalt des **Abs. 2.** Der Abs. 2 betrifft die **Kraftloserklärung der qualifizierten Legitimationspapiere des § 808 BGB.** (vgl. auch oben Bem. 2, a, δ zu Art. 99). In Betracht kommen namentlich Sparkassenbücher, Leihhausscheine, Versicherungspolicen, Depotscheine und ähnliche Urkunden (P. II, 564; vgl. Bem. I, II zu § 808). Bezüglich dieser Urkunden ist durch § 808 Abs. 2 BGB. ausgesprochen, daß sie, wenn sie abhanden gekommen oder vernichtet sind, im Wege des Aufgebotsverfahrens für kraftlos erklärt werden können, „wenn nicht ein anderes bestimmt ist". Durch diesen Bedingungssatz des § 808 Abs. 2 ist der Landesgesetzgebung freie Hand gegeben, die Kraftloserklärung der qualifizierten Legitimationspapiere auszuschließen. Soferne die Kraftloserklärung nicht ausgeschlossen ist, ermächtigt schon § 1023 Satz 2 ZPO.

die Landesgesetzgebung zu einer Vereinfachung des in Satz 1 daselbst reichsrechtlich geregelten Aufgebotsverfahrens; die Landesgesetze können über die Veröffentlichung des Aufgebots und der im § 1017 Abs. 2 und 3 und in den §§ 1019, 1020, 1022 vorgeschriebenen Bekanntmachungen sowie über die Aufgebotsfrist abweichende Vorschriften erlassen.

Noch weiter geht in der Zulassung der Vereinfachung des Verfahrens zum Zwecke der Kraftloserklärung von qualifizierten Legitimationspapieren der Art. 102 Abs. 2 EG.; unberührt bleiben und können neu erlassen werden landesgesetzliche Vorschriften, welche für die Kraftloserklärung dieser Papiere überhaupt ein anderes Verfahren als das gerichtliche Aufgebotsverfahren bestimmen. So kann z. B. für Sparkassenbücher bestimmt werden, daß die Sparkasse selbst die Aufforderung zur Anmeldung erläßt und nach Ablauf einer bestimmten Frist die Kraftloserklärung ausspricht.

In der II. Komm. (P. II, 565) ist hervorgehoben worden, daß für die qualifizierten Legitimationspapiere das Aufgebot in Bayern, Baden, Hessen und Anhalt bestehe, ohne daß sich dort Übelstände ergeben hätten; einer mißbräuchlichen Anwendung setzten schon die nicht unerheblichen Kosten des Aufgebotsverfahrens einen wirksamen Riegel entgegen.

4. Sowohl Abs. 1 als Abs. 2 beziehen sich nicht bloß auf Urkunden, welche von Körperschaften, Stiftungen oder Anstalten des öffentlichen Rechtes ausgestellt werden, sondern auch auf die von Privatpersonen ausgestellten Urkunden (Mot. z. EG. 187).

5. Landesgesetze: Von dem Vorbehalte des Abs. 1 hat, soweit ersichtlich, kein Land Gebrauch gemacht.

Hinsichtlich des Abs. 2 des Art. 102 EG. und des § 1023 ZPO. ist auf folgende landesgesetzliche Vorschriften zu verweisen: Preußen AG.ZPO. § 7; Bayern AG.BGB. Art. 90, 111—121 (Becher III, 7 S. 51 ff.), AG.ZPO. Art. 30; Sachsen AG.BGB. § 5 (Becher XVII, 1 S. 2), AV.ZPO. und KO. § 10 (Becher XVII, 7 S. 98); Württemberg AG.BGB. Art. 188 und 189 (Becher XXVI, 1 S. 38 ff.), Kgl. VO. vom 6. Jan. 1900 §§ 5, 6 (RegBl. Nr. 101); Baden nunmehr AG. ZVG. und ZPO. in der Fassung der Bek. vom 13. Okt. 1925 §§ 13 und 14 (GVBl. S. 303), [früher AG.ZVG. und ZPO. vom 18. Juni 1899 §§ 14 und 15 (Becher II, 11 S. 54)], AG.BGB. in der Fassung der Bek. vom 13. Okt. 1925 § 35 Abs. 2 Nr. 3 (GVBl. S. 286), [früher AG.BGB. § 29 Abs. 2 Nr. 3 (Becher II, 9 S. 24)]; Thüringen AV.BGB. vom 16. Mai 1923 § 53 (GS. S. 292); durch Art. 155 Abs. 1 dieser AV. sind die Vorschriften der Ausführungsgesetze der jetzt zu Thüringen vereinigten Länder aufgehoben [s. Sachsen-Weimar-Eisenach AG.BGB. §§ 59—73; Sachsen-Meiningen AG.BGB. Art. 10 § 8, Reuß ä. L. AG.BGB. §§ 52—66]; Hessen AG.BGB. Art. 71 (Becher VIII, 3 S. 42); AG.ZPO. Art. 7, d in der Fassung des Art. 1, I des G. vom 21. Juli 1899 (Becher VIII, 7 S. 160); Hamburg AG.ZPO. § 4 (Becher VII, 8 S. 50); Mecklenburg-Schwerin AG. ZPO. §§ 30—41 (Becher XI, 8 S. 136 f.); Mecklenburg-Strelitz AG.ZPO. §§ 29—40 (Becher XII, 8 S. 121 f.); Oldenburg AG.ZPO. § 12 (Becher XIII, 4 S. 21, 8 S. 47 und 12 S. 73); Anhalt AG.ZPO. Art. 4 (Becher I, 5 S. 51); Lippe AG.ZPO. § 10 in der Fassung des G. vom 17. Nov. 1899 (Becher IX, 3 S. 25); Lübeck AG.ZPO. § 4 (Becher X, 4 S. 30; Schaumburg-Lippe AG. GVG. vom 30. Juli 1879 § 60 in **der Fassung** des G. vom 5. Juli 1899 (Becher XXII, 5 S. 22).

Art. **103.***)

Unberührt bleiben die landesgesetzlichen Vorschriften, nach welchen der Staat sowie Verbände und Anstalten, die auf Grund des öffentlichen Rechtes zur Gewährung von Unterhalt verpflichtet sind, Ersatz der für den Unterhalt gemachten

*) Schrifttum: Baring, Kann in Preußen und Sachsen der Armenverband von dem Unterstützten Ersatz fordern? SächsArch. Bd. 15 S. 30 ff., 143 ff.; Schäffler, Zur prozessualen Behandlung von öffentlichrechtlichen Ersatzansprüchen der Armenpflege, BlAdmPr. Bd. 60 S. 177; Jacobsohn, Ersatzanspruch des Staates für Verpflegung von Strafgefangenen, SächsArch. 1908 S. 551; Labes, MecklZ. Bd. 18 S. 62; Kayser, Die Ersatzansprüche der Armenverbände gegen den Unterstützten und dessen alimentationspflichtige Verwandte im Gebiete des preuß. Landesrechts, JW. 1913 S. 468; Josef, Ersatzansprüche der Fürsorgeverbände gegen Dritte, LZ. 1926 Sp. 1250.

Aufwendungen von der Person, welcher sie den Unterhalt gewährt haben, sowie von denjenigen verlangen können, welche nach den Vorschriften des Bürgerlichen Gesetzbuchs unterhaltspflichtig waren.

E. II, 76; III, 102.

Ersatzansprüche des Staates und der kraft öffentlichen Rechtes zur Gewährung von Unterhalt verpflichteten Verbände wegen der zu diesem Zwecke gemachten Aufwendungen.

1 Entstehung. Der in Art. 103 enthaltene Vorbehalt ist erst in der II. Komm. in das Gesetz eingestellt worden. In den Motiven (IV, 676) war davon ausgegangen, daß der Ersatzanspruch von öffentlichen Armenverbänden für geleisteten Unterhalt dem öffentlichen Recht angehöre und daß deshalb die diesen Anspruch regelnden Landesgesetze durch das BGB. nicht berührt würden. In der II. Komm. wurden jedoch Zweifel laut, ob dieser Ersatzanspruch nicht doch nach den Vorschriften einzelner Landesgesetze ein privatrechtlicher sei. Deshalb wurde durch die Vorschrift des jetzigen Art. 103 klargestellt, daß die den Ersatzanspruch regelnden landesgesetzlichen Vorschriften unberührt bleiben sollen, gleichviel ob sie dem öffentlichen Recht oder dem Privatrecht angehören (P. VI, 482, 483, 616, 617; Reatz III, 59).

2 **Inhalt.**

a Es handelt sich in diesem Artikel um Ersatzansprüche von juristischen Personen des öffentlichen Rechtes — also Staat, Kreis, Distrikt, Gemeinden und ihren Anstalten — für Unterhalt, zu dessen Gewährung eine Pflicht auf Grund des öffentlichen Rechtes bestand. In Betracht kommt hauptsächlich die Unterhaltsgewährung an hilfs- und fürsorgebedürftige Personen. Jedoch beschränkt sich der Vorbehalt nicht auf diese Fälle, sondern erstreckt sich z. B. auch auf die Gewährung des Unterhalts an Gefangene in den Strafanstalten; hier kommt besonders der Staat als ersatzberechtigt in Betracht. Der Ersatzanspruch ist kein Bereicherungsanspruch im Sinne der §§ 812 ff. BGB., auch wenn der Unterhalt in der irrigen Annahme der Hilfsbedürftigkeit gewährt wurde (RGRK. Vorbem. 2, c vor § 812; RGZ. Bd. 72 S. 336, Bd. 75 S. 84, Bd. 76 S. 70, Bd. 106 S. 384).

Der Vorbehalt betrifft nur die besonderen aus dem Armenunterstützungsrechte der Länder hervorgehenden Vorschriften, nicht allgemein-rechtliche Vorschriften, aus denen ein Anspruch nach Landesrecht abgeleitet werden konnte (OLG. Marienwerder, „Recht“ 1908 S. 399).

Nicht mehr hieher gehören die Ersatzansprüche der Kostenträger aus öffentlicher Fürsorge für die Gewährung von Unterhalt an Minderjährige, die nach §§ 62 ff. des RG. für Jugendwohlfahrt vom 9. Juli 1922 (RGBl. S. 633) der Fürsorgeerziehung überwiesen sind. Dieser Ersatzanspruch ist in § 75 JWG. geregelt: Die Kosten der Fürsorgeerziehung sind dem Kostenträger auf sein Verlangen aus dem pfändbaren Vermögen (§§ 803 ff., 811 ZPO., VO. über Lohnpfändung vom 25. Juni 1919 in der Fassung des Ges. vom 27. Febr. 1928, RGBl. I S. 45) des Minderjährigen oder des auf Grund des bürgerlichen Rechts zu seinem Unterhalt Verpflichteten zu erstatten; die näheren Bestimmungen sind der Landesgesetzgebung überlassen und in den Ausführungsvorschriften der Länder zum JWG. enthalten; s. z. B. für Preußen § 23 AG.JWG. vom 29. März 1924, für Bayern Art. 38 Abs. 2 JugendamtG. vom 20. Juli 1925, für Sachsen § 21 WohlfahrtspflegeG. vom 28. März 1925. Diese landesgesetzlichen Vorschriften beruhen also auf dem besonderen reichsrechtlichen Vorbehalte des § 75 JWG.

b Der Vorbehalt betrifft die Ersatzansprüche

α) gegen die Person, welcher der Unterhalt gewährt ist; darin ist auch der Ersatzanspruch an den Nachlaß dieser Person begriffen (s. auch den Vorbehalt des Art. 139, der ein zur Deckung von Ersatzansprüchen landesgesetzlich eingeräumtes Erbrecht, einen Pflichtteilsanspruch oder ein Recht an bestimmten Sachen unberührt läßt);

β) gegen diejenigen, welche nach den Vorschriften des BGB. unterhaltspflichtig waren; es kommen als unterhalts- und deshalb ersatzpflichtig in Betracht der Ehegatte (§§ 1360, 1361), der geschiedene Ehegatte (§§ 1578—1583, 1586), der Ehegatte bei Nichtigkeit oder Anfechtbarkeit der Ehe (§§ 1345—1347, 1351), die Verwandten in gerader Linie (§§ 1601 ff.; s. auch §§ 1703, 1739, 1766), der uneheliche Vater

(§§ 1708 ff. BGB.), der Erbe (§ 1969). Keine Unterhaltspflicht im Sinne des Art. 103 ist die Pflicht zur Leistung einer Geldrente unter dem Gesichtspunkte des Schadensersatzes (§§ 843—845 BGB.). Auch auf Ersatzansprüche für gewährten Unterhalt kraft öffentlichen Rechts trifft der Vorbehalt des Artikels nicht zu.

c) Die Landesgesetzgebung kann den Umfang des Ersatzanspruchs regeln und das Verfahren bestimmen, in welchem er geltend gemacht wird. Wegen der Unanwendbarkeit des § 1613 BGB. auf die Ersatzansprüche der Armenverbände s. Josef im VerwArch. Bd. 28 S. 348, Kayser in PrVerwBl. Bd. 37 S. 378.

3. Die Notwendigkeit des Vorbehalts des Art. 103 ergab sich daraus, daß nach den Vorschriften des BGB. — z. B. aus dem Gesichtspunkte der Geschäftsführung ohne Auftrag (§§ 677 ff.) oder der ungerechtfertigten Bereicherung (§§ 812 ff.) — ein Ersatzanspruch gegen den Unterstützten selbst oder gegen den Unterhaltspflichtigen da nicht gegeben ist, wo bisherige Landesgesetze einen solchen Ersatzanspruch gewährten oder dessen Gewährung der Billigkeit entspricht. Geltendmachung eines Ersatzanspruchs auf Grund von Vorschriften des BGB. ist aber durch den Vorbehalt nicht ausgeschlossen; vgl. RG. im „Recht" 1911 Nr. 1328; s. aber oben Bem. 2, a.

4. **Verhältnis zu anderen reichsrechtlichen Vorschriften.**

§ 62 des Unterstützungswohnsitzgesetzes vom 6. Juni 1870 in der Fassung vom 30. Mai 1908 (RGBl. 1908 S. 381) hatte „dem Armenverband, welcher nach Vorschrift dieses Gesetzes einen Hilfsbedürftigen unterstützt hatte, die Befugnis erteilt, Ersatz derjenigen Leistungen, zu deren Gewährung ein Dritter aus anderen als den durch dieses Gesetz begründeten Titeln verpflichtet war, von dem Verpflichteten in demselben Maße und unter denselben Voraussetzungen zu fordern, als dem Unterstützten auf jene Leistungen ein Recht zustand". Daneben hatte der Vorbehalt des Art. 103 auch, soweit es sich um Ersatzansprüche für gewährte Unterstützung handelte (s. oben Bem. 2, a) insoferne Bedeutung, als auf Grund desselben auch darüber hinaus ein Ersatzanspruch, so besonders gegen den Unterstützten selbst, landesgesetzlich begründet sein kann. Das UWG. ist — von einigen hier nicht in Betracht kommenden Vorschriften abgesehen — durch § 29 der **VO. über die Fürsorgepflicht** (RFV.) **vom 13. Febr. 1924** (RGBl. I S. 100) aufgehoben.

Auch durch die Vorschriften der RFV., nach deren § 39 in Kraft seit 1. April 1924, ist der Vorbehalt des Art. 103 für Ersatzansprüche von Unterstützung gewährenden öffentlich-rechtlichen Verbänden nicht gegenstandslos geworden. Träger der Fürsorgepflicht sind jetzt die Fürsorgeverbände (§§ 1—5 RFV.). Der Fürsorgeverband kann nach § 22 RFV. „in den Grenzen des notdürftigen Unterhalts Ersatz seiner Aufwendungen von den Kindern des Hilfsbedürftigen auch dann verlangen, wenn sie nach den Vorschriften des BGB. (§ 1603) lediglich deshalb nicht unterhaltspflichtig sind, weil sie sonst ihren standesgemäßen Unterhalt gefährden würden. Dies gilt nicht, wenn der in Anspruch Genommene aus dem gleichen Grunde nicht verpflichtet ist, seiner Ehefrau oder seinen Kindern den standesgemäßen Unterhalt zu gewähren, oder wenn durch die Ersatzleistungen sein Fortkommen oder das seiner Ehefrau oder Kinder unbillig erschwert würde". Wegen des Verfahrens, in welchem der Ersatzanspruch geltend gemacht werden kann, s. § 23 RFV. Diese Vorschriften regeln erschöpfend und unter Ausschluß von landesrechtlichen Ergänzungen oder Abänderungen den Ersatzanspruch der Fürsorgeverbände im Sinne der RFV. gegen Dritte. Dagegen überläßt es § 25 Abs. 1 RFV. dem Lande, im Rahmen der reichsrechtlichen Vorschriften zu bestimmen, inwieweit ein Hilfsbedürftiger, der zu hinreichendem Vermögen oder Einkommen gelangt, die aufgewendeten Kosten dem Fürsorgeverband zu ersetzen hat, und bestimmt dazu in Abs. 2 — bindend für die Landesgesetzgebung —, daß der Ersatzanspruch auch gegenüber dem Erben des Hilfsbedürftigen geltend gemacht werden kann (§ 1967 BGB.). Es sind also nach § 25 Abs. 1 RFV. in Verbindung mit der reichsgesetzlichen Vorschrift des Art. 103 EG. landesgesetzliche Vorschriften, welche den Ersatzanspruch der Fürsorgeverbände gegen den Hilfsbedürftigen regeln, samt den darauf bezüglichen Verfahrensvorschriften unberührt geblieben (Entsch. des Bayer. Verwaltungsgerichtshofs, Sammlung Bd. 47 S. 89; vgl. Baath RFV. S. 87).

5. **Landesgesetze:**

Für Preußen s. ALR. II, 1, 19 §§ 1 ff., 55, 66—69. Landesrechtliche Bestimmungen, nach denen der Armenverband vom Unterstützten Ersatz verlangen konnte, bestanden früher nicht; s. jetzt AV.RFV. vom 17. April 1924 (GS. S. 210) in der

Fassung der G. vom 17. Febr. 1926 (GS. S. 79) und 29. März 1927 (GS. S. 33) §§ 30, 31; eine Ausführungsvorschrift zu § 25 RFV. ist nicht erlassen.

In Bayern ist Art. 10 des ArmenG. vom 21. Aug. 1914 (GVBl. S. 551), der die Ersatzpflicht des Unterstützten regelt, nebst den Verfahrensvorschriften des Art. 75 Abs. 1 Nr. 1 und Abs. 2 noch in Geltung (VerwGerH. Bd. 47 S. 89, Nibler in Bayer. Gem.- u. VerwZ. 1925 Sp. 454, 478, Dandl ebenda 1926 Sp. 947; a. M. Heß ebenda 1925 Sp. 483). In den mit Bayern vereinigten coburgischen Landesteilen gilt Art. 46 AG.BGB. für Sachsen-Coburg-Gotha (Becher XIX, 8 S. 78) nach der Bek. vom 30. Jan. 1922 (GVBl. S. 155) fort.

Sachsen AG.BGB. § 6 (Becher XVII, 1 S. 2); zu § 25 RFV. WohlfahrtspflegeG. vom 28. März 1925 (GBl. S. 55) § 21; s. Kloß-Müller, Sächs. Landesprivatrecht § 50 S. 104 ff.

In Württemberg ist das G. vom 17. April 1873 zur Ausf. des UWG. (RegBl. S. 109) durch Art. 45 der Landesfürsorgeordnung vom 31. März 1924 (RegBl. S. 247) beseitigt.

In Baden ist das G. vom 5. Mai 1870 über die öffentliche Armenpflege (GVBl. S. 287) durch § 22 Abs. 2 AV.RFV. vom 29. März 1924 (GVBl. S. 59) aufrechterhalten.

Thüringen AV.BGB. vom 16. Mai 1923 § 135 (GS. S. 299), wodurch (§ 155 Abs. 1) alle den Gegenstand betreffenden Vorschriften der jetzt zu dem Lande Thüringen vereinigten Länder beseitigt sind; s. jetzt § 15 der AV.RFV. vom 1. April 1924 in der Fassung vom 31. Jan. 1927 (GS. 1924 S. 202, 1927 S. 77).

Hessen AG.BGB. Art. 72, 73 (Becher VII, 3 S. 42); war nicht beseitigt durch AV.RFG. vom 29. März 1924 (RegBl. S. 241), s. § 31 Abs. 2 daselbst (Wolf, Hess. Landesprivatrecht § 45); s. jetzt Art. 35, 36 AG.RFV. vom 17. Juni 1926 (RegBl. S. 189).

Hamburg G. vom 11. Sept. 1907 betr. das Armenwesen (Amtsbl. S. 545) in der Fassung der AV.RFV. vom 28. März 1924 (GVBl. S. 233).

Mecklenburg-Schwerin AV.RFV. vom 3. April 1924 (RegBl. S. 136) § 10.

Braunschweig erste AV.RFV. vom 29. März 1924 (GVS. S. 135) § 18; s. auch § 21.

Oldenburg AG.RFV. vom 7. Juli 1924 (GBl. S. 431) § 16.

Lübeck AG.BGB. § 59 (Becher X, 6 S. 49) in der Fassung des § 29 Abs. 2 des Ges. über die öffentl. Wohlfahrtspflege vom 21./27. Nov. 1925 (GS. Nr. 95 S. 1).

Schaumburg-Lippe AG.RFV. vom 28. März 1924 (LV. S. 83) §§ 21, 22.

6. Vgl. auch Art. 139 EG. über Rechte des Fiskus und anderer juristischer Personen in Ansehung des Nachlasses verpflegter und unterstützter Personen.

Art. 104.

Unberührt bleiben die landesgesetzlichen Vorschriften über den Anspruch auf Rückerstattung mit Unrecht erhobener öffentlicher Abgaben oder Kosten eines Verfahrens.

E. I, 65; II, 77; III, 103.

Anspruch auf Rückerstattung mit Unrecht erhobener Abgaben oder Kosten eines Verfahrens.

1. Entstehung und Grund der Vorschrift. Der gegenwärtige Artikel entspricht dem Art. 65 des I. Entw. wörtlich mit dem Abmaße, daß in letzterem statt der Worte: „mit Unrecht erhobener" ein Relativsatz angewendet war, welcher lautet:

„zu deren Entrichtung eine Verpflichtung nicht bestanden hat".

Der Artikel wurde in der II. Komm. lebhaft angefochten; namentlich wollte ein Antragsteller, daß für die Rückforderungsansprüche dieses Artikels die Betretung des Rechtswegs offen bleiben müßte. Ein anderer Antragsteller wollte völlige Streichung des Artikels, weil er sich zum Teil von selbst verstehe und zum Teil kein Anlaß zu landesrechtlichen Ausnahmebestimmungen vorliege.

Die Kommission entschied sich für unveränderte Annahme des Artikels, hauptsächlich, um zunächst eine Unklarheit darüber zu vermeiden, welche Vorschriften als privatrechtliche beseitigt seien, und welche als öffentlich-rechtliche bestehen blieben, und dann, weil es sich um eine praktisch höchst wichtige Materie handle.

Gegenüber dem ersterwähnten Antrage wurde namentlich hervorgehoben: Es würde ein schwerwiegender Eingriff in das Verwaltungsrecht der einzelnen Bundesstaaten sein, wenn reichsrechtlich vorgeschrieben werden würde, daß alle Verfügungen der Verwaltungsbehörden über die Erhebung von Abgaben der Nachprüfung durch die ordentlichen Gerichte unterliegen sollten. Es seien durchweg kurze Verjährungsfristen für die Ansprüche auf Rückerstattung von Abgaben eingeführt; würden diese beseitigt, so würden solche Ansprüche nach dem BGB. einer 30jährigen Verjährungsfrist unterliegen, was die Behörden zwingen würde, Akten und Belege über Gebühr lange aufzubewahren und sich noch nach langen Jahren in gerichtliche Erörterungen darüber einzulassen, ob eine Abgabe zu Unrecht erhoben sei (Mot. z. EG. 191, P. VI, 422—424, Reatz III, 60, Mat. 62).

2. Inhalt.

a) Welche Abgaben im Sinne des Art. 104 als öffentliche Abgaben anzusehen sind, bestimmt sich nach dem Rechte der einzelnen Länder. Mangels besonderer Vorschriften sind darunter Abgaben jeder Art verstanden, die an die Staatskassen, an Gemeinden oder sonstige Kommunalverbände, an Kirchen, öffentliche Religionsgesellschaften usw. zu entrichten sind (Mot. z. EG. 191).

b) Als Kosten eines Verfahrens werden hier nur solche in Betracht kommen, welche für die Tätigkeit der staatlichen oder gemeindlichen Organe unmittelbar an den Staat oder die Gemeinde zu entrichten sind, nicht aber solche Kosten, welche dem Staate oder der Gemeinde usw. infolge Unterliegens in einem Zivilprozesse oder Verwaltungsstreite zu ersetzen sind.

c) Der Anspruch auf Rückerstattung einer öffentlichen Abgabe hängt zunächst von der Vorfrage ab, ob eine ungerechtfertigte Bereicherung des Staates oder der Gemeinde vorliegt; diese Vorfrage ist nach dem öffentlichen Rechte zu entscheiden. Die Frage der Zulässigkeit der Rückforderung (condictio indebiti) betrifft dann allerdings eine privatrechtliche Frage. Die Lösung dieser beiden Fragen, womit auch die zeitliche Dauer und Verjährung des Anspruchs zusammenhängt, sowie die Regelung der Zuständigkeit zur Entscheidung über den Anspruch überträgt dieser Artikel der Landesgesetzgebung, um Zweifel darüber abzuschneiden, ob und inwieweit die fraglichen Ansprüche dem öffentlichen Recht oder dem Privatrecht angehören. Demnach ist die Landesgesetzgebung auch für die Regelung der Frage zuständig, ob der Rechtsweg zulässig ist oder nicht.

d) Soweit eine landesgesetzliche Regelung nicht erfolgt, ist der Rückerstattungsanspruch nach den Vorschriften des BGB. (§§ 812 ff.) zu beurteilen, wenigstens in entsprechender Anwendung (vgl. Bayer. VerwGH. Bd. 10 S. 245, Bd. 16 S. 103).

e) Soweit in älteren Landesgesetzen hinsichtlich des Erstattungsanspruches auf allgemeine Vorschriften des bürgerlichen Rechtes verwiesen ist, finden gemäß Art. 4 EG. die Vorschriften des BGB. Anwendung.

f) Soweit es sich um Abgaben und Kosten handelt, welche für den Staat oder die Gemeinde usw. auf Grund von Reichsgesetzen erhoben werden, wird die Regelung des Rückerstattungsanspruchs ebenfalls der Landesgesetzgebung zufallen, soweit nicht hierüber reichsgesetzlich besondere Vorschriften gegeben sind.

g) Auch für die Zulassung des Rechtswegs für den Anspruch auf Rückerstattung öffentlicher Abgaben sind, soweit nicht reichsrechtlich ein anderes bestimmt ist, die Landesgesetze maßgebend (RGZ. Bd. 75 S. 40 = JW. 1911 S. 195).

3. Landesgesetze: Preußen AG.BGB. Art. 8 § 1 Nr. 4, § 2 (Becher XIV, 1 S. 5); hier ist die Verjährungsfrist für Ansprüche auf Rückerstattung von Kosten, die von einer öffentlichen Behörde zu Unrecht erhoben sind, auf vier Jahre festgesetzt und im übrigen die Verjährung unter Verweisung auf die Vorschriften des BGB. mit gewissen Abweichungen geregelt.

Vorschriften über die Verjährung enthalten weiter für Bayern AG.BGB. Art. 125 Abs. 3, Art. 126, 127 (Becher III, 7 S. 52), in den vormals coburgischen Landesteilen in Geltung seit 1. April 1922 (Bek. vom 30. Jan. 1922, GVBl. S. 153); für Sachsen AG.BGB. § 2 Abs. 1 Nr. 2, Abs. 2 (Becher XVII, 1 S. 1; s. Kloß-Müller, Sächs. Landesprivatrecht, 3. Aufl. § 36, II, 4 S. 73); für Württemberg AG.BGB. Art. 141 (Becher XXVI, 1 S. 28); für Thüringen AV.BGB. vom 16. Mai 1923 (GS. S. 287) § 20 Abs. 1 Nr. 4, § 21; für Hessen AG.BGB.

Art. 19 Abs. 1 Nr. 5, Art. 20 (Becher VIII, 3 S. 32); für Schaumburg-Lippe AG.BGB. § 12 Abs. 1 Nr. 4, Abs. 2 (Becher XXII, 9 S. 63); für Waldeck AG.BGB. Art. 7 § 1 Nr. 3, § 2 (Becher XXV, 1 S. 5).

4. Neues Reichsrecht: Das Anwendungsgebiet des Art. 104 EG. und der auf Grund des Vorbehalts erlassenen Landesgesetze ist durch die neuere Reichsgesetzgebung erheblich eingeschränkt. Nach Art. 8 der Reichsverfassung vom 11. Aug. 1919 hat das Reich die Gesetzgebung über die Abgaben und sonstigen Einnahmen, soweit sie ganz oder teilweise für seine Zwecke in Anspruch genommen werden; nach Art. 11 RV. hat das Reich das Recht der Grundsatzgesetzgebung auf dem Gebiete des Steuerrechts. Tatsächlich hat seit der im Jahre 1919 begonnenen Finanzreform das Reich eine große Anzahl von Steuern, die bisher von den Ländern vereinnahmt worden waren, an sich gezogen und geregelt. In der Reichsabgabenordnung vom 13. Dez. 1919 (inzwischen mehrfach geändert) wurde ein steuerrechtliches Verfahrensgesetz geschaffen.

§ 449 Satz 2 RAbgO. setzt Art. 104 EG. für den Geltungsbereich der Reichsabgabenordnung ausdrücklich außer Kraft. Nach § 227 ist der Rechtsweg vor den ordentlichen Gerichten in den Steuersachen, für welche die Reichsabgabenordnung gilt, überhaupt und auch für die Rückforderung von Steuern ausgeschlossen. Im übrigen s. wegen des Rückforderungsanspruchs die §§ 127 bis 136 RAbgO.

Art. 105.*)

Unberührt bleiben die landesgesetzlichen Vorschriften, nach welchen der Unternehmer eines Eisenbahnbetriebs oder eines anderen mit gemeiner Gefahr verbundenen Betriebs für den aus dem Betrieb entstehenden Schaden in weiterem Umfang als nach den Vorschriften des Bürgerlichen Gesetzbuchs verantwortlich ist.

E. II, 78; III, 104.

Haftung des Unternehmers eines Eisenbahnbetriebs oder eines anderen mit gemeiner Gefahr verbundenen Betriebs für den aus dem Betrieb entstehenden Schaden.

1. Entstehung. Dieser Artikel wurde erst in der II. Komm. aufgestellt und zwar, um den § 25 des preuß. EisenbahnG. vom 3. Nov. 1838 aufrecht erhalten zu können, der eine vom Verschulden unabhängige Haftung wegen Beschädigung von Personen und Sachen begründet, und der Landesgesetzgebung beim Entstehen neuer gefährlicher Betriebe, wie z. B. der elektrischen Kraftübertragung, eine Regelung der Haftpflicht zu ermöglichen, solange nicht die Reichsgesetzgebung eingreift (P. II, 604, 605, VI, 421, Reatz III, 60).

2. Inhalt: Art. 105 enthält den ersten der Fälle, in denen die Landesgesetzgebung ermächtigt ist, von den in den §§ 823 ff. BGB., insbesondere auch § 831, aufgestellten Grundsätzen über die Haftung aus einem nicht bei Erfüllung eines Vertrages verursachten (außerkontraktlichen) Schaden abzuweichen (s. die weiteren Fälle in Art. 106—108).

a) Der Vorbehalt bezieht sich auf Schäden, die entstanden sind beim Betriebe

α) einer Eisenbahn; der Begriff „Eisenbahn" ist derselbe wie nach dem ReichshaftpflG.; es gehören hierher sowohl die staatlichen Bahnen, jetzt Reichsbahn (s. ReichsbahnG. vom 30. Aug. 1924, RGBl. II S. 272 ff.), als Privatbahnen; s. die Kommentare zu § 1 RHaftpflG.;

β) eines anderen mit gemeiner Gefahr verbundenen Unternehmens, z. B. eines Dampfschiffahrtsbetriebes (P. II, 605), eines nicht

*) Schrifttum: Keyßner, Ausdehnung der Haftpflicht der Straßenbahnen auf Sachbeschädigungen nicht geboten, „Recht" 1904 S. 1 ff.; Jacusiel, Die Befugnis des Einzelstaats zum Erlaß eines Automobilhaftpflichtgesetzes, LZ. 1908 Sp. 53 ff.; Eger, Die Haftpflicht der Eisenbahnen für Sachschäden, DJZ. 1908 Sp. 751; Lissauer, Findet § 254 BGB. auch in den Fällen des § 25 des preuß. EisenbahnG. vom 3. Nov. 1838 Anwendung? DJZ. 1909 Sp. 768; Appler, Die Haftung der Eisenbahnen in Elsaß-Lothringen für Sachschaden, ElsLothZ. Bd. 35 S. 325; Dickel, über die Haftung des Eisenbahnherrn für den Waldbrand, insbesondere durch Verbrennen von Wild verursachten Schaden, Forst- und JagdZ. 44. Jahrg. S. 172 ff.; Eger, Die Ansprüche gegen die Bahn bei Autounfällen auf Schienenkreuzungen, LZ. 1927 Sp. 301.

unter den Begriff der Eisenbahn fallenden gemeingefährlichen Transportunternehmens (Seilschwebebahn), einer elektrischen Kraftanlage; der Begriff beschränkt sich nicht auf die in § 2 RHaftpflG. einzeln aufgeführten Betriebe, sondern ist an sich weiter, setzt aber immer Gemeingefährlichkeit voraus, also die Gefahr, daß Dritten an dem Betriebe unbeteiligten Personen durch den Betrieb nach dessen besonderer Art ein Sachschaden zugefügt wird. Der Landesgesetzgebung steht es frei, die erweiterte Haftpflicht auf bestimmte gemeingefährliche Betriebe zu beschränken.

b) Nur zur Regelung der Verantwortlichkeit des Unternehmers ist die Landesgesetzgebung ermächtigt. Auch der Begriff „Unternehmer" ist derselbe wie nach dem RHaftpflG.; er kann nicht von der Landesgesetzgebung abweichend bestimmt oder erweitert werden. Auf die Haftung von Betriebsangestellten oder sonst an dem Betriebe beteiligten Personen erstreckt sich der Vorbehalt nicht.

c) Während das Reichshaftpflichtgesetz die Haftung für Personenschäden (Tötung, Körperverletzung), die bei den in §§ 1 und 2 bezeichneten Betrieben entstehen, regelt, bezieht sich der Vorbehalt des Art. 105 ausschließlich auf **Sachschäden**, also die Beschädigung oder Zerstörung von Sachen (§ 90 BGB. und Vorbem. hiezu in Bd. I). Deshalb ist § 25 des preuß. EisenbahnG. vom 3. Nov. 1838 (s. unten Bem. 3) insoweit als er die Haftung für Personenschäden regelte, durch Art. 105 nicht aufrecht erhalten, auch nicht durch § 9 RHaftpflG. (RGZ. Bd. 57 S. 55ff., Bd. 63 S. 270ff.; Eger, HaftpflG. Bem. zu § 9, Seligsohn, HaftpflG. Bem. 2 zu § 9, Aron, EisenbahnG. Bd. 14 S. 189, Laß-Maier, Haftpflichtrecht S. 109, s. auch oben Bem. III, C, d, α zu Art. 42; and. Ans. Reindl, HaftpflG. Anm. 2 zu § 9, Osterlen, EisenbahnE. Bd. 15 S. 367 Note 1, Limkelmann, Schadensersatzpflicht aus unerlaubten Handlungen S. 14. Auch Dickel, Forstzivilrecht S. 622ff. und in Z. f. Forst- und Jagdwesen Bd. 44 S. 172 hält den § 25 nicht für gedeckt durch Art. 105). S. auch Staub-Könige Bem. 3 zu § 456 HGB.

Soweit es sich um die Haftung für den Schaden handelt, der durch Verlust oder Beschädigung von der Eisenbahn zur Beförderung übergebenen Güter handelt, sind nicht die landesgesetzlichen Vorschriften, sondern die Bestimmungen der §§ 456—471 HGB. maßgebend.

d) Nur zu Abweichungen von den Vorschriften des BGB., nicht auch von den Vorschriften anderer Reichsgesetze, insbesondere des Haftpflichtgesetzes, ist die Landesgesetzgebung ermächtigt (RGZ. Bd. 57 S. 55ff.). Deshalb stehen auch die Begriffe „Betrieb" und „Unternehmer" (oben Bem. a und b) für die Landesgesetzgebung unabänderlich fest. Die Landesgesetzgebung kann nur den Umfang der Verantwortlichkeit für Sachschaden, der bei dem Betriebe entstanden ist, gegenüber der sich aus den Vorschriften des BGB. ergebenden Haftung erweitern, nicht dagegen einschränken.

α) Es können die Voraussetzungen für den Eintritt der Schadensersatzpflicht abweichend vom BGB. geregelt werden; so kann namentlich bestimmt werden, daß die Verantwortlichkeit unabhängig von einem Verschulden des Unternehmers eintritt, es kann der in § 831 BGB. zugelassene Entlastungsbeweis beschränkt oder ausgeschlossen werden.

β) Es kann Umfang und Höhe der Schadensersatzpflicht ungünstiger als nach §§ 249ff. BGB. geregelt werden.

3. Das Verhältnis des Art. 105 zum Reichshaftpflichtgesetz ergibt sich zum Teil schon aus den vorausgegangenen Ausführungen. Das HaftpflG. regelt für den Eisenbahnbetrieb und die in § 2 einzeln aufgeführten und bestimmt bezeichneten Betriebe, nämlich Bergwerk, Steinbruch, Gräberei, Fabrik, die Haftpflicht des Betriebsunternehmers für Personenschäden (s. oben 2, c) abweichend von den Vorschriften des BGB. dahin, daß die Haftung ohne Rücksicht auf ein Verschulden eintritt und nur durch den Gegenbeweis ausgeschlossen werden kann, daß der Schaden durch höhere Gewalt oder durch ein Verschulden des Verletzten oder Getöteten verursacht ist. Das HaftpflG. ist neben dem BGB. in Kraft geblieben (s. Art. 55 EG.) und durch Art. 43 EG. geändert worden.

Daneben gibt der Vorbehalt des Art. 105 Raum für landesgesetzliche Vorschriften, welche die Haftung des Betriebsunternehmers für Sachschäden in ähnlicher Weise gegenüber den Vorschriften des BGB. verschärfen, mit dem Abmaße, daß neben Eisenbahnbetrieben nicht in dem Vorbehalt bestimmte und einzeln bezeichnete, sondern schlechthin alle, aber auch nur die gemeingefährlichen Betriebe (oben 2, a, β) von der Regelung betroffen werden.

§ 9 HaftpflG. läßt in der Fassung, die er durch Art. 42 EG. erhalten hat, diejenigen gesetzlichen Vorschriften unberührt, nach welchen außer den im HaftpflichtG. vorgesehenen Fällen der Unternehmer einer in dem §§ 1 und 2 bezeichneten Anlage oder eine andere Person, insbesondere wegen eines eigenen Verschuldens, für den bei dem Betriebe der Anlage durch Tötung oder Körperverletzung eines Menschen entstandenen Schaden haftet. Da sich dieser Vorbehalt ebenfalls, wie das ganze Gesetz, auf Personenschäden beschränkt, berührt er den Vorbehalt des Art. 105 nicht. § 9 enthält übrigens auch nur einen Vorbehalt zugunsten von Reichsgesetzen; daran ist auch durch Art. 105 EG. nichts geändert (Eger, HaftpflG. Anm. 111 zu § 9, Seligsohn, HaftpflG. Bem. A, I zu § 9).

4. Landesgesetze:

Für Preußen bestimmt § 25 des EisenbahnG. vom 3. Nov. 1838 (GS. S. 505):

> „Die Gesellschaft ist zum Ersatze verpflichtet für allen Schaden, welcher bei der Beförderung auf der Bahn an den auf derselben beförderten Personen und Gütern oder auch an anderen Personen und deren Sachen entsteht, und sie kann sich von dieser Verpflichtung nur durch den Beweis befreien, daß der Schaden entweder durch eigene Schuld des Beschädigten oder durch einen unabwendbaren äußeren Zufall bewirkt worden ist. Die gefährliche Natur der Unternehmung selber ist als solcher von dem Schadensersatz befreiender Zufall nicht zu betrachten."

Das Gesetz ist in den neuen Provinzen eingeführt durch VO. vom 19. Aug. 1867 (GS. S. 1426), in Hohenzollern durch G. vom 1. Mai 1865 (GS. S. 317), im Jadegebiet durch G. vom 23. März 1873 (GS. S. 107), in Waldeck durch G. vom 11. März 1870 (RegBl. S. 29).

Über die Aufrechterhaltung der Vorschrift des § 25 EBG., soweit sie Sachschäden betrifft, s. oben Bem. 2, c. Zum Begriff des „Schadens" im Sinne des § 25 s. RG. in JW. 1917 S. 549 = WarnE. 1917 Nr. 142. Die Frage, unter welchen Voraussetzungen die Haftung des Eisenbahnunternehmers für Sachschäden nach § 25 EBG. nicht eintritt, ist, da das Gesetz vom 3. Nov. 1838 für ganz Preußen gilt und seine Anwendung als Sondergesetz eine einheitliche sein sollte, nur auf Grund des Eisenbahngesetzes selbst, nicht unter Heranziehung anderer landesgesetzlicher Bestimmungen und der Vorschriften des BGB. zu entscheiden. Die Anwendung des § 254 BGB. ist daher für den Geltungsbereich des § 25 EBG. ausgeschlossen, weil nach Satz 1 jedes eigene Verschulden des Beschädigten, also dessen, der einen Sachschaden erlitten hat, die Haftung des Unternehmers ausschließt (so in ständiger Rechtsprechung das Reichsgericht; s. insbes. RGZ. Bd. 63 S. 270, JW. 1906 S. 382, EisenbE. Bd. 25 S. 418 = JW. 1909 S. 271, „Recht" 1910 Nr. 2164, ebenso OLG. Cöln, Rhein. Arch. 102, I S. 253, KG. in OLG. Bd. 38 S. 169 Anm. 1, Lissauer in DJZ. 1909 S. 768; wegen Unzulässigkeit des Einwandes, daß der einer Ehefrau zugegangene Sachschaden durch Verschulden des Mannes herbeigeführt sei, s. OLG. Königsberg PosMSchr. 1919 S. 51).

In Elsaß-Lothringen hatte Art. 22 des franz. G. vom 15. Juli 1845 sur la police des chemins de fer fortgegolten (Kisch, Els.-Lothr. Landesprivatr. § 60 S. 332, Oppler, Die Haftung der Eisenbahnen in Elsaß-Lothringen für Sachschaden, ElsLothZ. Bd. 35 S. 325; OLG. Colmar „Recht" 1902 S. 210).

Für Bayern s. Art. 58 AG.BGB. (Becher III, 7 S. 39), der die Haftung für Sachschäden nur für Eisenbahnen regelt, zu deren Betrieb öffentliche Straßen oder Plätze mit Genehmigung der zuständigen Behörden benutzt werden (s. hiezu die Kommentare von Henle-Schneider und Böhm-Klein, Oertmann, Bayer. Landesprivatrecht § 61). In den mit Bayern vereinigten coburgischen Landesteilen gilt nach der bayer. Bek. vom 30. Jan. 1922 B, II, a (GVBl. S. 155) der Art. 17 AG.BGB. für Sachsen-Coburg-Gotha (Becher XIX, 8 S. 55) fort.

Für Württemberg s. G. vom 4. Juni 1903 betr. Haftung für Sachschäden bei dem Eisenbahnbetriebe (RegBl. S. 213; Becher XXVI, 8 S. 168); s. hiezu Meyer, Württ. AG.BGB. Tl. II S. 170 ff.

Für Thüringen s. § 54 AB.BGB. vom 21. Mai 1923 (GS. S. 292) nunmehr für alle thüringischen Gebietsteile; die im wesentlichen gleichlautenden Vorschriften der Ausführungsgesetze der zu dem Lande Thüringen vereinigten Länder sind durch § 155 Abs. 1 der AB.BGB. beseitigt.

Für Hessen Art. 74 AG.BGB. (Becher VIII, 3 S. 43); s. Wolf, Hess. LPrR. § 50.

Für Hamburg besteht keine dem § 25 preuß. EBG. entsprechende Vorschrift (OLG. Hamburg OLG. Bd. 38 S. 169 Anm. 1).

Für Braunschweig § 28 AG.BGB. in der Fassung des G. vom 28. März 1904, GVS. S. 121 (Becher IV, 1 S. 6 und 16 S. 94).

Für Anhalt Art. 29 AG.BGB. (Becher I, 3 S. 17).

Für Bremen G. vom 6. Juli 1913 über die Haftung der Straßenbahn für Sachschäden (GBl. S. 234).

Für Lübeck § 60 AG.BGB. (Becher X, 6 S. 49).

Soweit die Länder überhaupt von dem Vorbehalt des Art. 105 Gebrauch gemacht haben, beschränken sie sich auf die Regelung der Haftung der Eisenbahn-Unternehmer für den Sachschaden. Eine Regelung der Haftung gemeingefährlicher Betriebe ist bisher nirgends erfolgt.

5. Für die Haftung für Sachschäden, der durch den Verkehr mit **Kraftfahrzeugen** und **Luftfahrzeugen** verursacht wird, sind ausschließlich die Vorschriften der §§ 7—9, 12, 14—20 des KraftfahrzG. vom 3. Mai 1909 (RGBl. S. 437) in der Fassung des G. vom 21. Juli 1923 (RGBl. I S. 743) und der §§ 19, 20, 23, 25—30 des LuftverkehrG. vom 1. Aug. 1922 (RGBl. I S. 681) mit VO. vom 6. Febr. 1924 (RGBl. I S. 42) maßgebend.

Art. 106.

Unberührt bleiben die landesgesetzlichen Vorschriften, nach welchen, wenn ein dem öffentlichen Gebrauche dienendes Grundstück zu einer Anlage oder zu einem Betriebe benutzt werden darf, der Unternehmer der Anlage oder des Betriebs für den Schaden verantwortlich ist, der bei dem öffentlichen Gebrauche des Grundstücks durch die Anlage oder den Betrieb verursacht wird.

E. II, 79; III, 105.

Haftung des Unternehmers eines Betriebs oder einer Anlage auf einem zum öffentlichen Gebrauch bestimmten Grundstücke für den Schaden, der durch die Anlage oder dem Betrieb bei dem öffentlichen Gebrauche verursacht wird.

1. Entstehung. Auch dieser Artikel ist erst in der II. Komm. entstanden (P. II, 605, VI, 421, 422, Reatz III, 60).

2. Inhalt. Der Unternehmer eines Betriebes oder einer Anlage haftet grundsätzlich für den Schaden, der Dritten durch die Anlage oder den Betrieb entsteht, nach § 823 Abs. 1, § 831 BGB. nur, wenn ihn oder die von ihm bestellten Personen ein Verschulden trifft. Wie Art. 105 (s. Bem. 2 hiezu) ermächtigt auch Art. 106 die Landesgesetzgebung zu einer von den reichsrechtlichen Grundsätzen abweichenden Regelung der Haftpflicht.

a) Der Vorbehalt bezieht sich auf Anlagen und Betriebe jeder Art, auch wenn sie nicht — wie Art. 105 erfordert — mit gemeiner Gefahr verbunden sind, soferne zu denselben ein öffentliches Grundstück — Wege, Straßen, Plätze — benutzt wird. Als Anlagen kommen beispielsweise in Betracht an öffentlichen Straßen oder Plätzen aufgestellte Baugerüste, Tribünen oder fliegende Bauwerke für Schaustellungen. Eisenbahnbetriebe und die dafür erforderliche Anlage fallen unter den Vorbehalt des Art. 105. Hieher gehören namentlich nicht an Schienen gebundene Verkehrsmittel, Aufzüge u. dgl. Daß die Anlage gewerblichen Zwecken dient oder daß es sich um einen gewerblichen Betrieb handelt, ist nicht erforderlich.

b) Die Benutzung des öffentlichen Grundstücks muß eine erlaubte, also an sich nicht verbotene oder behördlich genehmigte sein („benutzt werden darf"). Ist schon die Benutzung widerrechtlich, erfolgt sie nämlich ohne die vorgeschriebene behördliche Genehmigung oder gegen ein Verbot, so wird dadurch eine Schadenshaftung nur nach § 823 Abs. 2 BGB. (vgl. § 366 Nr. 8—10, § 367 Nr. 8, 12—15 StGB.) begründet, die landesgesetzlich nicht geändert werden kann; dies führt allerdings zu dem Ergebnis, daß die Haftung aus befugter Benutzung eines öffentlichen Grundstücks eine strengere sein kann (s. unten Bem. d) als die unbefugte, die immer ein Verschulden voraussetzt (§ 823 Abs. 2 Satz 2 BGB.).

c) Wie nach Art. 105 (s. Bem. 2, b dazu) kann nur die Verantwortlichkeit des Unternehmers landesgesetzlich abweichend geregelt werden, nicht anderer mit der Herstellung, Erhaltung, Benutzung oder Bedienung der Anlage betrauter oder bei dem Betriebe beschäftigter Personen.

d) Der gesetzgeberische Grund für den Vorbehalt ist der, daß der öffentliche Gebrauch eines Grundstücks durch eine Anlage oder einen Betrieb nicht beeinträchtigt werden soll und daß deshalb der Unternehmer, dem die Benutzung des Grundstücks für seine Anlage oder seinen Betrieb eingeräumt wird, die Gefahr eines dadurch entstehenden Schadens zu tragen hat. In Betracht kommt deshalb wohl nur eine Verschärfung der Haftung des Unternehmers gegenüber den Vorschriften der §§ 823 Abs. 1, 831 BGB.; s. hiezu Bem. 2, d zu Art. 105; die verschärfte Haftung kann aber landesgesetzlich nur für denjenigen Schaden begründet werden, der bei der Benutzung des dem öffentlichen Gebrauche dienenden Grundstücks durch die Anlage oder den Betrieb verursacht wird, also nicht für Schaden, der auch sonst durch die Anlage oder den Betrieb an anderem Ort entstanden wäre. Unter den Vorbehalt fällt — soweit nicht eine Haftung nach dem Reichshaftpflichtgesetz begründet ist — Personen- und Sachschaden, der im Zusammenhang mit dem allgemeinen Verkehr auf dem Grundstücke entsteht.

3. Landesgesetzgebung: Von dem Vorbehalt haben nur folgende Länder Gebrauch gemacht: Bayern Art. 59 AG.BGB. (Becher III, 7 S. 40), Hessen, Art. 75 AG.BGB. (Becher VIII, 3 S. 43), Anhalt, Art. 30 AG.BGB. (Becher I, 3 S. 17) und Lübeck, §§ 61, 62 AG.BGB. (Becher X, 6 S. 49 f.), diese Länder übereinstimmend derart, daß die Erteilung der Genehmigung von der zuständigen Behörde von der Übernahme der strengeren Haftung abhängig gemacht werden kann; ferner Braunschweig §§ 29, 30 AG.BGB. in der Fassung des G. vom 28. März 1904 (Becher IV, 1 S. 6 und 16 S. 94); in den mit Bayern vereinigten vormals coburgischen Landesteilen gilt Art. 17 § 3 AG.BGB. für Sachsen-Coburg-Gotha nach der bayer. Bek. vom 30. Jan. 1922 (GVBl. S. 155) fort. In Thüringen ist diese Vorschrift und Art. 12 § 2 AG.BGB. für Sachsen-Meiningen durch § 155 Abs. 1 AV.BGB. vom 16. Mai 1923 (GS. S. 301) aufgehoben und durch keine entsprechende Vorschrift ersetzt.

Art. 107.

Unberührt bleiben die landesgesetzlichen Vorschriften über die Verpflichtung zum Ersatze des Schadens, der durch das Zuwiderhandeln gegen ein zum Schutze von Grundstücken erlassenes Strafgesetz verursacht wird.

E. I, 63; II, 80; III, 160.

Schadenersatz wegen Zuwiderhandelns gegen ein zum Schutze von Grundstücken erlassenes Strafgesetz:

1. Entstehung. Art. 107 stimmt — abgesehen von unwesentlichen redaktionellen Änderungen — mit Art. 106 des I. Entw. überein (Mot. z. EG. 190, P. VI, 422, Reatz III, 60, Mat. 87 a S. 64).

2. Inhalt. Für den Schaden, der durch das Zuwiderhandeln gegen ein Strafgesetz verursacht ist, haftet der Schädiger grundsätzlich nach § 823 Abs. 2 BGB.; darnach tritt die Ersatzpflicht, wenn nach dem Inhalte des Strafgesetzes ein Verstoß gegen dasselbe auch ohne Verschulden möglich ist, nur im Falle des Verschuldens ein (s. Bem. III, C zu § 823 in Bd. II). Ist der Schaden durch einen anderen verursacht, so bestimmt sich die Haftung nach den Vorschriften der §§ 31, 831, 832 BGB.

Art. 107 ermöglicht es der Landesgesetzgebung, die Ersatzpflicht abweichend zu regeln, insbesondere zu erweitern für die Fälle, in denen es sich um die Zuwiderhandlung gegen ein zum Schutze von Grundstücken erlassenes Strafgesetz handelt.

a) Die Landesgesetzgebung kann also z. B. von dem Erfordernis des Verschuldens auch für die Schadensersatzpflicht absehen, wo das Strafgesetz ein Verschulden nicht erfordert. Sie kann nähere Bestimmungen über die Person des Ersatzpflichtigen treffen; dabei wird es sich hauptsächlich um Vorschriften darüber handeln, unter welchen Voraussetzungen und in welchem Umfang ein Familienoberhaupt oder ein Dienstherr für den durch seine Angehörigen oder Dienstleute verursachten Schaden zivilrechtlich haftbar ist. Es kann die Berechnung und Festsetzung des Schadens, die Verjährung des Ersatzanspruches näher geregelt werden, sowie das Verfahren, in welchem der Anspruch geltend gemacht werden kann, bestimmt werden (Geltendmachung im Strafverfahren als Nebenkläger).

b) Das Strafgesetz kann ein Reichsgesetz sein (s. z. B. § 368 Nr. 9, § 370 Nr. 1 StGB.) oder ein Landesgesetz. Zumeist handelt es sich um Feld- und Forstpolizeigesetze; s. Bem. 3. Nicht notwendig ist es, daß die Vorschriften über den Schadensersatz in den Strafgesetzen selbst enthalten sind.

c) Unter den Grundstücken, um deren Schutz es sich hier handelt, kommen hauptsächlich Feld- und Forstgrundstücke in Betracht. Der Vorbehalt ermöglicht es aber auch, dem Eigentümer anderer Grundstücke (Gebäude) unter erleichterten Bedingungen Schadensersatz zu verschaffen (Mot. z. EG. 190). Soweit es sich um Zuwiderhandlungen gegen Bestimmungen auf dem Gebiete des Wasser-, Berg-, Jagd- oder Fischereirechts handelt (z. B. Beschädigung von Deichen, Wasserläufen) greifen die Vorbehalte der Art. 65—68 EG. Platz; der Vorbehalt des Art. 107 ist insoferne enger, als er Zuwiderhandlung gegen ein Strafgesetz verlangt.

3. Vgl. auch Art. 89 EG. über die zum Schutze von Grundstücken (und Grundstückserzeugnissen) gestattete Pfändung, das Pfandgeld und Ersatzgeld.

4. Landesgesetze:

Preußen, Feld- und ForstpolizeiG. vom 1. April 1880, mehrfach geändert, nun in der Fassung vom 21. Jan. 1926*) (GS. S. 83) §§ 63, 64. S. hiezu Eichhoff in DJZ. 1926 Sp. 360.

Bayern, FeldschadenG. vom 6. März 1902 (GVBl. S. 99), geändert durch G. vom 9. Febr. 1924 (GVBl. S. 27), VO. vom 25. Nov. 1925 § 1 III (GVBl. S. 265), eingeführt in Coburg s. GVBl. 1921 S. 291; revidiertes Forststrafgesetz für die Pfalz (neu veröffentlicht in GVBl. 1879 S. 1417, inzwischen mehrfach geändert) Art. 13; ForstG. (für die Landesteile rechts des Rheins) vom 28. März 1852 (neu veröffentlicht GVBl. 1896 S. 325, inzwischen mehrfach geändert) Art. 56 Abs. 2, 61—67, 69—71, 75, 77, 79 ff. in der Fassung der G. vom 26. Febr. 1908 (GVBl. S. 87), 10. Aug. 1923 (GVBl. S. 253) und 9. Febr. 1924 (GVBl. S. 27); das ForstG. ist in Coburg eingeführt durch VO. vom 15. März 1922 (GVBl. S. 206).

Für **Sachsen** s. Feld- und ForstStG. vom 26. Febr. 1909 (GVBl. S. 277), geändert durch G. vom 21. Juni 1920 (GBl. S. 273), vom 28. Febr. 1922 (GBl. S. 102), vom 17. Juni 1924 (GBl. S. 395), insbesondere §§ 47—50, 64—67; s. hiezu Kloß-Müller, Sächs. Landesprivatrecht, 3. Aufl., § 9, II S. 119 f.

Württemberg, ForstpolizeiG. vom 19. Febr. 1902 (RegBl. S. 51) Art. 34; ForststrafG. vom 2. Sept. 1879 (RegBl. S. 277) Art. 20; MVO. vom 10. März 1924 zur Änderung des ForstpolizeiG. (RegBl. S. 123); VO. vom 28. März 1924 zur Änderung des ForststrafG. und des ForstpolizeiG. (RegBl. S. 172); G. vom 17. Juli 1923 zur Änderung des ForststrafG. (RegBl. S. 263).

Thüringen, Forst- und FeldrügeG. vom 12. Jan. 1924 (GS. S. 74) § 14; s. auch VO. vom 18. Juni 1924 (GS. S. 294).

Hessen, ForststrafG. vom 13. Juli 1904 (RegBl. S. 267) und FeldstrafG. vom 13. Juli 1904 (RegBl. S. 282); G. vom 27. Juni 1923 zur Änderung des Feld- und ForststrafG. (RegBl. S. 153); VO. vom 22. Dez. 1923 (RegBl. S. 514); s. Wolf, Hess. LPrR. § 51.

Hamburg, G. betr. Forst- und Feldfrevel vom 12. Dez. 1898 (Amtsbl. S. 775) in der Fassung vom 19. Juli 1901 (S. 350), mehrfach geändert, so durch G. vom 31. März 1924 (S. 247) und vom 28. Juni 1926 (S. 422).

Mecklenburg-Schwerin, VO. betr. Bestrafung der Forstfrevel in der Fassung des G. vom 5. Febr. 1920 (RegBl. S. 129); Mecklenburg-Strelitz, VO. gleichen Betreffs in der Fassung vom 15. März 1921 (Amtl. Anz. S. 275).

Anhalt, G. den Felddiebstahl betr. in der Fassung vom 23. April 1926 (GS. S. 17) § 21; G. betr. den Forstdiebstahl in der Fassung vom 23. April 1926 (GS. S. 19) § 9.

Bremen, FeldpolizeiO. vom 20. Okt. 1887 (GBl. S. 95), G. vom 1. März 1924 (GBl. S. 133).

Lübeck, G. vom 16. Juli 1894 betr. Forstdiebstahl, Feld- und Forstpolizei, geändert durch G. vom 22. Nov. 1923 (GVBl. S. 555).

---

*) Bearbeitungen des Gesetzes von Daube, 6. Aufl., Berlin 1926; Wagemann-Kranold, Berlin 1926; Eggert, 2. Aufl., Berlin 1926.

Schaumburg-Lippe, Feld- und ForstpolizeiG. vom 28. April 1880 (LZ. XIII Sp. 469), geändert durch G. vom 29. Mai 1923 (LV. Bd. 27 S. 47) und vom 27. Sept. 1924 (LV. Bd. 28 S. 191).

Art. 108.*)

Unberührt bleiben die landesgesetzlichen Vorschriften über die Verpflichtung zum Ersatze des Schadens, der bei einer Zusammenrottung, einem Auflauf oder einem Aufruhr entsteht.

E. I, 61; II, 81; III, 107.

I. Bisheriges Recht.

1. Entstehung. Art. 108 stimmt mit Art. 64 des I. Entw. wörtlich überein. (Mot. z. EG. 191, P. II, 422, Reatz III, 61, Mat. 87 a S. 64).

2. Inhalt. Der Vorbehalt betraf die sog. **Aufruhrgesetze** der Bundesstaaten, welche über den Ersatz des Schadens, der bei einer Zusammenrottung, einem Auflauf oder einem Aufruhr entsteht, vielfach Bestimmungen trafen, welche von den allgemeinen Grundsätzen über Schadensersatz (BGB. § 823) erheblich abwichen und z. B. die Gemeinde, in welcher der Schaden entstanden war, oder unter bestimmten Voraussetzungen den Staat als haftbar erklärten.

Wegen des Zusammenhangs dieser Materie mit dem öffentlichen Rechte und der Verschiedenheit der öffentlichrechtlichen Einrichtungen in den einzelnen Bundesstaaten erschien die wünschenswerte reichsrechtliche Regelung nicht tunlich (Mot. z. EG. 191).

3. Landesgesetze und Ausführungsgesetze: Einschlägig waren in Preußen das G. vom 11. März 1850 (GS. S. 199), betr. die Verpflichtung der Gemeinden zum Ersatze des bei öffentlichen Aufläufen verursachten Schadens und die VO. vom 17. Aug. 1835 § 11, in Bayern G. vom 12. März 1850, betr. die Verpflichtung der Gemeinden zum Ersatze des bei Aufläufen diesseits des Rheins verursachten Schadens (s. zum Begriff dieses Schadens BayObLGZ. Bd. 22 S. 8, auch S. 230), auf die Pfalz ausgedehnt durch Art. 142 AG.BGB., Art. 11 AG.ZPO. in der Fassung des G. vom 26. März 1920 (GVBl. S. 85) und G. vom 27. Okt. 1921 (GVBl. S. 525; s. hiezu BayZ. 1921 S. 299); in Sachsen sächs. GB. § 1496; in Württemberg das G. betr. das Verfahren bei dem Aufgebote der bewaffneten Macht gegen Zusammenrottung usw., vom 28. Aug. 1849 (RGBl. S. 493; s. hiezu Schneidler in BoschersZ. 1918 S. 153 ff.); in Baden das G. betr. die Entschädigungspflicht der Gemeindeangehörigen wegen der bei den Zusammenrottungen verübten Verbrechen, vom 13. Febr. 1851; in Hessen G. die Verantwortlichkeit der Gemeinden für Verletzungen und Beschädigungen infolge von Zusammenrottungen betr., vom 3. März 1859 mit Art. 275 AG.BGB. (Becher VIII, 3 S. 93 f.), s. Wolf, Hess. LPrR. § 49; s. ferner für Anhalt AG.BGB. Art. 31 (Becher I, 1 S. 18), für Sachsen-Coburg-Gotha AG.BGB. Art. 21 (Becher XIX, 8 S. 57 ff.); für Schwarzburg-Rudolstadt AG.BGB. Art. 53 (Becher XXIII, 2 S. 12); für Schwarzburg-Sondershausen AG.BGB. Art. 20 (Becher XXIV, 1 S. 9); für Lippe G. vom 7. April 1919 (GS. S. 944).

II. Der **Vorbehalt des Art. 108** ist **durch** die **reichsrechtliche Regelung des Ersatzes von Aufruhrschäden** für die Zukunft **gegenstandslos** geworden. Es ist nunmehr geregelt:

a) Der Ersatz von Sachschäden durch RGes. über die durch innere Unruhen verursachten Schäden vom 12. Mai 1920 (RGBl. S. 941) in der Fassung der VO. vom 8. Jan. 1924 (RGBl. I S. 23 f.) und des Art. I der VO. zur Überleitung der Tumultschädenregelung auf die Länder vom 29. März 1924 (RGBl. I S. 381 ff.) **).

*) Neueres Schrifttum zum preuß. G. vom 11. März 1850: Caro in JW. 1919 S. 271, 1920 S. 957; Delius, PrVerwBl. Bd. 40 S. 221; Durst, ebenda S. 274; Eichbaum, DStrfrZ. 1919 S. 31, LZ. 1919 Sp. 771 und ZVersWes. 1919 S. 100; Friedlaender, JW. 1920 S. 429; v. Gierke, DJZ. 1919 S. 8; Jadesohn, KGBl. 1919 S. 32; Lißner, JW. 1920 S. 368; Müller, PrVerwBl. Bd. 40 S. 272; Pfeiffer, LZ. 1919 Sp. 466.

**) Schrifttum: Besnard v., Aufruhrschadengesetz vom 12. Mai 1920, Ansbach 1921; Geigel, RG. über die durch innere Unruhen verursachten Schäden, München 1921; Liebrecht, Reichs-Tumultschadengesetz, Berlin 1921; Richter, Reichs-Tumultschadengesetz, München 1920; Ellerholz, Die rechtlichen Folgen von Putschen und Revolutionen; Bacmeister, Das Tumultschadengesetz in der Praxis, HansRZ. 1921 S. 215;

Dieses Gesetz findet auf die seit dem 1. Nov. 1918 entstandenen Schäden nicht nur in den Ländern Anwendung, in denen die bisherige Landesgesetzgebung eine Haftung für Unruheschäden überhaupt nicht kannte, sondern auch in Fällen, in denen landesgesetzliche Vorschriften über Ersatz von Unruheschäden zwar bestanden, aber nach dem Landesgesetz im einzelnen Fall ein Entschädigungsanspruch nicht gegeben ist (RWirtschG., DJZ. 1923 Sp. 179).

b) Der Ersatz von Personenschäden durch § 18 des RGes. über den Ersatz der durch den Krieg verursachten Personenschäden (Kriegspersonenschädengesetz) vom 15. Juli 1922 (RGBl. I S. 620) in der Fassung vom 22. Dez. 1927 (RGBl. I S. 533).

c) Das Verfahren durch §§ 6, 10 des Ges. vom 12. Mai 1920/29. März 1924 (RGBl. I S. 381), die VO. betr. das Verfahren zur Feststellung der Entschädigungen auf Grund des Ges. über die durch innere Unruhen verursachten Schäden, vom 15. Sept. 1920 (RGBl. S. 1647) in der Fassung des Art. III der VO. vom 29. März 1924 und § 16 des PersonenschädenG. in der Fassung vom 22. Dez. 1927.

1. Wegen der zeitlichen Geltung der Art. I und II der VO. vom 29. März 1924 s. Art. IV daselbst.

2. Für Vermögensschäden, die seit dem 1. Nov. 1918 bis zum Inkrafttreten des RGes. vom 12. Mai 1920 (14. Mai 1920) im Zusammenhange mit inneren Unruhen durch offene Gewalt oder durch ihre Abwehr verursacht sind, blieben nach § 15 Abs. 1 dieses Gesetzes die bisherigen Gesetze maßgebend, doch konnte der Ersatz mittelbaren Schadens und entgangenen Gewinns sowie der Ersatz für Gegenstände, die dem Luxusbedürfnisse des Betroffenen dienten, und in weiterem Umfange als nach §§ 1, 2 Abs. 1 zulässig wäre, nicht beansprucht werden. Rechtskräftig festgestellte Ansprüche bleiben unberührt; wegen der Ausschlußfrist für die Geltendmachung dieser Ansprüche s. § 15 Abs. 4. Der Anspruch richtete sich gegen die Gemeinden und war im ordentlichen Rechtsweg zu verfolgen; wegen des Ersatzanspruchs der Gemeinden gegen Reich und Länder s. § 15 Abs. 2, 16—17 a.

3. In Zukunft gilt folgendes:

a) Wegen Sachschäden, d. s. Schäden, die an beweglichem und unbeweglichem Eigentum in Zusammenhang mit inneren Unruhen durch offene Gewalt oder durch ihre Abwehr unmittelbar verursacht werden, bestehen Ersatzansprüche grundsätzlich gegen das Land, in dem der Schaden entstanden ist. Dies gilt nicht für Beschädigungen am Eigentum des Reichs, der Länder, der Gemeinden und Gemeindeverbände. Durch Landesgesetz kann bestimmt werden, daß an Stelle des Landes ganz oder zum Teil die Gemeinden oder die Gemeindeverbände ersatzpflichtig sind, in deren Bezirk der Schaden entstanden ist (§ 1 des Ges. vom 12. Mai 1920/29. März 1924). Wegen der Schadenstragung s. aber auch § 10 des Ges. Entschädi-

---

Behnisch, Sachschadenansprüche aus dem Unruhschadengesetz und das Reichswirtschaftsgericht, JW. 1922 S. 57; derselbe, Die Erstattungsansprüche der Gemeinden gegen Reich und Staat aus dem Unruhschadengesetz, PrVerwBl. Bd. 43 S. 243; derselbe, Die Schadensansprüche für Aufruhrschäden an Leib und Leben, PrVerwBl. Bd. 42 S. 501; Buzengeiger, Rückwirkung des UnruheschädenG. vom 12. Mai 1920 auf schwebende Prozesse, JW. 1921 S. 717; Caro, Das Reichsunruhengesetz, DJZ. 1920 S. 622; Chone, Zum Begriff des unmittelbaren Schadens im Reichs-Tumultschadengesetz, JW. 1922 S. 206; Delius, PrVerwBl. Bd. 41 S. 429; derselbe, Zu den §§ 14 und 15 des Reichs-Unruhengesetzes vom 12. Mai 1920, JW. 1921 S. 22; Eylert, Umfang der Rente der Tumultgeschädigten, PrVerwBl. Bd. 42 S. 502; Grünebaum, Die materiellen Voraussetzungen des Tumultschadenanspruches nach § 15 des RTumSchG., JW. 1922 S. 284; derselbe, Öffentliche Hilfseinrichtungen und das RTumultG., DJZ. 1921 S. 425; Hammann, Zur Auslegung des § 17 des Reichs-Unruhegesetzes, PrVerwBl. Bd. 43 S. 578; Küppers, Aus der Praxis der Ausschüsse zur Feststellung von Aufruhrschaden, PrVerwBl. Bd. 43 S. 315, Bd. 45 S. 38; Lang, Die Regelung der Tumultschäden, LZ. 1921 Sp. 168; Liebrecht, PrVerwBl. Bd. 45 S. 283 (zur VO. vom 29. März 1924, Die Überleitung der Tumultschädenregelung auf die Länder betr.); Müller, Das neue Tumultschädenrecht und die Kommunen, PrVerwBl. Bd. 47 S. 533; Richter, Zur Auslegung des § 15 RTumultG. vom 12. Mai 1920, JW. 1921 S. 329; Ruckser, Tumultschadengesetz und „Fortkommenklausel", JW. 1922 S. 87; Schaelicke, Spruchübung des Reichswirtschaftsgerichts in Aufruhrschadenssachen, JW. 1922 S. 1695; Schreiner, Unruheschäden, JW. 1922 S. 673; Wittmaack, SächsArch. 1920 S. 142.

gungsberechtigt ist der Eigentümer oder wer sonst die Gefahr des zufälligen Unterganges der vernichteten oder beschädigten Sache trägt (§ 2 Abs. 2). Wegen der Voraussetzungen und des Umfanges des Anspruchs s. § 2 Abs. 1, § 3, wegen des Einflusses mitwirkenden Verschuldens des Beschädigten und Verlust des Anspruchs durch falsche Angaben § 5.

Zuständig zur Entscheidung über den Ersatzanspruch ist unter Ausschluß des ordentlichen Rechtsweges ein Ausschuß, dessen Entscheidung mit Beschwerde zum Reichswirtschaftsgericht anfechtbar ist (§ 6 Abs. 1 und 3, § 8). Für die Anmeldung des Anspruches besteht eine Ausschlußfrist von drei Monaten seit dem Eintritt des Schadens, gegen deren Versäumung die Wiedereinsetzung in den vorigen Stand zulässig ist (§ 6 Abs. 2). S. das Nähere über die Zusammensetzung des Ausschusses und das Verfahren in der VO. vom 15. Sept. 1920/29. März 1924.

b) Die Ansprüche wegen Personenschäden, d. s. Schäden an Leib und Leben, die im Zusammenhange mit inneren Unruhen durch offene Gewalt oder durch ihre Abwehr unmittelbar verursacht werden (RGZ. Bd. 107 S. 59), bestimmen sich für die Zeit vom 1. April 1920 ab nach den Vorschriften des Kriegspersonenschädengesetzes. Entschädigungspflichtig ist grundsätzlich das Land, in dem der Schaden entstanden ist; durch Landesgesetz kann auch hier bestimmt werden, daß an Stelle des Landes ganz oder zum Teil die Gemeinden oder Gemeindeverbände ersatzpflichtig sind, in deren Bezirk der Schaden entstanden ist (§ 18 Abs. 1; s. wegen der Schadenstragung auch Abs. 3). Entschädigungsberechtigt sind außer dem Beschädigten dessen Hinterbliebene, Witwe und Waisen. Die Entschädigung besteht in der Versorgung nach Maßgabe des Reichsversorgungsgesetzes in der Fassung vom 22. Dez. 1927 (RGBl. I S. 515 ff.); s. § 1 Abs. 1, §§ 4—9 KrPersSchG. und §§ 3 ff. RVersorgG. Bei mitwirkendem Verschulden des Beschädigten findet § 254 BGB. Anwendung (§ 18 Abs. 1 Satz 3 KrPersSchG.). Wegen des Beginnes der Versorgung, des Erlöschens und Ruhens des Rechtes auf dieselbe s. §§ 13, 14 KrPersSchG.

Zuständig zur Entscheidung über die Ersatzansprüche sind unter Ausschluß des ordentlichen Rechtswegs die Behörden, die für die Feststellung der nach dem Reichsversorgungsgesetze zu gewährenden Gebührnisse zuständig sind (§§ 16, 17 KrPersSchG.); über das hienach stattfindende Verwaltungs- und Spruchverfahren s. das RGes. über das Verfahren in Versorgungssachen vom 10. Jan. 1922 (RGBl. S. 59 ff.) in der Fassung des Ges. vom 20. März 1928 (RGBl. I S. 71 ff.). Wegen der sechsmonatigen Ausschlußfrist für die Anmeldung des Anspruchs s. §§ 11, 12 KrPersSchG.

S. die reiche Rechtsprechung zu den bisherigen Landesgesetzen und zu den Reichsgesetzen und über das Verhältnis derselben zueinander im IDR. Bd. 19 S. 244, Bd. 20 S. 234, Bd. 21 S. 182 f., Bd. 22 S. 374 f., Bd. 23 S. 465 f., Bd. 24 S. 520.

4. Strafrechtlich s. über Zusammenrottung StGB. §§ 115, 124, 125, Auflauf § 116 Abs. 1, Aufruhr § 90 Nr. 6, §§ 115, 116 Abs. 2.

Vorbemerkung zu den Art. 109—131.

Die Art. 109—131 enthalten besondere **Vorbehalte für die Landesgesetzgebung auf dem Gebiete des Sachenrechts**, und zwar in der Hauptsache Einschränkungen, denen das Eigentum und die dinglichen Rechte im öffentlichen Interesse unterliegen, weshalb sich eben ihre landesgesetzliche Regelung rechtfertigt. Solche Beschränkungen können entweder kraft Gesetzes oder auf Grund besonderer behördlicher Verfügung eintreten. Der Vorbehalt des **Art. 109** bezieht sich auch auf die sog. **Zwangsenteignung**, er setzt also eine besondere obrigkeitliche Verfügung voraus. **Art. 110** regelt die öffentlich-rechtliche **Pflicht zur Wiederherstellung von Gebäuden** (sog. Retablissementsgesetze) und hat zum Teil Berührung mit anderen Vorbehalten, z. B. in Art. 75, 109, 113. **Art. 111** gestattet der Landesgesetzgebung noch andere **Beschränkungen des Eigentums im öffentlichen Interesse**, als solche durch das BGB., z. B. § 903 BGB. vorgesehen sind. **Art. 112** regelt den Sonderfall der Beschränkung des Veräußerungs- und Belastungsrechts an Grundstücken oder sonstigen Vermögensgegenständen, die zu einer **Bahneinheit** gehören, d. h. einem Eisenbahn- oder Kleinbahnunternehmen gewidmet sind. Die **Art. 113 und 114** betreffen jene besonderen Fälle der Zwangsenteignung, die agrikulturellen Interessen dienen, nämlich die **Gemeinheitsteilungen, Verkoppelungen, Ablösung** usw. **Art. 115 und 116** ermöglichen eine weitgreifende Einschränkung bzw. Ergänzung der Vorschriften des BGB. über **Grunddienstbarkeiten** (§§ 1018—1029), **beschränkte persönliche Dienstbarkeiten** (§§ 1090—1093) und **Reallasten** (§§ 1105—1112) durch die Landesgesetzgebung. **Art. 117** gibt einen Vorbehalt betr. Bestimmung einer **Verschuldensgrenze, Beschränkung der Kündbarkeit von Hypotheken und Renten. Art.** 118 betrifft landesgesetzliche Einräumung eines Vorrangs für **Meliorationsdarlehen. Art.** 119: Die **Beschränkung von Grundstücksveräußerungen**, Teilungen oder Vereinigungen. **Art. 120: Unschädlichkeitszeugnis. Art. 121: Teilung der mit Ablösungsrenten usw. behafteten Grundstücke.** Die **Art. 122—125** beziehen sich auf das **Nachbarrecht. Art.** 126 gestattet den Landesgesetzen eine von dem Grundsatz des § 873 BGB. abweichende Regelung der **Übertragung staatlicher Grundstücke auf einen Kommunalverband. Art.** 127 ermächtigt die Landesgesetzgebung zur Regelung der **Eigentumsübertragung nicht buchungspflichtiger Grundstücke. Art.** 128 bezieht sich auf Begründung und Aufhebung von **Dienstbarkeiten an nicht buchungsfähigen Grundstücken, Art.** 129 auf das Aneignungsrecht hinsichtlich **herrenloser Grundstücke. Art. 130: Aneignung von Tauben. Art.** 131 regelt die Zulässigkeit eines **Stockwerkseigentums.**

Art. **109.***)

Unberührt bleiben die landesgesetzlichen Vorschriften über die im öffentlichen Interesse erfolgende Entziehung, Beschädigung oder Benutzung einer Sache, Beschränkung des Eigentums und Entziehung oder Beschränkung von Rechten. Auf die nach landesgesetzlicher Vorschrift wegen eines solchen Eingriffs zu gewährende Entschädigung finden die Vorschriften der Artikel 52, 53 Anwendung, soweit nicht die Landesgesetze ein anderes bestimmen.

E. I, 42; II, 82; III, 108.

---

*) Schrifttum: Anschütz, Der Ersatzanspruch aus Vermögensbeschränkungen durch rechtmäßige Handhabung der Staatsgewalt, in „Öffentlichrechtliche Studien", Berlin 1897; Behr, Schranken des Enteignungsrechts, HansRZ. 1926 S. 169; Bering, Das preuß. Enteignungsrecht in seiner praktischen Anwendung, Erfurt 1882 und GruchotsBeitr. Bd. 20 S. 665ff., derselbe, Das Recht der Enteignung in seiner Beziehung zum BGB., EisenbE. Bd. 15 S. 188ff.; Beyer, Grundsätzliches zur Frage der Entschädigung durch den Staat bei Eingriffen in das Privateigentum durch Verwaltungsakte und priv. Rechtspflichtverletzung, PrVerwBl. Bd. 43 S. 243; Bredt, Die Zonenenteignung und ihre Zulässigkeit in Preußen; zugleich ein Beitrag zur Lehre vom öffentlichen Interesse, Leipzig 1909; Bühler, Das Recht der Zwangsenteignung in Württemberg, 1913; Eger, Beiträge zur Lehre von der Enteignung, ArchZivPrax. Bd. 70 S. 51ff., 249ff., Bd. 71 S. 93ff.; derselbe, Das Prinzip und die Gliederung des preuß. Enteignungsverfahrens, VerwArch. Bd. 1 S. 48ff., 471ff.; Fuld, Das Enteignungsrecht im Großherzogtum Hessen, Ann. 1885 S. 58ff.; Gerstmeyer, Artikel „Enteignung" in Stengel-Fleischmann, Wörterbuch des deutschen Staats- und Verwaltungsrechts, 2. Aufl. Bd. I S. 730ff.; Gordan, Enteignungsentschädigung und Markentwertung, JW. 1926 S. 2663; Grünebaum, Ein Reichsenteignungsgesetz, DJZ. 1919 Sp. 788; Hedemann, Artikel „Enteignung" im Politischen Handwörterbuch Bd. I S. 519ff.; Kärcher, Zwangsenteignung von Grundstücken ohne Entschädigung im bayerischen Recht, BayGemVerwZ. 1923 S. 333; Kiefersauer, Das Recht der Straßenanliegerbeiträge, BayGemVerwZ. 1926 Sp. 801ff., 834ff.; Köppen, Über die rechtliche Natur der Enteignung 1899; Kraft, Die Entschädigung für rechtmäßige Eingriffe der Staatshoheit, GruchotsBeitr. Bd. 60 S. 268; Krückmann, Enteignung und Einziehung nach alter und neuer RV., Leipzig 1925; Layer, Prinzipien des Enteignungsrechts, Leipzig 1902; Leonhart, Enteignung und Enteignungsverfahren, Gerichtshalle 1903 Nr. 29—31; Lust, Das Recht der Enteignung von Grundeigentum, Zeitschr. f. Haus- und Grundbesitz 1926 S. 154, 444; Marwitz, Zum Reichsenteignungsgesetz, JW. 1920 S. 123; derselbe, Artikel „Enteignung" im Handwörterbuch der Rechtswissenschaft Bd. II S. 272; Meisner, Zulässigkeit des Rechtswegs für Ansprüche wegen Beeinträchtigung von Eigentum und dinglichen Rechten, BayZ. 1923 S. 5; Müller, Das

Das Enteignungsrecht:

I. Entstehung. Der Artikel weicht in der Wortfassung vom Art. 42 des Entw. ab, deckt sich aber inhaltlich mit demselben (Mot. z. EG. 162 ff., Reatz III, 61, P. VI, 470, 471, 610, Mat. 65).

II. **Einfluß der neueren Reichsgesetzgebung:**

1. Nach Art. 7 Nr. 12 der RV. vom 11. Aug. 1919 hat nunmehr das Reich die (konkurrierende) Gesetzgebung über das Enteignungsrecht; das Reich kann ein Enteignungsgesetz erlassen. Die Länder behalten aber das Recht der Gesetzgebung, solange und soweit das Reich von seinem Gesetzgebungsrechte keinen Gebrauch macht (Art. 12 Abs. 1 Satz 1 RV.). Der Vorbehalt des Art. 109 EG. ist daher vorerst und solange das Reich das Enteignungsrecht nicht erschöpfend geregelt hat, nicht gegenstandslos, die auf Grund desselben erlassenen Landesgesetze bleiben unberührt, soweit sie mit den Grundsätzen des Art. 153 Abs. 2 RV. nicht in Widerspruch stehen.

2. Die Reichsverfassung greift nämlich schon jetzt in das Gesetzgebungsrecht der Länder in bezug auf die Enteignung **sachlich** durch Aufstellung folgender Grundsätze ein, an welche die Landesgesetzgebung gebunden ist (Art. 153 Abs. 2):

a) Eine Enteignung kann nur zum Wohle der Allgemeinheit (vgl. über den Sinn dieser Vorschrift RGZ. Bd. 103 S. 200 ff., Arndt in LZ. 1926 Sp. 266, Mende in ArchÖffR. 10. Jahrg. [N. F.] S. 254) und nur auf gesetzlicher Grundlage vorgenommen werden, d. h. jeder einzelne Eingriff in konkretes Eigentum setzt voraus, daß ein bestehendes Gesetz ihn erlaubt.

b) Für die Enteignung ist grundsätzlich eine angemessene Entschädigung zu gewähren; Ausnahmen können nur durch Reichsgesetz (formelles Reichsgesetz oder auf Grund Ermächtigung durch ein solches im Verordnungswege, RGZ. Bd. 102 S. 165, Bd. 107 S. 381), nicht durch Landesgesetz (s. Abs. 3 dieser Bem. a. E., übrigens auch bayer. KompKonflGH. vom 13. Okt. 1927, BayVerwBl. 1928 S. 57 ff., bes. S. 59) bestimmt werden. Die Höhe der Entschädigung ist nicht schlechthin in das freie Ermessen des

---

badische Enteignungsrecht, Würzburg 1896; Neuhaus, Die Unverletzlichkeit des Eigentums, Breslau 1909; Reiß, Das Verbot der entschädigungslosen Enteignung als Schranke für den Gesetzgeber, DanzJMschr. 1926 S. 46 ff.; Rohland, Zur Theorie und Praxis des deutschen Enteignungsrechts, 1875; Rottmann, Überblick über die Enteignungsgesetzgebung, BayVerwBl. 1925 S. 305; Schelcher, Die Rechtswirkungen der Enteignung nach gemeinem und sächsischem Recht, Freiburg i. S. 1893; derselbe, Stengel-Fleischmann Bd. I S. 717 ff.; derselbe, Die Haftung des Staats für Eingriffe in Privatrechte, FischersZ. 1921 S. 1 ff.; Schmitt, Unabhängigkeit der Richter, Gleichheit vor dem Gesetz und Gewährleistung des Privateigentums nach der Weimarer Verfassung, Berlin und Leipzig 1926; Scherer, Die Zwangsenteignung, ZBlFG. Bd. 10 S. 549 ff., 593 ff.; Supfle, Das badische Enteignungsrecht in systematischer Darstellung, Karlsruhe 1903; Swoboda, Entwicklung und Begriff der Enteignung, Gerichtszeitung 1919 Nr. 31; Waldecker, Die Kriegsenteignung der BundesratsVO. vom 24. Juni 1915, München-Leipzig 1919; Wittmeyer, Artikel „Enteignung" im Handwörterbuch der Staatswissenschaften, 4. Aufl. Bd. 3 S. 730 ff.; Wolf, Reichsverfassung und Eigentum, in Festgabe für Kahl, Tübingen 1923; Wörner, Zwangsrechte zur Ödlandverbesserung, BayZ. 1923 S. 185; Zeiler, Die Fortbildung des Privatrechts und der verfassungsmäßige Schutz des Eigentums, LZ. 1926 Sp. 872 ff.; Rieß, Enteignungstypen in der Rechtsprechung des Reichsgerichts nach der Weimarer Verfassung, LZ. 1928 Sp. 217; Sölling, Eigentumsbeschränkung und Enteignung nach der Reichsverfassung, JurRundsch. 1928 S. 40 ff.

Aus Lehr- und Handbüchern: Crome, System des bürgerl. R. Bd. III § 402 S. 335; Dernburg, Preuß. Privatrecht, 4. Aufl. Bd. I S. 66; Gierke, Deutsches Privatrecht Bd. 2 §§ 128 ff. S. 464 ff. (s. dort auch Note 1 älteres Schrifttum); Hatschek, Institutionen des deutschen und preuß. Verwaltungsrechts § 36 S. 322 ff., Leipzig-Erlangen 1919; Hedemann, Sachenrecht § 11 S. 112 ff., Berlin 1924; Hübner, Grundzüge des deutschen Privatrechts, § 35, IV S. 229 ff.; Stobbe, Deutsches Privatrecht Bd. II S. 510 ff.; Wolf, Sachenrecht, 7. Bearbeitung, § 64 S. 187.

Gesetzesausgaben: preuß. EnteignG.: Debeke 1874; Eger, Breslau 1913; Hopf, Berlin 1911; Koffka, Berlin 1905; Otto Meyer, Berlin 1927; Seydel, Berlin 1911; bayer. EnteignG.: Henle, 2. Aufl., München 1911; Laforet 1910, hiezu Ziegler, Nov. vom 9. Mai 1918, München 1918; sächs. EnteignG.: Schelcher 1903; Sämlich 1903.

Richters gestellt; das Gesetz kann nähere Bestimmung treffen, wann eine Entschädigung als „angemessen" zu erachten ist (ebenso Anschütz, RV. Bem. 9 zu Art. 153; a. M. Wolff, Reichsverfassung und Eigentum S. 18); s. zum Begriff der Angemessenheit auch RG. in SeuffA. Bd. 80 S. 147 = JurRundsch. 1926 Nr. 608. Landesgesetze, die unmittelbar eine Enteignung verhängen, verstoßen schon dann gegen Art. 153 Abs. 2 RV., wenn sie von der Entschädigung schweigen (RG. in LZ. 1926 Sp. 634 = JurRundsch. 1926 Nr. 398; s. auch RGZ. Bd. 111 S. 132).

c) Wegen der Höhe der Entschädigung muß im Streitfalle der Rechtsweg bei den ordentlichen Gerichten offen gehalten werden; auch von diesem Grundsatz kann nur ein Reichsgesetz eine Ausnahme bestimmen.

Diese Grundsätze gelten nicht nur für seit dem Inkrafttreten der Reichsverfassung erlassenen Gesetze; auch ältere Landesgesetze verlieren die Gültigkeit, soweit sie mit diesen Grundsätzen in Widerspruch stehen (RGZ. Bd. 109 S. 323).

Die Grundsätze gelten ferner nicht bloß für Gesetze, die sich ausschließlich mit der Regelung der Enteignung befassen, sondern auch für Enteignungsfälle, welche sonstigen der Landesgesetzgebung vorbehaltenen Rechtsgebieten, z. B. dem Bergrecht, Wasserrecht, angehören; der besondere Vorbehalt für das ganze Rechtsgebiet befreit nicht von den Schranken, die jetzt die Reichsverfassung der landesgesetzlichen (überhaupt der gesetzlichen) Regelung der Enteignung auferlegt (vgl. RGZ. Bd. 109 S. 310 ff.; s. auch Kärcher, Bayer. GemVerwZ. 1923 Sp. 333, 1926 Sp. 549, der mit Recht die fernere Gültigkeit des Art. 4 Abs. 3 des bayer. WasserG. vom 23. März 1907 und der Novelle vom 9. Mai 1918 zum bayer. ZwangsenteignungsG., soweit diese Vorschriften die entschädigungslose Enteignung zulassen, anzweifelt; ebenso Obermair, Bayer. Gem.-VerwZ. 1923 Sp. 481; a. M. ohne ausreichende Begründung Eymann-Schubert, Bayer. WasserG. S. 540 Bem. 9 zu Art. 4 und anscheinend Kiefersauer, Bayer. GemVerwZ. 1926 Sp. 803 Note 2 und Martius, BayVerwBl. 1928 S. 118, 120 f.).

Auf Enteignungen, die vor dem Inkrafttreten der neuen RV. (14. Aug. 1919) erfolgt sind, findet Art. 153 Abs. 2 keine Anwendung (RG. in WarnE. 1924 Nr. 182). S. auch Bem. 2 zu Art. 52.

3. Der Geltungsbereich der Landesgesetzgebung ist durch eine Reihe von reichsrechtlichen Vorschriften in bezug auf bestimmte Enteignungsfälle eingeschränkt. Hervorzuheben sind folgende:

a) Ein Beispiel für die Enteignung im Sinne des Art. 153 Abs. 2 Satz 1 („zum Wohle der Allgemeinheit") enthält Art. 155 Abs. 2 RV.; Grundbesitz kann zur Befriedigung des Wohnungsbedürfnisses, zur Förderung der Siedelung und Urbarmachung und zur Hebung der Landwirtschaft im Bedürfnisfalle enteignet werden.

b) § 3 des RSiedlungsG. vom 11. Aug. 1919 (RGBl. S. 1429) in der Fassung des G. vom 7. Juni 1923 (RGBl. I S. 364) sieht Enteignung von Ödland für Besiedelungszwecke vor.

c) § 28 des RHeimstättenG. vom 10. Mai 1920 (RGBl. S. 962) gestattet Enteignung zur Begründung und zur Vergrößerung von Heimstätten.

d) Ein vorübergehendes Enteignungsrecht sieht § 6 des WohnungsmangelG. vom 26. Juli 1923 (RGBl. I S. 754) vor.

e) § 14 des RPostfinanzG. vom 18. März 1924 (RGBl. I S. 287) läßt Enteignung von Grundeigentum — und zwar nach Maßgabe der Landesgesetze — für Bauten der Reichspost zu.

f) In § 38 des RBahnG. vom 30. Aug. 1924 (RGBl. II S. 272) ist der Reichsbahngesellschaft das Enteignungsrecht eingeräumt.

g) §§ 15, 16 des LuftverkehrsG. vom 1. Aug. 1922 (RGBl. I S. 681) regeln die Enteignung für Zwecke der Luftfahrt.

h) Hinzuweisen ist auch auf Art. 156 Abs. 1 Satz 1 RV.; dort ist die sinngemäße Anwendung der für Enteignung geltenden Vorschriften auf die Überführung privater wirtschaftlicher Unternehmungen, die für die Vergesellschaftung geeignet sind, vorgesehen.

III. Umfang des Vorbehalts des Art. 109.

1. Den **Begriff** der Enteignung umschreibt Art. 109 dahin, daß es sich handeln kann

um Entziehung, Beschädigung oder Benutzung einer Sache,
um Beschränkung des Eigentums an einer Sache oder
um Entziehung oder Beschränkung von Rechten.

Ob eine Enteignung vorliegt, ist stets nach Reichsrecht zu entscheiden (RGZ. Bd. 112 S. 72 = JW. 1926 S. 167). Aus der gesetzlichen Begriffsbestimmung ergibt sich schon, daß der Begriff im weitesten Sinne auszulegen ist. Unter den Begriff fällt also nicht bloß die Entziehung einer Sache zum Zwecke der Übertragung an einen anderen, sondern jeder auf Grund staatlicher Gesetzgebung erfolgende kraft Gesetzes eintretende oder durch Verwaltungsakt bewirkte Eingriff in die Rechte des Eigentümers (s. folgende Bem. 2), die ihm an sich zustehen (s. § 903 BGB.) und deren Freiheit ihm grundsätzlich in der neuen Reichsverfassung (Art. 153 Abs. 1) und auch in einigen Landesverfassungen (z. B. § 16 der bayer. VerfUrk.) gewährleistet ist, so insbesondere auch die Belastung mit Nutzungsrechten, die Beschlagnahme (vgl. hiezu Wolff, Sachenrecht S. 189; RGZ. Bd. 102 S. 165, Bd. 103 S. 200, Bd. 105 S. 253, Bd. 107 S. 269, Bd. 108 S. 253, Bd. 109 S. 310, Bd. 111 S. 226, Bd. 112 S. 191, Bd. 116 S. 268, JW. 1924 S. 800; enger BayObLG. in Bay. ObLGZ. Bd. 25 S. 105 = DJZ. 1926 Sp. 903, das als Enteignung nur einen genau umgrenzten Verwaltungsakt, nicht die Entziehung durch das Gesetz selbst ansieht, Bayer. KompKonflGH. in BayVerwBl. 1928 S. 57 ff.: Enteignung soll nur die Entziehung privater Rechte zum Zweck der Übertragung auf andere sein; hiezu Martius in Bay. VerwBl. 1928 S. 113 ff. besonders über Bauverbote). S. auch Bem. 2 zu Art. 52.

Die Enteignung, wo sie zur Übereignung führt, ist kein Rechtsgeschäft, namentlich kein Zwangsverkauf, sie ist nicht Übertragung von Eigentum, sondern vernichtet das Eigentum des bisherigen Eigentümers und begründet neues für denjenigen, zu dessen Gunsten sie erfolgt; s. hiezu insbes. Gierke, D. Privatrecht Bd. II § 128 S. 464 ff., Otto Mayer, D. VerwRecht, 3. Aufl. Bd. II S. 2, 22 ff., Laband in ArchZivPrax. Bd. 52 S. 169 ff., Wolff, Sachenrecht, 7. Bearb., § 64 S. 192, RGZ. Bd. 61 S. 102 ff., 106, RG. in LZ. 1924 Sp. 750, KG. in OLG. Bd. 43 S. 4.

Durch den Vorbehalt sind deshalb auch die neueren gesetzlichen Vorschriften der Länder gedeckt, welche dem Naturschutz und dem Denkmalschutz, dem Schutz landschaftlicher Schönheit vor Verunstaltung (durch Bauten, Reklameeinrichtungen), der Erhaltung der Natur in ihrer Ursprünglichkeit (Naturschutzparke, soweit sie auf Privateigentum übergreifen), der Erhaltung von Gegenständen von Kunst- und Altertumswert (Pflicht zur Ablieferung von Funden von historischem Wert, Verbot der Beseitigung von Baudenkmälern) dienen (vgl. RG. in JW. 1927 S. 1583; s. auch Bem. IV, A, 6 zu § 903 in Bd. III S. 293). Die VO. der Reichsregierung über den Schutz von Denkmalen und Kunstwerken vom 8. Mai 1920 (RGBl. S. 913) regelt den Gegenstand nicht erschöpfend, sie richtet sich nur an einen beschränkten Kreis von (juristischen und physischen) Personen; sie läßt übrigens in § 2 Abs. 1 weitergehende landesgesetzliche Vorschriften ausdrücklich zu und sieht außerdem landesrechtliche Ausführungsbestimmungen vor. S. auch Art. 150 RV. Soweit der Natur- und Denkmalschutz nur die Verfügungsmacht des Eigentümers beschränkt, sind entsprechende Vorschriften durch den Vorbehalt des Art. 111 gedeckt; s. dort Bem. 4.

2. **Gegenstand** der Enteignung sind nach Art. 109 nicht bloß unbewegliche, sondern auch bewegliche Sachen, sei es für sich oder zusammen mit Grundstücken, ferner Rechte und Berechtigungen aller Art, persönliche Forderungen, Persönlichkeitsrechte, nicht bloß die eigentlichen Sachenrechte (s. Einleitung zum 3. Buch, Bem. III S. 5 in Bd. III; RG. in RGZ. Bd. 103 S. 200, Bd. 105 S. 251, Bd. 109 S. 310, Bd. 111 S. 123, 224 und JW. 1926 S. 1444 = LZ. 1926 Sp. 544, Bay. ObLGSt. Bd. 26 S. 123).

Es gehören hieher auch die Vorschriften über Einziehung von Akten, Registern, Dienstsiegeln und sonstigen zum dienstlichen Gebrauche gehörigen Gegenständen von Beamten, Notaren, welche in dem freien Eigentum standen, sei es zur behördlichen Verwahrung, sei es zur Übertragung an den Amtsnachfolger (Planck Bem. 1).

Auch die Begründung eines gesetzlichen Vorkaufsrechts ist eine Eigentumsbeschränkung im Sinne des Art. 109, wenn sie im öffentlichen Interesse (Bem. 3) erfolgt, während sie sich beim Mangel dieser Voraussetzung auf Art. 119 EG. stützen kann (RGZ. Bd. 107 S. 261 = JW. 1924 S. 1964, Bd. 112 S. 72 = JW. 1926 S. 167; s. hiezu die kritischen Bemerkungen von Smoschever und Stillschweig in JW. a. a. O. Note).

3. Die Enteignung muß dem **öffentlichen Interesse** dienen. Diese Voraussetzung deckt sich im wesentlichen mit der Vorschrift des Art. 153 Abs. 2 RV., daß die Enteignung nur zum Wohle der Allgemeinheit vorgenommen werden darf. „Der im Art. 153 erforderte Nutzen für die Allgemeinheit muß über den durch die vorgenommene Rechtsentziehung an sich und ohne weiteres erreichten Vorteil hinausgehen oder außer dieses Vorteiles bestehen" (so RGZ. Bd. 103 S. 202). Damit ist zum Ausdruck gebracht, daß über das unmittelbare Interesse dessen, zu dessen Gunsten

die Enteignung erfolgt, hinaus, ein unbestimmter größerer Kreis von Staatsbürgern wenigstens mittelbar aus der Enteignung Vorteil schöpft (z. B. bei Enteignung für eine zu bauende Straße, diejenigen, die an der Verbindung oder der Linienführung interessiert sind).

Aus Art. 109 rechtfertigen sich deshalb auch Eingriffe in das Eigentum, die für den Fall gemeiner Gefahr (Feuer, Überschwemmungen, Krieg, Krankheiten) vorgesehen sind oder aus solchem Anlaß gesetzlich angeordnet werden, ferner das Verbot der Verwendung von Sachen zur Herstellung gemeingefährlicher Gegenstände.

4. Der Vorbehalt des Art. 109 machte die Zulassung der Enteignung durch Landesgesetz nicht von Gewährung einer **Entschädigung** abhängig. Die Zulassung oder Anordnung entschädigungsloser Enteignung ist jedoch künftig der Landesgesetzgebung durch Art. 153 Abs. 2 Satz 2 RV. verwehrt; nur ein Reichsgesetz, nicht ein Landesgesetz kann ein anderes bestimmen (s. oben Bem. II, 2, b) und zwar derart, daß auch bestehenden Landesgesetzen, welche gegen den in der Reichsverfassung aufgestellten Grundsatz verstoßen, künftig die Anerkennung zu versagen ist; Landesgesetze, welche gegen die zwingende Vorschrift des Art. 153 Abs. 2 RV. verstoßen, sind ungültig, entbehren der Rechtsverbindlichkeit, eine nach Landesgesetz kraft Gesetzes eintretende Rechtsentziehung ist hinfällig (RGZ. Bd. 109 S. 323).

Darüber, daß sich die Vorschrift auch auf Enteignungsfälle bezieht, die den der Landesgesetzgebung besonders vorbehaltenen Rechtsgebieten angehören, s. oben Bem. II, 2.

Der Landesgesetzgebung ist es überlassen, Vorschriften zu erlassen

a) über den Umfang und die Art der Entschädigung; die Vorschriften müssen aber dem weiteren in Art. 153 Abs. 2 Satz 2 aufgestellten Grundsatze gerecht werden, daß die Entschädigung eine angemessene sein muß. Es muß der Landesgesetzgebung vorbehalten bleiben, näher zu bestimmen, unter welchen Voraussetzungen die Entschädigung als angemessen anzusehen ist, so daß der Richter in seinem freien Ermessen bei der Festsetzung der Höhe der Entschädigung eingeschränkt ist (s. Giese, RV. Bem. 4 zu Art. 153, Anschütz Bem. 9; unentschieden RGZ. Bd. 109 S. 322).

b) über das Verfahren, in welchem der Entschädigungsanspruch dem Grunde nach festzustellen ist. Dagegen muß künftig für den Streit über die Höhe der Entschädigung im Einzelfall der Rechtsweg bei den ordentlichen Gerichten offen gehalten sein (Art. 153 Abs. 2 Satz 3 RV.; s. oben Bem. II, 2, c).

c) über das Verhältnis mehrerer in einem Enteignungsfall Entschädigungsberechtigter und über die Sicherung der Ansprüche Dritter an der Entschädigungssumme; s. hiezu folgende Bem. 6.

Über die gemeinrechtliche Entschädigungspflicht des Staats bei Eingriffen in wohlerworbene Rechte zugunsten der Allgemeinheit s. RGZ. Bd. 94 S. 71, OLG. Hamburg in LZ. 1920 Sp. 399.

Der Entschädigungsanspruch ist kein Schadensersatzanspruch; auf die Feststellung der Entschädigung ist deshalb § 287 Abs. 1 ZPO. nicht anwendbar (RGZ. Bd. 67 S. 202); s. aber jetzt den durch die Novelle von 1924 beigefügten Abs. 2.

Wegen des Einflusses der Geldentwertung auf die Entschädigungspflicht s. unten Bem. VI.

5. Im übrigen hat die Landesgesetzgebung auf Grund des Vorbehalts des Art. 109 folgende Befugnisse:

a) Sie kann die Voraussetzungen für die Zulässigkeit der Enteignung regeln, also die Fälle bestimmen, in denen sie eintreten kann. Hinsichtlich des mit der Enteignung verfolgten Zweckes unterliegt sie hiebei den aus Bem. III, 3 ersichtlichen Schranken (öffentliches Interesse).

b) Sie kann den Eintritt der Enteignung regeln, ob dieselbe nämlich kraft Gesetzes eintritt oder ob und welcher obrigkeitliche Akt zur Verleihung des Enteignungsrechts erforderlich ist. Für den letzteren Fall obliegt ihr auch die Regelung des Verfahrens zur Feststellung, ob ein Enteignungsfall gegeben ist, wer enteignungsberechtigt ist, wer die Beteiligten (Betroffenen) sind und wer entschädigungspflichtig ist. Über den Grund des Entschädigungsanspruches kann in einem Verwaltungsverfahren entschieden werden (s. oben Bem. II, 2, c und III, 4, b).

c) Die allgemeine Fassung des Vorbehalts erlaubt der Landesgesetzgebung auch die Durchbrechung der Grundsätze des BGB. über den gutgläubigen Erwerb (§§ 892, 893 BGB.); sie kann also z. B. bestimmen, daß die im öffentlichen Interesse erfolgte Entziehung des Eigentums an einem Grundstück oder die

Begründung oder Aufhebung eines Rechtes an einem Grundstück der Eintragung in das Grundbuch nicht bedarf und daß die Vorschriften der §§ 892, 893 BGB. nicht Anwendung finden (so Art. 6 Abs. 1 preuß. AG.ZVG. mit Art. 22 Nr. 1 AG.BGB., § 18 des sächs. AG.BGB.).

d) Darüber, daß die Vorschriften der Landesgesetze über Enteignung nicht revisibles Recht sind, s. RG. im „Recht" 1927 Nr. 1788; s. aber für Bayern Bem. 2 zu Art. 6.

6. Lediglich für den Fall, daß die Landesgesetzgebung nicht schon Bestimmungen über das Verhältnis mehrerer Entschädigungsberechtigter zueinander und über die Sicherung der Rechte Dritter am Entschädigungsanspruche getroffen hat, verfügt **Satz 2** des Art. 109 die Anwendung der für reichsrechtliche Enteignungsfälle geltenden Vorschriften der Art. 52, 53 EG. Die Landesgesetzgebung kann also die Anwendung dieser Vorschriften durch abweichende Regelung ganz oder teilweise ausschließen. Soferne landesgesetzliche Vorschriften fehlen, gilt folgendes:

a) Wird das Recht eines Dritten an dem enteigneten Gegenstande durch die Enteignung beeinträchtigt und erhält der Dritte hiefür nach den maßgebenden Vorschriften keine besondere Entschädigung, so stehen ihm an dem Entschädigungsanspruche des Enteigneten dieselben Rechte zu, die ihm im Falle des Erlöschens seines Rechtes durch Zwangsversteigerung an dem Erlöse zustehen würden; s. hierüber des nähern in Bem. 5 zu Art. 52.

Diese Regelung sichert dem Dritten die Entschädigung, die ihm nach dem Grundsatze des Art. 153 Abs. 2 Satz 2 RV. nicht vorenthalten werden darf (s. Bem. II, 2, b, III, 4). Eine abweichende landesgesetzliche Regelung, durch welche dem Dritten auch ein Anspruch an den unmittelbar Entschädigungsberechtigten nicht gewährleistet ist, widerspricht dagegen jenem Grundsatze und ist unzulässig; denn auch die Beeinträchtigung des Rechtes des Dritten an dem enteigneten Gegenstand ist Enteignung.

b) Ist ein Grundstück enteignet und ist deshalb für dieses oder eine von der Enteignung mit betroffene bewegliche Sache, auf welche sich die Haftung gegenüber den Realgläubigern erstreckt, eine Entschädigung zu gewähren, so finden auf das Verhältnis der Beteiligten (Entschädigungspflichtiger, Eigentümer, Realberechtigter) die Vorschriften des § 1128 BGB. über die Haftung der Brandversicherungssumme entsprechende Anwendung, ergänzt durch die Vorschriften in Art. 53 Abs. 1 Satz 2 und 3.

Nach Art. 53 Abs. 2 erlischt die Haftung des Entschädigungsanspruches gegenüber einem Reallastberechtigten, Hypotheken-, Grundschuld- oder Rentenschuldgläubiger, wenn der beschädigte Gegenstand wiederhergestellt oder für die entzogene bewegliche Sache Ersatz beschafft wird. Außerdem sieht Art. 53 Abs. 2 Satz 2 EG. in Verbindung mit § 1123 Abs. 2 Satz 1 und § 1124 Abs. 1 und 3 BGB. das Erlöschen der Haftung aus formalen Gründen vor.

Das in Bem. a Abs. 2 Gesagte gilt auch hier.

IV. Ergänzende Vorbehalte:

1. Im Rahmen der Regelung der Enteignung kann die Landesgesetzgebung gemäß **§ 83 GBO.** auch über das Grundbuchwesen Vorschriften erlassen, welche von denen der GBO. abweichen.

2. § 15 Nr. 2 EG.ZPO. läßt die landesgesetzlichen Vorschriften über das Verfahren bei Streitigkeiten, welche die Zwangsenteignung und die Entschädigung wegen derselben betreffen, unberührt. Die Landesgesetzgebung kann also für Enteignungsfälle das Verfahren vor den ordentlichen Gerichten abweichend von den Vorschriften der ZPO. regeln.

Keiner Schranke unterliegt eine auf Grund dieses Vorbehalts vorgenommene landesgesetzliche Regelung des Verfahrens, soweit etwa die Feststellung der Pflicht zur Zwangsabtretung und die Entscheidung über den Grund des Entschädigungsanspruchs durch Landesgesetz den Gerichten überwiesen ist oder wird.

Für die Entschädigung über die Höhe des Entschädigungsanspruchs darf aber nach Art. 153 Abs. 2 Satz 3 RV. der Rechtsweg vor den ordentlichen Gerichten nicht ausgeschlossen werden (s. oben Bem. II, 2, b). Insoweit darf deshalb bei einer Sonderregelung des Verfahrens von den Grundsätzen der ZPO. nicht soweit abgewichen werden, daß nicht mehr von Rechtsweg gesprochen werden kann (RGZ. Bd. 104 S. 137; Stein-Jonas, Komm. z. ZPO. Bem. 2 zu § 15 EG.ZPO.).

V. Landesgesetze: Über das ältere Recht s. Stobbe, DPrR. Bd. II § 92 S. 166 ff.

Preußen: G. über die Enteignung von Grundeigentum vom 11. Juni 1874 (GS. S. 221 ff.), in Lauenburg eingeführt durch das lauenburg. G. vom 28. April

1875 (Offiz. Wochenbl. 1875 S. 271), in Helgoland mit VO. vom 15. Dez. 1915 (GS. S. 191); hiezu Art. 12 § 1 Abs. 2, Art. 22 Nr. 1 AG.BGB. (Becher XIV, 1 S. 6 und 12); s. hiezu KGJ. Bd. 25 A S. 143, 144 wegen des Vorkaufsrechts nach Art. 57 des EnteignG. von 1874; ALR. Einleitung §§ 74, 75, Tl. I Tit. 8 §§ 29 bis 31, Tit. 11 §§ 4—11, aufrecht erhalten durch Art. 89 Nr. 1, a und b AG.BGB. (Becher XIV, 1 S. 59); über die fortdauernde Geltung dieser Vorschriften s. RG. in RGZ. Bd. 74 S. 45, JW. 1905 S. 131; GruchotsBeitr. Bd. 49 S. 1132; Art. 6 Abs. 1, 35—41 AG.ZVG. (Becher XIV, 4 S. 105). Über die Zuständigkeit s. §§ 150 ff. G. vom 1. Aug. 1883 über die Zuständigkeit der Verwaltungs- und Gerichtsbehörden (GS. S. 237). S. Otto Mayer, G. über die Enteignung von Grundeigentum vom 11. Juni 1874 (mit dem G. über vereinfachtes Enteignungsverfahren), 3. Aufl., Berlin 1927.

Vorschriften über Enteignung sind in einer Reihe von Sondergesetzen enthalten, so im MarksteinG. vom 7. Okt. 1865 (GS. S. 1033), G. über die Befugnisse der Strombauverwaltung gegenüber den Uferbesitzern an öffentlichen Flüssen vom 20. Aug. 1883 (GS. S. 333), abgeändert durch G. vom 30. Mai 1884 (GS. S. 303), G. über Kleinbahnen vom 28. Juli 1892 (GS. S. 225), G. betr. Schutzmaßregeln im Quellgebiete der linksseitigen Zuflüsse der Oder vom 16. Sept. 1899 (GS. S. 169), G. betr. Maßnahmen zur Verhütung von Hochwassergefahren in Schlesien vom 3. Juli 1900 (GS. S. 171), G. betr. Umlegung von Grundstücken in Frankfurt a. M. vom 28. Juli 1902 (GS. S. 273), G. betr. Maßnahmen zur Verhütung von Hochwassergefahren in Brandenburg usw. vom 4. Aug. 1904 (GS. S. 197), G. betr. Maßnahmen zur Regelung der Hochwasser-, Deich- und Vorflutverhältnisse an der Oder vom 12. Aug. 1905 (GS. S. 335), G. betr. erweiterten Grunderwerb am Rhein-Weser-Kanal usw. vom 17. Juli 1907 (GS. S. 262), G. betr. Erweiterung des Kaiser Wilhelm-Kanals vom 17. Nov. 1907 (GS. S. 323), G. betr. Erweiterung des Masurischen Kanals vom 14. Mai 1908, § 29 QuellenschutzG. vom 14. Mai 1908 (GS. S. 105), G. betr. die Herstellung und den Ausbau von Wasserstraßen vom 1. April 1905 (GS. S. 179 ff.), WasserG. vom 7. April 1913 (GS. S. 53) §§ 3, 10, 11, 15, AusgrabungsG. vom 26. März 1914 (GS. S. 41; s. hiezu Holz in LZ. 1916 Sp. 362), FluchtlinienG. vom 2. Juli 1875 (GS. S. 561) in der Fassung des Art. I des WohnungsG. vom 28. März 1918 (GS. S. 23), G. vom 15. Juli 1907 gegen die Verunstaltung von Ortschaften (GS. S. 260), G. zur Erhaltung des Baumbestandes und Erhaltung und Freigabe von Uferwegen usw. vom 29. Juni 1922 (GS. S. 213), geändert durch G. vom 25. Juli 1923 (GS. S. 358) und 30. Juni 1925 (GS. S. 85); s. hiezu Guillaume, Denkmalschutz und Denkmalpflege in Preußen, PrVerwBl. Bd. 47 S. 413, 425, AG. vom 15. Dez. 1919 zum RSiedelungsG. § 1 (GS. S. 31), G. vom 5. Mai 1920 über Bodenverbesserungsgenossenschaften § 15 (GS. S. 351), G. vom 21. Sept. 1920 über Umlegung von Grundstücken (GS. S. 453). Enteignungsrechtliche Vorschriften sind auch in provinzialen Wegegesetzen enthalten (s. Hue de Grais, Handb. der Verfassung und Verwaltung S. 807 Note 6).

Für Fälle, in denen das Enteignungsverfahren aus Gründen des öffentlichen Wohls einer besonderen Beschleunigung bedarf, sieht die VO. vom 11. Sept. 1914 (GS. S. 159), abgeändert durch G. vom 21. Sept. 1920 (GS. S. 437) und das G. vom 26. Juli 1922 (GS. S. 211) ein beschleunigtes Enteignungsverfahren vor; s. auch G. über Anwendung der Vorschriften, betr. ein vereinfachtes Enteignungsverfahren auf die Enteignung von Grundstücken in Festungsbezirken vom 13. Jan. 1921 (GS. S. 303) in der Fassung des § 9 des G. vom 26. Juli 1922.

Bayern: G. über die Zwangsabtretung von Grundeigentum für öffentliche Zwecke vom 17. Nov. 1837 (GVBl. S. 109), abgeändert durch Art. 8 Nr. 10 des G. über Errichtung eines Verwaltungsgerichtshofs usw. vom 8. Aug. 1878 (mit seinen Änderungen), Art. 139 AG.BGB. (Becher III, 7 S. 58) und durch G. vom 13. Aug. 1910 (GVBl. S. 621) und 9. Mai 1918 (GVBl. S. 289; s. hiezu die in Bem. II, 2 angeführten Schriften von Kärcher, Obermaier, Kiefersauer und Martius); Art. 16—26 AG.ZPO. in der Fassung vom 26. Juni 1899 (GVBl. S. 402). In Coburg ist das bayer. Zwangsenteignungsrecht seit 1. April 1921 eingeführt durch MBek. vom 14. April 1921 (GVBl. S. 253 Anl. 1 Nr. 5—7). S. hiezu Becher, Landeszivilrecht Bd. I § 84 S. 588, Oertmann, Bayer. Landeszivilrecht § 36 S. 142, Kneuer, Handbuch des bayr. Verwaltungsrechts, Leipzig 1928, S. 157 ff.

An enteignungsrechtlichen Vorschriften anderer Gesetze sind anzuführen: Art. 153 ff. WasserG. vom 23. März 1907, Art. 75 Abs. 6 FischereiG. vom 15. Aug. 1908, Art. 178 ff., 249 BergG. vom 13. Aug. 1910, G. vom 25. Febr. 1920 über Torfwirtschaft (GVBl. S. 42), Art. 41 ff. ÖdlandG. vom 6. März 1923 (GVBl. S. 89; hiezu Komm. von Wörner, München 1925), Art. 9, 12, 13, 38 Abs. 2 Nr. 13, 60 FlurbereinigungsG. in der Fassung vom 5. Aug. 1922 (GVBl. S. 433), G. vom

4. Juli 1923 über die Erschließung von Bauland (GVBl. S. 273), G. vom 28. März 1919 über die Zwangsenteignung für Ansiedelungszwecke (GVBl. S. 117).

Über ältere Vorschriften, die auf Grund des Art. 1 AG.BGB. aufrecht erhalten sind, s. Henle-Schneider, Ausführungsgesetze Bem. 11 zu Art. 1.

Wegen vereinfachten Enteignungsverfahrens s. MinBek. über Zwangsenteignung zur Beschaffung von Arbeitsgelegenheit vom 23. Dez. 1918 (GVBl. S. 1280) und vom 31. März 1919 (GVBl. S. 122).

S. auch § 16 der VerfUrk. vom 14. Aug. 1919.

Sachsen: §§ 18—20 AG.BGB. (Becher XVII, 1 S. 4, Jäger-Apelt B, 1 S. 283); § 31a AV.GBO., eingeschaltet durch VO. vom 15. April 1908 (Jäger-Appelt B, 22 S. 408); EnteignungsG. vom 24. Juni 1902 (GVBl. S. 153), geändert durch § 169 Abs. 1 Nr. 9 des WasserG. vom 12. März 1909 und § 420 Abs. 1 Nr. 13 des Allgem. BergG. vom 31. Aug. 1910; AusfVO. vom 24. Nov. 1902, abgeändert durch § 61 Nr. 4 VO. vom 21. Sept. 1909 und § 304 Abs. 1 Nr. 16 VO. vom 20. Dez. 1910; VO. vom 15. Mai 1923.

Sonderfälle von Enteignungen sind in einer Reihe von Gesetzen enthalten, so in §§ 143 ff. des WasserG., §§ 341 ff. des BergG., §§ 67 ff. des Allgem. BauG. vom 1. Juli 1900, §§ 15 ff. des G. vom 20. Nov. 1920 über den Verkehr mit Grundstücken (GVBl. S. 464).

S. zum Enteignungsrecht Kloß-Müller, Sächs. Landesprivatr., 3. Aufl. §§ 34, 35 S. 65 ff. und wegen Enteignung in Bausachen § 83, II S. 189 und § 86 S. 193.

Württemberg: §§ 59 Abs. 2, 60 der Verfassung vom 25. Sept. 1919 (RegBl. S. 281); G. vom 20. Dez. 1888 über die Zwangsenteignung von Grundstücken und Rechten an Grundstücken (RegBl. S. 446), geändert durch Art. 209 AG.BGB. (Becher XXVI, 1 S. 47); Bauordnung vom 28. Juli 1910 (RegBl. S. 333); G. vom 22. Mai 1920 und 20. Nov. 1920 über den Verkehr mit Grundstücken (RegBl. S. 298, 464); BaulandG. vom 18. Febr. 1926 (RegBl. S. 43); Vorschriften über Enteignung finden sich noch in anderen Gesetzen, so im BergG., WasserG., FeldbereinigungsG., MoorgenossenschaftsG., TorfwirtschaftsG. S. Meyer, Württ. AG. Tl. II S. 248 ff. und 326 ff. Über Denkmalschutz s. die in Bem. 5 zu Art. 111 angeführten Gesetze.

Baden: § 14 der Verfassung vom 21. März 1919 (GVBl. S. 279); EnteignungsG. vom 26. Juni 1899 in der Fassung vom 24. Dez. 1908 (GVBl. S. 703), abgeändert durch G. vom 12. Mai 1921 (GVBl. S. 127); § 30 des OrtsstraßenG. vom 15. Okt. 1908 (GVBl. S. 605); § 5 des G. vom 15. April 1919 über den Verkehr mit Grundstücken (GVBl. S. 303); VO. vom 7. April 1920 betr. den Vollzug des EnteignungsG. (GVBl. S. 104); G. vom 10. April 1919 (GVBl. S. 295) und vom 22. Dez. 1920 (GVBl. S. 548) über vereinfachtes Enteignungsverfahren, abgeändert durch G. vom 15. Dez. 1921 (GVBl. S. 531); AG. vom 10. März 1921 zum RSiedlungsG. (GVBl. S. 73).

S. auch § 28 AG.GBO. in der Fassung vom 13. Okt. 1925 (GVBl. S. 300) über Grundbucheintragungen.

Thüringen: EnteignungsG. vom 18. April 1921 (GS. S. 149; § 67 läßt die Vorschriften der Landesgesetze über Gemeinheitsteilung, Zusammenlegung von Grundstücken und Ablösung von Grundlasten unberührt), abgeändert durch G. vom 8. März 1923 (GS. S. 125) (s. zu § 1 RG. in JW. 1926 S. 1476); AusfVO. vom 23. Juni 1921 (GS. S. 173) und 21. Dez. 1922 (GS. S. 582); §§ 71—73 AV.BGB. vom 16. Mai 1923 (GS. S. 293).

Hessen: Art. 79 AG.BGB., nun EnteignungsG. in der Fassung vom 30. Sept. 1899 (RegBl. S. 735); G. vom 19. Dez. 1914 über ein vereinfachtes Enteignungsverfahren (RegBl. S. 494); Art. 14, 18, 19, 30 DenkmalschutzG. vom 16. Juli 1902 (RegBl. S. 275); Art. 11, 15 allgem. Bauordnung vom 1. Febr. 1882/1. Sept. 1925 (RegBl. S. 153); Art. 123 ff. BergG.

S. Wolf, Hess. Landesprivatr. §§ 92—95.

Hamburg: EnteignungsG. in der Fassung vom 26. April 1920 (Amtsbl. S. 60), geändert durch G. vom 4. Juli 1927 (GS. S. 335); s. zu § 28 dieses G. Hartmann in HansRZ. 1921 S. 167 und 1922 S. 502 und für die Rechtsgültigkeit (RGZ. Bd. 104 S. 137 = HansRZ. 1922 S. 511 = HansGZ. 1922 Beibl. S. 161; s. ferner darüber, daß die Eintragung eines Grundstücks in die Denkmalliste nach dem G. vom 26. April 1920 Enteignung im Sinne des Art. 153 Abs. 2 RV. ist, RGZ. Bd. 116 S. 268 ff.; BaupflegeG. vom 3. April 1912 (GS. I S. 49); Denkmal- und NaturschutzG. vom 6. Dez. 1920 (Amtsbl. S. 1441).

Mecklenburg-Schwerin: § 10 Abs. 2, § 11 Verfassung vom 17. Mai 1920 (RegBl. S. 653); §§ 87—102 AV.BGB. (Becher XI, 2 S. 19); §§ 13 ff. G. vom 3. Juli 1919 (RegBl. S. 605); MoorschutzG. vom 20. April 1920 (RegBl. S. 470); EnteignungsG. für Elektrizitätsunternehmungen vom 8. Okt. 1920 (RegBl. S. 1176). S. auch Buchka, Meckl. Landesprivatr. § 24.

Oldenburg: § 13 Verfassung vom 17. Juni 1919 (GBl. für Oldenburg S. 391); EnteignungsG. vom 21. April 1897, geändert durch § 45 AG.BGB. (Becher XII, 3 S. 15) und G. vom 5. Aug. 1924 (GS. S. 543); § 24 DenkmalschutzG. vom 18. Mai 1911 (GS. Bd. 37 S. 459).

Braunschweig: EnteignungsG. vom 13. Sept. 1867; darüber, daß dieses Ges. nicht gegen Art. 153 Abs. 2 RV. verstößt, s. RG. vom 1. April 1927 in JurRundsch. 1927 Nr. 1351 = DJZ. 1927 Sp. 1039; § 45 AG.BGB. (Becher IV, 1 S. 10); §§ 14 ff. LandbeschaffungsG. vom 4. Juli 1919 (GVBl. S. 177).

Anhalt: G. vom 12. April 1875 (GS. Nr. 381), abgeändert durch G. vom 22. Okt. 1918 (GS. Nr. 1469) und G. vom 8. Mai 1920 (GS. Nr. 1569); s. auch § 19 G. vom 27. März 1888 betr. die sachliche Zuständigkeit der Verwaltungsgerichte (GS. Nr. 788); G. vom 5. Febr. 1876 betr. die Ausdehnung des G. vom 12. April 1875 auf die Entziehung und Beschränkung des Grundeigentums im Interesse des Wegbaues (GS. Nr. 417); NaturschutzG. vom 14. Juni 1923 (GS. S. 93 Nr. 1727) mit AusfVO. vom 23. Jan. 1924 (GS. S. 1 Nr. 1763); G. vom 25. Juni 1923 über ein vereinfachtes Enteignungsverfahren (GS. S. 134 Nr. 1744).

Bremen: G. vom 18. Juli 1899 über Enteignung von Grundeigentum (GBl. S. 354; Becher V, 22 S. 144), geändert durch G. vom 6. Juni 1905 (GBl. S. 88), vom 21. März 1907 (GBl. S. 83), vom 2. Juni 1909 (GBl. S. 134), vom 27. März 1913 (GBl. S. 95), vom 25. Dez. 1919 (GBl. S. 465); G. vom 25. Juni 1902, betr. die Zulässigkeit ortsstatutarischer Vorschriften über die Beschränkung und Entziehung von Grundeigentum in den Hafenstädten (GBl. S. 107); G. vom 15. Juli 1909 über Enteignung zur Regelung von Straßenlinien (GBl. S. 191), geändert durch G. vom 21. Juni 1911 (GBl. S. 108); G. vom 21. Juli 1915 betr. Reklameeinrichtungen (GBl. S. 159); wegen Denkmal- und Naturschutz s. Bem. 3 zu § 111.

Lippe: G. vom 8. Juni 1864, 3. Febr. 1869, 17. Jan. 1894; BaufluchtlinienG. vom 13. Dez. 1899, abgeändert durch G. vom 26. März 1913; VO. vom 3. April 1919 über vereinfachtes Enteignungsverfahren (GS. S. 278); HeimatschutzG. vom 17. Jan. 1920 (GS. S. 15); § 19 QuellenschutzG. vom 8. April 1926 (LV. S. 311); G. vom 8. April 1926 über Enteignung zur Erweiterung und Neuanlegung von Friedhöfen (LV. S. 317).

Lübeck: EnteignungsG. vom 22. Juli 1898 (GBl. S. 104) und vom 23. Dez. 1919 (GBl. S. 297); DenkmalschutzG. vom 3. Febr. 1915 (GBl. S. 9).

Mecklenburg-Strelitz: §§ 85—100 AV.BGB. (Becher XII, 1 S. 16); s. auch § 43 des LandesgrundG. vom 1. April 1919.

Waldeck: G. vom 31. Juli 1906 und 15. Nov. 1909 über Enteignung von Grundeigentum usw. (RegBl. 1906 S. 23, 1909 S. 103).

Schaumburg-Lippe: G. vom 12. Dez. 1872, vom 23. März 1896, vom 29. April 1897 und 27. Juni 1899; § 7 G. vom 23. Juli 1919 (LV. S. 123); G. vom 15. Juli 1921 (LV. S. 519).

VI. Einfluß der Geldentwertung auf die Entschädigung: Der Anspruch auf Entschädigung ist Werterſatzanspruch. Die noch in Papiermark festgesetzte Entschädigung ist deshalb nicht nach billigem Ermessen (§ 242 BGB.) aufzuwerten. Vielmehr ist in Reichsmark derjenige Betrag zu zahlen, der der inneren Kaufkraft der festgesetzten Entschädigung entspricht. Für die so vorzunehmende Umwertung der Entschädigung ist, wenn ein Grundstück enteignet wurde, die besondere Kaufkraft des Geldes auf dem Grundstücksmarkte maßgebend. Vgl. RG. in RGZ. Bd. 107 S. 228, Bd. 109 JS. 259, WarnE. 1923/24 Nr. 83, 112, 113, JW. 1924 S. 815, 1925 S. 1125, 1926 S. 2629, 1926 S. 1859, 2364, DJZ. 1926 Sp. 1038, JurRundsch. 1926 Nr. 2119, JW. 1927 S. 986 und namentlich 1927 S. 1858, Mügel, AufwRecht § 8, V Nr. 2 und 5, § 30 S. 87, 89, 165, Michaelis, AufwR. S. 366, Benkard JW. 1924 S. 1904, Salinger DJZ. 1925 S. 472 und die kritischen Bemerkungen zur Rechtsprechung des RG. von Gordan JW. 1926 S. 2663 und Lewin JW. 1927 S. 945; s. weiter Raasch in DJZ. 1927 Sp. 502, Tietz in JW. 1928 S. 456; s. auch Bd. II, 1 dieses Komm. Bem. V, 2, o zu § 242 S. 81.

Über Aufwertung der mit dem enteigneten Grundstücke hypothekarisch gesicherten Enteignungsentschädigung gemäß § 10 des AufwG. vom 16. Juli 1925 s. RG. in AufwRspr. 1927 Nr. 168 S. 361 = LZ. 1927 Sp. 1222.

Art. 110.

Unberührt bleiben die landesgesetzlichen Vorschriften, welche für den Fall, daß zerstörte Gebäude in anderer Lage wieder hergestellt werden, die Rechte an den beteiligten Grundstücken regeln.

E. I, 77; II, 83; III, 109.

Wiederherstellung zerstörter Gebäude.

1. Entstehung. Art. 110 entspricht wörtlich dem Art. 77 von E. I (Mot. z. EG. 202, P. VI, 440, Reatz III, 61, Mat. 87 a S. 66).

2. Inhalt. Der Vorbehalt dieses Artikels zugunsten der Landesgesetzgebung betrifft die Regelung der **Rechte Dritter an einem Gebäude, welches zerstört und an einer anderen Stelle wieder hergestellt wurde.**

Einzelne Landesgesetze (sog. Retablissementsgesetze) hatten vorgeschrieben, daß, wenn nach Zerstörung eines Gebäudes der Wiederaufbau desselben an anderer Stelle aus polizeilichen Gründen angeordnet wird, die dinglichen Rechte, welche auf der alten Baustelle lasteten, auf die neue Baustelle übertragen werden. Damit ist nicht bloß der Untergang der Rechte, der zu einer Inanspruchnahme der Entschädigungssumme für das zerstörte Gebäude (s. Art. 109 Satz 2 EG., § 1127 Abs. 1 BGB.) und damit zu einer Erschwerung des Wiederaufbaues führen würde, sondern auch der Verlust des bisherigen Ranges im Falle einer Neubegründung an der neuen Baustelle vermieden.

Vorschriften dieser Art sind durch Art. 110 aufrecht erhalten, neue können erlassen werden. In Betracht kommt neben dem Falle, daß ein Gebäude im öffentlichen Interesse niedergelegt wird und deshalb an der alten Stelle nicht wieder aufgebaut werden darf, die Zerstörung des Gebäudes durch Brand, Hochwasser oder sonstige Naturgewalt.

Der Vorbehalt beschränkt sich nach seiner allgemeinen Fassung nicht auf den Fall, daß der Wiederaufbau an anderer Stelle auf behördlicher Anordnung beruht, sondern umfaßt auch den Fall, daß der Eigentümer freiwillig (aus Zweckmäßigkeitsgründen oder Naturnotwendigkeiten) an anderer Stelle aufbaut.

Vorschriften der gedachten Art können schon durch die Vorbehalte der Art. 75, 109, 113 EG. gedeckt sein.

Durch die Vorschriften in den §§ 97, 193 VVG. vom 30. Mai 1908 (RGBl. S. 263) ist der Vorbehalt nicht berührt.

Landesgesetze: Vorschriften finden sich namentlich in Brandversicherungs- und in Baugesetzen. Bayern Art. 38—40 des G. vom 3. April 1875, die Brandversicherungsanstalt für Gebäude usw. betr., mehrfach geändert, zuletzt durch G. vom 16. Okt. 1925 (GVBl. S. 259); Sachsen §§ 54—63 allgem. BauG. vom 1. Juli 1900 (GVBl. S. 381; Jäger-Apelt A, 19 S. 133; s. Kloß-Müller, Sächs. Landesprivatr. 3. Aufl. S. 188); Württemberg Art. 35 LandesversG. vom 14. März 1853 in der Fassung des Art. 205, III AG.BGB. (Becher XXVI, 1 S. 42); Art. 9 Abs. 2, 25 Bauordnung vom 28. Juli 1910 (RegBl. S. 333); Baden §§ 50 ff. GebäudeversG. vom 26. Okt. 1912; Hessen Art. 27 BrandversG. vom 30. Sept. 1899.

Art. 111.

Unberührt bleiben die landesgesetzlichen Vorschriften, welche im öffentlichen Interesse das Eigentum in Ansehung tatsächlicher Verfügungen beschränken.

E. I, 66; II, 84; III, 110.

Eigentumsbeschränkung im öffentlichen Interesse.

1. Der Art. 111 entspricht mit einer kleinen redaktionellen Änderung dem Art. 66 des I. Entw. (Mot. z. EG. 192, P. VI, 428, Reatz III, 61, Mat. 87 a S. 67).

2. § 903 BGB. und Art. 153 Abs. 1 der RV. vom 11. Aug. 1919 gewährleisten die Freiheit des Eigentums, beide Vorschriften jedoch nur innerhalb der Schranken des Gesetzes, worunter auch die Reichsverfassung Reichs- und Landesgesetze versteht (Anschütz, RV. Bem. 5 zu Art. 153). Die gesetzlichen Eigentumsbeschränkungen sind teils solche, welche die rechtliche Verfügungsgewalt — Recht zur Veräußerung, Teilung, Belastung der Sache — betreffen; auf diese beziehen sich die Vorbehalte der Art. 113, 115—117, 119 EG. Teils richten sie sich gegen die **tatsächliche** Verfügung über die Sache — auf Dulden, Unterlassen.

Die Beschränkungen in der tatsächlichen Verfügung teilen sich wieder in solche im Interesse des privaten Rechtslebens, insbesondere der Nachbarn — sie sind den Vorschriften der §§ 904—924 BGB. zu entnehmen; weitere Beschränkungen aufzustellen ist in Art. 124 EG. der Landesgesetzgebung überlassen — und in solche im **öffentlichen Interesse.** Von diesem handelt **Art. 111.**

3. Die Motive (192) lassen es dahingestellt, ob der Vorbehalt nicht entbehrlich ist, da die Wahrung öffentlicher Interessen ohnehin in die Zuständigkeit der Landesgesetzgebung fällt. Jedenfalls macht der Vorbehalt die Prüfung der Frage entbehrlich, ob eine im öffentlichen Interesse erfolgte Beschränkung des Eigentums dem Gebiete des öffentlichen Rechts oder des Privatrechts angehört.

4. Der Vorbehalt bezieht sich auf Grundstücke und bewegliche Sachen. In Betracht kommen namentlich Beschränkungen auf dem Gebiete des Bauwesens und der Waldkultur, Bau-, Straßen-, Forstordnungen, Kulturedikte. Durch den Vorbehalt sind aber auch die Vorschriften gedeckt, welche im öffentlichen Interesse dem Naturschutz und dem Denkmalschutz (Heimatschutz) *) im weitesten Sinne dienen, soweit diese Vorschriften nicht die rechtliche Verfügungsmacht entziehen oder zu einer Enteignung führen (s. Bem. III, 1 zu Art. 109), sondern Duldungs- oder Unterlassungspflichten zur Erhaltung von Naturschönheiten usw. auferlegen (s. außer den in Bem. 3 unten auch die in Bem. V zu Art. 109 angeführten landesgesetzlichen Vorschriften). Vgl. auch die VO. vom 9. Mai 1920 über den Schutz von Denkmalen und Kunstwerken (RGBl. S. 913), die u. a. die wesentliche Veränderung von Gegenständen von geschichtlichem, wissenschaftlichem oder künstlerischem Werte verbietet.

Wegen der Deckung von Vorschriften über Heilquellen, welche deren Erhaltung dienen, s. Kloß-Müller, Sächs. Landesprivatr., 3. Aufl. § 110, II, 9 S. 255.

Der Vorbehalt dieses Artikels fällt teilweise mit denen der Art. 65—67, 69, 113 zusammen.

5. Landesgesetze: Hinsichtlich des bisherigen Rechts s. im allgemeinen Stobbe, DPR. Bd. 2 § 84 S. 87.

Preußen: ALR. Tl. I Tit. 8 §§ 31—69, 71—82, aufrecht erhalten durch Art. 89 Nr. 1, b AG.BGB. (Becher XIV, 1 S. 59); G. vom 2. Juli 1875 betr. die Anlegung und Veränderung von Plätzen in Städten und ländlichen Ortschaften (FluchtlinienG.; GS. S. 561); G. vom 6. Juli 1875 über Schutzwaldungen und Waldgenossenschaften (GS. S. 416); G. vom 14. Aug. 1876 über Gemeindeholzungen (GS. S. 373); G. vom 14. März 1881 über gemeinschaftliche Holzungen (GS. S. 261); G. vom 16. Sept. 1899 betr. Schutzmaßregeln im Quellgebiete der linksseitigen Zuflüsse der Oder in der Provinz Schlesien (GS. S. 169); QuellenschutzG. vom 14. Mai 1908 (GS. S. 105); Ansiedelungsgesetze vom 25. Aug. 1876 (Prov. Preußen, Brandenburg, Pommern, Schlesien, Sachsen und Westfalen; GS. S. 405), 4. Juli 1887 (Hannover, GS. S. 324), 13. Juni 1888 (Schleswig-Holstein; GS. S. 243), 11. Juni 1890 (Hessen-Nassau; GS. S. 173), 10. Aug. 1904 (GS. S. 227); G. vom 2. Juni 1902 (GS. S. 159) und vom 15. Juli 1907 gegen die Verunstaltung von Ortschaften und landschaftlich hervorragenden Gegenden (GS. S. 260), §§ 58, 160 Abs. 2 WasserG. vom 7. April 1913 (GS. S. 53); § 29 Abs. 2 RuhreinhaltungsG. vom 5. Juni 1913 (GS. S. 305); § 28 Abs. 6 SesekeG. vom 5. Juni 1913 (GS. S. 329); MoorschutzG. vom 4. März 1913 (GS. S. 29) und vom 30. März 1914 (GS. S. 39); AusgrabungsG. vom 26. März 1914 (GS. S. 41); G. zur Erhaltung des Baumbestandes und Erhaltung und Freigabe von Uferwegen im Interesse der Volksgesundheit vom 29. Juli 1922 (GS. S. 213) in der Fassung der Gesetze vom 25. Juli 1923 (GS. S. 358) und 30. Juni 1925 (GS. S. 85); G. vom 28. Juli 1926 über die Aufhebung privatrechtlicher Baubeschränkungen in der Provinz Hannover und in der Stadt Frankfurt (GS. S. 236).

Bayern: Art. 1 AG.BGB. hat die älteren durch Art. 111 EG. gedeckten Vorschriften aus der Zeit vor 1818 aufrecht erhalten; s. darüber Henle-Schneider, AusfG. Bem. 12 zu Art. 1, Becher, Landeszivilrecht § 78, B S. 569. Bauordnung vom 17. Febr. 1901 (mehrfach geändert; s. Ziegler-Buchert, VerwG. u. VO. Tl. II Nr. 10); Bauordnung für München vom 29. Juli 1895; Art. 19—22, 34 ff. ForstG. vom 28. März 1852 (mehrfach geändert; Ziegler-Buchert Tl. II Nr. 26); VO. vom 6. Sept. 1908 über Ausgrabungen und Funde von prähistorischen und historisch merkwürdigen Gegenständen (GVBl. S. 762); hiezu Art. 22 b PolStGB. in der Fassung des G.

*) Witte, Die Erhaltung der Kunst- und Geschichtsdenkmäler, MecklZ. 42. Jahrg. Heft 10; Wolf, Das Recht der Naturdenkmalpflege in Preußen, Berlin 1920; Schönichen, Merkbuch für Naturdenkmalpflege, Berlin 1925.

vom 6. Juli 1908 (GVBl. S. 354); VO. vom 14. Sept. 1921 über den Schutz von Denkmalen und Kunstwerken (GVBl. S. 480; auf Grund § 2 der RVO. vom 8. Mai 1920 erlassen); G. vom 22. Dez. 1921 über die Aufforstung landwirtschaftlicher Grundstücke (GVBl. S. 609); VO. vom 5. Mai 1922 über die Errichtung von Bauten für Umspanner (Transformatoren; GVBl. S. 277), solche Bauten dürfen das Orts- und Landschaftsbild nicht verunstalten.

Wegen der Geltung des Art. 50 des pfälz. G. vom 16. Sept. 1807 über die Austrocknung der Sümpfe s. BayObLGZ. Bd. 11 S. 48.

Sachsen: Allgem. BauO. vom 1. Juli 1900 (GVBl. S. 381; Jäger-Apelt A, 19 S. 125); G. vom 10. März 1909 gegen die Verunstaltung von Stadt und Land (GVBl. S. 219; Jäger-Apelt A, 20 S. 152); hiezu VO. vom 15. März 1909 (GVBl. S. 221); §§ 40—42 WasserG. vom 12. März 1909 (GVBl. S. 227; Jäger-Apelt A, 21 S. 153); vgl. Kloß-Müller, Sächs. Landesprivatr. 3. Aufl. §§ 81—87 S. 183 ff.

Württemberg: Art. 253, 254 AG.BGB. (Becher XXVI, 1 S. 61); BauG. vom 1. Juli 1900 BauO. vom 28. Juli 1910; G. vom 14. März 1914 (RegBl. S. 45); G. vom 14. Mai 1920 zum Schutz von Denkmalen usw. (RegBl. S. 305, 317) und vom 22. Dez. 1925 (RegBl. S. 275); G. vom 15. Nov. 1927 über vorläufigen Schutz von Denkmalen und heimatlichen Kunstbesitz (RegBl. S. 323).

Baden: OrtsstraßenG. vom 15. Okt. 1908 (GVBl. S. 605), ergänzt durch G. vom 19. Juli 1910 (GVBl. S. 431).

Hessen: BauO. vom 30. April 1881 mit Art. 278 AG.BGB.; VO. vom 1. Febr. 1882; s. Wolf, Hess. LPrR. § 99; G. vom 15. Juli 1896 betr. den Schutz von Heilquellen; DenkmalschutzG. vom 16. Juli 1902 (RegBl. S. 275); Bek. vom 25. Okt. 1920 über Anzeigepflicht bei Ausgrabungen und Funden (RegBl. S. 328); Wolf §§ 101, 103.

Hamburg: BauO. vom 19. Juli 1918 (Amtsbl. S. 1153) und 28. Jan. 1924 (GS. S. 136), geändert durch G. vom 20. Nov. 1925 (GS. S. 541) und vom 21. Mai 1926 (GS. S. 343); BaupflegeG. vom 3. April 1912 (GS. I S. 49); Denkmal- und NaturschutzG. vom 6. Dez. 1920 (Amtsbl. S. 1441).

Über Fortbestand der landesgesetzlichen Vorschriften, nach denen öffentlich-rechtliche Eigentumsbeschränkungen durch einfache Vereinbarung begründet werden können, s. RG. in LZ. 1921 Sp. 106.

Mecklenburg-Schwerin: Städtebauvorschriften vom 16. Juli 1913; WaldschutzG. vom 22. Okt. 1919 (RegBl. S. 923); NaturschutzG. vom 14. Juni 1923 (RegBl. 405), geändert durch G. vom 6. Dez. 1927 (RegBl. S. 246).

Oldenburg: BauO. vom 19. Juni 1905; G. vom 11. Jan. 1910 gegen Verunstaltung von Landschaften usw. (GBl. Bd. 37 S. 402); DenkmalschutzG. vom 18. Mai 1911 (GBl. Bd. 37 S. 459).

Braunschweig: G. vom 1. Febr. 1911 gegen die Verunstaltung von Stadt und Land (GVS. S. 27).

Anhalt: BauO. vom 18. Okt. 1916 (GS. Nr. 1447).

Bremen: G. vom 25. Juni 1902 (GS. S. 107); BauO. vom 21. Okt. 1906 für Stadt Bremen und Landgebiet (GBl. S. 405), wiederholt geändert und ergänzt; G. vom 4. März 1909 betr. Schutz von Denkmalen usw. (GBl. S. 69) mit Änderungen vom 6. Dez. 1917 (GBl. S. 317) und 27. März 1921 (GBl. S. 109); hiezu Bek. vom 13. Nov. 1912 (GBl. S. 247) und 6. Dez. 1917 (GBl. S. 319); G. vom 21. Juli 1915 betr. Reklameeinrichtungen (GBl. S. 159).

Lippe: BaufluchtlinienG. vom 13. Dez. 1899 (GS. S. 593); geändert durch G. vom 26. März 1913 (GS. S. 19); HeimatschutzG. vom 17. Jan. 1920 (GS. S. 15).

Lübeck: BauO. vom 25. Mai 1903 (mehrfach geändert), Nachtrag hiezu vom 13. Juli 1927 (GS. S. 150); DenkmalschutzG. vom 3. Febr. 1915 (GS. S. 9); StraßenbauG. vom 19. Febr. und 2. Juli 1919 (GS. S. 90 und 205).

Mecklenburg-Strelitz: Städtebauvorschriften vom 16. Juli 1913; AusgrabungsG. vom 21. Dez. 1920 (Amtl. Anz. S. 1161).

Art. 112.*)

Unberührt bleiben die landesgesetzlichen Vorschriften über die Behandlung der einem Eisenbahn- oder Kleinbahnunternehmen gewidmeten Grundstücke und

*) Schrifttum: Werneburg, Der Begriff der Bahneinheit, EisenbE. Bd. 43 S. 357.

sonstiger Vermögensgegenstände als Einheit (Bahneinheit), über die Veräußerung und Belastung einer solchen Bahneinheit oder ihrer Bestandteile, insbesondere die Belastung im Falle der Ausstellung von Teilschuldverschreibungen auf den Inhaber, und die sich dabei ergebenden Rechtsverhältnisse sowie über die Liquidation zum Zwecke der Befriedigung der Gläubiger, denen ein Recht auf abgesonderte Befriedigung aus den Bestandteilen der Bahneinheit zusteht.

E. II, 112; III, 111.

Bahneinheit:

1. Entstehung. Art. 112 wurde erst in der II. Komm. aufgestellt (P. VI, 552, 553, 611, 612, Reatz III, 61, Mat. 87a S. 68).

2. Zweck des Vorbehaltes war, die Aufrechthaltung des preuß. G. vom 19. Aug. 1895 betr. das Pfandrecht an Privateisenbahnen und Kleinbahnen und die Zwangsvollstreckung in dieselben (inzwischen geändert, s. Bem. 6), zu ermöglichen und auch andere Bundesstaaten (Länder) in die Lage zu setzen, die privatrechtlichen Verhältnisse der Eisenbahnen, namentlich den Übergang des Eigentums an einer Bahn als Ganzes besonders zu regeln.

3. Verhältnis zum neuen Reichsrecht. Nach Art. 7 Nr. 19 der Reichsverfassung vom 11. Aug. 1919 hat das Reich die (konkurrierende) Gesetzgebung über die Eisenbahnen, soweit es sich um den allgemeinen Verkehr und die Landesverteidigung handelt. Nach Art. 12 Abs. 1 RV. behalten die Länder die Gesetzgebung, solange und soweit das Reich von seinem Gesetzgebungsrecht keinen Gebrauch macht. Bisher hat das Reich von seinem Gesetzgebungsrecht einen umfassenden Gebrauch nicht gemacht. Grundsätzlich ist also der Vorbehalt des Art. 112 EG. durch die neue Reichsverfassung nicht berührt, die Landesgesetze haben ihre Geltung nicht verloren. Zur Abgrenzung der Bedeutung des Vorbehalts ist auf die weiteren Vorschriften der RV. über das Eisenbahnwesen einzugehen.

a) Art. 89 RV. hat es dem Reich zur Aufgabe gemacht, die dem allgemeinen Verkehre dienenden Eisenbahnen in sein Eigentum zu übernehmen und als einheitliche Verkehrsanstalt zu verwalten. Inzwischen hat das Reich durch den Staatsvertrag vom 31. März 1920 (RGBl. S. 774 ff.) mit den Ländern, die Eisenbahnen besaßen, nämlich Preußen, Bayern, Sachsen, Württemberg, Baden, Hessen, Mecklenburg-Schwerin und Oldenburg, mit Wirkung vom 1. Aug. 1920 ab die Staatseisenbahnen dieser Länder in sein Eigentum übernommen. Der Staatsvertrag ist im Reich und in den Ländern als Gesetz eingeführt, im Reich durch G. vom 30. April 1920 (RGBl. S. 773); s. auch RGes. vom 29. Juli 1922 (RGBl. II S. 683).

Die Verwaltung der Reichseisenbahnen erfolgt nach dem ReichsbahnG. vom 30. Aug. 1924 (RGBl. I S. 57 ff.) durch die Deutsche Reichsbahn-Gesellschaft.

b) Art. 94 Abs. 1 RV. hat für Großbahnen, das sind die dem allgemeinen Verkehre dienenden Eisenbahnen, ein Eisenbahnmonopol des Reichs geschaffen; neue, dem allgemeinen Verkehre dienende Eisenbahnen können grundsätzlich nur vom Reich gebaut werden; doch kann das Reich den Ländern oder Privaten zum Bau von Großbahnen die Zustimmung erteilen.

Dem Reichs-Eisenbahnmonopol entspricht das Betriebsmonopol der Deutschen Reichsbahngesellschaft nach § 10 des ReichsbahnG.

Über die nicht vom Reich verwalteten Großbahnen hat das Reich nur das Aufsichtsrecht nach Maßgabe des Art. 95 RV. und G. über die Eisenbahnaufsicht vom 3. Jan. 1920 (RGBl. S. 13); s. auch § 40 ReichsbahnG.

c) Die Vorschriften der Reichsverfassung erstrecken sich nicht auf die Kleinbahnen, das sind diejenigen Eisenbahnen, die nicht dem allgemeinen Verkehre, sondern zur Befriedigung des örtlichen oder nachbarlichen Verkehrs dienen, Anschlußbahnen, Industriebahnen. Ihre Genehmigung und ihr Betrieb unterliegt auch fernerhin der Landesgesetzgebung.

Art. 112 EG. bezieht sich also:

α) auf die nicht im Eigentum des Reichs stehenden **Großbahnen**, das sind die Privatbahnen, die nicht Gegenstand des Staatsvertrags vom 31. März 1920 gewesen sind, und die mit Zustimmung des Reichs neu gebauten Privatbahnen (s. oben b);

β) auf die **Kleinbahnen.**

In § 10 des Staatsvertrags ist die Geltung der Landesgesetze ausdrücklich vorgesehen; die Gesetze und Verordnungen der Länder über das Eisenbahnwesen bleiben unbeschadet der Bestimmungen der Reichsverfassung bis zu einer anderweitigen reichsgesetzlichen Regelung (nämlich auf Grund des oben erwähnten Art. 7 Nr. 19 RV.) insoweit in Kraft, als die Voraussetzungen für ihre Anwendung nach dem Übergange der Eisenbahnen auf das Reich noch gegeben sind. Nach § 43 ReichsbahnG. hat die Reichsbahngesellschaft die Rechte und Pflichten des Reichs aus dem Staatsvertrag übernommen. Das Gesetzgebungsrecht der Länder ist vertraglich — und dadurch wegen der Geltung des Staatsvertrags als Reichsgesetz (s. oben unter a) reichsgesetzlich — insoferne eingeschränkt, als die Länder gesetzliche Bestimmungen, welche Eisenbahnen des allgemeinen Verkehrs (Großbahnen) betreffen, nur im Benehmen mit der Reichsregierung erlassen dürfen.

4. Inhalt des Vorbehalts: Wesentlich ist, daß durch die Landesgesetzgebung alle dem Eisenbahnunternehmen gewidmeten Vermögenswerte für den Rechtsverkehr zu einem einheitlichen Gegenstand, der sog. Bahneinheit, zusammengefaßt werden können, ohne daß die Voraussetzungen der §§ 93 ff. BGB. gegeben sind.

a) Die Bahneinheit kann umfassen

α) alle dem Betriebe dienenden Grundstücke, gleichviel ob sie räumlich zusammenhängen oder nicht,

β) alle sonstigen Vermögensbestandteile des Unternehmens, also bewegliche Sachen, Rechte aller Art und Forderungen.

b) Die Entstehung der Einheit kann näher geregelt werden.

c) Die Landesgesetzgebung kann Sondervorschriften über die Veräußerung und Belastung der Bahneinheit und einzelner Bestandteile derselben treffen.

So kann sie anordnen, daß die Veräußerung der Einheit als solcher gerichtlicher oder notarieller Form bedarf, also auch hinsichtlich der Bestandteile, deren Veräußerung sonst formfrei erfolgen könnte, und die Zulässigkeit der Veräußerung und Belastung einzelner zur Bahneinheit gehörender Gegenstände, namentlich von Grundstücken, an bestimmte Voraussetzungen knüpfen oder von behördlicher Genehmigung abhängig machen (Eigentumsbeschränkungen).

d) Hervorgehoben ist, daß die Belastung der Bahneinheit im Falle der Ausstellung von Teilschuldverschreibungen auf den Inhaber abweichend von den Vorschriften des BGB. (s. §§ 1187 ff.) geregelt werden kann.

e) Endlich sind landesgesetzliche Vorschriften über die Liquidation zum Zwecke der Befriedigung der Gläubiger, denen ein Recht auf abgesonderte Befriedigung aus der Bahneinheit (vgl. §§ 47 ff. KO.) zusteht, vorbehalten. Solche Vorschriften werden z. B. dahin getroffen werden können, daß bei Erlöschen der Genehmigung für das Eisenbahnunternehmen die Absonderungsrechte erlöschen, wenn sie nicht binnen einer bestimmten Frist angemeldet werden.

5. Mit Art. 112 EG. zusammenhängende Vorbehalte:

a) Der Vorbehalt des Art. 112 gilt auch gegenüber der ZPO., namentlich in Ansehung der Zwangsvollstreckung (Stein-Jonas, Komm. z. ZPO. Vorbem. IV vor § 864, Bem. zu § 871). Außerdem läßt § 871 ZPO. die landesgesetzlichen Vorschriften unberührt, nach welchen, wenn ein Dritter kraft eigenen Nutzungsrechts den Betrieb der Bahn ausübt, das Nutzungsrecht und gewisse dem Betriebe gewidmete Gegenstände in Ansehung der Zwangsvollstreckung zum unbeweglichen Vermögen gehören und die Zwangsvollstreckung abweichend von den Vorschriften der Reichsgesetze geregelt ist.

b) § 2 EG.ZVG. erstreckt den Vorbehalt auf die Vorschriften über die Zwangsversteigerung und die Zwangsverwaltung.

c) Nach § 83 GBO. kann die Landesgesetzgebung Sondervorschriften über das Grundbuchwesen treffen, so ein Bahngrundbuch schaffen und die Eintragungen in dasselbe regeln.

d) § 25 des G., betr. die gemeinsamen Rechte der Besitzer von Schuldverschreibungen, vom 5. Dez. 1899 (RGBl. S. 691, abgeändert durch G. vom 14. März 1914, RGBl. S. 121) läßt die landesgesetzlichen Vorschriften über die Versammlung und Vertretung der Pfandgläubiger einer Eisenbahn oder Kleinbahn in dem zur abgesonderten Befriedigung dieser Gläubiger aus den Bestandteilen der Bahneinheit bestimmten Verfahren unberührt.

6. Landesgesetze: Preußen, nunmehr G. über die Bahneinheiten in der Fassung der Bek. vom 8. Juli 1902 (GS. S. 238); Verf. vom 11. Nov. 1902 (JMBl. S. 275); Art. 3 preuß. FGG. (Becher IV, 2 S. 63); s. hiezu RGZ. Bd. 72 S. 354 = JW. 1910 S. 248; Württemberg, G. betr. Bahneinheiten vom 23. März 1906 (RegBl. S. 67); VO. vom 30. März 1906 (ABl. S. 81); s. hiezu Meyer, württ. AG.BGB. Tl. II S. 254 ff.; Baden, AG.GBO. §§ 12, 13 i. d. F. vom 13. Okt. 1925 über Bahngrundbücher; Thüringen, G. über Bahneinheiten vom 4. Dez. 1926 (GS. S. 417); VO. über Bahngrundbücher vom 14. Jan. 1927 (GS. S. 7); Braunschweig, G. betr. den Bau und Betrieb von Privatanschlußbahnen vom 3. Mai 1906 (GVBl. S. 253); Lübeck, G. über die Bahneinheiten vom 25. Jan. 1904 (GVBl. S. 18).

7. Über Aufwertung von Pfandrechten an Bahneinheiten sowie von durch Bahnpfandrecht gesicherten Forderungen s. § 32 AufwG. vom 16. Juli 1925 (RGBl. I S. 117 ff.) und Art. 27 DV. vom 29. Nov. 1925 (RGBl. I S. 392 ff.).

Art. 113.*)

Unberührt bleiben die landesgesetzlichen Vorschriften über die Zusammenlegung von Grundstücken, über die Gemeinheitsteilung, die Regulierung der Wege, die Ordnung der gutsherrlich-bäuerlichen Verhältnisse sowie über die Ablösung, Umwandlung oder Einschränkung von Dienstbarkeiten und Reallasten. Dies gilt insbesondere auch von den Vorschriften, welche die durch ein Verfahren dieser Art begründeten gemeinschaftlichen Angelegenheiten zum Gegenstande haben

---

*) Schrifttum: Breme, Privatrechtliche Verhältnisse an Interessentenwegen, DNotV. 1914 S. 561; Buchenberger, Agrarwesen und Agrarpolitik, Bd. I Kap. III 2. Abschnitt, Leipzig 1892; Bücher im Handwörterbuch der Staatswissenschaften, 4. Aufl., Bd. I S. 242, Artikel „Allmende"; Christoph, Die ländlichen Gemeindegüter (Allmenden) in Preußen, Jena 1906; Dernburg, Bürgerl. Recht, 3. Aufl., Bd. III §§ 56, 57; Elster im Handwörterbuch der Rechtswissenschaft von Stier-Somlo-Elster, Bd. 1 S. 103, Artikel „Allmende"; Frick, Die Verkoppelung oder wirtschaftliche Zusammenlegung von Grundstücken, Paderborn 1913; Friedenthal, Preuß. Wegerecht, Breslau 1906; Fritzsche, Vertauschung ländlicher Grundstücke nach sächs. Recht, FischersZ. Bd. 42 S. 78; Germershausen, Wegerecht; Haack, Verfassung, Verfahren und Wirksamkeit der Auseinandersetzungsbehörden, Berlin 1908; derselbe, Grundriß des in Preußen geltenden Agrarrechts, Berlin 1926; derselbe im Handwörterbuch der Rechtswissenschaft von Stier-Somlo-Elster Bd. 1 S. 73 ff., Artikel „Agrargesetzgebung"; Holzapfel, Das Privatrecht im preußischen Auseinandersetzungsverfahren, Berlin 1893; derselbe, Das Grundbuchrecht im Verkehr zwischen Auseinandersetzungsbehörden und Grundbuchrichtern, Berlin 1906; derselbe, Die Gesetzgebung über die Güterkonsolidation im Reg.-Bezirk Wiesbaden, Wiesbaden 1912; derselbe, Rheinische Gemeinheitsteilungsgesetze, Düsseldorf 1914; Hue de Grais, Handbuch der Verfassung und Verwaltung, 24. Aufl., Berlin 1927, §§ 345 bis 350; Hüser, Die Zusammenlegung der Grundstücke nach dem preußischen Verfahren, Berlin 1905; Kamptz, Das Gesetz betr. die Verteilung der öffentlichen Lasten bei Grundstücksteilungen usw. vom 25. Aug. 1876, Berlin 1893; Keiner, Die nassauische Güterkonsolidation unter dem Grundbuchrecht, Festschrift für Dr. Hagens, 1907; Kormann, Grundzüge des sächsischen Wegerechts, FischersZ. Bd. 43 S. 1 ff.; Küster, Das Recht der Straßenanlieger bei Veränderung des Straßenniveaus, GruchotsBeitr. Bd. 48 S. 745; Lassar, Grundbegriffe des preuß. Wegerechts, Berlin 1919; Leopold, Das pfälzische Recht der Gemeindewege, SeuffBl. Bd. 65 S. 209; Löppner im Handwörterbuch des deutschen Staats- und Verwaltungsrechts Bd. 3 S. 896 ff., Artikel „Wegerecht"; Offenberg, Die Bewertung ländlicher Grundstücke, Berlin 1908; Peltzer, Preuß. Umlegungsordnung vom 21. Sept. 1920, Berlin 1921; Plähn, Der Grenzprozeß; dargestellt an einer Reihe von Beispielen, Schneidemühl (Verlag des Vereins der Vermessungsbeamten der preuß. landwirtschaftl. Verwaltung) 1911—1913; Pregler, Die rechtliche Natur der Grundstückszusammenlegung mit bes. Berücksichtigung des bayer. Rechts, Erlangen 1910; Rintelen, Die Rechtsprechung zu den preuß. Gesetzen über Gemeinheitsteilungen, Berlin 1906; Schlitte, Die Zusammenlegung der Grundstücke in ihrer volkswirtschaftlichen Bedeutung und Durchführung, Leipzig 1886; Schmitt, Die Feststellung des Eigentums an Wegen, BayZ. 1911 S. 53; Schmidt im Handwörterbuch des deutschen

oder welche sich auf den Erwerb des Eigentums, auf die Begründung, Änderung und Aufhebung von anderen Rechten an Grundstücken und auf die Berichtigung des Grundbuchs beziehen.

E. I, 41 Abs. 1; II, 86; III, 112.

Agrarrecht, insbes. Zusammenlegung von Grundstücken, Gemeinheitsteilung, Wegeregulierung, Ablösung, Umwandlung oder Einschränkung von Dienstbarkeiten und Lasten:

1. Entstehung. Der Art. 113 gibt im wesentlichen den Art. 41 Abs. 1 der I. Komm. wieder. Abgesehen von den redaktionellen Verbesserungen wurde letzterer in der II. Komm. dadurch geändert, daß die in den Art. 41 Abs. 1 fehlenden Worte: „die Regulierung der Wege", „Umwandlung oder Einschränkung", „welche die durch ein Verfahren dieser Art begründeten gemeinschaftlichen Angelegenheiten zum Gegenstande haben oder", „Änderung" hinzugefügt wurden. Einige andere zu diesem Artikel in der II. Komm. gestellten Anträge wurden teils zurückgezogen, teils abgelehnt, teils gaben sie zur Bildung des nunmehrigen Art. 114 Veranlassung (Mot. z. EG. 162, P. VI, 372—375, 581 [Anmerkung], 743, Reatz III, 62, Mat. 68).

2. Inhalt. Der Artikel betrifft einen Teil des **Agrarrechts**, aber nicht dieses ausschließlich, sondern „er findet auch auf Grundstücke Anwendung, die in Städten oder Dörfern gelegen sind, er umfaßt mithin auch die Baufluchtregulierung". So P. VI, 743.

Es fallen unter diesen Artikel:

a) Die **Zusammenlegung von Grundstücken.** Hierunter ist die Separation, Konsolidation, Verkoppelung, die Feld- und Flurbereinigung, sowie die Verlegung und Neueinteilung von Grundstücken durch Änderung oder Verlegung der Grenzen zu verstehen (P. VI, 581). Die Umlegung bezweckt, die bessere Bewirtschaftung vermengt liegender Grundstücke verschiedener Eigentümer einer Feldmark herbeizuführen. Die Landesgesetzgebung kann das darauf gerichtete Verfahren zum Austausch von Grundstücken und Grundstücksteilen abweichend vom BGB. regeln. Im Zusammenlegungsverfahren kann z. B. die Besitzübergabe durch Besitzeinweisung seitens der Verwaltungsbehörde ersetzt werden (RG. im „Recht" 1902 S. 372).

b) Die **Gemeinheitsteilung.** Diese ist im weitesten Sinne aufzufassen. Man versteht hierunter die Teilung von bisher gemeinschaftlich benutzten Grundstücken, namentlich Forst- und Weidegrundstücken, mögen nun diese bisher im Miteigentume der Nutzungsberechtigten gestanden haben oder mag die Nutzungsberechtigung einzelner Berechtigten nur in einer Servitut am Grundstück anderer ihren Grund gehabt haben. Es ist gleichgültig, ob es sich um Eigentum einer politischen Gemeinde oder einer Realgemeinde oder um sog. Interesseneigentum handelt (P. VI, 743). Vielfach geht die Gemeinheitsteilung Hand in Hand mit einer Umlegung. Vgl. auch Art. 83.

c) Die **Regulierung der Wege,** d. i. Neuanlegung und Änderuung der Wege. Diese ist an sich schon in der Zusammenlegung von Grundstücken und der Gemeinheitsteilung enthalten und wurde nur im Hinblick auf Art. 40 des hess. G. vom 28. Nov. 1887, die Feldbereinigung betr., zur redaktionellen Verdeutlichung besonders hervorgehoben (P. VI, 373). Hieher gehört auch die Regelung der Verhältnisse der städtischen Straßen und der Dorfstraßen, besonders der sich aus der Baufluchtregulierung ergebenden (RGZ. Bd. 70 S. 77, 82 = JW. 1909 S. 63). S. über die Rechte der Anlieger öffentlicher Straßen die Bem. IV, b, 2 zu § 903 (S. 295), Bem. 4 zu § 909 (S. 337) und Bem. I, 2, k zu § 1018 (S. 798) in Bd. III. Vgl. auch Art. 109 und 111.

d) Die Ordnung der **gutsherrlich-bäuerlichen Verhältnisse.** Infolge der ständischen Verfassung entwickelte sich in früheren Jahrhunderten in Deutschland der Be-

---

Staats- und Verwaltungsrechts in Bd. 1 S. 26ff., Artikel „Ablösung von Reallasten", in Bd. 1 S. 65ff., Artikel „Agrargesetzgebung" und in Bd. 2 S. 159, Artikel „Gemeinheitsteilungen"; Spieß, Die Grundstückszusammenlegung in Preußen, ZVlFG. Bd. 3 S. 9, 111, 171, 480, 523, 609ff., Bd. 4 S. 655, 739, 816ff.; Wismüller, Geschichte der Teilung der Gemeindeländereien, Münchener volkswirtschaftl. Studien, 62. Stück, Stuttgart und Berlin 1900.

Zeitschrift für die Landeskultur-Gesetzgebung der Preuß. Staaten.

griff des Ritterguts oder adeligen Gutes als eines Objekts, mit welchem gewisse anderen Grundbesitzungen nicht zukommende Vorrechte, z. B. die gutsherrliche Gewalt, befreiter Gerichtsstand, Ausübung der Patrimonialgerichtsbarkeit und gewisser Regalien, Rechte der Fischerei, des Jagd-, Forst- und Bergrechts, also solche Vorrechte verbunden waren, welche nicht ausschließlich öffentlichrechtlicher Natur waren, sondern vielfach das Privatrecht berührten (Roth, Bayer. Zivilr. 2. Aufl. § 50 Note 23 ff.). Den Gegensatz zu einem Gute mit gutsherrlichen Rechten bildete der bäuerliche Grundbesitz in seinen verschiedenen Abstufungen, z. B. Leibrecht, Neustift, Freistift, Erbrecht (a. a. O. Note 30). Die Entwicklung dieser Verhältnisse, welche im Laufe des vorigen Jahrhunderts fast überall eine völlige Umgestaltung erfahren haben, war in den verschiedenen Staaten eine ganz verschiedene. Die Ordnung der gutsherrlich-bäuerlichen Verhältnisse mußte daher der Landesgesetzgebung überlassen werden.

c) Die **Ablösung**, Umwandlung oder Einschränkung von Dienstbarkeiten und Reallasten. Über Dienstbarkeiten s. §§ 1018 ff., über Reallasten §§ 1105 ff. BGB.

Wie weit in dieser Beziehung landesrechtlich gegangen werden kann, ist aus den Gesetzgebungsverhandlungen nicht mit genügender Deutlichkeit zu ersehen. Es sind folgende Gesichtspunkte zu berücksichtigen:

α) In der II. Komm. wurde gegenüber einem Antrag auf Einfügung der Worte:

„die Regelung, insbesondere Einschränkung bestehender Grunddienstbarkeiten"

(P. VI, 372), welcher Antrag schließlich fallen gelassen wurde, in durchschlagender Weise hervorgehoben: „Die Wirkungen des Antrags würden, entgegen der Absicht des Antragstellers, über das Agrarrecht hinausgehen, sie würden sich auch auf städtische Dienstbarkeiten erstrecken. Es würde bei Annahme des Antrags z. B. möglich sein, das ganze Nachbarrecht des Code civil im Wege der Landesgesetzgebung aufrecht zu erhalten ..... Es werde nicht verkannt werden, daß es sich (sc. hier nur) um die Aufrechterhaltung von Vorschriften handle, welche dazu bestimmt seien, die Einschränkung oder Umwandlung von Dienstbarkeiten im öffentlichen Interesse, insbesondere zum Vorteile der land- und forstwirtschaftlichen Kultur zu ermöglichen." (P. VI, 373, 374.)

Demnach ist anzunehmen, daß diese Vorschrift sich auf alle mit bäuerlichen Grundstücken zusammenhängenden Dienstbarkeiten und Reallasten bezieht, daß deren Ablösung usw. nach dieser Bestimmung aber nur zugelassen werden soll, wenn diese im öffentlichen Interesse gelegen ist, insbesondere zum Vorteile der land- und forstwirtschaftlichen Kultur gereicht.

β) Hinsichtlich der in der II. Komm. beschlossenen Einschaltung der Worte „Umwandlung oder Einschränkung" wurde bemerkt: „Wenn der Landesgesetzgebung das weitergehende Recht der Ablösung von Servituten zustehe, so müsse sie auch befugt sein, eine Quasiablösung vorzunehmen, die in der Umwandlung und Beschränkung liege .... Die Aufnahme des Zusatzes habe auch den Vorteil, daß sich die Vorschrift alsdann auf die Reallasten erstrecke, für welche die Frage, wenn auch nur in seltenen Fällen, doch immerhin von praktischer Bedeutung sein könne." (P. VI, 375.)

γ) Weiter wurde schon in den Motiven (S. 162) bemerkt, daß unter den Vorschriften über die Ablösung von Dienstbarkeiten und Reallasten auch solche zu verstehen sind, welche das Rechtsverhältnis der infolge der Ablösung begründeten Renten, z. B. das denselben beigelegte Vorzugsrecht oder im Falle der Teilung des belasteten Grundstücks die Verteilung der Rentenlast auf die Besitzer der Trennstücke, sei es im Verhältnisse zueinander, sei es im Verhältnisse zu dem Berechtigten, betreffen. Die Art. 114, 120 und 121 enthalten ebenfalls bezügliche Vorschriften.

δ) Das Verhältnis dieses Artikels zu Art. 3 und 184 dieses Gesetzes beleuchtet folgende Bemerkung, welche in der II. Komm. gemacht wurde:

„Aus Art. 106 (nun 184) und Art. 3 sei allerdings zu folgern, daß die Landesgesetzgebung den Inhalt und Umfang einer Servitut näher begrenzen könne, wenn und soweit zur Zeit des Inkrafttretens des BGB. sowohl die Servitut als auch das die Begrenzung zulassende Landesgesetz bereits bestanden habe. Dagegen werde sich aus der Übergangsvorschrift des Art. 106 (nun 184) wohl nicht die Befugnis der Landesgesetzgebung herleiten lassen, den bestehenden oder entstehenden Servituten neue, zur Zeit des Inkrafttretens des BGB. noch nicht gesetzlich zugelassene Beschränkungen aufzuerlegen" (P. VI, 375).

Die Frage, ob im Feldbereinigungs- und Bauplatzumlegungsverfahren die bestehenden Grunddienstbarkeiten auf die Ersatzgrundstücke übergehen und auf andere Grundstücke verlegt werden können, wird eingehend erörtert von Kley, Bad. VerwZ. 1912 S. 61 ff. Sie ist zu verneinen.

f) Die Vorschriften, welche die durch ein Verfahren dieser Art begründeten gemeinschaftlichen Angelegenheiten zum Gegenstande haben.

Unter dem Verfahren dieser Art ist das Verfahren über die unter a—e aufgeführten Rechtsverhältnisse zu verstehen. Angelegenheiten, welche durch ein solches Verfahren gemeinschaftlich werden, sind z. B. die Wahl eines Flurbereinigungsgenossenschaftsvorstands und eines Schiedsgerichts nach Maßgabe des bayer. FlurbereinigungsG. vom 5. Aug. 1922 sowie jene Rechtsverhältnisse, über welche der Genossenschaftsvorstand zu befinden hat.

Es können in dieser Richtung auch Vorschriften erlassen werden, welche hinsichtlich der Übertragung eines Eigentums an einem Grundstücke, der Belastung eines Grundstücks mit einem Rechte, der Belastung, Übertragung oder Aufhebung eines solchen Rechtes von den Vorschriften des BGB. §§ 873 und 875 abweichen und z. B. Einigung bzw. Erklärung der Beteiligten durch den Entscheid einer Behörde (z. B. des Flurbereinigungsamts) ersetzen und die Eintragung in das Grundbuch auf Grund des Ersuchens dieser Behörde anordnen.

g) Die Vorschriften, welche sich

α) auf den Erwerb des Eigentums,

β) auf die Begründung, Änderung und Aufhebung von anderen Rechten an Grundstücken und

γ) auf die Berichtigung des Grundbuchs beziehen (s. auch § 83 GBO.).

Auch hier kommen selbstverständlich nur Vorschriften über einen solchen Eigentumserwerb und über solche Rechte an Grundstücken und über solche Grundbuchberichtigungen in Frage, welche sich auf die unter a—e aufgeführten Rechtsverhältnisse beziehen, also z. B. zu α Art. 80, zu β Art. 16 ff., zu γ Art. 81 des erwähnten bayer. FlurbereinigungsG. i. d. F. der Bek. vom 5. Aug. 1922/27. Nov. 1924.

3. Eine **Ausnahme** von dem Vorbehalt dieses Artikels enthält der Art. 116: Hinsichtlich der im BGB. aufgeführten Reallasten, nämlich der Geldrente für den Überbau (§§ 912, 916) und für den Notweg (§ 917), sowie der mit Grunddienstbarkeiten verbundenen Unterhaltungspflichten, auf welche nach § 1021 Abs. 2, 1022 BGB. die Vorschriften über Reallasten entsprechende Anwendung finden, verbleibt es bei der durch das BGB. getroffenen Regelung; abweichende oder ergänzende Vorschriften der Landesgesetzgebung sind ausgeschlossen.

4. **Ergänzende Vorbehalte.**

a) § 2 Abs. 1 EG.ZVG. erstreckt die im EG.BGB. zugunsten der Landesgesetze gemachten Vorbehalte auf Vorschriften der Landesgesetze über die Zwangsversteigerung und die Zwangsverwaltung. In bezug auf den Vorbehalt dieses Artikels bestimmt **§ 3 EG.ZVG.** besonders:

„Die im Art. 113 des Einführungsgesetzes zum BGB. bezeichneten Vorschriften bleiben auch insoweit unberührt, als sie für den Anspruch des Entschädigungsberechtigten oder des Dritten, welcher die Entschädigung geleistet hat, ein Recht auf Befriedigung aus dem Grundstücke gewähren und den Rang dieses Rechtes bestimmen. Jedoch kann dem Anspruche auf Rückstände wiederkehrender Leistungen ein Vorrecht nur mit der im § 2 Abs. 2 bezeichneten Einschränkung beigelegt werden."

§ 2 Abs. 2 desselben Gesetzes lautet:

„Es treten jedoch die landesgesetzlichen Vorschriften außer Kraft, nach welchen den landschaftlichen und ritterschaftlichen Kreditanstalten für den Anspruch auf ältere als zweijährige Rückstände wiederkehrender Leistungen ein Vorrecht vor den im § 10 Nr. 1 bis 6 des Gesetzes über die Zwangsversteigerung und die Zwangsverwaltung bezeichneten Ansprüchen beigelegt ist."

b) Ferner enthält § 14 Nr. 2 GVG. einen Vorbehalt hinsichtlich der Zuständigkeit und bestimmt:

„Als besondere Gerichte werden zugelassen:

2. Gerichte, welchen die Entscheidung von bürgerlichen Rechtsstreitigkeiten bei der Ablösung von Gerechtigkeiten oder Reallasten, bei Separationen, Konsolidationen, Verkoppelungen, gutsherrlich-bäuerlichen Auseinandersetzungen u. dgl. obliegt."

5. Landesgesetze.

I. Preußen:

A. Gemeinheitsteilungen und Zusammenlegung. S. Hue de Grais, Handbuch der Verf. u. Verw. 24. Aufl., § 349.

Allgemeines Landrecht: I. 20 §§ 458—465; GemeinheitsteilungsO. vom 7. Juni 1821 (GS. S. 53), abgeändert durch § 3 G. vom 29. Juni 1835 (GS. S. 135), VO. vom 28. Juli 1838 (GS. S. 429), G. vom 31. März 1841 (GS. S. 75), Deklaration vom 26. Juli 1847 (GS. S. 327), G. vom 2. März 1850 (GS. S. 139), die §§ 108 ff. abgeändert durch G. vom 14. März 1881 (GS. S. 261) und die örtlichen HaubergO., die §§ 141 ff. durch das AblösungsG. vom 2. März 1850 (GS. S. 77); G. vom 2. April 1872 betr. die Ausdehnung der GemeinheitserteilungsO. auf die Zusammenlegung von Grundstücken, welche einer gemeinschaftlichen Benutzung nicht unterliegen (GS. S. 329); G. vom 2. April 1887 betr. die durch ein Auseinandersetzungsverfahren begründeten gemeinschaftlichen Angelegenheiten (GS. S. 105); G. über die Umlegung von Grundstücken (Umlegungsordnung) vom 21. Sept. 1920 (GS. S. 453), deren § 25 Abs. 1 alle entgegenstehenden Vorschriften aufhebt.

Provinzialrecht: G. vom 17. Aug. 1876 betr. die Ablösung der Servituten, die Teilung der Gemeinheiten und die Zusammenlegung von Grundstücken in Schleswig-Holstein (GS. S. 377), auf Lauenburg ausgedehnt durch G. vom 25. Febr. 1878 (GS. S. 97); Lauenburg G. vom 1. Febr. 1879 (GS. S. 14), G. vom 8. Juni 1896 (GS. S. 109); s. Kähler, Schlesw.-Holst. Landesrecht, 2. Aufl. § 31, I S. 251.

Hannoversche Gemeinheitsteilungs-Ordnungen: vom 25. Juni 1802 für das Fürstentum Lüneburg (Walbaum, Zusammenstellung der Landes-ÖkonomieG. 1875); vom 25. Juni 1802 für das Fürstentum Osnabrück (Hannov. GS. S. 219); vom 30. April 1824 für die Grafschaften Hoya und Diepholz (das. S. 221); vom 30. April 1824 für die Fürstentümer Calenberg, Göttingen, Grubenhagen (das. S. 111); vom 30. April 1824 für das Fürstentum Hildesheim (das. S. 329); vom 26. Juli 1825 für die Herzogtümer Bremen und Verden (das. III S. 125); G. vom 15. Juni 1848 über Abstellung der Wiesenbehütungen (Hannov. GS. S. 201); G. vom 8. Nov. 1856 über Aufhebung der Weiderechte (Hannov. GS. S. 423), abgeändert durch G. vom 8. Juni 1873 (GS. S. 353) und G. vom 13. Juni 1873 betr. die Abstellung der auf Forsten haftenden Berechtigungen und die Teilung gemeinschaftlicher Forsten in Hannover (GS. S. 357); G. vom 13. April 1885 über die Abstellung von Berechtigungen zum Hauen oder Stechen von Plaggen, Haide usw. in Hannover (GS. S. 109). Über Zusammenlegungen und Verkoppelungen in Hannover erging das G. vom 30. Juni 1842 (Hannov. GS. S. 131) mit den ErgänzungsG. vom 22. Aug. 1847 (das. S. 295), 12. Okt. 1853 (das. S. 369), 8. Nov. 1853 (das. S. 433), 29. Mai 1907 (GS. S. 115 = PA. 482); dazu: G. vom 30. Juni 1842 über das Verfahren in Gemeinheitsteilungs- und Verkoppelungssachen (Hannov. GS. S. 145) mit den ZusatzG. vom 8. Nov. 1856 (das. S. 437) und 17. Jan. 1883 (GS. S. 7);

VO. vom 13. Mai 1867, betr. Ablösung der Servituten, Teilung der Gemeinschaften und Zusammenlegung der Grundstücke für das vormalige Kurfürstentum Hessen (GS. S. 716), ausgedehnt durch VO. vom 2. Sept. 1867 auf die früher bayrischen und großherz.-hessischen Gebietsteile (GS. S. 1463), abgeändert durch G. vom 25. Juli 1876 (GS. S. 366) und 14. März 1881 (GS. S. 261); für Frankfurt a. M. und vorm. Hessen G. vom 19. Aug. 1895 (GS. S. 481);

Nassauische VO. vom 12. Sept. 1829 über Güterkonsolidation (Nass. VOBl. S. 65), ausgedehnt auf den ganzen Regierungsbezirk Wiesbaden mit Ausnahme des Hinterlandkreises und abgeändert durch VO. vom 2. Sept. 1867 (GS. S. 1462) und Art. 36 Abs. 2 AG.BGB. (Becher XIV, 1 S. 18); GemeinheitsteilungsO. vom 5. April 1869 für den Regierungsbezirk Wiesbaden mit Ausnahme des

Kreises Biedenkopf (GS. S. 526); G. vom 21. März 1887 betr. das Verfahren und Kostenwesen bei der Güterkonsolidation im Regierungsbezirk Wiesbaden (GS. S. 61); G. vom 4. Aug. 1904, betr. Änderung von Vorschriften über das Konsolidationsverfahren im Regierungsbezirk Wiesbaden (GS. S. 191 = PA. 443); G. vom 28. Juli 1902, betr. die Umlegung von Grundstücken in Frankfurt a. M. (GS. S. 373 = PA. 274), geändert durch G. vom 8. Juli 1907 (GS. S. 259 = PA. 575);

GemeinheitsteilungsO. vom 19. Mai 1851 für die Rheinprovinz mit Ausnahme der Kreise Duisburg und Rees, sowie für Neuvorpommern und Rügen (GS. S. 371); G. vom 28. Mai 1913 Art. IV (GS. S. 285).

G. vom 5. April 1869, betr. die wirtschaftliche Zusammenlegung der Grundstücke im Bezirke des Justizsenats zu Ehrenbreitstein (GS. S. 514); G. vom 24. Mai 1885, betr. die Zusammenlegung der Grundstücke im Geltungsgebiete des rheinischen Rechts (GS. S. 156), ausgedehnt durch G. vom 12. Mai 1902 (GS. S. 139); G. vom 28. Mai 1913 Art. II und IV (GS. S. 285), Art. 648 Code civil; § 76 G. vom 12. April 1888 (GS. S. 52); vgl. dazu die Mat. zum Entw. eines G. betr. Abänderung der rhein. Zusammenlegungen und Gemeinheitsteilungsgesetze von 1912/13 in den Drucks. des Abgeordnetenhauses Nr. 662, 1283.

G. vom 23. Mai 1885, betr. die Zusammenlegung der Grundstücke, Ablösung der Servituten und Teilung der Gemeinheiten in Hohenzollern (GS. S. 143).

B. Gutsherrlich-bäuerliche Verhältnisse. Lastenablösung. Edikt vom 9. Okt. 1807, den erleichterten Besitz und freien Gebrauch des Grundeigentums betr. (GS. S. 171); Edikt vom 14. Sept. 1811 zur Beförderung der Landeskultur (GS. S. 300), § 34 aufgehoben durch die FeldpolizeiO. vom 1. Nov. 1847 (GS. S. 376); G. vom 29. Juni 1835 wegen Sicherstellung der Rechte Dritter bei gutsherrlich-bäuerlichen Regulierungen (GS. S. 135); G. vom 2. März 1850, betr. die Ablösung der Reallasten und die Regulierung der gutsherrlich-bäuerlichen Verhältnisse (GS. S. 77), deklariert bei §§ 74, 97 durch G. vom 24. Mai 1853 (GS. S. 240), abgeändert bei §§ 68, 69, 70, 72 durch die G. vom 19. März 1860 (GS. S. 98) und 11. Juni 1873 (GS. S. 356), § 3 Ziff. 14 aufgehoben durch § 16 des LandgemeindeG. vom 14. April 1856 (GS. S. 353), § 92 aufgehoben durch Art. 89 Nr. 15 AG.BGB. (Becher XIV, 1 S. 61), § 91 durch Art. 30 AG.BGB. (Becher XIV, 1 S. 16); G. vom 2. Mai 1850 über die Errichtung von Rentenbanken (GS. S. 112), abgeändert bei § 20 durch G. vom 27. Juni 1860 (GS. S. 383); die Rentenbanken geschlossen durch G. vom 26. April 1858 (GS. S. 273), wieder zugelassen durch G. vom 17. Jan. 1881 (GS. S. 5); LandrentenbankG. vom 20. Dez. 1927 (GS. S. 283); G. vom 11. März 1850, betr. die auf Mühlengrundstücken haftenden Reallasten (GS. S. 146); G. vom 16. März 1857, betr. die Präklusion von Ansprüchen auf Regulierung der gutsherrlich-bäuerlichen Verhältnisse behufs der Eigentums-Verleihung (GS. S. 235); G. vom 27. April 1872, betr. Ablösung der geistlichen und Schulinstituten, sowie milden Stiftungen zustehenden Realberechtigungen (GS. S. 417); Frist des § 8 mehrfach verlängert und durch § 14 des RentengutG. vom 7. Juli 1891 (GS. S. 279) ganz aufgehoben; ErgänzungsG. vom 15. März 1879 (GS. S. 123); Art. 22 AG.BGB. (Becher XIV, 1 S. 12); G. vom 4. Juli 1876, betr. die Beseitigung einzelner kirchlicher Abgaben und Leistungen für Schul-, Kommunal- und Armenzwecke (GS. S. 285); G. vom 9. Jan. 1922 über Änderung des G. betr. Ablösung von Reallasten (GS. 1923 S. 7; schränkt die Ablösung vorübergehend ein); G. vom 7. März 1924 über Ablösung der auf Dienstbarkeiten beruhenden Berechtigungen (GS. S. 125), nun aufgehoben durch G. vom 13. Dez. 1927 (GS. S. 293).

Provinzialrecht: G. vom 10. April 1865, betr. die Regulierung der Schlesischen Zehntverfassung (GS. S. 172);

G. vom 12. Juni 1892, betr. die Regulierung der gutsherrlichen und bäuerlichen Verhältnisse in Neuvorpommern und Rügen (GS. S. 127);

G. betr. die Ablösung der Reallasten in der Provinz Schleswig-Holstein vom 3. Jan. 1873 (GS. S. 3), § 55 aufgehoben durch Art. 89 Nr. 29 AG.BGB. (Becher XIV, 1 S. 62), auf Lauenburg ausgedehnt durch G. vom 29. Mai 1903 (GS. S. 189); G. betr. die Ablösung der Servituten usw. vom 17. Aug. 1876 (GS. S. 105), auf Lauenburg ausgedehnt durch G. vom 25. Febr. 1878 (GS. S. 97); s. hiezu Kähler, Schlesw.-Holst. Landesrecht, 2. Aufl. § 31, II, 2 und III S. 253 ff.;

Hannoversche VO. vom 10. Nov. 1831 über die bei Ablösung der grund- und gutsherrlichen Lasten und Regulierung der bäuerlichen Verhältnisse zu befolgenden Grundsätze (Hannov. GS. S. 209); drei VO. vom 23. Juli 1833 (Hannov. GS. S. 147, 249, 253); G. vom 10. Aug. 1836 für Ostfriesland (das. III S. 82);

für Lingen, VO. vom 9. Mai 1823 (das. I S. 195) und 1. Juni 1897 (GS. S. 841); VO. vom 21. Juli 1848 für die Bentheimschen Besitzungen (Hannov. GS. S. 213); VO. vom 28. Sept. 1867, betr. Ablösung der Reallasten, welche dem Hannoverschen Domänenfiskus zustehen (GS. S. 1670), ausgedehnt durch G. vom 3. April 1869 (GS. S. 544), abgeändert durch Art. 22 AG.BGB. (Becher XIV, 1 S. 12); G. vom 24. Dez. 1872, betr. die Aufhebung der in der Provinz Hannover bestehenden Vorkaufs-, Näher- und Retraktrechte (GS. 1873 S. 2); G. vom 13. Juni 1873 über Abstellung der Forstlasten und Teilung gemeinschaftlicher Forsten (GS. S. 357); G. vom 15. Febr. 1874, betr. die Ablösung der den geistlichen und Schulinstituten sowie den milden Stiftungen in Hannover zustehenden Realberechtigungen (GS. S. 21); G. vom 2. Juli 1876, betr. die Ablösbarkeit der Erbzins- und Erbpachtverhältnisse in den Moor- und Vehnkolonien der Provinz Hannover (GS. S. 261); G. vom 5. April 1869, betr. Umwandlung der Erbleih- usw. Verhältnisse und Ablösung der daraus herrührenden Leistungen im Regierungsbezirk Wiesbaden und den vormals hessischen Gebietsteilen (GS. S. 517), abgeändert durch G. vom 16. Juni 1876 (GS. S. 369); AblösungsG. vom 15. Febr. 1872 für dieselben Gebiete (GS. S. 165), abgeändert durch G. vom 16. Juni 1876 (GS. S. 369), § 14 aufgehoben durch Art. 89 Nr. 27 AG.BGB. (Becher XIV, 1 S. 62); G. vom 8. Juni 1874, betr. die Wasserlaufabgaben im Regierungsbezirk Wiesbaden (GS. S. 248); G. vom 23. Juli 1876, betr. die Ablösung von Reallasten im Regierungsbezirk Kassel (GS. S. 357), abgeändert durch G. vom 2. Febr. 1879 (GS. S. 16), § 16 aufgehoben durch Art. 89 Nr. 31 AG.BGB. (Becher XIV, 1 S. 62); G. vom 21. April 1825 über die den Grundbesitz betr. Rechtsverhältnisse und über die Realberechtigungen im vormaligen Königreiche Westfalen (GS. S. 74), abgeändert durch zwei VO. vom 23. Juli 1845 (GS. S. 518, 520); G. vom 21. April 1825 gleichen Gegenstands für das ehemalige Großherzogtum Berg (GS. S. 94); für die Landesteile, die vormals zu den französischen Departements gehört haben (GS. S. 112); G. vom 18. Juni 1840 über die den Grundbesitz betreffenden Verhältnisse im Herzogtum Westfalen (GS. S. 153); G. vom 18. Juni 1840 über die Rechtsverhältnisse des Grundbesitzes und die Ablösung der Realberechtigungen im Fürstentum Siegen (GS. S. 151); G. vom 22. Dez. 1839 gleichen Gegenstandes für die Grafschaft Wittgenstein (GS. 1840 S. 6); Décret v. 9. vendémiaire XIII, betr. die Grund- und Feudalabgaben in den vier Departements des linken Rheinufers (bei Dronke, Rhein. Privatrecht II, 285); KabO. vom 29. Okt. 1835, betr. die Grundrenten in der Rheinprovinz (das. S. 288); G. vom 5. Juli 1844 über die Beschränkung der Nachweide und des Einzelhütens des Viehes in der Rheinprovinz (das. S. 288); AblösungsG. vom 28. Mai 1860 für Hohenzollern (GS. S. 221), § 19 aufgehoben durch Art. 89 Nr. 22 AG.BGB. (Becher XIV, 1 S. 61).

C. Über **Wegerecht** s. Hue de Grais, Handbuch der Verf. u. Verw., 24. Aufl. §§ 375 ff., S. 807 ff. und die S. 807, 808 Note 6, 7 und 8 angeführten Wegeordnungen und sonstigen Vorschriften.

D. **Verfahren:** G. über die allgemeine Landesverwaltung vom 30. Juli 1883 (GS. S. 185); G. über die Landeskulturbehörden vom 3. Juni 1919 (GS. S. 101), vom 25. Nov. 1920 (GS. S. 619) und 5. Okt. 1923 (GS. S. 463); die Landeskulturbehörden sind an die Stelle der Generalkommission getreten, die früher zuständig war.

II. **Bayern:** G. vom 4. Juni 1848 über die Aufhebung der standes- und gutsherrlichen Gerichtsbarkeit, Aufhebung, Fixierung und Ablösung der Grundlasten (GBl. S. 97), abgeändert durch § 5 Ziff. 5 Abs. 2 des FinanzG. vom 1. Juli 1856 (GBl. S. 411), durch § 7 des FinanzG. vom 10. Nov. 1861 (GBl. S. 89) und durch Art. 141 AG.BGB. (Becher III, 7 S. 59); G. über die Grundentlastung vom 28. April 1872 und 2. Febr. 1898 mit Art. 163 und 173 AG.BGB. (Becher III, 7 S. 75 und 96); LehenablösungsG. vom 4. Juni 1848 (GBl. S. 121; s. jetzt das LehenauflösungsG. vom 30. Aug. 1920, GVBl. S. 417); das nur im rechtsrheinischen Bayern geltende WeideG. vom 28. Mai 1852 (GVBl. S. 601), in den vormals coburgischen Landesteilen eingeführt mit Bek. vom 11. April 1921 (GVBl. S. 288) mit Art. 150 AG.BGB. (Becher III, 7 S. 62); ForstG. vom 28. März 1852 für das rechtsrheinische Bayern in der Fassung der Bek. vom 4. Juli 1896 (GVBl. S. 325 ff.), geändert durch Art. 146 AG.BGB. (Becher III, 7 S. 60) und G. vom 26. Febr. 1908 (GVBl. S. 87), 5. Nov. 1920 (GVBl. S. 465), 10. Aug. 1923 (GVBl. S. 253) und 9. Febr. 1924 (GVBl. S. 27), in den vormals coburgischen Landesteilen eingeführt durch Bek. vom 15. März 1922 (GVBl. S. 206); EhehaftenablösungsG. vom 23. Febr. 1868 mit Art. 153 AG.BGB. (Becher III, 7 S. 63 f.); FlurbereinigungsG. in der Fassung vom 5. Aug. 1922 (GVBl. S. 433), geändert durch G. vom 27. Nov. 1924 (GVBl. S. 235); Art. 19 AG.BGB. (Becher III, 9 S. 135). S. auch Art. 8 Nr. 11, 12 VerwGerHG.

In den vormals coburgischen Landesteilen gilt Art. 37 AG.BGB. für Sachsen-Coburg-Gotha gemäß Bek. vom 30. Jan. 1922, B, II, a (bayer. GVBl. S. 155) fort; s. auch den Staatsvertrag zwischen Preußen und Bayern über die Ausführung von Grundstückszusammenlegungen in den vormals coburgischen Landesteilen durch preußische Landeskulturbehörden vom 15. Sept./14. Juli 1922 (preuß. GS. S. 17; Bayer. GVBl. S. 693 ff.); vgl. hierzu Oertmann, Bay'er. Landesprivatrecht S. 303 ff., 488 ff.

Sachsen: Reskript vom 24. Febr. 1824 (GS. S. 57); Mandat vom 4. Okt. 1828 und 13. Aug. 1830 (GS. S. 121); G. vom 17. März 1832 über Ablösungen und Gemeinheitsteilungen, weitere G. vom 14. Juli 1840, 21. Juli 1846, 11. Nov. 1850, 10. Febr. 1851, 15. Mai 1851; G. über Zusammenlegung von Grundstücken vom 23. Juli 1861/15. April 1896, geändert durch G. vom 14. März 1914 (GBl. S. 29); G. vom 25. April 1916 zur Auslegung des § 7 dieses Gesetzes (GBl. S. 35); VO. vom 2. Juli 1919 (GBl. S. 192); G. über die Teilbarkeit von Grundstücken vom 30. Nov. 1843; G. über vorläufige Grundbuchanträge vom 1. Aug. 1882, über die gemeinsamen Angelegenheiten der Zusammenlegungsgenossenschaften vom 29. April 1890; VO. vom 26. Juli 1899 § 10; s. auch G. zur Ausf. einiger mit dem BGB. zusammenhängender RGes. vom 15. Juni 1900 (Becher XVII, 10 S. 109 ff.) in der Fassung vom 18. Okt. 1912 §§ 27, 28 und G., betr. die Zwangsvollstreckung in das unbewegl. Vermögen vom 18. Juni 1900 (Becher XVII, 12 S. 149) § 2 Nr. 3; vgl. dazu Kloß-Müller, Sächs. Landeszivilrecht, 3. Aufl. §§ 75—80, S. 164 ff.; Bär, Die Ablösungsgesetze im Königreich Sachsen bis 1889, Diss. Erlangen 1892; Klössel, Sächs. Agrargesetzgebung für Verwaltungsbeamte und Landwirte, Berlin 1902; Tauthorn, Das sächs. G. über Ablösungen und Gemeinheitsteilungen vom 17. März 1832 in seiner Entstehung und seinen Folgen, besonders in betreff der auf Grund des Gesetzes vorgenommenen Gemeinheitsteilungen, Diss. Leipzig 1904; Lehmann, Das Dismembrationswesen in Sachsen mit besonderer Berücksichtigung der Mitwirkung des Grundbuchrichters, Jurist. Handbibliothek, Leipzig 1908; Fritzsche, Vertauschung ländlicher Grundstücke nach sächs. Recht, FischersZ. Bd. 42 S. 78 ff.

Württemberg: insbesondere die G. vom 14. April 1848 über die Beseitigung der auf dem Grund und Boden ruhenden Lasten, vom 24. Aug. 1849 und 19. April 1865 über die Ablösung von Leistungen für öffentliche Zwecke, WeiderechtsG. vom 26. März 1873, FeldbereinigungsG. vom 30. März 1886 i. d. F. des Art. 211 AG. BGB. (Becher XXVI, 1 S. 49 ff.), G. vom 28. Nov. 1900 (RegBl. S. 968) betr. die Ablösung der Realgemeinderechte, BaulandG. (G. über die Erschließung von Bauland durch Umlegung und Grenzregulierung) vom 18. Febr. 1926 (RegBl. S. 43). S. hiezu Meyer, Württ. AG.BGB. Tl. II S. 259 ff., 340 ff.

Baden: G. vom 10. April 1848 über die Aufhebung der Feudalrechte (RegBl. S. 107); G. vom 31. Juli 1848 über Ablösung von Weiderechten (RegBl. S. 303); Art. 42 aufgehoben durch Art. 23 G. vom 17. April 1884 (GVBl. S. 135); dazu die EntschädigungsG. vom 13. Febr. 1851 (RegBl. S. 169) und 26. März 1852 (RegBl. S. 109); G. vom 21. April 1849 über die Ablösung der Erb- und Schupflehen, vom 5. Mai 1856 und 21. Mai 1886 über die Zusammenlegung der Grundstücke, vom 20. Febr. 1868 über die Anlage der Ortsstraßen und Feststellung der Baufluchten mit Nov., vom 20. Febr. 1879 über die Ablösung der Schulhausbaulast (GVBl. S. 84) (vgl. M. z. Entw. des AG.BGB. S. 54—58), dazu noch G. vom 7. März 1884 (GVBl. S. 73), ferner AG.BGB. Art. 28 (Becher II, 9 S. 24).

Außerdem noch: VO. vom 5. Dez. 1902, betr. die Verbesserung der Feldeinteilung (GVBl. S. 361); Art. 12—19 des OrtsstraßenG. vom 6. Juli 1896 (GVBl. 1896), zu Art. 16 vgl. Art. 28 AG.BGB. (Becher II, 9 S. 24), bei Art. 17 geändert durch § 41 AG.GBO. (Becher II, 12 S. 63); zu Art. 18, Art. 3 § 3 G. vom 19. Okt. 1906 (GVBl. S. 523); G. vom 5. Okt. 1820 wegen Ablösung der Grundgülten und Zinsen (RegBl. S. 109); dazu wegen des Vorzugsrechtes der Ablösungskapitalien, G. vom 14. Mai 1825 (RegBl. S. 55); G. vom 28. Mai 1831 wegen Aufhebung der Straßenbau-, Militär- und Gerichtsfrohnden (RegBl. S. 69); G. vom 28. Dez. 1831 wegen Aufhebung der Herrenfrohnden und Zehnten (RegBl. S. 32); ZehntablösungsG. vom 15. Nov. 1833 (RegBl. S. 265, Berichtigung 1834 S. 106 und 1837 S. 137), abgeändert durch Art. 1, Ges. vom 30. Juli 1840 (RegBl. S. 165), G. vom 25. Juli 1876 (GVBl. S. 313) und § 20 G. vom 3. März 1879 (GVBl. S. 91); G. vom 3. Aug. 1837, betr. Ablösung der Faselviehlast (RegBl. S. 206), abgeändert durch § 114 G. vom 3. März 1879 (GVBl. S. 91) und § 17 G. vom 12. Mai 1896

(GVBl. S. 132); G. vom 28. Aug. 1835, betr. die domanialen Bannrechte (RegBl. S. 246).

Thüringen: G. vom 8. Juli 1926 über den Staatsvertrag mit Preußen über die Durchführung der Grundstückszusammenlegungen, Gemeinheitsteilungen und Ablösungen im Lande Thüringen durch preußische Landeskulturbehörden (GS. S. 290); G. vom 16. März 1922 über Zuständigkeit und Verfahren bei von den preuß. Landeskulturbehörden bearbeiteten Ablösungen, Gemeinheitsteilungen und Zusammenlegungen (GS. S. 410); G. vom 29. Dez. 1923 zur Änderung Meiningen'scher Gesetze über die Zusammenlegung von Grundstücken (GS. 1924 S. 22; hebt Art. II des Meiningen'schen G. vom 18. März 1872 auf und ändert Art. 5 des G. vom 18. Jan. 1906).

In Kraft bleiben nach § 155 Abs. 2 Nr. 8 der thüringischen AV.BGB. vom 16. Mai 1923 (GS. S. 302) folgende Vorschriften von Ausführungsgesetzen thüringischer Länder: § 89 AG.BGB. für Sachsen-Altenburg (Becher XVIII, 1 S. 19); Art. 37 AG.BGB. für Sachsen-Gotha (Becher XIX, 8 S. 66); § 103 AG.BGB. für Reuß ä. L. (Becher XV, 1 S. 18); Art. 122, 123 AG.BGB. für Schwarzburg-Rudolstadt (Becher XXIII, 2 S. 23); Art. 24 AG.BGB. für Schwarzburg-Sondershausen (Becher XXIV, 1 S. 11); Art. 151—154 AG. BGB. für Sachsen-Weimar (Becher XXI, 3 S. 30). Auch § 67 der thüringischen EnteignungsG. vom 18. April 1921 läßt die Vorschriften der Landesgesetze über Gemeinheitsteilung, Zusammenlegung von Grundstücken und Ablösuung von Grundlasten ausdrücklich unberührt.

Hessen: GemeinheitsteilungsG. vom 7. Sept. 1814; G. vom 24. Dez. 1857 und 18. Aug. 1871 über Zusammenlegungen; G. über den Umfang von Weideberechtigungen vom 7. Mai 1849 mit AG.BGB. Art. 280 (Becher VIII, 3 S. 105); G. über die Landeskulturgenossenschaften vom 28. Sept. 1887 mit AG.BGB. Art. 272 (Becher VIII, 3 S. 85 ff.); G. über die Umwandlung und Ablösung von Reallasten und Grunddienstbarkeiten mit Landtagsabschied vom 24. Juli 1899; G., die Umwandlung und Ablösung der Streuberechtigungen betr. vom 4. Jan. 1905; G. über Ablösung der Wasserfallzinsen vom 13. Jan. 1902; AG.BGB. Art. 81 (Becher VIII, 3 S. 45); AV. z. G. vom 24. Juli 1899, vom 25. Aug. 1900; FeldbereinigungsG. in der Fassung vom 7. Juli 1906 (RegBl. S. 233); hiezu AusfVO. vom 13. Nov. 1889, 21. Juli 1894 und 3. Febr. 1903; G. vom 10. Okt. 1908 (RegBl. S. 285); Bek. vom 10. Nov. 1906 (RegBl. S. 237); G. vom 6. Nov. 1920 über die Umlegung von Bauland (RegBl. S. 333), geändert durch G. vom 28. Okt. 1921 (RegBl. S. 275); jetzt Neufassung vom 10. Okt. 1927 (RegBl. S. 199); s. hiezu Wolf, Hess. LPrR. §§ 96, 165.

Mecklenburg: § 86 AV.BGB. für Schwerin (Becher XI, 2 S. 19); § 84 AV. BGB. für Strelitz (Becher XII, 1 S. 16); VO. vom 6. Febr. 1854 und G. vom 15. Jan. 1873 zur Aufhilfe des städtischen Ackerbauwesens mittelst Separation der städtischen Feldmarken; VO. vom 5. April 1897 betr. Separation und Zusammenlegung bäuerlicher Ländereien in den Gütern der Ritter- und Landschaft; VO. vom 13. Jan. 1862 betr. die Regulierung der bäuerlichen Verhältnisse in den Gütern der Ritter- und Landschaft.

Oldenburg: G. vom 14. Okt. 1849 und 11. Febr. 1851 (Lastenablösung), geändert durch G. vom 9. Jan. 1912 (GS. Bd. 38 S. 9) und vom 31. Mai 1923 (GS. Bd. 42 S. 284); G. vom 27. April 1858 über die Verkoppelung (GBl. S. 103); G. vom 15. Mai 1858 und 22. April 1864 (Ablösung von Weidegerechtigkeiten), geändert durch G. vom 9. Jan. 1912 (GS. Bd. 38 S. 6); G. vom 13. März 1912 mit Bek. vom 8. Jan. 1915 über Ablösungspreise (GS. Bd. 39 S. 90, 315); G. über die Zusammenlegung von Grundstücken in der Fassung vom 8. April 1897, geändert durch G. vom 20. Mai 1921 (GS. S. 161); G. vom 21. Mai 1921 über zeitweilige Aufhebung des Rechts auf Ablösung von Naturalberechtigungen und -diensten (GS. S. 171); MarkG. vom 20. April 1873, geändert durch G. vom 3. Mai 1927 (GS. S. 149); StraßenG. vom 25. März 1879, geändert durch G. vom 16. Mai 1927 (GS. S. 165).

Braunschweig: §§ 40, 41 AG.BGB. (Becher IV, 1 S. 8), über Aufrechthaltung älterer Vorschriften; GemeinheitsteilungsO. vom 12. Dez. 1834; Wegeordnung vom 29. Juni 1899; UmlegungsG. vom 24. Jan. 1920 (GVS. Nr. 39).

Anhalt: G. vom 8. Jan. 1850 zur Ausführung der in § 28 der Verfassungsurkunde über die Ablösbarkeit der Grundabgaben enthaltenen Bestimmungen; SeparationsG. vom 26. März 1850; G. über das Verfahren in Separations-, Zehnt- und Dienst-Ablösungssachen vom 26. März 1850; G. über die Ablösung der Natural-, Frucht- und Fleisch-Zehnten vom 26. März 1850; G. betr. Herstellung gleichmäßiger

Bestimmungen für die Separations- und Ablösungsverfahren, vom 30. Jan. 1865; G. betr. Ergänzungen und Abänderungen der Separations- und Ablösungsgesetze, vom 30. Jan. 1857; G. gleichen Betreffs vom 16. Nov. 1874; G. betr. Schließung der Landrentenbank und die Ablösung der Reallasten, vom 25. Juni 1879; G. betr. einen Nachtrag zum SeparationsG., vom 5. Aug. 1879; G. betr. die Erleichterung der Verfügung über die bei der Separation gemeinschaftlich gebliebenen oder ausgewiesenen Grundstücke, vom 24. Dez. 1870; G. betr. die Verfügung über gemeinsame Grundstücke und Nutzungsrechte, vom 27. Juni 1879; G. über die Auseinandersetzungsbehörden vom 6. April 1921; G. über die Ablösung von Naturalleistungen vom 26. Mai 1922.

Bremen: Ablösungsordnung vom 8. Juli 1850 (GBl. S. 89), geändert durch Art. 1 des G. vom 18. Juli 1899 betr. die durch die Einführung des BGB. usw. veranlaßten Änderungen verschiedener Gesetze (GBl. S. 94; Becher V, 3 S. 29); G. vom 21. Mai 1873 betr. die Verkoppelungen und Gemeinheitsteilungen im Landgebiete (GBl. S. 69), geändert durch Art. 2 des G. vom 18. Juli 1899; Ablösungsordnung vom 18. Juli 1899 (GBl. S. 314; Becher V, 19 S. 107), geändert durch G. vom 29. Juni 1923 (GBl. S. 407); G. vom 18. Juli 1899, die Verkoppelungen und Gemeinheitsteilungen im Landgebiete betr. (GBl. S. 337; Becher V, 21 S. 129), geändert durch G. vom 22. Juni 1918 (GBl. S. 125); UmlegungsG. vom 6. Juli 1913 (GBl. S. 207). Über „Koppelwege" s. HansGZ. 1915 Beil. S. 236, 238.

Lippe: G. vom 14. Nov. 1900 betr. Ablösung von Holz- und Streu-Berechtigungen (LV. Bd. 23 S. 177; Becher V, 11 S. 41), ergänzt durch G. vom 30. Juli 1919 (GS. S. 1003), 11. Mai 1921 (GS. S. 443) und vom 12. Okt. 1925 (GS. S. 190).

Lübeck: AblösungsG. vom 8. März 1919 (GS. S. 131) mit G. vom 26. März 1919 (GS. S. 165); G. vom 20. März 1914 über Zusammenlegung von Grundstücken (GS. S. 555); Wegeordnung vom 29. Juli 1874 mit Nachträgen.

Schaumburg-Lippe: G. vom 22. Juni 1920 betr. Verfahren in Auseinandersetzungsangelegenheiten (LV. S. 319).

6. Wegen der steuerrechtlichen Behandlung von Maßnahmen im Sinne des Art. 113 s. § 8 Abs. 1 Nr. 7 des GrunderwerbssteuerG. vom 12. Sept. 1919 (RGBl. S. 1617 ff.) in der Fassung des Art. II § 1 des G. vom 10. Aug. 1925 (RGBl. I S. 242), jetzt Neufassung vom 11. März 1927 (RGBl. I S. 72 ff.).

Art. 114.

Unberührt bleiben die landesgesetzlichen Vorschriften, nach welchen die dem Staate oder einer öffentlichen Anstalt infolge der Ordnung der gutsherrlich-bäuerlichen Verhältnisse oder der Ablösung von Dienstbarkeiten, Reallasten oder der Oberlehnsherrlichkeit zustehenden Ablösungsrenten und sonstigen Reallasten zu ihrer Begründung und zur Wirksamkeit gegenüber dem öffentlichen Glauben des Grundbuchs nicht der Eintragung bedürfen.

E. II, 87; III, 113.

Befreiung öffentlicher Ablösungsrenten und sonstiger öffentlicher Reallasten von der Eintragung im Grundbuch.

1. Entstehung. Dieser Artikel wurde erst in der II. Komm. aufgestellt, nachdem dort folgende Zusätze zu dem nunmehrigen Art. 113 beantragt worden waren:

„Das Gleiche gilt von den Vorschriften, nach welchen die aus der Regulierung der gutsherrlich-bäuerlichen Verhältnisse und der Ablösung von Dienstbarkeiten und Reallasten entstandenen **Ablösungsrenten** und sonstigen **Reallasten des Staates** oder einer besonderen Anstalt **von der Eintragung in das Grundbuch befreit** sind",

ferner:

„Die gleiche Vorschrift gilt für die aus der Ablösung der Oberlehnsherrlichkeit des Staates entstandenen **Anstalten**."

Als Grundlagen dieses Antrags wurden folgende angegeben:

a) Die Ausführungen der Mot. auf S. 193 (zu Art. 66 des I. Entw., nun Art. 111), welche lauten:

„Das Recht der Einzelstaaten, das Grundeigentum im öffentlichen Interesse zu belasten, namentlich Steuern und Abgaben auf den Grundbesitz zu legen, gehört zweifellos dem öffentlichen Rechte an und bleibt deshalb selbstverständlich von den Vorschriften des BGB. unberührt. Als dem Besteuerungsrecht angehörend sind auch diejenigen landesgesetzlichen Vorschriften anzusehen, nach welchen die auf Grund der Ablösung von Grundlasten öffentlichen Rechtes oder der Ablösung der staatlichen Oberlehnsherrlichkeit an den Fiskus oder an vermittelnde Institute (Rentenbanken, Landrentenbanken u. dgl.) zu entrichtenden Ablösungsrenten und Allodifikationsgelder das Vorrecht der Steuern haben und weder zu ihrer Begründung noch zur Erhaltung der Wirksamkeit gegen Dritte der Eintragung in das Grundbuch bedürfen."

b) In Bayern seien bisher nach dem HypG. (§ 22 Nr. 5. i. d. F. der Nov. vom 29. Mai 1886) die Grundgefälle des Staates und der Ablösungskasse und die an deren Stelle getretenen Leistungen (FinMin.-Entschl. vom 3. Juli 1886, JustMinBl. S. 186) nicht dem Eintragungszwange wie die übrigen Reallasten unterworfen, obwohl diese Grundgefälle usw. dort nach einer Entsch. des OLG. Bd. XI S. 178 nicht die Eigenschaft von Lasten des öffentlichen Rechtes hätten; wenn diese Grundgefälle von dem Eintragungszwang auch fernerhin befreit bleiben sollen, so sei eine besondere Bestimmung notwendig. Das gleiche gelte von den aus der Ablösung der Oberlehnsherrlichkeit des Staates sich ergebenden Reallasten (P. VI, 372, 373, 374, Reatz III, 62, Mot. 193).

2. Die Bedeutung der Vorschriften dieses Artikels ergibt sich aus der unter Anm. 1 dargestellten Entstehungsgeschichte im Zusammenhange mit den Vorschriften in den §§ 1105 und 873—902 BGB. und § 83 GBO.

Die Landesgesetzgebung kann anordnen, daß die dem Staate oder einer öffentlichen Anstalt auf Grund der sog. Ablösungsgesetzgebung (aus gutsherrlich-bäuerlichen Verhältnissen, Ablösung von Dienstbarkeiten, Reallasten oder Oberlehnsherrlichkeit) zustehenden Ablösungsrenten und sonstigen Reallasten nicht der Eintragung ins Grundbuch bedürfen, um ihre Wirksamkeit gegen den öffentlichen Glauben desselben zu behaupten, und hat zu bestimmen, welche Ablösungsrenten, die einer öffentlichen Anstalt infolge der Ablösung von Reallasten zustehen, zu ihrer Begründung und zur Wirksamkeit gegenüber dem öffentlichen Glauben des Grundbuchs der Eintragung nicht bedürfen (RG. in GruchotsBeitr. Bd. 47 S. 396).

Eigentlich ergibt sich dieser Vorbehalt schon aus dem Art. 113 und für lehnrechtliche Verhältnisse mit Art. 59, sowie aus dem öffentlich-rechtlichen Charakter der fraglichen Lasten; wie aus Bem. 1 hervorgeht, ist Art. 114 lediglich zur Klarstellung und Beseitigung etwaiger Zweifel aufgenommen, weil diese öffentlichrechtliche Natur der fraglichen Lasten beispielsweise in der bayerischen Rechtsprechung nicht anerkannt wurde. Falsch wäre es, aus dem Art. 114 per arg. e contrario eine einschränkende Auslegung der Art. 59, 113 dahin abzuleiten, daß die Landesgesetzgebung diese Ausnahme nicht für alle, d. h. nicht auch für andere Personen als dem Staate und öffentlichen Anstalten zustehenden Ablösungsrenten usw. treffen könne (vgl. dazu **Planck** Bem. 1 zu Art. 114). Dagegen spricht vor allem, daß Art. 113 in Satz 2 ausdrücklich die landesgesetzlichen Vorschriften über die Begründung von Rechten an Grundstücken auf diesem Gebiete aufrecht erhält.

3. Als öffentliche Anstalten kommen hier nur besondere Anstalten des Staates in Betracht.

Ein in der II. Komm. gestellter Antrag, in dem unter Nr. 1 erwähnten Antrag statt der Worte: „oder einer besonderen Anstalt" die Worte: „oder einer dem Staate in dieser Beziehung gleichgestellten Körperschaft, Stiftung oder Anstalt" zu setzen, wurde zurückgezogen, nachdem darauf hingewiesen worden war, daß es sich nicht empfehle, die Befreiung von der Eintragungspflicht auf andere Renten auszudehnen. Rentenberechtigungen der Kirche und der Gemeinden seien ebenso wie die einem Privaten zustehenden einzutragen (P. VI, 374).

4. Eine **Ausnahme** von diesem Artikel enthält der Art. 116 hinsichtlich der nach BGB. §§ 912, 916 (Grenzüberbau), 917 (Notweg) zu entrichtenden Renten und der im BGB. §§ 1021, 1022 (Bauliche Anlagen bei Grunddienstbarkeiten) bestimmten Unterhaltungspflichten.

5. **Landesgesetze:** S. für Preußen Art. 22 Nr. 3 AG.BGB. (Becher XIV, 1 S. 12). (Die in Hannover geltenden Vorschriften über die Eintragungspflicht jener Rechte werden ausdrücklich aufgehoben), Art. 12 AG.GBO. (Becher XIV, 6 S. 115); vgl. auch § 45 des G. über das Grundbuchwesen im Bezirke Kassel vom 20. Mai 1873 und § 1 des G. vom 29. Mai 1874 über die gerichtl. Einweisung von Grundlasten in den vormals bayrischen Landesteilen mit Mot. z. Entw. d. AG.BGB. S. 34

und 35; Art. 3, 6 AG.ZVG. (Becher XIV, 4 S. 100), § 45 G. vom 29. Mai 1873, § 6 G. vom 3. April 1869, VO. vom 28. Sept. 1866, §§ 18, 64 G. vom 2. März 1850.

Für Bayern Art. 128 mit Art. 123, 124, 127 AG.BGB. (Becher III, 7 S. 52, 53); die Vorschrift gilt in den coburgischen Landesteilen nicht, doch gilt Art. 22 Nr. 2 AG.BGB. für Sachsen-Coburg-Gotha (Becher XIX, 8 S. 58) gemäß Bek. vom 22. Jan. 1922 (GVBl. S. 155) fort; Art. 27 Abs. 2 AG.GBO. (Becher III, 9 S. 137).

Für Hessen s. Art. 11 AG.GBO. (Becher VIII, 8 S. 165); Art. 17 AblösungsG. vom 24. Juli 1899.

Für Mecklenburg-Schwerin § 85 AV.BGB. (Becher XI, 2 S. 19); Mecklenburg-Strelitz § 83 AV.BGB. (Becher XII, 1 S. 16).

Für Braunschweig s. § 38 Abs. 4 AG.BGB. (Becher IV, 1 S. 7).

Nach § 155 Abs. 2 Nr. 8 AV.BGB. für Thüringen vom 16. Mai 1923 (GS. S. 302) sind die Vorschriften in § 89 AG.BGB. für Sachsen-Altenburg, Art. 22 Nr. 2 AG.BGB. für Gotha, Art. 62 Nr. 3, 122 AG.BGB. für Schwarzburg-Rudolstadt und Art. 37 AG.BGB. für Schwarzburg-Sondershausen in Geltung geblieben.

Art. 115.*)

Unberührt bleiben die landesgesetzlichen Vorschriften, welche die Belastung eines Grundstücks mit gewissen Grunddienstbarkeiten oder beschränkten persönlichen Dienstbarkeiten oder mit Reallasten untersagen oder beschränken, sowie die landesgesetzlichen Vorschriften, welche den Inhalt und das Maß solcher Rechte näher bestimmen.

E. I, 70 Abs. 1 Ziff. 2; II, 88; III, 114.

Dienstbarkeiten und Reallasten.

I. Entstehung. Der nunmehrige Art. 115 stimmt mit Art. 70 Abs. 1 Ziff. 2 des I. Entw. im wesentlichen überein und weicht nur insofern von letzterem ab, als in diesem statt der Worte: „solcher Rechte" — welche sich auf „Reallasten" beziehen — die Ausdrücke gebraucht waren: „gewisser Grunddienstbarkeiten oder beschränkter persönlicher Dienstbarkeiten". Die Ausnahmebestimmung, welche Art. 70 des I. Entw. in seinem Abs. 2 traf, ist in den nunmehrigen Art. 116 mit herübergenommen worden (Reatz III, 62 und 63, Mot. z. EG. 194, M. III, 480, 481, 579, P. VI, 433, 434, 582, 608, 609, Mat. 71).

II. Grund des Vorbehalts. In den Motiven zu diesem Artikel ist im wesentlichen ausgeführt, daß es sich bei demselben um einen Teil des der Landesgesetzgebung (z. B. schon durch die Art. 61—72, 83, 113, 114, 117—119 dieses Gesetzes) vorbehaltenen Agrarrechtes handelt, daß das volkswirtschaftliche Bedürfnis die zeitliche oder räumliche Eindämmung des Servituteninhalts oder der Reallasten oder die Repression gewisser Reallasten und Servituten, z. B. Wald- und Weiderechtsservituten, erfordern kann, daß dieses volkswirtschaftliche Bedürfnis nach den verschiedenen Gegenden ein verschiedenes ist, daß die Regelung dieser Verhältnisse daher am besten der Landesgesetzgebung vorbehalten bleibt. Es wurde dieses auch aus dem Grunde für zweckmäßig erachtet, weil die einschlägigen Landesgesetze bisher die vertragsmäßigen Festsetzungen der Parteien ergänzten und weil, wenn auch eine z. Zt. des Inkrafttretens des BGB. bereits bestehende Servitut ihren vermöge der Ergänzung des begründenden Rechtsgeschäfts durch das Gesetz erlangten Inhalt nicht wegen des Mangels ergänzender Vorschriften im BGB. verliert, doch die Aufhebung der in dieser Hinsicht zurzeit bestehenden Vor-

---

*) Schrifttum: Neubauer, Zusammenstellung des in Deutschland geltenden Rechts der Reallasten, Berlin 1879; Pflüger, über die rechtliche Natur der Reallasten, ArchZivPrax. Bd. 81 S. 292 ff.; v. Schwind, Die Reallastenfrage, JheringsJ. Bd. 33 S. 1 ff.; Obermeyer, Reallasten und neues Wassergesetz, SeuffBl. Bd. 68 S. 370; Paltzer, Sind in dem linksrheinischen Teile der Rheinprovinz Reallasten zulässig? RheinNotZ. Bd. 48 S. 126.

Stobbe-Lehmann, DPrR. Bd. II, 2 S. 42 ff.; Dernburg, Bürgerl. Recht, 3. Aufl. Bd. 3 §§ 176—181 S. 523 ff.; Turnau-Förster, Liegenschaftsrecht, 3. Aufl. Bd. 1 S. 668 ff.

schriften zu Übelständen, namentlich bei der Eintragung im Grundbuch, führen und eine Verwirrung über den Inhalt der Dienstbarkeit veranlassen könnte.

III. Inhalt. S. über die Eigentumsbeschränkungen überhaupt Bem. 2 zu Art. 111. Der Art. 115 gibt der Landesgesetzgebung — wie auch die Art. 117 und 119 — die Befugnis zu **Beschränkungen des rechtlichen Inhalts des Eigentums,** außerdem zur **Bestimmung des Inhalts gewisser Rechte.**

1. Der Vorbehalt bezieht sich auf die Belastung von Grundstücken mit folgenden Rechten:

a) **Grunddienstbarkeiten.** Der Begriff ergibt sich aus § 1018 BGB. Sie haben aus nachbarlichen Gesichtspunkten das Verhältnis zweier nahe beieinander liegender Grundstücke in einer einzelnen bestimmten Richtung zum Gegenstand (herrschendes, dienendes Grundstück; s. Näheres zu dem Begriff Bem. I zu § 1018 in Bd. III). In den §§ 1018—1029 stellt das BGB. für dieselben allgemeine Grundsätze auf.

b) **Die beschränkten persönlichen Dienstbarkeiten.** Den Begriff umschreibt § 1090 BGB. Sie geben dem Berechtigten zu persönlichen Zwecken eine bestimmte Befugnis in Ansehung eines fremden Grundstücks (s. das Nähere Vorbem. I vor § 1090 in Bd. III). Auch für sie gibt das BGB. in den §§ 1090—1092 nur gewisse Grundregeln und in § 1093 für das Wohnungsrecht als Dienstbarkeit.

c) **Die Reallasten.** Sie sind eine dingliche Belastung und gewähren ein Leistungsrecht (s. Näheres in Bem. I zu § 1105 BGB. in Bd. III). Die §§ 1105—1112 sind nur Rahmengesetzgebung. Auf Rentenschulden erstreckt sich der Vorbehalt des Art. 115 nicht (Wolf, Sachenrecht § 157, VI, 6).

2. In Berücksichtigung der verschiedenen Entwicklung in den einzelnen Ländern und Landesteilen und der Verschiedenheit der örtlichen Bedürfnisse ist es der Landesgesetzgebung überlassen, diese drei Arten von dinglichen Rechten ihrem Inhalte nach näher auszugestalten und, soweit sich gewisse einzelne Arten dieser Rechte als kulturwidrig erweisen, ihre Ausübung zu untersagen oder wenigstens zu beschränken.

a) Namentlich die Dienstbarkeiten können einen mannigfaltigen Inhalt haben. Der Landesgesetzgebung obliegt es — vorbehaltlich der sich aus Art. 116 ergebenden Ausnahme; s. unten Bem. 3 —, den **Inhalt** und das **Maß** der Grunddienstbarkeiten, der beschränkten persönlichen Dienstbarkeiten und der Reallasten **näher zu bestimmen.** Damit ist zum Ausdruck gebracht, daß bei der landesgesetzlichen Regelung die vom BGB. aufgestellten Grundsätze zu beachten sind und daß von ihnen nicht abgewichen werden darf; Sache der Landesgesetzgebung ist es nur, je nach den örtlichen Bedürfnissen weitere Grundsätze und Vorschriften über Art und Maß der Ausübung dieser Rechte neben den Vorschriften des BGB. und zur erforderlichen Ergänzung derselben zu geben (Planck Bem. 2, c, Niedner Bem. 4, c; abweichend die bisher. Auflagen dieses Komm.).

α) Das BGB. hat den Inhalt der drei hier in Betracht kommenden dinglichen Rechte nur soweit bestimmt, um sie von anderen dinglichen Rechten abzugrenzen. Im Einzelfall ist es Sache der Beteiligten, den Inhalt des Rechtes durch Vertrag festzusetzen. Die Landesgesetzgebung kann aber schon die einzelnen Möglichkeiten der Ausübung dieser Rechte nach ihrem Zwecke begrifflich zusammenfassen und Sondervorschriften für dieselben geben (z. B. Forst-, Weide-, Wegerechte). So kann sie auch für die Reallasten den möglichen Leistungsinhalt (Geld, Bodenerzeugnisse, elektrische Arbeit, s. Art. 85 bayr. AG.BGB. in der Fassung des G. vom 23. Juli 1921) bestimmen.

β) Für das Maß einer Grunddienstbarkeit stellt § 1019 Satz 2 BGB. den Rechtsgrundsatz auf, daß die Belastung des dienenden Grundstücks über den Vorteil für das herrschende Grundstück nicht erstreckt werden kann (s. Bem. 2 mit 1 zu § 1019 in Bd. III). Außerdem legt § 1020 BGB. die Pflicht zu schonender Ausübung auf. Diese Vorschrift gilt auch für die beschränkten persönlichen Dienstbarkeiten. Die Landesgesetzgebung kann zum Schutze des belasteten Grundstücks die Grenzlinien genauer bestimmen; vgl. Bem. 1, b zu § 1020 in Bd. III.

Vorschriften, welche Inhalt und Maß dieser Grundstücksbelastungen regeln, können allgemein, also durch Aufstellung eines für alle Grunddienstbarkeiten, beschränkt persönlichen Dienstbarkeiten, Reallasten geltenden

Grundsatzes, erlassen werden, aber natürlich auch nur für einzelne Arten dieser Rechte.

b) Die **Belastung** eines Grundstücks **mit Reallasten** kann die Landesgesetzgebung **überhaupt verbieten** oder wenigstens **allgemein einschränken** durch Vorschriften, welche für alle Arten von Reallasten gelten. Zulässig sind nur sachliche Einschränkungen, die Vorschriften des BGB. (§ 873) über die Bestellung der Reallasten können durch Landesgesetz nicht geändert werden, so daß die Bestellung in förmlicher Hinsicht strengeren Vorschriften unterliegt (Pland Bem. 2, a Abs. 1 a. E.; a. M. Kloß-Müller, Sächs. LPrR., 3. Aufl. § 127, II S. 298).

c) Weniger weit geht dagegen die Befugnis der Landesgesetzgebung hinsichtlich der Grunddienstbarkeiten und der beschränkten persönlichen Dienstbarkeiten. Ein allgemeines Verbot der Belastung von Grundstücken mit diesen Rechten oder eine allgemein für alle Arten dieser Rechte geltende Beschränkung ist ausgeschlossen. Die Landesgesetzgebung kann nur die **Belastung mit gewissen** einzelnen Arten von **Grunddienstbarkeiten** oder **beschränkten persönlichen Dienstbarkeiten untersagen** oder **einschränken.** Die Einengung der landesgesetzlichen Befugnis entspricht dem Zwecke des Vorbehalts und ermöglicht, eben diejenigen Arten dieser Grundstücksbelastungen zu beseitigen, welche sich als kulturfriedlich erwiesen haben, oder wenigstens Härten, die sich bei der Ausübung ergeben haben, zu mildern.

3. Eine **Ausnahme** von der der Landesgesetzgebung in Art. 115 erteilten Ermächtigung enthält **Art. 116** EG.: Die im BGB. aufgeführten einzelnen Reallasten, die Geldrente für den Überbau (§§ 912, 916) und für den Notweg (§ 917), sowie die mit Grunddienstbarkeiten verbundenen Unterhaltungspflichten, auf welche nach § 1021 Abs. 2, 1022 BGB. die Vorschriften über Reallasten entsprechend Anwendung finden, sind einer näheren Regelung durch die Landesgesetzgebung entzogen und können auch nicht beschränkt oder gar untersagt werden (s. Bem. zu Art. 116).

4. Zu Vorschriften über die Einschränkung von Dienstbarkeiten und Reallasten ermächtigt auch Art. 113 EG. die Landesgesetzgebung; für diesen Vorbehalt gelten die sich aus Art. 115 ergebenden Schranken (s. Bem. 2) nicht.

Soweit auf einem einzelnen Rechtsgebiete, dessen Regelung durch einen allgemeinen Vorbehalt (Wasserrecht, Deich- und Sielrecht, Art. 65, 66; Bergrecht Art. 67, Jagd- und Fischereirecht Art. 69 usw.) der Landesgesetzgebung überlassen ist, die Bestellung von Grunddienstbarkeiten, beschränkten persönlichen Dienstbarkeiten oder Reallasten in Frage kommt, bestimmt sich die Befugnis zur Regelung auch dieser Rechte nach dem Rahmen des allgemeinen Vorbehalts, nicht aus Art. 115.

IV. Landesgesetze.

Für **Preußen** s. ALR. Tl. I Tit. 8 § 146, Tit. 9 §§ 118—120, 126, Tit. 22 §§ 55—132, 146, 149—158, 161—179, 188—196, 201—219, 221, 224—242, aufrechterhalten durch Art. 89 Nr. 1, b AG.BGB.; ferner Tl. II Tit. 7 §§ 136—138, 143—146, 308—399, 404—459, 462—471, 473—483, 486—490, 492, 494 (Art. 89 Nr. 1, c AG.BGB.); über die Geltung von Tl. I Tit. 22 § 43 ALR. über Erlöschen von Grundgerechtigkeiten durch stillschweigende Einwilligung s. RGZ. Bd. 63 S. 129. Art. 30, 31 AG.BGB. (Becher XIV, 1 S. 16) über Beschränkung und Verteilung von Reallasten; Jagdservituten können nach dem G. vom 31. Okt. 1848 nicht begründet werden; s. weiter §§ 10ff. des Edikts vom 14. Sept. 1811 (Einschränkung des Weiderechts, des Rasenhiebs, des Sammelns von Raff- und Leseholz und Waldstreu), VO. vom 5. März 1843 über Ausübung der Waldstreu-Berechtigung (GS. S. 105); G. vom 7. Mai 1821, § 30 (sog. GemeinheitsteilungsO., Inhalt und Maß der Gemeinheiten) und AblösungsG. vom 2. März 1850, §§ 6, 91ff. (Verbot der Neuauflegung gewisser Lasten und unkündbarer Geldrenten), § 18 Abs. 2—4 des G. vom 28. Mai 1860 für Hohenzollern, § 13 Abs. 2 des G. vom 15. Febr. 1872 für Wiesbaden und die vormals großherz.-hess. Gebietsteile, § 54 des G. vom 3. Jan. 1873 für Schleswig-Holstein, § 25 des G. vom 23. Juli 1876 für Kassel, VO. vom 23. Juli 1833, § 20 G. vom 13. Juni 1873, § 12 G. vom 13. April 1885, für Hannover AG.BGB. Art. 30 (Becher XIV, 1 S. 16) (Unkündbare Renten in der Rheinprovinz, Lauenburg und Helgoland), VO. vom 14. Sept. 1867 wegen Regulierung der Holz- und Kohlennutzungen der Einwohner des Oberharzes (GS. S. 1621); ostpreuß. Provinzialrecht Zus. 85, 86 (Hütungsrecht), westpreuß. Provinzialrecht § 14 und Forst- und JagdO. vom 8. Okt. 1805 für Westpreußen und den Netzedistrikt (n. c. c. 3152, Hütungs-, Holzungs- und Messungsrecht).

Für **Bayern** ergibt sich aus Art. 2—4, 8 des AblösungsG. vom 4. Juni 1848 (GBl. S. 97), daß Naturalfronden, Mortuarium, Handlohn und Zehnt nicht mehr begründet werden dürfen. Nach Art. 1 Abs. 2 JagdG. vom 30. März 1850 darf die Jagdgerechtigkeit auf fremdem Grund und Boden nicht mehr als Grundgerechtigkeit bestellt werden. Die Begründung neuer Forstberechtigungen schließt Art. 33 ForstG. vom 28. März 1852 aus. Nach Art. 34, 45 WeideG. vom 28. Mai 1852 darf der Eigentümer eines Grundstücks kein Weiderecht als Dienstbarkeit mehr bestellen und ebensowenig bei Veräußerung von Grundstücken ein Weiderecht vorbehalten; auch gegenseitige Weidedienstbarkeiten sind ausgeschlossen. Auch in der Pfalz können Forstberechtigungen, Jagdberechtigungen und Weiderechte nach Art. 86 AG. BGB. als dingliche Rechte nicht begründet werden.

Art. 85 AG.BGB. in der Fassung des G. vom 23. Juli 1921 (GVBl. S. 379) und vom 11. April 1923 (GVBl. S. 147) behandelt die Reallasten. Als Reallast kann außer dem Recht auf Leistungen, die zu einer Leibrente, insbesondere zu einem Leibgedinge, gehören, nur das Recht auf die regelmäßig wiederkehrende Leistung von fest bestimmten Geldbeträgen oder fest bestimmten Mengen an Bodenerzeugnissen oder festbestimmten Mengen elektrischer Arbeit bestellt werden (Abs. 1). Bei der Bestellung von Reallasten, welche die Leistung von Geld oder von Bodenerzeugnissen zum Gegenstand haben, muß der Geldbetrag bestimmt werden, durch dessen Zahlung der Eigentümer die Reallast ablösen kann (Abs. 2). Auf die Ablösung findet die Vorschrift des § 1202 BGB. über die Ablösung einer Rentenschuld (Kündigung) entsprechende Anwendung; die persönliche Haftung des Eigentümers für die Ablösungssumme wird geregelt (Abs. 3). Durch Verordnung kann bestimmt werden, daß und unter welchen Voraussetzungen Reallasten mit einem anderen als dem in Abs. 1 bezeichneten Inhalte bestellt werden dürfen und daß dabei Abweichungen von Abs. 2 zulässig sind (Abs. 4). Art. 85 gilt seit dem 1. April 1922 auch in den vormals coburgischen Gebietsteilen gemäß Bek. vom 30. Jan. 1922 (GVBl. S. 153). S. auch die Übergangsvorschriften für Reallasten in Art. 46, 116—118 ÜbergG.

S. für Grunddienstbarkeiten Oertmann, Bayer. Landeszivilr. § 105 S. 466 ff., für Reallasten die durch die Änderung des Art. 85 AG.BGB. teilweise veralteten Ausführungen in § 111 Nr. III S. 488 ff. ebenda.

Für **Sachsen** s. §§ 54, 55, 103, 104 des G. vom 17. März 1832, §§ 23, 25—28 G. vom 15. Mai 1851 (vgl. Mot. z. Entw. des AG.BGB. S. 48), § 18 G. vom 25. Nov. 1858 (GVBl. S. 323); §§ 542—555, 639, 641, 642 des BGB. vom 2. Jan. 1863 (GVBl. S. 6), dazu § 53 Abs. 1 AG.BGB. Vgl. hiezu Kloß-Müller, Sächs. Landesprivatr., 3. Aufl. § 124.

Für **Württemberg** s. G. vom 14. April 1848 über Beseitigung der auf dem Grund und Boden ruhenden Lasten; weitere einschlägige Bestimmungen s. bei Meyer, Württ. AG.BGB. Tl. II S. 262 ff.

Für **Baden** s. Art. 25 AG.BGB. in der Fassung vom 13. Okt. 1925 (GVBl. S. 285), der die Begründung der Reallasten grundsätzlich mit den sich aus Abs. 1 und Abs. 2 Satz 2 regelnden Ausnahmen von der Genehmigung durch das Justizministerium abhängig macht und (wie Art. 85 des bayer. AG.BGB. in seiner neuen Fassung) auch die Lieferung elektrischer Arbeit als Gegenstand einer Reallast zuläßt; s. auch § 5 AG.ZVG. in der Fassung vom 13. Okt. 1925 (GVBl. S. 302). Weiter sind zu erwähnen das Edikt vom 12. Mai 1818 über die Schafweidegerechtigkeit, das ForstG. vom 15. Nov. 1833 mit seinen Änderungen, das AblösungsG. vom 5. Okt. 1820, das G. vom 10. April 1848 über Aufhebung der Feudalrechte.

Für **Thüringen** s. nunmehr §§ 91—109 AV.BGB. vom 16. Mai 1923 (GS. S. 295 ff.) für alle thüringischen Gebietsteile (Inhalt und Maß von Grunddienstbarkeiten, beschränkten persönlichen Dienstbarkeiten, Beschränkung von Reallasten); alle bisherigen Vorschriften sind durch § 106 aufgehoben.

Für **Hessen** s. Art. 93 AG.BGB. (Becher VIII, 3 S. 48) über Beschränkung von Reallasten und Art. 280 AG.BGB. (Becher VIII, 3 S. 105) mit G. vom 7. Mai 1849, den Umfang von Weideberechtigungen auf landwirtschaftlichem Boden usw. betr.; AblösungsG. vom 2. März 1850; G. vom 15. Juli 1911 die Ausübung der Stockholzberechtigungen betr. (RegBl. S. 247).

Für **Bremen** § 26 AG.BGB. in der Fassung des G. vom 29. Dez. 1917 (GB. S. 349)

Für **Lippe** s. G. vom 14. Nov. 1900 über Ablösung der Holz- und Streuberechtigungen (LV. Bd. 37 S. 177); hiezu G. vom 30. Juli 1917 (GS. S. 1003); G. vom 17. Jan. 1850 über Ablösung der Hudeberechtigungen, geändert durch G. vom 30. Juli 1917 (GS. S. 1004).

Art. 116.

Die in den Artikeln 113 bis 115 bezeichneten landesgesetzlichen Vorschriften finden keine Anwendung auf die nach den §§ 912, 916, 917 des Bürgerlichen Gesetzbuchs zu entrichtenden Geldrenten und auf die in den §§ 1021, 1022 des Bürgerlichen Gesetzbuchs bestimmten Unterhaltungspflichten.

E. I, 41 Abs. 2 u. 70 Abs. 2; II, 87; III, 115.

Verbot der Abweichung von den Vorschriften des BGB. betr. Überbau, Notweg und Unterhaltspflicht einer baulichen Anlage:

1. Entstehung. Der Art. 116 gibt in veränderter Fassung den wesentlichen Inhalt der Absätze 2 der Art. 41 und 70 des E. I wieder (Mot. z. EG. 162, 195, P. VI, 372, 433, 434, 582 (Anm.), 608, Reatz III, 63, Mat. 87a S. 71 ff.).

2. Inhalt. Der Art. 116 trifft **Ausnahmebestimmungen zu den Art. 113 und 115** folgenden Inhalts:

a) Hinsichtlich der nach den Vorschriften des BGB. begründeten Geldrenten für einen Überbau (**§§ 912, 916**) und für einen Notweg (**§ 917**) kann die Landesgesetzgebung Vorschriften, welche jene des BGB. durchbrechen, z. B. solche über die Ablösung der Renten, nicht erlassen.

b) Auch hinsichtlich der Pflicht zur Unterhaltung einer baulichen Anlage auf dem belasteten Grundstücke, welche zu einer nach Maßgabe des BGB. begründeten Grunddienstbarkeit gehört (**BGB. § 1021**), oder einer baulichen Anlage des belasteten Grundstücks, auf welcher eine bauliche Anlage zu halten eine nach Maßgabe des BGB. begründete Grunddienstbarkeit berechtigt (**BGB. § 1022**), kann die Landesgesetzgebung Ausnahmevorschriften gegenüber jenen des BGB. über die Reallasten (§§ 1105 ff.), welche auf diese Unterhaltspflicht Anwendung finden, nicht treffen.

Niedner Bem. zu Art. 116 wirft die Frage auf, ob die Landesgesetzgebung nicht dem zweifellosen Wortlaut entgegen, der auch die Anwendung des Art. 115 Satz 2 ausschließt, die Befugnis habe, Vorschriften zu erlassen, welche den Umfang einer Unterhaltungspflicht im Sinne der §§ 1021, 1022, z. B. bei Waldservituten, des näheren spezialisieren. Allein es besteht auch bei Waldservituten für eine gesetzliche Regelung der Art kein Bedürfnis. Der § 1021 BGB. überläßt die Regelung der Unterhaltspflicht der Vereinbarung der Beteiligten (s. Bem. 1 zu § 1021 in Bd. III Tl. 2 dieses Komm.). Die reichsgesetzliche Vorschrift des § 1022 ist zwingender Natur. Für eine den Wortlaut des Art. 116 beschränkende Auslegung ist kein Grund ersichtlich.

Art. 117.

Unberührt bleiben die landesgesetzlichen Vorschriften, welche die Belastung eines Grundstücks über eine bestimmte Wertgrenze hinaus untersagen.

Unberührt bleiben die landesgesetzlichen Vorschriften, welche die Belastung eines Grundstücks mit einer unkündbaren Hypothek oder Grundschuld untersagen oder die Ausschließung des Kündigungsrechts des Eigentümers bei Hypothekenforderungen und Grundschulden zeitlich beschränken und bei Rentenschulden nur für eine kürzere als die im § 1202 Abs. 2 des Bürgerlichen Gesetzbuchs bestimmte Zeit zulassen.

E. I, 70 Abs. 1 Nr. 3; II, 90; III, 116.

Verschuldungsgrenze; Kündbarkeit von Hypotheken usw.

1. Entstehung. Abs. 1 des Art. 117 wurde erst im Bundesrat aufgestellt. Abs. 2 entspricht im wesentlichen der Nr. 3 vom Abs. 1 des Art. 70 E. I mit dem Abmaße, daß die auf die Rentenschuld bezügliche Bestimmung erst in der II. Komm. eingefügt wurde (Mot. z. EG. 194, P. VI, 433, 434, Reatz III, 63, Mat. 87a S. 72).

2. Inhalt. Art. 117 läßt landesgesetzliche **Beschränkungen der rechtlichen Verfügungsmacht** des Eigentümers **hinsichtlich der Belastung** von Grundstücken zu.

a) Die Landesgesetzgebung kann verbieten, daß ein Grundstück über eine bestimmte **Wertgrenze** hinaus (z. B. über die Hälfte des Wertes) belastet wird — **Abs. 1** —, und zwar hinsichtlich aller oder nur hinsichtlich bestimmter Grundstücke. Der Vorbehalt hat nur für die Belastung mit Hypotheken, Grundschulden und Rentenschulden Bedeutung, da die Einführung einer Belastungsgrenze für Grunddienstbarkeiten, beschränkt persönliche Dienstbarkeiten und Reallasten schon auf Grund des Vorbehaltes des Art. 115 zulässig ist.

Für Rentengüter und dem Anerbenrecht unterliegende Grundstücke sind landesgesetzliche Belastungsbeschränkungen schon durch den Vorbehalt der Art. 62 und 64 gedeckt.

Die Landesgesetzgebung kann die Wirkung einer Zuwiderhandlung gegen eine angeordnete Belastungsbeschränkung im Sinne des Abs. 1 regeln; mangels einer landesgesetzlichen Bestimmung ist die Bestellung der Hypothek, Grundschuld oder Rentenschuld, soweit sie die Wertgrenze überschreitet, nach § 134 BGB. nichtig; s. auch § 309 BGB., RG. in RGZ. Bd. 46 S. 217, 220.

b) Auf Grund des Vorbehaltes des **Abs. 2** kann die Landesgesetzgebung

α) überhaupt untersagen, daß Grundstücke (bestimmter Art) mit einer unkündbaren Hypothek oder Grundschuld belastet werden, und außerdem verbieten, daß das Kündigungsrecht des Eigentümers hinsichtlich Hypothekforderungen und Grundschulden über eine bestimmte Zeit hinaus ausgeschlossen wird.

Völlig untersagt werden kann also der vertragsmäßige Ausschluß des Kündigungsrechts von Gläubiger und Schuldner, dagegen darf sich die zeitliche Beschränkung nur auf den Ausschluß des Kündigungsrechts des Eigentümers beziehen, nicht auch des Gläubigers. Wenn Eigentümer und Schuldner der hypothekarisch gesicherten Forderung nicht personengleich sind, ist die Vertragsfreiheit hinsichtlich der persönlichen Forderung nicht beschränkt.

β) bei Rentenschulden, bei welchen nach § 1202 Abs. 2 BGB. reichsrechtlich eine Beschränkung des Kündigungsrechts nur insoweit zulässig ist, daß der Eigentümer nach dreißig Jahren unter Einhaltung einer sechsmonatigen Frist kündigen kann, den Ausschluß des Kündigungsrechts des Eigentümers für eine kürzere Zeit als dreißig Jahre zulassen.

Ein Verstoß einer vertragsmäßigen Vereinbarung gegen eine Vorschrift im Sinne des Abs. 2 bewirkt mangels einer anderweiten Bestimmung des Landesgesetzes nicht Nichtigkeit der Bestellung des betreffenden Rechtes überhaupt, sondern nur Unwirksamkeit der hinsichtlich der Kündbarkeit getroffenen Vereinbarung, soweit sie die Kündigung weiter beschränkt als es das Landesgesetz zuläßt. Die Hypothek, Grundschuld oder Rentenschuld ist also frei kündbar, sobald die Zeit abgelaufen ist, für welche die Landesgesetzgebung den Ausschluß der Kündigung höchstens zuläßt.

3. Landesgesetze:

Für Preußen s. G. betr. die Zulassung einer Verschuldungsgrenze für land- und forstwirtschaftlich genutzte Grundstücke, vom 20. Aug. 1906 (GS. S. 389), eingeführt in Ostpreußen und einem Teile von Westpreußen durch VO. vom 23. März 1908 (GS. S. 65), in dem übrigen Teile von Westpreußen und in der Provinz Posen durch VO. vom 16. Juni 1909 (GS. S. 492), in allen sonstigen Landesteilen — mit Ausnahme des Stadtkreises Berlin —, in denen es noch nicht galt, durch VO. vom 5. Mai 1913 (GS. S. 274); hiezu AusfVO. vom 22. April 1908 (JMBl. S. 200), vom 16. Aug. 1913 (JMBl. S. 315) und vom 28. Mai 1914 (JMBl. S. 546). S. über den Begriff „vorgehende Belastung" im Sinne des § 5 des G. vom 20. Aug. 1906 RG. in RGZ. Bd. 46 S. 217.

Zu Abs. 2 s. Art. 32 AG.BGB. (Becher XIV, 1 S. 16), wodurch die Zeitgrenze für die Unkündbarkeit von Hypotheken, Grundschulden und Rentenschulden auf zwanzig Jahre festgesetzt ist.

In Bayern war von dem Vorbehalt des Art. 117 bisher kein Gebrauch gemacht worden (Oertmann, Bayer. Landeszivilr. § 121, II S. 527); s. aber jetzt Art. 8—12 des G. über Ansiedlung von Kriegsbeschädigten in der Landwirtschaft vom 15. Juli 1916 (GVBl. S. 135), geändert durch G. vom 13. April 1922 (GVBl. S. 269) und vom 7. Juli 1926 (GVBl. S. 355); s. hiezu Fürnrohr BayZ. 1917 S. 280.

Für Sachsen wird aus § 10 des AblösungsG. vom 15. Mai 1851 gefolgert, daß ein Grundstück mit unkündbaren Hypotheken oder Grundschulden regelmäßig nicht belastet werden kann; im übrigen fehlen ebenfalls dem Art. 117 EG. entsprechende Vorschriften (s. Kloß-Müller, Sächs. Landesprivatr., 3. Aufl. § 132 S. 319).

Für Württemberg Art. 213 AG.BGB. (Becher XXVI, 1 S. 51) zu Abs. 2.

Für Baden Art. 26 AG.BGB. in der Fassung vom 13. Okt. 1925 (GVBl. S. 285) zu Abs. 2.

Für Thüringen §§ 111, 112 AB.BGB. vom 16. Mai 1923 (GS. S. 297); die Vorschriften der Ausführungsgesetze der einzelnen thüringischen Länder sind aufgehoben (§ 155 Abs. 1 AB.BGB.).

Für Anhalt Art. 50 AG.BGB. (Becher I, 3 S. 22) zu Abs. 2.

4. Über die Beschränkung der Belastung von Heimstätten s. die §§ 17, 18 und 22 des ReichsheimstättenG. vom 10. Mai 1920 (RGBl. S. 962 ff.).

Art. 118.

Unberührt bleiben die landesgesetzlichen Vorschriften, welche einer Geldrente, Hypothek, Grundschuld oder Rentenschuld, die dem Staate oder einer öffentlichen Anstalt wegen eines zur Verbesserung des belasteten Grundstücks gewährten Darlehens zusteht, den Vorrang vor anderen Belastungen des Grundstücks einräumen. Zugunsten eines Dritten finden die Vorschriften der §§ 892, 893 des Bürgerlichen Gesetzbuchs Anwendung.

E. I, 75; II, 91; III, 117.

Vorrang für Meliorationsdarlehen.

1. Entstehung. Art. 118 erhielt seine jetzige Fassung erst in der II. Komm. und weist gegenüber dem Art. 75 des E. I die Abweichungen auf, daß der Vorbehalt auch zugunsten der Rentenschuld getroffen, daß die im E. I durch die Worte „sofern der Vorrang in das Grundbuch eingetragen ist" gemachte Beschränkung des Vorbehaltes sowie eine Vorschrift über die Entbehrlichkeit der Vorlegung des Grundschuld- oder Hypothekenbriefs zur Eintragung gestrichen und die Worte „dem Staat oder" sowie der nunmehrige Satz 2 neu hinzugefügt wurden (Mot. z. EG. 190 ff., P. VI, 439, 609, Reatz III, 63, Mat. 87a S. 72).

2. **Inhalt:** Der Vorbehalt des Art. 118 gibt der Landesgesetzgebung die Möglichkeit, die zum Zwecke der Melioration von Grundstücken vom Staat oder von öffentlechen Kreditanstalten gewährten Darlehen in der Weise zu begünstigen, daß ihnen der Vorrang vor allen anderen Belastungen des Grundstücks eingeräumt wird.

a) Nur einem vom Staat oder einer öffentlichen Kreditanstalt gegebenen Darlehen kann der Vorrang eingeräumt werden. Einem in der II. Komm. gestellten Antrage, das Wort „öffentlich" zu streichen, wurde nicht stattgegeben. Öffentlichen Verbänden, z. B. Gemeindeverbänden, kann für von ihnen gewährten Darlehen der Vorrang nicht eingeräumt werden; deshalb trifft der Vorbehalt auf Kreditanstalten solcher Verbände nur zu, wenn sie selbständige juristische Persönlichkeit besitzen, nicht wenn der Verband selbst nur durch Vermittelung der Anstalt der Darlehensgeber ist (Planck Bem. 1, Fischer-Henle Bem. 1).

b) Als Meliorationsdarlehen gelten nur Darlehen, die zum Zwecke der Verbesserung eines Grundstücks aufgenommen werden, z. B. zur Verbesserung von Wiesen, Weiden, Feldern, von Ödland, nicht Darlehen zu sonstigen Werterhöhungen, z. B. zur Bebauung eines Grundstücks mit einem Gebäude.

c) Der Vorrang kann nur dinglichen Rechten eingeräumt werden, die an dem zu verbessernden Grundstücke bestellt werden. Das entspricht dem in den Mot. zum Ausdruck gebrachten Gedanken, daß die im Range zurückgesetzten Berechtigten für die formelle Minderung der Sicherheit ihrer Rechte einen Ausgleich in der Verbesserung des Grundstücks finden sollen.

d) Der Vorrang kann einer Geldrente (Reallast), Hypothek, Grundschuld oder Rentenschuld des Staats oder der öffentlichen Kreditanstalt derart eingeräumt werden, daß diese Rechte mit dem Zeitpunkt ihrer Begründung (Eintragung, § 873 BGB.) — abweichend von den Grundsätzen der §§ 879, 880 BGB. — kraft Gesetzes und ohne die Bewilligung der bisher dinglich Berechtigten Rang vor den übrigen Belastungen des Grundstücks erlangen; die Eintragung wirkt nicht erst rechtsbegründend (Königsdörffer, Sächs. Arch. Bd. 13 S. 24 ff., S. 175).

e) Der Eintragung des Vorranges bedarf es deshalb auch nicht zur Erlangung des Vorranges vor denjenigen dinglichen Rechten, mit denen das Grundstück im Zeitpunkt der Eintragung des für das Meliorationsdarlehen bestellten dinglichen Rechtes schon belastet ist.

Dinglichen Rechten, welche erst nach der Eintragung des mit Vorrang ausgestatteten Rechtes an dem Grundstücke bestellt werden, geht dieses Recht dagegen nur dann vor, wenn entweder der Vorrang im Grundbuch eingetragen ist oder der Erwerber des neu begründeten Rechts von dem Vorrange, nämlich von der Eigenschaft des für den Staat oder die öffentliche Kreditanstalt eingetragenen dinglichen Rechts als Sicherheit für ein Meliorationsdarlehen Kenntnis hat. Das nämliche gilt, wenn jemand nach der Eintragung des dinglichen Rechts des Staates, der öffentlichen Kreditanstalt ein Recht, das vorher eingetragen war oder ein Recht an einem solchen Recht erwirbt. Das ist die Bedeutung der Vorschrift in Satz 2, daß zugunsten eines Dritten die Vorschriften der §§ 892, 893 BGB. Anwendung finden.

Nachträglich, d. h. nach früher erfolgter Eintragung des dinglichen Rechts, kann der Vorrang für dasselbe also nur mit Wirkung gegenüber denjenigen dinglichen Rechten eingetragen werden, welche zur Zeit der Eintragung des bevorrechtigten Rechtes schon im Grundbuch eingetragen waren und in der Zwischenzeit ihren Inhaber nicht gewechselt haben, und mit Wirkung gegenüber denjenigen nach der Eintragung des an sich bevorrechtigten Rechtes bestellten oder erworbenen dinglichen Rechten, deren Inhaber beim Erwerb die tatsächlichen Voraussetzungen für den Vorrang (die Eigenschaft als Meliorationsdarlehen) kannten.

3. Nach § 83 GBO. erstreckt sich der Vorbehalt auch auf das Grundbuchwesen. Die Landesgesetzgebung ist also auch in der Lage, die Eintragung des Vorranges grundbuchrechtlich zu erleichtern, insbesondere, wie in E. I vorgesehen war (s. Bem. 1), Ausnahmebestimmungen von den Vorschriften der §§ 42—44 GBO. zu treffen und anzuordnen, daß die Eintragung des Vorranges für ein Recht, über das ein Brief erteilt ist, nicht von der Vorlage des Briefes zum Vermerk auf demselben abhängig gemacht werden darf. Vgl. z. B. Art. 12 Nr. 6 des bayer. G., die Landeskulturrentenanstalt betr.

Landesgesetze:

Preußen: G. betr. die Einrichtung von Landeskulturrentenbanken vom 13. Mai 1879 (GS. S. 367) in der Fassung des Art. 21 AG.BGB. (Becher XIV, 1 S. 12).

Bayern: G. über die Landeskulturrentenanstalt in der Fassung vom 31. März 1908 (GVBl. S. 235), geändert durch Art. 101 des FlurbereinigungsG. vom 5. Aug. 1922 (GVBl. S. 462), Art. 87 des ÖdlandG. vom 6. März 1923 (GVBl. S. 89), G. vom 31. Dez. 1923 (GVBl. S. 411), Art. VI des G. vom 27. Nov. 1924 (GVBl. S. 237) und Art. 160 GemeindeO. vom 17. Okt. 1927 (GVBl. S. 293); s. hiezu Oertmann, Bayer. Landeszivilr. § 117 S. 506.

Sachsen: G. betr. Errichtung einer Landeskulturrentenbank vom 26. Nov. 1861 (GVBl. S. 507), ergänzt durch G. vom 1. Juni 1872 (GVBl. S. 302); nun G. über die Landeskulturrentenbank vom 30. Juni 1914 (GVBl. S. 325) in der Fassung der Bek. vom 15. Dez. 1924 (GVBl. S. 605); VO. vom 28. März 1927 zur Ausführung dieses G. (GVBl. S. 55); § 30 AG.BGB. (Becher XVII, 1 S. 5); hiezu Kloß-Müller, Sächs. Landesprivatr. § 129 S. 304 ff.

Hessen: G. vom 30. März 1880 über die Errichtung einer Landeskulturrentenkasse (RegBl. S. 33); G. vom 6. Aug. 1902, die Landeskreditkasse betr. (RegBl. S. 351).

Gotha: Art. 38 AG.BGB. für Sachsen-Coburg-Gotha (Becher XIX, 8 S. 66), aufrecht erhalten durch § 155 Abs. 2 Nr. 9 der thüringischen AB.BGB. vom 16. Mai 1923 (GS. für Thüringen S. 302).

Art. 119.*)

Unberührt bleiben die landesgesetzlichen Vorschriften, welche

1. die Veräußerung eines Grundstücks beschränken;

*) Schrifttum: Bornhak, Die Zulässigkeit landesgesetzlicher Beschränkungen bei der Veräußerung von Grundstücken, GesuR. 1909 S. 99 ff.; Königsdörffer, Die Teil-

2. die Teilung eines Grundstücks oder die getrennte Veräußerung von Grundstücken, die bisher zusammen bewirtschaftet worden sind, untersagen oder beschränken,

3. die nach § 890 Abs. 1 des Bürgerlichen Gesetzbuchs zulässige Vereinigung mehrerer Grundstücke oder die nach § 890 Abs. 2 des Bürgerlichen Gesetzbuchs zulässige Zuschreibung eines Grundstücks zu einem anderen Grundstück untersagen oder beschränken.

E. I, 70 Abs. 1 Ziff. 1; II, 92; III, 118.

Beschränkung von Grundstücks-Veräußerungen, -Teilungen und -Vereinigungen.

1. Entstehung. Art. 119 erhielt seine gegenwärtige Fassung erst im Bundesrat, in welchem die Nummern 1 und 3 neu eingestellt wurden; Nr. 2 entspricht bezüglich der ersten Alternative der Nr. 1 von Abs. 1 des Art. 70 des E. I und erhielt ihre jetzige Fassung in der II. Komm. (Mot. z. EG. 194, P. VI, 433, 434, 479—481, Reatz III, 64, Mat. 87 a S. 74).

2. Verhältnis zum Reichsrecht. Nach Art. 10 Nr. 4 der Reichsverfassung vom 11. Aug. 1919 hat das Reich die Grundsatzgesetzgebung auf dem Gebiete des Bodenrechts und der Bodenverteilung, d. h. das Reich kann leitende Grundsätze aufstellen, deren nähere Ausgestaltung der Landesgesetzgebung überlassen und an welche sie gebunden ist. Bisher hat das Reich von dieser Gesetzgebungsbefugnis in einer den Vorbehalt des Art. 119 EG. einschränkenden Weise nicht Gebrauch gemacht.

§ 1 Abs. 1 Nr. 2 des Freizügigkeitsgesetzes bestimmt, daß jeder Bundesangehörige das Recht hat, innerhalb des Bundesgebietes an jedem Orte Grundeigentum zu erwerben. Damit übereinstimmend enthält jetzt auch Art. 111 RV. die Vorschrift, daß jeder Deutsche das Recht hat, an jedem beliebigen Orte Grundstücke zu erwerben. Der Streit, ob und inwieweit durch diese Vorschriften der Vorbehalt des Art. 119 Nr. 1 EG. eingeengt war und ist, ist neu erwacht, als in der Nachkriegszeit zur Bekämpfung wucherischer Steigerung der Bodenpreise und eines ungesunden Verkehrs auf dem Grundstücksmarkte mehrere Länder gesetzlich den Grundstücksverkehr öffentlich-rechtlichen Beschränkungen unterwarfen, besonders in der Art, daß die Wirksamkeit von Veräußerungen von staatlicher Genehmigung abhängig gemacht wurde; es wurde die Rechtsgültigkeit dieser Landesgesetze bezweifelt. Der Vorbehalt des Art. 119 Nr. 1 ermächtigt die Landesgesetzgebung zu Veräußerungsbeschränkungen, die Vorschriften über die Freizügigkeit verbieten grundsätzlich Erwerbsbeschränkungen. Daß die Veräußerungsbeschränkung mittelbar im Einzelfall zu einer Erwerbsbeschränkung führen kann, macht aber die dem Vorbehalt des Art. 119 Nr. 1 entsprechenden und sich in dessen Rahmen haltenden Landesgesetze nicht zu Erwerbsbeschränkungen in Ansehung von Grundstücken. Der Vorbehalt ist also durch jene Vorschriften nicht betroffen; s. aber Bem. 3, a. (So überwiegend die Rechtsprechung: RGZ. Bd. 73 S. 16 ff., Bd. 107 S. 261 ff., KG. in DNotV. 1923 S. 103, 115 und Gutachten in preuß. JMBl. 1923 S. 690, BayObLG. Bd. 12 S. 451, Bd. 13 S. 573, Bd. 14 S. 10, OLG. Dresden FischersZ. 1923 S. 71, OLG. Karlsruhe BadJMBl. 1919 S. 121, BadRpr. 1920 S. 2 und 111 und 1922 S. 14, BadVGH. ZBadVerw. 1919 S. 153 und 1920 S. 3, OLG. Braunschweig Braunschw. RpflZ. 1921 S. 136, 1923 S. 6; aus dem Schrifttum: Holtz PrVerwBl. 1907 S. 645 ff., Sonntag DJZ. 1907 Sp. 1252, Bornhak GesuR. 1909 S. 99, Brie HirthsAnn. 1909 S. 366, 375, Arndt ArchÖffR. Bd. 25 S. 455, 466, Stillschweig

---

barkeit der Grundstücke und die Hinzuschlagung in Sachsen seit dem 1. Januar 1900, SächsArch. Bd. 13 S. 24; West, Das gesetzliche Verbot der Teilung eines Grundstücks, BadRpr. Bd. 68 S. 50; gegen ihn Müller, ebenda S. 168; v. Henle, Teilung gemeinschaftlicher Privatwaldungen, „Recht“ 1909 S. 417; Jellinek, Grundstücksveräußerung und Landesgesetzgebung, DJZ. 1907 S. 1054; Fuchs, Landesgesetzliche Eigentumsbeschränkungen, JW. 1914 S. 621; Görtz, Ist das sächs. G. über den Verkehr mit Grundstücken vom 20. Nov. 1920 wegen Verstoß gegen Reichsrecht ganz oder teilweise nichtig? Sächs. RpflArch. 1922 S. 9; Smoschever, Zur Frage der Gültigkeit der Landesgesetze betr. den Grundstücksverkehr, JW. 1924 S. 784; derselbe, Ungültigkeit der Landesgesetze usw., GruchotsBeitr. Bd. 67 S. 15 ff.; Hagelberg, Schwarzkäufe und Grundstücksverkehrsgesetze, JW. 1925 S. 2555; Hübner, dasselbe, JW. 1926 S. 952. S. auch Oberneck, Reichsgrundbuchrecht, 4. Aufl. Bd. 1 § 58.

JW. 1923 S. 731 ff.; and. Ans. Jellinek DJZ. 1907 Sp. 1054, Caro JW. 1923 S. 747 ff. und namentlich in eingehender Begründung Smoschever in GruchotsBeitr. Bd. 67 S. 15 ff. [s. dort auch weitere Angaben über Schrifttum und Rechtsprechung], auch JW. 1924 S. 784.)

Reichsrechtlich wurde der Verkehr mit landwirtschaftlichen Grundstücken unter bestimmten Voraussetzungen von behördlicher Genehmigung abhängig gemacht durch die Bek. vom 15. März 1918 (RGBl. S. 123); s. hiezu und über die Ausführungsbestimmungen der Länder Bem. B, II, 3 zu § 925 in Bd. III S. 410, 411.

3. Inhalt. Art. 119 enthält, wie die Art. 115 und 117, Vorbehalte, welche die Landesgesetzgebung ermächtigen, dem Grundstückseigentümer, abweichend von dem Grundsatze des § 903 BGB., verschiedene Beschränkungen in der Verfügungsmacht aufzuerlegen. Namentlich ist es der Landesgesetzgebung auch ermöglicht, Vorschriften zur Verhinderung der Güterzertrümmerung (Güterschlächterei) aufrecht zu halten und zu erlassen. Die weittragende Bedeutung des Vorbehalts zeigte sich besonders, als in der Nachkriegszeit Auswüchsen des Grundstücksverkehrs durch Landesgesetze entgegengetreten werden sollte; s. Bem. 2 und die in Bem. 5 angeführten Gesetze.

Die in Art. 119 zugelassenen Beschränkungen und Verbote sind wirksam, ohne daß sie im Grundbuch eingetragen sind, soweit nicht die Landesgesetzgebung ein anderes vorschreibt.

Zu den einzelnen Vorbehalten ist zu bemerken:

a) **Beschränkung der Veräußerung eines Grundstücks im Ganzen (Nr. 1):** Der Vorbehalt ist ganz allgemein und erstreckt sich auf Veräußerungsbeschränkungen aller Art und ohne Rücksicht auf den damit verfolgten Zweck; die Gründe für die Beschränkung müssen nicht in der Beschaffenheit des Grundstücks liegen (RGZ. Bd. 112 S. 72 = JW. 1926 S. 167); so können wirtschaftspolitische Interessen (Landeskultur, Realkredit) oder polizeiliche Gründe oder sonstige öffentliche Interessen maßgebend sein. Der Vorbehalt trifft deshalb nicht bloß Beschränkungen, die auf der sachlichen Beschaffenheit des Grundstücks beruhen (and. Ans. Fuchs JW. 1914 S. 621, Caro JW. 1923 S. 747). Es können vielmehr zu Veräußerungsbeschränkungen auch sonstige Umstände allgemein Anlaß geben.

Verfügungsbeschränkungen, die ausschließlich in der Person des Erwerbers ihren Grund haben, sind aber in Wahrheit nicht mehr oder nicht bloß Veräußerungs-, sondern Erwerbsbeschränkungen, gehen also über die Ermächtigung des Art. 119 Nr. 1 EG. hinaus und sind deshalb und wegen Verstoß gegen Art. 111 RV. unzulässig (insoweit ist Smoschever GruchotsBeitr. Bd. 67 S. 19, 20 zuzustimmen; and. Ans. Jellinek DJZ. 1907 Sp. 1055). S. die besonderen Vorbehalte der Art. 86, 87 und 88.

Verfügungsbeschränkungen, die nur in der Person des Veräußerers ihren Grund haben, werden kaum in Betracht kommen; sie gehören gewöhnlich dem Personen- oder dem Familienrecht an (so z. B. juristische Persönlichkeit, Rechtsstellung als Ehegatte, Mündel).

Vorschriften, welche die Veräußerlichkeit von Rentengütern, Erbpacht- und Anerbengüter beschränken, sind schon durch die Vorbehalte der Art. 62, 63 und 64 EG. gedeckt. Die Veräußerungsbeschränkungen in Ansehung von Gütern des hohen Adels, von Bestandteilen von Familienfideikommissen, Lehen und Stammgütern sind künftig gegenstandslos (s. die Bem. zu Art. 58, 59).

α) Zulässig sind auf Grund dieses Vorbehalts nur Beschränkungen der Veräußerung, nicht solche der Belastung (Stillschweig JW. 1923 S. 731, Triebel „Recht" 1923 S. 173). Zu dem Begriff der „Veräußerung" s. Einleitung zum 3. Abschn. des I. Buches, VIII, B, Bd. I S. 418. Veräußerung im Sinne des Art. 119 Nr. 1 ist nicht bloß die rechtsgeschäftliche (Kauf, Tausch, Schenkung usw.), sondern auch die unfreiwillige, die Zwangsversteigerung (so mit zutreffenden Gründen Planck Bem. 1). Verfügungen von Todes wegen gehören nicht hieher.

Unter Veräußerung kann nur eine solche zum Zwecke der Eigentumsübertragung verstanden werden, also nicht der bloße schuldrechtliche Vertrag, der zur Übertragung des Eigentums verpflichtet. Deshalb können sich die gesetzlichen Maßnahmen nur gegen den Erfolg der Eigentumsübertragung richten. Mittelbar ist damit allerdings im Hinblick auf §§ 306, 309 BGB. auch der schuldrechtliche Vertrag getroffen.

β) Die Landesgesetzgebung kann die Veräußerung nur beschränken, also an bestimmte Bedingungen oder Voraussetzungen knüpfen, aber nicht völlig untersagen. Daß durch die Voraussetzungen, an welche die Veräußerung gesetzlich geknüpft ist, im Einzelfall die Veräußerung tatsächlich unmöglich gemacht wird, steht der Rechtswirksamkeit der Vorschrift nicht entgegen (Planck Bem. 1).

γ) In der Art der Beschränkung, in der Bestimmung der Voraussetzungen, die zur Erreichung des mit der Veräußerungsbeschränkung verfolgten Zweckes als dienlich erachtet werden, hat die Landesgesetzgebung grundsätzlich freie Hand. Sie kann insbesondere die Veräußerung, also die dingliche Übereignung (s. oben α) von der Genehmigung einer Behörde abhängig machen und die Erteilung der Genehmigung in das Ermessen der Behörde stellen oder sonst die Voraussetzungen für die Erteilung regeln (ebenso Planck Bem. 1, dagegen besonders Smoschever GruchotsBeitr. Bd. 67 S. 17 ff., 54 ff.); es ist zulässig, die Genehmigung an Auflagen zu knüpfen (RG. in DRZ. 1926 Nr. 269).

δ) Auch die landesgesetzliche Einführung eines Vorkaufsrechts (z. B. für die Gemeinde, einen Verband) ist gegen die Zweifel im Schrifttum (Fuchs JW. 1914 S. 621, Renner BadVerwZ. 1921 S. 89, Oppenheimer BadRpr. 1920 S. 130, Stillschweig JW. 1926 S. 167, Anm. und besonders Smoschever GruchotsBeitr. Bd. 67 S. 56 ff.) mit dem Reichsgericht (RGZ. Bd. 112 S. 72 ff. = JW. 1926 S. 167) als zulässig zu erachten.

b) **Teilungsbeschränkungen (Nr. 2).** Dieser Vorbehalt geht weiter; er ermächtigt die Landesgesetzgebung nicht bloß zur Beschränkung, sondern auch zur vollständigen Untersagung der Teilung von Grundstücken und der getrennten Veräußerung bisher zusammen bewirtschafteter Grundstücke. Zu solchen gesetzgeberischen Maßnahmen ermächtigen schon die besonderen Vorbehalte der Art. 62—64 EG. für Renten-, Erbpacht- und Anerbengüter (früher auch Art. 58, 59 für Adelsgüter, Familienfideikommisse, Lehen und Stammgüter), auch Art. 113. Dagegen bezieht sich der Vorbehalt des Art. 119 Nr. 2 allgemein auf alle Arten von Grundstücken und schränkt auch die Landesgesetzgebung hinsichtlich des zu verfolgenden Zweckes nicht ein; hauptsächlich kommen Rücksichten auf die Landeskultur in Frage.

α) Teilung bedeutet hier die Abschreibung einer Teilfläche von einer im Grundbuch (Flurbuch, Kataster) als Ganzes eingetragenen Grundfläche und deren Buchung als selbständiges Grundstück. Verboten und beschränkt werden kann die Teilung sowohl, wenn die geteilten Grundstücke zunächst in der Hand des bisherigen Eigentümers als auch wenn die Teilung zum Zwecke der Wegveräußerung eines Teiles an einen Dritten oder zur getrennten Veräußerung der Teile an verschiedene Personen erfolgen soll.

Die Beschränkung der Teilung kann namentlich darin bestehen, daß für Grundstücke bestimmter Art und wirtschaftlicher Zweckbestimmung ein Mindestflächenmaß vorgeschrieben ist, unter welches durch Teilung nicht gegangen werden darf, oder daß die Teilung gewisser Grundstücke von behördlicher Genehmigung abhängig gemacht wird (s. hiezu oben a, γ).

β) Die Landesgesetzgebung kann außerdem beschränken und untersagen die Wegveräußerung von Grundstücken, die schon bisher rechtlich (buchmäßig) einen selbständigen Gegenstand bildeten, aber mit anderen Grundstücken eine wirtschaftliche Einheit bildeten (Dismembrations-, Zerteilungsverbote). Es kommt hier nicht auf die Einheit der Kulturart (Wald, Ackerland), sondern der Wirtschaft an (einheitliches, von einer Stelle aus geleitetes Gut). Mit dem Ausdruck „zusammen bewirtschaftet" sollten aber nicht bloß die Fälle unter den Vorbehalt gebracht werden, in denen die sämtlichen Grundstücke nach einem gemeinschaftlichen Wirtschaftsplan bewirtschaftet werden, sondern auch die Fälle, in denen einzelne wieder aus mehreren selbständigen Grundstücken bestehende Teile eines größeren Gutes (sog. Vorwerke) ganz selbständig bewirtschaftet werden; die Einheit der Bewirtschaftung besteht in letzterem Falle in der gemeinsamen Oberleitung.

Daß die einheitliche Bewirtschaftung schon in der Hand mehrerer Besitzer durchgeführt war, wird in Art. 119 Nr. 2 nicht gefordert (P. II, 8978);

das Verbot oder die Beschränkung der Wegveräußerung kann sich auch gegen denjenigen Eigentümer richten, der die Grundstücke erst in die gemeinsame Bewirtschaftung im angegebenen Sinne genommen hat.

γ) Der Landesgesetzgebung steht es frei, die bürgerlich-rechtlichen Folgen der Übertretung der erlassenen Vorschriften zu bestimmen. Mangels einer solchen Bestimmung ist die unzulässige Verfügung gemäß § 134 BGB. nichtig (Bem. 8 zu § 134 in Bd. I).

c) **Beschränkung der Vereinigung von Grundstücken und der Zuschreibung (Nr. 3).** § 890 BGB. läßt in Abs. 1 die Vereinigung mehrerer Grundstücke zu dadurch, daß der Eigentümer sie als ein Grundstück in das Grundbuch eintragen läßt, um so die Möglichkeit einheitlicher Belastung und Übertragung zu schaffen. Nach Abs. 2 kann ein Grundstück dadurch zum Bestandteil eines anderen Grundstücks gemacht werden, daß der Eigentümer es diesem im Grundbuche zuschreiben läßt, gewöhnlich um die Sicherheit für die Realgläubiger zu erhöhen (s. Bem. III und IV zu § 890 in Bd. III). § 5 GBO. gibt hiezu die Ordnungsvorschrift, daß ein Grundstück nur dann einem anderen Grundstück als Bestandteil zugeschrieben oder mit ihm vereinigt werden soll, wenn hiervon Verwirrung nicht zu besorgen ist.

Die Landesgesetzgebung kann die reichsrechtlich zugelassenen Maßregeln der Vereinigung und Zuschreibung ganz untersagen oder dadurch beschränken, daß sie die Zulassung an bestimmte Bedingungen oder Voraussetzungen knüpft. Der Zweck wird regelmäßig Schutz der Realgläubiger sein; weniger kommen hier Rücksichten auf die Landeskultur in Frage, die eher die Förderung der Zusammenlegung von Grundstücken verlangen (s. Art. 113 EG.).

4. Für das Gebiet des formellen Grundbuchrechts gibt § 83 GBO. der Landesgesetzgebung die Möglichkeit zu Vorschriften, die von denen der GBO. abweichen.

5. Landesgesetze: Von dem Vorbehalt des Art. 119 Nr. 1 ist zunächst nur wenig Gebrauch gemacht worden; landesgesetzliche Veräußerungsbeschränkungen sind meistens durch besondere Vorbehalte (Art. 62 ff., 112) gedeckt. Erst in der Nachkriegszeit gab Art. 119 Nr. 1 die Grundlage zu einer Reihe von Landesgesetzen zur Regelung des Grundstücksverkehrs (s. auch oben Bem. 1). Dagegen sind auf Grund der Vorbehalte in Nr. 2 und 3 ältere Gesetze in größerer Anzahl aufrecht geblieben und Bestimmungen in den Ausführungsgesetzen der Länder getroffen worden. Von den landesgesetzlichen Vorschriften sind folgende hervorzuheben:

Preußen: ALR. Tl. I Kap. 8 §§ 76, 77, aufrecht erhalten durch Art. 89 Nr. 1, AG.BGB. zu Nr. 3; § 10 des G. betr. die Zulassung einer Verschuldungsgrenze für land- und forstwirtschaftlich genutzte Grundstücke, vom 20. Aug. 1906 (GS. S. 389) zu Nr. 2; über nur für einzelne Teile von Preußen geltende Vorschriften s. Oberneck, RGrundbuchr. S. 540 Note 18; s. auch das zeitlich beschränkte G. über den Verkehr mit Grundstücken vom 10. Febr. 1923 (GS. S. 25)*) zu Nr. 1; hiezu AusfBestimmungen vom 27. Febr. 1923 (JMBl. S. 290); das G. vom 10. Febr. 1923, abgeändert durch G. vom 20. Juli 1925, ist am 1. Juli 1926 wieder außer Kraft getreten; s. zu demselben RGRK. Bem. 6, a zu § 313 und die dort angeführten Entscheidungen des RG. in RGZ. Bd. 111 S. 244, Bd. 114 S. 234 ff., Bd. 115 S. 38, 41; s. auch Bem. B, II, 3, g zu § 925 in Bd. III S. 412.

Bayern: GüterzertrümmerungsG. vom 13. Aug. 1910**) (GVBl. 1910 S. 627; Becher III, 35 S. 381), in den vormals coburgischen Landesteilen eingeführt durch Bek. vom 11. April 1921 (GVBl. S. 288); hiezu Bek. betr. den gewerbsmäßigen Handel mit ländlichen Grundstücken, vom 24. Aug. 1910 (GVBl. S. 633) §§ 17 ff., § 30 geändert durch Bek. vom 25. Okt. 1920 (GVBl. S. 466).

In den vormals coburgischen Landesteilen gilt Art. 23 AG.BGB. für Sachsen-Coburg (Becher XIX, 8 S. 58) fort gemäß Bek. vom 30. Jan. 1922, B, II, a (bayer. GVBl. S. 155).

---

*) Ausgaben des Gesetzes von Baum, Stuttgart 1923; Bergbohm-Wegemann, Berlin 1923; Hagelberg-Friedländer, Berlin 1923.

**) Schmelzle, Das bayer. GüterzertrümmerungsG., BayNotZ. Bd. 51 S. 89; Stechele, Die Wirkungen des bayer. GüterzertrümmerungsG., HirthsAnn. 1914 S. 235; Goldschmit, Das GüterzertrümmerungsG. vom 13. Aug. 1910, BayZ. 1910 S. 391 ff., S. 421 ff.; Braun, Bayer. GüterzertrümmerungsG., München 1911.

Sachsen: G. vom 30. Nov. 1843, die Teilbarkeit des Grundeigentums betr. (GVBl. S. 255); VO. vom 30. Nov. 1843 zur Ausf. dieses Gesetzes (GVBl. S. 258); s. Kloß-Müller, Sächs. Landesprivatr., 3. Aufl. S. 136, 166, 176; § 36 BauG. vom 1. Juli 1900 (GVBl. S. 381) zu Nr. 2; §§ 7—12 AG.BGB. und §§ 13—18 AV. BGB. (Becher 1 S. 2 und 2 S. 14) zu Nr. 3; G. über den Verkehr mit Grundstücken vom 20. Nov. 1920 (GVBl. S. 464) zu Nr. 1; s. Kloß-Müller a. a. O. S. 176; wegen der Rechtsgültigkeit dieses Gesetzes s. OLG. Dresden SächsRpflZ. 1923 S. 22.

Württemberg: Art. 19, 172—174 AG.BGB. (Becher XXVI, 1 S. 14 und 34) zu Nr. 2 und 3; G. betr. den Verkehr mit Grundstücken im Gebiete des Neckartales, vom 22. Mai 1920 (RegBl. S. 298) zu Nr. 1; hiezu RGZ. Bd. 107 S. 261; das G. ist gemäß dessen Art. 14 am 31. Dez. 1925 wieder außer Kraft getreten.

Baden: Art. 21—24 AG.BGB. in der Fassung der Bek. vom 13. Okt. 1925 (GVBl. S. 284); § 20 AG.GBO. in der Fassung der Bek. vom 13. Okt. 1925 (GVBl. S. 299); §§ 1—5 G. vom 20. Aug. 1898 über die geschlossenen Hofgüter (GVBl. S. 405).

Das G. vom 15. April 1919 (zu Nr. 1) ist mit dem 15. Juni 1921 wieder außer Kraft gesetzt, G. vom 11. Mai 1921.

Thüringen: § 155 Abs. 2 Nr. 5 AV.BGB. vom 16. Mai 1923 (GS. für Thüringen S. 301) hat folgende Bestimmungen der Ausführungsgesetze der thüringischen Länder aufrecht erhalten: Altenburg §§ 54—58 AG.BGB. (Becher XVIII, 2 S. 13); Gotha Art. 23 §§ 1—5 AG.BGB. (Becher XIX, 8 S. 58); hiezu G. vom 31. Mai 1918 zur Änderung des AG.BGB. (GS. S. 49); Reuß ä. L. §§ 78—83 AG.BGB. (Becher XV, 1 S. 14); hiezu G. vom 20. Febr. 1875 über Teilbarkeit des Grundeigentums; Reuß j. L. §§ 53, 54 (Becher XVI, 1 S. 12); Rudolfstadt Art. 64, 65 AG.BGB. (Becher XXIII, 2 S. 14); Weimar §§ 101—107 (Becher XXI, 3 S. 21) zu Nr. 2 und 3.

Nach § 154 AV.BGB. für Thüringen bleiben auch die bisherigen Vorschriften über die geschlossenen Güter, namentlich das Verbot, einzelne Grundstücke getrennt zu veräußern, aufrecht erhalten.

Hessen: Art. 81 AG.BGB. (Becher VIII, 3 S. 45); G. vom 28. Sept. 1887, die Landeskulturgenossenschaften betr. (RegBl. S. 223); G. vom 27. Juli 1904, die Teilung belasteter Grundstücke betr. (RegBl. S. 307); Bek. vom 27. Juni 1908, den gewerbsmäßigen Handel mit ländlichen Grundstücken betr. (RegBl. S. 131), geändert durch Bek. vom 2. Jan. 1909 (RegBl. S. 1); Art. 94—96 AG.BGB. (Becher VIII, 3 S. 45); G. vom 23. Mai 1914 (RegBl. S. 235, Befreiung von den Teilungsverboten der Art. 94, 95 AG.GBO.); VO. vom 7. März 1919 (RegBl. S. 106); LandG. vom 1. Sept. 1919 (RegBl. S. 321) zu Nr. 1—3.

Hamburg: §§ 30—34 AG.BGB. (Becher VII, 1 S. 5) zu Nr. 2.

Mecklenburg-Schwerin: §§ 107—113, § 181 mit § 167 Abs. 1 Nr. 3—5, § 169 AG.BGB. (Becher XI, 2 S. 25, 35, 39) zu Nr. 1—3.

Oldenburg: G. für Landesteil Oldenburg und Landesteil Lübeck betr. den Verkehr mit Grundstücken, vom 7. April 1920 (GBl. 1918—1920 S. 704) zu Nr. 1.

Braunschweig: § 52 AG.BGB. mit §§ 5, 8 G. betr. die ungeteilten Genossenschaftswaldungen (Becher IV, 1 S. 12); G. über den bäuerlichen Grundbesitz vom 28. März 1874 (GVS. S. 43) und G. vom 22. März 1919 (GVS. S. 81); LandbeschaffungsG. vom 4. Juli 1919 (GVS. S. 177) zu Nr. 1 und 2.

Bremen: §§ 19—22 AG.BGB. (Becher V, 1 S. 5) zu Nr. 2 und 3.

Lippe: G. vom 23. März 1864, die Besitzveränderungen an Grundstücken betr., und G. vom 10. Febr. 1902 (GS. S. 479); G. betr. das Vorkaufsrecht der Gemeinden bei Grundabtretungen, vom 23. Juli 1919 (GS. 1913—1919 S. 990) zu Nr. 1.

Lübeck: §§ 67—71 AG.BGB. (Becher X, 6 S. 51) mit Nachtrag vom 2. April 1924 (GVBl. S. 132) zu Nr. 2 und 3.

Mecklenburg-Strelitz: §§ 105—111, § 179 mit § 164 Abs. 1 Nr. 3—5, § 166 AV.BGB. (Becher XII, 1 S. 22, 32, 35) zu Nr. 1—3.

Waldeck: G. vom 22. Jan. 1912 betr. Güterzertrümmerung (RegBl. S. 31) zu Nr. 2.

Schaumburg-Lippe: G. vom 11. April 1870.

Art. 120.*)

Unberührt bleiben die landesgesetzlichen Vorschriften, nach welchen im Falle der Veräußerung eines Teiles eines Grundstücks dieser Teil von den Belastungen des Grundstücks befreit wird, wenn von der zuständigen Behörde festgestellt wird, daß die Rechtsänderung für die Berechtigten unschädlich ist.

Unberührt bleiben die landesgesetzlichen Vorschriften, nach welchen unter der gleichen Voraussetzung:

1. im Falle der Teilung eines mit einer Reallast belasteten Grundstücks die Reallast auf die einzelnen Teile eines Grundstücks verteilt wird;
2. im Falle der Aufhebung eines dem jeweiligen Eigentümer eines Grundstücks an einem anderen Grundstücke zustehenden Rechtes die Zustimmung derjenigen nicht erforderlich ist, zu deren Gunsten das Grundstück des Berechtigten belastet ist;
3. in den Fällen des § 1128 des Bürgerlichen Gesetzbuchs und des Artikel 52 dieses Gesetzes der dem Eigentümer zustehende Entschädigungsanspruch von dem einem Dritten an dem Anspruche zustehenden Rechte befreit wird.

E. I, 76 Abs. 1; II, 93; III, 119.

Unschädlichkeitszeugnisse.

I. Entstehung. Art. 120 entspricht dem Abs. 1 des Art. 76, von welchem er sich zum Teil in redaktioneller Beziehung, zum Teil auch materiell, nämlich dadurch unterscheidet, daß schon in der II. Komm. die Ausdehnung des Vorbehalts auf die Erklärung der Entbehrlichkeit der Vorlegung des Hypotheken- oder Grundschuldbriefs zur Löschung einer Briefhypothek oder Grundschuld gestrichen und in der Reichstagskommission der Vorbehalt von Abs. 2 Ziff. 3 auf den Fall des nunmehrigen § 1128 BGB. ausgedehnt wurde. Der Abs. 2 von Art. 76 des E. I findet sich in dem nunmehrigen Art. 120 wieder (Mot. z. EG. 200 ff., P. VI, 439, 440, Reatz III, 64 ff., Mat. 87 a S. 74 ff., RTK. 440 d S. 12).

II. **Inhalt:** Art. 120 gibt der Landesgesetzgebung die Befugnis, abweichend von den Vorschriften der §§ 875—877 BGB. gewisse Verfügungen über Grundstücke und Grundstücksrechte ohne Zustimmung der daran dinglich Berechtigten zuzulassen, wenn durch ein behördliches Zeugnis — Unschädlichkeitszeugnis — festgestellt wird, daß die Verfügung den dinglich Berechtigten nicht schädlich ist. Der praktisch wichtigste Fall ist die lastenfreie Wegveräußerung eines Teiles eines größeren Grundstückes (Abs. 1). Im Falle der Veräußerung eines Teilstückes müßte entweder der Erwerber die Lasten ganz oder zu einem entsprechenden Teil übernehmen (vgl. § 1132 BGB.), wozu der Erwerber kleiner Teilstücke regelmäßig keine Neigung haben wird; oder der Eigentümer müßte die Zustimmung aller dinglich Berechtigten zur lastenfreien Abtrennung zu erlangen suchen, was, wenn es überhaupt gelingt, mindestens mit Kosten und Schwierigkeiten verbunden wäre. Diese Hindernisse zu beseitigen bezweckt das Unschädlichkeitszeugnis.

1. Zuständigkeit, Verfahren, Wirkung.

a) Der Landesgesetzgebung obliegt es, die zur Erteilung des Zeugnisses zuständige Behörde — Gericht oder Verwaltungsbehörde — zu bestimmen; so ist in Preußen die Generalkommission und bei landschaftlich beliehenen Grundstücken die Kreditdirektion, in Bayern das Amtsgericht der belegenen Sache für zuständig erklärt.

b) Soferne landesgesetzlich ein Gericht mit der Erteilung des Zeugnisses betraut ist, stellt dieselbe einen Akt der freiwilligen Gerichtsbarkeit dar; es finden also die allgemeinen Vorschriften des FGG. Anwendung, soweit nicht landesgesetzlich besondere Bestimmungen für das Verfahren getroffen sind.

---

*) Schrifttum: Hack, Unschädlichkeitszeugnisse, JW. 1921 S. 218; Müller, Änderung des bayer. G. über das Unschädlichkeitszeugnis, BayNotZ. 1922 S. 70; Binder, Ausdehnung des Unschädlichkeitszeugnisses, BayNotZ. 1922 S. 203.

c) Nach § 83 GBO. gilt der Vorbehalt auch für das Grundbuchwesen. Der Landesgesetzgebung kommt es deshalb auch zu, die Wirkung der Feststellung der Unschädlichkeit in bezug auf die erforderlichen Grundbucheintragungen zu bestimmen; so kann sie insbesondere aussprechen, daß dem Grundbuchamt gegenüber die Vorlage des Unschädlichkeitszeugnisses die sonst zu der Eintragung nach § 19 GBO. erforderliche Bewilligung des Betroffenen ersetzt.

Aus gleichem Grunde kann die Landesgesetzgebung auch die (von der II. Komm. an dem Art. 76 Abs. 1 des I. Entw. abgestrichene) Bestimmung treffen, daß dann, wenn das Trennstück von einer Hypothek, Grundschuld oder Rentenschuld befreit wird, zur lastenfreien Abschreibung des Trennstücks die Vorlegung des Hypothek-, Grundschuld- oder Rentenschuldbriefs nicht erforderlich ist, und daß ebenso bei einer Hypothek für die Forderung aus einer Schuldverschreibung auf den Inhaber, aus einem Wechsel oder aus einem anderen Papier, das durch Indossament übertragen werden kann, die Vorlegung der Urkunde nicht erforderlich ist (GBO. §§ 42—44).

Die Richtigstellung des Grundbuchs ist sowohl in der Weise ausführbar, daß die Übertragung der Belastungen auf das Grundbuchblatt der veräußerten Parzelle unterbleibt, als auch in der Weise, daß die übertragenen Belastungen nachträglich gelöscht werden (Mot. z. EG. 201). Das Unschädlichkeitszeugnis kann sich auf alle oder auf einzelne Belastungen beziehen. Dem Grundbuchamt steht eine Nachprüfung der Richtigkeit des Zeugnisses nicht zu.

2. Die einzelnen Fälle.

a) Das Unschädlichkeitszeugnis kann landesgesetzlich eingeführt werden zum Zwecke der **lastenfreien Abtrennung von Grundstücksteilen, Abs. 1.** Die Erteilung bewirkt im Falle der Veräußerung eines Teiles eines Grundstücks, daß dieser Teil von den Belastungen des Grundstücks befreit wird.

α) Ein Unterschied zwischen städtischen und ländlichen Grundstücken ist nicht gemacht; praktisch hat die lastenfreie Abtrennung für letztere besonders bei Zusammenlegungen Bedeutung.

β) Die Veräußerung umfaßt alle Fälle der Übertragung von Eigentum an dem Teilstück, die entgeltliche (Kauf, Tausch) wie die unentgeltliche. Art. 120 Abs. 1 bezieht sich nur auf die Veräußerung eines wirklichen Teiles eines Grundstücks, nicht auf die Veräußerung eines mit dem Eigentum an dem Grundstück verbundenen Rechts (OLG. Hamburg SeuffA. Bd. 61 Nr. 110 = HansGZ. 1906 Beil. S. 104). Besonders wichtig ist die Abtretung von Trennstücken zu öffentlichen Zwecken, z. B. Eisenbahn- oder Straßenbau, zu Entwässerungsanlagen.

γ) Als Belastungen, von denen das Trennstück zu befreien ist, kommen namentlich Hypotheken, Grundschulden und Rentenschulden in Betracht, aber auch Reallasten, die Überbaurente (§§ 912 Abs. 2, 913 ff. BGB.), die in den §§ 1021, 1022 BGB. bezeichneten Unterhaltungsverpflichtungen. Ob das Unschädlichkeitszeugnis sich auch auf öffentliche Lasten erstreckt, entscheidet die Landesgesetzgebung (im Wege der Auslegung verneint für Preußen [s. unten Bem. III], für Sachsen in § 27 AG.BGB., ausdrücklich bejaht für Thüringen, § 122 AB.BGB.). Bezüglich der Grunddienstbarkeiten und beschränkt persönlichen Dienstbarkeiten ist die besondere Vorschrift der §§ 1026, 1090 Abs. 2 BGB. zu beachten, die bei Beschränkung der Belastung auf einen bestimmten Teil des Grundstücks das Unschädlichkeitszeugnis im Falle der Abtrennung eines nicht belasteten Teiles entbehrlich macht.

δ) Wegen der Beurteilung der Unschädlichkeit s. BayObLG. in BayObLGZ. Bd. 17 S. 52 = „Recht" 1916 S. 260.

b) Im Falle der **Teilung des mit einer Reallast belasteten Grundstücks — Abs. 2 Nr. 1** — würde, wenn nicht der Berechtigte die lastenfreie Abschreibung bewilligt oder auf Grund eines Unschädlichkeitszeugnisses nach Abs. 1 die lastenfreie Abtrennung erfolgen kann, nach § 1108 Abs. 2 BGB. der neue Eigentümer des Teilstückes für die Leistungen als Gesamtschuldner haften. Durch den Vorbehalt des Abs. 2 Nr. 1 ist es der Landesgesetzgebung ermöglicht, wo die lastenfreie Abtrennung nicht gerechtfertigt ist, die Teilung wenigstens dadurch zu erleichtern, daß ein Unschädlichkeitszeugnis die Unschädlichkeit einer

Verteilung der Reallast auf die einzelnen Teile des Grundstücks bezeugt. Die näheren Voraussetzungen und die Wirkungen der Verteilung, ob namentlich das Stammgrundstück für einen etwaigen Ausfall im Falle ungenügender Leistungsfähigkeit des abgeteilten Grundstücks haftet, das Verfahren zum Zwecke der Verteilung und die Zuständigkeit regelt die Landesgesetzgebung.

Der Vorbehalt hat für die Länder Bedeutung, in welchen abweichend von dem Grundsatze des § 1108 Abs. 2 BGB. die Reallasten bei Teilung des belasteten Grundstücks auf die einzelnen Teile verteilt wurden. S. für Preußen Art. 31 AG.BGB. (Becher XIV, 1 S. 16), für Sachsen § 23 AG.BGB. (Becher XVII, 1 S. 5).

c) Die **Aufhebung eines subjektiv-dinglichen Rechtes — Abs. 2 Nr. 2 —**, d. i. eines dem jeweiligen Eigentümer eines Grundstücks an einem anderen Grundstücke zustehenden Rechts, kann landesgesetzlich dadurch erleichtert werden, daß ein Unschädlichkeitszeugnis die Zustimmung der an dem Grundstücke des Berechtigten dinglich Berechtigten entbehrlich macht. Nach dem BGB. sind subjektiv-dingliche Rechte nur die Grunddienstbarkeiten (§§ 1018 ff.), das Vorkaufsrecht (§ 1094 Abs. 2) und die Reallasten (§ 1105 Abs. 2; — s. Bd. III, Einleitung Bem. III, 1, d S. 6). Sie sind nach § 96 BGB. Bestandteile des Grundstücks des Berechtigten, die Belastungen des Grundstücks erstrecken sich deshalb auf dieselben. Nach § 876 Satz 1 BGB. ist grundsätzlich zur Aufhebung eines mit dem Rechte eines Dritten belasteten Rechtes die Zustimmung des Dritten erforderlich. Zweck des Vorbehalts des Abs. 2 Nr. 2 ist es, die Zustimmung durch ein Unschädlichkeitszeugnis zu ersetzen.

Die Notwendigkeit des Unschädlichkeitszeugnisses entfällt, soferne die Zustimmung des Drittberechtigten schon reichsrechtlich erlassen ist; s. § 876 Satz 2 BGB. und Bem. II, a und b zu § 876 in Bd. III.

d) Die **Entschädigungsansprüche auf Gebäudeversicherung (§ 1128 BGB.) und wegen Enteignung (Art. 52 EG.) — Abs. 2 Nr. 3 —** haften den Hypotheken-, Grundschuld- und Rentenschuldgläubigern (s. Bem. 1 und 2 zu § 1128 in Bd. III, Art. 53 EG. und Bem. hiezu und Art. 109 Satz 2 EG.). Der Vorbehalt des Abs. 2 Nr. 3 ermöglicht es, durch ein Unschädlichkeitszeugnis den Anspruch auf die Versicherungssumme oder die Entschädigung wegen Enteignung zum Vorteile des Entschädigungsberechtigten, um nämlich die Regelung der Entschädigungsfrage zu beschleunigen und die Entschädigungssumme dem Entschädigungsberechtigten zur Verwendung rascher zuzuführen, von den Rechten der an dem Anspruche Berechtigten zu befreien.

Hinsichtlich der Entschädigung wegen Enteignung kann übrigens die Landesgesetzgebung schon auf Grund des Vorbehalts des Art. 109 Bestimmungen treffen, welche im Falle des Vorhandenseins von Rechten Dritter an dem Entschädigungsanspruch die Auszahlung der Entschädigungssumme regeln und erleichtern.

III. Landesgesetze.

In **Preußen** hält Art. 19 AG.BGB. (Becher XIV, 1 S. 11) die bestehenden Vorschriften über das Unschädlichkeitszeugnis mit gewissen Maßgaben aufrecht; in Kraft bleiben hienach das G. vom 3. März 1850 betr. den erleichterten Abverkauf kleiner Grundstücke (GS. S. 145), dessen Geltung durch die G. vom 12. April 1855 (GS. S. 115), vom 22. April 1886 (GS. S. 139) und vom 12. April 1888 (GS. S. 52) § 76 auf den Regierungsbezirk Kassel mit Ausschluß der vormals hessischen Gebietsteile, sowie auf Hohenzollern, Schleswig-Holstein (und damit auch auf Lauenburg, § 5 des G. vom 23. Juni 1876, GS. S. 169) und das Rechtsgebiet des Rheinischen Rechts ausgedehnt worden ist; G. vom 27. Juni 1860 betr. die Änderung des G. vom 13. April 1841 über den erleichterten Austausch einzelner Parzellen von Grundstücken (GS. S. 384), ausgedehnt wie das G. von 1850; G. vom 25. März 1889 betr. die Erleichterung der Abveräußerung einzelner Teile von Grundstücken in der Provinz Hannover (GS. S. 65), eingeführt durch G. vom 19. Aug. 1895 (GS. S. 481) im Gebiet der vormaligen freien Stadt Frankfurt und in den vormals großherzoglich oder landgräflich hessischen Gebietsteilen der Provinz Hessen-Nassau und durch Art. 20 AG.BGB. (mit den sich aus Art. 19 das. ergebenden Änderungen) im Gebiete des vormaligen Herzogtums Nassau und auf der Insel Helgoland; das G. vom 15. Juli 1890 betr. die Erleichterung unentgeltlicher Abtretungen einzelner Gutsteile oder Zubehörstücke zu öffentlichen Zwecken (GS. S. 226).

Über die Voraussetzungen der lastenfreien Abschreibung auf Grund eines Unschädlichkeitszeugnisses trifft Art. 20 AG.GBO. (Becher XIV, 6 S. 16) nähere Bestimmungen.

S. ferner § 6 des G., betr. die Rechtsverhältnisse des Stein- und Braunkohlen-Bergbaues in den Landesteilen, in welchen das Kurfürstlich Sächsische Mandat vom 19. Aug. 1743 Gesetzeskraft hat, vom 22. Febr. 1869 (GS. S. 401) in der Fassung des Art. 38 AG.BGB. (Becher XIV, 1 S. 20) für Abtrennung einer Kohlenabbaugerechtigkeit an dem Grundstück, an dem sie bestellt ist, und § 7 G. vom 4. Aug. 1904 über die Bestellung von Salzabbaugerechtigkeiten in der Provinz Hannover (GS. S. 235); für Abtrennung von Teilstücken von Rentengütern s. § 1 Abs. 5 G. vom 27. Juni 1890 über die Rentengüter (GS. S. 209).

Die Befreiung von Lasten auf Grund des Unschädlichkeitszeugnisses bezieht sich immer nur auf privatrechtliche Lasten, nicht auf öffentliche (KGJ. Bd. 22 A S. 317, Bd. 31 A S. 281).

S. hiezu Oberneck, Reichsgrundbuchrecht Bd. 1 S. 541 ff., § 58 Nr. 4, Güthe-Triebel, GBO. 4. Aufl. Bd. 2 S. 1467 ff., Bem. zu Art. 20 AG.GBO.

Vorschriften im Sinne des Art. 120 Abs. 2 sind in den Gemeinheitsteilungs- und Ablösungsordnungen enthalten (s. Bem. 5 zu Art. 113); s. auch die Gesetze über die Verteilung der öffentlichen Lasten bei Grundstücksteilungen vom 25. Aug. 1876 für Altpreußen (GS. S. 405), vom 4. Juli 1887 für Hannover (GS. S. 324), vom 13. Juni 1888 für Schleswig-Holstein (GS. S. 243) und vom 11. Juni 1890 für Hessen-Nassau (GS. S. 173), sämtliche abgeändert durch das G. vom 16. Sept. 1899 (GS. S. 497), das G. von 1876 außerdem durch das G. vom 10. Aug. 1904 (GS. S. 227).

Zur Veräußerung und Belastung einzelner zu einer Bahneinheit gehöriger Grundstücke ist die vorherige Bestätigung der Unschädlichkeit durch die Bahnaufsichtsbehörde erforderlich (§§ 5 und 7 des G. vom 7. Juli 1902, GS. S. 238 ff.); die Vorschrift ist schon durch Art. 112 EG. gedeckt.

Für **Bayern:** G. über das Unschädlichkeitszeugnis vom 15. Juni 1898 (GVBl. S. 301), abgeändert durch G. vom 14. Aug. 1923 (GVBl. S. 280); das Gesetz gilt in den vormals coburgischen Landesteilen seit 1. April 1922 gemäß Bek. vom 30. Jan. 1922, A Nr. 8 (GVBl. S. 154), Art. 39 § 5 des AG.BGB. für Sachsen-Coburg-Gotha ist durch die Bek. vom 30. Jan. 1922, B, I, a (GVBl. S. 155) auf Grund der Ermächtigung des G. vom 10. Dez. 1921 (GVBl. 1922 S. 7) aufgehoben; VollzugsVO. vom 22. Nov. 1923 (GVBl. S. 381); s. hiezu Oertmann, Bayer. Landesprivatr. § 85 S. 348 ff.

Für **Sachsen:** §§ 21—27 AG.BGB., § 27 in der Fassung nach dem G. vom 16. Juni 1910, die Feststellung der Unschädlichkeit bei den Landrenten und Landeskulturrenten betr. (GVBl. S. 129), dem G. vom 30. Juni 1914 über die Landeskulturrentenbank betr. (GVBl. S. 325) § 27 Nr. 7 und der VO. vom 29. Juni 1923 (GVBl. S. 218), §§ 20—23 AV.BGB. vom 6. Juli 1899 (Becher XVII, 1 S. 4 und 2 S. 15); hiezu Kloß-Müller, Sächs. Landesprivatr. § 65 S. 137 ff.

Für **Württemberg:** G. vom 28. Nov. 1906 über das Unschädlichkeitszeugnis (RegBl. S. 737; Becher XXVI, 14 S. 193); MinVerf. vom 7. März 1907 (MBl. S. 71); hiezu Meyer, Württ. AG.BGB. Tl. II S. 266 ff.

Für **Baden:** Art. I des G., das Grundbuchwesen und die Zwangsvollstreckung in Grundstücke betr., vom 13. Juli 1904 (GVBl. S. 205; Becher II, 30 S. 219), durch welche das Unschädlichkeitszeugnis eingeführt wurde (als Art. 27 a—g AG. BGB.); jetzt Art. 27—33 AG.BGB. in der Fassung der Bek. vom 13. Okt. 1925 (GVBl. S. 285 f.).

Für **Thüringen:** §§ 113—122, 153 AV.BGB. vom 16. Mai 1923 (GS. S. 297, 301) für alle zu dem Lande Thüringen vereinigten Länder; die Vorschriften der Ausführungsgesetze dieser Länder sind durch § 155 Abs. 1 AV.BGB. außer Kraft gesetzt.

Für **Hessen:** Art. 97—101 AG.BGB., G. vom 27. Juli 1904, die Teilung belasteter Grundstücke betr. (GS. S. 307; Becher VIII, 3 S. 48 und 35 S. 356); Art. 27, 28 G., betr. die Landesbrandversicherungsanstalt vom 30. Sept. 1899; hiezu Wolf, Hess. LPrR. § 164.

Für **Hamburg:** §§ 35—42 AG.BGB., geändert durch G. vom 7. Dez. 1923 (GS. S. 1525).

Für **Mecklenburg-Schwerin:** §§ 114—120 AV.BGB. (Becher XI, 2 S. 26 ff.), Mecklenburg-Strelitz §§ 112—118 AV.BGB. (Becher XII, 1 S. 23 ff.).

Für **Oldenburg:** §§ 7—11 AG.BGB. für Landesteil Oldenburg (Becher XIII, 3 S. 8), §§ 33—37 AG.BGB. für Landesteil Birkenfeld (Becher XIII, 7 S. 37), §§ 7—11 AG.BGB. für Landesteil Lübeck (Becher XIII, 11 S. 62).

Für **Braunschweig:** §§ 57—61 AG.BGB. (Becher IV, 1 S. 14).

Für **Anhalt:** Art. 55 §§ 1—5 AG.BGB. (Becher I, 3 S. 24).

Für **Bremen:** § 23 AG.BGB. (Becher V, 1 S. 6), abgeändert durch G. vom 15. Dez. 1923 (GBl. S. 823) über Unschädlichkeitsfeststellung bei Grenzregulierung.

Für **Lippe:** §§ 25—28 AG.BGB. (Becher IX, 1 S. 7).

Für **Lübeck:** §§ 82—87 AG.BGB. (Becher XX, 6 S. 53).

Für **Waldeck:** Art. 13 AG.BGB. (Becher XXV, 1 S. 8); G. vom 14. Dez. 1896 (GS. S. 263).

Für **Schaumburg-Lippe:** G. betr. Erteilung von Unschädlichkeitszeugnissen vom 4. Mai 1899 (Becher XXII, 1 S. 1).

Landesgesetzliche Vorschriften im Sinne des Abs. 2 sind auch in Sondergesetzen, namentlich neueren Siedelungsgesetzen und in den Brandversicherungsgesetzen enthalten.

Art. 121.

Unberührt bleiben die landesgesetzlichen Vorschriften, nach welchen im Falle der Teilung eines für den Staat oder eine öffentliche Anstalt mit einer Reallast belasteten Grundstücks nur ein Teil des Grundstücks mit der Reallast belastet bleibt und dafür zugunsten des jeweiligen Eigentümers dieses Teiles die übrigen Teile mit gleichartigen Reallasten belastet werden.

E. I, 76 Abs. 2; II, 94; III, 120.

Teilung der mit Reallasten (Ablösungsrenten) für den Staat oder eine öffentliche Anstalt behafteten Grundstücke.

1. Entstehung. Art. 121 entspricht dem Abs. 2 vom Art. 76 des Entw. I mit einer redaktionellen und mit der materiellen Änderung, daß die Worte „für den Staat oder eine öffentliche Anstalt" erst in der II. Komm. anstatt der Worte „für den Fiskus" eingesetzt wurden (Mot. z. EG. 202, P. VI, 609, 610, Reatz III, 65, Mat. 87 a S. 78).

2. Inhalt. Dieser Artikel trägt (nach den Motiven) den Vorschriften des sächsischen Rechtes (VO. vom 15. Febr. 1841 § 7, G. über die Errichtung einer Landeskultur-Rentenbank vom 26. Nov. 1861 § 4) Rechnung, nach welchen bei der Dismembration eines landrenten- oder landeskulturrechtlichen Grundstücks das **Hauptgrundstück** gegenüber der Anstalt die **volle Rentenlast** behält, während der Erwerber des Trennstücks den darauf ausfallenden Rentenanteil an den Eigentümer des Hauptgrundstücks zu entrichten hat und das **Trennstück** zugunsten des Eigentümers des Hauptgrundstücks **entsprechend zu belasten** ist. Die nach Bem. 1 in der II. Komm. getroffene materielle Änderung des Textes berücksichtigt die in der sächsischen Rechtsprechung aufgetauchten Zweifel, ob die sächsische Landrentenbank und die Landeskultur-Rentenbank gewöhnliche Staatsanstalten oder selbständige juristische Personen sind, indem der Vorbehalt so gefaßt wurde, daß er wirksam werden kann, mag nun die eine oder andere Ansicht richtig sein.

Nach BGB. §§ 1108 Abs. 2 sind nämlich bei Grundstücksteilungen die Reallasten in voller Höhe auf das Trennstück zu übertragen. Der Vorbehalt des Art. 121 sollte hiervon zugunsten der sächs. Landeskultur-Rentenbank eine Ausnahme zulassen.

3. Jetzt sind die oben genannten Vorschriften durch die sächs. VO. vom 26. Juli 1899 § 181 (Becher XVII, 5 S. 92) und das G. vom 15. Juni 1900 § 133 Nr. 1, 3 beseitigt, so daß jetzt die Übertragung der vollen Rente stattfindet, wenn nicht die rentenfreie Abfindung bewilligt wird.

Im übrigen vgl. Kloß-Müller, Sächs. Landesprivatr., 3. Aufl., § 129, VIII S. 309 f.

In anderen Ländern bestehen einschlägige Vorschriften zurzeit nicht.

Art. 122.*)

Unberührt bleiben die landesgesetzlichen Vorschriften, welche die Rechte des Eigentümers eines Grundstücks in Ansehung der auf der Grenze oder auf dem Nachbargrundstücke stehenden Obstbäume abweichend von den Vorschriften des § 910 und des § 923 Abs. 2 des Bürgerlichen Gesetzbuchs bestimmen.

E. (I, 67; II, 95;) III, 121 Abs. 2.

Nachbarrecht bei Obstbaumpflanzungen.

1. Entstehung. Die Vorschrift des gegenwärtigen Artikels ist erst vom Bundesrat und der Reichstagskommission aufgestellt worden, vom Bundesrat als Abs. 2 zu Art. 121, dessen Abs. 1 dem Art. 67 des ersten und Art. 95 des II. Entw. entsprach, eine ähnliche Bestimmung wie der nunmehrige Art. 122 aber nur zugunsten eines Waldgrundstücks traf und dann mit der Einschränkung auf bestehende Wälder als der nunmehrige Art. 183 dieses Gesetzes aufgestellt wurde. Die Reichstagskommission fügte dem Bundesratsentwurfe die Worte „und des § 923 Abs. 2 (— nach dem III. Entw. 907 Abs. 2)" bei (Mot. z. EG. 193, P. III, 143, VI, 428, 429, Reatz III, 66, Mat. 79, RTK. 440 d, 12 mit der Zusammenstellung ad Nr. 440 bis 444 d S. 71).

Die II. Komm. hatte den Antrag auf Einschaltung einer dem jetzigen Art. 122 entsprechenden Bestimmung ausdrücklich abgelehnt (P. VI, 428, 429).

2. Inhalt. § 910 BGB. gewährt dem Eigentümer eines Grundstücks das Recht, Wurzeln eines Baumes (oder Strauches), die von einem Nachbargrundstück eingedrungen sind, abzuschneiden und zu behalten; das gleiche Recht räumt er ihm hinsichtlich herüberhängender Zweige ein, wenn er dem Besitzer des Nachbargrundstücks eine angemessene Frist zur Beseitigung bestimmt hat und die Beseitigung nicht innerhalb der Frist erfolgt; die Ausübung beider Rechte ist aber an die Voraussetzung geknüpft, daß die Wurzeln oder Zweige die Benutzung des Grundstücks wirklich beeinträchtigen (Bem. 1 zu § 910).

Nach § 923 Abs. 2 BGB. kann jeder Nachbar die Beseitigung eines Grenzbaumes verlangen, vorausgesetzt daß der Baum nicht als Grenzzeichen dient und durch ein anderes zweckmäßiges Grenzzeichen nicht ersetzt werden kann. Die Kosten der Beseitigung fallen regelmäßig den Nachbarn zu gleichen Teilen zur Last; verzichtet aber ein Nachbar auf sein Recht an dem Baume, so hat der Nachbar, der die Beseitigung verlangt, die Kosten allein zu tragen, erwirbt aber dann auch mit der Trennung das Alleineigentum an dem Baume.

Art. 122 ermöglicht der Landesgesetzgebung im Interesse des Obstbaues eine abweichende Regelung hinsichtlich der **Obstbäume.**

a) Der Begriff Obstbaum ist nach dem Zwecke des Vorbehalts im Sinne des herrschenden Sprachgebrauchs zu verstehen und nicht zu verwechseln mit dem Begriffe Fruchtbaum, vielmehr enger als dieser. Irrtümlich ist deshalb die Anschauung Ortloffs a. a. O., daß auch Nußbäume, Eichen, Buchen von dem Vorbehalte ergriffen sind; s. dagegen Thode a. a. O. S. 6. Fruchtbäume dieser Art, die in Deutschland in erheblicherem Umfange nur in Waldkulturen vorkommen, sind Waldbäume (s. Art. 183 EG.); werden sie als Einzelbäume gezogen, so ist ihnen, wie Thode a. a. O. zutreffend bemerkt, kein besonderer, vor anderen nicht fruchttragenden Bäumen sich abhebender wirtschaftlicher Wert

---

*) Schrifttum: Stobbe-Lehmann, Deutsches Privatrecht, 3. Aufl. II. Bd. 1. Halbbd. § 101 Nr. 9a S. 341 f.; Habicht S. 385 f.; Thode, Das Nachbarrecht in Ansehung von Bäumen und Sträuchern nach dem Recht des BGB. und des EG.BGB., Diss. Rostock 1908; Ortloff, Rechtsschutz betr. Überhang, Überfall, Grenzbaum im Nachbarrecht, im ArchBürgR. Bd. 17 S. 237 ff.; Sobawa, Das Recht des Überhangs und Überfalls. Nach römischem und deutschem Recht sowie nach dem Rechte des BGB., Diss. Greifswald 1902; Mittelstraß, Das Recht des Überhangs und Überfalls nach dem deutschen BGB., Diss. Leipzig 1908; Goeppert, Über die organischen Erzeugnisse, Halle 1869; Hillebrandt, Das deutsche Überhangs- und Überfallsrecht in der „Zeitschr. f. das deutsche Recht und deutsche Rechtswissenschaft", Bd. 9 (Tübingen 1845); Kayser, Das preußische Überhangs- und Überfallsrecht, in GruchotsBeitr. Bd. 21 S. 69 ff.

Siehe auch die in Bd. III, * Note zu § 910 BGB. angeführten Schriften.

zuzusprechen, zu dessen Erhaltung es wie bei den Obstbäumen (im Sinne des herrschenden Sprachgebrauchs) besonderer fürsorgender Vorschriften bedürfte.

Auf Obststräucher erstreckt sich der Vorbehalt nicht.

b) Die Abweichung von den reichsrechtlichen Vorschriften kann nur in einer Beschränkung des Rechtes des Nachbarn zur Beseitigung von in sein Grundstück überragenden Wurzeln und Zweigen bestehen, so daß also der Besitzer eines Obstbaumes einen weiteren Schutz genießt als nach § 910 BGB. (P. III, 143 ff.).

In der II. Komm. gelangte zum Ausdrucke, es lasse sich schon aus § 910 BGB. folgern, daß bei Obstbäumen nicht alle Zweige sollten abgeschnitten werden können und daß das Beschneiden nicht gerade in der Zeit des Wachstums geschehen dürfe, es wurde dort der Unterschied zwischen dem § 910 und der damals vorgeschlagenen, dem nunmehrigen Art. 122 entsprechenden Bestimmung lediglich darin gefunden, daß nach § 910 in jedem einzelnen Falle untersucht werden müsse, wie weit das Recht des Eigentümers beschränkt sei, während Art. 122 es ermögliche, in diesem Punkte feste gesetzliche Regeln aufzustellen (P. VI, 429).

c) Soweit es sich um Grenzbäume (auf der Grenze der Nachbargrundstücke stehende Obstbäume) handelt, ist eine abweichende Regelung nur gegenüber der Vorschrift des Abs. 2 des § 923 BGB. zulässig; die Vorschrift des Abs. 1 des § 923, daß die Früchte des Grenzbaums und, wenn der Baum gefällt wird, auch der Baum selbst dem Nachbarn zu gleichen Teilen gebührt, kann durch die Landesgesetzgebung nicht geändert werden.

d) Die Beschränkung der Rechte des Nachbarn des Obstbaumbesitzers durch die Landesgesetzgebung dient dem Zwecke, eine schädigende Einwirkung auf das Wachstum und die Entwicklung des Obstbaumes zu verhindern. In Betracht kommt also namentlich

α) die Einschränkung oder der Ausschluß des Rechtes des Nachbarn, Zweige oder Wurzeln selbst zu beseitigen,

β) eine Einschränkung des Anspruches auf Beseitigung durch den Obstbaumbesitzer auf gewisse Jahreszeiten,

γ) eine nähere Regelung der Voraussetzungen, unter denen der Nachbar überragende Zweige überhaupt dulden muß (in bestimmtem Abstande vom Boden).

Art. 122 läßt nur solche landesrechtliche Vorschriften unberührt, die ausschließlich und besonders in Ansehung von Obstbäumen erlassen worden sind, nicht auch solche von den Bestimmungen des § 910 und des § 923 Abs. 2 BGB. abweichende Vorschriften, welche für Bäume überhaupt und deshalb auch für Obstbäume galten.

3. Landesgesetze:

Preußen hat von dem Vorbehalt keinen Gebrauch gemacht.

Für Bayern s. Art. 72 Abs. 1 AG.BGB. (Becher III, 7 S. 43).

In Sachsen ist bestritten, ob § 362 sächs. BGB. für Obstbäume noch gilt; verneint von Kloß-Müller, Sächs. Landesprivatrecht, 3. Aufl. § 66, I, II S. 140 f.; Kretzschmar, Grundbuchrecht II S. 34, Sachenrecht § 923 Bem. 5 und in SächsArch. Bd. 12 S. 416; bejaht von Gallenkamp, FischersZ. Bd. 21 S. 19.

Für Württemberg s. Art. 241—244 AG.BGB. (Becher XXVI, 1 S. 58 ff.); Art. 37 Nr. 4 FeldbG.

Für Hessen s. Art. 88 AG.BGB. (Becher VII, 3 S. 47); s. hiezu Wolf, Hess. Landesprivatrecht § 88, III und Massot in Archiv für praktische Rechtswissenschaft Bd. 8 (1871).

4. Wegen Waldbäumen s. Art. 183 EG.

Art. 123.*)

Unberührt bleiben die landesgesetzlichen Vorschriften, welche das Recht des Notwegs zum Zwecke der Verbindung eines Grundstücks mit einer Wasserstraße oder einer Eisenbahn gewähren.

E. III, 122.

---

*) Schrifttum: Holm, Wirken Vertrag und Urteil, die nach § 917 BGB. die Richtung des Notwegs feststellen, gegen den späteren Eigentümer des belasteten Grund-

Anspruch auf Notweg zwecks Verbindung mit einer Wasserstraße oder Eisenbahn.

1. Entstehung und Inhalt. Die Vorschrift dieses Artikels ist erst vom Bundesrat eingestellt (Reatz III, 66) und von der Reichstagskommission und dem Reichstage unbeanstandet gelassen worden (RTK. Zusammenstellung s. Nr. 440—440 d S. 72, StB. 3031, 3096). Sie ist vom preußischen Landesökonomiekollegium angeregt worden und soll in Erweiterung der nachbarrechtlichen Vorschriften der §§ 917 und 918 BGB. über den **Notweg** die Legung von Anschlußgeleisen an die **Eisenbahn** sowie die möglichst nahe Verbindung von Grundstücken, die bisher von einer öffentlichen Straße weiter weg gelegen waren, mit einer Eisenbahn oder einer öffentlichen **Wasserstraße** ermöglichen.

Für den Inhalt des Notwegrechtes und die dafür zu entrichtende Entschädigung (Notwegrente) gelten die §§ 917, 918 BGB.

2. Von dem Vorbehalt hat die Landesgesetzgebung bisher nicht Gebrauch gemacht.

Art. 124.*)

Unberührt bleiben die landesgesetzlichen Vorschriften, welche das Eigentum an Grundstücken zugunsten der Nachbarn noch anderen als den im Bürgerlichen Gesetzbuche bestimmten Beschränkungen unterwerfen. Dies gilt insbesondere auch

---

stücks?, Diss. Greifswald 1906; Kürzel, Der Notweg nach dem BGB. unter Berücksichtigung des römischen und gemeinen Rechts, Diss. Leipzig 1906; Mende, Das Notwegrecht nach der Regelung des BGB., Diss. Leipzig 1906; Rittmeier, Der Notweg (BGB. §§ 917, 918), Diss. Heidelberg 1906; Schwemin, über den Notweg, Diss. Greifswald 1906; Görnandt, über das Notwegrecht des BGB., Diss. Heidelberg 1907; Sonnenfeld, Das Recht auf den Notweg, Diss. Breslau 1908; Köpping, Nachbar-, Bau- und Wegerecht. Nach den Bestimmungen des Preußischen Allgemeinen Landrechts zusammengestellt. 2. Aufl., Königsberg 1909; Höchster, Die Behandlung der Interessenkollision im Notwegrechte des BGB., Diss. Leipzig 1909; Ruhe, Zur Lehre von der Klage auf den Notweg aus § 917 BGB., Diss. Leipzig 1909; Wolf, Das Nachbarrecht nach dem BGB. und den Landesausführungsgesetzen, Diss. Heidelberg 1909; Beyer-Marus, Das Notwegrecht nach den §§ 917, 918 BGB. unter Berücksichtigung seiner Entwicklung bis zum BGB., Diss. Leipzig 1910; Priester, Das Nachbarrecht des BGB. im Verhältnis zum öffentlichen Recht, Diss. Heidelberg 1910; Kulenkampff, Notwegrecht und Besitzschutz nach dem BGB., Diss. Berlin 1911; Buch, Der Notweg. Seine Geschichte und seine Stellung im heutigen Recht.

*) Schrifttum: Hesse, Die Rechtsverhältnisse zwischen Grundstücksnachbarn, 1880, derselbe, Zur Lehre von den nachbarlichen Verhältnissen, JheringsJ. Bd. 6 S. 379; Ortloff, Das deutsche Nachbarrecht, Jena 1900 und im ArchBürgR. Bd. 26 S. 327; Müller, Deutsches Bau- und Nachbarrecht unter besonderer Berücksichtigung der preußischen Landesgesetzgebung, Berlin 1903; Köpping, Nachbar-, Bau- und Wegerecht, 2. Aufl. Königsberg 1909; Meisner, Das in Bayern geltende Nachbarrecht, 3. Aufl., München, Berlin, Leipzig 1923; Meisner-Stern, Preußisches Nachbarrecht, München, Berlin, Leipzig 1927; Habicht S. 387 ff.; Windscheid-Kipp, Pandekten I § 169; Gierke, Deutsches Privatrecht II § 126 S. 417 ff.; Stobbe-Lehmann, Deutsches Privatrecht II, 1 §§ 101, 102 S. 332 ff.; Wolf, Sachenrecht §§ 53—59 S. 156 ff.; Hübner, Grundzüge des deutschen Privatrechts § 37 S. 235 ff.; Roth-Becher, Bayer. Zivilrecht II, 1 § 139 S. 167 ff.; Dernburg, Preuß. Privatrecht I §§ 220, 221; Förster-Eccius, Preußisches Privatrecht III § 170 S. 167 ff.; Hedemann, Sachenrecht, Berlin 1924, § 32, III; Oertmann, Bayerisches Landesprivatrecht § 78 S. 329 ff.; Haidlen, Das Württembergische Nachbarrecht, 4. Aufl., Stuttgart 1899; Rampacher, Das Nachbarrecht auf Grund des württ. AG.BGB., Ulm 1899; Kähler, Schlesw.-holsteinisches Landesrecht, 2. Aufl. § 27, II S. 221 ff. über Nachbarrecht in Schleswig-Holstein und Lauenburg; Buchka, Mecklenburgisches Landesprivatrecht § 27, V über Nachbarrecht in Mecklenburg; Marcus, Wie erlöschen die aufrecht erhaltenen Nachbarrechte des ALR.?, GruchotsBeitr. Bd. 51 S. 770; Trendel, Feld- und Waldnachbarrecht in bezug auf Pflanzungen, SeuffBl. Bd. 71 S. 508; Monich, Der Umfang des Gegenstandes des Grundeigentums und die befugte Einwirkung nach dem BGB., JheringsJ. Bd. 38 S. 154 ff.; Götz, Das Anwenderecht, insbes. seine Verbreitung in Vergangenheit und Gegenwart, sowie das Fürfallrecht, Berlin-Marburg 1925 (s. hiezu Boschan in GruchotsBeitr. Bd. 68 S. 567 und Molitor in JW. 1926 S. 944).

von den Vorschriften, nach welchen Anlagen, sowie Bäume und Sträucher nur in einem bestimmten Abstande von der Grenze gehalten werden dürfen.

(BGB. I, 866) E. II, 96; III, 123.

Nachbarrechtliche Beschränkungen der Landesgesetzgebung.

I. Entstehung: Der gegenwärtige Artikel hat seine nunmehrige Fassung erst in der Reichstagskommission erhalten (RTK. 440 d S. 12). Der Vorläufer des Artikels ist der § 866 des I. Entw. BGB., welcher lautete: „Die Landesgesetze, welche das Eigentum an Grundstücken zugunsten der Nachbarn noch **anderen oder weitergehenden Beschränkungen** unterwerfen, bleiben unberührt." In der II. Komm. wurden die fett gedruckten Worte gestrichen und die Bestimmung ins EG. verwiesen. Es wollte zum Ausdruck gebracht werden, „daß die Landesgesetzgebung zwar andere als die im BGB. getroffenen Beschränkungen vorschreiben dürfe, nicht aber befugt sein solle, die durch das Gesetzbuch geregelten Beschränkungen zu verschärfen". In der II. Komm. war ferner folgender Zusatz zu diesem Artikel beantragt worden: „Unberührt bleiben die landesgesetzlichen Vorschriften, welche den Eigentümer eines Grundstücks zur Duldung von Einwirkungen auf dasselbe verpflichten, welche von Anlagen auf einem Nachbargrundstück ausgehen, die in einer bestimmten Entfernung von der Grenze liegen oder mit bestimmten Schutzvorrichtungen ausgestattet sind." Dieser mit Rücksicht auf die Verschiedenheit der industriellen Verhältnisse in Deutschland gestellte Antrag fiel jedoch schon in der II. Komm., weil man es für bedenklich hielt, gewisse für die Lebensfähigkeit der Industrie höchst wichtige Fragen der Landesgesetzgebung vorzubehalten, nachdem die Reichsgesetzgebung sich der Regelung des Industriewesens unterzogen habe (M. III, 259, P. IV, 163, 154, Reatz III, 66, Mat. 105). Der zweite Satz dieses Artikels wurde von der Reichstagskommission hinzugefügt und lediglich als redaktionelle Ergänzung bezeichnet (RTK. 440 d S. 13).

II. **Inhalt.**

1. Das BGB. regelt in den §§ 906—918 gewisse Beziehungen der Nachbarn zueinander. Der weitere Ausbau des Nachbarrechts ist der Landesgesetzgebung überlassen (s. auch Vorbem. VII vor § 903 und Bem. IV, B, 2, b zu § 903 in Bd. III). Während in Art. 111 EG. die landesgesetzlichen Vorschriften aufrecht erhalten sind, welche das Eigentum im öffentlichen Interesse in Ansehung tatsächlicher Verfügungen beschränken, handelt **Art. 124** von den landesgesetzlichen **Eigentumsbeschränkungen zugunsten** Privater, nämlich **der Nachbarn**. Der Begriff der Nachbarlichkeit ist nicht auf unmittelbar aneinander grenzende Grundstücke beschränkt; vgl. hiezu RGZ. Bd. 50 S. 322.

Art. 124 bezieht sich nicht bloß auf Alleineigentum, sondern läßt auch Beschränkungen zu Lasten eines Miteigentümers zu (OLG. Hamburg OLG. Bd. 2 S. 170).

Beschränkungen im Sinne des **Art. 124 können auch** gegenüber den Anliegern an öffentlichen Rechten zugunsten der Straßeneigentümer getroffen werden (RGZ. Bd. 51 S. 252 = JW. 1902 Beil. S. 233); meistens werden sich solche Beschränkungen aber auch auf Art. 111 stützen; über das Recht der Straßenanlieger s. die in Bem. IV, B, 2 zu a angeführten Schriften.

Nachbarliche Eigentumsbeschränkungen durch die Landesgesetzgebung lassen auch schon die Art. 122, 123 zu; über den Unterschied der Regelung s. nachfolgende Bem. 2. Endlich kann die Landesgesetzgebung auch auf Grund der besonderen Vorbehalte der Art. 65 ff. (Wasserrecht, Bergrecht usw.) die Befugnisse des Grundstückseigentümers zugunsten des Nachbarn beschränken.

2. Eine wichtige **Schranke** für die landesgesetzliche Regelung auf Grund des Art. 124 ergibt sich aus **Satz 1**. Während die Art. 122, 123 EG. für die dort behandelten Rechtsgebiete eine von den Vorschriften des BGB. abweichende Regelung zulassen, können auf Grund des Art. 124 die in den §§ 906—918 BGB. enthaltenen richterlichen Eigentumsbeschränkungen durch die Landesgesetzgebung nicht verschärft oder überhaupt abgeändert oder beseitigt werden. Landesgesetzlich können nur andere, weitere Eigentumsbeschränkungen neben den im BGB. enthaltenen zugunsten des Nachbarn aufgestellt werden. Als Grund für diese Beschränkung des Vorbehalts wurde in der II. Komm. (P. III, 163, 164) folgendes angegeben: Soweit es sich nicht um Beschränkungen des Eigentümers im öffentlichen Interesse handelt, erscheine es mißlich, nach Inkrafttreten des BGB. noch eine Erörterung darüber zulassen, ob das Landesrecht bezüglich der einzelnen vom BGB. geregelten Arten von Beschränkungen nicht noch weitergehe; die betreffenden auf das Nachbarrecht sich beziehenden Vorschriften seien vielfach, wie z. B. in Bayern, in alten, zum Teil außer Kraft gesetzten Statuten enthalten und es erscheine deshalb im Inter-

esse der Rechtssicherheit und der praktischen Handhabung des Rechtes geboten, die Möglichkeit bei der Beurteilung des Umfanges der im BGB. geregelten Eigentumsbeschränkungen auf alte statutarische Vorschriften zurückzugreifen, ein für alle Male abzuschneiden.

3. § 907 BGB. regelt den vorbeugenden Schutz gegen störende Anlagen auf Nachbargrundstücken, zu denen jedoch Bäume und Sträucher nach dessen Abs. 2 nicht gehören, und gibt dem Eigentümer regelmäßig (Abs. 1 Satz 1) einen Anspruch auf Unterlassung der Herstellung von Anlagen und auf Beseitigung von bestehenden Anlagen auf dem Nachbargrundstück schon dann, wenn mit Sicherheit vorauszusehen ist, daß der Bestand oder die Benutzung der Anlage eine unzulässige Einwirkung auf sein Grundstück zur Folge haben werde, also ohne daß eine solche unzulässige Einwirkung bei bestehenden Anlagen schon eingetreten ist.

Art. 124 **Satz 2** läßt landesgesetzliche Vorschriften, nach welchen **Anlagen** (über den Begriff s. Bem. II, 1, a zu § 907 in Bd. III) sowie **Bäume** und **Sträucher** nur in einem bestimmten Abstand von der Grenze gehalten werden dürfen, ausdrücklich zu. Auf solche Anlagen bezieht sich die die Regel des Satz 1 einschränkende Vorschrift des Satz 2 des § 907 Abs. 1 BGB.: Genügt eine Anlage den landesgesetzlichen Vorschriften, die einen bestimmten Abstand von der Grenze oder sonstige Schutzmaßregeln vorschreiben, so kann die Beseitigung der Anlage erst verlangt werden, wenn die unzulässige Einwirkung tatsächlich eingetreten ist (s. hiezu Bem. III zu § 907 in Bd. III). Auch von dieser reichsgesetzlichen Vorschrift kann Abweichendes durch die Landesgesetzgebung nicht bestimmt werden. Die Vorschrift des § 907 Abs. 1 Satz 2 erstreckt sich aber nach Abs. 2 nicht auf Bäume und Sträucher.

4. Soweit die Landesgesetzgebung zur Aufstellung von nachbarrechtlichen Eigentumsbeschränkungen durch diesen Artikel für befugt erklärt ist, kann sie selbstverständlich deren Voraussetzungen, deren Inhalt und deren Wirkungen abweichend vom BGB. regeln. Auch die Vorschrift des § 924 BGB. über die Unverjährbarkeit von Ansprüchen aus dem nachbarlichen Verhältnisse gilt für die landesgesetzlichen Eigentumsbeschränkungen zugunsten des Nachbarn nicht.

5. Als Beschränkungen, denen das Eigentum an Grundstücken neben den nachbarrechtlichen Beschränkungen des BGB. durch die Landesgesetzgebung unterworfen sein kann, sind namentlich die folgenden (**sog. Legalservituten**; s. Bem. IV, B, 2, b, β zu § 903 in Bd. III S. 295) zu erwähnen:

a) Das **Fensterrecht und Lichtrecht:** Das Vorhandensein von Fenstern in einem Bauwerk birgt die Gefahr einer Belästigunng des Nachbarn in sich; anderseits hat der Inhaber von Maueröffnungen (Fenstern) ein Interesse daran, daß ihm nicht Licht und Aussicht durch Anlagen auf dem Nachbargrundstück entzogen werden. Demgemäß ist als Fensterrecht der Inbegriff der gegen den Inhaber von Fenstern gerichteten Vorschriften anzusehen, welche bezwecken, dem Nachbarn Schutz gegen die mißbräuchliche Benützung von Fenstern — durch Ausschütten, Auswerfen auf das Nachbargrundstück, auch belästigendes Hinaussehen — zu gewähren. Dagegen ist das Lichtrecht (übrigens vielfach auch als Fensterrecht bezeichnet) der Inbegriff der zugunsten des Inhabers von Fenstern erlassenen Vorschriften, welche den Schutz gegen Entziehung des Lichts durch Verbauung bezwecken.

In beiden Beziehungen bieten die Vorschriften des BGB. keinen Schutz (s. in Bd. III Bem. I, 6, e zu § 906 und Bem. II, 1, c, β zu § 907); landesrechtliche Vorschriften sind also zulässig. Siehe für Preußen ALR. Tl. I Tit. 8 §§ 137, 138, 142—144, 146 (Art. 89 AG.BGB.) und für das Gebiet des rheinischen Rechts code civil art. 675—680 (s. hiezu und wegen der Provinzial- und Partikularrechte Meisner-Stern, preuß. Nachbarrecht § 25 S. 299 ff.); für Bayern Art. 62—67 AG.BGB. (Becher III, 7 S. 41; s. hiezu Oertmann § 78, II S. 331 ff.; Meisner, Nachbarrecht §§ 22, 23); in den coburgischen Landesteilen gilt Art. 28 §§ 3—6 AG.BGB. für Coburg-Gotha fort (Bek. vom 30. Jan. 1922, Bayer. GVBl. S. 155); für Sachsen sächs. BGB. §§ 544, 545 (s. Kloß-Müller, Sächs. Landesprivatr. § 125, III, 2, c S. 292); für Württemberg Art. 222 AG.BGB. (Becher XXVI, 1 S. 53); für Baden Art. 13—18 AG.BGB. in der Fassung der Bek. vom 13. Okt. 1925 (GVBl. S. 283); für Hessen s. Wolf, Hess. Landesprivatr. § 189 (in Betracht kommen Vorschriften der allg. BauO.); für Oldenburg-Birkenfeld §§ 29—32 AG.BGB. für Landesteil Birkenfeld (Becher XIII, 7 S. 36 f.); für Anhalt Art. 36 AG.BGB. (Becher I, 3 S. 19).

über den Begriff „Fenster" (nicht jede Maueröffnung, so nicht eine Lücke, welche bestimmt ist, den Luftzug zu fördern, nicht den Raum zu erhellen) s. RG. in GruchotsBeitr. Bd. 57 S. 1155, OLG. Marienwerder, OLG. Bd. 26 S. 14; über gemeinrechtliches Licht- und Fensterrecht s. RG. in SeuffA. Bd. 78 Nr. 190.

S. hiezu allgemein Stobbe-Lehmann, Deutsches PrR. Bd. II, 1 § 102 Nr. 1 S. 347 ff.; Dernburg, Bürgerl. R. Bd. III § 86, 3 S. 259; Endemann § 72, 2, b S. 465; Wolf, Sachenrecht § 59; Dernburg, Preuß. Privatrecht I S. 527; Schefold, Die Luft- und Lichtgerechtigkeit und das Fensterrecht im alten und neuen Recht, WürttZ. Bd. 13 S. 256; Kahn, Fensterrecht nach den wichtigsten geltenden Partikularrechten Deutschlands, München 1913; Radloff, MeckZ. Bd. 29 S. 468; Stölzel, ZivArch. Bd. 52 S. 206; Paris, Kritik der herrschenden Lehre vom Licht- und Fensterrecht, GruchotsBeitr. Bd. 24 S. 67; Staudinger, Vorträge aus dem Gebiete des BGB. S. 343 ff.

b) Auch eine Vorschrift über eine Verpflichtung zur Duldung der **Ausbauchung einer fremden Mauer** enthält das BGB. nicht (s. Bd. III Bem. I, g zu § 912). Ob die gemeinrechtliche Vorschrift (l. 17 pr. D. 8, 5), wonach eine Mauerausbauchung bis zur Breite von einem halben Fuß geduldet werden muß, noch gilt, ist streitig (verneint von Meisner, Bayer. Nachbarrecht § 21 VII, 4 S. 284, Meisner-Stern, Preuß. Nachbarrecht § 24 S. 295 Note 1; bejaht von Windscheid-Kipp, Pandekten § 169 Nr. 2, Endemann § 72 S. 463 Note 11, Gierke, D. PrR. II S. 435 Note 72; OLG. Celle im „Recht" 1900 S. 283; OLG. Hamburg in DJZ. 1902 S. 156; s. auch RG. in RGZ. Bd. 45 S. 286 ff. und GruchotsBeitr. Bd. 50 S. 937).

c) Das **Hammerschlags- oder Leiterrecht**, das ist das Recht, das Grundstück des Nachbarn zu betreten, um an dem eigenen Gebäude Ausbesserungen vorzunehmen: Preußen, ALR. I, 8 § 155 (Art. 89 AG.BGB.), s. hiezu Meisner-Stern, Preuß. Nachbarrecht § 28, I S. 345 f.; Dernburg, Bürgerl. Recht Bd. 3 § 86 Nr. 8 S. 263; für Schleswig-Holstein verneint von Kähler, Schlesw.-holst. Landesrecht, 2. Aufl. S. 220; in Sachsen ist § 350 sächs. BGB. durch § 184, II, a des BauG. vom 1. Juli 1900 aufgehoben (Kloß-Müller, Sächs. Landesprivatr., 3. Aufl. § 66, IV, 1 S. 141); Thüringen §§ 77, 81 AV.BGB. vom 16. Mai 1923 (GS. S. 294) für alle früheren thüringischen Staaten; die Vorschriften der letzteren sind durch § 155 Abs. 1 AV.BGB. außer Kraft gesetzt; Hessen, Art. 83 AG.BGB. (Becher VIII, 3 S. 47).

In Bayern sind einschlägige Vorschriften nicht erlassen (Henle-Schneider, AG.BGB. Vorbem. vor Art. 62), die älteren partikularrechtlichen Vorschriften durch Art. 1 AG.BGB. beseitigt; s. auch Meisner, Nachbarrecht S. 153 und 317 Note 4; in den coburgischen Landesteilen gilt Art. 24 § 1 AG.BGB. für Coburg-Gotha fort (Bek. vom 30. Jan. 1922, B, II, a, Bayer. GVBl. S. 155).

S. hiezu allgemein Stobbe-Lehmann, Deutsches PrR. Bd. II, 1 § 101 Nr. 3 S. 335; Gierke, Deutsches PrR. I S. 440; Dernburg, Preuß. PrR. I S. 529; Roth-Becher, Bayerisches LR. II, 1 S. 211 Note 9.

d) Das **Vorflut- und Dachtraufenrecht**: Sachsen, § 543 sächs. BGB. (s. Kloß-Müller a. a. O. § 125, III, 2, b S. 292); Württemberg, Art. 219—221 AG.BGB. (Becher XXVI, 1 S. 52); Baden, Art. 19 AG.BGB. in der Fassung der Bek. vom 13. Okt. 1925 (GVBl. S. 284); Thüringen, § 93 AV.BGB. vom 16. Mai 1923 (GS. S. 296) als Dienstbarkeit; in den mit Bayern vereinigten coburgischen Landesteilen gilt Art. 28 § 2 AG. BGB. für Coburg-Gotha fort (Bek. vom 30. Jan. 1922 B, II, a, Bayer. GVBl. S. 155); Hessen, Art. 6 BachG. in der Fassung vom 30. Sept. 1899 (Wolf, Hess. LPrR. § 90); Oldenburg-Birkenfeld, § 25 AG.BGB. für Landesteil Birkenfeld (Becher XIV, 7 S. 35); Anhalt, Art. 40, 41 AG.BGB. (Becher I, 3 S. 20).

S. über Traufrecht Meisner-Stern § 26, Meisner § 24.

e) Das Recht auf gewissen **Abstand von Aufbereitungen, Anhäufungen, Gerüsten** von der Grenze, z. B. des Aufschichtens von Holz, Brettern u. dgl. Vgl. Württemberg, Art. 225 AG.BGB. (Becher XXVI, 1 S. 53); Anhalt, Art. 38 AG.BGB. (Becher I, 3 S. 20).

f) Vorschriften über den **Bauabstand**: In Preußen bestehen allgemein gültige Bestimmungen nicht; für Hannover ist l. 13 D. finium regundorum X, 1 durch Präjudiz des früheren Ober-Appellationsgerichts Celle vom 8. Jan. 1845 mit Gesetzeskraft ausgestattet; s. auch PrALR. I, 8 §§ 139, 149 (hiezu Meisner-Stern, Preuß. Nachbarrecht § 18, II S. 219 ff.); Württemberg, Art. 224 AG.BGB. (Becher XXVI, 1 S. 53); Anhalt Art. 35 AG.BGB. (Becher I, 3 S. 19).

Vorschriften der Bauordnungen über den Bauabstand gehören dem öffentlichen Rechte an (vgl. BayObLGZ. Bd. 14 S. 704). S. hiezu Stobbe-Lehmann, D. PrR. Bd. II, 1 § 102 Nr. 3 S. 350.

g) Abstand **schadendrohender und störender Anlagen**, z. B. von Aborten, Düngerstätten, Jauchebehältern, Ställen, Brunnen, Wasserleitungen, Kanälen, Schornsteinen, Feuerstätten, Backöfen, Schmieden, Niederlagen von Salz und anderen ätzenden Stoffen, Getreide- und Strohdiemen, Bienenstöcken: Preußen, ALR. I, 8 §§ 125, 127, 128, bezüglich Brunnen § 139 (s. hiezu Meisner-Stern a. a. O. § 18, I S. 216 f.); in Bayern sind einschlägige Vorschriften nicht erlassen, die älteren partikularrechtlichen Vorschriften beseitigt (s. Meisner, Nachbarrecht § 15, I S. 193 f.); in den coburgischen Landesteilen gilt Art. 24 §§ 2, 11 AG.BGB. für Coburg-Gotha fort (Bek. vom 30. Jan. 1922, Bayer. GVBl. S. 155); Sachsen, § 359 sächs. BGB.; Württemberg, Art. 223 AG.BGB. (Becher XXVI, 1 S. 53); Baden, Art. 13 AG.BGB. in der Fassung der Bek. vom 13. Okt. 1925 (GVBl. S. 283); Thüringen, §§ 78, 81 AB.BGB. vom 16. Mai 1923 (GS. S. 294) nun für alle thüringischen Gebietsteile; die Vorschriften der einzelnen früheren thüringischen Staaten sind außer Kraft gesetzt (§ 155 Abs. 2 der AB.BGB.); Oldenburg-Birkenfeld, § 28 AG.BGB. für Landesteil Birkenfeld (Becher XIII, 7 S. 36); Anhalt, Art. 37 AG.BGB. (Becher I, 3 S. 20).

S. hiezu allgemein Dernburg, Bürgerl. R. Bd. 3 § 86, II S. 257; Stobbe-Lehmann, Deutsches PrR. Bd. II, 1 § 102 Nr. 2 S. 349.

h) **Abstand von Bäumen, Sträuchern (Hecken und sonstigen Einfriedungen)** und **Waldungen:** Preußen, ALR. I, 8 § 174 über Abstand lebender Hecken, für Rheinpreußen Code civil art. 671, 672, aufrecht erhalten durch Art. 89 AG.BGB. (s. hiezu und über einzelne partikular- und provinzialrechtliche Vorschriften Meisner-Stern § 22 S. 258 ff.); über beschränkte Fortdauer des Schutzes von Windmühlen gegen hohe Baumpflanzungen nach PrLR. II, 15 § 274 s. RGZ. Bd. 50 S. 319, Bd. 79 S. 402 = JW. 1912 S. 923, Meisner-Stern S. 210 Note 9, b; Bayern Art. 71—75, 78 AG.BGB. (Becher III, 7 S. 43 f.; s. hiezu Oertmann, Bayer. Landesprivatr. § 79, 3 S. 337 ff., Meisner § 19 S. 237 ff.); in den coburgischen Landesteilen gilt Art. 24 AG.BGB. für Coburg-Gotha fort (Bek. vom 30. Jan. 1922, B, II, a, Bayer. GVBl. S. 155); Württemberg, Art. 229—245 AG.BGB. (Becher XXVI, 1 S. 54 ff.); Baden, Art. 10—12 AG.BGB. in der Fassung der Bek. vom 13. Okt. 1925 (GVBl. S. 233); Thüringen, §§ 74—76, 81, 151 AB.BGB. vom 16. Mai 1923 (GS. S. 293 f., 300); die Vorschriften der früheren thüringischen Länder sind durch § 155 Abs. 1 AB.BGB. aufgehoben; Hessen, Art. 85—89 AG.BGB. (Becher VIII, 3 S. 46 f.); Anhalt, Art. 39 AG.BGB. (Becher I, 3 S. 20).

S. hiezu allgemein Schmidt, Das Recht des Überhangs und Überfalles, in Untersuchungen zur deutschen Staats- und Rechtsgeschichte Bd. 21 (1888); Ortloff, Rechtsschutz betr. Überhang, Überfall, Grenzbaum im Nachbarrecht, ArchBürgR. Bd. 17 S. 234 ff.; Trendel, Feld- und Waldnachbarrecht in bezug auf Pflanzungen, SeuffBl. Bd. 71 S. 508 ff.; Thode, Das Nachbarrecht in Ansehung von Bäumen und Sträuchern nach dem Rechte des BGB. und des EG., Diss. (Rostock) 1908; Stobbe-Lehmann, Deutsches PrR. Bd. II, 1 § 102 Nr. 4 S. 352; Freymuth, Bäume, Sträucher und Hecken an der Grenze, Deutsche Forstzeitung 1909.

i) Vorschriften über die **Benutzung und Unterhaltung gemeinschaftlicher Mauern**, insbesonders über die Befugnis eines Nachbarn, die gemeinschaftliche Mauer zu seinen Zwecken zu erhöhen, und die Verpflichtung des anderen Nachbarn, einen Teil der Kosten zu ersetzen, wenn er die Erhöhung auch für sich benutzt (sog. Kommunmauern; s. Bem. IV zu § 921 in Bd. III). S. für Preußen Art. 23, 24 AG.BGB. (Becher XIV, 1 S. 13), Meisner-Stern §§ 8—10 S. 111 ff. und wegen der Rechtsgültigkeit der Art. 23, 24 auch Meisner, Bayer. Nachbarrecht, 3. Aufl. S. 98 Note 3; RGZ. Bd. 63 S. 10, RG. in Gruchots Beitr. Bd. 47 S. 1066; Bayern Art. 68—70 AG.BGB. (Becher III, 7 S. 42), Oertmann S. 335, Meisner §§ 8, 9 S. 104 ff.; OLG. München in

SeuffBl. Bd. 70 S. 208 ff.; Baden Art. 8 AG.BGB. in der Fassung der Bek. vom 13. Okt. 1925 (GVBl. S. 283); s. auch RGZ. Bd. 63 S. 6, JW. 1906 S. 221; Hessen Art. 82 AG.BGB. (Becher VIII, 3 S. 45); s. hiezu Wolf, Hess. LPrR. § 87; Anhalt Art. 34 AG.BGB. (Becher I, 3 S. 18); Bremen Art. 24 AG.BGB. (Becher V, 1 S. 6).

S. hiezu allgemein Habicht S. 399; Horion, Die juristische Natur der gemeinschaftlichen Mauer nach gemeinem Recht und nach dem BGB., Diss. (Erlangen) 1897; Recht, Die Rechtsverhältnisse der gemeinschaftlichen Mauern nach dem BGB. und dem preuß. AG.BGB., Diss.; Fribolin, Die Grenzmauern nach bad. LR., Reichsrecht und Übergangsrecht, Bad. NotZ. 1914 S. 35; Breit, Das Recht der gemeinschaftlichen Brandmauern, mit besonderer Berücksichtigung des sächs. Rechts, FischersZ. Bd. 33 S. 298, Bd. 35 S. 113, Bd. 38 S. 157; Vogt, Das Giebel- oder Kommunmauerrecht in Sachsen, SächsArch. 1909 S. 105, 132 (Leipzig) 1908; de Boor, Das Recht der Anlagen auf der Grenze, insbesondere der Grenzmauern nach dem BGB., Diss. (Heidelberg) 1911; Ziel, Die gemeinschaftliche Giebelmauer und der Giebelentschädigungsanspruch nach dem BGB., Diss. (Leipzig) 1911; Vogt, Das Giebel- und Kommunmauerrecht in Sachsen, SächsArch. 1909 S. 105, 132; weiteres Schrifttum s. in der *-Note zu § 921 BGB. in Bd. III S. 372 f.

k) Das **Anwenderecht**, auch Trepprecht oder Tretrecht genannt, das Umwenderecht (Pflugrecht). In Preußen ist § 118, I, 8 ALR. (Pflugrecht) durch Art. 89 AG.BGB. aufgehoben; s. über das Anwenderecht in Preußen Meißner-Stern § 28, III S. 347 f.; Bayern, Art. 76, 79 AG.BGB. (Becher III, 7 S. 44); Oertmann, Bayer. LPrR. S. 338; Meisner § 26 S. 335 ff.; in den coburgischen Landesteilen gilt Art. 24 § 7 AG.BGB. für Coburg-Gotha fort (Bek. vom 30. Jan. 1922, B, II, a, Bayer. GVBl. S. 155); Thüringen, §§ 80, 81 AV.BGB. vom 16. Mai 1923 (GS. S. 294) nun für alle thüringischen Gebietsteile; die Vorschriften der früheren thüringischen Länder sind durch § 155 Abs. 1 AV.BGB. beseitigt.

Das Anwenderecht kann auch als Grunddienstbarkeit begründet werden; s. hierüber namentlich Meisner-Stern S. 357 und Meisner S. 347.

S. hiezu allgemein A. Götz, Das Anwenderecht, insbesondere seine Bedeutung in Vergangenheit und Gegenwart, sowie das Fürfallrecht, Berlin-Marburg 1925; Stobbe-Lehmann Bd. I, 1 § 101 Nr. 2 S. 334; Gierke II S. 439; GesuR. 1926 S. 176; s. über Inhalt und Umfang des auf örtlichem Herkommen beruhenden Anwenderechts und Einfluß der Änderung der Kulturart auf dem belasteten Grundstück die in letzterer Hinsicht nicht bedenkenfreie Entscheidung des BayObLG. in SeuffA. Bd. 70 S. 449.

l) Das **Schaufelschlagrecht**, das Recht des Eigentümers einer Wasserleitung, bei der Reinigung derselben, das Nachbargrundstück zu betreten, Schlamm, Sand und dgl. auf dasselbe zu werfen; vgl. l. 11 § 1 D. communio praediorum tam urbanorum quam rusticorum 8, 4; Stobbe-Lehmann, Deutsches PrR. II, 1 S. 335; Gierke II S. 440; Förster-Eccius S. 183 Note 62; Meisner-Stern, Preuß. Nachbarr. § 28, II S. 347; SeuffA. Bd. 2 S. 145; über Rechtsnatur und Inhalt des Schaufelschlagsrechtes s. auch Thür. OVerwG. in JW. 1926 S. 1071.

m) **Ableitung von Abwässern:** Württemberg, Art. 221 AG.BGB. (Becher XXVI, 1 S. 52); Oldenburg-Birkenfeld, § 24 AG.BGB. für Landesteil Birkenfeld (Becher XIII, 7 S. 35).

n) **Erhöhung von Grundstücken:** Württemberg, Art. 226, 227 AG.BGB. (Becher XXVI, 1 S. 54).

o) Vorschriften über die **Beschaffenheit der Einfriedungen an der Grenze:** Württemberg, Art. 228 AG.BGB. (Becher XXVI, 1 S. 54); Thüringen, § 79 AV.BGB. vom 16. Mai 1923 (GS. S. 294); Anhalt, Art. 39 AG.BGB. (Becher I, 3 S. 20).

6. **Eine zusammenfassende Regelung des Nachbarrechts** enthalten die Ausführungsgesetze von Bayern Art. 62—79, Württemberg Art. 217—254, Baden Art. 8—19 (früher 13—24) und Hessen Art. 82—89, 138, 278.

Keine Ausführungsbestimmungen sind erlassen in Preußen, Sachsen, Mecklenburg, Braunschweig, Lippe, Bremen, Hamburg und Lübeck. Hier bleibt es demnach bei den bisherigen Landesgesetzen: Für Preußen s. namentlich ALR. I, 8 §§ 125—128, 131, 133, 138—140, 142—144, 148, 152, 153, 155, 156, 162—167, 169—174, 185, 186; II, 15 § 247, aufrecht erhalten durch Art. 89 Nr. 1, b

AG.BGB.; s. hiezu Müller in GruchotsBeitr. Bd. 61 S. 608; OLG. Marienwerder, OLG. Bd. 22 S. 239 w (zu I, 8 § 138); RG. im „Recht" 1914 Nr. 398 (zu I, 8 § 141), OLG. Marienwerder, OLG. Bd. 26 S. 15 (zu I, 8 § 142), OLG. Hamm SeuffA. Bd. 78 Nr. 134 (zu I, 8 § 185); über fortdauernde Geltung der Berliner Bauobservanzen s. KG. im „Recht" 1913 S. 140; für das rheinische Rechtsgebiet s. code civil art. 671, 672 Abs. 1, 674—681), aufrecht erhalten durch Art. 89 Nr. 2 AG.BGB.; s. auch G. vom 28. Juli 1926 über die Aufhebung privatrechtlicher Baubeschränkungen in der Provinz Hannover und in der Stadt Frankfurt (GS. S. 236).

Für Sachsen s. auch Kloß-Müller, Sächs. Landesprivatrecht, 3. Aufl. § 66 S. 139 ff., wonach die Vorschriften der §§ 350 ff. Sächs. BGB. außer Kraft gesetzt sind.

In Thüringen sind durch § 152 AV.BGB. vom 16. Mai 1923 (GS. S. 301) alle Vorschriften, die das Eigentum zugunsten der Nachbarn beschränken, aufgehoben mit Ausnahme der dem Wasserrecht angehörigen und der Vorschriften des öffentlichen Rechts, die das Eigentum an Grundstücken noch anders als das BGB. und diese VO. beschränken. Die Aufhebung der Vorschriften der Ausführungsgesetze der jetzt thüringischen Länder ergibt sich außerdem aus § 155 Abs. 1 AV.BGB.

Art. 24 AG.BGB. für Coburg-Gotha ist dagegen in den mit Bayern vereinigten vormals coburgischen Landesteilen durch die bayer. Bek. vom 30. Jan. 1922 B, II, a (GVBl. S. 155) aufrechterhalten.

Art. 125.

Unberührt bleiben die landesgesetzlichen Vorschriften, welche die Vorschrift des § 26 der Gewerbeordnung auf Eisenbahn-, Dampfschiffahrts- und ähnliche Verkehrsunternehmungen erstrecken.

E. II, 97; III, 124.

Eigentumsbeeinträchtigungen durch Verkehrsunternehmungen.

1. Entstehung. Die Vorschrift ist erst von der II. Komm. aufgestellt und dann nicht weiter geändert worden (P. III, 379, VI, 428, Reatz III, 66, Mat. 79).

2. Inhalt.

A. § 26 der GewO. lautet:

„Soweit die bestehenden Rechte zur Abwehr benachteiligender Einwirkungen, welche von einem Grundstück aus auf ein benachbartes Grundstück geübt werden, dem Eigentümer oder Besitzer des letzteren eine Privatklage gewähren, kann diese Klage einer mit obrigkeitlicher Genehmigung errichteten gewerblichen Anlage gegenüber niemals auf Einstellung des Gewerbebetriebs, sondern nur auf Herstellung von Einrichtungen, welche die benachteiligende Einwirkung ausschließen, oder, wo solche Einrichtungen untunlich oder mit einem gehörigen Betriebe des Gewerbes unvereinbar sind, auf Schadloshaltung gerichtet werden."

Diese Bestimmung bildet eine reichsrechtliche Ausnahme von den Grundsätzen der §§ 906, 907, 1004 BGB., da die actio negatoria aus diesen Paragraphen an sich den Anspruch auf Einstellung des Betriebes begründen würde.

B. **Der Betrieb von Eisenbahn-, Dampfschiffahrts- und ähnlichen Verkehrsunternehmungen kann** durch verschiedene Einwirkungen, so z. B. durch übermäßige Rauchzuführung oder durch das Hinüberfliegen von Funken **das Eigentum an benachbarten Grundstücken beeinträchtigen.** In einem solchen Falle könnte der Eigentümer unter Umständen gemäß §§ 1004 mit 903 und 906 BGB. auf Einstellung des Eisenbahn- oder Dampfschiffahrts- usw. Betriebs klagen, während die Betriebs-Einstellung dem öffentlichen Interesse widerstreitet. Durch gegenwärtigen Artikel wird die Landesgesetzgebung ermächtigt, den negatorischen Anspruch gegen die angeführten Unternehmungen entsprechend dem § 26 der GewO. dahin zu beschränken, daß nicht auf Betriebseinstellung, sondern nur auf Herstellung von Einrichtungen, welche die benachteiligenden Wirkungen des Unternehmens ausschließen, oder, wo solche Einrichtungen untunlich oder mit dem gehörigen Betriebe des Unternehmens unvereinbar sind, auf Schadloshaltung geklagt werden kann (P. III, 379, Mat. 81).

Über den Schadensersatzanspruch in den Fällen, in denen ein Anspruch auf Beseitigung einer Anlage nicht besteht, s. Bem. IV, 2, f, δ zu § 906 in Bd. III S. 324 f.; RGRK. Anm. 13 zu § 906; Landmann, GewO. Bem. 5 zu § 29; RGZ. Bd. 100 S. 72, Bd. 101 S. 102, Bd. 104 S. 84.

Obwohl § 26 GewO. die Einschränkung der negatorischen Klage nur gegenüber den genehmigten Anlagen zuläßt, nimmt Planck, Bem. 1 mit Linkelmann, Arch. BürgR. Bd. 24 S. 242 an, daß diese Einschränkung gegenüber den in Art. 125 aufgezählten Unternehmungen nicht Platz greife: „denn sie gehört nicht zum Inhalte der Vorschrift des § 26, sondern bezieht sich nur auf das Anwendungsgebiet des § 26, das Anwendungsgebiet des Art. 125 ist aber in diesem selbst bestimmt." Allein § 26 der GewO. und ebenso der Art. 125 sind als Ausnahmerecht enge auszulegen, eine Erstreckung der Vorschrift auf andere Unternehmungen ist an den Wortlaut des § 26 gebunden, der die obrigkeitliche Genehmigung zu einer Voraussetzung für die dort geregelte Einschränkung der Rechte des Grundstückseigentümers oder -Besitzers macht.

Soweit landesrechtliche Ausführungsbestimmungen nicht erlassen sind, ist § 26 GewO. mit Rücksicht auf § 6 GewO. und § 16 Abs. V ReichsbahnG. vom 30. Aug. 1924 (RGBl. II S. 272) auf Eisenbahnunternehmungen nicht anwendbar.

C. Zu den „ähnlichen Verkehrsunternehmungen" sind zu rechnen Kraftfahrzeuglinien, mit anderer Maschinenkraft als Dampfkraft betriebene Wasserfahrzeuge, Ruderfähren, Trajekte, dem öffentlichen Verkehre dienende Aufzüge und Schwebebahnen, soweit diese nicht schon unter den Begriff der Eisenbahnen fallen (Oertmann, Bayer. Landeszivilrecht § 81 S. 341).

D. Reichsrechtlich gilt § 26 GewO. auch für Flughäfen, ohne Rücksicht darauf, ob sie zu gewerblichen oder zu öffentlichen Zwecken dienen (§ 10 LuftverkehrG. vom 1. Aug. 1922, RGBl. S. 681 ff.).

3. **Landesgesetzgebung:** Preußen hat von der durch diesen Artikel erteilten Befugnis keinen Gebrauch gemacht, weil das BGB. im Zusammenhange mit der preußischen Gesetzgebung (§§ 11 Abs. 2, 42 KleinbahnG. vom 28. Juli 1892, Ausf.-Anw. zu § 11 EisenbahnBOBl. 1898 S. 235, BahneinheitsG. vom 8. Juli 1902, § 25 preuß. EisenbahnG. vom 3. Nov. 1838, Art. 9 der preuß. VerfUrk., § 75 Einl. z. PLR. Art. 89 AG.BGB.) (Becher XIV, 1 S. 59) für ausreichend zum Schutze der Anlieger von Kleinbahnen gegen Schädigung durch den Kleinbahnbetrieb erachtet wurde (RG. in DJZ. 1904 S. 746, Keyßner im „Recht" 1904 S. 617). Vgl. auch EisenbahnG. §§ 4—14.

In Bayern haben früher ausdrückliche Bestimmungen nicht bestanden. Es ist aber ein Recht, die Einstellung des Betriebs eines obrigkeitlich genehmigten Eisenbahn- oder Dampfschiffahrtsunternehmens (Art. 8 Abs. 1 Ziff. 1 des G. vom 30. Jan. 1868, das Gewerbewesen betr.) wegen der über das Maß der allgemeinen Duldungspflicht (§ 906 BGB.) hinausgehenden Einwirkung auf ein Nachbargrundstück zu verlangen, nicht anerkannt worden (Erkenntn. des Oberapp.-Ger. vom 15. Febr. 1866 und 5. April 1871 in SeuffBl. Bd. 21 S. 123, Bd. 26 S. 392; Mot. z. bayer. AG. Art. 72 S. 45). Art. 80 AG.BGB. (Becher III, 7 S. 44; s. hiezu Oertmann, Bayer. LPrR. § 81 S. 340 f.) bestimmt nun:

> „Die Vorschrift des § 26 der Gewerbeordnung findet auf Eisenbahn-, Dampfschiffahrts- und ähnliche Unternehmungen, welche dem öffentlichen Verkehre dienen, entsprechende Anwendung."

In den mit Bayern vereinigten coburgischen Landesteilen gilt Art. 25 AG.BGB. für Sachsen-Coburg-Gotha (Becher XIX, 8 S. 61) gemäß bayer. Bek. vom 30. Jan. 1922, B, II, a (GVBl. S. 155) fort.

Siehe weiter für Sachsen AG.BGB. § 28 (Becher XVII, 1 S. 5); s. hiezu OLG. Dresden GewArch. Bd. 10 S. 233; Württemberg AG.BGB. Art. 218 (Becher XXVI, 1 S. 52), Art. 38 WasserG. vom 1. Dez. 1900 (RegBl. S. 921); Thüringen AV.BGB. vom 16. Mai 1923 § 82 (GS. S. 294) nun für alle thüringischen Gebietsteile [s. bisher für Sachsen-Weimar AG.BGB. § 118, Sachsen-Meiningen AG. BGB. Art. 16, Sachsen-Coburg-Gotha AG.BGB. Art. 25, Sachsen-Altenburg AG. BGB. § 73, Reuß ä. L. AG.BGB. § 105, Reuß j. L. AG.BGB. § 73, Schwarzburg-Rudolstadt AG.BGB. Art. 74, Schwarzburg-Sondershausen AG.BGB. Art. 35; die Vorschriften sind nach § 155 Abs. 1, 156 der AV.BGB. vom 16. Mai 1923 seit dem 1. Juli 1923 außer Kraft]; Hessen AG.BGB. Art. 92 (Becher VIII, 3 S. 47; s. Wolf, Hess. LPrR. § 84); Mecklenburg-Schwerin AV.BGB. § 106 (Becher XI, 2 S. 25); Braunschweig AG.BGB. § 246 (Becher IV, 1 S. 11); Anhalt AG.BGB. Art. 44 (Becher I, 3 S. 21); Lübeck AG.BGB. § 72 (Becher X, 6 S. 51); Mecklenburg-Strelitz AV.BGB. § 104 (Becher XII, 1 S. 22).

Art. 126.

Durch Landesgesetz kann das dem Staate an einem Grundstücke zustehende Eigentum auf einen Kommunalverband und das einem Kommunalverband an einem Grundstücke zustehende Eigentum auf einen anderen Kommunalverband oder auf den Staat übertragen werden.

E. I, 68; II, 98; III, 125.

Eigentumsübertragung durch Gesetz.

1. Entstehung. Art. 126 entspricht mit unwesentlichen redaktionellen Änderungen dem Art. 68 des Entw. I (Mot. z. EG. 193, P. VI, 429, Reatz III, 67, Mat. 87a S. 81).

2. Inhalt. Die Art. 126 und 127 lassen landesgesetzliche Ausnahmen von den Vorschriften des BGB. über Eigentumsübertragung an Grundstücken zu.

A. Der Art. 126 läßt eine landesgesetzliche Ausnahme von den Bestimmungen der §§ 873 und 925 BGB. zu, indem er gestattet, daß die Eigentumsübertragung unmittelbar durch Gesetz oder beim Vorliegen der gesetzlich näher geregelten Voraussetzungen (s. z. B. Art. 11 Abs. 4 des bayer. VerwGerHG. vom 8. Aug. 1878 i. d. F. vom 7. März 1924, GVBl. S. 65) bewirkt wird, wenn es sich handelt um die Übertragung des Eigentums an einem Grundstück

a) von Seite des Staates an einen Kommunalverband oder

b) von einem Kommunalverband an den Staat oder

c) von einem Kommunalverband an einen anderen Kommunalverband.

B. Unter Kommunalverbänden sind in Preußen die Provinzial-, Kreis- und Amtsverbände, in Bayern die Kreise und Bezirke und in allen Ländern gemäß Art. 77 dieses Gesetzes wohl auch die politischen Gemeinden zu verstehen.

C. Ob das Grundstück, dessen Eigentum übertragen wird, auf Grund einer dem § 90 BGB. entsprechenden Verordnung von der Eintragung im Grundbuche befreit ist oder nicht, davon hängt die Wirksamkeit des Vorbehalts des gegenwärtigen Artikels nicht ab. Ist das Grundstück nicht buchungsfrei, so sind landesgesetzlich gemäß Art. 127 dieses Gesetzes und § 83 GBO. auch Bestimmungen über die grundbuchmäßige Behandlung solcher Grundstücke zu treffen.

3. Grund der Vorschrift. Der Vorbehalt dieses Artikels wurde (nach den Motiven) aufgestellt, weil es sich hierbei um eine innere, den Privatverkehr nicht interessierende Angelegenheit der beteiligten öffentlichen Gemeinwesen handelt und hierfür die Zulassung einer Ausnahme zweckmäßig erscheint, um unnötige und oft beschwerliche Weiterungen zu ersparen.

4. Anwendungsfälle. In den Motiven sind als hierher gehörende Beispiele § 18 Abs. 2 des preuß. G. vom 8. Juli 1875, betr. die Ausf. des G. vom 30. April 1873 wegen Dotation der Provinzial- und Kreisverbände, und § 2 des preuß. G. vom 18. Jan. 1881 (GS. S. 7) betr. die Aufhebung der kommunalständischen Verbände in der Provinz Pommern, bezeichnet; vgl. auch G. vom 19. Jan. 1881 (GS. S. 10) betr. Aufhebung des kommunalständischen Verbandes der Neumark; hess. G. über das Straßenwesen vom 15. Juli 1926 (RegBl. S. 261) Art. 3 Abs. II.

Zu vergleichen ist auch die analoge Bestimmung des RG. vom 25. Mai 1873 (RGBl. S. 113) über die Rechtsverhältnisse der zum dienstlichen Gebrauch einer Reichsverwaltung bestimmten Gegenstände (§ 1 Abs. 1: „An allen dem dienstlichen Gebrauche einer verfassungsmäßig aus Reichsmitteln zu unterhaltenden Verwaltung gewidmeten Gegenständen stehen das Eigentum und die sonstigen dinglichen Rechte, welche den einzelnen Bundesstaaten zugestanden haben, dem Deutschen Reiche zu. Der Zeitpunkt des Übergangs dieser Gegenstände in eine solche Verwaltung ist als Zeitpunkt des Übergangs der Rechte an das Reich anzusehen").

5. Die Verschmelzung zweier Gemeinden zu einer Gesamtgemeinde durch öffentlich-rechtlichen Akt stellt eine Gesamtrechtsnachfolge dar, weshalb auch in diesem Falle Auflassung nicht erforderlich ist, BayObLGZ. Bd. 6 S. 466 = „Recht" 1905 S. 470 Nr. 1834. Zum preuß. G. vom 18. Jan. 1881 vgl. KGJ. Bd. 4 S. 142, OLG. Bd. 14 S. 62.

6. Wegen Freiheit der unter Art. 126 EG. fallenden Übertragungen von Grundstücken von der Grunderwerbsteuer s. § 21 Abs. 2 des GrErwStG. vom 12. Sept. 1919 (RGBl. S. 1624) in der Fassung vom 11. März 1927 (RGBl. I S. 72).

Art. 127.*)

Unberührt bleiben die landesgesetzlichen Vorschriften über die Übertragung des Eigentums an einem Grundstücke, das im Grundbuche nicht eingetragen ist und nach den Vorschriften der Grundbuchordnung auch nach der Übertragung nicht eingetragen zu werden braucht.

E. II, 99; III, 126.

Eigentumsübertragung an buchungsfreien Grundstücken.

1. Entstehung. Die Vorschrift ist erst in der II. Komm. und zwar anfänglich mit einer etwas anderen Fassung aufgestellt worden (P. VI, 426, 427, Reatz III, 67, Mat. 81).

2. **Inhalt.** Während grundsätzlich nach §§ 3ff. GBO. jedes Grundstück im Grundbuch einzutragen ist, kann nach § 90 GBO. durch (landesherrliche) Verordnung bestimmt werden, daß

a) die Grundstücke des Fiskus,

b) die Grundstücke gewisser juristischer Personen, dann

c) die öffentlichen Wege,

d) die öffentlichen Gewässer,

e) die Grundstücke, welche einem dem öffentlichen Verkehre dienenden Bahnunternehmen gewidmet sind, ferner

[f) die Grundstücke des Landesherrn, endlich

g) die Grundstücke, welche zum Hausgute oder Familiengute

α) einer landesherrlichen Familie,

β) der Fürstlichen Familie Hohenzollern, der Familie des vormaligen Hannoverschen Königshauses, des vormaligen Kurhessischen, des vormaligen Herzoglich Nassauischen Fürstenhauses und den Mitgliedern des Herzoglich Holsteinschen Fürstenhauses gehören,]

vom Eintragungszwange befreit werden.

Hinsichtlich dieser Grundstücke überläßt es Art. 127 der Landesgesetzgebung, auch für die **Übertragung des Eigentums** an denselben von den Vorschriften des § 873 BGB. abweichende Bestimmungen zu treffen, jedoch mit der Maßgabe, daß solche landesgesetzliche Sonderbestimmungen auf die betreffenden Grundstücke nur dann Anwendung finden, wenn die Grundstücke im Grundbuche nicht eingetragen sind und nicht eingetragen zu werden brauchen. Letzteres ist solange nicht der Fall, als die Eigentumsübertragung sich unter den oben angeführten Personen vollzieht. Gehört der Erwerber oder der Veräußerer nicht zu diesen Personen, dann kann dieser Artikel und die auf Grund desselben erlassenen landesgesetzlichen Vorschriften keine Anwendung finden.

Es kann z. B. landesgesetzlich die gerichtliche bzw. notarielle Beurkundung des Übertragungsvertrags ausgeschlossen und sogar eine formlose Einigung der Vertragschließenden für genügend erklärt werden.

Wird ein an sich buchungsfreies Grundstück mit dem Rechte eines Dritten belastet, das der Eintragung im Grundbuche bedarf (Erbbaurecht, dingliches Vorkaufsrecht, Reallast, Hypothek, Grundschuld, Rentenschuld, — anders Dienstbarkeiten Art. 128), so muß die Eintragung in das Grundbuch erfolgen.

3. Das Bedürfnis für eine derartige Bestimmung ist zunächst in Mecklenburg in bezug auf die Veräußerung eines größeren Bahnunternehmens hervorgetreten (P. 8888, Mat. 82). Der Vorbehalt hat den Zweck, den großen Unzuträglichkeiten vorzubeugen, die andernfalls sofort entstehen würden, wenn die Veräußerung eines nicht gebuchten Grundstücks erfolgen soll. Es müßte, um dieselbe nach § 873 BGB. zu ermöglichen, sofort ein Blatt im Grundbuch für das Grundstück angelegt werden. Dies würde besonders in solchen Fällen zu Weitläufigkeiten führen, in denen es sich um eine größere Anzahl von Grundstücken handelt, die beispielsweise durch eine Eisenbahn vom Staate erworben oder von einem öffentlichen Verbande auf einen anderen übertragen werden.

---

*) Schrifttum: Gernandt, Die Rechtsverhältnisse der buchfreien Grundstücke und der auf fremdem Grund und Boden errichteten Bauwerke nach deutschem Reichs- und Landesrecht, Diss. Heidelberg 1908.

4. Landesgesetze: S. für Preußen AG.BGB. Art. 27, AB.GBO. § 1 (Becher XIV, 1 S. 14 und 7 S. 122); Bayern AG.BGB. Art. 83 (Becher III, 7 S. 45), in den vormals coburgischen Landesteilen seit 1. Mai 1921 in Geltung laut Bek. vom 27. April 1921 (GVBl. S. 307), G. vom 18. Juni 1898, die Vorbereitung der Grundbuchanlegung in Bayern r. d. Rh. betr., Art. 2; VO. vom 1. Juli 1898, die vom Buchungszwange befreiten Grundstücke betr., GrundbuchanlegungsO. für die Pfalz vom 14. Sept. 1898 Ziff. 183—191, JMBek. vom 1. Okt. 1898 über die Vorbereitung der Anlegung des Grundbuchs in Bayern r. d. Rh. § 39, DienstAnw. für die Grundbuchämter § 503; Württemberg AG.BGB. Art. 212 (Becher XXVI, 1 S. 51) und VO. über das Grundbuchwesen vom 30. Juli 1899 § 4 (hiezu Meyer, Württ. AG.BGB. Tl. II S. 351 ff.); Baden AB.BGB. i. d. F. vom 13. Okt. 1925 (GVBl. S. 281 ff.) Art. 20 (Art. 25 alt); Thüringen AB.BGB. vom 16. Mai 1923 § 70 (GS. S. 293) für alle thüringischen Gebietsteile unter Aufhebung der für dieselben bisher in Geltung gewesenen Vorschriften der Ausführungsgesetze (§ 155 Abs. 1); Hamburg AG.BGB. § 29 (Becher VII, 1 S. 5); Mecklenburg-Schwerin AB.BGB. § 103 (Becher XI, 2 S. 24); Oldenburg AG.BGB. § 12 (Becher XIII, 3 S. 8); Birkenfeld AG.BGB. § 40 (Becher XIII, 7 S. 37); Landesteil Lübeck AG.BGB. § 12 (Becher XIII, 11 S. 63); Braunschweig AG.BGB. § 48 (Becher IV, 1 S. 11); Anhalt AG.BGB. Art. 47 in der Fassung des G. vom 20. Dez. 1919 (GS. S. 238); Bremen VO. vom 19. Dez. 1899 §§ 29—31 (Becher V, 15 S. 101), geändert durch VO. vom 2. Juli 1921 (GBl. S. 221); Lippe AG. BGB. § 30 (Becher IX, 1 S. 8); Lübeck AG.BGB. § 65 (Becher X, 6 S. 50); Mecklenburg-Strelitz AB.BGB. § 101 (Becher XII, 1 S. 21); Waldeck AG. BGB. Art. 14 (Becher XXV, 1 S. 9); Schaumburg-Lippe AG.GBO. § 16 (Becher XXII, 8 S. 58).

Für Sachsen kam Art. 127 EG. nicht in Betracht, weil schon vor Inkrafttreten des BGB. auch für derartige privilegierte Grundstücke der Eintragungszwang bestand (Kloß-Müller, Sächs. LPrR. 3. Aufl. § 59 Nr. II S. 124); ebensowenig für Hessen (Wolf, Hess. LPrR. § 107).

Art. 128.

Unberührt bleiben die landesgesetzlichen Vorschriften über die Begründung und Aufhebung einer Dienstbarkeit an einem Grundstücke, das im Grundbuche nicht eingetragen ist und nach den Vorschriften der Grundbuchordnung nicht eingetragen zu werden braucht.

E. III, 127.

Dienstbarkeiten an nicht buchungspflichtigen Grundstücken.

1. Entstehung. Dieser Artikel ist erst vom Bundesrat aufgestellt worden (Reatz III, 67).

2. Inhalt. Dieser Artikel schließt sich eng an den vorigen Art. 127 an. Er hat dieselbe Begründung und dieselben Voraussetzungen, gilt nur für die nämlichen Personen wie Art. 127 (vgl. Bem. 2 zu Art. 127). Es können hinsichtlich derjenigen Grundstücke, welche auf Grund des Vorbehalts in § 90 GBO. nicht im Grundbuch eingetragen sind und nicht eingetragen zu werden brauchen, landesgesetzlich über die **Begründung und Aufhebung der Dienstbarkeiten** an denselben andere Bestimmungen getroffen werden, als sie im BGB. §§ 873 ff., 1018 ff., 1030 ff., 1090 ff. getroffen sind; es kann also beispielsweise auch die Begründung der Dienstbarkeit durch Ersitzung und Aufhebung derselben durch Nichtausübung während einer bestimmten Zeit zugelassen werden.

Voraussetzung der Anwendung des Art. 128 ist:

a) daß das belastete Grundstück buchungsfrei ist, **und**

b) daß es im Grundbuch nicht eingetragen ist.

Ist es zwar nicht buchungspflichtig, aber gleichwohl tatsächlich eingetragen, oder ist es buchungspflichtig, aber nicht eingetragen, so finden die auf Grund des Art. 128 erlassenen oder aufrecht erhaltenen Vorschriften keine Anwendung (vgl. auch Planck Bem. 1). Nicht erforderlich ist, daß auch das praedium dominans, dasjenige Grundstück, zu dessen Gunsten die Dienstbarkeit begründet ist, buchungsfrei ist.

Unter den Vorbehalt fallen nicht nur die Grunddienstbarkeiten, sondern auch die andern, persönlichen, Dienstbarkeiten z. B. der Nießbrauch.

Wegen des Besitzschutzes der nach diesem Artikel nicht eintragungspflichtigen Grunddienstbarkeiten s. Art. 191 Abs. 2.

Wegen der Aufhebung von Dienstbarkeiten, die tatsächlich nicht eingetragen sind, s. Art. 189 Abs. 3.

3. Landesgesetze: Gebrauch gemacht haben von dem Vorbehalt: Bayern Art. 84 AG.BGB. (Becher III, 7 S. 45; vgl. hiezu Oertmann, Bayer. Landesprivatrecht S. 486 ff.), gilt seit 1. Mai 1921 laut Bek. vom 27. April 1921 (GVBl. S. 307) auch in den vormals coburgischen Landesteilen; Württemberg Art. 212 AG.BGB. (Becher XXVI, 1 S. 51); Thüringen § 70 AV.BGB. vom 16. Mai 1923 (GS. S. 293), nun für alle thüringischen Gebietsteile (von dem Vorbehalt hatten bisher nur Gebrauch gemacht Sachsen-Weimar § 122 AG.BGB., Reuß j. L. § 74 AG.BGB., Schwarzburg-Rudolfstadt Art. 75 AG.BGB. und Schwarzburg-Sondershausen § 74 AG.BGB., dagegen nicht Sachsen-Altenburg, Sachsen-Coburg-Gotha und Sachsen-Meiningen); Hamburg § 43 AG.BGB. (Becher VII, 1 S. 7); Mecklenburg-Schwerin § 122 AV.BGB. (Becher XI, 2 S. 28); Mecklenburg-Strelitz § 120 AV.BGB. (Becher XII, 1 S. 25); Oldenburg § 13 AG.BGB. (Becher XIII, 3 S. 8); Birkenfeld § 41 AG.BGB. (Becher XIII, 7 S. 38); Landesteil Lübeck § 12 AG.BGB. (Becher XIII, 11 S. 63); Braunschweig § 51 AG.BGB. (Becher IV, 1 S. 12); Anhalt Art. 48 AG.BGB. (Becher I, 3 S. 22); Lippe § 31 AG.BGB. (Becher IX, 1 S. 8); Lübeck § 81 AG.BGB. (Becher X, 6 S. 53).

Keinen Gebrauch haben von diesem Vorbehalt gemacht: Preußen, Sachsen (s. Kloß-Müller, Sächs. Landesprivatrecht, 3. Aufl. S. 288, 294), Baden, Bremen, Waldeck und Schaumburg-Lippe. In diesen Ländern hat es daher auch für Dienstbarkeiten an buchungsfreien und nicht eingetragenen Grundstücken bei den Vorschriften der §§ 873, 1018 BGB. sein Bewenden; s. für Preußen auch Art. 89 AG.BGB., wonach die von der Begründung von Dienstbarkeiten handelnden Vorschriften des ALR. I, 22 §§ 13 ff. und des code civil art. 690 ff. aufgehoben sind.

Art. 129.

Unberührt bleiben die landesgesetzlichen Vorschriften, nach welchen das Recht zur Aneignung eines nach § 928 des Bürgerlichen Gesetzbuchs aufgegebenen Grundstücks an Stelle des Fiskus einer bestimmten anderen Person zusteht.

E. II, 101; III, 128.

Aneignung herrenloser Grundstücke.

1. Entstehung. Dieser Artikel wurde erst in der II. Komm. aufgestellt (P. III, 188, VI, 429, Reatz III, 67).

2. Inhalt. Nach § 928 Abs. 1 BGB. kann das Eigentum an einem Grundstück dadurch aufgegeben werden, daß der Eigentümer den Verzicht dem Grundbuchamte gegenüber erklärt und der Verzicht in das Grundbuch eingetragen wird. Das Recht zur Aneignung des aufgegebenen Grundstücks steht reichsrechtlich nach § 928 Abs. 2 BGB. dem Fiskus des Bundesstaates zu, in dessen Gebiete das Grundstück liegt. Hiermit stimmte das PLR. Tl. II Tit. 16 §§ 8 und 12 sowie das sächs. GB. § 294 mit §§ 2618—2620 überein, während nach code civil art. 539 der Staat das Eigentum schon durch die Dereliktion selbst erlangte. Nach römischem Rechte stand das Aneignungsrecht demjenigen zu, der zuerst den Besitz ergriff. (M. III, 326.) Es kam aber auch vor, daß Ortsgemeinden, Besitzer eines Rittergutes, der frühere Landesherr usw. das Okkupationsrecht hatten (P. III, 188).

Der Vorbehalt dieses Artikels ermächtigt die Landesgesetzgebung, den bisherigen Rechtszustand aufrecht zu erhalten oder das Aneignungsrecht einer anderen Person als dem Fiskus zu übertragen, nur muß diese Person eine bestimmte sein. Es kann also der Grundsatz des römischen Rechts nicht aufrecht erhalten oder neu eingeführt werden. Der Aneignungsberechtigte muß sich zum Zwecke des Eigentumserwerbs als Eigentümer in das Grundbuch eintragen lassen.

3. Sind Grundstücke in dem Zeitpunkte, in welchem das Grundbuch als angelegt anzusehen ist (Art. 186 Abs. 1 EG.), herrenlos, so kann die Landesgesetzgebung auch für diesen Fall das Aneignungsrecht an Stelle des Fiskus einer anderen bestimmten Person einräumen; Art. 190 Satz 2 EG.

4. Landesgesetze: Von dem Vorbehalt ist nur in sehr geringem Umfange Gebrauch gemacht; vgl. Stobbe-Lehmann, DPR. 3. Aufl. Bd. 2 Abs. 1 § 122 S. 526 ff.

In Preußen besteht eine allgemein gültige Vorschrift nicht. Nach Art. 89 AG. BGB. treten die Vorschriften des Tl. II Tit. 16 §§ 8 und 12 des ALR. außer Kraft, dagegen bleibt code civil art. 539 in Kraft. Erhalten blieb durch Art. 129 das sog. „Auenrecht der Rittergüter", das sich in mehreren Landesteilen Preußens findet. Vermöge dieses Rechtes gehören nach näherer Bestimmung des lokalen Herkommens Wüsteneien, verlassene Grundstücke, wie auch Wege der bäuerlichen Feldmark demjenigen Rittergute, das früher die Gutsherrschaft über die Feldmark besessen hat (vgl. Dernburg, Preuß. PR. I S. 546, Sachenrecht I S. 197, 198; ALR. I, 22 § 56; Entsch. d. OTr. Bd. 26 S. 207). S. ferner KabO. vom 14. März 1825 (Kamtz Anm. 9 S. 605, Lottner, Samml. der für die Rheinprovinz ergangenen Gesetze 5, 180) für die westlichen Provinzen Rheinland und Westfalen (Parzellen, die sich bei der Katastervermessung als herrenlos erweisen, sollen den Gemeinden überwiesen werden). Ferner gehört hierher das sog. Weichbildrecht der Städte, demzufolge den Städten die innerhalb der Flurgrenze belegenen Grundstücke, die keinem anderen aus speziellem Titel gehören, zustehen (OTr. bei Simon und Strempf, Rspr. I S. 238ff.). Vgl. auch § 77 des westpreuß. Provinzialrechts vom 19. April 1844 (GS. S. 103); § 4 G. vom 16. Febr. 1857, betr. Einführung des westpreuß. Provinzialrechts in Danzig (GS. S. 87).

Für das bayerische Recht vgl. Roth, Bayer. Zivilrecht Bd. 1 § 36 S. 244, Oertmann, Bayer. Landeszivilrecht S. 88. In Art. 1 AG.BGB. ist der Art. 129 EG. nicht aufgenommen; daraus ergibt sich, daß etwaige ältere Bestimmungen des in Art. 129 EG. vorgesehenen Inhalts mit dem Inkrafttreten des BGB. ihre Geltung verloren haben.

Auch in Sachsen (vgl. Kloß-Müller, Sächs. Landesprivatrecht, 3. Aufl. § 74, I S. 163), Württemberg, Baden, Thüringen und Hessen bestehen Vorschriften über das Recht zur Aneignung eines vom Eigentümer aufgegebenen Grundstücks nicht.

Für Elsaß-Lothringen kam die Vorschrift in Frage, nach welcher sich der Eigentümer von gewissen Grundsteuern dadurch befreien kann, daß er zugunsten der Gemeinde, in welcher das Grundstück liegt, auf dieses förmlich verzichtet. G. vom 3. frimaire VII Art. 66 (vgl. Kisch, Elsaß-Lothring. Landesprivatrecht S. 585, 586).

Art. 130.*)

Unberührt bleiben die landesgesetzlichen Vorschriften über das Recht zur Aneignung der einem Anderen gehörenden, im Freien betroffenen Tauben.

E. I, 69; II, 102; III, 129.

Das Recht zum Taubenfang.

1. Entstehung. Art. 130 entspricht mit unwesentlichen redaktionellen Änderungen dem Art. 69 des E. I (Mot. z. EG. 194, Reatz III, 67, Mat. 87a S. 82).

2. Inhalt. Die **Tauben** gehören — mit Ausnahme der Wildtauben — zu den zahmen Tieren (vgl. Bem. 2, a zu § 960), über welche das BGB. besondere Vorschriften nicht trifft und welche deshalb gemäß § 959 BGB. wie andere bewegliche Sachen dann herrenlos werden, wenn der Eigentümer in der Absicht, auf das Eigentum zu verzichten, den Besitz aufgibt. Solange der Eigentümer einer Taube den Besitz nicht aufgibt, kann ein anderer, der dieselbe in Eigenbesitz nimmt, gemäß § 958 BGB. das Eigentum hieran durch Aneignung nicht erwerben.

Der Vorbehalt des gegenwärtigen Artikels gestattet nun der Landesgesetzgebung, Tauben, deren Besitz der Eigentümer aufzugeben nicht Willens ist, als herrenlos zu behandeln und sie dem Aneignungsrecht eines anderen zu unterwerfen, wenn sie im Freien betroffen werden.

3. Der Zweck des gegenwärtigen Artikels ist, dem Eigentümer eines Grundstücks gegen die Beschädigung des letzteren durch Tauben neben dem polizeilichen Schutze noch einen privatrechtlichen zu gewähren.

4. Veranlassung zum Vorbehalte dieses Artikels war wohl das PLR. Tl. I Tit. 9 §§ 111—113 (s. hiezu KG. in JurRundsch. 1926 Nr. 2398) und § 40 der preuß. FeldpolizeiO. vom 1. Nov. 1847 (nicht aufgehoben durch das Feld- und ForstpolizeiG. vom 1. April 1880).

---

*) Schrifttum: Pegius, Juristische Schriften II (Ergötzlichkeiten vom Hunde-, Tauben- und Hühnerrecht, Frankfurt und Leipzig 1728); Salandern, Das Tauben-, wie auch das Bienen- und Immenrecht, Frankfurt und Leipzig 1723; Goetze, Das Recht zum Taubenfang, in Gesetz und Recht 1909 S. 39ff.

5. **Landesgesetze:** Für Preußen verbleibt es bei den in Bem. 4 aufgeführten Vorschriften gemäß AG.BGB. Art. 89 (Becher XIV, 1 S. 59) (Art. 27 des Entwurfs, welcher diese Vorschriften aufheben wollte, erlangte nicht die Zustimmung des Abgeordnetenhauses; vgl. Bericht der XV. Komm. vom 21. Juni 1899 S. 133). Vgl. auch Mot. zum Entw. d. AG.BGB. S. 39.

Vgl. auch KreisO. vom 13. Dez. 1872 § 135, IV Ziff. 3; G. vom 26. Juli 1876 § 84; für die Rheinprovinz La relative à la suppression du droit exclusif de la chasse etc. Du 4—11 août 1879 Art. 2 (bei Dronke, Rhein. Privatrecht II, 327).

In Bayern begnügt sich die Gesetzgebung mit der Vorschrift des Art. 120 Nr. 1 PolStGB. (vgl. Jacubezky S. 143). Die in Bem. 4 angeführte Vorschrift des PLR. verliert durch Art. 1 AG.BGB. für Bayern ihre Gültigkeit (vgl. Oertmann, Bayer. Landesprivatrecht S. 368).

In Sachsen bestehen Vorschriften über das Recht zum Taubenfang nicht (Kloß-Müller, Sächs. Landesprivatrecht, 3. Aufl. § 74, I S. 163), ebensowenig in Württemberg.

6. Wegen **Brieftauben** vgl. RG. betr. den Schutz der Brieftauben und den Brieftaubenverkehr im Kriege vom 28. Mai 1894 (RGBl. S. 463). Nach diesem Gesetze finden die durch Art. 130 aufrechterhaltenen Landesgesetze keine Anwendung auf Militärbrieftauben. Nach einer Entsch. des KG. (DJZ. 1900 S. 26) gilt dies für das preußische Recht für Brieftauben überhaupt.

Nur für die Dauer des Krieges galten die VO. vom 31. Juli und 23. Sept. 1914.

Art. 131.*)

Unberührt bleiben die landesgesetzlichen Vorschriften, welche für den Fall, daß jedem der Miteigentümer eines mit einem Gebäude versehenen Grundstücks die ausschließliche Benutzung eines Teiles des Gebäudes eingeräumt ist, das Gemeinschaftsverhältnis näher bestimmen, die Anwendung der §§ 749 bis 751 des Bürgerlichen Gesetzbuchs ausschließen und für den Fall des Konkurses über das Vermögen eines Miteigentümers dem Konkursverwalter das Recht, die Aufhebung der Gemeinschaft zu verlangen, versagen.

E. I, 73; II, 103; III, 130.

Stockwerkseigentum, Herbergsrecht, Geschoßeigentum.

1. Entstehung. Art. 131 entspricht dem Art. 73 E. I (vgl. auch Note 1 zu § 949 des Entw. d. BGB.) mit dem Abmaße, daß in der II. Komm. die Einräumung des Rechtes, bestimmte Teile des Gebäudes ausschließlich zu benutzen, infolge der schließlichen Fassung des nunmehrigen § 1010 BGB. gestrichen und die auf den Konkurs bezügliche Bestimmung eingefügt wurde (Mot. z. EG. 197, Mat. z. Nr. 87 a S. 93, P. VI, 437, Reatz III, 67). Vgl. auch Bem. 3 zu § 1010.

2. **Begriff und Entwicklung des Stockwerkseigentums.** Der Art. 131 betrifft das sog. Stockwerkseigentum (oder Geschoßeigentum oder Herbergsrecht), welches im französischen Rechte (cod. civ. art. 664), badischen Rechte (Satz 664), in mehreren Gebieten des rechtsrheinischen Bayern (Roth, BZR. 1. Aufl. Bd. 2 § 120 Ziff. 4 S. 56), in Sachsen-Meiningen, Frankfurt a. M., in Schleswig und nach der Praxis auch in Württemberg anerkannt ist (M. III, 44). Das Wesen des Stockwerkseigentums besteht darin, daß die einzelnen Stockwerke eines Gebäudes im Alleineigentum verschiedener Personen stehen, während an gewissen Teilen des Gebäudes (z. B. Treppe, Dach) und an der Bodenfläche ein gemeinschaftliches Recht besteht; eine Teilung dieses Miteigentums ist ausgeschlossen (vgl. Jacubezky S. 188, JG. III, 219 ff.

*) Schrifttum: Meisner, Das in Bayern bestehende Nachbarrecht, 3. Aufl. § 3 S. 30 ff.; Meisner-Stern, Preuß. Nachbarrecht § 3 S. 36 ff.; Habicht § 40, III S. 415 ff.; Oberneck, Reichsgrundbuchrecht, 4. Aufl. Bd. I § 64 S. 558; Schröder, Heidelberger Festgabe von 1896 für den Großherzog von Baden S. 101 ff.; Oertmann, Bayr. Landesprivatrecht § 74; Kisch, Elsaß-Lothr. Landesprivatrecht S. 484 ff.; Schott, Das Stockwerkseigentum nach den Bestimmungen des württembergischen Rechts unter Einwirkung des Reichsrechts, Diss. Erlangen 1907; Merzbacher, Das uneigentliche Stockwerkseigentum, „Recht" 1924 Nr. 17, 18.

zum EG. S. 70; für das rheinische Recht RheinArch. 90, I S. 237, 91, I S. 71, JW. 1894 S. 95).

3. Inhalt. Nach den §§ 93 und 95 BGB. ist ein Sondereigentum an Bestandteilen eines Gebäudes ausgeschlossen. Auch ist nach § 1 Abs. 3 der VO. über das Erbbaurecht vom 15. Jan. 1919 (RGBl. S. 72 — vor deren Inkrafttreten § 1014 BGB.) die Beschränkung des Erbbaurechts auf einen Teil des Gebäudes, insbesondere ein Stockwerk, unzulässig. Nur hält der Art. 182 das beim Inkrafttreten des BGB. bestehende Stockwerkseigentum schlechthin aufrecht. Eine Neubegründung von Stockwerkseigentum im älteren Sinne ist unzulässig. Hieran hält auch Art. 131 fest; er räumt aber der Landesgesetzgebung die Befugnis ein, ein Stockwerkseigentum als ein Miteigentumsverhältnis zuzulassen, bei welchem jedem der Eigentümer eines mit einem Gebäude versehenen Grundstücks die ausschließliche Benutzung eines Teiles zusteht, d. h. es wird die rechtliche Form bestimmt, in welcher die Landesgesetzgebung die Neubegründung eines sog. uneigentlichen Stockwerkseigentums noch in Zukunft gestatten darf.

Im einzelnen ist zu bemerken:

A. Die Landesgesetzgebung kann ein Stockwerkseigentum nur als ein Miteigentum an einem mit einem Gebäude versehenen Grundstücke zulassen mit der Besonderheit, daß jedem der Miteigentümer die ausschließliche Benutzung einzelner Teile des Gebäudes eingeräumt ist.

B. Die Landesgesetzgebung ist befugt, nach folgenden Richtungen hin Bestimmungen zu treffen, welche das Reichsrecht (BGB. §§ 1008, 1009, 1011 mit §§ 741—758) ergänzen oder von demselben abweichen:

a) Es kann das Gemeinschaftsverhältnis näher regeln, also näher bestimmen, an welchen Teilen des Gebäudes dem einzelnen Miteigentümer das ausschließliche Benutzungsrecht zusteht und die Art der Benutzung näher regeln, den ideellen Anteil am Grund und Boden und an den zur gemeinschaftlichen Benutzung verbleibenden Gebäudeteilen bestimmen, sowie die Verwaltung und Benutzung der letzteren, die Art der Unterhaltung der Gebäudeteile, die Teilung etwaiger Früchte sowie die Verteilung der Lasten und Kosten regeln.

b) Die Anwendung der §§ 749—751 BGB., nach welchen die Aufhebung der Gemeinschaft verlangt werden kann, darf ausgeschlossen werden.

c) Der Ausschluß der Aufhebung der Gemeinschaft kann auch (entgegen dem § 16 KO.) als der Konkursmasse gegenüber wirksam erklärt werden, so daß im Falle des Konkurses über das Vermögen eines Miteigentümers der Konkursverwalter nicht befugt ist, die Aufhebung der Gemeinschaft zu verlangen.

Soweit landesgesetzliche Vorschriften nicht getroffen werden, gelten die Bestimmungen des BGB. §§ 1008ff. und 741ff. über das Miteigentum.

4. Hinsichtlich der Behandlung des Stockwerkseigentums im **Grundbuche** wurde in der II. Komm. (P. VI, 437) bemerkt, man werde künftig die (nach rheinischem Rechte bestehenden) mehreren Blätter als ein Grundbuchblatt anzusehen haben, die auf den einzelnen Stockwerken eingetragenen Rechte würden als Rechte am Anteil des betreffenden Miteigentümers gelten müssen. Jedenfalls ist im Falle eines auf Grund des Art. 131 begründeten Stockwerkseigentums die Anlegung eines Grundbuchblattes für den Gegenstand desselben ausgeschlossen (Güthe-Triebel GBO. Bem. 19 zu § 4, Oberneck RGrBR. Bd. I § 64).

5. Hinsichtlich eines am 1. Januar 1900 bestehenden Stockwerkseigentums ist auf **Art. 182** zu verweisen.

6. Landesgesetze: Bayern hat von dem Vorbehalte des Art. 131 keinen Gebrauch gemacht (Mot. zu Art. 1 AG.). Neues Stockwerkseigentum kann also auch im Sinne dieses Artikels vom 1. Januar 1900 an in Bayern nicht mehr begründet werden. Dagegen wird das zur Zeit des Inkrafttretens des BGB. dort bestandene Stockwerkseigentum näher geregelt durch Art. 20 des pfälz. LiegenschaftsG. vom 1. Juli 1898 (GVBl. S. 370) und Art. 42 des ÜbergG. vom 9. Juni 1899 (GVBl. Beil. S. 83). Im übrigen vgl. die Bem. zu Art. 182.

Für Hessen s. AG.BGB. Art. 216—219 (Becher VIII, 3 S. 76ff.); diese regeln nur das zur Zeit des Inkrafttretens des BGB. bereits bestandene Stockwerkseigentum (s. Wolf, Hess. LPrR. § 110). Soweit ersichtlich ist, hat keine Landesgesetzgebung von dem Vorbehalte des Art. 131 Gebrauch gemacht.

Art. 132.*)

Unberührt bleiben die landesgesetzlichen Vorschriften über die Kirchenbaulast und die Schulbaulast.

E. III, 131.

Kirchenbaulast, Schulbaulast.

1. Entstehung. Dieser Artikel ist erst vom Bundesrat aufgestellt worden (Reatz III, 68). Im I. Entw. wurden über Kirchen- und Schulbaulast Bestimmungen nicht getroffen, weil diese Baulast in großen Gebieten des Reiches als eine öffentliche Last aufgefaßt wird, und weil für diejenigen Gebiete, in welchen die Kirchenbaulast den Charakter einer rein privatrechtlichen Reallast hat, die Übergangsbestimmung des Art. 184 als ausreichend erachtet wurde (Mot. z. EG. 152). Auf einem ähnlichen Standpunkte stand die II. Komm., welcher folgende Antrag unterbreitet wurde:

„Unberührt bleiben die landesgesetzlichen Vorschriften, welche die Veräußerung oder Belastung der zum kirchlichen Vermögen gehörenden (event. der zum gottesdienstlichen Gebrauch bestimmten) Sachen untersagen, das kirchliche Pfründenrecht, das kirchliche Patronatsrecht, die kirchliche Baulast sowie die Benutzung eines Platzes in einem dem öffentlichen Gottesdienste gewidmeten Gebäude oder eines Platzes auf einer öffentlichen Begräbnisstätte regeln" (P. 8903).

Von diesem Antrage wurde der das kirchliche Veräußerungsverbot, das kirchliche Pfründenrecht und das kirchliche Patronatsrecht betreffende Teil bei dem nunmehrigen Art. 80 erledigt, in dem das kirchliche Veräußerungsverbot als durch das BGB. beseitigt, das kirchliche Patronatsrecht (Bem. IV zu Art. 80) als dem öffentlichen Recht angehörig und daher ohnehin in die landesgesetzliche Zuständigkeit fallend betrachtet (P. VI, 435, 436) und für das kirchliche Pfründenrecht der Vorbehalt des Art. 80 aufgestellt wurde. Das privatrechtliche Recht auf Kirchenstühle und Begräbnisplätze behandelt der nunmehrige Art. 133, und soweit der Antrag die kirchliche Baulast betrifft, wurde er aus den Gründen der Motive und aus dem weiteren Grunde zurückgezogen, weil auf die Entstehung neuer Verpflichtungen nach Inkrafttreten des BGB. dessen Vorschriften Anwendung fänden (P. VI, 435). Letzterer Grund trifft nun, nachdem der ganze Rechtsstoff der Kultusbaulast, soweit er auf Privatrecht der landesgesetzlichen Regelung überlassen ist, gemäß Art. 3 dieses Gesetzes nicht mehr zu.

Über die Befugnis, ein Kirchenstuhlrecht aus kirchenpolizeilichen Gründen einzuschränken, s. RGZ. Bd. 118 S. 22ff. = JW. 1928 S. 2853.

---

*) Schrifttum: Richter, Kirchenrecht 1886 S. 1346ff.; Schulte, Kirchenrecht, 4. Aufl. § 219 Ziff. III, IV; Permaneder, Kirchliche Baulast, 3. Aufl. von Riedle, München 1890; Burkhard, Zur Lehre von der kirchlichen Baupflicht, Erlangen 1884; Kreitner, Die Baulast der Filialkirche zur Mutterkirche nach kanonischem und bayerischem Recht, Augsburg 1892; Krick, Kirchliche Baulast und kirchliches Bauwesen nach den in Bayern geltenden Gesetzen und Verordnungen, Passau 1893; Dirksen in Stengel-Fleischmann, Handwörterbuch des deutschen Staats- und Verwaltungsrechts, Bd. III, Artikel „Schullasten" S. 379ff., insbes. § 5; Hübler, ebenda Bd. II, Artikel „Kirche" S. 559ff. „Kirchenbaulast"; Heydinger, Das Recht der Kultusbaulast nach dem Preußischen Allgemeinen Landrechte mit besonderer Berücksichtigung Bayerns, BlAdmPrax. Bd. 70 S. 1ff.; Meurer, Die Rechtsfähigkeit und Baulast auf dem Gebiete der Kirche in Bayern, Stuttgart 1919 (III. Bd. des Bayerischen Kirchenvermögensrechts), zweites Buch S. 187ff., insbes. §§ 29—31; derselbe auch Bayer. Pfründerecht (II. Bd. des Bayer. KVermR.) § 96 S. 452; Königer-Giese, Grundzüge des kath. Kirchenrechts und des Staatskirchenrechts S. 120, 132; Schwarzlose, Grundzüge des deutsch-evangelischen Kirchenrechts S. 230; derselbe, Handwörterbuch der Staatswissenschaften, 4. Aufl. Bd. V, Artikel „Kirchenabgaben" Nr. III S. 683ff.; Eichmann, Lehrbuch des Kirchenrechts auf Grund des Codex Iuris Canonici, 2. Aufl. (Paderborn 1926) S. 411ff., 498f.; Schön, Das evang. Kirchenrecht in Preußen, Bd. 2 Abt. 2 § 90; Haring, Grundzüge des kath. Kirchenrechts, 2. Aufl. (Graz 1916) S. 745ff.; Sägmüller, Lehrbuch des kath. Kirchenrechts, 2. Aufl. (Freiburg 1909) S. 326, 891; v. Buchka, Leistungsverpflichtungen des Patrons und der Eingepfarrten zu kirchlichen Bauten in Mecklenburg, MecklZ. 42. Jahrg. Heft 3; Stüber, Gehören Streitigkeiten über Bau- und Unterhaltspflicht an Kirchengebäuden im Bereich des Patronatsrechts vor die Verwaltungsgerichte oder die ordentlichen Gerichte? Preuß. VerwBl. Bd. 49 S. 213ff.

2. **Inhalt:** Der Vorbehalt ist ein allgemeiner, erstreckt sich also auf alle in Betracht kommenden bürgerlich-rechtlichen Beziehungen. Er ermöglicht die Erlassung neuer landesgesetzlicher Vorschriften; die Aufrechthaltung von Verpflichtungen, die auf Grund älterer Vorschriften zur Zeit des Inkrafttretens des BGB. bestanden haben, ergibt sich aus Art. 184 EG.

3. Zur Erzwingung der Erfüllung privatrechtlicher Baulastverpflichtungen steht grundsätzlich und vorbehaltlich anderer landesgesetzlicher Regelung der Rechtsweg offen (RGZ. Bd. 105 S. 3, Bd. 110 S. 160 und RG. in JW. 1927 S. 785 Nr. 16 und 17, JurRundsch. 1927 Nr. 521; auch BayObLGZ. Bd. 21 S. 129); s. auch Stüber a. a. O. (* Note).

4. Darüber, daß die Kirchenbaulast nicht als Reallast oder reallastähnliche Obligation anzusehen, s. (in Abweichung von älterer Rechtsprechung) BayObLG. in BayObLGZ. Bd. 24 S. 287, 291 = BayVerwBl. 1926 S. 44.

5. **Landesgesetze:** In Preußen kommen hinsichtlich der Kirchenbaulast namentlich die Vorschriften über Patronatsleistungen zu kirchlichen Bauten in Betracht; s. PLR. Tl. II Tit. 11 §§ 584, 699, 700, 706—712, 720, 757, 758, 784, 785, 799; Tl. II Tit. 12 §§ 29, 34, 36, 37; daneben Hand- und Spanndienste der Eingepfarrten; s. überhaupt PLR. Tl. II Tit. 11 §§ 710—771. Über Aufrechterhaltung der Vorschriften des ALR. s. RG. in JW. 1910 S. 466. Siehe Hue de Grais, Handb. der Verf. und Verw., 24. Aufl., § 258 S. 512, besonders die in Note 12 aufgeführten besonderen Vorschriften für die einzelnen Provinzen. Über Patronatsbaulast s. v. Bonin in PrVerwBl. Bd. 46 S. 176. Über Erstreckung der Patronatsbaulast auf Zubehör s. RGZ. Bd. 90 S. 346, Bd. 105 S. 2, RG. in JW. 1923 S. 756 und Bem. hiezu von Giese. Aus den neueren Kirchengesetzen s. für die evangelische Kirche Art. 17, 18 des G. vom 8. April 1924 (GS. S. 221) und § 3 der VO. vom 4. Aug. 1924 (GS. S. 594), für die katholische Kirche G. vom 24. Juli 1924 (GS. S. 585) und Art. 1 und 2 des G. vom 24. Nov. 1925 (GS. S. 161) und VO. vom 8. Febr. 1926 (GS. S. 45). Die Baupflicht des Kirchenpatrons ist durch die neuen Kirchenverfassungen nicht berührt; die Streitigkeiten über Kirchenbaulast sind durch Art. 17 des G. vom 8. April 1924 dem Verwaltungsstreitverfahren überwiesen; dies gilt auch für die Baupflicht des Patrons; s. hierüber und über das Verhältnis von Art. 17 und 19 des genannten Gesetzes die oben angeführte Entsch. des RG., RGZ. Bd. 110 S. 160 = JW. 1925 S. 1614, JW. 1927 S. 785 Nr. 16 und 17 und JurRundsch. 1927 Nr. 521.

Hinsichtlich der Schulbaulast s. die §§ 27, 28, 30, 31, 32 des G. betr. die Unterhaltung der öffentlichen Volksschulen (GS. S. 335; wiederholt geändert) und Hue de Grais a. a. O. § 269 S. 542 f., 547.

In Bayern sind nach Art. 1 Abs. 1 AG.BGB. die Vorschriften aus der Zeit vor dem Jahre 1818 aufrecht erhalten; s. hierüber Henle-Schneider Bem. 13 zu Art. 1; s. auch Art. 112 Abs. 3 KirchengemeindeO. vom 24. Sept. 1912 (GVBl. S. 911). S. über Kirchenbaulast Henle, Handb. der inneren Verwaltung § 66, über Schulbaulast ebenda § 80 Nr. 4 S. 458, Girisch-Hellmuth-Pachelbel, Handwörterbuch des bayer. Staatskirchenrechts, 2. Aufl. S. 25 ff., ferner Meinzolt, Bayer. Volksschulrecht §§ 105, 110 und 140 S. 110, 112, 118 und 169. Über Pfründebaulast s. Bem. VI zu Art. 80. Die Baulast an Volksschulen ist grundsätzlich Last der Gemeinden; s. aber Art. 51, 59, 76 Abs. 2 des SchulbedarfsG. vom 14. Aug. 1919 mit seinen Änderungen; über das Verfahren s. Art. 10 Ziff. 19 VerwGerHG. in der Fassung des Art. 178 Abs. 2 SchulbedarfG. vom 14. Aug. 1919 und Dyroff, VGH. Bem. 5 hiezu. Darüber, daß Art. 76 Abs. 2 des SchulbedarfsG. nicht gegen Art. 153 RV. verstößt und zur Auslegung der Vorschrift überhaupt s. BayObLG. vom 14. Okt. 1927 (BayVerwBl. 1928 S. 24 f.).

In Sachsen kommt die Kirchenbaulast und die Schulbaulast als privatrechtliche Last nicht mehr vor (Kloß-Müller, Sächs. Landesprivatr. § 72, II S. 162).

Für Württemberg s. Meyer, Württ. AG.BGB. Tl. II S. 277.

Für Mecklenburg s. Buchka, Meckl. Landesprivatr. § 7, V und über Baulast des Patrons derselbe in MecklZ. Bd. 42 S. 144.

6. Über Kirchenbaulast des Patrons nach gemeinem evangelischen Kirchenrecht, Entstehung durch Observanz, Herkommen oder unvordenkliche Verjährung s. RGZ. Bd. 102 S. 9, auch RG. in SeuffA. Bd. 70 Nr. 60.

Über Pfründebaulast s. auch Bem. VI zu Art. 80.

Art. 133.*)

Unberührt bleiben die landesgesetzlichen Vorschriften über das Recht zur Benutzung eines Platzes in einem dem öffentlichen Gottesdienste gewidmeten Gebäude oder auf einer öffentlichen Begräbnisstätte.

E. I, 72; II, 104; III, 132.

Kirchenstühle und Begräbnisplätze.

1. Entstehung. Der Art. 133 entspricht mit einer kleinen redaktionellen Änderung dem Art. 72 des I. Entw. Über die Verhandlungen in der II. Komm. s. Bem. 1 zu Art. 132 (Mot. z. EG. 196, Reatz III, 68, Mat. 87a S. 83).

2. **Inhalt:** Kirchen und Friedhöfe können Gegenstand von Privatrechten sein mit der Einschränkung, daß ein bestimmungswidriger Gebrauch ausgeschlossen ist (s. Vorbem. VII, 2 vor § 90, Bd. I S. 345). Art. 133 läßt die dem Privatrecht angehörenden landesgesetzlichen Vorschriften unberührt, welche zum Gegenstand haben

a) das Recht zur Benützung eines Platzes in einem dem öffentlichen Gottesdienste gewidmeten Gebäude (Kirchstuhl),

b) das Recht zur Benützung eines Platzes auf einer öffentlichen Begräbnisstätte (Gräber, Erbbegräbnisse).

Die Regelung des Benutzungsrechts erfolgt allerdings vorwiegend im öffentlichen Interesse, das Benutzungsrecht ist aber regelmäßig ein Privatrecht (vgl. RG. in GruchotsBeitr. Bd. 57 S. 1045 ff.; aber auch RGStr. Bd. 58 S. 173; OLG. Hamburg, HansRZ. 1924 S. 702; Dernburg, Preuß. PrR. Bd. I S. 139; Josef in WürttZ. 1924 S. 133).

Nur Vorschriften über das Recht zur Benützung von Kirchstühlen und Begräbnisplätzen gehören hieher, nicht über das Recht an denselben. Nicht die Regelung der Eigentumsverhältnisse an den Kirchstühlen als Zubehör der Kirche (Eigentum der Kirchenstiftung, Kirchengemeinde usw.) und an den einzelnen Begräbnisstätten eines Friedhofs (Eigentum der politischen, der Kirchengemeinde) und des Eigentumserwerbes daran fällt unter den Vorbehalt, sondern nur die Regelung des Rechtsverhältnisses zwischen dem Eigentümer und demjenigen, dem die Benutzung, wenn auch auf längere Zeit, so doch nur auf Grund eines Rechtes an einer fremden Sache überlassen wird, ist durch den Vorbehalt der Landesgesetzgebung überlassen.

„Benutzung" ist allerdings im weitesten Sinne zu verstehen. Die Landesgesetzgebung kann die Form und die Voraussetzungen der Begründung, den Inhalt und die Wirkungen des Rechts auf die Benutzung regeln; sie kann insbesondere bestimmen, ob das Benutzungsrecht nur ein schuldrechtliches (mietähnliches) oder ein dingliches sein soll. Nur ein schuldrechtliches Verhältnis an der Begräbnisstätte nimmt Gareis, Seuff. Bl. Bd. 70 S. 308 ff. an; teilweise abweichend Josef in WürttRpflZ. 1924 S. 133 ff.; s. auch für das in Hamburg geltende gemeine Recht OLG. Hamburg in HansRZ. 1924 S. 702. Für dingliches Recht an Erbbegräbnissen RG. in GruchotsBeitr. Bd. 57 S. 1045 ff.; s. auch Dernburg, Preuß. PrR. Bd. I § 76, Wolf, Sachenrecht § 2, III, 1 und IV, 2 S. 5 und 6, § 105, IV S. 361. S. über Familien- und Erbbegräbnisse auch Meurer a. a. O. (* Note).

Über die zeitliche Dauer von Grabnutzungsrechten s. BayObLGZ. Bd. 25 S. 50.

---

*) Schrifttum: Stobbe-Lehmann, Deutsches Privatrecht, 3. Aufl. Bd. I § 64 S. 598; Meurer, Der Begriff und Eigentümer der heiligen Sachen (Bd. III des Bayer. Kirchenvermögensrechts) § 9; derselbe, Bayer. Kirchenstiftungsrecht (Bd. I des Bayer. KVermR.) § 66 S. 235 ff.; derselbe in Stengel-Fleischmann, Wörterbuch des deutschen Staats- und Verwaltungsrechts Bd. II Artikel „Kirche" S. 555, § 5 „Kirchenstühle"; Gareis, Über Rechtsverhältnisse an Begräbnisstätten, SeuffBl. Bd. 70 S. 308 ff.; Josef, Friedhofrecht „Recht" 1903 S. 91; derselbe, Leichen und Friedhöfe vor der Polizei, vor dem Verwaltungsgerichte und den ordentlichen Gerichten, PrVerwBl. Bd. 44 S. 485; Bauer, Friedhofsrecht, PrVerwBl. Bd. 46 S. 49 ff.; Schmitt in BadRpr. 1906 S. 202 ff., 214 ff.; Schön, Das evang. Kirchenrecht in Preußen, Bd. 2 Abt. 2 § 91; Josef, Friedhofordnung und Begräbnisrecht, JurRundsch. 1927 S. 583 ff. (hauptsächlich zu Art. 153 Abs. 2 RV.); derselbe, Rechtsverhältnisse bei Erbbegräbnissen, Zuständigkeit der Verwaltungsbehörden, SächsRpflArch. 1927 S. 417 ff.; Grünewald, Die Rechtsverhältnisse an Kirchenstühlen in ihrer grundsätzlichen Auffassung nach staatlichem und kirchlichem Recht besonders in Preußen, Paderborn 1927.

Auch die in Ansehung der Ausgrabung und Umbettuung einer Leiche entstehenden Rechtsfragen betreffen die „Benutzung“ der Begräbnisstätte und sind zunächst nach Landesrecht zu beurteilen (RGZ. Bd. 71 S. 20, RG. in JW. 1915 S. 595 und in SeuffA. Bd. 80 S. 161; s. auch Bem. IV, 2, d zu § 1922 in Bd. V S. 22 und die dort angeführten weiteren Entscheidungen und Schriften und dortselbst auch über die Benutzung zur Beisetzung der Asche eines der Feuerbestattung übergebenen Leichnams; hiezu s. auch RG. in JW. 1925 S. 2125 mit Bem. von Fleischmann).

An dem Recht auf den Kirchstuhl und an Begräbnisstellen ist Rechtsbesitz möglich (Habicht S. 361, Wolf, Sachenrecht § 24, VI, 2 S. 68). Über Erwerb der Rechte durch unvordenkliche Verjährung s. Habicht S. 446, auch RG. in GruchotsBeitr. Bd. 49 S. 383.

3. Aus der Eigenschaft des Benutzungsrechts als eines Privatrechts (s. Bem. 2) ergibt sich, daß hinsichtlich des Rechts am Kirchstuhl und an der Begräbnisstätte grundsätzlich und vorbehaltlich anderer landesgesetzlicher Regelung der Rechtsweg zulässig ist (so u. a. aus RGZ. Bd. 106 S. 188 ff. zu entnehmen; s. aber auch Dyroff, Bayer. VerwGHG. Bem. 5 zu Art. 10 Nr. 13 S. 451 und PrOVerwGH. in JW. 1927 S. 476 Nr. 1, ferner SächsOVG. Bd. 29 S. 92); über die Zulässigkeit des Rechtswegs gegenüber einer Anordnung der Kirchenverwaltung, durch die das Recht des Inhabers eines Kirchenstuhls aus kirchenpolizeilichen Gründen eingeschränkt oder aufgehoben wird, s. RGZ. Bd. 118 S. 22.

4. Landesgesetze: In den Ausführungsgesetzen der Länder finden sich Bestimmungen zu diesem Vorbehalt nicht. Es ist überall bei den älteren Vorschriften verblieben. S. Dernburg, Preuß. PrR. Bd. I S. 76, 139, 398 Nr. 4, 534, b; Kähler, Schlesw.-Holst. Landesrecht § 13, I S. 119; wegen Fortgeltung von ALR. Tl. II Tit. 11 §§ 183 ff. s. RGZ. Bd. 106 S. 189.

In Bayern sind die älteren Vorschriften aus der Zeit vor 1818 durch Art. 1 AG.BGB. aufrechterhalten; s. Henle-Schneider Bem. 14 zu Art. 1. Über Errichtung und Unterhaltung von Friedhöfen s. § 19 VerfUrk. vom 14. Aug. 1919; Art. 27 Abs. 1 der GemeindeO. vom 17. Okt. 1927 (GVBl. S. 293) sowie Art. 12 Abs. I Ziff. 1 und Art. 112 Abs. III der KirchengemeindeO. vom 24. Sept. 1912 (GVBl. S. 911). Über die Befugnis der Kirchenverwaltung zu Verfügungen und Anordnungen über Kirchenstühle s. Art. 53 Abs. 4 der KirchengemeindeO. vom 24. Sept. 1912 und hiezu Langheinrich, KGemO. Bem. zu Abs. IV. Über Kirchenstühle s. weiter Henle, Handbuch der inneren Verwaltung § 64 Nr. 11 S. 330 f.; Girisch-Hellmuth-Pachelbel, Handwörterbuch des bayer. Staatskirchenrechts, 2. Aufl. S. 257 ff., über Friedhöfe ebenda S. 110 ff.; zu § 19 VerfUrk. s. auch VGHE. in BayGemVZ. 1927 Sp. 924.

Für Sachsen s. Kloß-Müller, Sächs. Landesprivatr. § 72 S. 161.

Für Württemberg s. Meyer, Württ. AG.BGB. Tl. II S. 278 f.

5. Eine gewisse Einschränkung erleidet der Vorbehalt des Art. 133, soweit die öffentlichen Begräbnisstätten in Betracht kommen, dadurch, daß nach Art. 10 Nr. 5 der Reichsverfassung vom 11. Aug. 1919 das Reich im Wege der Gesetzgebung Grundsätze für das Bestattungswesen aufstellen kann. Die Grundsatzgesetzgebung des Reichs (vgl. über diese die Komm. zur RV. zu Art. 10 und 11) beschränkt sich nicht auf die Aufstellung von Richtlinien für das öffentliche Recht, sie kann vielmehr auch die Regelung des Privatrechtsverhältnisses an der Begräbnisstätte durch Aufstellung allgemein lautender Rechtssätze zum Gegenstand nehmen.

6. Eine kirchliche Vorschrift über Kirchenstühle enthält der can. 1263 des Codex Juris Canonici.

Art. **134.***)

Unberührt bleiben die landesgesetzlichen Vorschriften über die religiöse Erziehung der Kinder.

BGB. I §§ 1508, 1658; E. II, 105; III, 138.

---

*) Schrifttum zum Art. 134: Winckler, Über die religiöse Erziehung der Kinder aus gemischten Ehen. Eine staatskirchliche Studie, Diss. Berlin 1886; Hübler, Die religiöse Erziehung der Kinder aus gemischten Ehen, 1888; Drache, Die religiöse Erziehung der Kinder nach dem Entw. des BGB., Halle a. S. 1889; Schmidt, Die Konfession der Kinder nach den Landesgesetzgebungen in Deutschland, 1890; Sehling, Die religiöse Erziehung der Kinder und der Entwurf eines BGB. für das Deutsche Reich, Erlangen und Leipzig 1891; Kahl, Die Konfession der Kinder aus gemischten Ehen, 1896; Haber-

Religiöse Erziehung der Kinder.

A. Bisheriges Recht:

1. Entstehung des Art. 134. Dieser entspricht dem Vorbehalte, den der I. Entw. des BGB. in den §§ 1508 und 1658 zugunsten der Landesgesetzgebung hinsichtlich der Bestimmung des religiösen Bekenntnisses der Kinder durch die Eltern beziehungsweise Vormünder gemacht hatte. Seine gegenwärtige Fassung erhielt der Artikel in der II. Komm. (Mot. IV, 757, 1099, P. IV, 865—878, VI, 441, Reatz III, 68, Mat. 87 a S. 84).

2. Inhalt und Grund des Vorbehalts. Unter Kindern verstand Art. 134 sowohl die unter elterlicher Gewalt stehenden als auch diejenigen, denen ein Vormund oder Pfleger oder deren Mutter ein Beistand bestellt war (Gütler a. a. O. S. 38, Planck Bem. 1). In der Regelung der religiösen Erziehung hatte die Landesgesetzgebung freie Hand. Der Vorbehalt bezog sich nicht bloß auf Kinder aus gemischten Ehen. Die Landesgesetzgebung konnte insbesondere die Frage regeln, wer das religiöse Bekenntnis des Kindes zu bestimmen habe, ob es überhaupt in einem bestimmten Bekenntnisse zu erziehen sei, ob die religiöse Erziehung Gegenstand eines Vertrages der Verlobten oder der Eltern sein könne, welchen Einfluß etwa das Kind selbst auf seine religiöse Erziehung haben solle, inwieweit Behörden Recht oder Pflicht zur Mitwirkung bei der religiösen Erziehung haben sollen.

Die Frage, ob die religiöse Erziehung dem bürgerlichen oder dem öffentlichen Rechte angehöre, hat Art. 134 nicht entschieden. An sich ist die Bestimmung des religiösen Bekenntnisses der Kinder und der Erziehung in einem solchen als Ausfluß des Erziehungsrechts zu betrachten. Von diesem Gesichtspunkte aus hätte die Regelung im BGB. erfolgen sollen. Das dringende Bedürfnis einer einheitlichen Regelung der religiösen Kindererziehung wurde nicht verkannt. Allein gerade der Umstand, daß die bisherigen landesgesetzlichen Bestimmungen über den Gegenstand so sehr voneinander abwichen, zu einem großen Teile dem öffentlichen Rechte, nämlich dem interkonfessionellen Kirchenstaatsrechte, angehörten und das Recht des erziehungsberechtigten Elternteils, die religiöse Erziehung des Kindes zu bestimmen, in verschiedener Weise, bald mehr, bald weniger beschränkten, war ein wesentlicher Grund, von einer einheitlichen Regelung abzusehen und den Gegenstand auch weiter der landesgesetzlichen Regelung zu überlassen. Außerdem wurde bei den abweichenden Auffassungen katholischer und evangelischer Kreise in dem Versuch der einheitlichen reichsrechtlichen Regelung des Gegenstandes eine Gefahr für das Zustandekommen des BGB. erblickt.

Der im Art. 134 ausgesprochene Vorbehalt hatte eine doppelte Bedeutung: bestehende landesgesetzliche Vorschriften blieben in Kraft (Art. 3 EG.), die Landesgesetzgebung war aber auch befugt, den Gegenstand neu zu regeln. Von dieser Befugnis haben eine Reihe von Bundesstaaten (Ländern) Gebrauch gemacht.

---

mann, Die Konfession der Kinder aus gemischter Ehe, 1896; Hinrichs, im ArchZivPrax. Bd. 75 S. 100 ff.; Bröse in GruchotsBeitr. Bd. 37 S. 853; Pfordten, Die religiöse Kindererziehung und das BGB. in BlAdmPrax. Bd. 50 S. 177 ff.; Geiger ArchÖffR. Bd. 17 S. 505—509, Religiöse Erziehung der Kinder; derselbe in PucheltsZ. 33 S. 51 ff.; Isaacsohn, PosMSchr. 1901 S. 21 f., Die religiöse Erziehung der an Kindes Statt angenommenen Kinder im früheren Geltungsgebiet des preuß. ALR.; Alexander, BlAdmPr. Bd. 51 S. 171 ff., Die religiöse Kindererziehung in der Pfalz und das BGB.; Braun, Welche Handhaben bietet das BGB. der deutschen evangelischen Landeskirche zum Schutz der evangelischen Interessen in den gemischten Ehen?, Stuttgart 1902 (Klett und Hartmann); Schwaab, Zur Frage der religiösen Kindererziehung unter besonderer Berücksichtigung des Toleranz-Antrages, Diss. Tübingen 1906; Güttler, Die religiöse Kindererziehung im Deutschen Reiche. Eine interkonfessionelle staatskirchenrechtliche Studie, Diss. Heidelberg 1908, auch in „Die Rechtseinheit, von Kohler und Posener", Bd. 1, Berlin und Leipzig 1908; Graf, Die religiöse Kindererziehung im internationalen Rechte in WürttZ. 1912 S. 321 ff.; Gärtner, Die religiöse Erziehung unehelicher Kinder, in BayZ. 1912 S. 279; Seitz, Die religiöse Erziehung der Kinder im Großherzogtum Hessen nach den hessischen Ausführungsgesetzen zum BGB. vom 17. Juli 1899 im ArchKathKR. Bd. 80 S. 709 ff.; Hoffmann, Die religiöse Erziehung der Kinder aus gemischten Ehen in Bayern, München 1906; Gmelin, Religiöse Erziehung der unehelichen Kinder in Württemberg, WürttZ. Bd. 48 S. 138 ff.; v. Wider, Die religiöse Erziehung der Kinder aus konfessionell gemischten Ehen in Württemberg, WürttZ. Bd. 3 S. 77 ff.; Meyding, daselbst S. 213 f.; Kloß, Sächs. Landesprivatr., 2. Aufl. 1908 S. 373 ff.; derselbe, Die religiöse Erziehung der Kinder im Königreich Sachsen, 1908; Oertmann, Bayr. Landesprivatr. S. 591 ff.

3. Landesgesetze: Preußen für die sog. alten Provinzen (Ost- und Westpreußen, Brandenburg, Pommern mit Ausnahme von Vorpommern und Rügen, Schlesien, Sachsen, Westfalen) AG.BGB. Art. 89 Nr. 1 (Becher XIV, 1 S. 59), PLR. Tl. II Tit. 2 §§ 77, 78, 81—84, 642, Deklaration vom 21. Nov. 1803, später durch KabO. vom 17. Aug. 1825 auf die Rheinprovinz und Westfalen ausgedehnt; Holstein, G. vom 14. Juli 1863 über die Religionsübung und Gemeindeverhältnisse der Reformierten, Katholiken, Mennoniten, Anglikaner und Baptisten (GuMinBl. f. d. Herzogtümer Holstein und Lauenburg 1863 St. 18 Nr. 72 S. 163); Schleswig, Verf. vom 23. April 1864 (VBl. f. d. Herzogtum Schleswig 1864 S. 54); Hannover, VO. vom 31. Juli 1826 über die religiöse Erziehung der Kinder, deren Eltern verschiedener Konfession sind, sowie auch der Findlinge (GS. 1826 S. 174); Kurhessen, G. vom 29. Okt. 1848, die Religionsfreiheit und die Einführung der bürgerlichen Ehe betr. (GS. 1848 S. 133), VO. vom 13. April 1853 (GS. 1853 S. 33); Nassau, Edikt vom 22. und 26. März 1808 über die Erziehung der Kinder aus gemischten Ehen, MinErl. vom 7. Dez. 1848, Erlaß des Konsistoriums zu Wiesbaden vom 21. Febr. 1894; Frankfurt, Höchste VO. vom 5. Sept. 1811 über die Religionsbestimmung der Kinder aus gemischten Ehen (Großherzogl. Frankf. RegBl. Bd. 1 S. 537); Vorschriften über die religiöse Erziehung der Kinder fehlten in Neuvorpommern, Rügen, Hohenzollern und Homburg vor der Höhe; die preuß. VormundschO. vom 5. Juli 1875 hat in § 28 Abs. 2 die bestehenden Vorschriften über religiöse Kindererziehung ausdrücklich aufrecht erhalten; vgl. hiezu Güttler a. a. O. S. 58ff., Engelmann RGes. über die religiöse Kindererziehung vom 15. Juli 1921, Einleitung S. 9ff.

In Bayern war das Recht der religiösen Kindererziehung in der II. Beilage zur Verfassungsurkunde vom 26. Mai 1818, 1. Abschnitt, III. Kapitel geregelt; hinsichtlich des Verfahrens s. Art. 8 Ziff. 4 G. vom 8. Aug. 1878 über die Errichtung eines Verwaltungsgerichtshofes und das Verfahren in Verwaltungsrechtssachen. Eine völlige Neuregelung erfolgte durch § 17 der Verfassungsurkunde des Freistaats Bayern vom 14. Aug. 1919; vgl. Güttler a. a. O. S. 114ff., Engelmann a. a. O. S. 12f.

In Sachsen waren zunächst maßgebend Mandat vom 19. Febr. 1827 über die Ausübung der katholisch-geistlichen Gerichtsbarkeit in den hiesigen Kreislanden usw. (GS. 1827 S. 30ff.) §§ 52—54, 58; G. vom 1. Nov. 1836 über die Ehen unter Personen evangelischen und katholischen Glaubensbekenntnisses und die religiöse Erziehung der von den Eltern solcher verschiedenen Konfessionen erzeugten Kinder (GVBl. 1836 S. 299) §§ 6—20; G. vom 2. Nov. 1848 über die Religionsverhältnisse der deutsch-katholischen Glaubensgenossen (GVBl. 1848 S. 204) § 11; G. vom 20. Juni 1870, betr. die Einführung der Civilstandsregister usw. (GVBl. 1870 S. 215) § 20; G. vom 26. April 1873, betr. das Volksschulwesen § 6; VO. des Kultusministeriums vom 25. Aug. 1874 (GVBl. 1874 S. 155) §§ 14, 15; AG.BGB. § 49 (Becher XVII, 1 S. 9); MinBek. vom 21. Febr. 1901, betr. Vorträge über religiöse Erziehung von Kindern (JMBl. S. 12); hiezu G. vom 19. Juli 1900 über die Verwaltungsrechtspflege (GVBl. 1900 S. 486) §§ 73, 76. Eine Neuregelung erfolgte durch das G. vom 16. Juni 1920 über die religiöse Erziehung der Kinder (GBl. 1920 S. 253ff.); vgl. hiezu Güttler S. 149ff., Engelmann S. 14.

Für Württemberg s. Religionsedikt vom 15. Okt. 1806 (RegBl. 1807 S. 609 (Güttler S. 143ff., Engelmann S. 14).

Für Baden s. G. vom 9. Okt. 1860 über die Ausübung der Erziehungsrechte in bezug auf die Religion der Kinder (RegBl. 1860 S. 380), G. vom 26. Juli 1888 Art. 18 Abs. 2 (s. Güttler S. 173ff., Engelmann S. 15).

Hessen, AG.BGB. Art. 108—116 (Becher VIII, 3 S. 51ff.); s. Wolf, Hess. Landesprivatrecht § 192;

Mecklenburg-Schwerin, VO. vom 25. Jan. 1811 Nr. 3, VO. vom 30. März 1821 (GS. 2. Ausgabe Nr. 3128);

Sachsen-Weimar-Eisenach, G. vom 10. April 1895, betr. die Konfession der Kinder aus gemischten Ehen zwischen Evangelischen und Katholischen (RegBl. S. 129);

in Mecklenburg-Strelitz bestanden einschlägige Vorschriften nicht;

Oldenburg, rev. Staatsgrundgesetz vom 22. Nov. 1852 (GBl. Bd. 23 S. 139) Art. 34 §§ 1 und 2;

Braunschweig, G. vom 25. März 1873, betr. die Verhältnisse der Dissidenten, § 14, G. vom 29. Dez. 1902, die Ordnung der kirchlichen Verhältnisse der Katholiken betr. (GVS. 1903 S. 3);

Sachsen-Meiningen, G. vom 18. Aug. 1899, betr. die religiöse Erziehung (VOS. Bd. 23 S. 449);

Sachsen-Altenburg, AG.BGB. §§ 105—108 (Becher XVIII, 1 S. 23);

Sachsen-Coburg-Gotha, AG.BGB. Art. 48 (Becher XIX, 8 S. 79);

Schwarzburg-Rudolstadt, AG.BGB. Art. 156—162 (Becher XXIII, 2 S. 29);

Schwarzburg-Sondershausen, AG.BGB. Art. 51 (Becher XXIV, 1 S. 24);

Reuß ältere Linie, AG.BGB. § 136 (Becher XV, 1 S. 25); G. vom 24. Dez. 1875, den Austritt aus der Landeskirche betr.;

Reuß jüngere Linie, AG.BGB. § 99 (Becher XVI, 1 S. 23); G. vom 19. Okt. 1872;

Lippe-Detmold, Edikt vom 9. März 1854 (GS. Nr. 13 S. 179), landesherrl. VO. vom 7. Okt. 1857 (GS. Nr. 23 S. 751);

Lübeck, AG.BGB. §§ 110—118 (Becher X, 6 S. 58 ff.).

Waldeck, VO. vom 28. März 1827 über die religiöse Erziehung solcher Kinder, deren Eltern sich zu verschiedenen Konfessionen bekennen (RegBl. 1827 S. 21);

Schaumburg-Lippe, Reskript vom 3. Juli 1809, Gleichstellung der Katholiken mit den Augsburgischen Religionsverwandten betr.;

In den seit dem 1. Mai 1920 zu dem Lande Thüringen vereinigten Ländern (s. oben S. 107) galten die bisherigen Bestimmungen über die religiöse Kindererziehung gemäß § 63 Abs. 2 Satz 2 der Verfassung des Landes Thüringen (GS. S. 57 ff.) fort. In den seit 1. Juli 1920 mit Bayern vereinigten vormals coburgischen Landesteilen (s. oben S. 108) galt seit der Vereinigung § 17 der bayer. Verfassungsurkunde vom 14. Aug. 1919.

4. Soweit in einzelnen Bundesstaaten Vorschriften über die religiöse Erziehung der Kinder überhaupt nicht bestanden (Mecklenburg-Strelitz, Bremen, Hamburg) oder der Gegenstand nicht erschöpfend, so namentlich nur hinsichtlich der Kinder aus gemischten Ehen, geregelt war, galten seit dem Inkrafttreten des BGB. dessen Vorschriften über die Erziehung auch für die religiöse Erziehung der Kinder (Planck Bem. 3, Güttler S. 40 ff., 255, Engelmann a. a. O. Einleitung S. 21; and. Ans. von Buchka, Landesprivatrecht der Großherzogtümer Mecklenburg S. 163, nach dem in Mecklenburg-Strelitz das gemeine Recht maßgebend geblieben sein soll). In Betracht kamen insbesondere die Vorschriften der §§ 1631, 1634, 1635, 1686, 1696 bis 1698, 1707, 1800, 1915 BGB. Einschreiten des Vormundschaftsgerichts gemäß § 1666 BGB. war möglich.

Gegen Entscheidungen des Vormundschaftsgerichts, welche die religiöse Erziehung der Kinder betrafen, stand die Beschwerde nach § 57 Nr. 9 FGG. auch dem Geistlichen der Konfession zu, in der das Kind erzogen wurde oder erzogen werden sollte, ebenso dem Gemeindewaisenrat (Planck Bem. 3, KG. in RJA. Bd. 1 S. 87, KGJ. Bd. 20 A S. 139).

5. Wegen des räumlichen Geltungsgebietes der landesgesetzlichen Vorschriften über die religiöse Erziehung der Kinder s. Engelmann, RGes. über die religiöse Kindererziehung vom 15. Juli 1921, Vorbem. 4, a vor § 1, S. 30 f.

Nach KG. in OLG. Bd. 16 S. 3 blieb für die Bestimmung der religiösen Erziehung religionsunmündiger ehemals österreichischer Minderjähriger, die nach dem Tode des Vaters Reichsdeutsche geworden waren, das österreichische Recht maßgebend; vgl. auch SeuffA. Bd. 64 Nr. 113.

Über religiöse Erziehung von Kindern, die in Bayern Wohnsitz hatten, aber nicht die bayerische Staatsangehörigkeit besaßen, s. BayObLGZ. Bd. 13 S. 178 ff.

B. Das geltende Recht:

I. Die Reichsverfassung vom 11. Aug. 1919 hat die landesrechtlichen Vorschriften über die religiöse Kindererziehung nicht berührt (ebensowenig wie der Aufruf des Rates der Volksbeauftragten vom 12. Nov. 1918; KG. in RJA. Bd. 16 S. 185 und DJZ. 1921 Sp. 205). Sie behandelt im dritten Abschnitt des zweiten Hauptteils (der die Grundrechte und Grundpflichten der Deutschen zum Gegenstand hat) die „Religion und Religionsgesellschaften"; sie sichert die Religionsfreiheit (Art. 135, 136) und die Freiheit der Vereinigung zu Religionsgesellschaften, enthält sich aber jeder Regelung des Rechtes oder der Pflicht, die Religion der Kinder zu bestimmen oder sie in einer bestimmten Religion zu erziehen. Der den Religionsunterricht als ordentliches Lehrfach der Schulen enthaltende Art. 149 setzt in Abs. 2

eine vorhandene Regelung der Frage, wer über die religiöse Erziehung des Kindes und damit über die Teilnahme an religiösen Unterrichtsfächern zu bestimmen hat, voraus.

Die weitgehende und unhaltbare Rechtszersplitterung hinsichtlich der Regelung der religiösen Kindererziehung ließ eine reichsrechtliche Regelung dringend erforderlich erscheinen. Gegen die Befugnis des Reichs zur einheitlichen gesetzlichen Regelung bestanden keine Bedenken; die Frage der religiösen Kindererziehung wurde als eine solche des Elternrechts und des elterlichen Erziehungsrechts, die reichsrechtliche Regelung der religiösen Kindererziehung nur als eine folgerichtige und sinngemäße Ausgestaltung der Vorschriften des BGB. über das elterliche Recht angesehen. Die Zuständigkeit des Reichs findet deshalb ihre Grundlage in Art. 7 Nr. 1 RV., wonach das Reich die Gesetzgebung über das bürgerliche Recht hat.

So entstand das **Reichsgesetz über die religiöse Kindererziehung vom 15. Juli 1921** (RGBl. 1921 S. 939 ff.) *); es trat nach seinem § 11 Satz 1 mit dem 1. Januar 1922 in Kraft, mit Ausnahme von Preußen, wo es auf Grund der Ermächtigung des § 11 Satz 2 durch die VO. vom 8. Sept. 1921 betr. das Inkrafttreten des G. über die religiöse Kindererziehung vom 15. Juli 1921 in Preußen (RGBl. 1921 S. 1263) schon am 1. Okt. 1921 in Kraft gesetzt wurde.

In § 8 sind alle diesem Gesetze **entgegenstehenden Bestimmungen der Landesgesetze sowie Art. 134 EG.BGB. aufgehoben.** Die Landesgesetze wären übrigens schon nach dem Grundsatze des Art. 13 Abs. 1 RV. „Reichsrecht bricht Landesrecht" außer Kraft getreten. Neue Landesgesetze über die religiöse Kindererziehung sind, etwa abgesehen von Ausführungsvorschriften im Sinne des § 200 FGG., nicht mehr zulässig.

Gegenstandslos sind durch das Reichsgesetz geworden das sächsische G. über die religiöse Kindererziehung vom 16. Juni 1920 (GBl. S. 253) und § 17 Abs. 2 der bayerischen Verfassungsurkunde vom 14. Aug. 1919.

II. Rechtsnatur der Vorschriften des G. vom 15. Juli 1921, Verhältnis zum öffentlichen und zum Kirchenrecht: Das Reichsgesetz hat **rein privatrechtliche Natur.** Der Inhaber der elterlichen Gewalt hat nach § 1627 BGB. das Recht, für die Person des Kindes zu sorgen; Ausfluß dieser Rechte ist nach § 1631 Abs. 1 BGB. das Recht, das Kind zu erziehen. Hinsichtlich des nicht unter elterlicher Gewalt stehenden Kindes hat das gleiche Recht der Vormund nach §§ 1793, 1800 BGB. Diese Vorschriften werden durch das RGes. vom 15. Juli 1921 ergänzt in bezug auf die religiöse Erziehung (Engelmann S. 27, 28).

Unberührt bleiben die kirchenrechtlichen Vorschriften, die sich mit den Folgen einer bestimmten Verfügung der Eltern in bezug auf die religiöse Erziehung ihrer Kinder befassen (Kirchenzuchtvorschriften; vgl. Engelmann Bem. IV, B, 2 zu § 4).

Unberührt bleiben auch (unbeschadet der Vorschrift des § 2 Abs. 2 des RGes. vom 15. Juli 1921) die Vorschriften des Landeskirchenrechts über Form und Voraussetzungen des Austritts aus einer Religionsgemeinschaft. Die neueren Landesgesetze, die den Austritt aus einer Religionsgemeinschaft mit dem vollendeten 14. Lebensjahre gestatten (vgl. § 5 des RG. vom 15. Juli 1921 und unten Bem.), sind mit dem Reichsrecht vereinbar (vgl. Preußen, G. vom 30. Nov.

---

*) Schrifttum zum RGes. vom 15. Juli 1921: Marx, Das RGes. über die rel. Kindererziehung, 1921; Perels, über dasselbe LZ. 1921 S. 637, 665 ff.; Spitta, über dasselbe BayZ. 1922 S. 4 ff.; v. Bonin, Erläuterungen zum G. über rel. Kindererziehung, Berlin 1921; von der Pfordten, Rel. Kindererziehung, München-Berlin 1922; Boschan, Rel. Kindererziehung in Deutschland, „Recht" 1922 S. 49 ff.; Besig, Die Grundsätze über die rel. Kindererziehung nach dem RGes. vom 15. Juli 1921, 2. Aufl., Berlin 1922; Th. Engelmann, Komm. zum RGes. vom 15. Juli 1921, München 1922; Ewens, Die rel. Kindererziehung, Düsseldorf 1922; Kipp, Die rel. Kindererziehung nach Reichsrecht, in der Festgabe für Wilhelm Kahl, Tübingen 1923; Meinzolt, Das Verhältnis des RGes. über die rel. Kindererziehung zu anderen Bestimmungen des Reichs- und Landesrechts, BayZ. 1922 S. 228 ff.; Klein, Einigung und Zustimmung im RGes. über rel. Kindererziehung, LZ. 1923 Sp. 217 ff.; Müller, Das RGes. über die rel. Kindererziehung, GruchotsBeitr. Bd. 66 S. 172 ff.; Josef, Das RGes. über die rel. Kindererziehung, insbes. in seiner Einwirkung auf die Tätigkeit des Vormundschaftsgerichts, WürttRpflZ. 1923 S. 25 ff.; derselbe, Zweifelsfragen über rel. Erziehung des Mündels, WürttZ. 1923 S. 25 ff.; derselbe, Zwischenstaatliches Privatrecht bei Streitigkeiten geschiedener Eheleute über die Kindererziehung, NiemayersZ. Bd. 31 S. 53 ff.

1920, GS. S. 119 [ersetzt das G. vom 13. Dez. 1918, GS. S. 199], Verf. des Freistaates Preußen vom 30. Nov. 1920 Art. 76; Bayern, VerfUrk. vom 14. Aug. 1919 § 17 Abs. 3, VO. vom 16. Jan. 1922, GVBl. S. 15 [ersetzt die VO. vom 30. Okt. 1919, GVBl. S. 784]; s. hiezu Kihn in BayVerwBl. 1927 S. 114ff.; Sachsen, G. vom 4. Aug. 1919, GBl. S. 205, mit G. vom 26. Jan. 1920, GBl. S. 20; VO. vom 5. Aug. 1919, GBl. S. 206; Württemberg, §§ 11—16 G. vom 3. März 1924 [RegBl. S. 93]; Baden, Art. 18, 19 OrtskirchensteuerG. vom 30. Juni 1922 [GVBl. S. 501]; Hamburg, G. vom 15. Dez. 1919, GS. I S. 414, Amtsbl. S. 2117; Oldenburg, Verf. vom 17. Juni 1919 § 15 Abs. 2, GBl. Bd. 40 S. 391; G. vom 18. Mai 1922 [GBl. S. 903]; Braunschweig, G. vom 23. Jan. 1919, GVS. S. 31; Anhalt, G. vom 31. März 1920, GS. S. 50, mit Bek. vom 14. Aug. 1920, Amtsblatt S. 224; Lippe, G. vom 16. Mai 1919, GS. S. 972; Sachsen-Altenburg, G. vom 5. Mai 1920, GS. S. 22; Sachsen-Weimar, G. vom 28. Nov. 1919, RegBl. S. 417; Reuß, G. vom 24. Juli 1919, GS. S. 203, mit AusfVO. vom 21. Aug. 1919, GS. S. 205; Schwarzburg-Rudolstadt, G. vom 12. Juli 1920, GS. S. 87; Schwarzburg-Sondershausen, G. vom 19. April 1920, GS. S. 111, jetzt für ganz Thüringen G. vom 8. Juli 1922, GS. S. 338, mit AusfVO. vom 21. Jan. 1924, GS. S. 69).

Die Teilnahme am Religionsunterricht und den kirchlichen Feiern und Handlungen ist nach Art. 149 Abs. 2 der RV. vom 11. Aug. 1919 der Willenserklärung desjenigen überlassen, der (jetzt nach dem RG. vom 15. Juli 1921) über die religiöse Erziehung des Kindes zu bestimmen hat. Auch die Erlasse der Länder über die Teilnahme am Religionsunterricht, die mit dieser Vorschrift der RV. nicht in Widerspruch stehen, sind gültig. (S. für Preußen, Erl. vom 1. April, 22. Aug. und 15. Okt. 1919, ZBl. S. 427, 594, 643; Bayern, VO. vom 25. Jan. 1919, GVBl. S. 25, mit VO. vom 6. Mai 1920, GVBl. S. 260; Sachsen, VO. vom 6. Dez. 1918, GVBl. S. 385 [über Befreiung von Dissidentenkindern]; Hessen, G. vom 13. Aug. 1920 Art. 1 Nr. 1, RegBl. S. 209; Oldenburg, Bek. vom 20. Nov. 1919, GS. S. 574; Mecklenburg-Schwerin, Verf. vom 17. Mai 1920 § 21 Abs. 2).

III. Inhalt des RGes. vom 15. Juli 1921. Das Reichsgesetz hat sich nicht zu dem Grundsatz der gesetzlichen Zuweisung bekannt, sondern überläßt die religiöse Kindererziehung grundsätzlich der freien Einigung der Eltern bzw. der Bestimmung des Erziehungsberechtigten (§§ 1, 2, 3), räumt aber auch dem Kinde selbst einen Einfluß auf die Frage, in welchem Bekenntnis es erzogen werden soll, ein (§ 5).

Die Bestimmungen des Reichsgesetzes gelten nicht bloß für Kinder aus gemischten Ehen, sie gelten ohne Rücksicht darauf, ob die Eltern dem gleichen oder verschiedenen Bekenntnissen angehören. Sie finden ferner entsprechende Anwendung auf die Erziehung der Kinder in einer nicht bekenntnismäßigen Weltanschauung (§ 6); über den Begriff „Weltanschauung" s. die Kommentare zu Art. 137 Abs. 7 der RV. vom 11. Aug. 1919 und zu § 6 des RGes. vom 15. Juli 1921.

Im einzelnen bestimmt das Gesetz:

1. Über die religiöse Erziehung eines ehelichen Kindes bestimmt die von allen gesetzlichen Schranken freie Willenseinigung der Eltern, soweit ihnen das Recht und die Pflicht zusteht, für die Person des Kindes zu sorgen (§ 1 Satz 1; vgl. wegen der Personenfürsorge §§ 1631, 1634 BGB., wegen des Verlustes des Rechts durch Entziehung, Verwirkung, Ruhens der elterlichen Gewalt §§ 1666, 1680, 1676 bis 1678, 1685 BGB., für den Fall der Scheidung § 1635, über die Gleichstellung von Kindern aus relativ nichtiger Ehe mit ehelichen § 1699 Abs. 1, ferner §§ 1700 bis 1702 BGB.). Genügend ist die Tatsache der Willenseinigung (so die gemeine Meinung, s. auch Engelmann Bem. III, 3 zu § 1; and. Ans. Kipp § 132, I Abs. 2, der die Einigung als einen Rechtsakt ansieht), eines Vertrages bedarf es nicht.

Die Willenseinigung ist jederzeit und durch jede Kundgebung einer Willensänderung seitens eines Elternteils widerruflich (§ 1 Satz 2).

Die Willenseinigung wird durch den Tod eines Ehegatten gelöst (§ 1 Satz 2), d. h. der überlebende Ehegatte ist an die frühere Einigung, auch wenn sie vertragsmäßig erfolgt war, und an ein Versprechen gegenüber dem verstorbenen Ehegatten nicht mehr gebunden.

2. Besteht eine Einigung der Eltern nicht oder nicht mehr, d. h. ist eine Einigung nicht zustande gekommen oder widerrufen oder sonst wirkungslos geworden, so gelten grundsätzlich die Vorschriften des BGB. über das Recht und die Pflicht, für die Person des Kindes zu sorgen, auch für die religiöse Er-

ziehung (§ 2 Abs. 1). Hieraus ergibt sich für nicht unter Vormundschaft stehende Kinder:

a) Grundsätzlich und mit den Einschränkungen, die sich aus den Ausführungen unter b ergeben, steht das Recht, zu bestimmen, in welcher Religion ein Kind zu erziehen ist, zu:

α) dem Vater hinsichtlich aller Kinder, wenn ihm die Sorge für die Person des Kindes zusteht (Regel, § 1627 BGB.), bei bestehender Ehe, weil sein Wille dem der Mutter vorgeht (§ 1634 Satz 2 BGB.) und im gleichen Umfange nach Scheidung der Ehe aus Verschulden der Mutter, dagegen wenn die Ehe aus beiderseitigem Verschulden geschieden ist, nur hinsichtlich der über 6 Jahre alten Söhne, vorbehaltlich einer anderen Bestimmung des Vormundschaftsgerichts, die auch das Bestimmungsrecht über die religiöse Erziehung des Kindes allein zum Gegenstand haben kann (§ 1635 Abs. 1 BGB.; im letzteren Falle wird das Bestimmungsrecht des Vaters selten praktisch werden, s. unter b);

β) der Mutter bei bestehender Ehe, wenn der Vater an der Ausübung der elterlichen Gewalt tatsächlich verhindert ist oder seine elterliche Gewalt ruht (§ 1685 Abs. 1, §§ 1676, 1677 BGB.), nach Auflösung der Ehe, wenn der Vater die eheliche Gewalt verwirkt hat (§ 1684 Abs. 1 Nr. 2 BGB.), im Falle des Ruhens der elterlichen Gewalt nur, wenn keine Aussicht besteht, daß der Grund des Ruhens wegfallen wird und wenn ihr deshalb das Vormundschaftsgericht auf ihren Antrag die Ausübung der elterlichen Gewalt übertragen hat (§ 1685 Abs. 2 BGB.), sonst nach Scheidung der Ehe, wenn der Ehemann allein schuldig ist, hinsichtlich aller Kinder, wenn beide Ehegatten schuldig sind, hinsichtlich der Knaben unter 6 Jahren und hinsichtlich der Mädchen, vorbehaltlich anderer Bestimmung des Vormundschaftsgerichts (§ 1635 Abs. 1 BGB.; s. vorstehende Bem. α a. E.), endlich wenn der Vater gestorben oder für tot erklärt ist (§ 1684 Abs. 1 Nr. 1, Abs. 2 BGB.).

Auf den Fall der Aufhebung der ehelichen Gemeinschaft (§ 1575 BGB.) finden die Vorschriften der §§ 1684 Abs. 1 Nr. 2, 1685 Abs. 2 nach der in diesem Kommentar vertretenen Anschauung nicht Anwendung (Bem. III, A, b zu § 1685).

b) Aus § 2 Abs. 2 des G. vom 15. Juli 1921 ergeben sich mehrfache Schranken des Bestimmungsrechts, wie es einem Elternteil nach § 2 Abs. 1 (s. vorstehende Bem. a) an sich zukommt. Der bestimmungsberechtigte Elternteil bedarf nämlich der Zustimmung des anderen Teiles,

α) wenn die Eltern zur Zeit der Eheschließung das nämliche Bekenntnis haben, der Bestimmungsberechtigte aber das Kind in einem anderen als dem Bekenntnisse der Eltern erziehen will; mangels einer Einigung der Eltern muß also das Kind in dem Bekenntnisse der Eltern erzogen werden; nur bei gemischten Ehen ist sohin der bestimmungsberechtigte Elternteil in der Wahl des Bekenntnisses des Kindes frei und auch nicht auf die Bekenntnisse beschränkt, dem die Eltern angehören;

β) zur Änderung des Bekenntnisses, in dem das Kind bisher erzogen worden ist; das Bestimmungsrecht kann also frei nur einmal ausgeübt werden (vgl. hiezu BayObLGZ. Bd. 26 A S. 189 ff.);

γ) zur Abmeldung des Kindes vom Religionsunterricht; die Teilnahme an diesem erscheint als ein Teil der religiösen Erziehung.

Wegen der rechtlichen Natur der Zustimmung des anderen Elternteils und der sich daraus ergebenden Folgerungen s. Engelmann Bem. V, 4 zu § 2.

Fehlt die Zustimmung, weil der andere Teil sie nicht erteilen kann (z. B. wegen Geisteskrankheit, Abwesenheit), so kann der bestimmungsberechtigte Elternteil die Entscheidung des Vormundschaftsgerichts anrufen.

Verweigert der andere Teil die Zustimmung, so kann jeder Elternteil zunächst die Vermittlung des Vormundschaftsgerichts anrufen, das dann eine gütliche Einigung zu versuchen hat, und wenn eine solche nicht zustande kommt, die Entscheidung desselben. Für die Entscheidung sind, auch soweit ein Mißbrauch des Bestimmungsrechts im Sinne des § 1666 BGB. nicht vorliegt, die Zwecke der Erziehung maßgebend (§ 2 Abs. 3 Satz 1 und 2; wegen einiger Verfahrensvorschriften, insbesondere der Anhörung des zehn Jahre alten Kindes s. Satz 3—5 das.).

c) Für Kinder aus relativ nichtigen oder anfechtbaren und angefochtenen Ehen ergibt sich das Bestimmungsrecht aus den Vorschriften der §§ 1700—1702 BGB.

d) Durch nachfolgende Ehe legitimierte Kinder stehen ehelichen gleich (§ 1719 BGB.). Auch durch Ehelichkeitserklärung erlangt das Kind die rechtliche Stellung eines ehelichen Kindes (§ 1736 BGB.), der Vater also das Bestimmungsrecht; da die Mutter das Recht der Personenfürsorge verliert (§ 1738 Satz 1 BGB.), kommt ihre Zustimmung nach § 2 Abs. 2 nicht in Frage, sofern nicht der Ausnahmefall des § 1738 Satz 2 BGB. gegeben ist, nämlich die Mutter dem Kinde den Unterhalt zu gewähren hat.

e) Daß durch Annahme an Kindes Statt der Annehmende das uneingeschränkte Bestimmungsrecht über die religiöse Erziehung des angenommenen Kindes erlangt, ergibt sich aus § 1757 mit § 1765 Abs. 1 BGB.; die natürlichen Eltern (die uneheliche Mutter) erlangen unter den Voraussetzungen des § 1765 Abs. 2 BGB. das Bestimmungsrecht wieder.

Haben Eheleute gemeinsam ein Kind angenommen oder hat ein Ehegatte das Kind des anderen angenommen, so gelten für die Ausübung des Bestimmungsrechts die nämlichen Regeln wie bei natürlichen Eltern (s. oben a und b).

3. Steht das Kind unter Vormundschaft oder Pflegschaft, so ist zu unterscheiden:

a) Steht dem Vormund oder Pfleger die Sorge für die Person des Kindes allein zu (s. über die einzelnen Fälle Engelmann, Rel. KinderErzG. Bem. IV zu § 3), wie es für den Vormund nach § 1793 BGB. die Regel ist, für den Pfleger sich aus der Bestellung ergibt, so hat der Vormund bzw. der Pfleger über die religiöse Erziehung des Kindes zu bestimmen (§ 3 Abs. 1 Satz 1) mit folgenden Einschränkungen:

α) Sie bedürfen der Genehmigung des Vormundschaftsgerichts (§ 3 Abs. 2 Satz 2); wegen einzelner Verfahrensvorschriften, namentlich der Anhörung des zehn Jahre alten Kindes s. Satz 3—5 das.).

β) Sie können eine — sei es durch die früheren Bestimmungsberechtigten, sei es durch sie selbst — schon erfolgte Bestimmung über die religiöse Erziehung auch mit Genehmigung des Vormundschaftsgerichts nicht ändern.

Sind beide Eltern vor dem 1. Jan. 1922 gestorben und waren sie über die religiöse Erziehung des Kindes in einem bestimmten Bekenntnis nachweisbar einig, so kann der Vormund mit Genehmigung des Vormundschaftsgerichts bestimmen, daß sein Mündel in diesem Bekenntnis erzogen werde (§ 10). In diesem Sinne kann er auch eine bereits erfolgte Bestimmung über die religiöse Erziehung ändern, um nachträglich dem Willen der Eltern Geltung zu verschaffen.

b) Steht das Recht und die Pflicht der Personenfürsorge dem Vater oder der Mutter neben dem dem Kinde bestellten Vormund oder Pfleger zu, so geht bei einer Meinungsverschiedenheit zwischen dem bestimmungsberechtigten Elternteil und dem Vormund oder Pfleger über die Bestimmung des religiösen Bekenntnisses, in dem das Kind erzogen werden soll, die Meinung des Vaters oder der Mutter vor, es sei denn, daß dem Vater oder der Mutter das Recht der religiösen Erziehung auf Grund des § 1666 BGB. entzogen ist (§ 3 Abs. 1).

Wegen des Anwendungsgebiets dieser Vorschrift s. Engelmann Bem. III, 1 zu § 3.

4. Hinsichtlich des unehelichen Kindes kommt das Bestimmungsrecht der Mutter zu; denn sie hat nach § 1707 BGB. allein die Sorge für die Person des Kindes, der Vormund hat insoweit nur die rechtliche Stellung eines Beistandes. § 3 Abs. 2 ist also nicht anwendbar (Engelmann Bem. III, 1, i zu § 3). Über stillschweigende Änderung der Religion eines unehelichen Kindes nach früherem bayerischem und württembergischem und nach geltendem Recht s. BayObLG. in BayZ. 1928 S. 140.

5. Verträge über die religiöse Kindererziehung, die seit dem Inkrafttreten des Gesetzes geschlossen wurden oder werden, haben keine bürgerliche Wirkung (§ 4). Die in dem Vertragsabschlusse liegende Einigung ist also nach § 1 Satz 2 jederzeit widerruflich; sie hat aber auch die sich aus § 2 Abs. 2 ergebenden Wirkungen.

Verträge, die vor dem Inkrafttreten des Gesetzes rechtswirksam abgeschlossen sind, bleiben in Kraft. Das Vormundschaftsgericht muß aber den Vertrag — ohne jede sachliche Prüfung — aufheben, wenn beide Eltern, nach dem Tode eines Elternteils der Überlebende, die Aufhebung beantragt (§ 9). Nach dem Tode beider Eltern ist der Vertrag unabänderlich vorbehaltlich der Vorschrift des § 10 (s. oben Bem. 3, a).

Über Unanwendbarkeit eines Vertrags, der die religiöse Erziehung der aus der Ehe hervorgehenden Kinder regelt, auf angenommene Kinder s. BayObLGZ. Bd. 26 A S. 189 ff.

6. Dem **Kinde selbst** ist ein wesentlicher Einfluß auf sein Bekenntnis eingeräumt.

a) Nach vollendetem 14. Lebensjahr steht dem Kinde, sofern es nicht geschäftsunfähig ist, das Selbstbestimmungsrecht zu; es hat allein darüber zu entscheiden, zu welchem religiösen Bekenntnis es sich halten will (§ 5 Satz 1).

b) Nach vollendetem 12. Lebensjahr kann sich das Kind einer Änderung seines Bekenntnisses widersetzen (§ 5 Satz 2).

S. hiezu auch Kihn in BayVerwBl. 1927 S. 134 ff.

7. Die Entscheidung von Streitigkeiten aus diesem Gesetz gehört zur **Zuständigkeit des Vormundschaftsgerichts** (§ 7 Satz 1). Hieher gehören namentlich Streitigkeiten darüber, wem das Bestimmungsrecht zukommt, dann Streitigkeiten des Bestimmungsberechtigten mit dem Kinde im Hinblick auf § 5 (s. vorstehende Bem. 6).

Das Vormundschaftsgericht entscheidet regelmäßig nur auf den Antrag eines Beteiligten. Ausnahmsweise findet ein Einschreiten von Amts wegen statt, wenn die Voraussetzungen des § 1666 BGB. gegeben sind (§ 7 Satz 2).

IV. Wegen des räumlichen Geltungsgebietes des RGes. vom 15. Juli 1921 s. Engelmann Vorbem. 4, b vor § 1 S. 31 ff.

Art. 135.*)

Unberührt bleiben die landesgesetzlichen Vorschriften über die Zwangserziehung Minderjähriger. Die Zwangserziehung ist jedoch, unbeschadet der Vorschriften der §§ 55, 56 des Strafgesetzbuchs, nur zulässig, wenn sie von dem Vormundschaftsgericht angeordnet wird. Die Anordnung kann außer den Fällen der §§ 1666, 1838 des Bürgerlichen Gesetzbuchs nur erfolgen, wenn die Zwangserziehung zur Verhütung des völligen sittlichen Verderbens notwendig ist.

Die Landesgesetze können die Entscheidung darüber, ob der Minderjährige, dessen Zwangserziehung angeordnet ist, in einer Familie oder in einer Erziehungs- oder Besserungsanstalt unterzubringen sei, einer Verwaltungsbehörde übertragen, wenn die Unterbringung auf öffentliche Kosten zu erfolgen hat.

E. II, 106; III, 124.

---

*) Schrifttum zum bisherigen Recht: Best im „Recht" 1904 S. 177; Löning in Conrads Jahrb. Bd. 22 S. 1 und im Handwörterbuch der Staatswissenschaften von Conrad (1901) Bd. 7 S. 1059; Muskat im ArchBürgR. Bd. 20 S. 283 ff.; Nölle ArchÖffR. Bd. 21 S. 86 ff.; Habel im „Recht" 1902 S. 61 (Zwangserziehung); Fuhrmann im „Recht" 1901 S. 615 ff. über Fürsorgeerziehung in Konkurrenz mit Zwangserziehung; Aschrott, Die Zwangserziehung Minderjähriger 1900; Kommentare zum preuß. FürsorgeErziehG. von Schmitz, von Massow, Nölle, Aschrott und Wittig; Kommentare zum bayr. ZwangsErzG. von Englert, v. d. Pfordten, zum württemb. ZwangsErzG. von Kiene, zum bad. vgl. Dorner, Komm. z. RPolG.; Winter, Die Zwangserziehung, insbes. mit Rücksicht auf die §§ 1666 und 1838 BGB. und das preußische Recht im ZBlFG. Bd. 1 S. 33 ff.; Reinhard, über Zwangserziehung, insbes. nach dem BGB. in BlAdmPr. Bd. 48 S. 129 ff., 160 ff., 200 ff., 236 ff.; Münsterberg, Zwangserziehung im Wörterbuch des deutschen Verwaltungsrechts 2. Bd. 1890 S. 1003—1008, 1. ErgBd. 1893 S. 346 ff.; Altona, Fürsorgeerziehung und Kammergericht im ZBlFG. Bd. 3 S. 221—228; Böhner, Fürsorgeerziehung und Armenrecht im „Recht" 1902 S. 252—255; Best, Zulässigkeit der Zwangserziehung beim Fehlen territorialer Beziehungen zum Großherzogtum Hessen in HessRspr. Bd. 9 S. 60 ff.; Schmölder in DJZ. 1906 S. 189 ff.; Arlt, daselbst S. 1199; Cordes, Zwangs- oder Fürsorgeerziehung mit besonderer Rücksicht der Oldenburger Gesetzgebung, in Oldenburg. Ztschr.

A. Bisheriges Recht.

I. Entstehung. Dieser Artikel wurde in der II. Komm. aufgestellt. Die nunmehrige Fassung erhielt er erst im Plenum des Reichstags, es wurde in Abs. 1 Satz 2 der § 55 StGB. und in Satz 3 der Bedingungssatz hinzugefügt und auch die Redaktion erlitt eine Veränderung (Reatz III, 68, P. VI, 441, 442, Mat. 87 a S. 85, RTK. 400 b S. 145 ff., StB. 3031 ff. und 3096).

II. Inhalt. Art. 135 betraf die **Zwangserziehung** verwahrloster, im Alter der Minderjährigkeit stehender Kinder und überließ deren Regelung der Landesgesetzgebung, weil die einschlägigen Vorschriften mit dem öffentlichen Rechte im engsten Zusammenhange stehen (M. IV, 806).

Zwangserziehung im Sinne dieses Artikels war nicht jegliche zwangsweise Erziehung des Kindes, sofern ein Zwang gegen dieses ausgeübt wurde (z. B. § 1631 Abs. 2 Satz 2, § 1800 BGB.), sondern diejenige Erziehung eines Minderjährigen, welche im Widerspruche mit dem Willen des an sich Erziehungsberechtigten (Vater, Mutter, Vormund) erfolgte. Sofern in den Landesgesetzen der Ausdruck „Zwangserziehung" auch in anderem Sinne vorkam, war die Zwangserziehung im weiteren Sinne nicht an die Voraussetzungen dieses Art. 135 gebunden.

1. Das **Reichsrecht** erklärte die **Zwangserziehung** für zulässig:

a) im Falle des § 55 StGB., d. i. gegen eine Person, welche eine strafbare Handlung begangen, bei der Begehung der Tat aber das zwölfte Lebensjahr noch nicht vollendet hatte und bezüglich deren durch Beschluß des Vormundschaftsgerichts die Begehung der Handlung festgestellt war,

b) im Falle des § 56 StGB., d. i. gegen eine Person, welche eine strafbare Handlung begangen hatte, als sie zwar das zwölfte, aber noch nicht das achtzehnte Lebensjahr vollendet hatte, aber, weil sie bei Begehung der Tat die zur Erkenntnis ihrer Strafbarkeit erforderliche Einsicht nicht besaß, freigespochen und bezüglich deren im Urteile bestimmt worden war, daß sie in eine Erziehungs- oder Besserungsanstalt gebracht werden solle,

c) im Falle des § 1666 mit § 1686 BGB., wenn der Elternteil, unter dessen Gewalt das Kind stand, das geistige oder leibliche Wohl dadurch gefährdete, daß er das Recht der Sorge für die Person des Kindes mißbrauchte, das Kind vernachlässigte oder sich eines ehrlosen oder unsittlichen Verhaltens schuldig machte,

d) im Falle des § 1838 BGB. gegen eine unter Vormundschaft stehende Person und zwar ohne weitere Voraussetzung dann, wenn dem Vormund die Sorge für die Person des Mündels zustand, unter der Voraussetzung zu c, wenn einem Elternteil die Sorge für die Person des Mündels zustand.

2. Außerdem gestattete Art. 135 der **Landesgesetzgebung**, die Zwangserziehung für zulässig zu erklären, mit der Einschränkung, daß dieselbe außer den zu 1, c bezeichneten Fällen der §§ 1666, 1686 BGB. nur erfolgen durfte, wenn sie zur Verhütung des völligen sittlichen Verderbens notwendig war. Vgl. über das Verhältnis der landesgesetzlichen zu den reichsgesetzlichen Vorschriften Best im „Recht" 1904 S. 177 ff., Eck in ArchBürgR. Bd. 41 S. 64 ff., BayObLGZ. Bd. 19 A S. 339 ff.

3. Immer war die Zwangserziehung nur gegenüber einem Minderjährigen und während der Dauer der Minderjährigkeit, im Falle des § 56 StGB. nur bis zur Vollendung des zwanzigsten Lebensjahres zulässig.

Bd. 30 S. 184 ff.; v. Liszt und Duensing, Die Zwangserziehung nach der im Anschluß an das BGB. erfolgten Neuregelung durch die Landesgesetze 1901; Külz, Das Fürsorgeerziehungswesen in Sachsen, FischersZ. Bd. 27 S. 1 ff.; Kloß, Sächs. Landesprivatrecht § 146; für Bayern vgl. Oertmann, Bayr. Landesprivatrecht § 142; v. d. Pfordten, Bayr. G. betr. die Zwangserziehung 1902; Raab, Das Bayrische ZwangsErzG. und seine Durchführung, München 1903; für Elsaß-Lothringen Kisch, Elsaß-Lothr. Landesprivatrecht § 185; von Unzner, Die Durchführung der Zwangserziehung in Bayern, BayZ. 1913 S. 313 ff.; Marschall-Ehrhardt, Bayer. FürsorgeerziehungsG., München 1917; Aschrott, 25 Jahre Fürsorgeerziehung in Preußen, DJZ. 1926 Sp. 487; Göze, dasselbe, PrVerwBl. Bd. 47 S. 235; Webermann, Die gesetzliche Vertretung der Minderjährigen im Falle der Fürsorgeerziehung, BayZ. 1918 S. 102; Pachmayr, Über die Fürsorgeerziehung der Ausländer, ebenda S. 111.

4. **Das Verfahren:** Die Zwangserziehung mußte richterlich für zulässig erklärt sein, und zwar

a) im Falle des § 56 StGB. durch Urteil des Strafgerichts,

b) in den übrigen Fällen durch Beschluß des Vormundschaftsgerichts (FGG. §§ 35, 36, 46; vgl. über den Ausschluß landesgesetzlicher Regelung der Zuständigkeit des Vormundschaftsgerichts RG. im „Recht" 1906 S. 1083 Nr. 1083) oder der gemäß Art. 147 dieses Gesetzes an Stelle des Vormundschaftsgerichts landesgesetzlich für zuständig erklärten Behörde. In diesen Fällen war die Landesgesetzgebung nach Abs. 2 befugt, das Vormundschaftsgericht auf den Ausspruch, daß die Zwangserziehung zulässig ist, zu beschränken und die Entscheidung darüber, ob der Minderjährige in einer Familie oder in einer Erziehungs- oder Besserungsanstalt unterzubringen sei, einer Verwaltungsbehörde zu übertragen, wenn die Unterbringung auf öffentliche Kosten zu erfolgen hatte.

Weiteren Beschränkungen war die Landesgesetzgebung nicht unterworfen, auch nicht hinsichtlich der Wahl der Anstalt durch eine Verwaltungsbehörde. Ein im Reichstag gestellter Antrag, die Zwangserziehung nach Landesgesetz nur zuzulassen, „wenn der Inhaber der väterlichen Gewalt das Einverständnis erklärt hat", ist abgelehnt worden (StB. 3035).

5. **Verhältnis der landesrechtlichen Zwangserziehung zu den im BGB. und im StGB. geregelten Fällen:** Das Landesrecht konnte, wenn es von dem Vorbehalte des Art. 135 Gebrauch machte, im Rahmen dieses Vorbehalts die Zwangserziehung auch in Fällen anordnen, in denen sie nach Reichsrecht unzulässig war, also z. B. die Zwangserziehung auch eines strafmündigen Minderjährigen verfügen, wenn derselbe wegen der Tat vom Strafrichter verurteilt oder freigesprochen worden war (vgl. Planck Bem. 10, KGJ. Bd. 25 A S. 33, Nölle im ArchBürgR. Bd. 21 S. 86, Best im „Recht" 1904 S. 177; a. M. Krug in HessRspr. Bd. 4 S. 118).

6. Vgl. über die Zulässigkeit der Zwangserziehung gegenüber den Angehörigen eines anderen Bundesstaates BayObLG. in SeuffBl. Bd. 78 S. 268 ff., über Zwangserziehung gegenüber Ausländern OLG. Stuttgart im „Recht" 1916 Nr. 1158; s. auch unten Bem. B, II, 2, d a. E.

7. **Landesgesetze über Zwangserziehung** auf Grund des Vorbehalts des Art. 135:

Preußen: G. über die Fürsorgeerziehung Minderjähriger vom 2. Juli 1900 (GS. S. 264, Becher XIV, 14 S. 202 ff.; Kommentare hiezu von Schmitz, von Massow, Nölle-Boschan, Wilkig, Aschrott); Novelle zu diesem Gesetz vom 7. Juli 1915 (GS. S. 113; vgl. hiezu Meyer in JW. 1915 S. 1149 ff.); Ausführungsbestimmungen vom 18. Dez. 1900 (JMBl. 1901 S. 37); Allg. Verf. vom 6. Febr. 1901, 19. März 1901, 30. April 1902; JMVerf. vom 11. und 29. Sept. 1907. Über den Begriff der Rechtskraft nach dem preuß. FürsorgeErzG. s. KGJ. Bd. 24 A S. 35.

Bayern: G. betr. die Zwangserziehung vom 10. Mai 1902 (GVBl. 1902 S. 180 ff.; Becher ErgBd. III, 18 S. 256; Kommentare hiezu von Englert, v. d. Pfordten, Raab), geändert durch G. vom 23. Febr. 1908, die Berufsvormundschaft betr. (GVBl. S. 85; Becher ErgBd. III, 26 S. 323) und durch Art. 97 des Armengesetzes vom 21. Aug. 1914 (GVBl. 1914 S. 584 ff.) und auf Grund Art. 99 dieses Gesetzes in der neuen Fassung als „Fürsorgeerziehungsgesetz" veröffentlicht durch Bek. vom 21. Juli 1915 (GVBl. 1915 S. 595 ff.), in dieser Fassung in Kraft getreten am 1. Jan. 1916 (vgl. JMBek. vom 24. Dez. 1915, JMBl. 1916 S. 15 ff.); über einstweilige Fortdauer der Gültigkeit dieses Gesetzes s. BayVGH. JW. 1925 S. 404, „Recht" 1924 Nr. 1640 (nun gegenstandslos); Ausführungsbestimmungen vom 28. Juni 1902 (JMBl. 1902 S. 629 ff., geändert durch JMBek. vom 26. Dez. 1906 (JMBl. 1906 S. 531), vom 28. Okt. 1907 (JMBl. S. 419) und vom 11. Mai 1909 (JMBl. S. 209 ff.); vgl. auch BayObLGZ. Bd. 4 S. 153, 225, Bd. 5 S. 41, Bd. 6 S. 180 ff. und BayObLG. im „Recht" 1904 S. 362, 1909 Nr. 284; über die Erziehungs- und Besserungsanstalten, in denen Minderjährige in Bayern zur Zwangserziehung untergebracht werden konnten, s. JMBl. 1902 S. 653 ff., 1903 S. 81 ff., 1904 S. 28 ff., 1905 S. 793 ff., 1906 S. 82 ff., 1907 S. 419 ff., 1909 S. 210 ff., 1910 S. 660 ff. und das zusammenfassende Verzeichnis 1911 S. 3 ff. mit Nachtrag JMBl. 1912 S. 210 ff., 1913 Beibl. S. 67 ff., 1914 Beibl. S. 93 ff.

Sachsen: AG.BGB. § 50 (Becher XVII, 1 S. 9); VO. vom 6. Juli 1899 §§ 48, 52, 53 (Becher XVII, 2 S. 21 ff.), MinVO. vom 17. Nov. 1900 (JMBl. S. 107); G. über die Fürsorgeerziehung vom 1. Febr. 1909 (GBl. S. 63 ff.; Becher ErgBd. XVII, 30 S. 297), abgeändert durch G. vom 1. Juni 1912 (GBl. S. 291 ff.);

AusführungsVO. vom 6. Mai 1909 (GBl. S. 401); MinBek. vom 27. Juni 1913 über Beistandleistung in ErzAngelegenheiten (GBl. S. 181).

Württemberg: G. betr. die Zwangserziehung vom 29. Dez. 1899 (Becher XXVI, 3 S. 84 ff.), geändert durch G. vom 11. Nov. 1905 (wodurch das Wort „Zwangserziehung" durch „Fürsorgeerziehung" ersetzt wurde, Becher ErgBd. XXVI, 10 S. 173); Art. 8 des G. vom 8. Juni 1912 (RegBl. S. 158) und G. vom 10. April 1918 (RegBl. S. 59); MinVerf. vom 18. Mai 1918 (RegBl. S. 67 ff., 83).

Baden: G. betr. die Zwangserziehung vom 4. Mai 1886 in der Fassung der Bek. vom 31. Aug. 1900 (Becher II, 15 S. 85 ff.); VollzugsVO. hiezu vom 6. Febr. 1906 und § 87 der RPolVO. vom 1. März 1907; Bek. vom 22. April 1913, betr. Beistandleistung in Fürsorgeerziehungsangelegenheiten (GVBl. S. 439); G. vom 11. Juli 1918, die Fürsorgeerziehung betr. (GVBl. S. 217 ff.), abgeändert durch G. vom 3. Dez. 1920 (GVBl. S. 541); Fürsorgeerziehungsordnung vom 26. Juni 1919 (GVBl. S. 381 ff.).

Hessen: AG.BGB. Art. 284; Änderung des G. vom 11. Juni 1887, die Unterbringung jugendlicher Übeltäter und verwahrloster Kinder betr. (Becher VIII, 3 S. 113 ff.), neu veröffentlicht am 30. Sept. 1899 (RegBl. S. 855 ff.).

Mecklenburg-Schwerin: VO. vom 10. Okt. 1882, VO. über ZwErz. Minderjähriger vom 9. April 1899 (Becher XI, 5 S. 104 ff.), geändert durch G. vom 3. Dez. 1920 (RegBl. 1921 S. 49).

Sachsen-Weimar: AG.BGB. §§ 200—210 (Becher XXI, 3 S. 40 ff.); MinVO. vom 13. Juni 1913 über Beistandleistung in Zwangserziehungsangelegenheiten (RegBl. S. 105).

Mecklenburg-Strelitz: VO. betr. Zwangserziehung Minderjähriger vom 9. April 1899 (Becher XII, 4 S. 88 ff.).

Oldenburg: AG.BGB. §§ 27—34 (Becher XIII, 3 S. 11 ff.); Fürstentum Lübeck: AG.BGB. §§ 25—31 (Becher XIII, 1 S. 65 f.); Birkenfeld: AG.BGB. §§ 72—78 (Becher XIII, 7 S. 42 f.).

Braunschweig: G. vom 12. Juni 1899, aufgehoben und ersetzt durch G. vom 22. Okt. 1908, betr. FürsorgeErz. Minderjähriger (GVS. S. 483 ff., Becher IV, 19 S. 98), dieses abgeändert durch G. vom 6. Mai 1910 (GVS. S. 169, Becher IV, 22 S. 123).

Sachsen-Meiningen: G. vom 19. Aug. 1899 (Becher XX, 10 S. 81 ff.).

Sachsen-Altenburg: AG.BGB. §§ 109—121 (Becher XVIII, 1 S. 23 ff.).

Sachsen-Coburg-Gotha: AG.BGB. Art. 49 (Becher XIX, 8 S. 80); Art. 49 galt in den mit Bayern vereinigten Landesteilen fort (Bayer. Bek. vom 30. Jan. 1922, B, II, a, Bayer. GVBl. S. 155).

Anhalt: G. betr. Zwangserziehung Minderjähriger vom 21. März 1899 (Becher I, 2 S. 5 ff.).

Schwarzburg-Rudolstadt: G. vom 20. Dez. 1896.

Schwarzburg-Sondershausen: G. vom 20. Juli 1899 (Becher XXIV, 9 S. 87 ff.).

Waldeck: G. vom 22. Jan. 1902 (Becher ErgBd. XXV, 13 S. 90), geändert durch G. vom 25. Dez. 1917 (RegBl. 1918 S. 9).

Reuß ältere Linie: AG.BGB. §§ 125—135 (Becher XV, 1 S. 22 ff.).

Reuß jüngere Linie: AG.BGB. §§ 100—111 (Becher XVI, 3 S. 23 ff.); AG. BGB. §§ 104, 107 a—c in der Fassung des G. vom 18. Juni 1912;

Vereinigte Reuß: G. vom 29. Juli 1920 über Kostenpflicht in Zwangserziehungssachen (GS. S. 105).

Schaumburg-Lippe: G. vom 30. Juni 1899 (Becher XXII, 4 S. 18 ff.); G. vom 3. April 1916 (LV. S. 237).

Lippe-Detmold: G. vom 2. Juli 1891.

Lübeck: G. vom 17. März 1884; AG.BGB. §§ 130—141 (Becher X, 6 S. 60 ff.).

Bremen: G. vom 18. Juli 1899 (Becher V, 5 S. 62 ff.); G. vom 21. Dez. 1912, betr. Errichtung eines Jugendamts (GBl. S. 273), geändert durch G. vom 9. Nov. 1919 (GBl. S. 415) und G. vom 13. Mai 1921 (GBl. S. 157).

Hamburg: G. über Zwangserziehung in der Fassung vom 9. Febr. 1910 (Becher ErgBd. VII, 27 S. 117 ff.).

Elsaß-Lothringen: G. vom 18. Juli 1890; AG.BGB. §§ 123—127 (Becher VI, 1 S. 24 ff.).

B. Das geltende Recht*).

I. Nach Art. 7 Nr. 7 der Reichsverfassung vom 11. Aug. 1919 hat das Reich die konkurrierende Gesetzgebung (s. hierüber Bem. 11 zu Art. 55, oben S. 113) über Kinder- und Jugendfürsorge. Von seiner Befugnis zur Regelung dieses Gegenstandes hat das Reich mit der Erlassung des **Jugendwohlfahrtsgesetzes** vom 9. Juli 1922 (RGBl. 1922 I S. 633 ff.), abgeändert durch VO. über das Inkrafttreten des RJWG. vom 14. Febr. 1924 (RGBl. I S. 110 ff.), Gebrauch gemacht. Das JWG. beschränkt sich allerdings vielfach auf grundsätzliche Bestimmungen und überläßt die nähere Regelung den Ländern.

Im VI. Abschnitt, §§ 56—76, ist nunmehr die Schutzaufsicht (§§ 56—61) und die **Fürsorgeerziehung reichsrechtlich** einheitlich, wenigstens in ihren Grundsätzen **geregelt.** Durch § 64 JWG. und Art. 4 EG.JWG. vom 9. Juli 1922 (RGBl. 1922 I S. 647 f.) ist **Art. 135 EG.** samt den auf Grund desselben erlassenen Landesgesetzen mit dem Inkrafttreten des JWG. **aufgehoben.** Der Zeitpunkt des Inkrafttretens des JWG. ist in Art. 1 Satz 1 des EG.JWG. auf den 1. April 1924 festgesetzt; in Satz 2 ist die Reichsregierung ermächtigt, mit Zustimmung des Reichsrats den Zeitpunkt des Inkrafttretens des Gesetzes oder einzelner Teile desselben für einzelne Länder oder Jugendamtsbezirke auf einen früheren Zeitpunkt zu verlegen. Auf Grund dieser Vorschrift ist durch VO. des Reichsministers des Innern vom 6. Juli 1923 (RGBl. 1923 I S. 554), abgeändert (durch Ausschaltung von Bremen) durch VO. vom 13. Aug. 1923 (RGBl. I S. 819) neben dem I. bis IV. auch der VI. Abschnitt und die Schlußbestimmungen des JWG. für Württemberg, Thüringen und Lübeck vom 1. Juli 1923, für Hamburg vom 1. Nov. 1923 ab in Kraft gesetzt worden. In Bayern ist das JWG. erst am 1. Januar 1926 gleichzeitig mit dem AG.JWG. vom 20. Juli 1925 — Jugendamtsgesetz — (GVBl. 1925 S. 211 ff.) in Kraft getreten; vgl. die bayer. VO. über das Inkrafttreten des JWG. vom 27. März 1924 (GVBl. 1924 S. 126), welche verfügte, daß das JWG. in Bayern erst mit dem Zeitpunkt in Kraft trete, den das zu erlassende bayer. AG. bestimmen werde, und daß bis zu diesem Zeitpunkt die bisherigen Gesetze aufrechterhalten bleiben; s. ferner wegen des Zeitpunktes des Inkrafttretens Art. 43 Satz 3 des JugendamtsG.

Andere Vorschriften der Landesgesetze in bezug auf Jugendwohlfahrt als die durch Art. 4 EG.JWG. aufgehobenen auf Grund des Art. 135 EG.BGB. erlassenen Landesgesetze bleiben nach Art. 2 EG.JWG. insoweit unberührt, als sie mit den Bestimmungen des JWG. vereinbar sind; das Reich will also die Jugendwohlfahrt nicht erschöpfend regeln, sondern sieht landesrechtliche ergänzende Vorschriften vor. Gegenstandslos ist Art. 3 EG.JWG., der die Landesgesetzgebung zur einstweiligen Regelung der Jugendgerichtshilfe ermächtigte, weil diese nun

---

*) Schrifttum zum neuen Recht: Kommentare und Handausgaben des JWG.: Bäumler-Hartmann-Becker, Berlin 1923; Behrend, Berlin-München 1925; Bovensiepen, Leipzig 1922; Drewes-Sandré, Berlin-Leipzig 1924; Fichtl, München 1926; Friedeberg-Polligkeit, Berlin 1923; hiezu ErgBd. das preuß. AG. JWG., Berlin 1925; Götze (mit preuß. AG.), Berlin 1925; Schiedermair (mit bayer. JugendamtG.), München 1926; Blume-Riebesell-Storck, Mannheim 1926; Heß, München 1926; Rist-Weipert, München 1926; v. Unzner in Achilles-Greiff, BGB. 12. Aufl. S. 1172 ff.

Baumann, Vollzug des RGes. für Jugendwohlfahrt in Bayern, BayVerwBl. 1926 S. 1 ff.; Behnke, Rechtscharakter und Anwendungsgebiet der vorläufigen Fürsorgeerziehung, JJZBl. 18 S. 59; Beitzen, Die neue Jugendwohlfahrtsgesetzgebung im Reich und in Preußen, Hildesheim und Leipzig 1924; Bühler, Jugendwohlfahrt, Fürsorgepflicht für Jugendliche, Jugendgerichtsbarkeit, Karlsruhe 1925; Faßbender, Jugendrecht, Jugendschutz und Jugendwohlfahrt in der deutschen Gesetzgebung, Berlin 1925; Felisch, Die Überreste des JWG., JW. 1925 S. 314; Friedlaender, Praktische Erfahrungen mit der Schutzaufsicht, JJZBl. Bd. 17 S. 9 ff.; Gregor, Leitfaden der Fürsorgeerziehung, Berlin 1924; derselbe, Erziehungswissenschaft und Anstaltserziehung, JJZBl. Bd. 17 S. 236 ff.; Hoppmann, Die Überweisung nicht verwahrloster Kinder in Fürsorgeerziehung, JJZBl. Bd. 17 S. 257 ff.; Mayer, Die Zuständigkeit und der Wechsel der Zuständigkeit des Vormundschaftsgerichts, der Fürsorgeerziehungsbehörde und des Kostenträgers im Fürsorgeerziehungsverfahren, BayVerwBl. 1928 S. 81 ff., 97 ff.; Neumann, Vormundschaftsgericht und Jugendamt, DRZ. 1925 S. 376; Otker, Verbindung von Jugendamt und Vormundschaftsbehörde, JW. 1924 S. 278; Werner, Jugendpflege und Jugendfürsorge, Berlin 1925; Weyl, Das deutsche Jugendrecht, Leipzig 1926; Wolff, Mehr Aktivität des Vormundschaftsrichters in der Auswirkung des JWG., DRZ. 1925 S. 160.

reichsrechtlich durch das Jugendgerichtsgesetz vom 16. Febr. 1923 (RGBl. 1923 I S. 135 ff.), abgeändert durch RGes. vom 27. Dez. 1926 (RGBl. I S. 529) erfolgt ist.

Übergangsvorschriften zur Durchführung des JWG. zu erlassen war die Landesgesetzgebung durch Art. 7 EG. JWG. ermächtigt.

Das JWG. knüpft auch an die Vorschriften der Art. 120—122 der neuen RV. an. Danach ist die Erziehung des Nachwuchses zur leiblichen, seelischen und gesellschaftlichen Tüchtigkeit oberste Pflicht und natürliches Recht der Eltern, über deren Betätigung die staatliche Gemeinschaft wacht (Art. 120). Den unehelichen Kindern sind durch die Gesetzgebung die gleichen Bedingungen für ihre leibliche, seelische und gesellschaftliche Entwicklung zu schaffen wie den ehelichen (Art. 121); diese Vorschrift ist aber nicht aktuelles Recht, sondern nur Richtlinie. Die Jugend ist gegen sittliche, geistige und körperliche Verwahrlosung zu schützen; Staat und Gemeinde haben die erforderlichen Einrichtungen zu treffen; Fürsorgemaßregeln im Wege des Zwanges können nur auf Grund des Gesetzes angeordnet werden (Art. 122); die letztere Bestimmung ist allerdings, besonders angesichts des Art. 114 Abs. 1 RV., der die Unverletzlichkeit der persönlichen Freiheit garantiert, selbstverständlich und überflüssig.

II. **Die reichsrechtliche Regelung.** Die Maßnahmen, die der Sicherung des Erziehungsanspruchs der gefährdeten und verwahrlosten Jugend dienen, sind die Schutzaufsicht und die Fürsorgeerziehung; letztere ist die weiter gehende Maßregel, indem sie dem Erziehungsberechtigten die Erziehung völlig aus der Hand nimmt und nicht bloß, wie die Schutzaufsicht, sich auf Unterstützung und Überwachung desselben beschränkt. Beide Maßnahmen können nicht bloß nach bürgerlichem Recht, sondern nach dem JugendgerichtsG. vom 16. Febr. 1923 (RGBl. I S. 135) auch im Zusammenhang mit einem strafgerichtlichen Verfahren angeordnet werden; sie sind nämlich auch als Erziehungsmaßregel gegen Jugendliche, die eine mit Strafe bedrohte Handlung begangen haben, zulässig (§ 7 Abs. 1 Nr. 5 und 6 JGG.); ein verurteilter Jugendlicher kann — und zwar auch über das Alter der Minderjährigkeit hinaus; s. nachstehende Bem. — im Falle der Aussetzung der Vollstreckung der gegen ihn erkannten Freiheitsstrafe während der Probezeit unter Schutzaufsicht gestellt werden (§§ 10 Abs. 1, 12 Abs. 2 JGG.). Voraussetzungen, Ausführung und Aufhebung sowie das Erlöschen der Schutzaufsicht und der Fürsorgeerziehung als Erziehungsmaßregeln bestimmen sich nach dem JWG. (§ 7 Abs. 3 JGG.; diese Vorschrift bezieht sich aber nicht auf die nach § 12 Abs. 2 JGG. vom Strafrichter angeordnete Schutzaufsicht, die Aufhebung erfolgt hier durch den Jugendrichter).

1. Die **Schutzaufsicht** bezweckt die **Verhütung der** körperlichen, geistigen und sittlichen **Verwahrlosung** (§ 56 JWG.). Weitere Voraussetzungen, als daß sie hiezu geboten und ausreichend erscheint, bestehen nicht. Dem bisherigen Reichsrecht war dieser Zweig der sozialen Fürsorge unbekannt. Die Schutzaufsicht hat sich jedoch in den letzten Jahren als vorbeugende Maßregel Anerkennung verschafft. Vereinzelt fanden sich auch landesrechtliche Bestimmungen in bezug auf dieselbe; vgl. Allg. Verf. des preuß. JMin. vom 18. Febr. 1918 (JMBl. 1918 S. 49), württemberg. JugendamtsG. vom 8. Okt. 1919, § 13 des hamburg. G. über die öffentl. Fürsorge für Minderjährige vom 11. Sept. 1907.

Im einzelnen ist dem JWG. folgendes zu entnehmen:

a) Angeordnet wird die Schutzaufsicht nach Anhörung des Jugendamts von Amts wegen oder auf Antrag, zu dem die Eltern, der gesetzliche Vertreter und das Jugendamt berechtigt sind, vom Vormundschaftsgericht. Wegen der Zuständigkeit zur Entscheidung über die Anordnung der Schutzaufsicht s. §§ 36 Abs. 1 und 2, 43 FGG., auch § 68 Abs. 2 JWG., über die Zuständigkeit zu vorläufigen Maßregeln § 68 Abs. 1 JWG.; wegen der Abgabe an das Gericht des gewöhnlichen Aufenthalts des Minderjährigen auf Antrag des Jugendamts § 57 Abs. 3 JWG. Die Anhörung der Eltern vor der Anordnung ist durch den Eingriff in ihr Erziehungsrecht bedingt (so mit Recht OLG. Hamburg HansGZ. 1925 Beibl. S. 228). Wegen der Bekanntgabe der Entscheidung des Vormundschaftsgerichts s. § 57 Abs. 2 JWG. Beschwerderecht und Beschwerdeverfahren bestimmen sich nach dem FGG. §§ 19, 20, 57 Abs. 1 Nr. 9, 58, 59 (KG. in OLG. Bd. 44 S. 109 = JurRundsch. 1925 Nr. 704).

Ausnahmsweise kann das Jugendamt die Schutzaufsicht beim Vorhandensein der Voraussetzungen des § 56 JWG. (s. unten b) ohne gerichtliche Anordnung ausüben, solange der Erziehungsberechtigte (s. §§ 1627, 1634, 1635, 1637, 1684, 1685, 1757, 1793 BGB.) damit einverstanden ist (freiwillige Schutzaufsicht); das Vormundschaftsgericht ist aber von dem Eintritt der Schutzaufsicht zu benachrichtigen (§ 60 Abs. 3 JWG.); ebenso erscheint die Benachrichtigung von der Beendigung geboten.

b) Zulässig ist die Schutzaufsicht nach bürgerlichem Recht nur über Minderjährige (§ 56, s. auch § 59 und unten Bem. g), auch nicht über für volljährig Erklärte (§ 3 Abs. 2 BGB.); wegen der Ausnahme bei der nach einem Strafverfahren verhängten Schutzaufsicht s. § 12 Abs. 2 JGG. Die Schutzaufsicht muß angeordnet werden, wenn sie zur Verhütung der Verwahrlosung einerseits geboten, anderseits ausreichend erscheint. Ohne diese Voraussetzung ist die Schutzaufsicht nach § 66 Abs. 3 JWG. für die Dauer der Aussetzung eines Fürsorgeerziehungsverfahrens anzuordnen.

c) Ausgeübt wird die Schutzaufsicht nicht durch das Vormundschaftsgericht, sondern durch Helfer. Die Eigenschaft als Helfer wird durch Bestellung erworben. Zur Ausübung der Schutzaufsicht kann das Jugendamt oder nach Anhörung desselben eine Vereinigung für Jugendhilfe (vgl. § 2 JWG.) oder auch eine einzelne Person bestellt werden; die beiden letzteren sind zur Übernahme der Schutzaufsicht nicht verpflichtet (§ 60 Abs. 1 Satz 1 JWG.), aber auch dem Jugendamt darf die Ausübung der Schutzaufsicht nur mit seiner Einwilligung übertragen werden (Art. 8 Nr. 7 EG.JWG. in der Fassung des Art. 1 der VO. vom 14. Febr. 1924 über das Inkrafttreten des JWG., RGBl. 1924 I S. 110). Bei der Übertragung der Schutzaufsicht ist auf das religiöse Bekenntnis oder die Weltanschauung des Minderjährigen tunlichst Rücksicht zu nehmen (§ 60 Abs. 1 Satz 2).

Das Jugendamt als Behörde und die Jugendhilfevereinigung üben die Schutzaufsicht durch die von ihnen bestellten Personen aus; die Personen sind nicht die Helfer im Sinne des Gesetzes, das Vormundschaftsgericht hat auf sie keinen unmittelbaren Einfluß (s. unten Bem. e).

Die Bestellung des Helfers ist mit Beschwerde anfechtbar; es gelten die Vorschriften des FGG.

Der Helfer hat keinen Anspruch auf Vergütung.

Das Amt des Helfers endet — von der Beendigung der Schutzaufsicht überhaupt abgesehen; s. über diese unten Bem. g — durch Entlassung, die jederzeit erfolgen kann, aber erfolgen muß, wenn das dem Wohle des Minderjährigen förderlich erscheint (§ 60 Abs. 1 Satz 3 JWG.). Die Entlassung richtet sich, wenn das Jugendamt oder eine Jugendhilfevereinigung als Helfer bestellt ist, gegen diese, nicht gegen die die Schutzaufsicht für sie ausübende Einzelperson.

d) Die Schutzaufsicht besteht in dem Schutz und der Überwachung des Minderjährigen. Der Helfer (s. unter c) hat den Erziehungsberechtigten (vgl. hierüber die Bem. unter a) bei der Sorge für die Person des Minderjährigen zu unterstützen und zu überwachen. Auf die Sorge für das Vermögen des Minderjährigen erstreckt sich die Schutzaufsicht nur, insoweit der Arbeitsverdienst des Minderjährigen in Betracht kommt; auch hierbei handelt es sich nur um unterstützende und überwachende Tätigkeit und zwar auch, soweit der Minderjährige nach § 113 BGB. unbeschränkt geschäftsfähig ist (§ 58 Abs. 1 JWG.).

Der Helfer kann für alle hienach in Betracht kommenden Angelegenheiten oder für gewisse Arten derselben oder nur für einzelne Angelegenheiten bestellt werden. Über den Umfang seines Wirkungskreises entscheidet die Bestellung (§ 58 Abs. 2 und 3 JWG.).

Der Helfer hat bei der Ausübung der Schutzaufsicht Recht auf Zutritt zu dem Minderjährigen und gegen die Eltern, den gesetzlichen Vertreter und die Person, der der Minderjährige zur Verpflegung übergeben ist, Recht auf Auskunft (§ 58 Abs. 4 JWG.).

Nähere Bestimmungen über die Ausübung der Schutzaufsicht nach § 60 Abs. 1 Satz 4 JWG. kann die Reichsregierung mit Zustimmung des Reichsrats treffen (bisher nicht geschehen) oder die oberste Landesbehörde (s. § 77 JWG. und die Ausführungsgesetze).

e) Überwachung durch das Vormundschaftsgericht. Der Helfer ist bei der Ausübung der Schutzaufsicht gehalten, etwaigen Weisungen des Vormundschaftsgerichts Folge zu leisten; er hat auch dem Vormundschaftsgericht jeden Fall, der dessen Einschreiten erfordert, unverzüglich anzuzeigen (§ 58

Abs. 5 JWG.). Außerdem kann das Vormundschaftsgericht über die Führung des unter Schutzaufsicht stehenden Minderjährigen Bericht verlangen (§ 60 Abs. 2 JWG.). Zwangsmittel zur Erfüllung der Pflichten stehen dem Vormundschaftsgericht gegenüber dem Pfleger nicht zu Gebote; es kann nur zu seiner Entlassung schreiten.

Auch bei der Schutzaufsicht, der sich der Erziehungsberechtigte freiwillig unterwirft (§ 60 Abs. 3 JWG.; s. oben Bem. a Abs. 2), werden die Vorschriften der §§ 58 Abs. 5 und 60 Abs. 2 zur Anwendung kommen müssen.

Über die Zuständigkeit nach § 43 Abs. 2 FGG. für die Pflegschaft zur Schutzaufsicht s. KG. in OLG. Bd. 43 S. 385.

f) Verhältnis der Schutzaufsicht zur Beistandschaft nach BGB. Ist der Mutter nach §§ 1687 ff. BGB. ein Beistand bestellt, so soll im Falle der Anordnung der Schutzaufsicht (§ 57 Abs. 1 JWG., nicht auch im Falle der freiwillig geduldeten Schutzaufsicht nach § 60 Abs. 3 JWG.) die Beistandschaft insoweit aufgehoben werden, als sich ihr Wirkungskreis mit dem der Schutzaufsicht deckt (§ 61 JWG.). Die Schutzaufsicht geht also der Beistandschaft vor. Über den Wirkungskreis des Beistands s. § 1688 BGB. und Bem. 1 hiezu in Bd. IV.

g) Die Schutzaufsicht endet nach § 59 JWG.

α) kraft Gesetzes in zwei Fällen, nämlich mit dem Eintritt der Volljährigkeit oder der Volljährigkeitserklärung des unter Schutzaufsicht Stehenden (§§ 2, 3 Abs. 2 BGB.; Ausnahme s. § 12 Abs. 2 JGG. bei der Schutzaufsicht während der Probezeit des im Strafverfahren verurteilten Jugendlichen) und mit der rechtskräftigen Anordnung der weiter gehenden Maßregel der Fürsorgeerziehung,

β) mit der Aufhebung durch das Vormundschaftsgericht, wenn ihr Zweck, nämlich die Verhütung der Verwahrlosung (§ 56 JWG.), erreicht oder seine Erreichung anderweit sichergestellt ist. Auch die als Erziehungsmaßregel nach dem Jugendgerichtsgesetz vom 16. Febr. 1923 angeordnete Schutzaufsicht wird vom Vormundschaftsgericht aufgehoben (§ 7 Abs. 3 JGG.; dagegen die im Strafverfahren gemäß § 12 JGG. angeordnete vom Jugendrichter). Die Aufhebung unterliegt der Beschwerde nach dem FGG. (§§ 19, 20, 57 Abs. 1 Nr. 9, 59).

Die Beendigungsgründe unter α gelten auch für die Schutzaufsicht, der sich der Erziehungsberechtigte freiwillig unterworfen hat (§ 60 Abs. 3; s. oben unter a Abs. 2); eine Aufhebung derselben durch das Vormundschaftsgericht erfolgt nicht. Das Jugendamt kann dieselbe aber jederzeit einstellen, hat aber davon das Vormundschaftsgericht (in sinngemäßer Anwendung des § 60 Abs. 3 Halbsatz 2) zu benachrichtigen.

2. **Die Fürsorgeerziehung** dient der **Verhütung** der zu befürchtenden wie der **Beseitigung der** schon eingetretenen **Verwahrlosung** (§ 62 JWG.); sie kann also je nach dem Bedürfnis und Zweck im Einzelfall vorbeugende oder heilende Maßregel sein (über Voraussetzungen der heilenden Fürsorgeerziehung s. Bay. ObLGZ. Bd. 26 A S. 203 ff.). Die Verwahrlosung kann wie bei der Schutzaufsicht eine körperliche, geistige oder sittliche sein. Es muß entweder die Gefahr der Verwahrlosung drohen oder die Verwahrlosung bereits eingetreten und weitere Verwahrlosung zu befürchten sein. Die Fürsorgeerziehung ist Erziehung im vollen Umfang (Kipp § 133, II, 2, a).

Wegen der Fürsorgeerziehung als Erziehungsmaßregel im Jugendstrafverfahren s. § 7 Abs. 1 Nr. 6 und Abs. 3 JGG.

a) Angeordnet wird die Fürsorgeerziehung nach dem JWG. vom Vormundschaftsgericht (§ 63 Abs. 1). Wegen der Zuständigkeit s. § 43 mit § 36 Abs. 1 und 2 FGG.; danach kommt es grundsätzlich auf den Wohnsitz und nur beim Mangel eines inländischen Wohnsitzes auf den Aufenthalt an; ist aber schon eine Vormundschaft, Pflegschaft, Beistandschaft oder Schutzaufsicht anhängig, so ist das Gericht, bei dem diese anhängig ist, zuständig (§ 43 Abs. 2 FGG., § 68 Abs. 2 JWG.); wegen der Zuständigkeit zu vorläufigen Maßregeln s. unten Bem. 3. Aus Zweckmäßigkeitsgründen sieht § 65 Abs. 7 JWG. die Abgabe an ein anderes Gericht nach § 46 FGG. vor; wenn nämlich das an sich zuständige Vormundschaftsgericht nicht das des gewöhnlichen Aufenthaltsorts des Minderjährigen ist, soll die Abgabe an dieses Gericht erfolgen, wenn das Jugendamt die Abgabe beantragt (KG. in JFG. Bd. 2 S. 87 ff.; s. auch BayObLG. vom 7. Jan. 1928 in Jur.

Rundsch. 1928 Nr. 895). Der Antrag kann nur bis zu dem Zeitpunkt gestellt werden, in dem das Vormundschaftsgericht über die Anordnung der Fürsorgeerziehung durch Beschluß (s. § 63 Abs. 1 und unten b, α) entschieden hat (KG. in JFG. Bd. 2 S. 90ff. = OLG. Bd. 44 S. 77). Die Abgabe soll nur unterbleiben, wenn besondere Gründe dagegen sprechen. Ist eine Vormundschaft oder Pflegschaft anhängig, so kann das Fürsorgeerziehungsverfahren nur gemeinsam mit jener abgegeben werden (KG. in JBFG. Bd. 2 S. 92ff. = JurRundsch. 1925 Nr. 391 = OLG. Bd. 44 S. 78). Wegen der Entscheidung beim Mangel der Einigung der in Betracht kommenden Gerichte über die Abgabe s. § 46 Abs. 2 FGG. Über die Voraussetzungen der Abgabe s. auch BayObLG. in BayZ. 1926 S. 224.

Im Jugendstrafverfahren kann das Jugendgericht die Fürsorgeerziehung nur dann selbst anordnen, wenn das nämliche Gericht auch als Vormundschaftsgericht zur Anordnung örtlich zuständig wäre (§ 5 Abs. 2 Satz 3 JGG.); andernfalls muß es sich auf den Ausspruch beschränken, daß Erziehungsmaßregeln notwendig sind und die Anordnung dem Vormundschaftsgericht überlassen (§ 5 Abs. 2 Satz 1 und 2 JGG.).

b) Für das Verfahren sind grundsätzlich die allgemeinen Vorschriften des FGG. maßgebend; sie werden ergänzt, teilweise abgeändert durch die Sondervorschriften des JWG.

α) Die Anordnung der Fürsorgeerziehung erfolgt durch Beschluß (§ 63 Abs. 1 FGG.); schon der Beschluß der ersten Instanz muß, mag er auf Anordnung oder auf Ablehnung der Fürsorgeerziehung lauten, mit Gründen versehen sein (§ 65 Abs. 3 JWG.; s. dagegen § 25 FGG., wonach sonst erst die Beschlüsse der Beschwerdeinstanzen mit Gründen zu versehen sind); die Gründe des die Fürsorgeerziehung anordnenden Beschlusses müssen die Tatsachen, auf welche sich die Anordnung stützt, feststellen und erkennen lassen, welche der gesetzlichen Voraussetzungen für die Anordnung (§ 63 Abs. 1; s. unten d a. E.) das Gericht als erfüllt ansieht.

β) Die Anordnung erfolgt von Amts wegen oder auf Antrag (§ 65 Abs. 1 Satz 1 JWG.). Reichsrechtlich ist zu dem Antrag das nach § 7 JWG. zuständige Jugendamt berechtigt; die Landesgesetzgebung kann das Antragsrecht ausdehnen, d. h. noch anderen Behörden, Vereinigungen und Einzelpersonen verleihen (§ 65 Abs. 1 Satz 2 JWG.).

γ) Vor der Beschlußfassung muß das Jugendamt vom Vormundschaftsgericht gehört werden, wenn es nicht selbst den Antrag gestellt hat; die nochmalige Anhörung durch das Beschwerdegericht hängt von dessen pflichtgemäßem Ermessen ab, die Unterlassung kann unter Umständen gegen den Grundsatz des § 12 FGG. verstoßen (BayObLG. vom 19. Nov. 1927, BayVerwBl. 1928 S. 48; abweichend OLG. Karlsruhe BadRpr. Bd. 91 S. 18). Es sollen, wenn es ohne erhebliche Schwierigkeiten geschehen kann, außerdem gehört werden der betroffene Minderjährige, seine Eltern und sein gesetzlicher Vertreter; die Landesgesetzgebung kann weitere Anhörungen vorschreiben (§ 65 Abs. 2 JWG.); wegen Umfang und Art der anzustellenden Ermittelungen s. insbesondere BayObLG. in BayZ. 1926 S. 362. Auch die Verletzung der Sollvorschrift begründet, wenn auf ihr der Beschluß beruht, die Beschwerde und die weitere Beschwerde (§ 27 FGG.; vgl. Keidel, Komm. z. FGG. Bem. 3 letzter Abs. zu § 27). Wegen Auslagenersatz an gerichtlich vernommene Personen mit Ausnahme des Minderjährigen und der Eltern s. § 74 JWG. Der Minderjährige muß in dem Verfahren einen gesetzlichen Vertreter haben (KG. in JurRundsch. 1926 Nr. 1959).

δ) Wegen der Zulässigkeit ärztlicher Untersuchung von Minderjährigen und der Aufnahme jugendlicher Psychopathen in einer Anstalt zur Beobachtung s. § 64 Abs. 4 JWG.

ε) Zuzustellen ist nach § 65 Abs. 5 JWG.

der die Fürsorgeerziehung anordnende Beschluß allen Antragsberechtigten (s. oben β) ohne Rücksicht darauf, ob sie sich am Verfahren beteiligt haben, wegen ihres Beschwerderechts (s. § 65 Abs. 6 JWG. und unten ζ), dem gesetzlichen Vertreter, den Eltern, der Fürsorgebehörde, ferner dem Minderjährigen, wenn er das 14. Lebensjahr vollendet hat und insoweit ihm der Inhalt des Beschlusses nach dem Ermessen des Vormundschaftsgerichts ohne erziehlichen Nachteil mitgeteilt werden kann,

der die Fürsorgeerziehung ablehnende Beschluß nur dem Antragsteller und der Fürsorgeerziehungsbehörde, soferne aber die vorläufige Fürsorgeerziehung angeordnet ist (§ 67 JWG.; s. auch unten Bem. e), auch allen Personen, denen diese Anordnung zugestellt worden ist.

ζ) Anfechtbar ist der die Fürsorgeerziehung anordnende wie der dieselbe ablehnende Beschluß mit der sofortigen Beschwerde (binnen zwei Wochen von der Bekanntmachung des Beschlusses an den Beschwerdeführer, § 27 FGG.; s. ebenda wegen der Wiedereinsetzung in den vorigen Stand gegen Fristversäumung; Beschwerdebelehrung nicht vorgeschrieben, s. Bay. OLGZ. Bd. 25 S. 228.) Beschwerdeberechtigt ist immer der Antragsteller (vgl. § 20 Abs. 2 FGG.) und die Fürsorgeerziehungsbehörde und, wenn die Fürsorgeerziehung angeordnet wird, außerdem der gesetzliche Vertreter, die Eltern und der Minderjährige, der das 14. Lebensjahr vollendet hat. Die Beschwerde hat (abweichend von der Regel des § 24 FGG.) aufschiebende Wirkung (§ 65 Abs. 6 JWG.).

Der Beschluß eines Instanzgerichts wird rechtskräftig und damit vollziehbar, wenn für alle Beschwerdeberechtigten die Anfechtung infolge Fristablaufs oder Rechtsmittelverzichts ausgeschlossen, ferner wenn der Beschwerdeweg erschöpft ist (s. § 70 Abs. 2 Satz 3 JWG.); s. hiezu Bay. ObLG. in BayZ. 1928 S. 10. Wegen des Rechtskraftzeugnisses s. § 31 FGG.

η) Die gerichtlichen Verhandlungen und Entscheidungen sind gebühren- und stempelfrei (§ 74 JWG.); dies gilt auch für Zurückweisung von Anträgen und für unbegründete und unzulässige Beschwerden.

c) Das gerichtliche Verfahren, das die Anordnung der Fürsorgeerziehung zum Gegenstand hat, kann — zur Vorbereitung der Entscheidung, ob nach Ablauf einer gewissen Zeit die Fürsorgeerziehung angeordnet werden soll oder zu vermeiden ist — durch Beschluß des Vormundschaftsgerichts ausgesetzt werden, wenn das Gericht nach seinem pflichtgemäßen Ermessen die Hinausschiebung der Entscheidung für angebracht erachtet. Die Aussetzung darf höchstens auf ein Jahr erfolgen und kann aus besonderen Gründen wieder auf höchstens ein weiteres Jahr verlängert werden. Wegen Zulässigkeit wiederholter Aussetzung s. KG. in JFG. Bd. 4 S. 79. Über das vollendete 20. Lebensjahr des Minderjährigen hinaus kann das Verfahren (im Hinblick auf § 63 Abs. 2; s. unten Bem. d) nicht ausgesetzt werden (§ 66 Abs. 1 JWG.; KG. in JurRundsch. 1926 Nr. 1398).

Damit der Minderjährige während der Aussetzung nicht schutzlos ist, muß für die Dauer derselben Schutzaufsicht angeordnet werden (§ 66 Abs. 3 JWG.).

Gegen die Aussetzung findet die sofortige Beschwerde statt (§ 22 FGG.) und wird ausdrücklich dem Jugendamt und der Fürsorgebehörde eingeräumt (§ 66 Abs. 2 JWG.); sie muß aber auch den übrigen Beteiligten, die die Anordnung der Schutzaufsicht anfechten können, zustehen (ebenso Schiedermair Bem. 5 zu § 66). Über Beschwerderecht der in § 65 Abs. 5 JWG. bezeichneten Personen gegen die Aussetzung s. KG. in OLG. Bd. 44 S. 109 = JurRundsch. 1925 Nr. 704 = JFG. Bd. 3 S. 88; dagegen BayObLG. in LZ. 1927 Sp. 1417 = BayVerwBl. 1927 S. 366.

Das Vormundschaftsgericht kann die Aussetzung jederzeit aufheben, wenn die Sachlage es rechtfertigt (§ 18 FGG.).

d) **Die Voraussetzungen der Anordnung der Fürsorgeerziehung.** Grundsätzlich kann nur ein Minderjähriger, der das 18. Lebensjahr noch nicht vollendet hat, der Fürsorgeerziehung überwiesen werden (§ 63 Abs. 1 JWG.), auch nicht mehr ein für volljährig Erklärter (§ 3 Abs. 2 BGB.). Ausnahmsweise kann sie höchstens vor vollendetem 20. Lebensjahr des Minderjährigen noch angeordnet werden (aber nicht mehr, wenn der Minderjährige während des Verfahrens das 20. Jahr erreicht, KG. in JFG. Bd. 3 S. 106 = JW. 1926 S. 2212), soferne sie trotz des vorgeschrittenen Alters des Betroffenen noch Erfolg verspricht (§ 63 Abs. 2 JWG.; s. KG. in JurRundsch. 1925 Nr. 89). Wegen der Berechnung des Alters s. § 187 Abs. 2 Satz 2 BGB. Eine untere Altersgrenze besteht nicht (KG. in JurRundsch. 1926 Nr. 1397, BayObLG. in BayZ. 1926 S. 304 = JurRundsch. 1926 Nr. 1958).

Für die obere Altersgrenze ist der Zeitpunkt maßgebend, in dem der Antrag auf Anordnung bei Gericht eingeht oder das Verfahren nach § 65 JWG. von Amts wegen oder das Verfahren auf vorläufige Fürsorgeerziehung nach § 67 JWG. (s. unten Bem. e) eingeleitet wird; der Zeitpunkt ist zu diesem Zwecke aktenkundig zu machen (§ 63 Abs. 3 JWG.). Eintritt der Altersgrenze bis zur Entscheidung ist unschädlich.

Außerdem ist die Anordnung der Fürsorgeerziehung alternativ an folgende weitere Voraussetzungen geknüpft:

α) Wenn der Minderjährige unter elterlicher Gewalt steht, müssen die Voraussetzungen des § 1666 BGB. gegeben sein, es muß also das geistige oder leibliche Wohl des Kindes dadurch gefährdet sein, daß der Vater (bzw. die Mutter) das Recht der Sorge für die Person des Kindes mißbraucht, das Kind vernachlässigt oder sich eines ehrlosen oder unsittlichen Verhaltens schuldig macht (s. das Nähere Bem. II zu § 1666 in Bd. IV; s. auch KG. in JurRundsch. 1925 Nr. 88; über Voraussetzungen bei geschiedener Ehe s. BayObLG. in BayZ. 1927 S. 357). Über die Zulässigkeit des Eingriffs in das elterliche Erziehungsrecht s. OLG. Rostock in JFG. Bd. 2 S. 86ff.

β) Wenn der Minderjährige unter Vormundschaft steht, müssen die Voraussetzungen des § 1838 gegeben sein. Daraus ergibt sich: Ist neben dem Vormund kein personenfürsorgeberechtigter Elternteil vorhanden, so entscheidet nur das Ermessen des Vormundschaftsgerichts, ob Fürsorgeerziehung im Interesse des Mündels angezeigt erscheint (vgl. Bem. 1, a zu § 1838 in Bd. IV). Fürsorgeerziehung ist auch nicht ausgeschlossen, wenn Amts-, Vereins- oder Anstaltsvormundschaft besteht, obwohl in diesen Fällen § 1838 BGB. nicht anwendbar ist (§ 33 Abs. 1 Satz 2, § 47 Abs. 2 JWG.; Heß, JWG. Bem. 9, Friedeberg-Polligkeit Bem. 6, Schiedermair Bem. 8, d zu § 63). Steht dem Vater oder der Mutter die Sorge für die Person des Mündels zu (s. Bem. 4 zu § 1800 in Bd. IV), so müssen wieder die Voraussetzungen des § 1666 BGB. (s. unter α) gegeben sein (vgl. Bem. 2 zu § 1838).

Außerdem muß in den beiden Fällen unter α und β die Entfernung des Minderjährigen aus seiner bisherigen Umgebung zur Verhütung der Verwahrlosung erforderlich, eine anderweitige Unterbringung desselben aber nach dem Ermessen des Vormundschaftsgerichts nicht möglich sein (§ 63 Abs. 1 Nr. 1 JWG.).

γ) Auch wenn keine der Voraussetzungen unter α oder β erfüllt sind, ist die Fürsorgeerziehung zulässig, wenn sie zur Beseitigung der schon vorhandenen Verwahrlosung wegen Unzulänglichkeit der Erziehung erforderlich ist (§ 63 Abs. 1 Nr. 2 JWG.).

δ) Wegen Ausschluß der Anordnung der Fürsorgeerziehung, wenn die Unerziehbarkeit des Minderjährigen feststeht, s. KG. in JFG. Bd. 2 S. 104ff.

Welche der Voraussetzungen des § 63 Abs. 1 JWG. das Vormundschaftsgericht für erfüllt erachtet, muß sich aus dem Beschluß über die Anordnung der Fürsorgeerziehung ergeben (s. oben b, α).

Fürsorgeerziehung ist auch gegenüber Ausländern zulässig (Kipp § 133 Note 10, Schiedermair Bem. 3 zu § 61 JWG., KG. in JBFG. Bd. 2 S. 96ff., JurRundsch. 1926 Nr. 174; vgl. für das frühere Recht KG. in KGJ. Bd. 42 A S. 52ff., Bd. 47 A S. 48, Bd. 53 A S. 56ff., OLG. Bd. 42 S. 96f., Bd. 43 S. 371f.; abweichend OLG. Hamburg in OLG. Bd. 44 S. 111 = HansGZ. 1925 Beil. S. 73).

e) Bei Gefahr in Verzug, d. h. wenn mit dem Aufschub der Fürsorgeerziehung bis zur Durchführung des ordentlichen Verfahrens die Gefahr der Verwahrlosung, die durch die in Aussicht genommene Überweisung zur Fürsorgeerziehung verhütet werden soll, verknüpft ist, kann das Vormundschaftsgericht und muß, wenn es die Voraussetzung für gegeben erachtet, die **vorläufige Fürsorgeerziehung** des Minderjährigen beschließen (§ 67 JWG.). Wegen förmlicher Voraussetzungen der Anordnung s. KG. in Jur.Rundsch. 1925 Nr. 1141 = JFG. Bd. 3 S. 94, aber auch BayObLG. in BayZ. 1926 S. 393 = JFG. Bd. 4 S. 105 = BayVerwBl. 1926 S. 462.

Gegen den Beschluß findet die sofortige Beschwerde (§ 27 FGG.) statt. Die Beschwerdeberechtigung ist die nämliche wie im ordentlichen

Verfahren (s. oben Bem. b, α); wegen Beschwerdeberechtigung der Fürsorgeerziehungsbehörde nach Abgabe der Sache an ein anderes Gericht s. KG. in JurRundsch. 1925 Nr. 1142 = JFG. Bd. 3 S. 94; s. auch KG. in Jur. Rundsch. 1928 Nr. 896. Trotz der Zulässigkeit der sofortigen Beschwerde kann das Vormundschaftsgericht (abweichend von der Regel des § 18 Abs. 2 FGG.) seinen Beschluß ändern, also die vorläufige Fürsorgeerziehung wieder aufheben (§ 67 Satz 2 JWG.).

Vollziehbar ist der Beschluß, durch den die vorläufige Fürsorgeerziehung angeordnet wird, sofort mit dem Erlaß, wie es die Dringlichkeit gebietet, nicht erst mit der Rechtskraft (§ 70 Abs. 2 Satz 3 JWG.).

Aussetzung des Verfahrens über vorläufige Fürsorgeerziehung ist ausgeschlossen.

f) Die **Ausführung der Fürsorgeerziehung** obliegt nicht mehr dem Vormundschaftsgericht. Ihre Regelung ist, von einzelnen grundlegenden Vorschriften abgesehen, der Landesgesetzgebung überlassen; ihr obliegt namentlich die Bestimmung der Fürsorgeerziehungsbehörde (§ 70 Abs. 1 Satz 1 JWG.).

Reichsrechtlich ist folgendes bestimmt:

Die Fürsorgeerziehung erfolgt regelmäßig entweder in einer geeigneten Familie oder in einer Erziehungsanstalt, jeweils unter öffentlicher Aufsicht (§ 62 JWG.). Die Entscheidung über die Art der Unterbringung obliegt der Fürsorgeerziehungsbehörde. Ausnahmsweise ist unter gewissen Voraussetzungen die Unterbringung des Minderjährigen in der eigenen Familie unter öffentlicher Aufsicht zulässig (§ 69 Abs. 4 JWG.).

Die Ausführung der Fürsorgeerziehung ist Pflicht der Fürsorgeerziehungsbehörde; s. hierüber das Nähere in § 70 Abs. 2 JWG.; wegen des Eintritts der Vollziehbarkeit der Anordnung s. oben b, α und e.

Auf das Bekenntnis des Minderjährigen oder die Bekenntnislosigkeit ist bei der Unterbringung tunlichst Rücksicht zu nehmen; s. § 69 Abs. 1 und 2 JWG. Über den Einfluß des Wechsels des Glaubensbekenntnisses während der Fürsorgeerziehung s. BayObLGZ. Bd. 26 A S. 159, 162.

Der bisher Erziehungsberechtigte hat, sofern nicht sonst der Erziehungszweck ernstlich gefährdet wird, ein durch Beschwerde zum Vormundschaftsgericht geschütztes Recht auf Mitteilung des Ortes der Unterbringung des Kindes (§ 69 Abs. 3 JWG.).

Die gesetzliche Vertretung des Minderjährigen wird grundsätzlich durch die Fürsorgeerziehung nicht beeinflußt. Nur Dienst- und Arbeitsverträge kann die Fürsorgeerziehungsbehörde als gesetzlicher Vertreter des Minderjährigen abschließen (§ 70 Abs. 3 JWG.).

In Ergänzung des § 646 ZPO. ist die Befugnis, die Entmündigung des Fürsorgezöglings wegen Geisteskrankheit oder Geistesschwäche zu beantragen, auch der Fürsorgeerziehungsbehörde eingeräumt (§ 70 Abs. 4 JWG.).

Die Fürsorgeerziehung wird auf öffentliche Kosten durchgeführt (§ 62 JWG.). Der Landesgesetzgebung obliegt die Bestimmung des Rechtssubjekts, das die Kosten zu tragen hat. Diesem Kostenträger fallen die durch die vorläufige Fürsorgeerziehung entstandenen Kosten auch dann zur Last, wenn die Fürsorgeerziehung endgültig nicht angeordnet wird (§ 70 Abs. 1 Satz 2 und 3 JWG.). Wegen der Entscheidung von Streitigkeiten über die Kostenpflicht s. § 70 Abs. 1 S. 4 mit § 7 Abs. 2 JWG. Dem Kostenträger steht nach § 75 JWG. ein Rückgriffsrecht gegen den Minderjährigen und die ihm gegenüber nach den Vorschriften des BGB. unterhaltspflichtigen Personen zu, das die Landesgesetzgebung näher regeln kann.

g) Die Fürsorgeerziehung **endet**

α) kraft Gesetzes mit dem Eintritt der Volljährigkeit des Fürsorgezöglings oder der Volljährigkeitserklärung (§ 72 Abs. 1 JWG., §§ 2, 3 BGB.),

β) sonst durch Aufhebung, wenn ihr Zweck, die Verwahrlosung des Fürsorgezöglings zu verhüten oder zu beseitigen, erreicht oder auf andere Weise als durch die Fürsorgeerziehung sichergestellt ist. Die Aufhebung erfolgt von Amts wegen oder auf Antrag; zu dem Antrag ist das Jugendamt, die etwa nach der Landesgesetzgebung zum Antrag auf Anordnung der Fürsorgeerziehung Berechtigten (§ 65 Abs. 1; s. oben b, β), der gesetzliche Vertreter, die Eltern und die Fürsorgeerziehungsbehörde, nicht aber der Minderjährige berechtigt. Die Aufhebung kann unter Vorbehalt des Widerrufs, dessen Ausübung landesgesetzlich zu regeln ist, erfolgen (§ 72 Abs. 2 JWG.; s. hiezu KG. in JFG. Bd. 3 S. 108 = OLG. Bd. 44 S. 80 = JurRundsch. 1925 Nr. 505). Wegen der zeitlichen Beschränkung des Antrags und der Erneuerung des Antrags s. § 72 Abs. 4 JWG. Über die Nachprüfung der Voraussetzungen der Fürsorgeerziehung im Aufhebungsverfahren s. BayObLGZ. Bd. 26 A S. 159 ff.

Ob zur Aufhebung das Vormundschaftsgericht oder die Fürsorgeerziehungsbehörde zuständig ist, bestimmt die Landesgesetzgebung. Wird die letztere für zuständig erklärt, so kann der Antragsteller (nicht auch die übrigen Antragsberechtigten) gegen die Ablehnung der Aufhebung (nicht auch gegen die nur widerrufliche Aufhebung) binnen zwei Wochen seit der Zustellung des ablehnenden Bescheides die Entscheidung des Vormundschaftsgerichts anrufen; lautet auch diese auf Ablehnung der Aufhebung, so steht die sofortige Beschwerde nur dem Antragsteller zu (§ 72 Abs. 3 Satz 1 JWG.); das gleiche gilt aber auch, wenn das Vormundschaftsgericht zuständig ist (BayObLG. in JFG. Bd. 4 S. 112; and. Ans. Schiedermair Bem. 5 Abs. 2 zu § 72); wegen der sofortigen weiteren Beschwerde s. § 29 Abs. 2 FGG.; auch gegen die Aufhebung durch das Vormundschaftsgericht findet die sofortige und sofortige weitere Beschwerde statt.

Ist nach Landesrecht das Vormundschaftsgericht zuständig, so hat es vor der Entscheidung die Fürsorgeerziehungsbehörde gutachtlich zu hören, der auch gegen den die Fürsorgeerziehung (gänzlich oder unter Vorbehalt des Widerrufs) aufhebenden Beschluß die sofortige Beschwerde mit aufschiebender Wirkung zusteht (§ 72 Abs. 3 Satz 2 JWG.); sonstige Beteiligte haben im Falle der Aufhebung kein Beschwerderecht (ebenso Schiedermair a. a. O.).

Außerdem sieht § 73 JWG. die vorzeitige Entlassung eines Minderjährigen vor, wenn einerseits die Fürsorgeerziehung aus Gründen, die in der Person des Minderjährigen liegen, unausführbar ist, also ihr Zweck wegen Unverbesserlichkeit des Fürsorgezöglings nicht erreichbar erscheint, andererseits die anderweitige Bewahrung desselben zum Schutz der Allgemeinheit vor Gefährdungen landesgesetzlich sichergestellt ist. Die nähere Regelung der vorzeitigen Entlassung, namentlich der Zuständigkeit zu derselben, obliegt der Landesgesetzgebung (§ 70 Abs. 1 JWG.).

3. Für **schleunige Maßregeln** in bezug auf Schutzaufsicht oder Fürsorgeerziehung ist neben dem gemäß § 43 mit § 36 Abs. 1 und 2 FGG. zuständige Vormundschaftsgericht (s. oben Bem. 1, a, 2, a) einstweilen auch dasjenige Gericht zuständig, in dessen Bezirk das Bedürfnis der Fürsorge hervortritt. Dieses Gericht hat von der getroffenen Maßregel dem endgültig und nunmehr ausschließlich zuständigen Gerichte Mitteilung zu machen (§ 68 Abs. 1 JWG.; vgl. die entsprechende Vorschrift des § 44 FGG.).

4. **Strafschutz der Fürsorgeerziehung** sieht § 76 JWG. vor. Wer außer den Fällen der §§ 120, 235 StGB. (Gefangenenbefreiung, Kindsraub) einen Minderjährigen, bezüglich dessen das gerichtliche Verfahren auf Unterbringung zur Fürsorgeerziehung eingeleitet oder die Unterbringung zur Fürsorgeerziehung angeordnet ist, dem Verfahren oder der angeordneten Fürsorgeerziehung entzieht oder ihn verleitet, sich dem Verfahren oder der Fürsorgeerziehung zu entziehen, oder wer ihm hiezu vorsätzlich behilflich ist, wird auf den Antrag der Fürsorgeerziehungsbehörde, dessen Zurücknahme zulässig ist, mit Gefängnis bis zu zwei Jahren und mit Geldstrafe, die sich jetzt zwischen 3 und 10000 Reichsmark bewegt (Art. XIV Abs. 2 Nr. 2 der VO. über Vermögensstrafen und Bußen vom 5. Febr. 1924 [RGBl. I S. 477], § 27 Abs. 2 Nr. 1 StGB., § 2 der II. VO. zur Durchführung des MünzG. vom 12. Dez. 1924 [RGBl. I S. 775]) oder mit einer dieser Strafen bestraft. Auch der Versuch ist strafbar.

III. Die **Ausführungsgesetze der Länder** zum JWG. sind folgende:

Preußen: AG.JWG. vom 29. März 1924 (GS. S. 180 ff.), geändert durch G. vom 27. Dez. 1926 (GS. S. 370); AAnweisung vom 29. März 1924 (GS. S. 180); AV. vom 17. April 1924 (GS. S. 210), vom 28. März 1925 (GS. S. 44).

Bayern: Bek. vom 27. März 1924 über das Inkrafttreten des JWG. (GVBl. S. 126); hiezu BayVerwGH. im „Recht" 1924 Nr. 1640, JW. 1925 S. 404; JugendamtsG. vom 20. Juli 1925 (GVBl. S. 211 ff.); Vollzugsvorschriften vom 21. Dez.

1925 zum JWG. und zum JugendamtsG. (GVBl. S. 279 ff.). Nach Art. 43 des Ges. vom 20. Juli 1925 sind die Vorschriften dieses Gesetzes über die Bildung der Jugendämter und des Landesjugendamtes mit den einschlägigen Vorschriften des RJWG. mit der Verkündung, im übrigen sind beide Gesetze am 1. Jan. 1926 in Kraft getreten. ME. vom 16. Febr. 1926 betr. die Kosten der Fürsorgeerziehung (GVBl. S. 213); Geschäftsordnung für das bayer. Landesjugendamt vom 17. Febr. 1928 (GVBl. S. 19 ff.).

Sachsen: WohlfahrtspflegeG. vom 28. März 1925 (GBl. S. 55 ff.; ersetzt die NotV. vom 29. März 1924 und die AV. vom 31. März 1924); AV. vom 20. März 1926 (GBl. S. 69); s. hiezu v. Walck, Das in Sachsen geltende Fürsorgerecht, Leipzig 1926.

Württemberg: G. zur vorläuf. Ausf. des JWG. vom 9. Aug. 1923 (RegBl. S. 355; zu Art. 4 s. Zimmerle in WürttZ. 1925 S. 264); VO. vom 29. März 1924 und 31. März 1924 (RegBl. S. 203 ff.; nunmehr LandesjugendwohlfahrtsG. vom 23. Nov. 1927 (RegBl. S. 329) und VO. vom 19. März 1928 (RegBl. S. 23).

Baden: AG.JWG. vom 28. März 1924 (GVBl. S. 57), abgeändert durch G. vom 18. Dez. 1924 (GVBl. S. 305) und vom 10. Dez. 1925 (GVBl. S. 339); AV. vom 31. März und 18. Sept. 1924 (GVBl. S. 63 ff., 265 ff.); JMBek. vom 7. Mai 1926 (JMBl. S. 69).

Thüringen: VO. vom 8. Aug. 1923 zur vorläuf. Ausf. des JWG. (GS. S. 535 ff.); 2. VO. vom 10. Okt. 1925 zur Ausf. des JWG. (GS. S. 295 ff.); nun AG.JWG. vom 16. Sept. 1927 (GS. S. 181).

Hessen: AG.JWG. vom 17. Juli 1924 (RegBl. S. 289 ff.; ersetzte die VO. vom 20. Mai 1924).

Hamburg: AG.JWG. vom 2. Jan. 1924 (GVBl. S. 6 ff.).

Mecklenburg-Schwerin: AG. vom 7. Juli 1924 (RegBl. S. 221 ff.).

Oldenburg: Landesteil Oldenburg, AG.JWG. vom 20. Juli 1923 und 12. April 1924 (GBl. für O. 1923 S. 437, 1924 S. 136); VO. vom 25. März 1924 (GBl. S. 107); Landesteil Lübeck, AG.JWG. vom 12. April 1924 (GBl. S. 136); Landesteil Birkenfeld, AG.JWG. vom 12. April 1924.

Braunschweig: AG. vom 29. März 1924 (GVS. Stück 19 S. 138 ff.); AVV. vom 29. März und 14. Juni 1924 (GVS. S. 141, 196) und 1. Okt. 1925 (GVS. S. 231).

Anhalt: AG. vom 10. April 1924 (GS. S. 86 ff.); Ausführungsanweisung zum JWG. vom 31. Mai 1924 (Amtsbl. Nr. 46).

Bremen: Vorläuf. AG. vom 2. Mai 1924 (GS. S. 245 ff.).

Lippe: VO. vom 28. März 1924 über die Durchführung des JWG. (GS. 1924 S. 526 f.); G. vom 17. April und 20. Dez. 1924 betr. den Erlaß von Ausführungsbestimmungen zum JWG. (GS. 1924 S. 615 und 779).

Lübeck: AG. vom 30. Nov. 1923 (GVBl. S. 496 ff.; ersetzte das vorläuf. AG. vom 11. Juli 1923); AVV. vom 5. Dez. 1923 (GVBl. S. 510, 511); VO. vom 23. Jan. 1925 (GVBl. S. 7 ff.).

Mecklenburg-Strelitz: Bek. vom 24. März 1924 zur Ausf. des JWG. (Amtl. Anz. S. 135 ff.); AG.JWG. vom 2. Mai 1925 (Amtl. Anz. S. 137 ff.).

Schaumburg-Lippe: AG. vom 11. Juni 1924 (Landesverordnung Nr. 15 S. 125 ff.; ersetzt die AV. vom 4. April 1924).

Art. 136.*)

Unberührt bleiben die landesgesetzlichen Vorschriften, nach welchen

1. *der Vorstand einer unter staatlicher Verwaltung oder Aufsicht stehenden Erziehungs- oder Verpflegungsanstalt oder ein Beamter alle oder einzelne Rechte und Pflichten eines Vormundes für diejenigen Minderjährigen hat, welche in der Anstalt oder unter der Aufsicht des Vorstandes oder des*

*) Schrifttum zum bisherigen Recht: Langsdorff, Die Gemeinde- oder Generalvormundschaft im „Recht" 1904 S. 537; Israel, Die Technik der Berufsvormundschaft in Bl. f. Armenwesen in Württemberg 1906 Nr. 27; Kluncker, Die Berufsvormundschaft in Ztschr. f. Sozialwissenschaft 1906 S. 145 ff.; Merk, BlAdmPr. Bd. 56 S. 355 ff.; Barthelmeß, Das bayer. G. betr. die Berufsvormundschaft, München 1908;

Beamten in einer von ihm ausgewählten Familie oder Anstalt erzogen oder verpflegt werden, und der Vorstand der Anstalt oder der Beamte auch nach der Beendigung der Erziehung oder der Verpflegung bis zur Volljährigkeit des Mündels diese Rechte und Pflichten behält, unbeschadet der Befugnis des Vormundschaftsgerichts, einen anderen Vormund zu bestellen;

2. *die Vorschriften der Nr. 1 bei unehelichen Minderjährigen auch dann gelten, wenn diese unter der Aufsicht des Vorstandes oder des Beamten in der mütterlichen Familie erzogen oder verpflegt werden;*
3. *der Vorstand einer unter staatlicher Verwaltung oder Aufsicht stehenden Erziehungs- oder Verpflegungsanstalt oder ein von ihm bezeichneter Angestellter der Anstalt oder ein Beamter vor den nach § 1776 des Bürgerlichen Gesetzbuchs als Vormünder berufenen Personen zum Vormunde der in Nr. 1, 2 bezeichneten Minderjährigen bestellt werden kann;*
4. *im Falle einer nach den Vorschriften der Nr. 1 bis 3 stattfindenden Bevormundung ein Gegenvormund nicht zu bestellen ist und dem Vormunde die nach § 1852 des Bürgerlichen Gesetzbuchs zulässigen Befreiungen zustehen.*

E. I, 79; II, 107; III, 135.

A. **Früheres Recht.** Der Art. 136 betraf die **Bevormundung Minderjähriger durch einen sog. Anstalts- oder Generalvormund (Berufsvormund).**

I. Entstehung und Veranlassung: Der Art. 79 des I. Entw. hatte folgenden Wortlaut:

„Unberührt bleiben die landesgesetzlichen Vorschriften, nach welchen der Vorstand einer unter der Verwaltung des Staates oder einer Gemeindebehörde stehenden Verpflegungsanstalt in Ansehung eines in die Anstalt aufgenommenen Minderjährigen die Rechte und Pflichten eines Vormunds bis zur Volljährigkeit des Mündels hat, unbeschadet der Befugnis des Vormundschaftsgerichts, statt des Vorstands einen Anderen zum Vormund zu bestellen, und nach welchen im Falle einer solchen Bevormundung durch den Anstaltsvormund ein Gegenvormund nicht zu bestellen ist und dem Anstaltsvorstande die auch den Vorschriften des § 1690 des BGB. zulässigen Befreiungen zustehen."

Dem § 1690 des I. Entw. z. BGB. entsprechen die §§ 1852, 1855 BGB.

Die weitere Fassung hat der Artikel in der II. Komm. erhalten, um den in den einzelnen Staaten teils schon bestehenden, teils in der Entwicklung begriffenen Verhältnissen Raum zu geben (Mot. z. EG. 203, M. IV, 1038 ff., Reatz III, 69, P. IV, 743—745, VI, 445, 446, 651, Mat. 86).

Der Artikel war veranlaßt durch den § 13 der preuß. VormO. vom 5. Juli 1875 (vgl. auch die §§ 26 Abs. 4, 39, 41 und 62 derselben). Ähnliche Vorschriften bestanden in Hamburg (VormO. vom 14. Dez. 1883 Art. 9) und in der bayr. Rheinpfalz (G. vom 15. Pluviôse XIII, Dekret vom 19. Jan. 1811).

Wolf im ArchÖffR. Bd. 11 S. 46; Cuno und Schmidt, Die Organisation der Gemeindewaisenpflege Heft 47; Wagner, Die Berufsvormundschaft in Bayern, in SeuffBl. Bd. 73 S. 660 ff.; Meckbach, Zur Frage der Berufsvormundschaft in PosMSchr. 1909 S. 1 ff.; v. Wider, Ist die Einführung der Berufsvormundschaft in Württemberg wünschenswert? in WürttZ. Bd. 51 S. 97; Altmann, Berufsvormundschaft und Vormundschaftsgericht in SeuffBl. Bd. 74 S. 552 f.; Samson, Die gesetzliche Vormundschaft, Leipz. Dissertation 1910; Klumker und Spann, Die Bedeutung der Berufsvormundschaft für den Schutz der unehelichen Kinder, 1905; Spann, Die Erweiterung der Sozialpolitik durch die Berufsvormundschaft, 1912; Niestroy, Die Berufsvormundschaft und ihre Probleme, 1913; Stubbers, Zur Geschichte des Art. 136 EG., FürsorgeZBl. Bd. 10 S. 205; Klumker ebenda S. 250; Frese, Die Berufsvormundschaft, ZBlFG. Bd. 14 S. 741; Schmauß, Zur Berufsvormundschaft in Bayern, BayZ. 1922 S. 61.

II. Inhalt.

1. Der Artikel ermächtigte die Landesgesetzgebung, Ausnahmebestimmungen hinsichtlich der Vormundschaft über **Minderjährige,** nicht, wie etwa aus § 1897 BGB. gefolgert werden könnte, auch über Volljährige, zu treffen (P. IV, 743 ff., VI, 445 ff.).

Es handelte sich um Ausnahmen:

a) vom Bestellungsprinzip (Ziff. 1, 2; anders jetzt; s. unten B, 1);

b) von den Vorschriften des BGB. über die Berufung zur Vormundschaft (Ziff. 3);

c) um Befreiung von einer Gegenvormundschaft sowie von gewissen sonstigen regelmäßigen Pflichten der Vormundschaft (Ziff. 4).

2. Diese Ausnahmebestimmungen konnten zugunsten von **Erziehungs- oder Verpflegungsanstalten,** einschließlich der in Art. 135 dieses Gesetzes erwähnten Erziehungs- und Besserungsanstalten, erlassen werden, jedoch nur dann, wenn diese Anstalten entweder **unter staatlicher Verwaltung** standen **oder** zwar Anstalten von anderen juristischen Personen oder von Privaten waren, aber **unter staatlicher Aufsicht** standen (P. IV, 743 ff.). Die Anstalt brauchte also keine staatliche zu sein.

Sie konnten nur Minderjährige betreffen, für welche Vormundschaftsbestellung nach dem BGB. notwendig war (s. § 1773 BGB. und Bem. 2 hiezu in Bd. IV), und welche entweder

a) in der betreffenden Anstalt oder

b) unter Aufsicht des Vorstands oder eines anderen Beamten der betreffenden Anstalt in einer vom Vorstand oder Beamten ausgewählten Familie oder Anstalt, oder

c) soweit es sich um Uneheliche handelte, unter der gleichen Aufsicht in der mütterlichen Familie

erzogen und verpflegt worden sind.

3. Die zugelassenen Ausnahmebestimmungen konnten nur darin bestehen, daß entweder der **Vorstand oder ein anderer Beamter der Anstalt**

a) über die Minderjährigen **kraft Gesetzes Vormund** wurde (daher keine Verpflichtung nach § 1789 BGB., OLG. Hamburg in ZBlFG. 13. Jahrg. S. 452) und es auch nach der Beendigung der Erziehung oder Verpflegung bis zur Volljährigkeit des Mündels blieb oder doch einzelne Rechte oder Pflichten eines Vormundes (z. B. die Obsorge für die Person BGB. §§ 1800, 1801) erhielt, so daß also die Bestimmungen des BGB. über die Berufung zur Vormundschaft und die Bestellung des Vormunds (§§ 1774—1791 BGB.) insoweit nicht zur Anwendung gelangten, als die vormundschaftlichen Rechte des Vorstands oder Beamten reichten, oder daß

b) dieser Vorstand oder Beamte zwar nicht kraft Gesetzes Vormund wurde, aber doch vor den nach § 1776 BGB. zur Vormundschaft berufenen Personen als Vormund bestellt werden konnte,

c) daß diesem Vorstand oder Beamten, wenn und soweit ihm die Vormundschaft zukam, ein **Gegenvormund** (nach § 1792 BGB.) nicht bestellt werden durfte, und daß demselben die nach § 1852 Abs. 2 BGB. zulässigen **Befreiungen ohne weiteres zustanden.**

In allen übrigen Beziehungen konnte landesgesetzlich das Vormundschaftsrecht des BGB. nicht geändert und insbesondere die Befugnis des Vormundschaftsgerichts, einen anderen Vormund (oder einen Pfleger) zu bestellen, nicht ausgeschlossen werden. Das Vormundschaftsgericht konnte also jederzeit den Berufsvormund durch einen anderen Vormund ersetzen.

4. Voraussetzungen und Rechtsstellung der Berufsvormundschaft:

a) Der Vorstand, der die Rechte und Pflichten eines Vormundes hatte (Anstaltsvormund), war im Sinne dieses Artikels nicht der gesetzliche Vertreter der Erziehungs- oder Verpflegungsanstalt, sondern der tatsächliche Leiter derselben (Planck Bem. 1, c, BayObLGZ. Bd. 13 S. 771); diese Anstaltsvormundschaft konnte auch einem Kollegium zustehen, dessen Mitglieder alsdann Mitvormünder zu ungeteilter Verwaltung waren (§ 1797 Abs. 1 BGB.; Planck a. a. O., KG. in RJA. Bd. 7 S. 10, KGJ. Bd. 31 A S. 26; vgl. auch Art. 100 des bayer. AG.BGB.; Becher III S. 48). Der Anstaltsvormund war gesetzlicher Vormund nur in seiner Eigenschaft als Vorstand der Anstalt, nicht für seine Person, im Falle seiner Behinderung trat also sein satzungsgemäßer Stellvertreter für ihn ein; auch fanden die Unfähigkeits- und Untauglichkeitsgründe des BGB. (§ 1780) keine Anwendung, jedoch unbeschadet der Pflicht und Befugnis des Vormundschaftsgerichts, einen anderen Vormund zu bestellen.

b) Als Beamte im Sinne des Art. 136 konnten auch Gemeindebeamte mit der Vormundschaft betraut werden; vorzugsweise kamen Beamte der Gemeindearmenverwaltung in Betracht. Ausgeschlossen waren Privatangestellte, auch Beamte einer Kirchengesellschaft oder Kirchengemeinde (Planck Bem. 1, c). Auch Frauen, die zu einer Gemeinde in einem öffentlichen Dienstverhältnisse standen, z. B. die Vorsteherinnen von Waisenhäusern, konnten die Rechte des Anstaltsvormunds ausüben bzw. als Berufsvormünderinnen bestellt werden (Planck a. a. O., zum bayerischen Gesetz Barthelmeß Bem. 4, c zu Art. 1). Der Anstaltsvormund oder Beamte brauchte nicht demselben religiösen Bekenntnis anzugehören, wie der Minderjährige; § 1779 Abs. 2 Satz 2 BGB. fand keine Anwendung (KGJ. Bd. 22 A S. 217; and. Ans. Barthelmeß im Komm. zum bayer. G., Bem. 6, f, α zu Art. 1).

c) Auch auf die Pflegschaft waren die Vorschriften des Art. 136 anwendbar (vgl. § 1915; Planck Bem. 1, e, Barthelmeß Bem. 5 zu Art. 1, sächs. AG. BGB. § 37 [Becher XVII, 1 S. 7]).

d) Das Aufsichtsrecht des Vormundschaftsgerichts war durch Art. 136 nicht beschränkt. Dem Vormundschaftsgerichte war auf Verlangen der Name des Anstalts- bzw. Berufsvormundes mitzuteilen, KGJ. Bd. 27 A S. 9; dasselbe hatte das Recht zur Erteilung von Ordnungsstrafen (§ 1837 BGB.; s. dagegen jetzt Bem. B, 4) und konnte vom Vorstand oder Beamten jederzeit Auskunft über die Führung der Vormundschaft verlangen; auch war, falls der Mündel Vermögen hatte, gemäß §§ 1840 ff., 1890 BGB. Rechnung zu legen (s. jetzt Bem. B, 3, a).

III. **Bisherige Landesgesetze** auf Grund des Art. 136:

Preußen, AG.BGB. Art. 78 (Becher XIV, 1 S. 39); s. hiezu KGJ. Bd. 22 S. 217; Verf. des Min. d. Inn. vom 13. Juli 1900; Bayern, AG.BGB. Art. 100 (Becher III, 1 S. 48); ZuständigkeitsVO. vom 24. Dez. 1900 § 23 (GVBl. S. 1229, Becher III, 12 S. 108); G. vom 23. Febr. 1908, betr. die Berufsvormundschaft (GVBl. S. 85, Becher ErgBd. III, 26 S. 323 ff.), geändert durch Art. 98 des ArmenG. vom 21. Aug. 1914 (GVBl. S. 551); s. hiezu BayObLGZ. Bd. 12 S. 875 ff. und über die Unanwendbarkeit des bayr. G. auf Minderjährige, die bei einem preuß. Vormundschaftsgericht bevormundet sind, KG. in OLG. Bd. 40 S. 93; Sachsen, AG.BGB. §§ 37—39 (Becher XVII, 1 S. 7); AV. vom 6. Juni 1899 § 37 (Becher XVII, 2 S. 19); G. vom 5. Juni 1918, betr. Änderung des § 37 AG.BGB. (GBl. S. 148); Württemberg, G. vom 8. Okt. 1919 über Berufsvormundschaft (RegBl. S. 315); JMinVerf. vom 22. März 1920 (JMBl. S. 71); Baden, G. vom 16. Aug. 1900 Art. III, IV (Becher II, 15 S. 88); G. vom 8. Juli 1914, betr. die Berufsvormundschaft (GVBl. S. 238); G. vom 11. Juli 1918 (GVBl. S. 217); RPolO. vom 1. März 1907 § 72 (Becher ErgBd. II, 366 S. 254); Hessen, G. vom 19. Aug. 1905, betr. die Anstaltsvormundschaft (Becher ErgBd. VIII, 38 S. 359); Sachsen-Weimar, AG.BGB. § 209 (Becher XXI, 3 S. 42 ff.); Oldenburg, G. vom 29. Dez. 1910 (GBl. Bd. 37 S. 748); Braunschweig, AG.BGB. §§ 94—97 (Becher IV, 1 S. 22); Sachsen-Meiningen, Art. 27 a AG.BGB. in der Fassung des G. vom 10. Juli 1919 (VS. S. 203); Sachsen-Altenburg, AG.BGB. § 118 (Becher XVIII, 1 S. 25); Sachsen-Coburg-Gotha, AG.BGB. Art. 49 § 10 (Becher XIX, 8 S. 82) und Art. 49 a in der Fassung des G. vom 18. März 1908 (Becher ErgBd. XIX, 20 S. 194 f.); diese Vorschriften galten in den mit Bayern vereinigten Landesteilen fort (Bek. vom 30. Jan. 1922, B, II, a, Bayer. GVBl. S. 155); Anhalt, AG.BGB. Art. 65 (Becher I, 3 S. 27); Schwarzburg-Rudolstadt, G. vom 6. April 1909 (GS. S. 29 f.; Becher ErgBd. XXIII, 15 S. 137); Schwarzburg-Sondershausen, AG.BGB. Art. 58 (Becher XXIV, 1 S. 28); G. vom 7. Mai 1914; Waldeck, AG.BGB. Art. 41 (Becher XXV, 1 S. 18); Reuß ältere Linie: AG.BGB. § 134 (Becher XV, 1 S. 24 f.); Reuß jüngere Linie, AG.BGB. § 109 (Becher XVI, 1 S. 26); vereinigte Reuß, G. vom 17. Juli 1919 (GBl. S. 211); Lübeck, G. vom 7. Febr. 1912 (GVBl. S. 67); Bremen, G. vom 22. Febr. 1905 betr. die Generalvormundschaft in der Stadt Bremen (Becher ErgBd. V, 40 S. 207); AG.BGB. in der Fassung des G. vom 9. April 1913 (GBl. S. 105); G. vom 21. Dez. 1912 (GBl. S. 277) und G. vom 13. Nov. 1919 (GBl. S. 419); Hamburg, AG.BGB. § 75 (Becher VII, 1 S. 12); G. vom 11. Sept. 1907 über öffentliche Fürsorge für Minderjährige (GS. I

S. 215); G. vom 9. Febr. 1910 (GS. S. 8); [Elsaß-Lothringen, AG.BGB. §§ 136—140 (Becher VII, 1 S. 26)].

B. Das geltende Recht.

I. Durch § 48 des Jugendwohlfahrtsgesetzes vom 9. Juli 1922 (RGBl. 1922 I S. 633 ff.) und Art. 4 EG.JWG. vom 9. Juli 1922 (RGBl. I S. 647 f.) ist **Art. 136 EG.** samt den auf Grund desselben erlassenen Landesgesetzen mit dem Inkrafttreten des JWG. (s. hierüber Bem. B, I zu Art. 135) **aufgehoben. Ersetzt** sind die aufgehobenen Vorschriften **durch § 47 JWG.** Hienach ist jetzt die **Anstalts- und Vereinsvormundschaft** reichsrechtlich unter Ausschluß ergänzender landesrechtlicher Bestimmungen geregelt.

II. Grund der Einführung: Das JWG. hat mit dem Grundsatz der bestellten Einzelvormundschaft gebrochen und, ausgehend von der Erwägung, daß eine Stelle, die bereits mit Geschäften der Jugendfürsorge betraut ist, besonders berufen und geeignet ist, die Rechte des Mündels zu wahren und zu vertreten, die gesetzliche Amtsvormundschaft des Jugendamts eingeführt (§ 35 Abs. 1) und außerdem auch eine bestellte Amtsvormundschaft des Jugendamts vorgesehen (§ 41 Abs. 1). Daneben hat aber das JWG. auch die auf Grund des Art. 136 EG. bestandene Form der Sammelvormundschaft der Anstalten berücksichtigt. In der Praxis der privaten Anstalten und Vereine, welche die Fürsorge für die gefährdete und verwahrloste Jugend übernahmen und diese in ihren Anstalten oder in Familien unter ihrer Aufsicht unterbringen, hatte sich das Bedürfnis herausgestellt, die ihnen anvertrauten Kinder selbst zu bevormunden. Deshalb sieht § 47 JWG. — als Ersatz für die bisherige auf Grund des Art. 136 EG. getroffene landesgesetzliche Regelung — vor, daß auch sie zu Vormündern bestellt werden können, wenn ihre Eignung feststeht. Diese Sammelvormundschaft ist zwar gegenüber dem Einzelvormund freier, aber doch dem Jugendamt nicht völlig gleichgestellt.

III. **Eintritt** der Anstalts- oder der Vereinsvormundschaft, **Rechtsstellung, Ende:**

Die Anstalts- und die Vereinsvormundschaft tritt nie — wie dies auf Grund des Art. 136 Nr. 1 EG. zulässig war, s. oben Bem. A, II, 3 — kraft Gesetzes ein; sie ist vielmehr **nur** als **bestellte Vormundschaft** möglich.

Im einzelnen gilt für die Anstalts- und Vereinsvormundschaft folgendes:

1. Zu Vormündern, Gegenvormündern, Pflegern von Minderjährigen oder Beiständen der Mutter **können bestellt werden,** jedoch nur auf ihren Antrag (§ 47 Abs. 1 Satz 1 und 2):

a) Vorstände von Anstalten, die unter der Verwaltung (nicht auch bloß der Aufsicht; s. dagegen Art. 136 Nr. 1 EG.) des Staates oder einer öffentlichen Körperschaft stehen;

b) Vorstände von solchen privaten (d. h. nicht unter Verwaltung des Staats oder einer öffentlichen Körperschaft stehenden) Anstalten, die vom Jugendamt für geeignet erklärt sind; nach Art. 6 EG.JWG. gelten Anstalten als geeignet, solange nicht die Landesjugendämter auf Grund vorliegender Tatsachen gegenteilig entscheiden;

c) Vorstände von Vereinen unter den gleichen Voraussetzungen wie zu b (jedoch findet Art. 6 EG.JWG. bei Vereinen nicht Anwendung); s. hiezu Art. 47 des bayer. JugendamtsG. vom 20. Juli 1925 (GVBl. S. 211).

Es können ihnen auch auf ihren Antrag einzelne Rechte und Pflichten des Vormunds übertragen werden (§ 47 Abs. 1 Satz 3).

Vorstände sind die Leiter der Erziehung, nicht die gesetzlichen Vertreter (vgl. die Bem. A, II, 4, a, die entsprechend auch hier gelten).

Die Anstalts- oder Vereinsvorstände können als Vormünder vor den nach § 1776 BGB. berufenen Personen bestellt werden, vorausgesetzt, daß nicht ein anderer geeigneter Vormund vorhanden ist (§ 47 Abs. 2, § 41 Abs. 1 JWG.).

Die Bestellung erfolgt durch schriftliche Verfügung des Vormundschaftsgerichts; eine Verpflichtung durch Handschlag im Sinne des § 1789 BGB. erfolgt nicht. Der Anstalts- und der Vereinsvormund erhält auch keine Bestallung nach § 1791 BGB. (§ 47 Abs. 2, § 41 Abs. 2 JWG.).

Vor der Bestellung oder der Übertragung einzelner Rechte und Pflichten muß das Jugendamt in den Fällen, in denen der Minderjährige von ihm bevormundet oder versorgt ist, gehört werden (§ 47 Abs. 1 Satz 4).

2. **Bestellung eines Gegenvormundes** ist zulässig; insbesondere kann das Jugendamt zum Gegenvormunde bestellt werden (§ 47 Abs. 2). Der Anstalts- und der

Vereinsvormund kann auch die Bestellung eines **Mitvormunds** für einen bestimmten Wirkungskreis beantragen; das Vormundschaftsgericht kann auch von Amts wegen einen Mitvormund bestellen (§ 47 Abs. 2 mit § 44 Abs. 1 Satz 2, Abs. 2).

3. Für die **Führung der Vormundschaft** gelten folgende Sondervorschriften:

a) Dem Anstalts- und dem Vereinsvormund stehen die Befreiungen der §§ 1852 Abs. 2 bis 1854 BGB. zu; er unterliegt also bei der Anlegung von Geld nicht den in den §§ 1809, 1810 bestimmten Beschränkungen (Genehmigung des Gegenvormunds, Vormundschaftsgerichts zur Erhebung), bedarf zu den im § 1812 bezeichneten Rechtsgeschäften (Verfügung über eine Forderung oder ein anderes Recht, kraft dessen der Mündel eine Leistung verlangen kann, oder über ein Wertpapier und zur Eingehung der Verpflichtung zu einer solchen Verfügung) nicht der Genehmigung des Gegenvormunds oder des Vormundschaftsgerichts und ist entbunden von der Verpflichtung zur Hinterlegung von Inhaber- und Orderpapieren und zur Herbeiführung der Eintragung des Sperrvermerks in das Reichs- oder Staatsschuldbuch und von der Verpflichtung zur Rechnungstellung während der Dauer seines Amtes (§ 47 Abs. 2 mit § 33 Abs. 1 Satz 2). Weitergehende Befreiungen nach Landesrecht sind (anders als zugunsten des Jugendamts) nicht zulässig (§ 34 JWG. ist nicht für anwendbar erklärt).

b) Im Falle der Anstaltsvormundschaft darf die Anlegung von Geld unter den allgemeinen Voraussetzungen des § 1807 BGB. auch bei der Körperschaft erfolgen, unter deren Verwaltung die Anstalt steht, also unter der Voraussetzung, daß sie mündelsicher ist (Kipp § 114, IV, 12, derselbe in GruchotsBeitr. Bd. 66 S. 502f., Schiedermair Bem. 2 zu § 33). Im übrigen gilt § 1805 BGB. (Verbot der Verwendung von Mündelgeld durch den Vormund für sich) auch im Falle der Anstaltsvormundschaft, wie überhaupt im Falle der Vereinsvormundschaft (§ 47 Abs. 2 mit § 33 Abs. 2 Satz 1).

c) Von dem Anstalts- und dem Vereinsvormund kann keine Sicherheitsleistung verlangt werden; § 1844 BGB. ist nicht anwendbar (§ 47 Abs. 2 mit § 33 Abs. 1 Satz 3).

d) Dem Anstalts- und dem Vereinsvormunde kann die religiöse Erziehung des Mündels (Pfleglings) nicht deshalb entzogen werden, weil er nicht dem Bekenntnis angehört, in dem der Mündel zu erziehen ist; § 1801 BGB. ist nicht anwendbar (§ 47 Abs. 2 mit § 33 Abs. 1 Satz 3). Es ist aber bei der Unterbringung des Mündels (Pfleglings) auf das religiöse Bekenntnis oder die Weltanschauung desselben oder seiner Familie Rücksicht zu nehmen (§ 47 Abs. 2 mit § 33 Abs. 3).

e) Die Anordnung einer Fürsorgeerziehung im Sinne des § 1838 BGB. ist nach Bestellung eines Anstalts- oder Vereinsvormunds ausgeschlossen (§ 47 Abs. 2 mit § 33 Abs. 1 Satz 3); s. auch Bem. B II 2 d β zu Art. 135.

f) Der Anstalts- und der Vereinsvormund hat keinen Anspruch auf Auslagenersatz auf Grund des § 1835 BGB. und keinen Anspruch auf Vergütung nach § 1836. Hat die Anstalt oder der Verein zum Zwecke der Führung der Vormundschaft Aufwendungen gemacht, so sind ihm dieselben aus dem Mündelvermögen zu ersetzen; nur Verwaltungskosten werden nicht ersetzt (§ 47 Abs. 2 mit § 33 Abs. 1 Satz 3, Abs. 2 Satz 2).

4. Das Vormundschaftsgericht hat gegenüber dem Anstalts- und dem Vereinsvormund **keine Ordnungsstrafgewalt**; es kann weder die Übernahme des Amtes noch die Befolgung von Anordnungen des Vormundschaftsgerichts durch Ordnungsstrafen erzwungen werden; die §§ 1788, 1837 Abs. 2 BGB. finden keine Anwendung (§ 47 Abs. 2 mit § 33 Abs. 1 Satz 3).

5. **Ende der Anstalts- und der Vereinsvormundschaft.** Eine Entlassung des Anstalts- und des Vereinsvormunds auf Grund des § 1886 BGB. findet nicht statt (§ 47 Abs. 2 mit § 33 Abs. 1 Satz 3). Ersatz bieten folgende Sondervorschriften:

a) Der Anstalts- und der Vereinsvormund kann seine Entlassung jederzeit beantragen, die Ablehnung des Antrags ist nur zulässig, wenn die Entlassung dem Wohle des Mündels entgegensteht (§ 47 Abs. 2 mit § 40). An der Stelle des Anstalts- oder des Vereinsvormunds kann ein Einzelvormund oder unter den Voraussetzungen des § 41 JWG. das Jugendamt zum Vormund bestellt werden (§ 47 Abs. 2).

b) Der Anstalts- und der Vereinsvormund soll die Bestellung eines Einzelvormunds und damit seine Entlassung beantragen, wenn die Einzelvormundschaft dem Interesse des Mündels förderlich erscheint. Das Vormundschaftsgericht wird auch hier bei gegebenen Voraussetzungen (§ 41 JWG.) das Jugendamt zum Vormund bestellen.

c) Jeder Dritte, der ein berechtigtes Interesse des Mündels geltend macht, kann die Bestellung eines Einzelvormunds beantragen und damit auf die Beendigung der Anstalts- oder der Vereinsvormundschaft hinwirken. Daß der Dritte (Einzelperson, Körperschaft, Behörde) zur Wahrnehmung des Interesses, sei es infolge Familien- oder sonstiger persönlicher Beziehungen, sei es kraft öffentlichen Rechts zur Wahrnehmung des Interesses des Mündels berufen ist, verlangt das Gesetz nicht. Erforderlich ist nur, daß sich der Antragsteller auf das Interesse des Mündels beruft.

d) Das gleiche Antragsrecht steht dem Mündel selbst zu, wenn er das 14. Lebensjahr vollendet hat (s. zu c und d § 47 Abs. 2 mit § 44 Abs. 2 Satz 1).

e) Endlich kann das Vormundschaftsgericht von Amts wegen einen anderen Vormund bestellen und den Anstalts- oder den Vereinsvormund entlassen, ohne daß die Voraussetzungen des § 1886 BGB. gegeben zu sein brauchen (§ 47 Abs. 2 mit § 44 Abs. 2 Satz 2). Kraft seiner allgemeinen Fürsorge- und Aufsichtspflicht ist das Vormundschaftsgericht hiezu verpflichtet, wenn das Recht des Mündels es gebietet.

In den Fällen c—e soll das Vormundschaftsgericht vor seiner Entscheidung, in den Fällen c und d auch wenn es den Antrag abweisen will, das Jugendamt und tunlichst die Mutter (gegebenenfalls auch den Vater) des Mündels hören (§ 47 Abs. 2 mit § 44 Abs. 2 Satz 3).

Entsprechendes gilt für die einem Anstalts- oder Vereinsvorstand übertragene Pflegschaft oder Beistandschaft und die Übertragung einzelner Rechte und Pflichten (s. oben Bem. 1).

IV. Übergangsvorschriften der Länder: In den einzelnen zur Ausführung des JWG. vom 9. Juli 1922 ergangenen Ausführungsgesetzen der Länder ist die Überleitung von Anstaltsvormundschaften, die auf Grund des Art. 136 EG. und der bisherigen Landesgesetze bestanden hatten, in Anstaltsvormundschaften nach § 47 JWG. geregelt.

So bestimmt für Preußen § 30 des AG. vom 29. März 1924 zum JWG. (GS. S. 180), daß, soweit auf Grund des Art. 78 § 1 AG.BGB. Vorstände von Anstalten die Rechte und Pflichten eines Vormunds über Minderjährige hatten, oder soweit Anstaltsvorstände auf Grund des § 12 FürsErzG. bestellt sind, die Vormundschaften bestehen bleiben und als Anstaltsvormundschaften im Sinne des § 47 JWG. gelten. In § 35 das. ist das FürsErzG. vom 2. Juli 1900 und vom 7. Juli 1915 sowie Art. 78 AG.BGB. aufgehoben.

Ähnlich bestimmt für Bayern Art. 46 des JugendamtsG. vom 20. Juli 1925 (GVBl. S. 211), daß der Vorstand einer Anstalt, der auf Grund des Art. 100 AG. BGB. oder des Art. 12 FürsErzG. in der Fassung vom 21. Juli 1915 mit allen oder einzelnen Rechten und Pflichten eines Vormunds für Minderjährige betraut war, mit dem Inkrafttreten des JugendamtG. Anstaltsvormund im Sinne des § 47 JWG. wird und daß ihm das Vormundschaftsgericht eine Bescheinigung darüber zu erteilen hat.

S. ferner für Baden § 52 der AV.JWG. vom 31. März 1924 (GVBl. S. 68).

Art. 137.*)

Unberührt bleiben die landesgesetzlichen Vorschriften über die Grundsätze, nach denen in den Fällen des § 1515 Abs. 2, 3 und der §§ 2049, 2312 des Bürgerlichen Gesetzbuchs der Ertragswert eines Landguts festzustellen ist.

E. II, 109; III, 136.

Feststellung des Ertragswerts eines Grundstücks.

1. Entstehung. Dieser Artikel ist erst in der II. Komm. und zwar deshalb aufgestellt worden, weil bei der Größe und Vielgestaltigkeit des deutschen Wirtschafts-

*) Hausen, Bewertung von Landgütern bei Erbteilungen, DJZ. 1926 Sp. 1489 ff.

gebiets eine einheitliche Norm nicht wohl aufgestellt werden kann (P. VI, 448—450, Reatz III, 70, Mat. 89).

2. Inhalt. Gemäß der §§ 1515 Abs. 2, 3, 2049 und 2312 BGB. kann bei der Auseinandersetzung der fortgesetzten Gütergemeinschaft, bei der Nachlaßauseinandersetzung unter Miterben und bei der Berechnung des Pflichtteils ein Beteiligter auf Grund letztwilliger Anordnung das Recht haben, ein zur Gütergemeinschaft oder zum Nachlasse gehöriges Landgut zum Ertragswerte zu übernehmen.

Art. 137 überweist nun die Erlassung von **Vorschriften über die Grundsätze, nach welchen in solchen Fällen der Ertragswert festzustellen ist,** der Landesgesetzgebung.

In allen anderen Fällen, in denen der Wert eines Landguts in Betracht kommt, z. B. bei der Vererbung eines Rentenguts, eines Erbpachtrechts oder eines Anerbenrechts, kann die Landesgesetzgebung schon auf Grund der allgemeinen Vorbehalte der Art. 62—64 besondere Bestimmungen darüber treffen, in welcher Weise der Wert festzustellen ist.

Das BGB. bestimmt in § 2049 Abs. 2:

„Der Ertragswert bestimmt sich nach dem Reinertrage, den das Landgut nach seiner bisherigen wirtschaftlichen Bestimmung bei ordnungsmäßiger Bewirtschaftung nachhaltig gewähren kann."

In der II. Komm. waren Versuche gemacht worden, weitere reichsgesetzliche Vorschriften über den Ertragswert aufzustellen, indem z. B. von der einen Seite beantragt wurde, dem vorstehend angeführten § 2049 Abs. 2 noch die Worte anzufügen:

„unter Zugrundelegung des in der Gegend üblichen (oder des ortsüblichen) Zinsfußes" (P. VI, 449 ff.),

während ein anderer Antrag lautete:

„Als Ertragswert gilt der 25fache Betrag des Reinertrags, den das Landgut in dem Stande, in welchem es sich zur Zeit des Erbfalls befindet, bei ordnungsmäßiger Bewirtschaftung unter den durchschnittlichen Preisen der letzten 5 Jahre dauernd zu gewähren vermag."

Diese Anträge scheiterten an dem schon in Bem. 1 angegebenen Grunde sowie an der Erwägung, daß die Berechnung nach den örtlichen Verhältnissen, der Art der Kultur usw. häufig werde eine verschiedene sein müssen (P. VI, 450).

Den Gegensatz zum Ertragswerte bildet der Verkaufswert, den der Gesetzgeber der Berechnung des Wertes eines Landguts bei den in Frage kommenden Auseinandersetzungen deshalb nicht zugrunde legen wollte, weil er großen Schwankungen unterworfen, auch im Verhältnisse zum Gutserträgnis aus verschiedenen Ursachen häufig viel zu hoch sei und weil seine Berücksichtigung der im Interesse der Erhaltung eines gesunden und kräftigen Grundbesitzerstandes zu fördernden Sitte entgegenwirke, daß ein Landgut von einem an der Auseinandersetzung Beteiligten übernommen und der Familie erhalten werde.

An die Vorschrift des § 2049 Abs. 2 BGB., die nach § 1515 Abs. 2 Satz 2 BGB. auch für den geregelten Fall gilt, ist die Landesgesetzgebung gebunden. Die ihr in Art. 137 eingeräumte Befugnis bezieht und beschränkt sich also darauf, die Grundsätze darüber aufzustellen,

a) wie und in welchem Verfahren der nach § 2049 Abs. 2 BGB. zugrundezulegende Reinertrag zu ermitteln ist im Verhältnis zum Rohertrag,

b) wie aus dem Reinertrag der Ertragswert zu errechnen ist durch Bestimmung des Verhältnisses des Reinertrags zum Ertragswert.

3. Der Begriff des Landguts ist weder im BGB. noch in diesem Gesetze festgestellt; in der II. Komm. sind die Anträge, welche dahin zielten, die Feststellung dieses Begriffes der Landesgesetzgebung zu überweisen, abgelehnt worden, weil befürchtet wurde, daß die Landesgesetzgebung nicht überall dieselben Gesichtspunkte für die Anwendung der Vorschriften des BGB. aufstellen und demzufolge sich z. B. das Recht der Erbfolge in Landgüter in den verschiedenen Landesteilen tatsächlich ganz verschieden gestalten werde, weil man ferner es deshalb für besser hielt, alles der Auslegung zu überlassen, und weil man endlich der Ansicht war, daß sowohl hinsichtlich der Sondervorschrift über die Pacht eines Landguts die Auslegung ohne erhebliche Schwierigkeit zum Ziele gelangen werde und auch sonst aus dem Zweck und Charakter der Vorschriften genügende Anhaltspunkte zu entnehmen seien, um im einzelnen Falle eine richtige Lösung zu finden (P. VI, 449).

Daß das Wort „Landgut" etwa nur einen herrschaftlichen Landsitz bezeichnen soll, ist auszuschließen. Man wird als Landgut ein Gut ansehen können, das mit einem Wohnhause versehen und zur selbständigen landwirtschaftlichen oder forstwirtschaftlichen Bewirtschaftung eingerichtet ist (s. Bd. I Bem. 3 Abs. 2 zu § 98). Eine völlig befriedigende Begriffsbestimmung wird sich nicht geben lassen, sondern man wird der II. Komm. darin beistimmen müssen, daß in jedem einzelnen Falle die Frage, ob es sich um ein Landgut handelt, besonders zu prüfen und zu versuchen ist, unter Würdigung aller Verhältnisse zu einer Lösung zu gelangen, und daß sich eine Lösung im Einzelfalle auch in befriedigender Weise finden läßt, wenn auf den Zweck der in Betracht kommenden Vorschriften gesehen wird, der stets auf einen zu einer wirtschaftlichen (nicht rechtlichen) Einheit verbundenen Komplex von Grundstücken hinweist (P. VI, 448 ff.).

4. Landesgesetze: Nach den Landesgesetzen gilt in der Regel der fünfundzwanzigfache Betrag des jährlichen Reinertrags als Ertragswert; teilweise ist die Bestimmung einer anderen Verhältniszahl im Verordnungswege zugelassen (so in den AG.BGB. für Preußen und Bayern, wo von der Ermächtigung auch schon Gebrauch gemacht ist). Die Aufstellung der Grundsätze für die Ermittelung des Reinertrags ist dem Staatsministerium überlassen.

Siehe für Preußen AG.BGB. Art. 83 (Becher XIV, 1 S. 41) in der Fassung des § 23 Abs. 4 des SchätzungsamtsG. vom 8. Juni 1918 (GS. S. 83); über die Berechnung des Ertragswerts bei Landgütern nach Art. 83 s. RGBl. 1919 S. 106.

Bayern AG.BGB. Art. 103 (Becher III, 7 S. 49); VO. vom 31. Juli 1926 (GVBl. S. 387), wonach an Stelle des fünfundzwanzigfachen bis auf weiteres der achtzehnfache Betrag des jährlichen Reinertrags tritt.

Baden AG.BGB. in der Fassung vom 13. Okt. 1925 Art. 38 (GVBl. S. 287); AV.BGB. vom 11. Nov. 1899 §§ 38—42 (Becher II, 13 S. 72).

Thüringen AV.BGB. vom 16. Mai 1923 § 143 (GV. S. 300) für alle thüringischen Gebietsteile; die entsprechenden Vorschriften der früher selbständigen Länder sind durch § 155 Abs. 1 der AV.BGB. aufgehoben.

Hessen AG.BGB. Art. 103, 106 (Becher VIII, 3 S. 50, 55).

Mecklenburg-Schwerin, AV.BGB. §§ 254—257 (Becher XI, 1 S. 65 ff.); MinBek. vom 18. April 1900.

Oldenburg AG.BGB. § 37 (Becher XIII, 3 S. 13); für Lübeck AG.BGB. § 34 (Becher XIII, 11 S. 67).

Anhalt AG.BGB. Art. 71 (Becher I, 3 S. 29).

Lippe AG.BGB. § 46 (Becher IX, 2 S. 13).

Waldeck AG.BGB. Art. 45 (Becher XXV, 1 S. 19).

Art. **138.***)

Unberührt bleiben die landesgesetzlichen Vorschriften, nach welchen im Falle des § 1936 des Bürgerlichen Gesetzbuchs an Stelle des Fiskus eine Körperschaft, Stiftung oder Anstalt des öffentlichen Rechtes gesetzlicher Erbe ist.

E. I, 82; II, 110; III, 137.

Gesetzliches Erbrecht einer öffentlichen Körperschaft an Stelle des Fiskus:

1. Entstehung. Der nunmehrige Artikel 138 weicht vom Art. 82 des I. Entw. insofern ab, als in letzterem zugelassen werden sollte, daß das gesetzliche Erbrecht des Fiskus überhaupt anderen Personen, nicht bloß den im nunmehrigen Art. 138 aufgeführten Personen des öffentlichen Rechtes zugestanden werde. Die Vorschrift bezweckte die Aufrechterhaltung oder Schaffung ähnlicher Bestimmungen wie jener des PLR. Tl. II Tit. 16 § 20 (Mot. z. EG. 205, P. VI, 447, 448, Reatz III, 71, Mat. 89).

2. Inhalt und Grund des Vorbehalts. Stirbt eine Person ohne Hinterlassung einer letztwilligen Verfügung, welche die gesetzliche Erbfolge ausschließt, und ist auch als gesetzlicher Erbe kein Verwandter oder Ehegatte des Erblassers vorhanden, so ist nach Reichsrecht gemäß § 1936 BGB. der Fiskus (Landes- oder Reichsfiskus, je nachdem der Erblasser, der Deutscher war, einem deutschen Lande angehörte oder nicht) Erbe. Art. 138 behält es der Landesgesetzgebung vor, an die Stelle des Fiskus eine Körperschaft, Stif-

*) Thöl, Das Erbrecht der an Stelle des Fiskus nach Landesrecht erbberechtigten juristischen Personen, Berlin 1913 (Verlag von Frensdorf).

tung oder Anstalt des öffentlichen Rechtes treten zu lassen. Nur auf solche, nicht auch auf andere Personen wollte die II. Komm. das Erbrecht des Fiskus landesrechtlich übertragen lassen, weil man zur Liquidierung des Nachlasses einen Erben brauche und die besonderen Rechte und Pflichten, welche in dieser Beziehung dem Fiskus im BGB. zugewiesen seien, wohl einer juristischen Person des öffentlichen Rechtes, etwa einer Stadtgemeinde, übertragen, nicht aber von einer Privatperson wahrgenommen werden könnten (P. VI, 448).

a) Darüber, was als Körperschaft, Stiftung, Anstalt des öffentlichen Rechts anzusehen ist, s. Bem. 2, b zu Art. 85 und Vorbem. IV, A vor § 21 (S. 157) und Bem. 2 zu § 89 in Bd. I. Die Frage ist nach dem öffentlichen Rechte des einzelnen Landes zu entscheiden.

b) Es handelt sich, wie nach § 1936 BGB. für den Fiskus, um wirkliches Erbrecht, nicht um das sog. Heimfallsrecht des älteren deutschen Rechtes, das nur ein privilegiertes Okkupationsrecht war (M. V, 379, D. 260; über früheres Recht s. Roth-Becher Bd. 3 § 388 Nr. II, Dernburg, Preuß. R. Bd. 3 § 194). Es gelten also die allgemeinen Bestimmungen über den Erben auch für die öffentlichrechtliche Körperschaft, Stiftung, Anstalt als Erben, daneben die besonderen Vorschriften des BGB. und anderer Reichsgesetze für das Erbrecht des Fiskus, nämlich

α) § 1942 Abs. 2 BGB. über Ausschluß der Ausschlagung der Erbschaft (s. auch nachfolgende Bem. d); auch Erbverzicht nach § 2346 und Ausschluß von der Erbschaft nach § 1938 ist ausgeschlossen;

β) §§ 1964—1966 BGB. über Feststellung, daß ein anderer Erbe nicht vorhanden ist; § 78 FGG. findet Anwendung;

γ) § 2011 BGB. über Ausschluß der Bestimmung einer Inventarfrist und Auskunftpflicht über den Bestand des Nachlasses; vgl. Bem. 3 zu § 2011 in Bd. V;

δ) § 2104 Satz 2 BGB., wonach die an die Stelle des Fiskus tretende juristische Person als gesetzlicher Erbe nicht Nacherbe sein kann; Vorerbe kann sie dagegen sein;

ε) nach § 8 Abs. 2 LitUrhG. und § 10 Abs. 2 KunstUrhG. erlischt das Recht des Urhebers, soweit es dem Erblasser zusteht, wenn eine öffentlichrechtliche Körperschaft usw. Erbe wird;

ζ) nach § 167 Abs. 2 VVG. steht auch der an die Stelle des Fiskus tretenden juristischen Person das Bezugsrecht auf die Lebensversicherungssumme, deren Zahlung an die Erben ohne nähere Bestimmung bedungen ist, nicht zu.

Vgl. hiezu Bem. 2 und 5 zu § 1936 in Bd. V. An diesen Vorschriften kann die Landesgesetzgebung nichts ändern.

c) Voraussetzung für das gesetzliche Erbrecht wie des Fiskus so auch der nach Landesrecht an seine Stelle tretenden öffentlichrechtlichen Körperschaft usw. ist, daß nicht die gesetzliche Erbfolge durch eine Verfügung von Todes wegen ausgeschlossen ist und daß zur Zeit des Erbfalls (§ 1922) weder ein Verwandter noch ein Ehegatte des Erblassers vorhanden ist; als nicht vorhanden gilt auch ein Verwandter oder Ehegatte, der vom Erblasser gemäß § 1938 ausgeschlossen ist oder auf sein gesetzliches Erbrecht verzichtet hat (§ 2346 BGB.), ferner auch, wer durch Ausschlagung (§ 1953 BGB.) oder Erbunwürdigkeitserklärung (§ 2340 BGB.) weggefallen ist; vgl. Bem. 3 zu § 1936.

d) Die öffentlichrechtliche Körperschaft, Stiftung oder Anstalt kann durch die Landesgesetzgebung nur an Stelle des Fiskus als gesetzlicher Erbe bestimmt werden. Die Landesgesetzgebung kann dagegen nicht bestimmen, daß jene juristischen Personen nur vor dem Fiskus als gesetzliche Erben berufen, aber zur Ausschlagung berechtigt sein sollen, so daß der Fiskus hinter jenen juristischen Personen berufen bleibt. Dies folgt aus dem Wortlaut des Art. 138 („an Stelle des Fiskus"), auch aus den Verhandlungen der Kommission für die 2. Lesung (P. V, 485 ff.), wo betont wurde, daß es gegenüber den Vorteilen, welche der Fiskus aus dem gesetzlichen Erbrecht habe, nicht angängig sei, daß er sich dem Eintritt als Erbe entziehe (ebenso Thöle a. a. O., Dernburg, Bürgerl. R. Bd. 5 § 22, III; KG. in KGJ. Bd. 24 A S. 58; abweichend Windscheid-Kipp, Pandekten 9. Aufl. Bd. 3 S. 458). Nicht ausgeschlossen ist es dagegen, verschiedene juristische Personen des öffentlichen Rechts hintereinander an Stelle des Fiskus mit der Bestimmung als gesetzliche Erben zu berufen, daß die zuletzt Berufene nicht mehr ausschlagen kann.

3. Landesgesetze: Vgl. Stobbe, Deutsches Privatrecht Bd. V § 297, Dernburg, Bürgerl. Recht, 3. Aufl. Bd. V § 22, Enneccerus-Kipp, Erbrecht, 7. Bearbeitung § 6 Nr. 3, Weißler, Nachlaßverfahren Bd. 1 S. 152 ff.

Für Preußen s. AG.BGB. Art. 89 Nr .1, c (Becher XIV, 1 S. 59, 60), ALR. Tl. II Tit. 19 §§ 50 ff., Tit. 16 § 22. Nach dem Rezeß vom 27. Dez. 1508 steht der Stadtgemeinde Berlin der erblose Nachlaß der Bürger zu, soweit sie nicht Adelige, Fremde, Juden oder Uneheliche sind (s. hierüber Holtze in GruchotsBeitr. Bd. 37 S. 323 und in den Schriften des Vereins für die Geschichte Berlins Jahrgang 1892; Heydemann, Elemente der Joachimica S. 250; KGJ. Bd. 24 A S. 58); über den Wegfall der Ausnahme in Ansehung der Adeligen s. Holtz in DJZ. 1922 Sp. 733. Die Stadt Danzig hatte nach dem Privileg vom 30. April 1860 und Art. 10 Nr. 4 des G. vom 16. Febr. 1857 ein Recht auf erblose Nachlässe im Wert von nicht mehr als 50 000 Danziger Gulden (vgl. Peiser, JurMonPos. 1910 S. 100 und OLG. Marienwerder ebenda S. 104). Über das Recht der mit Lübischem Recht bewidmeten Städte von Alt-, Vor- und Hinterpommern auf erblose Nachlässe s. JurW. für die preuß. Staaten 1840 S. 269. Über das Recht der Städte Schleswig, Flensburg, Apenrade und Hadersleben auf die Hälfte aller erblosen Nachlässe s. Kähler, Schlesw.-holst. Landesrecht § 54 I S. 549 f.

Für Bayern ergibt sich aus Art. 1 AG.BGB. (Becher III, 7 S. 29), daß alle älteren Vorschriften aus der Zeit vor 1818, also z. B. auch die für Preußen aufrecht erhaltenen Bestimmungen des PrALR., beseitigt sind. Neue Vorschriften sind nicht erlassen.

Auch Sachsen (Kloß-Müller, Sächs. LPrR., 3. Aufl. S. 359) und Württemberg haben von dem Vorbehalt keinen Gebrauch gemacht.

Für Mecklenburg-Schwerin s. AV.BGB. § 252 (Becher XI, 2 S. 52) über das Erbrecht der Städte Rostock und Wismar; s. auch Buchka, Meckl. Landesprivatrecht § 37, II.

In Braunschweig sind nach Art. 112 AG.BGB. (Becher IV, 1 S. 24) die Vorschriften des gemeinen Rechts, nach denen bestimmte Rechtssubjekte vor dem Fiskus auf einen erblosen Nachlaß berechtigt sind, aufgehoben; der Fiskus hat aber der Stadt Wolfenbüttel die Hälfte des Wertes eines dort angefallenen Nachlasses herauszugeben. Hier liegt nicht ein Erbrecht an Stelle des Fiskus im Sinne des Art. 138, sondern ein gesetzliches Vermächtnis vor. Ob diese Vorschrift hienach durch Art. 138 gedeckt ist, erscheint zweifelhaft (verneinend Thöl a. a. O. S. 21).

Das Erbrecht der Universität Jena nach § 231 AG.BGB. für Sachsen-Weimar-Eisenach (Becher XXI, 3 S. 47) dürfte durch die in § 155 Abs. 1 AV. BGB. für Thüringen vom 16. Mai 1923 (GS. für Thüringen S. 287 ff.) erfolgte Aufhebung der Ausführungsgesetze der einzelnen thüringischen Länder beseitigt sein, da die Aufrechterhaltung aus Abs. 2 des § 155 nicht zu entnehmen ist.

In Hamburg bestehen dem Art. 138 entsprechende Vorschriften nicht mehr (Nöldeke, Hamb. LPrR. § 143, I).

4. Über Steuerfreiheit der Anfälle an das Reich, ein Land oder eine inländische Gemeinde s. § 18 Abs. 1 Nr. 17 des ErbschStG. in der Fassung vom 22. Aug. 1925 (RGBl. I S. 320 ff.).

Art. 139.*)

Unberührt bleiben die landesgesetzlichen Vorschriften, nach welchen dem Fiskus oder einer anderen juristischen Person in Ansehung des Nachlasses einer verpflegten oder unterstützten Person ein Erbrecht, ein Pflichtteilsanspruch oder ein Recht auf bestimmte Sachen zusteht.

E. I, 81; II, 111; III, 138.

Rechte des Fiskus oder anderer juristischer Personen auf den Nachlaß der von ihnen verpflegten oder unterstützten Personen.

1. Entstehung. Der nunmehrige Art. 139 entspricht wörtlich dem Art. 81 des I. Entw. Ein in der Reichstagskommission gestellter Antrag auf Streichung des Artikels

*) Schrifttum: Ziegler, Erbrechtliche und Ersatzansprüche der öffentlichen Wohltätigkeitsanstalten nach bayrischem Recht. Diss. Erlangen (München 1904); Helms, Der Nachlaß des Armen nach dem in Schleswig-Holstein geltenden Rechte im SchleswHolstAnz. 1912 S. 17 ff.

(weil er ein Überbleibsel der Zeit sei, in welcher für Hilfsbedürftige durch die Heimats- und Armengesetzgebung noch nicht genügend gesorgt worden sei, während es heutzutage solcher anormalen Anordnungen nicht mehr bedürfe und es genüge, wenn den betreffenden Anstalten ein Pfandrecht an den Sachen des Verpflegten eingeräumt werde), wurde von der Reichstagskommission abgelehnt, nachdem regierungsseitig erklärt worden war, daß durch Beseitigung der betreffenden Rechte manche nützlich wirkenden Anstalten in ihrer Existenzfähigkeit in Frage gestellt werden würden (Mot. z. EG. 204, P. VI, 446, 447, Reatz III, 71, Mat. 90, RTK. 440 d S. 13).

2. Inhalt: Art. 139 ermöglicht die Aufrechterhaltung landesgesetzlicher Vorschriften, welche abweichend von den Vorschriften des BGB. über gesetzliche Erbfolge und Pflichtteilsberechtigung dem Fiskus und anderen juristischen Personen ein Erbrecht oder ein Pflichtteilsrecht auch an einem nicht erblosen Nachlaß (s. dagegen Art. 138) oder ein Recht auf bestimmte Nachlaßsachen gewähren.

a) Das Recht in Ansehung des Nachlasses einer verpflegten oder unterstützten Person kann nicht bloß dem Fiskus, sondern auch anderen juristischen Personen, und zwar sowohl des öffentlichen als des bürgerlichen Rechtes (OLG. Braunschweig OLG. Bd. 41 S. 86), z. B. privaten Stiftungen, eingeräumt werden, selbst Anstalten, die keine selbständige juristische Persönlichkeit besitzen, sondern einer Gemeinde gehören (KG. in RJA. Bd. 7 S. 16 = KGJ. Bd. 31 A S. 68), nicht aber natürlichen Personen. Ein Antrag, hier nur die juristischen Personen des öffentlichen Rechtes, nicht auch z. B. private Stiftungen zu berücksichtigen, wurde in der II. Komm. abgelehnt, weil es sich um eine privatrechtliche Einrichtung handele (P. 446).

b) Der Artikel gestattet nicht bloß die Einräumung
   - α) eines Erbrechts, sondern auch
   - β) eines Pflichtteilsanspruchs, dessen Höhe von der Landesgesetzgebung bestimmt werden kann (OLG. Hamburg HansGZ. 1904 Beibl. S. 31, 32; Planck Bem. 4) und
   - γ) eines anderen Rechtes auf bestimmte Sachen.

   Alle diese Rechte können landesgesetzlich eingeräumt werden ohne Rücksicht darauf, ob andere Erben, seien es Testaments- oder gesetzliche Erben, ja selbst pflichtteilsberechtigte Erben vorhanden sind (Mot. z. EG. 204). Die Landesgesetzgebung kann insbesondere auch bestimmen, daß das Recht durch letztwillige Anordnung nicht entzogen werden kann. Auch sonst hat die Landesgesetzgebung in der Gestaltung des eingeräumten Rechtes freie Hand, ohne an die Vorschriften des BGB. gebunden zu sein.

   Soweit dem Fiskus oder einer anderen juristischen Person ein wirkliches Erbrecht eingeräumt wird, hat es nicht die Eigenart des Erbrechts des Fiskus nach § 1936 BGB. Es ist daher die Ausschlagung der Erbschaft zulässig; die Haftung für Nachlaßverbindlichkeiten ist nicht schlechthin beschränkt, aber wie für andere Erben beschränkbar, soweit nicht das Landesrecht ein anderes bestimmt (Dernburg, Bürgerl. R. Bd. 5 § 23, III, Crome, System des bürgerl. R. Bd. V § 387).

   Ist ein Recht auf bestimmte Sachen eingeräumt, so finden nicht notwendig die Vorschriften über Vermächtnisse Anwendung; es kann bestimmt werden, daß der Eigentumserwerb kraft Gesetzes eintritt, ohne daß, wie beim wirklichen Erbrecht, damit auch eine Haftung für Nachlaßverbindlichkeiten eintritt.

   In der Regel wird es sich um einen Nachlaß von geringem Werte handeln. Darum ist ein Nebenzweck dieses Artikels der, Streitigkeiten zwischen den Angehörigen und der Anstalt über den Umfang und den Wert der in die Anstalt eingebrachten Gegenstände, Möbel, Kleider usw. abzuschneiden.

c) Voraussetzung für die Zulässigkeit der Einräumung der unter b erwähnten Rechte ist, daß der Nachlaß einer Person in Frage steht, welche von dem Fiskus, bzw. von der betreffenden juristischen Person verpflegt oder unterstützt worden ist. Dagegen ist nicht, wie im Falle des Art. 103 dieses Gesetzes, Voraussetzung, daß wegen der geleisteten Verpflegung oder Unterstützung ein Ersatzanspruch begründet ist.

3. Landesgesetze: Rechte der in Art. 139 vorbehaltenen Art stehen nach verschiedenen Partikularrechten gewissen Armenversorgungs-, Heil-, Straf-, Besserungs- und Erziehungsanstalten zu, sind aber sehr verschiedenartig gestaltet; bald beschränkt sich das Recht auf die eingebrachten Sachen, bald ergreift es den ganzen Nachlaß;

bald ist es ein bloß subsidiäres, bald ein ausschließliches, stellenweise auch ein Pflichtteilsrecht. Bald geht es allen Verwandten, bald nur gewissen Verwandten vor, bald kann es durch Zahlung der Pflegegelder abgewandt werden, bald greift es unbedingt ein; manchmal ist es auch dadurch bedingt, daß es bei Aufnahme in die Anstalt oder bei Gewährung der Unterstützung dem Aufgenommenen oder Unterstützten bekannt gemacht worden ist, so z. B. nach preuß. ALR. (vgl. Stobbe, DPrR. Bd. V § 297, Dernburg, Bürgerl. R. Bd. 5 § 23).

Für Preußen s. AG.BGB. Art. 89, 1, c (Becher XIV, 1 S. 59, 60), ALR. Tl. II Tit. 16 § 22, Tit. 19 §§ 50ff. Die öffentliche Anstalt, die den Erblasser unentgeltlich bis zu seinem Tode verpflegt hat, hat ein gesetzliches Erbrecht, dem Waisenhaus steht ein Erbrecht zu, wenn der Erblasser in dem Hause erzogen und vor vollendetem 24. Lebensjahr gestorben ist, auch wenn er das Waisenhaus bereits verlassen hatte (s. hiezu Dernburg, Bürgerl. R. Bd. 5 § 23 Note 6; KG. in KGJ. Bd. 24 A S. 58 und OLG. Bd. 21 S. 305); s. ferner Landarmen-Reglement für die Kurmark vom 16. Juni 1791 § 72 (Novum corpus Constitutionum Prussico-Brandenburgensium 9, 123), Landarmen-Reglement für die Neumark vom 12. Mai 1800 § 29 (Rabe, Sammlung Preuß. Gesetze und Verordnungen Bd. 6 S. 102); Hofreskript für Berlin vom 2. Juli 1801 (vgl. Dernburg, Preuß. Privatr. III § 193 und zur Auslegung und Anwendung des Reskripts von 1801 und von LR. II, 19 § 50 RGZ. Bd. 75 S. 84, KG. im „Recht“ 1918 Nr. 98 und in KGJ. Bd. 52 S. 62 = „Recht“ 1919 Nr. 1547, Kayser in PrVerwBl. Bd. 38 S. 681, Fechtner in KGBl. 1924 S. 104).

Für das französische Recht s. Zachariae-Crome Bd. 4 S. 46.

Ostpreußisches Provinzialrecht vom 4. Aug. 1801 (Weißler, Preuß. Landesprivatr. II, 610), Zusatz 239; Westpreußisches Provinzialrecht vom 19. April 1844 (GS. S. 103) §§ 86, 87; für Danzig Art. X §§ 5 und 6 des G. vom 16. Febr. 1857 (GS. S. 87); für Rheinland Avis du conseil d'état du 3. novembre 1809 (bei Dronke, Rhein. Privatr. II, 336); für Frankfurt a. M. Frankfurter G. vom 3. Dez. 1833 über die Rechte der Stiftungen an dem Nachlaß ihrer Alumnen (Frankf. GS. 5 S. 162).

Die Schleswig-Holsteinische VO. vom 30. Sept. 1803 betr. das Erbfolgerecht der Armenanstalten in den Nachlaß unterstützter Armen ist durch § 99 der Schleswig-Holstein. ArmenO. vom 29. Dez. 1841 aufgehoben worden, letztere wiederum durch § 74 des Preuß. G. vom 8. März 1871, aus dem sich jedoch im Zusammenhange mit seiner an den früheren altpreußischen Rechtszustand anknüpfenden Entstehungsgeschichte ein Ersatzanspruch des Armenverbandes gegen den Unterstützten und somit eine Nachlaßforderung gegen seine Erben ableiten läßt (vgl. RGZ. Bd. 75 S. 84ff., Bd. 76 S. 69). Unberührt geblieben ist das Schleswig-Holsteinische Landesrecht betreffend das Erbrecht von Stadtklöstern und ähnlichen wohltätigen Stiftungen, deren Leistungen nicht armenrechtlicher Natur sind (vgl. Helms a. a. O., Kähler, Schlesw.-Holst. LPrR. § 54, II S. 551).

In Bayern enthielten außer dem PALR. einschlägige Bestimmungen das Münchner Stadtrecht Art. 485, das Ansbacher Recht (Edikte vom 4. April 1726, 30. Jan. 1744 und 22. Aug. 1754), das Nürnberger Recht (Additionaldekret vom 28. Jan. 1580), Würzburger Recht (VO. vom 12. Sept. 1690), das pfälzische Recht (Staatsratsgutachten vom 3. Nov. 1809 und Dekret vom 15 pluviôse XIII Art. 8 und 9). Alle diese Vorschriften sind durch AG.BGB. Art. 1 aufgehoben und durch AG.BGB. Art. 101 und 102 (Becher III, 7 S. 49) ersetzt; diese gelten nach Bek. vom 30. Jan. 1922 (GVBl. S. 153) auch in den vormals coburgischen Landesteilen; s. hiezu Oertmann, Bayer. LPrR. § 147, III. S. ferner Art. 10 Abs. 2 des ArmenG. vom 21. Aug. 1914; über dessen fortdauernde Geltung s. Bem. 5 zu Art. 103. S. auch Bem. 2 zu § 1936 in Bd. V S. 60.

Sachsen: AG.BGB. §§ 42—45, 53 (Becher XVII, 1 S. 8); Armenmandat vom 11. April 1772 (Codex Augusteus 2. Fortsetzung, 1. Abt. 638), Kap. I § 11, Kap. III § 7; § 130 Erbfolgemandat vom 31. Jan. 1829 (GS. S. 37); §§ 68, 69 ArmenO. vom 22. Okt. 1840 (GVBl. S. 257). Die §§ 2057—2060, 2617 Sächs. GB. sind durch Art. 53 Abs. 1 AG.BGB. aufgehoben (hiezu Kloß-Müller, Sächs. LPrR., 3. Aufl. § 147 S. 359ff.).

In Thüringen bestehen einschlägige Vorschriften nicht mehr; die Vorschriften einzelner früheren thüringischen Staaten (Sachsen-Weimar-Eisenach, AG. BGB. §§ 232—235, Sachsen-Altenburg, AG.BGB. § 139, Reuß ä. L., AG.BGB. §§ 141, 142, Reuß j. L., AG.BGB. §§ 131—133, Schwarzburg-Rudolstadt, AG.BGB. Art. 186, 187) sind durch § 155 Abs. 1 AV.BGB. für Thüringen vom 16. Mai 1923 (GS. S. 287ff.) aufgehoben.

Hessen, AG.BGB. Art. 127, 128 (Becher VIII, 3 S. 54); s. Wolf, Hess. LPrR. § 198.

Hamburg, G. vom 18. Mai 1892 betr. das Armenwesen § 14 (GS. I S. 116).

Anhalt, AG.BGB. Art. 72 (Becher I, 1 S. 29): Recht der Armen- und Krankenhäuser an den in die Anstalt eingebrachten, zum persönlichen Gebrauch bestimmten Sachen).

Bremen, AG.BGB. § 62 (Becher V, 1 S. 15); G. vom 20. April 1900 betr. die städt. Armenpflege §§ 15, 16 (GBl. S. 191); G. vom 3. Okt. 1918 betr. die Erstattung von Armenunterstützung (GBl. S. 222; hebt das G. vom 18. Juli 1899 auf).

Lübeck, AG.BGB. §§ 142—147 (Becher X, 6 S. 62 f.).

4. Die öffentlich-rechtlichen Fürsorgeaufgaben einschließlich der Armenfürsorge sind nach der **VO. über die Fürsorgepflicht vom 13. Febr. 1924** (RGBl. I S. 100), geändert durch G. vom 8. Juni 1926 (RGBl. I S. 255), von den Fürsorgeverbänden zu erfüllen; diesen sind Rechte der in Art. 139 EG. vorgesehenen Art reichsrechtlich nicht eingeräumt.

5. Über die Ersatzansprüche des Staates, von Verbänden und Anstalten für gewährte Armenunterstützung s. Art. 103 EG. und §§ 22, 23 und 25 der VO. über die Fürsorgepflicht vom 13. Febr. 1924 (Bem. 4 zu Art. 103).

Art. **140**.*)

Unberührt bleiben die landesrechtlichen Vorschriften, nach welchen das Nachlaßgericht auch unter anderen als den im § 1960 Abs. 1 des Bürgerlichen Gesetzbuchs bezeichneten Voraussetzungen die Anfertigung eines Nachlaßverzeichnisses sowie bis zu dessen Vollendung die erforderlichen Sicherungsmaßregeln, insbesondere die Anlegung von Siegeln, von Amts wegen anordnen kann oder soll.

E. I, 88; II, 112; III, 139.

Fürsorge des Nachlaßgerichts.

1. Entstehung. Der Art. 140 erhielt seine nunmehrige Fassung in der II. Komm., stimmt im wesentlichen mit dem Art. 88 des I. Entw. überein und weicht von letzterem nur insofern ab, als die Worte des I. Entw., „unbeschadet der Vorschrift des § 2058 Abs. 2 BGB.", nachdem dieser § 2058 Abs. 2 in der II. Komm. gestrichen worden war, selbstverständlich fallen mußten, und als die beiden Schlußworte des Artikels: „oder soll" erst in der II. Komm. hinzugefügt wurden (Mot. z. EG. 230, P. VI, 452, 453, Reatz III, 71, Mat. 91, RTK. 440, d S. 14).

2. Inhalt: Nach § 1960 Abs. 1 BGB. hat das Nachlaßgericht Maßnahmen zur Sicherung des Nachlasses zu treffen,

a) wenn die Ausschlagungsfrist (BGB. § 1944) noch nicht abgelaufen ist und solange der Erbe die Annahme der Erbschaft noch nicht erklärt hat,

b) wenn der Erbe unbekannt ist und

c) wenn ungewiß ist, ob der Erbe die Erbschaft angenommen hat.

Recht und Pflicht zur Fürsorge besteht in den drei genannten Fällen nur, soweit ein Bedürfnis besteht (Bem. 3, a zu § 1960 in Bd. V). Die Sicherungsmaßregeln des Nachlaßgerichts können in der Anlegung von Siegeln, in der Hinterlegung von Geld, Wertpapieren und Kostbarkeiten, in der Aufnahme eines Nachlaßverzeichnisses und in der Aufstellung eines Nachlaßpflegers bestehen. Im übrigen kennt das BGB. eine Nachlaßbehandlung von Amts wegen nicht; eine Vermittlung der Auseinandersetzung des Nachlasses durch das Nachlaßgericht von Amts wegen kann nach Landesrecht in denjenigen Ländern erfolgen, welche von dem Vorbehalt des § 192 FGG. Gebrauch gemacht haben (s. Keidel, Komm. z. FGG. 3. Aufl. Bem. zu § 192).

Art. 140 gestattet der Landesgesetzgebung, zu bestimmen,

a) daß das Nachlaßgericht die **Aufnahme eines Nachlaßverzeichnisses** auch unter anderen Voraussetzungen als den in § 1960 Abs. 1 BGB. (oben a—c)

*) Carlsbach, Das Nachlaßverzeichnis gemäß Art. 140 EG. in DNotV. 1903 S. 10 ff., 33 ff.

bezeichneten von Amts wegen anordnen kann oder soll, z. B. wenn der Erbe oder einzelne Erben minderjährig sind;

β) daß dann, wenn die Aufnahme eines Nachlaßverzeichnisses angeordnet wird, auch die anderen erforderlichen Sicherungsmaßregeln, insbesondere die **Anlegung von Siegeln**, durch das Nachlaßgericht von Amts wegen angeordnet werden können oder sollen. Diese anderen Sicherungsmaßregeln dürfen aber nur bis zur Vollendung der Aufnahme des Nachlaßverzeichnisses dauern.

Beide Maßnahmen (unter α und β) können von der Landesgesetzgebung entweder in das Ermessen des Nachlaßgerichts gestellt oder demselben zur Amtspflicht gemacht werden („kann oder soll"). Siehe wegen der Aufnahme eines Nachlaßverzeichnisses und der Anlegung von Siegeln Bem. 3 zu § 1960 in Bd. V S. 132, 133.

Ein in der II. Komm. gestellter Antrag, die Worte „bis zu dessen Vollendung" zu streichen, wurde abgelehnt, weil dadurch die Vorschrift dieses Artikels ihre Bedeutung einer Maßnahme, die wesentlich im Interesse der Nachlaßgläubiger getroffen würde, verlieren und eine über das wirkliche Bedürfnis hinausgehende Befugnis schaffen würde.

Sicherungsmaßregeln nach Landesrecht sind auch dann zulässig, wenn ein Testamentsvollstrecker bestellt ist; dies wurde in der II. Komm. deshalb als sachgemäß befunden, „weil der Testamentsvollstrecker das von ihm errichtete Inventar dem Erben übergebe, während das gerichtliche Inventar für alle, die es angehe, errichtet werde" (P. VI, 452).

Die Anordnung einer Nachlaßpflegschaft ist der Landesgesetzgebung nicht erlaubt.

3. Veranlaßt ist der Vorbehalt des Art. 140 durch den Wunsch Württembergs nach möglichster Erhaltung seiner dermaligen Einrichtungen, für welche folgendes geltend gemacht wurde:

„Die württembergischen Einrichtungen, welche mit der Zuständigkeit der Gemeindebehörden in Sachen der nichtstreitigen Gerichtsbarkeit sowie mit der Gestaltung des Notariatsinstituts in Württemberg in Zusammenhang ständen, funktionierten zur vollsten Zufriedenheit aller Beteiligten und belästigten die letzteren nicht in dem Maße, wie es scheinen möchte, verursachten geringe Kosten, beseitigten die Meinungsverschiedenheiten der Beteiligten in einfacher und sicherer Weise und beugten Rechtsstreitigkeiten in ausreichendem Maße vor" (Mot. z. EG. 231).

4. Soweit es sich um die Notwendigkeit der Siegelung des Nachlasses von **Beamten** handelt (vgl. z. B. für Preußen Art. 20 FGG., für Bayern Art. 106 AG.BGB. und VO. vom 7. Dez. 1899 [GVBl. S. 1013]), trifft weder der § 1960 BGB. noch dieser Artikel zu, da es sich hierbei um eine Vorschrift des öffentlichen Rechtes handelt (s. auch Bem. 2, a zu § 1960 BGB. in Bd. V).

5. Landesgesetze: In Preußen hat AG.BGB. Art. 79 (Becher XIV, 1 S. 40) alle Vorschriften, nach welchen das Nachlaßgericht unter anderen als den im § 1960 Abs. 1 BGB. bezeichneten Voraussetzungen Sicherungsmaßregeln im Sinne des Art. 146 EG. treffen könnte, ausdrücklich außer Kraft gesetzt.

Ebenso sind in Bayern (einschließlich Coburg) durch Art. 1 AG.BGB. alle aus der Zeit vor 1818 stammenden Vorschriften der Art aufgehoben; Art. 105 AG. BGB., der die Mitwirkung der Gemeindebehörden bei der Sicherung eines Nachlasses regelt, stützt sich auf Art. 147 dieses Gesetzes; vgl. übrigens Art. 5 NachlG. vom 9. Aug. 1902 (GVBl. 463), seit 1. April 1922 auch in den vormals coburgischen Landesteilen gültig laut Bek. vom 30. Jan. 1922 lit. A, 1, 22 (GVBl. S. 153), dazu MinBek. vom 20. März 1903 (JMBl. 111).

Hessen, AG.BGB. Art. 129, AG.FGG. vom 18. Juli 1899 Art. 46, 47, 48 (Becher VIII, 4 S. 132).

Thüringen, AV.BGB. vom 16. März 1923 §§ 141, 142 (GS. S. 300) betr. Sicherungsmaßregeln durch Gemeindevorsteher, wenn der Erbe minderjährig, unbekannt oder abwesend ist oder unter Vormundschaft oder Pflegschaft steht oder zu stellen ist, ferner Nachlaßverzeichnis und andere Sicherungsmaßregeln des Nachlaßgerichts, wenn Personen am Nachlaß beteiligt sind, die unter Vormundschaft oder Pflegschaft stehen oder zu stellen sind; durch § 155 Abs. 1 der AV. vom 16. Mai 1923 sind die Vorschriften der AG.BGB. der jetzt zu Thüringen vereinigten Länder aufgehoben.

S. auch Bem. 2 zu § 1960 in Bd. V S. 128.

Art. 141.*)

Die Landesgesetze können bestimmen, daß für die Beurkundung von Rechtsgeschäften, die nach den Vorschriften des Bürgerlichen Gesetzbuchs gerichtlicher oder notarieller Beurkundung bedürfen, entweder nur die Gerichte oder nur die Notare zuständig sind.

E. I, 91 Abs. 3; II, 114; III, 141.

Beurkundungen nur durch Gericht oder nur durch Notar:

1. Entstehung und Begründung. Der gegenwärtige Artikel entspricht wörtlich dem II. und III. Entw. und weicht nur redaktionell von Art. 91 Abs. 3 des I. Entw. ab (Reatz III, 72). Schon im I. Entw. (M. I, 186 mit Mot. z. EG. 234 und Mat. 92) wurde daran festgehalten, daß das dem Gebiete der freiwilligen Rechtspflege angehörende Beurkundungswesen, soweit nicht besondere Vorschriften eingreifen, der Landesgesetzgebung verbleibt, und für landesgesetzliches Eingreifen nur da kein Raum ist, wo das BGB. die Abgabe einer Erklärung vor einer bestimmten Behörde vorschreibt, während da, wo das BGB. die Wahl läßt, ob gerichtliche oder notarielle Beurkundung erforderlich ist, der Landesgesetzgebung anheimgestellt sein soll, ob sie diese beiden Beurkundungsarten oder nur die eine von ihnen zulassen und im letzteren Falle die andere ausschließen will. In der II. Komm. war namentlich Zweifel, ob dieser Artikel nicht in das Gesetz über die freiwillige Gerichtsbarkeit gehöre, was schließlich verneint wurde. Es wurde dort zur Begründung dieses Artikels insbesondere hervorgehoben, daß es der Landesgesetzgebung im Interesse der Erhaltung eines selbständigen Notariats erwünscht sein könne, bestimmte Akte der freiwilligen Gerichtsbarkeit ausschließlich den Notaren zuzuweisen (P. V, 329, 330, VI, 454—457).

2. Inhalt.

A. Nach den Vorschriften des BGB. bedarf eine Anzahl von Rechtsgeschäften — einseitigen wie gegenseitigen — der gerichtlichen oder notariellen Beurkundung: s. §§ 81 Abs. 1, 126 Abs. 3, 311, 312 Abs. 2, 313, 518, 873 Abs. 2, 877, 880 Abs. 2, 1434, 1491 Abs. 2, 1492 Abs. 2, 1501 Abs. 2, 1516 Abs. 2, 1517 Abs. 1, 1730, 1748 Abs. 3, 2033 Abs. 1, 2282 Abs. 3, 2291 Abs. 2, 2296 Abs. 2, 2348, 2351, 2352, 2371. Der Vorbehalt dieses Artikels ermöglicht **der Landesgesetzgebung, das Wahlrecht zwischen gerichtlicher oder notarieller Beurkundung, wie es im BGB. vorausgesetzt wird, auszuschließen** und für die Beurkundung aller dieser Rechtsgeschäfte landesgesetzlich entweder die Gerichte oder die Notare ausschließlich für zuständig zu erklären. Siehe auch § 167 Abs. 1 FGG., wonach für die gerichtliche Beurkundung von Rechtsgeschäften die Amtsgerichte sachlich zuständig sind; hieran kann die Landesgesetzgebung, wenn und soweit sie es bei der Zuständigkeit der Gerichte beläßt, nichts ändern. Vgl. auch die Sondervorschriften der Art. 142, 143 über Beurkundungen im Rechtsverkehr mit unbeweglichen Sachen.

Der Vorbehalt des Art. 141 gilt auch für solche Rechtsgeschäfte, für die das BGB. neben der gerichtlichen oder notariellen Form noch eine andere Form zuläßt (z. B. § 81 Abs. 2, Einreichung eines Gesuchs betr. Genehmigung der Stiftung bei der zuständigen Behörde, § 126 Abs. 3, Schriftlichkeit, § 873 Abs. 2, Einigungserklärung vor dem Grundbuchamt; s. auch §§ 877, 880, 1154 Abs. 3; ebenso Planck Bem. 1, a. M. Oertmann, Bayer. Landesprivatrecht S. 132, Kisch, Elsaß-Lothringisches Landesprivatrecht S. 192).

Der Vorbehalt bezieht sich nur auf Rechtsgeschäfte, für welche das BGB. gerichtliche oder notarielle Form vorschreibt, nicht auf Rechtsgeschäfte, deren Form in anderen Reichsgesetzen geregelt ist und nur auf Beurkundungen im Rahmen der freiwilligen Gerichtsbarkeit, nicht auf prozessuale Rechtsgeschäfte, also namentlich nicht auf Prozeßvergleiche (RGZ. Bd. 48 S. 189; OLG. Hamburg, OLG. Bd. 2 S. 213).

---

*) Schrifttum: Stammler, Eine Aufgabe für die Ausführungsgesetze zum BGB., DJZ. 1897 S. 434; Bruck, Beiträge zur Lehre von der Testamentserrichtung nach dem BGB., ArchBürgR. Bd. 14 S. 219; Eck, über Art. 141 EG.BGB., DJZ. 1898 S. 16; Meisel DJZ. 1898 S. 42; Fuchs, Ist die öffentliche Beurkundung von Rechtsgeschäften durch Reichsgesetz den Gerichten übertragen? „Recht" 1906 S. 473; Frese, In welchen Fällen ist die öffentliche Beurkundung von Rechtsgeschäften durch Reichsgesetz den Gerichten übertragen? „Recht" 1906 S. 655.

Dagegen bezieht sich Art. 141 nicht

a) auf die nach § 126 Abs. 1, § 129 Abs. 1 Satz 2 erforderliche gerichtliche oder notarielle Beglaubigung eines Handzeichens (ebenso Planck Bem. 1, and. Ans. hinsichtlich § 126 Niedner Bem. 2); wegen sachlicher Zuständigkeit der Amtsgerichte s. § 167 Abs. 1 FGG.;

b) auf die öffentliche Beglaubigung einer Erklärung (§ 129 Abs. 1 Satz 1 BGB.); für diese sind nach § 167 Abs. 2 Satz 1 FGG. reichsrechtlich außer den Notaren die Amtsgerichte zuständig; nach § 191 Abs. 2 FGG. kann aber landesgesetzlich im Falle a und b die Zuständigkeit der Amtsgerichte ausgeschlossen werden;

c) auf eidesstattliche Versicherungen; s. z. B. § 2356 Abs. 2 BGB. (DNotV. 1908 S. 183).

Soweit für gewisse Rechtsgebiete ein allgemeiner Vorbehalt besteht (s. z. B. Art. 65, 67, 69 EG.), ist die Landesgesetzgebung auf Grund dieses allgemeinen Vorbehalts befugt, die sachliche Zuständigkeit für die Beurkundung von Rechtsgeschäften innerhalb der vorbehaltenen Rechtsgebiete zu regeln; Art. 141 findet hier nicht Anwendung.

B. Soweit in Landesgesetzen, welche vor dem Inkrafttreten des BGB. erlassen waren, die Beurkundung von Rechtsgeschäften allgemein nur den Gerichten oder nur den Notaren übertragen war, bleiben diese Vorschriften auf Grund des Vorbehalts des Art. 141 in Kraft; sie gelten, eben weil sie allgemein sind, auch für solche Rechtsgeschäfte, für welche das BGB. gerichtliche oder notarielle Beurkundung vorschreibt. Sofern dagegen für ein bestimmtes jetzt im BGB. geregeltes Rechtsgeschäft im bisherigen Rechte die notarielle oder gerichtliche Form ausschließlich zugelassen war, ist eine solche Formvorschrift mit den sachlich-rechtlichen Vorschriften des bisherigen Rechtes durch Art. 4, 55 für aufgehoben zu erachten. (Beispiel die bisherige gemeinrechtliche Vorschrift über gerichtliche Insinuation der Schenkung); ebenso Planck Bem. 2 zu Art. 141; KG. in DIZ. 1908 S. 308; and. Ans. Stammler DIZ. 1897 S. 434ff.

Zweifelhafter ist die Frage, ob nach Einführung des BGB. durch die Landesgesetzgebung gemäß Art. 141 nur allgemein bestimmt werden konnte, daß für alle Rechtsgeschäfte, die nach den Vorschriften des BGB. gerichtlicher oder notarieller Beurkundung bedürfen, entweder nur die Gerichte oder nur die Notare zuständig sind oder ob diese Ausschließlichkeit der Zuständigkeit in Gemäßheit des Art. 141 auch für ein einzelnes oder mehrere einzelne der im BGB. dem Formzwang unterworfenen Rechtsgeschäfte bestimmt werden darf. Der Umfang des Vorbehalts ist im letzteren Sinne zu bestimmen. „Die Landesgesetze können die Zuständigkeit der Gerichte oder die der Notare entweder für die Beurkundung von Rechtsgeschäften überhaupt oder nur für die Beurkundung einzelner Rechtsgeschäfte ausschließen" (Planck Bem. 2). Allerdings spricht gegen diese weite Auslegung scheinbar der Wortlaut und die für ältere Gesetze gemachte Einschränkung des Vorbehalts auf eine Regelung eines Gegenstandes der freiwilligen Gerichtsbarkeit im allgemeinen, auch das Bedenken, daß bei dieser Auslegung schließlich in einem einzelnen Lande gesetzlich für verschiedene Rechtsgeschäfte und sogar für verschiedene Amtsgerichtsbezirke die eine oder die andere Form eingeführt werde und somit ein dem Grundsatze des BGB. widersprechender buntscheckiger Partikularismus eingeführt werden könnte. Allein aus den Verhandlungen der Kommission für die 2. Lesung (P. VI S. 456) ergibt sich, daß die Bundesregierungen gegenüber den Anträgen, welche diesen Vorbehalt überhaupt beseitigen wollten, großen Wert darauf gelegt haben, daß durch die Formvorschriften des BGB. „in das Recht der Einzelstaaten, ihrerseits im einzelnen die öffentliche Beurkundung zu regeln, nicht eingegriffen werden soll".

C. Das Verfahren bei der Beurkundung von Rechtsgeschäften ist reichsrechtlich in den §§ 168—182 FGG. geregelt; wegen der Zulässigkeit landesgesetzlicher Ergänzungs- und Ausführungsvorschriften s. § 200 FGG. Vgl. über die von landesgesetzlichen Urkundspersonen zu beobachtende Form der Beurkundung auch RG. in JW. 1907 S. 508 Nr. 7.

D. Die landesgesetzliche Regelung der sachlichen Zuständigkeit zur Beurkundung von Rechtsgeschäften hat **nur Wirkung für innerhalb des betreffenden deutschen Landes vorgenommene Beurkundungen.** Unerheblich ist es, wenn sich der Gegenstand, auf den sich die Beurkundung bezieht, z. B. ein Grundstück, in einem anderen Lande befindet, in welchem die Zuständigkeit zur Beurkundung anders geregelt ist. Immer kommt es ausschließlich auf den Ort der Beurkundung für die Zuständigkeit zu derselben (Notar oder Gericht) an. Ein Land kann nicht der in einem anderen Lande vorgenommenen Beurkundung die Anerkennung als einer öffentlichen deshalb versagen, weil die Urkunde von einer im eigenen Lande sachlich nicht zuständigen Urkundsperson aufgenommen ist.

3. Das Landesrecht: Von dem Vorbehalt des Art. 141 ist nur in einzelnen Ländern Gebrauch gemacht. Grundsätzlich sind die Notare zuständig zu Beurkundungen von Rechtsgeschäften in Bayern, Baden, Bremen und Hamburg (früher auch Elsaß-Lothringen), nur die Gerichte sind zuständig in Oldenburg, Lippe, Waldeck und Schaumburg-Lippe.

Die einzelnen Landesgesetze:

Preußen: Art. 31 FGG. vom 21. Sept. 1899 (Becher XIV, 2 S. 69); es sind ausdrücklich für die Aufnahme von Urkunden der freiwilligen Gerichtsbarkeit die Amtsgerichte und die Notare für zuständig erklärt. Eine Ausnahme machte für das rheinische Rechtsgebiet das G. zur Linderung der Notlage der rheinischen Notare, nun über die Zuständigkeit der rh. N. vom 2. Jan. 1924 (GS. S. 5), abgeändert durch G. vom 13. Dez. 1926 (GS. S. 319) durch Ausschluß der Amtsgerichte von der Beurkundungsbefugnis; die Geltungsdauer des Gesetzes ist jetzt bis 31. Dez. 1929 vorgesehen; s. hiezu VO. vom 2. Jan. 1924 (GS. S. 6) und vom 21. Juli 1925 (GS. S. 94).

Bayern: Art. 15 Abs. 2 S. 2 AG.GVG. in der Fassung des Art. 167, I des AG.BGB. (Becher VII, 7 S. 82): „Die Amtsgerichte sind nicht zuständig für die Beurkundungen, die nach den Vorschriften der Reichsgesetze durch ein Gericht oder einen Notar zu bewirken sind." Dazu Art. 1 Abs. 1 NotG. (Becher III, 10 S. 142): „Die Notare sind zuständig ..., soweit nicht nach besonderen Vorschriften andere Beamte oder Behörden ausschließlich zuständig sind, einzelne Arten von Beurkundungen ... zu bewirken" (s. Oertmann, Bayer. LPrR. S. 132, Carlebach, Komm. z. FGG. Bem. VIII zu § 167 S. 419, zum Übergangsrecht Schneider BayZ. 1905 S. 7ff.). Das bayer. NotG. gilt in Coburg seit dem 1. Mai 1921.

Sachsen: § 37 Nr. 1 G. vom 15. Juni 1900 zur Ausf. einiger mit dem BGB. zusammenhängender Reichsgesetze erklärt Amtsgerichte und Notare für zuständig; s. über die Zuständigkeit der Gerichtsschreiber der Amtsgerichte §§ 38a und 38b desselben Gesetzes, hinzugefügt durch Art. I des G. vom 18. Okt. 1912 (GVBl. S. 471).

Württemberg: Art. 105 und 123 AG.BGB. (Becher XXVI, 1 S. 21, 24); daraus ergibt sich die Zuständigkeit der Amtsgerichte und der Notare; letztere sind in Art. 105 nicht für ausschließlich zuständig erklärt (Geib in WürttZ. Bd. 46 S. 134, Carlebach, Komm. z. FGG. Bem. VIII zu § 167 S. 421; unrichtig Fischer-Henle Bem. 4). Die Vorschriften der Art. 94—124 AG.BGB. sind geändert durch G. vom 19. März 1924.

Baden: § 23 LandesG. über die freiw. Gerichtsbarkeit vom 13. Okt. 1925 (GVBl. S. 287ff.); nach Abs. 3 sind grundsätzlich die Notare zuständig.

Thüringen: § 2 Nr. 1, § 4 AV.FGG. vom 21. Aug. 1923 (GS. S. 599ff.); die Notare sind neben den Amtsgerichten zuständig; s. auch §§ 59ff. AV.BGB. (GS. S. 292). Die Vorschriften gelten für alle thüringischen Länder; die Vorschriften der bisherigen Ausführungsgesetze derselben sind aufgehoben (§ 111 AG.FGG., § 151 Abs. 1 AV.BGB.).

Hessen: Art. 1, 2, 74ff. AV.FGG., Art. 10 NotG. (Becher VIII, 4 S. 124f. und 1 S. 2); Gerichte und Notare zuständig.

Hamburg: §§ 8, 9 FGG. vom 29. Dez. 1899; Notare ausschließlich zuständig, Ausnahme § 9 Abs. 3.

Mecklenburg-Schwerin: Aus §§ 1, 3, 75ff. AV.FGG. (Becher XI, 6 S. 108, 122) ergibt sich Zuständigkeit der Gerichte und Notare, ebenso für Mecklenburg-Strelitz aus §§ 1, 3, 70ff. AV.FGG. (Becher XII, 6 S. 95, 108).

Oldenburg: §§ 15ff. AG.FGG.; Notariate sind nicht errichtet.

Braunschweig: §§ 1, 25ff. AG.FGG. in der Fassung der G. vom 8. April 1919 (GVS. S. 133) und 21. Juni 1923 (GVS. S. 232); Gerichte und Notare zuständig.

Anhalt: §§ 30ff. AG.FGG. (Becher I, 4 S. 36); Gerichte und Notare zuständig.

Bremen: § 6 AG.BGB. (Becher V, 1 S. 2); regelmäßig nur Notare zuständig; Ausnahmen Abs. 2 des § 6.

Lippe: § 14 AG.BGB. (Becher IX, 1 S. 3); nur Gerichte zuständig.

Lübeck: § 16 AG.BGB., §§ 24 ff. AG.FGG. (Becher X, 5 S. 35, X, 6 S. 43); Gerichte und Notare zuständig.

Schaumburg-Lippe: AG.FGG. § 27 (Becher XXII, 7 S. 47); nur Gerichte zuständig.

Art. 142.

Unberührt bleiben die landesgesetzlichen Vorschriften, welche in Ansehung der in dem Gebiete des Bundesstaats liegenden Grundstücke bestimmen, daß für die Beurkundung des im § 313 des Bürgerlichen Gesetzbuchs bezeichneten Vertrags sowie für die nach § 873 Abs. 2 des Bürgerlichen Gesetzbuchs zur Bindung der Beteiligten erforderliche Beurkundung der Erklärungen außer den Gerichten und Notaren auch andere Behörden und Beamte zuständig sind.

E. II, 115; III, 142.

Grundstücksverkehr; Zuständigkeit für die Beurkundung der Verträge über Grundstücksveräußerungen und Grundstücksbelastungen oder der Übertragung oder Belastung eines Rechts an einem Grundstücke:

1. Entstehung. Dieser Artikel wurde erst in der II. Komm. vorgeschlagen und zwar anfänglich als Art. 57a (vgl. P. I, 458—462, VI, 416, 417, 424, 425, 650, Mat. 93, Reatz III, 72).

2. Inhalt. Der Vorbehalt des Art. 142 betrifft:

a) die Veräußerungsverträge über Immobilien, das sind die Verträge, durch die sich der eine Teil verpflichtet, das Eigentum an einem Grundstücke zu übertragen (schuldrechtliches Grundgeschäft, Kausalgeschäft); diese bedürfen zu ihrer Wirksamkeit — unbeschadet der Möglichkeit der Heilung der Nichtigkeit durch Auflassung und Eintragung in das Grundbuch — der gerichtlichen oder notariellen Beurkundung; § 313 BGB.; Art. 142 bezieht sich aber nur auf die Zuständigkeit zur Beurkundung des schuldrechtlichen Veräußerungsvertrages und erstreckt sich nicht auf die Beurkundung selbständiger Nebengeschäfte, wie Vollmachtserteilungen, Vormerkungen u. dgl. (KGJ. Bd. 29 A S. 135, OLG. Bd. 6 S. 41); auch auf Schenkungen von Grundstücken bezieht sich Art. 142 nicht, bei solchen ist die Form des § 518 BGB. zu wahren (KG. in DJZ. 1908 S. 308; Müller in PrVerwBl. Bd. 36 S. 222);

b) die Erklärungen der Beteiligten, welche die Einigung über die dingliche Übertragung des Eigentums an einem Grundstücke, über die Belastung eines Grundstücks mit einem Rechte oder über die Übertragung oder Belastung eines solchen Rechtes zum Gegenstande haben; diese Einigung (dingliches Erfüllungsgeschäft) bedarf an sich keiner Form, sie ist aber vor der Eintragung der Rechtsänderung in das Grundbuch für den Beteiligten nur bindend, wenn die Erklärungen gerichtlich oder notariell oder vor dem Grundbuchamt abgegeben oder bei diesem eingereicht sind; § 873 Abs. 2 BGB.; eine Ausnahme gilt nur für die Auflassung (§ 925 BGB.), für diese gilt die Vorschrift des § 873 Abs. 2 nicht (s. Bem. B, II, 6 zu § 925 in Bd. III, 1. Teil dieses Komm.).

In beiden Fällen kann auf Grund des Art. 141 landesgesetzlich die Zuständigkeit entweder des Gerichts oder des Notars zur Beurkundung ausgeschlossen werden. Dagegen gibt **Art. 142** der Landesgesetzgebung die Befugnis, zur Beurkundung des schuldrechtlichen Veräußerungsvertrags und der Erklärungen nach § 873 Abs. 2 BGB. **außer den Gerichten** und **Notaren** und (in den Fällen des § 873) den **Grundbuchämtern noch andere Behörden und Beamte** für zuständig zu erklären.

Diese Erweiterung der Zuständigkeit unterliegt jedoch einer **Schranke:** sie kann nur für Verträge und Erklärungen begründet werden, die sich auf ein innerhalb des betreffenden deutschen Landes (früher Bundesstaats) liegendes Grundstück beziehen.

Der Grund der Vorschrift dieses Artikels liegt in der Rücksichtnahme auf jene Teile Deutschlands, in welchen die Zerstückelung des Grundbesitzes weit vorgeschritten ist. Die Landesgesetzgebung soll den Parteien die Möglichkeit eröffnen können, Verträge über kleine und geringwertige Parzellen ohne erheblichen Aufwand von Kosten und Zeit abzuschließen, indem z. B. auch Gemeindebeamte zur Beurkundung solcher Verträge für zuständig erklärt werden, da diese mit den einschlägigen Verhältnissen vertraut und besondere juristische Kenntnisse für die in Frage stehenden Beurkundungen nicht erforderlich seien (vgl. P. VI, 416, 424, 650, Mat. 93).

Wenn die Landesgesetzgebung von dem Vorbehalte des Art. 142 Gebrauch macht, so kann sie auch Vorschriften über die Form der Beurkundung treffen, und zwar nicht nur Sollvorschriften, sondern auch wesentliche Formvorschriften (Mußvorschriften), deren Verletzung Nichtigkeit der Beurkundung nach sich zieht. Die Vorschrift des § 313 Satz 2 BGB., daß der ohne Beobachtung der Formvorschrift abgeschlossene schuldrechtliche Vertrag durch Auflassung und Eintragung geheilt wird, gilt auch gegenüber solchen landesgesetzlichen Formvorschriften.

In einer Reihe von Landesgesetzen wird für den Fall, daß einer der Beteiligten von einer öffentlichen Behörde vertreten ist, ein Beamter der betreffenden Behörde, der allgemein oder von Fall zu Fall zu bestimmen ist, zur Beurkundung für zuständig erklärt; es kann dann aber der die Behörde beim Vertragsabschluß vertretende Beamte nicht selbst die Beurkundung vornehmen, es muß vielmehr ein anderer Beamter der Behörde als Urkundsbeamter bestimmt sein oder werden (s. preuß. MinErl. vom 25. Sept. 1901, DNotV. 1903 S. 76ff.).

3. Landesgesetze:

Preußen: Art. 12 §§ 2—4 AG.BGB. (Becher XIV, 1 S. 6; s. hiezu RG. in JW. 1921 S. 525), Art. 122 Abs. 1 Satz 2 FGG. vom 21. Sept. 1899 (Becher XIV, 2 S. 84, 85). Wenn bei einem schuldrechtlichen Veräußerungsgeschäft über ein in Preußen liegendes Grundstück einer der Vertragschließenden durch eine öffentliche Behörde vertreten ist (Reich, Land, Provinz, Kreis, Landgemeinde, Stadt), so ist außer den Gerichten und Notaren für die Beurkundung des Vertrags auch der Beamte zuständig, welcher von dem Vorstande der zur Vertretung berufenen Behörde oder der vorgesetzten Behörde dazu besonders bestellt ist; nicht vorgeschrieben ist, daß der Beamte ein für allemal besonders bestimmt sein muß; der Bürgermeister einer Stadt kann sich selbst als Urkundsperson bestellen (RGZ. Bd. 53 S. 150, 153; Bd. 72 S. 412). Wer nach Art. 12 § 2 AG.BGB. als Urkundsbeamter bestellt ist, wird von der Beurkundung nicht dadurch ausgeschlossen, daß sein Vertreter im öffentlichen Amt dabei beteiligt ist (RGZ. Bd. 113 S. 271; s. auch Josef in WürttNotV. 1926 S. 231). In dem vormaligen Herzogtum Nassau sind an Orten, die nicht Sitz eines Amtsgerichts sind, auch die Bürgermeister zuständig, Kauf- und Tauschverträge über Grundstücke ihres Amtsbezirks zu beurkunden, wenn der Kaufpreis oder der Wert der eingetauschten Gegenstände nicht mehr als 500 Mark beträgt; wegen Zuständigkeit der Ortsgerichte s. Art. 122 Abs. 1 Satz 2 FGG. Darüber, daß sich Art. 12 § 2 AG. BGB. nicht auf Schenkungen bezieht, s. oben Bem. 2, a. S. ferner § 26 EnteignG. vom 11. Juni 1874 (GS. S. 221); § 8 G. vom 28. Juli 1902 betr. Umlegung von Grundstücken in Frankfurt a. M. (GS. S. 273).

Bayern: Art. 26 AG.ZPO. und KO. in der Fassung der Bek. vom 26. Juni 1899 (GVBl. S. 406ff.), Zuständigkeit der Distriktsverwaltungsbehörden zur Protokollierung der gütlichen Einigung über die Abtretung im Zwangsabtretungsverfahren.

Art. 10 AG.BGB. für Sachsen-Coburg-Gotha ist für die mit Bayern vereinigten coburgischen Landesteile aufgehoben, Bek. vom 30. Jan. 1922 (Bay. GVBl. S. 153).

Sachsen: § 38a G. zur Ausf. einiger mit dem BGB. zusammenhängender Reichsgesetze vom 15. Juni 1900 nach Art. I G. vom 18. Okt. 1912 (GVBl. S. 471, Jäger-Apelt S. 374), Zuständigkeit der Gerichtsschreiber der Amtsgerichte; § 45 G. vom 15. Juni 1900 in der Fassung des Art. I G. vom 18. Okt. 1912 (GVBl. S. 471; Jäger-Apelt S. 375) für Veräußerungsverträge über ein in Sachsen liegendes Grundstück, wenn einer der Beteiligten durch eine öffentliche Behörde vertreten ist; § 20 Abs. 1 AG.BGB. (Becher XVII, 1 S. 4, Jäger-Apelt S. 283) für Enteignung und verwandte Fälle; § 82 EnteignungsG. vom 24. Juni 1902 (GVBl. S. 153, Becher XVII, 20 S. 257, Jäger-Apelt S. 259) für rechtsgeschäftliche Vereinbarungen im Zusammenhang mit einem Enteignungsverfahren; § 3 Abs. 2 G. über das staatliche Kohlenbergbaurecht vom 14. Juni 1918 (GVBl. S. 153, Jäger-Apelt S. 234) für Verträge, durch die der Staat das Recht, Kohle aufzusuchen und zu gewinnen, auf einen anderen überträgt; VO. vom 29. März 1921 (GB. S. 96) für Verträge, durch die sich ein Teil verpflichtet, das Eigentum an einem Grundstück zur Schaffung neuer Ansiedelungen oder zur Hebung bestehender Kleinbetriebe zu übertragen.

Württemberg: Art. 33, 35, 36 AG.BGB. in der Fassung des G. vom 13. Aug. 1907 (RegBl. S. 296) Zuständigkeit der Grundbuchbeamten, Ratsschreiber und deren Stellvertreter; JMErlaß vom 22. Okt. 1907 (JMABl. S. 163ff.).

Baden: § 3 Abs. 2, § 6 Abs. 3 Nr. 1, § 36 AG.GBO. in der Fassung der Bek. vom 13. Okt. 1925 (GVBl. S. 296 f.) Zuständigkeit der Grundbuchbeamten, Ratsschreiber; §§ 100, 101 Abs. 4 RPolO. vom 1. März 1907 (Becher II, 36 S. 261 f.) Zuständigkeit der Bürgermeister bei Grundstücksversteigerungen; § 34 EnteignG. in der Fassung vom 24. Dez. 1908 (GVBl. S. 703) Abtretungsamt, Bezirksamt.

In **Thüringen** gelten nunmehr für sämtliche thüringischen Gebietsteile die Vorschriften der AV.BGB. vom 21. Mai 1923 §§ 59 ff. (GS. S. 293): Zuständig sind — unbeschadet der Sondervorschriften über die Zuständigkeit der Berg-, Enteignungs-, Ablösungs- und Zusammenlegungsbehörden — alle deutschen Amtsgerichte oder Notare und die Geschäftsstellen bei den thüringischen Amtsgerichten, diese jedoch nur für die Grundstücke ihres Amtsgerichtsbezirks (§ 60); wenn eine öffentliche Behörde einen der Vertragschließenden oder der Erklärenden vertritt, auch der Beamte, den das Justizministerium auf Vorschlag der Behörde bestimmt (§ 63). Die Vorschriften der einzelnen thüringischen Länder sind durch § 155 Abs. 1 der AV. aufgehoben.

Hessen: Art. 270 AG.BGB. (Becher VIII, 3 S. 85); in den Provinzen Starkenburg und Oberhessen bis zur Anlegung des Grundbuchs die Ortsgerichte unter Ausschluß der Notare, Art. 31 G. vom 16. März 1899 (RegBl. S. 65, Becher VIII, 2 S. 20); Dienstanweisung vom 27. Juni 1906 (RegBl. S. 212) mit Bek. vom 5. Jan. 1907 (RegBl. S. 23); für Grundstücksversteigerungen der Ortsgerichtsvorsteher; im Enteignungsverfahren die Lokalkommission: Art. 38 EnteignungsG. vom 26. Juli 1884 in der Fassung des Art. 279 AG.BGB. (Becher VIII, 3 S. 101 ff.); Art. 129 Abs. 3 BachG. in der Fassung der Bek. vom 30. Sept. 1899 (RegBl. S. 795).

Hamburg: § 11 FGG. vom 29. Dez. 1899 (GS. I S. 238; Becher VII, 11 S. 67) beim Vertrag nach § 313 BGB., bei welchem ein Teil durch eine öffentliche Behörde vertreten ist, die dazu berufene oder bestimmte Behörde.

Mecklenburg-Schwerin: Zuständig sind innerhalb ihres Geschäftskreises die Vormundschafts- und Nachlaßbehörden (mit Ausnahme der Gutsherrn), Domanialämter, Haushaltsbehörden, Klosterämter, Magistrate, Ansiedelungskommission und Grundbuchbeamte, letztere nicht für Beurkundung des dinglichen Vertrages, §§ 36, 84 AV.BGB., (RegBl. Nr. 13, Becher XI, 2 S. 9, 18), § 35 AV.FGG. vom 9. April 1899 (RegBl. Nr. 13, Becher XI, 6 S. 116); VO. vom 28. März 1908 zur Erläuterung der AV.BGB. (RegBl. Nr. 12); vgl. Buchka, Meckl. LPrR. § 49, II.

Oldenburg: § 2 AG.BGB. in der Fassung des G. vom 18. Mai 1908 (GBl. Bd. 36 S. 965, Becher XIII, 42 S. 190) und des G. vom 4. Okt. 1925 (GBl. Bd. 44 S. 349); s. hiezu OldenbZ. Bd. 41 S. 351; Bd. 42 S. 134; Bek. vom 2. Mai 1927 zur Ausf. des § 2 (GBl. S. 147); G. vom 14. März 1912 (GBl. Bd. 38 S. 105) MinBek. vom 5. April 1918 (GBl. S. 92), G. vom 22. Mai 1920 (GBl. Bd. 40 S. 842), neben Gericht oder Notar öffentliche Behörde bei Vertretung eines Vertragschließenden durch eine solche; § 6 AG.FGG. (Becher XIII, 17 S. 90) bei Versteigerungen Gerichtsschreiber; für Birkenfeld § 4 AG.BGB. (Becher XIII, 7 S. 33); für Landesteil Lübeck § 2 AG.BGB. in der Fassung des G. vom 18. Mai 1908.

Braunschweig: G. vom 11. Nov. 1925 zur Ausführung des § 313 BGB. (GVS. S. 272).

Anhalt: Art. 13 a AG.BGB. in der Fassung des G. vom 20. Dez. 1919 (GS. S. 238).

Bremen: G. vom 14. Mai 1919 zur Änderung des G. vom 20. Dez. 1899 (GBl. S. 135).

Lippe: § 14 Abs. 3 AG.BGB. (Becher IX, 1 S. 3) Katasterbeamter bei offenbar geringfügigen Grenzveränderungen.

Mecklenburg-Strelitz: §§ 35, 82 AV.BGB. (Becher XII, 1 S. 7, 15) wie Mecklenburg-Schwerin.

Waldeck: Art. 9 AG.BGB. (Becher XXV, 1 S. 6).

Art. 143.*)

Unberührt bleiben die landesgesetzlichen Vorschriften, welche in Ansehung der in dem Gebiete des Bundesstaats liegenden Grundstücke bestimmen, daß die Einigung der Parteien in den Fällen der §§ 925, 1015 des Bürgerlichen Gesetz-

*) Oberneck, Einführung der notariellen Auflassung für diejenigen Rechtsgebiete Deutschlands, in denen sie noch nicht besteht, DNotV. 1908 S. 5.

buchs außer vor dem Grundbuchamt auch vor Gericht, vor einem Notar, vor einer anderen Behörde oder vor einem anderen Beamten erklärt werden kann.

Unberührt bleiben die landesgesetzlichen Vorschriften, nach welchen es bei der Auflassung eines Grundstücks der gleichzeitigen Anwesenheit beider Teile nicht bedarf, wenn das Grundstück durch ein Gericht oder einen Notar versteigert worden ist und die Auflassung noch in dem Versteigerungstermine stattfindet.

E. II, 116 u. 100; III, 143.

Auflassung vor anderen Behörden, als dem Grundbuchamt:

1. Entstehung. Dieser Artikel ist erst in der II. Komm. aufgestellt und vom Bundesrate redaktionell geändert worden (P. III, 173—178, VI, 425, 426, 650, Reatz III, 73, Mat. 93).

2. Inhalt.

A. Nach § 925 BGB. muß die zur Übertragung des Eigentums an einem Grundstücke nach § 873 BGB. erforderliche Einigung des Veräußerers und des Erwerbers (Auflassung) bei gleichzeitiger Anwesenheit beider Teile vor dem Grundbuchamt erklärt werden.

Von beiden Erfordernissen gestattet Art. 143 der Landesgesetzgebung Ausnahmen zu machen, jedoch nur in Ansehung von Grundstücken, die im Gebiete des betreffenden deutschen Landes liegen.

a) **Abs. 1:** Die Landesgesetzgebung kann die Zuständigkeit des Grundbuchamts nicht ausschließen, aber sie kann bestimmen, daß die Auflassungserklärungen außer vor dem Grundbuchamt auch erklärt werden können:

α) **Vor Gericht;** die Landesgesetzgebung kann das sachlich zuständige Gericht näher bestimmen. Soferne schlechthin das Gericht für zuständig erklärt wird, sind darunter grundsätzlich die Gerichte als Organe der freiwilligen Gerichtsbarkeit zu verstehen. Deshalb kann die Auflassung in einem Prozeßvergleich selbst dann nicht erklärt werden, wenn landesgesetzlich das Gericht zur Entgegennahme für zuständig erklärt ist (ebenso Josef in GruchotsBeitr. Bd. 53 S. 790 ff., BadRpr. 1913 S. 214 und ElsLothNotZ. 1918 S. 129; Henle im „Recht" 1912 S. 76, Turnau-Förster, LiegenschR. Bd. 1 S. 442, Dronke ZZP. Bd. 30 S. 56, RGRK. Bem. 12 zu § 925, Seuffert ZPO. Bem. 2, e zu § 794, BayObLG. Bd. 4 S. 235, Bd. 9 S. 53, SeuffBl. Bd. 70 S. 439; and. M., teilweise wenigstens für den Fall, daß landesgesetzlich die Gerichte für zuständig erklärt sind, Kretzschmar im „Recht" 1911 S. 695, Lehmann, Prozeßvergleich, FischersZ. Bd. 22 S. 203 ff., Güthe-Triebel, GBO. Anm. 34 zu § 20, Fuchs-Arnheim, GBR. Bd. 2 S. 292, Wolf, Sachenrecht § 61 Anm. 5, Planck Bem. 3 zu Art. 143, Stein-Jonas Note 48 zu § 794 ZPO., OLG. Dresden RJA. Bd. 11 S. 235, OLG. Rostock RJA. Bd. 14 S. 319 = SeuffA. Bd. 71 S. 18).

β) **Vor einem Notar;** die Notare können für zuständig erklärt werden, gleichviel ob ihnen in dem Lande Behörden- oder Beamteneigenschaft zukommt oder nicht.

γ) Vor einer **anderen Behörde** oder einem anderen Beamten; auch Verwaltungsbehörden und Verwaltungsbeamte können hienach für zuständig erklärt werden; von dem Vorbehalt ist insoweit namentlich für die Auflassung im Falle der Zwangsenteignung Gebrauch gemacht (s. z. B. sächs. AG.BGB. § 20).

Die Landesgesetzgebung hat die Wahl, welche dieser Organe sie für zuständig erklären will. Sie kann auch bestimmen, daß ein Beteiligter die Abgabe der Auflassungserklärung vor dem Grundbuchamt verlangen kann; fehlt es an einer solchen Bestimmung und einigen sich die Beteiligten nicht darüber, ob die Auflassung vor dem Grundbuchamt oder dem landesgesetzlich zuständigen Organ zu erklären ist, so ist jedenfalls ein Zwang zur Erklärung vor diesem Organ ausgeschlossen, da ein solcher Zwang entgegen der Vorschrift des Gesetzes mittelbar als Folge der landesgesetzlichen Regelung zum Abschluß des Grundbuchamts führen würde (ebenso Planck Bem. 1).

Einzelne Länder bestimmen, daß die Auflassung nicht bloß vor ihren eigenen Behörden, sondern vor jedem deutschen Amtsgericht und deutschen Notar erklärt werden könne (Sachsen, Preußen, Anhalt). Eine solche Vorschrift ist zulässig, sie vermag aber die Zuständigkeit des Amtsgerichts oder Notars eines anderen Landes nicht zu begründen und verpflichtet das Amtsgericht oder den Notar eines anderen Landes nicht zur Entgegennahme der Auflassungserklärung in bezug auf ein nicht im Lande seines Amtssitzes gelegenen Grundstücks. Eine solche Vorschrift kann nur die Bedeutung haben, daß das Land eine vor dem Amtsgericht oder Notar eines anderen Landes erfolgte Auflassung in bezug auf Grundstücke des eigenen Landes auch trotz des Mangels der Zuständigkeit des betreffenden Amtsgerichts oder Notars nach den Gesetzen seines Landes als wirksam anerkennt. Da Art. 143 nur Zuständigkeitsbestimmungen in bezug auf im eigenen Lande liegende Grundstücke zuläßt, kann nämlich kein Land seine Amtsgerichte oder Notare zur Mitwirkung bei der Auflassung von Grundstücken anderer Länder ermächtigen (s. hiezu Mat. z. preuß. AG.BGB. S. 95 f., Crusen-Müller, preuß. AG.BGB. Bem. II, A, 1 zu Art. 26, Kloß-Müller, SächsLPrR. § 63, II, Planck Bem. 5 zu Art. 143).

b) **Abs. 2:** Von dem in § 925 BGB. aufgestellten Erfordernisse der gleichzeitigen Anwesenheit beider Teile kann die Landesgesetzgebung eine Ausnahme machen nur für den Fall der Versteigerung eines Grundstücks und zwar unter der doppelten Voraussetzung, daß

α) die Versteigerung vor Gericht oder einem Notar erfolgt, also nicht, wenn landesgesetzlich ein anderes Organ zuständig wäre, **und**

β) beide Teile die Auflassungserklärung noch im Versteigerungstermin abgeben.

Es kann also landesgesetzlich zugelassen werden, daß bei einer durch ein Gericht oder einen Notar durchgeführten Versteigerung derjenige, der Meistbietender geblieben ist und die Umschreibung des Grundstücks auf sich beantragt hat, sich vor Beendigung des Versteigerungstermins entfernt und der Versteigerer dann erst (aber noch während des Versteigerungstermins) den Zuschlag erteilt und die Umschreibung auf den Ansteigerer beantragt. Die Ausnahmebestimmung des Abs. 2 soll es ermöglichen, daß sich bei einer Versteigerung mehrerer Grundstücke in einem Versteigerungstermin diejenigen, welche hinsichtlich der zuerst ausgebotenen Grundstücke Meistbietende geblieben sind, vor Beendigung des Versteigerungstermins entfernen können, an dessen weiterem Verlauf sie kein Interesse mehr haben.

Der Vorbehalt des Abs. 2 beschränkt sich auf den Fall der Versteigerung; in allen übrigen Fällen, in denen die Landesgesetzgebung nach Abs. 1 eine erweiterte Zuständigkeit schaffen kann, ist dagegen die Entbindung von der gleichzeitigen Anwesenheit der Beteiligten bei der Auflassung ausgeschlossen.

B. Nach § 1015 BGB. mußte auch die zur Bestellung des Erbbaurechts erforderliche Einigung des Eigentümers und des Erwerbers bei gleichzeitiger Anwesenheit beider Teile vor dem Grundbuchamt erklärt werden; zur Bestellung des Erbbaurechts und nach § 1017 BGB. auch zur Übertragung (Bem. II, a, α zu § 1017 in Bd. III) war also die Auflassungsform erforderlich.

Seit dem — mit dem 22. Januar 1919 erfolgten — Inkrafttreten der VO. des Reichsarbeitsamts über das Erbbaurecht vom 15. Januar 1919 (RGBl. 1919 S. 72) ist die Form für die Begründung des Erbbaurechts nicht mehr die der Veräußerung von Grundstücken, sondern, entsprechend der Rechtsnatur des Erbbaurechts als eines besonderen Benutzungsrechts eines fremden Grundstücks, die der Belastung von Grundstücken. Auch die Übertragung eines bestehenden Erbbaurechts auf einen anderen erfolgt nicht mehr nach den für die Übertragung von Grundstückseigentum geltenden Rechtsgrundsätzen, sondern nach den Vorschriften über die Übertragung von Grundstücksbelastungen. Es genügt also gemäß § 873 BGB. die Einigung des Eigentümers und des Erwerbers (bzw. bei der Übertragung des bisherigen Berechtigten und des neuen Erwerbers) sowie die Eintragung der Rechtsänderung in das Grundbuch. Die gleichzeitige Anwesenheit beider Teile vor dem Grundbuchamt ist nicht mehr erforderlich, die Anwendung des § 925 BGB. — dessen Vorschrift bisher in § 1015 BGB. übernommen war — ist in § 11 Abs. 1 Satz 1 der ErbbauVO. ausdrücklich ausgeschlossen.

Hienach ist **Art. 143 Abs. 1 für** die Begründung und Übertragung des **Erbbaurechts** nunmehr **gegenstandslos,** ebenso die auf Grund der Vorschrift erlassenen Landesgesetze.

3. Landesgesetze.

A. Zu Abs. 1: Zuständigkeit zur Entgegennahme der Auflassung.

Preußen: Art. 26 § 1 AG.BGB. (Becher IV, 1 S. 14) bestimmt für Grundstücke, die im bisherigen Geltungsbereiche des Rheinischen Rechts belegen sind, daß die Auflassung auch vor einem preußischen Amtsgericht oder preußischen Notar erklärt werden kann; im Verordnungswege kann bestimmt werden, daß auch die Amtsgerichte oder die Notare anderer Länder zuständig sind (hiezu VO. vom 27. Dez. 1905 [GS. 1906 S. 1] wegen Zuständigkeit der Amtsgerichte des oldenburgischen Landesteils Birkenfeld); jeder Teil kann aber verlangen, daß die Auflassung vor dem Grundbuchamt erfolgt. Durch G. vom 13. Mai 1918 (GS. S. 51) waren die Vorschriften des Art. 26 AG.BGB. für die Kriegszeit auf ganz Preußen ausgedehnt. VO. vom 29. Okt. 1928 über die Auflassung in Preußen belegener Grundstücke vor Amtsgerichten und Notaren anderer Länder (GS. S. 205).

Bayern: Nach Art. 81 AG.BGB. (Becher III, 7 S. 45) sind auch die bayerischen Notare zur Entgegennahme der Auflassung zuständig; die Vorschrift gilt auch für die vormals coburgischen Landesteile laut Bek. vom 27. April 1921 (GVBl. S. 307). Nach Art. 26 AG.ZPO. in der Fassung des Art. IV des G. vom 9. Mai 1918 (GVBl. S. 291) kann im Einigungsverfahren bei gütlicher Einigung über die Abtretung die Auflassung vor der Distriktsverwaltungsbehörde erklärt werden.

Sachsen: § 13 AG.BGB. in der Fassung des Art. II G. vom 18. Okt. 1912 (GVBl. S. 471, Jäger-Apelt S. 283), zuständig auch jedes deutsche Amtsgericht und jeder deutsche Notar und jeder Gerichtsschreiber eines sächsischen Amtsgerichts, der hiezu bestellt ist; s. wegen des Gerichtsschreibers auch § 38, a Abs. 2 G. vom 15. Juni 1900 zur Ausf. einiger mit dem BGB. zusammenhängender Reichsgesetze nach Art. I des G. vom 18. Okt. 1912 (GVBl. S. 471, Jäger-Apelt S. 374); § 45 Satz 2 des G. vom 15. Juni 1900 in der Fassung des Art. I des G. vom 18. Okt. 1912 (Jäger-Apelt S. 375) für die Fälle, in denen einer der Beteiligten durch eine öffentliche Behörde vertreten ist; § 20 Abs. 2 AG.BGB. (Becher XIII, 1 S. 4, Jäger-Apelt S. 283) und § 82 Abs. 2 EnteignG. vom 24. Juni 1902 (GVBl. S. 153, Becher XIII, 20 S. 257, Jäger-Apelt S. 260) für Enteignung und verwandte Fälle, rechtsgeschäftliche Vereinbarungen im Zusammenhange mit einer Enteignung. Hiezu Kloß-Müller, sächs. LPrR. 3. Aufl. § 63.

Württemberg: Art. 34, 35, 38 AG.BGB. in der Fassung des G. vom 13. Aug. 1907 (GVBl. S. 296), zuständig Ratsschreiber und deren Vertreter, bei Eigentumsübertragung in Zusammenhang mit der Auseinandersetzung in Ansehung eines Nachlasses oder des Gesamtguts einer ehelichen oder fortgesetzten Gütergemeinschaft das Nachlaßgericht; s. auch JMErl. vom 22. Okt. 1907.

Baden: § 3 Abs. 2, § 6 Abs. 3 Nr. 2, 16, § 36 AG.GBO. in der Fassung der Bek. vom 13. Okt. 1925 (GVBl. S. 296 f.), Zuständigkeit der Grundbuchbeamten, Ratsschreiber, Notare; §§ 100, 101 Abs. 5 RPolO. vom 1. März 1907 (Becher II, 36 S. 261 f.), Zuständigkeit der Bürgermeister bei Grundstücksversteigerungen.

In **Thüringen** nunmehr für alle thüringischen Gebietsteile §§ 59, 61, 64 AV. BGB. vom 16. Mai 1923 (GS. S. 292 f.), Auflassung kann auch vor jedem deutschen ordentlichen Gericht oder Notar oder dem dazu ermächtigten Beamten des thüringischen Amtsgerichts, bei dem das Recht im Grundbuch eingetragen ist, erklärt werden; jeder Beteiligte kann aber verlangen, daß die Auflassung vor dem Grundbuchamt erfolgt. Die Vorschriften der einzelnen jetzt thüringischen Länder sind durch § 155 Abs. 1 AV.BGB. aufgehoben.

Hessen: Art. 10 Abs. 2 Nr. 3 NotG. vom 15. März 1899 (Becher VIII, 1 S. 2); Art. 270 AG.BGB. (Becher VIII, 3 S. 85); Art. 9 AG.GBO. (Becher VIII, 8 S. 165); § 30 Abs. 2 EnteignG. vom 26. Juli 1884 (Becher VIII, 25 S. 257).

Mecklenburg-Schwerin: § 104 AV.BGB. (Becher XI, 2 S. 25) und gleichlautend für Mecklenburg-Strelitz § 102 AV.BGB. (Becher XII, 1 S. 22), zuständig auch die mecklenburgischen Amtsgerichte, Flurbehörden, Ansiedelungskommissionen, Vormundschafts- und Nachlaßbehörden und Notare, soferne nicht ein Beteiligter Auflassung vor dem Grundbuchamt verlangt.

Oldenburg, Landesteil **Birkenfeld:** AG.BGB. § 38 (Becher XIII, 7 S. 37) wie Preußen.

Anhalt: Art. 13 a AG.BGB. in der Fassung des G. vom 20. Dez. 1919 (GS. S. 238; Art. 3 G. vom 23. März 1911 (GS. Bd. 20 S. 567).

Bremen: § 17 AG.BGB. (Becher V, 1 S. 5), zuständig auch bremische Notare.

B. Zu Abs. 2: Preußen Art. 26 § 2 AG.BGB. (Becher XIV, 1 S. 14); Bayern Art. 82 AG.BGB. (Becher III, 7 S. 45); für Coburg giltig nach Bek. vom 27. April 1921 (GVBl. S. 307); Baden § 16 Abs. 2 AG.GVO. in der Fassung der Bek. vom 13. Okt. 1925 (GVBl. S. 298); s. auch § 101 Abs. 6 RPolO. vom 1. März 1907 (Becher II, 36 S. 262); Hessen Art. 91 AG.BGB.. (Becher VIII, 3 S. 47); Oldenburg, Landesteil Birkenfeld § 39 AG.BGB. (Becher XII, 7 S. 37); Bremen § 18 AG.BGB. (Becher V, 1 S. 5).

Art. 144.*)

Unberührt bleiben die landesgesetzlichen Vorschriften über die sachliche und örtliche Zuständigkeit der Hinterlegungsstellen. Die Landesgesetze können bestimmen, daß die Anlegung von Mündelgeld nach § 1808 des Bürgerlichen Gesetzbuchs bei den Hinterlegungsstellen des Bundesstaats nicht stattfindet.

E. (BGB I, 280 Abs 1); II, 117; III, 144.

Hinterlegungsstellen:

1. Entstehung. Der Art. 144 entspricht dem Abs. 1 von § 280 des I. Entw. BGB. mit dem Abmaße, daß in der II. Komm. der Vorbehalt auf die sachliche Zuständigkeit ausdehnt, der Satz 2 neu eingefügt und redaktionelle Änderungen vorgenommen wurden (M. II, 92, 97, P. I, 359—361, VI, 461—463, 618, Reatz III, 74, Mat. 87 a S. 94.

2. Inhalt. Nach dem BGB. ist die **Hinterlegung von Geld, Wertpapieren und sonstigen Urkunden sowie von Kostbarkeiten,** welche sich zur Hinterlegung eignen, bei einer öffentlichen Hinterlegungsstelle, bald zum Zwecke der Erfüllung einer Verbindlichkeit, bald als Sicherungsmittel, bald auf Anordnung eines Gerichts, bald auf Verlangen des Gläubigers, bald nach dem Willen des Schuldners vorgesehen (vgl. BGB. §§ 52, 232 ff., 268, 372 ff., 422, 432, 489, 660, 1077, 1082, 1142, 1171, 1217, 1219, 1224, 1281, 1392, 1667, 1716, 1808 ff., 1814, 1818, 1853, 1960, 2039, 2114, 2116). Nach Landesrecht kann auf Grund des Art. 146 EG. auch die Hinterlegung anderer beweglicher Sachen zugelassen werden. Verschieden von der Hinterlegung bei einer öffentlichen Hinterlegungsstelle ist die Verwahrung und die Hinterlegung bei einem Dritten (BGB. §§ 688 ff., 690, 691).

Über die Einrichtung der Hinterlegungsstellen sind reichsgesetzliche Bestimmungen nicht getroffen. Das BGB. und andere Reichsgesetze, z. B. ZPO. § 987, setzen voraus, daß landesgesetzlich angeordnete Hinterlegungsstellen in den einzelnen Ländern vorhanden sind. Wenn das BGB. von einer Hinterlegungsstelle spricht (BGB. §§ 233, 380, 1808, 1814, 2116, ZPO. § 987), so hat es eine für die Hinterlegung (landesgesetzlich) bestimmte öffentliche Stelle (BGB. § 372) im Auge (M. I, 389), welche ein Gericht oder eine andere Behörde oder eine besondere Anstalt sein kann.

In bezug auf die Hinterlegungsstellen der Länder bestimmt **Art. 144:**

a) Die Landesgesetzgebung kann die sachliche **Zuständigkeit der Hinterlegungsstellen** regeln (Satz 1). Sie hat also diejenige öffentliche Stelle zu bestimmen, bei der eine nach dem Gesetz zulässige oder vorgeschriebene Hinterlegung erfolgen kann; sie kann dazu ein Gericht oder eine andere bestehende Behörde bestimmen oder besondere Hinterlegungsstellen bestellen. Es ist ihr auch unbenommen, für verschiedene zur Hinterlegung geeignete Gegenstände verschiedene Hinterlegungsstellen zu bestimmen (M. II, 104, P. a. a. O.).

b) Die Landesgesetzgebung kann auch Vorschriften über die **örtliche Zuständigkeit der Hinterlegungsstellen** erlassen, also den Wirkungskreis der mehreren Hinterlegungsstellen örtlich abgrenzen. Der Landesgesetzgebung ist also zu entnehmen,

---

*) Schrifttum: Dernburg, Bürgerl. R. II, §§ 121 ff.; Hellwig, Verträge auf Leistung an Dritte S. 442 ff.; Müller in IheringsJ. Bd. 41 S. 411; Mühsam in Rechts- und Staatswissenschaftl. Studien 1900 Heft 7; Beer, Die Hinterlegung 1900; Kopf, Das Hinterlegungsverhältnis; das Rechtsverhältnis zwischen der öffentl. Hinterlegungsstelle und den an der Hinterlegung Beteiligten; Oertmann, Bayer. Landesprivatrecht § 45; Kloß, Sächs. Landesprivatrecht (3. Aufl.) § 40; v. Buchka, Mecklenb. Landesprivatrecht § 16; Kisch, Elsaß-Lothr. Landesprivatrecht § 45; Hagenauer, Hinterlegung als Erfüllungssurrogat nach BGB. und C. c. Jena 1901; Löning, Die Neuordnung des Hinterlegungswesens in Preußen, PrVerwBl. 1913 S. 613; Umhauer, Das badische Hinterlegungsrecht nach dem G. vom 7. Mai 1910.

welches die Hinterlegungsstelle des Leistungsorts i. S. des § 374 Abs. 1 Halbs. 1 BGB. ist, bei welcher grundsätzlich die Hinterlegung zum Zwecke der Erfüllung zu erfolgen hat. Aus § 374 Abs. 1 Halbsatz 2 BGB. ergibt sich aber, daß auch die Hinterlegung bei einer anderen Hinterlegungsstelle als derjenigen des Leistungsorts die rechtlichen Wirkungen der Hinterlegung (s. z. B. §§ 378, 379 BGB.) hervorruft und daß dem Schuldner aus der Wahl einer an sich örtlich nicht zuständigen Hinterlegungsstelle nur eine Schadensersatzpflicht erwächst, so z. B. die Pflicht zum Ersatz der Mehrkosten der Erhebung (vgl. Bem. 2 zu § 374 in Bd. II). Die Landesgesetzgebung kann deshalb zwar bestimmen, daß die Hinterlegung nur bei der örtlichen zuständigen Hinterlegungsstelle erfolgen könne, aber nicht daß nur diese wirksam sei (M. II, 97 f.).

c) Nach § 1808 kann die **Anlegung von Mündelgeld** an sich auch **bei einer Hinterlegungsstelle** erfolgen. Da aber die Anlegung von Mündelgeld zweckmäßig auch bei anderen Stellen (Reichsbank, Staatsbank usw.) geschehen kann und die Hinterlegungsstellen nicht auf die Annahme verzinslicher Depots eingerichtet sein müssen, ermächtigt Art. 144 **Satz 2** die Landesgesetzgebung, die Anlegung von Mündelgeld bei Hinterlegungsstellen **auszuschließen.**

3. Landesgesetze: Die die Hinterlegungsstellen bestimmenden und die Hinterlegung regelnden (s. Art. 145) Vorschriften der Landesgesetze sind folgende:

Preußen: Hinterlegungsordnung vom 21. April 1913 (GS. S. 225), trat mit dem 1. April 1914 (Kgl. VO. vom 2. Febr. 1914, GS. S. 9) in Kraft und an die Stelle der HinterlegungsO. vom 14. März 1879; geändert durch G. vom 8. Juli 1920 (GS. S. 385), vom 9. Juni 1923 (GS. S. 277) und vom 4. Jan. 1924 (GS. S. 19); Übergangsbestimmungen zur HinterlO. vom 5. Febr. 1914 (JMBl. S. 145); Ausführungsvorschriften zur HinterlO. vom 5. Febr. 1914 (JMBl. S. 115), 18. April und 8. Juni 1915 (JMBl. S. 75, 113), 17. März 1916 (JMBl. S. 64), 19. Febr. 1921 (JMBl. S. 45), 7. Okt. 1922 (MBl. S. 419); 26. Aug. 1926 (JMBl. S. 335).

VO. vom 18. Dez. 1923 über anderweite Festsetzung der Geldwerte und Gebühren in Hinterlegungssachen (GS. S. 561); AG.BGB. Art. 85 in der Fassung des G. vom 2. März 1918 (GS. S. 17).

Bayern: AG.GVG. Art. 76 in der Fassung des Art. 167 XXII AG.BGB. (Becher III, 7 S. 85); Hinterlegungsordnung vom 18. Dez. 1899 (GVBl. S. 1033, Becher III, 11 S. 166 ff.), geändert durch VO. vom 29. Aug. 1923 (GVBl. S. 308); VO. die Erhebung von Hinterlegungsgebühren betr. vom 25. Dez. 1899 (GVBl. S. 1235) in der Fassung der VO. vom 15. Mai 1921 (GVBl. S. 322); Bek. über den Vollzug der HinterlO. vom 13. Jan. 1922 (JMBl. S. 21); VO. über die Erhebung von Hinterlegungsgebühren vom 29. Mai 1925 (GVBl. S. 155); Bek. vom 31. März 1927 zum Vollzug des § 8 Abs. 2 HO. (GVBl. S. 112).

Über die Geltung der Vorschriften über Hinterlegungswesen in den vormals coburgischen Landesteilen s. Bek. vom 26. März 1921 (GVBl. S. 235) § 1 Nr. I, 6 und Bek. vom 11. Febr. 1922 (GVBl. S. 159, JMBl. S. 22).

Sachsen: AG.BGB. § 4 (Becher XVII, 1, 2); G. zur Ausf. einiger mit dem BGB. zusammenhängender Reichsgesetze vom 15. Juni 1900 §§ 102—118 a in der Fassung des G. vom 18. Dez. 1912 (GVBl. S. 471), vom 28. Juli 1920 (GVBl. S. 276) und des G. vom 28. Juli 1923 (GVBl. S. 237; Jäger-Apelt S. 384 ff.); VO. zur Ausf. der G. über freiw. Gerichtsbark. und des Hinterlegungswesens vom 16. Juni 1900 §§ 63—70 (Becher XVII, 11 S. 147; Jäger-Apelt S. 399); VO. über die Bestellung der Sächs. Staatsbank zur Hinterlegungsstelle vom 18. Juli 1922 (GBl. S. 405); VO. über die Verzinsung gerichtlich hinterlegter Geldbeträge vom 11. Sept. 1923 (GBl. S. 443) in der Fassung der VO. vom 28. Okt. 1924 (GBl. S. 560).

Siehe hiezu Kloß-Müller, Sächs. LPrR. 3. Aufl. § 40.

Württemberg: AG.BGB. §§ 143—171 (Becher XXVI, 1 S. 29); VO. vom 1. Dez. 1899 (RegBl. S. 1032), JMBek. vom 23. Okt. 1905 (RegBl. S. 270), VO. vom 10. März 1913 (RegBl. S. 27); jetzt MinVerf. vom 24. Febr. 1920 betr. das Hinterlegungswesen (JMBl. S. 39), welche die älteren Verfügungen des gleichen Betreffs aufhebt, mehrfach geändert; JMVerf. vom 19. März 1923 (JMBl. S. 80).

Baden: HinterlegungsG. vom 7. Mai 1910 (GVBl. S. 199, 452); VO. vom 11. Okt. 1910 (GVBl. S. 559); MinVO. vom 12. Okt. 1910 (GVBl. S. 560), beide aufgehoben durch VO. vom 29. Dez. 1923 (GVBl. S. 402); G. vom 14. Juni 1923 (GVBl. S. 143); G. vom 30. Juli 1925 (GVBl. S. 185) Art. VI.

Thüringen: AV.BGB. vom 16. Mai 1923 § 28 (GS. S. 289); Hinterlegungsordnung vom 16. Dez. 1924 (GS. S. 435 ff.); AusfVO. hiezu vom 16. Dez. 1924 (GS. S. 439 f.). Die Vorschriften der einzelnen thüringischen Staaten sind beseitigt; s. § 155 Abs. 1 der VO. vom 16. Mai 1923.

Hessen: AG.BGB. Art. 33, 34 (Becher VIII, 3 S. 35); Hinterlegungsordnung vom 19. Aug. 1899 (Becher VIII, 13 S. 192 ff.), ergänzt durch VO. vom 7. Jan. 1903 (RegBl. S. 7); s. Wolf, Hess. LPrR. § 34.

Hamburg: Hinterlegungsordnung vom 14. Juli 1899 (Amtsblatt S. 390; Becher VII, 6 S. 42 ff.); Bek. vom 20. April 1910 betr. Änderung des § 2 der HinterlO. (GS. I Nr. 19, Becher VII, 31 S. 124); G. vom 16. April 1923 zur Änderung der HinterlO. (GS. S. 323).

Mecklenburg-Schwerin: Hinterlegungsordnung vom 9. April 1899 (OffAnz. Nr. 19 S. 297, Becher XI, 11 S. 148 ff.); VO. vom 13. Mai 1918 zur Änderung des § 48 der HinterlO. (RegBl. S. 697); G. vom 2. Juli 1923 zur Änderung der HinterlO. (RegBl. S. 477); G. vom 11. Febr. 1923 (RegBl. S. 97); Bek. vom 20. Febr. 1924 (RegBl. S. 107); s. auch Buchka, Medl. LPrR. § 16.

Oldenburg: AG.BGB. und HGB. §§ 38—42 (Becher XIII, 3, S. 14), abgeändert durch G. vom 1. Jan. 1917 (GBl. S. 577); und G. vom 8. Dez. 1923 zur Änderung des AG.BGB. (GBl. S. 896); HinterlegungsO. vom 1. Dez. 1899 (GBl. Bd. 32, S. 656 ff.; Bek. vom 18. Dez. 1924 (GBl. S. 689); MinBek. vom 8. Jan. 1917 zur Änderung der HinterlO. (GBl. Bd. 39 S. 579 ff.). Für Birkenfeld AG. BGB. §§ 81—85 (Becher XIII, 7 S. 44); für Lübeck AG.BGB. §§ 35—39 (Becher XIII, 11 S. 67).

Braunschweig: G. vom 12. Juni 1899 über das Hinterlegungswesen (GVS. S. 409; Becher IV, 5 S. 51 ff.).

Anhalt: AG.BGB. Art. 15—26 (GS. 1899, Nr. 1038; Becher I, 3 S. 12).

Bremen: Hinterlegungsordnung vom 18. Juli 1899 (GBl. S. 125; Becher V, 4 S. 57 ff.).

Lippe: AG.BGB. § 18 (Becher IX, 1 S. 4).

Lübeck: Hinterlegungsordnung vom 20. März 1899 (LV. Bd. 66 S. 120; Becher X, 3 S. 24 ff.) mit Nachtrag vom 3. Okt. 1923 (GVBl. S. 384).

Mecklenburg-Strelitz: Hinterlegungsordnung vom 9. April 1899 (Becher XII, 10 S. 137 ff.); G. vom 7. April 1920 zur Änderung der HinterlO. (Amtl. Anz. S. 331); siehe auch Buchka, meckl. LPrR. § 16.

Waldeck: AG.BGB. Art. 46 in der Fassung des G. vom 30. Juni 1919 (RegBl. S. 197); G. über das Hinterlegungswesen vom 19. Juni 1915 (RegBl. S. 47); VO. vom 8. Aug. 1916 (RegBl. S. 330).

Schaumburg-Lippe: Hinterlegungsordnung vom 20. Juni 1899 (Becher XXII, 2 S. 3 ff.).

Hinterlegungsstellen sind in den meisten Ländern die Amtsgerichte, daneben teilweise noch andere Gerichte oder Behörden; s. z. B. Preußen §§ 1—3 der Allg. Verf. vom 5. Febr. 1914, Bayern AG.GVG. Art. 67 Abs. 3, HinterlO. § 46 (Staatsbank), Sachsen VO. vom 18. Juli 1922 (Staatsbank), vereinzelt andere Behörden.

Von dem **Vorbehalt des Satz 2** haben die meisten Länder Gebrauch gemacht; s. Preußen AG.BGB. Art. 76 Abs. 2; Bayern AG.GVG. Art. 76 Abs. 4 in der Fassung des Art. 167, XXII AG.BGB.; Sachsen G. die Anlegung von Mündelgeld betr. vom 22. Dez. 1899 § 2 Abs. 2 (Becher XVII, 9 S. 108, Jäger-Apelt S. 299); Württemberg AG.BGB. Art. 146 Abs. 2; Baden G. vom 7. Mai 1910 § 1; Thüringen AV.BGB. vom 16. Mai 1923 § 28 Abs. 3; Hessen VO. vom 19. Aug. 1899 § 3; Hamburg HinterlO. vom 14. Juli 1899 § 1; Mecklenburg-Schwerin AV.BGB. § 232 Abs. 2 (Becher XI, 2 S. 49); Mecklenburg-Strelitz AV.BGB. § 230 Abs. 2 (Becher XII, 1 S. 45); Oldenburg AG.BGB. und HGB. § 39; für Birkenfeld AG.BGB. § 82; für den Landesteil Lübeck AG.BGB. § 36; Anhalt AG.BGB. § 24; Waldeck AG.BGB. Art. 39 Abs. 2 (Becher XXV, 1 S. 17); Schaumburg-Lippe, AG.BGB. § 47 Abs. 2 (Becher XXII, 9 S. 70).

Art. 145.*)

Die Landesgesetze können über die Hinterlegung nähere Bestimmungen treffen, insbesondere den Nachweis der Empfangsberechtigung regeln und vorschreiben, daß die hinterlegten Gelder und Wertpapiere gegen die Verpflichtung zur Rückerstattung in das Eigentum des Fiskus oder der als Hinterlegungsstelle bestimmten Anstalt übergehen, daß der Verkauf der hinterlegten Sachen von Amts wegen angeordnet werden kann, sowie daß der Anspruch auf Rückerstattung mit dem Ablauf einer gewissen Zeit oder unter sonstigen Voraussetzungen zugunsten des Fiskus oder der Hinterlegungsanstalt erlischt. In den Fällen des § 382, des § 1171 Abs. 3 und des § 1269 Satz 3 des Bürgerlichen Gesetzbuchs muß dem Hinterleger die Rücknahme des hinterlegten Betrags mindestens während eines Jahres von dem Zeitpunkt an gestattet werden, mit welchem das Recht des Gläubigers auf den hinterlegten Betrag erlischt.

Von einer gerichtlichen Anordnung kann die Hinterlegung nicht abhängig gemacht werden.

E. (BGB. I. 280³, 273³); II, 118; III, 145.

Bestimmungen der Landesgesetze über die Hinterlegung:

1. Entstehung. Abs. 1 des Art. 145 entspricht dem Art. 280 Abs. 3 des I. Entw. BGB. mit dem Abmaße, daß in der II. Komm. die letzte Kopulative des letzteren („daß die Wirkungen der Hinterlegung schon mit dem Zeitpunkte der Absendung an die Hinterlegungsstelle eintreten"), welche in den § 375 BGB. übergegangen ist, hier gestrichen, der zweite Satz neu eingefügt und einige unwesentliche redaktionelle Änderungen vorgenommen wurden.

Abs. 2 ersetzt den § 273 Abs. 3 des I. Entw. z. BGB., welcher lautete: „Eine vorgängige gerichtliche Anordnung der Hinterlegung ist nicht erforderlich" (M. II, 104, 97, I, 390, P. I, 359—361, VI, 461—463, 618, Reatz III, 75, Mat. 87a S. 94 ff., RTK. 440, d S. 12).

2. Inhalt. Nach den Art. 145, 146 können die Landesgesetze das Hinterlegungswesen regeln; sie dürfen sich aber dabei nicht mit Vorschriften des BGB. in Widerspruch setzen (OLG. München, BayZ. 1926, 288).

A. Art. 145 **Abs. 1** erteilt der Landesgesetzgebung die allgemeine Ermächtigung, **nähere Bestimmungen über die Hinterlegung** zu treffen. Für das Verhältnis des Hinterlegenden zur Hinterlegungsstelle sind grundsätzlich die Vorschriften der §§ 688 ff. BGB. über den Verwahrungsvertrag maßgebend. Die Landesgesetzgebung kann die Vorschriften ergänzen. Folgende Befugnisse der Landesgesetzgebung, die vielleicht zweifelhaft sein könnten, hebt Art. 145 Abs. 1 besonders hervor:

a) Die Landesgesetzgebung kann den **Nachweis der Empfangsberechtigung** gegenüber der Hinterlegungsstelle regeln. Wer empfangsberechtigt ist, und welches die sachlichen Voraussetzungen der Erhebungsberechtigung sind, ergibt sich je nach Zweck und Grund der Hinterlegung aus den reichsrechtlichen Vorschriften, namentlich des BGB.; für die Hinterlegung zum Zwecke der Erfüllung einer Verbindlichkeit s. §§ 372, 273, 376, 378 BGB. Im Einzelfall kann die Erhebungsberechtigung zweifelhaft sein, so wenn die Hinterlegung wegen Ungewißheit über die Person des Gläubigers nach § 372 Satz 2 BGB. erfolgte. Die Landesgesetzgebung kann aber ganz allgemein die formalen Voraussetzungen der Empfangsberechtigung bestimmen, so insbesondere zum Nachweis der Empfangsberechtigung des Gläubigers eine diese Berechtigung anerkennende Erklärung des Schuldners als erforderlich oder genügend bezeichnen; der Gläubiger kann dann nach § 380 BGB. von dem Schuldner die Abgabe der Erklärung unter denselben Voraussetzungen, unter denen er die Leistung zu fordern berechtigt sein würde, wenn die Hinterlegung nicht erfolgt wäre, verlangen und zwar Abgabe in der etwa landesgesetz-

*) Schrifttum: Vgl. *-Note zu Art. 144; Neumiller, Streitfragen aus dem bayerischen Hinterlegungsrechte in BayZ. 1905 S. 14, 91, 116, 357.

lich notwendigen Form (s. z. B. § 14 Abs. 1 Nr. 2 der preuß., § 23 der bayer. HinterlO.).

b) Sie kann bestimmen, daß die hinterlegten Gelder und Wertpapiere gegen die Verpflichtung zur Rückerstattung **in das Eigentum** des Fiskus oder **der** als **Hinterlegungsstelle** bestimmten Anstalt, z. B. einer Bank, **übergehen**; in diesem Falle sind auch Anordnungen darüber veranlaßt und zulässig, welche Geldsorten, Banknoten und Wertpapiere angenommen werden dürfen (M. I, 390).

Es finden alsdann die §§ 700, 233 BGB. Anwendung; doch ist bei Wertpapieren die in § 700 Abs. 2 vorgeschriebene ausdrückliche Erklärung nicht erforderlich, wenn die Hinterlegung in dieser Art auf Grund landesgesetzlicher Bestimmung erfolgt. An Stelle des sonst dem Hinterlegenden nach § 376 BGB. zustehenden Anspruchs auf Rückgabe der hinterlegten Sachen tritt bei diesem darlehensartigen Verwahrungsvertrag (depositum irregulare) nach § 700 BGB. der Anspruch auf Rückgabe von Sachen gleicher Art, Güte und Menge, auf den die Vorschriften über das Darlehen (§§ 607 ff.) Anwendung finden. Anwendbar bleibt jedoch entsprechend BGB. § 377 (Unpfändbarkeit des Anspruchs). An die Stelle des dem Gläubiger nach § 233 BGB. an den hinterlegten Geldern und Wertpapieren zustehenden Pfandrechts tritt ein Pfandrecht des Hinterlegers an dem Rückerstattungsanspruch.

Die Verzinslichkeit hinterlegter Gelder richtet sich ebenfalls nach Landesrecht (OLG. Dresden, SeuffA. Bd. 59 Nr. 79 = ZBlFG. Bd. 5 S. 31).

c) Sie kann zulassen, daß der **Verkauf der hinterlegten Sachen** von Amts wegen angeordnet wird und die Voraussetzungen hiefür regeln. An die Stelle der hinterlegten Sache ist dann der Erlös weiter zu hinterlegen (vgl. § 382 BGB.).

d) Sie kann endlich bestimmen, daß der **Anspruch auf Rückerstattung**, der an sich der Verjährung nach den allgemeinen Vorschriften des BGB. unterliegen würde, erlischt

α) mit dem Ablauf einer bestimmten Zeit oder auch

β) unter sonstigen näher geregelten Voraussetzungen, so z. B., wenn eine zur Hinterlegung ungeeignet gewordene Sache trotz Aufforderung zur Empfangnahme oder Zurücknahme nicht erhoben wird (über die Bedeutung des Anspruchs auf Rückerstattung s. LG. Lüneburg in JW. 1925 S. 1046).

Im Falle der Hinterlegung zur Erfüllung einer Verbindlichkeit (§ 372 BGB.) erlischt nach § 382 BGB. das Recht des Gläubigers auf den hinterlegten Betrag mit dem Ablauf von dreißig Jahren nach dem Empfange der in § 374 Abs. 2 BGB. vorgeschriebenen Anzeige von der Hinterlegung, wenn sich der Gläubiger nicht vorher bei der Hinterlegungsstelle meldet; dann ist der Schuldner zur Rücknahme berechtigt, auch wenn er auf das Recht zur Rücknahme verzichtet hatte; über die Folgen der Unterlassung der Anzeige von der Hinterlegung s. die Bem. zu § 382 in Bd. II, 1. Den Weiterungen, die sich aus der Unterlassung der Anzeige von der Hinterlegung infolge der Ungewißheit über die Fortdauer des Erhebungsrechts des Gläubigers ergeben könnten, ist in einzelnen Ländern dadurch begegnet, daß von dem hinterlegenden Schuldner der Nachweis der Anzeige von der Hinterlegung verlangt und, wenn der Nachweis nicht binnen bestimmter Zeit erfolgt, die Hinterlegungsstelle zu der Anzeige an Stelle des Schuldners und in seinem Namen ermächtigt wird (vgl. § 11 der preuß., § 22 der bayer. HinterlO.). Eine solche Bestimmung unterliegt keinem rechtlichen Bedenken, da die Anzeige für den Schuldner und auf Grund einer unterstellten Vollmacht desselben erfolgt (ähnlich Planck, Bem. 5).

Die Befugnis zur Regelung des Erlöschens des Rückerstattungsanspruchs unterliegt nach Art. 145 Abs. 1 **Satz 2** einer Beschränkung in Fällen der Hinterlegung zur Erfüllung. Es erlischt nämlich das Recht des Gläubigers auf den hinterlegten Betrag nicht bloß in dem eben besprochenen Falle des § 382 BGB., sondern weiter mit dem Ablaufe von dreißig Jahren nach der Erlassung des Ausschlußurteils im Aufgebotsverfahren zum Ausschluß des unbekannten Hypothekengläubigers und des Pfandgläubigers (§ 1173 Abs. 3, § 1269 Satz 3 BGB.). In diesen drei Fällen fällt das Recht zur Rücknahme des hinterlegten Betrages an den Schuldner zurück, auch wenn er auf Rücknahme verzichtet hatte. Die Landesgesetzgebung muß dem Gläubiger für die Rücknahme eine Frist von mindestens einem Jahre, von dem Zeitpunkte an, mit dem das Recht des Gläubigers erlischt, einräumen. Daraus ergibt sich zugleich, daß die Landesgesetzgebung auch die Fristen der §§ 382, 1171 und 1269 BGB. nicht abkürzen kann.

B. Beschränkt ist die Landesgesetzgebung weiter nach **Abs. 2** dadurch, daß sie die Hinterlegung **von einer gerichtlichen Anordnung nicht abhängig** machen darf. Die Hinterlegungsstelle hat also, ohne daß sie ein gerichtliches Annahmemandat fordern darf, selbständig zu prüfen, ob die Voraussetzungen für die Annahme des zu hinterlegenden Geldbetrags oder sonstigen Gegenstandes nach den Behauptungen des Hinterlegenden gegeben sind. Ein gerichtliches Vorverfahren darüber, ob die Hinterlegung berechtigt ist, darf nicht stattfinden. Wohl aber darf landesgesetzlich die Glaubhaftmachung der Behauptungen, welche für die Berechtigung zur Hinterlegung aufgestellt werden, gefordert werden. Die Vorschrift des Abs. 2 gilt für alle Fälle einer Hinterlegung, nicht bloß für diejenigen des § 372 BGB., nämlich zur Erfüllung einer Verbindlichkeit. Aus der allgemeinen Ermächtigung des Abs. 1 ergibt sich, daß landesgesetzlich die Hinausgabe des Depositums von einem gerichtlichen Ausgabemandat abhängig gemacht werden darf.

C. Ein in der RTK. gestellter Antrag, diejenigen Vorschriften aufzuheben, welche (wie die preuß. Hinterlegungsordnung) den Rechtsweg für die Ansprüche gegen die Hinterlegungsstelle ausschließen oder beschränken, wurde wieder zurückgezogen, weil die preußische Bestimmung dem nur unter großen Schwierigkeiten bei Erlassung des GVG. im Jahre 1877 in § 13 desselben zustande gekommenen staatsrechtlichen Kompromiß zwischen Reichsgesetzgebung und Landesgesetzgebung entspreche, in welches einzugreifen sich nicht empfehle, und weil möglicherweise die preußischen Gerichte künftighin auf Grund des BGB. den Rechtsweg ohnehin für zulässig erklären (RTK. 440, d S. 14ff.). Siehe jetzt § 3 der neuen preuß. HinterlO. vom 21. April 1913, wonach Beschwerden gegen die Entscheidungen der Hinterlegungsstellen im Aufsichtswege erledigt werden. Der ordentliche Rechtsweg ist in Preußen jedenfalls ausgeschlossen, soweit die Hinterlegungsstellen in Ausübung von Hoheitsrechten handeln (Pr. KompKonflGH., DJZ. 1903 S. 655). Zulässig ist aber der Rechtsweg, soweit die Herausgabe mit Einwendungen aus dem bürgerlich-rechtlichen Rechtsverhältnisse, z. B. wegen Verjährung des Herausgabeanspruchs, abgelehnt wird (Erythropel-Jonas, HinterlO. Bem. 8 zu § 3); s. auch §§ 20, 22 Abs. 3, 23 der HinterlO.; in § 45 das. ist ausdrücklich ausgesprochen, daß die Verantwortlichkeit des Staates für Amtspflichtverletzungen der Beamten der Hinterlegungsstelle unberührt bleibt. S. auch bayer. HinterlO. §§ 49, 55 Abs. 2 über die Verfolgung des Herausgabeanspruchs, der Rechtsweg ist ausgeschlossen (BayObLGZ. Bd. 7 S. 558 = „Recht" 1907 S. 56 Nr. 21).

3. Wegen der **landesgesetzlichen Vorschriften** s. Bem. 3 zu § 144.

4. Wegen der strittigen **Aufwertungspflicht** des Fiskus für hinterlegte Sicherheiten s. Bem. V, 2 zu § 242, S. 78 in Bd. II, 1 dieses Komm.; RGRK. Bem. 1 zu § 372.

Art. 146.

Ist durch Landesgesetz bestimmt, daß die Hinterlegungsstellen auch andere Sachen als Geld, Wertpapiere und sonstige Urkunden sowie Kostbarkeiten anzunehmen haben, so finden auf Schuldverhältnisse, die auf Leistung derartiger Sachen gerichtet sind, die Vorschriften der §§ 372—382 des Bürgerlichen Gesetzbuchs Anwendung.

E. (BGB. I, 280²); II, 119; III, 146.

Hinterlegung anderer Sachen, als Geld usw.

1. Entstehung. Art. 146 erhielt seine jetzige Fassung in der II. Komm. durch entsprechende Änderung des Art. 280 Abs. 2 des I. Entw. des BGB., welcher lautete: „Die Landesgesetze können bestimmen, daß die Hinterlegungsstellen auch noch andere Sachen als Geld und Wertpapiere anzunehmen haben, und daß auf die Schuldverhältnisse, bei welchen der Leistungsgegenstand in solchen anderen Sachen besteht, die Vorschriften des § 272 Anwendung finden". Der Grund dieser Änderung liegt hauptsächlich darin, daß in § 372 BGB., welcher dem § 272 E. I entspricht, abweichend von letzterem schon reichsgesetzlich außer „Geld und Wertpapieren" auch „sonstige Urkunden und Kostbarkeiten" als öffentlich hinterlegbare Gegenstände erklärt wurden (M. II, 93 ff., P. I, 359—361, VI, 461—463, 618—620, Reatz III, 75, Mat. 87 a S. 96 ff., RTK. 440, d S. 14).

2. Inhalt: Art. 146 ermächtigt die Landesgesetzgebung zur Erweiterung der Hinterlegungsmöglichkeit gegenüber den Vorschriften des BGB., regelt aber für den Fall, daß von dieser Ermächtigung Gebrauch gemacht wird, das durch die Hinterlegung entstehende Rechtsverhältnis in einer die Landesgesetzgebung bindenden Weise.

a) Das BGB. regelt in den §§ 372 ff. die Hinterlegung, welche die Befreiung des Schuldners von einer Verbindlichkeit bezweckt, läßt aber in § 372 Satz 1 nur die Hinterlegung von Geld, Wertpapieren und sonstigen Urkunden, sowie von Kostbarkeiten zu diesem Zwecke bei einer dazu bestimmten öffentlichen Stelle zu. Die Beschränkung erfolgte, weil man den landesgesetzlichen Hinterlegungsstellen nicht zumutete, sich auf Hinterlegung auch anderer beweglicher Sachen einzurichten. Aus Art. 146 ergibt sich aber, daß die Länder ihre Hinterlegungsstellen verpflichten können, auch andere bewegliche Sachen, als die in § 372 Satz 1 BGB. bezeichneten anzunehmen. Der Schuldner ist dann kraft Reichsrechts berechtigt, auch die anderen als hinterlegbar bezeichneten Sachen unter den Voraussetzungen des § 372 BGB., wenn sich nämlich der Gläubiger im Annahmeverzug befindet oder wenn er (Schuldner) sich über die Person des Gläubigers in einer nicht auf Fahrlässigkeit beruhenden Ungewißheit befindet, oder aus einem anderen in der Person des Gläubigers liegenden Grunde seine Verbindlichkeit nicht erfüllen kann, zu hinterlegen.

b) Für den Fall, daß landesgesetzlich auch andere Sachen als Geld, Wertpapiere, Urkunden und Kostbarkeiten für öffentlich hinterlegbar erklärt sind, finden die Vorschriften der §§ 372—382 BGB. Anwendung. Das durch die Hinterlegung solcher anderer Sachen entstehende Rechtsverhältnis, die schuldrechtliche und sachenrechtliche Wirkung der Hinterlegung, ist das nämliche, wie bei der Hinterlegung von in § 372 Satz 1 BGB. hinterlegbaren Gegenständen. Abweichende Vorschriften der Landesgesetze sind ausgeschlossen.

3. Die Landesgesetze haben, soweit ersichtlich, von der Befugnis, die Hinterlegung anderer Sachen zuzulassen, nicht Gebrauch gemacht, sondern zum Teil ausdrücklich die Hinterlegung anderer Sachen ausgeschlossen; s. z. B. § 1 der preußischen HinterlO., wo nur auch Münzen und Wertzeichen als Kostbarkeiten bezeichnet sind, § 4 sächs. AG.BGB., § 28 Abs. 2 der AV.BGB. vom 21. Mai 1923 für Thüringen.

Art. 147.

Unberührt bleiben die landesgesetzlichen Vorschriften, nach welchen für die dem Vormundschaftsgericht oder dem Nachlaßgericht obliegenden Verrichtungen andere als gerichtliche Behörden zuständig sind.

Sind durch Landesgesetz die Verrichtungen des Nachlaßgerichts einer anderen Behörde als einem Gericht übertragen, so ist für die Abnahme des im § 2006 des Bürgerlichen Gesetzbuchs vorgeschriebenen Offenbarungseids das Amtsgericht zuständig, in dessen Bezirke die Nachlaßbehörde ihren Sitz hat.

E. II, 120; III, 147.

Zuständigkeit in Vormundschafts- und Nachlaßsachen.

1. Entstehung. Die Vorschriften dieses Artikels sind zuerst von der II. Komm. aufgestellt worden. Die erste Anregung hierzu gab der Art. 91 des I. Entw. des EG. (P. VI, 456—461, 556).

Ein in der II. Komm. gestellter Antrag, folgende weitere Vorschrift zu erlassen:

„Unberührt bleiben die landesgesetzlichen Vorschriften, nach welchen für die Volljährigkeitserklärung an Stelle des Vormundschaftsgerichts ein im Instanzenzug höheres Gericht zuständig ist",

wurde schließlich zurückgezogen, nachdem geäußert worden war, daß nach der richtigen Auslegung des gegenwärtigen Artikels der im Antrage gewünschte Vorbehalt bereits unter den Vorbehalt dieses Artikels falle, und daß es nicht zweifelhaft sei, daß der

Landesgesetzgebung die Befugnis zustehe, die Volljährigkeitserklärung dem Justizministerium zu übertragen (P. a. a. O.).

2. Inhalt.

A. Dem **Vormundschaftsgerichte** obliegen nicht bloß Verrichtungen in bezug auf eine Vormundschaft oder Pflegschaft (obervormundschaftliche Geschäfte im eigentlichen Sinne, §§ 1773 f., 1909 ff., s. auch z. B. §§ 1304, 1491 Abs. 3, 1492 Abs. 3, 1595, 1714), sondern auch eine Reihe von Verrichtungen in bezug auf Personen, die nicht unter Vormundschaft oder Pflegschaft stehen, so

a) die Volljährigkeitserklärung (§ 3 BGB.),

b) Geschäfte, welche nicht bevormundete Minderjährige und die Fürsorge für dieselben betreffen (z. B. §§ 112, 113, 1308, 1314),

c) Aufgaben hinsichtlich der Regelung gewisser Verhältnisse der unter elterlicher Gewalt stehenden Kinder zu den Eltern (§§ 1629, 1630 Abs. 2 Satz 2, 1631 Abs. 2 Satz 2, 1635 Abs. 1 Satz 2, 1636 Satz 2, 1639 Abs. 1, 1640, 1642 [in der Fassung des Gesetzes vom 23. Juni 1923, RGBl. S. 411], 1643 bis 1645, 1647 Abs. 2, 1662, 1665—1673, 1675, 1677, 1679 Abs. 2, 1685 bis 1695 BGB.),

d) Aufgaben in bezug auf anzunehmende oder angenommene Kinder (§§ 1750, 1751, 1752, 1760, 1761, 1765, 1770 BGB.),

e) Aufgaben in bezug auf die Ehelichkeitserklärung (§§ 1727—1729 BGB.),

f) die Regelung gewisser persönlicher und güterrechtlicher Verhältnisse der Ehegatten zueinander (§§ 1336 Abs. 2, 1337 Abs. 1, 1357 Abs. 2 Satz 2, 1358 Abs. 1, Abs. 2 Satz 2, 1379, 1402, 1447, 1451, 1487 Abs. 1, 1519 Abs. 2, 1525 Abs. 2, 1549, 1550 Abs. 2 BGB., § 7 Abs. 1 Satz 1 StAG. vom 22. Juli 1913).

Nicht hieher gehört die Bestätigung des Vertrags über Annahme an Kindes Statt; denn sie ist zwar Angelegenheit der freiwilligen Gerichtsbarkeit, aber reichsrechtlich nicht dem Vormundschaftsgericht, sondern dem Amtsgericht zugewiesen (§ 65 FGG.); sie kann deshalb auch nicht auf Grund des Art. 147 EG. landesgesetzlich anderen Behörden überwiesen werden (ebenso Enneccerus-Kipp, Familienrecht, 5. Bearbeitung § 91, VI, 2).

Dem **Nachlaßgerichte** sind insbesondere Maßnahmen zur Sicherung des Nachlasses (BGB. §§ 1960, 1975 ff., FGG. §§ 74—76), Entgegennahme der Erklärungen über Erbschaftsausschlagung, über Anfechtung der Annahme und Ausschlagserklärung, sowie von letztwilligen Verfügungen (BGB. §§ 1945, 1955, 2081), dann Regelung der Aufstellung, der Annahme oder Ablehnung des Amtes eines Testamentsvollstreckers (BGB. §§ 2200, 2202, FGG. §§ 81, 82), die Bestimmung der Inventarfrist (BGB. §§ 1994 ff., FGG. § 77) und sonstiger Fristen (vgl. BGB. §§ 2151, 2153—2155, 2192, 2193, 2198, FGG. § 80), Ausstellung des Erbscheins (BGB. §§ 2353 ff., FGG. §§ 84, 85) und ähnlicher Zeugnisse (GBO. §§ 37, 38, 99), die Entgegennahme und Eröffnung von Testamenten (BGB. §§ 2259—2262) sowie der Zwang zur Ablieferung von solchen (BGB. § 2259, FGG. § 83), die Abnahme des Offenbarungseides (BGB. § 2006, FGG. §§ 79, 163), die Auseinandersetzung der Erbschaft auf Antrag (FGG. §§ 86—98), die Einholung der Genehmigung einer letztwillig angeordneten Stiftung (BGB. § 83), die Entgegennahme der Erklärungen über Anfechtung einer Ehe (BGB. § 1342), über Verzicht eines Abkömmlings auf seinen Anteil am Gesamtgute bei fortgesetzter Gütergemeinschaft (§ 1491), über Aufhebung der letzteren (§ 1492), über Anfechtung der Ehelichkeit eines verstorbenen Kindes (§ 1597), sowie endlich die Ausstellung eines Zeugnisses über Fortsetzung der Gütergemeinschaft (BGB. § 1507) und die Auseinandersetzung in Ansehung des Gesamtguts einer ehelichen oder der fortgesetzten Gütergemeinschaft (FGG. § 99) zugewiesen.

B. Reichsrechtlich sind für die dem Vormundschaftsgericht und die dem Nachlaßgericht obliegenden Verrichtungen die Amtsgerichte zuständig (§§ 35, 72 FGG.). Art. 147 gibt nun der Landesgesetzgebung die Befugnis, für die sämtlichen reichsrechtlich den Vormundschaftsgerichten und den Nachlaßgerichten zugewiesenen Aufgaben oder für einzelne derselben — mit der sich aus Abs. 2 ergebenden Ausnahme, s. nachfolgende Bem. C — andere als gerichtliche Behörden für sachlich zuständig zu erklären.

Die Behörde kann ein Kollegium sein — in Betracht kommen namentlich Gemeindebehörden — oder ein einzelner Beamter, z. B. der Notar. Es bestimmt sich nach Landesrecht, was als Behörde zu erachten ist. Notaren können also

Geschäfte des Vormundschafts- oder Nachlaßgerichts nur übertragen werden, wenn sie landesgesetzlich Beamteneigenschaft haben.

Eine andere gerichtliche Behörde als das Amtsgericht kann die Landesgesetzgebung nicht für zuständig erklären; sie kann also z. B. die Volljährigkeitserklärung nicht dem Landgericht, wohl aber dem Justizministerium übertragen (ebenso Planck Bem. 1 Abs. 3 zu Art. 147).

C. Eine **Ausnahme** macht **Abs. 2** in Ansehung der Abnahme des im § 2006 BGB. vorgeschriebenen **Offenbarungseides.** Nach § 2006 hat der Erbe auf Verlangen eines Nachlaßgläubigers vor dem Nachlaßgerichte den Offenbarungseid über die Vollständigkeit seiner Angaben über die Nachlaßgegenstände zu leisten. Für die Eidesabnahme bleibt reichsrechtlich die sachliche Zuständigkeit des Amtsgerichts auch für den Fall gewahrt, daß die Verrichtungen des Nachlaßgerichts landesgesetzlich anderen als gerichtlichen Behörden übertragen sind; örtlich zuständig ist das Amtsgericht, in dessen Bezirk die landesgesetzliche Nachlaßbehörde ihren Sitz hat.

In Nachlaßsachen kann noch in weiteren Fällen der Offenbarungseid verlangt werden, so nach § 2028 Abs. 2 BGB. vom Hausgenossen des Erblassers, nach § 2057 BGB. vom Miterben über ausgleichungspflichtige Zuwendungen, nach § 2130 Abs. 2 BGB. vom Vorerben und nach § 2218 Abs. 2 vom Testamentsvollstrecker, in den beiden letzten Fällen über die von diesen Personen zu stellende Rechnung. In allen diesen Fällen ist, wenn der Verpflichtete dem Verlangen der Eidesleistung freiwillig stattgibt, reichsrechtlich nicht das Nachlaßgericht, sondern nach § 261 Abs. 1 BGB. (auf den in den Fällen der §§ 2038 und 2057 ausdrücklich verwiesen wird) das Amtsgericht sachlich zuständig; seine örtliche Zuständigkeit ist dort auch geregelt. Auf diese Fälle erstreckt sich also der Vorbehalt des Art. 147 Abs. 1 EG. ohnehin nicht, es bedurfte deshalb auch keiner Ausnahme (wie in Abs. 2) zugunsten der reichsrechtlichen Zuständigkeit der Amtsgerichte. Siehe hiezu auch die §§ 163, 79 FGG.

D. Wegen der landesgesetzlichen Ausschließung der Zuständigekit des Nachlaßgerichts zur Aufnahme des Inventars s. Art. 148 und über dessen Verhältnis zu Art. 147 die Bem. 2 Abs. 3 zu Art. 148.

3. Der Grund für die Aufstellung des gegenwärtigen Artikels liegt darin, daß die Reichsgesetzgebung es nicht für angängig erachtete, die Behörden- und Beamtenorganisation der einzelnen Bundesstaaten, wie sie sich auf dem Gebiete der freiwilligen Rechtspflege herausgebildet hatte, wenigstens teilweise außer Kraft zu setzen, weil dies zu Unträglichkeiten führen würde und man anderseits vertrauen dürfe, daß die Landesgesetzgebung von den ihr überwiesenen Befugnissen einen zweckentsprechenden Gebrauch machen werde (P. a. a. O., Mat. 98).

4. Eine Reihe **ergänzender Vorschriften** zu dem Vorbehalte des Art. 147 EG. enthält das **FGG.**

a) **Verfahren.** Auch für die landesgesetzlich für zuständig erklärten Behörden gelten grundsätzlich nach **§ 194 Abs. 1 FGG.** die im ersten Abschnitt des FGG. (§§ 1—34) für die Gerichte gegebenen allgemeinen Vorschriften über das Verfahren mit folgenden Ausnahmen und Abänderungen:

α) Keine Anwendung finden nach § 194 Abs. 3 FGG. in allen nicht gerichtlichen Behörden übertragenen Angelegenheiten die Vorschriften des § 8 FGG. über die Sitzungspolizei und die Beratung und Abstimmung — also die §§ 176—183 und §§ 192—198 GVG. in der Fassung 22. März 1924 (RGBl. I S. 299 ff.) — sowie die Vorschriften der §§ 6, 10, 11, des § 16 Abs. 2 und des § 31 FGG.

β) Ist für die Volljährigkeitserklärung nach Landesgesetz die Zentralstelle des Bundesstaats (deutschen Landes) zuständig, so finden nach § 196 Abs. 1 FGG. die Vorschriften des ersten Abschnitts des FGG. überhaupt keine Anwendung. Die Verfügung, durch welche der Minderjährige durch die Zentralstelle für volljährig erklärt wird, tritt nach § 196 Abs. 2 FGG. mit der Bekanntmachung an den Minderjährigen in Wirksamkeit (Abweichung von § 16 FGG.).

γ) Nach § 195 Abs. 1 FGG. kann die Landesgesetzgebung für den Fall der Anfechtung der Entscheidung der landesgesetzlich zuständigen nicht richterlichen Behörde zunächst eine unterste richterliche Instanz (nicht Beschwerdeinstanz) schaffen durch die Bestimmung, daß vor Einlegung der Beschwerde zum Landgericht die Entscheidung des Amtsgerichts, in dessen Bezirke die Behörde ihren Sitz hat, anzurufen ist. Hinsichtlich der Berechtigung zur Anrufung der amtsgerichtlichen Entscheidung, für Form, Frist, Begründung und aufschiebende Wirkung finden die Vorschriften der §§ 20—25 FGG. entsprechende Anwendung. Die Beschwerde findet dann nach § 195 Abs. 2 FGG. erst gegen die Entscheidung des Amtsgerichts statt.

δ) Wegen des gemeinschaftlichen oberen Gerichts im Sinne der §§ 5, 4 FGG. für die landesgesetzlich zuständigen Behörden und der Zulässigkeit, für Behörden in dem Bezirke desselben Amtsgerichts dieses als gemeinschaftliches oberes Gericht zu bestimmen, s. § 194 Abs. 2 FGG.

Hinsichtlich der besonderen Vorschriften über das Verfahren kann die Landesgesetzgebung nach **§ 189 FGG.** auch abweichende Bestimmungen treffen. S. auch § 200 FGG.

b) Sind nach Art. 147 EG. die dem Vormundschaftsgericht obliegenden Verrichtungen durch Landesgesetz anderen Behörden als den Amtsgerichten übertragen, so bleiben nach **§ 190 FGG.** auch die landesgesetzlichen Vorschriften über den Vorsitz im Familienrat unberührt.

c) **§ 193 FGG.** eröffnet die Möglichkeit der Schaffung zweier weiterer landesgesetzlicher Zuständigkeiten über den Vorbehalt des Art. 147 EG. hinaus:

α) Auch die Vornahme der Auseinandersetzung in Ansehung des Gesamtguts einer Gütergemeinschaft, für welche reichsrechtlich das für die Auseinandersetzung in Ansehung des Nachlasses zuständige Amtsgericht zuständig ist (§ 99 FGG.), können landesgesetzlich andere als gerichtliche Behörden für zuständig erklärt werden.

β) Während Notare nach Art. 147 EG. mit der Auseinandersetzung des Nachlasses landesgesetzlich nur dann betraut werden können, wenn ihnen nach Landesrecht Beamteneigenschaft zukommt (Bem. 2, B), können nach § 193 FGG. Notare auch ohne daß diese Voraussetzung gegeben ist an Stelle der Gerichte für die Vermittelung der Auseinandersetzung sowohl in Ansehung eines Nachlasses (§ 86 FGG.) als des Gesamtguts einer Gütergemeinschaft (§ 99 FGG.) durch Landesgesetz für zuständig erklärt werden.

4. Landesgesetze zu Art. 147 EG.

Preußen: Für Vormundschaftssachen ist von dem Vorbehalt des Art. 147 kein Gebrauch gemacht. In Nachlaßsachen ist eine beschränkte Tätigkeit der Dorfgerichte und ähnlicher Behörden zugelassen; s. preuß. FGG. Art. 104—111, 113, 116, 117, 118, 121—123; wegen der Überweisung der Auseinandersetzung nach §§ 86, 99 FGG. siehe Art. 21—24 preuß. FGG.; vgl. hiezu Weißler, Nachlaßverfahren, 2. Aufl. Bd. I S. 89 ff. Nach Art. I § 3 des Ges. vom 2. Jan. 1924 über die Zuständigkeit der rheinischen Notare (GS. 1924 S. 5, 1926 S. 319) haben in den Fällen der §§ 86, 99 FGG. an Stelle der Gerichte die Notare die Auseinandersetzung zu vermitteln; die Geltungsdauer des Gesetzes ist jetzt bis 31. Dez. 1929 vorgesehen.

In **Bayern** war durch Art. 2 AG.BGB. für die Volljährigkeitserklärung das Staatsministerium für Justiz für zuständig erklärt; diese Vorschrift ist durch Ges. vom 28. März 1928 mit Wirkung vom 1. April 1928 ab aufgehoben (GVBl. S. 153). Auch im übrigen ist für Vormundschaftssachen von dem Vorbehalt kein Gebrauch gemacht.

Auch in Nachlaßsachen sind nur einzelne Verrichtungen anderen Behörden übertragen; s. wegen der Zuständigkeit zur Nachlaßsiegelung und Entsiegelung Art. 63 AG.GVG. in der Fassung des Art. 167 AG.BGB. (Gerichtsschreiber), Art. 2 Nr. 2 NotG. vom 9. Juni 1899 (Notare), Art. 105 AG.BGB. (Bürgermeister), wegen der Zuständigkeit der Notare zur Eröffnung von Verfügungen von Todes wegen Art. 2 Abs. 2 NachlaßG. vom 9. Aug. 1902 (GVBl. S. 463), § 222 Not.-GeschO. (s. auch Schmitt, Die Eröffnung der in amtlicher Verwahrung befindlichen Verfügungen von Todes wegen durch die Notariate, BayZ. 1906 S. 451 ff., 475 ff.).

Wegen der Geltung des Art. 105 AG.BGB. in den vormals coburgischen Landesteilen s. Bek. vom 30. Jan. 1922 lit. A, 1 (GVBl. S. 153), wegen der Einführung des NachlaßG. ebenda lit. A, 17.

In **Sachsen** war nach § 14 G. vom 15. Juni 1900 (GVBl. S. 269, Becher XVII, 10 S. 111) für die Volljährigkeitserklärung das Justizministerium zuständig; nunmehr ist diese Zuständigkeit durch G. vom 27. Januar 1921 beseitigt (s. Kloß-Müller, sächs. Landesprivatrecht, 3. Aufl. S. 26). In Nachlaßsachen hat Sachsen von dem Vorbehalt im allgemeinen keinen Gebrauch gemacht (s. Kloß-Müller S. 367, 369); s. nur wegen der Zuständigkeit der Ortsgerichtspersonen zu Sicherungsmaßregeln für den Nachlaß §§ 97—101 des G. vom 15. Juni 1900 zur Ausf. einiger mit dem

BGB. zusammenhängender Reichsgesetze (Jäger-Apelt S. 384), §§ 56—62 AusfVO. vom 16. Juni 1900 (GVBl. S. 299).

In **Württemberg** ist das ordentliche Vormundschaftsgericht der Bezirksnotar; für die nach dem JugendgerichtsG. vom 16. Febr. 1923 dem Vormundschaftsgericht obliegenden Aufgaben sind die Amtsgerichte zuständig; AG.BGB. Art. 41 ff. in der Fassung des § 2 der VO. vom 19. März 1924 (RegBl. S. 135).

Das Nachlaßgericht besteht für die Verhandlungen zur Vermittelung der Auseinandersetzung eines Nachlasses oder einer beendigten ehelichen oder fortgesetzten Gütergemeinschaft aus dem Bezirksnotar als Vorsitzenden und zwei Nachlaßrichtern; alle übrigen Geschäfte des Nachlaßgerichts erledigt der Bezirksnotar allein. Die Nachlaßsicherung kann der Bezirksnotar den Nachlaßrichtern übertragen, die auch in seiner Abwesenheit zur Anordnung und Durchführung der erforderlichen Maßregeln befugt sind; AG.BGB. Art. 71 ff. in der Fassung des § 14 der VO. vom 19. März 1924. S. hiezu Weißler, Nachlaßverfahren, 2. Aufl., Bd. I S. 13, 92.

In **Baden** sind für die den Nachlaßgerichten obliegenden Verrichtungen die Notare zuständig; s. jetzt §§ 33—36 des Landesgesetzes für die freiw. Gerichtsbarkeit vom 13. Okt. 1925 (GVBl. S. 281 ff.); zur Siegelung des Nachlasses sind neben den Notaren die Ortsgerichte zuständig, denen überhaupt die Anordnung der Sicherungsmaßregeln bei Sterbefällen übertragen ist (§§ 5—9, 32 dess. G.); vgl. hiezu Weißler a. a. O. S. 14. In Vormundschaftssachen ist von dem Vorbehalt kein Gebrauch gemacht.

Hessen: Die Notare sind zur Vermittelung der Auseinandersetzung befugt, Art. 11 NotG. vom 15. März 1899 (RegBl. S. 47, Becher VIII, 1 S. 3), einige Entscheidungen sind aber immer den Gerichten vorbehalten, Art. 49 AG.FGG. vom 18. Juli 1899 (RegBl. S. 287, Becher VIII, 4 S. 132, 133); Zuständigkeit des Ortsgerichtsvorstehers für Sicherung des Nachlasses, das. Art. 131 (Becher VIII, 4 S. 147); Art. 47, 49—52 AG.FGG.

Hamburg: G. betr. die Vormundschaftsbehörde in der Fassung vom 6. Nov. 1914 (GS. I, S. 125); auch NotG. vom 29. Dez. 1899 § 6 Nr. 6 (Becher VII, 10 S. 55).

Mecklenburg: Für Mecklenburg-Schwerin s. über die Zuständigkeit nichtgerichtlicher Vormundschafts- und Nachlaßbehörden AV.FGG. §§ 22—47 (Becher XI, 6 S. 112 ff.), § 37 in der Fassung vom 11. Febr. 1916 (Reg.-Bl. S. 145); für Mecklenburg-Strelitz AV.FGG. §§ 22—45 (Becher XII, 6 S. 99 ff.), § 35 in der Fassung vom 11. Febr. 1916 (OffAnz. S. 224); s. hiezu Buchka, meckl. LPrR. §§ 34, 37. Über Zuständigkeit zur Volljährigkeitserklärung s. für Mecklenburg-Schwerin AV.BGB. § 10 (Becher XI, 2 S. 4), für Mecklenburg-Strelitz AV.BGB. § 10 (Becher XI, 2 S. 3).

In Anhalt ist Art. 1 AG.BGB., nach welchem für die Volljährigkeitserklärung das Staatsministerium zuständig war, aufgehoben durch G. vom 21. Okt. 1924 (GS. S. 121).

Art. 148.

Die Landesgesetze können die Zuständigkeit des Nachlaßgerichts zur Aufnahme des Inventars ausschließen.

E. II, 121; III, 148.

Ausschluß der Zuständigkeit des Nachlaßgerichts für die Aufnahme eines Inventars.

1. Entstehung. Der gegenwärtige Artikel ist von der II. Komm. aufgestellt worden (P. VI, 454, 461, Reatz III, 76).

2. Inhalt. Der Erbe, der zur Beschränkung seiner Haftung von dem Rechte zur Inventarerrichtung Gebrauch macht (§ 1993 BGB.), muß nach § 2002 BGB. zur Aufnahme des Inventars eine zuständige Behörde oder einen zuständigen Beamten oder einen Notar zuziehen und das so errichtete Inventar innerhalb der Inventarfrist beim Nachlaßgericht einreichen (§ 1994). Statt dessen kann er aber nach § 2003 BGB. zur Wahrung der Inventarfrist an das Nachlaßgericht den Antrag stellen, das Inventar aufzunehmen. Reichsrechtlich ist dann das Nachlaßgericht berechtigt, das Inventar selbst aufzunehmen oder die Aufnahme einer zuständigen Behörde oder einem zuständigen Beamten oder Notar zu übertragen.

Nur auf den Fall des § 2003 BGB. bezieht sich der Vorbehalt des Art. 148, wenn er die Landesgesetzgebung ermächtigt, die **eigene Zuständigkeit des Nachlaßge-**

richts zur Aufnahme des Inventars auszuschließen. Es ist dann, soferne der Erbe den Antrag auf Inventaraufnahme durch die Behörde nach § 2003 stellt, das Nachlaßgericht zur Aufnahme des Inventars nicht zuständig, sondern muß die Aufnahme an die zuständige Behörde usw. übertragen. Auf § 2002 BGB. kann sich der Vorbehalt des Art. 148 nicht beziehen, weil es sich dort nicht um Aufnahme des Inventars durch das Nachlaßgericht oder eine sonst zuständige Stelle handelt, sondern nur um die gesetzlich vorgeschriebene Unterstützung des Erben bei der von ihm selbst getätigten Inventaraufnahme (s. Bem. 3, C. zu §§ 2002—2004 in Bd. V dieses Komm.; ebenso Planck Bem. 1 zu Art. 148; and. Ans. Niedner Bem. 1 und die früheren Auflagen dieses Komm.).

Die Zuständigkeit des Nachlaßgerichts zur Inventaraufnahme kann auch dann ausgeschlossen werden, wenn im übrigen die dem Nachlaßgericht obliegenden Verrichtungen nicht auf Grund des Vorbehalts des Art. 147 landesgesetzlich anderen als gerichtlichen Behörden übertragen sind.

Zu dem Antrage an das Nachlaßgericht auf behördliche Inventaraufnahme nach § 2003 BGB. bleibt aber der Erbe immer befugt, auch wenn das Nachlaßgericht landesgesetzlich nicht zur Aufnahme des Inventars berechtigt ist.

Welchen Beamten oder welche Behörde die Landesgesetzgebung zur Aufnahme eines Inventars für zuständig erklären kann oder soll, darüber ist nichts bestimmt; die Landesgesetzgebung hat also freie Hand.

3. Landesgesetze: Für Preußen enthält das FGG. keine Abweichung von den Vorschriften des RG. über die freiwillige Gerichtsbarkeit, ebensowenig für Sachsen das G. vom 16. Juni 1900 in der Fassung das G. vom 18. Okt. 1912; nur kann nach dessen §§ 97 ff. die Aufnahme von Vermögensverzeichnissen auch den Ortsgerichtspersonen übertragen werden.

In Bayern r. d. Rh. waren früher gemäß Art. 19 des NotG. die Notare und in beschränktem Maße gemäß des G. vom 18. März 1896 (GVBl. 173) die Gerichtsschreiber zur Aufnahme eines Inventars zuständig.

Durch Art. 15 AG.GVG. i. d. F. von Art. 167 Nr. I AG.BGB. ist die Zuständigkeit der Amtsgerichte zur Aufnahme des Nachlaßinventars ausgeschlossen und belassen es Art. 63 AG.GVG. i. d. F. von Art. 167 Nr. XVI AG.BGB. sowie Art. 2 NotG. vom 9. Juni 1899 bei dem bisherigen Rechte. Vgl. hierzu ferner §§ 22 Abs. III, 23 ff. der NachlO. vom 20. März 1903. Ist ein Nachlaßverzeichnis aufzunehmen, so hat darnach das Nachlaßgericht je nach dem Wert des Nachlasses mit seiner Aufnahme entweder einen Notar oder einen Gerichtsschreiber zu betrauen.

Für Württemberg sind gemäß AG.BGB. Art. 125—128 (Becher XXVI, 1 S. 24 f.) sowohl die Notare als die Amtsgerichte unter Mitwirkung der örtlichen Inventurbehörden (zwei Gemeinderatsmitglieder) zuständig. Vgl. auch VO. vom 21. Okt. 1899 (Amtsbl. der JM. 381 § 6).

In Baden ist nach § 31 des Landesgesetzes über die freiwillige Gerichtsbarkeit in der Fassung der Bek. vom 13. Okt. 1925 (GVBl. S. 291) die Zuständigkeit der Amtsgerichte ausgeschlossen, es sind nur die Notare unter Mitwirkung der Ortsbehörden zuständig (ebenso bisher nach § 43 des RPolG. vom 17. Juni 1899; s. auch § 171 der RPolO. [jetzt „FGG."] vom 1. März 1907).

In Thüringen s. §§ 1, 2, 4 und 8 AV.FGG. vom 21. Aug. 1923 (GS. S. 599 ff.).

Für Hessen vgl. AG.BGB. Art. 117, AG.FGG. Art. 2, Nr. 9, NotG. Art. 10. (Sowohl die Nachlaßgerichte als die Notare sind zuständig, auch kann die Aufnahme des Inventars einem Gerichtsschreiber oder einem Ortsgericht übertragen werden.)

Für Hamburg s. AG.BGB. § 78 (Becher VII, 1 S. 13).

Für Bremen s. AG.BGB. § 63 (Becher V, 1 S. 16).

S. auch Bem. II, A zu §§ 2002—2004 in Bd. V S. 289.

Art. 149.

Unberührt bleiben die landesgesetzlichen Vorschriften, nach welchen bei der Errichtung einer Verfügung von Todes wegen der Richter an Stelle des Gerichtsschreibers oder der zwei Zeugen eine besonders dazu bestellte Urkundsperson zuziehen kann.

Auf die Urkundsperson finden die Vorschriften der §§ 2234 bis 2236 des Bürgerlichen Gesetzbuchs Anwendung.

E. (BGB. I, 1915, Abs. 1 Satz 2); II, 112; III, 149.

Zuziehung einer besonders bestellten Urkundsperson bei der Errichtung des Testaments an Stelle des Gerichtsschreibers oder der zwei Zeugen:

1. Entstehung. Dieser Artikel hat seine gegenwärtige Gestalt erst in der Reichstagskommission gefunden. Abs. 1 entspricht inhaltlich dem § 1915 Abs. 1 Satz 3 des I. Entw. des BGB. Die II. Komm. hatte in diesen Artikel aus § 1915 Abs. 2 des I. Entw. des BGB. die Bestimmung herübergenommen, daß beim notariellen Testamente der Notar statt zwei Zeugen einen zweiten Notar zuziehen kann; nachdem in der Reichstagskommission letztere Bestimmung schon dem nunmehrigen § 2233 BGB. eingefügt wurde, ist sie für diesen Artikel entbehrlich geworden. Abs. 2 wurde erst in der II. Komm. hinzugefügt (M. V, 261, Reatz III, 76, P. V, 331, 332, VI, 450, 451, Mat. 98, RTK. 340, d S. 15 mit 446, c S. 19).

2. Grund des Vorbehalts. Der Artikel trägt der in einzelnen Ländern, namentlich in Sachsen, bestehenden Einrichtung Rechnung, nach welcher (sächs. GB. § 2093) die Zuziehung einer der dort in jedem Orte unter dem Namen „Gerichtsschöppe" oder „Gerichtsbeisitzer" als Urkundspersonen angestellten Personen an Stelle des Protokollführers genügt (M. V, 261).

3. Inhalt. Gemäß § 2233 und § 2276 BGB. muß zur Errichtung eines Testaments oder Erbvertrags der Richter einen Gerichtsschreiber oder zwei Zeugen, der Notar einen zweiten Notar oder zwei Zeugen zuziehen.

Art. 149 gibt nun der Landesgesetzgebung die Befugnis, anzuordnen, daß der Richter (nicht auch der Notar) statt der zwei Zeugen oder des Gerichtsschreibers eine dazu **besonders bestellte Urkundsperson** zuziehen darf, und verordnet zugleich, daß für diese Urkundsperson dieselben Ausschließungsgründe gelten, welche in den §§ 2235 und 2236 für den Gerichtsschreiber und die Zeugen aufgestellt sind.

Unwesentlich ist, ob in einem solchen Falle der Richter selbst oder die Urkundsperson das Protokoll führt. Das sächsische Gesetzbuch, dem diese Vorschrift nachgebildet ist, geht davon aus, daß der Richter selbst das Protokoll führt (M. V, 261).

Selbstverständlich gilt auch für diese Urkundsperson das Gebot der Anwesenheit während der ganzen Verhandlung bis zur Siegelung und amtlichen Verwahrung des Testaments (BGB. §§ 2239, 2246).

Vgl. den entsprechenden Vorbehalt in § 198 FGG. für die gerichtliche Beurkundung anderer Rechtsgeschäfte.

4. Landesgesetze: Preußen hat von dem Vorbehalte keinen Gebrauch gemacht; s. aber Allg. Verf. des JM. vom 4. März 1925 über Bestellung von Urkundspersonen zur Aufnahme von Nottestamenten (§ 2249 BGB.) für den Gemeindebezirk Berlin (JMBl. S. 100). Auch für Bayern besteht eine solche Einrichtung (SeuffBl. Bd. 63 S. 200).

Einschlägig ist für Sachsen AG.BGB. § 46 (Becher XVII, 1 S. 9). Dort sind die Ortsgerichtspersonen zur Mitwirkung zugelassen.

In Thüringen kann nach AV.BGB. vom 16. Mai 1923 § 140 (GS. S. 300) an Stelle des Beamten der Geschäftsstelle ein Amtsschöppe zugezogen werden; s. auch AV.FGG. vom 21. Aug. 1923 (GS. S. 599) §§ 100—108.

Ähnlich früher für Sachsen-Altenburg AG.BGB. § 141, Schwarzburg-Sondershausen AG.BGB. Art. 60; Reuß ältere Linie AG.BGB. § 149; Reuß jüngere Linie AG.BGB. § 136; diese Vorschriften sind durch § 155 Abs. 1 der thüring. AV.BGB. beseitigt.

Art. 150.

Unberührt bleiben die landesgesetzlichen Vorschriften, nach welchen im Falle des § 2249 des Bürgerlichen Gesetzbuchs an Stelle des Vorstehers oder neben dem Vorsteher eine andere amtlich bestellte Person zuständig ist.

E. II, 123; III, 150.

Zuständigkeit einer anderen amtlich bestellten Person an Stelle des Vorstehers bei Errichtung eines Nottestaments (BGB. § 2249):

1. Entstehung. Der Art. 150 ist erst in der II. Komm. aufgestellt und im Bundesrate so, wie er jetzt lautet, gefaßt worden (P. V, 343—342, VI, 451, Reatz III, 76ff., Mat. 87 a S. 100).

2. **Inhalt.**

A. Der § 2249 BGB. ermöglicht, daß in einem Notfall, in welchem zu besorgen ist, daß der Erblasser früher sterben werde, als die Errichtung eines öffentlichen Testaments in der ordentlichen Form möglich ist, ein öffentliches Testament vor dem Vorsteher der Gemeinde oder des der Gemeinde gleichgestellten Verbands oder Gutsbezirks unter Zuziehung von zwei Zeugen errichtet wird — **Nottestament.**

In Hessen und Sachsen war nämlich in jeder Gemeinde neben der politischen Behörde eine besondere Behörde eingerichtet, welche als Hilfsorgan der Gerichte für die Akte der freiwilligen Gerichtsbarkeit diente. In einzelnen Gemeinden, in denen die Gemeindevorsteher die für die Aufnahme von Testamenten erforderlichen Fähigkeiten nicht besaßen (so in den nord- und ostfriesischen Inseln), waren andere Amtspersonen, insbesondere die Pfarrer, dazu ermächtigt. Der Vorbehalt des gegenwärtigen Artikels gab der Landesgesetzgebung die Befugnis, solche Einrichtungen zu erhalten.

B. Die Landesgesetzgebung kann nach dem Wortlaute des Artikels bestimmen, daß zur Errichtung eines Testaments nach § 2249 BGB. sowohl der Vorsteher der Gemeinde usw., als auch die betreffende amtlich bestellte Person zuständig sind, oder daß nur die Zuständigkeit der letzteren, nicht auch die des Vorstehers, gegeben ist.

Ob die amtlich bestellte Person Gemeindebeamter ist (wie in Hessen) oder ob sie das nicht ist (wie in Sachsen), ist gleichgültig. Die Person muß nur amtlich bestellt sein.

C. **Ausdehnung auf den Fall des § 2250 BGB. (sog. testament. pestis tempore conditum):** Die Errichtung des Testaments vor einem Richter oder Notar kann auch dadurch unmöglich gemacht oder erschwert sein, daß sich der Erblasser an einem Orte aufhält, welcher infolge des Ausbruchs einer Krankheit oder infolge sonstiger außerordentlicher Umstände abgesperrt ist. § 2250 BGB. sieht auch für diesen Fall eine erleichterte Form der Testamentserrichtung vor, und zwar wahlweise auch die des § 2249 Abs. 1. **Deshalb ist auch in Fällen des § 2250 die auf Grund des Vorbehalts des Art. 150 landesgesetzlich an Stelle des Vorstehers oder neben demselben amtlich bestellte Person zuständig** (ebenso Planck Bem. 2). Es bleibt aber für diesen Fall auch die in § 2250 zugelassene Errichtung durch mündliche Erklärung vor drei Zeugen zulässig.

3. **Landesgesetze:** Einschlägig sind für Preußen: Art. 80 AG.BGB. (Becher XIV, 1 S. 40), Allg. Verf. vom 7. Juli 1900 (für Husum, Nord- und Süddithmarschen), vom 1. Juli 1902 (für Frankfurt und Kassel), JMBek. vom 7. April 1904, Anweisung die zur Aufnahme von Nottestamenten bestellten besonderen Urkundspersonen (JMBl. 91); in Bayern ist von dem Vorbehalt kein Gebrauch gemacht; Sachsen, AG.BGB. § 47 (Becher XVII, 1 S. 9); Baden, LandesG. für freiw. Gerichtsbark. in der Fassung vom 13. Okt. 1925 (GVBl. S. 287ff.) §§ 25, 26; Hessen, AG.FGG. Art. 130 (Becher VIII, 4 S. 147); Mecklenburg-Schwerin, AV.BGB. § 259 (Becher XII, 1 S. 50); Oldenburg, AG.BGB. § 35 (Becher XIII, 3 S. 13); Lübeck, AG.BGB. § 149 (Becher X, 6 S. 64); Waldeck, AG.BGB. Art. 42 (Becher XX, 1 S. 18); Schaumburg-Lippe, AG.BGB. § 62 (Becher XX, 10 S. 72).

Art. 151.

Durch die Vorschriften der §§ 2234 bis 2245, 2276 des Bürgerlichen Gesetzbuchs und des Artikel 149 dieses Gesetzes werden die allgemeinen Vorschriften der Landesgesetze über die Errichtung gerichtlicher oder notarieller Urkunden nicht berührt. Ein Verstoß gegen eine solche Vorschrift ist, unbeschadet der Vorschriften über die Folgen des Mangels der sachlichen Zuständigkeit, ohne Einfluß auf die Gültigkeit der Verfügung von Todes wegen.

E. (BGB. I, 1924); II, 124; III, 151.

Ergänzende Vorschriften der Landesgesetze über die Errichtung von Testamenten usw.:

1. Entstehung. Der Art. 151 hat seine dermalige Fassung in der II. Komm. bekommen, er ersetzt den § 1924 des I. Entw. des BGB., welcher lautete:

„Durch die Vorschriften der §§ 1915—1925 werden die allgemeinen Vorschriften der Landesgesetze über die Errichtung der gerichtlichen oder notariellen Urkunden nicht berührt; durch die Nichtbefolgung einer solchen landesgesetzlichen Vorschrift wird jedoch die Gültigkeit der letztwilligen Verfügung nicht beeinträchtigt."

Den §§ 1915—1925 entsprechen nun die §§ 2234—2245 BGB. (M. V, 280, P. V, 342, 343, VI, 458—460, Reatz III, 77, Mat. 100.)

2. Inhalt. Die §§ 2234—2245 und § 2276 BGB. und Art. 149 dieses Gesetzes behandeln die Errichtung der Testamente und Erbverträge und geben zwingende Vorschriften darüber, wer als Richter, Notar, Gerichtsschreiber, besonders bestellte Urkundsperson und Zeuge mitzuwirken fähig ist, über die Art, wie der letzte Wille zu erklären und ein Protokoll darüber zu errichten ist und wie zu verfahren ist, wenn eine sprechensunfähige oder der deutschen Sprache nicht mächtige Person eine letztwillige Verfügung errichten oder einen Erbvertrag schließen will.

Der Art. 151 läßt nun zu, daß die Landesgesetze die Errichtung der gerichtlichen oder notariellen Urkunden näher regeln, beschränkt aber die Folgen der Verletzung solcher Vorschriften.

a) Landesgesetzlich können noch sonstige *allgemeine Vorschriften* über die *Errichtung* gerichtlicher oder notarieller Urkunden erlassen werden, nämlich

α) *Formvorschriften*, z. B. über Ort und Zeit der Errichtung der Urkunden, über die formelle Anordnung der Urkunden, Feststellung der Identität und der Geschäftsfähigkeit der handelnden oder beteiligten Personen, über Änderungen in den Urkunden durch Durchstreichungen, Dazwischenschreibungen, Rasuren, Zusätze, über Siegelung der Urkunden (M. V, 280),

β) Vorschriften über die *örtliche Zuständigkeit* der beurkundenden Gerichte oder Notare,

γ) Vorschriften über die *sachliche Zuständigkeit* der Gerichte oder Notare (vgl. oben Art. 141, FGG. § 200, P. a. a. O.),

δ) die Vorschriften über die Folgen, welche die Verletzung der Vorschriften unter α, β, γ nach sich zieht.

b) Ein *Verstoß gegen die landesgesetzlichen* ergänzenden *Vorschriften* über die Errichtung der gerichtlichen oder notariellen Urkunden (über Testamente oder Erbverträge) ist nach Art. 151 Satz 2 *grundsätzlich ohne Einfluß auf die Gültigkeit* der Verfügung von Todes wegen, zieht also nicht, wie die Verletzung der meisten reichsrechtlichen Vorschriften, Nichtigkeit der aufgenommenen Urkunde nach sich (vgl. die Bem. zu den §§ 2234—2245 in Bd. V). Die landesgesetzlichen Vorschriften sind nur *Ordnungsvorschriften*, ihre Verletzung darf nur mit Ordnungsstrafen und Dienststrafen gegen den Urkundsbeamten geahndet werden (P. VI, 458 ff.); vgl. die ähnliche Vorschrift in § 200 Abs. 2 FGG.

Soweit jedoch die Landesgesetzgebung auf Grund reichsrechtlichen Vorbehalts Vorschriften über die *sachliche Zuständigkeit* erlassen hat (s. namentlich Art. 141 EG.), *kann* sie bestimmen, daß ein *Verstoß* dagegen die *Nichtigkeit* der Beurkundung zur Folge hat (ebenso Dorner im „Recht" 1900 S. 473 ff., 505 ff., Planck Bem. 2, Schlegelberger, Komm. z. FGG. Bem. 4; Keidel, FGG. 3. Aufl. Bem. 3 zu § 200); das braucht nicht ausdrücklich zu geschehen, kann sich vielmehr aus der Fassung der Vorschrift ergeben, so wenn z. B. *nur* der Notar für zuständig erklärt ist. Dagegen können landesgesetzliche Vorschriften über die *örtliche* Zuständigkeit nicht in dieser Art mit zwingender Kraft ausgestattet werden (s. hiezu auch Dronke DJZ. 1899 S. 130 und Dorner in ZZP. Bd. 28 S. 241 ff. und im „Recht" 1900 S. 473 ff., 505 ff.). Die Abgrenzung der Amtsbezirke für die Notare ist übrigens keine Zuständigkeitsbegrenzung, eine vom Notar amtlich außerhalb seines Amtsbezirks — aber innerhalb seines Landes — vorgenommene Beurkundung ist nicht unwirksam; das ist teilweise besonders ausgesprochen (s. z. B. preuß. FGG. Art. 39).

c) Die Landesgesetze können die Wirksamkeit einer öffentlichen Urkunde, welche ein Gericht oder ein Notar eines anderen deutschen Landes innerhalb seiner landesgesetzlich bestimmten Zuständigkeit aufgenommen hat, für das Gebiet des eigenen Landes nicht deshalb ausschließen oder beschränken, weil die sachliche Zuständigkeit im eigenen Lande anders geregelt ist. Das ist im Gesetz nicht ausdrücklich vorgeschrieben, aber selbstverständlich.

3. Landesgesetzliche Vorschriften: Preußen, FGG. vom 21. Sept. 1899 Art. 31 bis 65 (Becher XIV, 2 S. 69 ff.); Bayern, NotG. vom 9. Juni 1899 Art. 1 und 24 ff., geändert durch Art. 11 NachlaßG. vom 9. Aug. 1902 (GVBl. S. 463), Art. 227 BeamtenG. vom 16. Aug. 1908 (GVBl. S. 581), VO. vom 18. Mai 1925 zum Vollzug des MünzG. (GVBl. S. 152) und G. vom 22. Mai 1925 (GVBl. S. 151); eingeführt in den vormals coburgischen Landesteilen nach Bek. vom 27. April 1921 (GVBl. 1921 S. 308); Sachsen, G. zur Ausf. einiger mit dem BGB. zusammenhängender Reichsgesetze vom 15. Juni 1900 §§ 46 ff. (Becher XVII, 10 S. 118, Jäger-Apelt S. 376), VO. gleichen Betreffs vom 16. Juni 1900 §§ 7 ff. (Becher XVII, 11 S. 138 ff., Jäger-Apelt S. 392); Württemberg, AG.BGB. Art. 111 bis 118, 123 (Becher XXVI, 1 S. 22 f., 24); Baden, LandesG. f. freiw. Gerichtsbark. in der Fassung der Bek. vom 13. Okt. 1925 (GVBl. S. 287 ff.) §§ 22 ff.; Allg. VO. vom 11. Nov. 1899 §§ 57 ff. (Becher II, 13 S. 75 ff.); Thüringen, AV.FGG. vom 21. Aug. 1923 (GS. S. 599 ff.) §§ 34—55 für alle thüringischen Länder; die Vorschriften der einzelnen Länder sind durch § 111 der AV. aufgehoben; Hessen, AG.FGG. Art. 63 ff. (Becher VIII, 4 S. 135); Hamburg, AG.FGG. §§ 17 ff. (Becher VII, 11 S. 67); NotG. §§ 24 ff. (Becher VII, 10 S. 59 ff.); Mecklenburg-Schwerin, AV.FGG. §§ 75 ff. (Becher XI, 6 S. 122 ff.); Mecklenburg-Strelitz, AV.FGG. §§ 70 ff. (Becher XII, 6 S. 108 ff.); Oldenburg, AG.FGG. §§ 15 ff. (Becher XIII, 17 S. 91 ff.); Braunschweig, AG.FGG. §§ 14 ff. (Becher IV, 3 S. 42 ff.); Anhalt, AG.FGG. Art. 21 ff. (Becher I, 4 S. 35 ff.); Bremen, AG.FGG. §§ 36 ff. (Becher V, 8 S. 74 ff.); Lippe, AG. FGG. §§ 26 ff. (Becher IX, 2 S. 17 ff.); Lübeck, AG.FGG. §§ 19 ff. (Becher X, 5 S. 34); Waldeck, FGG. Art. 23 ff. (Becher XXV, 2 S. 25 ff.); Schaumburg-Lippe, AG.FGG. §§ 27 ff. (Becher XXII, 7 S. 47 ff.).

Art. 152.*)

Unberührt bleiben die landesgesetzlichen Vorschriften, welche für die nicht nach den Vorschriften der Zivilprozeßordnung zu erledigenden Rechtsstreitigkeiten die Vorgänge bestimmen, mit denen die nach den Vorschriften des Bürgerlichen Gesetzbuchs an die Klagerhebung und an die Rechtshängigkeit geknüpften Wirkungen eintreten. Soweit solche Vorschriften fehlen, finden die Vorschriften der Zivilprozeßordnung entsprechende Anwendung.

E. I, 52; II, 125; III, 152.

Wirkungen der Rechtshängigkeit:

1. Entstehung. Art. 152 entspricht mit unwesentlichen redaktionellen Änderungen, welche in der II. Komm. vorgenommen wurden, dem Art. 52 des E. I (Mot. z. EG. 177 ff., P. VI, 408, Reatz III, 77, Mat. 87a S. 102).

2. Inhalt: Nach § 3 Abs. 1 EG.ZPO. findet die Zivilprozeßordnung nur auf diejenigen Rechtsstreitigkeiten Anwendung, welche vor die ordentlichen Gerichte gehören. Vor die ordentlichen Gerichte gehören nach § 13 GVG. alle bürgerlichen Rechtsstreitigkeiten, für welche nicht entweder die Zuständigkeit von Verwaltungsgerichten oder Verwaltungsbehörden begründet ist oder reichsgesetzlich besondere Gerichte bestellt oder zugelassen sind. Über die besonderen Gerichte s. § 14 GVG.; s. jetzt auch ArbeitsgerichtsG. vom 23. Dez. 1926 (RGBl. I S. 507).

Für die vor die ordentlichen Gerichte gehörigen Rechtsstreitigkeiten gibt die ZPO. Vorschriften darüber, was als Klageerhebung anzusehen ist (s. z. B. §§ 253, 263, auch 281, 500, 693) und durch welche Prozeßhandlungen die Rechtshängigkeit begründet wird. Das BGB. knüpft an die Klageerhebung und an die Rechtshängigkeit mehrfach gewisse bürgerlich-rechtliche Wirkungen (s. z. B. §§ 209, 213, 284, 291, 292, 347, 818 Abs. 4, 941, 987, 989, 1002, 2023).

---

*) Josef, Zur Rechtshängigkeit und zur Sonderrechtsnachfolge im Verwaltungsstreit, PrVerwBl. Bd. 46 S. 155.

Soweit nun das Verfahren für nicht vor die ordentlichen Gerichte gehörige Rechtsstreitigkeiten landesgesetzlich geregelt ist, soweit es sich also um das Verfahren vor Behörden und Sondergerichten des Landesrechts handelt, sieht Art. 152 ein Doppeltes vor:

a) Er ermächtigt die Landesgesetzgebung zur Erlassung von Vorschriften darüber, mit welchen Verfahrensvorgängen diejenigen Rechtswirkungen eintreten sollen, welche bei den vor den ordentlichen Gerichten zu erledigenden Rechtsstreitigkeiten nach den Vorschriften des BGB. an die Klageerhebung und an die Rechtshängigkeit geknüpft sind (Art. 152 Satz 1).

b) Soferne die Landesgesetzgebung von dieser Ermächtigung keinen Gebrauch macht, wird die Lücke durch entsprechende Anwendung der ZPO. ausgefüllt; es ist also jeweils zu prüfen und zu ermitteln, welcher Verfahrensvorgang einer Klageerhebung im Sinne der ZPO. gleichzustellen ist oder mit welchem Vorgang der Streit im Sinne der ZPO. als rechtsgängig anzusehen ist (Art. 152 Satz 2).

3. Landesgesetze: Von dem Vorbehalt des Satz 1 ist wenig Gebrauch gemacht. Siehe für Hessen AG.BGB. Art. 21, 22 (Becher VIII, 3 S. 33). Für Preußen enthielten einschlägige Vorschriften die §§ 37—39 des G. vom 18. Febr. 1880, 10. Okt. 1899 über das Verfahren in Auseinandersetzungsangelegenheiten.

Vierter Abschnitt.

Übergangsvorschriften.*)

Vorbemerkungen.

I. Aufgabe und Inhalt des vierten Abschnitts. Der vierte Abschnitt des Einführungsgesetzes verfolgt die Aufgabe, das Verhältnis der Vorschriften des Bürgerlichen Gesetzbuchs zu den zur Zeit des Inkrafttretens desselben bestehenden Rechtsverhältnissen durch Übergangsbestimmungen klar zu stellen. Denn das BGB. enthält keinen die zeitliche Herrschaft der Rechtssätze desselben betreffenden allgemeinen Satz. Die Klarstellung des bezeichneten Verhältnisses erfolgt in diesem Abschnitt aber nicht in allgemeiner Weise, sondern nur, wie die Motive I, 23 sagen, in den wichtigsten Beziehungen.

Es sind nämlich Übergangsvorschriften nur erlassen für die in den Art. 153—217 aufgeführten Tatbestände. Vgl. unten Bem. VII.

II. Mangel allgemeiner Vorschriften und Grund hiefür. Begriff der Rückwirkung. Aus der in Bem. VII gegebenen Übersicht über den Inhalt des vierten Abschnitts erhellt, daß eine erschöpfende Klarstellung des Verhältnisses der Vorschriften des BGB. zu allen

---

*) Schrifttum: Habicht, Die Einwirkung des BGB. auf zuvor entstandene Rechtsverhältnisse, 3. Aufl., 1901; Affolter, Geschichte des intertemporalen Privatrechts, Leipzig 1901; ders., System des deutschen Bürgerlichen Übergangsrechtes, Leipzig 1903; Fuchs, Die Übergangsbestimmungen des Einführungsgesetzes, in GruchotsBeitr. Bd. 44 S. 1ff.; Süß, Grundgedanken des deutschen bürgerlichen Übergangsrechts, Diss. Leipzig 1910; Gierke, D. Privatrecht I §§ 23, 24; die Lehrbücher von Endemann I § 16; Enneccerus (22.—24. Aufl.) I §§ 55—57; Crome, System des Bürgerl. Rechts I § 24. S. ferner im allgemeinen: Göppert, Dogmat. Jahrb. XXII S. 1ff. (gute Übersicht des älteren Schrifttums).

Im besonderen sind noch zu vergleichen: Lehmann, Die zeitliche Anwendbarkeit des neuen Handelsgesetzbuchs, in ZHR. Bd. 48 S. 1ff.; Habicht, Zusammentreffen der örtlichen und zeitlichen Kollision der Gesetze, im „Recht“ 1900 S. 405ff.; Schöller, Fragen des internationalen Privatrechts in der Übergangszeit, DJZ. 1900 S. 250; Niedner, Kollision der örtlichen und zeitlichen Kollisionsnormen, im „Recht“ 1900 S. 250ff.; Kahn, JheringsJ. Bd. 43 S. 299ff. (Abhandlungen aus dem internationalen Privatrechte); Scherer, Rheinisches Recht in der Übergangszeit, in PuceltsZ. 1907 S. 530ff., 606ff., 673ff.; Schneider, Zum bayerischen Übergangsrechte, in BayZ. 1905 S. 6ff.

zur Zeit des Inkrafttretens des BGB. bestehenden Rechtsverhältnissen in diesem Gesetze nicht erfolgt ist.

Es fehlen allgemeine Bestimmungen über das zeitliche Herrschaftsgebiet der Gesetze, wie sie z. B. im römischen Rechte (l. 7 C. de leg. 1, 14), im kanonischen Rechte (c. 13 X de constit. 1, 2), im BLR. (Tl. I Tit. 1 § 8), im PLR. (Einl. §§ 14, 16, 17, 19), im sächs. GB. § 5, im österreichischen GB. § 5, im Code civil und im bad. LR. Art. 2, ferner im württemb. G. vom 12. Sept. 1814, betr. die Anwendung des württembergischen Rechtes in den neu erworbenen Landesteilen, §§ 1, 6, aufgestellt sind, die im wesentlichen von dem Grundsatz ausgehen, daß Gesetze privatrechtlichen Inhalts ihrer regelmäßigen Bestimmung nach nur für die Zukunft wirken, also keine rückwirkende Kraft haben.

Bei der Aufstellung der im EG. enthaltenen Übergangsvorschriften ist zwar (wie die Mot z. EG. 235 sagen) von den Gesichtspunkten ausgegangen worden, welche zu dem Grundsatze der **Nichtrückwirkung neuer Gesetze** in der Wissenschaft geführt haben, also namentlich von den Sätzen, daß die abstrakte Gesetzesvorschrift der Regel nach dazu bestimmt ist, nur diejenigen Tatbestände zu ergreifen und diejenigen Verhältnisse rechtlich auszuprägen, welche während ihrer Geltung sich verwirklichen, und daß der zum Schirmer der Rechtsordnung berufene Staat mit sich selbst in Widerspruch treten würde, wenn er den Versuch machen wollte, den unter dem Schutze staatlicher Gesetze begründeten Rechten und Rechtsverhältnissen ihren Bestand in willkürlicher Weise für die Zukunft zu entziehen. Aber das BGB. und das EG. haben, wie schon erwähnt, eine allgemeine Vorschrift, welche dem Grundsatze der Nichtrückwirkung Ausdruck verleiht, nicht aufgenommen, und zwar besonders deshalb, weil über Grund und Bedeutung des althergebrachten Satzes, daß Gesetze nicht zurückwirken (nach M. I, 19), kein Einverständnis herrscht, da dieser Satz bald aus dem Gesetzesbegriffe, bald aus der Natur des subjektiven Rechtes abgeleitet, bald als ein Zweckmäßigkeitsgrundsatz behandelt wird, welcher eine Menge juristischer Folgerungen in sich enthält, nicht aber selbst die Folge eines juristischen Grundsatzes ist. Dabei kommt in Betracht, daß die einen den Satz näher dahin bestimmen, daß Gesetze auf Tatsachen nicht angewendet werden dürfen, die unter dem früheren Rechte eingetreten sind und durch dasselbe ihre rechtliche Gestalt erhalten haben, während andere dies nur insoweit anerkennen, als infolge des früheren Gesetzes schon Rechte erworben seien, da erworbene Rechte nicht beeinträchtigt werden könnten, andere aber beide Sätze verbinden und wohl auch als gleichbedeutend behandeln, und wiederum andere zwischen den der Vergangenheit und den der Zeit des neuen Gesetzes angehörenden Wirkungen früherer Tatsachen unterscheiden und jene dem älteren, diese dem neuen Rechte unterstellen. Es herrscht auch über den Rückwirkungsbegriff selbst Meinungsverschiedenheit, indem die Vertreter der letzterwähnten Ansicht (nach M. I, 20) den Begriff in seinem eigentlichen Sinne auffassen, — die Motive sprechen von einem „natürlichen" Sinne —, das Inkrafttreten des neuen Gesetzes zum Ausgangspunkte nehmen und die Rückwirkung nur in der Rückgängigmachung dessen sehen, was vor dem Inkrafttreten des Gesetzes sich ereignet hat, während die Vertreter der übrigen Meinungen den Rückwirkungsbegriff in einem übertragenen Sinne auffassen, zum Ausgangspunkte den zur Zeit des Inkrafttretens des neuen Gesetzes bestehenden Rechtszustand nehmen und eine Rückwirkung schon in der Einwirkung des neuen Gesetzes auf den in diesem Zeitpunkte bestehenden Rechtszustand erblicken.

„**Rückwirkend im eigentlichen Sinne** ist ein Gesetz, welches bestimmt, daß ein Tatbestand, der während der Geltung eines früheren Gesetzes sich zugetragen hat, ohne daß ihm eine rechtliche Wirkung beigelegt worden ist, gleichwohl eine solche erzeugt habe, oder daß ein Tatbestand, welchem das frühere Gesetz eine Wirkung beigelegt hat, während der Geltung dieses Gesetzes keine Wirkung erzeugt habe, oder daß der Tatbestand in diesem Zeitraum eine andere als die ihm vom früheren Gesetze beigelegte Wirkung gehabt habe."

— Es handelt sich also bei der Rückwirkung im eigentlichen Sinne um nichts anderes, als um die Anwendung des bekannten juristischen Hilfsmittels der **Fiktion**, der Fiktion nämlich, daß auch die in die Zeit vor dem Erlaß eines neuen Gesetzes fallenden Tatsachen ausschließlich der Herrschaft des neuen Gesetzes unterstellt und demnach ausschließlich nach Maßgabe des neuen Gesetzes zu beurteilen seien. „**Rückwirkend im übertragenen (uneigentlichen) Sinne** ist ein Gesetz, welches in Ansehung eines während der Geltung des früheren Gesetzes eingetretenen Tatbestands von der Geltung des neuen Gesetzes an für die Zukunft diesem Tatbestande die ihm nach dem älteren Gesetze zukommende Wirksamkeit abspricht oder eine ihm nach dem älteren Gesetze zukommende Wirksamkeit beilegt oder die rechtlichen Wirkungen, welche der Tatbestand während der Geltung des früheren Gesetzes erzeugt hat, von der Geltung des neuen Gesetzes an aufhebt oder umgestaltet."

Auch der **Gesichtspunkt der „wohlerworbenen Rechte"** wurde nicht für geeignet befunden, die Grundlage für eine allgemeine Bestimmung zu bilden (s. unten V, 3).

III. Ausfüllen der Lücken durch Auslegung. Soweit das Gesetz eine ausdrückliche Übergangsvorschrift nicht enthält, fällt, wie die Motive (I, 21) besagen, „die Erforschung des maßgebenden Gesetzeswillens in den Bereich der Auslegung. Jeder Rechtssatz birgt zugleich eine Norm über die zeitlichen Grenzen der demselben zukommenden Wirksamkeit in sich. Die Kundgebung in Ansehung dieser Herrschaftstendenz kann mangelhaft oder dunkel sein; sie genügt, um der Auslegung Eingang zu schaffen".

Für diese Auslegung dürfen folgende Richtpunkte hervorgehoben werden:

1. Die Motive (I, 21) geben selbst folgende Anhaltspunkte:

Aus den schon unter II hervorgehobenen Gesichtspunkten, daß nämlich Gesetze ihrer Bestimmung nach die rechtliche Gestaltung der Gegenwart und der Zukunft ordnen und deshalb diejenigen Tatbestände ergreifen und diejenigen Verhältnisse rechtlich ausprägen wollen, welche während ihrer Geltung sich verwirklichen, und daß der Staat als Hüter der Rechtsordnung mit sich selbst in Widerspruch treten würde, wenn er den unter dem Schutze seiner Gesetze und unter deren Garantie gehörig erworbenen und begründeten Rechten und Rechtsverhältnissen später ihre Rechtswirksamkeit in willkürlicher Weise wieder entziehen wollte, darf die Folgerung abgeleitet werden:

a) Rückwirkung im „natürlichen" (eigentlichen) Sinne ist nur anzunehmen, wenn das Gesetz sie in bestimmter Weise gebietet;

b) Rückwirkung im übertragenen (uneigentlichen) Sinne ist nur anzunehmen, wenn besondere Gründe die Annahme rechtfertigen, daß der Gesetzeswille auf sie gerichtet ist.

2. Nicht als Rückwirkung stellt sich dar, daß das neue Recht vor bloßen **Möglichkeiten oder Erwartungen**, welche nach dem früheren Rechte bestanden, sich nicht zurückzieht. Vgl. RGZ. Bd. 54 S. 155.

3. Ein **Tatbestand, der aus mehreren zeitlich aufeinanderfolgenden einzelnen Tatsachen sich zusammensetzt**, gehört dem Rechte der Zeit an, in welcher der Tatbestand sich vollendet, vorausgesetzt, daß die während der Geltung des früheren Gesetzes eingetretenen Tatsachen nur die Aussicht auf künftigen Rechtserwerb, nicht aber eine diese Aussicht schützende Willensgebundenheit erzeugt haben.

4. Die wichtigsten **Gesichtspunkte für die gesetzgeberische Regelung des Übergangsrechts:** Für die Erstreckung des zeitlichen Herrschaftsbereichs eines Rechtssatzes über die gewöhnlichen Grenzen hinaus können verschiedene Gesichtspunkte maßgebend sein:

a) Es können politische, soziale, wirtschaftliche und ethische Gründe bestimmend sein.

b) Die innere Verschiedenheit des Rechtsstoffs ist von Bedeutung; so treffen z. B. Rechtsänderungen, welche Schuldverhältnisse beeinflussen, weil diese regelmäßig der Privatautonomie freigegeben sind, die individuelle Rechtssphäre empfindlicher als Änderungen, welche den Inhalt dinglicher Rechte zum Gegenstande haben, hinsichtlich deren schon die längere Dauer dem Gesetzgeber die Einwirkung auf die bestehenden Rechtsgestaltungen näher legt, oder Änderungen auf dem Gebiete des Familienrechts, da die reinen Familienrechte vorwiegend nur die Kehrseite von Pflichten sind, die, in der Sphäre der Sittlichkeit wurzelnd, zu Rechtspflichten erhoben sind, und bezüglich deren deshalb der Gemeinwille häufigere und dringendere Veranlassung hat, sich mit besonderer Energie zu betätigen.

c) Nicht rückwirkend sind dispositive Gesetzesvorschriften, zwingende nur dann, wenn außerdem noch der Wille des Gesetzgebers erkennbar ist, daß er nicht nur für die Zukunft der Vertragsfreiheit Schranken setzen, sondern sogar wohlerworbene Vertragsrechte verletzen will (RGZ. Bd. 42 S. 97 ff., DJZ. 1899 S. 65).

d) Eine gewisse Analogie ist zweifellos auch den die räumliche Herrschaft eines Rechtssatzes bestimmenden Gesichtspunkten nicht abzusprechen, weshalb unter Umständen auch die in Art. 7 ff. über das internationale Privatrecht gegebenen Vorschriften zur Auslegung der Übergangsbestimmungen insofern herangezogen werden, als sie z. B. den zwingenden Charakter eines Rechtssatzes dartun usw. Vgl. unten IV, E.

IV. Als **leitende Grundsätze** sind folgende aufzustellen:

A. Für **Rechte und Rechtsverhältnisse, welche vor dem Inkrafttreten des Bürgerlichen Gesetzbuchs entstanden sind, bleiben die bisherigen Gesetze maßgebend**, sofern nicht Ausnahmen von diesem Leitsatz des sog. Verbots der Rückwirkung aus den neuen Gesetzen, insbesondere aus den Übergangsvorschriften dieses Abschnittes zu entnehmen sind.

B. Ausnahmen von dem Satze unter A:

1. Ausnahmen enthält ausdrücklich ein Teil der in den Art. 153 ff. dieses Gesetzes gegebenen Übergangsvorschriften.

Insbesondere bestimmen sich die Wirkungen der Volljährigkeitserklärung und der Emanzipation (Art. 153, 154), der Entmündigung (Art. 155, 156), zum Teile auch die der Todeserklärung (Art. 159, 160) nach dem neuen Rechte; Verjährung und Ersitzung werden mit gewissen Vorbehalten nach den neuen Vorschriften fortgesetzt (Art. 169, 185); für die bestehenden juristischen Personen (Art. 163), für Miet-, Pacht- und Dienstverhältnisse (Art. 171, 172), für Gemeinschaften nach Bruchteilen (Art. 173), für Schuldverschreibungen auf den Inhaber und Legitimationspapiere (Art. 174, 176, 177), für Besitzverhältnisse (Art. 180, 191 Abs. 2), für das Eigentum und für das Aneignungsrecht des Fiskus (Art. 181, 190), für Erbbaurecht und Grunddienstbarkeiten (Art. 184 Satz 2), Hypotheken und Grundschulden (Art. 192, 193), für die persönlichen Rechtsbeziehungen der Ehegatten zueinander (Art. 199) und die Zulässigkeit von Eheverträgen (Art. 200 Abs. 2), für die Nichtigkeit und Anfechtbarkeit der Ehe (Art. 198 Abs. 2) und die Ehescheidung (Art. 201), für das Rechtsverhältnis zwischen den Eltern und den ehelichen Kindern (Art. 203—206) und die rechtliche Stellung der unehelichen Kinder (Art. 208) sowie für Vormundschaft und Pflegschaft (Art. 210, 211) gelten entweder schlechthin oder mit gewissen Beschränkungen die Vorschriften des BGB. (Vgl. Mot. z. bayer. ÜbergG., Einleitung.)

2. Konkludente Ausnahmen können sich auch dadurch ergeben, daß von einzelnen anderen Vorschriften des BGB. oder dieses Gesetzes auf Grund ihrer Auslegung (siehe III) anzunehmen ist, daß der Gesetzgeber ihnen rückwirkende Kraft beilegen wollte.

3. Weitere Ausnahmen ermöglicht der Art. 218 dieses Gesetzes; hiernach kann die Landesgesetzgebung Rechte und Rechtsverhältnisse, für welche der Satz unter IV, A gilt, dem neuen Rechte unterstellen oder Vorschriften erlassen, welche vom bisherigen und vom neuen Rechte abweichen.

4. Ausnahmen können ferner auch noch die landesgesetzlichen Vorschriften enthalten, welche auf Grund der in den Art. 55—152 dieses Gesetzes oder im BGB. zugunsten der Landesgesetzgebung enthaltenen Vorbehalte erlassen werden.

C. Für Rechte und Rechtsverhältnisse, welche vom Inkrafttreten des BGB. an entstehen, ist das BGB. maßgebend.

Ausnahmen von diesem Satz enthalten:

a) Art. 189 (betr. Erwerb, Übertragung, Aufhebung von Rechten an Grundstücken **vor Anlegung des Grundbuchs**) mit Art. 188, 193, 194 und 195 Abs. 2 dieses Gesetzes und

b) selbstverständlich alle übrigen nach B, 3 und 4 zugunsten der Landesgesetzgebung bestehenden Vorbehalte.

D. Soweit für Rechte und Rechtsverhältnisse, welche vor dem 1. Januar 1900 entstanden sind, das neue Recht maßgebend wird, wird die Wirksamkeit des neuen Rechtes regelmäßig nur hinsichtlich der **Wirkungen**, nicht auch hinsichtlich der zur Begründung eines Rechtsverhältnisses erforderlichen **Voraussetzungen** sich geltend machen. Doch gilt dieser Satz nicht ausnahmslos; so bezieht sich z. B. Art. 198 Abs. 2 auch auf die Voraussetzungen.

V. Wegen des Verhältnisses der Vorschriften des internationalen Privatrechts zu den Übergangsvorschriften dieses Abschnitts vgl. insbesondere Zitelmann in JheringsJ. Bd. 42 S. 189 ff. Mit dem internationalen Privatrecht hat das Übergangsrecht insofern einen gemeinsamen Charakter, als es, obwohl es das Privatrecht zur Voraussetzung hat, keinen Teil des eigentlichen Privatrechts bildet, sondern öffentliches Recht i. w. S. ist (s. auch Affolter, System S. 3, Geschichte § 3; Süß S. 1 und 2).

VI. Authentische Interpretation: Ein besonderes Mittel, einem Gesetze rückwirkende Kraft beizulegen, bildet die sog. authentische Interpretation, d. h. die gesetzliche Festlegung einer den Richter bindenden Gesetzesauslegung. Im Falle einer solchen kann streitig werden, ob dieselbe auch in der Berufungsinstanz eines anhängigen Rechtsstreits zu berücksichtigen ist. Nach einer Entscheidung des Reichsgerichts soll sie sogar noch die Revisionsinstanz binden. Vgl. ElsLothZ. 1888 S. 325 (RG. vom 29. März 1888 betr. cris séditicux); dagegen mit Recht Scherer, Komm. z. EG. S. 142.

VII. Wissenschaftliche Stellung des Übergangsrechts. Sog. Positivität des Grundsatzes der Nichtrückwirkung. Die Lehre von den wohlerworbenen Rechten. (Die sog. Ausnahmeklausel). Der Sprachgebrauch.

1. Wissenschaftliche Stellung des Übergangsrechts: Es erscheint angezeigt, zumal mit Rücksicht auf die bedeutsame Arbeit Affolters, den vorstehenden, im wesentlichen nur den wissenschaftlichen Standpunkt der Motive bzw. der Redaktoren des BGB. wiedergegebenen Äußerungen einige dem Standpunkte der Theorie des sog. Intertemporal- oder Zwischenzeitrechts entsprechende Vorbemerkungen anzufügen, auf die auch bei der Stellungnahme zu einzelnen Streitfragen bei der Auslegung und Ausfüllung von sog. Lücken zurückverwiesen werden kann. Der früher vielfach beliebte Ausdruck für die Gesamtheit der hier einschlägigen Fragen: „Zeitliche Kollision oder zeitlicher Zusammenstoß der Rechtsquellen" ist selbstverständlich ein bloßes Wortbild; in Wahrheit können die zeitlich aufeinanderfolgenden Rechtsnormen nicht unter sich kollidieren, einander nicht widerstreiten. Es ist vielmehr Aufgabe der Wissenschaft, von dem Gesichtspunkte einer einheitlichen Auffassung der Gesamtrechtsordnung **die begriffliche Harmonie der verschiedenen besonderen Rechtsordnungen sowohl in räumlicher, wie in zeitlicher Hinsicht zu gewährleisten.** Hieraus ergibt sich einmal die begriffliche Verwandtschaft der hier einschlägigen Fragen mit denen der sog. räumlichen Kollision oder des sog. internationalen Privatrechts, sodann die hier wie dort hervortretende Bedeutsamkeit gewisser, nicht in den besonderen Teil des Rechtssystems, sondern zur allgemeinen Rechtslehre gehörender Grundsätze.

Es handelt sich in diesen Grundsätzen um „das Recht der Rechtsordnungen" und, was das Wesen derselben betrifft, so „läßt sich eines mit Sicherheit behaupten, daß dieses Recht der Rechtsordnungen jus publicum, öffentliches Recht ist, als Gegensatz zum Privatrecht gedacht; denn es ordnet die Herrschaftsbereiche der Gesetze, d. i. des dauernden Willens öffentlicher Gemeinwesen; mit den Rechten der Privatpersonen hat es nichts zu tun" (Affolter, Geschichte des intertemporalen Privatrechts S. 3).

2. Sog. Positivität des Grundsatzes der Nichtrückwirkung: Unstreitig bildet zwar der Grundsatz der sog. Nichtrückwirkung den ersten Grundsatz und die Hauptregel der Lehre vom „intertemporalen Privatrecht". Über die bindende Kraft dieses Grundsatzes für den Richter besteht jedoch derselbe Zweifel, wie in Ansehung der sog. Positivität des Völkerrechts und der Grundsätze des internationalen Privatrechts, soweit solche nicht in Staatsverträgen und positiven Gesetzen Aufnahme gefunden haben. Während Göppert, IheringsJ. Bd. 22 S. 1 ff., dem Grundsatze jegliche Positivität abstreitet, ist Affolter, System § 6 mit Entschiedenheit dafür eingetreten, daß der Richter, solange er nicht durch eine Ausschlußklausel auf die ausschließliche Anwendung des neuen Gesetzes verwiesen wird, auf die der alten Rechtsordnung entstammenden Tatbestände und Rechtsverhältnisse die Rechtsvorschriften der älteren Rechtsordnung anzuwenden hat. Dieser Lehre dürfte beizupflichten sein. Jedenfalls ist es nicht erforderlich, daß der Gesetzgeber der neuen Rechtsregel ausdrücklich einen Hinweis in diesem Sinne beifügt, eine sog. „Gewährungsklausel" (Affolter). Im übrigen unterscheiden wir mit Gierke, Deutsches Privatrecht I S. 188 ff. zwischen einer verbietenden und deutenden Tragweite des Grundsatzes. Die verbietende Tragweite d. h. das Verbot, einem neuen Gesetze rückwirkende Kraft zu verleihen, ist freilich in vollem Umfange als grundlegender Rechtssatz nur in solchen Staaten bzw. Bundesstaaten positiv, in denen, wie z. B. in Nordamerika, dem Richter auch die Prüfung und Kritik der materiellen Verfassungsmäßigkeit eines formell gültig publizierten Gesetzes zusteht (vgl. Göppert a. a. O. S. 50, Gierke a. a. O. S. 188, Affolter, System S. 23, Geschichte § 56 S. 397 N. 1). Eine so weit gehende Souveränität des Richters ist in Deutschland nicht anerkannt (RGZ. Bd. 9 Nr. 62). Insbesondere steht dem durch ein Gesetz, das den verbietenden Grundsatz in ungerechter Weise verletzt, geschädigten Einzelnen kein gerichtlich durchführbarer Entschädigungsanspruch gegen den Staat zu (RG. in SeuffA. Bd. 46 Nr. 164, Gierke, D. Privatrecht I S. 189). Dagegen weist Affolter, System S. 28 ff. darauf hin, daß immerhin der Grundsatz in seiner verbietenden Tragweite als eine lex imperfecta anerkannt werden müsse und daß insbesondere ein Bundesstaat „berechtigt und verpflichtet" sei, „ungerechtfertigte ausschließliche (die Hauptregel verletzende) Gesetze eines Gliedstaates für nichtig zu erklären und die Beseitigung ihrer Wirkungen zu erzwingen". (Vgl. auch Gierke S. 188 ff.) A. M. für das Deutsche Reich Habicht S. 8, 9 N. 4.

Weniger bestritten ist die deutende Tragweite des Grundsatzes, d. h. der Richter hat von der Vermutung auszugehen, daß der Gesetzgeber mit den Anforderungen der Gerechtigkeit in Einklang bleiben und somit die materiellen Schranken seiner Gewalt auch da beachten will, wo sie ihn formell nicht bindet (Gierke S. 190). Nur demjenigen Gesetze ist eine „rückwirkende Kraft" beizulegen, welches sich eine solche in unzweideutiger Weise beilegt. Affolter, der den Ausdruck „Rückwirkung" als unwissenschaftlich verwirft, spricht, falls es sich um eine ausdrückliche Erstreckung des neuen Rechtssatzes auf ältere Tatbestände handelt, von einer Ausschlußklausel (Ausschließlichkeit der neuen Rechtsordnung). Er bestreitet die Zulässigkeit einer stillschweigenden („angeborenen") Ausschließlichkeit. Vgl. jedoch dagegen Habicht S. 9 Anm. 1, Gierke S. 190, SeuffA. Bd. 12 Nr. 119, Bd. 30 Nr. 108, RGZ. Bd. 40 S. 314, Bd. 42 S. 100, vgl. auch oben IV, B, 2. — Die Frage, unter welchen materiellen Voraussetzungen der Gesetzgeber zur Beifügung der Ausschlußklausel (d. h. der Erteilung einer sog. rückwirkenden Kraft) berechtigt sei, gehört nach Affolter, System S. 41, zur Gesetzgebungspolitik, nicht zur eigentlichen Rechtswissenschaft. So richtig dies ist, so bleibt doch, falls die Ausschlußklausel, wie die herrschende Ansicht annimmt, auch konkludent sein kann, die legislative Auffassung des Gesetzgebers auch für die Auslegung beachtenswert. Jedenfalls ist auch Affolter darin beizupflichten, daß eine auf Ausschließlichkeit (Rückwirkung) gerichtete Absicht des Gesetzgebers nur dann anzunehmen ist, wenn denselben eine solche Umwälzung des sittlichen oder rechtlichen Gefühls geleitet hat, daß diese „sich zu einer derartigen Mißachtung der alten Rechtsordnung verdichtet, daß ihre

Fortwirkung mit Notwendigkeit ausgeschlossen ist" (Affolter, Geschichte S. 515 ff.). Aus der Rechtsprechung vgl. SeuffA. Bd. 4 Nr. 199, RGZ. Bd. 43 S. 25. (Auch nicht ausdrücklich angeordnete Ausnahmen können sich aus Grund und Zweck der Gesetze ergeben. — Nicht richtig aber ist es, daß alle zwingenden Rechtssätze rückwirkende Kraft haben. Es kommt vielmehr darauf an, „welche Wichtigkeit und Bedeutung der Urheber eines neuen Rechtssatzes diesem aus Gründen der Sittlichkeit und des Gemeinwohls beilegt"). Vgl. auch RGZ. Bd. 42 S. 99, Bd. 40 S. 314. Im Zweifel ist nur eine Rückwirkung schwächeren Grades anzunehmen, die zwar neue Wirkungen älterer Rechtsverhältnisse abschneidet, jedoch die aus deren bisherigen Wirksamkeit bereits entsprungenen konkreten Rechte und Pflichten unberührt läßt. Gierke I S. 190.

3. Die Lehre von den wohlerworbenen Rechten: Diese Lehre hat Affolter einer sehr eingehenden Kritik unterzogen (Geschichte S. 626 ff.), die mit deren völliger Ablehnung abschließt. Diese Kritik beruht auf seiner tieferen Analyse des Begriffs des Tatbestandes im abstrakten und konkreten Sinne (System Kap. I S. 80—146), sowie des Begriffs der „Rechtsverhältnisse" (System Kap. II S. 148—169). Nur unter Annahme der hier von Affolter eingehend entwickelten Begriffe und Unterscheidungen würde es unbedenklich sein, den durch die wissenschaftliche Tradition und durch gewohnheitsrechtliche Praxis sanktionierten Begriff aufzugeben, der auch in einzelnen Gesetzbüchern ausdrücklich anerkannt worden ist. Daher ist für die Praxis an dem Begriff festzuhalten. Vgl. auch RGZ. Bd. 6 Nr. 34, Bd. 10 Nr. 10, Bd. 24 S. 271, Bd. 32 S. 50, SeuffA. Bd. 38 Nr. 162. Der Begriff des wohlerworbenen Rechts ist mit Gierke I S. 192 dahin zu bestimmen, daß jedes Recht, welches einem bestimmten Subjekte kraft eines besonderen Erwerbsgrundes zusteht, „erworben" oder „wohlerworben" ist (jus quaesitum). Keine erworbenen Rechte sind die allgemeinen und besonderen gesetzlichen Rechte, die für alle Personen oder für alle Angehörigen einer bestimmten Personenklasse unmittelbar durch Rechtssatz begründet sind. (SeuffA. Bd. 9 Nr. 244, Recht auf Gewerbefreiheit, RGZ. Bd. 6 Nr. 34, Statusrechte). Doch gehören die durch singulären Rechtssatz individuell begründeten Rechte, Privilegien im engeren Sinne, zu den wohlerworbenen. Der Begriff ist nicht auf Vermögensrechte einzuschränken, auch Persönlichkeits- und Familienrechte können wohlerworben sein. Jedes Recht, das für ein bestimmtes Subjekt in individueller Weise begründet ist, „mit dem ganzen ihm von der gegenwärtigen Rechtsordnung gewährten Inhalt und folgeweise mit aller ihm innewohnenden Kraft zur fortdauernden Entfaltung bestimmter Wirkungen erworben" (Gierke a. a. O. S. 133). Der Begriff ist nicht auf durch eigene Willenstat erworbene Rechte zu beschränken, er umfaßt auch Rechte aus Erbschaftsanfall, Delikten, richterlicher Verfügung, Privilegien.

Nach deutschem Gewohnheitsrecht ist „im Falle der Aufhebung eines wohlerworbenen Rechts durch die Gesetzgebung ohne weiteres ein privatrechtlicher Anspruch gegen den Staat auf volle Entschädigung" gegeben, „soweit nicht dieser Anspruch durch die Gesetzgebung besonders ausgeschlossen ist", RGZ. Bd. 12 S. 3, SeuffA. Bd. 35 Nr. 146, Gierke a. a. O. I S. 196.

4. Sprachgebrauch: Von großer Wichtigkeit ist beim Wechsel der Rechtsordnung die Feststellung des Sprachgebrauchs in den Übergangsbestimmungen, da selbstverständlich die Tragweite einer solchen Bestimmung davon abhängt, ob ein hier angewandter Ausdruck im Sinne der älteren oder der neueren Rechtsordnung auszulegen ist. Zu unterscheiden ist in dieser Hinsicht zwischen den sog. Gewährungsklauseln, d. h. solchen Übergangsvorschriften, in denen Tatbestände der älteren Rechtsordnung dieser unterstellt werden, und den sog. Ausschlußklauseln, d. h. solchen Übergangsvorschriften, in denen ausnahmsweise auch ältere Tatbestände ausschließlich der neuen Rechtsordnung unterworfen werden (sog. Rückwirkung). Grundsätzlich ist davon auszugehen, daß Ausdrücke und Begriffe in den Gewährungsklauseln im Sinne derjenigen Rechtsordnung gebraucht werden, nach welcher sie die weitere Bedeutung haben, daß dagegen in Ausschlußklauseln (d. h. in Vorschriften mit sog. rückwirkender Kraft) die Begriffe im Sinne derjenigen Rechtsordnung zu nehmen sind, nach welcher ihnen der engere Umfang zukommt. Diese von Affolter, System S. 53 f. aufgestellte Regel deckt sich mit dem allgemeinen Grundsatze, daß Ausnahmevorschriften einer strengen, einschränkenden Auslegung unterliegen. Demnach ist beispielsweise der Begriff des Testaments in den Art. 214, 215 in dem weiteren Sinne der neuen Rechtssprache des BGB., in dem er auch Kodizille umfaßt, zu nehmen, während umgekehrt der Begriff des Eigentums in Art. 181, der des Besitzverhältnisses in Art. 180 nach der alten Rechtsauffassung (als der engeren) auszulegen ist. Ein anderes Beispiel bildet der Begriff „Sache" in Art. 172; da Art. 172 eine Ausschlußklausel enthält, so ist dieser Begriff hier in dem engeren Sinne des § 90 BGB. auszulegen („körperlicher Gegenstand").

Im übrigen sind selbstverständlich Ausdrücke, die nur der neueren Rechtssprache bekannt sind, wie z. B. „Anspruch" (Art. 169) auch nach Maßgabe der dafür durch die Redaktoren des BGB. bzw. dieses Gesetzes zugrunde gelegten modernen Auffassung zu begrenzen, während für solche Ausdrücke, die ausschließlich der alten Rechtsordnung angehören, (vgl. Art. 154 Emanzipation, Art. 156, 211 Beistand) der Sinn der alten Rechtsordnung maßgebend bleibt. Vgl. Affolter a. a. O., Habicht S. 15.

VIII. Wegen der für den IV. Abschnitt in Betracht kommenden Ausführungsgesetze und sonstigen landesgesetzlichen Vorschriften und der einschlägigen Schriften im allgemeinen vgl. Vorbem. D und E zum III. Abschnitte.

IX. Überblick: Die **Übergangsvorschriften** sind **nach der Legalordnung des BGB.** geordnet.

Auf den **allgemeinen Teil** beziehen sich die Art. 153—169, und zwar enthalten Übergangsvorschriften:

Art. 153 über die Volljährigkeit,
Art. 154 über die Emanzipation nach badischem und französischem Rechte,
Art. 155 über die Entmündigung wegen Geisteskrankheit,
Art. 156 über die Entmündigung wegen Verschwendung,
Art. 157 über den erwählten Wohnsitz nach französischem und badischem Rechte.
Art. 158—162 über die Todeserklärung, Verschollenheitserklärung und Einweisung des mutmaßlichen Erben in den Besitz oder Genuß des Vermögens eines Verschollenen,
Art. 163—167 über juristische Personen, und zwar zunächst Art. 163 über juristische Personen im allgemeinen, Art. 164 über Realverbände, Art. 165 über die bayerischen registrierten Gesellschaften und anerkannten Vereine, Art. 166 über die sächsischen eingetragenen Vereine und Art. 167 über die landschaftlichen oder ritterschaftlichen Kreditanstalten,
Art. 168 über Verfügungsbeschränkungen und
Art. 169 über die Verjährung.

Auf **das Recht der Schuldverhältnisse** beziehen sich die Art. 170—179, und zwar enthalten Übergangsvorschriften:

Art. 170 über die bestehenden Schuldverhältnisse im allgemeinen,
Art. 171 und 172 über Dienst-, Miet- und Pachtverhältnisse,
Art. 173 über die Gemeinschaft nach Bruchteilen,
Art. 174—176 über die Schuldverschreibungen auf den Inhaber und Art. 177 und 178 auch über die sog. qualifizierten Legitimationspapiere, endlich
Art. 179 über die in ein öffentliches Buch eingetragenen Ansprüche aus einem Schuldverhältnisse.

Für das Sachenrecht sind in den Art. 180—197 Übergangsvorschriften aufgestellt; von denselben beziehen sich:

Art. 180 auf den Besitz,

Art. 181 auf das Eigentum,
Art. 182 auf das Stockwerkseigentum,
Art. 183 auf das Nachbarrecht bei Waldgrundstücken,
Art. 184 auf die Rechte an Sachen im allgemeinen (Erbbaurecht, Dienstbarkeiten, Hypothek-, Grund- und Rentenschulden sowie Reallasten),
Art. 185 auf die Ersitzung von Eigentum und Nießbrauch an einer beweglichen Sache,
Art. 186 auf die Anlegung des Grundbuchs,
Art. 187 auf die Eintragung bestehender Grunddienstbarkeiten,
Art. 188 auf die Eintragung von gesetzlichen Pfandrechten,
Art. 189 auf den Erwerb und Verlust des Eigentums und anderer dinglicher Rechte an einem Grundstücke für die Zeit bis zur Anlegung des Grundbuchs,
Art. 190 auf das Aneignungsrecht des Fiskus,
Art. 191 auf den Besitzschutz von Dienstbarkeiten,
Art. 192—194 auf die Pfandrechte an Grundstücken,
Art. 195 auf Grundschulden,
Art. 196 und 197 auf die Nutzungsrechte an Grundstücken.

Mit dem **Familienrecht** beschäftigen sich die in den Artikeln 198—212 aufgestellten Übergangsvorschriften, und zwar beziehen sich:
Art. 198 auf die Gültigkeit der Ehe,
Art. 199 auf die persönlichen Rechtsbeziehungen der Ehegatten,
Art. 200 auf das eheliche Güterrecht,
Art. 201 auf die Ehescheidung und die Aufhebung der ehelichen Gemeinschaft,
Art. 202 auf die Trennung von Tisch und Bett,
Art. 203—205 auf das Rechtsverhältnis zwischen den Eltern und deren ehelichen Kindern,
Art. 206 auf das Rechtsverhältnis zwischen Kindern aus einer aufgelösten Ehe und deren Eltern,
Art. 207 auf das Rechtsverhältnis zwischen Kindern aus einer ungültigen Ehe und deren Eltern,
Art. 208 auf die rechtliche Stellung der unehelichen Kinder,
Art. 209 auf die legitimierten und adoptierten Kinder,
Art. 210 auf die Vormundschaften und Pflegschaften,
Art. 211 auf die Beistandschaft für einen Geistesschwachen nach französischem und badischem Rechte und
Art. 212 auf die Mündelsicherheit von Wertpapieren.

Über das **Erbrecht** enthalten Übergangsvorschriften die Art. 213—217, und zwar:
Art. 213 über erbrechtliche Verhältnisse im allgemeinen,
Art. 214 und 215 über Verfügungen von Todes wegen,
Art. 216 über die Testierfreiheit gewisser ritterschaftlicher Familien und
Art. 217 über den Erbverzichtsvertrag.

Vorbemerkung zu den Art. 153—169 (Allgemeiner Teil).

Die Art. 153—169 enthalten auf die Vorschriften des allgemeinen Teils des BGB. bezügliche Übergangsbestimmungen. Wie der vorausgehende Überblick (oben Bem. IX) zeigt, sind nur für einzelne der systematisch zum allgemeinen Teil gehörigen Rechtsverhältnisse Übergangsvorschriften erlassen. Soweit es an ausdrücklichen Übergangsvorschriften fehlt, sind die in den Vorbemerkungen zum 4. Abschnitt dargelegten Grundsätze maßgebend (s. insbes. Vorbem. IV S. 400).

1. Personenrecht: Die Vorschriften über **Rechtsfähigkeit** haben zwingende Bedeutung, beanspruchen daher rückwirkende Kraft. Daher haben auch die Klosterpersonen (Religiosen), deren Vermögens-Rechtsfähigkeit früher beschränkt war (vgl. z. B. PrALR. II, 11 §§ 1199, 1200), mit dem Inkrafttreten des BGB. volle Rechtsfähigkeit erlangt. Vgl. Bem. 3 zu Art. 87. Doch hat diese Rechtsänderung keine Einwirkung auf schon vor dem 1. Januar 1900 eingetretene Rechtsänderungen; das vorher mit der Profeßleistung auf andere übergegangene Vermögen fällt nicht wieder an den Religiosen zurück; für Erbfälle, in denen der Erblasser vor dem 1. Januar 1900 gestorben ist, bleibt die Ordensperson nach Maßgabe des alten Rechtes erwerbsunfähig (vgl. Affolter S. 204, Habicht S. 44).

Dasselbe gilt für die beispielsweise im früheren Preußischen Recht (ALR. I, 1 §§ 17, 18) beschränkte Rechtsfähigkeit der Mißgeburt und das Erfordernis der Lebensfähigkeit (Code civil art. 725, Bad. Landrecht Satz 314, 725, 906). Das BGB. hat diese Beschränkungen beseitigt (vgl. diesen Komm. Bd. I Bem. I, 5, 6 zu § 1 BGB.). Für einen Erbfall, der vor dem 1. Januar 1900 eingetreten ist, kommt die jetzt erworbene Rechtsfähigkeit nicht in Betracht. Dies gilt auch für den Fall, daß die Mißgeburt oder die lebensunfähige Geburt erst nach dem 1. Januar 1900 zur Welt gekommen ist, falls sie an dem früheren Erbfall nur als fideikommissarischer Erbe (Nacherbe) beteiligt ist (Art. 213, Habicht S. 44).

Im übrigen ist in Ansehung der **Persönlichkeitsrechte** zu unterscheiden zwischen a) solchen, die unmittelbar kraft Gesetzes und b) solchen, die individuell erworben sind.

a) Die sog. **Zustandsrechte** aller Personen oder der Personen einer gewissen Klasse unterliegen dem neuen Gesetze; diese sind also, sofern sie die Rechts- oder Handlungsfähigkeit überhaupt oder nach Alter, Geschlecht, geistiger Gesundheit, Stand, Ehre, Religion, Staatsangehörigkeit einschränken oder erweitern, sofort auf jede vorhandene Person anwendbar (vgl. Gierke I S. 106). Eine Ausnahme von diesem Grundsatz macht hinsichtlich der vor dem 1. Januar 1900 erworbenen Volljährigkeit Art. 153.

b) **Individuell begründete Persönlichkeitsrechte**, d. h. solche, die einer Person ausschließlich, nicht als dem Mitgliede einer Klasse von Personen, zustehen, sind als wohlerworbene Rechte zu behandeln, d. h. ihre Entstehung ist zunächst nach dem früheren Rechte zu beurteilen, sie nehmen jedoch hinsichtlich der Wirkungen an etwaigen Erweiterungen des neuen Rechtes teil. So bestimmt sich z. B. der Erwerb des Namenrechts nach dem zur Zeit der Vollziehung des dafür erforderlichen Tatbestandes geltenden Rechte (RG. in BöhmsZ. Bd. 16 S. 347). Insoweit jedoch das Namenrecht aus einem besonderen zwischen zwei Personen bestehenden Rechtsverhältnisse folgt (Abstammung, Ehe usw.), kann es auch nach dem 1. Januar 1900 auf Grund der für dieses Rechtsverhältnis nunmehr eingetretenen Vorschriften entstanden sein. Vgl. Art. 199, 201, 203, 207, 208, 209. Die Wirkungen eines vor dem 1. Januar 1900 entstandenen Persönlichkeitsrechtes bestimmen sich jedoch nach dem neuen Recht; so z. B. genießt auch das vor dem 1. Januar 1900 entstandene Namenrecht den Schutz des § 12 BGB. und ein unter Herrschaft des früheren Rechts ergangenes rechtskräftiges Urteil, das die sich hiernach jetzt ergebenden Ansprüche verneint hat, steht der neuerlichen Geltendmachung derselben nicht im Wege (RG. in JW. 1901 S. 765).

2. Rechtsgeschäfte: Die unter der Herrschaft der alten Gesetze vorgenommenen Rechtsgeschäfte sind nicht bloß in Ansehung der Geschäftsfähigkeit der Beteiligten und der Form, sondern auch im übrigen hinsichtlich der Umstände, die ihre Gültigkeit und Wirksamkeit bestimmen, nach dem alten Rechte zu beurteilen, soweit nicht besondere Ausnahmen im Einführungsgesetz aufgestellt sind (Habicht a. a. O. S. 130 ff.). Dies gilt insbesondere:

a) für die Handlungs- und Testierfähigkeit Geisteskranker während der sog. dilucida intervalla nach gemeinem Recht; dieses ließ das tatsächliche Eintreten des lichten Zwischenraums selbst dann gelten, wenn der Geisteskranke entmündigt war, bzw. wenn bei völliger Genesung die Entmündigung nicht wieder aufgehoben wurde (Habicht S. 53 f.; RG. bei Bolze Bd. 7 Nr. 22, wenigstens für den Fall einer vor dem 1. Oktober 1879 nach gemeinem Rechte erfolgten Entmündigung; a. M. v. Roth, System des deutschen Privatrechts Bd. 2 § 201; s. dagegen für das geltende Recht Bem. 4, f zu § 104 in Bd. I, Bem. I zu §§ 2229, 2230 in Bd. V dieses Komm.). Im übrigen vgl. wegen der

Wirkung einer vor dem 1. Januar 1900 erfolgten Entmündigung wegen Geisteskrankheit Art. 215.

b) für die Gültigkeit der Willenserklärungen, Willensmängel (Mentalreservation, Simulation, Scherz, Irrtum, Zwang usw.); auch für die Frage des negativen Vertragsinteresses. Die §§ 116 ff. BGB. über diese Fragen sind nur auf Willenserklärungen anwendbar, die nach dem 1. Januar 1900 abgegeben worden sind. Auch die Perfektion des Vertrags ist nach dem alten Rechte zu beurteilen, sofern die Umstände, auf die sie gegründet wird, unter der Herrschaft des alten Rechtes bereits eingetreten sind;

c) für die Frage, ob das Geschäft gegen ein gesetzliches Verbot (BGB. § 134) oder gegen die guten Sitten (BGB. § 138) verstößt. Hat jedoch ein Geschäft nicht schon die Rechtsänderung, auf die es abzielte, herbeigeführt, sondern nur ein darauf gerichtetes Schuldverhältnis erzeugt, so steht der Geltendmachung des Anspruchs aus diesem Schuldverhältnis unter dem neuen Rechte die veränderte Rechtsauffassung hindernd entgegen, schließt also deren Geltendmachung im Klagewege aus bzw. erzeugt eine Einrede. Insofern ist die veränderte Überzeugung über die „guten Sitten" von zwingender Bedeutung und beansprucht rückwirkende Kraft. „Denn der Richter darf nicht dazu mithelfen, im Wege des rechtlichen Zwanges einen Erfolg herbeizuführen, den die sittliche Anschauung seines Volkes und seiner Zeit unter Billigung des Gesetzes verwirft. Aber auch der Schuldner darf sich darauf berufen, wenn er unter dem neuen Recht in Unkenntnis der mit diesem eingetretenen Veränderung seiner Rechtslage erfüllt hat" (Habicht a. a. O. S. 135; and. M. freilich Göppert IheringsJ. Bd. 22 S. 138, ferner RG. JW. 1900 S. 24).

Mit Recht nimmt dagegen RG. in RGZ. Bd. 47 S. 103, JW. 1901 S. 1 die Rückwirkung der zwingenden Vorschrift des § 138 Abs. 2 BGB. auf Geschäfte an, die vor dem 1. Januar 1900 geschlossen sind; ebenso Bem. I, 10 zu § 138 in Bd. I und Bem. IV, 1, b zu Art. 170.

Die nach dem Inkrafttreten des BGB. vorgenommenen Rechtsgeschäfte sind jedoch nach den neuen Rechtsnormen zu beurteilen, auch wenn sich das Rechtsverhältnis, auf welches das Geschäft sich bezieht, nach dem alten Rechte bestimmt.

3. **Vollmacht:** Ein vor dem 1. Januar 1900 abgeschlossenes Rechtsgeschäft verpflichtet den Vollmachtgeber nur, wenn die Vollmacht den Erfordernissen des alten Rechts entspricht, also beispielsweise nach preuß. LR. schriftlich ist. Dagegen genügt zum Abschluß eines Rechtsgeschäfts nach dem 1. Januar 1900 eine den Erfordernissen des BGB. entsprechende Vollmacht, selbst wenn sie vor dem 1. Januar 1900 erteilt ist und zur Zeit ihrer Ausstellung nicht als genügende Vollmacht gelten konnte; es genügt also, daß nach § 167 BGB. die Erteilung der Vollmacht durch (mündliche) Erklärung gegenüber dem Bevollmächtigten oder dem Dritten, dem gegenüber die Vertretung stattfindet, erfolgt ist. Die Rückgabe der Vollmacht kann nach § 175 BGB., der dem Interesse der Verkehrssicherheit dient, verlangt werden, auch wenn die Vollmacht unter der Herrschaft des alten Rechts ausgestellt ist; ebenso ist auch die Kraftloserklärung der Vollmacht (BGB. § 176) auf Vollmachten des alten Rechts anwendbar. S. auch Habicht S. 142 ff., Planck Vorbem. 2, f vor Art. 153.

Art. 153.

Wer zur Zeit des Inkrafttretens des Bürgerlichen Gesetzbuchs nicht das einundzwanzigste Lebensjahr vollendet hat, aber für volljährig erklärt ist oder sonst die rechtliche Stellung eines Volljährigen erlangt hat, steht von dieser Zeit an einem Volljährigen gleich.

E. I, 95; II, 126; III, 153.

Volljährigkeit:

I. Entstehung. Die Vorschrift dieses Artikels entspricht mit unwesentlichen redaktionellen Änderungen dem Art. 95 E. I (Mot. z. EG. 242 ff., P. VI, 486, Reatz III, 79).

II. Inhalt. Der Artikel enthält Übergangsvorschriften zugunsten jener **Personen, welche am 1. Januar 1900 das Alter der Volljährigkeit nach Maßgabe**

des BGB. noch nicht erreicht, aber entweder durch Volljährigkeitserklärung oder aus einem sonstigen Grunde **die rechtliche Stellung von Volljährigen erlangt hatten**; er wahrt solchen Personen diese rechtliche Stellung, wobei die Voraussetzungen derselben nach dem bisherigen, die Wirkungen aber nach dem neuen Rechte zu beurteilen sind.

Der Artikel enthält eine „Gewährungsklausel" und muß als solche möglichst weit ausgelegt werden. Vgl. Affolter, System S. 33 und 34 N. 1 und 2, S. 205 N. 3.

Im einzelnen ist folgendes hervorzuheben:

1. Die Volljährigkeit tritt nach § 2 BGB., wie schon bisher nach Maßgabe des RG. vom 17. Febr. 1875 und in Bayern nach der VO. vom 26. Okt. 1813, die durch die VO. von 1814 und 1822 auf die später erworbenen Gebietsteile ausgedehnt wurde, ohne Unterschied des Geschlechts mit dem vollendeten 21. Lebensjahr ein. Das 21. Lebensjahr ist gemäß § 187 Abs. 2 Satz 2, § 188 Abs. 2 BGB. mit dem Beginne des Kalendertages vollendet, an dem die betreffende Person vor 21 Jahren geboren wurde (Mot. z. EG. 242).

2. Ein Minderjähriger, der nach Maßgabe der §§ 3—5 BGB. für volljährig erklärt wird, erlangt (nach § 3 Abs. 2 BGB.) die rechtliche Stellung eines Volljährigen, d. h. er wird unbeschränkt geschäftsfähig, die elterliche Gewalt und Vormundschaft über ihn hören auf (§§ 1626, 1882), er wird, wenn er männlichen Geschlechts ist (Frauen schon früher, § 1303 Abs. 1 BGB.), ehemündig und kann selbst Vormund (§ 1781 Nr. 1) und Ehezeuge (§ 1318 Abs. 2 Satz 1) werden. Nur das in den §§ 1305 Abs. 1, 1726 Abs. 1, 1747 BGB. aufgestellte Erfordernis der Einwilligung des Vaters bzw. der Mutter zur Eheschließung, der Mutter zur Ehelichkeitserklärung, der Eltern bzw. der Mutter zur Annahme an Kindes Statt kommt auch bei dem für volljährig Erklärten nicht vor dem vollendeten 21. Lebensjahr in Wegfall (Bem. 2 zu § 1305, Bem. 1, c zu § 1726, Bem. 2 zu § 1747); s. auch § 1822 Nr. 5 BGB. (Bem. 2, i, β zu §§ 1821, 1822).

3. Ganz dieselbe Rechtsstellung, welche ein nach Maßgabe des BGB. für volljährig erklärter Minderjähriger (wie in vorstehender Bem. 2 dargelegt) einnimmt, verleiht Art. 153 auch denjenigen am 1. Januar 1900 noch nicht 21 Jahre alten Personen beiderlei Geschlechts, welche nach den Vorschriften des bisherigen Rechtes entweder

a) für volljährig erklärt sind oder

b) sonst die rechtliche Stellung eines Volljährigen erlangt haben.

Zu a. Gleichgültig ist es, von welchen Voraussetzungen (Alter, Zustimmung des Minderjährigen, des Inhabers der elterlichen Gewalt, des Vormunds usw.) bisher die Volljährigkeitserklärung abhängig war, oder durch wen (Landesherr in Bayern, Sachsen, Sachsen-Weimar, Braunschweig und im Gebiete des gemeinen Rechtes, Justizministerium in Mecklenburg-Schwerin und -Strelitz, Senat in Lübeck, Bezirkspolizeiamt in Württemberg, Vormundschaftsgericht in Preußen und Hamburg — s. M. I, 56) sie nach bisherigem Rechte zu erfolgen hatte. Ob die vor dem 1. Jan. 1900 erfolgte Volljährigkeitserklärung gültig ist, bestimmt sich nach bisherigem Recht.

Zu b. Aus „sonstigen" Gründen konnte vor dem Inkrafttreten des BGB. die rechtliche Stellung eines Volljährigen erlangt werden:

α) durch Erlangung eines Staatsamts oder durch Zulassung zur Rechtsanwaltschaft in Württemberg nach Maßgabe des württ. Ges. vom 21. Mai 1828 Art. 1, und

β) durch Verehelichung („Heirat macht mündig"). Das BGB. räumt der Verehelichung keinen Einfluß auf die Geschäftsfähigkeit (nämlich — nachdem nur der volljährige oder für volljährig erklärte Mann eine Ehe schließen kann — nur) der Frau ein und bewahrt dadurch den bisherigen Rechtszustand in Preußen, Sachsen, Mecklenburg-Schwerin mit Ausnahme von Wismar und in Mecklenburg-Strelitz (M. I. 57), sowie in Bayern für die Rechtsgebiete des Bamberger Landrechts, des Vorderösterreichischen Rechtes, der Fränkischen Landesgerichtsordnung (d. i. des Würzburger Rechtes) und für den kleineren Teil jener Gebiete, in welchen das PrALR. gilt (Roth, Bay. Zivilrecht 2. Aufl. Bd. I S. 192 Note 16 und 18). Nach gemeinem Rechte war diese Frage bestritten (vgl. z. B. Roth a. a. O. Note 15 und M. I, 58).

Dagegen wurde früher durch die Verehelichung die Volljährigkeit bewirkt und zwar αα) für beide Geschlechter in Sachsen-Weimar (G. vom 27. März 1872 §§ 17 20, 71, 73) und in Bremen (VormO. vom 7. Aug. 1826 § 34 b), ferner in Bayern nach BLR. sowie nach den Rechten der Städte Nördlingen, Memmingen, Lindau, Kempten, Ulm, Augsburg, ferner nach den Rechten des Bistums Augsburg und des Domkapitels in Augsburg, sowie nach Oettinger, Mainzer, Schweinfurter, Fuldischem, Erbacher, Nürnberger, Ansbacher, Bayreuther und Dinkelsbühler Recht (Roth a. a. O. S. 192 Note 18),

ββ) nur hinsichtlich der Frau allein in Württemberg (Ges. vom 21. Mai 1828 Art. 1 Abs. 3), Lübeck (VormO. § 81 a Ziff. 2), Hamburg (VormO. Art. 63) und Wismar (VormO. vom 9. Dez. 1875 — M. I, 58), sowie in Bayern nach Hohenloheschem Landrecht (Roth a. a. O. S. 192 Note 17).

γ) Ob durch den unter dem früheren Recht erfolgten selbständigen Betrieb eines Handelsgewerbes oder sonstigen Erwerbsgeschäfts die rechtliche Stellung eines Volljährigen erlangt wurde, ist zweifelhaft. (Vgl. Bem. 2, b a. E. zu Art. 154.)

δ) Einschlägig ist auch der Fall des Art. 154 dieses Gesetzes (betr. Emanzipation).

Die Wirkung der Vorschrift, daß der nach bisherigem Rechte für volljährig Erklärte oder sonst mit den Rechten eines Volljährigen Ausgestattete vom 1. Jan. 1900 ab einem Volljährigen gleichsteht, ist, daß die Beschränkungen, denen eine solche Person etwa nach bisherigem Rechte in der rechtlichen Stellung eines Volljährigen noch unterlag (z. B. l. 3 Cod. 2, 45; BLR. Tl. I cap. 7 § 36 Nr. 7; sächs. GB. §§ 1969 und 1970; sachsen-weimar. Ges. vom 27. März 1872 § 74; nach Bamberger Recht gemäß VO. vom 18. Okt. 1793 und PrALR. Tl. II Tit. 18 § 723 namentlich hinsichtlich der Veräußerung von Grundstücken und zum Teil hinsichtlich des Verzichts auf Abnahme der vormundschaftlichen Schlußrechnung — vgl. M. I, 54 und Roth a. a. O. S. 196 Note 41), vom 1. Jan. 1900 an in Wegfall kamen.

III. Anträge auf Volljährigkeitserklärung oder Gesuche um solche, welche vor dem 1. Januar 1900 gestellt, aber vor diesem Zeitpunkte nicht verabschiedet waren, waren vom 1. Januar 1900 an nach Maßgabe des BGB. zu behandeln und zu entscheiden (Mot. z. EG. 244).

IV. Hinsichtlich der **Ausländer** vgl. Art. 7.

V. Hinsichtlich der Zuständigkeit zur Volljährigkeitserklärung s. oben Bem. II, 3 zu a, sowie die Bem. zu Art. 147.

VI. Hinsichtlich der Emanzipierten s. Art. 154.

VII. Hinsichtlich der **Fähigkeit zur Errichtung einer Verfügung von Todes wegen** vgl. Bem. zu Art. 215.

VIII. Erweiterte Geschäftsfähigkeit Minderjähriger: Wie das BGB. (§§ 112, 113), so kannten auch die älteren Landesrechte eine ausnahmsweise eintretende Geschäftsfähigkeit Minderjähriger, z. B. in Fällen des Betriebs eines Handels- oder sonstigen Gewerbes, bei Abschluß von Dienstverträgen usw. (actio quod jussu, de peculio, institoria des gemeinen Rechts). Da das EG. keine Bestimmung über die Fortdauer der hieraus erlangten Rechte trifft, ist Habicht (3. Aufl.) S. 50 der Ansicht, daß den §§ 112, 113 BGB. Ausschließlichkeit in dem Sinne beizulegen sei, daß für solche Minderjährige vom 1. Jan. 1900 an die Vorschriften des BGB. gelten müssen, daß also die in §§ 112 Abs. 1 S. 2 und Abs. 2 BGB. bestimmten Schranken in Ansehung von Rechtsgeschäften, die jetzt Genehmigung des Vormundschaftsgerichts bzw. Mitwirkung des gesetzlichen Vertreters erfordern, auch für diese Minderjährigen in Kraft treten, daß dagegen, soweit die Geschäftsfähigkeit durch §§ 112, 113 über das frühere Maß erweitert sei, der Minderjährige ohne weiteres in diese erweiterte Geschäftsfähigkeit trete und daß nur die Gültigkeit der unter dem alten Recht erteilten Ermächtigung sich nach diesem richte. So auch Niedner Bem. 2 zu Art. 154. A. M. Fuchs bei GruchotsBeitr. Bd. 44 S. 4 und Affolter, System S. 206, 207. M. E. ist der Ansicht Affolters beizupflichten, wonach grundsätzlich ein Minderjähriger mit einer unter dem alten Recht erweiterten Geschäftsfähigkeit auch unter der neuen Rechtsordnung nach den Vorschriften der alten beurteilt werden muß. Nur soweit die erteilte Ermächtigung den Grundsätzen über die Vollmacht (vgl. Vorbem. III vor Art. 153) unterliegt, also in Ansehung der mit dem Dritten vollzogenen Rechtsgeschäfte, ist die neue Rechtsordnung durchgreifend, dies zumal im Interesse der Sicherheit des Verkehrs. Daher hat Habicht recht, wenn er für den Widerruf der Ermächtigung fortan die Genehmigung des Gerichts fordert (§ 112 Abs. 2 BGB.).

Art. 154.

Wer nach den französischen oder den badischen Gesetzen emanzipiert oder aus der Gewalt entlassen ist, steht von dem Inkrafttreten des Bürgerlichen Gesetzbuchs an, wenn er zu dieser Zeit das achtzehnte Lebensjahr vollendet hat, einem Volljährigen, anderenfalls einem Minderjährigen gleich.

E. I, 96; II, 127; III, 154.

Emanzipation (Gewaltentlassung):

1. Entstehung. Dieser Artikel entspricht mit unerheblichen redaktionellen Änderungen dem Art. 96 des I. Entw. (Mot. z. EG. 244 ff., P. VI, 486, Reatz III, 79).

2. Inhalt. Nach französischem und badischem Recht (cod. civ. art. 476 ff., bad. LR. Satz 476 ff.) wurde ein Minderjähriger kraft Gesetzes durch die Heirat und nach badischem Rechte (LR. Satz 476 a) auch durch die von den Eltern gebilligte Begründung einer selbständigen häuslichen Niederlassung **emanzipiert**; es konnte auch ein nicht verheirateter Minderjähriger, der das 15. bzw. 18. Lebensjahr zurückgelegt hatte, durch die Eltern, bzw. den Familienrat emanzipiert werden, und zwar mit der Folge, daß der emanzipierte Minderjährige, wenn er ein kaufmännisches Geschäft betrieb, hinsichtlich der auf dieses Geschäft sich beziehenden Handlungen als volljährig behandelt wurde (für die bayerische Pfalz vgl. Art. 210 des bisherigen bayer. AG.RZPO.; vgl. ferner preuß. G. vom 24. Juni 1861 Abschn. 4 Art. 37; bad. G. vom 6. Aug. 1862 Art. 2; großherz. hess. Gesetz vom 29. Sept. 1862 Abschn. 3 Art. 24; G. für Hessen-Homburg vom 25. Aug. 1863 Abschn. 3 Art. 22; G. für Elsaß-Lothringen vom 19. Juni 1872 § 3), während er im übrigen die Verwaltung seines Vermögens mit gewissen Beschränkungen in bezug auf die Verfügung über Grundstücke, die Aufnahme eines Anlehens und die Dauer von Pachtkontrakten erhielt. Die Emanzipation konnte vor Eintritt der Volljährigkeit auch wieder entzogen werden.

Dieses Rechtsverhältnis leitet der gegenwärtige Artikel in das neue Recht in folgender Weise über:

a) Wenn der Emanzipierte (d. i. der der elterlichen oder vormundschaftlichen Gewalt enthobene Minderjährige) am 1. Januar 1900 schon das 18. Lebensjahr vollendet hat oder (vgl. BGB. § 187 Abs. 2) vollendet, so steht er vom 1. Jan. 1900 an einem Volljährigen gleich und zwar mit folgenden Wirkungen:

   α) Es gilt für ihn alles, was in den Bemerkungen II, 2 und 3 zu Art. 153 hinsichtlich des Volljährigen und für volljährig Erklärten gesagt ist, insbesondere

   β) fallen die Beschränkungen in der Verfügung über Grundstücke, Aufnahme eines Darlehens usw. hinweg und kann

   γ) die in Volljährigkeit verwandelte Emanzipation nicht mehr entzogen werden.

b) Wenn der Emanzipierte am 1. Jan. 1900 das 18. Lebensjahr noch nicht erreicht, so verliert er die ihm durch die Emanzipation entstandenen Rechte und besitzt er vom 1. Jan. 1900 an, auch wenn er verehelicht ist oder mit elterlicher Billigung einen selbständigen Hausstand begründet hat, nur mehr die beschränkte Geschäftsfähigkeit eines Minderjährigen (§§ 106 ff. BGB.).

Insbesondere gelten für ihn, auch wenn ihm (gemäß cod. civ. art. 487) der selbständige Betrieb eines kaufmännischen Geschäfts überlassen wurde, vom 1. Jan. 1900 an nur mehr die Bestimmungen des § 112 BGB. — Die Motive z. EG. (S. 245) betrachten zwar die Frage, ob für einen solchen Fall § 112 BGB. oder das bisherige Recht anwendbar ist, für zweifelhaft und überlassen die Lösung der Frage der Wissenschaft und der Praxis. Sie haben hierbei allerdings nicht bloß den hier behandelten Fall des französischen und badischen Rechtes, sondern auch das oldenburg. Ges. vom 18. April 1864 Art. 6, das württemb. G. vom 30. Juni 1865 Art. 3 Ziff. 1, das preuß. G. vom 12. Juli 1875 § 5 und das bayer. EG.HGB. vom 10. Nov. 1861 Art. 7 im Auge. Allein für das französische und badische Recht kann die gegebene Lösung nach dem klaren Wortlaute des Art. 154 nicht wohl zweifelhaft sein. Für die übrigen Rechte möchte die Lösung der Frage auch hinsichtlich jener Personen, welche zwar schon das 18. Lebensjahr, aber noch nicht das 21. Lebensjahr vollendet haben, davon abhängen, ob nach dem betreffenden Gesetze demjenigen, welchem der selbständige Betrieb eines Handelsgewerbes oder sonstigen Geschäfts überlassen wurde, in allen Beziehungen oder nur in einzelnen Beziehungen die Stellung eines Volljährigen eingeräumt ist; im ersteren Falle dürften die Voraussetzungen des Art. 153 anzunehmen sein, im letzteren aber nicht und deshalb nur der § 112 BGB. zur Anwendung kommen.

Wie hier, Habicht a. a. O. S. 49ff., Riedner S. 247 Anm. 2 zu Art. 154, Affolter, System S. 296; and. Ans. Planck 3. Aufl. Bem. 2 und 3 zu Art. 154, der die Anschauung vertritt, daß die Wirkung, welche die Ermächtigung zum Betriebe eines Erwerbsgeschäfts oder zur Eingehung eines Dienst- oder Arbeitsverhältnisses für den Emanzipierten hatte, auch nach dem 1. Jan. 1900 fortdauerte, aber sich nicht nach §§ 112, 113 BGB., sondern nach dem bisherigen Rechte richtete.

3. Ein am 1. Jan. 1900 noch anhängiges Emanzipationsverfahren war einzustellen. Es konnte statt desselben nur das Gesuch um Volljährigkeitserklärung nach Maßgabe und unter den Voraussetzungen des BGB. gestellt werden (Mot. z. EG. 245).

Art. **155.***)

Wer zur Zeit des Inkrafttretens des Bürgerlichen Gesetzbuchs wegen Geisteskrankheit entmündigt ist, steht von dieser Zeit an einem nach den Vorschriften des Bürgerlichen Gesetzbuchs wegen Geisteskrankheit Entmündigten gleich.

E. I, 97 Abs. 1; II, 128; III, 155.

Vor dem 1. Januar 1900 wegen Geisteskrankheit Entmündigte:

1. Entstehung. Der Art. 155 entspricht mit unerheblichen redaktionellen Änderungen dem Art. 97 Abs. 1 des E. I; der Abs. 2 des vorgenannten Art. 97 hat seine Erledigung durch Art. 211 dieses Gesetzes gefunden (Mot. z. EG. 245ff., P. VI, 486 bis 488, 620—622, Reatz III S. 79 und 101).

Als Grund für die Vorschrift dieses Artikels wird in den Motiven (S. 245 und 246) angegeben, daß die Verschiedenheiten, welche das geltende Recht hinsichtlich der sachlichen Voraussetzungen der Entmündigung wegen Geisteskrankheit sowie hinsichtlich der Wirkungen einer solchen Entmündigung auf die Geschäftsfähigkeit enthält, nicht von einer Bedenken erregenden Tragweite sind. Auch wurde die ausdrückliche Gleichstellung der vor und nach dem Inkrafttreten des BGB. erfolgten Entmündigung deshalb für notwendig erachtet, weil es zweifelhaft ist, ob diese Gleichstellung schon aus allgemeinen Rechtsgrundsätzen abzuleiten ist, und ob nicht vielmehr wegen der eigentümlichen Natur des Entmündigungsurteils anzunehmen wäre, daß das Urteil die Wirkungen der Entmündigung, wie diese (zur Zeit der Erlassung bzw. Rechtskraft des Urteils) vom Gesetze geregelt sind, bestimme, und daß jene Wirkungen als Wirkungen des Urteils fortdauern.

2. Voraussetzungen der Anwendbarkeit dieses Artikels sind, daß

a) wegen Geisteskrankheit

b) eine Entmündigung erfolgte, und daß es sich

c) um eine vor dem 1. Januar erfolgte Entmündigung handelt.

Zu a. Gleichgültig ist die Form der Geisteskrankheit; es begründet keinen Unterschied, ob die Entmündigung wegen „Raserei", wegen „Wahnsinns" oder „Blödsinns" erfolgte (M. I, 61). Der Begriff der Geisteskrankheit ist nach § 6 BGB. (vgl. dazu Bd. I Bem. B, I, 4 zu § 6 dieses Komm.) zu bestimmen. Darnach kommt die psychiatrische Terminologie für seine Auslegung nicht in Betracht. Geisteskrankheit ist ein schwerer Grad seelischer Defekte, infolge dessen der Kranke zur Besorgung seiner Angelegenheiten absolut unfähig ist, im Gegensatz zu den vom BGB. als „Geistesschwäche" bezeichneten leichteren Fällen der Krankheit, in denen der Kranke noch in der Lage ist, gleich einem Minderjährigen, der das siebente Lebensjahr vollendet hat, bei der Besorgung seiner Angelegenheiten mitzuwirken. Die Unterscheidung dieser Grade ist ausschließlich Sache des sachverständigen Ermessens im einzelnen Fall. Vgl. RGZ. Bd. 50 S. 203; RG. 14. Nov. 1904 in GruchotsBeitr. Bd. 49 S. 881 Nr. 51, JW. 1905 S. 395 (16). Vgl. Bem. B, I, 4, 5 zu § 6 BGB. im Bd. I dieses Komm., Planck Bem. 4 zu § 6, Kuhlenbeck im ZBlFG. Bd. VII S. 277.

---

*) Schrifttum: Glücksmann DJZ. 1901 S. 255: Überleitung der Entmündigung wegen Geisteskrankheit in solche wegen Geistesschwäche; Affolter, System S. 244; Habicht S. 52ff.; Elsasser, Örtliche Zuständigkeit des Nachlaßgerichts für den Nachlaß einer vor dem Jahre 1900 entmündigten, nach dem 1. Januar 1900 verstorbenen Person, BadNotZ. 1907 S. 90f.

Entschieden abzulehnen ist die Meinung Affolters, S. 244, daß das Wort Geisteskrankheit in dem ersten Halbsatze des Art. 155 in dem Sinne geistiger Gebrechlichkeit zu nehmen sei und nur im zweiten Halbsatz in der technischen Bedeutung des BGB. Eine solche Auslegung mit Begriffswechsel desselben Wortes innerhalb desselben Artikels würde nicht nur ein unglaubliches Redaktionsungeschick unterstellen, sondern auch hinsichtlich der schweren Rechtsfolgen der Entmündigung wegen Geisteskrankheit zu praktisch unbilligen Folgen führen. Der Vorwurf, den Affolter in dieser Hinsicht der richtigen von Habicht S. 56 Bem. II, 2 vertretenen Auslegung macht, daß eine Bestimmung der Geisteskrankheit nach der neuen Rechtsordnung in Ansehung der Folgen für den unter der alten Rechtsordnung Entmündigten gefährlich sei, ist völlig unbegründet. Vielmehr würde durch die Auslegung Affolters ein wegen bloßer „geistiger Gebrechlichkeit" Entmündigter in durchaus ungerechtem Grade seiner Geschäftsfähigkeit vollständig beraubt werden. Gegen die Auslegung Affolters spricht auch die von ihm selbst vertretene Ansicht über den Sprachgebrauch; denn zweifellos handelt es sich in Art. 155 um eine Ausschlußklausel, und „Geisteskrankheit" ist ein im Sinne der neuen Rechtsordnung geprägter Begriff. Wie hier Planck Bem. 1, Sörgel Bem. 1. Nicht hierher gehört die nach französischem und badischem Rechte zulässige „Bestellung eines Beistandes" wegen Geistesschwäche, hinsichtlich welcher in Art. 211 eine besondere Übergangsbestimmung getroffen ist. Vgl. unten Bem. 4.

Ist die Entmündigung vor dem Inkrafttreten des BGB. wegen Geisteskrankheit erfolgt, so ist nach der bestimmten Vorschrift des Art. 155 eine Nachprüfung, welchen Grad die geistige Erkrankung erreicht hatte und ob hienach auch nach dem Rechte des BGB. Geisteskrankheit anzunehmen wäre, ausgeschlossen (BayObLGZ. Bd. 15 S. 539); wegen der Nachprüfung auf eine Aufhebungsklage hin s. unten Bem. 4.

Zu b. Notwendig ist, daß die Entmündigung nach Maßgabe der zur Zeit ihrer Anordnung hierfür geltenden Gesetze erfolgte.

α) Für die seit 1. Oktober 1879 erfolgte Entmündigung waren die Vorschriften der §§ 645 ff. ZPO. der damaligen Fassung (EG.ZPO. § 1, EG.GVG. § 1) maßgebend.

β) Vor dem 1. Oktober 1879 erfolgte die Entmündigung wegen Geisteskrankheit nach dem preußischen und rheinisch-französischen Systeme (preußische Allg. GO. Tl. I Tit. 38 § 8, Code de procedure Art. 890 ff., württembergische ProzO. von 1868 Art. 869 ff.) durch ein auf Grund eines kontradiktorischen Verfahrens ergangenes Erkenntnis, während nach dem gemeinrechtlichen System in dem Verfahren der freiwilligen Rechtspflege auf Grund einer formlosen causae cognitio durch Beschluß der Vormundschaftsbehörde lediglich eine Vormundschaft wegen Geisteskrankheit (cura furiosi) angeordnet wurde.

In letzterem Falle ist zu prüfen, ob die Anordnung der Vormundschaft wegen wirklicher Geisteskrankheit erfolgte, ob also in der Anordnung der Vormundschaft materiell eine Entmündigung wegen Geisteskrankheit enthalten war. War dieses der Fall, dann ist Art. 155 anzuwenden; wenn dieses aber nicht der Fall war, sondern wenn nur wegen Geistesschwäche eine Vormundschaft oder Verbeistandung angeordnet wurde, dann ist die Vorschrift des Art. 210 Abs. 1 Satz 3 bzw. Art. 211 anwendbar (Mot. z. EG. 246, s. auch Planck Bem. 3). Vgl. auch zu a.

Zu c. Ist die Entmündigung am 1. Januar 1900 noch nicht erfolgt, sondern war das Entmündigungsverfahren noch anhängig, so sind dessen Voraussetzungen fortan nach § 6 BGB. und den geänderten Vorschriften der ZPO. zu beurteilen (RG. in JW. 1901 S. 72); sind diese nicht gegeben, so ist der Entmündigungsantrag abzulehnen (vgl. Mot. z. EG. 248).

3. Die **Wirkung** dieses Artikels ist die, daß vom 1. Januar 1900 an auf alle jene Personen, auf welche (nach der Bem. 2) dieser Artikel anwendbar ist, die vom BGB. über die Folgen der Entmündigung wegen Geisteskrankheit gegebenen Vorschriften anwendbar sind. Diese Personen wurden also gemäß § 104 Ziff. 3 BGB. geschäftsunfähig, können nach § 105 BGB. eine rechtsgültige Willenserklärung nicht abgeben und stehen im Hinblick auf Art. 210 dieses Gesetzes unter einer fortan nach §§ 1896 ff. BGB. zu beurteilenden Vormundschaft.

Dieses gilt namentlich auch

a) hinsichtlich der nach PrALR. Tl. I Tit. 4 § 26 wegen Blödsinns entmündigten Personen, welche bisher nur in der Geschäftsfähigkeit beschränkt waren, sofern dieser „Blödsinn" einen Defekt des zu 2 a gekennzeichneten schweren Grades darstellt, so daß sie im Sinne des neuen Rechts eine „Geisteskrankheit“ darstellt; vgl. RG. in JW. 1912 S. 681 Nr. 2.

b) **Lichte Zwischenräume** (dilucida intervalla) einer wegen Geisteskrankheit entmündigten Person finden vom 1. Januar 1900 an keine Beachtung mehr, auch wenn dieses nach bisherigem Rechte der Fall war (Mot. z. EG. 246). Sofern es sich jedoch um Rechtsgeschäfte aus der Zeit vor dem Inkrafttreten des BGB. handelt, vgl. oben S. 406 Vorbem. 2, a.

c) Wird ein vor dem 1. Januar 1900 ergangener Entmündigungsbeschluß nach diesem Zeitpunkt infolge einer Anfechtungsklage aufgehoben, so bemessen sich die Wirkungen nach § 115 BGB. In dem Anfechtungsverfahren ist materiell das Recht des BGB. anzuwenden (RG. in JW. 1900 S. 848, 867, Gruchots Beitr. Bd. 45 S. 378, 1041).

d) Die Voraussetzungen der Wiederaufhebung einer Entmündigung (§ 675 ZPO.) sind vom 1. Januar 1900 an ebenfalls nach dem BGB. zu beurteilen.

e) Auch für die Beurteilung der Frage, wo der vor dem 1. Januar 1900 Entmündigte seinen Wohnsitz hat, sind die Vorschriften des BGB. maßgebend; s. auch Bem. 4 zu Art. 157.

4. Die **Aufhebung** einer vor dem 1. Januar 1900 erfolgten Entmündigung wegen Geisteskrankheit bestimmt sich nach dem BGB. (RG. in JW. 1901 S. 475); sie kann also verlangt werden, wenn die Voraussetzungen der Entmündigung nach dem BGB. nicht oder nicht mehr vorliegen ohne Rücksicht darauf, ob sie nach dem bisherigen Recht noch gegeben wären. Auf die Aufhebungsklage kann auf Entmündigung wegen Geistesschwäche erkannt werden (RG. in Gruchots Beitr. Bd. 45 S. 99, Bd. 47 S. 897).

5. Keine ausdrückliche Übergangsbestimmung gibt das EG. für diejenigen, die vor dem 1. Januar 1900 wegen **Geistesschwäche** entmündigt sind. Dem Preußischen Recht war der Begriff der Geistesschwäche als eines die volle Geschäftsfähigkeit mindernden Zustandes fremd, es kannte nur die Entmündigung wegen Wahnsinns und Blödsinns. Dagegen konnte nach gemeinem und sächsischem Recht wegen Geistesschwäche entweder eine bloße Vormundschaft ohne Entmündigung angeordnet werden oder auch gleichzeitig Entmündigung erfolgen. Hierauf bezieht sich der Art. 210 Abs. 1 Satz 3 des EG. Das französische Recht ließ bei Geistesschwäche die sog. „Verbeistandung“, die mit einer Beschränkung der Geschäftsfähigkeit verbunden ist, eintreten (Code civil Art. 499). Dieselbe war seit dem Inkrafttreten der ZPO. in der Form des Entmündigungsverfahrens einzuleiten (EG.ZPO. § 10). Hierauf bezieht sich Art. 211 des EG.

Mit Habicht (3. Aufl.) S. 61 f. wird für das gemeinrechtliche und sächsische Rechtsgebiet zu unterscheiden sein zwischen solchen *Geistesschwachen, die wegen Geisteskrankheit entmündigt* sind und solchen, die *lediglich unter Vormundschaft gestellt* sind. Erstere fallen seit dem 1. Januar 1900 zweifellos unter Art. 155, sind also vollständig geschäftsunfähig, die über sie geführte Vormundschaft besteht fort als Vormundschaft über einen Geisteskranken (BGB. § 1896). Dagegen sind letztere seit dem 1. Januar 1900 geschäftsfähig und die Vormundschaft ist zur Pflegschaft im Sinne des § 1910 Abs. 2 BGB. geworden (ebenso Planck Bem. 2). Jedoch kann selbstverständlich gegen einen solchen Geistesschwachen ein Entmündigungsverfahren auf Grund der §§ 645 ff. ZPO. mit der Wirkung des § 114 BGB. eingeleitet werden.

Aber auch für eine Person, die unter dem alten Rechte wegen Geisteskrankheit entmündigt ist, kann, wenn sie nach der Unterscheidung des BGB. unter die Geistes*schwachen* zu rechnen wäre, durch Einleitung eines neuen darauf gerichteten Verfahrens, das auf Aufhebung der Entmündigung wegen Geistes*krankheit* und zugleich auf neue Entmündigung wegen Geistes*schwäche* gerichtet ist, die mit Rücksicht auf die §§ 114, 1304, 1729, 2253 unter Umständen erhebliche Veränderung seiner Rechtsstellung herbeigeführt werden. Vgl. Habicht (3) S. 63.

Sofern für **Taube, Stumme, Blinde** durch Anordnung einer Bevormundung vor dem Inkrafttreten des BGB. eine Beschränkung der Geschäftsfähigkeit herbeigeführt war (Sächs. BGB. § 81, G. vom 20. Febr. 1882, II § 4), ist diese Beschränkung mit dem 1. Januar 1900 beseitigt, die über sie geführte Vormundschaft zu einer Pflegschaft geworden. Vgl. Art. 210 Abs. 1 S. 2.

Art. **156**.

Wer zur Zeit des Inkrafttretens des Bürgerlichen Gesetzbuchs wegen Verschwendung entmündigt ist, steht von dieser Zeit an einem nach den Vorschriften des Bürgerlichen Gesetzbuchs wegen Verschwendung Entmündigten gleich.

Dasselbe gilt von demjenigen, für welchen nach den französischen oder den badischen Gesetzen wegen Verschwendung die Bestellung eines Beistandes angeordnet ist.

E. I, 98; II, 129; III, 156.

Entmündigung wegen Verschwendung.

1. Entstehung. Der Art. 156 hat durch die II. Komm. eine veränderte Redaktion erfahren, entspricht aber dem Sinne nach vollständig dem Art. 98 E. I (Mot. z. EG. 247, P. VI, 488, 489, Reatz III, 79).

2. Inhalt.

A. Die Vorschrift dieses Artikels bezieht sich

a) auf **Personen, welche vor dem 1. Januar 1900 wegen Verschwendung entmündigt wurden.**

Gleichgültig ist, ob die Entmündigung nach Maßgabe der ZPO. oder vor dem Inkrafttreten derselben durch ein im Interdiktionsverfahren ergangenes Erkenntnis oder durch Beschluß der Vormundschaftsbehörde ausgesprochen war (vgl. Bem. 2, b zu Art. 155 und Mot. a. a. O.).

Nach den meisten Landesrechten stand der entmündigte Verschwender einem Minderjährigen gleich (gem. R., sächs. R., preuß. R.). Er bedurfte jedoch seit dem PStG. § 29 zur Eheschließung nicht der Genehmigung des Vormunds. Nach gem. R. war er unfähig zur Testamentserrichtung, nach preuß. R. konnte er bis zur Hälfte seines Vermögens letztwillig verfügen.

Weiter bezieht sich der Artikel

b) auf jene Personen, denen nach dem französischen oder badischen Rechte (cod. civ. art. 513; bad. LR. Satz 531) **wegen Verschwendung ein Beistand bestellt** war, was seit dem Inkrafttreten der ZPO. gemäß § 10 EG. hierzu ebenfalls im Entmündigungsverfahren zu geschehen hatte.

Der Code civil kannte keine eigentliche Entmündigung, gab dem Verschwender vielmehr nur einen Beistand, dessen Mitwirkung bei gewissen Rechtsgeschäften erforderlich war. Das badische Recht kannte sowohl die völlige Entmündigung des Verschwenders als auch die bloße Beistandschaft des französischen Rechts.

B. Die **Wirkung** dieses Artikels ist, daß die beiden unter A, a und b aufgeführten Personen vom 1. Januar 1900 an den nach dem BGB. wegen Verschwendung Entmündigten (BGB. § 6 Ziff. 2) gleichgestellt wurden; sie sind also gemäß §§ 114 mit 106 BGB. nach Maßgabe der §§ 107—113 in der Geschäftsfähigkeit beschränkt; im Gebiete des französischen und badischen Rechtes war an Stelle eines Beistands nach Maßgabe der §§ 1896 ff. BGB. ein Vormund zu bestellen. Wegen weiterer Wirkungen der Entmündigung wegen Verschwendung s. im Familienrecht §§ 1304, 1418 Nr. 3, 1468 Nr. 4, 1495 Nr. 4, 1542, 1549, 1676 Abs. 2, 1678, 1685 Abs. 2, im Erbrecht §§ 2229 Abs. 3, 2230, 2253, 2338; s. auch Bd. I Bem. J zu § 6.

Soweit schon nach bisherigem Rechte eine Vormundschaft bestellt war (was auch nach bad. LR. Satz 513 a der Fall sein konnte), hatte es bei derselben gemäß Art. 210 dieses Gesetzes sein Verbleiben; nur kamen hierauf vom 1. Januar 1900 an die Vorschriften der §§ 1896 ff. BGB. zur Anwendung.

Der Art. 156 enthält also eine Ausschlußklausel, d. h. eine Ausnahme von dem allgemeinen Grundsatz der Nichtrückwirkung.

Daß hinsichtlich der Beistandschaft wegen Verschwendung andere Übergangsbestimmungen getroffen wurden, als hinsichtlich jener wegen Geistesschwäche (Art. 211 dieses Ges.), hat seinen Grund darin, daß der tatsächliche Zustand, an welchen das französische Recht die Beistandschaft, das BGB. die Entmündigung des Verschwenders knüpft, derselbe ist, während die tatsächlichen Voraussetzungen für die Anordnung eines Beistandes und die Entmündigung des Geistesschwachen nach den beiden genannten Rechten sich nicht decken (Mot. z. EG. a. a. O.).

3. Hinsichtlich der Anfechtungsklage und Wiederaufhebung der Entmündigung gelten die Bemerkungen unter 3, c und d zu Art. 155 mit der Maßgabe, daß auch die §§ 684, 685 ZPO. einschlägig sind.

4. Hinsichtlich eines am 1. Januar 1900 anhängigen Entmündigungsverfahrens gilt das in Bem. 2, c zu Art. 155 Gesagte. Vgl. auch RG. in JW. 1901 S. 475.

Art. 157.

Die Vorschriften der französischen und der badischen Gesetze über den erwählten Wohnsitz bleiben für Rechtsverhältnisse, die sich nach diesen Gesetzen bestimmen, in Kraft, sofern der Wohnsitz vor dem Inkrafttreten des Bürgerlichen Gesetzbuchs erwählt worden ist.

E. I, 100; II, 130; III, 157.

Wohnsitz, insbes. der erwählte Wohnsitz des französischen und badischen Rechts:

1. Entstehung. Dieser Artikel entspricht mit unwesentlichen redaktionellen Änderungen dem Art. 100 des E. I (Mot. z. EG. 249 ff., P. VI, 490, Reatz III, 80).

2. Bedeutung und Zweck der Vorschrift. Das französische und das badische Recht (cod. civ. art. 111, bad. LR. Satz 111) ermöglichen den Parteien, zum Vollzug eines bestimmten Rechtsgeschäfts ein **besonderes Domizil, welches mit ihrem wirklichen nicht übereinstimmt, zu wählen.** Die Wahl konnte auch eine gesetzlich beschränkte sein, z. B. in den Fällen der Art. 2148 Abs. 2 und 2152 Code civil (vgl. auch Art. 4 und 5 des bayer. G. vom 26. April 1888 über das Hypotheken- und Vormundschaftsrecht in der Pfalz). Die Folge war bis zum Inkrafttreten der ZPO. die Unterwerfung unter die Gerichtsbarkeit des Gerichts des erwählten Wohnsitzes und die Ermöglichung von Zustellungen an dem erwählten Wohnsitze (RG. vom 16. Mai 1884 in BadAnn. Bd. 50 S. 266).

Seit dem Inkrafttreten der ZPO. galten hinsichtlich der Vereinbarung über die Zuständigkeit der Gerichte nur noch die §§ 38—40 ZPO. Hinsichtlich der Zustellungen sind aber die Vorschriften des französischen und badischen Rechtes über den erwählten Wohnsitz durch § 15 Nr. 5 EG.ZPO. ausdrücklich aufrecht erhalten worden, weil man annahm, daß diese Wirkung des domicile élu mit dem materiellen bürgerlichen Rechte so eng zusammenhänge, daß man nicht störend eingreifen dürfe; s. für Bayern auch Art. 169 AG.ZPO.

Durch Art. II Nr. 3 EG. zu dem Ges. betr. Änderungen der ZPO. vom 17. Mai 1898 wurde auch die Nr. 5 des § 15 EG.ZPO. aufgehoben; damit waren die Wirkungen des erwählten Wohnsitzes für das Verfahren beseitigt.

Diese Vorschriften sind Verfahrensvorschriften; neue Verfahrensvorschriften finden nun grundsätzlich sofort Anwendung. Der Zweck der Vorschrift des gegenwärtigen Artikels ist, diese sofortige Wirksamkeit derselben, soweit es sich um Zustellungen handelt, wegen ihres engen Zusammenhangs für die Fälle auszuschließen, in denen sie sich „bereits konkretisiert haben“ (vgl. die Mot. a. a. O. und P. a. a. O.).

3. Voraussetzung für die fernere Anwendbarkeit der in Bem. 2 aufgeführten Vorschriften über den erwählten Wohnsitz ist daher,

a) daß es sich um den Vollzug eines Rechtsverhältnisses handelt, auf welches auch vom 1. Januar 1900 an das badische oder französische Recht anzuwenden ist; wann dies der Fall ist, bestimmt sich nach den Vorschriften des III. und IV. Abschnittes des EG., s. z. B. Art. 170, 214;

b) daß der Wohnsitz vor dem 1. Januar 1900 erwählt war.

4. Andere Arten des Wohnsitzes; abgeleiteter Wohnsitz; mehrfacher Wohnsitz: Das EG. gibt weitere Übergangsvorschriften für den Wohnsitz nicht. Während das BGB. neben dem gewählten Wohnsitz (§§ 7, 8) nur den gesetzlichen Wohnsitz der Militärpersonen, der Ehefrau und der Kinder kennt (§§ 9—11), hatten frühere Rechte noch weitere Fälle von gesetzlichem Wohnsitz, so das gemeine Recht den gesetzlichen Wohnsitz der Beamten am Orte des Amtssitzes, das preußische, bayerische und französische Recht den gesetzlichen Wohnsitz der Dienstboten am Dienstort, das gemeine Recht den gesetzlichen Wohnsitz der Strafgefangenen am Strafort (s. hiezu auch Bd. I Zwischenbem. 2 zu §§ 9—11). Andernteils war nach einzelnen früheren Rechten mehrfacher Wohnsitz ausgeschlossen (s. Bd. I Bem. 9 zu § 7).

Mangels einer Übergangsvorschrift galten vom 1. Januar 1900 ab die Vorschriften des BGB. (§§ 7—11).

a) Der gewählte Wohnsitz knüpft an tatsächliche Verhältnisse an; zu seiner Begründung ist die tatsächliche Niederlassung erforderlich und ein bestimmter Wille in bezug auf diese, wodurch die Niederlassung als bleibend gewollt erscheint (s. Bd. I Bem. 3 zu § 7). Hienach bestimmte sich aus den mit dem Willen der betreffenden Person am 1. Januar 1900 gegebenen tatsächlichen

Verhältnissen der Wohnsitz nach § 7 BGB. für alle Personen, die nach dem BGB. zur freien Wahl des Wohnsitzes berechtigt waren (Regel; Ausnahme nur §§ 9—11), auch wenn sie nach bisherigem Recht keinen oder einen anderen (s. unten b) Wohnsitz hatten. Dies gilt auch für Beamte, die nach BGB. den Wohnsitz nicht notwendig am Dienstorte haben müssen (s. Bd. I Bem. 2 zu §§ 9—11 a. E.).

Auch ein mehrfacher Wohnsitz nach § 7 Abs. 2 BGB. konnte mit dem 1. Januar 1900 bei gegebenen tatsächlichen Voraussetzungen eintreten, auch wo ihn das bisherige Recht nicht kannte.

b) Aufgehoben war mit dem 1. Januar 1900 der gesetzliche Wohnsitz der Strafgefangenen und der Dienstboten; auch an seine Stelle ist der Wohnsitz nach §§ 7—11 BGB. getreten, weil das BGB. einen gesetzlichen Wohnsitz dieser Personen nicht kennt (ebenso Planck Bem. 2, c und e; and. Ans. Affolter S. 208, 209). Für Preußen hat übrigens Art. 14 § 1 Abs. 4 AG.BGB. ausdrücklich bestimmt, daß ein Wohnsitz durch das Gesindeverhältnis nicht mehr begründet wird; in Bayern war das gesetzliche Domizil der Dienstboten nach Art. 15 AG.BGB. dadurch beseitigt, daß bei der Regelung des Gesinderechts (Art. 16—28) Sondervorschriften über den Wohnsitz nicht getroffen waren. Wegen der Aufhebung der Gesindeordnungen überhaupt s. Bem. zu Art. 95 EG.

c) Für die Aufhebung des Wohnsitzes war im übrigen vom 1. Januar 1900 ab ohne weiteres § 7 Abs. 3 BGB. maßgebend.

Art. 158.*)

Die Wirkungen einer vor dem Inkrafttreten des Bürgerlichen Gesetzbuchs erfolgten Todeserklärung bestimmen sich nach den bisherigen Gesetzen, soweit sich nicht aus den Artikeln 159, 160 ein Anderes ergibt.

E. I, 92 Satz 1; II, 131; III, 158.

Wirkungen früherer Todeserklärung:

1. Entstehung. Dieser Artikel entspricht dem Satze 1 des Art. 92 des E. I mit dem Abmaße, daß der Nebensatz erst in der II. Komm. beigefügt wurde (Mot. z. EG. 236 ff., P. VI, 471, 472, Reatz III, 80).

2. Voraussetzung für die Anwendung dieses Artikels ist, daß eine Todeserklärung (nicht bloß Verschollenheitserklärung) vor dem 1. Januar 1900 erfolgt ist.

Von der Todeserklärung zu unterscheiden sind die Verschollenheitserklärung und die Einweisung des mutmaßlichen Erben in den Besitz und Genuß des Vermögens eines Verschollenen; wegen der Fortsetzung eines am 1. Januar 1900 noch anhängigen Verfahrens, das eine dieser Maßnahmen zum Gegenstand hat, der Überführung in Todeserklärung und der Wirkungen der nach dem 1. Januar 1900 getroffenen Entscheidungen s. Art. 161 und 162.

Wann die Todeserklärung als erfolgt anzusehen ist, bestimmt sich nach dem Gesetz, auf Grund dessen sie ausgesprochen wurde; soweit sie durch ein nach den Bestimmungen der ZPO. erlassenes Ausschlußurteil ausgesprochen wurde (§ 11 EG. ZPO.), ist sie mit der Verkündung des Urteils als erfolgt anzusehen.

Hinsichtlich der Fortsetzung eines am 1. Januar 1900 noch anhängigen Verfahrens, welches eine Todeserklärung zum Gegenstand hat, und der Wirkung der getroffenen Entscheidung s. Art. 161 Abs. 1 und 3.

Für **ein erst nach dem Inkrafttreten des BGB. einzuleitendes Verfahren,** welches eine Todeserklärung zum Gegenstande hat, greifen die Vorschriften des BGB. §§ 13 bis 18 und der ZPO. §§ 960 ff. Platz, auch wenn die Tatsachen, auf Grund deren die Todeserklärung erfolgen soll, insbesondere der Eintritt der Abwesenheit oder der Verschollenheit, vor dem 1. Januar 1900 liegen und die erforderliche Zeit schon vor diesem Zeitpunkte abgelaufen ist (Mot. z. EG. 239 Nr. 4).

---

*) Schrifttum: Vgl. Roth, Deutsches Privatrecht Bd. 1 § 61 S. 340—370; Bruns, Verschollenheit in Bekkers Jahrb. I S. 90 ff.; Affolter, System des deutschen Übergangsrechts S. 209—217; Habicht, 3. Aufl. S. 68—104; Wahl, Todeserklärung nach BGB. in HessRspr. I, 175 ff.; vgl. ferner die in Bd. I Note * zu § 13 angeführten Schriften.

Als **Zeitpunkt des Todes** kann hienach in dem Todeserklärungsurteil ein Zeitpunkt festgestellt werden, der vor dem 1. Januar 1900 liegt (§ 18 BGB.). Bestritten wird dies von Habicht a. a. O. Derselbe will eine Verlegung des Zeitpunktes des Todes in die Zeit vor dem 1. Januar 1900 nur insoweit gestatten, „als dies bei der Behandlung des Falls auch nach dem bisherigen Rechte zulässig gewesen wäre" (S. 97 a. a. O.). Habicht führt für seine Ansicht jedoch, wie Planck Bem. 2 zu Art. 158 richtig bemerkt, nur gesetzgeberische Gründe an, die im Gesetze selbst keine Bestätigung finden, auch keineswegs an sich überzeugend sind. Allerdings führt die Anwendung des neuen Rechts, insbesondere des § 19 betr. **Lebensvermutung** dazu, daß in Fällen, in denen nach bisherigem Landesrecht eine Lebensvermutung überhaupt nicht bestand oder die Fortdauer des Lebens bis zu einem anderen Zeitpunkte als dem im BGB. bestimmten vermutet wurde, eine nach dem bisherigen Rechte noch nicht vermutete Beerbung nunmehr schon als vor dem 1. Januar 1900 eingetreten oder umgekehrt eine nach dem bisherigen Rechte vermutete Beerbung nunmehr entweder als überhaupt noch nicht oder als zu einem anderen Zeitpunkte als nach bisherigem Rechte eingetreten vermutet wird. Daß aber dieses Ergebnis unbillig wäre und daher vom Gesetzgeber nicht gewollt sein kann, kann Habicht nicht zugestanden werden. Durch die Vermutungen des früheren Rechts sind keine wohlerworbenen Rechte, sondern bloße Erwartungen, Aussichten erwachsen, vor deren Zerstörung ein neues Recht kein Bedenken trägt. Daß die Lebensvermutung des § 19 auch rückwirkende Kraft besitzt, ist unstreitig, da nach allgemeinen Grundsätzen in Beweisfragen das Beweisrecht entscheidet, das zur Zeit der Beweisführung gilt. Teilweise abweichend auch Niedner Bem. 2 und Affolter S. 213, 215 ff.; vgl. auch Bem. 5 zu § 19; OLG. Celle vom 31. Jan. 1900 im „Recht" 1900 S. 126, OLG. Stuttgart vom 13. Juni 1902, OLG. Bd. 5 S. 473.

3. Art. 158 spricht den **Grundsatz** aus, daß sich die W i r k u n g e n einer vor dem 1. Januar 1900 erfolgten Todeserklärung n a c h d e n b i s h e r i g e n G e s e t z e n bestimmen. Wegen der A u s n a h m e n von diesem Grundsatze s. Art. 159, 160.

Von den die Verschollenheit und die Todeserklärung betreffenden b i s h e r i g e n Gesetzen werden (in den Motiven I, 33 ff.) folgende hervorgehoben:

Preußen: ALG. II, 18 §§ 823—855, AGO. I, 37; G. vom 24. Febr. 1851; hannoversches G. vom 23. Mai 1848; kurhess. VO. vom 23. März 1789 und 28. Febr. 1799; nassauisches Edikt vom 21. Mai 1781; schleswig-holsteinische VO. vom 9. Nov. 1798 und Patent vom 21. April 1840; Frankfurter G. vom 9. März 1847; AG.ZPO. vom 24. März 1879 §§ 22, 24—26.

Bayern: AG.ZPO. und KO. vom 23. Febr. 1879 Art. 103—122, 174.

Sachsen: GB. §§ 37—44, 1708—1710; G., einige mit der ZPO. vom 30. Jan. 1877 zusammenhängende Bestimmungen enthaltend, vom 4. März 1879 §§ 15—17.

Sachsen-Meiningen: G. vom 23. Juni 1855.

Sachsen-Altenburg: Mandat vom 7. Dez. 1767; G. vom 30. Jan. 1841; AG. ZPO. vom 25. März 1879 § 24.

Sachsen-Koburg: G. vom 5. Juni 1832.

Sachsen-Weimar: G. vom 1. März 1839.

Hessen: VO. vom 19. Febr. 1774; Reskript vom 13. Febr. 1776; AG.ZPO. und KO. betr., vom 4. Juni 1879 Art. 8.

Mecklenburg-Schwerin: Landeskonstitution vom 8. März 1774; VO. vom 5. Febr. 1855; Wismar: VO. vom 29. Aug. 1831.

Mecklenburg-Strelitz: Landeskonstitution vom 29. März 1779; VO. vom 13. Febr. 1855.

Oldenburg: VO. vom 16. Febr./3. März 1844.

Braunschweig: G. vom 24. März 1882.

Anhalt: G., das Aufgebotsverfahren und einige damit zusammenhängende Gegenstände betr., vom 10. Mai 1879 §§ 16, 17.

Schwarzburg-Rudolstadt: VO. vom 29. Juli 1767.

Schwarzburg-Sondershausen: VO. vom 1. Sept. 1773; SukzessionsO. vom 8. Dez. 1829 § 8.

Waldeck: G. vom 17. Febr. 1850, vom 20. Juli 1853 und vom 1. Sept. 1879 Art. 1, 3.

Reuß ältere Linie: Mandat vom 20. Juli 1804.

Reuß jüngere Linie: VO. vom 3. Okt. 1848.

Schaumburg-Lippe: G. vom 6. Febr. 1876; AG.ZPO. vom 26. Juni 1879 §§ 62—64.

Lippe: VO. vom 22. Mai 1786.

Lübeck: VO. vom 30. Dez. 1829; AV.ZPO. vom 3. Febr. 1879 Art. 5, 6 § 9; G. vom 27. März 1882 § 26.

Bremen: VO. vom 28. Juni/3. Juli 1826.

Hamburg: VO. vom 14. Juni 1879.

Außerdem bestanden besondere Gesetze über die Kriegsverschollenheit, von welchen (nach Mot. z. EG.) hinsichtlich der Kriege in der letzten Zeit vor dem Inkrafttreten des BGB. für Preußen die G. vom 24. Febr. 1868 und 2. April 1872, für Bayern die G. vom 29. Dez. 1873 und 27. Juli 1874, für Sachsen das G. vom 25. Juni 1874, für Württemberg die G. vom 13. März 1868 und 14. Febr. 1873, für Hessen die G. vom 9. Mai 1868 und 27. Nov. 1872, für beide Mecklenburg das G. vom 24. Juni 1873, für Oldenburg das G. vom 21. Dez. 1872, für Sachsen-Meiningen das G. vom 16. April 1873, für Anhalt das G. vom 4. Jan. 1873, für Schwarzburg-Sondershausen das G. vom 31. März 1873, für Lippe das G. vom 19. April 1873 und für Lübeck das G. vom 30. März 1874 anzuführen sind.

4. Verschieden waren die **Wirkungen der Todeserklärung im bisherigen Recht**:

a) hinsichtlich der durch die Todeserklärung bewirkten Vermutung, daß der Verschollene nicht mehr lebe, für die Fragen, ob die Wirksamkeit dieser Vermutung mit dem Augenblick eintritt, in welchem die eine Todeserklärung aussprechende Entscheidung verkündet wird (Anhalt-Köthen G. vom 21. Mai 1818 § 11; Sachsen-Weimar G. vom 6. April 1833 § 121; Sachsen-Altenburg G. vom 6. April 1841 § 129; Sachsen-Meiningen G. vom 23. Juni 1855 Art. 12 und G. vom 16. März 1873 § 7) oder die Rechtskraft erlangt (PrALR. Tl. II Tit. 18 § 835; Reuß-Greiz G. vom 20. Juli 1804 § 7 und 22. Jan. 1841 § 119; Koburg G. vom 5. Juni 1832 § 5; Österreich Allg. BGB. § 278) — **konstitutive** Natur der Entscheidung — oder ob die Wirksamkeit dieser Vermutung eintritt mit dem Ablaufe der Frist, welche gesetzlich für das Eintreten der Todesvermutung bestimmt wird — **deklaratorische** Natur der Entscheidung. Zu den Rechtsgebieten, in denen letztere anzunehmen ist, gehören nach Roth DRP. Tl. I S. 362: Anhalt-Bernburg G. vom 2. Dez. 1779 § 25; Waldeck G. vom 17. Febr. 1850 § 7; Lippe-Schaumburg G. vom 26. Febr. 1876 § 13; Schwarzburg-Rudolstadt G. vom 29. Juni 1767; Schwarzburg-Sondershausen SukzessionsO. von 1829 § 6; Reuß jüngere Linie G. vom 3. Okt. 1848 § 3; Sachsen BG. § 43; Frankfurt G. vom 17. Febr. 1847 § 7; Würzburg VO. vom 29. März 1673; Kurf. Trier VO. vom 5. März 1791 Art. 1; Schleswig-Holstein VO. vom 9. Nov. 1798 § 2; ferner zählen hierher die Gesetze über Kriegsverschollenheit in Preußen, Sachsen-Altenburg, Anhalt, Lippe-Detmold, Sachsen-Weimar, Lübeck, Oldenburg, Bayern, Schwarzburg-Sondershausen, Sachsen-Meiningen, Kurhessen, Hessen-Darmstadt, Mecklenburg-Schwerin und Elsaß-Lothringen, — weiter, jedoch mit der Maßgabe, daß der Zeitpunkt des Ablaufs der Aufgebotsfrist maßgebend war, die G. für Bremen vom 3. Juli 1826 § 16; Lübeck vom 30. Dez. 1829 § 11; Oldenburg vom 3. März 1844 § 16; Gotha vom 2. Jan. 1844 § 104; Hannover vom 23. Mai 1848 § 13, — während in Hamburg (VO. vom 15. Okt. 1819 Art. 6) und Bayern (AG.ZPO. Art. 118) teils eine konstitutive, teils eine deklaratorische Natur der Entscheidung anzunehmen ist.

b) Es entscheidet ferner bei den vor dem 1. Januar 1900 erfolgten Todeserklärungen das bisherige Gesetz darüber, ob aus der Todesvermutung eine **Lebensvermutung** abgeleitet werden darf, d. h. ob anzunehmen ist, daß der Abwesende bis zu dem Zeitpunkte, der als sein Todestag bezeichnet wird, gelebt hat, oder ob nur angenommen werden darf, daß er diesen Zeitpunkt nicht überlebt hat, so daß z. B. der Erwerb einer Erbschaft für den Abwesenden von dem Nachweise, daß er im maßgebenden Zeitpunkte gelebt habe, abhängig ist.

Letzteres war der Fall in Oldenburg, nach dem Code civil, in Kurhessen, Hannover, Frankfurt und Braunschweig, ersteres galt für Preußen, Schleswig-Holstein, Nassau, Mecklenburg, Waldeck. Lippe-Detmold, Bayern. Weimar, Altenburg, Gotha, Reuß ä. L., Anhalt-Bernburg und Köthen, Lübeck, Hamburg, Sachsen, Württemberg, Bremen und Darmstadt (Roth, DPR. S. 368 Note 156—158).

Für Mecklenburg-Schwerin und Strelitz vgl. AV.BGB. § 12; dazu Habicht S. 90 Note 1. Kennt die alte Rechtsordnung keine Lebensvermutung, so hat bis zur Todeserklärung derjenige, der das Leben des Verschollenen behauptet, für die Zeit bis zum 1. Januar 1900 die Beweislast. Vgl. Affolter, System S. 212, 96. A. M. OLG. Celle vom 31. Jan. 1900, „Recht" 1900 S. 126.

c) Nach dem bisherigen Rechte ist auch die Frage zu entscheiden, ob die Todeserklärung nur auf **Vermögensrechte** eine Wirkung hat oder ob sie sich auch auf **persönliche und familienrechtliche Verhältnisse** erstreckt (vgl. Roth DPR. S. 364 Note 134—137). In dieser Beziehung begründen jedoch die Art. 159 und 160 dieses Gesetzes **Ausnahmen.**

Keine Vorschriften enthalten die Art. 158—160 über die Einwirkung einer früheren Todeserklärung auf das eheliche Güterrecht. Die Entscheidung ist aus Art. 200 zu entnehmen. Es bestimmt sich darnach diese Wirkung nach altem Recht. Auch wenn die Todeserklärung erst unter der Herrschaft des neuen Rechtes erfolgt, bestimmt sich die Wirkung derselben auf eine altrechtliche Ehe nach dem alten Recht. Vgl. Habicht S. 75.

d) Nach dem bisherigen Rechte richtet sich auch die **Beerbung** des für tot Erklärten (vgl. Roth DPR. S. 363 Ziff. III), vgl. Art. 213 Bem. II, 2, sowie die Entscheidung der Frage, ob die Erben des für tot Erklärten für den Fall der Rückkehr desselben zu einer Kautionsleistung anzuhalten sind oder nicht. Soweit bisher eine solche Verpflichtung besteht, hat es dabei sein Bewenden (Mot. z. EG. 236).

e) Nach dem bisherigen Rechte ist endlich auch der Anspruch einer noch lebenden, aber für tot erklärten Person auf **Herausgabe ihres Vermögens** zu beurteilen. Hierher gehören die Fragen, ob ein solcher Anspruch überhaupt gegeben ist oder nicht, ob er der Verjährung unterliegt oder nicht, ob das ganze Vermögen herauszugeben ist, oder ob nur dessen künftige Nutzungen oder lebenslänglicher Unterhalt zu gewähren sind, ob nur das vorhandene oder das ganze in Besitz genommene Vermögen herauszugeben, ob die Hauptsache mit oder ohne die Früchte zurückzugeben ist, und wie der redliche und der unredliche Besitzer haftet (vgl. Roth DPR. S. 365 Note 139—146).

f) Wegen der **Wiederverheiratung** des Ehegatten der für tot erklärten Person s. Art. 159.

5. Von den **Ausführungsgesetzen** greifen ein: Bayern, ÜbergG. Art. 107—111 (Pfalz) (Becher III, 8 S. 125 ff.; Mecklenburg-Schwerin, AV.BGB. § 12 (Becher XI, 1 S. 4); Mecklenburg-Strelitz, AV.BGB. § 12 (Becher XII S. 3); Hessen, AG.BGB. Art. 156 (Becher VIII, 3 S. 60 [besondere Bestimmungen für die Provinzen Starkenburg und Oberhessen]); Bremen AG.BGB. § 1 (Becher V, 1 S. 1) (Abänderung der in Bem. 3 genannten VO. vom 3. Juli 1826).

Für Elsaß-Lothringen vgl. Kisch, Elsaß-Lothr. Landesprivatrecht § 14, ausführliche Darstellung bei Aron, Elsaß-Lothr. AG., Vorbem. S. LV ff.

Art. 159.*)

Der Ehegatte einer vor dem Inkrafttreten des Bürgerlichen Gesetzbuchs für tot erklärten Person kann nach dem Inkrafttreten des Bürgerlichen Gesetzbuchs eine neue Ehe eingehen, auch wenn die Wiederverheiratung nach den bisherigen Gesetzen nicht zulässig sein würde. Die Vorschriften der §§ 1348 bis 1352 des Bürgerlichen Gesetzbuchs finden entsprechende Anwendung.

E. I, 92, Satz 2; II, 133; III, 159.

Eheschließung nach einer vor dem Inkrafttreten des BGB. erfolgten Todeserklärung eines Ehegatten:

1. Entstehung. Den Grundgedanken des gegenwärtigen Artikels enthielt schon der Satz 2 des Art. 92 E. I, welcher lautete: „Auch bei einer solchen Todeserklärung treten jedoch die in den §§ 1235, 1464, 1543, 1557, 1560, 1587, 1611, 1703, 1704, 1710, 1723, 1728, 1735, 1737, 1748 BGB. bezeichneten Wirkungen ein." Denn die §§ 1235 und 1464 E. I entsprechen den nunmehrigen §§ 1349 und 1348 BGB. Seine

*) Schrifttum: Habicht (3) S. 71 f.; s. auch die in Bd. I Note * zu § 13 und Bd. IV Note ** zu § 1348 erwähnten Schriften.

gegenwärtige Fassung erhielt der Artikel in der II. Komm. (Mot. z. EG. 237, P. VI, 471, 472, Reatz III, 80).

2. Inhalt. Art. 159 enthält eine **Ausnahme von der Regel des Art. 158,** daß die Wirkungen einer vor dem Inkrafttreten des BGB. erfolgten Todeserklärung sich nach den bisherigen Gesetzen bestimmen. Die bisherigen Gesetze entscheiden die Frage, ob die Todeserklärung die Auflösung der Ehe bewirke, nicht gleichmäßig; einige Gesetze gestatten dem zurückgebliebenen Ehegatten ohne weiteres, nach Todeserklärung des anderen eine neue Ehe einzugehen (gemeines Recht, PrALR. Tl. II Tit. 1 §§ 665 ff., Bayer. AG.ZPO. und KO. vom 23. Febr. 1879 Art. 118, 119 [vgl. Roth, Bayer. CR. 2. Aufl. Bd. I S. 182], s. ferner die Gesetze von Württemberg, Hannover, Oldenburg, Bremen, Hamburg, Lübeck, Lauenburg, Elsaß-Lothringen), andere Gesetze verlangen noch einen besonderen richterlichen Ausspruch über die Beendigung der früheren Ehe (Österreich. GB. §§ 112—114 und G. vom 14. Febr. 1883 § 9, Sächs. GB. §§ 1708 ff.), nach wieder anderen Gesetzen gilt die frühere Ehe als fortbestehend, bis sie im Scheidungsprozeß förmlich geschieden ist (BadLR. Art. 232 a, französ. R.; vgl. hiezu Gierke, Deutsches Privatrecht Bd. I S. 374 ff., insbes. Note 66, 67).

3. Die Wirkungen dieses Artikels bestehen

a) in der Ermöglichung der Eingehung einer neuen Ehe nach Todeserklärung eines Ehegatten auch in den Rechtsgebieten, in denen die Wiederverheiratung des zurückgebliebenen Ehegatten nach den bisherigen Gesetzen nicht zulässig sein würde (Satz 1),

b) in der entsprechenden Anwendung der §§ 1348 bis 1352 BGB. über die Wiederverheiratung im Falle der Todeserklärung auf die auf Grund der Ausnahmevorschrift von Satz 1 erfolgende Wiederverheiratung (Satz 2).

Die frühere Ehe wird also durch die in Satz 1 zugelassene, nach dem 1. Januar 1900 erfolgende Wiederverheiratung nach Maßgabe des § 1348 BGB. aufgelöst, sohin wenn der für tot erklärte Ehegatte noch lebt, nur, wenn beide Ehegatten der neuen Ehe nicht wußten, daß er die Todeserklärung überlebt hat. Anfechtung der Todeserklärung hindert die Wiederverheiratung nach Maßgabe des § 1349; die neue Ehe ist anfechtbar nach § 1350, für die Unterhaltspflicht gelten die Vorschriften der §§ 1351, 1352.

Die Vorschriften der §§ 1348—1352 BGB. finden keine Anwendung und das durch die neue Ehe geschaffene Rechtsverhältnis wird nach dem bisherigen Recht beurteilt in allen Fällen, in denen die Wiederverheiratung des zurückgebliebenen Ehegatten nicht erst auf Grund der Ermächtigung des Art. 159 Satz 1 erfolgte, sohin wenn die frühere Ehe nach dem bisherigen Recht schon durch die Todeserklärung, nicht erst durch die Wiederverheiratung aufgelöst wurde (and. Ans. Niedner Bem. 1, b), ferner wenn die frühere Ehe nach dem bisherigen Recht auf Grund der Todeserklärung für aufgelöst erklärt worden ist, in den beiden Fällen ohne Rücksicht darauf, ob die Wiederverheiratung vor oder nach dem 1. Januar 1900 erfolgt, endlich aber auch, wenn nach dem bisherigen Rechte erst die Wiederverheiratung die Auflösung der früheren Ehe herbeigeführt und die Wiederverheiratung nach dem 1. Januar 1900 erfolgt; denn auch in diesem letzteren Falle kommt die Anwendung des Satzes 1 des Art. 159, an den der Satz 2 sich anschließt, nicht in Frage (ebenso Habicht S. 71, 72, Affolter S. 211; and. Ans. hinsichtlich des letzten Falles ohne überzeugende Begründung Planck Bem. 2 und die früheren Auflagen dieses Komm.).

4. Die déclaration d'absence des französischen und badischen Rechts hat die gleichen Wirkungen wie die Todeserklärung nicht; s. Art. 162.

5. Wegen der Anwendung der Art. 159 und 160, wenn ein am 1. Januar 1900 anhängiges Verfahren, das eine Todeserklärung oder Verschollenheitserklärung zum Gegenstand hat, nach diesem Zeitpunkt erledigt wird, s. Art. 161 Abs. 3 Satz 2 und Bem. 2, C zu Art. 161.

Wegen des Rechtes und der Pflicht zur Sorge für die Person der gemeinschaftlichen Kinder, wenn die Ehe auf Grund des bisherigen Gesetzes infolge Todeserklärung eines der Ehegatten aufgelöst ist, s. Art. 206.

6. Aus der **Landesgesetzgebung:** Vgl. Hessen: AG.BGB. Art. 158—159. (Becher VIII, 3 S. 61.) (Besondere Bestimmungen für die Provinzen Starkenburg und Hessen.)

Art. 160.

Soweit nach den Vorschriften des Bürgerlichen Gesetzbuchs infolge einer Todeserklärung die elterliche Gewalt des Verschollenen, die Vormundschaft, die Pflegschaft sowie das Amt als Vormund, Gegenvormund, Pfleger, Beistand oder Mitglied eines Familienrats endigt, gelten diese Vorschriften von dem Inkrafttreten des Bürgerlichen Gesetzbuchs an auch für eine vorher erfolgte Todeserklärung.

E. I, 92 Satz 2; II, 133; III, 160.

Ausdehnung der im BGB. mit der Todeserklärung verknüpften Wirkungen auf eine unter der alten Rechtsordnung erfolgte Todeserklärung, insbesondere betr. Endigung der elterlichen Gewalt, der Vormundschaft, Pflegschaft, Beistandschaft und Mitgliedschaft zum Familienrat:

1. Hinsichtlich der **Entstehungsgeschichte** des Artikels s. Bem. 1 zu Art. 159.

2. Inhalt. Nach dem BGB. hat die Todeserklärung u. a. die Wirkungen,

a) daß die **elterliche Gewalt** des Vaters oder der Mutter, welche für tot erklärt werden, mit dem Zeitpunkte **endigt,** der als Zeitpunkt des Todes des Vaters oder der Mutter gilt (BGB. §§ 1679, 1684, 1686). Wenn jedoch der Vater (oder die Mutter) die Todeserklärung überlebt, so erlangt der Vater (oder die Mutter) die elterliche Gewalt wieder, wenn der hierauf gerichtete Wille vom Vater (oder der Mutter) dem Vormundschaftsgerichte gegenüber erklärt wird (BGB. § 1679 Abs. 2 und § 1686);

b) daß mit der Erlassung des die Todeserklärung des Mündels aussprechenden Urteils die **Vormundschaft oder die Pflegschaft beendet** werden (BGB. §§ 1884, 1897, 1915, 1921),

c) daß ferner das Amt des Vormunds, Gegenvormunds, Pflegers, Beistands, Mitglieds eines Familienrats ebenfalls mit der Erlassung des Urteils endigt, welches die Todeserklärung eines solchen ausspricht (BGB. §§ 1885, 1878, 1895, 1897, 1694, 1915).

Alle diese Wirkungen erhielt vom 1. Januar 1900 an eine vorher erfolgte Todeserklärung auch dann, wenn diese Wirkungen dem bisherigen Rechte fremd waren.

Auf die déclaration d'absence des französischen und badischen Rechtes bezieht sich dieser Artikel nicht; s. in dieser Hinsicht Art. 162.

3. S. auch Bem. 5 zu Art. 159.

Art. 161.*)

Ein zur Zeit des Inkrafttretens des Bürgerlichen Gesetzbuchs anhängiges Verfahren, das eine Todeserklärung, eine Verschollenheitserklärung oder die Einweisung des mutmaßlichen Erben in den Besitz oder Genuß des Vermögens eines Verschollenen zum Gegenstande hat, ist nach den bisherigen Gesetzen zu erledigen.

Ist vor dem Inkrafttreten des Bürgerlichen Gesetzbuchs eine Verschollenheitserklärung oder die vorläufige Einweisung des mutmaßlichen Erben in den Besitz oder Genuß des Vermögens eines Verschollenen erfolgt, so sind die bisherigen Gesetze auch für die Todeserklärung sowie für die endgültige Einweisung maßgebend.

Nach den bisherigen Gesetzen bestimmen sich auch die Wirkungen der nach Abs. 1, 2 ergehenden Entscheidungen. Im Falle der Todeserklärung finden die Vorschriften der Artikel 159, 160 Anwendung.

E. I, 93, 94; II, 134; III, 161.

*) *Schrifttum:* *Wahl,* Todeserklärung nach BGB. in HessRspr. I S. 175ff.; *Häring,* Endgültige Ausfolge des Vermögens eines Verschollenen nach dem 1. Januar 1900 an den vor diesem Zeitpunkt vorläufig eingewiesenen Erben, in WürttZ. Bd. 48 S. 199ff.; *Habicht* S. 71f., insbes. S. 77.

Fortgeltung des früheren Rechts für ein auf Todeserklärung, Verschollenheitserklärung oder Besitzeinweisung usw. gerichtetes, beim Inkrafttreten des BGB. anhängiges Verfahren:

1. Entstehung. Abs. 1 dieses Artikels entspricht dem Satz 1 von Art. 93, Abs. 2 dem ersten Halbsatz des Art. 94 des E. I, während Abs. 3 den zweiten Satz von Art. 93 und den zweiten Halbsatz von Art. 94 des E. I in sich vereinigt. Die nunmehrige Fassung erhielt der Artikel im wesentlichen in der II. Komm. (Mot. z. EG. 238—241, P. VI, 472, 625, 626, Reatz III, 81).

Als Vorbild des gegenwärtigen Artikels diente Art. 122 des bayer. AG.ZPO. und KO. von 1879.

2. Inhalt.

A. Der Art. 161 bezieht sich nicht bloß, wie die Art. 158—160, auf

a) die Todeserklärung, sondern

b) auch auf die Verschollenheitserklärung (des älteren Rechtes) und

c) auf die Einweisung des mutmaßlichen Erben in den Besitz oder Genuß des Vermögens eines Verschollenen.

Zu b und c. Verschollenheitserklärung und Besitzeinweisung kamen in zweifacher Richtung vor: Es gingen nämlich nach manchen Rechten (z. B. jenen von Mecklenburg-Schwerin und Mecklenburg-Strelitz) der Todeserklärung eine Verschollenheitserklärung und die Ausantwortung des Vermögens des Verschollenen zu vorläufigem Besitz und Genusse voraus (M. I, 33, 34, Mot. z. EG. 238). Das französische und badische Recht kennen die Todeserklärung überhaupt nicht, sondern (in cod. civ. art. 115—138 und bad. LR. Satz 115—140) ein Abwesenheitsverfahren, welches mit der Verschollenheitserklärung beginnt, die fürsorgliche Einweisung der mutmaßlichen Erben in den Besitz des Vermögens des Verschollenen gestattet und mit der definitiven Besitzeinweisung endigt (Mot. z. EG. 240, M. I, 34 ff.).

B. Die **Absätze 1 und 2** regeln das Verfahren, Abs. 3 regelt die Wirkungen der Entscheidung in einem am 1. Januar 1900 bereits anhängigen Verfahren. Abs. 1 hat ein am 1. Januar 1900 noch im Laufe befindliches, vielleicht erst kurz vorher beantragtes Verfahren, welches auf Todes- oder Verschollenheitserklärung oder Besitzeinweisung gerichtet ist, zur Voraussetzung. Abs. 2 setzt voraus, daß vor dem 1. Januar 1900 eine Verschollenheitserklärung oder vorläufige Besitzeinweisung erfolgt ist und daß nach dem betreffenden Landesrecht erst nachher die Todeserklärung oder die endgültige Besitzeinweisung (z. B. Code civil art. 129) erfolgen kann.

In beiden Fällen wird für das Verfahren, soweit es nach dem 1. Januar 1900 fortgesetzt wird, das bisherige Landesrecht als anwendbar erklärt. Der Grund liegt darin, daß das Abwesenheitsverfahren, selbst wenn es nach einzelnen Gesetzen in verschiedene Abschnitte (Verschollenheitserklärung, vorläufige Besitzeinweisung, Todeserklärung, definitive Besitzeinweisung) zerlegt ist, doch ein zusammenhängendes Ganzes bildet, welches, wenn einmal ein Abschnitt begonnen hat, nach dem früheren Rechte durchgeführt werden muß, um rechtlich geschützte Aussichten zu wahren, was namentlich dann von besonderer Bedeutung ist, wenn das betreffende Landesrecht bei dem Eintritte der Todesvermutung die successio ex tunc eintreten läßt (Mot. z. EG. 239).

Nach früherem preuß. Recht (AG.ZPO. vom 24. März 1879 § 22), auch nach bayer. Recht (Roth Bd. 1 § 22 S. 179 Note 33) konnte ein vom Antragsteller liegen gelassenes Aufgebotsverfahren von jedem anderen Berechtigten fortgesetzt werden. Es kann daher auch nach dem 1. Januar 1900 auf Grund des Art. 161 jeder nach altem Recht dazu Befugte das Verfahren fortsetzen. Hat aber der Antragsteller seinen Antrag vor oder nach dem 1. Januar 1900 förmlich zurückgenommen, so ist damit das Verfahren erledigt, JW. 1900 S. 243. Nach der Zurücknahme ist auch der Eintritt eines anderen Berechtigten in das Verfahren nicht mehr möglich. Vgl. Habicht S. 77 Note 1.

In dem Verfahren wegen Todeserklärung kann ein vor den 1. Januar 1900 fallender Tag als Todestag festgestellt werden (OLG. Stuttgart, 13. Juni 1902, OLG. Bd. 5 S. 473).

C. Wenn nach Abs. 1 oder 2 ein am 1. Januar 1900 anhängiges Verfahren nach diesem Zeitpunkt nach den bisherigen Vorschriften zu Ende geführt wird, bestimmen sich nach **Abs. 3** auch die **Wirkungen** der ergehenden Entscheidungen nach dem bisherigen Rechte; soweit das fortgesetzte Verfahren zu einer Todeserklärung führte, finden auch die Art. 159, 160 Anwendung. Diese Regelung entspricht dem in Art. 158 aufgestellten Grundsatze mit den Ausnahmen der Art. 159, 160 (vgl. Bem. 3

zu Art. 158 und die Bem. zu Art. 159, 160). Nach altem Rechte ist insbesondere zu beurteilen, ob die Todeserklärung deklaratorische oder konstitutive Wirkung hat, ob sie eine successio ex nunc oder ex tunc herbeiführt, auch, ob sie nur eine Vermutung des Todes oder auch eine Lebensvermutung enthält, endlich, welche Rechte ihr gegenüber der Verschollene, wenn er etwa noch leben sollte, oder seine wahren Erben haben. Vgl. Habicht S. 77 f. §§ 18, 19 BGB. sind nicht anwendbar (Planck Bem. 2; RG., 18. März 1901, OLG. Bd. 4 S. 440); vgl. auch Bem. 2 zu Art. 158. Die Beerbung des für tot Erklärten erfolgt, wenn in dem Verfahren nach Art. 161 ein vor dem 1. Januar 1900 liegender Tag festgestellt wird, gemäß Art. 213 EG. nach den bisherigen Gesetzen, wenn ein nach diesem Zeitpunkt liegender Tag als Todestag festgestellt wird, dagegen nach den Vorschriften des BGB. (OLG. Bd. 4 S. 440, Bd. 5 S. 473).

Eine Sondervorschrift trifft Art. 162 für die endgültige Besitzeinweisung des Erben nach französischem und badischem Rechte.

3. Aus den Ausführungsgesetzen: Für Bayern vgl. ÜbergG. vom 9. Juni 1899 Art. 107—111 (Becher III, 8 S. 125 f.) (mit Mot. zu Art. 49—53 des Entw.), 113 (mit Mot. zu Art. 55 des Entw.), ferner die Mot. zum AG.BGB. Entw. Beil. B Art. 33 Ziff. 11 und Art. 36 Ziff. 11; für Hessen AG.BGB. Art. 156—160, 209, 210 (für Starkenburg, Oberhessen, Rheinhessen) (Becher VIII, 3 S. 60, 70), AG.FGG. Art. 148, 149 (Becher VIII, 4 S. 150); für Mecklenburg-Schwerin AV.BGB. § 12 (Becher XI, 2 S. 4); für Mecklenburg-Strelitz AV.BGB. § 12 (Becher XII, 1 S. 3); für Oldenburg-Birkenfeld AG.BGB. § 1 (Becher XIII, 7 S. 32); für Bremen AG.BGB. § 1 (Becher V, 1 S. 1); für Elsaß-Lothringen AG. FGG. §§ 72, 73 (Becher VI, 2 S. 45).

Sachsen-Weimar, AG.ZPO. § 13 bestimmte, daß als anhängig im Sinne des Art. 161 EG. ein Aufgebotsverfahren erst dann gilt, wenn die öffentliche Aufforderung ergangen ist. Vgl. dazu Habicht S. 76 Note 1.

Art. 162.

Soweit eine nach den bisherigen Gesetzen erfolgte oder nach Artikel 161 Abs. 2 zulässige endgültige Einweisung des mutmaßlichen Erben in den Besitz oder Genuß des Vermögens des Verschollenen ohne Einfluß auf Rechtsverhältnisse ist, auf die sich die Wirkungen der Todeserklärung nach dem Bürgerlichen Gesetzbuch erstrecken, ist nach dem Inkrafttreten des Bürgerlichen Gesetzbuchs eine Todeserklärung nach dessen Vorschriften zulässig; die Wirkungen beschränken sich auf diese Rechtsverhältnisse.

E. II, 135; III, 162.

Todeserklärung nach Maßgabe des BGB. neben der nach bisherigem Rechte erfolgten Einweisung in den Besitz oder Genuß des Vermögens des Verschollenen:

1. Entstehung. Dieser Artikel wurde erst in der II. Komm. aufgestellt. Bei der Aufstellung des I. Entw. war es für untunlich erklärt worden, dem Systeme des französischen und badischen Rechtes, auf welches sich dieser Artikel bezieht, eine Todeserklärung einzufügen. (Mot. z. EG. 240, P. VI, 483—485, 626, Reatz III, 81).

2. Grund und Inhalt der Vorschrift.

A. Die Vorschrift dieses Artikels ist dadurch veranlaßt, daß auf die Verschollenheitserklärung und bzw. endgültige Besitzeinweisung des französischen und badischen Rechts die Ausnahmebestimmungen der Art. 159 und 160 dieses Gesetzes nicht erstreckt werden konnten, weil diese Verschollenheitserklärung ihrer Natur nach weder auf der Voraussetzung des wahrscheinlich eingetretenen Todes des Verschollenen beruht, noch die Feststellung des Todes oder einer Vermutung für den Tod bezweckt. Vom I. Entw. war es als im hohen Maße bedenklich erachtet worden, an die bloße Verschollenheitserklärung die Wirkung zu knüpfen, daß der zurückgebliebene Ehegatte eine neue Ehe schließen könne und daß durch die neue Ehe die alte Ehe aufgelöst werde (Mot. z. EG. 240).

B. Die Voraussetzung für die Anwendbarkeit des gegenwärtigen Artikels ist nicht bloß erfüllt, wenn eine endgültige Besitzeinweisung schon erfolgt ist, sondern auch dann, wenn das Verfahren, welches zu derselben führen soll, noch im Laufe ist. Es kann also während eines solchen Verfahrens gleichzeitig die Todeserklärung nach

Maßgabe und mit den Wirkungen dieses Artikels beantragt und möglicherweise vor der endgültigen Besitzeinweisung zum Abschlusse gebracht werden.

C. Der **Zweck** des Artikels ist, **eine Todeserklärung und** damit (neben den sonstigen familienrechtlichen Wirkungen der Todeserklärung; s. unten unter D) insbesondere die **Wiederverheiratung im Gebiete des rheinischen Rechtes zu ermöglichen** (P. a. a. O.). Das französische Verschollenheitsverfahren hatte zu dieser Frage keine Stellung genommen. Es war hierfür auch deshalb weniger ein Bedürfnis, weil das katholische Kirchenrecht unter Umständen eine Wiederverheiratung auf die Gefahr hin zuläßt, daß die neue Ehe wegen Fortbestandes der früheren nichtig sei, was nach dem BGB. nicht mehr der Fall ist. Es wurde als ein Gebot der Gerechtigkeit erachtet, daß einem Beteiligten, der beim Vorhandensein der gesetzlichen Voraussetzungen schon unter der Herrschaft des alten Rechtes das gesetzliche Verfahren herbeiführte, die Vorteile des neuen Rechtes ebensowenig vorenthalten werden dürfen, wie dem, der trotz Vorliegens der Voraussetzungen den Antrag bisher unterlassen hatte (P. a. a. O.).

D. Die **Wirkung** der nach Art. 162 erfolgten Todeserklärung ist eine beschränkte; sie ist ohne Einfluß auf Rechtsverhältnisse, die nach dem bisherigen Recht durch die endgültige Einweisung betroffen werden (vgl. namentlich Code civil art. 129—134). Nach dem neuen Rechte bestimmen sich namentlich alle familienrechtlichen Wirkungen der Todeserklärung (BGB. §§ 1348—1350, 1420, 1494, 1544, 1679, 1684, 1694, 1878, 1884, 1885, 1895, 1897, 1915, 1921). Die familienrechtlichen Bestimmungen in Art. 139—143 des Code civil können die Richtigkeit dieser Behauptung nicht zweifelhaft machen, weil sie nur die Abwesenheit, nicht die endgültige Besitzeinweisung wegen einer solchen zur Voraussetzung haben.

Ohne Einfluß ist die ergänzende Todeserklärung des Art. 162 auf die ehelichen Güterverhältnisse, solange diese sich nach dem alten Recht bestimmen. Vgl. Art. 200. Auch nach der ergänzenden Todeserklärung dauert also die Gütergemeinschaft fort, sie wird erst durch die Wiederverheiratung des zurückgebliebenen Ehegatten beendigt (vgl. Habicht S. 95 f., Hachenburg, Das BGB. S. 85).

E. Die Vorschrift des Art. 162 ist auf den Fall erstreckt, daß zur Zeit des Inkrafttretens des BGB. ein Verfahren betr. Einweisung des mutmaßlichen Erben in den Besitz und Genuß des Vermögens zwar bereits anhängig, aber noch nicht beendet ist. Bei wörtlicher Auslegung des Art. 162 würde die sog. ergänzende Todeserklärung auf Grund derselben nur dann zulässig sein, wenn das bereits am 1. Januar 1900 anhängige Verfahren wenigstens zu einer vorläufigen Einweisung geführt hat, da eben nur der Art. 161 Abs. 2 hier angezogen ist. Die Vorschrift des Art. 162 ist aber auch auf den Fall auszudehnen, daß ein Verfahren zwar bereits am 1. Januar 1900 anhängig war, aber noch nicht zu einer vorläufigen Einweisung geführt hatte. Denn der offensichtliche Zweck des Artikels ist, die Härte zu beseitigen, die darin zu finden wäre, daß andernfalls der Beteiligte genötigt wäre, mit dem Antrag auf Todeserklärung bis zur endgültigen Einweisung zu warten (ebenso Planck Bem. 1, Habicht S. 95 Note 1; and. Ans. Affolter S. 215 Note 1). Dagegen ist Art. 162 in den Fällen nicht anwendbar, in welchen ein nach den bisherigen Gesetzen eingeleitetes Verfahren auf Todeserklärung keine Einwirkung auf die Ehe hat, wenn auch ein praktisches Bedürfnis hiefür vorgelegen sein mag, so z. B. wenn die Todeserklärung nach den früheren Gesetzen erst nach dem 70. Lebensjahr des Verschollenen zulässig wird; mit Recht verweist Planck a. a. O. darauf, daß in Art. 162 nur von dem Falle einer Einweisung in den Besitz oder Genuß, nicht auch von einer nach bisherigem Recht eingeleiteten Todeserklärung die Rede ist (and. Ans. Habicht a. a. O.).

3. **Ausführungsgesetze:** Bayern: ÜberG. Art. 107—112, insbes. Art. 111 (Becher III, 8 S. 125); Bremen: AG.BGB. § 1 (Becher V, 1 S. 1); Elsaß-Lothringen: AG.GBO. § 20 (Becher VI, 3 S. 49), AG.FGG. §§ 72, 73 (Becher VI, 2 S. 45); Hessen: AG.BGB. Art. 156—160, 209 und 210 (Becher VIII, 3 S. 60 f., 70); Mecklenburg-Schwerin: AV.BGB. § 12 (Becher XI, 2 S. 4); Mecklenburg-Strelitz: AV.BGB. § 12 (Becher XII, 1 S. 3); Oldenburg-Birkenfeld: AG.BGB. § 1 (Becher XIII, 7 S. 32).

Vorbemerkungen zu den Art. 163—167. (Übergangsvorschriften für die zur Zeit des Inkrafttretens des BGB. bestehenden juristischen Personen und gewisse deutschrechtliche Genossenschaften.)

Abweichend von der Hauptregel des sog. intertemporalen Privatrechts, nämlich vom Grundsatze der Nichtrückwirkung, bestimmt Art. 163 EG., daß die unter der alten Rechtsordnung entstandenen Körperschaften den wichtigsten Vorschriften der neuen Rechtsordnung unterworfen werden sollen (Ausschlußklausel). Doch enthält der Art. 164 wiederum eine Anerkennung der Hauptregel (Gewährungsklausel) für Realgemeinden und ähnliche Verbände, desgleichen Art. 165 für die auf Grund der bayerischen Gesetze vom 29. April 1869 errichteten Vereine und Erwerbs- und Wirtschaftsgesellschaften, Art. 166 für Personenvereine auf Grund des sächsischen Gesetzes vom 15. Juni 1868 und Art. 167 für landschaftliche oder ritterschaftliche Kreditanstalten.

Für Körperschaften des öffentlichen Rechts enthält der 4. Abschn. des EG. keine Übergangsvorschriften; soweit solche unter der alten Rechtsordnung entstanden sind, bleiben sie den Vorschriften derselben grundsätzlich unterworfen, Art. 163 EG. ist auf sie nicht anwendbar, er bezieht sich nur auf private Körperschaften und Stiftungen. Mangels besonderer Vorschriften der Landesgesetze finden aber jedenfalls die nach Art. 163 EG. mit § 28 Abs. 1, § 32 Abs. 1 S. 2, 3, Abs. 2, § 86 BGB. für die Stiftungen des bürgerlichen Rechts geltenden Vorschriften über die Beschlußfassung des aus mehreren Personen bestehenden Vorstandes auch auf die Stiftungen des öffentlichen Rechts Anwendung (Bay. ObLGZ. Bd. 7 S. 99 ff.). Die Vorschrift des § 31 BGB. findet nach § 89 BGB. auch auf bereits bestehende Körperschaften, Stiftungen und Anstalten des öffentlichen Rechts Anwendung. Vgl. Affolter, System S. 281, Habicht S. 105; s. auch Bem. II, C zu Art. 163.

Die Frage, ob eine Körperschaft als juristische Person des öffentlichen oder des bürgerlichen Rechts anzusehen ist, ist auch nach dem Inkrafttreten des BGB. nach dem Rechte des betreffenden Bundesstaates (Landes) zu entscheiden; s. Bem. VI zu Art. 163.

Art. 163.*)

Auf die zur Zeit des Inkrafttretens des Bürgerlichen Gesetzbuchs bestehenden juristischen Personen finden von dieser Zeit an die Vorschriften der §§ 25 bis 53, 85 bis 89 des Bürgerlichen Gesetzbuchs Anwendung, soweit sich nicht aus den Artikeln 164 bis 166 ein Anderes ergibt.

E. II, 136; III, 163.

Anwendbarkeit der §§ 25—53, 85—89 BGB. auf die zur Zeit des Inkrafttretens des BGB. bestehenden juristischen Personen:

I. Entstehung. Der gegenwärtige Artikel wurde erst in der II. Komm. aufgestellt (P. VI, 490—493, Reatz III, 82).

II. Inhalt. Der Art. 163 unterstellt, abweichend von dem Grundsatze, daß das neue Recht keine Rückwirkung äußern soll, die beim Inkrafttreten des BGB. vorhandenen **juristischen Personen** nach vielen Richtungen dem neuen Rechte.

Im einzelnen ist folgendes hervorzuheben:

A. Was unter einer „juristischen Person" zu verstehen ist, welche vor dem Inkrafttreten des BGB. entstanden ist, bemißt sich, soweit nicht ihre Entstehung auf einem besonderen Reichsgesetze beruht, nach Landesrecht. In der II. Komm. wurde es ausdrücklich als selbstverständlich bezeichnet, daß die Entstehung einer juristischen Person sich nach den zur Zeit ihrer Begründung geltenden Gesetzen bemißt (P. VI, 490 ff.). Im übrigen geht auch daraus, daß die §§ 21—24 und 55—84 BGB. im Art. 163 nicht erwähnt sind, hervor, daß der Entstehungstatbestand, soweit er sich unter dem alten Recht vollendet hat, nach diesem zu beurteilen ist. Vgl. auch Affolter, System S. 275, Habicht S. 104 Note 1, Niedner Bem. 2, a zu Art. 163.

Die Lösung der Frage, wie es sich verhält, wenn unter der Herrschaft des älteren Rechtes ein Stiftungsgeschäft errichtet wurde, welches in Ansehung der Form zwar den Vorschriften des bisherigen Rechtes, nicht aber dem BGB. genügt, und wenn erst nach Inkrafttreten des BGB. die staatliche Genehmigung

*) Schrifttum: Habicht, 3. Aufl. S. 105 ff.; Affolter S. 275 ff.; Leonhard, Der Einfluß des Bürgerlichen Gesetzbuchs auf nicht rechtsfähige Vereine des älteren Rechts in BayZ. 1906 S. 29 ff.; Wiedemann, Beiträge zu der Lehre von den idealen Vereinen, Zürich 1908.

nachgesucht wird, wurde der Wissenschaft und der Praxis überlassen. Sofern nicht im betreffenden Landesrecht eine Prohibitivbestimmung enthalten ist, muß angenommen werden, daß das Stiftungsgeschäft gültig bleibt, und daß die staatliche Genehmigung erteilt werden darf. Denn das Einführungsgesetz erklärt auch beispielsweise im Art. 11 die Beobachtung der Formvorschriften des Ortes, an welchem das Rechtsgeschäft vorgenommen wird, als genügend, beurteilt gemäß Art. 170 ein vor dem Inkrafttreten des BGB. entstandenes Schuldverhältnis, dann in Art. 214 die Errichtung oder Aufhebung einer Verfügung von Todes wegen nach den bisherigen Gesetzen und verfolgt, wie sich z. B. aus Art. 161 ergibt, das Bestreben nach Wahrung rechtlich geschützter Aussichten. Eine solche Aussicht ist aber für die Beteiligten eröffnet, wenn ein nach bisherigem Rechte gültiges Stiftungsgeschäft errichtet ist. Es kann demnach die staatliche Genehmigung auf Grund des dem früheren Rechte entsprechenden Stiftungsgeschäfts erteilt werden und entsteht alsdann die Stiftung nach Maßgabe des älteren Rechts. War also z. B. ein Stiftungsgeschäft unter Lebenden bisher bis zur Genehmigung auch durch die Erben widerruflich, so gilt dies für eine so entstandene Stiftung entgegen dem § 81 Abs. 2 BGB. auch nach dem 1. Januar 1900 (Habicht S. 117 Note 1, Planck Bem. 1 zu Art. 163; and. Ans. Niedner Bem. 2, a zu Art. 163).

B. Es können unter gegenwärtigen Artikel nur solche juristische Personen fallen, für welche das BGB. nach dem Inhalte der §§ 21—89 Anwendung finden kann, also nicht solche, für welche besondere Reichsgesetze oder noch geltende besondere Landesgesetze maßgebend sind (vgl. Bem. IV). So findet Art. 163 keine Anwendung auf die juristischen Personen des Bergrechts (OLG. Jena in ThürBl. Bd. 58 S. 14).

C. Von den auf die bisherigen juristischen Personen durch Art. 163 für anwendbar erklärten Vorschriften des BGB. betreffen die §§ 25—53 die Verfassung und das Erlöschen eines Vereins, §§ 85—88 betreffen die Verfassung und das Erlöschen einer Stiftung und § 89 erklärt die §§ 31 und 42 Abs. 2, soweit dieses möglich, auf die juristischen Personen des öffentlichen Rechtes für anwendbar. Zur Begründung der Ausdehnung dieser Vorschriften des BGB. auf die bei dessen Inkrafttreten bestehenden juristischen Personen wurde in der II. Komm. im wesentlichen folgendes bemerkt: „Soweit es sich um Normen handle, welche die Lebensbetätigung der juristischen Person, die Art und Weise der Beschlußfassung, die Vertretung regulieren, greife das neue Gesetz ein und zwar müßten sowohl die zwingenden als auch die dispositiven Normen gelten" . . . Zu einer ungerechtfertigten Beschränkung der bestehenden juristischen Personen könne das nicht führen, weil „die meisten Bestimmungen des BGB. dispositiver Natur seien, welche für die bestehenden juristischen Personen soweit nicht in Betracht kämen, als die — in diesem Punkte in Kraft bleibenden — Satzungen andere Bestimmungen enthielten. Soweit die bisherigen Satzungen keine Vorschriften enthielten, trete allerdings eine Ergänzung durch die Bestimmungen des BGB. ein. Dieses werde aber nicht zu einer Beeinträchtigung der Vereine usw. führen. Die wenigen zwingenden Bestimmungen des BGB., z. B. über die Haftung der juristischen Person für die Handlungen ihrer Vertreter, seien derart, daß sie einerseits zu keiner unbilligen Beschränkung der juristischen Personen führen könnten, anderseits im Interesse der Gesamtheit als dringend wünschenswert erschienen." Vgl. Vorbem. a. E.

Die im Art. 163 angeführten Vorschriften des BGB. sind für ältere Vereine nur insoweit bindend, als sie zwingendes Recht enthalten. Zwingendes Recht enthalten: § 26 (Der Verein muß einen Vorstand haben. Der Vorstand vertritt den Verein gerichtlich und außergerichtlich); § 27 Abs. 2 Satz 2 (Widerruflichkeit der Bestellung des Vorstandes bei wichtigem Grunde); § 28 Abs. 2 (Zur Abgabe einer Willenserklärung an den Verein genügt die Abgabe gegenüber einem Mitgliede des Vorstandes; s. Bd. I Bem. 6 zu § 28); § 29 (Bestellung bzw. Ergänzung des Vorstandes in dringenden Fällen durch das Amtsgericht); § 31 (Verantwortlichkeit des Vereins für Handlungen des Vorstandes, Mitglieder des Vorstandes und anderer verfassungsmäßig berufener Vertreter); § 34 (Ausschluß des Stimmrechts eines Mitglieds in gewissen Fällen); § 35 (Sonderrechte eines Mitglieds; Bd. I Bem. II, 1 zu § 34); § 39 Abs. 1 (Berechtigung zum Austritt; Bd. I Bem. 1 zu § 39); ferner fast sämtliche Bestimmungen der §§ 40—53 über Auflösung, Verlust der Rechtsfähigkeit usw. (Die §§ 85—89 beziehen sich auf Stiftungen.) Soweit dagegen die angeführten Vorschriften nachgiebiges (dispositives) Recht enthalten (vgl. Bd. I Bem. 1—4 zu § 40), sind sie auch auf ältere Vereine nicht anwendbar, soweit deren Satzung ein anderes bestimmt. Als Satzung gilt aber nicht nur eine schriftlich fixierte und auf ausdrücklichen Beschlüssen beruhende Bestimmung, sondern auch das Herkommen. Vgl. Affolter S. 345, Niedner Bem. 2, b zu Art. 163, Habicht S. 117. Bestritten ist, ob durch Art. 163 alle Bestimmungen der Landesgesetze über die Verfassung, auch solche, die mit den angeführten Vorschriften des BGB. nicht in Widerspruch stehen, beseitigt sind. Mit Affolter, System S. 345, Habicht S. 117 ist das ältere Landesrecht zur Ausfüllung von Lücken bzw. zur Ergänzung für anwendbar zu erachten, sofern es sich nicht um allgemeine privatrechtliche Vorschriften handelt, an deren Stelle nach Art. 4 und 55 EG. die entsprechenden Vorschriften des BGB. getreten sind; and. Ans. Planck Bem. 2.

Art. 82 EG. läßt die Vorschriften der Landesgesetze über die Verfassung solcher Vereine, deren Rechtsfähigkeit auf staatlicher Verleihung beruht, unberührt. Im Verhältnis zwischen Art. 82 und 163 kommt dem Art. 82 der Vorrang zu; für die Verfassung solcher Vereine ist also in erster Linie Art. 82, nicht Art. 163 maßgebend (RGZ. Bd. 81 S. 244 ff.).

Für Stiftungen wird in § 85 BGB. ausdrücklich auf die Landesgesetze verwiesen. Es bleiben also für die bestehenden Stiftungen die Landesgesetze in Kraft, denen sie bisher unterworfen waren (Habicht S. 117).

Keine Vorschriften enthält das BGB. und das preuß. AG.BGB. über die Beaufsichtigung von Stiftungen. In dieser Beziehung bleibt das frühere Recht maßgebend. Bei Familienstiftungen ist für die Aufnahme und Genehmigung von Familienbeschlüssen stets ein Gericht zuständig, auch wenn die Aufsicht über die Stiftung einer anderen Behörde obliegt. Zuständig ist das Amtsgericht, in dessen Bezirke die Stiftung ihren Sitz hat; wenn aber die Verwaltung oder Beaufsichtigung einem anderen Gerichte zusteht, dieses Gericht (KGJ. Bd. 25 A, 37, 38).

D. Bestehende Vereine ohne Rechtsfähigkeit.

a) Das Einführungsgesetz gibt keine Übergangsvorschrift für die Behandlung derjenigen vor dem 1. Januar 1900 bestehenden Vereine, die nach dem bisherigen Rechte nicht juristische Persönlichkeit besitzen und sie auch durch das BGB. nicht erlangen. Hienach bleiben für solche Vereine (außer Bayern und Hessen; s. unten unter c) die Vorschriften des älteren Rechtes und das Herkommen maßgebend insbesondere für die Gestaltung dieser Vereine nach innen; § 54 Satz 1 BGB. und somit das Gesellschaftsrecht des BGB. ist auf dieselben nicht anwendbar, weil gemäß Art. 170 EG. für ein vor dem Inkrafttreten des BGB. entstandenes Schuldverhältnis die bisherigen Gesetze maßgebend bleiben. Für Vereine, die im Gebiet des preußischen Landrechts Sitz haben und bisher die Stellung erlaubter Privatgesellschaften hatten, bleiben also die Grundsätze des PrALR. Tl. II Tit. 6 §§ 1 ff. in Geltung. (Herrschende Ans.; s. Planck Bem. 6, Neumann Bem. 3, Niedner Bem. 4 zu Art. 163, Habicht S. 127, Affolter S. 282, Dernburg, Das bürgerl. R. des Reichs und Preußens Bd. 1 S. 578, IV; Gierke, Vereine ohne Rechtsfähigkeit nach d. R. 2. Aufl. S. 49 und in DJZ. 1899 S. 480 f. [gegen Kockerols ebenda S. 459]; RGZ. Bd. 51 S. 160 ff. [s. hiezu Leonhard a. a. O.], Bd. 77 S. 430 ff., RG. in SeuffBl. Bd. 68 S. 11 ff. und JW. 1912 S. 410, 1915 S. 450; OLG. Braunschweig in SeuffA. Bd. 59 Nr. 249; vgl. auch Jacobi in DJZ. 1900 S. 180, Scherer in JW. 1900 S. 798, Bozi im „Recht" 1900 S. 227, Gunckel ebenda 1901 S. 87, Nußbaum SächsArch. Bd. 10 S. 350).

b) Was das Verhältnis nach außen anlangt, so bestimmt sich nach RGZ. Bd. 63 S. 62 f. die Haftung der Vereinsmitglieder aus den vom Vorstande des Vereins nach dem 1. Januar 1900 vorgenommenen Rechtsgeschäften nicht mehr nach dem früheren Recht, sondern nach dem BGB.; wegen der Haftung aus einem vor dem Inkrafttreten des BGB. geschlossenen Vertrage s. RG. in GruchotsBeitr. Bd. 53 S. 398 ff. Jedenfalls ist § 54 Satz 2 BGB. anwendbar; denn diese Vorschrift regelt nicht die Haftung der Vereins- oder der Vorstandsmitglieder als solcher, sondern bestimmt, daß aus einem Rechtsgeschäft, das im Namen eines nicht rechtsfähigen Vereins einem Dritten gegenüber vorgenommen wird, der Handelnde — ohne Rücksicht darauf, ob er überhaupt Vereinsmitglied ist oder nicht — persönlich, mehrere Handelnde als Gesamtschuldner haften (RGZ. Bd. 77 S. 429 f., OLG. Breslau OLG. Bd. 12 S. 3, OLG. Frankfurt OLG. Bd. 20 S. 56, OLG. Kiel WarnJ. Bd. 4 S. 5, OLG. Marienwerder SeuffA. Bd. 63 S. 129). Für Bayern und Hessen s. nachstehend unter c.

c) Sondervorschriften sind in Bayern, ÜbergG. Art. 2 Abs. 1 und 2 (Becher III, 8 S. 100) und Hessen, AG.BGB. Art. 134 (Becher VIII, 3 S. 56) getroffen. Beide Gesetze ordnen — abweichend von dem in den übrigen Teilen Deutschlands geltenden Rechtszustande; s. oben — übereinstimmend an, daß auf die zur Zeit des Inkrafttretens des BGB. bestehenden nicht rechtsfähigen Vereine von diesem Zeitpunkt an die Vorschriften des BGB. über die Gesellschaft Anwendung finden. Außerdem enthalten beide Gesetze eine mit § 54 Satz 2 BGB. wörtlich übereinstimmende Vorschrift und ist so der allgemein geltende Rechtszustand ausdrücklich festgestellt. Art. 2 Abs. 3 des bayer. ÜbergG. bestimmt endlich: „Erlangt der Verein die Rechtsfähigkeit, so können von der Verkündigung dieses Gesetzes an (1. Juli 1899) bis zu dem Zeitpunkte, in welchem das Grundbuch als angelegt anzusehen ist, Grundstücke und Rechte an Grundstücken, die zu dem bisherigen Vereinsvermögen gehören, durch notariell beurkundeten Beschluß der Mitgliederversammlung auf den rechtsfähigen Verein übertragen werden." S. zu diesen Sonderbestimmungen auch Habicht S. 125 f.

d) Auch für die nicht rechtsfähigen Vereine des älteren Rechts gelten die Verfahrensvorschriften der ZPO. § 50 Abs. 2 (passive Parteifähigkeit, Stellung eines rechtsfähigen Vereins im Prozeß) und § 735 (Zwangsvollstreckung in das Vereinsvermögen auf Grund eines gegen den Verein ergangenen Urteils), ferner KO. § 213 (Anwendbarkeit der für die Aktiengesellschaften gegebenen Konkursvorschriften der §§ 207, 208 KO.) und zwar auch in Rechtsgebieten, in denen solche Vereine bisher die volle Parteifähigkeit besaßen; ebenso Planck Bem. 6, Niedner Bem. 4 zu Art. 163, Habicht S. 129, RG. in JW. 1900 S. 517, OLG. Naumburg SeuffA. Bd. 57 Nr. 146 OLG. Braunschweig SeuffA. Bd. 59 Nr. 249.

Verneint wird die Anwendbarkeit des § 50 Abs. 2 ZPO. hinsichtlich der am 1. Januar 1900 anhängigen Prozesse vom RG. in JW. 1900 S. 878 und vom OLG. Dresden OLG. Bd. 4 S. 202; and. Ans. Planck Bem. 6 a. E. (vgl. auch RG. in JW. 1900 S. 517 und DJZ. 1900 S. 207).

E. Das Erlöschen der juristischen Person richtet sich nach dem Rechte, unter dessen Herrschaft sich der aufhebende Tatbestand verwirklicht (P. VI, 492).

III. **Ausnahmen** von den Vorschriften dieses Artikels bilden nicht bloß die Art. 164—166, sondern auch die Art. 82—86, sowie Art. 167. Im Verhältnis der Art. 82 und 163 kommt dem ersteren der Vorrang zu; s. unten Bem. V.

IV. **Ausführungsgesetze:** Preußen, AG.BGB. Art. 1—4 (betr. Familienstiftungen), (Becher XIV, 1 S. 1 ff.), Allerh. Erlaß vom 27. Dez. 1899; Bayern, ÜbergangG. Art. 1 (Becher III, 8 S. 100): „Die Vereine, welche zur Zeit des Inkrafttretens des BGB. auf Grund des Ges. vom 29. April 1869, die privatrechtliche Stellung von Vereinen betr., bestehen, gelten von diesem Zeitpunkt an als eingetragene Vereine. Das Staatsministerium der Justiz kann über die Eintragung in das Vereinsregister Anordnungen treffen"; Baden, AG.BGB. vom 12. Juni 1899 Art. 4 Abs. 3, 4; jetzt Art. 3 Abs. 3, 4 des AG.BGB. in der Fassung vom 13. Okt. 1925 (GVBl. S. 281): „Vereine, die vor dem Inkrafttreten des BGB. nach Maßgabe des II. Konstitutionsediktes vom 14. Juli 1807 Körperschaftsrechte erlangt haben, können von dem zuständigen Ministerium aufgefordert werden, sich binnen einer zu bestimmenden Frist durch Eintragung in das Vereinsregister in privatrechtliche Vereine im Sinne der §§ 21 ff., 25 ff. des BGB. umzuwandeln. — Ist die Umwandlung binnen der bestimmten Frist nicht erfolgt, so kann dem Verein durch Entschließung des Staatsministeriums die Rechtsfähigkeit entzogen werden"; Hessen, AG.BGB. Art. 134 (Becher VIII, 3 S. 56); Lippe, AG.BGB. § 12 (Becher IX, 1 S. 3): „Einer zur Zeit des Inkrafttretens des BGB. bestehenden Stiftung oder Anstalt bleibt, sofern sie nach dem bisherigen Rechte als rechtsfähig galt, die Rechtsfähigkeit auch dann gewahrt, wenn sie solche nicht durch Verleihung erworben hat. — Auf die zur Zeit des Inkrafttretens des BGB. bestehenden rechtsfähigen Anstalten finden die für Stiftungen geltenden Vorschriften entsprechende Anwendung"; Lübeck, AG.BGB. § 12 (§§ 7—11) (Becher X, 6 S. 41); Mecklenburg-Strelitz, AV.BGB. §§ 23, 24 (Becher X, 1 S. 4); Mecklenburg-Schwerin, AV.BGB. §§ 24, 25 (Becher XI, 2 S. 6); Lübeck, AG.BGB. § 12 (§§ 7—11) (Becher X, 6 S. 41); Hamburg, AG.BGB. § 5 (Becher VII, 1 S. 2).

Besondere Vorschriften über die Befugnis zur Ergänzung und Veränderung der Verfassung einer Stiftung geben folgende Ausführungsgesetze: Preußen, AG.BGB. Art. 4 (Becher XIV, 1 S. 4); Sachsen, AG.BGB. § 1 (Becher XVII, 1 S. 1); Hessen, AG.BGB. Art. 8 (Becher VIII, 3 S. 30); Thüringen, AV.BGB. vom 16. Mai 1923 § 11 (GS. für Thüringen S. 288; die Vorschriften der Ausführungsgesetze der jetzt thüringischen Länder sind durch Art. 155 Abs. 1 Satz 1 der AV.BGB. aufgehoben; s. bisher für Sachsen-Weimar, AG.BGB. § 15 (Becher XXI, 3 S. 6); Sachsen-Meiningen, AG.BGB. Art. 1,

§ 5; Sachsen-Koburg-Gotha, AG.BGB. Art. 7; Sachsen-Altenburg, AG.BGB. § 2; Schwarzburg-Rudolstadt, AG.BGB. Art. 13; Reuß ä. L., AG.BGB. § 14; Reuß j. L., AG.BGB. § 10 Nr. 2); Schaumburg-Lippe, AG.BGB. § 10 (Becher XXII, 9 S. 62); Lübeck, AG.BGB. § 7 (Becher X, 6 S. 41); Hamburg, AG.BGB. § 8 (Becher VII, 1 S. 2).

Über den Anfall des Vermögens einer erloschenen Stiftung vgl. Preußen, AG.BGB. Art. 5, § 2 (Becher XIV, 1 S. 4); Bayern AG.BGB. Art. 5 (Becher III, 7 S. 29); Württemberg, AG.BGB. Art. 138 (Becher XXVI, 1 S. 27); Hessen, AG.BGB. Art. 9 (Becher VIII, 3 S. 30); Thüringen AV. BGB. vom 16. Mai 1923 § 14 (GS. für Thüringen S. 288; die Vorschriften der Ausführungsgesetze der jetzt thüringischen Länder sind durch § 155 Abs. 1 Satz 2 der AV.BGB. aufgehoben, vgl. bisher für Sachsen-Weimar, AG.BGB. § 17, Sachsen-Meiningen, AG.BGB. Art. 1 § 5, Sachsen-Koburg-Gotha, AG.BGB. Art. 7, Schwarzburg-Rudolstadt, AG.BGB. Art. 15, Schwarzburg-Sondershausen, AG.BGB. Art. 5 § 4, Reuß ältere Linie AG. BGB. § 14, Reuß jüngere Linie AG.BGB. § 10 Nr. 5); Mecklenburg-Schwerin und Mecklenburg-Strelitz, AV.BGB. § 21 (Becher XI, 2 S. 6, XII, 1 S. 4); Braunschweig, AG.BGB. § 14 (Becher IV, 1 S. 3); Schaumburg-Lippe, AG.BGB. § 11 (Becher XXII, 9 S. 63); Lübeck, AG.BGB. § 11 Becher X, 6 S. 42); Hamburg, AG.BGB. § 19 (Becher VII, 1 S. 4); Bremen, AG.BGB. § 5 (Becher V, 1 S. 2); Waldeck, AG.BGB. Art. 4 (Becher XXV, 1 S. 4).

V. Verhältnis zu Art. 82 EG.: Nach Art. 82 bleiben die Vorschriften der Landesgesetze über die Verfassung der Vereine, deren Rechtsfähigkeit auf staatlicher Verleihung beruht, unberührt. Wenn solche Vereine vor dem 1. Januar 1900 gegründet sind und die Rechtsfähigkeit erlangt haben, ist, soweit es sich um ihre Verfassung handelt (s. hierüber Bem. 2 zu Art. 82), Art. 82, nicht Art. 163 EG. maßgebend; im Verhältnis dieser beiden Vorschriften zueinander kommt dem Art. 82 der Vorrang zu (RGZ. Bd. 81 S. 245 ff.).

VI. Die Frage, ob eine Körperschaft als juristische Person des bürgerlichen oder des öffentlichen Rechts anzusehen ist, muß auch nach dem Inkrafttreten des BGB. nach dem öffentlichen Rechte des Bundesstaats (Landes) entschieden werden (RG. in WarnE. 1917 Nr. 46). Die bayerischen privilegierten Schützengesellschaften (nach der SchützenO. vom 25. Aug. 1868) sieht das Bay. ObLG. als bürgerlich-rechtliche Korporationen an (BayObLGZ. Bd. 15 S. 673); dagegen betrachtet das OLG. Dresden die sächsischen priv. Schützengesellschaften als juristische Personen des öffentlichen Rechts (SächsOLG. Bd. 38 S. 87).

Art. 164.*)

In Kraft bleiben die landesgesetzlichen Vorschriften über die zur Zeit des Inkrafttretens des Bürgerlichen Gesetzbuchs bestehenden Realgemeinden und ähnlichen Verbände, deren Mitglieder als solche zu Nutzungen an land- und forstwirtschaftlichen Grundstücken, an Mühlen, Brauhäusern und ähnlichen Anlagen berechtigt sind. Es macht keinen Unterschied, ob die Realgemeinden oder sonstigen Verbände juristische Personen sind oder nicht und ob die Berechtigung der Mitglieder an Grundbesitz geknüpft ist oder nicht.

E. II 137; III, 164.

Realgemeinden und ähnliche Verbände:

1. Entstehung. Dieser Artikel ist ebenfalls erst in der II. Komm. aufgestellt worden (P. I, 612–619, VI, 491–494, Reatz III, 82).

2. Art. 164 bildet eine Ausnahme von der Vorschrift des Art. 163.

3. Der **Zweck** des Art. 164 besteht darin, zu verhüten, daß hinsichtlich der bisher als rechtsfähig anerkannten Agrar- und Forstgenossenschaften mit Beseiti-

---

*) Schrifttum: Habicht S. 108 f.; Affolter S. 275 f.; Wiedemann, Ideale Vereine S. 204 f.; Christoph, Die ländlichen Gemeingüter in Preußen, Jena 1906; Zeitler, Die Körperschaftswaldungen, BayZ. 1910 S. 52 ff., 72 ff.; Schmitt, Besondere Gemeinschaftsverhältnisse, BayNotZ. 1913 S. 148 ff.; derselbe, Die Mühlverbände des Frankenwaldes und ihre Behandlung im Grundbuch, BayNotZ. 1917 S. 296 ff.

gung des Landesrechts durch das BGB. Unzuträglichkeiten entstehen, und daß der Fortbestand derjenigen Genossenschaften solcher Art in Frage gestellt werde, welche im bisherigen Rechte die juristische Persönlichkeit nicht erlangt haben, da andernfalls

a) dann, wenn die Eigentumsnormen des BGB. (gemäß Art. 181 dieses Gesetzes) zur sofortigen Einführung gelangen, die auf dem deutschrechtlichen Gesamteigentume beruhenden Eigentumsbeschränkungen der einzelnen Mitglieder aufgehoben und durch das Miteigentum des BGB. nach Bruchteilen ersetzt würden,
b) diese Genossenschaften, soweit sie nicht juristische Personen sind, der Staatsaufsicht entzogen würden, welcher sie bisher unterstellt sind,
c) auf die als juristische Personen anerkannten land- und forstwirtschaftlichen Verbände (gemäß Art. 163 dieses Gesetzes) die vielfach nicht passenden Bestimmungen des BGB. über die juristischen Personen angewendet werden müßten, und
d) es endlich vielfach zweifelhaft ist, ob es sich um eine öffentlich-rechtliche oder freie Genossenschaft des Privatrechts handelt, und es besser ist, in dieser Beziehung von einer Unterscheidung abzusehen (P. a. a. O.).

4. Umfang. Der Artikel bezieht sich

A. auf die **Realgemeinden.** Man faßte in der II. Komm. den Ausdruck „Realgemeinde" als den Sammelbegriff auf, der alle Arten der in Deutschland unter verschiedenen Bezeichnungen vorkommenden agrarischen und forstwirtschaftlichen Genossenschaften umfasse und nicht nur die historisch überkommenen Gemeinden in sich schließe, bei welchen die Berechtigung der Mitglieder an den Besitz von Grund und Boden geknüpft sei, sondern auch solche, bei denen eine Verbindung zwischen Grundbesitz und Nutzungsrecht nicht bestehe (P. a. a. O.). Vgl. auch Beseler, DPR. § 84 (insbes. S. 300 ff.), Stobbe, DPR. 3. Aufl. Bd. I § 55, Planck Bem. 1.

Nach früher viel verbreiteter Auffassung bildet eine Realgemeinde als deutschrechtliche Genossenschaft ein Mittelglied zwischen einer bloßen Gesellschaft und einer Korporation. So z. B. Niedner, G. betr. Ablösung der Realgemeinderechte usw. (Württemberg) S. 12. Nach richtiger und historisch begründeter Auffassung handelt es sich bei ihr um eine reale Verbandspersönlichkeit, für deren Konstruktion die romanistische Theorie unzulänglich ist. Vgl. Gierke, DPR. I S. 466 ff.

Die Redaktoren des BGB. konnten sich dieser vertieften Auffassung nicht entziehen und haben daher mit Recht diese eigentümlichen Gebilde des deutschen Genossenschaftsrechts, die auch in den Rahmen des Vereinsrechts des BGB. nicht passen, unberührt gelassen. Teilweise werden diese deutschrechtlichen Verbandspersönlichkeiten schon durch Art. 83, 113 EG. erhalten. Bei der Mannigfaltigkeit der fraglichen Rechtsbildung aber, ferner bei der oft zweifelhaften Grenze zwischen dem Begriff einer öffentlichen und privatrechtlichen Korporation erschien es angezeigt, ihr Fortbestehen nach altem Recht noch durch eine besondere, den Vorbehalten des 3. Abschn. ähnliche Gewährungsklausel zu sichern (vgl. Affolter S. 32).

Der Art. 164 hat daher einen mehr als bloß transitorischen Charakter. Zu unterscheiden sind bei allen Realgemeinden:

1. eine gemeinheitliche Rechtsfähigkeit (vgl. Gierke I S. 512), d. h. ihre „Körperschaftsgewalt entfaltet sich je nach dem Bereiche der körperschaftlichen Autonomie, Selbstgerichtsbarkeit und Selbstverwaltung in Satzung, Rechtsprechung und Selbstverwaltung; sie enthält in mancherlei Abstufungen eine Befehls-, Straf- und Aufsichtsgewalt; sie gewährt Macht über die Person (z. B. durch Verleihung oder Entziehung der Mitgliedschaft) und über das Vermögen (z. B. durch Ausschreiben von Beiträgen)". (Gierke a. a. O.).

2. gliedmäßige Rechte und Pflichten, welche durch eine Klage auf Anerkennung usw. geschützt sind. Vgl. RGZ. Bd. 27 Nr. 43, SeuffA. Bd. 39 Nr. 186, Bd. 47 Nr. 4; Gierke I S. 535 ff.

Vor allem gehören hierher die alte Markgemeinde, Gierke I §§ 71, 72 S. 576—602; sodann die im einzelnen außerordentlich vielgestaltigen Agrargenossenschaften, Gierke I § 74 S. 612 ff., Nutzungsgemeinden, Gehöferschaften, Gewerbschaften, Gütergemeinden, Maschgemeinden, Laischaften, Rechtsame-Gemeinden, Mentegemeinden usw.

In der Regel beruht die Verfassung solcher Verbände nur auf Herkommen; vielfach haben sie überhaupt keinen Vorstand und bilden dann eine sog. universitas inordinata. Die §§ 26—29 BGB. gelten für solche Verbände nicht. Nur einige Ausführungsgesetze schreiben die Anwendbarkeit dieser Vorschriften auf Realgemeinden vor. Vgl. Reuß j. L. AG.BGB. § 15 (Becher XVI, 1 S. 4). Besondere Regelung geben die Ausführungsgesetze von Sachsen-Gotha, AG.BGB. Art. 8 (Becher XIX, 8 S. 47); Sachsen-Meiningen, AG.BGB. Art. 1 § 3 (Becher XX 1 S. 2); Sachsen-Altenburg, AG.BGB. §§ 6—8 (Becher XVIII, 1 S. 2); diese Vorschriften bleiben nach der thüringischen AV.BGB. vom 26. Mai 1923 § 155 Abs. 2 Nr. 2 (GS. S. 301) in Geltung.

Weiter nennt der Artikel

B. ähnliche Verbände. In der II. Komm. ging der erste Antrag dahin, den Vorbehalt dieses Artikels aufzustellen für die zur Zeit des Inkrafttretens des BGB. bestehenden althergebrachten deutschrechtlichen Genossenschaften, Mark-Genossenschaften, Märkerschaften, Erbengenossenschaften, Realgemeinden, Güter-Gemeinden, Wüstungs-Gemeinden, Nutzungsgemeinden, Rechtsame-Gemeinden, Mente-Gemeinden, Interessenschaftsforsten, Halben-Gebrauchswaldungen, Haubergs-Genossenschaften, Gehöferschaften, sowie für sonstige land- und forstwirtschaftliche Genossenschaften, ferner für Holzungen [Gesamt-Abfindungs-Waldungen], welche Mitgliedern einer althergebrachten deutschrechtlichen Agrar-Genossenschaft oder einer Klasse von Mitgliedern einer Gemeinde mittels Gemeinheitsteilung (vgl. Stobbe a. a. O. § 56) oder Forstservituten-Ablösung als Gesamtabfindung überwiesen werden oder bereits früher überwiesen worden und bis zum Inkrafttreten des BGB. gemeinschaftliches Privateigentum geblieben sind (P. VI, 494 ff.). Von den Antragstellern wurde zur Begründung der beantragten Ausdrucksweise geltend gemacht, daß es hauptsächlich darauf ankomme, klarzustellen, daß der Vorbehalt sich auf Verbände beziehe, bei welchen die Nutzungsrechte der Mitglieder nicht auf Miteigentum im Sinne des römischen Rechtes, sondern auf Grundsätzen des deutschen Rechtes beruhen. Die Ausdrücke „Genossenschaft", „Agrargenossenschaft", „althergebracht", „deutschrechtlich" fanden jedoch die Billigung der Kommission nicht, weil es dem Ausdrucke „Genossenschaft" an jedem feststehenden Inhalte mangle, und weil es auch hinsichtlich der übrigen Ausdrücke an einer festen Umschreibung fehle.

Auch einer Aufzählung der Genossenschaften von erheblicherer Bedeutung wurde deshalb nicht zugestimmt, weil sich bei einer solchen Aufzählung Vollständigkeit nicht erreichen lasse und möglicherweise durch eine solche in der Praxis nur neue Zweifel und Schwierigkeiten hervorgerufen werden könnten (P. a. a. O.).

Aus dieser Entwicklungsgeschichte der gewählten Ausdrücke geht klar hervor, daß unter ähnlichen Verbänden die im oben erwähnten Antrage aufgezählten Rechtssubjekte mitzuverstehen sind, daß jedoch hiermit die Zahl der vom Artikel betroffenen Rechtssubjekte nicht erschöpft ist, sondern daß alle ähnlichen Verbände hierher gehören, mit deren Mitgliedschaft eine Benutzung des Grundes und Bodens zu land- und forstwirtschaftlichen Zwecken verbunden ist (P. a. a. O.).

Nicht erforderlich ist, daß diese Nutzungen in Natur zu geschehen haben; sie können auch verpachtet sein, so daß nur der Erlös unter den Mitgliedern verteilt wird. Nicht erforderlich ist ferner, daß die Realgemeinden und ähnlichen Verbände selbst das Eigentum an den Allmenden oder Anlegen haben; das Eigentum kann auch einem Dritten, z. B. dem Staate oder einer politischen Gemeinde zustehen (vgl. Affolter S. 277, Habicht S. 109).

Es handelt sich um eine „Gewährungsklausel", die weit ausgelegt werden muß (RG. im „Recht" 1909 Nr. 2291).

Aus der Rechtsprechung s. wegen eines Verbandes zur Quellwasserbenützung RG. im „Recht" 1909 Nr. 2291, wegen Alpengenossenschaften OLG. München in BayZ. 1905 S. 453 und OLG. Bd. 26 S. 73, wegen Hauberggenossenschaften OLG. Hamm in KGJ. Bd. 47 A S. 272, wegen Gütergemeinden OLG. Jena in ThürBl. Bd. 62 S. 297, wegen Markgenossenschaften BayObLGZ. Bd. 21 S. 165 und OLG. Kiel in SchleswHolstAnz. 1907 S. 161; s. auch OLG. Celle im „Recht" 1915 S. 202 (für Provinz Hannover).

C. Hinsichtlich der **Waldgenossenschaften** vgl. Art. 83. (Nach Art. 83 können Waldgenossenschaften auch unter der neuen Rechtsordnung neu begründet werden, während Art. 164 lediglich die schon am 1. Januar 1900 vorhandenen Verbände im Auge hat; außerdem hatte nach P. VI S. 494—496, 438 der Gesetzgeber beim Art. 83 mehr die öffentlichrechtlichen, beim Art. 164 mehr die privatrechtlichen Korporationen im Auge; es ist nicht ausgeschlossen, daß eine Waldgenossenschaft beide Seiten, die öffentlichrechtliche sowohl als die privatrechtliche besitzt, vgl. Affolter S. 276).

D. Nicht bloß solche Verbände, mit deren Mitgliedschaft Nutzungsrechte an land- und forstwirtschaftlichen Grundstücken verbunden sind, fallen hierher, sondern auch Verbände, deren Mitglieder als solche **Nutzungsrechte an Mühlen, Brauhäusern und ähnligen Anlagen** haben. (Über Mühlenverbände im Frankenwald s. Schmitt in Bay. NotZ. 1917 S. 296.)

Hierzu ist noch folgendes zu bemerken:

a) Bei den Mühlen ist es auf namentlich in Oberfranken vorkommende Verbände von Holzinteressenten abgesehen, welche gemeinschaftliche Sägemühlen besitzen, deren Nutzungsberechtigung besonders geregelt ist.

b) Hinsichtlich der Brauhäuser handelt es sich um die sog. Kommunbrauereien, bei denen es vielfach zweifelhaft ist, ob eine besondere Art des Miteigentums oder eine selbständige juristische Porsen vorliegt.

c) Unter den „ähnlichen Anlagen" sind nicht bloß gewerbliche Anlagen, sondern überhaupt alle gemeinsamen Betriebe gemeint, welche einen ähnlichen Charakter wie die unter a und b genannten Schneidmühlen und Kommunbrauereien tragen (P. a. a. O.), so auch gemeinsame Brunnen und Wasserleitungen.

E. Wie das Gesetz ausdrücklich ausspricht, kommt es darauf, ob der Verband eine juristische Person ist oder nicht, und ob die Berechtigung der Mitglieder an Grundbesitz geknüpft ist oder nicht, nicht an. Es kommt auch darauf nicht an, ob der Gegenstand, an dem das Nutzungsrecht besteht, im Eigentum der Mitglieder des Verbandes steht und, wenn dies der Fall ist, welcher Art dieses Eigentum ist (deutschrechtliches Gesamteigentum, Miteigentum, Eigentum eines Einzelnen oder des Verbandes als juristischer Person). Erforderlich ist nur, daß das Nutzungsrecht den Mitgliedern als solchen, also nur kraft ihrer Mitgliedschaft, zusteht (vgl. Niedner Bem. 3; Habicht S. 109).

Wie bereits zu 3, d bemerkt worden ist, entfällt auch das Bedürfnis, zwischen öffentlichrechtlichen und privatrechtlichen Verbänden bei der Anwendung dieses Artikels zu unterscheiden. Selbst wenn die Mitglieder der Verbände eine Gemeinschaft nach Bruchteilen bilden, fallen sie unter Art. 164, nicht unter Art. 173 EG.; der Art. 173 ist als Ausnahmevorschrift (Ausschließungsklausel) nur auf Gemeinschaften anwendbar, die nicht unter Art. 164 fallen (Affolter S. 277, Niedner Bem. 2, c zu Art. 164, Habicht S. 110).

F. Unter diesen Artikel fallen nur die hier in Frage kommenden Verbände, welche am 1. Januar 1900 bereits **bestehen.** Ein Antrag, den Vorbehalt auch auf die zukünftig entstehenden Genossenschaften dieser Art auszudehnen, wurde abgelehnt, weil sonst die Landesgesetzgebung das ganze Gemeinschaftsrecht des BGB. durchbrechen könnte. Wenn die Landesgesetzgebung neue wirtschaftliche Verbände der angegebenen Art ins Leben rufen will, so ist sie jederzeit in der Lage, dieselben als Korporationen des öffentlichen Rechtes auszugestalten und damit den Vorschriften des BGB. zu entziehen (P. a. a. O.).

5. Der **Inhalt** des Artikels ist der, daß hinsichtlich der am 1. Januar 1900 bestehenden Verbände der in Bem. 4 dargelegten Art die landesgesetzlichen Bestimmungen aufrecht erhalten werden. Damit ist insbesondere, soweit die Verbände juristische Personen sind, die Anwendung der Vorschriften des BGB. über juristische Personen ausgeschlossen. Das Landesrecht gilt nicht bloß insoferne, als die unter Art. 164 fallenden Verbände aufrecht erhalten bleiben; alle landesgesetzlichen Vorschriften über die Organisation derselben und ihr Erlöschen bleiben in Kraft (vgl. Wiedemann a. a. O.).

Aufrecht erhalten bleiben die besonderen Vorschriften der Landesgesetze für diese Verbände; soweit die Landesgesetze bei der Regelung ausdrücklich oder stillschweigend auf die allgemeinen Vorschriften über Vereine oder Korporationen verweisen, treten nach Art. 4 EG. an die Stelle der betreffenden landesgesetzlichen Vorschriften diejenigen des BGB. (und des EG.).

Damit bleibt aufrecht auch das bisher für die betreffenden Verbände partikularrechtlich anerkannte Gewohnheitsrecht (Herkommen, Observanz). Hinsichtlich der badischen **Waldgenossenschaften,** welche schon vor Einführung des bad. LR. sich auf dem Wege des Gewohnheitsrechts gebildet haben, hängt deren Rechtsbestand davon ab, ob nach der Absicht des bad. LR. die gewohnheitsrechtlichen Bildungen nur in Zukunft ausgeschlossen sein sollten, oder ob das Gebot auch das vorhandene Gewohnheitsrecht betrifft. Im ersteren Falle ist fraglichen Genossenschaften auch fernerhin der Rechtsbestand gesichert, im letzteren Falle müssen sie schon als vom bisherigen Rechte nicht anerkannt betrachtet werden (P. a. a. O.).

6. Soweit nach diesem Artikel die Landesgesetze in Kraft bleiben, können sie gemäß Art. 218 auch nach Inkrafttreten des BGB. geändert werden. Auch soweit ergänzend

Vorschriften des BGB. zur Anwendung zu kommen hatten (s. oben Bem. 5), ist die Landesgesetzgebung zu einer Änderung und zur Ersetzung solcher Vorschriften durch landesgesetzliche befugt, weil jene Vorschriften nur kraft Landesrechts und als Teil desselben galten (s. Bem. 2 d zu Art. 218; Planck Bem. 3 zu Art. 163 und Bem. 3 zu Art. 164, Niedner Bem. 2 b zu Art. 164; and. Ans. Habicht S. 108 Note 2).

7. Vgl. auch Art. 111 und 113. (Eigentumsbeschränkungen, Gemeinheitsteilung.)

8. Ausführungsgesetze. Für Preußen vgl. G. vom 5. Juni 1888 betr. die Verfassung der Realgemeinden in der Provinz Hannover (GS. S. 233); über die nach diesem Gesetz gebildeten Realgemeinden s. OLG. Celle im „Recht" 1915 S. 202, über Hauberggenossenschaften OLG. Hamm in KGJ. Bd. 47 A S. 272; für Bayern vgl. Oertmann, Bayerisches Landesprivatrecht S. 93 ff., v. Staudinger, Zur GemeindeO. vom 29. April 1869 in SeuffBl. Bd. 34 S. 321, 337, 353 ff. und Bd. 35 S. 1 ff., VO. vom 23. Juli 1898 § 18 über die Anlegung des Grundbuchs und § 74 der JMBek. vom 1. Okt. 1898 über die Vorbereitung der Anlegung des Grundbuchs, ferner SeuffBl. Bd. 62 S. 317.

Baden, AG.GBO. i. d. F. vom 13. Okt. 1925 § 32 (Waldrechte der Murgschifferschaft); Braunschweig, AG.BGB. § 52 (Becher IV, 1 S. 12); Sachsen-Altenburg, AG.BGB. §§ 6—8 (Altgemeinden) (Becher XVIII, 1 S. 2); Sachsen-Koburg-Gotha, AG.BGB. Art. 8 (Becher XIX, 8 S. 47); Sachsen-Meiningen, AG.BGB. Art. 1 § 3 (Becher XX, 1 S. 2); Schwarzburg-Sondershausen, AG.BGB. Art. 3, 25, 28 (Becher XXI, 1 S. 2, 11, 12); Reuß jüngere Linie, AG.BGB. § 15 (Becher XVI, 1 S. 4); nach thüring. AV.BGB. vom 15. Mai 1923 § 155 Abs. 2 Nr. 2 (GS. S. 301) bleiben die vorstehenden Vorschriften in Geltung.

Über die sächsischen Altgemeinden s. Kloß-Müller, Sächs. Landesprivatrecht, 3. Aufl. § 26 S. 52 ff. Für Württemberg s. Meyer, WürttAG.BGB. Tl. II S. 119.

Art. 165.

In Kraft bleiben die Vorschriften der bayerischen Gesetze, betreffend die privatrechtliche Stellung der Vereine sowie der Erwerbs- und Wirtschaftsgesellschaften, vom 29. April 1869 in Ansehung derjenigen Vereine und registrierten Gesellschaften, welche auf Grund dieser Gesetze zur Zeit des Inkrafttretens des Bürgerlichen Gesetzbuchs bestehen.

E. II, 138; III, 165.

Die bayerischen Vereine und Erwerbs- und Wirtschaftsgesellschaften auf Grund der Gesetze vom 29. April 1869.

1. Entstehung. Auch Art. 165 ist erst in der II. Komm. aufgestellt worden (P. VI, 491, 496, 497, Reatz III, 82).

2. Inhalt. Dieser Artikel enthält eine Ausnahme von den Bestimmungen des Art. 163 und zwar zugunsten

a) der anerkannten **Vereine, welche in Bayern auf Grund des Gesetzes vom 29. April 1869,** die privatrechtliche Stellung von Vereinen betr., vor dem Inkrafttreten des BGB. gegründet wurden, und

b) der **registrierten Gesellschaften mit beschränkter Haftung,** welche sich vor dem 1. August 1873 **auf Grund des bayerischen Gesetzes vom 29. April 1869** über die privatrechtliche Stellung der Erwerbs- und Wirtschaftgenossenschaften gebildet haben.

Zu a. Die einmal entstandene Rechtsfähigkeit der älteren Vereine bleibt unberührt. Der Vorbehalt unter a verlor seine Bedeutung dadurch, daß mit dem Inkrafttreten des BGB. die „anerkannten Vereine" in „eingetragene Vereine" nach §§ 21 ff. BGB. verwandelt wurden und daß deshalb auch das Gesetz vom 29. April 1869, die privatrechtliche Stellung von Vereinen betr., aufgehoben wurde (ÜbergG. Art. 1 und AG.BGB. Art. 175 Nr. 23, Mot. z. Entw. Beil. B Art. 33 Ziff. 11 und Art. 42 Ziff. 23 sowie Art. 34 Ziff. 19).

Vgl. ferner die MinVerf. vom 7. Jan. 1900 und dazu Oertmann, Bayer. LPR. S. 73 f. über die Folgen der Unterlassung des Antrags auf Eintragung des Vereins in das Register.

Für die anerkannten Vereine gilt also nun die Regel des Art. 163 (s. wegen der Anwendbarkeit des § 31 BGB. Bd. I Bem. 15 zu § 31).

Zu b. Durch RGes. vom 23. Juni 1873 (RGBl. S. 146) wurde das Bundesgesetz vom 4. Juli 1868, betr. die privatrechtliche Stellung der Erwerbs- und Wirtschaftsgenossenschaften, mit Wirkung vom 1. Aug. 1873 in Bayern eingeführt; die vor dem 1. Aug. 1873 nach den Vorschriften des bayer. Ges. vom 29. April 1869 vollzogenen Eintragungen von Genossenschaften in das bisher geführte besondere Genossenschaftsregister galten als Eintragungen in das Genossenschaftsregister nach den §§ 6—8 des Ges. vom 4. Juli 1868. Damit war das bayer. Ges. vom 29. April 1869 für die Zukunft aufgehoben. Seine Bestimmungen blieben nach § 2 des RGes. vom 23. Juni 1873 nur für Rechtsverhältnisse der auf Grund desselben vor dem 1. Aug. 1873 eingetragenen „registrierten Gesellschaften" maßgebend.

Durch Art. 161 AG.BGB. wurden die Art. 38 Abs. 3 und 74 Abs. 1 des G. vom 29. April 1869 geändert; die Führung des Registers für die registrierten Gesellschaften wurde den Gerichten, denen die Führung des Handelsregisters obliegt (Amtsgericht, § 125 FGG.), übertragen. Der Art. 43 Abs. 2 wurde aufgehoben.

Durch § 6 EG.KO. vom 10. Febr. 1877 wurden die für den Konkurs über das Vermögen einer Aktiengesellschaft geltenden Vorschriften der §§ 193, 194, 196, 214 KO. (alter Fassung) auf die registrierten Gesellschaften für anwendbar erklärt und zugleich bestimmt, daß die Gesellschaft in dem Konkursverfahren durch den Vorstand oder die Liquidatoren vertreten wird und daß ein Zwangsvergleich nicht stattfindet.

Während § 6 EG.KO. aufrecht erhalten wurde, sind durch § 153 des RGes., betr. die Erwerbs- und Wirtschaftsgenossenschaften, vom 1. Mai 1889 (ursprüngliche Fassung, s. RGBl. 1889 S. 90) das Bundesges. vom 4. Juli 1868 und die §§ 195 bis 197 KO. (damit der in § 6 EG.KO. aufgeführte § 196 KO.) aufgehoben worden. Auch in Bayern ist damit an die Stelle des alten das neue Genossenschaftsgesetz (neue Fassung s. Bek. vom 20. Mai 1898, RGBl. S. 810 ff.; das Ges. wurde inzwischen mehrfach geändert) getreten. Bei dem Vorbehalt für die registrierten Gesellschaften ist es verblieben. Der Vorhalt ist nun durch Art. 165 EG. aufrechterhalten. Nach der jetzigen Fassung der KO. und des § 6 EG.KO. (auf Grund des Ges., betr. Änderungen der KO., vom 17. Mai 1898 und der Bek. vom 20. Mai 1898) gelten für die bayerischen registrierten Gesellschaften nunmehr die Bestimmungen der §§ 207, 208, 244 KO. entsprechend.

Art. 166.*)

In Kraft bleiben die Vorschriften des sächsischen Gesetzes vom 15. Juni 1868, betreffend die juristischen Personen, in Ansehung derjenigen Personenvereine, welche zur Zeit des Inkrafttretens des Bürgerlichen Gesetzbuchs die Rechtsfähigkeit durch Eintragung in das Genossenschaftsregister erlangt haben.

E. II. 139; III. 166.

Die auf Grund des sächsischen Gesetzes vom 15. Juni 1868 vor dem 1. Januar 1900 in das Genossenschaftsregister eingetragenen Personenvereine.

1. Entstehung. Dieser Artikel wurde ebenfalls erst in der II. Komm. aufgestellt (P. VI, 491, 497, Reatz III, 82).

2. Inhalt. Auch dieser Artikel enthält eine **Ausnahme von Art. 163.** Dem Vorbehalte des Artikels liegt nach den Protokollen der **II.** Komm. folgender Rechtszustand zugrunde: Nach § 52 des sächs. GB. stand das Recht der Persönlichkeit dem Staate und denjenigen Personenvereinen, Anstalten und Vermögensmassen zu, welche vom Staate als juristische Personen anerkannt werden. Neben den Vorschriften des sächs. GB. bestand ein besonderes **sächsisches Gesetz vom 15. Juni 1868 über die juristischen Personen,** nach dessen § 6 „Personenverein-Genossenschaften" die juristische Persönlichkeit durch den Eintrag in das in § 70 vorgeschriebene Genossenschaftsregister erlangten.

Der gegenwärtige Artikel bezieht sich nur auf diejenigen Personenvereine, welche vor dem 1. Januar 1900 die Rechtsfähigkeit durch Eintragung in das erwähnte Genossenschaftsregister bereits erlangt haben, und zwar auch auf solche, die schon vor Erlaß des Gesetzes vom 15. Juni 1868 bestanden und

*) Schrifttum: Kloß-Müller, Sächs. Landesprivatrecht, 3. Aufl. § 25 S. 47 ff.

sich nachträglich auf Grund dieses Gesetzes hatten eintragen lassen. War etwa das Verfahren, welches dieser Eintragung vorauszugehen hatte (Prüfung des Statuts auf seine Gesetzmäßigkeit durch das Registergericht — ausdrückliche Genehmigung des Justizministers für Vereine, deren Zweck sich auf öffentliche Angelegenheiten bezieht), am 1. Januar 1900 noch im Laufe, so findet Art. 166 keine Anwendung.

Für solche eingetragene Personenvereine bleiben, abweichend von der Regel des Art. 163, die Vorschriften des sächs. Ges. vom 15. Juni 1868 in Kraft unbeschadet der Befugnis der Landesgesetzgebung zu einer Änderung dieses Gesetzes (Art. 218). Andere Bestimmungen des sächsischen Landesrechts (§§ 53 ff. GB.) finden auch auf diese Personenvereine künftig nicht mehr Anwendung (Habicht S. 108 Note 1, S. 111; and. Ans. Affolter S. 277 f.; vgl. auch Kloß-Müller a. a. O. unter III, 3).

Art. 167.*)

In Kraft bleiben die landesgesetzlichen Vorschriften, welche die zur Zeit des Inkrafttretens des Bürgerlichen Gesetzbuchs bestehenden landschaftlichen oder ritterschaftlichen Kreditanstalten betreffen.

E. III, 167.

Landschaftliche und ritterschaftliche Kreditanstalten.

1. Entstehung. Dieser Artikel ist erst vom Bundesrat aufgestellt worden. Ein in der Reichstagskommission gestellter Antrag, die Vorschriften dieses Artikels in den II. Abschnitt nach Art. 118 einzufügen, blieb erfolglos (Neatz III, 83, RTK. 440 d S. 15).

2. Inhalt. Dieser Artikel bildet gleichfalls eine **Ausnahme von Art. 163.** Er enthält in Wirklichkeit keine bloße Übergangsvorschrift, keine Regelung bestimmter schon unter der Herrschaft des früheren Rechts begründeter Rechtsverhältnisse, sondern hält die Landesgesetzgebung für eine ganze Rechtsmaterie aufrecht, nur beschränkt auf die bei dem Inkrafttreten des BGB. bereits bestehenden **landschaftlichen oder ritterschaftlichen Kreditanstalten** (RGZ. Bd. 55 S. 258). Er hält namentlich in Preußen die für diese Kreditanstalten bestehenden Vorschriften aufrecht; vgl. GBO. § 83, preuß. AG.GBO. Art. 21, EG.ZVG. § 2, AG.ZVG. Art. 12, 34, EG.ZVG. § 10 Ziff. 1, AG.ZVG. Art. 9. Vgl. auch das preuß. G. vom 3. Aug. 1897 betr. Zwangsvollstreckung aus Forderungen landschaftlicher Kreditanstalten (GS. 1897 S. 388); VO. vom 10. Aug. 1899 über die Verleihung des Zwangsvollstreckungsrechtes an die Landeskreditkasse Cassel (GS. S. 162); s. hiezu RGZ. Bd. 64 S. 212.

Die Gültigkeit des Artikels ist jedoch nicht auf Preußen beschränkt; z. B. hat er auch für Sachsen und Mecklenburg Bedeutung. Vgl. für Sachsen: MinBek. vom 17. Febr. 1911 über die neuen Satzungen für den erbländischen, ritterschaftlichen Kreditverein (GBl. S. 57) mit Nachträgen vom 29. Febr. 1916 (GBl. S. 17) und 3. Juli 1917 (GBl. S. 72); s. auch Kloß, Sächs. LPR. 3. Aufl. S. 37, 321, 326; für Mecklenburg: v. Buchka, Mecklenb. LPR. S. 27 Anm. 3.

Eine Ausnahme von der Vorschrift dieses Artikels stellt der § 2 Abs. 2 des EG.ZVG. auf. (Vgl. auch Art. 218 dieses Gesetzes und BGB. § 1115 Abs. 2.)

Aus Art. 167 ergibt sich, daß auch die Satzungen der landschaftlichen und ritterschaftlichen Kreditanstalten vom BGB. nicht berührt worden sind; ihre Auslegung ist der Revision entzogen (RGZ. Bd. 64 S. 214, Bd. 74 S. 405, Bd. 104 S. 74, RG. in WarnE. 1915 Nr. 196, auch in JW. 1916 S. 1191; KG. in KGJ. Bd. 35 A S. 274; s. auch KG. in OLG. Bd. 43 S. 232, das den Satzungen nur soweit Rechtsverbindlichkeit zuspricht, als sie nicht mit den das reichsrechtliche Liegenschaftsrecht beherrschenden allgemeinen Grundsätzen in Widerspruch stehen [s. auch Bem. 3], KGJ. Bd. 53 S. 181, 203).

Die in Frage kommenden, auch schlechthin als „Landschaften" bezeichneten Kreditinstitute sind nach ihrer Entstehung in Preußen (unter Friedrich dem Großen)

---

*) Schrifttum: Fritze in GruchotsBeitr. Bd. 47 S. 384; Sucker daselbst S. 825; Jaritz, daselbst Bd. 54 S. 605 (Zwangsvollstreckung nach dem Sonderrechte landschaftlicher und kommunalständischer Kreditanstalten); Radloff, Die rechtliche Natur des sinkenden Fonds bei dem Großh. Meckl. Dominialfonds und dem ritterschaftlichen Kreditverein, MecklZ. Bd. 22 S. 291 ff., 370 ff.; Hermes im Wörterbuch des deutschen Staats- und Verwaltungsrechts Bd. 2 Artikel „Landwirtschaft" unter B, S. 738 ff.; v. Altrock im Handwörterbuch der Staatswissenschaften, 4. Aufl., Bd. 6 Artikel „Landschaften" S. 148 ff.

als Korporationen öffentlichen Rechts aufzufassen. Sie verfolgen im Interesse des Staatswohls den Zweck, das Bedürfnis der einzelnen Genossen nach Bodenkredit zu befriedigen. Sie gewähren ihren Mitgliedern unkündbare hypothekarische Darlehen und zwar in Pfandbriefen. Zu nennen sind u. a.: die schlesische Landschaft (Reglement vom 9. Juli 1770), die kurmärkische und neumärkische Ritterschaft (Reglement vom 13. März 1777), die pommersche Landschaft (Reglement vom 13. März 1781), die westpreußische Landschaft (Reglement vom 12. April 1787), die ostpreußische Landschaft (Reglement vom 16. Febr. 1788), der neue Kreditverein für die Provinz Posen (Reglement vom 13. Mai 1857), die neue westpreußische Landschaft (Reglement vom 3. Mai 1861), das landschaftliche Kreditinstitut für das Markgrafentum Ober- und Niederlausitz (Reglement vom 30. Okt. 1865), das neue brandenburgische Kreditinstitut (Reglement vom 30. Aug. 1869), der landschaftliche Kreditverband für die Provinz Sachsen (Reglement vom 24. März 1864), die Landschaft der Provinz Westfalen (Reglement vom 15. Juli 1877), für Hannover das ritterschaftliche Kreditinstitut für das Fürstentum Lüneburg (Reglement vom 16. Febr. 1790), der Bremen-Verdensche ritterschaftliche Kreditverein, gegründet 1826, der Kalenberg-Grubenhagen-Hildesheimsche ritterschaftliche Kreditverein (Reglement vom 5. Aug. 1825). Vgl. auch Vorbem. XV vor § 1113 in Bd. III.

3. Aus der Rechtsprechung s. KG. in KGJ. Bd. 21 A S. 177: Das Sonderrecht der Landschaften, insbesondere der pommerschen Landschaft, in betreff des Verfahrens bei Löschung von Pfandbriefen ist aufrecht erhalten; KG. in OLG. Bd. 5 S. 476 Anm. 1: Die Satzung der Landschaft, daß das Pfandbriefdarlehen mit der Maßgabe, daß dem nicht getilgten Teile des Darlehens das Vorrecht vor dem getilgten zustehe, eingetragen werden soll, ist in Kraft geblieben und trotz BGB. § 1176 anzuwenden; KG. in OLG. Bd. 5 S. 476: Die Bestimmung einer Landschaftsordnung: „Mütterliche Erbteile der Kinder des Besitzers treten in das letzte Drittel des Gutswertes zurück“ ist in Kraft geblieben; KGJ. Bd. 35 A S. 274: „Für die von den landschaftlichen oder ritterschaftlichen Kreditanstalten an ihre Mitglieder gegebenen Darlehen und die dafür bestellten Hypotheken gilt das materielle Recht des BGB. nur insoweit, als nicht die Satzungen abweichende Bestimmungen enthalten. Dies gilt insbesondere von den in den §§ 873, 1113, 1115 BGB. ausgesprochenen Rechtsgrundsätzen.“ Dagegen hält KG. in OLG. Bd. 43 S. 232 eine einschränkende Auslegung des Art. 167 für geboten; die Reichsgesetzgebung wollte darnach den landschaftlichen Kreditanstalten eine Sonderrechtsentwicklung nur bei Beachtung der das reichsrechtliche Liegenschaftsrecht beherrschenden allgemeinen Grundsätze gestatten; eine Verkehrshypothek für eine in Pfandbriefen rückzahlbare, nach dem Nennwert bezifferte Darlehensforderung kann hienach nicht eingetragen werden, weil die Forderung keine Geldforderung ist (s. Bem. I, 5, a zu § 1113 in Bd. III, 2).

Art. 168.

Eine zur Zeit des Inkrafttretens des Bürgerlichen Gesetzbuchs bestehende Verfügungsbeschränkung bleibt wirksam, unbeschadet der Vorschriften des Bürgerlichen Gesetzbuchs zugunsten derjenigen, welche Rechte von einem Nichtberechtigten herleiten.

E. I, 101; II, 140; III, 168.

Aufrechterhaltung bestehender Verfügungsbeschränkungen:

1. Entstehung. Dieser Artikel entspricht mit unwesentlichen redaktionellen Änderungen dem Art. 101 des I. Entw. (Mot. z. EG. 250, P. VI, 497, 498, Reatz III, 83).

2. Inhalt. Landesrechtliche Vorschriften, nach denen der Berechtigte in der Verfügung über sein Recht beschränkt war oder unter gewissen Voraussetzungen beschränkt werden konnte, sind nach der Regel des Art. 55 EG. mit dem Inkrafttreten des BGB. aufgehoben. Nach Art. 168 sollen aber **Verfügungsbeschränkungen, die am 1. Januar 1900 bereits bestanden,** auch nach diesem Zeitpunkt **wirksam bleiben,** jedoch vorbehaltlich des Einflusses von Vorschriften des BGB. über guten Glauben und über den öffentlichen Glauben des Grundbuchs.

Im einzelnen ist zu bemerken:

a) Art. 168 betrifft nur die Verfügungsbeschränkungen privatrechtlicher Natur zugunsten bestimmter Personen, nicht die Verfügungsbeschränkungen im öffentlichen Interesse; diese sind wegen ihrer öffentlich-rechtlichen Natur ohnehin vom BGB. regelmäßig nicht berührt. Gewisse

Verfügungsbeschränkungen, die nicht bloß das Interesse Einzelner berühren, sind durch besondere Vorbehalte gedeckt; s. z. B. Art. 111, 112, 117, 119 EG. über die Aufrechterhaltung landesgesetzlicher Veräußerungs- und Teilungsverbote in Ansehung von Grundstücken.

b) Nach dem Grundsatze der Nichtrückwirkung (Habicht S. 17) bleiben die einzelnen Verfügungen, die nach bisherigem Recht zulässig waren, dann wirksam, wenn die tatsächlichen Voraussetzungen für ihre Wirksamkeit vor dem 1. Januar 1900 schon eingetreten waren, auch wenn Verfügungsbeschränkungen des betreffenden Inhalts nach dem BGB. nicht mehr zulässig wären. Sie behalten also grundsätzlich (s. aber unten Bem. f) ihre Wirksamkeit auch gegenüber Verfügungen, die nach dem 1. Januar 1900 vorgenommen werden.

c) Es macht keinen Unterschied, ob die Verfügungsbeschränkung unmittelbar auf Gesetz beruht, also beim Vorliegen eines bestimmten Tatbestandes kraft Gesetzes eingetreten ist, oder ob sie auf Verfügung des Gerichts oder einer anderen Behörde oder auf Rechtsgeschäft (s. RG. im „Recht" 1918 Nr. 541) beruht. Es behalten also auch rechtsgeschäftliche Verfügungsbeschränkungen, die nach § 137 BGB. mit Wirkung gegenüber Dritten überhaupt nicht mehr begründet werden können, die Wirkung, die ihnen nach dem bisherigen Recht zukam (s. unten Bem. d). Über Wirksamkeit der in einem Gutsüberlassungsvertrag übernommenen Verfügungsbeschränkung s. RG. in LZ. 1915 Sp. 760.

Für das frühere gemeinrechtliche Gebiet hat Art. 168 geringere Bedeutung, weil dort vertragsmäßige Veräußerungsverbote ohnehin keine dingliche Wirkung hatten (s. Habicht S. 136 Note 2), mehr Bedeutung hat er für das Gebiet, in dem das PrALR. gegolten hatte, nach welchem vertragsmäßige und letztwillige Verfügungsbeschränkungen dingliche Wirkung hatten, wenn sie aus dem Grundbuch ersichtlich oder soweit sie Dritten bekannt waren (Habicht S. 137; s. ALR. Tl. I Tit. 4 §§ 15 ff. und hiezu Roth DPrR. Bd. 3 § 236, Dernburg, preuß. PrR. Bd. 1 § 80, Förster-Eccius Bd. 3 S. 157 ff., auch ALR. Tl. I Tit. 17 § 61 [Vorkaufsrecht der Teilnehmer], § 66 [Widerspruchsrecht der Teilnehmer gegen eine Veräußerung] und hiezu Affolter, System S. 405). Über eine letztwillige Verfügungsbeschränkung des Inhalts, daß an Stelle der zu Erben berufenen Kinder die Witwe des Erblassers zur Verwaltung des Nachlasses und zur Veräußerung von Grundeigentum befugt sei, s. KG. in KGJ. Bd. 21 A S. 137; über die fortdauernde Wirksamkeit einer Verfügungsbeschränkung, die den Abkömmlingen durch die Anordnung eines vor dem 1. Januar 1900 verstorbenen Erblassers in Ansehung der Erbteilung dahin auferlegt war, daß das zum Nachlaß gehörende Gut dem Meistbietenden unter den Abkömmlingen zugeschlagen werden soll, s. RGZ. Bd. 52 S. 176 f.; über die Wirksamkeit der Anordnung in einer vor dem 1. Januar 1900 eröffneten letztwilligen Verfügung, durch die der Vorerbin die Befugnis zur Verfügung über den Nachlaß entzogen war, s. RG. in JW. 1904 S. 466 = „Recht" 1904 S. 530 Nr. 2262. Aus dem sächsischen Recht gehört die Vorschrift des § 2548 BGB. hieher, daß durch Erbvertrag auf das Recht der freien Verfügung unter Lebenden in Ansehung einzelner Forderungen mit Wirkung gegen Dritte verzichtet werden kann, wenn der Schuldner von diesem Verzicht gerichtlich benachrichtigt wird; s. über Erbanwartschaften nach dem sächs. Recht Kloß-Müller, Sächs. Landesprivatrecht, 3. Aufl. § 17, IV S. 27.

d) Nach dem bisherigen Recht ist die Wirkung der bestehenden Verfügungsbeschränkung, also die Frage zu beurteilen, welche Wirksamkeit einer der Verfügungsbeschränkung zuwiderlaufenden Verfügung zukommt. Dem bisherigen Recht ist also zu entnehmen, ob die unzulässige Verfügung schlechthin nichtig oder ob sie nur anfechtbar ist und von wem und unter welchen Voraussetzungen, ob die Verfügungsbeschränkung allgemein oder nur zugunsten derer, zu deren Schutz sie dienen soll, wirkt. Die Verfügungsbeschränkung erlangt auch nicht durch Vorschriften des BGB. eine weitergehende Wirksamkeit, als ihr nach bisherigem Rechte zukam; wirkte sie danach nur gegen denjenigen, der sie kannte, so wirkt sie jetzt nicht auch gegen denjenigen, der sie kennen mußte (§ 122 Abs. 2 BGB.; Habicht S. 137 Note 2).

e) Bestritten ist, ob ein vor dem 1. Januar 1900 begründetes Veräußerungs- und Belastungsverbot zugunsten dessen, dem ein Grundstück verpfändet war (Hypothekgläubiger), nicht trotz der Vorschrift des Art. 168 seine rechtliche Wirksamkeit mit der Anlegung des Grundbuchs verlor oder verliert. Nichtig sind nämlich nach § 1136 BGB. Veräußerungs- und Belastungsverbote zugunsten des Hypothekgläubigers. Nach der herrschenden Meinung werden Abreden im Sinne des § 1136 BGB. als bloße Erweiterungen der pfandrechtlichen Befugnisse und nicht als selbständige Nebenrechte angesehen. Nach Art. 192 EG. gilt aber ein zu der Zeit, zu welcher das Grundbuch als angelegt anzusehen ist, an einem Grundstück bestehendes Pfandrecht von dieser Zeit an als eine Buchhypothek; das Pfandrecht kann also von da ab nur die einer Buchhypothek zukommenden Wirkungen haben, sohin nicht mehr eine mit § 1136 BGB. in Widerspruch stehende Wirkung. Die oben aufgeworfene Frage ist daher zu bejahen (s. Bem. 7, c zu § 1136 in Bd. III und die dort aufgeführten Schriften; and. Ans. Obermeyer in SeuffBl. Bd. 65 S. 325 ff.).

Verfügungsbeschränkungen der Teilhaber einer Bruchteilsgemeinschaft sind, soweit sie auf Gesetz beruhten, mit dem Inkrafttreten des BGB. unwirksam geworden; denn nach Art. 173 EG. finden auf eine in diesem Zeitpunkt bestehende Gemeinschaft nach Bruchteilen von dieser Zeit an die Vorschriften des BGB. Anwendung. Vereinbarte Verfügungsbeschränkungen für die Teilhaber behalten dagegen auf Grund Art. 168 ihre Wirksamkeit, sofern die Vereinbarung nicht mit Grundsätzen des BGB. über die Gemeinschaft in Widerspruch steht (s. Bem. 2, c zu Art. 173; Habicht S. 317).

f) Die Wirksamkeit bestehender Verfügungsbeschränkungen gegenüber Dritten erleidet eine **Einschränkung durch die Vorschriften des BGB. zugunsten derjenigen, welche Rechte von einem Nichtberechtigten ableiten.** Soweit nach dem BGB. im Rechtsverkehr Mängel des Veräußerers im Recht Dritten gegenüber ohne Einfluß sind, haben auch Verfügungen, die sich mit nach bisherigem Recht bestehenden Verfügungsbeschränkungen in Widerspruch setzen, jenen Dritten gegenüber keine Wirksamkeit. In Betracht kommen, soweit es sich um bewegliche Sachen oder Rechte daran handelt, die §§ 932, 936 (gutgläubiger Erwerb der Sache, von dinglichen Rechten daran), 1032 (Erwerb von Nießbrauch), 1207, 1208 (Schutz des gutgläubigen Pfandrechtserwerbers), 1244 (Schutz des Erwerbers bei Pfandveräußerung), soweit es sich um unbewegliche Sachen oder Rechte daran handelt, die §§ 892, 893 (öffentlicher Glaube des Grundbuchs), 1138 (in Ansehung des dinglichen Anspruchs aus der Hypothek), 1155 (öffentlicher Glaube der Abtretungsurkunden), endlich soweit es sich um Abtretung einer Forderung handelt, § 407 BGB. (s. Bem. 3, d zu § 135 in Bd. I); vgl. außer § 135 Abs. 2 noch §§ 136, 161 Abs. 3 BGB.

g) Ein gemäß Art. 168 bestehen gebliebenes Veräußerungsverbot kann auch nicht durch ein Unschädlichkeitszeugnis (gemäß preuß. AG.GBO. Art. 20) beseitigt werden (KGJ. Bd. 42 A S. 199).

3. Landesgesetze: Einschlägig ist für Preußen Art. 25 AG.BGB. (Becher XIV, 1 S. 13); Bayern Art. 43 ÜbergG. (Becher III, 8 S. 110) und Art. 15, 16, 21 G. über das Liegenschaftsrecht in der Pfalz (Becher III, 3 S. 11); Baden, AG.GBO. in der Fassung vom 13. Okt. 1925 die §§ 34, 35, früher §§ 36, 37 (Becher II, 12 S. 62); Hessen, Art. 139, 266 AG.BGB. (Becher VIII, 3 S. 57); Elsaß-Lothringen, §§ 93, 98, 113 AG.BGB. (Becher VI, 1 S. 18, 19, 22); Braunschweig, § 42 Abs. 2 AG.BGB. (Becher IV, 1 S. 9); Bremen § 25 AG.BGB. (Becher V, 1 S. 7).

Art. 169.*)

Die Vorschriften des Bürgerlichen Gesetzbuchs über die Verjährung finden auf die vor dem Inkrafttreten des Bürgerlichen Gesetzbuchs entstandenen, noch

---

*) Schrifttum: Affolter, System S. 139 ff.; Habicht (3) S. 144 ff.; Herbst, Zur Berechnung der Verjährungsfrist in der Übergangszeit, in BayZ. 1905 S. 199; Ostheider, Ist Art. 169 auf die kurzen Verjährungen der Art. 2271—2275 C. c. anwendbar? „Recht" 1900 S. 95; Förtsch, Die Verjährung von Ansprüchen aus Geschäften des täglichen Lebens während der Übergangszeit, DJZ. 1899 S. 201 ff.; Gutfeld, Berechnung des Verjährungsablaufs in der Übergangszeit, DJZ. 1903 S. 542; Hedemann daselbst S. 569; Lippmann, Wann verjähren Verzugszinsen, die in einem vor dem 1. Januar 1900 ergangenen Urteile als künftig fällig werdende Ansprüche rechtskräftig festgestellt sind? DJZ. 1908 Sp. 189.

nicht verjährten Ansprüche Anwendung. Der Beginn sowie die Hemmung und Unterbrechung der Verjährung bestimmen sich jedoch für die Zeit vor dem Inkrafttreten des Bürgerlichen Gesetzbuchs nach den bisherigen Gesetzen.

Ist die Verjährungsfrist nach dem Bürgerlichen Gesetzbuche kürzer als nach dem bisherigen Gesetzen, so wird die kürzere Frist von dem Inkrafttreten des Bürgerlichen Gesetzbuchs an berechnet. Läuft jedoch die in den bisherigen Gesetzen bestimmte längere Frist früher als die im Bürgerlichen Gesetzbuche bestimmte kürzere Frist ab, so ist die Verjährung mit dem Ablaufe der längeren Frist vollendet.

E. I, 102; II, 141; III, 169.

Verjährung:

I. Entstehung. Der gegenwärtige Artikel zeigt gegenüber dem Art. 102 des E. I nur unwesentliche redaktionelle Änderungen. (Mot. z. EG. 250 ff., P. VI, 498, 626, Reatz III, 83).

II. Inhalt. Verjährungsvorschriften einer neuen Rechtsordnung sind nicht bloß auf die unter der neuen Rechtsordnung entstehenden, sondern auch auf die vor ihrem Inkrafttreten entstandenen Ansprüche anzuwenden. Dieser Grundsatz ergibt sich nach den Motiven (S. 250) aus dem rechtspolizeilichen Charakter und der auf Förderung der Rechtssicherheit gerichteten Tendenz der Anspruchsverjährung. Dem entspricht die Vorschrift des **Abs. 1 Satz 1**: Die Verjährungsvorschriften des BGB. finden auch auf die vor dem 1. Januar 1900 entstandenen Ansprüche Anwendung, soweit sie nicht schon unter der Herrschaft des früheren Rechts verjährt sind (vgl. RGZ. Bd. 50 S. 274; Bd. 52 S. 188). Nicht bloß die im allgemeinen Teil des BGB., sondern auch die für einzelne Schuldverhältnisse gegebenen besonderen Verjährungsvorschriften sind nach Art. 169 auf die im übrigen nach dem alten Recht zu beurteilenden Ansprüche anzuwenden; durch Art. 170 wird die Vorschrift des Art. 169 nicht eingeschränkt (RGZ. Bd. 95 S. 303, BayObLG. im „Recht" 1916 Nr. 1560).

Die Verjährung vor dem Inkrafttreten des BGB. entstandener Ansprüche ist aber nicht uneingeschränkt nach den Vorschriften des BGB. zu beurteilen; soweit sich auf die Verjährung bezügliche Tatbestände unter der Herrschaft des früheren Rechts erfüllt haben, stehen sie nach Art. 169 in gewissen Beziehungen noch unter der Wirkung des früheren Rechts.

Es sind folgende Fälle zu unterscheiden:

1. Die **Verjährung** des unter dem früheren Recht begründeten Anspruchs **beginnt erst unter der zeitlichen Herrschaft des BGB.** Dieser Fall kann eintreten, insbesondere die Verjährung sofort mit dem Inkrafttreten des BGB. beginnen,

a) wenn das BGB. die Verjährung eines bisher unverjährbaren Anspruchs erst eingeführt hat; so unterlag in einzelnen Rechtsgebieten der Eigentumsanspruch nicht der Verjährung;

b) wenn das BGB. die Erfordernisse der Verjährung eines Anspruchs gegenüber den Vorschriften des früheren Rechts vermindert hat und zwar den geringeren Erfordernissen des BGB., nicht aber denen des alten Rechts genügt ist.

In diesen und in allen Fällen, in denen die Verjährung nach dem früheren Recht am 1. Januar 1900 noch nicht lief, während nach dem BGB. die Voraussetzungen für den Beginn des Laufes der Verjährung in diesem Zeitpunkt gegeben waren, bemißt sich die Verjährung ausschließlich nach dem Rechte des BGB. Daß die Verjährung auch erst vom Inkrafttreten des BGB. ab läuft, wenn auch die vom BGB. aufgestellten Erfordernisse schon vorher verwirklicht waren, ergibt sich aus der Vorschrift des Abs. 1 Satz 2. Der unter der Herrschaft des früheren Rechts eingetretene Tatbestand reichte nach diesem Rechte nicht aus, die Verjährung in Lauf zu setzen, dem Recht des BGB. kommt aber rückwirkende Kraft nicht zu (Mot. S. 254).

2. Die **Verjährung hat unter der Herrschaft des bisherigen Rechts** nach dessen Vorschriften **begonnen,** ist aber **beim Inkrafttreten des BGB. noch nicht vollendet** gewesen. Mit diesem Falle besonders beschäftigt sich der Art. 169. Über seine Anwendbarkeit auf die im EG. der Landesgesetzgebung vorbehaltenen Materien s. RGZ. Bd. 67 S. 144 und unten Bem. V.

a) Für die **Voraussetzungen des Beginns** der Verjährung, also für die Beantwortung der Frage, welche Tatsachen vorliegen müssen, damit die Verjährung eines Anspruchs beginnen kann (s. jetzt BGB. §§ 198—201), sind für alle Verjährungen, die am 1. Januar 1900 noch nicht abgelaufen sind, die bisherigen Gesetze maßgebend (**Abs. 1 Satz 2;** RGZ. Bd. 49 S. 54). Es verbleibt bei dem nach bisherigem Recht eingetretenen Verjährungsbeginn, auch wenn nach dem Rechte des BGB. die Voraussetzungen für den Beginn der Verjährung nicht gegeben gewesen wären, soferne diese Voraussetzungen nur beim Inkrafttreten des BGB. schon gegeben waren. Fehlten auch in diesem Zeitpunkte die Voraussetzungen für die Verjährung nach dem Rechte des BGB. — hatte also dieses gegenüber dem früheren Recht erhöhte Erfordernisse für die Verjährung des betreffenden Anspruchs oder ist der Anspruch nach BGB. unverjährbar —, so konnte die Verjährung am 1. Januar 1900 nicht weiterlaufen.

b) Auch die Frage, ob eine **Hemmung** der Verjährung oder eine **Unterbrechung** der begonnenen Verjährung vor dem Inkrafttreten des BGB. eingetreten ist und mit welchen Wirkungen, ist nach den bisherigen Gesetzen zu entscheiden (**Abs. 1 Satz 2**). Vom Inkrafttreten des BGB. ab bestimmten sich dagegen die Voraussetzungen und die Wirkungen der Hemmung und der Unterbrechung der Verjährung nach den Vorschriften der §§ 202 bis 205, 208—217 BGB. (Planck Bem. 4, b und c, Habicht S. 148 ff., Affolter S. 142, RGZ. Bd. 52 S. 329). War für einen Anspruch die Verjährung bis zum 1. Januar 1900 durch einen Grund gehemmt, den das BGB. als Hemmungsgrund nicht mehr kennt, so begann mit dem 1. Januar 1900 die Verjährung zu laufen.

c) Die **Vollendung** einer am 1. Januar 1900 laufenden Verjährung richtet sich grundsätzlich nach den Vorschriften des BGB. Auch die besonderen für einzelne Ansprüche des BGB. gegebenen Verjährungsfristen sind anzuwenden (RGZ. Bd. 95 S. 302, Bd. 104 S. 195 = JW. 1922 S. 1577). Soweit auf die Verjährung die Kaufmannseigenschaft von Einfluß ist, muß sie nach altem Recht beurteilt werden (RGZ. Bd. 60 S. 74 ff.).

α) Die vor dem 1. Januar 1900 begonnene Verjährung konnte und kann sich nach diesem Zeitpunkt nur vollenden, wenn die Voraussetzungen, die das BGB. für die Verjährung des betreffenden Anspruches aufstellt, erfüllt sind; s. oben unter a und b. Das ergibt sich aus Abs. 1 Satz 1. Entzieht das BGB. einen Anspruch, der nach bisherigem Rechte verjährbar war, der Verjährung (s. z. B. § 902 BGB. hinsichtlich eingetragener Ansprüche), so kann die begonnene Verjährung nach dem 1. Januar 1900 nicht mehr vollendet werden.

Die Anwendung der Verjährungsvorschriften des BGB. auf einen unter der Herrschaft des früheren Rechts entstandenen, am 1. Januar 1900 noch unverjährten Anspruch ist aber ausgeschlossen, wenn dem BGB. ein Anspruch der betreffenden Art fremd ist, ein solcher Anspruch jetzt nicht mehr begründet werden könnte; denn das BGB. enthält Verjährungsvorschriften nur für Ansprüche, die nach seinen Vorschriften begründet werden können. Ein dem BGB. fremder Anspruch kann also nur nach den Vorschriften des bisherigen Rechts verjähren (RG. in RGZ. Bd. 56 S. 253, Bd. 64 S. 422 = JW. 1907 S. 44, Planck Bem. 3, Habicht S. 155 ff., Affolter S. 140 ff.). Zur Anwendung des Art. 169 genügt es jedoch, daß der durch das alte Recht und der durch das BGB. gegebene Anspruch im wesentlichen den nämlichen Zweck verfolgen; so insbesondere für den Pflichtteilsanspruch RGZ. Bd. 104 S. 195 = JW. 1922 S. 1577.

β) **Innerhalb welcher Frist** die am 1. Januar 1900 noch laufende **Verjährung vollendet wird**, bestimmt sich grundsätzlich nach dem BGB. (s. §§ 195—197, 852), jedoch mit den sich aus **Abs. 2** ergebenden Abweichungen (s. ββ).

αα) Ist die Frist des BGB. länger als die des bisherigen Rechtes, so kann die nach dem bisherigen Rechte angefangene, aber nicht abgelaufene Verjährung erst vollendet werden, wenn der vom neuen Rechte bestimmte Zeitraum erfüllt ist, d. h. die bei dem Inkrafttreten des BGB. bereits begonnene Verjährung wird erst vollendet, wenn seit dem nach dem bisherigen Rechte zu beurteilenden Beginne der Verjährung die in dem BGB. bestimmte längere Frist abgelaufen ist (vgl. RGZ. Bd. 73 S. 440).

ββ) Für den Fall, daß die Verjährungsfrist nach dem BGB. kürzer ist als die des früheren Rechts, bestimmt Abs. 2 folgendes:

Die Verjährungsfrist des BGB. beginnt immer erst mit dem Inkrafttreten des BGB.; eine Anrechnung der vor dem 1. Januar 1900 abgelaufenen Verjährungsfrist erfolgt nicht (Satz 1).

Würde aber diese Berechnung der Verjährungsfrist vom 1. Januar 1900 ab dazu führen, daß dann die kürzere Frist des BGB. später ablaufen würde als die längere des bisherigen Rechts, so findet die Vorschrift des Abs. 2 Satz 1 keine Anwendung, die Verjährung wird vielmehr nach dem bisherigen Recht mit Ablauf der längeren Frist desselben vollendet (Satz 2; s. hiezu RGZ. Bd. 73 S. 434ff. = JW. 1911 S. 753). Ist z. B. die Frist des bisherigen Rechtes eine fünfjährige, jene des neuen Rechtes eine zweijährige, so würde, wenn der Beginn der Verjährung am 31. Dezember 1898 erfolgte, die Frist des neuen Rechtes, wenn aber die Verjährung schon am 31. Dezember 1896 begonnen hätte, die Frist des alten Rechtes maßgebend sein.

Die Vorschrift des Abs. 2 kam auch dann zur Anwendung, wenn die Verjährungsfrist nach bisherigem Recht in zulässiger Weise vertragsmäßig verlängert und dadurch länger als die entsprechende Frist des BGB. geworden ist (Habicht S. 151, 152, Affolter S. 140; and. Ans. Förtsch DJZ. 1899 S. 204). War jedoch eine Verlängerung der Frist nach dem früheren Rechte unzulässig, so bleibt es bei der gesetzlichen Verjährung, auch wenn das neue Recht (BGB. §§ 477 Abs. 1, 480, 490, 638 Abs. 2) die vertragsmäßige Verlängerung erlaubt. Denn der reine rechtsgeschäftliche Tatbestand ist nach dem zur Zeit seiner Entstehung herrschenden Rechte zu beurteilen. Abs. 2 findet ferner Anwendung auf erst künftig fällig werdende Verzugszinsen aus einem vor dem 1. Januar 1900 rechtskräftig gewordenen Urteile. Nach dem preuß. G. vom 31. März 1838 z. B. verjähren solche erst in 30 Jahren (PrALR. I, 9 § 546). Da die (vierjährige) Verjährungszeit des BGB. §§ 218 Abs. 2, 197, kürzer ist, so steht dem nach Erlaß eines Urteils aus der Zeit vor dem 1. Januar 1900 entstandenen Zinsanspruch für die Zeit vom 1. Januar 1900 ab die Verjährungseinrede aus § 218 Abs. 2 entgegen. Vgl. Lippmann DJZ. 1908 S. 189, OLG. Breslau in BreslauAKZ. 1906 S. 23.

γ) Die für die Anwendung des § 196 Abs. 1 Nr. 1 BGB. maßgebende Frage, ob der Gläubiger Kaufmann ist, muß nach dem früheren, nicht nach dem Rechte des BGB. beurteilt werden; denn der unter der Herrschaft des bisherigen Rechts abgelaufene Teil der Verjährung kann, soweit er nach dem neuen Recht zu berücksichtigen ist, nur so Berücksichtigung finden, wie er sich gemäß dem bisherigen Rechte gestaltet hat; dem BGB. kann nicht Geltung für eine Zeit beigelegt werden, zu der es nicht gegolten hat (Mot. zu Art. 102, RGZ. Bd. 60 S. 74ff.).

d) Die **Wirkungen** der Verjährung, die nach dem 1. Januar 1900 vollendet wurden, bestimmen sich ausschließlich nach dem neuen Rechte, gleichviel, ob sie stärker oder schwächer sind als die nach dem bisherigen Rechte an die Verjährung geknüpften Wirkungen.

Zu 1 und 2: Aus Art. 169 Abs. 1 Satz 2 ergibt sich auch, daß die Vorschrift des § 225 Satz 1 BGB. auch auf solche die Verjährung ausschließende oder erschwerende Rechtsgeschäfte, die vor dem 1. Januar 1900 abgeschlossen sind, Anwendung findet; ist die Verjährung am 1. Januar 1900 noch nicht vollendet, so haben solche Rechtsgeschäfte, insbesondere auch ein vor 1900 erklärter Verzicht auf die Verjährung keine Wirksamkeit mehr (Bem. 2 zu § 225 in Bd. I, RGZ. Bd. 79 S. 268ff.).

III. Keine Vorschrift gibt Art. 169 für den Fall, daß die **Verjährung noch unter der Herrschaft des alten Rechtes vollendet** wurde.

1. Da dem Rechte des BGB. rückwirkende Kraft nicht zukommt, bleibt es selbstverständlich bei der eingetretenen Verjährung, auch wenn die Voraussetzungen für die Verjährung eines bestimmten Anspruchs nach dem BGB. andere sind als nach dem früheren Recht.

2. Auch die Wirkungen der vor dem 1. Januar 1900 vollendeten Verjährung bestimmen sich ausschließlich nach dem alten Recht ohne Rücksicht darauf, ob sie weiter oder weniger weit gehen als nach dem Rechte des BGB. Im einzelnen ist hervorzuheben:

a) Knüpft das BGB. an die Verjährung eines Anspruchs Wirkungen, die für den Schuldner eine günstigere Rechtsstellung herbeiführen, als dies nach einem früheren Recht der Fall war, so bleibt es trotzdem bei der eingetretenen Verjährung und ihren Wirkungen nach altem Recht. Für den einmal wirklich und wirksam (nach dem alten Recht) verjährten Anspruch kann nicht etwa vom 1. Januar 1900 ab eine neue Verjährung nach dem BGB. in Lauf gesetzt werden, nur um dem Schuldner die günstigere Rechtsstellung nach dem BGB. zu verschaffen.

Soweit also die Verjährung nach dem bisherigen Recht nur die durch Gegenbeweis entkräftbare Vermutung der Tilgung der Forderung begründete (PrALR. Tl. 1 Tit. 9 §§ 568, 569; cod. civ. art. 2275, 2271—2273), kann der Gläubiger den Anspruch auch noch nach dem 1. Januar 1900 mit Erfolg geltend machen, wenn er die Einrede der nach dem alten Recht eingetretenen Verjährung durch den Gegenbeweis, daß er nicht befriedigt sei, entkräftet. Der Schuldner kann nicht die peremtorische Einrede des § 222 Abs. 1 BGB. geltend machen, auch wenn inzwischen die Forderung auch nach dem BGB. verjährt wäre (so zutreffend Planck Bem. 1; and. Ans. Habicht S. 145 f., Affolter S. 140, Niedner Bem. 5).

b) Andernfalls bleibt es auch bei den Wirkungen der Verjährung nach dem bisherigen Recht, wo das BGB. dem Gläubiger eine günstigere Rechtsstellung bieten würde. Gab z. B. das frühere Recht — abweichend von § 222 Abs. 2, § 813 Abs. 1 Satz 2 BGB. — dem Schuldner, der in Unkenntnis von der eingetretenen Verjährung den Gläubiger befriedigt hatte, den Anspruch auf Herausgabe des Geleisteten (condictio indebiti), so kann er diesen Anspruch auch noch nach dem Inkrafttreten des BGB. geltend machen ohne Unterschied, ob die Leistung vor oder nach diesem Zeitpunkt erfolgt ist, der Gläubiger kann sich nicht auf § 222 Abs. 2 BGB. berufen, der die Rückforderung ausschließt (ebenso Planck Bem. 1, Niedner Bem. 5, Affolter S. 141; and. Ans. hinsichtlich der nach dem 1. Januar 1900 erfolgten Leistung Habicht S. 147).

c) Nach § 390 BGB. kann die verjährte Forderung zur Aufrechnung nur benutzt werden, sofern sie zu der Zeit, zu der sie gegen die andere Forderung nach § 387 aufgerechnet werden konnte, noch nicht verjährt war. War nach dem früheren Rechte die Aufrechnung mit verjährten Forderungen unbeschränkt zulässig, so kann sie mit vor dem 1. Januar 1900 verjährten Forderungen auch nach diesem Zeitpunkt unbeschränkt erfolgen (Planck Bem. 1, Habicht S. 148, Affolter S. 141 Note 2, OLG. Königsberg, OLG. Bd. 2 S. 344; and. Ans. RG., OLG. Bd. 1 S. 138).

IV. Verschieden von den Verjährungsfristen sind die **Ausschlußfristen** (Präklusivfristen). Sie beruhen nicht wie jene auf einer einheitlichen Grundlage, dienen verschiedenen Zwecken und nur ausnahmsweise dem Zweck, die Geltendmachung von Ansprüchen abzuschneiden (s. Vorbem. 3 vor § 194 in Bd. I S. 763). Deshalb finden die Übergangsvorschriften des **Art. 169** auf die Ausschlußfristen **keine Anwendung** (Mot. S. 254). Auch eine entsprechende Anwendung ist für die Regel ausgeschlossen, da die Ausschlußfristen Bestandteile des Rechtsverhältnisses sind, auf das sie sich beziehen (Dernburg, Bürgerl. R. Bd. 1 § 173 Note 7 a. E., KG. in OLG. Bd. 2 S. 165, RG. in JW. 1901 S. 452, OLG. Dresden in SächsAnn. Bd. 22 S. 486; abweichend RG. in DJZ. 1904 Sp. 406 in bezug auf Ausschlußfristen bei Ehescheidungsgründen).

Grundsätzlich bleiben für die Ausschlußfristen die Vorschriften des bisherigen Rechts maßgebend, wenn das ganze Rechtsverhältnis nach den Übergangsvorschriften des EG. nach bisherigem Recht zu beurteilen ist. Wenn das Rechtsverhältnis dagegen durch die Übergangsvorschriften dem Recht des BGB. unterworfen ist, finden auch dessen Vorschriften über die Ausschlußfrist Anwendung und Zeiträume, die vor dem 1. Januar 1900 vorliegen, sind in die vom BGB. aufgestellte Frist einzurechnen.

Anwendbar ist die Vorschrift des Art. 169 dann, wenn für die Berechnung der Frist, die nicht als Verjährungsfrist bezeichnet ist, auf Vorschriften über die Verjährung verwiesen ist, wie in § 1339 Abs. 3, § 1571 Abs. 4 BGB. (RGZ. Bd. 46 S. 156, JW. 1913 S. 42 Nr. 31).

S. hiezu Habicht S. 159 ff., Planck Bem. 7, Niedner Bem. 6, **RGZ. Bd.** 48 S. 157 ff. Die einjährige Klagefrist des § 864 BGB. für die Geltendmachung der

Besitzansprüche aus den §§ 861, 862 BGB. ist Ausschluß-, nicht Verjährungsfrist (Bem. 1, b zu § 864 in Bd. III); sie wurde deshalb von Art. 169 nicht berührt (RG. in IW. 1903 Beil. S. 105 = „Recht" 1903 S. 483 Nr. 2240.

Über das Verhältnis der Verjährungsfristen des französischen Rechts zu den Ausschlußfristen des BGB. und umgekehrt s. Dronke in ZFranzR. Bd. 30 S. 129ff.

V. Für die Verjährung von Ansprüchen auf dem Gebiete des der Landesgesetzgebung vorbehaltenen Privatrechts, teilweise auch aus öffentlichrechtlichen Rechtsverhältnissen enthalten die **Ausführungsgesetze** der meisten deutschen Länder Übergangsvorschriften; sie ordnen gewöhnlich die entsprechende Anwendung des Art. 169 an.

S. für Preußen Art. 8 § 2 AG.BGB. (Becher XIV, 1 S. 5), Bayern Art. 127 AG.BGB. (Becher III, 7 S. 53), Sachsen § 2 Abs. 2 AG.BGB. (Becher XVII, 1 S. 1, Jäger-Apelt S. 281), Württemberg Art. 141 AG.BGB. (Becher XXVI, 1 S. 28; s. hiezu Mayer, Württ. AG.BGB. Teil II S. 144f.), Thüringen § 19 AV.BGB. vom 16. Mai 1923 (GS. S. 288), [von den Ausführungsgesetzen der jetzt thüringischen Länder Sachsen-Altenburg § 18 AG.BGB. (Becher XVIII, 1 S. 4), Sachsen-Meiningen Art. 4 AG.BGB. (Becher XX, 1 S. 2, 3), Sachsen-Koburg-Gotha Art. 11 § 1 AG.BGB. (Becher XIX, 8 S. 48), Sachsen-Weimar § 21 AG.BGB. (Becher XX, 3 S. 7), Schwarzburg-Rudolstadt Art. 18—22 AG.BGB. (Becher XXIII, 2 S. 7, 8), Sondershausen Art. 10 § 1 AG.BGB. (Becher XXIV, 1 S. 4), Reuß ä. L. § 17 AG.BGB. (Becher XV, 1 S. 3), Reuß j. L. § 17 AG.BGB. (Becher XVI, 1 S. 4)], Hessen Art. 19 AG.BGB. (Becher VIII, 3 S. 32), Braunschweig § 17 AG.BGB. (Becher IV, 1 S. 3), Anhalt Art. 9 § 2 AG.BGB. (Becher I, 3 S. 11), Lübeck § 22 AG.BGB. (Becher X, 6 S. 43), Waldeck Art. 7 AG.BGB. (Becher XXV, 1 S. 5), Schaumburg-Lippe § 13 AG.BGB. (Becher XXII, 9 S. 63).

Soweit die Landesgesetzgebung für die ihr im EG. vorbehaltenen Gegenstände keine besonderen Übergangsvorschriften für die Verjährung gibt, ist aus dem Umstande, daß Art. 169 hervorhebt, daß die Vorschriften des BGB. über die Verjährung auf die vor dem Inkrafttreten des BGB. entstandenen noch nicht verjährten Ansprüche Anwendung finden, zu entnehmen, daß Art. 169 entsprechend anzuwenden ist (s. Habicht S. 162f., Niedner Bem. 7, RG. in RGZ. Bd. 67 S. 143f. = IW. 1908 S. 27).

VI. Als eine **Ausnahme** von der Vorschrift des Art. 169 stellt sich die Vorschrift des Art. 174 Abs. 2 EG. dar; hienach bestimmt sich die Verjährung der Ansprüche aus den vor dem Inkrafttreten des BGB. ausgestellten Schuldverschreibungen auf den Inhaber unbeschadet der Vorschriften des § 802 BGB. nach den bisherigen Gesetzen; das gilt für Haupt- und Nebenansprüche (Habicht S. 328).

Vorbemerkung zu den Art. 170—179 betr. das Recht der Schuldverhältnisse. Übersicht.

Die Hauptregel des zwischenzeitlichen Privatrechts, daß ein unter der alten Rechtsordnung entstandenes Rechtsverhältnis nach deren Bestimmungen fortdauert, so daß „die formell aufgehobene alte Rechtsordnung für ihre Geschöpfe noch fortwirkt" (Affolter, System S. 25ff., 28), dem neuen Gesetze also keine „rückwirkende Kraft" beizulegen ist, wird vom EG. als Grundsatz für alle Schuldverhältnisse in Art. 170 anerkannt. Die Motive (M. z. EG. S. 255—257) begründen dies für vertragsmäßige Schuldverhältnisse zutreffend vor allem damit, daß die Parteien, indem sie ein Schuldverhältnis eingehen, „dies im Hinblick auf den wirtschaftlichen Erfolg tun, welchen das zur Zeit der Vornahme des Rechtsgeschäfts geltende Recht mit dem Rechtsgeschäft verbindet". Allerdings trifft dieser Rechtsgedanke nicht zu für Schuldverhältnisse aus unerlaubten Handlungen. Es entspricht aber einem allgemeinen, auch im zwischenzeitlichen Strafrecht anerkannten Grundsatze der Gerechtigkeit, daß auch strafrechtliche Tatbestände der Regel nach nur nach den Gesetzen beurteilt werden, die zur Zeit des Eintritts des Tatbestandes gelten; § 2 Abs. 2 StGB. macht hiervon freilich die Ausnahme, daß es bei einer Verschiedenheit der Gesetze zur Zeit des Begehens der Handlung und zur Zeit der Aburteilung das mildere Gesetz zur Anwendung bringt; die Motive lehnen jedoch mit Recht eine Ausdehnung dieser Ausnahme auf das Privatrecht und zwar selbst auf die sog.

Privatstrafen der alten Rechtsordnung ab. Um so mehr muß die Hauptregel für Schadensersatzansprüche des Privatrechts anerkannt werden. Der Art. 170 enthält also eine „Gewährungsklausel" im Sinne Affolters. Dies bedeutet nicht etwa, daß es dieser ausdrücklichen Bestimmung bedurft hätte. Denn die Hauptregel, die der Art. 170 anerkennt und die für das deutsche zwischenzeitliche Reichs- wie Landesrecht von der größten Bedeutung ist, würde auch „stillschweigend" eingreifen, die ausdrückliche Gewährungsklausel wäre an sich überflüssig, sie ist deshalb ausdehnend auszulegen (Affolter a. a. O. S. 28).

Dagegen enthalten die Art. 171—179 besondere Bestimmungen, die sich als Ausnahmen von der Hauptregel aus besonderen gesetzgeberischen Erwägungen teils wirtschaftspolitischer, teils rechtspolizeilicher Natur darstellen, sog. Ausschlußklauseln, die einengend auszulegen sind. Zunächst geben Art. 171, 172 solche Sondervorschriften für Miet- und Pachtverhältnisse, Art. 171 auch für Dienstverhältnisse. Der Grund für diese Ausnahmen ist ein rechtspolitischer, da es im Interesse der Rechtssicherheit liegt, die Dauer der aus der alten Rechtsordnung stammenden Rechtsverhältnisse nicht ins Unbegrenzte auszudehnen; auch die Rücksicht auf die allmählich veränderte Rechtsanschauung ist dabei maßgebend (vgl. Affolter S. 414 ff.). Der Art. 173 betrifft die Gemeinschaft nach Bruchteilen, die ebenso wie das zur Zeit des Inkrafttretens des BGB. bestehende Eigentum (Art. 181) vom 1. Januar 1900 ab aus rechtspolitischen Gründen dem neuen Recht unterstellt wird.

Die Art. 174—176 enthalten Ausschlußklauseln für die Schuldverschreibungen auf den Inhaber, der Art. 177 unterwirft die sog. qualifizierten Legitimationspapiere vom 1. Januar 1900 an unbedingt den Vorschriften des § 808 Abs. 2 Satz 2, 3 BGB. und dem Art. 102 Abs. 2 des EG. Der Art. 178 enthält dagegen eine Gewährungsklausel für ein zur Zeit des Inkrafttretens des BGB. anhängiges Verfahren, welches die Kraftloserklärung einer Schuldverschreibung auf den Inhaber oder einer Urkunde der in § 808 BGB. bezeichneten Art oder die Zahlungssperre für ein solches Papier zum Gegenstande hat. Desgleichen enthält Art. 179 eine Gewährungsklausel für Ansprüche aus einem Schuldverhältnisse, die schon unter der alten Rechtsordnung durch Eintragung in ein öffentliches Buch Wirksamkeit gegen Dritte erlangt haben.

Art. 170.*)

Für ein Schuldverhältnis, das vor dem Inkrafttreten des Bürgerlichen Gesetzbuchs entstanden ist, bleiben die bisherigen Gesetze maßgebend.

E. I, 103; II, 142; III, 170.

Inhaltsübersicht.

*) Schrifttum: Habicht S. 164 ff., 304 f., 320 ff.; Affolter, System S. 299 bis 315; Lehmann in ZHR. Bd. 48 S. 1 ff.; Lauter in Gruchots Beitr. Bd. 50 S. 607 ff. (Findet der Grundsatz „erworbene Rechte bleiben unberührt" auch auf sog. fiktive oder konstruktive Rechte Anwendung?); RheinArch. 98, III (Form der in Verzugsetzung bei altrechtlichen Schuldverhältnissen); Hölder, Die Bemessung der Verzugszinsen, DJZ. Bd. 5 S. 101; über dieselbe Streitfrage Staub das. S. 126; Schönfeld im „Recht" Bd. 4 S. 55; Neukamp das. S. 77.

Schuldverhältnisse:

I. Entstehung. Art. 170 weicht nur durch unwesentliche redaktionelle Änderungen vom Art. 103 des E. I ab. Er war in der Kritik (ZG. Bd. V S. 97) beanstandet und war auch in der II. Komm. seine Streichung beantragt worden, der Antrag wurde aber abgelehnt. (Mot. z. EG. 255 ff., P. VI, 498, 499, Reatz III, 83.)

II. Inhalt.

A. **Grundsatz:** Der Art. 170 erkennt für Schuldverhältnisse, die vor dem Inkrafttreten des BGB. entstanden sind, den Grundsatz der Nichtrückwirkung an, d. h. für dieselben bleiben die bisherigen Gesetze maßgebend. Er enthält also eine „Gewährungsklausel" im Sinne Affolters (System S. 300) und da diese nichts anderes als Anerkennung der das zwischenzeitliche Privatrecht beherrschenden Hauptregel ist, so „darf der Art. 170 nicht einengend ausgelegt werden, ist im Gegenteile eine möglichst weitgehende Auslegung geboten" (Affolter a. a. O.).

Art. 170 gilt für alle Schuldverhältnisse ohne Unterschied des Entstehungsgrundes, also

a) für Schuldverhältnisse aus Rechtsgeschäften unter Lebenden, aus Verträgen und klagbaren einseitigen Verpflichtungen; es fallen aber unter Art. 170 nur Rechtsgeschäfte, durch die ein Schuldverhältnis begründet wird, nur Ansprüche, die einem Schuldverhältnis entspringen; für dingliche, familienrechtliche und erbrechtliche Ansprüche sind besondere Übergangsvorschriften in Art. 180 ff., 198 ff., 213 ff. gegeben;

b) für Schuldverhältnisse aus unerlaubten Handlungen (s. Vorbem. XV vor § 823 in Bd. II; s. auch unten Bem. V);

c) für Schuldverhältnisse aus sonstigen Entstehungsgründen, so aus erlaubten Eingriffen in fremde Rechtssphäre (Quasikontrakte), § 677 BGB. (Geschäftsführung ohne Auftrag), aus Quasidelikten, aus dem Tatbestand der ungerechtfertigten Bereicherung (s. in Bd. II[1] Einleitung vor § 241, Bem. II, 2, B, b und c S. 22; s. auch unten Bem. VI).

Auf erbrechtliche Schuldverhältnisse bezieht sich die Vorschrift des Art. 170 nicht, für diese ist Art. 213 EG. maßgebend (RGZ. Bd. 50 S. 187).

B. **Voraussetzung** für die Anwendung der Regel des Art. 170 ist, daß sich der Entstehungstatbestand des Schuldverhältnisses unter der Herrschaft der alten Rechtsordnung nach Maßgabe derselben vollständig erfüllt hat.

Bei Schuldverhältnissen aus Rechtsgeschäften — Verträgen und einseitigen Rechtsgeschäften — kommt es also darauf an, daß der Zeitpunkt der Errichtung in die Zeit vor dem Inkrafttreten des BGB. fällt; maßgebend ist der bindende Abschluß des Rechtsgeschäfts.

1. Bedingte Rechtsgeschäfte, die vor dem Inkrafttreten des BGB. vorgenommen wurden, sind auch dann nach bisherigem Rechte zu beurteilen, wenn die Bedingung erst nach jenem Zeitpunkt eingetreten (oder ausgefallen) ist. Bei der aufschiebenden Bedingung tritt allerdings die Wirkung des Rechtsgeschäfts erst mit der Erfüllung der Bedingung ein, erst dann ist ein Anspruch gegeben; allein schon in der Errichtung des Rechtsgeschäfts liegt eine Willenserklärung, an welche sich gewisse rechtliche Folgen — Erwerb einer Anwartschaft durch den bedingt Berechtigten — knüpfen. Das bedingte Rechtsgeschäft entsteht also nicht erst mit der Erfüllung der Bedingung, sondern schon mit seiner Errichtung (Bem. 6 zu § 158 in Bd. I). Auch wo nach bisherigem Recht der nämliche Grundsatz wie nach § 158 BGB. gilt, ist also das Schuldverhältnis aus dem bedingten Rechtsgeschäft nach dem bisherigen Recht zu beurteilen (Habicht S. 172, Affolter S. 301, Niedner Bem. II, 2, c S. 326, Planck Bem. 3, a).

Entsprechendes gilt auch für befristete Rechtsgeschäfte.

Es bemißt sich also nach bisherigem Recht

a) die Frage, ob ein Rechtsgeschäft überhaupt die Abhängigmachung von einer Bedingung oder die Befristung verträgt (s. über bedingungsfeindliche Rechtsgeschäfte Vorbem. 6 vor § 158 in Bd. I S. 650);

b) wann die Bedingung als eingetreten oder ausgefallen gilt;

c) welchen Schutz der Berechtigte gegen Vereitelung des Eintrittes der Bedingung genießt;

d) welches die Folgen des Eintritts oder Nichteintritts der Bedingung sind.

Ist aber eine Frist erst nach dem 31. Dez. 1899 in bezug auf ein altrechtliches Rechtsverhältnis in zulässiger Weise (s. oben a) bestimmt, so findet das BGB. Anwendung.

Auch wenn die aufschiebende Bedingung in das freie Belieben eines Teiles gestellt ist, kommt es für das anzuwendende Recht auf den Zeitpunkt der Errichtung des Rechtsgeschäfts an (Habicht S. 172, Affolter S. 301).

2. Ist ein Schuldverhältnis vor 1900 von einer gesetzlichen Bedingung (Rechtsbedingung, condicio juris; s. Vorbem. 8, a vor § 158 in Bd. I S. 653) abhängig gewesen, die nach dem neuen Recht nicht mehr Voraussetzung der Wirksamkeit des Rechtsgeschäfts ist, so ist das Schuldverhältnis, die Erfüllung seiner Voraussetzungen, nach dem bisherigen Recht zu beurteilen, da das neue Recht nur die unter seiner Herrschaft entstandenen Ansprüche ergreift (s. RG. in JW. 1907 S. 423).

3. Der Einfluß einer von Anfang an entstehenden Unmöglichkeit der Erfüllung auf die Entstehung des Schuldverhältnisses — ob zwischen subjektiver und objektiver Unmöglichkeit zu unterscheiden ist (s. Vorbem. A, II, 1 vor § 275 in Bd. II[1] S. 260) und ob namentlich die letztere Nichtigkeit des Vertrags zur Folge hat (s. jetzt § 306 BGB.) oder ob trotz derselben ein Schuldverhältnis begründet wird — bemißt sich nach dem bisherigen Recht (s. Habicht S. 184).

4. Wird ein Schuldverhältnis nach Eintritt eines Beendigungsgrundes (z. B. ein Gesellschaftsverhältnis) nach ausdrücklicher oder stillschweigender Vereinbarung nach dem 1. Januar 1900 fortgesetzt, so ist es von nun an dem neuen Recht unterworfen; das jetzt bestehende Schuldverhältnis ist nicht mehr unter dem alten Recht entstanden, die Fortsetzung ist als Neubegründung eines Schuldverhältnisses unter den Bedingungen des früheren anzusehen (Niedner Bem. II, 2, d, Planck Bem. 3, a zu Art. 170, RGRK. Bem. 2 zu § 724 BGB.).

Wegen der Verlängerung eines Versicherungsvertrags s. aber RG. in WarnE. 1909 Nr. 224; wegen der Verlängerung von Bierlieferungsverträgen in Bayern s. Art. 4 bayer. ÜbergG., Art. 13, 14 AG.BGB.

5. Ist der vor dem 1. Januar 1900 gestellte Vertragsantrag erst nach diesem Zeitpunkt angenommen, so ist das Schuldverhältnis gleichwohl nach dem früheren Rechte zu beurteilen; denn es ist davon auszugehen, daß sich der Antragende dem zur Zeit des Antrags geltenden Rechte unterwerfen wollte und unterworfen hat und ein Schuldverhältnis nach Maßgabe dieses Rechtes begründen wollte; diesem Vertragswillen wäre nicht Rechnung getragen, wenn das Schuldverhältnis nach den — etwa abweichenden — Vorschriften des BGB. beurteilt würde (Habicht S. 172 ff., Planck Bem. 3, b; abw. Niedner Bem. II, 2, β; s. auch Staub DJZ. 1900 S. 39).

Nach dem Recht des BGB. bemißt sich allerdings die Wirksamkeit der unter dessen Herrschaft abgegebenen Willenserklärung des Annehmenden (Geschäftsfähigkeit, Willensmängel).

Zwingende Vorschriften des BGB. können das Zustandekommen des Rechtsgeschäfts unter den Bedingungen des früheren Rechts vereiteln (s. unten Bem. IV, 1). So kann ein formlos gestellter Antrag, der die Veräußerung eines Grundstücks betrifft, nach dem 1. Januar 1900 nicht mehr entgegen der Vorschrift des § 313 BGB. angenommen werden.

6. Ein Vertrag zugunsten Dritter, der vor dem 1. Januar 1900 abgeschlossen wurde, ist selbst dann nach altem Recht zu beurteilen, wenn die Beitrittserklärung des Dritten, die nach dem alten Recht zum Rechtserwerb für ihn erforderlich war, erst nach dem Inkrafttreten des BGB. abgegeben wurde. Die dem alten Recht etwa unbekannten Wirkungen, wie sie sich aus §§ 328 ff. BGB. ergeben (unmittelbare Berechtigung des Dritten), konnten nur durch Wiederholung des Vertragsabschlusses nach dem 1. Januar 1900 herbeigeführt werden (Habicht S. 241 f., Affolter S. 301, Planck Bem. 3, c).

Wegen der Wirkung eines Lebensversicherungsvertrags zugunsten der Erben s. OLG. Hamburg in LZ. 1918 Sp. 1015.

7. Die Form des Rechtsgeschäfts bestimmt sich nach dem zur Zeit seiner Vornahme geltenden Recht. Hat nach altem Recht der Mangel der gesetzlichen Form Nichtigkeit des Rechtsgeschäfts zur Folge, die aber durch Erfüllung geheilt werden kann, und ist das Rechtsgeschäft unter dessen Herrschaft formlos abgeschlossen, so kann die Heilung der Nichtigkeit auch nach dem Inkrafttreten des BGB. durch Erfüllung mit der Wirkung herbeigeführt werden, daß das Schuldverhältnis nach dem bisherigen Recht zu beurteilen ist (ebenso Affolter S. 91, 131, 301; and. Ans. Habicht S. 176; s. auch Planck Bem. 3, d).

8. Wegen der Schuldverhältnisse aus unerlaubten Handlungen s. unten Bem. V.

9. Wegen der Schuldverhältnisse aus sonstigen gesetzlichen Verpflichtungsgründen s. unten Bem. VI.

10. Für die Frage, welches örtliche Recht anzuwenden ist, bleiben die bisherigen Gesetze maßgebend; der Richter hat die Entscheidung nach dem für sein Herrschaftsgebiet geltenden Recht zu treffen (BayObLGZ. Bd. 15 S. 7). Die Frage, nach der zeitlichen Herrschaft des Rechts ist vor der nach dem örtlich anzuwendenden Recht zu lösen (RG. in JW. 1902 S. 67 und Beil. S. 227).

11. Die Verjährung der Ansprüche aus Schuldverhältnissen, die vor dem Inkrafttreten des BGB. entstanden sind, ist in Art. 169 EG. geregelt (s. Bem. II daselbst).

III. Tragweite der Vorschrift des Art. 170.

Wenn die Voraussetzungen für die Anwendung des früheren Rechts gegeben sind (s. Bem. II), so ist grundsätzlich das ganze Schuldverhältnis nach dessen Vorschriften zu beurteilen. Nur ausnahmsweise und aus besonderen Gründen sind Vorschriften des neuen Rechts rückwirkend auf altrechtliche Schuldverhältnisse anzuwenden (s. hierüber unten Bem. IV). Für die Frage, ob altes oder neues Recht anwendbar ist, muß unterschieden werden, ob es sich um Auswirkungen des Schuldverhältnisses selbst oder um nur an dasselbe herantretende rechtserhebliche Umstände handelt.

Daraus ergibt sich im einzelnen:

1. Die Rechtsgültigkeit des vor dem 1. Januar 1900 abgeschlossenen Rechtsgeschäfts überhaupt ist nach dem früheren Recht zu beurteilen. Das gilt namentlich für die etwa erforderliche Form (RGZ. Bd. 55 S. 37), für die Geschäftsfähigkeit der Handelnden, den Einfluß von Willensmängeln (s. RGZ. Bd. 110 S. 32), den Verstoß gegen ein gesetzliches Verbot oder ein Veräußerungsverbot (Habicht § 14 S. 130 ff.), den Verstoß gegen die guten Sitten (s. aber in letzterer Hinsicht wegen Rückwirkung des § 138 BGB. unten Bem. IV, 1, a und b).

2. Für die **Auslegung** und die etwa erforderliche **Ergänzung des Willens der Vertragsteile** ist bei einem unter der alten Rechtsordnung abgeschlossenen **schuldrechtlichen** Rechtsgeschäft das alte Recht maßgebend (RG. in LZ. 1917 Sp. 321, „Recht" 1919 Nr. 1548, BayZ. 1920 S. 178, BayObLGZ. Bd. 12 S. 802, OLG. Kiel in SchleswHolstAnz. 1912 S. 136).

So bestimmt sich bei **alternativen Schuldverhältnissen** (Wahlschulden), die vor dem 1. Januar 1900 entstanden sind, ohne Rücksicht auf den Zeitpunkt der Vornahme der Wahl nach altem Recht,

a) welchem Teile das Wahlrecht zusteht,

b) unter welchen Voraussetzungen das Wahlrecht verloren geht,

c) welches die Folgen des Verlustes des Wahlrechts und die Folgen der Unmöglichkeit der gewählten Leistung sind.

Da aber die Wahl selbst ein neues einseitiges Rechtsgeschäft ist (Bem. I, 2 zu § 263 in Bd. II[1]), so sind für ihre Erfordernisse, wenn sie nach dem Inkrafttreten des BGB. erfolgt, die Vorschriften des BGB. (über Geschäftsfähigkeit, Willensmängel, Anfechtung usw.) maßgebend (Habicht S. 185 f., Affolter S. 304 f., Planck Bem. 6).

Auch bei der **alternativen Ermächtigung** (facultas alternativa; s. Vorbem. I, 4 vor § 262 in Bd. II[1] S. 190 f.) bestimmt sich die Befugnis, sich durch eine andere als die ursprünglich geschuldete Leistung zu befreien, nach dem Recht, unter dessen Herrschaft die Ermächtigung begründet ist ohne Rücksicht darauf, wann von der Ermächtigung Gebrauch gemacht wird (Habicht S. 185, Lehmann ZHR. Bd. 48 S. 92).

Endlich ist die Bestimmung der **Leistung durch einen Dritten** (s. §§ 317 ff. BGB.) nach dem Recht zu beurteilen, unter dessen Recht sie vertragsmäßig verfügt oder zugelassen wird.

3. Das alte Recht bleibt grundsätzlich maßgebend für die **Erfüllung** des unter seiner Herrschaft begründeten Rechtsverhältnisses. Hienach bestimmt sich nach den früheren Gesetzen

a) **Ort und Zeit der Erfüllung**, die Frage, ob die Schuld Hol- oder Bringschuld ist (Habicht S. 187, Affolter S. 305);

b) ob die Beteiligten für **Sorgfalt** einzustehen haben und für welchen Grad des Verschuldens;

c) der **Inhalt der Verpflichtung** des Schuldners — dazu gehören auch die jetzt in § 242 und § 259 BGB. enthaltenen Grundsätze und Vorschriften (Planck Bem. 13, a; and. Ans. Habicht S. 189 f.) —, ferner die **Änderungen des Inhalts** der Verpflichtung, so bei Verzug, Nichterfüllung, mangelhafter Erfüllung, nachträgliche Unmöglichkeit der Erfüllung. Die Vorschrift des § 283 BGB. über Begründung eines Anspruchs auf Schadenserſatz statt Erfüllung nach rechtskräftiger Verurteilung des Schuldners ist auf vor dem Inkrafttreten des BGB. entstandene Schuldverhältnisse nicht anwendbar (anders bei dinglichen Schuldverhältnissen, s. Art. 181, WarnE. 1912 Nr. 375).

α) Durch den **Schuldnerverzug** wird kein neues Schuldverhältnis begründet, sondern die Verpflichtung aus dem bestehenden geändert oder erweitert (vgl. Vorbem. 3 vor § 284 in Bd. II). Deshalb bemessen sich auch bei Eintritt des Verzugs nach dem 1. Januar 1900 **Voraussetzungen** und **Wirkungen** nach dem bisherigen Recht (Habicht S. 203 ff., Affolter S. 305 f., Planck Bem. 9, a, RG. in DJZ. 1903 S. 81, RGZ. Bd. 52 S. 261 ff. = SeuffA. Bd. 58 Nr. 162; and. Ans. Niedner Bem. II, 3, b, α). Das gilt namentlich für das Erfordernis (s. § 284 Abs. 2 BGB.) und die Form der **Mahnung**, wo diese, wie im französischen Recht, vorgeschrieben war (ebenso Planck Bem. 9, a; and. Ans. Habicht S. 205).

Dagegen bestimmt sich die **Höhe der Verzugszinsen** seit dem Inkrafttreten des BGB. nach **neuem** Recht (s. § 288 BGB.). Verzug macht den Schuldner schadenserſatzpflichtig; die gesetzliche Festsetzung der Höhe der Verzugszinsen überhebt den Gläubiger des Nachweises der Höhe des Schadens, sofern er nicht einen die gesetzlichen Verzugszinsen übersteigenden Schaden geltend machen will. Die Höhe des Schadens kann sich nur nach den Verhältnissen zur Zeit seiner Entstehung bemessen, so auch die Höhe der Zinsen, die den Ersatz für den Schaden nach dem Gesetz darstellen sollen. Wie sich der Schaden mit der Fortsetzung des Verzugs vermehrt, so entsteht auch der Anspruch auf Verzugszinsen mit jedem Tag des Verzugs neu. Das rechtfertigt die Anwendung des Gesetzes, das zu der Zeit gilt, für die Verzugszinsen zu zahlen sind (bestritten; wie hier Habicht S. 208 f.,

Planck Bem. 9, a, Kenßner DJZ. 1900 S. 113, Schönfeld, Neukamp, Stölzel im „Recht" 1900 S. 55, 77, 137, RG. in DJZ. 1900 S. 141, 253, 301, GruchotsBeitr. Bd. 44 S. 1094, RGZ. Bd. 46 S. 82, Bd. 52 S. 265, BayObLGZ. Bd. 1 S. 202, OLG. Bd. 2 S. 222; teilweise abweichend Niedner S. 330 und im „Recht" 1900 S. 425, nämlich für den Fall des Verzugsbeginns vor 1900; and. Ans. die bisherigen Aufl. dieses Komm. im Anschluß an Affolter, System S. 305, Staub und Hölder in DJZ. 1900 S. 42, 101, 111, Lehner GoldschmidsZ. Bd. 48 S. 93, 98).

Eine Anzahl von Landesgesetzen hat im Einklang mit der hier vertretenen Rechtsanschauung für die der Landesgesetzgebung vorbehaltenen Rechtsgebiete die Anwendung der Zinssätze des BGB. angeordnet auch für den Fall, daß die Verzinsung schon vor dem 1. Januar 1900 begonnen hatte, so Preußen in Art. 10 AG.BGB., Sachsen in § 3 AG.BGB., Hessen in Art. 269 Abs. 2 AG.BGB., Braunschweig in § 20 AG. BGB., Anhalt in Art. 12 AG.BGB., Bremen in § 10 AG.BGB. und mehrere thüringische Länder. Darüber hinaus hat Bayern in Art. 3 ÜbergG. die gleiche Regelung ausdrücklich auch für die Fälle getroffen, in denen nach Art. 170 EG.BGB. für das Schuldverhältnis die bisherigen Gesetze maßgebend bleiben (Henle-Schneider Bem. 5 zu Art. 3).

Das gleiche wie für Verzugszinsen gilt übrigens für gesetzliche Zinsen überhaupt.

β) Auch der Annahmeverzug des Gläubigers ist nach dem bisherigen Recht zu beurteilen, sobald das Schuldverhältnis diesem unterliegt (so mit zutreffender Begründung gegen Habicht S. 215f. und Niedner S. 331, Planck Bem. 9, b, ebenso Affolter, System S. 307, RG. in SeuffA. Bd. 58 Nr. 163, JW. 1903 Beil. S. 85, „Recht" 1907 S. 1538 Nr. 3833, OLG. Stuttgart im „Recht" 1908 Nr. 354, OLG. Bd. 6 S. 230).

4. Die Gründe für das **Erlöschen des Schuldverhältnisses** bestimmen sich nach altem Recht, soweit sie sich aus dem Schuldverhältnis selbst regeln, dagegen nach neuem Recht, soferne sie auf einem neuen nach dem Inkrafttreten des BGB. vorgenommenen Rechtsgeschäfte beruhen. Daraus ergibt sich im einzelnen:

a) Während sich der Inhalt der geschuldeten Leistung, also namentlich die Frage, ob die bewirkte Leistung geeignet ist, das Schuldverhältnis zum Erlöschen zu bringen, nach bisherigem Recht bestimmt (s. oben Bem. 2, c), entscheidet über die Form und die Wirkungen des Erfüllungsgeschäfts das neue Recht. Das ist namentlich von Bedeutung, wenn die Verpflichtung zur Übertragung von Grundstücken oder zur Begründung oder Übertragung von Grundstücksrechten zu erfüllen ist (s. aber Art. 189 Abs. 2); s. Habicht S. 166, 188ff., Planck Bem. 13, a, RG. in RGZ. Bd. 48 S. 19 = JW. 1901 S. 182, JW. 1904 S. 196, OLG. Frankfurt im „Recht" 1904 S. 254 Nr. 476.

Über die Pflicht zur Rechnungslegung über eine vor dem 1. Januar 1900 angefallene Erbschaft s. BayObLG. in SeuffBl. Bd. 69 S. 123ff. Die §§ 259 Abs. 3, 260 Abs. 2 über mangelnde Verpflichtung zum Offenbarungseide in Sachen von geringer Bedeutung haben keine rückwirkende Kraft (RGZ. Bd. 56 S. 221).

b) Ob das Schuldverhältnis durch Leistung an Erfüllungs Statt getilgt werden kann, bestimmt sich nach altem Recht; denn die Frage betrifft den Inhalt der Leistung; für die Art der Leistung ist aber wie bei sonstigen Erfüllungsgeschäften das neue Recht maßgebend; auch § 367 BGB. findet Anwendung.

c) Die Vorschriften der §§ 366—370 BGB. aus dem Titel über Erfüllung (Quittung) finden auch auf altrechtliche Schuldverhältnisse Anwendung (Habicht S. 190f., Niedner S. 328, 332f.; and. Ans. Affolter S. 312). Zweifelhaft ist die Anwendbarkeit des § 371 BGB. über die Rückgabe eines Schuldscheins (Habicht S. 191).

d) Der Erlaß einer vor dem Inkrafttreten des BGB. entstandenen Schuld, der nach diesem Zeitpunkt erfolgt, ist als eine sich nicht aus der inneren Entwicklung des Rechtsverhältnisses ergebende, sondern rechtsaufhebende neue Tatsache nach neuem Recht (§ 397 BGB.) zu beurteilen (RG. im „Recht" 1905 S. 648 Nr. 2693, Habicht S. 197f.).

e) Voraussetzungen, Form und Wirkungen der Hinterlegung bestimmen sich vom Inkrafttreten des BGB. an nach neuem Recht (§§ 372—382 BGB.). Deshalb ist insbesondere die nach PrLR. zulässig gewesene Hinterlegung von unbeweglichen Sachen seit dem 1. Januar 1900 nicht mehr möglich (RGZ. Bd. 48 S. 19 = JW. 1901 S. 182). Die Frage, unter welchen Voraussetzungen der Schuldner hinterlegen kann, betrifft nicht den Inhalt der Leistung; nur die Art, in der sich der Schuldner, der die Annahme der Leistung durch den Gläubiger nicht erreichen kann, von der Verpflichtung befreien kann, wird durch die die Hinterlegungsvoraussetzungen regelnden Vorschriften bestimmt; wegen des Annahmeverzugs als Voraussetzung der Hinterlegung s. oben Bem. 3, c, β. Anwendbar auf die altrechtlichen Schuldverhältnisse sind auch die Vorschriften der §§ 383—386 BGB. über das Recht des Schuldners, die zur Hinterlegung nicht geeignete Sache versteigern zu lassen und den Erlös zu hinterlegen (Mot. S. 256; Prot. 6 S. 493; Habicht S. 193 f., Niedner Bem. 4, a, δ S. 332, Planck Bem. 13, b, RG. in JW. 1901 S. 182, BayObLGZ. Bd. 3 S. 975; and. Ans. Affolter, System S. 313).

f) Auf die Aufrechnung mit und gegenüber der Forderung aus einem altrechtlichen Schuldverhältnis, auch wenn beide Forderungen einem solchen entsprungen sind, finden seit dem Inkrafttreten des BGB. dessen allgemeine Vorschriften in den §§ 387—396 Anwendung. Nach diesen Vorschriften ist über Voraussetzungen und Wirkungen der Aufrechnung und die Art ihrer Vornahme zu befinden (RG. in JW. 1901 S. 734, 1904 S. 137, BayObLGZ. Bd. 20 S. 97).

Dagegen bleibt das frühere Recht maßgebend, soweit es besondere Vorschriften über die Zulässigkeit der Aufrechnung gegen Forderungen aus einem bestimmten Schuldverhältnis enthielt; hier handelt es sich um ein aus dem Schuldverhältnis selbst sich ergebendes Aufrechnungshindernis; so hinsichtlich der Aufrechnung gegenüber dem Anspruch aus einem Verwahrungsvertrag RG. in RGZ. Bd. 50 S. 38 = „Recht" 1907 S. 1407 Nr. 35, 37, OLG. Königsberg OLG. Bd. 2 S. 344; abweichend KG. in OLG. Bd. 1 S. 139, 141. Anwendbar blieben auch Vorschriften des alten Rechts, die entgegen denen des BGB. die Aufrechnung bei bestimmten Schuldverhältnissen zuließen.

Sind die von den Vorschriften des BGB. im alten Recht abweichend geregelten Voraussetzungen der Aufrechnung schon vor dem Inkrafttreten des BGB. eingetreten, so hat es bei der Wirkung derselben sein Bewenden. Dies kam namentlich im Gebiet des französischen Rechts in Betracht, wo der Grundsatz: „ipse jure compensatur" galt, wenn sich die Forderungen noch vor dem 1. Januar 1900 aufrechnungsfähig gegenübergestanden waren.

Das nach bisherigen Gesetzen bestehende Recht des Bürgen, mit einer Forderung des Hauptschuldners, oder eines Gesamtschuldners, mit einer Forderung des anderen Gesamtschuldners aufzurechnen, blieb als aus dem Schuldverhältnis sich ergebend bestehen.

Aus dem gleichen Grunde konnte der Schuldner, der in Unkenntnis der Aufrechnungsmöglichkeit gezahlt hat, die ihm in den bisherigen Gesetzen gegebene condictio indebiti auch noch nach dem 1. Januar 1900 geltend machen.

S. zum Ganzen Habicht S. 194 ff., Niedner S. 313, Planck Bem. 13, c.

5. Die Rechtsfolgen, die sich aus dem Vorhandensein einer Mehrheit von Personen als Gläubiger oder Schuldner bei einem Schuldverhältnisse ergeben (Gesamtschuldverhältnisse, Solidarobligationen, Korrealobligationen), insbesondere die Fragen, unter welchen Voraussetzungen eine solidarische oder korreale Verpflichtung bzw. Berechtigung entsteht, wie und in welchem Umfange sie geltend zu machen bzw. zu erfüllen sind, müssen, sofern der im früheren Rechte vorausgesetzte Tatbestand vor dem Inkrafttreten des BGB. eingetreten ist, nach dem früheren Rechte beurteilt werden. Vgl. RG. in JW. 1903 Beil. S. 117; RGZ. Bd. 55 S. 287, Planck Bem. 11 zu Art. 170.

6. Der nach dem Inkrafttreten des BGB. erfolgende Eintritt eines neuen Gläubigers oder neuen Schuldners in ein altrechtliches Schuldverhältnis — **Übergang der Forderung** und **Schuldübernahme** — verändern an der rechtlichen Beurteilung des Schuldverhältnisses und der Anwendung der bisherigen Gesetze auf dasselbe nichts. Dagegen ist Form und Wirkung des Gläubiger- oder Schuldnerwechsels selbst dem Recht des BGB. unterworfen. Im einzelnen ist folgendes zu bemerken:

a) Bei der rechtsgeschäftlichen Übertragung ist die Übertragbarkeit der Forderung grundsätzlich nach altem Recht zu beurteilen. Wo aber das neue Recht die Übertragung einer Forderung im öffentlichen Interesse ausschließt oder beschränkt, handelt es sich um zwingendes Recht, das auch gegenüber altrechtlichen Schuldverhältnissen Geltung beansprucht (s. unten Bem. IV); hieher gehört die Vorschrift § 400 BGB., wonach eine Forderung nicht abgetreten werden kann, soweit sie der Pfändung nicht unterworfen ist; die der Pfändung nicht unterworfenen Forderungen führt auf § 850 ZPO. in der Fassung vom 27. Febr. 1928, RGBl. I S. 45 (Habicht S. 226 f., Affolter, System S. 310, Planck Bem. 12, a, RGZ. Bd. 67 S. 13). Auch die Rechtswirksamkeit eines vertragsmäßigen Zessionsverbots ist nach dem früheren Recht zu beurteilen, wenn auch die Zession erst nach dem 1. Januar 1900 erfolgt (RG. im „Recht" 1905 S. 283 Nr. 1342). Wegen der Anwendung früheren Rechts auf die Übertragbarkeit eines Verlagsrechts s. RG. in LZ. 1910 Sp. 550 Nr. 28.

Dagegen ist die Abtretung selbst als besonderes Rechtsgeschäft dem Rechte unterworfen, unter dessen zeitlicher Herrschaft sie vorgenommen wird, und zwar auch dann, wenn die Verpflichtung zur Abtretung schon vor dem Inkrafttreten des BGB. eingegangen ist. Auch die Wirkungen der nach dem 1. Januar 1900 vorgenommenen Abtretung bestimmen sich nach den Vorschriften des BGB. (§§ 401 ff.); nur § 405 BGB., der die Einreden des Schuldners, der eine Urkunde über die Schuld ausgestellt hat, gegenüber dem neuen Gläubiger einschränkt, findet auf altrechtliche Schuldverhältnisse keine Anwendung (Habicht S. 228 Note 1, Planck Bem. 12, b). Wegen einer unter der Herrschaft der früheren Gesetze erfolgten Abtretung s. RGZ. Bd. 53 S. 198, RG. in JW. 1903 Beil. S. 20; wegen der Rückwirkung des § 410 BGB. insbesondere s. OLG. Stuttgart, OLG. Bd. 8 S. 444 f.

b) Der Übergang kraft Gesetzes bestimmt sich, wenn die Tatsachen, die ihn herbeiführen, nach dem Inkrafttreten des BGB. eingetreten sind, nach dessen Vorschriften; s. z. B. die §§ 268 Abs. 3, 426 Abs. 2, 774, 1143 Abs. 1, 1225 (wegen der Anwendbarkeit des § 268 BGB. auf altrechtliche Schuldverhältnisse s. unten Bem. IV, 1, c).

Nach § 426 Abs. 2 BGB. erwirbt der Gesamtschuldner, der den Gläubiger befriedigt, die Forderung des Gläubigers gegen die übrigen Schuldner kraft Gesetzes unter der Voraussetzung, daß er von den übrigen Schuldnern Ausgleichung verlangen kann; ob er einen Ausgleichungsanspruch hat, beurteilt sich bei vor dem Inkrafttreten des BGB. entstandenen Gesamtschuldverhältnissen nach bisherigem Recht; nur wenn ihm dieses einen solchen Anspruch verleiht, kommt die Anwendung des § 426 Abs. 2 BGB. in Frage (Habicht S. 232 Note 1).

c) Auch die Voraussetzungen und Wirkungen der Schuldübernahme, die in bezug auf ein altrechtliches Schuldverhältnis seit dem 1. Januar 1900 erfolgt, bestimmt sich nach den Vorschriften des neuen Rechts, mag auch der schuldrechtliche Vertrag, auf Grund dessen sie erfolgt, vor dem Inkrafttreten des BGB. geschlossen sein; s. §§ 414 ff. BGB. Das gilt auch für die Anwendbarkeit der Vorschrift des § 419 BGB. über die Vermögensübernahme.

Die Anwendung des § 416 BGB. über die Hypothekübernahme beim Erwerb eines Grundstücks setzte die Anlegung des Grundbuchs voraus (s. Art. 186, 189 EG.); von diesem Zeitpunkt ab war er anwendbar, soferne die Auflassung nach demselben erfolgt war (s. hiezu Habicht S. 236, 240 Note 1, Niedner Bem. V, 1 zu Art. 189, Planck Bem. 10, c zu Art. 189, Dernburg, Bürgerl. Recht Bd. II, 1. Abt. § 159 S. 363, Turnau-Förster 3. Aufl. Bd. I Anhang S. 1132 oben, Oberneck 4. Aufl. § 143 Nr. 3 S. 293, RGZ. Bd. 58 S. 384; and. Ans. BayObLGZ. Bd. 5 S. 444 f. = SeuffA. Bd. 60 Nr. 52; s. auch RG. im „Recht" 1907 S. 1407 Nr. 3537).

7. Das vertragsmäßige wie das auf Gesetz beruhende Rücktrittsrecht in bezug auf ein vor dem Inkrafttreten des BGB. begründetes Schuldverhältnis bemißt sich nach den bisherigen Gesetzen; das gilt für die Voraussetzungen und die Art der Ausübung und ihre Wirkungen (Habicht S. 217 f.).

Entsprechend ist auch der Widerruf einer Schenkung, die vor dem Inkrafttreten des BGB. vollzogen ist, oder eines vor diesem Zeitpunkt gegebenen Schenkungsversprechens an die Vorschriften der bisherigen Gesetze gebunden; namentlich die Vorschriften des § 528 BGB. sind nicht anwendbar (Habicht S. 263, RG. in JW. 1906 S. 160 Nr. 1, RGZ. Bd. 62 S. 328, „Recht" 1913 Nr. 1619).

8. Schuldverhältnisse, aus denen nach bisherigem Rechte ein zunächst gegen eine bestimmte Person begründeter Anspruch auch gegen einen Dritten geltend gemacht

werden kann; das sog. Recht zur Sache des preußischen Rechts; die sog. actiones in rem scriptae des gemeinen Rechts (actio bzw. exceptio quod metus causa).

a) Das Schuldverhältnis des BGB. wirkt grundsätzlich nur zwischen den Personen, die eben durch dasselbe in rechtliche Beziehungen getreten sind, es kann keine unmittelbare Herrschaft über eine Sache begründen (s. Einleitung zum II. Buch, Bd. I, 1 S. 2f.). Dagegen kannte das preuß. ALR. einen zwischen dem Recht der Schuldverhältnisse und dem dinglichen Recht vermittelnden Begriff, das sog. Recht zur Sache (jus ad rem); es schrieb einer Obligation eine relativ dingliche Wirkung zu (vgl. PrALR. Tl. I Tit. 10 § 25, Tit. 19 § 5), der spätere Erwerber einer Sache, der einen schuldrechtlichen Anspruch eines früheren Erwerbers auf die Sache kannte, mußte diesem selbst dann weichen, wenn ihm die Sache tradiert war. Ein solches Recht zur Sache hat mit dem Inkrafttreten des BGB. seine Wirksamkeit verloren; es kann von dem bloß schuldrechtlich Berechtigten nicht mehr gegen denjenigen, der den Gegenstand erst nach dem Inkrafttreten des BGB. dinglich erworben hat, geltend gemacht werden; denn das Schuldverhältnis aus dem Recht zur Sache entsteht erst mit dem Erwerb des Gegenstandes durch den Dritten, die Vorschrift des Art. 170 EG. kann also keine Anwendung mehr finden (s. auch Bem. 2 zu Art. 179). Hatte aber der dingliche Erwerb des Dritten noch vor dem 1. Januar 1900 stattgefunden, so bleibt das sog. Recht zur Sache als wohlerworbenes Recht bestehen und kann nach dem Grundsatze des Art. 170 auch nach jenem Zeitpunkt noch geltend gemacht werden.

Siehe aber die Ausnahmen in Art. 172 EG. für Miet- und Pachtverträge und in Art. 179 EG. für den Fall der nach bisherigem Recht erfolgten Eintragung des Anspruchs in ein öffentliches Buch (Mot. S. 260, Affolter, System S. 316, Planck Bem. 7 Abs. 1). Wegen der Anfechtung des Erwerbes des Dritten s. §§ 29ff. KO. und das G. betr. die Anfechtung von Rechtshandlungen außerhalb des Konkurses.

b) Anders ist die Rechtslage bei den actiones in rem scriptae des gemeinen Rechts, insbesondere bei der gemeinrechtlichen actio quod metus causa. Aus einer erzwungenen Handlung entstand ein Anspruch auf Herausgabe des durch Zwang entzogenen Gegenstandes nicht bloß gegen den Zwingenden, sondern gegen jeden Dritten, der den Gegenstand in Händen oder arglistigerweise wieder verloren hat (l. 9 § 8, l. 14 § 3, D. quod metus causa 4, 21).

Allerdings entsteht das Schuldverhältnis zwischen dem durch gefährliche Drohung Erpreßten und dem Dritten erst mit dem Erwerb des Gegenstandes durch diesen und hienach würde der im gemeinen Recht begründete Anspruch gegen den Dritten nicht mehr entstehen können, wenn der Erwerb des Dritten erst nach dem Inkrafttreten des BGB. stattgefunden hätte. Aber auch der Schutz, den das BGB. dem gewährt, der widerrechtlich durch Drohung zur Abgabe einer Willenserklärung bestimmt worden ist — Anfechtbarkeit mit der Wirkung der Nichtigkeit des Rechtsgeschäfts von Anfang an, §§ 123, 142 BGB. — würde versagen; denn die Vorschriften des BGB. finden auf den vor seinem Inkrafttreten eingetretenen durch Drohung herbeigeführten Rechtszustand keine Anwendung. Allein es handelt sich hier nicht wie beim sog. Recht zur Sache (a) um die Erstreckung eines schuldrechtlichen Rechtsgeschäfts auf Dritte, so daß es auf den Zeitpunkt der Entstehung des Schuldverhältnisses zu dem Dritten ankäme, sondern um ein von vornherein mit einem Willensmangel behaftetes Rechtsgeschäft. Welche Wirkungen der Willensmangel bei einem vor dem Inkrafttreten des BGB. vorgenommenen Rechtsgeschäft hat, bestimmt sich aber nach dem bisherigen Recht. Es blieben also dem durch Drohung Erpreßten die ihm durch das gemeine Recht verliehenen Ansprüche (und Einwendungen) gegen den Dritten auch dann, wenn dessen Erwerb erst nach dem Inkrafttreten des BGB. stattgefunden hatte (s. Habicht S. 133f., Planck Bem. 7 Abs. 2).

9. Für das innere Verhältnis von **Gesellschaften** des bürgerlichen Rechts, die vor dem Inkrafttreten des BGB. bestanden haben, und von **nicht rechtsfähigen Vereinen,** die vor jenem Zeitpunkt begründet sind, bleibt das frühere Recht maßgebend (RG. in JW. 1915 S. 450 = LZ. 1915 Sp. 909; s. auch Vorbem. IX vor § 705 in Bd. II [2]). Das gilt auch, wenn in eine am 1. Januar 1900 bestehende Gesellschaft nach diesem Zeitpunkt ein neuer Gesellschafter aufgenommen wird (Habicht S. 312, Affolter S. 323, Planck S. 312). Die Vertretungsmacht eines Gesellschafters bestimmt sich auch den nach dem 1. Januar 1900 neu eintretenden Gesellschaftern (und den Gläubigern) gegenüber nach dem bisherigen Recht (Habicht S. 314, BayObLG. im „Recht" 1907 S. 826 Nr. 1802). Auch die Übertragbarkeit von Gesellschaftsrechten, namentlich aber die Beendigungsgründe, Kündigung und Auflösung einer vor dem 1. Januar 1900 gegründeten Gesellschaft, sind nach bisherigem Recht zu beurteilen (RG. im „Recht" 1905 S. 474 Nr. 1867, 1868).

Tritt nach dem 1. Januar 1900 ein Auflösungsgrund ein und wird das Gesellschaftsverhältnis stillschweigend oder durch ausdrücklichen Vertrag, wenn auch zu den bisherigen Vertragsbedingungen, fortgesetzt, so findet von da ab neues Recht Anwendung (RGRK. Bem. 2 zu § 724). Bloße Abänderung des Gesellschaftsvertrags unter der zeitlichen Herrschaft des neuen Rechts führt zur Anwendung neuen Rechts auf das Gesellschaftsverhältnis nur, wenn durch die Abänderung sachlich ein neues Gesellschaftsverhältnis begründet wird.

Im Verhältnis nach außen sind aber Rechtsgeschäfte, die nach dem 1. Januar 1900 vorgenommen sind, nach neuem Recht zu beurteilen; die Vorschrift des § 54 Satz 2 BGB. über die Haftung der im Namen eines nicht rechtsfähigen Vereins handelnden Personen findet Anwendung (Habicht S. 128, Gierke, Der nicht rechtsfähige Verein S. 51, RG. in RGZ. Bd. 63 S. 64, Bd. 77 S. 429, JW. 1915 S. 450, WarnE. 1926 Nr. 209).

Über rückwirkende Kraft des § 723 Abs. 3 BGB. s. unten Bem. IV, 1, h.

S. auch Vorbem. IX vor § 705 in Bd. II² S. 1210 f.

IV. **Ausnahmen von der Regel des Art. 170** ergeben sich dadurch, daß gewissen Vorschriften des BGB. reformatorischer oder prohibitiver Charakter und damit zwingende Kraft innewohnt, so daß sie auch auf vor seinem Inkrafttreten entstandene Schuldverhältnisse Anwendung zu finden haben. Ob eine Vorschrift des BGB. diese Bedeutung hat, ist im Wege der Auslegung zu ermitteln; es können aber nur besondere Gründe zu einer Abweichung von der Regel des Art. 170 und zu der Annahme ausnahmsweiser Rückwirkung einer Vorschrift führen (RGZ. Bd. 47 S. 103); maßgebend kann sein, daß die Vorschrift ein öffentliches Interesse verfolgt, oder die Rücksicht auf allgemeine sittliche Anforderungen oder das besondere Schutzbedürfnis für gewisse wirtschaftliche Interessen des Schuldners. Die zwingende Natur einer Vorschrift ist aber nur eine der Voraussetzungen der Rückwirkung auf frühere Verträge; es muß hinzukommen, daß durch die Vorschrift nach dem erkennbaren Willen des Gesetzgebers der Vertragsfreiheit nicht bloß für die Zukunft Schranken gesetzt, sondern selbst nach früheren Gesetzen wohlerworbene Rechte nicht anerkannt werden (RGZ. Bd. 42 S. 102, Bd. 44 S. 59).

Von der Rückwirkung werden aber Rechtsverhältnisse, die durch rechtskräftiges Urteil erledigt sind, nicht mehr betroffen.

1. Im einzelnen ist auf folgende Vorschriften des BGB. hinzuweisen:

a) § 138 Abs. 1 BGB.: Die Vorschrift hat prohibitiven Charakter; unsittliche Rechtsgeschäfte haben unter der Herrschaft des neuen Rechts keinen Anspruch auf Rechtsschutz, auch wenn sie unter der Herrschaft des früheren Rechts abgeschlossen sind (RG. in JW. 1901 S. 639 = „Recht" 1901 S. 518 Nr. 2113, „Recht" 1910 Nr. 336, LZ. 1913 Sp. 291 Nr. 11).

b) § 138 Abs. 2 BGB.: Nach dem Willen des Gesetzgebers kann deshalb auch ein vor dem Inkrafttreten des BGB. geschlossenes wucherisches Geschäft keinen Rechtsschutz genießen, wenn das Gesetz solche Geschäfte wegen Unsittlichkeit für nichtig erklärt (RGZ. Bd. 47 S. 104 = JW. 1900 S. 1, RG. im „Recht" 1907 S. 374 Nr. 722, Habicht S. 247, Niedner Bem. 6, b, β, Planck Bem. 15, Mumm in SeuffBl. Bd. 65 S. 248 ff.). Rückforderung einer vor dem Inkrafttreten des BGB. auf Grund eines wucherischen Geschäfts erfolgten Leistung ist jedoch ausgeschlossen (BayObLGZ. Bd. 2 S. 606).

c) § 226 BGB. verpönt aus ethischen Gründen eine rein egoistische Rechtsausübung; das Schikaneverbot ist deshalb auf jede seit dem 1. Januar 1900 vorgenommene Rechtsausübung anzuwenden, auch wenn sie sich auf ein vor jenem Zeitpunkt entstandenes Schuldverhältnis gründet.

d) § 247 BGB. gibt im öffentlichen Interesse zum Schutz des wirtschaftlich Schwächeren dem Schuldner im Falle der Vereinbarung eines höheren Zinssatzes als 6 v. H. ein Kündigungsrecht; die Vorschrift soll auch denen zugute kommen, die vor 1900 Schuldner geworden sind (RGZ. Bd. 66 S. 409, 412; zweifelnd Planck Bem. 15; and. Ans. Habicht S. 251).

e) § 268 BGB. über das Ablösungsrecht gegenüber dem die Zwangsvollstreckung betreibenden Gläubiger; bei der Ausübung des Ablösungsrechts handelt es sich um einen an das Schuldverhältnis neu herantretenden Tatbestand; Art. 189 Abs. 1 Satz 1 EG. steht bei hypothekarisch versicherten Forderungen, solange das Grundbuch nicht angelegt ist, der Anwendung des § 268 BGB. nicht entgegen; denn die Vorschrift des § 268 BGB. gehört dem Recht der Schuldverhältnisse an und steht mit dem Liegenschaftsrecht des BGB. in keinem Zusammenhang (BayObLGZ. Bd. 17 S. 3 ff. = RJA. Bd. 15 S. 160 [unter Aufgabe der in Bd. 4 S. 114, Bd. 9 S. 226 vertretenen entgegengesetzten Anschauung], Habicht S. 188, 232, Planck Bem. 12, c; and. Ans. Affolter, System S. 310). S. auch Art. 39 Abs. 2 bayer. ÜbergG.

f) Wegen der Anwendbarkeit des § 400 BGB. s. oben Bem. III, 6, a.

g) § 624 Satz 1 BGB., die Einräumung eines Kündigungsrechts bei Dienstverhältnissen auf Lebenszeit oder längere Zeit als fünf Jahre, enthält eine zwingende Vorschrift (dagegen nicht der Satz 2 daselbst); s. Müller in SeuffBl. Bd. 66 S. 23, RGRK. Bem. 1 zu § 624.

h) § 723 Abs. 3 BGB., der den Ausschluß und eine den Vorschriften in Abs. 1 und 2 zuwiderlaufende Beschränkung der Kündigung einer Gesellschaft verbietet, hat entschieden reformatorischen und prohibitiven Charakter (Habicht S. 313, Planck Bem. 15, RGRK. Bem. 7 zu § 723 BGB., RGZ. Bd. 61 S. 328, OLG. Kiel in SeuffA. Bd. 57 Nr. 147 = OLG. Bd. 6 S. 445, SeuffA. Bd. 80 Nr. 185).

i) § 2302 BGB., wonach der Vertrag, durch den sich jemand verpflichtet, eine Verfügung von Todes wegen zu errichten, aufzuheben oder nicht aufzuheben, nichtig ist, hat Prohibitivcharakter und ist deshalb auf vor dem 1. Januar 1900 abgeschlossene Verträge anwendbar (RGZ. Bd. 75 S. 34 ff. = JW. 1910 S. 147, BayObLGZ. Bd. 21 A S. 391 [= OLG. Bd. 42 S. 143], auch Bd. 18 A S. 326, OLG. Kiel, OLG. Bd. 8 S. 290).

2. Dagegen sind folgende Vorschriften nicht rückwirkend:

a) § 341 Abs. 3 BGB., der einen Vorbehalt bei der Annahme der Erfüllung verlangt, wenn der Gläubiger trotz der Annahme der Leistung die Vertragsstrafe verlangen will (RGZ. Bd. 61 S. 133 = JW. 1905 S. 485).

b) § 343 BGB. läßt die Herabsetzung einer unverhältnismäßig hohen Vertragsstrafe durch den Richter zu. Nach der Rechtsprechung gibt der Zweck der Vorschrift keine Veranlassung, ihr rückwirkende Kraft zuzuschreiben und zwar ohne Unterschied, ob die Strafe vor oder nach dem Inkrafttreten des BGB. verwirkt ist (RG. in JW. 1900 S. 786, 855, RGZ. Bd. 53 S. 420, OLG. Hamburg „Recht" 1905 S. 109 Nr. 468, Planck Bem. 15); die gegenteilige Ansicht ist vertreten von Enneccerus, Schuldverhältnisse, § 261 Note 25.

c) § 519 Abs. 1 BGB. verleiht dem dürftig gewordenen Schenker eine Einrede gegen den Anspruch auf Erfüllung eines Schenkungsversprechens; die Billigkeitserwägungen, denen die Vorschrift ihre Entstehung verdankt, rechtfertigen es nicht, ihr rückwirkende Kraft beizulegen (RG. im „Recht" 1913 Nr. 1618).

d) § 567 BGB. über die Kündigung eines auf mehr als dreißig Jahre geschlossenen Mietverhältnisses (RGZ. Bd. 66 S. 216 = JW. 1907 S. 511, RGZ. Bd. 95 S. 111, OLG. Hamm in SeuffA. Bd. 80 Nr. 43, Habicht S. 267; and. Ans. Niedner Bem. 3, b, γ zu Art. 171, Krückmann in JW. 1912 S. 621 und anscheinend auch Planck Bem. 2, d zu Art. 171); s. auch Bem. II, 2, c zu Art. 171.

e) § 656 BGB., der die Klagbarkeit des Mäklerlohns für Ehevermittelung verneint; nach dem Sinne der Vorschrift ist die Ehevermittelung nicht schlechthin für unsittlich erklärt (RG. in RGZ. Bd. 46 S. 152, 177, JW. 1900 S. 637, GruchotsBeitr. Bd. 46 S. 907, SeuffA. Bd. 55 Nr. 201, SeuffBl. Bd. 71 S. 577, RGZ. Bd. 57 S. 20 ff., Habicht S. 185, Planck Bem. 15; abweich. Kuhlenbeck in JW. 1907 S. 35).

f) § 762 BGB. über Unklagbarkeit von Spiel- und Wettschulden (RGZ. Bd. 53 S. 198, JW. 1903 Beil. S. 31).

V. Das Schuldverhältnis aus **unerlaubter Handlung** ist entstanden, sobald die äußeren (gegenständlichen) und — soferne nicht das Gesetz ausnahmsweise von einem Verschulden absieht (vgl. §§ 829, 833 Satz 1, 835 BGB., § 1 HaftpflG. u. a.) — die inneren Tatbestandsmerkmale der unerlaubten Handlung erfüllt sind und damit der Täter zu einem Beschuldigten in rechtliche Beziehungen getreten ist.

1. Die Anwendung der Vorschrift des Art. 170 führt bei den eine Handlung oder Unterlassung eines Täters voraussetzenden Tatbeständen zu folgendem Ergebnis:

a) Ist die unerlaubte Handlung vor dem Inkrafttreten des BGB. begangen und ist durch dieselbe ein Recht oder Rechtsgut einer bestimmten oder doch alsbald bestimmbaren Person sofort und unmittelbar verletzt (s. z. B. § 823 Abs. 1, 824, 825, 833—838 BGB.), so ist damit das Schuldverhältnis entstanden, sohin früheres Recht anwendbar, wenn jene Voraussetzungen vor dem 1. Jan. 1900 erfüllt waren.

b) Das frühere Recht findet aber schon dann Anwendung, wenn auch nur einzelne Elemente des Schuldverhältnisses der Zeit ihrer Entstehung nach der zeitlichen Herrschaft desselben angehören. So kann die Frage, ob eine Handlung subjektiv eine unerlaubte ist, was für ein Verschulden die Schadensersatzpflicht begründet, immer nur nach dem zur Zeit der Begehung geltenden Recht beurteilt werden. Der Umstand, daß der Erfolg der Handlung erst nach Inkrafttreten des BGB. eingetreten und erst mit diesem Erfolg in die Rechtssphäre einer bestimmten Person widerrechtlich eingegriffen ist (z. B. bei Verstoß gegen ein Schutzgesetz, § 823 Abs. 2 BGB., bei Verletzung der einem Beamten einem Dritten gegenüber obliegenden Amtspflicht), kann nicht zur Anwendung der Vorschriften des neuen bürgerlichen Rechts führen; denn aus dem Verbot der Rückwirkung des neuen Rechts auf bereits vorher entstandene Schuldverhältnisse darf nicht geschlossen werden, daß auf vorher noch nicht vollständig entstandene Schuldverhältnisse in allen Beziehungen das neue Recht anzuwenden sei (s. Mot. z. EG. S. 156; RGRK. Vorbem. 8 vor § 1 BGB., RG. in WarnE. 1910 Nr. 58, DJZ. 1911 S. 326, RGZ. Bd. 99 S. 225, auch in GruchotsBeitr. Bd. 46 S. 979).

Dies ist namentlich auch für die durch Fahrlässigkeit verübten unerlaubten Handlungen von Bedeutung, z. B. eine vor 1900 erfolgte fahrlässige Bauausführung, die erst später zu einem Brandschaden führt (RGZ. Bd. 52 S. 119, 124). Auch § 12 GBO. ist auf eine vor 1900 begangene Amtspflichtverletzung eines Grundbuchbeamten nicht anwendbar, wenn ein Dritter erst seit dem 1. Januar 1900 dadurch — so durch Eintragung eines Rechtes zugunsten eines gutgläubigen Dritten — Schaden erlitten hat (so Habicht S. 180 Anm. 1, Güthe-Triebel Bem. 55 zu § 12, Turnau-Förster Bem. III zu § 12, RGZ. Bd. 99 S. 221 ff.; abweichend Niedner Bem. 2, e zu Art. 170, der zur Anwendung alten Rechts verlangt, daß auch der Eingriff in fremde Rechtssphäre noch unter dessen Herrschaft erfolgt ist).

c) Von dem Falle der zeitlichen Trennung von Handlung und schädigendem Erfolg unterscheidet sich der Fall, daß die Handlung oder Unterlassung, die zur unmittelbaren Verletzung des Rechts oder Rechtsgutes eines Dritten führt, unter der Herrschaft des früheren Rechts in allen Teilen vollendet wurde, daß sich aber Umfang und Tragweite des Schadens erst nach dem 31. Dez. 1899 herausstellte. Hier war das Schuldverhältnis vor 1900 vollständig entstanden, auf dasselbe ist also früheres Recht anwendbar. Auch bei Fortdauer des durch die vor 1900 vollendete Handlung geschaffenen Zustandes über den 1. Januar 1900 hinaus bleibt für den Ersatzanspruch das alte Recht maßgebend.

d) Dagegen ist auf das Schuldverhältnis aus einer Handlung oder Unterlassung, die vor 1900 begonnen und einheitlich nach dem 1. Januar 1900 fortgesetzt wurde und erst jetzt den Erfolg zeitigte, das neue Recht anzuwenden, unter dessen Herrschaft die unerlaubte Handlung auch tätlich erst zum Abschluß gebracht ist.

e) Ist die Handlung vor 1900 vollendet, hat sie aber sowohl vor dem 1. Januar 1900 als auch ursächlich selbständig nach dem 1. Januar 1900 einen schädigenden Erfolg herbeigeführt, so findet auf den vor 1900 eingetretenen Schaden das alte, auf den nachher eingetretenen das neue Recht Anwendung, soferne es sich nicht um einen Fall der unter b dargelegten Art handelt (vgl. RGZ. Bd. 65 S. 112 = JW. 1907 S. 123, RG. im „Recht" 1913 Nr. 2593).

S. hiezu auch Planck Bem. 4 zu Art. 170, RGRK. Bem. 8 vor § 823 und die dort angeführten Entscheidungen des RG.

2. Unter die unerlaubten Handlungen hat das BGB. eine Anzahl von Tatbeständen eingereiht, die sich durch ein schadenstiftendes Ereignis erfüllen, ohne daß eine positive unerlaubte Handlung vorliegt (vgl. z. B. §§ 829, 833—838). Bei solchen Tatbeständen ist für die Entstehung des Anspruchs der Zeitpunkt maßgebend, in dem das zum Schadensersatz verpflichtende Ereignis eintrat (Habicht S. 181).

VI. Auch **aus anderen Rechtsgründen** als aus Vertrag oder unerlaubter Handlung kann ein Schuldverhältnis entspringen, nämlich aus gewissen Ereignissen oder Zuständen. Wann ein solches Schuldverhältnis entstanden und ob es nach altem oder neuem Recht zu beurteilen ist, läßt sich nicht grundsätzlich, sondern nur für das einzelne Schuldverhältnis entscheiden, da es jeweils zweifelhaft sein kann, wann, ob also vor oder nach dem Inkrafttreten des BGB., es entstanden ist.

1. Die Verpflichtung zur Vorlegung von Sachen hat ihren Grund im Besitz derselben. Da auf ein zur Zeit des Inkrafttretens des BGB. bestehendes Besitzverhältnis von dieser Zeit an die Vorschriften des BGB. Anwendung finden, richtet sich nach dessen Vorschriften (§§ 809 ff.) vom gleichen Zeitpunkt auch die Erhebung des Vorlegungsanspruchs (Habicht S. 182; and. Ans. Affolter, System S. 303; s. auch Niedner Bem. II, 2, e, γ S. 327, der den Anspruch dem alten und dem neuen Recht unterwirft).

2. Bei der ungerechtfertigten Bereicherung ist zu unterscheiden:

a) Schon zur Zeit der Leistung oder der sonstigen Erlangung eines Vermögensvorteils fehlt der Rechtsgrund für den Erwerb (s. § 812 Abs. 1 Satz 1 BGB.); ist der Erwerb vor Inkrafttreten des BGB. eingetreten, so ist jedenfalls altes Recht anzuwenden.

b) Der Rechtsgrund der Leistung fällt erst nachträglich weg (condictio ob causam finitam; s. § 812 Abs. 1 Satz 2 BGB.); der Rückforderungsanspruch entsteht nicht schon mit der Leistung, auch nicht bedingt, sondern erst mit dem Wegfall des Rechtsgrundes; altes Recht ist also nur anwendbar, wenn auch der Rechtsgrund der Leistung noch vor dem Inkrafttreten des BGB. weggefallen ist (so richtig Niedner Bem. II, 2, e, β; and. Ans. Affolter S. 114, 303, Habicht S. 183, Planck Bem. 5; s. auch RGZ. Bd. 14 S. 256).

c) Entsprechendes gilt, wenn der mit der Leistung bezweckte Erfolg nicht eintritt; neues Recht ist nur anzuwenden, wenn sich die Frage, ob der Erfolg eintrat oder nicht, erst nach dem Inkrafttreten des BGB. entschied (Niedner a. a. O., RG. in JW. 1911 S. 485 = WarnE. 1911 Nr. 267 und in LZ. 1916 Sp. 677 Nr. 14).

d) Endlich kommt es bei Leistung einer Nichtschuld (condictio indebiti; s. § 813 BGB.) für das anzuwendende Recht auf den Zeitpunkt der Leistung an; denn erst mit dieser entsteht das Schuldverhältnis (Planck Bem. 5; and. Ans. Affolter S. 313 f.).

3. Der Anspruch aus der Geschäftsführung ohne Auftrag entsteht mit dem Beginn derselben; darnach bestimmt sich auch das auf den Anspruch anzuwendende Recht ohne Rücksicht auf die Fortdauer der Geschäftsführung unter einem anderen Recht (Habicht S. 182, Affolter S. 303).

4. Der Anspruch des Besitzers auf Ersatz von Verwendungen bestimmt sich, was den Umfang des Anspruchs anlangt, nach dem Recht, unter dessen Herrschaft die Verwendungen vorgenommen wurden; die Geltendmachung des Anspruchs, also auch die Ausübung des Zurückbehaltungsrechts, richtet sich nach dem Recht, unter dessen Herrschaft sie erfolgt (Habicht S. 405 f., Niedner S. 369; abweichend Affolter S. 382 f., der einheitlich altes Recht anwenden will, wenn unter demselben Verwendungen gemacht, auch wenn sie nach 1900 fortgesetzt wurden); s. auch RG. in JW. 1900 S. 561 f., 1901 S. 237, RGZ. Bd. 46 S. 143.

5. Auch die gesetzlichen Unterhaltsansprüche familienrechtlichen Ursprungs fallen als auf einem Schuldverhältnis beruhend (Vorbem. 2 vor § 1601 in Bd. IV[2]) unter Art. 170.

Für den Unterhaltsanspruch der Ehegatten bei bestehender Ehe bestimmt Art. 199 EG. ausdrücklich, daß er für die zur Zeit des Inkrafttretens des BGB. bestehenden Ehen nach dessen Vorschriften zu beurteilen ist.

Der Unterhaltsanspruch des schuldlos geschiedenen Ehegatten ist nicht mehr Anspruch aus dem ehelichen Verhältnis, sondern gesetzliche Folge der Schuldigerklärung des anderen Teils; er entsteht mit der Scheidung, bestimmt sich also nach dem Recht, unter dessen Herrschaft das Scheidungsurteil erlassen ist; nicht erst der Zeitpunkt der Rechtskraft des Urteils ist maßgebend (RGZ. Bd. 50 S. 303 ff. = JW. 1902 Beil. S. 226 Nr. 85; s. auch RGZ. Bd. 48 S. 4 ff., ferner Bem. 2, h zu Art. 199, Bem. II, 4, b zu Art. 201).

Wegen der Scheidungsstrafen s. Bem. II, 4, b, α zu Art. 201.

Der Unterhaltsanspruch der Verwandten entspringt allerdings der Verwandtschaft, entsteht aber aus derselben nicht als einheitliche Obligation, sondern erneuert sich fortgesetzt, solange die Voraussetzungen für denselben gegeben sind. Seine Voraussetzungen und sein Umfang bestimmen sich also nach dem Recht der Zeit, für welche die einzelnen Leistungen begehrt werden; vom 1. Januar 1900 ab sind also für die Ansprüche die Vorschriften des BGB. maßgebend (s. Vorbem. 2, b und 15 vor § 1601 in Bd. IV² S. 889, 901).

Wegen Schadensersatzansprüche für Unterhaltsleistung an ein uneheliches Kind, die vor dem 1. Januar 1900 erfolgt ist, s. OLG. Colmar in ElsLothZ. 1912 S. 307 ff.

6. Den Deflorationsanspruch kennt das BGB. nicht mehr. Gleichwohl konnte er wegen unter der Herrschaft des früheren Rechts erfolgter Deflorationen noch geltend gemacht werden, weil es sich um einen rein schuldrechtlichen Anspruch handelte (RGZ. Bd. 49 S. 206).

VII. Ausführungsgesetze:

Preußen: Art. 10 AG.BGB. (Becher XIV, 1 S. 6), Satz der gesetzlichen Zinsen.

Bayern: Art. 3 ÜbergG. (Becher III, 8 S. 100), gesetzliche Zinsen; Art. 4 ÜbergG., Bierlieferungsvertrag (s. auch Art. 13, 14 AG.BGB.); Art. 5, 6 ÜbergG., Miete und Pacht; Art. 31 AG.BGB., Dienstverhältnis; Art. 49—55 AG.BGB., Schuldverschreibungen des Staats usw.; Art. 121 AG.BGB., Sparurkunden; Art. 127 AG.BGB., Ansprüche aus Rechtsverhältnissen des öffentlichen Rechts.

Sachsen: § 3 AG.BGB. (Becher XVII, 1 S. 2), gesetzliche Zinsen.

Thüringische Länder: Sachsen-Weimar § 32 AG.BGB. (Becher XXI, 3 S. 9), Gesamtschuldverhältnisse; § 54 Abs. 2 AG.BGB. (Becher XXI, 3 S. 13), Fortgeltung der bisherigen Bestimmungen für Ernährungsverträge; § 27 AG.BGB. (Becher XXI, 3 S. 8), gesetzliche Zinsen; Sachsen-Coburg-Gotha Art. 12 AG.BGB. (Becher XIX, 8 S. 49); Sachsen-Altenburg § 21 AG.BGB. (Becher XVIII, 1 S. 5); Reuß ä. L. § 24 AG.BGB. (Becher XV, 1 S. 4); Reuß j. L. § 23 AG.BGB. (Becher XVI, 1 S. 5); Schwarzburg-Rudolstadt Art. 25 AG.BGB. (Becher XXIII, 2 S. 58); sämtliche für gesetzliche Zinsen; über Aufhebung dieser Vorschriften s. § 155 Abs. 1 AV.BGB. für Thüringen vom 16. Mai 1923, GS. S. 287 ff.

Hessen: Art. 66 AG.BGB. (Becher VIII, 3 S. 41) unterwirft, entgegen dem Grundsatze des Art. 170 EG., vor dem Inkrafttreten des BGB. bestehende Schuldverhältnisse aus Leibgedings-, Leibzuchts-, Altenteils- und Auszugsverträgen den neuen Vorschriften; Art. 211 AG.BGB. (Becher VIII S. 70), Form der Liegenschaftsverträge; Art. 269 Abs. 2 AG.BGB. (S. 85), gesetzliche Zinsen.

Braunschweig: § 20 AG.BGB. (Becher IV, 1 S. 4), gesetzliche Zinsen.

Anhalt: Art. 12 AG.BGB. (Becher I, 3 S. 11), gesetzliche Zinsen.

Bremen: § 10 AG.BGB. (Becher V, 1 S. 3), gesetzliche Zinsen.

Lübeck: § 23 AG.BGB. (Becher X, 6 S. 44), gesetzliche Zinsen.

[Elsaß-Lothringen: § 9 AG.BGB. (Becher VI, 1 S. 2), gesetzliche Zinsen.]

Wo in Übergangsvorschriften das neue Recht auf ältere Schuldverhältnisse anwendbar erklärt ist (wie in Bayern beim Bierlieferungsvertrag, in Hessen beim Leibgedingsvertrag), ist nur das fortdauernde Verhältnis vom 1. Januar 1900 ab dem neuen Recht unterstellt; für Ansprüche, die schon vorher erwachsen waren und nun selbständig neben dem fortdauernden Hauptrechtsverhältnis standen, blieben die bisherigen Vorschriften gemäß Art. 170 EG. maßgebend (Habicht S. 184 Note 3).

Art. 171.*)

Ein zur Zeit des Inkrafttretens des Bürgerlichen Gesetzbuchs bestehendes Miet-, Pacht- oder Dienstverhältnis bestimmt sich, wenn nicht die Kündigung nach dem Inkrafttreten des Bürgerlichen Gesetzbuchs für den ersten Termin

*) Schrifttum: Habicht S. 263 ff., 300 ff.; Affolter, System S. 319—321, 397—399; Goertz, Zur Auslegung des Art. 171, Erlangen 1898; Schumacher, Der Art. 171, KohlersArch. Bd. 15 S. 258—264; Brückmann, Zum Verständnisse des Art. 171 des EG.BGB., SächsArch. Bd. 11 S. 556 ff.; Taube, Zur Auslegung des Art. 171, das. Bd. 8 S. 258; Brückner im „Recht" Bd. 4 S. 113 ff.: Inwieweit sind die am 1. Januar 1900 bereits bestehenden Mietverhältnisse nach dem BGB., insbesondere nach den im sozialpolitischen Interesse erlassenen, sog. zwingenden Vorschriften derselben zu beurteilen?

erfolgt, für den sie nach den bisherigen Gesetzen zulässig ist, von diesem Termin an nach den Vorschriften des Bürgerlichen Gesetzbuchs.

E. II, 143; III, 171.

Miet-, Pacht- und Dienstverhältnisse.

I. Entstehung. Dieser Artikel wurde erst in der II. Komm. aufgestellt. Die ursprünglich beabsichtigte Beschränkung der Vorschrift auf Verträge von unbestimmter Dauer wurde fallen gelassen (P. VI, 499—501, Reatz III, 84).

II. Inhalt.

1. Die Vorschrift dieses Artikels bildet eine Ausnahme von der Regel des Art. 170, welche damit begründet wurde, daß man mit einer solchen Vorschrift dem mutmaßlichen Willen der Beteiligten am meisten gerecht werde, und daß es bei der großen Zahl und der großen Bedeutung der von der Vorschrift betroffenen Verträge im öffentlichen Interesse wünschenswert erscheine, eine längere Geltung der Vorschriften des alten Rechts möglichst abzuschneiden. S. auch Bd. II² S. 345 Bem. IX.

2. Der Artikel gilt nur für solche vor dem 1. Januar 1900 eingegangene **Mietverhältnisse** (hinsichtlich beweglicher Sachen und Grundstücke), **Pacht- oder Dienstverhältnisse,** welche

a) am 1. Januar 1900 noch bestanden,

b) durch Kündigung, sei es auf Grund Vertrags oder kraft Gesetzes, lösbar waren, und bei denen

c) die Kündigung nach dem Inkrafttreten des BGB. nicht für den ersten Termin erfolgte, für den sie nach den bisherigen Gesetzen auf Grund Vertrags oder kraft Gesetzes lösbar waren.

Der Art. 171 enthält, indem er zwei Entwicklungsstufen des unter der Herrschaft des alten Rechts entstandenen Schuldverhältnisses unterscheidet, eine Gewährungsklausel für die erste Entwicklungsstufe, eine Ausschlußklausel für die zweite.

A. Erste Entwicklungsstufe: Bis zu dem ersten Termine, für den die Kündigung „nach den bisherigen Gesetzen" zulässig ist, untersteht das Miet-, Pacht- oder Dienstverhältnis ausschließlich den bisherigen Gesetzen. Im einzelnen ist hierzu besonders für Miet- und Pachtverhältnisse folgendes zu bemerken:

a) Wie sich aus den Bem. zu Art. 170 ergibt, bestimmen sich für diese Entwicklungsstufe nach dem bisherigen Rechte sämtliche Ansprüche und Verpflichtungen der Vertragsteile, insbesondere der Schadensersatz wegen Nichterfüllung, die Haftung für Mängel des Miet- oder Pachtobjekts, das Recht des Mieters zur Untervermietung, das Kündigungsrecht mit Einschluß der Kündigungsfrist, der Verzug und seine Folgen (Affolter S. 398 ff., Habicht S. 275 f., Planck Bem. 2, b, Niedner Bem. 2, jedoch teilweise abweichend in Bem. 3, b, β).

b) Auch die Frage, welche etwaigen Rechte dem Vermieter oder Verpächter zur Sicherung seiner Ansprüche zustehen (Pfandrecht, Zurückbehaltungsrecht), ist für diese Entwicklungsstufe ausschließlich nach dem bisherigen Rechte zu entscheiden. Wenn das frühere Landesrecht ein Pfandrecht an den vom Mieter oder Pächter eingebrachten Sachen oder an den Früchten des verpachteten Grundstücks nicht gewährte, so kann es für diese erste Entwicklungsstufe auch nach Inkrafttreten des BGB. (auf Grund der §§ 559—563, 581) nicht in Anspruch genommen werden. Sofern das bisherige Recht ein Pfandrecht an den eingebrachten Sachen kennt, ist es freilich zweifelhaft, ob dieses ältere Pfandrecht auch die erst nach dem 1. Januar 1900 eingebrachten Sachen ergreift oder ob die letzteren in pfandrechtlicher Hinsicht nach den Bestimmungen des BGB. zu beurteilen sind. Praktisch bedeutsam war diese Frage zumal insofern, als abweichend von § 559 BGB., der nur Sachen des Mieters dem gesetzlichen Pfandrecht unterwirft, ältere Rechte auch gewisse dem Mieter nicht gehörige Sachen in den Pfandverband eintreten ließen, so z. B. das preußische Recht Sachen der Ehefrau und der Kinder des Mieters, das französische Recht Sachen des Untermieters und Sachen, bei deren Einbringung der Vermieter in gutem Glauben über das Eigentum des Mieters war. Planck Bem. 2, a glaubt unter der Begründung, daß die fraglichen Vorschriften einen integrierenden Teil der Vorschriften über das Miet- und Pachtverhältnis bilden, auch in dieser Beziehung das ältere Recht gelten lassen zu sollen. Allein nach Art. 184 EG. (per arg. a contrario) bestimmt sich die Entstehung eines dinglichen Rechts nach dem Inkrafttreten des BGB. ausschließlich nach dessen

Vorschriften und nur in betreff des Inhalts und Ranges der vorher *entstandenen* dinglichen Rechte wird das bisherige Recht aufrecht erhalten. Nun aber entsteht das Pfandrecht erst mit der Einbringung. Auch überwiegen in dieser Frage die Interessen der an dem Schuldverhältnis unbeteiligten Dritten den Gesichtspunkt der nur auf das *persönliche* Schuldverhältnis bezüglichen Gewährungsklausel. Dafür spricht auch die Analogie der in Art. 172 aufgestellten Ausschlußklausel (Habicht S. 269). Mit Habicht S. 270 ist auch anzunehmen, daß die §§ 560—562 BGB. über das Erlöschen des Pfandrechts und seine Ausübung (mit Einschluß des Selbsthilferechts zum Zwecke der Verhinderung der Wegschaffung von Sachen) auch für diejenigen Pfandrechte des Vermieters bzw. Verpächters maßgebend sind, die bereits vor dem 1. Januar 1900 entstanden sind. (A. M. Planck Bem. 2, a, RG. in JW. 1901 S. 645 = RGZ. Bd. 49 S. 56, RGSt. Bd. 34 S. 157.) Wie Habicht in Ansehung des Selbsthilferechts, auch Affolter, System S. 320, Niedner S. 340. Dagegen steht Affolter S. 320 in Ansehung des Erlöschens des Pfandrechts und seiner sonstigen Ausübung auf dem von Planck vertretenen Standpunkte.

Wegen *Zurückbehaltungsrechts* nach bisherigem Recht s. OLG. Dresden in SächsAnn. Bd. 25 S. 518.

c) Eine *Ausnahme* machen auch für die zu A erörterte *erste* Entwicklungsstufe solche *zwingende Vorschriften* des neuen Rechts, *die die Natur der Ausschließlichkeit tragen*, also „rückwirkende Kraft" besitzen. Hierher gehört die Bestimmung des § 544 BGB., wonach ein Mietverhältnis ohne Einhaltung der Kündigungsfrist gekündigt werden kann, wenn eine Wohnung oder ein anderer zum Aufenthalt von Menschen bestimmter Raum so beschaffen ist, daß die Benützung mit einer erheblichen Gefährdung der Gesundheit verbunden ist. Dagegen kommt diese Tragweite dem § 567, der die Kündbarkeit eines für länger als 30 Jahre abgeschlossenen Mietvertrags nach Ablauf der 30 Jahre betrifft, *nicht* zu (s. Bem. IV, b, δ zu Art. 170), ebensowenig dem § 570, der das den Militärpersonen, Beamten, Geistlichen und Lehrern zustehende Kündigungsrecht betrifft (Habicht S. 266, Planck Bem. 2, d).

B. **Zweite Entwicklungsstufe: Die Vorschriften des BGB. werden ausschließlich maßgebend, wenn nicht die Kündigung nach dem Inkrafttreten des BGB. für den ersten Termin erfolgt, für den sie nach den bisherigen Gesetzen zulässig ist.** Es wird so angesehen, als ob ein neuer Vertrag des nämlichen Inhalts wie früher geschlossen wäre, der aber nunmehr von den Vorschriften des BGB. beherrscht wird; dabei braucht jedoch eine dem BGB. eigene Formvorschrift (s. § 566) nicht erfüllt zu sein.

Die Kündigung muß *für beide Vertragsteile* zulässig sein und zwar nach den bisherigen Gesetzen entweder auf Grund Vertrags oder kraft Gesetzes; s. hiezu OLG. Bd. 11 S. 313, 314, „Recht" 1906 S. 180 = BadRpr. 1906 S. 105. Bei verschieden bemessenen Kündigungsfristen ist der erste Termin, zu dem der später zur Kündigung Berechtigte kündigen kann, maßgebend (RG. in JW. 1903 Beil. S. 20, DJZ. 1903 S. 127). Es kommt darauf an, *bis* zu welchem Termine, nicht *an* welchem Termine hienach die Kündigung zulässig war.

Auch *stillschweigende Unterwerfung* eines Miet- oder Pachtverhältnisses unter das neue Recht ist nur dann anzunehmen, wenn *beiden* Teilen die Auflösung des Vertragsverhältnisses gestattet war (s. hiezu RGZ. Bd. 95 S. 108). Eine Beurteilung der Rechte und Pflichten der zur Kündigung berechtigten Partei nach neuem und der anderen nach altem Recht ist unzulässig (RG. in JW. 1903 Beil. S. 20 = DJZ. 1903 S. 127, OLG. Hamburg in HansGZ. Bd. 26 S. 289, RG. im „Recht" 1906 S. 119 [169], RGZ. Bd. 53 S. 170).

Das neue Recht wird auch dann anwendbar, wenn bei tatsächlicher Fortsetzung des Verhältnisses nach dem bisherigen Rechte eine stillschweigende Verlängerung des Mietvertrags angenommen werden muß; denn jedenfalls war in diesem Falle die Kündigung für beide Teile *zulässig* (Planck Bem. 1, a, Habicht S. 277, Niedner Bem. 2, c; s. auch RGZ. Bd. 52 S. 123; and. Ans. Affolter S. 398 und OLG. Bd. 4 S. 42).

Wenn die Kündigung für beide Parteien zwar zulässig, aber an verschiedene Bedingungen oder Termine gebunden ist, so ist daran festzuhalten, daß eine Zerreißung des Schuldverhältnisses in zwei Seiten, von denen die eine noch fortdauernd nach altem, die andere nach neuem Rechte zu beurteilen wäre, unmöglich ist, daß also die neue Rechtsordnung erst von dem Zeitpunkte an anwendbar wird, in dem diese verschiedenen Bedingungen bzw. Termine zusammentreffen.

Die Anwendung des neuen Rechts erstreckt sich aber lediglich auf die ergänzenden Vorschriften des BGB. (die Anwendung der zwingenden ist ohnedies selbstverständlich), nicht auf die Auslegung des unter der alten Rechtsordnung abgeschlossenen Vertrages, sowie auf die dessen Entstehung beherrschenden Vorschriften über Willensmängel. Dagegen treten für den Umfang der beiderseitigen Verpflichtungen von dem neuen Termin ab nicht nur die besonderen Vorschriften des BGB. über Miete, Pacht und Dienstvertrag, sondern auch die allgemeinen Vorschriften des Rechts der Schuldverhältnisse in Kraft. S. auch Art. 172.

C. Besondere Folgerungen aus Art. 171 für **Dienstverhältnisse**: Auch für Dienstverhältnisse, die vor dem Inkrafttreten des BGB. abgeschlossen worden sind, bleibt bis zu dem Zeitpunkte, bis zu welchem jeder Teil und nicht nur einer derselben die Lösung des Verhältnisses durch Kündigung herbeiführen kann, das bisherige Recht maßgebend. Der Begriff des Dienstverhältnisses im Sinne dieses Artikels ist aber derjenige des BGB., also umfassender als derjenige der älteren Rechtsordnung, z. B. des gemeinen Rechts. Da Art. 171 eine Ausschlußklausel enthält, sofern er Dienstverhältnisse von dem bezeichneten Termin an dem neuen Rechte unterwirft, so kann von einer analogen Ausdehnung in dieser Richtung nicht die Rede sein (Affolter S. 403, OLG. Bd. 5 S. 33). Der Art. 171 bezieht sich nicht auf die handelsrechtlichen Dienstverhältnisse (RG. in JW. 1900 S. 855, Affolter S. 404, unentschieden RGZ. Bd. 42 S. 99ff.; and. Ans. OLG. Bd. 1 S. 436).

Zu den zwingenden Vorschriften des BGB., die auch auf die erste Entwicklungsstufe der Dienstverträge (rückwirkend) anwendbar sind, gehören (Habicht S. 302f., Planck Bem. 5):

a) § 624 BGB., wonach ein Dienstverhältnis, welches für die Lebenszeit oder für längere Zeit als fünf Jahre eingegangen ist, von dem Verpflichteten nach dem Ablauf von fünf Jahren gekündigt werden kann. Die fünfjährige Frist ist nicht von Eingehung des Verhältnisses ab, sondern erst seit dem 1. Januar 1900 zu berechnen.

b) § 626 BGB., der die Kündigung aus wichtigem Grunde betrifft (Planck Bem. 5, b; and. Ans. Affolter a. a. O.).

c) die §§ 617—619 über die Fürsorge für die Person des Dienstleistenden (Habicht S. 301; and. Ans. Planck Bem. 5, c, Affolter S. 321f.). Die Anwendung dieser Vorschriften dürfte dem sozialen Gerechtigkeitsgefühl entsprechen und auch die juristisch richtigere sein. Vgl. Einl. vor Art. 153 Bem. VII, 2 Abs. 2.

Dagegen ist § 616 BGB. über den Anspruch auf Vergütung bei unverschuldeter Unmöglichkeit während verhältnismäßig nicht erheblichen Zeitraums nicht zwingend in diesem Sinne.

Wegen der Anwendung des Art. 171 auf einen Agenturvertrag s. RG. in LZ. 1913 Sp. 614.

III. **Landesgesetze**: Die Vorschriften des Art. 171 sind in mehreren deutschen Ländern auf das Gesindeverhältnis ausgedehnt worden; s. für Preußen Art. 14 § 2 AG.BGB. (Becher XIV, 1 S. 7); Bayern Art. 31 AG.BGB. (Becher III, 7 S. 35); s. auch Art. 5 ÜbergG.; Württemberg GesO. vom 28. Juli 1899 Art. 32; Hessen Art. 273, 1 AG.BGB. (Becher VIII, 3 S. 87).

Art. 172.*)

Wird eine Sache, die zur Zeit des Inkrafttretens des Bürgerlichen Gesetzbuchs vermietet oder verpachtet war, nach dieser Zeit veräußert oder mit einem Rechte belastet, so hat der Mieter oder Pächter dem Erwerber der Sache oder des Rechtes gegenüber die im Bürgerlichen Gesetzbuche bestimmten Rechte. Weitergehende Rechte des Mieters oder Pächters, die sich aus den bisherigen Gesetzen ergeben, bleiben unberührt, unbeschadet der Vorschrift des Artikel 171.

E. I, 104; II, 144; III, 172.

*) Schrifttum: Habicht S. 263ff., 484f.; Affolter S. 399ff.; Zimmermann, Übergangsfragen, 5. Mietvertrag, SeuffBl. Bd. 65 S. 57ff.; Katzenstein, Kauf bricht nicht Miete, Diss. Erlangen 1899 S. 83f.; für Bayern vgl. Steiner, Verhältnis der Miet- und Pachtzinspfändung zur Immobiliarvollstreckung, BayZ. 1905 S. 161. Vgl. ferner Francke, Einige Streitfragen aus dem Mietrecht, „Recht" 1900 S. 275.

Rechte des Mieters und des Pächters im Falle der Veräußerung der vermieteten oder verpachteten Sache.

1. Entstehung. Art. 172 verdankt seine gegenwärtige Fassung der II. Komm. und weicht vom Art. 104 des E. I völlig ab; das erklärt sich zum Teil schon daraus, daß in dem § 509 des E. I BGB. noch der Grundsatz „Kauf bricht Miete“ sich wirksam zeigte, während nunmehr das BGB. (in den §§ 571 ff., 581) den gegenteiligen Grundsatz enthält. Auch ein Vermittlungsantrag, welcher nur den Art. 171 eintreten, diesen aber auch ausdrücklich auf das Verhältnis zwischen dem Mieter bzw. Pächter und dem Erwerber der Sache oder des Rechtes hieran ausdehnen wollte, wurde in der II. Komm. abgelehnt (Mot. z. EG. 257 ff., P. VI, 501—504, Reatz III, 84).

2. Früheres Recht und Zweck des Art. 172: Der Art. 172 enthält ebenso wie Art. 171 eine **Ausnahme vom Grundsatze des Art. 170.** Im einzelnen ist folgendes zu bemerken (s. auch Bd. II² S. 345 Bem. IX):

a) Wie schon erwähnt, gilt nach dem BGB. der Grundsatz „Kauf bricht nicht Miete“. Denselben Grundsatz enthalten von den bisherigen Rechten das PLR. (Tl. I Tit. 21 §§ 2—5, 350—360), der Code civil (art. 1743—1751) und das badische LR. (Satz 1743—1751), letztere beiden jedoch nur für Liegenschaften, wenn der Mieter bzw. Pächter eine authentische oder mit einem gewissen Datum versehene Mietvertragsurkunde für sich hat, das Hamburger Stadtrecht für das Stadtgebiet von Hamburg, für Braunschweig bei schriftlich errichteten Mietverträgen eine Verordnung vom 25. Okt. 1760, und für die altromanischen Landesteile des vormaligen Herzogtums Nassau eine VO. vom 16. März 1763. — Der entgegengesetzte Grundsatz „Kauf bricht Miete“ galt für das gemeine Recht. Derselbe galt im wesentlichen auch, jedoch mit der Abschwächung, daß der Erwerber bei der Miete unbeweglicher Sachen oder gewisser unbeweglicher Sachen (Grundstücke, Wohnungen) die Räumung vom Mieter (Pächter) nur nach vorgängiger Kündigung und nur nach Ablauf einer bestimmten Frist verlangen konnte, nach dem sächsischen GB. §§ 1222, 1225, 1226, nach § 21 des bayerischen Landtagsabschieds vom 18. Febr. 1871 (dessen Geltung auf die rechtsrheinischen Landesteile, in denen nicht PLR. gilt, beschränkt ist), und nach dem österreichischen BGB. § 1120. In einzelnen gemeinrechtlichen Gebieten erlangte das Mietrecht durch Eintragung in das Grundbuch Wirksamkeit gegen jeden neuen Erwerber, so in den großherzoglich hessischen Provinzen Starkenburg und Oberhessen (Art. 127 des hess. G. vom 15. Sept. 1858, das Pfandrecht betreffend), in Neuvorpommern und Rügen, im Bezirke des vormaligen Appellationsgerichts zu Kassel und in der Provinz Schleswig-Holstein im Gebiete des dänischen Rechtes (preuß. G. über das Grundbuchwesen in Neuvorpommern und Rügen vom 26. Mai 1873 § 14, in Schleswig-Holstein vom 27. Mai 1873 § 34, in Kassel vom 29. Mai 1873 § 3 Abs. 2); das gleiche gilt nach dem sächsischen GB. (§ 1224) und dem österreichischen BGB. (§§ 1095, 1121) mit der Ausnahme für den Fall der Zwangsversteigerung (M. II, 380 ff.).

b) Der **Zweck** der Vorschrift des Art. 172 ist, **dem Grundsatz „Kauf bricht nicht Miete“ rückwirkende Kraft auf die vor dem Inkrafttreten des BGB. geschlossenen Miet- oder Pachtverträge Geltung zu verschaffen.** Dazu erachtete sich der Gesetzgeber um so mehr für berechtigt, als der Vermieter im Falle der Veräußerung des Miet- oder Pachtobjekts nach gemeinem Rechte usw. zwar die *formale* Verfügungs*macht* habe, den Mieter (Pächter) auszutreiben, aber *materiell rechtswidrig* handle, wenn er von dieser formalen Verfügungsmacht zum Nachteile des Mieters Gebrauch mache, und da deshalb durch die Einräumung der rückwirkenden Kraft für den Grundsatz „Kauf bricht nicht Miete“ nicht in wohlerworbene Rechte eingegriffen, sondern einem schon nach früherem Rechte kontraktwidrigen Verhalten des Vermieters entgegengetreten werde (P. a. a. O.). S. auch RGZ. Bd. 95 S. 111.

3. Inhalt und Tragweite des Art. 172:

a) Voraussetzung für die Anwendung dieser Vorschrift ist:

α) Es muß eine *Sache* — bewegliche Sache oder Grundstück — *vor dem 1. Januar 1900 vermietet* oder *verpachtet* worden sein; auf Verträge dieser Art über Rechte bezieht sich die Vorschrift nicht.

β) Die vor dem 1. Januar 1900 vermietete oder verpachtete Sache wird *am 1. Januar 1900 oder später veräußert oder mit einem Rechte belastet. Das dingliche* Rechtsgeschäft, d. h. die Veräußerung oder Belastung der vermieteten oder verpachteten Sache muß *nach* dem 1. Januar

1900 vorgenommen sein, der Zeitpunkt des Abschlusses des schuldrechtlichen auf die Veräußerung oder Belastung gerichteten Rechtsgeschäfts ist gleichgültig.

Wenn das dingliche Rechtsgeschäft vor dem Inkrafttreten des BGB. vorgenommen ist, so bestimmen sich die Rechte des Mieters oder Pächters gegen den Erwerber der Sache oder des Rechtes nach den bisherigen Vorschriften. Nach den bisherigen Vorschriften ist auch zu beurteilen, wann das dingliche Rechtsgeschäft, die Veräußerung oder Belastung als erfolgt anzusehen ist, ob insbesondere dazu Tradition (gemeines Recht) oder bei Grundstücken Auflassung (preußisches Recht) erforderlich ist oder der Vertrag genügt (französisches Recht).

b) Die **Wirkung** der Vorschrift ist die **Anwendbarkeit der §§ 571—579, 580 und 581 BGB.**, jedoch mit der Maßgabe, daß weitergehende Rechte, welche dem Mieter oder Pächter nach bisherigem Rechte (vgl. Bem. 2, a) zustehen (weil es sich alsdann um den Schutz wohlerworbener Rechte handelt — P. a. a. O. —), aufrecht erhalten bleiben. Der Art. 172 enthält also eine sog. Meistbegünstigungsklausel, der Mieter oder Pächter genießt den Schutz derjenigen Rechtsordnung, die ihm im Falle der Veräußerung oder Belastung des Miet- oder Pachtgegenstandes die vorteilhafteste Rechtsstellung gewährt. Im Gebiete des gemeinen Rechts ist dies die neue, im Gebiete des preußischen Rechts („Recht zur Sache") die alte (Affolter S. 400).

Wenn jedoch die Veräußerung oder Belastung der vermieteten oder verpachteten Sache erst zu einer Zeit erfolgt, in der nach den Bestimmungen des Art. 171 auf das Miet- oder Pachtverhältnis im vollen Umfange das neue Recht zur Anwendung zu bringen ist, so verbleibt es bei der Anwendung der Vorschriften des BGB.; die Vorschriften des Art. 171 sollen durch Art. 172 keine Änderung erleiden, das ist der Sinn der Schlußworte von Satz 2.

Der Artikel hat also hauptsächlich nur für die Rechtsgebiete des gemeinen, sächsischen, österreichischen, französischen und badischen Rechtes sowie des § 21 des bayrischen Landtagsabschieds von 1871 Bedeutung, in denen dem Mieter oder Pächter gegenüber dem Erwerber einer veräußerten Sache oder eines veräußerten Rechtes ganz oder teilweise geringere Rechte als nach dem BGB. eingeräumt waren.

Im einzelnen ist zu unterscheiden:

α) Ist der **Besitz** des vermieteten oder verpachteten Grundstücks dem Mieter oder Pächter **schon vor dem 1. Januar 1900** überlassen und wird das Grundstück nach dieser Zeit veräußert oder belastet, so hat der Mieter oder Pächter dem Erwerber der Sache oder des Rechts gegenüber die im BGB. bestimmten Rechte. Es kann also der Mieter oder Pächter von dem Erwerber die Erfüllung der dem Vermieter oder Verpächter obliegenden Verpflichtungen fordern (§ 571 Abs. 1, § 577 BGB.). Streitig ist, ob auch die §§ 573—576 BGB. anwendbar werden, welche sich auf Verfügungen, die der Vermieter oder Verpächter (§ 581 Abs. 2) vor dem Übergange des Eigentums über den Mietzins oder Pachtzins getroffen hat, sowie auf die Rechtsgeschäfte beziehen, die zwischen dem Mieter oder Pächter und dem Vermieter oder Verpächter in Ansehung der Miet- oder Pachtzinsforderung vorgenommen sind. Habicht S. 286 ff. tritt für die Ausdehnung des Art. 172 auf diese Vorschriften ein; es würden sich demnach nach dem neuen Rechte nicht nur die Rechte des Mieters oder Pächters gegenüber dem Erwerber, sondern auch diejenigen des Vermieters oder Verpächters bzw. des Erwerbers selbst bestimmen. Denn die Folgen, die das BGB. an das dingliche Rechtsgeschäft der Veräußerung oder Belastung knüpft, müßten allgemein auch ohne ausdrückliche Bestimmung bei jeder nach dem Inkrafttreten des BGB. eintretenden Veräußerung oder Belastung eintreten; die Vorschriften der §§ 571 Abs. 2, 572—576 dienten nur zur Ergänzung des Grundsatzes des § 571 Abs. 1. Wie Habicht auch Niedner Bem. 2, a zu Art. 172. Dagegen unter Berufung auf die Fassung des Art. 172 Planck Bem. 3, a, Affolter, System S. 400. Der engeren Auslegung Plancks und Affolters ist der Vorzug zu geben, und zwar deshalb, weil der Art. 172 eine sog. Ausschlußklausel enthält, also einengend auszulegen ist. Schwankend das RG.; s. RG. in JW. 1903 Beil. S. 131 f., RGZ. Bd. 53 S. 247 ff.

β) Hat der Vermieter oder Verpächter das vermietete oder verpachtete Grundstück schon vor der Überlassung des Besitzes an den Mieter oder Verpächter veräußert oder mit dem Rechte eines Dritten belastet, so gilt das zu α Gesagte nur, wenn der Erwerber dem Vermieter oder Verpächter gegenüber die Erfüllung der sich aus dem Miet- oder Pachtverhältnis ergebenden Verpflichtungen hat (§§ 578, 581 Abs. 2 BGB.).

γ) Der Art. 172 gilt nur gegenüber Veräußerungen oder Belastungen, für die das BGB. maßgebend ist, also nicht bei Enteignungen, ferner nicht für den Fall der Zwangsversteigerung. Vgl. §§ 57, 183 ZVG. und § 1 EG.ZVG. (RG. in JW. 1901 S. 238 = RGZ. Bd. 48 S. 38, DJZ. 1901 S. 307). Er gilt auch nicht für Veräußerungen durch den Konkursverwalter (Jaeger, Komm. z. KO. § 21 Anm. 26, OLG. Kolmar im „Recht" 1903 S. 265 = OLG. Bd. 6 S. 431 ff.). Vgl. jedoch die Ausführungsgesetze in Bem. 4.

4. Landesgesetze: Alle nachfolgend aufgeführten Gesetze bestimmen, daß die Vorschriften des § 57 ZVG. auch dann Anwendung finden sollen, wenn das Grundstück schon vor dem Inkrafttreten des BGB. einem Mieter oder Pächter überlassen ist; in Bremen ist außerdem bestimmt, daß der § 57 ZVG. auch Anwendung finden soll, wenn die Zwangsversteigerung nach den bisherigen Vorschriften erfolgt, ohne Unterschied, ob die Miete oder Pacht noch unter dem alten Recht entstanden ist und diesen noch unterliegt oder nicht.

Preußen Art. 7 AG.ZVG. (Becher XIV, 4 S. 100); Bayern Art. 28 AG. GBO. (Becher III, 9 S. 137); Sachsen § 8 AG.ZVG. (Becher XVII, 12 S. 150, Jäger-Apelt B, 15 S. 363); Hessen Art. 11 AG.ZVG. (Becher VII, 9 S. 169); Oldenburg § 19 AG.ZPO. (Becher XIII, 4 S. 22, 49, 74); Bremen § 4 AG. ZVG. (Becher V, 7 S. 67); Lippe § 3 AG.ZVG. (Becher IX, 4 S. 26); Lübeck § 10 AG.ZVG. (Becher X, 11 S. 95); Sachsen-Meiningen Art. 9 AG.ZVG. (Becher XX, 8 S. 76); Sachsen-Altenburg § 27 AG.ZVG. (Becher XVIII, 3 S. 46); Reuß j. L. § 30 AG.ZVG. (Becher XVI, 9 S. 92).

Bayern: ÜbergG. Art. 6 (Becher III, 8 S. 101) erstreckt die reichsgesetzlichen Vorschriften über den Einfluß des Verfahrens auf Miet- und Pachtverhältnisse, also die §§ 57, 152 Abs. 2, 183 ZVG. auch auf Zwangsversteigerungen und Zwangsverwaltungen, die vor Anlegung des Grundbuchs erfolgen, wenn das Grundstück nach den Vorschriften des BGB. vermietet oder verpachtet ist, also auch wenn es gemäß Art. 171 EG. unter die neue Rechtsordnung getreten ist. Solange dagegen ein Miet- oder Pachtverhältnis dem alten Recht unterworfen ist, bleibt es bei einem altrechtlichen Verfahren (bis zur Anlegung des Grundbuchs) auch bei den bisherigen Vorschriften über die Einwirkung des Zuschlags. Vgl. Harasser in SeuffBl. Bd. 65 S. 309 ff., 382.

5. Auf **Miet- und Pachtrechte**, die nach der alten Rechtsordnung ohne Eintragung **als (dingliche) Rechte** an einem Grundstücke bestehen (PrALR. I, 21 §§ 350 ff., Dernburg, Preuß. Privatr. I § 291 Nr. 4), findet Art. 184 und Art. 188 Abs. 2 EG. Anwendung. Sie fallen nicht unter Art. 171.

Vgl. dazu Preußen, Art. 9 AV.BGB. (Becher XIV, 9 S. 152). Sie bedürfen nicht der Eintragung in das Grundbuch.

6. Auf den Fall, daß das Grundstück von einem Nießbraucher vermietet oder verpachtet wurde, oder von einer Person, die kraft ehemännlichen Nutznießungsrechts, kraft väterlicher oder elterlicher Nutznießung dazu befugt war, ist Art. 184 EG. anwendbar. Vgl. jedoch Bayern: Art. 5 ÜbergG. (Becher III, 8 S. 101); ferner Hessen: Art. 152 AG.BGB. (Becher VIII, 3 S. 59); Elsaß-Lothringen: § 99 AG.BGB. (Becher VI, 1 S. 19). Nach diesen Ausführungsgesetzen soll der § 1056 BGB. auf einen Miet- oder Pachtvertrag, den der Nießbraucher nach dem Inkrafttreten des BGB. abgeschlossen hat, auch dann Anwendung finden, wenn der Nießbrauch schon zur Zeit des Inkrafttretens des BGB. bestanden hat.

Art. **173**.*)

Auf eine zur Zeit des Inkrafttretens des Bürgerlichen Gesetzbuchs bestehende Gemeinschaft nach Bruchteilen finden von dieser Zeit an die Vorschriften des Bürgerlichen Gesetzbuchs Anwendung.

E. II, 145; III, 173.

*) Schrifttum: Habicht (3) S. 315 ff.; Affolter, System S. 404; Lieberich, Rechtsnatur und Ablösung der neurechtlichen Münchener Kommunmauern, BayZ. 1914 S. 326 ff., 260 ff.

Gemeinschaft:

1. Entstehung und Grund der Vorschrift. Dieser Artikel wurde erst in der II. Komm. aufgestellt (P. VI, 504, 505, Reatz III, 85). Es wurde erwogen: Nach der Auffassung des Lebens dauere die einmal entstandene Gemeinschaft als einheitliches Ganzes fort. Hienach würde man dazu gelangen, auf eine zur Zeit des Inkrafttretens des BGB. bestehende Gemeinschaft nach Bruchteilen das frühere Recht anzuwenden. Das führe aber zu unangemessenen Ergebnissen im Hinblick darauf, daß nach Art. 106 (jetzt 181) auf das zur Zeit des Inkrafttretens des BGB. bestehende Miteigentum nach Bruchteilen die Vorschriften des BGB. Anwendung finden (s. auch Habicht S. 315).

Wegen Miteigentum s. auch BayObLGZ. Bd. 15 S. 415.

2. Inhalt. Art. 173 enthält eine weitere **Ausnahme von dem Grundsatze des Art. 170**, indem er eine am 1. Januar 1900 bestehende **Gemeinschaft nach Bruchteilen** sofort dem neuen Rechte unterwirft. Nur der Inhalt des Gemeinschaftsverhältnisses ist nach dem neuen Rechte zu beurteilen, nicht auch die Frage, ob vor dem 1. Januar 1900 eine Gemeinschaft entstanden ist.

Art. 173 bezieht sich auf alle Fälle, in denen ein Recht mehreren Personen zu bloß ideeller Teilung (s. Bem. I zu § 741 in Bd. II[2]) zusteht, mag diese Gemeinschaft nun auf Gesetz beruhen (communio incidens) oder auf einem Gesellschaftsvertrag (OLG. Bd. 6 S. 445, Planck Bem. 2, Habicht S. 316; and. Ans. Niedner Bem. 1, c). Er bezieht sich auch auf die unter Miterben bestehende Gemeinschaft, soweit diese nach dem bisherigen Rechte eine Gemeinschaft nach Bruchteilen ist und die besonderen erbrechtlichen Vorschriften (Art. 213 EG.) dazu Raum lassen (vgl. Planck Bem. 2, Habicht S. 316).

Er bezieht sich aber nicht auf die Gemeinschaften zur gesamten Hand (RG. in JW. 1910 = „Recht" 1910 Nr. 933, Planck Bem. 1, Habicht S. 316), ferner nicht auf solche Gemeinschaften, die einem der Landesgesetzgebung vorbehaltenen Rechtsgebiete angehören (Gemeinschaften des Fideikommiß-, Lehn-, Berg-, Jagd- und Fischereirechts; RG. in SeuffA. Bd. 80 Nr. 171 = LZ. 1926 Sp. 1340). Gemeinschaften, die auf einem bürgerlichrechtlichen Gesellschaftsvertrag beruhen, sind nach Art. 170 EG. zu beurteilen.

Die Rechtslage der Bruchteilsgemeinschaft seit dem 1. Januar 1900 ist gemäß Art. 173 folgende:

a) An Stelle der bisherigen gesetzlichen Vorschriften gelten die Vorschriften der **§§ 742—758 BGB.**, welche die Gemeinschaft als Schuldverhältnis regeln. Soweit durch die Gemeinschaft Miteigentum begründet ist (§§ 1008ff.), ist nach Art. 181 vom 1. Januar 1900 ab das neue Recht anwendbar. Nach neuem Recht bestimmt sich besonders auch die Art und Weise, wie die Gemeinschaft aufgehoben wird (§§ 752—756 BGB.); dabei findet § 756, der die Ausgleichung der Ansprüche der Teilhaber regelt, auch dann Anwendung, wenn die Forderung des Teilhabers aus der Gemeinschaft schon vor dem 1. Januar 1900 entstanden ist (Habicht S. 319).

b) Vor dem 1. Januar 1900 zwischen den Teilhabern abgeschlossene Vereinbarungen über die Verwaltung und Nutzung behalten ihre Wirksamkeit, sofern sie nach bisherigem Rechte gültig waren und nicht gegen mit rückwirkender Kraft versehene zwingende Vorschriften des neuen Rechts verstoßen. Ihre Wirkung bemißt sich nach bisherigem Recht. § 745 Abs. 3 BGB., nach dem eine wesentliche Veränderung des Gegenstandes nicht beschlossen oder verlangt werden und das Recht des einzelnen Teilhabers auf einen seinem Anteil entsprechenden Bruchteil der Nutzungen nicht ohne seine Zustimmung beeinträchtigt werden kann, ist nicht zwingend im Sinne einer Rückwirkung, findet also auf vor dem 1. Januar 1900 getroffene nach früherem Rechte gültige Mehrheitsbeschlüsse keine Anwendung (Planck Bem. 4).

Auch soweit eine frühere Vereinbarung das Verfügungsrecht der Teilhaber über ihren Anteil beschränkt und nach bisherigem Recht gegen Dritte, nicht bloß gegen Erben, sondern auch gegen Sondernachfolger wirkt, bleibt sie wirksam bestehen (Art. 168 EG., Planck Bem. 4, Affolter S. 405, Habicht S. 317).

Sofern jedoch Verfügungsbeschränkungen der Teilhaber auf Gesetz beruhten, kamen sie auf Grund des Art. 173 in Wegfall, so u. a. das Vorkaufsrecht der Teilnehmer nach dem preuß. Landrecht I, 17 § 61, sofern es nicht schon vor dem 1. Januar 1900 geltend gemacht worden ist; desgleichen das Widerspruchsrecht der Teilnehmer gegen eine Veräußerung nach dem preuß. Landrecht I, 17 § 66 (s. Bem. 2, e zu Art. 168; Habicht S. 317).

Auch Vereinbarungen, durch welche vor dem 1. Januar 1900 das Recht der Teilhaber, die Teilung zu verlangen, ausgeschlossen oder beschränkt ist, bleiben nach Maßgabe des bisherigen Rechts wirksam und wurden nicht auf Grund des § 749 Abs. 3 BGB., der solche Vereinbarungen für nichtig erklärt, beseitigt. Dagegen kommt solchen Vereinbarungen gegenüber die Vorschrift des § 749 Abs. 2 BGB. zur Geltung, wonach beim Vorliegen eines wichtigen Grundes die Aufhebung der Gemeinschaft auch dann verlangt werden kann, wenn sie ganz oder auf Zeit ausgeschlossen worden ist (Planck Bem. 4; s. auch Habicht S. 317 f.).

c) Die vor dem Inkrafttreten des BGB. über die Art, in welcher die Auseinandersetzung erfolgen soll, geschlossenen schuldrechtlichen Vereinbarungen behalten ihre Gültigkeit; die Vorschriften des BGB. §§ 752 ff. über die Auseinandersetzung finden nur soweit Anwendung, als der Vertrag ihnen nicht entgegensteht; die Verpflichtung zur Gewährleistung in betreff des einem Teile zugeteilten Gegenstandes ist nach dem Vertrage unter Berücksichtigung des bisherigen Rechtes, nicht nach § 757 BGB. zu beurteilen (Planck Bem. 6, Habicht S. 320), auch wenn die Zuteilung erst nach dem 1. Januar 1900 erfolgt ist.

d) Sämtliche Ansprüche der Teilhaber untereinander, die bereits vor dem 1. Januar 1900 entstanden sind, sind nach dem früheren Rechte zu beurteilen (Art. 170; Habicht S. 319, Affolter S. 405, Planck Bem. 4).

e) Sofern die Gemeinschaft auf einem (gemäß Art. 170 nach bisherigem Rechte zu beurteilenden) Gesellschaftsvertrage beruht, findet Art. 173 nur insoweit Anwendung, als sich aus dem bisherigen Gesellschaftsrechte keine Abweichungen ergeben. Der Art. 173 greift also nicht ein in die etwaigen vertragsmäßigen oder auch nach früherem Rechte ergänzend eintretenden Bestimmungen über die Auseinandersetzung bei Auflösung der Gesellschaft (OLG. Bd. 3 S. 343, Bd. 6 S. 445, Planck Bem. 7). S. im übrigen wegen der zeitlichen Geltung des Gesellschaftsrechts Bem. III, 9 zu Art. 170.

f) Wegen Grenzeinrichtungen s. RG. in WarnE. 1916 Nr. 169.

3. Ausführungsgesetze: Für Bayern vgl. ÜbergG. Art. 41, 43 und 113—115 (mit Mot. z. Entw. Art. 25, 26, 28 und 55) (Becher III, 8 S. 109, 110, 126). Nach Art. 41 verbleibt es bei der Zwangsversteigerung zum Zwecke der Aufhebung der Gemeinschaft an einem Grundstück bis zur Anlegung des Grundbuchs bei den bisherigen Vorschriften über die Zwangsversteigerung, soweit sich nicht aus dem § 181 Abs. 1, 2 Satz 2, § 182 Abs. 1, 2 und den §§ 183, 184 ZVG. Änderungen ergeben. In Art. 43 wird ein bisheriger Ausschluß des Rechtes auf Gemeinschaft aufrechterhalten, der sich auf ein im Miteigentum der Eigentümer anderer Grundstücke stehendes Grundstück bezieht und letzteres dauernd zu bestimmten wirtschaftlichen Zwecken dient; das Grundstück gilt vom Inkrafttreten des BGB. an als belastet mit einer Grunddienstbarkeit des Inhalts, daß es zu den bestimmten Zwecken benutzt werden darf. Die Art. 113—115 betreffen die Zwangsversteigerung eines gemeinschaftlichen Grundstücks zum Zwecke der Aufhebung der Gemeinschaft. S. hiezu Lieberich a. a. O.

Art. 174.*)

Von dem Inkrafttreten des Bürgerlichen Gesetzbuchs an gelten für die vorher ausgestellten Schuldverschreibungen auf den Inhaber die Vorschriften der §§ 798 bis 800, 802, 804 und des § 806 Satz 1 des Bürgerlichen Gesetzbuchs. Bei den auf Sicht zahlbaren unverzinslichen Schuldverschreibungen sowie bei Zins-, Renten- und Gewinnanteilscheinen bleiben jedoch für die Kraftloserklärung und die Zahlungssperre die bisherigen Gesetze maßgebend.

Die Verjährung der Ansprüche aus den vor dem Inkrafttreten des Bürgerlichen Gesetzbuchs ausgestellten Schuldverschreibungen auf den Inhaber bestimmt sich, unbeschadet der Vorschriften des § 802 des Bürgerlichen Gesetzbuchs, nach den bisherigen Gesetzen.

E. I, 105 Abs. 1 u. 3; II, 148; III, 174.

*) Schrifttum: Affolter, System S. 404—406; Habicht S. 325 ff.

Vor Inkrafttreten des BGB. ausgestellte Schuldverschreibungen auf den Inhaber:

I. **Entstehung.** Der Art. 174 hat vom Art. 105 E. I nur die Abs. 1 und 3 herübergenommen. Im übrigen entspricht von Art. 105 E. I der Abs. 2 dem nunmehrigen Art. 176, Abs. 4 dem nunmehrigen Art. 178 und Abs. 5 dem nunmehrigen Art. 218. Auch der Abs. 1 des gegenwärtigen Artikels zeigt gegenüber dem Abs. 1 des Art. 105 E. I die Abweichungen, daß

a) die Aktien auf Inhaber wegfielen, weil diese dem HGB. vorbehalten wurden und nunmehr auch in den Art. 25 und 26 EG.HGB. vom 10. Mai 1897 entsprechende Bestimmungen getroffen sind, daß weiter

b) Bestimmungen des BGB., welche den in Art. 105 vom E. I angeführten §§ 693 und 696 E. I BGB. entsprechen würden, nicht mehr angeführt sind, weil an Stelle der betreffenden Anführungen Bestimmungen der ZPO. (vgl. § 1018 Abs. 2 und § 1019) getreten sind, deren Anwendbarkeit hierher selbstverständlich ist, endlich

c) daß auch der zweite Satz von Art. 105 E. I und die Anführung der Erneuerungsscheine und der auf Namen umgeschriebenen Papiere weggelassen wurden, ohne daß durch diese Weglassungen sachlich viel geändert wurde. Der Abs. 3 des Art. 105 von Entw. I bildet zum Teile den nunmehrigen Abs. 2 des gegenwärtigen Artikels, zum Teile sind entsprechende Bestimmungen im nunmehrigen Art. 175 getroffen. (Mot. z. EG. 261 ff., P. VI, 505—509, 626 bis 628; Reatz III, 85—87, 103.)

II. Auch für das Schuldverhältnis aus den vor dem 1. Januar 1900 ausgestellten Schuldverschreibungen gilt zunächst die **Regel** des Art. 170 EG., **es bleiben die bisherigen Gesetze maßgebend** (Ausnahme s. Bem. III).

1. **Vor dem Inkrafttreten des BGB. ausgestellt** ist eine Schuldverschreibung im Sinne der Übergangsbestimmungen des EG. mit der Emission. Die Wissenschaft stritt darüber, ob zur Entstehung des Schuldverhältnisses aus einer Inhaberschuldverschreibung ein Vertrag, also außer der Emission des Papiers durch den Schuldner die Begebung desselben an einen Gläubiger erforderlich sei (Vertragstheorie) oder ob die einseitige Erklärung des Schuldners genüge (Kreationstheorie). Das BGB. hat sich für die Kreationstheorie entschieden (s. Bem. II zu § 793 in Bd. II, 3). Dieser Rechtsstandpunkt des BGB. ist auch für die Auslegung der für die Inhaberschuldverschreibungen geltenden und besonders gegebenen Übergangsbestimmungen maßgebend. Es genügt also vom Standpunkt der Übergangsvorschriften aus die Tatsache, daß die Urkunde vor dem 1. Januar 1900 ausgestellt, d. h. ausgefertigt worden ist, um sie dem alten Recht grundsätzlich zu unterstellen. And. Ans. Niedner Bem. 2, a, α zu Art. 174 unter Bezugnahme darauf, daß im alten Recht die sog. Emissions- oder Vertragstheorie geherrscht habe. Gegen Niedner und für die Auslegung des Art. 170 (Art. 174 ff.) im Sinne der Kreationstheorie spricht auch neben dem Wortlaut des Art. 174, der von vorher „ausgestellten" Schuldverschreibungen auf den Inhaber spricht, das praktische Bedürfnis der Rechtssicherheit. Denn der Zeitpunkt der Ausstellung ist allein aus dem Papier ohne weiteres erkennbar, eine Feststellung des Zeitpunktes der Begebung ist mit Schwierigkeiten verknüpft; besonders schwierig würde die Feststellung des Zeitpunktes sein, wenn die Urkunde ohne den Willen des Ausstellers in den Verkehr gelangt ist (Habicht S. 325 ff., Affolter, System S. 327). Übrigens betont Planck a. a. O. mit Recht, daß die Datierung den Gegenbeweis nicht ausschließt, daß also, wenn bewiesen wird, daß eine Schuldverschreibung, die aus der Zeit vor dem 1. Januar 1900 datiert, in Wahrheit aber erst nach dem 1. Januar 1900 ausgestellt ist, die Vorschriften des BGB. auf dieselbe anzuwenden sind.

Wenn allerdings das bisherige Recht bestimmt auf dem Standpunkte der Vertragstheorie stand und ein Begebungsvertrag vor dem 1. Januar 1900 nicht geschlossen war, so war auch noch kein Schuldverhältnis aus der Schuldverschreibung, auf welches das bisherige Recht anwendbar wäre, entstanden, ein solches konnte erst vom 1. Januar 1900 ab nach Maßgabe der Vorschriften des BGB. entstehen (s. Planck Bem. 1 zu Art. 174). In diesem Falle ist auch § 794 Abs. 1 BGB., der den Aussteller der Inhaberschuldverschreibung auch dann verpflichtet, wenn sie nach dem 1. Januar 1900 ihm gestohlen worden oder verloren gegangen oder sonst ohne seinen Willen in den Verkehr gelangt ist, anwendbar.

2. Das bisherige Recht ist für die im Sinne der Bem. 1 vor dem Inkrafttreten des BGB. ausgestellten Schuldverschreibungen maßgebend

a) für die Form der Ausstellung, also insbesondere die Form der Unterzeichnung. Nach Art. 100 EG. kann die Landesgesetzgebung auch fernerhin für Schuldverschreibungen auf den Inhaber, die der Bundesstaat oder eine ihm angehörende Körperschaft, Stiftung oder Anstalt des öffentlichen Rechts ausstellt, die Form der Ausstellung bestimmen. Vgl. Art. 100 und Bem. dazu;

b) für das Erfordernis der staatlichen Genehmigung;

c) für die Frage, wer Gläubiger der Schuldverschreibung ist; § 793 Abs. 1 Satz 2 BGB., wonach der Aussteller auch durch die Leistung an einen zur Verfügung nicht berechtigten Inhaber befreit wird, ist nicht anwendbar. Verschieden davon ist die Frage des Eigentumserwerbs am Papier; diese ist für einen seit dem 1. Januar 1900 erfolgten Erwerb nach den Vorschriften der §§ 932—936 BGB., §§ 366, 367 HGB. zu beantworten (Niedner Bem. 2, a, β, Planck Bem. 1 Abs. 2);

d) für die Zulässigkeit von Einwendungen (jetzt geregelt in § 796 BGB.);

e) für die Frage, unter welchen Voraussetzungen der Aussteller zur Leistung verpflichtet ist (s. jetzt § 797 BGB.);

f) für die Fortdauer der Verpflichtung aus Zinsscheinen beim Erlöschen der Hauptforderung (s. jetzt § 803 BGB.; s. aber auch die in Bem. VIII angeführten Übergangsbestimmungen der Länder).

Schuldverschreibungen auf den Inhaber sind auch die **Zinsscheine** (Bem. I zu § 803 in Bd. II, 3); auch für sie gelten die bisherigen Gesetze; wegen der gleichen Behandlung der vor und nach dem Inkrafttreten des BGB. ausgegebenen Zinsscheine zu vor diesem Zeitpunkt ausgestellten Papieren s. Art. 175.

3. Nach der besonderen Vorschrift des Art. 174 **Abs. 2** und abweichend von der Regel des Art. 169 (s. Bem. II zu diesem Artikel) bestimmt sich auch die **Verjährung** der vor dem 1. Januar 1900 ausgestellten Inhaberschuldverschreibungen **nach den bisherigen Gesetzen** (unten Bem. a), jedoch unbeschadet der Vorschrift des § 802 BGB. (Bem. b). Maßgebend für diese Regelung war, daß die Vorschriften über die Verjährung der Ansprüche aus Inhaberpapieren vielfach in engem Zusammenhange mit der Organisation und Verwaltung der Emissionsinstitute sowie mit den für den Kredit der Papiere maßgebenden Bestimmungen stehen (Mot. S. 263).

Ob in den Papieren selbst auf die Verjährungsvorschriften verwiesen wird, ist für die Anwendung der bisherigen Gesetze unerheblich.

a) Die Anwendung aller in Art. 169 für die Verjährung gegebenen besonderen Vorschriften ist ausgeschlossen. Nach dem bisherigen Recht entscheidet sich

α) ob der Anspruch aus der Inhaberschuldverschreibung durch Verjährung oder durch Ablauf einer Ausschlußfrist erlischt; § 801 BGB., der eine Vorlegungsfrist bestimmt, ist in Art. 174 Abs. 1 nicht für anwendbar erklärt;

β) Beginn, Hemmung, Unterbrechung und Vollendung der Fristen;

γ) auch die Wirkungen der Verjährung; die Vorschrift des § 222 BGB. ist nicht anwendbar (ebenso Planck Bem. 2, c; and. Ans. ohne stichhaltige Begründung Habicht S. 329, Niedner Bem. 3, d).

b) Eine **Ausnahme** von dem in Abs. 2 aufgestellten Grundsatze, daß sich die Verjährung nach den bisherigen Gesetzen bestimmt, macht aber Art. 174 zugunsten des **§ 802 BGB.** über die Wirkung der Zahlungssperre. Die Rückwirkung dieser Vorschrift ist schon in Abs. 1 angeordnet und in Abs. 2 ist seine Anwendung nochmal ausdrücklich vorbehalten. § 802 bestimmt: „Der Beginn und der Lauf der Vorlegungsfrist, sowie der Verjährung werden durch die Zahlungssperre zugunsten des Antragstellers gehemmt. Die Hemmung beginnt mit der Stellung des Antrags auf Zahlungssperre; sie endigt mit der Erledigung des Aufgebotsverfahrens und, falls die Zahlungssperre vor der Einleitung des Verfahrens verfügt worden ist, auch dann, wenn seit der Beseitigung des der Einleitung entgegenstehenden Hindernisses sechs Monate verstrichen sind und nicht vorher die Einleitung beantragt worden ist. Auf diese Frist finden die Vorschriften der §§ 203, 206, 207 entsprechende Anwendung."

Damit wird auch für die Schuldverschreibungen des alten Rechts der Zahlungssperre (s. §§ 1020—1022 ZPO.) die Wirkung beigelegt, daß sie die nach dem früheren Gesetz zulässige Verjährung oder die Vorlegungsfrist desselben hemmt.

III. Von der sich aus Art. 170 ergebenden Regel (Bem. II) macht Art. 174 **Abs. 1 Satz 1 eine Ausnahme: Von dem Inkrafttreten des BGB. ab gelten** auch für die vorher ausgestellten Inhaberschuldverschreibungen **die §§ 798—800, 802, 804 und**

806 Satz 1 BGB. Diesen Vorschriften des BGB. ist also rückwirkende Kraft auf zuvor entstandene Schuldverhältnisse beigelegt. Von dieser Ausnahme macht wieder eine Ausnahme der Satz 2 des Abs. 1 (s. unten Bem. IV).

Im einzelnen gilt noch folgendes:

1. Ersatz beschädigter oder verunstalteter Schuldverschreibungen.

§ 798: „Ist eine Schuldverschreibung auf den Inhaber infolge einer Beschädigung oder einer Verunstaltung zum Umlaufe nicht mehr geeignet, so kann der Inhaber, sofern ihr wesentlicher Inhalt und ihre Unterscheidungsmerkmale noch mit Sicherheit erkennbar sind, von dem Aussteller die Erteilung einer neuen Schuldverschreibung auf den Inhaber gegen Aushändigung der beschädigten oder verunstalteten verlangen. Die Kosten hat er zu tragen und vorzuschießen."

Es ist gleichgültig, ob die Beschädigung vor oder nach dem 1. Januar 1900 eingetreten ist. Die Vorschrift findet auch Anwendung, wenn der Aussteller in dem Papiere eine solche Verpflichtung abgelehnt hat. Sie gilt für Haupt- und Nebenurkunden (Zins-, Renten-, Gewinnanteilscheine).

2. Kraftloserklärung vernichteter oder abhanden gekommener Schuldverschreibungen.

§ 799: „Eine abhanden gekommene oder vernichtete Schuldverschreibung auf den Inhaber kann, wenn nicht in der Urkunde das Gegenteil bestimmt ist, im Wege des Aufgebotsverfahrens für kraftlos erklärt werden. Ausgenommen sind Zins-, Renten- und Gewinnanteilscheine, sowie die auf Sicht zahlbaren unverzinslichen Schuldverschreibungen.

Der Aussteller ist verpflichtet, dem bisherigen Inhaber auf Verlangen die zur Erwirkung des Aufgebots oder der Zahlungssperre erforderliche Auskunft zu erteilen und die erforderlichen Zeugnisse auszustellen. Die Kosten der Zeugnisse hat der bisherige Inhaber zu tragen und vorzuschießen."

§ 800: „Ist eine Schuldverschreibung auf den Inhaber für kraftlos erklärt, so kann derjenige, welcher das Ausschlußurteil erwirkt hat, von dem Aussteller, unbeschadet der Befugnis, den Anspruch aus der Urkunde geltend zu machen, die Erteilung einer neuen Schuldverschreibung auf den Inhaber an Stelle der für kraftlos erklärten verlangen. Die Kosten hat er zu tragen und vorzuschießen."

a) Die Kraftloserklärung im Aufgebotsverfahren ist ausgeschlossen, wenn dies in der Urkunde selbst — ausdrücklich oder durch Verweisung auf eine entsprechende gesetzliche Vorschrift (in letzterer Hinsicht and. Ans. Niedner Bem. 4, d) — bestimmt ist. Ein in einem früheren Gesetz oder in einer Satzung enthaltenes Verbot der Kraftloserklärung hat keine Wirksamkeit mehr.

b) Ist die Schuldverschreibung vor dem 1. Januar 1900 vernichtet oder abhanden gekommen und knüpfte das frühere Gesetz an diesen Verlust des Papiers den Verlust des Anspruchs aus diesem, so ist für die Anwendung des § 799 kein Raum mehr; denn es kann nicht ein nach altem Recht bereits endgültig erloschener Anspruch durch das BGB. wieder hergestellt werden. Ist aber nach altem Recht trotz des Verlustes des Papiers der Anspruch nicht erloschen, so steht der Anwendung des § 799 nichts im Wege (mit dieser Unterscheidung zutreffend Niedner Bem. 4, c; zu allgemein Habicht S. 327; and. Ans. unter Verweisung auf den keine Ausscheidung enthaltenden Wortlaut des Art. 174 Planck Bem. 2, b und ihm folgend die früheren Aufl. dieses Komm.).

c) Das Verfahren findet immer nach den Vorschriften der §§ 1003 ff. ZPO. statt.

3. Hinsichtlich der Vorschrift des § 802 s. oben Bem. II, 3, b.

4. Anspruch aus abhanden gekommenen Zins-, Renten- oder Gewinnanteilscheinen.

§ 804: „Ist ein Zins-, Renten- oder Gewinnanteilschein abhanden gekommen oder vernichtet und hat der bisherige Inhaber den Verlust dem Aussteller vor dem Ablaufe der Vorlegungsfrist angezeigt, so kann der bisherige Inhaber nach dem Ablaufe der Frist die Leistung von dem Aussteller verlangen. Der Anspruch ist ausgeschlossen, wenn der abhanden gekommene Schein dem Aussteller zur Einlösung vorgelegt oder der Anspruch aus dem Scheine gerichtlich geltend gemacht worden ist, es sei denn, daß die Vorlegung oder die gerichtliche Geltendmachung nach dem Ablaufe der Frist erfolgt ist. Der Anspruch verjährt in vier Jahren.

In dem Zins-, Renten- oder Gewinnanteilscheine kann der in Abs. 1 bestimmte Anspruch ausgeschlossen werden."

a) Ob die Anführung des § 804 in Art. 174 nicht auf einem Versehen beruht und ob nicht vielmehr § 805 für anwendbar erklärt werden sollte, ist allerdings zweifelhaft, da in E. II nicht der dem jetzigen § 804 entsprechende § 789, sondern der dem jetzigen § 805 entsprechende § 790 angeführt war und auch in dem dem Art. 174 EG. entsprechenden § 21 der RSchuldenO. vom 19. März 1900 (RGBl. S. 129 ff., jetzt aufgehoben durch § 40 Abs. 2 der RSchuldenO. vom 13. Febr. 1924, RGBl. I S. 95 ff.) nicht § 804, sondern § 805 BGB. angeführt ist. Dieser Zweifel berechtigt aber nicht, die einmal in Art. 174 angeführte Vorschrift des § 804 durch die des § 805 zu ersetzen (ebenso Planck Bem. 3, d). Übrigens sprechen einzelne Ausführungsgesetze die Anwendbarkeit des § 804 auf die Zinsscheine usw., die zu den vor dem 1. Januar 1900 ausgestellten Inhaberpapieren ausgegeben sind, ausdrücklich aus, so insbes. für Württemberg Art. 185 AG.BGB., für Hessen Art. 136 AG.BGB., für Thüringen § 51 AV.BGB. vom 16. Mai 1923 (GS. S. 291).

b) § 804 setzt voraus, daß das frühere Gesetz eine Vorlegungsfrist kennt, sonst ist er nicht anwendbar (Planck Bem. 3, d Abs. 2; and. Ans. Habicht S. 338, der den § 804 auch auf eine nach altem Recht bestehende Verjährungsfrist anwenden will).

c) Er gilt ohne Rücksicht darauf, ob die Scheine nach bisherigem Recht für kraftlos erklärt werden konnten (Habicht S. 337, Niedner Bem. 4, a, α).

d) Aus Art. 175 ergibt sich, daß § 804 auch für die nach dem 1. Januar 1900 zu einem vor diesem Zeitpunkt ausgestellten Papier ausgegebenen Scheine gilt.

e) Für Zinsscheine usw. von Inhaberschuldverschreibungen eines deutschen Landes oder einer ihm angehörenden Körperschaft, Stiftung oder Anstalt des öffentlichen Rechts s. den Vorbehalt des Art. 100 Nr. 2.

5. Umschreibung eines Inhaberpapieres auf Namen.

§ 806 Satz 1: „Die Umschreibung einer auf den Inhaber lautenden Schuldverschreibung auf den Namen eines bestimmten Berechtigten kann nur durch den Aussteller erfolgen."

Künftig kann hienach auch die Umschreibung von vor dem 1. Januar 1900 ausgestellten Inhaberschuldverschreibungen nur mehr durch den Aussteller erfolgen. Die Außerkurssetzung durch eine Behörde oder den Beauftragten selbst ist künftig durch Art. 176 ausgeschlossen.

Ob eine Verpflichtung des Ausstellers zur Umschreibung besteht, bestimmt sich nach den bisherigen Gesetzen; § 806 Satz 2 BGB., der eine solche Verpflichtung für den Aussteller neurechtlicher Schuldverschreibungen ausschließt, findet keine Anwendung. S. aber Art. 101.

IV. Abweichend von der in Satz 1 des Abs. 1 gegebenen Vorschrift bestimmt **Satz 2** daselbst, daß die Vorschriften des BGB. über die Kraftloserklärung keine Anwendung finden, sondern für die Kraftloserklärung und die Zahlungssperre die bisherigen Gesetze maßgebend bleiben

a) bei den auf Sicht zahlbaren unverzinslichen Schuldverschreibungen,

b) bei Zins-, Renten- und Gewinnanteilscheinen.

Damit ist insbesondere die Anwendung der Vorschrift des § 799 Abs. 1 Satz 2 BGB. ausgeschlossen, der die Kraftloserklärung dieser Papiere ausschließt (s. Bem. 4 zu § 799 in Bd. II). Sofern frühere Gesetze die Kraftloserklärung dieser Papiere kannten, hat es dabei sein Bewenden, für die unter b bezeichneten Scheine ohne Unterschied, ob sie vor oder nach dem 1. Januar 1900 ausgegeben sind (s. auch Art. 175). Auch § 802 BGB. ist nicht anwendbar.

Mehrere Länder haben auf Grund der Ermächtigung des Art. 218 das Aufgebotverfahren für die zu b genannten Scheine beseitigt und so die Übereinstimmung mit dem Reichsrecht hergestellt, so insbesondere Württemberg in Art. 185 AG.BGB., Hessen in Art. 136 AG.BGB., Oldenburg in § 4 AG.BGB., für Birkenfeld § 6 AG.BGB. und die thüringischen Staaten, jetzt Thüringen in § 51 AV.BGB. vom 16. Mai 1923 (GS. S. 291).

V. Erneuerungsscheine (Talons, Zins-, Dividendenleisten) sind nach der überwiegenden Auffassung im heutigen Verkehr nicht selbständige Schuldverschreibungen, sondern (unvollkommene) Legitimationspapiere für den Empfang neuer Zins- und Dividendenscheine (Bem. IV, b zu § 803 in Bd. II, 3). § 805 BGB., nach dessen Vorschrift neue Zins- und Rentenscheine an den Inhaber des Erneuerungsscheines nicht ausgegeben werden dürfen, wenn der Inhaber der Schuldverschreibung der Ausgabe widersprochen hat, sondern dem Inhaber der Schuldverschreibung bei deren Vorlage auszuhändigen sind, ist in Art. 174 nicht für anwendbar erklärt (s. oben Bem. III, 4, a). Es sind deshalb für das Rechtsverhältnis an den Erneuerungsscheinen der vor dem 1. Januar 1900 ausgestellten Schuldverschreibungen nach der Regel des Art. 170 die bisherigen Gesetze maßgebend (Bem. II). Soferne dem Erneuerungsschein nach einem bisherigen Landesgesetze die Eigenschaft einer selbständigen Schuldverschreibung zukommt, unterliegt er also für sich allein der Kraftloserklärung und der Zahlungssperre.

Mehrere Länder haben in ihren Ausführungsgesetzen die Anwendung des § 805 BGB. auf Erneuerungsscheine angeordnet und das bisherige Aufgebotsverfahren für dieselben beseitigt, so insbes. Württemberg in Art. 186 AG.BGB., Oldenburg in § 4 AG.BGB., für Birkenfeld in § 6 AG.BGB. und die thüringischen Staaten, jetzt Thüringen in § 51 AV.BGB. vom 16. Mai 1923 (GS. S. 291).

VI. Für **Aktien auf Inhaber** gilt der Art. 174 nicht. Nach Art. 25 EG.HGB. finden die Vorschriften des § 228 HGB. über die Kraftloserklärung abhanden gekommener oder vernichteter Aktien auch Anwendung, wenn die Aktien vor dem Inkrafttreten des HGB. abhanden gekommen oder vernichtet worden sind. Nach Art. 26 EG.HGB. verliert die vor dem Inkrafttreten des HGB. erfolgte Außerkurssetzung einer auf den Inhaber lautenden Aktie mit dem Inkrafttreten des HGB. ihre Wirkung.

VII. **Die in § 807 BGB. bezeichneten Karten, Marken und ähnlichen Urkunden** sind keine Schuldverschreibungen auf den Inhaber (s. Bem. I zu § 807 in Bd. II, 3), auch auf sie findet Art. 174 keine Anwendung. Soweit solche Urkunden noch aus der Zeit vor dem 1. Januar 1900 in Umlauf sein können, ist das Rechtsverhältnis daran nach den früheren Gesetzen zu beurteilen.

VIII. **Landesgesetze:** Preußen Art. 18 §§ 9, 10 AG.BGB. (Becher XIV, 1 S. 11); Bayern Art. 8 ÜbergG. (Becher III, 8 S. 101); Württemberg Art. 183 bis 186 AG.BGB.; Baden § 12 AG.ZPO. (Becher II, 11 S. 53); Thüringen §§ 50 ff. AV.BGB. vom 16. Mai 1923 (GS. S. 291); [früher Sachsen-Weimar § 55 AG.BGB. (Becher XXI, 3 S. 13); Sachsen-Meiningen Art. 10 AG.BGB. (Becher XX, 1 S. 5); Sachsen-Coburg-Gotha Art. 15 AG.BGB. (Becher XIX, 8 S. 51); Sachsen-Altenburg § 33 AG.BGB. (Becher XVIII, 1 S. 7); Reuß ältere Linie § 51 AG.BGB. (Becher XV, 1 S. 9); Reuß jüngere Linie (Becher XVI, 1 S. 9); Schwarzburg-Sondershausen Art. 17 AG.BGB. (Becher XXIV, 1 S. 7)]; Hessen Art. 136, 137 AG.BGB. (Becher VIII, 3 S. 56); Oldenburg § 4 AG.BGB. (Becher XIII, 3 S. 8), für Landesteil Birkenfeld § 6 AG.BGB. (Becher XIII, 7 S. 33), für Landesteil Lübeck § 4 AG.BGB. (Becher XIII, 11 S. 62).

IX. Wegen der Schuldverschreibungen auf Inhaber, die ein deutsches Land oder eine ihm gehörende Körperschaft, Stiftung oder Anstalt des öffentlichen Rechts ausstellt, s. Art. 100, 101 EG.

Art. 175.

Für Zins-, Renten- und Gewinnanteilscheine, die nach dem Inkrafttreten des Bürgerlichen Gesetzbuchs für ein vor dieser Zeit ausgestelltes Inhaberpapier ausgegeben werden, sind die Gesetze maßgebend, welche für die vor dem Inkrafttreten des Bürgerlichen Gesetzbuchs ausgegebenen Scheine gleicher Art gelten.

E. (I, 105 Abs. 3); II, 147; III, 175.

Nach dem 1. Januar 1900 ausgegebene Zins-, Renten- und Gewinnanteilscheine.

1. **Entstehung.** Der Art. 175 hat einen Teil des Inhalts des Abs. 3 von Art. 105 des I. Entw. in sich aufgenommen und seine dermalige Fassung in der II. Komm. gefunden (Mot. z. EG. 263, P. VI, 505—509, 626—628, Reatz III, 86).

2. **Inhalt:** Art. 175 bezieht sich auf Zins-, Renten- und Gewinnanteilscheine eines vor dem Inkrafttreten des BGB. ausgestellten Inhaberpapiers, die erst nach diesem Zeitpunkt ausgegeben sind. Er bezweckt, daß die nach dem Inkrafttreten des BGB. ausgegebenen Scheine rechtlich ebenso behandelt werden, dem gleichen Rechte unterworfen werden wie die vor diesem Zeitpunkt ausgegebenen. Es finden also auch auf diese Scheine die Vorschriften des Art. 174 Anwendung.

a) Getroffen werden die Zinsscheine usw. derjenigen Papiere, auf die die Vorschriften der bisherigen Gesetze und Art. 174 Anwendung findet; s. hierüber Bem. II, 1 zu Art. 174.

b) Wegen des Begriffes „Inhaberpapier" s. Vorbem. III, 1 vor § 793 in Bd. II, 3; er ist weiter als der der Schuldverschreibungen auf den Inhaber und umfaßt auch Aktien auf Inhaber, bezüglich deren wenigstens Gewinnanteilscheine in Betracht kommen (Planck Bem. 2, Habicht S. 336).

c) Daß zu dem gleichen Inhaberpapier Zinsscheine usw. schon vor dem 1. Januar 1900 ausgegeben waren, ist nicht Voraussetzung für die Anwendung des Art. 175 (Habicht a. a. O.).

d) Anwendung finden namentlich auch die Vorschriften der bisherigen Gesetze über die Verjährung und die Vorlegungsfristen (Art. 174 Abs. 2, Bem. II, 3 zu Art. 174). Wegen der Anwendung des § 804 BGB. s. Bem. III, 4 und wegen der Kraftloserklärung Bem. IV zu Art. 174.

3. Auf Erneuerungsscheine bezieht sich Art. 175 nicht; s. wegen derselben Bem. V zu Art. 174.

4. Auch auf die auf Inhaber lautenden Zins-, Renten- und Gewinnanteilscheine, die zu einem vor dem 1. Januar 1900 ausgestellten Namenspapier nach diesem Zeitpunkt ausgegeben werden, bezieht sich Art. 175 nicht. Trotzdem wird nach dem der Vorschrift des Art. 175 zugrunde liegenden Gedanken auch auf solche Scheine das nämliche Recht anzuwenden sein wie auf die Hauptschuldurkunde, also das bisherige Recht (Habicht S. 336 Note 3, Planck Bem. 3).

Art. **176.***)

Die Außerkurssetzung von Schuldverschreibungen auf den Inhaber findet nach dem Inkrafttreten des Bürgerlichen Gesetzbuchs nicht mehr statt. Eine vorher erfolgte Außerkurssetzung verliert mit dem Inkrafttreten des Bürgerlichen Gesetzbuchs ihre Wirkung.

E. I, 105 Abs. 2; II, 148; III, 176.

Außerkurssetzung:

1. Entstehung und Grund der Vorschrift: Der Art. 176 entspricht dem Abs. 2 von Art. 105 E. I, gibt aber nur dessen ersten Satz wörtlich wieder. Der zweite Satz ist von der II. Komm. an die Stelle des Vorschlags gesetzt worden, daß für die Wirkungen einer vor dem Inkrafttreten des BGB. erfolgten Außerkurssetzung und die Wiederinkurssetzung die bisherigen Gesetze maßgebend bleiben sollen (Mot. z. EG. 263, II, 714, P. VI, 505—509, 626—628, Reatz III, 86).

Der Hauptgrund für die Bestimmung in Satz 2, durch welche der Vorschrift des Satz 1 rückwirkende Kraft verliehen ist, war (nach den P. VI, 505 ff., 626 ff.), daß in der Mehrzahl der Fälle den Außerkurssetzungsvermerken das Datum fehlt, daß deshalb schwer zu ermitteln ist, ob die Außerkurssetzung vor oder nach dem Inkrafttreten des BGB. erfolgte, daß ferner zwischen Verkündigung und Inkrafttreten des BGB. ein längerer Zeitraum liege und die von der Maßnahme Betroffenen hinreichend Zeit haben, sich durch entsprechende Maßregeln vor Schaden zu schützen, daß weiter schwer zu entscheiden sei, was zu einer gültigen Außerkurssetzung gehöre, und daß endlich schwer zu entscheiden sei, ob das Institut nur auf inländische oder auch auf ausländische Schuldverschreibungen Anwendung finden soll.

2. Inhalt. Art. 176 schafft in Satz 1 das Institut der Außerkurssetzung von Inhaberschuldverschreibungen für die Zukunft ausdrücklich ab, also auch für die vor dem 1. Januar 1900 ausgegebenen, und verleiht dieser Vorschrift in gewissem Sinne und Umfange rückwirkende Kraft.

a) Art. 176 bezieht sich nur auf die Schuldverschreibungen auf den Inhaber (s. über den Begriff § 793 BGB. und Bem. I hiezu in Bd. II, 3), nicht auf die qualifizierten Legitimationspapiere des § 808 BGB. (s. Bem. II hiezu in Bd. II, 3, Habicht S. 348), also namentlich nicht auf Sparkassen-

---

*) Schrifttum: Habicht S. 331 f.; Mosler, Die Außerkurssetzung von Wertpapieren durch den Reichsinvalidenfonds, HoldheimsMSchr. Bd. 12 S. 193—195; Keller, DJZ. 1899 S. 109 f.; Nußbaum, daselbst S. 414 (Verhältnis des Art. 176 zum Preuß. AG.BGB., Art. 75 § 2).

bücher (Keller a. a. O., s. Bem. 1, d Abs. 3 zu § 1807 in Bd. IV S. 1450), deren Außerkurssetzung nur als Verfügungsbeschränkung nach Art. 168 EG. zu beurteilen ist; vgl. Keller a. a. O.

Wegen der Inhaber-Aktien s. Art. 26 EG.BGB. und unten Bem. c.

b) Die **Außerkurssetzung** von Inhaberpapieren war in Preußen (Ges. vom 16. Juni 1853), Sachsen, Braunschweig, Oldenburg, Sachsen-Weimar, Sachsen-Coburg-Gotha, Anhalt, Schwarzburg-Sondershausen, Sachsen-Altenburg, Waldeck, Reuß ä. L., Lippe-Detmold und Bremen gesetzlich geregelt und zwar meistens in der Weise, daß das Inhaberpapier durch einen Vermerk auf demselben dem Verkehr entzogen wurde; zur Anbringung des Vermerks war teils der Inhaber des Papiers selbst, teils auf seinen Antrag eine Behörde oder ein Organ des Ausstellers befugt.

Nach § 806 Satz 1 BGB. können Inhaber-Schuldverschreibungen auf den Namen eines bestimmten Berechtigten umgeschrieben werden, jedoch nur durch den Aussteller. Diese Vorschrift findet nach Art. 174 Abs. 1 Satz 1 EG. auch auf die vor Inkrafttreten des BGB. ausgestellten Schuldverschreibungen Anwendung. Daraus ergibt sich: Außerkurssetzungen im Sinne des Art. 176 sind Vermerke, durch welche der Schuldverschreibung ihre Eigenschaft als Inhaberpapier entzogen oder beschränkt wird, mit Ausnahme derjenigen Vermerke, welche vom Aussteller herrühren und eine bestimmte Person als Berechtigten bezeichnen. Es kommen also nur solche Außerkurssetzungen in Betracht, die entweder von einer Behörde oder dem Inhaber selbst verfügt sind oder die Verkehrsentziehung ohne Nennung der Person, zu deren Gunsten sie erfolgt, aussprechen.

c) Eine Außerkurssetzung der unter a bezeichneten Schuldverschreibungen findet künftig nicht mehr statt, auch nicht hinsichtlich der vor dem 1. Januar 1900 ausgestellten Inhaberschuldverschreibungen, hinsichtlich deren sie bisher zugelassen war.

Für Inhaber-Aktien bestimmt Art. 26 EG.BGB., entsprechend dem Satz 2 des Art. 176 EG. (s. folgende Bem. d), daß eine vor dem Inkrafttreten des BGB. erfolgte Außerkurssetzung mit dem Inkrafttreten des HGB. ihre Wirkung verliert; eine dem Satz 1 des Art. 176 EG. entsprechende Bestimmung fehlt dort. Trotzdem ist aus Art. 26 EG.BGB. zu folgern, daß auch eine Außerkurssetzung von Inhaber-Aktien nicht mehr zulässig ist (Habicht S. 334 unter 2 a. E.).

d) Durch die Bestimmung des Art. 176 **Satz 2** ist auch einer vor dem 1. Januar erfolgten Außerkurssetzung (i. S. von b) von diesem Zeitpunkt ab die rechtliche Wirkung entzogen. Das gesperrte Papier ist also mit dem 1. Januar 1900 ohne weiteres und ohne daß es eines bezüglichen Vermerkes auf demselben bedurfte (über die Zulässigkeit eines solchen Vermerkes über die Wiederinkurssetzung, dem aber nur Deklarativ-Bedeutung zukommt, s. Habicht S. 331 Note 2, Planck Bem. 2 Abs. 2) wieder Inhaberpapier geworden und als solches im Rechtsverkehr zu behandeln (vgl. RG. in JW. 1906 S. 506). Es finden also auf eine Verfügung, die ein Nichtberechtigter nach dem 31. Dez. 1899 vornimmt, auch wenn er das Papier schon vor dem 1. Januar 1900 erworben hatte, die Vorschriften des BGB. (s. §§ 932, 935, 1032, 1207, 1293) über den Rechtserwerb von einem Nichtberechtigten Anwendung.

Dagegen bleiben Rechtswirkungen, die auf Grund einer Außerkurssetzung schon vor dem 1. Januar 1900 eingetreten waren, unberührt. Die rechtlichen Wirkungen einer vor dem 1. Januar 1900 von einem Nichtberechtigten vorgenommenen Verfügung beurteilen sich also nach dem bisherigen Recht (Habicht S. 332, Planck Bem. 2).

Vermerke, die vom Aussteller herrührten und eine bestimmte Person als den künftig berechtigten Inhaber des Papiers bezeichneten, blieben (im Hinblick auf § 806 Satz 1 BGB. und Art. 174 Abs. 1 Satz 1 EG.) rechtswirksam, auch wenn sie als Außerkurssetzung bezeichnet waren oder nach den bisherigen Gesetzen galten.

3. **Landesgesetze:** Vermerke über Aufhebung der Außerkraftsetzung haben zugelassen Sachsen in AB.BGB. § 12 (Becher XVII, 2 S. 13), Mecklenburg-Schwerin in AB.FGG. § 26 (Becher XI, 6 S. 124) und Mecklenburg-Strelitz in AB.FGG. § 8) (Becher XII, 6 S. 111).

Siehe auch Preußen AG.BGB. Art. 75 § 2 (Becher XIV, 1 S. 39) über die Wirkung der vor dem 1. Januar 1900 erfolgten Außerkraftsetzung von Sparkassebüchern und hiezu Nußbaum in DJZ. 1899 S. 414 und gegen Habicht S. 349 Note 1.

4. Wegen der Außerkurssetzung von Wertpapieren durch den Reichsinvalidenfond s. HoldheimsMSchr. Bd. 12 S. 193 ff.

Art. 177.

Von dem Inkrafttreten des Bürgerlichen Gesetzbuchs an gelten für vorher ausgegebene Urkunden der im § 808 des Bürgerlichen Gesetzbuchs bezeichneten Art, sofern der Schuldner nur gegen Aushändigung der Urkunde zur Leistung verpflichtet ist, die Vorschriften des § 808 Abs. 2 Satz 2, 3 des Bürgerlichen Gesetzbuchs und des Artikel 102 Abs. 2 dieses Gesetzes.

E. II, 149; III, 177.

Kraftloserklärung sog. qualifizierter Legitimationspapiere:

1. Entstehung. Dieser Artikel ist erst in der II. Komm. aufgestellt worden, um für die Urkundenamortisation soweit wie möglich einheitliches Recht zu schaffen (P. VI, 515, 516, 627, 628, Reatz III, 86).

2. Inhalt. Art. 177 verleiht den Vorschriften in § 808 Abs. 2 Satz 2 und 3 BGB. rückwirkende Kraft für die vor dem 1. Januar 1900 ausgegebenen (nicht Ausstellung, sondern Ausgabe entscheidet) **qualifizierten Legitimationspapiere** (hinkende Inhaberpapiere), sofern sie den Vorschriften sowohl des Abs. 1 als des Abs. 2 Satz 1 des § 808 BGB. entsprechen. Es muß also

die Urkunde, in welcher der Gläubiger benannt ist, mit der Bestimmung ausgegeben sein, daß die in der Urkunde versprochene Leistung an jeden Inhaber bewirkt werden kann (§ 808 Abs. 1; s. Bem. I und II zu § 808), und außerdem

der Schuldner zur Leistung nur gegen Aushändigung der Urkunde verpflichtet sein (§ 808 Abs. 2 Satz 1).

Für Urkunden dieser Art, die nach dem 31. Dez. 1899 ausgegeben sind, gilt § 808 BGB. auch, wenn sie früher ausgestellt sind. Für Urkunden, die vor dem Inkrafttreten des BGB. ausgegeben sind, bleiben nach Art. 170 EG. grundsätzlich die bisherigen Gesetze maßgebend. Eine Ausnahme schafft aber Art. 177 in doppelter Richtung:

a) Wenn die Urkunde abhanden gekommen oder vernichtet ist, sei es vor oder nach dem Inkrafttreten des BGB., kann sie im Wege des Aufgebotsverfahrens für kraftlos erklärt werden (§ 808 Abs. 2 Satz 2 BGB.); für das Verfahren gelten die Vorschriften der §§ 1003 ff., 1023 ZPO. Unberührt bleiben aber die landesgesetzlichen Vorschriften, welche für die Kraftloserklärung ein anderes Verfahren als das Aufgebotsverfahren bestimmen (Art. 102 Abs. 2 EG.; s. die Bem. zu Art. 102).

b) Für die Verjährung des Anspruchs aus der Urkunde gilt grundsätzlich die Vorschrift des Art. 169 EG.; sie bestimmt sich für die Zeit vor dem Inkrafttreten des BGB. nach den bisherigen Gesetzen, für die spätere Zeit nach den Vorschriften des BGB. Zu den allgemeinen Hemmungsgründen für die Verjährung trat vom Inkrafttreten des BGB. die Hemmung durch Zahlungssperre nach den näheren Vorschriften des § 802 BGB. (§ 808 Abs. 2 Satz 3 BGB.).

3. Über die Außerkurssetzung der qualifizierten Legitimationspapiere enthält das EG. keine Vorschrift, insbesondere gilt Art. 176 EG. nicht (Bem. 2, a zu Art. 176). S. hiezu, namentlich wegen der Sparkassenbücher Habicht S. 348 f., Planck Bem. 2, 3; für Preußen s. AG.BGB. Art. 75 § 2 (vgl. Bem. 3 zu Art. 176).

4. Landesgesetze: Bayern AG.BGB. Art. 111 ff., 121 (Becher II, 7 S. 51) und AG.ZPO. und KO. Art. 69 a, b in der Fass. des Art. 166 Nr. 14 AG.BGB. (Becher II, 7 S. 81); Württemberg AG.BGB. Art. 188, 189 (Becher XXVI, 1 S. 38); Hessen AG.BGB. Art. 71 (Becher VIII, 3 S. 42).

Art. 178.

Ein zur Zeit des Inkrafttretens des Bürgerlichen Gesetzbuchs anhängiges Verfahren, das die Kraftloserklärung einer Schuldverschreibung auf den Inhaber oder einer Urkunde der im § 808 des Bürgerlichen Gesetzbuchs bezeichneten Art oder die Zahlungssperre für ein solches Papier zum Gegenstande hat, ist nach den bisherigen Gesetzen zu erledigen. Nach diesen Gesetzen bestimmen sich auch die Wirkungen des Verfahrens und der Entscheidung.

E. I, 105 Abs. 4; II, 150; III, 178.

Anhängiges Verfahren zwecks Kraftloserklärung einer Schuldverschreibung auf den Inhaber oder einer Urkunde der in § 808 BGB. bezeichneten Art.

1. Entstehung. Der Art. 178 erhielt seine nunmehrige Fassung in der II. Komm. Vom entsprechenden Abs. 4 des Art. 105 E. I, welcher nur die Inhaberpapiere betraf, unterscheidet er sich jedoch nur dadurch, daß die Vorschriften desselben auch auf die qualifizierten Legitimationspapiere erstreckt wurden (Mot. z. EG. 263 ff., P. VI, 505 bis 509, 627, 628, Reatz III, 86).

2. Inhalt. Der Artikel besagt, daß in Ansehung eines Inhaberpapiers (Art. 174 bis 176) oder eines qualifizierten Legitimationspapiers (Art. 177)

a) ein **Amortisationsverfahren** oder

b) ein eine **Zahlungssperre** betreffendes Verfahren, welches am 1. Januar 1900 anhängig ist, nach den bisherigen Gesetzen (die gemäß Art. 218 auch landesgesetzlich geändert werden können) zu erledigen ist, und daß

c) die Wirkungen des Verfahrens und

d) die Wirkungen der Entscheidung ebenfalls nach den bisherigen Rechten zu beurteilen sind.

Nach den bisherigen Gesetzen ist auch die Frage zu entscheiden, ob ein Amortisationsverfahren (welches auch ein nichtsgerichtliches sein kann) oder ein auf Zahlungssperre gerichtetes Verfahren anhängig ist. Muß diese Frage verneint werden, so werden die Bestimmungen der Art. 174 und bzw. 177 dieses Gesetzes und damit nach dem Grundsatze, daß neue Verfahrensvorschriften sofort Platz greifen (Mot. z. EG. 263), auch die einschlägigen Bestimmungen der ZPO. (§§ 1019—1023) Anwendung finden.

3. Artikel 178 bezieht sich nicht auf die in § 807 des BGB. bezeichneten Urkunden; bezüglich dieser bleiben nach Art. 102 Abs. 1 die bisherigen Gesetze auch für das Aufgebotsverfahren und die Zahlungssperre in Kraft.

Landesgesetze: Vgl. für Bayern Art. 7 ÜbergG. (Becher III, 8 S. 101); [Sachsen-Weimar AG.ZPO. § 13 (Becher XXI, 4 S. 54; Reuß ä. L. AG.ZPO. § 16 (Becher XV, 5 S. 56)].

Art. 179.*)

Hat ein Anspruch aus einem Schuldverhältnisse nach den bisherigen Gesetzen durch Eintragung in ein öffentliches Buch Wirksamkeit gegen Dritte erlangt, so behält er diese Wirksamkeit auch nach dem Inkrafttreten des Bürgerlichen Gesetzbuchs.

E. I, 104 Abs. 2; II, 151; III, 179.

Ansprüche aus einem Schuldverhältnisse, die durch Eintragung in ein öffentliches Buch Wirksamkeit gegen Dritte erlangt haben.

1. Entstehung. Art. 179 gibt den Abs. 2 von Art. 104 E. I in einer durch die II. Komm. redaktionell geänderten Fassung, jedoch ohne Änderung des Inhalts wieder (Mot. z. EG. 261, P. VI, 501, 504, 554, Reatz III, 87).

2. Inhalt. Während Art. 184 dingliche Rechte des alten Rechts mit ihrem bisherigen Inhalt und Rang aufrecht erhält, ist durch Art. 179 Schuldverhältnissen unter gewissen Voraussetzungen die fortdauernde Wirksamkeit gegen Dritte gesichert. Ob ein Recht nach den bisherigen Gesetzen dingliche oder schuldrechtliche Natur hatte, ist deshalb von geringerer Bedeutung, weil ihm auf jeden Fall — nach Art. 184 oder 179 — seine bisherige Wirksamkeit erhalten bleibt.

*) Schrifttum: Affolter S. 316, 317; Habicht S. 253 f.

a) Der Artikel bezieht sich auf Schuldverhältnisse überhaupt, trifft aber namentlich Miet- und Pachtrechte, soweit sie nach bisherigen Rechten eintragbar waren, ferner persönliche Ansprüche auf Erwerb oder Wiedererlangung von unbeweglichen Sachen und schuldrechtliche Veräußerungsverbote. Wegen Vormerkungen des alten Rechts s. RGZ. Bd. 52 S. 43 und vgl. auch Bem. I, 1 zu § 883.

Nicht hieher gehören die Eintragungen in das Grundbuch nach Satz 1583 a, 939 a, 1002 a und 2181 a des bad. LR., da es sich hier um dingliche Rechte handelte.

b) Solchen schuldrechtlichen Ansprüchen wahrt Art. 179 diejenige Wirksamkeit gegen Dritte, die sie nach den bisherigen Gesetzen durch die Eintragung in ein öffentliches Buch hatten erlangen können. Dieser Schutz tritt ein, wenn das Schuldverhältnis schon vor dem 1. Januar 1900 eingetragen war. Die Eintragung eines Schuldverhältnisses in bezug auf ein Grundstück ist aber gemäß Art. 189 EG. und § 883 BGB. auch noch in der Zeit, bis das Grundbuch als angelegt anzusehen ist (Art. 186), zulässig (so Affolter S. 316, Habicht S. 254 Note 1, Planck Bem. 2).

Die dingliche Wirkung der unter der Herrschaft des alten Rechts erfolgten Eintragung dauert auch unter der neuen Gesetzgebung ohne Eintragung in das neu angelegte Grundbuch fort (OLG. Colmar OLG. Bd. 17 S. 30, Kisch Elf.-Lothr. Landesprivatrecht S. 738; and. Ans. Planck Bem. 3).

c) Welche Bücher als öffentliche im Sinne dieses Artikels anzusehen sind, ist nach den früheren Gesetzen zu bestimmen. Es kommen dafür besonders diejenigen Vorschriften in Betracht, nach welchen durch die Eintragung in das Grundbuch oder in das Pfandbuch der Anspruch des Mieters oder Pächters eines Grundstücks oder allgemein der persönliche Anspruch auf Erwerbung oder Wiedererlangung eines Grundstücks Wirksamkeit erlangte (preuß. ALR. I, 21 § 4, sächs. GB. § 1124, dazu Kloß-Müller, Sächs. Landesprivatr. 3. Aufl. S. 95, Württemberg. G. vom 21. Mai 1828 Art. 71). Außer den Grundbüchern können auch die Schiffsregister in Betracht kommen.

d) Die Wirkung der Eintragung besteht darin, daß der eingetragene Anspruch gegen den dritten Besitzer oder Erwerber des Gegenstandes, in bezug auf den der Anspruch besteht, auch dann noch geltend gemacht werden kann, wenn der Dritte den Besitz oder das Recht an dem Gegenstand erst nach dem Inkrafttreten des BGB. erlangt hat.

Aus der Anerkennung des Fortbestandes des Rechts ergibt sich, daß es neuen Rechten gleichsteht, daß es also auch, wenn es versehentlich gelöscht wird, wie andere Rechte wieder eingetragen werden kann (RGZ. Bd. 82 S. 23).

3. Das dem früheren preuß. Recht eigentümliche **„Recht zur Sache"** (jus ad rem), durch das aus einem persönlichen Schuldverhältnisse auch ohne Eintragung in ein öffentliches Buch ein Anspruch gegen jeden Dritten entspringt, der in Kenntnis des Schuldverhältnisses ein demselben widerstreitendes Recht erwirbt (sog. bösgläubiger Erwerber), ist beseitigt. Vgl. Einleitung zum 2. Buch Bem. I, 2 in Bd. II, 1 S. 9 und zum 3. Buch Bem. 3, a in Bd. III S. 2. Ein solches Recht kann auch nicht durch eine Eintragung im Sinne des Art. 179 gegen Rechtsgeschäfte gesichert werden, die nach dem 1. Januar 1900 abgeschlossen sind.

Auch das sächs. BGB. kannte ein „Recht zur Sache", freilich in beschränkterem Umfange, als das PrALR., nämlich beim Vorkauf und Wiederkauf, sächs. BGB. §§ 1124, 1134. Vgl. dazu Kloß-Müller, Sächs. Landesprivatrecht, 3. Aufl., § 46, I, IV, S. 95 f.; Habicht S. 257 f., 261 f. Gegen den Dritten, der die Sache erworben hat, auf die sich das Vor- und Wiederkaufsrecht bezieht, können diese Rechte dann geltend gemacht werden, wenn er zur Zeit der Übergabe an ihn in sog. unredlichem Glauben gestanden hat bzw. wenn bei unbeweglichen Sachen das Recht im Grundbuche eingetragen worden ist; ist das also der Fall, so findet auf diese Rechte Art. 179 Anwendung; sind die Rechte aber nicht eingetragen, so verlieren sie vom 1. Januar 1900 an für jedes später abgeschlossene Rechtsgeschäft ihre Wirkung auch gegenüber dem sog. bösgläubigen Dritten.

Anders ist das Verhältnis bei einem Verkauf mit Vorbehalt der Reue nach § 1107 sächs. BGB. Da hier der Rücktritt als auflösende Bedingung wirkt, so hat derselbe auch gegenüber demjenigen bösgläubigen Dritten Wirkung, der die Sache nach dem Inkrafttreten des BGB. erwirbt (§ 161 Abs. 2, 3 BGB.).

Sachenrechtliche Übergangsvorschriften.

Vorbemerkung zu den Art. 180—197.

I. Der Hauptgrundsatz des Übergangsrechts, das Verbot der rückwirkenden Kraft, muß zwar auch für die Einwirkung des neuen Rechts auf sachenrechtliche Verhältnisse an die Spitze gestellt werden, erleidet aber auf diesem Gebiete erheblichere Einschränkungen als auf demjenigen des Rechtes der Schuldverhältnisse. Der wichtigste Grund für solche Einschränkungen liegt in der auf eine unbestimmte Dauer angelegten Natur der dinglichen Rechte. Während jedes Schuldverhältnis in absehbarer Zeit durch Tilgung oder sonstige unvermeidliche Tatsachen, z. B. Verjährung, erlischt, kann ein dingliches Rechtsverhältnis in gewissem Sinne als „ewiges" bezeichnet werden, im Gegensatz zu den zeitlichen, auf absehbare Dauer angelegten Rechtsverhältnissen (vgl. Affolter, System S. 159). Eine Gesetzgebung, die sich scheute, auf diese „ewigen" Rechtsverhältnisse einzuwirken, würde also mit einer unabsehbaren Nachwirkung der älteren Rechtsordnung rechnen müssen; schon mit Rücksicht auf die Rechtssicherheit erscheint deshalb eine durchgreifendere Haltung der neuen Rechtsordnung gegenüber den unter der alten entstandenen dinglichen Rechtsverhältnissen gerechtfertigt. Hierzu tritt aber noch die absolute Natur sowie die Geschlossenheit der Zahl der Sachenrechte und die damit verknüpfte Einschränkung der Vertragsfreiheit; vgl. Einl. III zum III. Buch in Bd. III, 1 S. 5 ff. Auch dieser, in gewissem Sinne zwingende Charakter des Sachenrechts legt dem Gesetzgeber die Einwirkung auf die bestehenden Rechtsgestaltungen näher als die relative Natur der ihrer Erledigung zustrebenden Forderungsrechte.

Um aber diese Einwirkung richtig abzugrenzen, ist es wichtig, zwischen den Voraussetzungen und den Wirkungen der einzelnen dinglichen Rechtsverhältnisse zu unterscheiden. Im allgemeinen ergreift die neue Rechtsordnung nur die Wirkungen, indem sie ihren sachenrechtlichen Begriffen, z. B. dem Eingriffe der Sache selbst, dem Begriffe des Besitzes, des Eigentums, der Grunddienstbarkeit, des Erbbaurechts, des Immobilarpfandrechts (vgl. Art. 180, 181, 184, 195 ff.) Ausschließlichkeit beilegt und zufolge des Grundsatzes der Geschlossenheit anderen dinglichen Rechtsverhältnissen als den von ihr anerkannten jede Fortwirkung entzieht. (Vgl. auch das über das sog. „Recht zur Sache" oben Bem. 3 zu Art. 179 Bemerkte).

Auch der Gegensatz der beweglichen und unbeweglichen Sachen ist wichtig für die Übergangsvorschriften auf sachenrechtlichem Gebiete. Gemeinschaftliche Gesichtspunkte für beide Arten von Sachen liefert der Besitz; Art. 180 stellt für diesen zunächst allgemein den Grundsatz auf, daß vom 1. Januar 1900 ab die Vorschriften des BGB. Anwendung finden und macht nur in Art. 191 hinsichtlich unbeweglicher Sachen (Besitzschutz für Dienstbarkeiten vor Anlegung des Grundbuchs) eine notwendige zwischenzeitliche Ausnahme. Dagegen gilt der Art. 185 (Ersitzung) nur für bewegliche Sachen, die Art. 182, 186—197 gelten wiederum nur für Grundstücke und Rechte an Grundstücken; auf bewegliche und unbewegliche Sachen gemeinsam beziehen sich die Art. 181, 184 (Eigentum, Miteigentum, Belastungen).

Im einzelnen ergeben sich folgende Regeln:

a) Die bisherigen Gesetze sind maßgebend für die Beurteilung der Voraussetzungen der Entstehung bzw. der Begründung eines dinglichen Rechts, soweit der dazu erforderliche und ausreichende Tatbestand sich vor dem 1. Januar 1900 vollendet hat, z. B. dafür, ob nach französischem Recht Eigentum an einer Sache durch bloßen Vertrag oder ob an einem Grundstück Eigentum durch bloße Tradition begründet wird, ob eine Hypothek bestellt ist usw. (Art. 189 beläßt das bisherige Recht bis zur Anlegung des Grundbuchs hinsichtlich der Grundstücksrechte sogar noch nach dem Inkrafttreten des BGB. in Geltung.) Ist demnach am 1. Januar 1900 ein dingliches Recht nicht begründet, so kann es auch keine Wirkungen unter der neuen Rechtsordnung entfalten. Beispielsweise verleiht ein Tatbestand, der nach § 932 jetzt Eigentum schaffen würde, dieses Eigentum nicht, wenn er nach früherem Recht nur Usukapionsbesitz begründen konnte (vgl. auch Niedner Vorbem. 1, a vor Art. 180).

b) Dagegen sind die Wirkungen des vor dem 1. Januar 1900 entstandenen dinglichen Rechtes grundsätzlich nach dem neuen Recht und nur dann nach dem bisherigen Recht zu beurteilen, wenn das neue Recht, insbesondere dieses Einführungsgesetz in dieser Hinsicht, d. h. für die Beurteilung bestehender dinglicher Rechte keine Ausschlußklausel aufstellt. Solche „Ausschlußklauseln" enthalten: Art. 180 für den Besitz, Art. 181 für das Eigentum, Art. 184 für Grunddienstbarkeiten und Erbbaurecht, Art. 192 ff. für das Immobiliarpfandrecht.

Knüpft nach diesen Ausschlußklauseln das neue Gesetz andere Wirkungen an das gleichnamige Recht als das frühere, verleiht es ihm einen anderen Inhalt, so treten vom 1. Januar 1900 ab nur noch diese neuen Wirkungen ein. Beispiel: Die Überbaubeschränkung (§ 912) beim Grundeigentum. (Niedner a. a. O.)

Knüpft das neue Recht gar keine Wirkung an das vor dem 1. Januar 1900 nach früherem Rechte entstandene dingliche Rechtsverhältnis (Beispiel: Sondereigentum beim sog. tignum junctum, PrALR. I, 9 § 98, Niedner a. a. O.), so ist das fragliche dingliche Rechtsverhältnis mit dem Inkrafttreten des BGB. erloschen. (Folge aus dem Grundsatz der Geschlossenheit der Sachenrechte.)

c) Während der **Zwischenzeit** bis zu dem Zeitpunkte, in dem das Grundbuch als angelegt anzusehen ist, bleibt für die in Frage kommenden Bezirke das bisherige Immobiliarsachenrecht maßgebend. Die etwaigen bisher geführten Grundbücher gelten nicht ohne weiteres als Grundbücher im Sinne des BGB. und der GBO. Das Verfahren, in dem die Anlegung der Grundbücher erfolgt, sowie der Zeitpunkt, in dem das Grundbuch als angelegt anzusehen ist, wird auf Grund des Art. 186 des EG. für jeden Bundesstaat durch landesherrliche Verordnung bestimmt (vgl. dazu im einzelnen die Bem. zu Art. 186). Das bisherige Recht blieb also maßgebend für die einzelnen Bezirke in den fraglichen Rechtsgebieten in Ansehung des Erwerbes des Grundeigentums und seiner Wirkung, sowie des Verlustes desselben, ferner in Ansehung der Begründung, Übertragung, Belastung und Aufhebung eines anderen Rechtes am Grundstück außer dem Eigentum oder eines Rechtes an einem solchen Rechte, sowie des Ranges, des Inhalts und Umfangs solcher Rechte (vgl. Art. 181, 192). Im allgemeinen bezieht sich diese Aufschiebung nur auf die Vorschriften über die dinglichen Rechte, nicht auf das schuldrechtliche Kausalgeschäft; beispielsweise ist **§ 313 BGB.** auch in den hier fraglichen Rechtsgebieten schon mit dem 1. Januar 1900 in Kraft getreten (vgl. RGZ. Bd. 64 S. 38 f.). Doch gilt die Aufschiebung auch für Bestimmungen über andere Rechtsangelegenheiten, soweit solche die Anlegung des Grundbuchs im Sinne der GBO. voraussetzen, so z. B. hinsichtlich der Schuldübernahme des § 416 BGB. (vgl. JW. 1900 S. 619), hinsichtlich der dinglichen Wirkung der zwischen den Miteigentümern abgeschlossenen Verträge über Benutzung und Verwaltung der gemeinschaftlichen Sache (§ 1010 BGB.). Auch die reichsrechtlichen Vorschriften über die Form des Legitimationsnachweises sind in der Zwischenzeit noch aufgeschoben, soweit nicht in den Landesausführungsgesetzen deren Anwendbarkeit ausdrücklich nachgelassen ist (Hessen, Art. 163, 164 AG.BGB., Sachsen-Weimar, §§ 119—121 AG. BGB., Schwarzburg-Rudolstadt, Art. 101 AG.BGB.). Vgl. Habicht S. 456, Oberneck, Grundbuchrecht Bd. I S. 19 f. Aufgeschoben ist in dieser Zwischenzeit auch die Anwendung der reichsrechtlichen Vorschriften über die Zwangsvollstreckung in das unbewegliche Vermögen, soweit nicht auch hier das Landesrecht bereits Ausnahmen anordnet (vgl. z. B. Bayern, Art. 56 AG.GBO.).

Für gewisse Grundstücke, nämlich für diejenigen, die nach den Vorschriften der GBO. (§ 90) nicht im Grundbuch eingetragen zu werden brauchen, für Grundstücke des Fiskus, gewisser juristischer Personen, des Landesherrn und der landesherrlichen Familien blieben in Ansehung des Übergangs des Eigentums und der Begründung und Aufhebung von Dienstbarkeiten nach Art. 127, 128 EG. die bisherigen landesgesetzlichen Vorschriften auch nach dem Zeitpunkt, wo das Grundbuch für ihren Bezirk als angelegt anzusehen ist, bis zu ihrer Eintragung im Grundbuch maßgebend.

II. Übersicht: Von den zu I gekennzeichneten Regeln einer Rückwirkung schwächeren Grades macht das EG. gewisse Ausnahmen lediglich zur Schonung wohlerworbener Rechte. Nachdem es nämlich die zur Zeit seines Inkrafttretens bestehenden Besitz- und Eigentumsverhältnisse in den Art. 180, 181 sofort den Vorschriften des BGB. unterworfen hat, sichert es in den Art. 181 Abs. 2, 182, 183 einem Miteigentum nach Bruchteilen, sodann dem Sondereigentum an stehenden Erzeugnissen und dem Stockwerkseigentum, das an sich dem BGB. unbekannt ist, seinen individuellen Fortbestand nach Maßgabe des bisherigen Partikularrechts zu.

Auch schon begründete Rechte an einer fremden Sache (jura in re aliena) bleiben grundsätzlich als wohlerworbene Rechte mit dem an sich aus den bisherigen Gesetzen sich ergebenden Inhalte und Range bestehen (Art. 184). Doch soll nach Anlegung des Grundbuchs ein etwa in der Zeit vor dem 1. Januar 1900 bzw. vor Anlegung des Grundbuchs bestelltes Pfandrecht als Hypothek ohne Brief und bei Unbestimmtheit des Forderungsbetrags, für den es besteht, als Sicherungshypothek gelten (Art. 192).

Auf einige dingliche Rechte an fremder Sache, die aus der früheren Zeit herrühren, nämlich auf Erbbaurechte und Grunddienstbarkeiten, sowie auf Pfandrechte und Grundschulden finden jedoch gewisse Vorschriften des BGB. Anwendung (Art. 184, 192—195). Auf das Recht der Ersitzung werden die Vorschriften der Art. 169 über Verjährung entsprechend für anwendbar erklärt (Art. 185).

Die Artikel 186—195 treffen die Übergangsbestimmungen, welche durch die Anlegung der Grundbücher veranlaßt sind.

Artikel 186 überläßt es der Landesgesetzgebung, das Verfahren für die Anlegung der Grundbücher und den Zeitpunkt, in dem das Grundbuch als angelegt anzusehen ist und das BGB., sofern es ein solches voraussetzt, in Kraft tritt, zu bestimmen.

Die Artikel 187, 188 nehmen von den Wirkungen des öffentlichen Glaubens des Grundbuchs die Grunddienstbarkeiten und gewisse gesetzliche Pfandrechte Miet- und Pachtrechte aus, die bis zu diesem Zeitpunkte entstanden sind.

Der Artikel 189 regelt den Erwerb und Verlust von Rechten an einem Grundstück in der Zeit zwischen dem Inkrafttreten des BGB. und der Anlegung des Grundbuchs (Zwischenzeit). Der Artikel 190 regelt das Aneignungsrecht des Fiskus an Grundstücken, die zu der Zeit herrenlos sind, zu welcher das Grundbuch als angelegt anzusehen ist.

Der Artikel 191 regelt den Besitzschutz bei Dienstbarkeiten sowohl für die Zwischenzeit als auch für die Zeit nach Anlegung des Grundbuchs.

In den Artikeln 192—195 werden die zur Überleitung der in dem Zeitpunkte, wo das Grundbuch als angelegt anzusehen ist, bestehenden Hypotheken und Grundschulden erforderlichen Bestimmungen getroffen.

Im Artikel 196 werden für solche vererbliche und übertragbare Nutzungsrechte, die dem BGB. unbekannt, aber der Landesgesetzgebung vorbehalten sind, z. B. für Lehnrecht, Erbpachtrecht, Gewerbeberechtigungen, Jagd- und Fischereirechte, nicht bergrechtliche Abbaurechte, die Vorschriften des BGB. über Grundstücke und über den Erwerb des Eigentums an einem Grundstück für anwendbar erklärt.

Artikel 197 bildet lediglich eine Ergänzung des Art. 63 EG., gehört also eigentlich in Abschnitt III; er bezieht sich wie letzterer auf bäuerliche Nutzungsrechte und ist speziell für mecklenburgische Verhältnisse berechnet.

Art. 180.*)

Auf ein zur Zeit des Inkrafttretens des Bürgerlichen Gesetzbuchs bestehendes Besitzverhältnis finden von dieser Zeit an, unbeschadet des Artikel 191, die Vorschriften des Bürgerlichen Gesetzbuchs Anwendung.

E. I, 106 Abs. 1; II, 152; III, 180.

Besitzverhältnis.

I. Entstehung. Art. 106 E. I lautete:

„Auf Eigentum, Besitz und Inhabung, welche zur Zeit des Inkrafttretens des BGB. bestehen, finden von diesem Zeitpunkte an die Vorschriften des BGB. Anwendung.

Die zur Zeit des Inkrafttretens des BGB. an Sachen und Rechten bestehenden Rechte mit Ausnahme des Eigentums bleiben mit dem aus den bisherigen Gesetzen sich ergebenden Inhalte bestehen."

Der Inhalt von Abs. 1 dieses Art. 106 liegt den nunmehrigen Art. 180, 181, 182 zugrunde, während der Abs. 2 jenes Artikels in den nunmehrigen Art. 184 übergegangen ist.

Ihre nunmehrige Fassung erhielten diese vier Art. 180, 181, 182 und 184 in der II. Komm. (Mot. z. EG. 264 ff., P. VI, 516—518, 628—630, Reatz III, 87).

II. Inhalt. Art. 180 bringt eine Übergangsbestimmung für die **am 1. Januar 1900 bereits bestehenden Besitzverhältnisse,** ohne Unterscheidung zwischen Besitz an Sachen und Besitz an Rechten, zwischen juristischem Besitz und Gewahrsam oder Innehabung (Detention), zwischen rechtmäßigem und unrechtmäßigem Besitz, zwischen mittelbarem und unmittelbarem Besitz, zwischen vollständigem und unvollständigem Besitz (vgl. Stobbe, DPR. 2. Aufl. §§ 75—77). Soweit Besitz an unbeweglichen Sachen in Betracht kommt, ist es unerheblich, ob das Grundbuch schon als angelegt gilt. Der Artikel spricht nur von dem Besitzverhältnisse, nicht auch von dem Rechtsverhältnisse der Inhabung, weil dieses nach dem BGB. in dem Begriffe des Besitzes aufgeht (P. a. a. O.).

Weil der Besitz nach der vorherrschenden Auffassung (a. M. v. Ihering) ein tatsächlicher Zustand ist, und dessen Schutz nicht in juristischen Tatsachen, die der Vergangenheit angehören, sondern in einer gegenwärtigen Sachlage seinen Grund hat, unterwirft Art. 180 die zur Zeit des Inkrafttretens des BGB. bestehenden Besitzverhältnisse von da ab dem neuen Recht.

Daraus ergibt sich:

1. Die Frage, ob der Tatbestand, den das neue Recht vorfand, unter den **Begriff des Besitzes** fällt, ist ausschließlich nach dem Besitzbegriff des BGB. zu beantworten, soweit diese Frage nicht lediglich die Voraussetzungen des Besitzerwerbes betrifft (s. hierüber unten Bem. 2). Ein Verhältnis, das nach dem bisherigen Recht ein Besitzverhältnis war, im BGB. als solches aber nicht anerkannt ist, verlor diese Eigenschaft.

In Fällen, in denen nach dem Rechte des BGB. die objektive Besitzfähigkeit, die nach dem früheren Rechte bestanden hatte, nicht mehr gegeben war, mußte deshalb ein am 1. Januar 1900 gegebenes Besitzverhältnis erlöschen.

Demnach kann, abgesehen von den Fällen des § 1029 BGB. und den Übergangsvorschriften des Art. 191 EG., im Gegensatz zum gem. Recht, PrALR. und LLR. ein besonderer Rechtsbesitz (juris quasi possessio) nicht mehr anerkannt werden. Vgl. Bem. III, 2 zu § 854. Eine Ausnahme machen jedoch diejenigen Rechtsgebiete, die der landesgesetzlichen Regelung vorbehalten sind, wie z. B. das Jagdrecht, das Fischereirecht, die Regalien, das Recht auf einen Kirchenstuhl, auf eine Begräbnisstätte (Art. 69 ff. oben). Vgl. darüber Lenz, Der Rechtsbesitz außerhalb des BGB. im ArchBürgR. Bd. 33 S. 345 ff. Im übrigen s. Bem. 1 zu Art. 191.

Anderenteils wurde ein Verhältnis, das nach dem bisherigen Recht ein Besitzverhältnis nicht darstellte, ein solches, wenn es den Voraussetzungen, die das BGB. für den Bestand eines Besitzverhältnisses aufstellt, gerecht wurde. Dies gilt namentlich für die Detention des Mieters, Pächters, Depositars usw. im Gebiete des gemeinen Rechts; er verwandelte sich, und zwar nicht bloß nach außen hin, also hinsichtlich des Besitzesschutzes, sondern auch im Innenverhältnis zwischen den Vertrags-

*) Schrifttum: Habicht S. 360 ff.; Affolter, System S. 373—375.

teilen (Mieter und Vermieter, Pächter und Verpächter usw.) in Besitz (a. M. in letzterer Hinsicht Affolter S. 374; wie hier Planck Bem. 1, b, Habicht S. 361 f.).

2. Für die **Voraussetzungen des Besitzerwerbs**, also für die Frage, ob vor dem Inkrafttreten des BGB. ein Besitzverhältnis begründet worden war, ist das bisherige Recht maßgebend.

Nach altem Rechte entscheidet sich deshalb die Frage, ob ein vor dem 1. Januar 1900 abgeschlossenes constitutum possessorium wirksam ist. Ein unter der Herrschaft des preußischen Rechts nur in mündlicher Form eingegangenes constitutum possessorium konnte gemäß PrALR. I, 7 §§ 71—73 den mittelbaren Besitz des Anderen nicht begründen (Habicht S. 360, 361 Note 1, b, Niedner Bem. 2, a, Affolter S. 375).

Ist der Erblasser vor dem 1. Januar 1900 gestorben, so entscheidet sich die Frage, ob der Erbe den Besitz der Erbschaftsgegenstände kraft Gesetzes erlangt hat, nach dem bisherigen Recht, § 857 BGB. ist nicht anwendbar; s. auch Art. 213 EG. (Habicht S. 360, Planck Bem. 2, c).

3. Dagegen will Art. 180 die **Folgen des Besitzes**, welche in die Zeit der Geltung des neuen Rechtes fallen, mögen die Zustände auch schon früher begonnen haben, nach neuem Rechte beurteilt wissen, und erklärt für ein am 1. Januar 1900 schon bestehendes Besitzverhältnis die Vorschriften des BGB. als maßgebend. Die betreffenden Vorschriften des BGB. sind zunächst in den §§ 856—872 enthalten. Vgl. aber auch §§ 900, 920, 927, 929 ff., 937 ff., 955 ff., 972, 983, 985 ff., 1017, 1029, 1065, 1081, 1227, 1362.

Diese Regel erleidet jedoch eine Einschränkung

a) für die Fälle des Art. 191, Besitzschutz bei Grunddienstbarkeiten, und beschränkt persönlichen Dienstbarkeiten vor Anlegung des Grundbuchs; es bleibt solange das bisherige Recht maßgebend.

b) für die Fälle des Art. 185; auf die vor dem 1. Januar 1900 begonnene, aber in diesem Zeitpunkt noch nicht vollendete Ersitzung des Eigentums oder Nießbrauchs einer beweglichen Sache finden die Vorschriften des Art. 169 EG. über die Verjährung entsprechende Anwendung.

c) Selbstverständlich sind auch Ansprüche, welche in der Zeit der Geltung des alten Rechtes nach diesem dem Besitzer oder Inhaber bereits erwachsen waren, außer den Besitzstörungs- und Besitzentziehungsansprüchen auch Schadensersatz- und Bereicherungsansprüche (s. Art. 170 EG.) nach bisherigem Rechte zu beurteilen. Soweit also eine Besitzstörung oder Besitzentziehung vor dem 1. Januar 1900 verübt ist, bestimmen sich die Folgen und die daraus entstandenen Verpflichtungen nach dem bisherigen Recht (Habicht S. 363 f., Planck Bem. 3; vgl. RGZ. Bd. 50 S. 8 = JW. 1901 S. 830). Auch eine vor dem 1. Januar 1900 bereits erworbene Spolieneinrede blieb unberührt (RG. in JW. 1903 Beil. S. 105 = „Recht" 1903 S. 483 Nr. 2440).

Auch die Eigentumsvermutung des § 1006 Abs. 1 BGB. zugunsten des Besitzers einer beweglichen Sache findet auf einen vor 1900 erworbenen Besitz Anwendung; s. Bem. 3, e zu Art. 181.

Die Frage, ob ein vor dem 1. Januar 1900 entstandener und begründeter Besitzanspruch durch Erheben einer petitorischen Widerklage beseitigt werden kann, ist nach dem früheren Rechte zu entscheiden (RGZ. Bd. 50 S. 12, Affolter S. 375; abweichend Habicht S. 364, 365).

Auf die Verjährung altrechtlicher Besitzansprüche war § 864 Abs. 1 BGB. nicht anwendbar (RG. in JW. 1903 Beil. S. 105).

4. Für ein Rechtsverhältnis, das das BGB. als Besitz anerkennt, bestimmt sich seit seinem Inkrafttreten der **Besitzesschutz** nach dem neuen Recht, auch wenn es schon vor jenem Zeitpunkt entstanden und wenn es auch nach dem früheren Recht nicht als Besitz, sondern als bloße Innehabung galt. Dies galt namentlich für Pacht- und Mietverhältnisse, Verwahrungsverträge und ähnliche Verhältnisse (vgl. § 868 BGB.). Aus einem vor dem 1. Januar 1900 abgeschlossenen Miet- und Pachtvertrag erlangte also der Mieter oder Pächter den (gerichtlichen und außergerichtlichen) Besitzesschutz des BGB. (§§ 858 ff.) und zwar sowohl im Verhältnis zu Dritten als im Innenverhältnis zum anderen Vertragsteil (Habicht S. 362; abw. in letzterer Hinsicht Affolter S. 374).

Auf folgende Besonderheiten ist hinzuweisen:

a) Ist wegen einer nach dem 1. Januar 1900 erfolgten Besitzentziehung oder Besitzstörung der Anspruch aus § 861 Abs. 1 oder § 862 Abs. 1 BGB. erhoben und will der Beklagte auf Grund einer vor dem 1. Januar 1900 erfolgten

Handlung des anderen Fehlerhaftigkeit des Besitzes einwenden (§ 861 Abs. 2, § 862 Abs. 2), so bestimmt sich die Frage, ob der Besitz fehlerhaft ist (injusta, vitiosa possessio; s. § 858 Abs. 2 Satz 1 und Bem. IV, 1 zu § 858 in Bd. III, 1) nach dem bisherigen Recht (Habicht S. 362 f., Niedner Bem. 2, b, Affolter S. 374, RGZ. Bd. 50 S. 8 = JW. 1901 S. 830; and. Ans. Planck Bem. 2, a).

b) Ist eine Besitzstörung vor dem 1. Januar 1900 erfolgt und dauert sie nach diesem Zeitpunkt fort, so hat der Gestörte die Wahl, ob er den nach dem alten Rechte oder den nach dem BGB. begründeten Anspruch erheben will (Habicht S. 364, Planck Bem. 3 Abs. 2). Begründete eine über den 1. Januar 1900 hinaus fortdauernde Besitzstörung einen Besitzanspruch erst nach den Vorschriften des BGB., so war der Beginn der Ausschlußfrist des § 864 Abs. 1 BGB. nicht erst vom Inkrafttreten des BGB. ab, sondern von der Störung ab zu berechnen (Planck a. a. O.).

5. Wegen der Frage der Anwendbarkeit der §§ 1006, 1007 BGB. (Eigentumsvermutung zugunsten des Besitzers, Klage aus früherem Besitz) s. oben Bem. 3 und Bem. 3, e und f zu Art. 181.

Art 181.*)

Auf das zur Zeit des Inkrafttretens des Bürgerlichen Gesetzbuchs bestehende Eigentum finden von dieser Zeit an die Vorschriften des Bürgerlichen Gesetzbuchs Anwendung.

Steht zur Zeit des Inkrafttretens des Bürgerlichen Gesetzbuchs das Eigentum an einer Sache Mehreren nicht nach Bruchteilen zu oder ist zu dieser Zeit ein Sondereigentum an stehenden Erzeugnissen eines Grundstücks, insbesondere an Bäumen begründet, so bleiben diese Rechte bestehen.

E. I, 106 Abs. 2; II, 153; III, 181.

Eigentum:

1. Über die **Entstehung** des Artikels s. Bem. 1 zu Art. 180, P. VI, 516—518, 528—530.

2. Inhalt. Art. 181 bezieht sich lediglich auf den Inhalt des Eigentums, die Frage des Eigentumserwerbs entscheidet sich nach dem Rechte, das zu der Zeit gilt, in der die für den Erwerb des Eigentums maßgebenden Tatsachen eingetreten sind. Die Wirkung von Auflassungen und Grundbucheintragungen, die vor dem 1. Januar 1900 stattgefunden haben, bestimmt sich nach dem früheren Recht (RG. in JW. 1900 S. 763, GruchotsBeitr. Bd. 45 S. 1006, RGZ. Bd. 47 S. 115). Für den Erwerb und Verlust des Eigentums, der vom 1. Januar 1900 ab erfolgte, ist ausschließlich das BGB. maßgebend. Ausnahmen von diesem Satze bilden:

a) die Vorschriften des Art. 185 über die Ersitzung des Eigentums an einer beweglichen Sache,

b) die Vorschriften des Art. 189 über den Erwerb und Verlust des Eigentums an einer unbeweglichen Sache für die Zeit vom 1. Januar 1900 bis zur Anlegung des Grundbuchs.

Die Vorschrift des Art. 181 geht davon aus, daß der Begriff des Eigentums als des Rechtes zur ausschließlichen Sachherrschaft, verbunden mit der Befugnis zu derjenigen rechtlichen Verfügung über die Sache, welche das Recht gestattet (vgl. Vorbem. I vor § 903, Bem. I zu § 903 in Bd. III, 1 S. 285, 289), ein unwandelbarer ist, in Ansehung dessen altes und neues Recht zusammenstimmen müssen, und daß Verschiedenheiten nur stattfinden können in Ansehung der rechtlichen

---

*) Schrifttum: Habicht S. 376 ff.; Affolter S. 375 ff.; Schröder, Die Grenz- und Scheidemauern des Code civil unter dem neuen Recht in PucheltsZ. 1905 Bd. 36 S. 236 ff.; Strübe in BadRspr. 1903 S. 96 ff., Übergangsvorschriften über Eigentumsrecht mehrerer an derselben Sache; Kober, Zur Einführung des Grundbuchrechts in Bayern, SeuffBl. Bd. 70 S. 249 ff.; Wolf, Das rheinhessische Grundbuchrecht in der Zwischenzeit, HessRspr. Bd. 5 S. 137 ff.; Mannherz, Die Entschädigungspflicht des Nachbars, der an eine halbübergebaute Giebelmauer anbaut, JW. 1912 S. 491 ff.; Breit, dass. S. 1037 ff.; Stern, dass. S. 1039; Fribolin, Die Grenz- und Giebelmauern nach bad. Landrecht, Reichsrecht und Übergangsrecht, BadNotZ. 1914 S. 35 ff.

Wirkungen des Eigentums, insbesondere hinsichtlich des Schutzes und der Befugnis des Eigentümers zu rechtlichen Verfügungen über die Sache, ferner in Ansehung der gesetzlichen Eigentumsbeschränkungen (Mot. z. EG. 264).

Art. 181 **Abs. 1** erklärt **auf das am 1. Januar 1900 bestehende Eigentum** (s. unten Bem. 3) von diesem Zeitpunkt ab die Vorschriften des **BGB. (§§ 903—1011)** für anwendbar, bei Grundstücken ohne Unterschied, ob das Grundbuch als angelegt gilt oder nicht (vgl. dagegen Art. 186, 189).

Diese Regel erleidet jedoch folgende **Einschränkungen:**

a) Steht nach bisherigem Recht das **Eigentum** an einer Sache mehreren **nicht nach Bruchteilen** zu, so bewendet es hierfür (nach Abs. 2) bei dem bisherigen Rechte. Es handelt sich in dieser Beziehung um Rechtsverhältnisse der gesamten Hand (vgl. Stobbe, DPR. 2. Bd. § 82; vgl. auch M. III, 434 und Bem. III zu § 1008 BGB. in Bd. III, 1 S. 643). Vgl. unten Bem. 4, b. Für das Miteigentum nach Bruchteilen (§§ 1008 ff. BGB.) gilt dagegen die Regel des Abs. 1 dieses Artikels.

b) Während nach § 94 BGB. die Erzeugnisse eines Grundstücks, solange sie mit dem Boden zusammenhängen, zu den wesentlichen Bestandteilen eines Grundstücks gehören und solche wesentliche Bestandteile nach § 93 a. a. O. nicht Gegenstand besonderer Rechte sein können, kennt neben dem Eigentum am Grundstück ein besonderes Eigentum an Bäumen das französische Recht, an Obstbäumen das württembergische Recht, an dem wild aufgewachsenen Holze das preußische Recht (PLR. Tl. I Tit. 22 § 200 mit §§ 187 und 197).

Für derartiges **Sondereigentum an stehenden Erzeugnissen** eines Grundstücks verbleibt es auch fernerhin beim bisherigen Rechte (Abs. 2). Vgl. des Näheren unten Bem. 4, c.

Auf ein etwaiges Sondereigentum an Gebäuden wurde die Ausnahmebestimmung nicht ausgedehnt, weil in dieser Beziehung § 95 BGB. ausreichend Fürsorge trägt und man namentlich die schwierige gemeinrechtliche Lehre vom tignum junctum nicht noch für längere Zeit praktisch erhalten wollte (P. a. a. O.).

c) Weitere Ausnahmebestimmungen treffen die Art. 182 und 131 über das **Stockwerkseigentum** und 183 dieses Gesetzes über **Waldbestände;** vgl. auch Art. 124.

d) Auch die Vorschriften des **Art. 184** begründen eine Ausnahme, da die dinglichen Rechte, mit denen eine Sache oder ein Recht belastet ist, das Eigentum beschränken und für solche vor dem 1. Januar 1900 begründete Rechte, von besonderen Ausnahmen abgesehen, das bisherige Recht maßgebend bleibt.

e) Endlich ist hier auf die auf Landesgesetz oder einem besonderen Reichsgesetze beruhenden **Eigentumsbeschränkungen** zu verweisen. Vgl. Bem. IV, B zu § 903 BGB. in Bd. III, 1 S. 294 f. dieses Komm., ferner die einschlägigen Vorbehalte zugunsten der Landesgesetzgebung im 3. Abschnitte.

3. Zu Abs. 1 (bestehendes Eigentum) ist **im einzelnen** zu bemerken:

a) Der Inhalt des Eigentums bestimmt sich nach dem jeweils herrschenden Gesetz. Die Frage, **ob begrifflich Eigentum vorliegt,** ist also nach dem Recht des BGB. zu beurteilen. Es kommt sohin nicht auf die Bezeichnung des Rechtsverhältnisses, das schon vor 1900 bestand, nach dem bisherigen Rechte, sondern darauf an, ob sein Inhalt und die Befugnisse, die es seinem Inhaber bisher verlieh, es auch als Eigentum im Sinne des BGB. erscheinen ließen (s. §§ 903 ff. BGB.). Gewisse eigentumsähnliche Verhältnisse des bisherigen Rechts, wie die gemeinrechtliche publizianische Rechtsstellung oder der französisch-rechtliche Mobiliarbesitz (art. 2279 code civ.) fallen daher unter den Begriff des Eigentums (s. Mot. z. EG. 264).

Stellte sich ein am 1. Januar 1900 bestehendes Rechtsverhältnis nach seinem Inhalte nicht als Eigentum im Sinne des BGB. dar, so ist für dasselbe der Art. 184 (192—195) anwendbar.

Nur auf denjenigen Gebieten, die der Landesgesetzgebung vorbehalten sind, entscheidet diese darüber, wer nach dem Inhalte seiner Befugnisse als Eigentümer und wer als Berechtigter an fremder Sache zu gelten hat. Dies gilt insbesondere für das Lehenrecht, das Recht der Familienfideikommisse, das Erbpachtrecht und das Deichrecht (vgl. Art. 59, 63, 66 oben; auch Habicht S. 377 Note I). Doch gelten auch in diesen Fällen in

Ansehung des Schutzes Dritten gegenüber die Vorschriften des BGB. (Affolter, System S. 376).

Aus den Ausführungsgesetzen sind zu erwähnen: Mecklenburg-Schwerin AB.BGB. §§ 153 ff. (Lehenrecht), §§ 164 ff. (Erbpachtrecht) (Becher XI, 2 S. 34 ff.); Mecklenburg-Strelitz AB.BGB. §§ 150 ff. (Lehenrecht), §§ 161 ff. (Erbpachtrecht) (Becher XII, 1 S. 31 ff.). Abweichend von der hier getroffenen Regelung gilt nach preußischem und bayerischem Recht der Lehensmann als Eigentümer und das Obereigentum des Lehensherrn als ein dessen Eigentum beschränkendes Recht (vgl. Dernburg Bd. 1 § 369, Henle S. 63 Anm. 46). Für Oldenburg: G. vom 25. April 1899 betr. das nutzbare Eigentum an Grundstücken (Becher XIII, 2 S. 6); § 3 dieses Gesetzes betrifft das Deicheigentum. Abweichend von Oldenburg, das den Besitzern von Deichgrundstücken volles Eigentum zuspricht, Hamburg AG. BGB. § 51 (Becher VII, 1 S. 9): „An den Deichen steht niemandem das Eigentum im Sinne des bürgerlichen Rechts zu. — Es besteht nur ein Eigentum beschränkten Inhalts (Deicheigentum)."

Vgl. noch für Bayern: G. über das Liegenschaftsrecht in der Pfalz vom 1. Juli 1898 Art. 19 (Becher III, 3 S. 12); für Hessen AG.BGB. Art. 221 (Becher VIII, 3 S. 77).

b) Ob eine Sache im selbständigen Eigentum steht oder ob sie nicht vielmehr wesentlicher Bestandteil einer anderen Sache ist und welche Rechtsfolgen sich daraus ergeben, ist seit dem Inkrafttreten des BGB. nach dessen Vorschriften zu entscheiden, auch wenn die Verbindung der Sachen schon vor diesem Zeitpunkt erfolgt war (RGZ. Bd. 56 S. 289). Das vor dem Inkrafttreten des BGB. bestandene Eigentum an einer Sache, die nach den Vorschriften des BGB. wesentlicher Bestandteil einer anderen Sache ist, ist mit dem Inkrafttreten des BGB. zufolge der Vorschrift des Art. 181 erloschen, jedoch unbeschadet eines vor dem 1. Januar 1900 erhobenen Anspruchs auf Herausgabe der Sache (RGZ. Bd. 56 S. 243, JW. 1903 Beil. S. 90, Planck Bem. 7). Wegen der Ausnahme für stehende Erzeugnisse s. Art. 181 Abs. 2 und unten Bem. 4, c.

c) Die Frage, **ob** zur Zeit des Inkrafttretens des BGB. **Eigentum erworben war**, ist nach demjenigen älteren Recht zu entscheiden, unter dessen Herrschaft sich die Erwerbstatsachen vollzogen haben. Dabei ist zwischen dem schuldrechtlichen Kausalgeschäft und dem dinglichen Erfüllungsgeschäft, ferner bei letzterem zwischen dem objektiven und subjektiven Tatbestande zu unterscheiden. Um den Eigentumserwerb zu vollenden, müssen beide Seiten des zum dinglichen Rechtsgeschäft erforderlichen Tatbestandes vorliegen.

Sind die zum Eigentumserwerb erforderlichen Vorgänge unter dem alten Recht erst zum Teil eingetreten, lag z. B. ein Vertrag nach französischem Recht, aber unter aufschiebender Bedingung vor, so gilt das neue Recht, wenn die Bedingung erst nach dem 1. Januar 1900 eintritt, es wird also z. B. Besitzübertragung erforderlich (BGB. §§ 929, 931). Vgl. Habicht S. 379, RG. im „Recht" 1901 S. 16. Eine Einschränkung erleidet dieser Satz für das Erbrecht durch Art. 213.

Stellte das frühere Recht für den Eigentumserwerb weitergehende Erfordernisse auf als dies jetzt das BGB. tut, so trat aber mit dem Inkrafttreten des BGB. kein Eigentumserwerb ein, weil die vor diesem Zeitpunkt eingetretenen Tatsachen nach dem BGB. zum Eigentumserwerb genügt hätten (s. Planck Bem. 3, b, RG. in JW. 1900 S. 890).

Waren dagegen alle Voraussetzungen für den Eigentumserwerb vor dem Inkrafttreten des BGB. nach bisherigem Recht erfüllt, so blieb der Erwerber Eigentümer, auch wenn die Erwerbstatsachen nach dem BGB. zum Eigentumserwerb nicht genügt hätten. Dies gilt z. B., wenn das gemeine Recht das Eigentum einer dem Erblasser gehörigen Sache auf den Vermächtnisnehmer durch den Erbschaftsantritt übergehen ließ und der Erbschaftsantritt vor dem 1. Januar 1900 erfolgt ist, oder wenn im Gebiete des französischen Rechts Eigentum vor dem 1. Januar 1900 durch bloßen Vertrag begründet worden ist. Eine eingreifende Ausnahme von dieser Regel (Rückwirkung stärkster Art) enthält das hessische AG.BGB. in Art. 211 (Becher VIII, 3 S. 70) für Immobiliarveräußerungsverträge (vgl. dazu Habicht S. 378 Note 2).

d) Die Frage, ob die Hinzufügung einer **Bedingung** oder **Befristung** bei dem den Eigentumsübergang bezweckenden Rechtsgeschäfte vor dem 1. Januar 1900 zulässig war und wann die Bedingung als eingetreten oder ausgefallen anzusehen war, entscheidet grundsätzlich ausschließlich das frühere Recht. Doch haben in Ansehung von Grundstücken die Landesgesetze für den Fall der auflösenden Bedingung und das widerrufliche Eigentum das Gegenteil angeordnet. Vgl. u. a. Preußen AG.BGB. Art. 25 (Becher XIV, 1 S. 13), bloßer Anspruch auf Rückübertragung; ebenso Bayern Art. 39 (Becher III, 8 S. 108, 109); G. über das Liegenschaftsrecht in der Pfalz Art. 17 (Becher III, 3 S. 11); Hessen G. betr. Anlegung des Grundbuchs Art. 43, 44 (Becher VIII, 2 S. 23, 24). S. Planck Bem. 3, b.

Auch bei beweglichen Sachen kommen, sofern die Verfügungen in die Zeit nach dem Inkrafttreten des BGB. fallen, die Vorschriften des öffentlichen Glaubens (§§ 932 ff., 1032, 1207) auch früheren dinglich wirksamen Nebenverträgen (Resolutivbedingungen, Rücktrittsklauseln) gegenüber zur Geltung.

e) Der **Eigentumsanspruch auf Herausgabe** der Sache (§§ 985, 986 BGB.) war selbst dann nach den Vorschriften des BGB. zu beurteilen, wenn die Klage schon vor dem 1. Januar 1900 anhängig gemacht war. (Dagegen sind die Ansprüche des Eigentümers auf Herausgabe von Nutzungen, auf Schadensersatz schuldrechtlicher Natur,auf dieselben findet deshalb Art. 170 Anwendung.)

Die Rechtsvermutung des § 1006 Abs. 2 BGB. zugunsten eines früheren Besitzers einer beweglichen Sache, daß er während seiner Besitzzeit Eigentümer gewesen sei, gilt nicht für einen Besitzer, dessen Besitzzeit ausschließlich in die Zeit vor dem Inkrafttreten des BGB. fällt. Die Vermutung des § 1006 Abs. 1 BGB., daß der Besitzer einer beweglichen Sache auch Eigentümer sei, die also den Schutz des gegenwärtigen Besitzers bezweckt, gilt auch dann, wenn der Besitz schon vor dem 1. Januar 1900 erworben war und nach diesem Zeitpunkt fortbestand; für die Beurteilung der aus dem Besitze abgeleiteten Folgen sind nach Art. 180 (nicht 181) seit dem Inkrafttreten des BGB. dessen Vorschriften maßgebend (vgl. RGZ. Bd. 55 S. 52 ff., Bd. 46 S. 143, Habicht S. 365 f., Planck Bem. 5, e; and. Ans. Niedner S. 362, Affolter S. 383).

Streitig war, ob gegenüber einem unter der neuen Rechtsordnung geltend gemachten Herausgabeanspruch auch der Anspruch des gutgläubigen Erwerbers auf Erstattung des Kaufpreises, der sog. Lösungsanspruch (preuß. ALR. I, 15 §§ 25 ff., Code civil Art. 2280) aufrecht erhalten werden kann, wenn der Beklagte den Besitz vor dem 1. Januar 1900 erworben hatte. Die Frage wird verneint u. a. von Heuke DJZ. 1899 S. 460, bejaht von der Mehrzahl der Schriftsteller, z. B. Planck Bem. 5, a, Habicht S. 366, 402, Niedner S. 362, Dernburg, Sachenrecht S. 292, Neumann, Komm. Bem. 2 zu Art. 181, Gierke Bd. I S. 199 Anm. Der letzteren Ansicht ist zuzustimmen, allerdings nicht aus dem von Planck angeführten Grunde, daß der aufgewandte Preis zu den „Verwendungen" zu rechnen sei, sondern im Anschluß an die Ausführungen Habichts a. a. O., N. 1, weil das Gesetz das Vertrauen zu berücksichtigen hat, das der Erwerber zu der bestehenden Rechtsordnung hatte, und weil die Ausschlußklausel dieses Artikels einengend auszulegen ist.

Beseitigt ist dagegen auch für vor dem 1. Januar 1900 eingetragene Eigentümer die Vorschrift des preuß. Eigentumserwerbsges. § 7 Abs. 2, derzufolge der Beklagte, welcher vom Kläger oder dessen Rechtsvorgänger auf Grund eines den Eigentumserwerb bezweckenden Rechtsgeschäfts den Besitz eines Grundstücks erlangt hat, die aus dem Rechtsgeschäft erwachsenen Ansprüche nur durch Klage oder Widerklage geltend machen konnte. Vielmehr ist die durch § 986 BGB. gegen die Klage des eingetragenen Eigentümers gewährte exceptio rei venditae et traditae auch dann zulässig, wenn das Rechtsgeschäft noch unter der alten Rechtsordnung abgeschlossen ist. Vgl. auch Planck Bem. 5, a.

Nebenansprüche: Soweit mit dem Herausgabeanspruch Ansprüche auf Schadensersatz und Herausgabe von Nutzungen verbunden sind, ist zu unterscheiden, ob die Beeinträchtigung unter der Herrschaft des alten oder des neuen Rechts erfolgt ist. Beispielsweise haftete nach gemeinem Recht der unredliche Besitzer (malae fidei possessor) bei Unmöglichkeit der Herausgabe, die vor Erhebung des Prozesses eintrat, nur wegen dolus (qui dolo desit possidere), während er nach BGB. §§ 990, 989 bei jeder irgendwie verschuldeten Unmöglichkeit der Herausgabe haftet. War nun die Unmöglichkeit vor dem 1. Januar 1900 eingetreten, so entscheidet das gemeine Recht. Dagegen haftet der unredliche Besitzer nach Maßgabe der angeführten §§ 990, 989 BGB. (vgl. Habicht S. 404, Planck Bem. 5, a).

Soweit der gutgläubige Besitzer Früchte vor dem 1. Januar 1900 gezogen hatte, entschied über deren Herausgabe das bisherige Recht, z. B. hatte er nach gemeinem Recht nur die noch vorhandenen herauszugeben. Dagegen waren für den Besitz vom 1. Januar 1900 ab wegen Herausgabe der Früchte und Nutzungen die §§ 993 (987 und 988) BGB. entscheidend. Derselbe Unterschied war für Verwendungen zu machen. Maßgebend war das zur Zeit ihrer Vornahme geltende Recht (vgl. Planck Bem. 5, a, Habicht S. 405, RG. in JW. 1900 S. 562, 1901 S. 237. Vgl. Bem. II, 4 zu Art. 180; and. Ans. Affolter, System S. 382, 383, OLG. Bd. 4 S. 336 [Posen]). Affolter und die angeführte Entsch. des OLG. Posen fordern eine einheitliche Regelung, Affolter nach der alten, OLG. Posen nach der neuen Rechtsordnung.

Die actio negatoria, der Anspruch wegen einer Beeinträchtigung des Eigentumsrechts, die nicht in einer Entziehung oder Vorenthaltung des Besitzes besteht (§ 1004 BGB.), war entsprechend wie der Herausgabeanspruch zu behandeln. Soweit er sich auf Verwirklichung des Eigentumsinhalts richtete, entschied ausschließlich das neuere Recht, auch wenn die Störung vor dem 1. Januar 1900 stattgefunden hatte. Soweit jedoch mit ihm ein Schadensersatzanspruch verbunden ist, entschied über den Umfang desselben diejenige Rechtsordnung, unter welche der Zeitpunkt fällt, in dem die störende Handlung vorgenommen ist. Vgl. RGZ. Bd. 31 S. 341 ff. = JW. 1900 S. 640, RGZ. Bd. 46 S. 145.

f) **Die Klage aus älterem (besseren) Besitz (actio Publiciana):** Von großer praktischer Bedeutung war unter der Herrschaft des gemeinen Rechts wegen der Schwierigkeit des Eigentumsbeweises die actio Publiciana, die auf dem Gedanken des relativ besseren Rechts beruhte und dem Ersitzungsbesitzer jedem schlechter Berechtigten gegenüber denselben Schutz, wie die Eigentumsklage gewährte. Vgl. darüber Dernburg, Pand. I § 228. Sie kam auch dem Eigentümer selbst zugute und galt für bewegliche, wie für unbewegliche Sachen. Das BGB. hat diese Klage nicht aufgenommen, sondern statt dessen, nach dem Vorbilde der deutsch-rechtlichen, sog. Fahrnisklage, den auf bewegliche Sachen beschränkten Anspruch des § 1007 BGB. eingeführt, den man zutreffend als Anspruch aus früherem Besitz bzw. als petitorische Besitzklage bezeichnet. Vgl. dazu Bem. zu § 1007 in Bd. III, 1. (Des Näheren: Frank, Vergleich der actio Publiciana mit der Klage aus § 1007, Köln 1903.) Bei Grundstücken ist die Klage aus § 1007 ausgeschlossen, da dem Bucheigentümer die Berufung auf den Eintrag genügt (§ 891 BGB.; s. Bem. VIII zu § 1007 in Bd. III, 1). Entsprechend dem zu 3 Gesagten gilt nunmehr für den Anspruch aus § 1007 dieselbe Ausschließlichkeit; die actio Publiciana wird auch in Ansehung solcher beweglicher Sachen, deren Besitz der Kläger schon vor dem 1. Januar 1900 erlangt hat, durch die Klage aus § 1007 ersetzt und gegen diese Klage sind nur die Verteidigungsmittel zulässig, welche der Klage des Besitzers gegenüber statthaft sind, die erst nach dem 1. Januar 1900 Besitzer geworden ist (vgl. Bem. IV zu § 1007). Wer dagegen bereits am 1. Januar 1900 nicht mehr Besitzer war, kann, soweit die Klage noch nicht verjährt ist, noch auf die älteren Rechtsmittel zurückgreifen; der Anspruch aus § 1007 BGB. setzt voraus, daß Kläger den Besitz noch am 1. Januar 1900 gehabt hat (vgl. Habicht S. 367 N. 2, Planck Bem. 5, d).

g) Auch für den Eigentumserwerb durch **Fund** gelten, falls auf Grund der früheren Vorschriften über den Fund das Eigentum noch nicht erworben war, ausschließlich die Bestimmungen des BGB. (§ 973); nur sofern es sich um das Schuldverhältnis zwischen dem Finder und dem Verlierer handelt, insbesondere für den Anspruch auf Finderlohn, bleibt das bisherige Recht maßgebend (Art. 170, Habicht S. 441 und Note 1).

h) Auch die **nachbarrechtlichen** Vorschriften der §§ 906—924 BGB. kommen, einerlei ob sie eine Verschärfung oder Milderung des bisherigen Rechts zugunsten des Eigentums enthalten, auch auf Eigentumsverhältnisse, die schon vor dem 1. Januar 1900 bestanden haben, zur Anwendung, daneben die auf Grund des Vorbehalts des Art. 124 zulässigen landesgesetzlichen Einschränkungen.

Im einzelnen ist hierzu hervorzuheben: Die gesetzlichen Beschränkungen des neuen Rechts (BGB. §§ 912 ff. und landesrechtliche Vorschriften Art. 124) finden Anwendung auch, sofern sie die bestehenden Beschränkungen verschärfen und zwar auch auf schon vor dem 1. Januar 1900 bestehende Anlagen, soweit nicht Ausnahmen zugunsten der letzteren in den Ausführungsgesetzen gemacht sind. (Solche Ausnahmen macht Bayern, AG.BGB. Art. 66 [Becher III, 7 S. 41], für geringere Beschränkung der zur Zeit des Inkrafttretens des BGB. bestehenden Lichtöffnungen, Fenster, Balkone, Erker und ähnlicher Anlagen, Art. 75 [Becher III, 7 S. 44] für zur Zeit des Inkrafttretens des BGB. vorhandene Bäume, Sträucher und Hecken, Weinstöcke und Hopfenstöcke, welche die nach Art. 71—74 einzuhaltende Entfernung nicht wahren.) Es kann jedoch, auch wo keine besonderen Übergangsvorschriften getroffen sind, nicht Beseitigung der Anlagen, sondern nur Einrichtung der neu angeordneten Schutzvorrichtungen verlangt werden (Habicht S. 391). Auch sind wohlerworbene Rechte, d. h. auf einem Privatrechtstitel, Vertrag, Urteil, Verjährung beruhende konkrete Berechtigungen der Rückwirkung des neuen Rechts entzogen. Vgl. Anhalt, AG.BGB. Art. 36 Abs. 4 (Becher I, 20).

α) Insbesondere ergreifen auch die neuen Vorschriften betr. den **Überbau** (§§ 912 ff. BGB.) die bereits vor dem 1. Januar 1900 errichteten Bauten (RGZ. Bd. 46 S. 143 ff., Bd. 47 S. 114 = JW. 1901 S. 52, Bd. 52 S. 15 ff., Bd. 55 S. 52, Bd. 65 S. 73 ff.; and. Ans. Fuchs in Gruchots Beitr. Bd. 44 S. 21). Allerdings ist streitig, ob diese Ausschließlichkeit auch die schon rechtshängigen Sachen ergreift; vgl. Affolter, System S. 378 N. 4, 5; Affolter verneint diese Ausdehnung; and. Ans. zutreffend Planck Bem. 4, b, α, Habicht S. 397, Niedner Bem. 4, b, εε zu Art. 181. Vgl. hierzu Bem. VIII zu § 912 in Bd. III, 1.

Die nach § 912 zu entrichtenden Überbaurenten waren aber erst vom 1. Januar 1900 an zu entrichten (Planck Bem. 4, b, α).

β) Auch die Vorschriften des BGB. über den **Notweg** (§§ 917, 918) traten sofort mit dem 1. Januar 1900 in Kraft und kamen auch dann zur Anwendung, wenn ihre Voraussetzungen schon vorher entstanden waren. Vgl. Bem. IX zu § 917 und Bem. III zu § 918 in Bd. III, 1, Planck Bem. 4, b, β Habicht S. 398; aber auch Höchtl SeuffBl. Bd. 76 S. 465 ff.

γ) Dasselbe gilt von den **Vorschriften des BGB. in §§ 919—923** betr. Errichtung von Grenzsteinen, Abmarkung, Grenzscheidungsanspruch (actio finium regundorum), Grenzgräben, Hecken, Planken, Grenzmauern (RGZ. Bd. 53 S. 307, Planck Bem. 4, b, γ; wegen Kommunmauern s. Bem. IV, 9 und VI zu § 921 in Bd. III, 1).

4. **Zu Abs. 2 (Eigentum Mehrerer nicht nach Bruchteilen; Sondereigentum an stehenden Erzeugnissen)** ist zu bemerken:

a) Das BGB. kennt als Formen des gemeinschaftlichen Eigentums nur das Miteigentum nach Bruchteilen, das sog. condominium pro partibus indivisis, ideelles Quoteneigentum im römisch-rechtlichen Sinne (§ 1008, vgl. Bem. I dazu in Bd. III, 1) und daneben ein nur für bestimmte Gemeinschaften (Gesellschaft, eheliche Gütergemeinschaft, Erbengemeinschaft) besonders geregeltes deutsch-rechtliches Miteigentum zur gesamten Hand (Bem. III zu § 1008).

Die hierauf bezüglichen Bestimmungen fanden vom 1. Januar 1900 an gemäß Abs. 1 ausschließliche Anwendung. Dies galt auch bei einem aus der älteren Rechtsordnung stammenden Miteigentum nach Bruchteilen, insbesondere auch in Ansehung der Vorschriften der §§ 1008—1011 BGB. Doch ist bis zur Anlegung des Grundbuchs für die Begründung einer Hypothek nach Art. 189 das bisherige Recht maßgebend geblieben (SeuffA. Bd. 58 Nr. 214 = BayObLGZ. Bd. 3 S. 708). Auch § 1010 BGB. über die Wirksamkeit der Vereinbarungen über Verwaltung und Benutzung der Sache, sowie über Ausschluß der Teilung setzt Anlegung des Grundbuchs voraus. Vgl. jedoch für die Zwischenzeit für Bayern, ÜbergG. Art. 40 (Becher III, 8 S. 109); Hessen, AG.BGB. Art. 165 (Becher VIII, 3 S. 62).

b) Von diesen Grundsätzen macht nun **Abs. 2 Halbs. 1** eine **Ausnahme zugunsten eines Eigentums, das zur Zeit des Inkrafttretens des BGB. an einer Sache Mehreren nicht nach Bruchteilen zusteht.** Hierbei ist nur an Miteigentumsverhältnisse des bisherigen Rechts zur gesamten Hand zu denken, und zwar auch nur an besondere Rechtsverhältnisse, die bereits auf Grund des bisherigen Rechts begründet waren, nicht an Rechtsbildungen, die auf den allgemeinen Vorschriften der bisherigen Gesetze beruhten. Die

Ausnahme hat lediglich die Verhältnisse der Realgemeinden und ähnlicher genossenschaftlicher Verbände im Auge und neben Art. 64, zu dem sie ursprünglich als Zusatz vorgeschlagen war, kaum irgendwelche praktische Bedeutung. Vgl. dazu Niedner Bem. 5, a, α, Planck Bem. 6, c, Habicht S. 410 unter Nr. 2; and. Ans. Männer im „Recht" 1900 S. 410.

Nicht unter Abs. 2 fallen demnach:

α) die ehelichen Gütergemeinschaften und Erbengemeinschaften des bisherigen Rechts, für welche Art. 200, 213 EG. in Frage kommen, so z. B. nicht die Gemeinschaft zur gesamten Hand der fortgesetzten Gütergemeinschaft des rheinischen Rechts. Art. 181 Abs. 2 hat nicht Gemeinschaften an Vermögensmassen, sondern Miteigentum und bestimmte einzelne Sachen im Auge (vgl. RG. vom 5. Jan. 1910 in WarnE. 1910 Nr. 161, Bem. VI zu Art. 200).

β) die bestehenden Miteigentumsverhältnisse an Zwischenräumen, Winkeln, Einfahrten, Brunnen usw., die den wirtschaftlichen Zwecken mehrerer Grundstücke dienen. (Vgl. Dernburg, Preuß. Privatr. I § 224, Zachariae, Handb. d. franz. R. I § 197 Ziff. 22, SeuffA. Bd. 7 Nr. 176, Bd. 15 Nr. 126, Bd. 22 Nr. 138, Bd. 24 Nr. 239, SeuffBl. Bd. 5 S. 566, BayObLGZ. Bd. 6 S. 68, Bd. 7 S. 401, Zimmermann ArchZivPrax. Bd. 54 S. 421, Dernburg, Pand. § 197). Es handelt sich hier um gewöhnliches Miteigentum nach Bruchteilen, jedoch unter Ausschluß des Rechts auf Aufhebung der Gemeinschaft (Copropriété avec division forcée). Wegen Umwandlung solcher Miteigentumsverhältnisse in eine Grunddienstbarkeit vgl. Bayern, ÜbergG. Art. 43; pfälz. LiegenschG. Art. 21 (Becher III, 3 S. 12 und 8 S. 110); Bremen, AG.BGB. § 25 (Becher V, 1 S. 7); [Elsaß-Lothringen, AG.BGB. § 76 (Becher VI, 1 S. 14)]; Hessen, AG. BGB. Art. 139 (Becher VIII, 3 S. 57); Oldenburg-Birkenfeld, AG.BGB. § 42 (Becher XIII, 7 S. 38).

γ) Auch das dem französischen Rechte eigentümliche Miteigentumsverhältnis der Nachbarn an einer Grenzmauer (mitoyenneté) ist durch Abs. 2 nicht aufrechterhalten. Zustimmend Fribolin a. a. O. (*-Note).

c) Eine weitere Ausnahme macht **Abs. 2 Halbs. 2 zugunsten eines am 1. Januar 1900 bestehenden Sondereigentums an stehenden Erzeugnissen eines Grundstücks.** Die Vorschrift des § 93 BGB. (wesentliche Bestandteile) steht in dieser Hinsicht auf dem Standpunkte des römischen Rechts und läßt nicht zu, daß wesentliche Bestandteile einer Sache Gegenstand besonderer Rechte sind (s. oben Bem. 3, b). Dagegen kannte das preuß. ALR. I, 22 §§ 200, 187, 197 ein Sondereigentum am wildaufwachsenden Holze, das württembergische Recht an Obstbäumen, das französische Recht an Bäumen, die an einer Staatsstraße angepflanzt sind. Soweit solches Sondereigentum vor dem 1. Januar 1900 im einzelnen Fall begründet ist, wird es durch Abs. 2 Halbs. 2 in seinem Bestehen anerkannt. Dagegen bilden etwaige seitdem nachgewachsene oder nachgepflanzte Bäume einen wesentlichen Teil des Grundstücks. Aus dem Vorbehalte folgt, daß die unter denselben fallenden Bäume selbständig, auch vor ihrer Trennung weiterveräußert, auch verpfändet werden können. Für diese Weiterveräußerung und Belastung selbst sind aber die Vorschriften des neuen Rechts maßgebend. Der Vorbehalt ergreift nur Erzeugnisse des Grundstücks. Das Eigentum an wesentlichen Bestandteilen im Sinne des neuen Rechts, beispielsweise am sog. tignum junctum, an Gebäuden und Bestandteilen eines solchen, ist, soweit es nach der früheren Rechtsordnung bestand, erloschen. Vom 1. Januar 1900 konnte also beispielsweise nicht mehr, wie nach früherem preußischen Rechte (Dernburg, Preuß. Privatrecht I § 150 Note 10) Eigentum an einem Gebäude auf Abbruch, Sondereigentum an Baumaterialien schon vor der Trennung erworben werden (s. § 956 und Bem. I, 1, a, γ hiezu in Bd. III, 1).

5. Ausführungsgesetze:

Preußen: Art. 24 AG.BGB. (Becher XIV, 1 S. 13; Scheidemauer im Gebiete des rheinischen Rechts);

Bayern: Art. 40, 41, 43 ÜbergG. (Becher III, 8 S. 109 f.; Miteigentum; vgl. oben Bem. 2, a, 4, a); Art. 19 und 21 pfälz. LiegenschaftsG. (Becher III, 3 S. 12; Sondereigentum an einem Bauwerk, Umwandlung in Erbbaurecht, Miteigentum, Umwandlung in Grunddienstbarkeit; s. oben Bem. 4, b, β); Art. 66—70, 75 ff., 81, 82, 85—87 AG.BGB. (Becher III, 8 S. 114 f., 121 f.; s. oben Bem. 4, b);

Sachsen hat keine besondere Übergangsvorschrift;

Württemberg: Art. 244, 245 AG.BGB. (Becher XXVI, 1 S. 59; betr. Grenzbäume und Wald);

Baden: Art. 14, 16, 17 AG.BGB. (Becher II, 9 S. 22; Scheidewand, Wald, vorhandene Sträucher, Bäume, Waldungen; s. oben Bem. 3, h); nunmehr Art. 9, 11, 12 AG.BGB. in der Fassung der Bek. vom 13. Okt. 1925 (GVBl. S. 283);

Thüringen: Art. 151, 152 AB.BGB. vom 16. Mai 1923 (GS. S. 301; Bäume, Sträucher, Waldgrundstücke, Nachbarrecht); von den Ausführungsvorschriften der nun zu dem Lande Thüringen vereinigten Länder s. Sachsen-Weimar §§ 113, 117 AG.BGB. (Becher XXI, 3 S. 23 f.); Sachsen-Meiningen Art. 15 § 3 AG.BGB. (Becher XX, 1 S. 10); Sachsen-Koburg-Gotha Art. 28 § 16 AG. BGB. (Becher XIX, 8 S. 64); Sachsen-Altenburg § 71 AG.BGB. (Becher XVIII, 1 S. 15 f.); Reuß ä. L. § 99 AG.BGB. (Becher XV, 2 S. 16 f.); Reuß j. L. § 70 AG.BGB. (Becher XVI, 1 S. 16); Schwarzburg-Rudolstadt Art. 69, 73 AG.BGB. (Becher XXIII, 2 S. 15); Schwarzburg-Sondershausen Art. 31 § 8 AG.BGB. (Becher XXIV, 1 S. 14);

Hessen: Art. 215, 221 AG.BGB. (Becher V, 3 S. 76 f.; Scheidemauer; s. Bem. 3, a); G. vom 9. Jan. 1926 über Liegenschaftskataster und über Abmarkungen und AusfVO. hiezu;

Hamburg: § 51 AG.BGB. (Becher VII, 1 S. 9; s. oben Bem. 3, a);

Mecklenburg-Schwerin: § 183 AG.BGB. (Becher XI, 2 S. 39; vgl. Bem. 3, a);

Oldenburg: s. die in Bem. 3, a angeführten Gesetze;

Braunschweig: § 47 AG.BGB. (Becher IV, 1 S. 11; betr. Grenzbäume, Sträucher);

Anhalt: Art. 34, 36, 37 AG.BGB. (Becher I, 3 S. 19 ff.; Scheidemauer, Lichtöffnungen, Abtritte usw.);

Bremen: §§ 24, 25 AG.BGB. (Becher V, 1 S. 6 f.; gemeinschaftliche Mauer, Miteigentum; s. oben Bem. 3, h, 4, a);

Mecklenburg-Strelitz §§ 150 ff., 181 AB.BGB. (Becher XII, 1 S. 31, 35);

[Elsaß-Lothringen: § 76 AG.BGB. (Becher VI, 1 S. 14)].

Art. 182.*)

Das zur Zeit des Inkrafttretens des Bürgerlichen Gesetzbuchs bestehende Stockwerkseigentum bleibt bestehen. Das Rechtsverhältnis der Beteiligten unter einander bestimmt sich nach den bisherigen Gesetzen.

E. I, 106 Abs. 1; II, 154; III, 181.

Stockwerkseigentum (Geschoßeigentum, Herbergsrecht):

1. Über die Entstehungsgeschichte dieses Artikels siehe Bem. 1 zu Art. 180. B. VI, 629, 630.

2. Inhalt. Bestehendes Stockwerkseigentum.

Abweichend von dem durch das BGB. angenommenen Grundsatze: superficies cedit solo (§ 93 BGB.) kannte das französische Recht (Code civil Art. 669), Baden, rechtsrhein. Bayern, Sachsen, Meiningen, Frankfurt a. M., Württemberg, Schleswig ein als Eigentum an einzelnen Gebäudeteilen nach horizontaler Teilung gedachtes Stockwerkseigentum. Ein neues Stockwerkseigentum in dieser Rechtsform kann seit 1. Januar 1900 nicht mehr begründet werden. Dagegen gestattet der Vorbehalt Art. 131 auch für die Zukunft ein sog. uneigentliches Stockwerkseigentum unter anderer Rechtsform, nämlich als Miteigentum nach Bruchteilen unter ausschließlicher Benutzung eines Teils zu begründen. Vgl. die Bem. zu Art. 131; s. auch Bem. 3 zu § 1010 in Bd. III, 1.

---

*) Schrifttum: Hübner, Grundzüge des D. Privatrechts, 2. Aufl. S. 158; Schüle, Vom Stockwerkseigentum in Württemberg, WürttZ. Bd. 44 (1902) S. 71; Henschel, Das Stockwerkseigentum, Gesetz und Recht Bd. 7 S. 217; R. Schröder in der Heidelberger Festgabe von 1896 S. 101 ff.; Habicht § 40, III S. 415 ff.; Meisner, Das in Bayern geltende Nachbarrecht, 3. Aufl. (1923) § 3 S. 30 ff.; Meisner-Stern, preußisches Nachbarrecht § 3 S. 36 ff.; Henle-Schneider, Die bayer. AusfGesetze zum BGB. S. 463 ff.; Oertmann, Bayr. Landesprivatrecht § 74; Oberneck, Reichsgrundbuchrecht, 4. Aufl. Bd. I § 64 S. 558.

Ferner kann die Landesgesetzgebung nach Art. 218 auch das bestehende Stockwerkseigentum abändern bzw. in den Rahmen des Art. 131 überleiten.

a) Nach **Satz 2** des Art. 182 bleiben auch für das bestehende Stockwerkseigentum die bisherigen Gesetze insoweit maßgebend, als es sich um das **Rechtsverhältnis unter den Beteiligten** handelt, so um die Rechte an dem gemeinschaftlich benützten Teile des Gebäudes, um die Unterhaltungspflicht. Für das eigentliche Stockwerkseigentum des älteren Rechts gilt also die Vorschrift des Art. 173 EG. nicht, gleichviel ob es eine Gemeinschaft nach Bruchteilen darstellt oder nicht (Habicht S. 418, Planck Bem. 5). Die Unteilbarkeit des Rechts und die Vorkaufsrechte haben auch ohne Eintragung im Grundbuch Wirksamkeit gegen Dritte (c. c. Art. 664).

Eine Veränderung des Stockwerkseigentums, so namentlich eine Erstreckung auf eine Grundstücksfläche oder auf Gebäudeteile, die vor dem 1. Januar 1900 nicht Gegenstand desselben waren, ist nicht zulässig (Bay. ObLGZ Bd. 3 S. 1023 = SeuffA. Bd. 58 Nr. 99), ebensowenig eine Teilung eines Stockwerkseigentums, weil durch dieselbe ein neues solches Recht begründet würde (OLG. Stuttgart RJA. Bd. 6 S. 82; Habicht S. 416 Note 1; a. M. in beiden Beziehungen Planck Bem. 3).

b) Das bestehende Stockwerkseigentum kann unter Lebenden und von Todes wegen übertragen, belastet und geändert werden. Die Übertragung, Belastung und Änderung richtet sich von der Anlegung des Grundbuches ab nach den Vorschriften des neuen Rechtes, insbesondere nach denjenigen, welche für Grundstücke gelten (§§ 873 BGB.). Die Behandlung des Stockwerkseigentums im Grundbuch richtet sich gemäß § 83 GBO. nach Landesrecht; dieses hat zu bestimmen, ob das Stockwerkseigentum ein selbständiges Blatt im Grundbuch erhalten soll (anders für das Stockwerkseigentum nach Art. 131 EG.; s. dort Bem. 4, Habicht S. 418f., Oberneck, RGrBR. Bd. I § 64, Güthe-Triebel, GBO. Bem. 19 zu § 3, für rheinpreußisches Recht Achilles-Strecker, GBO. S. 16 (KGJ. Bd. 16 S. 525), für bayrisches Recht VO. vom 23. Juli 1898 § 17, JMBek. vom 23. Juli 1898 § 73 für die rechtsrhein. Landesteile, JMBek. vom 14. Sept. 1898 Nr. 248, 271 für die Pfalz). Vor Anlegung des Grundbuchs bleiben die bisherigen Gesetze maßgebend (Art. 189).

c) Auch für den Untergang des Stockwerkseigentums ist von der Anlegung des Grundbuchs ab das neue Recht maßgebend; er erfolgt durch Löschung des Rechts. Streitig ist, ob bei Zerstörung des Gebäudes das bestehende Stockwerkseigentum erlischt oder ob es nach Wiederaufbau „wieder auflebt". Wird das Gebäude ohne den Willen der Berechtigten, durch Brand, Erdbeben, zerstört und in der nämlichen Weise, wie es vorher bestanden hatte, wieder hergestellt, dann war durch höhere Gewalt die Ausübung der Rechte vorübergehend unmöglich gemacht, durch Herstellung des früheren Zustandes setzen sich die Berechtigten in die Lage, die früher bestandenen Rechte wieder auszuüben. Beseitigen dagegen die Berechtigten das Gebäude, um ein neues in anderer Gestalt an seine Stelle zu setzen, so ist ein Wiederaufleben auch an den entsprechenden Teilen des neuen Gebäudes ausgeschlossen; denn die Berechtigten haben sich hier der Möglichkeit der Ausübung ihres Rechtes, so wie es ihnen bisher zustand, selbst begeben (vgl. über die verschiedenen Meinungen Oertmann a. a. O. S. 319, Henle-Schneider Bem. 9 zu Art. 42 ÜbergG., Meisner a. a. O. S. 38 und Anm. 2—4, Meisner-Stern a. a. O. § 3, IV, Habicht S. 416, Oberneck S. 559, Planck Bem. 3 zu Art. 182).

3. Landesgesetze: Über Stockwerkseigentum in einzelnen Gebieten Preußens s. Meisner-Stern a. a. O. S. 38ff.

Für Bayern s. Art. 42 ÜbergG. (Becher III, 8 S. 109), Art. 20 LiegenschaftsG. für die Pfalz (Becher III, 3 S. 12). Das Stockwerkseigentum wird nach Maßgabe des Art. 131 EG. in Miteigentum umgewandelt; vgl. dazu Meisner a. a. O. S. 33ff., Oertmann, Bayer. LPrR. S. 317, 318, Habicht S. 420, 421, ferner Henle-Schneider, Komm. z. AG.BGB. S. 463, Schneider, Das Liegenschaftsrecht in der Pfalz S. 194ff. Unzulässig ist die Erstreckung der Grundteilung über die Grundfläche hinaus, auf der sie am 1. Januar 1900 bestanden hat (BayObLGZ. Bd. 3 S. 1023f.).

Über den Eintrag im Grundbuche s. JMBl. vom 14. Sept. 1898 über die Anlegung des Grundbuchs in der Pfalz Nr. 248 und vom 1. Okt. 1898 über die Vorbereitung der Anlegung des Grundbuchs in Bayern r. d. Rh. § 73, sowie §§ 173, 220, 296, 397 der Dienstanweisung für die Grundbuchämter.

Über das in Württemberg auf Grund Gewohnheitsrecht bestehende, von den Gerichten anerkannte Stockwerkseigentum s. Mayer, WürttAG.BGB. Tl. II S. 282 ff.; über Auffassung eines Kellerrechts als Stockwerkseigentum WürttJMin. in WürttZ. 1926 S. 12.

Für Hessen ist einschlägig AG.BGB. Art. 216—219 (Becher VIII, 3 S. 76, 77). Hessen läßt das Sondereigentum bestehen, regelt aber daneben das Miteigentum an gemeinschaftlichen Teilen des Gebäudes (Hofraum, Treppen), und dehnt auf diese die §§ 743 Abs. 2, 744—746 BGB. aus, nicht jedoch den § 742; vgl. dazu Habicht S. 419, 420.

Art. 183.

Zugunsten eines Grundstücks, das zur Zeit des Inkrafttretens des Bürgerlichen Gesetzbuchs mit Wald bestanden ist, bleiben die landesgesetzlichen Vorschriften, welche die Rechte des Eigentümers eines Nachbargrundstücks in Ansehung der auf der Grenze oder auf dem Waldgrundstücke stehenden Bäume und Sträucher abweichend von den Vorschriften des § 910 und des § 923 Abs. 2, 3 des Bürgerlichen Gesetzbuchs bestimmen, bis zur nächsten Verjüngung des Waldes in Kraft.

E. I, 67; II, 95; III, 121 Abs. 1.

1. Über die **Entstehungsgeschichte** des Artikels s. Bem. 1 zu Art. 122; vgl. auch Sten. Sitzungsbericht des Reichstags S. 3035. (P. III, 144—148, VI, 428.)

2. Inhalt. Eigentumsbeschränkungen an Waldgrundstücken. Der Art. 183 enthält eine weitere Ausnahme von Art. 181 Abs. 1 und trifft eine Übergangsbestimmung zugunsten der am 1. Januar 1900 bereits bestehenden Wälder.

Im einzelnen ist folgendes zu bemerken:

a) Nach § 910 BGB. kann der Eigentümer eines Grundstücks vom Nachbargrundstück eingedrungene Baum- und Strauchwurzeln sowie überragende Zweige (nach Ablauf einer angemessenen Frist zur Beseitigung) selbst beseitigen und behalten. Vorausgesetzt wird eine Beeinträchtigung der Benutzung des Grundstücks. Nach § 923 Abs. 2, 3 kann er die Beseitigung eines auf der Grenze stehenden Baumes oder Strauches, wenn er nicht als Grenzzeichen dient und durch kein zweckmäßigeres Grenzzeichen ersetzt werden kann, verlangen. Der Art. 183 hält abweichende landesgesetzliche Vorschriften bis zur nächsten Verjüngung des Waldes aufrecht.

b) Diese Übergangsbestimmung gilt für jeden einzelnen bestehenden Wald nur bis zu dessen nächster Verjüngung. Sie gilt also weder für Wälder, welche erst vom 1. Januar 1900 an neu angelegt werden, noch für Waldgrundstücke, welche nach einem durchgeführten Kahlhieb erst vom 1. Januar 1900 an wieder aufgeforstet werden. Der Regierungsantrag, die Vorschrift allgemein zu fassen und nicht auf bestehende Wälder zu beschränken, weil nach örtlichen Verhältnissen ein weitergehender Schutz des Waldes, insbesondere wegen der Gefahr des Windbruchs, erforderlich sein könne, wurde abgelehnt, indem man von der Ansicht ausging, daß die §§ 910 und 923 BGB. auch für die Interessen des Waldes im allgemeinen vollständig genügten (RTK. 440 b S. 6).

c) Die Übergangsbestimmung dieses Artikels hält nur jene (bestehenden oder auf Grund des Art. 218 neu zu erlassenden) landesgesetzlichen Vorschriften aufrecht, welche der Erhaltung des Waldes günstiger sind als § 910 und § 923 Abs. 2 und 3 BGB., welche also die Rechte des Eigentümers des mit dem Walde zusammenstoßenden Grundstücks in Ansehung der auf der Grenze oder auf dem Waldgrundstücke stehenden Bäume weiter als die Vorschriften des § 910 und des § 923 Abs. 2 und 3 BGB. beschränken (was sich aus den Worten „zugunsten eines Grundstücks, das usw." ergibt).

d) Über das bisherige Recht vgl. Stobbe, DPR. Bd. 2 § 85 Ziff. 8 S. 102 ff., ferner Bem. 3 zu Art. 122.

3. Auf einem anderen Standpunkt als die Art. 122 und 183 steht Art. 124, welcher landesgesetzliche Bestimmungen darüber zuläßt, daß Bäume und Sträucher nur in einem bestimmten Abstande von der Grenze gehalten werden dürfen.

4. Landesgesetze: Wo auf Grund des Art. 183 Ausführungsvorschriften nicht erlassen wurden, so in Preußen, Sachsen, Baden, verbleibt es bei den bestehenden Vorschriften (Habicht S. 387 Note 2); s. für Preußen PLR. Tl. I Kap. 9 §§ 287, 288, für Sachsen sächs. BGB. §§ 362, 363 (hiezu Kloß-Müller, Sächs. Landesprivatrecht, 3. Aufl. § 66, II S. 140), für Baden Art. 12 AG.BGB. in der Fassung vom 13. Okt. 1925 (GVBl. S. 283).

Besondere Ausführungsbestimmungen: Bayern Art. 9 ÜbergG. (Becher III, 8 S. 102); Württemberg Art. 245 AG.BGB. (Becher XXVI, 1 S. 59); Thüringen § 151 Abs. 2 AB.BGB. vom 16. Mai 1923 (GS. S. 301); die Ausführungsbestimmungen der thüringischen Länder sind durch Art. 155 Abs. 1 AB.BGB. beseitigt; Hessen Art. 88 AG.BGB. (Becher VIII, 3 S. 47); Mecklenburg-Schwerin § 182 AB.BGB. (Becher XI, 2 S. 39); Mecklenburg-Strelitz § 180 AB.BGB. (Becher XII, 1 S. 35); Braunschweig § 47 AG. BGB. (Becher IV, 1 S. 11).

Art. 184.*)

Rechte, mit denen eine Sache oder ein Recht zur Zeit des Inkrafttretens des Bürgerlichen Gesetzbuchs belastet ist, bleiben mit dem sich aus den bisherigen Gesetzen ergebenden Inhalt und Range bestehen, soweit sich nicht aus den Artikeln 192 bis 195 ein Anderes ergibt. Von dem Inkrafttreten des Bürgerlichen Gesetzbuchs an gelten jedoch für ein Erbbaurecht die Vorschriften des § 1017, für eine Grunddienstbarkeit die Vorschriften der §§ 1020 bis 1028 des Bürgerlichen Gesetzbuchs.

E. I, 106 Abs. 2; II, 155; III, 183.

Dingliche Rechte an fremden Sachen oder Rechten.

I. Über die **Entstehung** des Artikels s. Bem. 1 zu Art. 180. Vgl. auch P. VI, 516—520, 555, 556, 629—631.

II. **Inhalt im allgemeinen:** Der Art. 184 stellt für die Rechte an fremder Sache — „Sache" im weiteren Sinne der wissenschaftlichen Sprache, also nicht im engen Sinne des BGB. § 90; s. Einleitung zum Sachenrecht Bem. II, 1, a in Bd. III, 1 S. 3, 4 — also für die Rechte an körperlichen Sachen und an Rechten, jura in re aliena, einen Grundsatz auf, der von dem im Art. 181 für das Eigentum aufgestellten Grundsatz abweicht. Während Art. 181 eine sog. Ausschlußklausel enthält, enthält Art. 184 eine „Gewährungsklausel", über den Grund dieser Regelung s. Mot. S. 265.

Grundsatz ist nach Art. 184 Satz 1: Die dinglichen Rechte an fremder Sache bleiben mit dem sich aus bisherigen Gesetzen ergebenden Inhalt und Rang bestehen.

Von diesem Grundsatz, daß die Rechte mit dem bisherigen Inhalt bestehen bleiben, bestehen folgende Ausnahmen:

1. Abweichungen ergeben sich aus den Vorschriften der Art. 192—195 über Grundstückspfandrechte von der Anlegung des Grundbuchs an. Für diese stellt Art. 192 eine reichsrechtliche Überleitungsregel auf; in Art. 193 wird der Landesgesetzgebung eine besondere Umwandlungsbefugnis (Brief- und Sicherungshypotheken) eingeräumt und in Art. 194 die Möglichkeit eröffnet, landesgesetzlich für den Fall der Vereinigung des Pfandrechts mit dem Eigentum in einer Person (Konsolidation) dem Gläubiger die Löschung des Pfandrechts zu gestatten (Schutz gegen Beeinträchtigungen durch die neuen Vorschriften über die Eigentümerhypothek). Art. 195 regelt die Überleitung der Grundschulden und enthält in Abs. 2 ebenfalls eine Ermächtigung für die Landesgesetzgebung hinsichtlich der Umwandlung der Grundschulden in Hypotheken bei Anlegung des Grundbuchs.

---

*) Schrifttum: Habicht S. 425 ff.; Affolter, System S. 259 ff.; Enneccerus-Wolff, Sachenrecht 7. Bearb. § 111 S. 379 f., § 112, VI S. 384; § 125 S. 423 f.; Bollenbeck, Die preußische Eigentümerhypothek in der Übergangszeit, „Recht" Bd. 5 S. 369; Becker, Die Kellerrechte im Großherzogtum Baden, BadNotZ. 1907 S. 87 ff.; Stegemann, Bemerkungen betr. die vor dem 1. Januar 1900 eingetragenen Kautionshypotheken preußischen Rechts, GruchotsBeitr. Bd. 46 S. 322 f.; Kriener, Verlustgefahr der unter bisherigem Recht entstandenen und nicht gebuchten Dienstbarkeiten in Bayern, SeuffBl. Bd. 71 S. 287 f.; Graf, Die sog. öffentlich-rechtlichen Wegedienstbarkeiten in Württemberg, WürttNpflZ. 1914 S. 140 ff.; Schmitt, Der Rang der nicht eingetragenen superfiziarischen Rechte, BayNotZ. 1915 S. 146.

2. In Satz 2 wird den Vorschriften des § 1017 BGB. für das Erbbaurecht und den Vorschriften der §§ 1020—1028 BGB. für Grunddienstbarkeiten Ausschließlichkeit gewährt. Vgl. unten Bem. IV.

Die Auslegung des Art. 184 hat hauptsächlich wegen der Vieldeutigkeit des Begriffes „Inhalt des Rechts" zu zahlreichen Zweifeln Anlaß gegeben. Vgl. unten Bem. III, 2, b.

III. Zu der **Regel des Satz 1** ist im einzelnen zu bemerken:

1. Art. 184 handelt von den **Rechten, mit denen eine Sache oder ein Recht zur Zeit des Inkrafttretens des BGB. belastet ist;** nicht auf den Zeitpunkt der Grundbuchanlegung kommt es an. Ob eine Sache oder ein Recht in jenem Zeitpunkt mit einem dinglichen Rechte belastet ist, dafür ist das bisherige Recht maßgebend.

Art. 184 bezieht sich sowohl auf die an einer beweglichen Sache als auf die an einem Grundstücke bestehenden Rechte und sowohl auf die an einem Forderungsrecht als auch auf die an einem dinglichen Rechte begründeten Rechte. Es muß sich aber um ein dingliches Recht handeln, mit welchem die Sache (das Wort hier im weiteren wissenschaftlichen Sinne genommen) belastet ist. Soweit es sich um Rechte an Grundstücken handelt, kommen nicht bloß eingetragene Rechte in Betracht (RG. in JW. 1903 Beil. S. 117, RGZ. Bd. 55 S. 315, Bd. 56 S. 10 = JW. 1904 S. 5, JW. 1904 S. 282, 283, RGZ. Bd. 66 S. 28, Planck Bem. 2; and. Ans. früher RGZ. Bd. 48 S. 61; s. hiezu die Kritik von Affolter S. 260). Unter Art. 184 fallen auch solche Rechte, die in die geschlossene Zahl der Sachenrechte des BGB. (s. Einleitung zum 3. Buch Bem. III in Bd. III, 1 S. 5) nicht mehr Aufnahme gefunden haben und deren Begründung nach neuem Recht nicht mehr zulässig wäre, wie z. B. die superficies des gemeinen Rechts, dingliche Miet- und Pachtrechte, vererblicher Nießbrauch (Habicht S. 427, Affolter S. 260, Niedner Bem. 4, Planck Bem. 2, OLG. Bd. 6 S. 203). In Betracht kommen namentlich der Nießbrauch, beschränkte persönliche Dienstbarkeiten, Reallasten, Pfandrechte an beweglichen Sachen, Vor- und Wiederkaufsrechte. Nach OLG. Hamburg (HansGZ. 1904 Beil. S. 126, 233) fällt auch die Rentenschuld unter Art. 184, da die Art. 192—194 die Rentenschuld nicht erwähnen und Art. 195 nicht anwendbar ist, weil die Rentenschuld keine Grundschuld ist.

Nicht unter Art. 184 fallen hienach:

a) die sog. Rechte zur Sache. Vgl. dazu Einleitung zum 2. Buch Bem. I, 2 in Bd. II S. 9 und Einleitung zum 3. Buch Bem. 3, a in Bd. III, 1 S. 2, Bem. 2 zu Art. 179;

b) sog. selbständige Rechtspositionen der älteren Rechte, wie z. B. der Besitz, auch nicht der sog. publizianische (actio Publiciana, vgl. dazu Bem. 3, e zu Art. 181 oben), und der französisch-rechtliche Mobiliarbesitz. A. M. Niedner Bem. 4, a, β; es handelt sich aber hier zweifellos nicht um eine „Belastung".

Auch den Protestationen des alten bayerischen Hypothekenrechts (§ 27 des Bayer. HypG. vom 1. Juni 1822) kommt eine dingliche Wirkung, die ihren Bestand auf Grund dieses Artikels sichert, nicht zu (vgl. darüber Gerstlauer, Die Protestationen des alten bayerischen Hypothekenrechts und das geltende Recht in BayZ. 1912 S. 433 ff.). Dieselben entstammen demselben Rechtsgedanken, wie der Widerspruch nach § 899 Abs. 1 BGB. und nach § 1139 BGB.; soweit sie auch nach der formellen und materiellen Seite mit diesem Widerspruch übereinstimmen, ist ihnen auch unter der Herrschaft des neuen Rechts Rechtswirksamkeit zuzuerkennen. Alle anderen Wirkungen aber haben von dem Zeitpunkt ab, in dem das Grundbuch als angelegt anzusehen ist, jegliche Geltung verloren; es kommt ihnen nur mehr der Wert einer mehr oder weniger beweiskräftigen Urkunde zu. Vgl. auch Bem. VII zu § 899 in Bd. III, 1.

c) Art. 184 bezieht sich nur auf solche dingliche Rechte, die einem andern kraft besonderen rechtsgeschäftlichen Erwerbsgrundes zustehen, nicht auf diejenigen, die er kraft Gesetzes hat. Demnach fallen auch nicht unter diesen Artikel:

α) die sog. Legalservituten, die vielmehr als gesetzliche Eigentumsbeschränkungen nach der Vorschrift des Art. 181 zu behandeln sind (Habicht S. 426, Niedner Bem. 4, a);

β) diejenigen Rechte an Sachen oder Rechten, für welche nach den Vorschriften des 3. Abschnitts des EG. (Art. 59 ff.) auch fernerhin die Landesgesetze in Kraft bleiben, z. B. bäuerliche Nutzungsrechte usw.;

γ) das vertragsmäßige französisch-rechtliche Rückfallsrecht (retour conventionnel, droit de reversion, Code civil art. 1183, 1184, 960), vgl. dazu Habicht S. 218 Note 2, Niedner Bem. 4, b, γγ, Planck Bem. 3. Die Frage ist auch durch die Ausführungsgesetze geregelt; s. für Preußen Art. 25 AG.BGB. (Becher XIV, 1 S. 13); Bayern Art. 17 LiegenschaftsG. für die Pfalz (Becher III, 3 S. 11), Art. 39 ÜbergG. (Becher III, 8 S. 108 f.); [Elsaß-Lothringen § 113 AG.BGB. (Becher VI, 1 S. 22)]; Hessen Art. 43, 44 G. die Anlegung des Grundbuchs betr. (Becher VIII, 2 S. 23).

δ) Wegen des antichretischen Pfandrechts an Immobilien s. Bem. II, 1, A, d zu Art. 192; das Recht auf Besitz und Nutzung fällt unter Art. 184.

2. Rechte, die unter Art. 184 fallen (s. Bem. 1), **bleiben mit dem bisherigen Inhalte und Range bestehen,** wenn sie zur Zeit des Inkrafttretens des BGB. entstanden waren, also auf der Sache, dem Rechte lasteten. Erforderlich, aber auch genügend ist es, wenn alle in den bisherigen Gesetzen für die Entstehung des dinglichen Rechtes aufgestellten Erfordernisse unter der Herrschaft des bisherigen Rechts eingetreten sind; es müssen nicht auch die etwa abweichenden Erfordernisse des BGB. für die Entstehung des betreffenden Rechts erfüllt sein. Es genügt nicht, daß bloß der schuldrechtliche Vertrag, der zur Bestellung des dinglichen Rechtes verpflichtet, vor dem Inkrafttreten des BGB. geschlossen ist; wird ein solcher Vertrag erst nach dem 1. Januar 1900 erfüllt, so sind für Begründung und Inhalt des Rechts die Vorschriften des BGB. maßgebend (s. Planck Bem. 4).

a) Unter dem **Inhalte** der Rechte ist die Gesamtheit der Befugnisse und Verpflichtungen im Verhältnis zwischen Berechtigten und Eigentümer zu verstehen (s. die eingehende Darlegung bei Niedner Bem. 3, auch Planck Bem. 5, RGZ. Bd. 56 S. 381). Wegen der Ausnahme für Erbbaurecht und Dienstbarkeiten s. Bem. IV.

Auch die Übertragbarkeit des Rechtes gehört zu seinem Inhalte. Dagegen vollzieht sich die Übertragung selbst vom 1. Januar 1900 ab nach dem neuen Recht (Planck Bem. 5, a, γ, Niedner Bem. 3, b). Dasselbe gilt für die Form der Belastung und Aufhebung. Soweit es sich jedoch um Rechte an Grundstücken (und Rechte an einem solchen Rechte) handelt, richten sich Begründung, Übertragung, Belastung und Aufhebung gemäß Art. 189 auch noch nach Inkrafttreten des BGB., bis das Grundbuch angelegt ist, nach bisherigem Recht.

Die Rechte erlöschen aus den in den bisherigen Gesetzen vorgesehenen Gründen, da auch die dem einzelnen Rechte eigenen Erlöschungsgründe zu seinem Inhalte gehören. Es können aber auch andere, dem neuen Rechte zu entnehmende Gründe das Erlöschen herbeiführen, soferne es sich um die Wirkung von Ereignissen handelt, die mit dem Inhalte des Rechts nicht zusammenhängen (vgl. Habicht S. 430, Planck Bem. 5, a, δ).

b) Was den **Rang** der Rechte betrifft, so gilt insbesondere die Vorschrift des § 879 BGB., nach der für das Rangverhältnis die Reihenfolge der Eintragungen maßgebend ist, auch nach erfolgter Anlegung des Grundbuchs, für ältere Rechte an Grundstücken nicht, soweit nicht die Ausführungsgesetze etwas besonderes bestimmen (Planck Bem. 5, b, Habicht S. 429). Dagegen ist § 880 BGB., der die Rangänderung zuläßt und regelt, anwendbar.

3. Die Vorschriften des BGB. über den Schutz des guten Glaubens beim Erwerb von dinglichen Rechten (§§ 932 ff., 1032, 1207, 1208 BGB.) und über den öffentlichen Glauben des Grundbuchs (§§ 892, 893 BGB.) finden auch gegenüber altrechtlichen dinglichen Rechten Anwendung und können so deren Rang und Bestand beeinflussen, soferne der geschützte Rechtserwerb unter der Herrschaft des BGB. (s. auch Art. 189 EG.) erfolgt (so gegen Affolter S. 261 mit zutreffender Begründung Planck Bem. 5, c; ebenso Niedner Bem. 2, a, Habicht S. 430).

IV. Die **Ausnahmen des Satzes 2:**

1. Für ein **Erbbaurecht** gelten die Vorschriften des § 1017 BGB. (vgl. die Erläuterungen hiezu in Bd. III, 1 S. 784 ff.); § 1017 BGB. bleibt auch nach Inkrafttreten der ErbbauVO. vom 15. Jan. 1919 (RGBl. S. 72 ff.) anwendbar, da nach § 38 dieser VO. für Erbbaurechte, mit denen ein Grundstück vorher belastet war, die bisherigen Gesetze maßgebend blieben. Nach § 1017 BGB. gelten für das Erbbaurecht die sich auf Grundstücke beziehenden Vorschriften; es finden die für den Erwerb des Eigentums und die Ansprüche aus dem Eigentum geltenden Vorschriften entsprechende Anwendung. Auch vor dem Inkrafttreten des BGB. entstandene Erbbaurechte sollen also Grundstücken gleich behandelt werden. Voraussetzung ist, daß das vor dem 1. Januar 1900 begründete Recht allen rechtlichen Erfordernissen, welche das BGB. für ein Erbbaurecht aufgestellt hat, entspricht (s. §§ 1012—1014 BGB.). Nicht § 1017 BGB., sondern das bisherige Recht ist also maßgebend, sofern das Erbbaurecht des alten Rechts am 1. Januar 1900 einen dem BGB. fremden, nach demselben nicht mehr zulässigen Inhalt hatte, z. B. auf einen Teil des Gebäudes beschränkt war (ebenso Planck Bem. 6, a Abs. 2, Niedner Bem. 6, b, α). Ob ein vor dem Inkrafttreten des BGB. entstandenes Recht als Erbbaurecht anzusehen ist, wird nach dem Rechte des BGB. beurteilt (BayObLGZ. Bd. 14 S. 254). Vgl. wegen des sächsischen Bau- und Kellerrechts Kloß-Müller, Sächs. Landesprivatr. 3. Aufl. § 120, III S. 279 f.

2. Für eine **Grunddienstbarkeit** gelten die Vorschriften der **§§ 1020—1028 BGB.**, demnach alle Sondervorschriften des BGB. über Grunddienstbarkeiten mit Ausnahme jener der §§ 1018, 1019 und 1029 (über den Begriff, den zulässigen Inhalt und den Besitzesschutz der Grunddienstbarkeit). Es muß sich aber um dingliche Rechte handeln, die auch im Sinne des BGB. Grunddienstbarkeiten sind (Planck Bem. 6, b a. E., Niedner Bem. 6, b, α). Ob die Grunddienstbarkeit entstanden ist und welche Befugnisse sie verleiht, entscheidet das alte Recht. [Auf beschränkte persönliche Dienstbarkeiten bezieht sich Art. 184 Satz 2 nicht (RG. in JW. 1922 S. 26); and. Ans. Isay daselbst, der die Vorschriften auf irreguläre Personalservituten ausdehnen will, weil sie gleichfalls nicht auf die Lebensdauer des Berechtigten beschränkt sind.]

Demnach gelten auch für die vor dem 1. Januar 1900 begründeten Grunddienstbarkeiten:

a) der Grundsatz des BGB. über schonende Ausübung (§ 1020);

b) die Vorschriften über die Unterhaltungspflicht bezüglich der zur Ausübung der Dienstbarkeit bestehenden Anlagen durch den Eigentümer des belasteten Grundstücks; Vereinbarungen, die vor dem Inkrafttreten des BGB. getroffen worden sind und diese Unterhaltungspflicht in einer nach den §§ 1021, 1022 unzulässigen Weise, z. B. über das Bedürfnis des Berechtigten hinaus, regeln, verlieren nach dem Inkrafttreten des BGB. ihre Geltung; auf die Unterhaltungspflicht finden die Vorschriften über die Reallasten entsprechende Anwendung (§§ 1105—1111); über die Bedeutung der Anwendbarkeit des § 1021 s. RGZ. Bd. 79 S. 380 und OLG. Stettin in OLG. Bd. 4 S. 293;

c) die Vorschrift über das Recht der Verlegung, wenn die Ausübung an der bisherigen Stelle für den Eigentümer des belasteten Grundstücks besonderlich beschwerlich ist (§ 1023);

d) die Vorschriften über Regelung und Ausübung bei Zusammentreffen mit anderen Nutzungsrechten (§ 1024), sowie über das Fortbestehen der Dienstbarkeit bei Teilung des Grundstücks des Berechtigten (§ 1025) und den Einfluß der Teilung des belasteten Grundstücks (§ 1026; s. hiezu Breme in DNotV. 1914 S. 65 ff.);

e) die Vorschrift, daß dem Berechtigten nach § 1004 der Anspruch auf Beseitigung der Beeinträchtigung zusteht (§ 1027); die wegen einer vor dem 1. Januar 1900 erfolgten Beeinträchtigung nach Maßgabe des früheren Rechtes bereits entstandenen persönlichen Ansprüche des Berechtigten bleiben nach Art. 170 unberührt;

f) die Vorschrift des § 1028 über die Verjährung des Anspruchs des Berechtigten auf Beseitigung einer die Grunddienstbarkeit beeinträchtigenden Anlage, auch wenn die Dienstbarkeit vor dem 1. Januar 1900 in das Grundbuch eingetragen ist. Die Verjährungsfrist beginnt gegenüber eingetragenen Dienstbarkeiten in solchen Rechtsgebieten, in denen die eingetragenen Dienstbarkeiten gegen Verjährung geschützt waren (§ 12 preuß. EigentErwG.), erst vom Inkrafttreten des BGB. an; läuft dagegen bereits auf Grund des früheren Rechtes eine Verjährung, so ist nach Art. 169, wenn die Verjährungsfrist des früheren Rechtes kürzer ist, diese maßgebend. Die Grunddienstbarkeit erlischt nicht aus Gründen, aus denen sie nach altem Rechte erloschen wäre, soferne sie in das Grundbuch eingetragen ist (Art. 189 Abs. 3).

Über den **Besitzschutz** gibt Art. 191 für die Übergangszeit eine Vorschrift. Hienach ist in Ansehung der am 1. Januar 1900 bestehenden Grunddienstbarkeiten (soweit nicht nach den Vorschriften des 3. Abschnitts anderes bestimmt ist) das bisherige Recht nur noch für den Inhalt und das Maß der Dienstbarkeit maßgebend, es kann also beispielsweise auch die nach bisherigem Rechte zulässige Ersitzung nicht mehr vollendet werden, wenn am 1. Januar 1900 der erforderliche Zeitraum noch nicht abgelaufen ist. (Vgl. die Mot. zu den Art. 59 und 77 des Entw. des bayr. AG.BGB.) Weitere hierher bezügliche Übergangsbestimmungen enthalten die Art. 187 und 189. Für Dienstbarkeiten an buchungsfreien Grundstücken kann die Landesgesetzgebung nach Art. 128 andere Bestimmungen treffen. Vgl. auch Art. 113—116, 118, 120, 133.

Die hier vorgetragenen Ausnahmebestimmungen bezüglich der Grunddienstbarkeiten sind deshalb getroffen worden, weil die Grunddienstbarkeiten voraussichtlich zum großen Teile noch lange Zeit fortbestehen werden und weil es unzweckmäßig ist, sie für alle Zukunft nach anderen als den im BGB. aufgestellten, keine willkürlichen Aufstellungen enthaltenden Vorschriften zu beurteilen (P. VI, 631). Über den gegenteiligen Standpunkt vgl. P. VI, 519, 520.

Weitere Sondervorschriften geben Art. 185 (über die Ersitzung des Nießbrauchs an einer beweglichen Sache), dann die Art. 187—189.

V. S. auch den Vorbehalt des Art. 115 für Grunddienstbarkeiten, beschränkt persönliche Dienstbarkeiten und Reallasten.

VI. Die **Landesgesetze** haben zum Teil bestehende dingliche Rechte dem neuen Recht angepaßt. Zu verweisen ist auf folgende Vorschriften:

Bayern Art. 46 ÜbergG., Art. 19 LiegenschG. für die Pfalz (Becher III, 8 S. 101 und 3 S. 11) (s. auch Oertmann, Bayer. Landesprivatrecht S. 468, 485, 496); Thüringen §§ 88—109 AB.BGB. vom 16. Mai 1923 (GS. S. 295) nun für alle thüringischen Gebietsteile [s. bisher Sachsen-Weimar §§ 129ff., 147, 148 AG.BGB., Sachsen-Meiningen Art. 17 § 21 AG.BGB., Sachsen-Altenburg Art. 75—78; Sachsen-Coburg-Gotha Art. 26, 27 AG.BGB., Reuß ä. L. §§ 100—103 AG.BGB., Schwarzburg-Rudolstadt Art. 100, 104, 105 AG.BGB., Schwarzburg-Sondershausen Art. 36 AG.BGB.]; Hessen Art. 150—153, 154, 214, 223 AG.BGB. (Becher VIII, 3 S. 59, 71, 78); Mecklenburg-Schwerin §§ 183, 205 AB.BGB. (Becher XI, 2 S. 39, 43); Mecklenburg-Strelitz §§ 181, 203 (Becher XII, 1 S. 35, 40); Braunschweig § 62 AG.BGB. (Becher IV, 1 S. 16); Anhalt Art. 54 AG.BGB. (Becher I, 3 S. 24); Bremen §§ 25, 45—52 AG.BGB. (Becher V, 1 S. 7, 12f.).

Art. **185.***)

Ist zur Zeit des Inkrafttretens des Bürgerlichen Gesetzbuchs die Ersitzung des Eigentums oder Nießbrauchs an einer beweglichen Sache noch nicht vollendet, so finden auf die Ersitzung die Vorschriften des Artikels 169 entsprechende Anwendung.

E. I, 107; II, 156; III, 184.

Ersitzung:

1. **Entstehung.** Der Art. 107 E. I gab die Vorschrift dieses Artikels nur für die Ersitzung des Eigentums; auf die Nießbrauchersitzung wurde sie in der II. Komm. ausgedehnt (Mot. z. EG. 266, P. VI, 520, 633, Reatz III, 88).

2. **Inhalt.** Der Art. 185 enthält eine Übergangsvorschrift für die **Ersitzung des Eigentums und des Nießbrauchs** nur **hinsichtlich beweglicher Sachen.** Für Grundstücke und Rechte an solchen ist die entsprechende Vorschrift aus Art. 189 Abs. 2 zu entnehmen. Vgl. Bem. II, 4 zu Art. 189.

Im einzelnen ist folgendes zu bemerken:

a) Über Ersitzung des Eigentums bzw. Nießbrauchs an beweglichen Sachen nach bisherigem Rechte vgl. Windscheid-Kipp §§ 175—183, 213, Stobbe, DPR. 2. Aufl. Bd. 2 § 153, Mot. z. BGB. III, 341ff., 350ff.

Im BGB. ist die Ersitzung des Eigentums an beweglichen Sachen in den §§ 937—945 geregelt; diese Vorschriften finden auch auf die Ersitzung des Nießbrauchs an einer beweglichen Sache nach § 1033 entsprechende Anwendung.

b) Die Fassung des Artikels hätte vielleicht klarer gegeben werden können. Es kann aber nicht wohl zweifelhaft sein, daß der Art. 185 nicht etwa die Bestimmungen des BGB. über die Verjährung, sondern die (unter a, Abs. 2 erwähnten) Bestimmungen des BGB. über die Ersitzung in einer dem Art. 169 entsprechenden Weise zur Anwendung bringen will.

---

*) Schrifttum: Habicht S. 439—446.

Art. 185 besagt also:

„Die Vorschriften des BGB. über die Ersitzung des Eigentums oder Nießbrauchs an einer beweglichen Sache finden auf eine, vor dem Inkrafttreten des BGB. begonnene, noch nicht vollendete Ersitzung Anwendung. Der Beginn, sowie die Hemmung und Unterbrechung der Ersitzung bestimmen sich jedoch für die Zeit vor dem Inkrafttreten des BGB. nach den bisherigen Gesetzen.

Ist die Ersitzungsfrist nach dem BGB. kürzer als nach den bisherigen Gesetzen, so wird die kürzere Frist von dem Inkrafttreten des BGB. an berechnet. Läuft jedoch die in den bisherigen Gesetzen bestimmte längere Frist früher als die im BGB. bestimmte kürzere Frist ab, so ist die Ersitzung mit dem Ablaufe der längeren Frist vollendet."

c) Der Art. 185 gilt sowohl für die ordentliche wie für die außerordentliche Ersitzung des alten Rechts.

α) Gegenüber der ordentlichen Ersitzung des alten Rechts tritt eine Verminderung der Voraussetzungen ein, sofern nach dem BGB. weder justus titulus noch besondere Ersitzungsfähigkeit der Sachen gefordert wird. Dagegen werden erschwerend, wenn die Ersitzung am 1. Januar 1900 noch nicht vollendet war, nunmehr Gutgläubigkeit während der ganzen Dauer der Ersitzung (abweichend vom französischen Recht) und nach §§ 937, 1033 BGB. zehnjährige Ersitzungszeit gefordert.

β) Umgekehrt wird, wenn eine außerordentliche Ersitzung des früheren Rechts vor dem 1. Januar 1900 begonnen hatte, diese nunmehr in der kürzeren zehnjährigen Frist vollendet; diese Frist beginnt aber erst mit dem 1. Januar 1900 zu laufen. Läuft jedoch die längere Ersitzungsfrist des früheren Rechtes früher ab, so wird die Frist der Ersitzung mit dem Ablauf des alten Rechtes vollendet.

d) Der Beginn der Ersitzung bestimmt sich nach dem früheren Rechte, auch in Ansehung der sämtlichen Erfordernisse, sofern die Frist nicht erst vom 1. Januar 1900 ab, sondern (vgl. c, β) nach früherem Rechte berechnet wird.

e) Hemmungen und Unterbrechungen werden, sofern sie vor dem 1. Januar 1900 eingetreten sind, nach dem früheren Rechte, sofern sie jedoch nach dem 1. Januar 1900 eintreten, nach dem BGB. beurteilt. S. über Hemmung der Ersitzung § 939, über Unterbrechung § 940.

f) Im übrigen wird auf die Erläuterungen zu Art. 169 verwiesen. Insbesondere gilt, was dort unter II über die Voraussetzungen und Wirkungen einer vor dem 1. Januar 1900 noch nicht vollendeten Verjährung gesagt ist, auch für die noch nicht vollendete Ersitzung des Eigentums und Nießbrauchs an beweglichen Sachen. Die Wirkungen der nach dem 1. Januar 1900 vollendeten Ersitzung bestimmen sich nach dem BGB. Auch § 945 BGB. über das Erlöschen von Rechten Dritter findet Anwendung (Planck Bem. 6).

Art. 186.*)

Das Verfahren, in welchem die Anlegung der Grundbücher erfolgt, sowie der Zeitpunkt, in welchem das Grundbuch für einen Bezirk als angelegt anzusehen ist, werden für jeden Bundesstaat durch landesherrliche Verordnung bestimmt.

Ist das Grundbuch für einen Bezirk als angelegt anzusehen, so ist die Anlegung auch für solche zu dem Bezirke gehörende Grundstücke, die noch kein Blatt im Grundbuche haben, als erfolgt anzusehen, soweit nicht bestimmte Grundstücke durch besondere Anordnung ausgenommen sind.

E. I, 108; II, 157; III, 185.

Anlegung der Grundbücher:

I. Entstehung. Gegenüber dem Art. 108 E. I, welcher aus drei Absätzen bestand, zeigt der Art. 186 eine durch die II. Komm. herbeigeführte redaktionelle Änderung,

*) Schrifttum: Habicht S. 446ff.; Affolter S. 249ff.; Kober, Zur Einführung des Grundbuchrechts in Bayern, SeuffBl. Bd. 70 S. 249f.; Mayer, Zur Einführung des Grundbuchrechts in Bayern, DNotV. 1905 S. 393f.

indem vom zweiten Absatze des Art. 118 (E. I) ein Teil (nämlich die Worte „sowie der Zeitpunkt usw.“) in den Abs. 1 des nunmehrigen Art. 186 herübergenommen, die Bestimmung darüber aber, ob bisher geführte Bücher als Grundbücher im Sinne des BGB. gelten sollen, in den § 87 GBO. versetzt wurde (Mot. z. EG. 206 ff., P. IV, 520, 521, Reatz III, 88).

II. Inhalt. Art. 186 enthält Vorschriften über das **Verfahren für Anlegung des Grundbuchs,** über die **Bestimmung des Zeitpunkts,** in welchem dasselbe als angelegt anzusehen ist, und über die **Wirkung dieser Bestimmung** für die im Grundbuche nicht eingetragenen Grundstücke.

1. Das Liegenschaftsrecht des BGB. — das sind die Rechtssätze, die sich mit den dinglichen Rechten an Grundstücken befassen — setzt die Einrichtung eines Grundbuchs voraus (vgl. z. B. § 873 BGB. und Bem. III hiezu, Vorbem. II vor § 873 in Bd. III, 1 S. 86 f.). Eine solche Einrichtung bestand bisher in einzelnen Teilen des Deutschen Reiches überhaupt nicht, und dort, wo sie bestand, wich sie durchgängig vom Grundbuchrecht des BGB. ab. Das BGB. enthält über das formelle Grundbuchwesen und das Verfahren in Grundbuchsachen keine Vorschriften. Dieselben werden zum Teil durch den gegenwärtigen und die folgenden Artikel dieses Gesetzes, zum Teile durch die Reichs-Grundbuchordnung getroffen, zum Teil ist durch diese beiden Reichsgesetze die Erlassung der erforderlichen Vorschriften der Landesgesetzgebung (z. B. Art. 187 Abs. 2 dieses Gesetzes, GBO. §§ 89—102) oder dem landesherrlichen Verordnungsrechte (vgl. z. B. Art. 188 dieses Gesetzes, §§ 2, 82, 85—92) oder der Landesjustizverwaltung (vgl. z. B. GBO. §§ 1, 93—97) übertragen.

Da das Grundbuch nicht im ganzen Reich im Zeitpunkte des Inkrafttretens des BGB. angelegt war, anderseits die Vorschriften des BGB. das Vorhandensein eines Grundbuches voraussetzten, war für das Liegenschaftsrecht eine Übergangsvorschrift für die Zwischenzeit notwendig, die in Art. 189 getroffen ist: Es regelt sich bis zur Anlegung des Grundbuchs der Erwerb, die Übertragung, Belastung und Aufhebung von Grundstücksrechten und Rechten an solchen, sowie eine Änderung des Inhalts oder Ranges nach den bisherigen Rechten. Weitere Vorschriften, welche mit der Grundbuchanlegung zusammenhängen, enthalten die Art. 187, 188, 192—195 EG.

Mit dem Zeitpunkt der Anlegung des Grundbuchs traten jeweils für die eingetragenen Grundstücke auch die Vorschriften der GBO. und des ZVG. und die sich auf das Liegenschaftsrecht beziehenden Vorschriften der ZPO., soweit sie ein Grundbuch voraussetzten, in Kraft.

Über die Streitfrage, ob § 891 BGB. nach erfolgter Anlegung des Grundbuchs auch für diejenigen Eintragungen und Löschungen gelte, die vor diesem Zeitpunkt erfolgt sind, s. Bem. 8 zu § 891 in Bd. III, 1.

Die Vorschriften der §§ 892, 893 BGB. über den öffentlichen Glauben des Grundbuchs gelten erst vom Zeitpunkt der Grundbuchanlegung und zwar gleichviel, ob das betreffende Recht auf einem früheren Eintrag beruht oder nicht (s. Bem. VI zu § 892 in Bd. III, 1 und die dort angeführte Rechtsprechung).

2. Der **Abs. 1** übertrug dem **landesherrlichen Verordnungsrechte**

A. die **Regelung des Verfahrens für die Anlegung der Grundbücher,**

B. die **Bestimmung des Zeitpunkts, in welchem das Grundbuch** für einen Bezirk **als angelegt anzusehen** ist.

Zu A — Verfahren — ist folgendes hervorzuheben:

a) Obwohl die Regelung des Verfahrens für die Anlegung der Grundbücher dem landesherrlichen Verordnungsrecht überlassen ist, können doch für denselben Zweck auch landes**gesetzliche** Bestimmungen notwendig sein. In Bayern z. B. wurden solche (nach den Mot. zu § 4 des Gesetzentwurfs über die Vorbereitung der Anlegung des Grundbuchs im rechtsrheinischen Bayern) insoweit für notwendig erachtet, als zur Erleichterung der Anlegung des Grundbuchs Bestimmungen des geltenden Rechtes mit sofortiger Wirkung abgeändert wurden. Vgl. auch für Hessen, Gesetz betr. Anlegung des Grundbuchs (Becher VIII, 2).

b) Verordnungsmäßige Vorschriften waren notwendig namentlich über die Bestimmung der Behörden, welche die Anlegung vorzunehmen oder hiebei mitzuwirken haben, über die Befugnisse, welche denselben zustehen, über die Art und Weise der Feststellung der Grundstücke, welche in das Grundbuch einzutragen sind, sowie ihrer Eigentümer und der Belastung der Grundstücke, über die Bezirke, nach welchen die Anlegung des Grundbuchs zu erfolgen hat, über das Verzeichnis der einzutragenden Grundstücke (Kataster, Flurbuch), welches der Eintragung zugrunde zu legen ist, über die Verpflichtung Beteiligter zur Anmeldung und die Zwangsbefugnisse gegen dieselben, über die Aufforderung zur Anmeldung und die Folgen der Unterlassung derselben, über die Benutzung bisheriger Hypotheken- oder Grundbücher als Grundbücher im Sinne des BGB., über die Kosten des Anlegungsverfahrens.

c) Selbstverständlich konnte durch die landesherrliche Verordnung die Erlassung von Ausführungsbestimmungen auch der Landesjustizverwaltung übertragen werden, welcher z. B. schon gemäß § 1 Abs. 2 GBO. die Feststellung des Formblattes für das Grundbuch obliegt.

Zu B — Zeitpunkt: Hier ist vorausgesetzt, daß die Anlegung des Grundbuchs nicht überall schon bis zum 1. Januar 1900 und auch späterhin nicht bis zum gleichen Zeitpunkt erfolgen konnte. Es war nicht notwendig, daß als der Zeitpunkt, in welchem das Grundbuch als angelegt anzusehen ist, je für den ganzen Bundesstaat ein und derselbe bestimmt wurde. Es konnte diese Bestimmung nach Bezirken, je nach Grundstücken verschieden erfolgen (Mot. z. EG. 268). Im größeren Teile des Reichs ist der Zeitpunkt, in dem das Grundbuch als angelegt anzusehen ist, auf den Zeitpunkt des Inkrafttretens des BGB. festgesetzt worden.

Im Anschluß an Art. 186 EG. bestimmte nämlich § 87 GBO., daß durch landesherrliche Verordnung auch bestimmt werden kann, daß ein bisher geführtes Buch oder mehrere bisher geführte Bücher als Grundbuch gelten sollen. Demgemäß ist in allen preußischen Gebieten, in denen bereits die Grundbuchverfassung durchgeführt war, weil letztere in formaler Beziehung der Reichsgrundbuchordnung entsprach, das bisherige Grundbuch als Grundbuch im Sinne des Reichsrechts erklärt worden, so in ganz Ost- und Westpreußen, Brandenburg, Pommern, Posen, Schlesien, Sachsen, Westfalen, den größeren Teilen Schleswig-Holsteins, Hannovers, der Rheinprovinz und des Oberlandesgerichtsbezirkes Kassel. Für diese Gebiete ist das Liegenschaftsrecht des BGB. im vollen Umfange bereits mit dem 1. Januar 1900 in Anwendung getreten. Dasselbe gilt für ganz Sachsen, Württemberg, Oldenburg, Braunschweig, Meiningen, Sachsen-Altenburg, Sachsen-Coburg-Gotha, Anhalt, Reuß j. L. und Reuß ä. L., Lippe und in den meisten Bezirken Waldeck-Pyrmont. Vgl. Oberneck (4. Aufl.) I S. 22. Für Hamburg ist der Zeitpunkt der Grundbuchanlegung auf den 1. Februar 1900, für Lübeck auf den 1. Juli 1900 festgesetzt worden.

In den übrigen Ländern, also in Bayern, Baden, Hessen, Mecklenburg, (Elsaß-Lothringen), ist das Grundbuch erst in der Folgezeit angelegt worden.

Jetzt ist die Grundbuchanlegung vollendet in Preußen und Bayern (s. unten Bem. III); in den übrigen Ländern steht die Fertigstellung der Anlegung nur noch hinsichtlich einzelner Gemeinden oder Grundbuchbezirke aus; s. über den Stand der Grundbuchanlegung Kaufmann in JW. 1923 S. 278, 1927 S. 2101.

3. Der **Abs. 2** des Artikels trifft eine **sachlich-rechtliche** Bestimmung über eine der Folgen der durch landesherrliche Verordnung bewirkten Erklärung, daß das Grundbuch für einen Bezirk als angelegt anzusehen ist. Diese Folge besteht darin, daß die Anlegung des Grundbuchs auch für solche zu dem Bezirke gehörenden Grundstücke, die noch kein Blatt im Grundbuche haben, wie z. B. für die buchungsfreien Grundstücke nach § 90 GBO., für die kein Grundbuchblatt angelegt wird, als erfolgt anzusehen ist — mit der einen Ausnahme jedoch, daß bestimmte Grundstücke durch besondere Anordnung ausgenommen werden können. Wird eine solche Ausnahme gemacht, so ist später durch eine besondere Verordnung für das betreffende Grundstück das Grundbuch als angelegt zu erklären.

Die Voraussetzungen, die Zuständigkeit und die Form für diese besondere Anordnung war der landesherrlichen Verordnung überlassen. Es konnten also bestimmte Teile des Bezirkes, z. B. einzelne Feldlagen oder auch einzelne Parzellen ausgenommen werden. Für solche besonders ausgenommene Grundstücke galt dann das Grundbuch noch nicht wie für die übrigen Grundstücke des Bezirkes als angelegt, es galten für dieselben die Art. 189 Abs. 1 und 191 Abs. 1 bis zu dem Zeitpunkte ihrer tatsächlichen Eintragung ins Grundbuch. Vgl. jedoch für Preußen die VO. vom 13. Nov. 1899, Art. 15 Abs. 2, die VO. für Nassau vom 3. Dez. 1899, Art. 39 Abs. 2. (Nach dem Ablauf von 2 Jahren erlischt diese Ausnahme und tritt für solche Grundstücke der Zustand ein, wie wenn sie bei Anlegung des Grundbuchs für den Bezirk aus Versehen nicht eingetragen und nicht ausdrücklich ausgenommen wären, d. h. das Grundbuch gilt nach Ablauf dieser Frist auch für sie trotz tatsächlicher Nichteintragung als angelegt). Dagegen läßt Bayern (VO. vom 23. Juli 1898 § 27,

VO. vom 28. Aug. 1898 §§ 36, 37) auch für die ausgenommenen Grundstücke den Zeitpunkt, wo in Ansehung derselben das Grundstück als angelegt anzusehen ist, durch das Justizministerium bestimmen. (Die VO. vom 23. Juli 1898 gilt für die rechtsrheinischen Landesteile, sie bestimmt in § 27, daß für das betr. Grundstück, sobald die Möglichkeit dazu gegeben ist, ein Grundbuchblatt angelegt werde, dabei aber vermerkt werden soll, daß das Grundstück von der Anlegung des Grundbuchs noch ausgenommen ist; letzterer Vermerk wird nach Eintritt des vom Justizminister bestimmten Zeitpunkts, zu dem das Grundbuchblatt für das Grundstück als angelegt anzusehen ist, gelöscht. Bis dahin gilt für ein solches Grundstück trotz seiner tatsächlichen Eintragung ins Grundbuch letzteres noch nicht als angelegt, also Art. 189. — Die VO. vom 28. Aug. 1898 gilt nur für die Pfalz; sie bestimmt in § 37, daß das bisher ausgenommene Grundstück erst an dem vom Justizminister bestimmten Tag in das Grundbuch einzutragen ist, so daß hier die tatsächliche Eintragung und der Zeitpunkt, wo das Grundbuch als angelegt anzusehen ist, zusammenfallen.)

4. Darüber, daß die Vorschriften des 2. Abschnittes des Aufwertungsgesetzes auch für Hypotheken in Landesteilen, für die das Grundbuch noch nicht angelegt ist, gelten, s. RGZ. Bd. 122 S. 128 ff.

III. Landesgesetze:

Preußen: Art. 3—14 VO. vom 13. Nov. 1899, betr. das Grundbuchwesen (Becher XIV, 7 S. 122 ff.); VO. vom 11. Dez. 1899, betr. Anlegung der Grundbücher im Gebiet des vormaligen Herzogtums Nassau (Becher XIV, 10 S. 154 ff.), geändert durch VO. vom 18. März 1914 (GS. S. 49); VO. vom 10. April 1900, betr. die Anlegung des Grundbuchs für Helgoland (Becher XIV, 13 S. 196 ff.); über Beendigung der Anlegung der Grundbücher und Berggrundbücher s. JMBek. vom 2. Dez. 1925 (GS. S. 175).

Bayern: G. vom 18. Juni 1898 über die Vorbereitung der Anlegung des Grundbuches in den Landesteilen rechts des Rheins (Becher III, 2 S. 6 ff.; Bleyer Sammlg. S. 225 ff.); hiezu Kgl. VO. vom 23. Juli 1898 gleichen Betreffs (Becher III, 5 S. 16 ff.); Art. 23 ff. G. vom 1. Juli 1898 über das Liegenschaftsrecht in der Pfalz (Becher III, 3 S. 9 ff., Bleyer S. 228 ff.); Kgl. VO. vom 28. Aug. 1898 (Becher III, 6 S. 22 ff.); Art. 10—18 ÜbergG. (Becher III, 8 S. 102 ff., Bleyer S. 282 ff.). In Bayern ist die Grundbuchanlegung seit Oktober 1910 durchgeführt (s. Henle in BayZ. 1910 S. 319; auch BayNotZ. 1910 S. 376).

Sachsen: §§ 1, 2 AV.GBO. vom 26. Juli 1899 (Becher XVII, 5 S. 63, Jäger-Apelt S. 404).

Württemberg: VO. vom 30. Juli 1899 betr. das Grundbuchwesen (Becher XXVI, 2 S. 81 ff.).

Baden: VO. vom 4. Mai und 9. Nov. 1900; §§ 61 ff. VO. vom 13. Dez. 1900, die Ausführung der GBO. betr. (Becher II, 16 S. 103 ff.); VO. vom 12. Jan. 1901, die Anlegung der Bergwerksgrundbücher betr. (Becher II, 17 S. 116 ff.); VO. vom 4. Mai 1901, die Inkraftsetzung des reichsrechtlichen Grundbuchrechts betr. (Becher II, 18 S. 120).

Thüringische Länder: Sachsen-Weimar: §§ 119—132 AG.BGB.; VO. vom 11. März 1908 betr. Grundbuchwesen (Becher XXI, 3 S. 25, 26 S. 252); G. vom 23. Juni 1915, RegBl. S. 171; Sachsen-Meiningen: VO. vom 16. Dez. 1899, VS. Bd. 23 S. 484 (Becher XX, 11 S. 85); VO. vom 9. März 1917, VS. S. 59; Sachsen-Coburg-Gotha: AV.GBO. vom 23. Okt. 1899 (Becher XIX, 7 S. 43); Sachsen-Altenburg: AV.GBO. vom 5. Sept. 1899 (Becher XVIII, 8 S. 81 ff.); Reuß ä. L.: AV.GBO. vom 6. Dez. 1899 (Becher XV, 10 S. 77 ff.); Reuß j. L.: AG.GBO. vom 10. Aug. 1899 (Becher XVI, 9 S. 93 ff.); Schwarzburg-Sondershausen: Art. 22 AG.BGB., §§ 4 ff. AG.GBO. (Becher XXIV, 1 S. 10; 10 S. 89); Schwarzburg-Rudolstadt: AG.GBO. vom 28. Febr. 1900 (Becher XXIII, 10 S. 110 ff.).

Hessen: G. vom 16. März 1899 betr. Anlegung des Grundbuchs, VO. vom 13. Jan. 1900 betr. Anlegung des Grundbuchs und Ausführung der GBO. (Becher VIII, 2 S. 14; 16 S. 202 ff.).

Hamburg: § 11 AG.GBO. vom 14. Juli 1899 (Becher VII, 4 S. 30); Verf. des Senats vom 27. Sept. 1899.

Mecklenburg-Schwerin: § 189 AV.BGB. (Becher XI, 2 S. 40); §§ 35 bis 57 AV.GBO. vom 9. April 1899 (Becher XI, 3 S. 91 ff.).

Oldenburg: AV.GBO. vom 15. Mai 1899 für Herzogtum Oldenburg (Becher XIII, 6 S. 25 ff.); AV.GBO. vom 13. Okt. 1899 für Fürstentum Birkenfeld (Becher

XIII, 10 S. 53 ff.); AB.GBO. vom 15. Mai 1899 für Fürstentum Lübeck (Becher XIII, 14 S. 77 ff.).

Braunschweig: § 3 BO. betr. Ausf. der GBO. sowie die Anlegung der Grundbücher, vom 12. Juni 1899 (Becher IV, 2 S. 86).

Anhalt: Art. 3 BO. betr. das Grundbuchwesen (Becher I, 11 S. 81).

Bremen: §§ 9 ff. BO. betr. Anlegung des Grundbuchs und die vom Buchungszwang befreiten Grundstücke, vom 19. Dez. 1899 (Becher V, 15 S. 97 ff.); BO. betr. die Einrichtung der Grundbücher, vom 19. Dez. 1899 (Becher V, 13 S. 85 ff.); G. vom 6. Juni 1905 betr. Dienstbarkeiten und andere Rechte an solchen Grundstücken, für die das Grundbuch noch nicht als angelegt anzusehen ist (GBl. S. 83) in der Fassung des G. vom 24. Juni 1909 (GBl. S. 163; Becher V, 42 S. 210); BO. vom 19. Dez. 1920 wegen Änderung der BO. vom 19. Dez. 1899 (GBl. S. 564) und vom 2. Juli 1921 gleichen Betreffs (GBl. S. 221); G. vom 28. Juni 1923 über die Voranlegung des Grundbuchs.

Lippe: § 1 AB.GBO. vom 18. Dez. 1899 (LB. Bd. 22 S. 600) in der Fassung vom 20. Jan. 1910 (LB. S. 287; Becher IX, 15 S. 53).

Lübeck: § 175 AG.BGB. (Becher X, 6 S. 69); AG.GBO. vom 18. Dez. 1899 (Becher X, 10 S. 81); BO. vom 17. März 1900 betr. den Zeitpunkt für das Inkrafttreten des AG.GBO. (Becher X, 14 S. 117).

Mecklenburg-Strelitz: § 187 AB.BGB. (Becher XII, 1 S. 36); §§ 35—57 AB.GBO. vom 9. April 1899 (Becher XII, 2 S. 76 ff.).

Waldeck: BO. vom 20. Dez. 1899 betr. das Grundbuchwesen (Becher XXV, 9 S. 67 ff.).

Schaumburg-Lippe: BO. vom 2. Dez. 1899 (LB. Bd. 18 S. 319; Becher XXII, 10 S. 73).

[Elsaß-Lothringen: BO. vom 18. April 1900 betr. die Anlegung von Grundbüchern (Becher VI, 11 S. 81 ff.).]

Art. 187.*)

Eine Grunddienstbarkeit, die zu der Zeit besteht, zu welcher das Grundbuch als angelegt anzusehen ist, bedarf zur Erhaltung der Wirksamkeit gegenüber dem öffentlichen Glauben des Grundbuchs nicht der Eintragung. Die Eintragung hat jedoch zu erfolgen, wenn sie von dem Berechtigten oder von dem Eigentümer des belasteten Grundstücks verlangt wird; die Kosten sind von demjenigen zu tragen und vorzuschießen, welcher die Eintragung verlangt.

Durch Landesgesetz kann bestimmt werden, daß die bestehenden Grunddienstbarkeiten oder einzelne Arten zur Erhaltung der Wirksamkeit gegenüber dem öffentlichen Glauben des Grundbuchs bei der Anlegung des Grundbuchs oder später in das Grundbuch eingetragen werden müssen. Die Bestimmung kann auf einzelne Grundbuchbezirke beschränkt werden.

E. I, 109; II, 158; III, 186.

Beschränkung des öffentlichen Glaubens des Grundbuchs gegenüber Grunddienstbarkeiten:

1. Entstehung. Art. 187 entspricht dem Art. 109 E. I nur in ganz geringem Maße. Denn dieser enthielt auch die nun im Art. 188 wiedergegebenen Bestimmungen über die gesetzlichen Pfandrechte und über die dinglichen Pacht- und Mietrechte, während er bezüglich der Grunddienstbarkeiten nur jenen, mit welchen das Halten einer dauernden Anlage verbunden ist, solange die Anlage besteht, und anderen am 1. Januar 1900 bestehenden Grunddienstbarkeiten zehn Jahre lang vom Inkrafttreten des BGB. an und nur durch landesherrliche Verordnung die Befreiung vom Eintragungs-

*) Schrifttum: Vgl. *-Note zu Art. 186; Kriener, Verlustgefahr der unter bisherigem Rechte entstandenen und nicht gebuchten Dienstbarkeiten in Bayern, SeuffBl. Bd. 71 S. 287 ff.; Breme, Bedeutung des Wegezuges und seiner Verlegung beim Wegerecht, DNotB. 1914 S. 65 ff.

zwange zugestehen wollte. Die jetzige Fassung erhielten die Art. 187 und 188 in der II. Komm. (Mot. z. EG. 268, 269, P. III, 300—303, VI, 521, 522, Reaß III, 88).

2. Inhalt: Art. 187 bildet eine Ergänzung zu Art. 184. Er enthält eine Ausnahme von dem Grundsatze, daß von der Anlegung des Grundbuchs an der Inhalt des Grundbuchs zugunsten derjenigen, die ein Recht an einem Grundstück oder ein Recht an einem solchen Recht durch Rechtsgeschäft erwerben, als richtig und vollständig gilt (§§ 892, 893 BGB.).

A. Art. 187 gilt nur für **Grunddienstbarkeiten, die zu der Zeit bestehen, zu der das Grundbuch als angelegt anzusehen ist** (Art. 186) und zwar ohne Unterschied, ob sie vor dem Inkrafttreten des BGB. oder in der Zwischenzeit zwischen dieser und der Anlegung des Grundbuchs entstanden sind. Er gilt nicht für beschränkt persönliche Dienstbarkeiten (Vorbem. IV, 1 vor § 1090 in Bd. III, 2 S. 906), auch nicht für Dienstbarkeiten an buchungsfreien Grundstücken, hinsichtlich deren Art. 128 Platz greift (and. Ans., soweit Art. 187 den Antrag eines Beteiligten auf Eintragung zuläßt, Planck Bem. 2), und auch nicht für Reallasten (OLG. München in OLG. Bd. 35 S. 328). Über bestehende, aber zu Unrecht gelöschte Grunddienstbarkeiten des früheren Rechts s. RGZ. Bd. 62 S. 99.

B. Für die unter A bezeichneten Grunddienstbarkeiten stellt Art. 187 Abs. 1 **Satz 1 die Regel** auf, daß sie **vom Eintragungszwang befreit** sind; sie bedürfen zur Erhaltung der Wirksamkeit gegenüber dem öffentlichen Glauben des Grundbuchs (§§ 892, 893 BGB.) nicht der Eintragung und bleiben mit ihrem bisherigen Rang und Inhalt (Art. 184) bestehen (s. RGZ. Bd. 93 S. 63 ff.).

Von dieser Regel macht der Artikel selbst in Abs. 1 Satz 2 und Abs. 2 zwei **Ausnahmen:**

a) Die Eintragung muß erfolgen, **wenn der Berechtigte oder der Eigentümer** des belasteten Grundstücks **die Eintragung verlangt.** Über die Vorteile der Eintragung s. Kretzschmar, Sachenrecht S. 319.

α) Berechtigter und deshalb zu dem Antrage befugt ist neben dem Eigentümer des herrschenden Grundstücks jeder, ohne dessen Zustimmung über die Grunddienstbarkeit nicht verfügt werden kann, so der Nießbraucher, der Nacherbe (Planck Bem. 2).

β) Unter welchen förmlichen Voraussetzungen die Eintragung stattfindet, entscheidet Art. 187 nicht, dafür ist die Grundbuchordnung maßgebend (KG. in OLG. Bd. 8 S. 129). Nach altem Recht begründete Dienstbarkeiten können nur dann in das Grundbuch eingetragen werden, wenn den formellen Voraussetzungen, wie sie die GBO. für neu entstandene Rechte vorschreibt, genügt ist. Der andere Teil ist, soweit erforderlich, zur Mitwirkung bei der Eintragung verpflichtet. Da nach § 19 GBO. eine Eintragung erfolgt, wenn derjenige sie bewilligt, dessen Recht von der Eintragung betroffen wird, bedarf der Eigentümer des belasteten Grundstücks der Mitwirkung des Berechtigten nicht; über den Inhalt der sonst erforderlichen Bewilligung s. KG. in KGJ. Bd. 51 A S. 252; s. auch Güthe-Triebel, GBO. Bem. 61 zu § 19. Wegen Eintragung im Berichtigungsverfahren s. unten ε.

γ) Der Berechtigte kann, wenn der Eigentümer des belasteten Grundstücks der Eintragung widerspricht, einen Widerspruch eintragen lassen (OLG. Kiel, OLG. Bd. 4 S. 292); die Eintragung des Widerspruchs erfolgt auf Grund einstweiliger Verfügung. Auf die Eintragung oder die zur Eintragung erforderliche Mitwirkung besteht ein klagbarer Anspruch.

δ) Die Kosten der Eintragung hat derjenige zu tragen und vorzuschießen, der die Eintragung verlangt. Zum Verlangen eines Kostenvorschusses wird nur der Eigentümer des belasteten Grundstücks veranlaßt sein, wenn der Berechtigte von ihm die Eintragung verlangt.

ε) Die Wirkung der Eintragung ist, daß die Aufhebung der Grunddienstbarkeit nunmehr nach den Vorschriften des BGB., nicht mehr nach den bisherigen Gesetzen erfolgt (Art. 189 Abs. 3). Eine andere sachlichrechtliche Bedeutung hat die Eintragung nicht; sie wirkt weder rechtserzeugend noch rechtserhaltend und dient auch nicht zur Berichtigung des Grundbuchs, das ergibt sich aus Abs. 1 Satz 1. Gleichwohl ist nach der Übung der Gerichte die Eintragung im Berichtigungsverfahren auf Grund des Nachweises, daß die Grunddienstbarkeit besteht, zulässig (KG. in OLG. Bd. 8 S. 129, Fuchs, Grundbuchrecht Bd. I S. 289, Kretzschmar, Sachenrecht S. 320).

b) Durch **Landesgesetz** kann die **Eintragung** für die unter A bezeichneten Grunddienstbarkeiten zur Erhaltung der Wirksamkeit gegenüber dem öffentlichen Glauben des Grundbuchs **angeordnet werden.** Diese Anordnung kann

α) sich auf das ganze betreffende deutsche Land erstrecken oder auf einzelne Grundbuchbezirke beschränken,

β) sämtliche Grunddienstbarkeiten oder einzelne Arten derselben betreffen;

γ) es kann verfügt werden, daß die Eintragung entweder sofort bei Anlegung des Grundbuchs oder in einem späteren Zeitpunkt erfolgen müsse.

Die Unterlassung der Eintragung hat den Verlust aller Vorteile zur Folge, welche die Eintragung gewährt.

C. Wegen der Behandlung der zur Zeit der Anlegung des Grundbuchs bereits bestehenden Grunddienstbarkeiten in der Zwangsversteigerung s. § 9 EG.ZVG.

D. Ist vor dem 1. Januar 1900 eine Grunddienstbarkeit eingetragen worden, die nach früherem Recht zur Wirksamkeit gegen Dritte der Eintragung nicht bedurfte, so nimmt sie an dem öffentlichen Glauben des Grundbuchs nicht teil und der Inhalt der Eintragung ist für ihre Ausübung nicht maßgebend (RGZ. Bd. 93 S. 63).

3. Ausführungsgesetze:

Preußen hat von der in Art. 187 Abs. 2 der Landesgesetzgebung eingeräumten Befugnis keinen Gebrauch gemacht (über die Gründe s. Begr. zu Art. 33 AG.BGB.). Daher gehören nach § 12 des preuß. EigentErwerbsG. die Grunddienstbarkeiten in Preußen zu den dinglichen Rechten, die zu ihrer Wirksamkeit gegen gutgläubige Dritte der Eintragung nicht bedürfen, aber eingetragen werden können (RG. in JW. 1906 S. 17: Die Eintragung hat nicht die Bedeutung einer rechtlichen Vervollkommnung der auch ohne sie völlig wirksamen Grunddienstbarkeit, sondern lediglich die einer tatsächlichen Kundbarmachung; RG. in JurRundsch. 1927 Nr. 810).

Ebensowenig haben von der Befugnis Gebrauch gemacht Sachsen (s. Kloß-Müller, Sächs. Landesprivatrecht, 3. Aufl. § 122, III S. 284 f.) und Württemberg.

In Hessen ist eine auf Grund des Art. 141 AG.BGB. (Becher VIII, 3 S. 57) am 20. Juni 1900 ergangene Verordnung, welche probeweise je eine Gemarkung in jedem der drei hessischen Landgerichtsbezirke dem Eintragungszwang unterwarf, auf Grund der ungünstigen Erfahrungen, die bei der Anlegung des Grundbuchs in dieser Richtung gemacht wurden, schon durch eine Verordnung vom 30. Juli 1902 wieder aufgehoben worden.

In Bayern sind gemäß Art. 10 ÜbergG. (Becher III, 8 S. 102) Grunddienstbarkeiten mit Ausnahme solcher, mit denen das Halten einer dauernden Anlage verbunden ist, zur Erhaltung der Wirksamkeit gegenüber dem öffentlichen Glauben des Grundbuchs binnen bestimmter Frist in das Grundbuch einzutragen. Die Verordnung, welche den Beginn und die Dauer der Anmeldefrist bestimmen soll, ist jedoch noch nicht erlassen. Die Vorschrift gilt seit 1. April 1922 auch in Coburg (Bek. vom 30. Jan. 1922, GVBl. S. 153). Art. 44 ÜbergG. (Becher III, 8 S. 110) gibt eine Übergangsvorschrift für die Eintragung von Grunddienstbarkeiten auf Antrag. S. auch Vorbem. III, 1, b, β vor § 1018 in Bd. III, 2 S. 791.

Eintragungszwang besteht weiter in Hamburg nach §§ 44—46 AG.BGB. (Becher VII, 1 S. 8); Mecklenburg-Schwerin nach § 90 (s. auch §§ 186, 187 AV.BGB.) (Becher XI, 1 S. 39) und Mecklenburg-Strelitz nach § 188 (s. auch §§ 184, 185 AV.BGB.) (Becher XII, 1 S. 39).

Ausführungsvorschriften enthalten noch für Baden § 5 Abs. 2 AG.ZVG. (GVBl. 1925 S. 302); Braunschweig § 50 AG.BGB. (Becher IV, 1 S. 12); Bremen G. vom 6. Juni 1905 betr. die Dienstbarkeiten und andere Rechte an solchen Grundstücken, für die das Grundbuch noch nicht als angelegt anzusehen ist (GBl. S. 83, Becher V, 42 S. 210 ff.) und VO. vom 23. Juni 1905 betr. die Eintragung von dinglichen Rechten in die Grundakten (GBl. S. 101, Becher V, 43 S. 213); Lippe § 29 AG.BGB. (Becher IX, 1 S. 7).

Art. 188.*)

Durch landesherrliche Verordnung kann bestimmt werden, daß gesetzliche Pfandrechte, die zu der Zeit bestehen, zu welcher das Grundbuch als angelegt

*) Schrifttum: Habicht S. 483 ff.; Affolter S. 165 f., 387 f.

anzusehen ist, zur Erhaltung der Wirksamkeit gegenüber dem öffentlichen Glauben des Grundbuchs während einer zehn Jahre nicht übersteigenden, von dem Inkrafttreten des Bürgerlichen Gesetzbuchs an zu berechnenden Frist nicht der Eintragung bedürfen.

Durch landesherrliche Verordnung kann bestimmt werden, daß Mietrechte und Pachtrechte, welche zu der im Abs. 1 bezeichneten Zeit als Rechte an einem Grundstücke bestehen, zur Erhaltung der Wirksamkeit gegenüber dem öffentlichen Glauben des Grundbuchs nicht der Eintragung bedürfen.

E. I, 109; II, 159; III, 187.

Beschränkung des öffentlichen Glaubens des Grundbuchs gegenüber alten gesetzlichen Pfandrechten, Miet- und Pachtrechten:

1. Über die **Entstehung** des Artikels s. Bem. 1 zu Art. 187.

2. Grundsätzlich bedürfen dingliche Rechte zur Erlangung der Wirksamkeit gegenüber Dritten der Eintragung in das Grundbuch (§§ 892, 893 BGB.). Auf Grund der Ermächtigung des Art. 188 kann
a) älteren gesetzlichen Pfandrechten an Grundstücken,
b) bestehenden Miet- und Pachtrechten
durch Landesrecht im Verordnungswege Wirksamkeit gegenüber dem öffentlichen Glauben des Grundbuchs ohne Eintragung verliehen werden. Eine solche Anordnung ist nur hinsichtlich solcher Rechte der genannten Art zulässig, die zu der Zeit, zu welcher das Grundbuch als angelegt anzusehen ist (s. Art. 186), bestehen; wegen der Miet- und Pachtrechte s. Bem. 4, b.

3. **Gesetzliche Pfandrechte am unbeweglichen Vermögen** (Abs. 1).

a) Diese kannte vor allem das gemeine Recht (vgl. Windscheid, Pand. 9. Aufl. 1. Bd. § 232 sowie § 231 Ziff. 3—5). Das römische Pfandrecht galt bisher im wesentlichen noch im Gebiete der vormaligen Landgrafschaft Hessen (und zwar modifiziert durch das Solmser Landgericht II, 15 § 1, das Kontrakten-Regl. vom 29. Nov. 1769 und das preuß. AG. vom 6. März 1879 § 2), ebenso als Regel für die Rittergüter in dem zu Mecklenburg-Strelitz gehörigen Fürstentume Ratzeburg (M. III, 171). In Bremen wurde die Verpfändung der Grundstücke durch eine „Handfeste" bewirkt, welche vom Erbe- und Handfesten-Amte nach vorgängiger öffentlicher Bekanntmachung der Willigung der Handfeste, sofern nicht vor Ablauf der Ausschlußfrist ein begründeter Beispruch erhoben wird, auszufertigen ist, auf eine bestimmte Summe lauten, das Grundstück, auf welches sie gewilligt ist, bezeichnen und die Stelle, welche sie in der Reihenfolge der Handfesten einnimmt, angeben muß. Vom Erbe- und Handfesten-Amte wurde diese Urkunde dem Verpfänder ausgehändigt. Das Pfandrecht an dem Grundstück entstand durch Übergabe der Urkunde an den Schuldner (Erbe- und HandfesteO. vom 30. Juli 1860, M. III, 11). In Hamburg und Lübeck sowie in dem vormaligen Herzogtume Lauenburg standen nicht eingetragene Pfandrechte den eingetragenen Posten nach (M. III, 171 Note 2). Im übrigen bestand in allen deutschen Staaten, soweit nicht in denselben noch die Bestimmungen des französischen Rechtes maßgebend waren, bisher schon die gesetzliche Vorschrift, daß an Grundstücken nur durch Eintragung Hypothek bestellt werden kann. Es beschränkt sich deshalb die praktische Bedeutung der gesetzlichen Hypotheken, abgesehen von den ersterwähnten gemeinrechtlichen Gebieten, im wesentlichen auf die Gebiete des französischen Rechtes (code civil art. 2121, 2122, 2135 ff.), welches in Preußen durch das AG.KO. vom 6. März 1879 § 10 und durch das Gesetz über die Veräußerung und hypothekarische Belastung von Grundstücken, in Bayern durch das G. vom 26. April 1888, die Abänderung von Bestimmungen des in der Pfalz geltenden Hypotheken- und Vormundschaftsrechtes betreffend, in Rheinhessen durch das G. vom 6. Juni 1879, die Übertragung von Grundeigentum und die Fortführung der Grundbücher betr., in Birkenfeld durch die oldenburg. HypO. vom 11. Okt. 1814 und in Frankfurt a. M. durch das G. vom 10. Jan. 1837, die Rangordnung der Gläubiger betreffend, mehr oder minder modifiziert ist.

b) Gesetzlichen Pfandrechten konnte die Sonderstellung nur für die Dauer von zehn Jahren seit dem Inkrafttreten des BGB. verliehen werden.

Ist in einem Bezirk beim Ablauf dieses Zeitpunktes das Grundbuch noch nicht als angelegt anzusehen, so ist die Vorschrift des Art. 188 Abs. 1 für denselben gegenstandslos; wird das Grundbuch erst nach dem 1. Jan. 1910 als angelegt angesehen, so hat das gesetzliche Pfandrecht Wirksamkeit gegenüber dem öffentlichen Glauben nur, wenn es vorher im Grundbuch eingetragen war.

4. **Miet- und Pachtrechte (Abs. 2).** S. Vorbem. III vor § 535 in Bd. II, 2.

a) Nur auf Miet- und Pachtrechte, die nach dem bisherigen Rechte als dingliche Rechte an einem Grundstücke bestanden, nicht auf bloß schuldrechtliche Rechtsverhältnisse bezieht sich die Vorschrift. Sie ist deshalb auch gegenüber der Vorschrift des Art. 172 Satz 2 nicht überflüssig und gegenstandslos, da eben Art. 172 sich auf dingliche Miet- und Pachtrechte nicht bezieht (Planck Bem. 1, b, Riedner Bem. 2, b; and. Ans. Habicht S. 484 f.).

Bedeutung hat die Vorschrift nur für Rechtsgebiete, in denen Miet- und Pachtrechte ohne Eintragung in ein öffentliches Buch dinglichen Charakter erlangen konnten (s. PrALR. Tl. I Tit. 21 §§ 2—5, 350, 360). Für nach bisherigen Gesetzen einzutragende Rechte s. Art. 179.

b) Aus Art. 189 ergibt sich, daß Miet- und Pachtrechte seit dem Inkrafttreten des BGB. als dingliche Rechte nicht mehr entstehen können; denn die Zahl der dinglichen Rechte ist nach dem BGB. eine geschlossene (s. Vorbem. III zum 3. Buch in Bd. III, 1 S. 5 ff.). Deshalb bezieht sich Art. 188 Abs. 2 nur auf Miet- und Pachtrechte, die vor dem 1. Januar 1900 entstanden sind, soferne sie zu der Zeit, zu der das Grundbuch als angelegt anzusehen ist, noch als dingliche Rechte bestehen.

Ein Miet- oder Pachtverhältnis „besteht" nicht schon mit dem Abschluß des schuldrechtlichen Vertrags, sondern erst mit der Überlassung des Gegenstandes an den Mieter oder Pächter (OLG. Bd. 3 S. 26, Planck Bem. 2, b, Affolter S. 388).

c) Eine Anordnung im Sinne des Art. 188 Abs. 2 unterliegt hinsichtlich ihrer Wirksamkeit keiner zeitlichen Beschränkung.

5. **Ausführungsgesetze:** Von der Ermächtigung in Abs. 1 hat kein Land Gebrauch gemacht. Von dem Vorbehalt des Abs. 2 hat Preußen Gebrauch gemacht; s. Art. 9 AB.BGB. (Becher XIV, 9 S. 152).

6. Wegen der Behandlung der im Grundbuch nicht eingetragenen gesetzlichen Pfandrechte und dinglichen Miet- und Pachtrechte in der Zwangsversteigerung des Grundstücks s. § 9 EG.ZVG.

Art. **189.***)

Der Erwerb und Verlust des Eigentums sowie die Begründung, Übertragung, Belastung und Aufhebung eines anderen Rechtes an einem Grundstück oder eines Rechtes an einem solchen Rechte erfolgen auch nach dem Inkrafttreten des Bürgerlichen Gesetzbuchs nach den bisherigen Gesetzen, bis das Grundbuch als angelegt anzusehen ist. Das Gleiche gilt von der Änderung des Inhalts und des Ranges der Rechte. Ein nach den Vorschriften des Bürgerlichen Gesetzbuchs unzulässiges Recht kann nach dem Inkrafttreten des Bürgerlichen Gesetzbuchs nicht mehr begründet werden.

Ist zu der Zeit, zu welcher das Grundbuch als angelegt anzusehen ist, der Besitzer als der Berechtigte im Grundbuch eingetragen, so finden auf eine zu

*) Schrifttum: Habicht S. 442 f., 510; Affolter S. 250; Oberneck, Reichsgrundbuchrecht, 4. Aufl. Bd. 1 S. 25 ff., 664 ff.; vgl. auch Schmid in ThürBl. Bd 50 S. 248 ff. (267), Bd. 51 S. 25 ff. (33); ders. ebenda Bd. 54 S. 9 ff (Die Verwirklichung des Anspruchs auf Eintragung einer Sicherungshypothek gemäß § 648 BGB. im Geltungsbereich des Weimar. Partikularrechts); Wolf, Das rheinhessische Sachenrecht der Grundstücke in der Gestalt der Zwischenzeit, HessRspr. 5. Jahrg. (Beil.) (1904—1905); Hartmann, Unvordenkliche Verjährung, DJZ. 1914 S. 145; Felß, Das Erlöschen nicht eingetragener Hypotheken, BayZ. 1915 S. 161, 1916 S. 174; Schiedermair, Die Ersitzung von Grunddienstbarkeiten und des Eigentums nach gem. Recht, bayer. Landrecht und preuß. LR., BayZ. 1916 S. 233.

dieser Zeit noch nicht vollendete, nach § 900 des Bürgerlichen Gesetzbuchs zulässige Ersitzung die Vorschriften des Artikel 169 entsprechende Anwendung.

Die Aufhebung eines Rechtes, mit dem ein Grundstück oder ein Recht an einem Grundstücke zu der Zeit belastet ist, zu welcher das Grundbuch als angelegt anzusehen ist, erfolgt auch nach dieser Zeit nach den bisherigen Gesetzen, bis das Recht in das Grundbuch eingetragen wird.

E. I, 110; II, 160; III, 189.

Erwerb, Übertragung, Aufhebung von Rechten an Grundstücken bis zur Anlegung des Grundbuchs:

I. Entstehung. Auch dieser Artikel hat in der II. Komm. eine teilweise vom Art. 110 E. I abweichende Fassung erhalten, insbesondere wurde der nunmehrige Abs. 2 erst dort eingefügt (Mot. z. EG. 269 ff., P. VI, 522, 523, 555 [Bem.], 633, 634, Reatz III, 89 ff.).

II. Inhalt.

1. Der Artikel betrifft:

a) das Eigentum an einem Grundstück und stellt bezüglich des Erwerbes und Verlustes Ausnahmevorschriften von der Vorschrift des Art. 181 Abs. 1 auf, ferner

b) alle übrigen dinglichen Rechte an einem Grundstück und die Rechte an solchen Rechten.

Er schiebt die Anwendung der Vorschriften des BGB., welche ein Grundbuch neuen Rechts voraussetzen, bis zur Anlegung dieses Grundbuchs hinaus.

2. Abs. 1: Art. 189 regelt in Abs. 1 den **Rechtszustand für die Zwischenzeit,** d. h. die Zeit zwischen dem Inkrafttreten des BGB. und einer erst später erfolgenden Feststellung, daß das Grundbuch als angelegt gelte (Art. 186). Der Abs. 1 hat also für jene Gebiete, Bezirke oder Grundstücke keine Bedeutung, hinsichtlich welcher das Grundbuch schon mit dem Inkrafttreten des BGB. als angelegt anzusehen ist. Vgl. Bem. II, 2, B zu Art. 186. Abs. 2 und 3 kommen erst für die Zeit in Betracht, zu welcher das Grundbuch als angelegt gilt.

3. Zu Abs. 1 ist hervorzuheben:

A. Hinsichtlich des **Eigentums** an einem Grundstücke gilt für die Zeit, bis das Grundbuch für das betreffende Grundstück als angelegt anzusehen ist, folgendes:

Anwendung findet das bisherige Recht

a) für den Erwerb,

b) für den Verlust des Eigentums durch Rechtsgeschäft oder Gesetz.

c) Nach dem bisherigen Rechte bestimmt sich namentlich auch, ob für Erwerb oder Verlust des Eigentums die Eintragung in einem öffentlichen Buche notwendig ist.

d) Nach den Motiven (S. 271) gilt aber das bisherige Recht nur in Ansehung der die Rechtsänderung unmittelbar bezweckenden Rechtsgeschäfte, **nicht in Ansehung des** denselben zugrunde liegenden **schuldrechtlichen Rechtsvorgangs** (des Kausalgeschäfts); s. RG. in BayZ. Bd. 1 S. 106. Hieraus folgt z. B., daß die Vorschrift des **§ 313 BGB.** auch in allen jenen Gebieten sofort mit dem Inkrafttreten des BGB. wirksam wird, in welchen der die Übertragung des Eigentums an einem Grundstücke betreffende schuldrechtliche Vertrag bisher nur schriftlich zu errichten war oder etwa gar keiner besonderen Form bedurfte (vgl. Planck Bem. 10 zu Art. 189, Habicht S. 454 Note 3, 455, BayObLGZ. Bd. 17 S. 38).

Im übrigen ist Art. 181 maßgebend.

Soweit das bisherige Recht maßgebend ist, kann es nach EG. Art. 218 auch landesgesetzlich geändert werden.

B. Hinsichtlich der **dinglichen Rechte an Grundstücken und der Rechte an solchen Rechten** gilt **während der Zwischenzeit,** bis das Grundbuch als angelegt anzusehen ist, das bisherige Recht

a) für die Begründung,

b) für die Änderung des Inhalts,

c) für die Änderung des Ranges,

d) für die Übertragung,
e) für die Belastung und
f) für die Aufhebung (z. B. Erlöschung durch Nichtgebrauch, Ersitzung der Freiheit des Eigentums),
g) nach Maßgabe des Art. 184 für Inhalt und Rang der Rechte, jedoch mit der dort für das Erbbaurecht und die Grunddienstbarkeiten gemachten Ausnahme,
h) nach Art. 191 für den Schutz im Besitz einer Grunddienstbarkeit oder einer beschränkten persönlichen Dienstbarkeit.

Hinsichtlich aller (unter a—f) aufgeführten Rechtsänderungen ist es gleichgültig, ob sie auf einem Rechtsgeschäfte beruhen oder kraft Gesetzes eintreten.

Demnach gilt **im allgemeinen** für Rechtsänderungen an Grundstücken und Grundstücksrechten bis zur Anlegung des Grundbuchs **das bisherige Recht,** jedoch mit folgenden **Ausnahmen:**

α) Für das Erbbaurecht galt zunächst § 1017 BGB.; seit dem 22. Jan. 1922 gilt der § 11 der VO. über das Erbbaurecht vom 15. Jan. 1919 (s. Bd. III, 1 S. 707 ff.). Namentlich sind deshalb die Ansprüche aus dem Erbbaurechte nach dem BGB. zu behandeln.

β) Für die Grunddienstbarkeiten gelten die §§ 1020—1028 BGB.

γ) Für die schuldrechtlichen Verträge, durch welche sich jemand zur Begründung, Übertragung, Änderung, Belastung oder Aufhebung eines der fraglichen Rechte oder zur Änderung ihres Inhalts oder Ranges verpflichtet, ist, wie unter A, d bemerkt, vom 1. Januar 1900 an das BGB. maßgebend.

δ) Ein nach den Vorschriften des BGB. unzulässiges Recht — z. B. Antichrese (Roth, Bayr. Zivilr. 1. Aufl. Bd. 2 S. 445 Note 7, M. III, 628 ff., 808), Emphyteusis, Erbzinsrecht, Erbpachtrecht (M. III, 6) — kann nach dem Inkrafttreten des BGB. nicht begründet werden (Abs. 1 Satz 3). Unzulässigkeit der Begründung nach den Vorschriften des BGB. ist übrigens nicht in solchen Fällen anzunehmen, in denen ein im BGB. zugelassenes Recht begründet werden soll, das bisherige Recht aber wegen obwaltender Mängel nicht dieses Recht, sondern eine dem BGB. nicht bekannte mindere Rechtsposition eintreten läßt (Mot. z. EG. 272).

4. Abs. 2 betrifft die **Ersitzung** des Eigentums an einem Grundstück oder eines anderen dinglichen Rechtes an einem solchen (s. Bem. 3 zu § 900 in Bd. III, 1), welche in dem Zeitpunkt, in dem das Grundbuch als angelegt anzusehen ist, zwar begonnen, aber noch nicht vollendet ist. Bis zu letzterwähntem Zeitpunkt ist nach vorstehender Bem. 3 für die Ersitzung das bisherige Recht maßgebend. Von jenem Zeitpunkt an kann die Ersitzung nur fortgesetzt werden, wenn die Voraussetzungen der Tabularersitzung nach § 900 BGB. vorliegen, zu denen namentlich gehört, daß das Eigentum oder das Recht zu der Zeit, zu welcher das Grundbuch als angelegt anzusehen ist, schon im Grundbuch eingetragen ist (Bem. 1 zu § 900 in Bd. III, 1). Erfolgt die Eintragung in das Grundbuch erst später, so wird die frühere Ersitzungszeit nicht in die nach Maßgabe des § 900 BGB. stattfindende Ersitzung eingerechnet; ein das Gegenteil bezielender Antrag wurde in der II. Komm. abgelehnt (P. VI, 633, 634).

Im übrigen gelten für den Abs. 2 die Bemerkungen zu Art. 185 (s. Bem. 2 hiezu und zu Art. 169).

S. auch Bem. 4 zu § 900 in Bd. III, 1 S. 282.

Auf die Ersitzung der Grunddienstbarkeiten, welche nicht eingetragen werden und nach Maßgabe des Art. 187 von der Eintragung befreit sind, findet die Vorschrift des Abs. 2 keine Anwendung.

Darüber, daß die Ersitzung von Rechten, die unter den Vorbehalt der Art. 65 oder 73 fallen, auch noch nach dem 1. Januar 1900 vollendet werden kann, s. RG. in SeuffA. Bd. 79 Nr. 115.

5. Der **Abs. 3** betrifft die **Aufhebung der unter II, 3, B bezeichneten** bis zu dem Zeitpunkt, in dem das Grundbuch als angelegt anzusehen ist, entstandenen **dinglichen Rechte an einem Grundstück und der Rechte an solchen Rechten,** die in dem bezeichneten Zeitpunkt in das Grundbuch noch nicht eingetragen sind; Abs. 3 bezieht sich nicht nur auf diejenigen dinglichen Rechte des bisherigen Rechts, die nach Art. 184 auch nach der Anlegung des Grundbuchs mit dem aus den bisherigen Gesetzen sich ergebenden Inhalt und Rang bestehen bleiben, sondern auch auf diejenigen, für welche nach Art. 192—195 und den auf Grund dieser Vorschriften erlassenen landesgesetzlichen Überleitungsbestimmungen ein anderes sich ergibt. Der allgemeine Wortlaut des Abs. 3 und der Zweck der Vorschrift verbieten eine Einschränkung (BayObLGZ. Bd. 15 S. 73, Silberschmidt RheinZ. Bd. 8 S. 157).

Für diese Rechte soll entgegen dem Abs. 1 — welcher voraussetzt, daß von dem Zeitpunkt an, in welchem das Grundbuch als angelegt anzusehen ist, das Immobiliarsachenrecht in seinem vollen Umfange vom BGB. beherrscht wird — das bisherige Recht auch noch nach dem erwähnten Zeitpunkte maßgebend bleiben, wenn das Recht in das Grundbuch nicht eingetragen ist, und zwar solange, bis die Eintragung erfolgt. Unter „Aufhebung" ist im Sinne des Abs. 3 nicht nur die rechtsgeschäftliche Aufhebung, sondern auch der Untergang des Rechts auf sonstige Weise zu verstehen, wie sich aus der Begründung zu dem Entw. (zu Art. 110 S. 271 f.) ergibt (ebenso RG. in JW. 1916 S. 121). Es kann also auch noch nach jenem Zeitpunkt ein solches nicht eingetragenes Recht durch Nichtgebrauch (nonusus) erlöschen oder die Freiheit des Eigentums von einem solchen Rechte (usucapio libertatis) ersessen werden, obwohl diese Erlöschungsarten dem BGB. nicht bekannt sind (Mot. z. EG. 282). Es gilt dieses nicht etwa bloß für diejenigen Rechte, welche nach Maßgabe der Art. 127, 128, 187 und 188 zeitweise oder dauernd von der Eintragung befreit sind, sondern auch für die eintragungspflichtigen Rechte.

Der Hauptgrund für die Vorschrift des Abs. 3 ist die Vermeidung unnötiger Erschwerung des Aufhebungsaktes, weil ohne diese Vorschrift die Aufhebung nur durch Anwendung der Bestimmungen des BGB. über Löschungen im Grundbuch erfolgen könnte, das Recht also zunächst eingetragen werden müßte, um dann alsbald wieder gelöscht zu werden, und weil sonst mangels allgemeiner Bestimmungen des BGB. über die Aufhebung von Rechten an Grundstücken im Betreffe der Aufhebung der nach bisherigem Rechte bestehenden, dem BGB. aber unbekannten Rechte an Grundstücken eine Lücke entstehen würde (Mot. z. EG. 272).

Nach **§ 875 BGB.** ist zur Aufhebung von eingetragenen Rechten an einem Grundstücke erforderlich die Erklärung des Berechtigten, daß er das Recht aufgebe, und die Löschung im Grundbuche; nach **§ 876 BGB.** bedarf es außerdem für den Fall, daß das aufzuhebende Recht unmittelbar oder mittelbar mit dem Rechte eines Dritten belastet ist, noch der **Zustimmung des Dritten.** Art. 189 Abs. 3 hat für die nicht eingetragenen Rechte nicht nur die Löschung als Aufhebungsgrund ausgeschaltet, sondern sieht auch von dem Erfordernis der Zustimmung Dritter nach § 876 BGB. ab; nach Art. 189 Abs. 3 bleiben in Ansehung der Aufhebung der Rechte an einem Grundstücke bzw. der Rechte an solchen Rechten allgemein die landesgesetzlichen Vorschriften maßgebend (Niedner Bem. II, 3, b zu Art. 189, Planck Bem. 16, Turnau-Förster, Liegenschaftsrecht 3. Aufl. S. 94, RGZ. Bd. 63 S. 130, RG. vom 12. Okt. 1907 bei WarnE. 1908 Nr. 77, KG. vom 22. Nov. 1906, OLG. Bd. 14 S. 68).

Einzelne Länder haben für die Aufhebung nicht eingetragener Grunddienstbarkeiten Übergangsbestimmungen getroffen, nämlich Bayern in Art. 11—18 ÜbergG., Hessen in Art. 142—148 AG.BGB. und einzelne thüringische Länder (s. unten Bem. IV).

Im übrigen folgt jedoch aus Art. 189 (per arg. e contrario), daß von dem Zeitpunkte ab, in dem das Grundbuch als angelegt anzusehen ist, die dinglichen Rechte, die zur Zeit des Inkrafttretens des BGB. bestanden, einzutragen sind, wenn sie **veräußert** werden sollen, weil sonst den Erfordernissen des **§ 873 BGB.** nicht genügt werden kann. RG. in JW. 1905 S. 71.

6. Hinsichtlich der Aufhebung der nach BGB. unzulässigen Rechte (vgl. oben Bem. 3, B, δ, ferner Art. 182 mit 131) war durch Satz 2 vom Abs. 3 des Art. 110 des I. Entw. folgende Vorschrift vorgeschlagen worden:

> „Wenn das eingetragene Recht nach den Vorschriften des BGB. nicht zulässig ist, so finden auf die Aufhebung des Rechtes durch Rechtsgeschäft die Vorschriften des § 977 (nun §§ 875, 876) und, sofern das Recht mit dem Rechte eines Dritten belastet ist, die Vorschriften des § 965 Abs. 2 (nun § 876) des BGB. entsprechende Anwendung."

Diese Vorschrift wurde in der II. Komm. gestrichen, weil es selbstverständlich sei, daß die nunmehrigen §§ 875 und 876 BGB. auf das eingetragene Recht Anwendung finden (P. VI, 252).

III. Soweit Art. 189 für den Rechtsverkehr mit Grundstücken und Grundstücksrechten **keine Vorschriften enthält,** ist folgendes zu beachten:

1. Die allgemeinen Vorschriften über Rechtsgeschäfte (BGB. §§ 104—185) finden auf ein nach dem 1. Januar 1900 abgeschlossenes dingliches Rechtsgeschäft auch dann Anwendung, wenn es sich um ein Grundstück handelt, für welches das Grundbuch noch nicht angelegt ist. Dies gilt insbesondere für Willensmängel (Irrtum usw.), sowie für die Vorschrift, daß die Vollmacht und die Zustimmung nicht der für das Rechtsgeschäft erforderlichen Form bedürfen (§§ 167 Abs. 2, 182 Abs. 2 BGB.). Vgl. Planck Bem. 4 zu Art. 189, OLG. Frankfurt a. M., OLG. Bd. 10 S. 95, OLG. München „Recht" 1901 S. 318, RG. in BayZ. Bd. 1 S. 106, 1918 S. 316; a. M. Affolter S. 250, 251. (Derselbe verwertet die Bestimmung im Elsaß-Lothringischen AG.BGB. § 92 über das Scheingeschäft als arg. e contrario).

2. Streitig war, ob auch der Mangel einer schuldrechtlichen causa (justa causa) nach altem Recht zu beurteilen ist. Die Frage wurde von Niedner Bem. IV, 3 zu Art. 189, Aron, AG.BGB. in Elsaß-Lothringen S. 74, Schneider, Liegenschaftsrecht S. 157 ff. verneint. Dagegen wird sie bejaht von Planck Bem. 4, Affolter S. 250. Vgl. übrigens auch RGZ. Bd. 75 S. 69 = JW. 1911 S. 210 Ziff. 3, „Recht" 1911 Nr. 784, LZ. 1918 Sp. 1270 = BayZ. 1918 S. 315. (War nach den bisherigen Gesetzen der Erwerb des Eigentums sachenrechtlich von dem Vorhandensein eines gültigen Rechtsgrundes abhängig, so muß dies bis zur Anlegung des Grundbuchs auch ferner gelten.) Mit Recht wird in diesen Entscheidungen für das Preuß. Allg. Landrecht die Ansicht gebilligt, daß zum Eigentumserwerb ein gültiger schuldrechtlicher Rechtsgrund nicht erforderlich war. Nach richtiger Auffassung bildete diese sog. justa causa auch gemeinrechtlich kein Erfordernis des dinglichen Vertrages (vgl. Kuhlenbeck, Von den Pand. z. BGB. II S. 417 ff., und gerade unter dem Einfluß der schon vor dem 1. Januar 1900 herrschenden Theorie hat das BGB. die Lehre von der justa causa als Voraussetzung des dinglichen Rechtserwerbs grundsätzlich abgelehnt, vgl. Strohal JheringsJ. Bd. 27 S. 335 f., 428 f.).

3. Die „Gewährungsklausel" des Art. 189 Abs. 1 erstreckt sich nur auf die dinglichen Rechtsgeschäfte (Verfügungen) unter Lebenden oder von Todes wegen oder auch auf solche Änderungen in dem Rechtszustand an Grundstücken, die unmittelbar kraft Gesetzes eintreten. Sie ist nicht auszudehnen auf das schuldrechtliche Rechtsgeschäft, insbesondere nicht auf den Vertrag, durch den sich jemand verpflichtet, das Eigentum an einem Grundstück zu übertragen. Ein solcher Vertrag, für den Art. 170 maßgebend ist, bedarf seit dem 1. Januar 1900 nach **§ 313 Satz 1 BGB.** der gerichtlichen oder notariellen Beurkundung. (RGZ. Bd. 64 S. 35, RG. in WarnE. 1916 Nr. 20, BayObLGZ. Bd. 17 A S. 38, 42; Affolter, System S. 134, der, wie es scheint, mit seiner gegenteiligen Ansicht allein steht, ist im Irrtum, wenn er dieser Unterscheidung den Vorwurf der „atomistischen" Auffassung macht.)

Zweifelhaft ist nur, ob **§ 313 Satz 2 BGB.**, wonach die durch Formmangel bedingte Nichtigkeit geheilt wird, durch Auflassung und Eintragung in das Grundbuch, in dem Sinne entsprechend anwendbar ist, daß an Stelle der Auflassung und Eintragung in das Grundbuch die etwaige Verlautbarung des Veräußerungsgeschäfts vor einer Behörde und die Ab- und Zuschreibung in einem öffentlichen Buche, z. B. im Hypothekenbuche, tritt. Die entsprechende Anwendbarkeit wird bejaht von Habicht S. 454 f., Niedner Bem. IV, 4, b, α, Oberneck I S. 18; dagegen mit Recht verneint von Planck Bem. 10, a und dem RG. in JW. 1909 S. 653.

4. Auch der Inhalt eines in der Zwischenzeit erworbenen Rechtes an einem Grundstück oder eines Rechtes an einem solchen Recht ist nach richtiger Ansicht (vgl. Planck Bem. 7, Habicht S. 461 gegen Neumann S. 1471, Niedner Bem. IV, 1) nach dem bisherigen Rechte zu bestimmen. (Vgl. Mot. z. EG. S. 271: „Die Beurteilung des Rechtserwerbes nach altem Recht führt übrigens mit Notwendigkeit dazu, daß auch Inhalt und Umfang des erworbenen Rechts, unbeschadet des Art. 110 Abs. 2 [jetzt Art. 189 Abs. 1 Satz 3] nach altem Recht beurteilt wird.") Wenn in der Zwischenzeit ein Nießbrauch, eine beschränkte persönliche Dienstbarkeit, ein dingliches Vorkaufsrecht, eine Reallast, eine Hypothek oder Grundschuld begründet wird, so ist der Inhalt dieser Rechte nach den bisherigen Gesetzen zu bestimmen. Für das Erbbaurecht und für Grunddienstbarkeiten gilt dasselbe, soweit nicht auf Grund des Art. 184 S. 2 die Vorschriften des § 1017 BGB. bzw. der §§ 1020—1028 in Frage kommen.

Ein durch Vertrag begründetes schuldrechtliches Vorkaufsrecht unterliegt jedoch, auch wenn der Vertrag in der Zwischenzeit geschlossen wird, lediglich den Vorschriften des BGB. Die mit dem dinglichen Vorkaufsrechte des BGB. verbundenen Wirkungen setzen die Eintragung in das Grundbuch voraus und können nicht etwa in der Zwischenzeit nach Maßgabe des bisherigen Rechtes vereinbart werden. Vgl. auch Planck Bem. 7.

In der Zwischenzeit sind daher auch noch solche Formen pfandartiger Belastung zulässig, die durch das BGB. bzw. die GBO. ausgeschlossen sind, so u. a. das antichretische Pfandrecht. Vgl. jedoch Hessen, AG.BGB. Art. 223 (Becher VIII, 3 S. 78) und Elsaß-Lothringen, AG.GBO. § 23 (Becher VI, 3 S. 50), woselbst ein beim Inkrafttreten des BGB. bestehendes Nutzungspfand an einem Grundstück für ein persönliches Recht erklärt und somit die Entstehung eines dinglichen Rechtes der Art ausgeschlossen ist.

Nicht dagegen können in der Zwischenzeit Rechte an einem Grundstück geschaffen werden, welche das BGB. zuläßt, sofern sie dem bisherigen Landesrecht unbekannt und mit der bisherigen Errichtung der öffentlichen Bücher unvereinbar sind, wie z. B. die Briefhypotheken, die Grund- und Rentenschulden, die Eigentümerhypothek, die Hypothek für Forderungen aus Schuldverschreibungen auf den Inhaber, es sei denn, daß die Ausführungs- und Übergangsbestimmungen sie ausdrücklich zulassen, wie z. B. Hessen, AG.BGB. Art. 225 (Becher VIII, 3 S. 78); [Sachsen-Weimar, AG.BGB. §§ 157—159 (Becher XXI, 3 S. 31]. Rechte, die das bisherige Landesrecht zwar inhaltlich nicht anerkannte, deren Bestellung jedoch mit der Errichtung der bestehenden öffentlichen Bücher nicht unverträglich ist, wie z. B. für das französische Rechtsgebiet des Erbbaurechts, das dingliche Vorkaufsrecht, die Reallasten, die beschränkten persönlichen Dienstbarkeiten des § 1090 BGB. können auch in der Zwischenzeit schon bestellt werden. (Habicht S. 467 Anm. 4); Hessen, AG. Art. 214, VI (Becher VIII, 3 S. 72); Preußen, AG.BGB. Art. 30 (Becher XIV, 1 S. 16); [Elsaß-Lothringen, AG.BGB. § 75 (Becher VI, 1 S. 14), §§ 87, 88 (Becher VI, 1 S. 17) gestattet die Begründung einer Reallast nur als Altenteil (Leibgedinge)].

Der Inhalt des in der Zwischenzeit nach Maßgabe der alten Gesetze begründeten Eigentums bestimmt sich gemäß Art. 181 nach dem BGB.

5. Wegen der Anwendbarkeit der Vorschrift des § 416 BGB. über die Hypothekübernahme s. Bem. III, 5, c zu Art. 170.

IV. Ausführungsgesetze:

Bayern: Art. 11—18 ÜbergG.; Erlöschen nicht eingetragener Grunddienstbarkeiten nach Anlegung des Grundbuchs; s. Art. 189 Abs. 3 und oben Bem. II, 5 (Becher III, 8 S. 103 f.); Art. 40—46 ÜbergG., Behandlung des Miteigentums, Stockwerkseigentums, des Ausschlusses des Rechtes auf Aufhebung der Gemeinschaft, der Grunddienstbarkeiten, der Reallasten vor und nach Anlegung des Grundbuchs (Becher III, 8 S. 109 f.); Art. 50—56 das., Gesetzliche Hypothektitel (Becher III, 8 S. 111 f.); Art. 23—26 pfälz. LiegenschG. (Becher III, 3 S. 12 f.); Art. 84 AG.BGB., Begründung und Aufhebung von Grunddienstbarkeiten an buchungsfreien Grundstücken (Becher III, 7 S. 45).

Baden: G. vom 14. April 1898, betr. die Vereinigung der Grund- und Unterpfandsbücher (GVBl. S. 255 f.; Becher II, 3 S. 3 f.); G. vom 13. Juli 1904, betr. das Grundbuchwesen und die Zwangsvollstreckung in Grundstücke (GVBl. S. 205; Becher II, 3 S. 219).

Thüringen: Zunächst galten: in Sachsen-Weimar die §§ 119—121, 130 bis 132, 148, 155—159 AG.BGB., allgemeine Vorschriften für Pfand- und Übereignungssachen, Erlöschen nicht eingetragener Grunddienstbarkeiten, beschränkt persönliche Dienstbarkeiten, Hypothekenbestellung (Becher XXI, 3 S. 25 f., 27 f., 29 f., 31 f.); in Reuß j. L. § 89 AG.BGB., Erlöschen nicht eingetragener Grunddienstbarkeiten (Becher XVI, 1 S. 18 f.); Schwarzburg-Rudolstadt Art. 84, 85, 100—105 AG.BGB. (Becher XXIII, 2 S. 17 ff.), Grunddienstbarkeiten, beschränkte persönliche Dienstbarkeiten, Pfand- und Übereignungssachen, Hypotheken; Schwarzburg-Sondershausen Art. 36 AG.BGB. (Becher XXIV, 1 S. 16), Grunddienstbarkeiten. Nunmehr s. über Erlöschen nicht eingetragener Grunddienstbarkeiten die §§ 88—90, 106 AV.BGB. vom 16. Mai 1923 für Thüringen (GS. S. 295); in Geltung sind jedoch geblieben die Vorschriften der §§ 119—121, 123, 155—159 AG.BGB. für Weimar und Art. 101—103 AG.BGB. für Rudolstadt (§ 155 Abs. 2 Nr. 6 thüring. AV.BGB.).

Hessen: Art. 149 mit 146—148, 150—152, 162—168, 211, 212 AG.BGB. (Becher VIII, 3 S. 58 ff.).

Hamburg: § 48 AG.BGB. über Hypotheken (Becher VII, 1 S. 8).

Mecklenburg-Schwerin: §§ 183, 184, 189 ff. AV.BGB. (Becher XI, 2 S. 39 ff.); Mecklenburg-Strelitz: §§ 181—202 AV.BGB. (Becher XII, 1 S. 35 ff.).

Braunschweig: §§ 50, 51 AG.BGB., Rangordnung durch Ersitzung erworbener Grunddienstbarkeiten, Begründung und Aufhebung von Dienstbarkeiten an buchungsfreien Grundstücken (Becher IV, 1 S. 12 f.).

Bremen: §§ 31—44 AG.BGB., Übergangsvorschriften für die Rechte an Grundstücken (Becher V, 1 S. 8 ff.); G. vom 2. Juli 1921 betr. Änderungen der §§ 33 bis 44 AG.BGB. (GBl. S. 217); G. vom 25. Sept. 1921 betr. Änderung des § 39 AG.BGB. (GBl. S. 415); G. vom 24. Juni 1909 betr. Erbbaurechte an Grundstücken, für die das Grundbuch noch nicht als angelegt anzusehen ist (GBl. S. 164; Becher V, 54 S. 228).

[Elsaß-Lothringen: §§ 86—116 AG.BGB. (Becher VI, 1 S. 17 ff.); s. Habicht S. 470 ff.].

Art. 190.*)

Das nach § 928 Abs. 2 des Bürgerlichen Gesetzbuchs dem Fiskus zustehende Aneignungsrecht erstreckt sich auf alle Grundstücke, die zu der Zeit herrenlos sind, zu welcher das Grundbuch als angelegt anzusehen ist. Die Vorschrift des Artikel 129 findet entsprechende Anwendung.

E. II, 161; III, 189.

Aneignungsrecht des Fiskus an herrenlosen Grundstücken:

1. Entstehung. Dieser Artikel wurde erst in der II. Komm. aufgestellt (P. VI, 523, Reatz III, 90).

2. Inhalt. Nach § 928 Abs. 2 BGB. steht das **Recht der Aneignung herrenloser Grundstücke** dem Fiskus zu, sofern nicht durch Art. 129 dieses Gesetzes das Aneignungsrecht landesgesetzlich einer anderen bestimmten Person verliehen ist.

Ein Grundstück ist nach § 928 Abs. 1 BGB. nur dann herrenlos, wenn der Verzicht des bisherigen Eigentümers dem Grundbuchamte gegenüber erklärt und in das Grundbuch eingetragen ist; nur tatsächlich vom Eigentümer aufgegebene Grundstücke unterliegen dem Aneignungsrechte nach § 928 Abs. 2 BGB. nicht.

Es kann nun aber vorkommen, daß nach dem bisherigen Rechte, das für den Eigentumserwerb und -verlust gemäß Art. 189 bis zur Anlegung des Grundbuchs gilt, ein Grundstück ohne die Voraussetzungen des § 928 Abs. 1 BGB. als herrenlos zu gelten hat, sei es, daß es überhaupt noch keinen Eigentümer hatte, sei es, daß die Dereliktion nach bisherigem Rechte an keine oder an eine andere Förmlichkeit als nach BGB. gebunden war.

Auch kann der Fall vorkommen, daß das Aneignungsrecht, das von der Anlegung des Grundbuchs an einer anderen bestimmten Person zusteht als nach bisherigem Rechte, nicht ausgeübt wurde.

Nach Art. 190 erstreckt sich nun das Aneignungsrecht des Fiskus oder der gemäß Art. 129 landesgesetzlich bestimmten anderen Person **auf alle Grundstücke, welche zur Zeit der Anlegung des Grundbuches nach bisherigem Rechte als herrenlos anzusehen** sind.

Art. 190 enthält also eine Erweiterung des durch § 928 Abs. 2 BGB. und Art. 129 EG. gewährten Aneignungsrechtes. Ob ein Grundstück in dem Zeitpunkt, in dem das Grundbuch als angelegt anzusehen ist, herrenlos ist, bestimmt sich nach dem alten Recht, während nach jenem Zeitpunkt das Aneignungsrecht nur hinsichtlich der nach § 928 Abs. 1 BGB. herrenlos gewordenen Grundstücke statt hat. Hatte jemand unter der Herrschaft des alten Rechts trotz ausschließlichen Aneignungsrechtes des Staates oder der Gemeinde (PrALR. II, 16 §§ 5, 8) Besitz von einem herrenlosen Grundstücke ergriffen und die Ersitzung begonnen (PrALR. II, 16 § 9), jedoch nicht vollendet, so kann er die Ersitzung nach dem Zeitpunkte der Anlegung nicht mehr vollenden (Habicht S. 477, Planck Bem. 1; and. Ans. Affolter S. 385).

Wegen der Anwendbarkeit des Art. 190 auf Grundstücke, die in dem Zeitpunkte, in dem das Grundbuch für angelegt erklärt wurde, für das Privatrecht noch nicht vorhanden waren (z. B. bei Anlandungen in Flüssen), sondern als solche erst später (z. B. infolge der Veränderung des Laufes eines öffentlichen Flusses) entstanden bzw. fähig geworden sind, im Privateigentum stehen, s. RGZ. Bd. 71 S. 67 f. = JW. 1909 S. 397. Über Anwendbarkeit des Art. 190 auf zur Zeit der Grundbuchanlegung vom

*) Schrifttum: Habicht S. 476 ff.; Affolter, System S. 385.

Wasser überdeckte, später trocken gelegte, aber herrenlose Teile eines Flußbettes s. RG. in JW. 1915 S. 799.

3. Für die Art des Eigentumserwerbs ist von dem Zeitpunkt der Anlegung des Grundbuchs an nicht das bisherige Recht maßgebend, der Fiskus oder die nach Art. 129 aneignungsberechtigte Person muß sich nach § 928 Abs. 2 Satz 2 BGB. als Eigentümer eintragen lassen.

Art. 191.*)

Die bisherigen Gesetze über den Schutz im Besitz einer Grunddienstbarkeit oder einer beschränkten persönlichen Dienstbarkeit finden auch nach dem Inkrafttreten des Bürgerlichen Gesetzbuchs Anwendung, bis das Grundbuch für das belastete Grundstück als angelegt anzusehen ist.

Von der Zeit an, zu welcher das Grundbuch als angelegt anzusehen ist, finden zum Schutze der Ausübung einer Grunddienstbarkeit, mit welcher das Halten einer dauernden Anlage verbunden ist, die für den Besitzschutz geltenden Vorschriften des Bürgerlichen Gesetzbuchs entsprechende Anwendung, solange Dienstbarkeiten dieser Art nach Artikel 128 oder Artikel 187 zur Erhaltung der Wirksamkeit gegenüber dem öffentlichen Glauben des Grundbuchs nicht der Eintragung bedürfen. Das Gleiche gilt für Grunddienstbarkeiten anderer Art mit der Maßgabe, daß der Besitzschutz nur gewährt wird, wenn die Dienstbarkeit in jedem der drei letzten Jahre vor der Störung mindestens einmal ausgeübt worden ist.

E. I, 111; II, 162; III, 190.

1. Entstehung. Abs. 1 dieses Artikels stimmt mit Art. 111 E. I fast wörtlich überein. Abs. 2 wurde erst in der II. Komm. beigefügt, während dort ein Antrag, die Übergangsbestimmung auf den Besitzschutz von Reallasten auszudehnen, abgelehnt wurde, da betreffs der Reallasten das BGB. ein Besitzverhältnis nicht anerkenne und der bisher bestandene Besitz von solchen mit dem Inkrafttreten des BGB. erlösche (Mot. z. EG. 273, P. IV, 318—320, VI, 523, 524, 632, 633; Reatz III, 90).

2. Inhalt. Der Art. 191 enthält Übergangsvorschriften über den **Schutz im Besitze von Dienstbarkeiten** und zwar in Abs. 1 von **Grunddienstbarkeiten** und **beschränkten persönlichen Dienstbarkeiten,** in Abs. 2 nur von Grunddienstbarkeiten. Dabei handelt es sich immer um den Schutz gegen Besitzstörungen, deren Tatbestand nicht bereits vor dem Inkrafttreten des BGB. vollendet und erschöpft ist (RGZ. Bd. 50 S. 11).

Im einzelnen ist folgendes hervorzuheben:

A. Das BGB. trifft über den Schutz im Besitz einer **Grunddienstbarkeit** in §§ 1029 mit 859, 861, 862, 858, 863 und 864, über den Schutz im Besitz einer beschränkten persönlichen Dienstbarkeit in §§ 1090 mit 1029 die erforderlichen Bestimmungen. Über das bisherige Recht vgl. Dernburg, Pand. I S. 636 ff., Herrwarth, Zur Lehre von der quasi possessio und den damit verbundenen Rechtsmitteln in LindesZ. Bd. 12 N. 6 und 9, Kohler, Beiträge zum Servitutenrechte im ArchZivPrax. Bd. 87 S. 157 ff., Dernburg, Bürgerl. R. (Sachenrecht) S. 439 f., Roth-Becher, Bayer. Zivilr. Bd. 2 Abt. 2 § 180.

B. Zu Abs. 1.

a) Die Vorschrift des Abs. 1 bildet eine Ausnahme von der Regel des Art. 180, daß für den Besitzesschutz vom Inkrafttreten des BGB. ab ohne Rücksicht auf die Anlegung des Grundbuchs die Vorschriften des BGB. Anwendung finden. Sie hat aber Bedeutung nur für die **Zwischenzeit** zwischen dem Inkrafttreten des BGB. und dem Zeitpunkt, in welchem das Grundstück für das belastete Grundstück als angelegt gilt (Art. 186). Auf den Zeitpunkt der Anlegung des Grundbuchs für das herrschende Grundstück kommt nichts an.

b) Für diese Zwischenzeit ist hinsichtlich des Besitzschutzes die Anwendbarkeit der bisherigen Vorschriften vorgesehen hinsichtlich der Grunddienst-

*) Schrifttum: Habicht S. 367 ff., 446 ff.; Affolter, System S. 254 ff.; Kley, Gemeinschaftliche Einfahrten, BadNotZ. 1912 S. 57 ff.

barkeiten (BGB. §§ 1018 ff.) und bei beschränkten persönlichen Dienstbarkeiten (BGB. §§ 1090 ff.), denn das BGB. kennt nur einen Besitzesschutz eingetragener Dienstbarkeiten dieser Art.

c) Hinsichtlich der Reallasten besteht vom Inkrafttreten des BGB. an kein Besitzschutz (Bem. 1). Für das Erbbaurecht, den Nießbrauch und das Pfandrecht bleibt Art. 180 maßgebend.

d) Streitig ist, ob auch die Frage, wer zur Ausübung des Besitzschutzes in Ansehung der Grunddienstbarkeiten legitimiert ist, auf Grund des Art. 191 nach altem Recht oder auf Grund der Art. 180 nach neuem Recht zu entscheiden ist. Im Gegensatz zu Affolter S. 254, der das alte Recht entscheiden läßt, ist mit Habicht S. 369, Planck Bem. 1 zu Art. 191, anzunehmen, daß das neue Recht maßgebend sein soll, soweit der Berechtigte zugleich den Sachbesitz nach Art. 180 erlangt hat. Vom Inkrafttreten des BGB. an kann daher der Pächter und Mieter, weil er als Besitzer des herrschenden Grundstücks in dessen Besitze geschützt ist, auch in Beziehung auf die von ihm für das herrschende Grundstück ausgeübten Grundgerechtigkeiten den Besitzschutz beanspruchen. Der Art. 191 bildet eine Ausnahme von Art. 180, nicht umgekehrt, wie Affolter annimmt, die Regel; er ist daher nicht ausdehnend auszulegen.

Auch auf die Frage, inwieweit mehrere, die ein Grundstück gemeinschaftlich besitzen, in ihrem Besitzverhältnis zueinander den Besitzschutz haben, ist darnach § 866 BGB. anwendbar. Vgl. Planck a. a. O.

Zu Abs. 2.

a) Abs. 2 regelt den Besitzesschutz der **nicht eingetragenen Grunddienstbarkeiten nach Anlegung des Grundbuchs.** Es bedürfen nämlich der Eintragung in das Grundbuch nicht

α) Grunddienstbarkeiten, die an buchungsfreien (§ 90 GBO.) und deshalb nicht in das Grundbuch eingetragenen Grundstücken bestehen und nach landesgesetzlicher Vorschrift ebenfalls der Eintragung nicht bedürfen (Art. 128);

β) die Grunddienstbarkeiten an buchungspflichtigen Grundstücken, die gemäß Art. 187 vom Eintragungszwang befreit sind.

Die Regelung war notwendig, weil die Vorschriften des § 1029 BGB. nach dessen Vorschriften nur für eingetragene Dienstbarkeiten gelten.

Die beschränkten persönlichen Dienstbarkeiten unterliegen von der Anlegung des Grundbuchs an ausnahmslos dem Eintragungszwang (Art. 186; Vorbem. III vor § 1018, Bem. IV zu § 1018, Bem. III, 1 zu § 1090 in Bd. III, 1); deshalb brauchte der Besitzesschutz derselben für die Zeit nach der Anlegung des Grundbuchs im EG. nicht mehr weiter geregelt zu werden.

b) Auch für die nicht eingetragenen Grunddienstbarkeiten ordnet Abs. 2 für die Zeit von der Anlegung des Grundbuchs ab die entsprechende Anwendung des § 1029 (mit §§ 859, 861, 862, 858, 863 und 864)) BGB. an. Die Vorschrift des Abs. 2 hat an sich Grunddienstbarkeiten im Auge, die in dem Zeitpunkte, in dem das Grundbuch als angelegt gilt, bestehen; gleichwohl genießen den Besitzesschutz auch später errichtete, nicht eingetragene Grunddienstbarkeiten (Habicht S. 373 Note 2, Planck Bem. 4).

Der Besitzesschutz nach Maßgabe des Art. 191 Abs. 2 wird aber nur unter einer der folgenden Voraussetzungen gewährt:

α) Mit der Grunddienstbarkeit muß das Halten einer dauernden Anlage verbunden sein (Abs. 2 Satz 1). Über Grunddienstbarkeiten, mit denen das Halten einer Anlage verbunden ist, s. §§ 1020—1022 BGB.

αα) Die Anlage muß sich auf dem belasteten Grundstücke befinden; eine Anlage auf dem herrschenden Grundstück genügt nicht (Habicht S. 370 f. Note 1, Planck Bem. 4; a. M. Oertmann, Bayer. LPrR. § 105 Note 5 S. 470). Das Recht, nach dem Nachbargrundstück zu offene Fenster in der Mauer des herrschenden Grundstücks zu halten, oder das Recht, abweichend von sonstigen nachbarrechtlichen Vorschriften unmittelbar an der Grenze des Nachbargrundstücks eine Düngergrube zu heben, gehört also nicht hieher, dagegen das Recht, einen unterirdischen Kanal durch das Grundstück des Nachbarn zu haben, da Sichtbarkeit der Anlage nicht erforderlich ist.

ββ) Unerheblich ist, in wessen Interesse die Anlage besteht, in dem des dienenden oder in dem des herrschenden Grundstücks; es genügt also, daß die Anlage dazu dienlich und bestimmt ist, das belastete Grundstück vor Schädigungen durch die Ausübung der Dienstbarkeit zu schützen.

γγ) Die Anlage muß eine dauernde sein.

β) Andere als die unter α bezeichneten Grunddienstbarkeiten müssen in jedem der letzten drei Jahre vor der Störung mindestens einmal ausgeübt worden sein (Abs. 2 Satz 2); sonst findet der Besitzesschutz nicht statt. Die Voraussetzung des Schutzes ist also bei den nicht eingetragenen Dienstbarkeiten gegenüber dem Schutze, den die eingetragenen nach § 1029 BGB. genießen, insoferne an strengere Bedingungen geknüpft, als § 1029 nur mindestens einmalige Ausübung innerhalb eines Jahres vor der Störung verlangt. Wird die Grunddienstbarkeit in das Grundbuch eingetragen, so wird dadurch der Besitzesschutz unter den leichteren Bedingungen des § 1029 BGB. erlangt, aber erst für Störungen, die nach der Eintragung erfolgen.

Über den Begriff und die Erfordernisse der Ausübung s. Bem. 2, c zu § 1029 in Bd. III, 1; s. dort insbesondere wegen der Ausübung von Dienstbarkeiten, die auf ein Unterlassen gehen. Auch bei der Dienstbarkeit, die nur das Halten eines offenen Fensters gegenüber dem Nachbargrundstück zum Gegenstand hat, liegt die Ausübung in dem ungestörten Bestehen des der Dienstbarkeit entsprechenden Zustandes; der Schutz muß also mindestens binnen eines Jahres seit der Störung nachgesucht werden (abweichend Habicht S. 371 Note 1, der verlangt, daß die Dienstbarkeit in jedem der drei letzten mindestens einmal gegen den Nachbarn geltend gemacht werden müsse).

Keinen Schutz genießen

αα) Dienstbarkeiten, die ihrer Natur nach nicht jedes Jahr ausgeübt werden können, wie z. B. Mast- und Bauholzberechtigungen; sie müssen, um den Schutz zu erlangen, eingetragen werden (Habicht S. 372 Note 2, Niedner Bem. 3, ad b);

ββ) Grunddienstbarkeiten, die nicht eingetragen sind, obwohl sie nach einer auf Grund Art. 187 Abs. 2 erlassenen landesgesetzlichen Vorschrift eingetragen werden sollten.

3. Landesgesetze: Einzelne Länder haben — teils entgegen der Bestimmung des Art. 191, teils in Abweichung von Abs. 2 — die Anwendung des § 1029 BGB. auch schon für die Übergangszeit vor der Anlegung des Grundbuchs angeordnet.

Eine Anordnung in diesem Sinne hat für Preußen Art. 28 AG.BGB. (Becher XIV, 1 S. 14) für Grunddienstbarkeiten getroffen, die in einem über das Grundstück geführten öffentlichen Buche eingetragen waren.

Für Bayern bestimmen Art. 22 des Ges. über das Liegenschaftsrecht in der Pfalz vom 1. Juli 1898 und Art. 45 ÜbergG. (Becher III, 3 S. 12; 8 S. 110) übereinstimmend, daß die im Art. 191 Abs. 2 EG. zum Schutze der Ausübung von Grunddienstbarkeiten gegebenen Vorschriften vor dem Inkrafttreten des BGB. gelten, auch bevor das Grundstück als angelegt anzusehen ist.

S. ferner für Hessen Art. 140 AG.BGB. (Becher VIII, 3 S. 57), VO. vom 20. Juni 1900 betr. Grunddienstbarkeiten (RegBl. S. 407, Becher VIII, 17 S. 214); für Mecklenburg-Schwerin § 185 AG.BGB. (Becher XI, 2 S. 39); für Mecklenburg-Strelitz § 183 AV.BGB. (Becher XII, 1 S. 36); für Thüringen nunmehr § 87 AV.BGB. vom 16. Mai 1923 (GS. S. 295) unter Aufhebung der Vorschriften, die bisher in einzelnen thüringischen Ländern gegolten hatten (§ 106 AV.BGB.), [nämlich für Sachsen-Weimar §§ 129, 147, 148 AG.BGB. (Becher XXI, 3 S. 27 f.); für Sachsen-Meiningen Art. 17 § 21 Abs. 2 AG.BGB. (Becher XX, 1 S. 13); für Sachsen-Altenburg § 83 AG.BGB. (Becher XVIII, 1 S. 18); für Schwarzburg-Rudolstadt Art. 82, 100 AG.BGB. (Becher XXIII, 9 S. 17, 19)]; für Waldeck Art. 15 AG.BGB. (Becher XXV, 1 S. 9); [für Elsaß-Lothringen Art. 140 AG.BGB. (Becher VIII, 3 S. 57)]. Alle diese Gesetze enthalten ähnliche Vorschriften über die Anwendung des BGB. vor Grundbuchanlegung.

Vorbemerkungen zu den Art. 192—195.

Für die dinglichen Rechte an Sachen und Rechten, die zur Zeit des Inkrafttretens des BGB. bestehen, stellt Art. 184 Satz 1 die Regel auf, daß sie mit dem sich aus den bisherigen Gesetzen ergebenden Inhalte bestehen bleiben. Von diesem Grundsatze machen die Vorschriften der Art. 192—195 eine Ausnahme für die Kapitalbelastungen der Grundstücke. Das neue Liegenschaftsrecht des BGB. hat sich im allgemeinen rückwirkende Kraft beigelegt. So wird der Rechtsinhalt der Pfandrechte und Grundschulden des bisherigen Rechts in eine der neuen Grundformen des Immobiliarpfandrechts umgegossen (Vorbem. XIII, 1 vor § 1113 in Bd. III). Da aber das neue Liegenschaftsrecht das Vorhandensein eines Grundbuchs voraussetzt, ist der maßgebende Zeitpunkt für diese Umwandlung derjenige, in dem das Grundbuch als angelegt gilt (s. Art. 186 und Bem. hiezu).

Sobald das Grundbuch angelegt ist, muß die Gewährungsklausel, durch welche die alte Rechtsordnung für Erwerb und Verlust des Eigentums sowie die Begründung, Übertragung, Belastung und Aufhebung eines Rechtes an einem Grundstück (oder eines Rechtes an einem solchen Rechte) aufrecht erhalten wird, in Wegfall kommen; sie verliert gegenüber der rechtspolitischen Rücksicht auf den Zweck des Grundbuchs, der vor allem darin besteht, den Rechtsverkehr mit Grundstücken und Grundstückswerten sicher zu gestalten, ihre Berechtigung. Das Fortbestehen der Pfandrechte älterer Gattungen mit den Wirkungen des bisherigen Rechtes neben den neuen Realkreditwerten des BGB. und des modernen Grundbuchrechts würde zu den größten Unzuträglichkeiten führen. Aus diesen Gründen war die Überleitung oder Umgestaltung der zur Zeit der Anlegung des Grundbuchs bestehenden Pfandrechte in Formen des neuen Rechts, welche jetzt einen numerus clausus bilden, unabweislich.

Das Einführungsgesetz hat sich dieser Aufgabe in folgender Weise entledigt:

a) Art. 192 stellt die reichsrechtliche Regel für die Überleitung der Hypotheken auf: Zur Zeit der Anlegung des Grundbuchs bestehende Pfandrechte an Grundstücken gelten von da ab ohne weiteres als Buchhypotheken im Sinne des BGB. (Abs. 1 Satz 1), wenn aber der Betrag der Forderung, für die das Pfandrecht besteht, nicht bestimmt ist, als Sicherungshypotheken (Abs. 1 Satz 2). Bestehende Revenuenhypotheken bleiben aufrecht erhalten (Abs. 2).

b) Die in Art. 192 aufgestellte Regel kann aber von der Landesgesetzgebung durchbrochen werden. Art. 193 ermächtigt diese zu der Bestimmung, daß ein Pfandrecht, das nach Art. 192 nicht als Sicherungshypothek gilt, als Sicherungshypothek oder als Hypothek gelten soll, für welche die Erteilung des Hypothekenbriefs nicht ausgeschlossen ist, und daß eine über das Pfandrecht erteilte Urkunde als Hypothekenbrief gelten soll.

c) Art. 194 trifft Fürsorge, daß nach Landesgesetz ein Gläubiger, dessen Pfandrecht zur Zeit der Anlegung des Grundbuchs besteht, die Löschung eines im Range vorgehenden oder gleichstehenden Pfandrechts, falls dieses sich mit dem Eigentum in einer Person vereinigt, in gleicher Weise zu verlangen berechtigt ist, wie wenn zur Sicherung des Rechtes auf Löschung eine Vormerkung im Grundbuche eingetragen wäre. Der Entstehung einer Eigentümerhypothek zum Nachteil des Gläubigers soll damit vorgebeugt werden.

d) Art. 195 regelt in Abs. 1 reichsrechtlich die Überleitung der Grundschulden dahin, daß sie in Grundschulden im Sinne des BGB. umgewandelt werden, läßt aber in Abs. 2 gleichfalls eine abweichende landesgesetzliche Regelung zu; Überleitung in Briefhypotheken oder Sicherungshypotheken kann landesgesetzlich angeordnet werden.

Aus diesen Vorschriften ergibt sich, daß jedes Pfandrecht und jede Grundschuld in eine der Grundformen der Grundkreditbelastung nach dem BGB. (Vorbem. II vor § 1113 in Bd. III S. 958) umgewandelt werden mußte, da auch die Landesgesetzgebung grundsätzlich nur die Umwandlung in Hypothekformen des BGB. zulassen konnte. Die einzige Ausnahme besteht in der zugelassenen Aufrechterhaltung der Revenuenhypothek und Revenuengrundschuld (Art. 192 Abs. 2, Art. 195 Abs. 1 Satz 2).

Nur der **Inhalt** der übergeleiteten Pfandrechte und Grundschulden richtet sich künftig nach den entsprechenden Vorschriften des BGB., dagegen ließ das Einführungsgesetz die Wirkungen der alten Rechtsordnung hinsichtlich des **Ranges** der bestehenden älteren Pfandrechte unberührt. Hierfür bleiben die bisherigen Gesetze maßgebend. Der § 879 BGB., der über das Rangverhältnis zwischen den in derselben Abteilung des Grundbuchs eingetragenen Rechten die **Reihenfolge** der Eintragungen entscheiden läßt, hat keine auf die bestehenden Pfandrechte rückwirkende Kraft. Vielmehr bleibt der Rang, den diese Pfandrechte vor der Anlegung des Grundbuchs hatten, erhalten, freilich unbeschadet der Wirkungen des öffentlichen Glaubens des Grundbuchs; immerhin kann der Pfandgläubiger eine dem hiernach bestehenden Rangverhältnisse entsprechende Berichtigung des Grundbuchs verlangen (§§ 894 ff. BGB.). Wegen der Sicherung der Rangvorrückung, auf die nach verschiedenen älteren Gesetzen eine Anwartschaft bestand, s. Art. 194 und oben unter c.

Daß nach der Anlegung des Grundbuchs sämtliche dinglichen **Rechtsänderungen** (Übertragung, Belastung, Löschung) nur noch nach Maßgabe der Vorschriften des BGB. und der GBO. erfolgen können, ergibt sich nicht nur mittelbar (per arg. e contrario) aus Art. 189, sondern unmittelbar aus Art. 184; vgl. Bem. III, 2, a zu Art. 184.

Vgl. auch Vorbem. XIII vor § 1113 in Bd. III, 2 S. 966 ff.

Art. 192.*)

Ein zu der Zeit, zu welcher das Grundbuch als angelegt anzusehen ist, an einem Grundstücke bestehendes Pfandrecht gilt von dieser Zeit an als eine Hypothek, für welche die Erteilung des Hypothekenbriefs ausgeschlossen ist. Ist der Betrag der Forderung, für die das Pfandrecht besteht, nicht bestimmt, so gilt das Pfandrecht als Sicherungshypothek.

Ist das Pfandrecht dahin beschränkt, daß der Gläubiger Befriedigung aus dem Grundstücke nur im Wege der Zwangsverwaltung suchen kann, so bleibt diese Beschränkung bestehen.

E. I, 112 Abs. 1 und 2; II, 163; III, 191.

Reichsrechtliche Überleitung der altrechtlichen Grundstücks-Pfandrechte:

I. Entstehung. Art. 192 entspricht mit nicht erheblichen, im wesentlichen redaktionellen Änderungen den Abs. 1 und 2 von Art. 112 E. I. Aus dem Abs. 3 des letzteren ist der nunmehrige Art. 193 entstanden. Die endgültige Fassung erhielten

*) **Schrifttum:** **Habicht** S. 490 ff.; **Affolter**, System S. 391 ff.; **Dennler**, Zur Bedeutung des Art. 192 EG.BGB., SeuffBl. Bd. 69 S. 89 ff.; **Oberneck**, Reichsgrundbuchrecht Bd. I S. 31 ff.; **derselbe**, Der Entwurf eines Gesetzes, betr. die Überleitung von Hypotheken des früheren Rechtes in DNotV. 1906 S. 194 ff.; **Porzig**, Das RG. vom 17. März 1906, betr. die Überleitung von Hypotheken des früheren Rechts in ThüringBl. Bd. 53 S. 141 ff.; **Stegemann**, Bemerkungen betr. die vor dem 1. Januar 1900 eingetragenen Kautionshypotheken des preußischen Rechts in GruchotsBeitr. Bd. 46 S. 322; **Schnell**, Die Änderung des Umfangs und der Wirkungen der bayerischen Hypotheken bei dem Inkrafttreten des Grundbuchrechts, SeuffBl. Bd. 62 S. 225 ff.; **Kreß**, Die Umwandlung der Kautionshypotheken des bayrischen Rechts in Maximalhypotheken des BGB. in BayZ. Bd. 1 S. 477 ff.; **Dandl**, Zur Frage der Zinsen- und Kostenkautionen in BayNotZ. 1905 S. 116; **Meikel**, Die Eigentümergrundschuld und ihre Beziehungen zu §§ 84, 150 des bayr. Hypothekengesetzes in SeuffBl. Bd. 67 S. 361; **Schäfer** daselbst S. 497 f.; **Reinhard**, Die Bedeutung der sächsisch-rechtlichen Kostenkautionshypotheken im ZBlFG. Bd. 2 S. 467; **Gerstenberg**, Wie sind die über die Kautionshypotheken des alten Rechts gebildeten Hypothekenbriefe zu behandeln, wenn diese dem Grundbuchamte zugehen?; ebenda Jahrg. 11 S. 212; **Hemberger**, Bei einem altrechtlichen unter Reichsgrundbuchrecht angeblich in eine Eigentümerhypothek übergegangenen Pfandrechte darf der Pfänder der angeblichen Eigentümerhypothek nicht eingetragen werden, in BadNotZ. 1912 S. 36 f.; **Schürmer**, Die nicht valutierte Hypothek des bayr. Rechts und ihre Umwandlung nach der Anlegung des Grundbuchs, BayZ. Bd. 7 S. 89 ff.; **Wolff**, Sachenrecht, 7. Bearb., § 158 S. 593.

Art. 192 und 193 erst in der Redaktionskommission der II. Komm. (Mot. z. EG. 273 ff., P. VI, 524, 631, Reatz III, 91).

II. Inhalt: Art. 192 verwandelt — unbeschadet der in Art. 193 der Landesgesetzgebung erteilten Ermächtigung zu gewissen abweichenden Vorschriften — die bestehenden Grundstückspfandrechte des bisherigen Rechts (unten Bem. 1, A) von dem Zeitpunkte an, in dem das Grundbuch als angelegt anzusehen ist, teils in Buchhypotheken (unten Bem. 3, a), teils in Sicherungshypotheken (unten Bem. 3, b) und hält nur die Revenuenhypotheken in ihrer bisherigen Rechtsform aufrecht (unten Bem. 5). Art. 192 enthält also eine Ausnahme von dem Grundsatze des Art. 184, daß Rechte, mit denen eine Sache oder ein Recht zur Zeit des Inkrafttretens des BGB. belastet ist, mit dem sich aus den bisherigen Gesetzen ergebenden Inhalte bestehen bleiben (s. Art. 184 Abs. 1 Satz 1), und darf deshalb nicht ausdehnend ausgelegt werden (OLG. Bd. 5 S. 1, RGZ. Bd. 53 S. 41, 43, Dennler SeuffBl. S. 89).

1. Der **Begriff der Pfandrechte** an Grundstücken im Sinne des Art. 192 (und der nachfolgenden Art. 193 und 194) ist nach den bisherigen Gesetzen nach der Entstehungsgeschichte der Vorschrift (s. Habicht S. 490 Note 2) und ihrem Zweck und der Gegenüberstellung zu Art. 195 zu gewinnen. Darnach sind Grundstückspfandrechte — im Gegensatz zu den in Art. 195 behandelten Grundschulden, den von einer persönlichen Forderung unabhängigen selbständigen Kapitalbelastungen der Grundstücke (s. Bem. 2, a zu Art. 195) — alle sonstigen Kapitalbelastungen eines Grundstücks, also alle Formen der Sicherung einer persönlichen Forderung, kraft deren dem Gläubiger ein Recht auf vorzugsweise Befriedigung aus dem Grundstück zusteht (Habicht S. 490, Planck Bem. 1). Ob eine solche Abhängigkeit der Kapitalbelastung des Grundstücks von einer persönlichen Forderung vorliegt, entscheidet sich nach bisherigem Recht. Die bisherige Benennung des Pfandrechts ist unerheblich.

A. Es zählen hieher:

a) die **Hypotheken** des bisherigen Rechts, auch die Zwangshypotheken und zwar sowohl die auf Antrag des Gläubigers auf Grund eines vollstreckbaren Titels eingetragenen als die gerichtlichen Hypotheken des rheinischen Rechts (s. wegen dieser Art. 33 § 4 Abs. 1 preuß. AG.BGB., Art. 12 des bayer. G. vom 1. Juli 1898 über das Liegenschaftsrecht in der Pfalz) und die sog. Immissionshypothek des gemeinen Rechts (s. Habicht S. 491, Planck Bem. 1, c).

Auch die Arresthypotheken, d. s. die zur Vollziehung eines Arrestes eingetragenen Hypotheken, und die eingetragenen Arreste und Beschlagnahmen, wo nach den bisherigen Rechten eine dieser Eintragungen ein bedingtes Pfandrecht (wie in Preußen, Bayern, Oldenburg, Hamburg, Coburg-Gotha, Lippe) oder doch wenigstens ein Vorzugsrecht vor nicht oder erst später eingetragenen Gläubigern verschaffte (Mecklenburg). Wo dagegen der Arrest (wie in Sachsen, Württemberg, Hessen, Braunschweig) nur die Wirkung einer Verfügungsbeschränkung hatte, ist er kein Pfandrecht im Sinne der Art. 192—194, sondern gehört zu den Rechten, die nach Art. 184 mit ihrem bisherigen Inhalte bestehen bleiben (Habicht S. 492, Planck Bem. 1, e). Wegen der Vollstreckung aus Arresthypotheken des preuß. Rechts s. RGZ. Bd. 49 S. 106.

b) die **Handfesten** des bremischen Rechts.

c) die **Vorzugsrechte** (Privilegien) **des rheinisch-badischen Rechts** (code civ. art. 2103, bad. G. vom 3. März 1879 §§ 20 ff.). Ob sie den Rechtscharakter als Pfandrechte im Sinne des Art. 192 haben, sollte nach den Motiven zum EG. (S. 275) durch die Landesgesetze entschieden werden. Nach diesen haben jedenfalls die bei Anlegung des Grundbuchs eingetragenen Vorzugsrechte die Eigenschaft als Pfandrechte gehabt. Nicht eingetragene Vorzugsrechte verwandelten sich in Preußen und Bayern nach Art. 33 Abs. 1 preuß. AG. BGB. und nach Art. 1 Abs. 2 des bayer. G. über das Liegenschaftsrecht in der Pfalz vom 1. Juli 1898 lediglich in schuldrechtliche Ansprüche auf Bestellung einer Sicherungshypothek (s. hiezu Habicht S. 517 ff.). In Baden und Hessen findet dagegen nach Anlegung des Grundbuchs die Eintragung von Vorzugsrechten nach Art. 40 Abs. 2, 3 bad. AG.BGB., nun Art. 39 des AG.BGB. in der Fassung vom 13. Okt. 1925 (GVBl. S. 287) und Art. 224 hess. AG.BGB. nicht mehr statt; sie erlöschen also, wenn sie nicht vor der Grundbuchanlegung eingetragen sind.

d) die **Antichrese**, das ist das Besitz- und Nutzungspfand an Grundstücken. Ein solches kennt das BGB. allerdings nicht mehr und es ist als solches nicht eintragbar (Vorbem. VIII vor § 1113 in Bd. III, 2 S. 964, KGJ. Bd. 25 A S. 291). Gleichwohl fällt das der Antichrese zugrunde liegende Pfandrecht unter Art. 192 und wird nach Maßgabe desselben in Hypothek umgewandelt. Das mit dem Pfandrecht verbundene Recht auf Besitz und Nutzung geht nicht unter, sondern bleibt als selbständiges Recht nach Maßgabe des Art. 184 in Kraft (RG. in RGZ. Bd. 47 S. 56 ff., GruchotsBeitr. Bd. 45 S. 1046, JW. 1900 S. 821, 1901 S. 273, KG. in DJZ. 1900 S. 233, 323, OLG. Bd. 1 S. 261, Planck Bem. 1, f, Wolff, Sachenrecht, 7. Bearb. § 158, 2, a S. 593; and. Ans. Habicht S. 516 und Freudenthal DJZ. 1900 S. 162, 270, die das antichretische Nebenrecht erlöschen lassen, und Wilde in DJZ. 1900 S. 204, 206; s. über die verschiedenen Ansichten auch RGZ. Bd. 47 S. 66 Note 1).

B. Keine Pfandrechte im Sinn des Art. 192 sind:

a) die bloßen Hypothekvormerkungen, auch nicht die im Wege der Zwangsvollstreckung oder Arrestvollziehung bloß vorgemerkten Hypotheken (Planck Bem. 1, d, Wolff, Sachenrecht, 7. Bearb. § 158 Note 4 S. 593, Turnau-Förster, Liegenschaftsrecht 3. Aufl., Bd. 1 S. 717, RG. in RGZ. Bd. 52 S. 43, JW. 1902 Beil. S. 249, KG. in KGJ. Bd. 22 A S. 178 = OLG. Bd. 2 S. 402; and. Ans., weil die Vormerkung ein bedingtes Pfandrecht gebe, Habicht S. 491, 505 und im „Recht" 1901 S. 334, Oberneck 4. Aufl. Bd. 1 S. 31 f., KGJ. Bd. 20 A S. 314, OLG. Bd. 6 S. 404 hinsichtlich Arrest- und Zwangsvollstreckungshypothekvormerkung; unentschieden RGZ. Bd. 49 S. 108). Für Bayern s. Art. 58 AG.GBO. und hiezu Dennler SeuffBl. Bd. 69 S. 91 sowie auch in Bem. I, 1 zu § 883 in Bd. III, 1.

b) die gesetzlichen Hypothektitel des bisherigen Rechts, d. i. der Anspruch auf Eintragung bzw. Vormerkung einer Hypothek ohne den Willen des Eigentümers unter bestimmten Voraussetzungen. Das BGB. hat die gesetzlichen Hypotheken in diesem Sinne beseitigt (s. Bem. II, 2, a zu § 1113 in Bd. III, 2 S. 993).

c) das Vorrecht, das Art. 211 code civ. den Nachlaßgläubigern und Vermächtnisnehmern einräumt; denn es stellt nur eine Verfügungsbeschränkung dar und fällt deshalb unter Art. 179 EG.

2. Art. 192 setzt voraus, daß ein Pfandrecht im Sinne der Ausführungen unter 1 im Zeitpunkt der Grundbuchanlegung **besteht.** Die Begriffe „Bestehen" und „Eingetragensein" decken sich nicht.

a) Es genügt nicht das förmliche Bestehen, also die Eintragung; erforderlich ist vielmehr, daß das Pfandrecht im Zeitpunkt der Grundbuchanlegung sachlich rechtswirksam ist (so mit eingehender Begründung Planck Bem. 3; ebenso Habicht S. 495; s. dort auch über die Gründe, die nach bisherigen Landesgesetzen zu sachlich unwirksamen Hypothekeinträgen führen konnten; Bay. ObLGZ. Bd. 16 S. 47 f.; s. auch RG. in WarnE. 1916 Nr. 20). Ob ein rechtlich wirksames Pfandrecht vorliegt, ist nach bisherigem Recht zu entscheiden. Die unter der Herrschaft des PrALR. auf den ungewissen Grundstücksanteil eines Miterben eingetragene Hypothek war ein bestehendes Pfandrecht im Sinne der Art. 192 (KGJ. Bd. 20 A S. 314).

Jedenfalls handelt es sich nicht um ein bestehendes Pfandrecht i. S. des Art. 192, wenn die Eintragung aus irgendeinem Grunde nichtig, z. B. wegen Irrtums, Betrugs angefochten ist (RGZ. Bd. 52 S. 111, Bd. 54 S. 83 = JW. 1902 Beil. S. 50). Eine Hypothekeintragung für eine simulierte Forderung hat kein Pfandrecht begründet (OLG. Bd. 18 S. 117, 118 = ZBlFG. Bd. 9 S. 637 Nr. 592).

War eine Hypothek schon unter der Herrschaft des alten Rechts löschungsreif, so hat es dabei sein Bewenden; auch gegenüber Art. 192 behielt der allgemeine Grundsatz, daß rechtsbegründende und rechtsvernichtende Tatsachen, die während der Geltung des alten Rechts stattgefunden haben, hinsichtlich ihrer Wirksamkeit nach den bisherigen Gesetzen zu beurteilen sind (RG. in Gruchots Beitr. Bd. 48 S. 1031).

b) Anderseits kann ein Pfandrecht auch ohne Eintragung als bestehend anzusehen sein, wenn der Mangel der Eintragung dem tatsächlichen Rechtszustande nicht entspricht. Ist eine Hypothek irrtümlich gelöscht oder bei der Anlegung des Grundbuchs versehentlich nicht übertragen, so ist sie damit nicht verloren.

es besteht vielmehr der Anspruch auf Eintragung bzw. Wiedereintragung unbeschadet der Grundsätze über den öffentlichen Glauben des Grundbuchs; s. auch Art. 188 Abs. 1 EG.

c) Nicht bestehende, aber eingetragene Pfandrechte sind von der Grundbuchanlegung an nur dann Eigentümergrundschulden oder -Hypotheken, wenn sie es auch nach den bisherigen Gesetzen wären (vgl. RGZ. Bd. 48 S. 51, Bd. 50 S. 80, Bd. 51 S. 399, Bd. 94 S. 8, BayObLGZ. Bd. 13 S. 357 ff., 465). Die zur Zeit der Anlegung des Grundbuchs nicht valutierte Hypothek ist ein bestehendes Pfandrecht, soferne nach dem bisherigen Recht eine Hypothek ohne Forderung wirksam bestehen konnte und der Mangel einer unterliegenden Forderung nicht etwa bewirkte, daß die im Range nachfolgenden Gläubiger ohne weiteres im Range nachrückten. Nach § 1163 Abs. 1 Satz 1 BGB. steht die Hypothek dem Eigentümer zu, wenn die Forderung, für welche sie bestellt ist, nicht zur Entstehung gelangt. Die Vorschriften über die Eigentümerhypothek gelten grundsätzlich, soferne sie nicht durch Landesrecht auf Grund des Art. 194 ausdrücklich ausgeschlossen sind, auch für die vor dem Inkrafttreten des neuen Liegenschaftsrechts errichteten Hypotheken. Es steht unter der im ersten Satze angedeuteten Voraussetzung an sich der Umwandlung einer nicht valutierten Hypothek gemäß Art. 192 in eine Hypothek des neuen Rechts nichts im Wege. Die Hypothek steht demjenigen zu, der in dem Zeitpunkte, in dem das Grundbuch als angelegt anzusehen ist, Eigentümer des Grundstücks ist, da der Erwerb der Eigentümerhypothek nicht auf Grund des neuen Liegenschaftsrechts eintritt (RGZ. Bd. 51 S. 400; Bem. II, 4, g zu § 1163 in Bd. III, 2 S. 1219).

α) Für Preußen ist die Frage, ob eine Hypothek „bestand", wenn die Forderung nicht zur Entstehung gelangt war, bestritten. Für die Entstehung der Eigentümerhypothek unter Anwendung des Art. 192 haben sich ausgesprochen Turnau-Förster, Liegenschaftsrecht Bem. III zu § 1163, Planck Bem. 3 zu Art. 192, RG. in RGZ. Bd. 48 S. 48 ff., Bd. 51 S. 398 ff., Bd. 60 S. 359 ff.; dagegen Habicht S. 496, Niedner Bem. 4, c, Fuchs, Grundbuchrecht S. 381, 523, Dernburg, Sachenrecht § 211 Anm. 2 und das KG. in OLG. Bd. 1 S. 264 und 452.

β) In Bayern rückten nach dem alten HypR., wenn die Forderung überhaupt nicht zur Entstehung gelangte, die Nachhypotheken auf, da die Hypothek als nicht bestehend galt; eine Eigentümerhypothek entstand also in diesen Fällen nicht; s. auch Bem. IX, a zu § 1163 in Bd. III, 2 S. 1225.

d) Für die **Kautionshypotheken** des älteren Rechts gilt folgendes:

Sie sind unwirksam und der Umwandlung und Überleitung nicht fähig, wenn im Zeitpunkt der Grundbuchanlegung feststeht, daß die Forderung nicht zur Entstehung gelangt oder schon wieder getilgt ist.

Sie verwandelten sich dagegen mit dem Zeitpunkt, in dem das Grundbuch als angelegt anzusehen war, in Höchstbetragshypotheken im Sinne des § 1190 BGB., wenn in diesem Zeitpunkt die Valutierung noch möglich war, wenn also entweder das zugrundeliegende Kreditverhältnis noch bestand und eine Forderung noch entstehen konnte oder wenn unter der Herrschaft des alten Rechts Ansprüche für den Gläubiger begründet waren, die erst nachher ihre Erledigung zu finden hatten. Eine Eigentümerhypothek konnte aus einer solchen Kautionshypothek entstehen, soweit für den Gläubiger eine Forderung nicht entstand.

S. hiezu Habicht S. 496 und Note 1 und 2 das., Bem. 18 zu § 1190 in Bd. III, 2 S. 1342 und namentlich für das preuß. Recht RGZ. Bd. 49 S. 164 (= JW. 1901 S. 863 = SeuffA. Bd. 57 Nr. 104), Bd. 52 S. 59, 61, 111, 116, 414, Bd. 56 S. 323, RG. in JW. 1902 S. 250 und GruchotsBeitr. Bd. 48 S. 1029, KGJ. Bd. 21 A S. 150, KG. in RJA. Bd. 7 S. 127, BayObLGZ. Bd. 6 S. 418 ff., Schürmer in BayZ. Bd. 1 S. 89; a. M. Seitz in SeuffBl. Bd. 71 S. 260; für die sächsische Kautionshypothek s. RGZ. Bd. 55 S. 219, Bondie in SächsArch. Bd. 12 S. 80.

Zu Meinungsverschiedenheiten hatten namentlich die sog. Zinsen- und Kostenkautionen Anlaß gegeben, die sich namentlich im sächsischen und bayerischen Recht eingebürgert hatten.

α) Für das sächsische Recht vgl. Reinhard in ZBlFG. Bd. 2 S. 467 ff., Oberneck, RGrundbR. Bd. 1 S. 714 ff., Kretzschmar, Grundbuchr. Bd. 1 S. 239 ff., OLG. Dresden in OLG. Bd. 4 S. 160 und Bd. 12 S. 292.

β) Das RG., betr. die Überleitung von Hypotheken des früheren Rechts, vom 17. März 1906 (RGBl. S. 429) ermächtigte die Landesgesetzgebung zu der Bestimmung, daß ein zu der Zeit, zu welcher das Grundbuch als angelegt anzusehen ist, an einem Grundstück bestehendes Pfandrecht, das zur Sicherung künftiger Ansprüche auf Zinsen, Kosten und anderen Nebenleistungen neben dem Pfandrechte für die Hauptforderung bestellt worden ist, erlischt, wenn es sich mit dem Eigentum in einer Person vereinigt. Die Bestimmung konnte auch nach dem Zeitpunkte, zu welchem das Grundbuch als angelegt anzusehen war, getroffen werden. Sie konnte dahin erweitert werden, daß Hypotheken der bezeichneten Art, die sich schon mit dem Eigentum in einer Person vereinigt hatten, als im Zeitpunkt der Vereinigung erloschen gelten. Über die Veranlassung zu diesem Gesetze s. Bem. II zu Art. 193.

Auf der Grundlage dieses Reichsgesetzes bestimmte für Bayern das G. über die Überleitung von Hypotheken vom 15. Mai 1906 (GVBl. S. 190; über Einführung in Coburg s. GVBl. 1922 S. 153, 155 — Bleyer S. 386 Nr. 31), daß eine Hypothek, die zur Sicherung künftiger Ansprüche auf Zinsen, Kosten und anderen Nebenleistungen neben der Hauptsachehypothek bestellt war, mit rückwirkender Kraft erlischt, wenn sie sich mit dem Eigentum in einer Person vereinigt; eine Ausnahme war nur für den Fall gemacht, daß ein Dritter bereits vorher durch Rechtsgeschäft ein Recht an der Hypothek erworben hatte. Eine mit Rücksicht auf die Vereinigung bereits erlangte Befriedigung kann nicht zurückgefordert werden.

Vgl. zu diesem Gesetz den Kommentar von Koch, München 1906, und SeuffBl. Bd. 71 S. 233 ff., 256 ff. Eine Umwandlung derartiger Hypotheken in selbständige Hypotheken ist ausgeschlossen (BayObLGZ. Bd. 8 S. 362).

S. für Bayern außerdem (für die Zeit vor 1906) Meyer „Recht" 1905 S. 309, Kober in SeuffBl. Bd. 70 S. 285 ff., BayObLG. und RG. in SeuffBl. Bd. 70 S. 430 und 607, Dandl in BayNotZ. 1905 S. 116 ff., RGZ. Bd. 61 S. 374, BayZ. Bd. 1 S. 269, 287, 350, 424, 464, 477 ff., 514, sowie Bem. 4, a, β zu § 1178 in Bd. III, 2 S. 1273, 1274.

Im wesentlichen die gleichen Vorschriften wie das erwähnte bayerische Gesetz enthält für Sachsen-Meiningen das G. vom 8. Dez. 1906 über die Überleitung von Hypotheken (Becher XX, 17 S. 149); s. Porzig in ThürBlRpfl. Bd. 53 S. 241 ff., Jacoby SeuffBl. Bd. 71 S. 256 ff.

3. **Übergeleitet** wurden und werden die altrechtlichen Grundstückspfandrechte in **Hypotheken im Sinne des BGB.**; dabei ist nach der reichsrechtlichen Regel des Art. 192 **Abs. 1**, die landesrechtlich nach Maßgabe des Art. 193 durchbrochen werden kann (s. Bem. zu Art. 193), zu unterscheiden:

a) Ist der Betrag der Forderung, für die das Pfandrecht besteht, bestimmt, so verwandelt sich das bisherige Pfandrecht in eine Buchhypothek im Sinne des BGB., das ist eine Verkehrshypothek ohne Brief, § 1116 Abs. 2 BGB. (s. Vorbem. II, 2 vor § 1113 in Bd. III, 2 S. 959 und Bem. II zu § 1116 in Bd. III, 2 S. 1027 f.).

Ob der Betrag der Forderung bestimmt ist, ergibt ausschließlich der bisherige Eintrag im Grund- oder Hypothekenbuch. Es kommt nicht darauf an, ob der Betrag zwischen den Parteien bestritten oder unbestritten ist (s. Habicht S. 493 Note 1). Auch wenn die Forderung bedingt ist, wird das Pfandrecht zur Buchhypothek; dies gilt namentlich für Pfandrechte, die im Wege der Zwangsvollstreckung auf Grund eines noch nicht rechtskräftigen Urteils eingetragen sind (Habicht S. 493 Note 2; s. dagegen für die Zeit seit Inkrafttreten des neuen Grundbuchrechts § 866 Abs. 1 ZPO., wonach die Zwangsvollstreckung in ein Grundstück durch Eintragung einer Sicherungshypothek erfolgt; s. auch Vorbem. VII vor § 1113 und Bem. II, B, d zu § 1184; s. für Mecklenburg-Schwerin § 198 Abs. 2 AV.BGB., für Mecklenburg-Strelitz § 196 Abs. 2 AV.BGB. [Becher XI, 2 S. 42 und XII, 2 S. 39]).

b) Ist der Betrag der Forderung, für die das Pfandrecht besteht, nicht bestimmt, also bisher kein bestimmter Betrag eingetragen gewesen (s. vorstehende Bem. a Abs. 2), so verwandelt sich das Pfandrecht in Sicherungshypothek, §§ 1184, 1190 BGB., die Sicherheits- oder Kautionshypothek des bayer. Rechts sowie die Kautionshypothek des § 24 preuß. EigErwG.

wurde Maximalhypothek im Sinne des § 1190 BGB. Im übrigen vgl. wegen der Kautionshypotheken auch oben Bem. II, 2, d und Bem. IX zu § 1184 und Bem. 18 zu § 1190 in Bd. III, 2; s. auch RGZ. Bd. 49 S. 164, Bd. 52 S. 60, 114, 411, Bd. 56 S. 219 ff.

Die bisherigen Pfandrechte gelten von der Zeit an, zu welcher das Grundbuch als angelegt anzusehen ist, als Hypotheken im angegebenen Sinne, d. h. die Umwandlung trat oder tritt kraft Gesetzes ohne einen entsprechenden Eintrag ein. Durch abweichende Parteivereinbarung kann zunächst keine andere Hypothekform aus dem bestehenden Pfandrecht geschaffen werden; nachträgliche Umwandlung nach Maßgabe des § 1186 BGB. ist zulässig (s. auch Bem. 8 zu § 1190 in Bd. III, 2; Habicht S. 513 unter e).

Die Umwandlung der Pfandrechte des bisherigen Rechts in Buch- oder Sicherungshypotheken hatte zur Folge, daß Urkunden, die nach den bisherigen Gesetzen über das Pfandrecht ausgestellt waren, von der Grundbuchanlegung an für den Bestand und die Übertragung der Hypothek gegenstandslos wurden (vgl. hiezu Bartsch in ZBlFG. Bd. 2 S. 4). Dagegen blieben nach Art. VIII des EG. zum G. betr. Änderungen der ZPO. vom 17. Mai 1898 (RGBl. S. 341) die landesgesetzlichen Vorschriften über die Vollstreckbarkeit von Hypothekenurkunden in Ansehung der Hypotheken, welche zur Zeit der Grundbuchanlegung bestanden, in Kraft.

Unberührt von der Überleitung ist das dem Pfandrecht zugrunde liegende persönliche Schuldverhältnis; für dasselbe ist Art. 170 maßgebend, es bleibt, soweit es vor dem 1. Januar 1900 entstanden ist, für dasselbe das bisherige Recht maßgebend (s. RG. in JW. 1902 Beil. S. 218).

4. Inhalt und **Umfang des Pfandrechts** bestimmen sich — unbeschadet der Ausnahmen in Art. 192 Abs. 2 (s. unten Bem. 5) und Art. 194 (s. Bem. hiezu) — von der Grundbuchanlegung ab ausschließlich nach den Vorschriften des BGB. für diejenige Grundkreditform, in welche das Pfandrecht übergeleitet ist.

Hienach kann durch die Umwandlung Inhalt und Umfang des Pfandrechts in ganz wesentlicher Weise verändert werden. Die Motive (S. 274) erkennen an, daß diese Umwandlung einen Eingriff in bestehende Rechte enthält, halten denselben aber deshalb für weniger bedenklich, „weil der Zweck der Hypothek — die Ermöglichung der sicheren Beitreibung eines Geldbetrags — nur in geringerem Maße und praktisch weniger fühlbar durch die Anpassung beeinträchtigt wird, auch eine drückende Erschwerung der Lage des Eigentümers und der sonstigen Realberechtigten nicht zu besorgen ist".

a) So erstreckt sich seit der Grundbuchanlegung die Hypothek auf Erzeugnisse, Bestandteile und Zubehörstücke des Grundstücks sowie auf Miet- und Pachtzinsen im Umfange der §§ 1120—1124 BGB., auch wenn das Pfandrecht bisher diese Ausdehnung nicht hatte (Habicht S. 502 unter b, RGZ. Bd. 46 S. 172, Bd. 50 S. 72, Bd. 53 S. 350, Bd. 55 S. 288, 291, Bd. 58 S. 68, RG. in PucheltsZ. Bd. 35 S. 405; wegen Haftung des Entschädigungsanspruchs im Falle der Enteignung s. RGZ. Bd. 61 S. 226).

b) Das Grundstück haftet fortan für Zinsen und Kosten der Hypothekforderung nach Maßgabe der §§ 1118 und 1119 BGB., auch wenn eine solche Haftung nach dem bisherigen Rechte nicht begründet gewesen wäre. Erweitert wird hiernach von dem Zeitpunkte der Grundbuchanlegung ab die Haftung in Preußen und Württemberg in Ansehung der Zinsen, im Gebiete des französischen Rechts, in Sachsen, Bayern, Württemberg, Mecklenburg, Hessen, gemindert wird sie durch Ausschluß der Kosten der Eintragung in Preußen, durch den Ausschluß der Haftung für Schadensersatz in Mecklenburg (s. Habicht S. 511 f. unter 2 a).

c) Der Anspruch des dritten Besitzers für Verwendungen und Verbesserungen (nach Maßgabe von art. 2175 code civ.) fällt im Hinblick auf § 93 Abs. 2 ZVG. weg.

d) Entgegen den bisherigen Vorschriften in Bayern, Württemberg und Baden (Mot. III S. 659) erstreckt sich fortan das Pfandrecht auch auf die Forderungen des Eigentümers und Besitzers des Grundstücks aus der Versicherung von Gegenständen, die dem Gläubiger kraft der Hypothek haften (s. § 1129 BGB.).

e) Besteht für die Forderung Hypothek an mehreren Grundstücken, so finden die Vorschriften des BGB. über Gesamthypothek (§ 1132) ohne Rücksicht auf die Zeit der Entstehung der einzelnen Hypotheken Anwendung. Abweichende ältere landesgesetzliche Vorschriften sind von der Grundbuchanlegung ab gegenstandslos (Habicht S. 513 unter c).

f) Aus Art. 186 im Zusammenhalt mit Art. 188 und BGB. § 892 ergibt sich, daß, abgesehen von den gesetzlichen Pfandrechten alle übrigen Pfandrechte an Grundstücken, welche vor der Anlegung des Grundbuchs entstanden sind, von diesem Zeitpunkt an die Wirkungen dieses Artikels gegenüber gutgläubigen Dritten nur dann haben, wenn sie im Grundbuch eingetragen sind.

g) Vereinbarungen, durch die sich der Eigentümer dem Gläubiger gegenüber nach bisherigem Rechte gültig verpflichtet hatte, das Grundstück nicht zu veräußern oder nicht weiter zu belasten, verloren mit der Grundbuchanlegung im Hinblick auf § 1136 BGB. die dingliche Wirkung (Habicht S. 515, Planck Bem. 8, e, Wolff, Sachenrecht, 7. Bearb. § 185, I, 2, a S. 593; a. M. Obermeyer in SeuffBl. Bd. 65 S. 325); für Fortdauer der schuldrechtlichen Wirkung Planck a. a. O. gegen Habicht.

Auch nach bisherigem Recht zulässige Vereinbarungen im Sinne des jetzigen § 1149 BGB. (Beschränkung der Vertragsfreiheit hinsichtlich der Befriedigungsart) wurden mit dem Inkrafttreten des neuen Liegenschaftsrechts hinfällig (s. Bem. 4 zu § 1149 in Bd. III, 2 S. 1155).

Vgl. hieher auch Vorbem. XI Nr. 2, 3 und Vorbem. XIII, 1 vor § 1113 in Bd. III, 2 S. 965 ff.

5. Von dem Grundsatze, daß sich der Inhalt der übergeleiteten Grundstückspfandrechte nach dem BGB. bestimmt, macht **Abs. 2** des Art. 192 eine Ausnahme für die sog. **Revenuenhypotheken**, wenn nämlich das Pfandrecht dahin beschränkt ist, daß der Gläubiger Befriedigung aus dem Grundstück nur im Wege der Zwangsverwaltung, nicht auch der Zwangsversteigerung, also nur aus den Einkünften des Grundstücks suchen kann.

Das BGB. kennt die Revenuenhypothek nicht mehr (Mot. III S. 634); nach § 1147 BGB. erfolgt die Befriedigung des Gläubigers aus dem Grundstücke und aus den Gegenständen, auf die sich die Hypothek erstreckt, im Wege der Zwangsvollstreckung (s. Bem. V zu § 1147 in Bd. III, 2); ein schuldrechtlicher Vertrag zwischen Eigentümer und Gläubiger dahin, daß die hypothekarische Haftung auf die Einkünfte beschränkt sein soll, ist nach § 134 BGB. nichtig (s. Vorbem. VIII vor § 1113 in Bd. III, 2 S. 964). Die Begründung einer Revenuenhypothek ist also reichsrechtlich nunmehr ausgeschlossen und war nur mehr im Rahmen des Vorbehalts des Art. 60 EG. landesrechtlich bei Familienfideikommissen, Lehen und ähnlichen Rechtsgebilden zulässig.

Dagegen sind im Zeitpunkt der Grundbuchanlegung bestehende Revenuenhypotheken reichsrechtlich, ohne daß es einer landesgesetzlichen Vorschrift bedurfte, aufrecht erhalten, gleichviel ob bisher das Gesetz hinsichtlich bestimmter Hypotheken nur die Befriedigung im Wege der Zwangsverwaltung gestattet hatte oder ob der Gläubiger auf die Befriedigung im Wege der Zwangsversteigerung im Einzelfall verzichtet hatte (s. Habicht S. 507 Note 2). Aufrecht erhalten ist aber nur die Beschränkung hinsichtlich der Art der Befriedigung des Gläubigers; im übrigen erfolgt die Umwandlung und Überleitung wie bei den übrigen Grundstückspfandrechten.

6. Keine Vorschrift ist gegeben über das **Rangverhältnis**. Dasselbe bemißt sich nach bisherigem Rechte. Vgl. Vorbem. vor Art. 192, Abs. 5. Gegenüber später entstehenden Rechten werden sich die Vorschriften der Art. 186 und 188 sowie BGB. § 892 wirksam zeigen (vgl. P. V, 631).

III. Landesgesetze: Preußen Art. 33 § 1 AG.BGB. (Becher XIV, 1 S. 16), G. vom 21. März 1913 betr. ältere Hypotheken in Neuvorpommern und Rügen (GS. S. 71); Bayern Art. 22 AG.GBO. über Umwandlung von Hypothekenvormerkungen in Eintragungen (Becher III, 9 S. 136; Bleyer S. 328); für die Pfalz Art. 14 LiegenschaftsG. über Arreste in das unbewegliche Vermögen (Becher III, 3 S. 11; Beyer S. 230); Württemberg Art. 214 AG.BGB. über Unterpfandrechte, für die ein Pfandschein ausgestellt ist (Becher XXVI, 1 S. 51); Hessen Art. 15—9 G., die Anlegung des Grundbuchs betr., vom 16. März 1899 (Becher VIII, 2 S. 18) über die Vormerkungen „gehemmt" und „streitig"; G., die Vormerkung „streitig" in den Grundbüchern der Provinz Rheinhessen betr., vom 30. März 1903 (Becher VIII, 33 S. 354); Hamburg § 48 AG.BGB. (Becher VII, 1 S. 8); Mecklenburg-Schwerin §§ 198, 199 AV.BGB.; § 20 AV.ZPO. (Becher XI, 2 S. 42 und 8 S. 134); Mecklenburg-Strelitz §§ 196, 197 AV.BGB., § 20 AV.ZPO. (Becher XII, 1 S. 39 und 8 S. 118); Lübeck §§ 95, 96 AG.BGB. (Becher X 6 S. 55); Sachsen-Meiningen Art. 19 AG.BGB. (Becher XX, 1 S. 14); Sachsen-Coburg-Gotha Art. 33, 34 AG.BGB. (Becher XIX, 8 S. 65);

Sachsen-Weimar § 160 AG.BGB. (Becher XXI, 3 S. 32); Sachsen-Altenburg § 13 AG.ZPO. (Becher XVIII, 2 S. 35); Schwarzburg-Rudolstadt Art. 106, 107 AG.BGB. (Becher XXIII, 2 S. 21); Schwarzburg-Sondershausen Art. 41 AG.BGB. (Becher XXIV, 1 S. 18); die Vorschriften der Art. 33 AG.BGB. für Gotha, Art. 19 §§ 1, 4 für Meiningen, Art. 104—107 AG.BGB. für Rudolstadt, Art. 41 AG.BGB. für Sondershausen und § 160 AG.BGB. für Weimar sind durch § 155 Abs. 2 Nr. 7 AB.BGB. vom 16. Mai 1923 für Thüringen (GS. S. 302) aufrechterhalten; Schaumburg-Lippe § 22 AG.GBO. (Becher XXII, 8 S. 59).

S. auch Bem. I, 3 zu Art. 193.

IV. Über die Erledigung eines vor der Grundbuchanlegung beantragten Zwangsversteigerungs- oder Zwangsverwaltungsverfahrens nach den bisherigen Gesetzen s. §§ 1, 15 EG.ZVG.; s. hiezu auch RG. in JW. 1902 S. 11.

Art. 193.*)

Durch Landesgesetz kann bestimmt werden, daß ein Pfandrecht, welches nach Artikel 192 nicht als Sicherungshypothek gilt, als Sicherungshypothek oder als eine Hypothek gelten soll, für welche die Erteilung des Hypothekenbriefs nicht ausgeschlossen ist, und daß eine über das Pfandrecht erteilte Urkunde als Hypothekenbrief gelten soll.

E. I, 112 Abs. 3; II, 164; III, 192.

I. Landesgesetzliche Überleitung altrechtlicher Pfandrechte:

1. Über die **Entstehung** des Artikels s. Bem. I zu Art. 192.

2. **Inhalt.** Landesgesetzlich kann einem nach bisherigem Rechte bestehenden Pfandrecht eine andere Hypothekenform gegeben werden, als Art. 192 es vorschreibt. Notwendig ist nur die Unterordnung unter eine der Hypothekenformen des BGB., ausgeschlossen ist die Aufrechterhaltung des nach dem bisherigen Rechte sich bestimmenden Rechtsinhalts (Mot. z. EG. 274).

Reichsrechtlich werden nach Art. 192 Abs. 1 Grundstückspfandrechte, wenn der Betrag der gesicherten Forderung bestimmt ist, in Buchhypotheken (Verkehrshypotheken ohne Brief) übergeleitet. Nur davon (nicht auch von der Vorschrift des Art. 192 Abs. 1 Satz 2) gestattet Art. 193 eine Ausnahme. Landesgesetzlich kann für solche Grundstückspfandrechte bestimmt werden, daß sie künftig gelten sollen entweder

a) als Sicherungshypotheken (s. §§ 1184 ff. BGB.) oder
b) als Briefhypotheken (Verkehrshypotheken mit Brief; s. § 1116 BGB. mit Bem. und Vorbem. II, 1 vor § 1113 in Bd. III, 2 S. 959),

je nachdem sich das bisherige landesrechtliche Grundstückspfand mehr der einen oder der anderen Hypothekenform näherte.

Für die Sicherungshypothek ist die Erteilung eines Hypothekenbriefes nach § 1185 Abs. 1 BGB. ausgeschlossen. Für den Fall der Überleitung in Briefhypothek kann das Landesgesetz zugleich bestimmen, daß die nach Landesrecht über das Pfandrecht erteilte Urkunde künftig als Hypothekenbrief im Sinne des BGB. (s. § 1116) gelten soll.

Auch die Umwandlung in die landesgesetzlich bestimmte Hypothekenform tritt kraft Gesetzes ein mit der Anlegung des Grundbuchs (s. Art. 186).

3. **Landesgesetze:**

A. **Keinen Gebrauch** haben von der Ermächtigung des Art. 193 gemacht: Bayern für die rechtsrhein. Gebiete (s. aber Art. 49 ÜbergG. für Inhaberhypotheken und Art. 22, 57 AG.GBO. für Hypothekvormerkungen), Sachsen, Sachsen-Altenburg, Sachsen-Meiningen, Reuß ä. L., Reuß j. L., Schaumburg-Lippe.

Für diese Gebiete bleibt es also bei der reichsgesetzlichen Regelung des Art. 192 Abs. 1 Satz 1; Urkunden, die in diesen Gebieten über ältere Hypotheken

*) Schrifttum: Bartsch, Hypothekenurkunden älteren Rechts in ZBlFG. Bd. 2 S. 4 ff.

ausgestellt sind, gelten nicht als Hypothekenbriefe im Sinne des BGB., wenn sie auch nach früherem Rechte mit diesem Namen bezeichnet sind. (Bayer. HypG. vom 1. Juni 1822 § 115, sächs. VO. vom 9. Jan. 1865 §§ 185—191, VO. vom 8. Nov. 1891 § 1.) Vgl. Habicht S. 524.

B. Die Umwandlung der bestehenden Pfandrechte in eine **Sicherungshypothek** haben angeordnet: Preußen für die im bisherigen Geltungsbereiche des G. über das Grundbuchwesen im Bezirke des Appellationsgerichts zu Cassel usw. vom 29. Mai 1873 (GS. S. 273) vor dem 1. Juli 1874 errichteten und nicht in Hypotheken des preußischen Rechts umgewandelten Hypotheken Art. 33 § 3 Nr. 2 AG.BGB. (Becher XIV, 1 S. 17); Bayern Art. 1 LiegenschG. für Pfalz (für Vorzugsrechte und Hypotheken) (Becher III, 3 S. 9); Baden Art. 39 AG.BGB. in der Fassung der Bek. vom 13. Okt. 1925 (GVBl. S. 287 — früher Art. 40) (wie in Bayern-Pfalz); Hessen Art. 21, 53 GrundbuchanlegungsG. (Becher VIII, 2 S. 19, 25); Sachsen-Weimar § 160 AG.BGB. (Becher XXI, 3 S. 32); Schwarzburg-Rudolstadt Art. 106 AG.BGB. (Becher XXIII, 2 S. 21); [Elsaß-Lothringen § 77 AG. BGB. (Becher VI, 1 S. 15)].

C. Für Umwandlung der bestehenden Pfandrechte in **Briefhypotheken** haben sich entschieden: Preußen Art. 33 §§ 1, 2 AG.BGB. (Becher XIV, 1 S. 16, 17); Württemberg Art. 214 AG.BGB. (Becher XXVI, 1 S. 51); Oldenburg § 14 AG.BGB. (Becher XIII, 3 S. 9); (f. Lübeck § 14, f. Birkenfeld § 43); Braunschweig § 54 AG.BGB. (Becher IV, 1 S. 13); Anhalt Art. 51 AG.BGB. (Becher I, 3 S. 22); Bremen §§ 40, 41 AG.BGB. (Becher V, 1 S. 11); Lippe § 32 AG.BGB. (Becher IX, 1 S. 8; Sachsen-Coburg-Gotha Art. 33 AG. BGB. (Becher XIX, 8 S. 65); die Vorschrift ist für Coburg auch nach dessen Vereinigung mit Bayern aufrecht erhalten; Schwarzburg-Sondershausen Art. 41 AG.BGB. (Becher XXIV, 1 S. 18); Waldeck Art. 18 AG.BGB. (Becher XXV, 1 S. 10).

Zu B und C: Die Vorschriften für die jetzt thüringischen Gebietsteile Weimar, Rudolstadt, Gotha und Sondershausen bleiben nach der thüring. AV.BGB. vom 16. Mai 1923 § 155 Abs. 2 Nr. 7 (GS. S. 302) in Geltung. Art. 33 AG.BGB. für Sachsen-Coburg-Gotha (Becher XIX, 8 S. 65) gilt in den mit Bayern vereinigten coburgischen Landesteilen fort (Bek. vom 30. Jan. 1922, B, II, a; Bayer. GVBl. S. 155).

II. Weiterer Vorbehalt für Nebenpfandrechte zur Sicherung künftiger Ansprüche auf Zinsen, Kosten und andere Nebenleistungen:

Mit besonderer Rücksicht auf die vorwiegend in Bayern und Sachsen, sowie einigen Teilen Thüringens üblichen sog. **Zinsen- und Kosten-Kautionen** (Nebensachekautionen) ist nachträglich zur Ergänzung dieses Artikels folgendes **Reichsgesetz betr. Überleitung von Hypotheken des früheren Rechtes vom 17. März 1906** (RGBl. S. 429) ergangen:

> „Durch Landesgesetz kann bestimmt werden, daß ein zu der Zeit, zu welcher das Grundbuch als angelegt anzusehen ist, an einem Grundstücke bestehendes Pfandrecht, das zur Sicherung künftiger Ansprüche auf Zinsen, Kosten und andere Nebenleistungen neben dem Pfandrechte für die Hauptforderung bestellt worden ist, erlischt, wenn es sich mit dem Eigentum in einer Person vereinigt.
>
> Diese Bestimmung kann auch nach dem Zeitpunkte, zu welchem das Grundbuch als angelegt anzusehen ist, getroffen werden. Sie kann dahin erweitert werden, daß Hypotheken der bezeichneten Art, die sich schon mit dem Eigentum in einer Person vereinigt haben, als im Zeitpunkte der Vereinigung erloschen gelten."

Dieses Reichsgesetz ist durch einen von Bayern beim Bundesrate gestellten Antrag veranlaßt, der durch die Unzuträglichkeiten hervorgerufen wurde, welche sich in Ansehung der sog. Nebensachekautionen des bayerischen Rechtes aus der Überleitung in das Liegenschaftsrecht des BGB. ergeben hatten.

Nach den Vorschriften des bayerischen Hypothekengesetzes (§ 12 Nr. 11, § 42) erstreckte sich die Haftung des Grundstücks grundsätzlich auf die Zinsen nur insoweit, als sie laufend oder nicht über ein Jahr rückständig waren, in Ansehung der Kosten aber und weiterer Rückstände an bedungenen Zinsen hatte der Gläubiger das dingliche Recht zwar gegen seinen Schuldner, solange dieser im Besitze des Grundstücks war, nicht aber gegenüber dritten

Besitzern und anderen Gläubigern, sofern er nicht nach § 12 Nr. 11 des zit. G. eine besondere Eintragung wegen der Kosten und nicht über zwei Jahre rückständiger Zinsen erwirkt hatte.

Da nun eine so beschränkte Haftung für Nebenleistungen den Bedürfnissen des Immobilienverkehrs nicht genügte, hatte sich in Bayern die Übung gebildet, die Wirkung der Hypothek in Ansehung der Haftung des Grundstücks für Nebenleistungen vertragsmäßig dahin zu erweitern, daß neben der Hypothek für die Hauptforderung im gleichen Range mit dieser eine sog. **Nebensachekaution**, d. h. eine Hypothek zur Sicherung künftiger, nicht bevorzugter Zinsen, Kosten und anderer Nebenleistungen bestellt wurde (in der Regel bis zum Höchstbetrage von 10 Prozent der Hauptforderung). In der Praxis wurden diese Nebensachekautionen immer nur von dem Gesichtspunkte aus beurteilt, daß sie dem Hypothekengläubiger Sicherheit gewährleisten sollten. Erst mit der Einführung des Grundbuchrechts erhob sich für diejenigen Bezirke, in denen das Grundbuch angelegt wurde, die bis dahin nie erörterte Frage, ob diese Nebensachekaution als **selbständige** Hypothek neben derjenigen für den Hauptanspruch zu erachten sei, insbesondere aber auch, ob auch diese Hypothek sich in eine Eigentümerhypothek (Eigentümergrundschuld) umwandeln könne oder nicht. Das BayObLG. hat sich in einem Beschlusse vom 23. Juni 1905 (BayObLGZ. Bd. 6 S. 418) für die Selbständigkeit der Nebensachekaution entschieden und angenommen, daß auf eine solche selbständige Höchstbetragshypothek die Vorschriften des BGB. über die Eigentümerhypothek Anwendung finden und nicht § 1178 BGB. Nachdem sich auch das Reichsgericht (RGZ. Bd. 61 S. 374 ff.) dieser Auffassung angeschlossen hatte und nunmehr diese höchstrichterlichen Entscheidungen für die Praxis maßgebend geworden sind, mußte die Unzuträglichkeit dieser Auffassung für den Hypothekenverkehr sich in hohem Grade fühlbar machen. Die Gläubiger mußten es sich gefallen lassen, daß der Eigentümer, der in der Regel auch ihr persönlicher Schuldner war, denjenigen Teil des Versteigerungserlöses im Vorrange vor ihnen ganz oder teilweise zugewiesen erhielt, der auf die Höchstbetragshypothek für Zinsen, Kosten und andere Nebenansprüche berechnet war. Gleichwohl war die bayerische Landesgesetzgebung nicht in der Lage, diesem Übelstande abzuhelfen, wenigstens soweit es sich um Bezirke handelte, in denen das Grundbuch schon als angelegt anzusehen war; eine entsprechende landesgesetzliche Vorschrift hätte schon vor dem Inkrafttreten des BGB. oder wenigstens vor jenem Zeitpunkt getroffen werden müssen. Die unter der Herrschaft des bayerischen Hypothekenrechts bereits bestellten Hypotheken für derartige Nebenansprüche waren eben auf Grund des Art. 192 vorbehaltlos in Hypotheken des BGB. übergeleitet worden. Zu einer nachträglichen Änderung des auf Grund der reichsgesetzlichen Überleitungsvorschriften eingetretenen Rechtszustandes war die Landesgesetzgebung nicht befugt, auch Art. 218 EG. konnte nicht in Anwendung kommen (vgl. Bem. 2, d zu Art. 218). Daher mußte der Abhilfe des Übelstandes, der sich durch die angeführten höchstrichterlichen Entscheidungen herausgestellt hatte, durch Eingreifen der Reichsgesetzgebung der Weg gebahnt werden.

Das **bayerische Ges. über die Überleitung von Hypotheken vom 15. Mai 1906** (GVBl. 1906 S. 190; Becher ErgBd. III, 23 S. 270) hat auf Grund dieses Reichsgesetzes angeordnet: Eine zu der Zeit, zu welcher das Grundbuch angelegt wird, bestehende Hypothek, die zur Sicherung künftiger Ansprüche auf Zinsen, Kosten und andere Nebenleistungen neben der Hypothek für die Hauptforderung bestellt war, erlischt, wenn sie sich mit dem Eigentum in einer Person vereinigt. Hat sich eine solche Hypothek schon vor dem Inkrafttreten dieses Gesetzes mit dem Eigentum in einer Person vereinigt, so gilt sie als im Zeitpunkte der Vereinigung erloschen. Eine Ausnahme besteht nur, wenn ein Dritter bereits vorher durch Rechtsgeschäft ein Recht auf die Hypothek erlangt hatte. Hatte aber jemand vor dem Inkrafttreten dieses Gesetzes mit Rücksicht auf die Vereinigung der Hypothek mit dem Eigentum in einer Person eine Befriedigung erhalten, so konnte er Rückgabe nicht verlangen. S. weiteres in Bem. II, 2, d zu Art. 192 und Bem. 4 zu § 1178 in Bd. III, 2 S. 1273.

Außer Bayern hat Sachsen-Meiningen von der Ermächtigung des RG. vom 17. März 1906 Gebrauch gemacht in dem Ges. vom 8. Dez. 1906 über die Überleitung von Hypotheken (Becher XX, 17 S. 149), das inhaltlich im wesentlichen mit dem bayer. Gesetz übereinstimmt. Vgl. darüber Porzig ThürBlRpfl. Bd. 53 S. 241 ff.

Art. 194.

Durch Landesgesetz kann bestimmt werden, daß ein Gläubiger, dessen Pfandrecht zu der im Artikel 192 bezeichneten Zeit besteht, die Löschung eines im

Range vorgehenden oder gleichstehenden Pfandrechts, falls dieses sich mit dem Eigentum in einer Person vereinigt, in gleicher Weise zu verlangen berechtigt ist, wie wenn zur Sicherung des Rechtes auf Löschung eine Vormerkung im Grundbuch eingetragen wäre.

E. II, 165; III, 193.

Schutz der gleich- oder nachstehenden Berechtigten gegen Beeinträchtigungen durch Vereinigung des Pfandrechts mit dem Eigentum:

1. Entstehung. Dieser Artikel wurde erst in der II. Komm. aufgestellt (P. VI, 524; Reatz III, 92).

2. Inhalt. Der Art. 194 ermöglicht der Landesgesetzgebung, eine weitere Ausnahme von Art. 192 zu machen, um nachstehende Berechtigte gegen Beeinträchtigungen zu schützen, die ihnen mit Einführung des BGB. durch dessen Vorschriften über die Eigentümerhypothek drohen.

Nach § 1163 Abs. 1 Satz 2 und § 1168 Abs. 1 BGB. (vgl. auch §§ 1143, 1173, 1182) erwirbt der Eigentümer die Hypothek, wenn die Forderung erlischt oder der Gläubiger auf die Hypothek verzichtet. Sie wird Eigentümerhypothek. Dies hat zur Folge, daß die nachfolgenden Hypothekgläubiger entgegen bisher bestehenden Rechten (z. B. den Vorschriften des pfälzischen Rechtes) im Range nicht vorrücken können. Diese Rangvorrückung kann sich der nachfolgende Hypothekgläubiger nach jetzigem Recht auf Grund Vereinbarung mit dem Eigentümer durch eine Vormerkung gemäß § 1179 BGB. sichern.

Die Landesgesetzgebung kann nun ohne eine solche Vereinbarung und Vormerkung den Hypothekengläubigern, deren Pfandrecht zu der Zeit besteht, in welcher das Grundbuch als angelegt gilt, die gleiche günstige Rangstellung dadurch verschaffen, daß sie den Eigentümer zur Löschung des mit seinem Eigentume zusammenfallenden, im Range gleichstehenden oder vorgehenden Pfandrechtes verpflichtet (P. a. a. O.). Diese Anordnung kann getroffen werden, gleichviel ob das Pfandrecht nach Maßgabe der Art. 192, 193 in Brief-, Buch- oder Sicherungshypothek umgewandelt wird.

Wenn die Landesgesetzgebung von dem Vorbehalte Gebrauch macht, so wird es so angesehen, als ob bei der Bestellung des Pfandrechts eine dem § 1179 BGB. entsprechende Vormerkung eingetragen worden wäre; es entsteht also eine Eigentümerhypothek, aber unter den Beschränkungen, die der §§ 1179 BGB. bestimmt; das Landesgesetz wirkt wie eine kraft Gesetzes eingetragene Vormerkung (vgl. Planck Bem. 1 zu Art. 194).

Der gleich- oder nachstehende Hypothekengläubiger hat also nur das Recht auf Löschung. Er rückt nicht ohne weiteres im Range vor. Die Zustimmung zu der Löschung kann in Anwendung des § 888 BGB. von jedem, dessen Erwerb im Hinblick auf die landesgesetzliche Bestimmung dem nachstehenden Pfandgläubiger gegenüber unwirksam ist, verlangt werden, vorbehaltlich besonderer landesgesetzlicher Regelung des Einflusses gutgläubigen Erwerbs. Der Anspruch auf Löschung steht jedem gleich- oder nachstehenden Pfandgläubiger unabhängig von dem anderen zu.

3. Landesgesetze: Von dem Vorbehalt ist nur in wenigen Ländern Gebrauch gemacht worden. Für Preußen s. Art. 33 § 3 Nr. 3 AG.BGB. (Becher XIV, 1 S. 17); für Bayern wurde von dem Vorbehalte nur in Ansehung der bestehenden Rangeinräumungsverzichte Gebrauch gemacht; s. Art. 59 ÜbergG. (Becher III, 8 S. 112) (vgl. Mot. zu Art. 1 des pfälz. LiegenschG. Ziff. 2, Mot. z. Entw. des ÜbergG. vor Art. 34 und Mot. z. AG.GBO. und ZVG. vor Art. 28); für Württemberg Art. 215 AG.BGB. (Becher XXVI, 1 S. 51); Hessen Art. 25, 58 AnlegungsG. (Becher VIII, 2 S. 19, 26).

4. Einen ähnlichen Vorbehalt wie Art. 194 enthält § 8 EG.ZVG. Darnach kann das Landesgesetz für die Zwangsversteigerung bestimmen, daß die vor dem Inkrafttreten des BGB. eingetragenen Hypotheken bei der Feststellung des geringsten Gebots und bei der Aufstellung des Teilungsplans nur auf Grund einer Anmeldung zu berücksichtigen sind. Vgl. Preußen Art. 33 AG.BGB. (für Kassel), Württemberg Art. 275 AG.BGB.; JMVerf. vom 10. Okt. 1899 § 19.

Art. 195.*)

Eine zu der Zeit, zu welcher das Grundbuch als angelegt anzusehen ist, bestehende Grundschuld gilt von dieser Zeit an als Grundschuld im Sinne des

*) Schrifttum: Affolter S. 393 f.; Habicht S. 492 ff.

Bürgerlichen Gesetzbuchs und eine über die Grundschuld erteilte Urkunde als Grundschuldbrief. Die Vorschrift des Artikel 192 Abs. 2 findet entsprechende Anwendung.

Durch Landesgesetz kann bestimmt werden, daß eine zu der im Abs. 1 bezeichneten Zeit bestehende Grundschuld als eine Hypothek, für welche die Erteilung des Hypothekenbriefs nicht ausgeschlossen ist, oder als Sicherungshypothek gelten soll und daß eine über die Grundschuld erteilte Urkunde als Hypothekenbrief gelten soll.

E. I, 113; II, 166; III, 194.

Überleitung der Grundschulden:

I. Entstehung. Der Abs. 1 entspricht den Abs. 1 und 2 von Art. 113 E. I; Abs. 2 wurde erst vom Bundesrate hinzugefügt (Mot. z. EG. 275; P. VI, 524, Reatz III, 92).

II. Inhalt.

1. In den Motiven z. BGB. (III, 604 ff.) ist dargelegt, daß es bisher im Deutschen Reiche verschiedene Staaten gab, welche die Hypothek als ein selbständiges, von einer Forderung unabhängiges Recht, demnach im Sinne des BGB. als eine Grundschuld gestalteten. Es werden dort die einschlägigen Gesetze in drei Gruppen geschieden:

a) in die Gesetze von Hamburg (über Grundeigentum und Hypotheken vom 4. Dez. 1868) und Lübeck (Stadtbuch von 1818, HypO. von 1820 und 1880),

b) in die Gesetze von Mecklenburg (rev. HypO. für Landgüter vom 18. Okt. 1848, rev. Stadtbuchordnung vom 21. Dez. 1857 § 19, rev. HypO. für den Privatgrundbesitz in den Domänen von Mecklenburg-Strelitz vom 24. Dez. 1812 § 12, G. vom 2. Jan. 1854 über die Grund- und Hypothekenbücher in den schwerinischen Domänen vom 2. Jan. 1854),

c) in die Gesetze, welche eine selbständige Hypothek unter dem Namen „Grundschuld" neben der akzessorischen Hypothek zulassen (preußisches Gesetz über den Eigentumserwerb vom 5. Mai 1872 und die gleichnamigen Gesetze für Oldenburg mit Ausschluß für Birkenfeld, für Koburg-Gotha, für Waldeck und Pyrmont, für Lippe und Schaumburg-Lippe).

2. Art. 195 Abs. 1 Satz 1 leitet grundsätzlich **die Grundschulden des bisherigen Rechts in Grundschulden des BGB. über.** Ausnahmen können sich reichsrechtlich nach Maßgabe des Abs. 1 Satz 2 (unten Bem. 3) und auf Grund der in Abs. 2 der Landesgesetzgebung erteilten Ermächtigung (unten Bem. 4) ergeben.

a) Unter Grundschulden im Sinne des Art. 195 sind die von einer persönlichen Forderung unabhängigen selbständigen Kapitalbelastungen der Grundstücke zu verstehen; es kommt nicht auf die Bezeichnung des Rechts in den bisherigen Gesetzen an. Es gehören z. B. die selbständigen Hypotheken in Mecklenburg hieher; s. unten Bem. III.

b) Art. 195 gilt für die zu der Zeit, zu welcher das Grundbuch als angelegt gilt (s. Art. 186), bestehenden, also eingetragenen Grundschulden. Die Rechtswirkung der Überleitung trat oder tritt mit diesem Zeitpunkt kraft Gesetzes ein.

c) Infolge der Überleitung finden auf die altrechtlichen Grundschulden von dem unter b bezeichneten Zeitpunkt ab die Vorschriften der §§ 1191—1198 BGB. Anwendung. Für die Grundschulden, welche nach dem bisherigen Rechte, z. B. § 122 Satz 4 der preuß. GBO., Briefgrundschulden sein mußten, kann jetzt nachträglich (§§ 1192, 1116 Abs. 2 Satz 2 BGB.) die Erteilung des Briefes ausgeschlossen werden.

d) Ausdrücklich hebt Art. 195 hervor, daß die Urkunde über die Grundschuld des bisherigen Rechts als Grundschuldbrief im Sinne des BGB. gilt; s. §§ 1192 mit 1116 Abs. 1, 1195 BGB.

e) Die Grundschuld behält nach der Regel des Art. 184 ihren bisherigen Rang.

f) Blankoabtretung einer Grundschuld ist nach dem Rechte des BGB. ungültig (s. Bem. II, 2, a zu § 1192 in Bd. III, 2 S. 1356). Wer eine Grundschuld auf Grund einer vor der Anlegung des Grundbuchs erfolgten Blankoabtretung geltend macht, muß diese Abtretung und ihren Zeitpunkt zum Nachweis der Gültigkeit beweisen. Liegt eine nach bisherigem Recht gültige Blankoabtretung in Mitte, so kann von dem letzten eingetragenen oder durch namentliche Abtretung legitimierten Inhaber der Grundschuld die Zustimmung zur Überschreibung des Grundschuldbriefes auf den Erwerber der Grundschuld verlangt werden; § 894 BGB. ist entsprechend anwendbar (Habicht S. 503 Note 2; s. auch Dernburg, Sachenrecht § 246 Nr. 2).

Der Beweiserleichterung dient die Vorschrift in Art. 34 preuß. AG. BGB. (Becher XIV, 1 S. 18) und für Waldeck die entsprechende Vorschrift in Art. 19 AG.BGB. (Becher XXV, 1 S. 10); s. auch für Mecklenburg-Schwerin § 200 AB.BGB. (Becher XI, 2 S. 42), für Mecklenburg-Strelitz § 198 AB.BGB. (Becher XII, 1 S. 39).

3. Bestehende **Revenuengrundschulden**, d. h. Belastungen des Grundstücks mit einer Grundschuld in der Weise, daß die Haftung auf die Einkünfte beschränkt ist, die Befriedigung aus dem Grundstück also nur im Wege der Zwangsverwaltung gesucht werden kann, sind durch Abs. 1 Satz 2 in Verbindung mit Art. 192 Abs. 2 **aufrechterhalten.** Dem BGB. sind Revenuengrundschulden fremd (s. Vorbem. VIII vor § 1113 in Bd. III, 2 S. 964).

4. Auf Grund der Ermächtigung des **Abs. 2** konnte die Landesgesetzgebung die Grundschulden des früheren Rechts überleiten

a) in gewöhnliche Briefhypotheken (s. Vorbem. II, 1 vor § 1113 BGB. in Bd. III, 2 S. 959) oder

b) in Sicherungshypotheken (s. Vorbem. II, 3 vor § 1113 BGB. in Bd. III, 2 S. 959 und §§ 1184 ff. BGB.).

Die Bestimmung, ob die Überleitung erst mit der Eintragung wirksam wird, ist der Landesgesetzgebung überlassen. Diese kann auch bestimmen, daß eine über die Grundschuld des bisherigen Rechts erteilte Urkunde als Hypothekenbrief gelten soll. S. die entsprechende Vorschrift für Grundstückspfandrechte in Art. 193.

III. **Landesgesetze:** Von der Ermächtigung, Grundschulden im Sinne des Art. 195 in Briefhypotheken umzuwandeln, hat, soweit ersichtlich, kein Land Gebrauch gemacht.

Für Mecklenburg-Schwerin ist in § 197 AB.BGB. (Becher XI, 2 S. 42), für Mecklenburg-Strelitz in § 195 AB.BGB. (Becher XII, 1 S. 38) bestimmt, daß die ihrer Rechtsnatur nach den Grundschulden des BGB. gleichstehenden Hypotheken — vorbehaltlich der Bestimmungen in § 198 bzw. § 196 AB.BGB. — künftig als Grundschulden gelten sollen.

Hamburg §§ 49, 50 AG.BGB. (Becher VII, 1 S. 9) und Lübeck § 95 AG. BGB. (Becher X, 6 S. 55) haben die bestehenden Kapitalbelastungen mit Rücksicht auf die damit verbundene subsidiäre persönliche Haftung in Buchhypotheken des neuen Rechts umgewandelt (s. Habicht S. 502).

Art. 196.*)

Durch Landesgesetz kann bestimmt werden, daß auf ein an einem Grundstücke bestehendes vererbliches und übertragbares Nutzungsrecht die sich auf Grundstücke beziehenden Vorschriften und auf den Erwerb eines solchen Rechtes die für den Erwerb des Eigentums an einem Grundstücke geltenden Vorschriften des Bürgerlichen Gesetzbuchs Anwendung finden.

E. I, 115; II, 167; III, 195.

Vererbliche und übertragbare Nutzungsrechte.

I. Entstehung. Der Art. 196 weicht vom Art. 115 E. I sehr erheblich ab. Dieser lautete:

„Durch Landesgesetz kann bestimmt werden, daß ein an einem Grundstücke bestehendes veräußerliches und vererbliches Nutzungsrecht, wenn es bei dem belasteten Grundstücke eingetragen ist, ein Blatt im Grundbuch erhalte."

Seine gegenwärtige Gestalt erhielt der Art. 196 in der II. Komm. (Mot. z. EG. 276 ff., P. V, 525, 526, Reatz III, 93).

---

*) Schrifttum: Habicht S. 437 ff., 466; Oberneck, Grundbuchrecht Bd. I S. 631 ff.

II. Inhalt: Nutzungsrechte mit Grundstückseigenschaft.

1. Das BGB. kennt außer dem Erbbaurecht (s. früher § 1012 BGB., jetzt § 1 der ErbbauVO. vom 15. Jan. 1919, RGBl. S. 72) kein vererbliches und übertragbares Nutzungsrecht mehr; s. §§ 1059, 1061, 1090 Abs. 2, 1092 BGB. Solche Nutzungsrechte können nach Art. 189 Abs. 1 Satz 3 EG. auch in der Zeit bis zur Anlegung des Grundbuchs nicht mehr begründet werden. Soweit aber solche Rechte am 1. Januar 1900 bestanden, sind sie durch Art. 184 EG. aufrecht erhalten und können noch übertragen und vererbt werden.

Art. 196 bezieht sich auf diejenigen Nutzungsrechte an einem Grundstücke, welche

a) beim Inkrafttreten des BGB. bestanden,

b) nach dem bisherigen Rechte übertragbar und vererblich waren und

c) nicht schon von einem Artikel des 3. Abschnitts (z. B. Art. 63, 68, 133) betroffen werden. Das ist im Protokoll der II. Komm. ausdrücklich hervorgehoben und weiter bemerkt, daß es sich um Nutzungsrechte handelt, welche beim Inkrafttreten des BGB. bestehen, nach Art. 189 Abs. 1 Satz 1 und 2 in Kraft bleiben und nach Satz 3 daselbst künftighin nicht mehr begründet werden können. P. a. a. O. Hinsichtlich solcher Rechte vgl. Bem. II, 3, B Abs. 3, d zu Art. 189.

Nicht unter Art. 196 fallen also das Erbbaurecht, das Lehnrecht (Art. 59), das Erbpachtrecht (Art. 63), das Wasserrecht (Art. 65), die nicht bergrechtlichen Abbaurechte (Art. 68), das Jagd- und Fischereirecht (Art. 69), die realen Gewerbeberechtigungen (Art. 74); ferner gehören nicht hierher die bäuerlichen Nutzungsrechte des folgenden Art. 197.

Dagegen kommen in Frage u. a. die **Emphyteuse** des gemeinen Rechts, sowie das Erbzinsrecht und die Erbzinsleihe des deutschen Rechts, ferner die regelmäßig aus alten Realgemeindeberechtigungen erwachsenen **Nutzungsbefugnisse an Wald und Weide, auch Fischereirechte** an öffentlichen Flüssen (KGJ. Bd. 34 A S. 219). Vgl. den Inhalt der Landesgesetze, Bem. III.

Es werden außerdem auch solche Nutzungsrechte hierher zu zählen sein, welche landesgesetzlich nach den Vorschriften des 3. Abschnittes zwar aufrecht erhalten werden könnten, aber nicht aufrecht erhalten werden.

2. Die **Wirkung** des Vorbehaltes des Art. 196 ist: Während die Nutzungsrechte nach Art. 184 Abs. 1 Satz 1 EG. nur mit dem sich aus den bisherigen Gesetzen ergebenden Inhalt und Rang bestehen bleiben, kann nach Art. 196 landesgesetzlich bestimmt werden, daß die in Bem. 1 bezeichneten Nutzungsrechte rechtlich **Grundstückseigenschaft im Sinne des BGB.** haben sollen. Demnach finden auf dieselben Anwendung

a) die allgemeinen Vorschriften der §§ 873—902 BGB. über Rechte an Grundstücken,

b) nach ausdrücklicher Vorschrift des Art. 196 die §§ 925—928 BGB. über den Erwerb von Grundstücken,

c) obwohl es in Art. 196 nicht ausdrücklich hervorgehoben ist, die Vorschriften der §§ 985 ff. BGB. über die Ansprüche aus dem Eigentum.

Die Befugnis der Landesgesetzgebung zu der Anordnung, daß die Nutzungsrechte des Art. 196 ein besonderes Grundbuchblatt erhalten sollen, ergibt sich aus Art. 218 EG. und aus § 83 GBO.

Die Nutzungsrechte des Art. 196 unterliegen nach § 864 Abs. 1 ZPO., wenn die Landesgesetzgebung von der ihr erteilten Ermächtigung Gebrauch gemacht hat, der Zwangsvollstreckung in das unbewegliche Vermögen, nach § 870 Abs. 1 ZPO. finden die Vorschriften über Zwangsvollstreckung in Grundstücke entsprechende Anwendung.

III. Landesgesetze: Siehe für Preußen Art. 40 AG.BGB., Art. 22 AG.GBO. (Becher XIV, 1 S. 21, 117); s. hiezu Oberneck a. a. O.; Bayern Art. 17, 18 AG. GBO. (Becher III, 9 S. 135), in Coburg seit 1. Mai 1921 in Geltung nach Bek. vom 27. April 1921 (GVBl. S. 307); Sachsen § 29 des G. vom 15. Juni 1900, betrifft Fischereirechte, Fährgerechtigkeiten sowie solche vererbliche und übertragbare Nutzungsrechte an Grundstücken, die vor dem 1. Januar 1900 entstanden sind (Becher XVII, 10 S. 114, Jäger-Apelt B, 18 S. 372); Württemberg Art. 208 AG.BGB., ähnlich wie Sachsen (Becher XXVI, 1 S. 47); Baden § 32 AG.GBO. in der Fassung der Bek. vom 13. Okt. 1925 (GVBl. S. 300; früher § 34 der alten Fassung), vererbliche und übertragbare Nutzungen (Waldrechte) an den Grundstücken der Murgschifferschaft; Thüringen § 84 AB.BGB. vom 16. Mai 1923 (GS. S. 295) — Realgewerbeberechtigungen, Fischereirechte, Holzgerechtsame —, nun für alle thüringischen Länder [s. früher Sachsen-Weimar §§ 128, 155 AG.BGB. (Becher XXI, 3 S. 26, 31); Sachsen-Altenburg §§ 52, 53, 76, 77 AB.BGB. (Becher XVIII, 1 S. 11 f.); Reuß ältere Linie § 93 AG.BGB. (Becher XV, 1 S. 15); Reuß jüngere Linie § 67 AG.BGB. (Becher XVI, 1 S. 15); Schwarzburg-Rudolstadt Art. 81 AG.BGB. (Becher XXIII, 2 S. 17); Schwarzburg-Sondershausen Art. 27, 28 AG.BGB. (Becher XXIV, 1 S. 12)]; Hessen Art. 154 AG.BGB. (Becher VIII, 3 S. 60) — Emphyteuse, Erbleihe, Landsiedelleihen, Lehen und andere erbliche Leihe, Superfiziarrecht; Hamburg §§ 64, 65 AG.BGB. — Nutzungsrechte an Deichen; Mecklenburg-Schwerin §§ 154, 175, 177 AB.BGB. (Becher XI, 2 S. 34, 37, 38) — Lehen, vererbliche und übertragbare Nutzungsrechte; Braunschweig §§ 43, 44 AG.BGB. (Becher IV, 1 S. 9); Anhalt Art. 54 AG.BGB. (Becher I, 3 S. 24); Lübeck § 88 AG.BGB. (Becher X, 3 S. 54); Mecklenburg-Strelitz §§ 151, 175, 177 AB.BGB. (Becher XII, 1 S. 31, 35); Waldeck Art. 21 AG.BGB.

Art. 197.

In Kraft bleiben die landesgesetzlichen Vorschriften, nach welchen in Ansehung solcher Grundstücke, bezüglich deren zur Zeit des Inkrafttretens des Bürgerlichen Gesetzbuchs ein nicht unter den Artikel 63 fallendes bäuerliches Nutzungsrecht besteht, nach der Beendigung des Nutzungsrechts ein Recht gleicher Art neu begründet werden kann und der Gutsherr zu der Begründung verpflichtet ist.

E. III, 196.

Bäuerliche Nutzungsrechte.

1. Entstehung. Dieser Artikel wurde erst vom Bundesrat eingestellt (Reatz III, 93). Die Einstellung erfolgte mit Rücksicht auf Mecklenburg, da es dort bäuerliche Nutzungsrechte an Grundstücken gibt, welche nicht vererblich und nicht veräußerlich und nicht schon durch den Vorbehalt des Art. 63 gedeckt werden (vgl. auch Beseler, DPR. 3. Aufl. Abt. II § 184, g).

2. Inhalt: Durch Art. 63 sind die landesgesetzlichen Vorschriften über Erbpacht mit Einschluß des Häusler- und Büdnerrechts in denjenigen deutschen Ländern aufrecht erhalten, in denen solche Rechte am 1. Januar 1900 bestanden. Art. 197 bezieht sich auf andere als die genannten bäuerlichen Nutzungsrechte; die hier der Landesgesetzgebung erteilte Ermächtigung ist enger als die in Art. 63 gegebene.

Die Landesgesetzgebung kann bestimmen,

a) daß an denjenigen Grundstücken, an denen ein solches Recht am 1. Januar 1900 bestand, nach Beendigung des Nutzungsrechts ein Recht gleicher Art neu begründet werden kann, und zugleich nähere Vorschriften dafür geben, ohne daß jedoch die Natur des Rechts dadurch geändert wird (Planck Bem. 3);

b) daß der Gutsherr zur Begründung eines solchen Nutzungsrechtes gleicher Art verpflichtet ist.

3. Landesgesetze: Vgl. Mecklenburg-Schwerin §§ 178, 179 AB.BGB. (Becher XI, 2 S. 38); Mecklenburg-Strelitz §§ 176, 177 AB.BGB. (Becher XII, 1 S. 34). Vgl. dazu Langfeld, Mecklenb. Ausf.-Verordnungen zum BGB. S. 166 Bem. 3 zu § 178 und gegen dessen den dinglichen Charakter dieser Nutzungsrechte bestreitende Auffassung Habicht S. 359 f. Note 1, c; gegen dingliche Natur auch Planck Bem. 1; v. Buchka, Meckl. Landesprivatrecht § 31 S. 137 ff.

Vorbemerkungen zu Art. 198—212.

I. Die Art. 198—212 enthalten **die das Familienrecht betreffenden Übergangsvorschriften.** Der Leitgrundsatz der sog. Nichtrückwirkung ist hier ähnlichen Einschränkungen unterworfen wie auf dem Gebiete des Sachenrechts. „Die Familienrechte sind vorwiegend nur die Kehrseite von Pflichten, die, in der Sphäre der Sittlichkeit wurzelnd, zu Rechtspflichten erhoben sind; der Gemeinwille hat deshalb auch hier häufigere und dringendere

Veranlassung, sich mit besonderer Energie (d. h. rückwirkend) durchzusetzen" (Mot. z. BGB. I S. 24).

Selbstverständlich durften die Formvorschriften für die Eheschließung keine rückwirkende Kraft beanspruchen. Außerdem bestimmt **Art. 198** ausdrücklich, daß auch die materiellen Voraussetzungen der Gültigkeit der Ehe grundsätzlich nach den bisherigen Gesetzen zu beurteilen sind; eine Ausnahme von diesem Grundsatze ist nur zugunsten der Aufrechterhaltung einer vor dem 1. Januar 1900 geschlossenen Ehe in Abs. 2 insoferne gemacht, als die nach dem bisherigen Rechte bestehende Nichtigkeit oder Ungültigkeit einer Ehe nicht mehr geltend gemacht werden kann, wenn die Ehegatten am 1. Januar 1900 noch als Ehegatten miteinander lebten und der Grund, auf dem die Nichtigkeit oder Ungültigkeit der Ehe beruhte, nicht auch nach dem BGB. die Nichtigkeit oder die Anfechtbarkeit der Ehe zur Folge hatte oder diese Wirkung nach dem BGB. verloren hatte. Dagegen erlangen nach **Art. 199** die Vorschriften des BGB. über die persönlichen Rechtsbeziehungen der Ehegatten, insbesondere auch diejenigen über die gegenseitige Unterhaltspflicht, auch für die vor dem 1. Januar 1900 geschlossenen Ehen Geltung.

Zu den wohlerworbenen Rechten, die das neue Recht unangetastet ließ, gehören dagegen die in den bestehenden Ehen nach dem früheren Rechte begründeten Güterrechtsverhältnisse; nur ist der etwa vorhanden gewesene zwingende Charakter des früheren Rechts für bestehende Ehen beseitigt und für jeden Fall die Möglichkeit vertragsmäßiger Änderung des bestehenden Güterstandes eröffnet worden; eine Beschränkung der Geschäftsfähigkeit einer Ehefrau infolge des altrechtlichen Güterstandes oder der vor dem 1. Januar 1900 geschlossenen Ehe bleibt jedoch in Kraft, solange der bisherige Güterstand besteht (**Art. 200**).

Das Ehescheidungsrecht des BGB. besitzt zwingenden Charakter, die Scheidung und die Aufhebung der ehelichen Gemeinschaft erfolgt auch für die vor dem 1. Januar 1900 geschlossenen Ehen nach den Vorschriften des BGB. (**Art. 201**); die Verfehlung eines Ehegatten, die vor dem 1. Januar 1900 begangen ist, kann aber für eine Scheidung oder Aufhebung der ehelichen Gemeinschaft auf Grund der Vorschriften der §§ 1565—1568 BGB. nur dann verwertet werden, wenn sie auch nach den bisherigen Vorschriften ein Scheidungs- oder Trennungsgrund war. Einen Vorbehalt macht **Art. 202** hinsichtlich der Wirkungen einer beständigen oder zeitweiligen Trennung von Tisch und Bett, auf die vor dem 1. Januar 1900 erkannt ist; für diese Wirkungen bleiben die bisherigen Gesetze maßgebend.

Auch das Rechtsverhältnis zwischen den Eltern und einem vor dem Inkrafttreten des BGB. geborenen ehelichen Kinde bestimmt sich ausschließlich nach dem BGB. und zwar auch hinsichtlich des Vermögens, welches das Kind vorher erworben hatte (**Art. 203**). Anordnungen der zuständigen Behörde, durch die der Vater oder die Mutter in der Sorge für die Person oder für das Vermögen des Kindes beschränkt sind, bleiben jedoch in Kraft, solange sie nicht das Vormundschaftsgericht nach § 1671 BGB. aufhebt; die Beschränkung des Vaters oder der Mutter in der Nutznießung am Vermögen des Kindes ist jedoch auf Antrag aufzuheben, wenn die Entziehung der Nutznießung nicht nach § 1666 Abs. 2 BGB. gerechtfertigt ist (**Art. 204**).

Art. 205 regelt die künftige Bedeutung einer Beschränkung der mütterlichen Rechte durch den Vater.

Die Rechte und Pflichten der Eltern hinsichtlich der Personenfürsorge für die gemeinschaftlichen Kinder aus einer nach bisherigem Rechte geschiedenen, infolge Todeserklärung aufgelösten oder getrennten Ehe bleiben unberührt und bestimmten sich solange nach den bisherigen Gesetzen, als nicht das Vormundschaftsgericht auf Grund des § 1635 Abs. 1 Satz 2, Abs. 2 oder des § 1636 BGB. im Interesse des Kindes eine abweichende Anordnung traf (**Art. 206**).

Die Ehelichkeit eines Kindes aus einer vor dem 1. Januar 1900 geschlossenen nichtigen oder ungültigen Ehe bestimmt sich nach den bisherigen Gesetzen, selbst wenn das Kind erst nach dem 1. Januar 1900 geboren wurde (**Art. 207**).

Für die vor dem 1. Januar 1900 geborenen unehelichen Kinder bleiben in wichtigen Beziehungen die bisherigen Gesetze maßgebend, nämlich hinsichtlich der Erforschung der Vaterschaft, des Familiennamens des Kindes und der Unterhaltspflicht des Vaters, für Brautkinder schon dann, wenn sie vor dem 1. Januar 1900 erzeugt sind; in allen übrigen Beziehungen bestimmt sich die rechtliche Stellung des unehelichen Kindes vor dem Inkrafttreten des BGB. ab nach dessen Vorschriften (**Art. 208**).

Die Wirkungen der Legitimation und der Annahme an Kindes Statt bestimmt sich nach den bisherigen Gesetzen (**Art. 209**).

Die **Art.** 210—212 regeln die Überleitung der Vormundschaften und Pflegschaften in das neue Recht.

II. Keine Übergangsvorschrift gibt das EG. für das **Verlöbnis**.

1. Die Fragen, ob ein Verlöbnis rechtsgültig zustande kam und ob einem Verlöbnis Rechtswirkungen überhaupt zukamen, bestimmte sich nach dem bisherigen Recht. Ob ein Verlöbnis im Sinne des BGB. am 1. Januar 1900 bestand, bestimmt sich aber nach neuem Recht (Habicht S. 524; a. M. KG., OLG. Bd. 2 S. 133). Wurde ein Verlöbnis, selbst wenn es nach früherem (z. B. französischem) Rechte keinerlei Rechtswirkungen hatte, nach dem Inkrafttreten des BGB. fortgesetzt, so galt es nunmehr als ein unter der Herrschaft des neuen Rechts abgeschlossenes Verlöbnis, sofern der Wille, das Verlöbnis fortzusetzen, ersichtlich zutage trat (Habicht S. 524, Planck Vorbem. 2 zu Art. 198—212; RGZ. Bd. 59 S. 100 ff.; OLG. Zweibrücken SeuffBl. Bd. 72 S. 265 f.).

2. An **Rechtswirkungen** des Verlöbnisses kommen namentlich die Klagbarkeit des Eheversprechens und die Ansprüche aus einem Verlöbnisbruch in Betracht.

a) Wegen der Klagbarkeit des Eheversprechens nach älterem Recht s. Bd. IV Bem. 2 Abs. 2 zu § 1297. Schon vor dem Inkrafttreten des BGB. war ein Zwang zur Eheeingehung nach den Vorschriften der ZPO. (§ 774 Abs. 2 und § 779 Abs. 2 älterer Fassung, nun § 888 Abs. 2 und § 894 Abs. 2; s. wegen des Grundes der Aufrechterhaltung dieser Vorschriften nach dem Inkrafttreten des BGB. Bd. IV Bem. 4 zu § 1297) ausgeschlossen. Nach § 1297 BGB. kann auf Eingehung der Ehe nicht mehr geklagt werden; auch ein indirekter Zwang durch Ausbedingung einer Vertragsstrafe für den Fall des Bruches des Eheversprechens findet nicht statt. Diese Vorschrift ist zwingend und gilt auch für die vor dem Inkrafttreten des BGB. eingegangenen Verlöbnisse (ebenso Habicht S. 524 ff., Planck Vorbem. 2, a und b zu Art. 198—212; and. Ans. Affolter S. 284 und hinsichtlich der Klagbarkeit der Vertragsstrafe die bisherigen Aufl. dieses Komm.).

b) Auch Schadensersatzansprüche können auf Grund eines vor dem 1. Januar 1900 eingegangenen und nach diesem Zeitpunkt aufgelösten Verlöbnisses nur nach den Vorschriften der §§ 1298 bis 1300 BGB. geltend gemacht werden; dies gilt auch, wenn dem Verlöbnisbruch im früheren Rechte stärkere Wirkungen beigelegt waren und die Tatsachen, auf welche die Ansprüche gestützt werden, schon vor dem 1. Januar 1900 eingetreten waren (ebenso Habicht a. a. O. und Planck a. a. O., Dietz, Die Rechtsnatur des Verlöbnisses nach deutschem bürgerlichen Recht S. 83 ff.; and. Ans. Süß, Grundgedanken des deutschen Übergangsrechts S. 66 und teilweise Niedner S. 417; vgl. auch OLG. Frankfurt und OLG. Köln, „Recht" 1902 Nr. 795 und 1667, OLG. Bamberg, BayZ. 1907 S. 458).

Die Braut als solche hat den Anspruch aus § 1300 BGB. (sog. Deflorationsanspruch) auch dann, wenn die Beiwohnung vor dem 1. Januar 1900 erfolgt war (RGZ. Bd. 59 S. 102). Soweit jedoch das frühere Recht einen Deflorationsanspruch ohne Rücksicht auf ein bestehendes Verlöbnis gab, wie z. B. das gemeine Recht, ist dieser Anspruch aus vor dem 1. Januar 1900 erfolgter Beiwohnung auch dann bestehen geblieben, wenn es sich um Schwächung oder Schwängerung im Brautstande handelte und das Verlöbnis erst nach dem 1. Januar 1900 aufgelöst worden ist (Planck Vorbem. 2, a zu Art. 198—212, RGZ. Bd. 49 S. 204).

3. Ist das Verlöbnis schon vor dem Inkrafttreten des BGB. aufgehoben worden, so bestimmen sich die Folgen der Aufhebung und die aus dem Verlöbnisbruch abzuleitenden Ansprüche nach dem bisherigen Rechte. Nur für die Verjährung dieser Ansprüche ist nach Art. 169 EG. der § 1302 BGB. maßgebend (Bd. IV Bem. 4 zu § 1302, Habicht S. 525 und Note 3 daselbst, Planck Vorbem. 2, b zu Art. 198—212; OLG. Hamburg „Recht" 1911 Nr. 1314). Auf Eingehung der Ehe kann aber auch in diesem Falle nicht mehr geklagt werden (s. oben Bem. 2, a, RG. in JW. 1900 S. 726 ff., 1901 S. 138 f.).

Art. 198.*)

Die Gültigkeit einer vor dem Inkrafttreten des Bürgerlichen Gesetzbuchs geschlossenen Ehe bestimmt sich nach den bisherigen Gesetzen.

Eine nach den bisherigen Gesetzen nichtige oder ungültige Ehe ist als von Anfang an gültig anzusehen, wenn die Ehegatten zur Zeit des Inkrafttretens des Bürgerlichen Gesetzbuchs noch als Ehegatten miteinander leben und der Grund, auf dem die Nichtigkeit oder die Ungültigkeit beruht, nach den Vorschriften des Bürgerlichen Gesetzbuchs die Nichtigkeit oder die Anfechtbarkeit der Ehe nicht zur Folge haben oder diese Wirkung verloren haben würde. Die für die Anfechtung im Bürgerlichen Gesetzbuche bestimmte Frist beginnt nicht vor dem Inkrafttreten des Bürgerlichen Gesetzbuchs.

Die nach den bisherigen Gesetzen erfolgte Ungültigkeitserklärung einer Ehe steht der Nichtigkeitserklärung nach dem Bürgerlichen Gesetzbuche gleich.

E. I, 117; II, 168; III, 197.

Gültigkeit der vor dem 1. Januar 1900 geschlossenen Ehen:

I. Entstehung. Der Art. 117 E. I entspricht dem Abs. 1 des Art. 198; die Abs. 2 und 3 wurden erst in der II. Komm. hinzugefügt (Mot. z. EG. 278, P. VI, 526, 532, 634, 635, 654, Reatz III, 93).

II. Inhalt. Art. 198 enthält **Übergangsvorschriften über den Rechtsbestand einer Ehe, welche vor dem 1. Januar 1900 geschlossen wurde.**

1. Regel ist **(Abs. 1):** Die formellen und materiellen Erfordernisse für die Gültigkeit einer vor dem Inkrafttreten des BGB. geschlossenen Ehe sind dem bisherigen Recht zu entnehmen (RG. in JW. 1907 S. 3). Eine nach dessen Vorschriften gültige oder (z. B. durch Bestätigung, Zeitablauf) gültig gewordene Ehe blieb gültig, auch wenn sie nach den Vorschriften des BGB. nichtig oder anfechtbar gewesen wäre. Eine nach den bisherigen Gesetzen nichtige oder ungültige Ehe blieb nichtig oder ungültig, wenn auch der Grund der Nichtigkeit oder Ungültigkeit im BGB. als solcher nicht anerkannt ist; dieser Grundsatz ist jedoch durch die Ausnahmebestimmung des Abs. 2 durchbrochen (s. unter 2; vgl. auch RG. in JW. 1907 S. 3). Wegen der Folgen der Nichtigkeit s. unten Bem. V. Auch die Frage, welches von mehreren örtlich widerstreitenden älteren Gesetzen anzuwenden ist, wird nach dem früheren Rechte entschieden (OLG. Dresden, SächsOLG. Bd. 39 S. 83).

Das bisherige Recht wich von dem Rechte des BGB. nach mehrfacher Richtung ab.

a) Es gibt Fälle, in denen eine frühere Rechtsordnung ein Eheverbot nicht kannte oder nur als verzichtbaren oder an einen Fristablauf geknüpften Anfechtungsgrund (impedimentum prohibens bzw. imp. dirimens privatum) behandelte, während ihnen das BGB. eine größere Bedeutung, nämlich Nichtigkeit bzw.

---

*) Schrifttum: Habicht S. 514 ff., 526—532; Affolter S. 217 ff., 347 ff.; Thiesing, Die Wirkung nichtiger Ehen S. 239 ff.; Süß, Grundgedanken des deutschen Übergangsrechts (1910) S. 66 f.

die nach § 1343 zur Erklärung der Nichtigkeit (von Anfang an) führende Anfechtbarkeit beilegt. Dies gilt z. B. von dem Eheverbote des Ehebruchs (§ 1312 BGB.). Wo daher unter der Herrschaft des sächsischen Rechts (sächs. BGB. § 1627, Ges. vom 1. Nov. 1875), nach dem die mit dem Ehebrecher abgeschlossene Ehe gültig war, vor dem 1. Januar 1900 eine solche Ehe abgeschlossen ist, bewahrt sie ihre Rechtsgültigkeit gegenüber dem § 1312 BGB. Ferner hat das BGB. die Voraussetzungen einer Anfechtung der Ehe wegen Irrtums und Betrugs vielfach freier und dem Anfechtenden günstiger gestaltet als die alte Rechtsordnung. Beispielsweise beschränkt das kanonische Recht die Anfechtung wegen Irrtums auf die Person und den freien Stand, während nach § 1333 BGB. auch die Anfechtung wegen Irrtums über wichtige persönliche Eigenschaften zulässig ist. Sofern die Ehe unter der früheren beschränkten Rechtsregel abgeschlossen worden ist, bewahrt sie ihre Unanfechtbarkeit; § 1333 hat keine rückwirkende Kraft. Soweit eine gesetzliche Ausschlußfrist für die Geltendmachung der Ungültigkeit oder für die Anfechtung der Ehe abgelaufen ist, hat es dabei sein Bewenden (RGZ. Bd. 48 S. 157; RGRK. Bem. 7 zu § 1339).

b) Es gibt andere Fälle, in denen das Ehehindernis nach früherem Rechte trennende Wirkung hatte, während das BGB. ihm nur eine aufschiebende Wirkung beilegt, so z. B. das Ehehindernis der Eheunmündigkeit, des Mangels der elterlichen Einwilligung, der Adoptivverwandtschaft (§§ 1303, 1305, 1306). Für diese Fälle macht Art. 198 in Abs. 2 eine unter 2 näher darzulegende Ausnahme im Interesse der Aufrechterhaltung der Ehe.

c) Es gibt Fälle, in denen das BGB. einem von der früheren Rechtsordnung anerkannten Ehehindernis überhaupt die Anerkennung versagt, so z. B. das Ehehindernis der Mentalreservation (kanonisches Recht), der Fall der Eheschließung vor dem sog. Putativ-Standesbeamten (vgl. des Näheren jetzt § 1319 BGB.). Auch für diese Fälle ist die Ausnahme unter 2 zu beachten.

2. **Die Ausnahme des Abs. 2** (Wirksamwerden der Ehe durch Eintritt des neuen Rechts): Die Regel des Abs. 1 hat im Interesse der Aufrechterhaltung einer am 1. Januar 1900 äußerlich bestehenden Ehe eine wesentliche Einschränkung im Sinne der rückwirkenden Kraft der neuen Rechtsordnung erfahren. Die nach den bisherigen Gesetzen nichtige oder ungültige Ehe wird als von Anfang gültig angesehen, wenn folgende zwei Voraussetzungen erfüllt sind:

a) Der Grund der bisherigen Nichtigkeit oder Ungültigkeit muß entweder vom BGB. als Nichtigkeits- oder Anfechtungsgrund überhaupt nicht anerkannt sein oder im Einzelfalle nach den Vorschriften des BGB. seine Wirkung (z. B. durch Ablauf der Frist für die Geltendmachung) verloren haben.

b) Außerdem müssen die Ehegatten zur Zeit des Inkrafttretens des BGB., also am 1. Januar 1900, noch als Ehegatten miteinander gelebt haben.

Zu a. Wenn die Ehe nach dem bisherigen Recht nichtig oder ungültig war, mußte also nach Art. 198 Abs. 2 Satz 1 geprüft werden, ob etwa der Grund, auf dem die Nichtigkeit oder Ungültigkeit beruhte, nach den Vorschriften des BGB. gar keinen Einfluß auf die Rechtswirksamkeit der Ehe oder nur eine schwächere Wirkung (Anfechtbarkeit statt Nichtigkeit) gehabt hätte und ob die Möglichkeit, auch nach dem BGB. bestehende Nichtigkeit oder Anfechtbarkeit geltend zu machen, nicht nach den Vorschriften des BGB. schon verloren gegangen ist (RG. in WarnE. 1915 Nr. 211); s. über die Heilung der Nichtigkeit und die Beseitigung der Anfechtbarkeit Bd. IV S. 99 Vorbem. VIII, b und c vor § 1323.

Die Anfechtbarkeit wird insbesondere beseitigt durch Ablauf der im § 1339 BGB. bestimmten Anfechtungsfrist von sechs Monaten. Die Frist ist Ausschlußfrist (Bd. IV Bem. 3 zu § 1339); über ihren regelmäßigen Beginn s. § 1339 Abs. 2 und Bem. 2 zu § 1339. Soweit eine nach dem bisherigen Rechte nichtige oder ungültige Ehe nach dem BGB. wenigstens anfechtbar ist, sollte dem Anfechtungsberechtigten jedenfalls die Möglichkeit der Anfechtung gewahrt bleiben; es sollte verhindert werden, daß die gemäß Satz 1 des Abs. 2 nach dem BGB. zu beurteilende Anfechtbarkeit nur deshalb ausgeschlossen bleibe, weil beim Inkrafttreten des BGB. die sechsmonatige Frist des § 1339 BGB. abgelaufen war, während die nach bisherigem Rechte längere Frist noch nicht verstrichen war (RGZ. Bd. 48 S. 167; RG. in JW. 1907 S. 515). Deshalb bestimmt Abs. 2 **Satz 2** des Art. 198, daß die Anfechtungsfrist nicht vor dem 1. Januar 1900 zu laufen beginnt, wenn auch die Tatsache, welche nach § 1339 Abs. 2 BGB. die Anfechtungsfrist in Lauf setzte, schon vor jenem Zeitpunkt eingetreten war; Art. 198 Abs. 2 Satz 2 gilt aber nur für eine nach dem BGB. erfolgende Anfechtung der Ehe. Soferne eine Anfechtung nach der Regel des Art. 198 Abs. 1 auf Grund des bisherigen Rechts erfolgt, finden auch dessen Anfechtungsfristen Anwendung, selbst wenn die Frist erst nach dem 1. Januar 1900 in Lauf gesetzt worden ist (RGZ. Bd. 48 S. 166). Ist das Recht, die Nichtigkeit oder Ungültigkeit der Ehe geltend zu machen, schon nach dem bisherigen Recht vor dem 1. Januar 1900 verloren gegangen (z. B. durch Zeitablauf oder Bestätigung), so ist für die Anwendung des Art. 198 Abs. 2 und damit auch dessen Satz 2 überhaupt kein Raum mehr, da die Ehe schon nach der Regel des Art. 198 Abs. 1 gültig ist (RGZ. Bd. 48 S. 165; Planck Bem. 1).

Unter den Gründen, welche nach bisherigem Rechte die Nichtigkeit oder Ungültigkeit bzw. Anfechtbarkeit der Ehe bewirken, nach neuem Rechte aber nicht mehr, wurden in der II. Komm. die in der Bestellung des Standesbeamten sowie die in der Zuziehung von Zeugen eingetretenen formellen Mängel der Ehe (PStG. §§ 41 ff., 52 ff.) hervorgehoben, da § 1319 BGB. eine Ehe auch dann für gültig erklärt, wenn sie vor einer Person geschlossen wurde, die, ohne Standesbeamter zu sein, das Amt eines Standesbeamten öffentlich ausübt, sofern die Verlobten den Mangel der amtlichen Befugnis bei der Eheschließung nicht kennen, und da nach § 1318 BGB. die über die Zuziehung und Qualität der Zeugen gegegebenen Vorschriften nur Ordnungsvorschriften sind, deren Außerachtlassung die Gültigkeit der Ehe nicht berührt (vgl. Bem. 4 zu § 1318).

Als materielle Gründe dieses Artikels sind in der II. Komm. (P. IV, 530) die Eheunmündigkeit und der Mangel der fehlenden elterlichen Einwilligung (BGB. §§ 1303, 1305, 1306) genannt worden, da diese nach dem BGB. nicht trennende, sondern aufschiebende Ehehindernisse sind (P. a. a. O.). Sofern es sich um Ehen handelt, welche vor Inkrafttreten des Personenstandsgesetzes geschlossen wurden, können z. B. von den trennenden Ehehindernissen des katholischen Kirchenrechts auch noch die impedimenta ordinis, professionis religiosae, disparitatis cultus u. a., welche schon durch § 39 des Personenstandsgesetzes in Wegfall gekommen sind (vgl. Hinschius S. 147 ff.), hier in Betracht kommen.

Abgesehen von diesen und den schon unter 1, b und c berührten Fällen gehört hieher u. a. auch der Fall der Impotenz. Während nach dem kanonischen Eherechte Impotenz ein trennendes Ehehindernis ist, begründet es nach § 1333 BGB. nur die Anfechtbarkeit der Ehe (vgl. Bd. IV Bem. III, 2, a, α zu § 1333); die Ehe ist also seit dem 1. Januar 1900 nur noch anfechtbar.

Eine vor dem Inkrafttreten des BGB. ohne Beobachtung der vorgeschriebenen Form abgeschlossene, aber in das Heiratsregister (oder dasjenige Buch, in das nach damaligem Recht die Eintragung der Eheschließung zu erfolgen hatte, Thiesing a. a. O. S. 240) eingetragene Ehe galt, sofern die Ehegatten beim Inkrafttreten des BGB. noch zusammenlebten, bis zur Auflösung oder Nichtigkeitserklärung als Ehe im Sinne des § 1309 Abs. 1 BGB. (Sartorius, PStG. S. 230) und konnte gleichfalls auf Grund der Vorschrift des § 1324 Abs. 2 BGB. wirksam werden, wenn die Ehegatten nach der Eheschließung zehn Jahre, oder, falls einer von ihnen vorher gestorben ist, bis zu dessen Tode, jedoch mindestens drei Jahre als Ehegatten miteinander gelebt haben (s. Bd. IV Bem. 3, b zu § 1324). Wie in der II. Komm. ausdrücklich bemerkt wurde, hat durch Art. 198 auch die Vorschrift des § 1324 BGB. rückwirkende Kraft erlangt (P. VI, 635, 653).

Zu b. Wenn sich in den Fällen zu a das neue Recht wirksam zeigen soll, so ist notwendig, daß die Ehegatten zur Zeit des Inkrafttretens des BGB. noch als Ehegatten miteinander leben. Dieses Erfordernis ist (wie im Falle des § 1324 Abs. 2 BGB.) nur dann erfüllt, wenn sich die Ehegatten gegenseitig noch als Ehegatten betrachten, mögen sie auch vielleicht wegen ehelicher Zwistigkeiten miteinander nicht in ehelicher Gemeinschaft leben (P. VI, 653, 654; vgl. Bem. 3, b, α zu § 1324).

Dagegen bleibt die Ungültigkeit der Ehe nach dem bisherigen Rechte bestehen, wenn vor dem Inkrafttreten des BGB. die Ehegatten die eheliche Gemeinschaft wegen der Ungültigkeit der Ehe aufgegeben haben, und selbstverständlich ebenso dann, wenn im erwähnten Zeitpunkte die Ehe bereits aufgelöst, Nichtigkeits- oder Ungültigkeitserklärung bereits erfolgt ist oder gar einer der Ehegatten schon eine neue Ehe eingegangen hat (P. a. a. O.; RG. in JW. 1900 S. 725).

3. Zu Abs. 3. § 568 ZPO. in der früheren Fassung unterschied (entgegen dem § 606 in der jetzigen Fassung) zwischen Ungültigkeit und Nichtigkeit der Ehe.

Ein Ungültigkeitsgrund konnte nur von der verletzten Person geltend gemacht werden (impedimentum dirimens privatum), ein Nichtigkeitsgrund war nur ein solcher, der im öffentlichen Interesse auch von Amts wegen geltend gemacht werden konnte (impedimentum dirimens publicum; vgl. PStG. §§ 34, 55 und Hinschius S. 122 Note 23). Das BGB. kennt diese Unterscheidung nicht, sondern bestimmt in § 1343, daß eine angefochtene und anfechtbare Ehe als von Anfang an nichtig anzusehen ist. Abs. 3 beseitigt nun auch hinsichtlich der vor dem 1. Januar 1900 geschlossenen Ehen den Unterschied zwischen Ungültigkeitserklärung und Nichtigkeitserklärung, indem er auch die vor dem 1. Januar 1900 erfolgte Ungültigkeitserklärung der Nichtigkeitserklärung gleichstellt.

4. Wegen des Verlöbnisses vgl. Vorbem. II vor Art. 198.

III. Über räumlich geltendes Recht s. OLG. Dresden in SächsOLG. Bd. 39 S. 83.

IV. Wegen der **Wirkung der vor dem Inkrafttreten des BGB. erfolgten Todeserklärung eines Ehegatten** vgl. Art. 158 mit Bem. Art. 198 Abs. 2 findet auch hier Anwendung, d. h. die §§ 1348—1352 BGB. (vgl. Art. 159 mit Bem.) finden Anwendung, auch wenn die Todeserklärung vor dem 1. Januar 1900 erfolgt ist und die Wiederverheiratung nach den bisherigen Gesetzen nicht zulässig war.

V. Internationales Privatrecht: Art. 198 greift in Verbindung mit Art. 13 EG. (vgl. Bem. dazu) auch in das internationale Privatrecht ein. Ist eine Ehe vor dem 1. Januar 1900 im Auslande geschlossen und nach dem damals bzw. dort geltenden Domizilprinzip, an dessen Stelle erst Art. 13 das Nationalitätsprinzip gesetzt hat, nach ausländischem Rechte zu beurteilen, so bleibt dieses auch nach dem 1. Januar 1900 maßgebend, jedoch nur insoweit, als sich nicht zugunsten der Erhaltung der Ehe aus Abs. 2 dieses Artikels entsprechende Ausnahmen ergeben (vgl. Habicht S. 531). Dagegen hat das EG. keinen dem Art. 198 Abs. 2 entsprechenden Grundsatz für eine bloß örtliche Statutenkollision aufgestellt. Hier wurde also eine nach ausländischen Gesetzen zu beurteilende Ehe mit dem Inkrafttreten des BGB. nicht um deswillen gültig, weil der Nichtigkeits- oder Anfechtungsgrund im deutschen Recht nicht anerkannt ist. Anders verhält es sich bei der Ehescheidung nach Art. 17 Abs. 4 (vgl. Habicht S. 351 Note 1).

VI. Hinsichtlich der **Folgen der Nichtigkeit oder Ungültigkeit** der Ehe ist zu unterscheiden:

1. Für das Verhältnis der Gatten zueinander ist das bisherige Recht ausschließlich maßgebend, gleichviel, ob die Nichtigkeits- oder Ungültigkeitserklärung noch unter der Herrschaft des alten Rechts oder nach dem Inkrafttreten des BGB. erfolgte. Dies gilt insbesondere für die mit der Putativehe verbundenen vermögensrechtlichen und familienrechtlichen Wirkungen, ferner hinsichtlich des Erbrechts.

2. Dagegen können Dritte für Rechtsgeschäfte, die nach dem 1. Januar 1900 abgeschlossen werden, den in § 1344 BGB. gewährten Schutz in Anspruch nehmen (vgl. Planck Bem. 7, Habicht S. 532, Niedner S. 418 N. 2, Thiesing a. a. O. S. 240).

VII. Die **Vorschriften der ZPO.** finden als zwingendes Recht auf alle Ehesachen, auch auf solche, die unter Art. 198 Abs. 1 fallen und deshalb nach bisherigem Recht zu entscheiden sind, Anwendung.

Art. 199.*)

Die persönlichen Rechtsbeziehungen der Ehegatten zueinander, insbesondere die gegenseitige Unterhaltspflicht, bestimmen sich auch für die zur Zeit des Inkrafttretens des Bürgerlichen Gesetzbuchs bestehenden Ehen nach dessen Vorschriften.

E. I, 118; II, 169; III, 198.

Rechtsbeziehungen der Ehegatten:

1. Entstehung. Art. 199 weicht nur in unwesentlicher, redaktioneller Beziehung von Art. 118 E. I ab (Mot. z. EG. 279, P. VI, 532, 635, Reatz III, 96).

2. Inhalt. Art. 199 unterstellt die **persönlichen Rechtsbeziehungen von Ehegatten,** auch wenn sie sich schon vor dem 1. Januar 1900 verehelicht haben, dem neuen

---

*) Schrifttum: Kuhbier, Die Überleitung der bestehenden Ehen nach dem neuen Recht 1900; Affolter S. 348 f.; Habicht S. 532 ff.; Jacobi, Persönliches Eherecht (I) S. 79 ff.; Wieruszowski, Handbuch des Eherechts S. 168 ff. und in GruchotsBeitr. Bd. 43 S. 305 ff.

Rechte. Auf die Rechtsbeziehungen geschiedener Ehegatten zueinander bezieht sich Art. 199 nicht (RG. in JW. 1901 S. 2).

Was zu den persönlichen Rechtsbeziehungen der Ehegatten untereinander zu rechnen ist, ist den Vorschriften des BGB. zu entnehmen. Es gehören hieher:

a) die beiderseitige Verpflichtung der Ehegatten zur ehelichen Lebensgemeinschaft (§ 1353 BGB.; RG. in JW. 1901 S. 456, 1906 S. 637, RGZ. Bd. 46 S. 382); ein Rechtsstreit, der die Herstellung der ehelichen Gemeinschaft zum Gegenstand hatte, war selbst dann nach den Vorschriften des BGB. zu entscheiden, wenn er am 1. Januar 1900 schon anhängig war (Planck Bem. 4); s. auch unten Bem. 3;

b) das Entscheidungsrecht des Ehemannes in den das gemeinschaftliche eheliche Leben betreffenden Angelegenheiten (§ 1354 BGB.); die allgemeinen Vorschriften über den Wohnsitz der Ehegatten (§ 10 BGB.) gehören ebenfalls zu den Vorschriften über die persönlichen Rechtsbeziehungen und fanden deshalb vom 1. Januar 1900 ab Anwendung (s. Bem. 4 zu Art. 157, Planck Bem. 2, d);

c) Recht und Pflicht der Frau zur Führung des Familiennamens des Mannes (§ 1355 BGB.; über die zwingende Natur dieser Vorschrift s. Bd. IV Bem. 8 zu § 1355);

d) die rechtliche Stellung der Ehefrau im Hauswesen und im Geschäfte des Mannes (§ 1356 BGB.);

e) die Schlüsselgewalt der Ehefrau (§ 1357 BGB.; Bem. 8, b zu § 1357 in Bd. IV; ebenso Habicht S. 532, Niedner Bem. 3, d, Planck Bem. 2, Kipp § 38, II, OLG. Karlsruhe Bd. 3 S. 13, OLG. Braunschweig in SeuffA. Bd. 67 Nr. 2; and. Ans. Affolter S. 349 mit der unzutreffenden Begründung, daß die Schlüsselgewalt Ausfluß des Güterrechts sei);

f) die Übernahme persönlicher Dienste gegenüber Dritten durch die Ehefrau und das Kündigungsrecht des Ehemanns in bezug auf solche Rechtsverhältnisse (§ 1358 BGB.);

g) die Sorgfaltspflicht der Ehegatten in den das eheliche Leben betreffenden Angelegenheiten (§ 1359 BGB.), soweit die Erfüllung von Verpflichtungen in bezug auf persönliche Rechtsbeziehungen in Betracht kommt (Planck Bem. 2);

h) nach der ausdrücklichen Vorschrift des Art. 199 auch die gegenseitige **Unterhaltspflicht** der Ehegatten nach §§ 1360, 1361 BGB. Zwischen den Ehegatten vor dem Inkrafttreten des BGB. geschlossene Verträge wurden deshalb unwirksam, soweit sie den Bestimmungen des BGB. widerstritten (RG., JW. 1905 S. 637, 682, GruchotsBeitr. Bd. 45 S. 79 ff., 82), ebenso Verträge, welche einen Verzicht auf den gesetzlichen Unterhalt für die Zukunft enthielten, auch wenn dieser Verzicht nach dem bisherigen Rechte zulässig gewesen war (RG, GruchotsBeitr. Bd. 50 S. 688 ff.); in am 1. Januar 1900 anhängigen Rechtsstreitigkeiten über den Unterhalt war das neue Recht anzuwenden; die Abänderung rechtskräftiger den Bestimmungen des BGB. widerstreitender Urteile konnte nach § 323 ZPO. herbeigeführt werden (vgl. Habicht S. 533, Wieruszowski a. a. O.). Auf den Unterhaltsanspruch des geschiedenen Ehegatten bezieht sich Art. 199 nicht; denn dieser Anspruch ist nicht mehr ein solcher aus dem ehelichen Verhältnis, sondern die gesetzliche Folge der Schuldigerklärung des Unterhaltspflichtigen im Scheidungsurteil; für diesen Anspruch ist daher Art. 170 EG. maßgebend, es sind die bisherigen Gesetze anzuwenden; das gilt auch, wenn das vor dem 1. Januar 1900 ergangene Scheidungsurteil erst nach diesem Zeitpunkt rechtskräftig geworden ist (KG., OLG. Bd. 2 S. 159, OLG. Dresden, OLG. Bd. 3 S. 240, OLG. Frankfurt a. M. „Recht“ 1904 S. 47 Nr. 197, S. 530 Nr. 2263, RG., JW. 1901 S. 2, RGZ. Bd. 50 S. 307);

i) die Vermutungen des § 1362 (praesumtio Muciana); das BGB. hat diese Vorschrift unter die die persönlichen Rechtsbeziehungen des Ehegatten betreffenden Vorschriften eingereiht, obwohl sie zunächst Wirkungen der Ehe auf vermögensrechtlichem Gebiete regeln; die aufgestellten Vermutungen sind Folge der herrschenden Stellung des Mannes in der Ehe (ebenso Habicht S. 534 f., Niedner Bem. 2, h, Jacobi a. a. O. S. 79, Wieruszowski a. a. O., Wolff, Hess. LPrR. § 184 Note 3, anscheinend auch RGZ. Bd. 46 S. 382; s. auch hier Bd. IV Bem. 12, b zu § 1362; and. Ans. Planck Bem. 2, c, Affolter S. 349, Endemann 8. Aufl. S. 484 Note 4; der Streitfrage kommt heute kaum mehr praktische Bedeutung zu).

k) Die in älteren Rechten vorgekommenen Beschränkungen von Schenkungen unter Ehegatten und Interzessionen eines Ehegatten zugunsten des anderen blieben wirksam, soweit solche Rechtshandlungen vor dem Inkrafttreten des BGB. vorgenommen waren. Seit dem 1. Januar 1900 sind sie, da das BGB. diese Beschränkungen nicht kennt, auch in den vor diesem Zeitpunkt geschlossenen Ehen zulässig (Habicht S. 536, Planck Bem. 2, e; and. Ans. Affolter S. 350).

3. Verträge und selbst rechtskräftige Entscheidungen aus der Zeit vor dem Inkrafttreten des BGB. wurden mit dem 1. Januar 1900 gegenstandslos und unwirksam, soweit sie rechtliche Beziehungen der Ehegatten untereinander abweichend von den Vorschriften des BGB. geregelt hatten; anhängige Rechtsstreitigkeiten waren nach den Bestimmungen des BGB. zu entscheiden (Habicht S. 533, Planck Bem. 6; s. auch Bem. 2, a und h).

Art. 200.*)

Für den Güterstand einer zur Zeit des Inkrafttretens des Bürgerlichen Gesetzbuchs bestehenden Ehe bleiben die bisherigen Gesetze maßgebend. Dies gilt insbesondere auch von den Vorschriften über die erbrechtlichen Wirkungen des Güterstandes und von den Vorschriften der französischen und der badischen Gesetze über das Verfahren bei Vermögensabsonderungen unter Ehegatten.

Eine nach den Vorschriften des Bürgerlichen Gesetzbuchs zulässige Regelung des Güterstandes kann durch Ehevertrag auch dann getroffen werden, wenn nach den bisherigen Gesetzen ein Ehevertrag unzulässig sein würde.

---

*) Schrifttum: Riedner S. 434; Habicht S. 552ff.; Affolter S. 219ff.; derselbe in GrünhutsZ. Bd. 30 S. 125; Stobbe-Lehmann, Deutsches Privatrecht Bd. 4 § 287 S. 153ff.; Zelter, Die statutarischen Gütererbrechte der Übergangszeit in Preußen 1901; Kuhbier, Die Überleitung bestehender Ehen 1901 und in GruchotsBeitr. Bd. 45 S. 827ff.; Fricke, Güterrecht der beim Inkrafttreten des BGB. bestehenden Ehen 1901; Kaufmann, Zur Überleitung des ehelichen Güterrechts im SächsArch. Bd. 10 S. 292ff.; Lehmann, Die Überleitung des ehelichen Güterrechts durch die Ausführungsgesetze der deutschen Bundesstaaten, „Recht" 1900 S. 116ff.; Wieruszowski, Handbuch des Eherechts II, 1 S. 43—68; Löwenbach, Das westfälisch-provinzielle eheliche Güterrecht des G. vom 16. April 1860 in seiner Bedeutung für die am 1. Januar 1900 bestehenden Ehen, Paderborn 1901; derselbe im ZBlFG. Bd. 2 S. 807; Düringer, Das bad. G. betr. die Überleitung der ehelichen Güterstände des älteren Rechts in das Reichsrecht vom 4. Aug. 1902, erl. nebst Anhang, enthaltend die Überleitungsbestimmungen der größeren Bundesstaaten, Karlsruhe 1903; Kuenzer, § 1 des bad. G. betr. die Überleitung der ehelichen Güterstände in das Reichsrecht, Diss. Freiburg 1903; Meikel in SeuffBl. Bd. 67 S. 181: Zwei Übergangsfragen des gesetzlichen Güterstandes des bayrischen Landrechts; dazu v. Hausmann, daselbst S. 377ff.; Natter WürttZ. Bd. 46 S. 33ff.; Weegmann, Die Einwirkung des BGB. und des württemberg. AG. auf die statutarische Nutznießung, daselbst Bd. 47 S. 161ff.; Klumpp, Die eheliche Gütergemeinschaft und Erbengemeinschaft alten Rechts, daselbst Bd. 44 S. 193ff.; Schefold, Der Art. 200 des EG. und die Anrufung der weiblichen Freiheiten, daselbst Bd. 45 S. 97ff.; vgl. dazu auch Böhner und Koppers, Westfälisches eheliches Güterrecht in der Übergangszeit in DJZ. 1900 S. 68, 136; Affolter, Die Überleitung der ehelichen Güterstände im Großherzogtum Baden in das neue Recht in BadRpr. Bd. 68 S. 113; Levis daselbst S. 114; Goldfeld, Abänderungen des Hamburger ehelichen Güterrechts, 1898; Simon, Örtliches und zeitliches Anwendungsgebiet des Meiningischen und Koburgischen Ehegüterrechts, ThürBl. Bd. 49 S. 167ff.; Trommer, Welches Güterrecht galt und gilt in Westpreußen für die vor 1900 geschlossenen adeligen Ehen, PosMSchr. Bd. 15 S. 8ff.; Malsbach, Nassauisches Errungenschafts- und Leibzuchtrecht und seine Behandlung im Grundbuch, FrankfurtRundsch. Bd. 47 S. 239ff.; Schiedermair, Die Überleitung des gesetzlichen Güterstandes des BayLR. (Art. 83, 84 ÜbergG.), BayZ. 1919 S. 70; Dittmann, Über Anwendung der bayer. Überleitungsvorschriften auf Güterstände von Ausländern, BayZ. 1912 S. 389ff.; Kriener, Der Ausgleichsanspruch des Art. 83 Bayer. ÜbergG., BayNotZ. 1920 S. 102ff.; Middeldorf, Wie erben die Enkel nach dem westfälischen GüterrechtsGes. vom 16. April 1900, DJZ. 1926 S. 371; Hampe, Das partikul. Braunschweiger Privatrecht 1901; Kloß-Müller, Sächs. Landesprivatrecht, 3. Aufl., § 142 S. 344ff.; Drewes, Das Erbrecht der märkischen Ehegatten, KGBl. 1925 S. 113.

Soweit die Ehefrau nach den für den bisherigen Güterstand maßgebenden Gesetzen infolge des Güterstandes oder der Ehe in der Geschäftsfähigkeit beschränkt ist, bleibt diese Beschränkung in Kraft, solange der bisherige Güterstand besteht.

E. I, 119; II, 170; III, 199.

Wirkungen der Ehe in Ansehung des Güterstandes:

I. Entstehung. Der Art. 200 weicht von Art. 119 E. I nicht bloß redaktionell, sondern auch inhaltlich ab. Die Änderungen wurden in der II. Komm. getroffen; es wurde unter Vornahme entsprechender Änderungen in Abs. 1 der nunmehrige Abs. 2 neu eingestellt und in dem nunmehrigen Abs. 2, dessen übriger Inhalt im E. I in Abs. 1 sich fand, die Worte „oder der Ehe" und „solange der bisherige Güterstand besteht" hinzugefügt (Mot. z. EG. 280 ff., P. VI, 535—545, Reatz III, 96).

II. Inhalt.

A. Der Artikel erkennt die **Unwandelbarkeit des ehelichen Güterstandes** an und stellt **demzufolge** den **Grundsatz** auf, daß für den Güterstand einer vor dem 1. Januar 1900 geschlossenen Ehe das bisherige Güterrecht bestehen bleibt, gleichgültig, ob der Güterstand durch Gesetz oder Vertrag geregelt ist. Das bisherige Recht gilt natürlich erst recht, wenn die Ehe beim Inkrafttreten des BGB. nicht mehr besteht (BayObLGZ. Bd. 12 S. 686).

Auch die Kollisionsnormen des früheren Rechts bleiben in Kraft.

Der Ausdruck „Güterstand" hat im Art. 200 dieselbe Bedeutung wie in § 1432 BGB.; im Gegensatz zum Güterrecht, der Gesamtheit der Rechtssätze, welche die vermögensrechtlichen Wirkungen der Ehe unter den Gatten und zu Dritten regeln, bezeichnet Güterstand das durch jene Rechtssätze für die einzelne Ehe eintretende Rechtsverhältnis, sei es, daß es unmittelbar mit der Eheschließung (gesetzlicher Güterstand) oder mittelbar infolge besonderen Vertrags (vertragsmäßiger Güterstand) eintritt. Nach bisherigem Recht beantwortet sich also zunächst die Frage, welcher Güterstand überhaupt in der Ehe gilt.

Gemäß Art. 218 kann die Landesgesetzgebung das Güterrecht für die beim Inkrafttreten des BGB. bestehenden Ehen ändern. Der Art. 200 gilt also nur insoweit, als landesgesetzlich nichts anderes bestimmt wird (vgl. auch EG. zu dem G., betr. Abänderungen der KO., vom 17. Mai 1898 Art. VI Satz 3). Vgl. **Bem. IV.**

(In den Motiven und zum Teil auch in den Kommissionsprotokollen ist eingehend dargelegt, daß es zwar wünschenswert wäre, das BGB. auch in dieser Materie baldigst zur Herrschaft gelangen zu lassen, daß aber wegen der Verschiedenheit der vielen im Deutschen Reiche geltenden Güterrechte diese Überleitung der Landesgesetzgebung überlassen werden müsse.)

Vgl. die Bem. in Bd. IV Einl. vor § 1363, insbesondere wegen des Güterrechtsregisters Bd. IV Vorbem. vor § 1558 und unten Bem. III, 2, IV, 7.

B. Als **Folgerungen** des Grundsatzes der Unwandelbarkeit des ehelichen Güterrechts sind folgende hervorzuheben:

1. Zu den für den Güterstand im Sinne des Art. 200 maßgebenden Vorschriften gehören alle Vorschriften des bisherigen Rechts, welche das Rechtsverhältnis zwischen den Ehegatten während der Ehe an den beiderseitigen Vermögen und dessen verschiedenen Bestandteilen (dem gemeinschaftlichen und dem Sondervermögen, dem beweglichen und unbeweglichen Vermögen) regeln, also namentlich die Vorschriften über den Umfang des eingebrachten Gutes, des Gesamtguts, des Vorbehaltsguts, der Errungenschaft, über die Rechte jedes Ehegatten in bezug auf die einzelnen Vermögensbestandteile, über den Schutz der Frau vor den Gefahren, die sich aus den Rechten des Mannes an ihrem Vermögen ergeben. Es fallen darunter aber auch:

a) die Vorschriften über die Haftung der einzelnen Vermögensteile für die verschiedenartigen Schulden (eheliche und voreheliche, Gesamt- und Sonderschulden), sowie die Merkmale, nach denen die Schulden unter diese Rechtsbegriffe einzureihen sind (Habicht S. 538 unter II, Planck Bem. I, 1);

b) die Beschränkungen der Gatten in der Verfügungsgewalt, insbesondere auch für einseitige letztwillige Verfügungen (z. B. bei der allgemeinen Gütergemeinschaft). Die Vorschriften der §§ 1379, 1447 (1519, 1549) BGB., wonach die verweigerte Zustimmung der Frau durch das Vormundschaftsgericht ersetzt werden kann, gelten also nicht für Ehen, die vor dem 1. Januar 1900 geschlossen sind, wenn nach dem für diese maßgebenden früheren Güterrechte diese Zustimmung nur durch Urteil im Prozeßwege herbeigeführt werden konnte. Habicht a. a. O.;

c) die Vorschriften über das Rechtsverhältnis bei Aufhebung des Güterstands oder bei Auflösung der Ehe, einerlei, ob die Auflösung der Ehe durch Tod, Ungültigkeitserklärung, Scheidung oder Aufhebung der ehelichen Gemeinschaft erfolgt. Nicht unter Art. 200 fallen jedoch die eigentlichen Ehescheidungsstrafen. Vgl. Art. 201 Bem. II, 2. Die Voraussetzungen, unter denen die Aufhebung oder Veränderung des Güterstandes kraft Gesetzes eintritt oder einseitig beansprucht werden kann, bestimmen sich ebenfalls für ältere Ehen nach den bisherigen Gesetzen. Doch ist ein Vertrag, durch den nach dem 1. Januar 1900 der bestehende Güterstand abgeändert wird, den Vorschriften des BGB. über den zulässigen Inhalt (§§ 1432, 1433) sowie in Ansehung der Form (§ 1434) unterworfen. Im übrigen vgl. wegen der Zulässigkeit eines solchen Vertrags auch in dem Falle, daß ein Ehevertrag nach den bisherigen Gesetzen unzulässig sein würde, Abs. 2 und dazu Bem. II, 3 unten.

d) Auch die Frage, inwieweit ein vor dem 1. Januar 1900 abgeschlossener Ehevertrag, der den Güterstand durch Verweisung auf ein nicht mehr geltendes oder auf ein ausländisches Gesetz geregelt hatte (vgl. § 1433 BGB.) nach dem 1. Januar 1900 Geltung beanspruchen kann, bestimmt sich nach Art. 200 und den landesrechtlichen Überleitungsvorschriften; vgl. besonders für Preußen Art. 58ff. AG.BGB., für Bayern Art. 94ff. ÜbergG.

2. Nach ausdrücklicher Vorschrift des Abs. 3 dieses Artikels bleibt auch die **Beschränkung der Geschäftsfähigkeit der Ehefrau** nach bisherigem Rechte in Kraft, mag sie nun eine Folge des Güterstandes oder der Ehe sein, und zwar solange der bisherige Güterstand besteht. Die unter der zeitlichen Herrschaft des BGB. von der Frau und ihr gegenüber vorgenommenen Rechtsgeschäfte sind also nach Abs. 3 unwirksam (vgl. §§ 108, 109, 111 BGB.), während nach dem BGB. die Geschäftsfähigkeit einer Frau durch ihre Eigenschaft als Ehefrau nicht beschränkt ist (s. Vorbem. II vor § 1353 in Bd. IV).

a) Über die Beschränkung der Geschäftsfähigkeit der Ehefrau infolge der Ehe s. Roth, DPR. Bd. 2 § 91 Ziff. 6 S. 19ff., nach Dotalrecht ebenda § 98 S. 50, bei der Güterabsonderung des französischen Rechtes ebenda § 100 Ziff. III S. 56, bei der allgemeinen Gütergemeinschaft ebenda § 106 S. 86, bei der Errungenschaftsgemeinschaft a. a. O. § 118 Ziff. II S. 141, bei der Mobiliargemeinschaft ebendort § 128 Ziff. II S. 173, bei der Verwaltungsgemeinschaft ebenda § 140 S. 216.

b) Darin, daß der Artikel auch die Beschränkung der Geschäftsfähigkeit infolge der Ehe vorsieht, liegt eine Abweichung vom Art. 199, welche in der II. Komm. (P. a. a. O.) damit begründet wurde, daß für einige Rechte, insbesondere für das französische, zwar jeweils feststeht, ob die betreffenden Beschränkungen eine Folge des Güterstandes oder eine Folge der Ehe seien, daß diese Frage aber für andere Rechte zweifelhaft sei, und daß der Zweifel namentlich auch deshalb beseitigt werden wollte, weil der Unterschied innerlich nicht gerechtfertigt sei.

Von der Vorschrift des Abs. 3 sind aber Erweiterungen und Beschränkungen der Verfügungsmacht der Frau hinsichtlich der Schlüsselgewalt und der Verpflichtung zu persönlichen Diensten gegenüber Dritten (§§ 1357, 1358 BGB.) nicht betroffen; hier ist nach Art. 199 das neue Recht maßgebend. Denn es handelt sich hier nicht um Vorschriften in bezug auf die Geschäftsfähigkeit der Frau (Niedner Bem. B, 1 b, Planck Bem. 6; s. auch hier Bem. 2, e und f zu Art. 199).

c) Die Beschränkung der Geschäftsfähigkeit der Frau fällt nur mit der Aufhebung des bisherigen Güterstandes, welche durch Abs. 2 des Artikels ermöglicht ist, weg, und zwar auch dann, wenn die Beschränkung nicht eine Folge des Güterstandes, sondern der Ehe ist.

d) Streitig war das Verhältnis der Vorschrift des Art. 3 zu Art. 7 und 8 des alten HGB. Die Frage, ob eine Ehefrau zum Beginn eines Erwerbsgeschäfts der Einwilligung des Ehemannes bedarf, ist aus Art. 199 zu beantworten und demnach zu verneinen. Art. 7 des alten HGB. ist übrigens schon mit dem Inkrafttreten des neuen HGB. beseitigt (ebenso Planck Bem. II, 7, Niedner Bem. B, c, Förtsch im „Recht" 1900 S. 345; and. Ans. Affolter

S. 223; s. auch Habicht S. 551, Wieruszowski in GruchotsBeitr. Bd. 44 S. 305 ff.).

Dagegen gehört die Frage, inwieweit die Frau in der Lage ist, durch den Betrieb des Erwerbsgeschäfts das von ihr eingebrachte Vermögen oder das gütergemeinschaftliche Vermögen dem Zugriffe der Gläubiger zu unterwerfen (Art. 8 Abs. 2 des alten HGB.) dem Güterrechte an, so daß Art. 8 Abs. 2 des alten HGB. für nicht übergeleitete Güterstände nach Art. 200 in Geltung geblieben ist (vgl. Planck Bem. II, 7, Affolter S. 223, 224, Niedner S. 424, Förtsch „Recht" 1900 S. 345).

3. Auch die **erbrechtlichen Wirkungen des Güterstandes** bestimmen sich, abweichend von der Regel des Art. 213, daß für die erbrechtlichen Verhältnisse die zur Zeit des Eintrittes des Erbfalls geltenden Gesetze maßgebend sind, nach den bisherigen Gesetzen **(Abs. 1 Satz 2)**; vgl. unten Bem. IV, B, 6. Aufrechterhalten sind aber nur die Vorschriften des alten Rechts über die erbrechtlichen Wirkungen des Güterstandes, nicht das Erbrecht der Ehegatten nach altem Recht überhaupt. Es blieben also wohl die Bestimmungen des alten Rechts, die im Zusammenhang mit dem Familiengüterrecht die Erbfolge ordnen, in Kraft; die Rechtsstellung des Erben aber (Erwerb der Erbschaft, Stellung des Erben zu Miterben und Nachlaßgläubigern) bemißt sich gemäß Art. 213 nach dem zur Zeit des Todes des Erblassers geltenden Recht (BayObLGZ. Bd. 19 A S. 41 ff.). S. auch Bem. 12 zu § 1931 in Bd. V S. 51.

Es hat also der überlebende Ehegatte nach Reichsrecht nicht die Wahl, ob er nach bisherigem oder nach neuem Rechte erben will (Mot. z. EG. 287), noch weniger kann er neben den Vorteilen des Güterstandes des bisherigen Rechtes das gesetzliche Erbrecht der Ehegatten nach dem BGB. (§§ 1931 ff.) in Anspruch nehmen (Mot. z. EG. 284).

Voraussetzung ist, daß das im Einzelfall maßgebende eheliche Güterrecht überhaupt erbrechtliche Wirkungen hat (vgl. Roth, DPR. Bd. 2 § 148 S. 249 ff.). Es genügt aber, daß das bisherige Recht dem Ehegatten kraft Güterrechts irgendeinen Vorteil am Nachlaß des verstorbenen Ehegatten einräumt. Soweit das nicht der Fall ist, wird auch bei einer zur Zeit des Inkrafttretens des BGB. bestehenden Ehe der nach diesem Zeitpunkte verstorbene Ehegatte von dem überlebenden gemäß Art. 213 dieses Gesetzes nach Maßgabe der Vorschriften des BGB. beerbt.

Das Mittel, die Vorteile des neuen Rechtes zu gewinnen, ist den Ehegatten lediglich durch Änderung des Güterstandes nach Maßgabe der Vorschrift des Abs. 2 dieses Artikels gegeben.

Ob der überlebende Ehegatte ein Pflichtteilsrecht hat, bemißt sich gemäß Art. 213 grundsätzlich nach dem zur Zeit des Todes des Erblassers geltenden Recht, dagegen nach Art. 200 Abs. 1 nach altem Rechte dann, wenn das frühere Güterrecht Vorschriften über testamentarisches Erbrecht und dann auch über Pflichtteilsrecht des Ehegatten enthielt; RG. in JW. 1912 S. 298 = WarnE. 1912 Nr. 118; s. auch RGZ. Bd. 96 S. 202 und RG. in JW. 1913 S. 208. Über Pflichtteilsberechnung im Falle westfälischer Gütergemeinschaft s. RGZ. Bd. 82 S. 265.

Die Rechtssätze der jütischen Lows über die Rechte des überlebenden Ehegatten an dem gemeinschaftlichen Gute sind erbrechtliche Wirkungen des Güterstands (SchleswHolAnz. 1912 S. 227; s. auch ebenda 1916 S. 129, 149 und „Recht" 1917 Nr. 1848).

Über Pflichtteilsberechnung, wenn der überlebende Ehegatte die ihm nach den Vorschriften des Märkischen Provinzialrechts zustehenden Rechte geltend machen kann, s. RGZ. Bd. 65 S. 254 = JW. 1907 S. 238. Über das Erbrecht der märkischen Ehegatten s. auch Drewes in KGBl. Bd. 35 Nr. 11.

Die Ausgleichungspflicht mit Vorempfängen gehört nicht zu den erbrechtlichen Wirkungen des Güterstandes (BayObLG. im „Recht" 1918 Nr. 1399).

Aus Art. 55, 213 EG. ergibt sich, daß, soferne der Erblasser nach dem Inkrafttreten des BGB. gestorben ist, die erbrechtlichen Verhältnisse im allgemeinen sich nach den Vorschriften des neuen Rechts bestimmen; der Erbfall wird also grundsätzlich von den Vorschriften des BGB. beherrscht, Art. 200 Abs. 1 Satz 2 bildet also, soweit er die erbrechtlichen Wirkungen des bisherigen ehelichen Güterstandes fortbestehen läßt, eine Ausnahme von jener Regel; die als Ausnahme fortbestehende Geltung des alten Rechts ist deshalb in engen Grenzen zu halten (RGZ. Bd. 65 S. 254; vgl. auch RG. in JW. 1912 S. 298 ff., insbes. 300).

Unter den „erbrechtlichen Wirkungen" des Güterstandes im Sinne dieses Artikels ist nichts anderes zu verstehen als die erbrechtlichen Grundsätze, die nach Maßgabe des altrechtlichen Güterrechts als eine Folge dieses Güterrechts selbst erscheinen. Die Frage, ob eine erbrechtliche Wirkung des Güterrechts vorliegt und was als erbrechtliche Wirkung des Güterstandes aufzufassen ist, ist aus dem in Betracht kommenden einzelnen Güterrecht selbst zu beantworten. (Vgl. Mot. z. EG. S. 280 ff.) Der Art. 200 Abs. 1 Satz 2 spricht allgemein von erbrechtlichen Wirkungen des Güterstandes und unterscheidet dabei nicht zwischen dem Rechte des überlebenden Ehegatten und dem Rechte der Abkömmlinge (vgl. darüber, daß die Abschichtung nach lübischem Recht zu den erbrechtlichen Wirkungen des Güterstandes gehört, OLG. Stettin und KG. in OLG. Bd. 4 S. 136, Bd. 7 S. 66, RG. in JW. 1903 Beil. S. 14, WarnE. 1908 Nr. 329).

Zu den erbrechtlichen Wirkungen des Güterstandes gehören nicht bloß die dem überlebenden Ehegatten kraft des Güterstandes zustehenden Rechte, sondern auch die ihm hienach obliegenden Pflichten, namentlich hinsichtlich der Schuldenhaftung (Planck Bem. II, 4).

Eine erbrechtliche Wirkung des Güterstandes ist die Befreiung von der Inventarisation in beerbter Ehe bei der fortgesetzten Gütergemeinschaft des westfäl. G. vom 16. April 1860 nach Art. 48 AG.BGB. (KGJ. Bd. 23 A S. 23 = OLG. Bd. 4 S. 358; Bd. 5 S. 181); ebenso die Befreiung des Leibzüchters von der Inventarisation des Nachlasses (OLG. Frankfurt in Rundschau 1900 S. 156; s. auch S. 192 daselbst; ebenso Lieber in ZBlFG. Bd. 2 S. 801 ff.; and. Ans. Fohr in ArchZivPrax. 1901 S. 103 ff., Scherer in JW. 1901 S. 117, Schenk in ZBlFG. Bd. 3 S. 155, OLG. Frankfurt im „Recht" 1901 S. 144). Als erbrechtliche Wirkung des Güterstandes gilt bei gütergemeinschaftlichen Ehen die Totteilung (RG. in JW. 1903 Beil. S. 13, OLG. Stettin OLG. Bd. 4 S. 136, KG. in KGJ. Bd. 25 A S. 233, OLG. Bd. 7 S. 66).

Dagegen ist das Recht des überlebenden Ehegatten auf das Gesamtgut bei unbeerbter Ehe aus Art. 17 § 7 preuß. VO. vom 20. Dez. 1899 keine erbrechtliche Wirkung des Güterstandes (KGJ. Bd. 22 A S. 66 = „Recht" 1901 S. 540).

Wegen der Überleitung s. unten Bem. IV, B, 6.

Das Verfahren bei **Vermögensabsonderungen unter Ehegatten nach französischem und badischem Rechte** ist im cod. civ. art. 1443 ff. und bad. LR. S. 1443 ff., im rhein. TeilungsG. vom 18. April 1855 und im preuß. G. vom 22. Mai 1887, betr. das Teilungsverfahren usw. im Gebiete des rhein. Rechtes, und auf Grund des EG. ZPO. § 15 Ziff. 5 vom 30. Jan. 1877, das durch das EG. vom 17. Mai 1898 zum G., betr. die Änderungen der ZPO. Art. II Ziff. 3 geändert wurde (vgl. auch § 3 Abs. 3 des EG.GVG.), für Bayern durch das AG.ZPO. Art. 190 ff., für Preußen durch das AG.ZPO. § 11, für Baden durch das EG. z. d. RJG. §§ 37 ff., für Hessen durch das AG.ZPO. §§ 3 ff. geregelt worden. Das Auseinandersetzungsverfahren gehört an sich nicht zur streitigen Rechtspflege (RGZ. Bd. 10 S. 294, RG. in JW. 1884 S. 317). Dagegen sind hierbei hervorgetretene Streitpunkte im Prozeßwege zum Austrage zu bringen (RGZ. Bd. 12 S. 329 und JW. 1887 S. 188).

4. Der Grundsatz der Unwandelbarkeit des ehelichen Güterrechts gilt auch für Nachwirkungen der am 1. Januar 1900 bereits aufgelösten Ehen; vgl. RG. in JW. 1903 Beil. S. 2, 14, OLG. Bd. 4 S. 444, Bd. 5 S. 182; ebenso ferner RG. in LZ. 1915 Sp. 364 und BayObLG. in BayObLGZ. Bd. 19 A S. 41.

5. Auch im Falle einer nach dem 1. Januar 1900 erfolgenden Scheidung einer vor diesem Zeitpunkte geschlossenen Ehe ist für die Auseinandersetzung der Ehegatten das bisherige Güterrecht maßgebend, selbst wenn in diesem der unschuldige Teil auf Kosten des schuldigen begünstigt wird (Mot. z. EG. 290; RG. in JW. 1903 Beil. S. 2 und RGZ. Bd. 73 S. 24; s. auch Bem. III zu Art. 201).

6. Soweit den Eltern am Vermögen der Kinder auf Grund des ehelichen Güterstandes nach den bisherigen Gesetzen Rechte zustehen, bleiben diese Rechte nach Art. 200 unberührt; soweit aber Rechte am Kindervermögen auf den elterlichen Beziehungen beruhen, sind nach Art. 203 vom Inkrafttreten des BGB. an dessen Vorschriften maßgebend. Für den auf dem ehelichen Güterrechte beruhenden Beisitz, nicht aber für jenen, der, wie z. B. nach dem Rechte der Stadt Augsburg, auf dem Elternrechte beruht, bleiben also die bisherigen Vorschriften maßgebend. Wenn in der aufgelösten Ehe allgemeine Gütergemeinschaft oder Errungenschaftsgemeinschaft gegolten hat, so hat sowohl in den Rechtsgebieten, in welchen Alleinerbrecht des überlebenden Ehegatten (Konsolidation) oder reine fortgesetzte Gütergemeinschaft eintritt, als auch im Geltungsgebiete derjenigen Rechte, welche dem Systeme des Besitzes folgen, der überlebende Elternteil das im § 1640 BGB. bestimmte Vermögensverzeichnis nur für dasjenige Vermögen des Kindes einzureichen, welches nicht im Anteile des verstorbenen Ehegatten am Gesamtgute, sondern,

z. B. im Erbteile des Kindes, am Vorbehaltsgute des verstorbenen Ehegatten oder in der großelterlichen Erbschaft besteht. Bei der allgemeinen Gütergemeinschaft nach den Rechten von Würzburg, Castell oder Schweinfurt braucht auch das dem Kinde von einem Dritten zugewendete, nicht in das Gesamtgut der fortgesetzten Gütergemeinschaft gefallene Vermögen nicht nach § 1640 BGB. verzeichnet zu werden.

7. Die **Einkindschaft**, die vor dem 1. Januar 1900 bereits vollzogen war, blieb in Kraft. Die vermögensrechtlichen Wirkungen derselben dauern nach Art. 200 fort, dagegen fallen die persönlichen, dem Elternrechte angehörenden gemäß Art. 203 fort. (Mot. z. EG. S. 287; RG. in LZ. 1915 Sp. 37. Vgl. Bd. IV Bem. 8, e vor § 1363, S. 218, ferner Bem. V zu Art. 209.)

C. Eine **Ausnahme von dem Grundsatze des Abs. 1 Satz 1** enthält der **Abs. 2.** Durch Ehevertrag kann seit dem Inkrafttreten des BGB. der Güterstand auch dann geregelt werden, wenn es nach dem bisherigen für die Eheleute maßgebenden Gesetze ausgeschlossen war.

Über die Bedeutung des Abs. 2 ist zu bemerken:

a) Auch vom Inkrafttreten des BGB. an können Ehegatten nach jenen Rechten, nach denen dies schon bisher zulässig war, Eheverträge errichten und unter Beibehaltung ihres bisherigen Güterstandes im Rahmen desselben jene Änderungen treffen, welche sie schon bisher treffen konnten. Es können also z. B. Ehegatten, welche bisher schon in preußischer Verwaltungsgemeinschaft leben, auch nach dem 1. Januar 1900 durch den Vertrag das Vorbehaltsgut der Frau erweitern (P. a. a. O.).

b) Das BGB. gibt den Ehegatten die Befugnis, ihr Güterrecht sowohl vor als **nach** Eingehung der Ehe durch **Vertrag** zu regeln (§ 1432). Von den bisherigen Rechten schränken verschiedene (vgl. Roth DPR. Bd. 2 § 93 S. 31), darunter insbesondere das französische und badische, mehr oder minder den Abschluß von Eheverträgen ein, bald so, daß Eheverträge nur vor der Eingehung der Ehe oder zu einem bestimmten Termine nach Eingehung der Ehe abgeschlossen werden dürfen, bald so, daß für gewisse Stipulationen, die in Eheverträgen getroffen werden sollen, Zeitbestimmungen vorgeschrieben sind.

Der Abs. 2 dieses Artikels hebt diese Beschränkungen auf und ermöglicht auch den Ehegatten, welche nach einem Güterrechte leben, das die Vertragsfreiheit in der besprochenen Weise beschränkt, die Schließung eines Ehevertrags in dem Umfange, in dem sie ihn schließen könnten, wenn sie sich erst unter der Herrschaft des BGB. verehelicht hätten (P. a. a. O.).

c) Immer gelten aber die Schranken der Vertragsfreiheit, welche das BGB. (z. B. in §§ 1433, 1518) zieht. Es kann also (§ 1433) namentlich der Güterstand nicht mehr durch Verweisung auf ein nicht mehr geltendes oder auf ein ausländisches Gesetz bestimmt werden.

Ehegatten können also vom 1. Januar 1900 an beispielsweise die Errungenschaftsgemeinschaft des BGB. einführen, mögen sie bis zum 1. Januar 1900 in der allgemeinen Gütergemeinschaft des französischen Rechtes oder nach gemeinrechtlichem Dotalsystem gelebt haben, dagegen können sie „die Errungenschaftsgemeinschaft des Code civil" nicht einführen, wohl aber den gleichen Erfolg dadurch erreichen, daß sie die Errungenschaftsgemeinschaft des BGB. vertragsmäßig festsetzen, aber mit solchen Änderungen, daß im Ergebnis der Güterstand der Errungenschaftsgemeinschaft des französischen Rechtes herbeigeführt wird. Solche Änderungen sind aber nur insoweit zulässig, als sie auch von Ehegatten vereinbart werden können, welche erst unter der Herrschaft des BGB. heiraten (M. IV, 142, 305; P. a. a. O.; s. auch Bem. 3, b zu § 1432 in Bd. IV).

Ferner (§ 1518) können im Falle der Gütergemeinschaft die Ehegatten weder durch letztwillige Verfügung noch durch Vertrag Anordnungen treffen, die mit den Vorschriften der §§ 1483—1517 über die fortgesetzte Gütergemeinschaft in Widerspruch stehen.

d) Wollen die Ehegatten von der Ermächtigung des Abs. 2 Gebrauch machen, behalten sie aber den bisherigen Güterstand bei, so dürfen sie an demselben auch nicht jene Änderungen vornehmen, die das BGB. den Ehegatten der unter seiner Herrschaft geschlossenen Ehen erlaubt. Ehegatten, in deren Ehe die französisch-rechtliche Mobiliargemeinschaft gilt, können also, wenn sie dieselbe nicht aufgeben, die fortgesetzte Gütergemeinschaft nicht vereinbaren (P. a. a. O.).

e) Für die Eheverträge, welche vom 1. Januar 1900 an geschlossen werden, gilt die Formvorschrift des § 1434 BGB. (Abschluß vor Gericht oder Notar bei gleichzeitiger Anwesenheit beider Teile) auch dann, wenn sie auf Grund des Abs. 2 dieses Artikels errichtet werden (P. a. a. O.).

f) Die gegenüber Dritten nach dem bisherigen Rechte entstandenen Rechte und Verpflichtungen bemessen sich nach dem bisherigen Rechte, auch wenn vom 1. Januar 1900 an der bisherige Güterstand durch Vertrag geändert wird; § 1435 Abs. 1 BGB. ist also in dieser Beziehung nicht anwendbar (P. a. a. O.).

g) Wird durch Ehevertrag in einer schon vor dem 1. Januar 1900 bestandenen Ehe später ein Güterstand des BGB. eingeführt, so wird die Eintragung in das Güterrechtsregister dann notwendig sein, wenn an die Unterlassung derselben entweder nach bisherigem oder nach dem neuen Rechte Rechtsnachteile geknüpft sind.

h) Ein in der RTK. gestellter Antrag, Gebührenfreiheit für Eheverträge auf 20 Jahre nach dem Inkrafttreten des BGB. zu beschließen, wurde in der RTK. in erster Lesung angenommen, in der zweiten Lesung aber wohl hauptsächlich deshalb, weil darin ein Eingriff in die Finanzhoheit der Einzelnstaaten zu erblicken wäre, abgelehnt (RTK. 440 d S. 16 ff.).

III. Wirksamkeit der altrechtlichen Güterstände gegen Dritte.

1. Registerzwang für den Güterstand: Nach § 1435 Abs. 1 BGB. bedarf jede durch Ehevertrag erfolgende Abweichung vom gesetzlichen Güterstand zur Wirksamkeit gegen Dritte der Eintragung in das Güterrechtsregister, soferne die durch den Ehevertrag getroffene Regelung nicht dem Dritten bekannt war. Diese Vorschrift gilt für die altrechtlichen Güterstände nicht, gleichviel ob sie auf Gesetz oder auf Vertrag beruhen; sie gilt auch nicht, wenn der Ehemann nach dem 1. Januar 1900 seinen Wohnsitz verlegt (Mot. z. EG. S. 284; Prot. II Bd. 6 S. 538; Habicht S. 548, Planck Bem. IV, 1, Balligand, Der Ehevertrag S. 137 ff., 146 ff.). Die altrechtlichen Güterstände wirken also auch ohne Eintragung gegen Dritte.

Wegen der übergeleiteten Güterstände s. unten Bem. IV, B, 7.

Die Landesgesetzgebung konnte sowohl für die übergeleiteten als für die nicht übergeleiteten Güterstände nach Art. 218 den Registerzwang einführen. Verschiedene Länder haben von dieser Befugnis Gebrauch gemacht.

Ein ausländischer gesetzlicher Güterstand bedarf nach Art. 16 Abs. 1 EG. zur Wirksamkeit gegen Dritte der Eintragung in das Güterrechtsregister, sofern ausländische Ehegatten oder Ehegatten, die nach der Eingehung der Ehe die Reichsangehörigkeit erwerben, den Wohnsitz im Inlande haben. Diese Vorschrift hat gegenüber dem Art. 200 keine Bedeutung; denn sie gilt nicht für Ehen, die vor dem Inkrafttreten des BGB. mit einem ausländischen Güterstande geschlossen sind, wenn der Ehemann in diesem Zeitpunkt die deutsche Staatsangehörigkeit schon besessen hat (Habicht S. 549, Planck Bem. IV, 3).

2. Registerzwang für den Einspruch des Mannes gegen den Betrieb eines Erwerbsgeschäfts durch die Frau: Nach den §§ 1405, 1452, 1519, 1525, 1549 BGB. ist der Einspruch oder der Widerruf der Einwilligung des Mannes zu dem Betrieb Dritten gegenüber nur wirksam, wenn er im Güterrechtsregister eingetragen ist, sofern nicht der Einspruch oder der Widerspruch den Dritten beim Vertragsabschluß mit der Frau bekannt war (s. Bem. 5, e zu § 1405 in Bd. IV). Diese Vorschrift gilt für Ehen mit einem altrechtlichen inländischen Güterstand nach Reichsrecht nicht (Habicht S. 551, Planck Bem. IV, 4).

S. für ausländische Güterstände Art. 16 Abs. 2 EG. und § 11 a GewO. in der Fassung des Art. 36, I EG.

3. Eintragung im Grundbuch: Zur Wirksamkeit gegenüber dem öffentlichen Glauben des Grundbuchs ist die Eintragung des altrechtlichen Güterstandes jedenfalls nicht erforderlich, soweit es sich um die durch den Güterstand bedingte Beschränkung des Verfügungsrechtes der Ehefrau handelt. Wirkte aber der altrechtliche Güterstand auf den dinglichen Rechtsbestand ein, war z. B. bei Gütergemeinschaft das Vermögen jedes Ehegatten Eigentum zur gesamten Hand geworden, so ist die Eintragung erforderlich, jeder Ehegatte kann nach § 894 BGB. die Berichtigung des Grundbuches verlangen (Oberneck, Grundbuchrecht Bd. 2 S. 539 f., Planck Bem. V).

Das Gegenteil bestimmt ausdrücklich für Bayern Art. 26 ÜbergG.

IV. Die Überleitung der Güterstände durch die Landesgesetze:

A. Im allgemeinen: Auf Grund der Ermächtigung durch Art. 218 EG. haben sämtliche Ausführungsgesetze die bestehenden Ehen in mehr oder weniger umfassender Weise in die ihrem bisherigen Güterstande am nächsten stehenden (entsprechenden)

Güterstände des BGB. übergeleitet und damit den in Art. 200 reichsrechtlich aufgestellten Grundsatz der Umwandelbarkeit des Güterstandes zum Teil erheblich durchbrochen.

Die in Betracht kommenden Landesgesetze sind: Preußen: AG.BGB. §§ 44 bis 67 (Becher XIV, 1 S. 23 ff.); s. hiezu RGZ. Bd. 70 S. 105 ff., Bd. 79 S. 345 ff., auch RG. in JurRundsch. 1925 Nr. 1877; VO. betr. den Güterstand bestehender Ehen vom 20. Dez. 1899 (GS. 1899 S. 607); Bayern: ÜbergG. Art. 19—31, 51, 62 bis 104, 124—140 (Becher III, 8 S. 104 f., 113 ff., 129 ff.); s. zu den Art. 83 und 84 Schiedermair in BayZ. 1919 S. 70 ff. und Kriener in BayNotZ. 1920 S. 102 ff., über die Anwendung der bayerischen Überleitungsvorschriften auf die Güterstände von Ausländern Dittmann in BayZ. 1912 S. 389 ff.; s. auch BayObLG. in BayObLGZ. Bd. 14 S. 680 ff., Bd. 15 S. 718 ff., BayZ. 1914 S. 73, 1917 S. 193; AV., den Güterstand der vor dem Inkrafttreten des BGB. geschlossenen, nach dem bad. LR. zu beurteilenden Ehen betr., vom 28. Sept. 1903 (GVBl. 1903 S. 487, Becher ErgBd. III, 20 S. 267); in Coburg gilt Art. 42 AG.BGB. (Becher XIX, 8 S. 70) fort (Bek. vom 30. Jan. 1922 Nr. II a, Bayer. GVBl. S. 155); Sachsen: AG. BGB. § 34 (Becher XVII, 1 S. 6); Württemberg: AG.BGB. Art. 260—264 (Becher XXVI, 1 S. 63); s. hiezu Natter in WürttZ. Bd. 46 S. 33 ff., Rheinhard, Die Errungenschaftsgemeinschaft in Württemberg und im BGB., Stuttgart 1898; Baden: AG.BGB. Art. 41, 42 (Becher II, 3 S. 35); G. betr. die Überleitung der Güterstände vom 4. Aug. 1902 (Becher ErgBd. II, 28 S. 213), jetzt Art. 40 AG.BGB. in der Fassung der Bek. vom 13. Okt. 1925 (GVBl. S. 287); AG.GBO. § 35 (Becher II, 12 S. 62), jetzt § 33 in der Fassung vom 13. Okt. 1925 (GVBl. S. 300); Thüringen: nach § 155 Abs. 2 Nr. 12 der thüring. AV.BGB. vom 16. Mai 1923 (GS. S. 302) bleiben die nachstehend aufgeführten Vorschriften der nun im Lande Thüringen vereinigten Gebietsteile in Geltung: Sachsen-Altenburg: AG.BGB. §§ 97—102 (Becher XVIII, 1 S. 21 ff.); Gotha: AG.BGB. Art. 42 (Becher XIX, 8 S. 70); Reuß ältere Linie: AG.BGB. §§ 112—117 (Becher XV, 1 S. 21 ff.); Reuß jüngere Linie: AG.BGB. § 94 (Becher XVI, 1 S. 20 ff.); Rudolstadt: AG.BGB. §§ 134—147 (Becher XXIII, 2 S. 26 ff.); Sondershausen: AG. BGB. Art. 48 (Becher XXIV, 1 S. 22 ff.); Weimar: AG.BGB. §§ 183—191 (Becher XXI, 3 S. 35 ff.); Meiningen: G. vom 10. Aug. 1899 (Becher XX, 2 S. 24 ff.); Hessen: AG.BGB. Art. 169—208, 228, 230—265 (Becher VIII, 3 S. 63 ff.), s. hiezu Wolf hess. LPrR. §§ 184 ff.; Hamburg: G. betr. den Güterstand der vor dem Inkrafttreten des BGB. geschlossenen Ehen, vom 14. Juli 1899 (Becher VII, 2 S. 17 ff.); Mecklenburg-Schwerin: AV.BGB. §§ 209—217 (Becher XI, 2 S. 44 ff.); Oldenburg: AG.BGB. § 16 (Becher XIII, 3 S. 9, 10); Landesteil Lübeck: AG.BGB. § 15 (Becher XIII, 11 S. 63); Landesteil Birkenfeld: AG.BGB. §§ 44—62 (Becher XIII, 7 S. 38); Braunschweig: AG.BGB. §§ 73—75 (Becher IV, 1 S. 18 f.), zu § 75 s. OLG. Braunschweig, BraunschwZ. 1914 S. 21; Anhalt: AG.BGB. Art. 59 (Becher I, 3 S. 26); Bremen: G. vom 18. Juli 1899 (Becher V, 2 S. 19 ff.); Lippe: AG.BGB. § 35 (Becher IX, 1 S. 9); Lübeck: AG.BGB. §§ 100—106 (Becher X, 6 S. 56 f.); Mecklenburg-Strelitz: AV. BGB. §§ 207—215 (Becher XII, 1 S. 40 ff.); Waldeck: AG.BGB. Art. 24—31 (Becher XXV, 1 S. 12 f.); Schaumburg-Lippe: AG.BGB. Art. 21—36 (Becher XXII, 9 S. 65 ff.); [Elsaß-Lothringen: AG.BGB. §§ 144 ff. (Becher VI, 1 S. 27 ff.); G. vom 29. Nov. 1899 betr. den Güterstand der zur Zeit des Inkrafttretens des BGB. geschlossenen Ehen (GBl. 1899 S. 233); VO. vom 2. Mai 1900 gleichen Betreffs (GBl. 1900 S. 101); VO. vom 2. Febr. 1903 gleichen Betreffs, (Becher ErgBd. VI, 14 S. 92)].

B. Die Überleitung in den Ländern im einzelnen:

1. Württemberg ließ es im wesentlichen bei der reichsrechtlichen Regelung des Art. 200 bewenden; es führt nur bei der allgemeinen Gütergemeinschaft des bisherigen Rechts die fortgesetzte Gütergemeinschaft des BGB. ein, wo vertragsmäßige Bestimmungen über die Fortsetzung der Gütergemeinschaft fehlen (Art. 263 AG.BGB.); außerdem regelt es nur das dem überlebenden Ehegatten nach der Auflösung der Errungenschaftsgemeinschaft oder der allgemeinen Gütergemeinschaft des bisherigen Rechts zustehende Gütererbrecht (Art. 262).

Baden hatte zunächst von Überleitungsbestimmungen abgesehen, hat die Überleitung aber nachträglich in dem Gesetze vom 4. Aug. 1902 (s. oben unter A) eingehend geregelt.

Auch Lippe ließ es grundsätzlich bei dem bisherigen Recht; es leitete nur Ehen mit Gütertrennung über, auch diese dann nicht, wenn die Ehegatten vor dem 1. Januar 1900 erklärt hatten, daß sie das alte Recht beibehalten wollen.

2. Die übrigen Länder (außer Württemberg und Lippe) haben bestehende Güterstände übergeleitet. Es lassen sich wieder zwei Gruppen von Überleitungen unterscheiden:

a) Einzelne Länder haben nur den gesetzlichen Güterstand des eigenen Landes (den einheimischen Güterstand) in den des BGB. übergeleitet, haben dagegen vertragsmäßige Güterstände oder gesetzliche Güterstände eines anderen Bundesstaates, in dem Eheleute im Lande lebten, unberührt gelassen. Hieher gehören namentlich Sachsen, Hamburg, Mecklenburg, Oldenburg, Braunschweig, Anhalt, Bremen. S. hiezu Niedner Bem. C, II, 1 Abs. 2, Planck Bem. III, 2, b.

b) Die übrigen Länder leiten alle gesetzlichen Güterstände (nicht bloß die einheimischen) und die vertragsmäßigen Güterstände über. Hieher gehören insbesondere Preußen, Bayern, Baden, Hessen.

Im einzelnen s. über die Art der Überleitung die Tabelle bei Niedner S. 427 ff., Habicht S. 562 ff.

3. Der Zeitpunkt der Überleitung, die nach den Landesgesetzen kraft Gesetzes eintrat, ist in Baden, wo die Regelung durch das Gesetz von 1902 erfolgte, auf den 1. Jan. 1903, in den meisten anderen Ländern auf den 1. Januar 1900 festgesetzt. S. Planck Bem. III, 8.

4. Die Ehegatten konnten überall die Überleitung durch Ehevertrag ausschließen. Doch bedürfen diese Eheverträge der Eintragung in das Güterrechtsregister.

5. Die Überleitung der bisherigen Güterstände erfolgte in die entsprechenden Güterstände des BGB. Als entsprechende Güterstände sind in den einzelnen Landesgesetzen angeführt:

a) An Stelle des gemeinen Dotalrechts trat der Güterstand der ehemännlichen Verwaltung und Nutznießung (BGB. §§ 1363—1425) in Bayern Art. 90 ÜbergG.; Hessen Art. 195—198; Mecklenburg-Schwerin § 211; Mecklenburg-Strelitz § 209; Preußen Art. 49; Schaumburg-Lippe § 21; Waldeck Art. 25 § 1; die Gütertrennung des BGB. (§§ 1426—1431) in Braunschweig § 73, mit der Einschränkung, daß für das Heiratsgut der Frau die §§ 1363—1425 maßgebend werden; in Lippe § 35.

b) An Stelle der sog. Verwaltungsgemeinschaft des früheren Rechts (vgl. Roth DPR. Bd. 2 § 135) trat der Güterstand der ehemännlichen Verwaltung und Nutznießung (BGB. §§ 1363—1425);

α) in Anhalt Art. 59 § 1; Oldenburg-Lübeck § 15; Reuß ä. L. § 112; Reuß j. L. § 94 Nr. 1; Schwarzburg-Rudolstadt Art. 134; Schwarzburg-Sondershausen Art. 48 § 1; Sachsen-Altenburg § 97; Sachsen-Meiningen §§ 25, 30; Sachsen-Koburg-Gotha Art. 42 § 25; Sachsen-Weimar § 184 für die Verwaltungsgemeinschaft des gemeinen Sachsenrechts;

β) in Preußen für den gesetzlichen Güterstand;

αα) nach ALR. II, 1, Abschn. 5, vgl. Art. 45;

ββ) nach Märkischem Provinzialrecht, vgl. Art. 46;

γγ) nach dem in Schleswig-Holstein geltenden Sächsischen oder Lübischen Rechte und dem in Pommern geltenden Lübischen Rechte (s. Kähler §§ 41 ff.);

γ) in Bayern: ÜbergG. Art. 93, für den gesetzlichen Güterstand preußischen Landrechts;

δ) in Sachsen § 34 für den gesetzlichen Güterstand des sächs. BGB.

c) An Stelle früherer allgemeiner Gütergemeinschaft (vgl. Roth DPR. Bd. 2 § 103) traten allgemein die Vorschriften des BGB. über diese in §§ 1437—1518. Vgl. für Bayern ÜbergG. Art. 62 ff.; s. über Gütergemeinschaft nach fränkischem Recht BayObLGZ. Bd. 12 S. 700 ff. und S. 883 ff., Bd. 13 S. 775; für Bremen G. vom 18. Juli 1899 § 3; Hamburg a. a. O. § 1; Hessen Art. 170, s. hiezu HessRspr. 1912 S. 365 ff.; Mecklenburg-Schwerin § 212; Mecklenburg-Strelitz § 210; Sachsen-Meiningen a. a. O. §§ 3, 4; Sachsen-Koburg-Gotha a. a. O. Art. 42 §§ 3, 4; Sachsen-Weimar a. a. O. § 184 Nr. 2.

d) An Stelle der bisherigen Errungenschaftsgemeinschaft trat:

α) die Errungenschaftsgemeinschaft des BGB. (§§ 1519—1548) in Bayern, für die Errungenschaftsgemeinschaft der rechtsrheinischen

Landesteile, Art. 75 (76—82); in Hessen, für die Errungenschaftsgemeinschaft nach der Althessischen VO. vom 2. März 1795, dem Katzenelnbogner Landrecht, Solmser Landrecht, Mainzer Landrecht, Kurhessischem Recht, Butzbacher Stadtrecht, Nassauischem Recht, Frankfurter Reformation und Württembergischen Landrecht a. a. O. Art. 187—194; in Preußen, für den zum OLG. Frankfurt gehörigen Teil der Rheinprovinz, Schleswig-Holstein und Hessen-Nassau.

β) der gesetzliche Güterstand der ehemännlichen Nutznießung und Verwaltung (BGB. §§ 1363—1425) in Bayern, für die Errungenschaftsgemeinschaft nach Bayerischem LR., Mainzer LR., den Rechten von Ansbach, Nürnberg, Solms, Augsburg und die Dompropstei Bamberg, vgl. a. a. O. Art. 83; in Preußen für die Errungenschaftsgemeinschaft nach althessischem Recht und dem in den ehemals Kurhessischen Gebietsteilen des OLG. Kassel geltenden Solmser und Mainzer Recht, vgl. a. a. O. Art. 54; in Sachsen-Meiningen für die Errungenschaftsgemeinschaft in den Landesteilen der ehemaligen Pflege Koburg und nach den Statutarrechten der Städte Gräfenthal und Pößneck; in Sachsen-Koburg-Gotha für die Errungenschaftsgemeinschaft des Herzogtums Gotha.

e) An Stelle der gesetzlichen Mobiliargemeinschaft des Französischen Rechtes trat die Fahrnisgemeinschaft des BGB. (§§ 1549—1557), vgl. Preußen a. a. O. Art. 56 § 1; Bayern a. a. O. Art. 124; Hessen a. a. O. Art. 231—242; Elsaß-Lothringen a. a. O. § 144; Birkenfeld a. a. O. § 44.

6. Die **erbrechtlichen Wirkungen** des alten ehelichen Güterrechts (s. oben Bem. II, B, 3) sind

a) ausdrücklich aufrechterhalten in Preußen durch Art. 46 § 2, Art. 50 § 2, Art. 51 § 4, Art. 52 § 2, Art. 53 § 6, Art. 54 § 4, Art. 55 § 3. Daneben gibt Preußen a. a. O. Art. 46 § 3, Art. 50 §§ 2, 3, Art. 51 § 4, Art. 52 § 2, Art. 53 § 6, Art. 54 § 4, Art. 55 § 3 ein sog. Options- oder Meistbegünstigungsrecht, d. h. es gewährt dem überlebenden Ehegatten die Befugnis, bis zur Ausschlagungsfrist des BGB. anstatt der Rechte aus den bisherigen Gesetzen die Erbfolge aus dem BGB. zu wählen. Die Wahl erfolgt durch Erklärung gegenüber dem Nachlaßgerichte; die Erklärung ist in öffentlich beglaubigter Form abzulegen. Ähnlich, wenn auch in Einzelheiten abweichend, Bayern a. a. O. Art. 80, 81, 85, 86; Hessen Art. 179 Abs. 4 und 5; Sachsen-Meiningen §§ 13, 15 Abs. 2 und 3; Sachsen-Koburg-Gotha Art. 42 §§ 13, 15; Schaumburg-Lippe § 23; Hamburg, Gesetz betr. den Güterstand §§ 5, 7; Schwarzburg-Rudolstadt Art. 134 läßt schlechthin die bisherigen Gesetze als maßgebend bestehen.

b) Andere Ausführungsgesetze erklärten zwar die Grundsätze des neuen Rechts für maßgebend, bestimmen aber, daß die besonderen erbrechtlichen Wirkungen des Güterstandes, soweit sie durch das BGB. geregelt sind (fortgesetzte Gütergemeinschaft) nur eintreten, wenn sie vertragsmäßig vereinbart sind, so z. B. Elsaß-Lothringen, Oldenburg-Birkenfeld, Sachsen, Sachsen-Weimar.

c) Beachtenswert ist, daß u. a. Preußen Art. 59 § 7, Bayern Art. 104, Hessen Art. 178, 193 die §§ 1933, 2335, 2337 BGB. für anwendbar erklären; wenn also ein die Scheidung rechtfertigender Grund vorliegt, soll das Güterrecht auch dort, wo es bisher nicht entzogen werden konnte, entziehbar sein, falls die Klage auf Scheidung (oder Aufhebung der ehelichen Gemeinschaft) vor dem Tode bereits erhoben war (vgl. Habicht S. 587 f.).

7. **Eintragung in das Güterrechtsregister** (s. oben Bem. III, 1). Nach den Überleitungsvorschriften einer Anzahl von Ländern ist die Überleitung grundsätzlich ohne Eintragung in das Güterrechtsregister Dritten gegenüber wirksam gewesen; so in Preußen nach Art. 59 § 9 Abs. 1 AG.BGB., Bayern Art. 25 Abs. 1 ÜbergG., Baden § 24 Abs. 1 G. vom 4. Aug. 1902, Hessen Art. 201 Abs. 1 AG. BGB. u. a.

Eine nach der Überleitung erfolgende Verlegung des Wohnsitzes hatte aber nach einzelnen Überleitungsvorschriften zur Folge, daß die Vorschriften des § 1435 BGB. entsprechend zur Anwendung kamen, so z. B. in Bayern nach Art. 25 Abs. 3 ÜbergG., in Oldenburg nach § 17 AG.BGB.

Die Eintragung wurde auch verlangt, wenn nach der Überleitung eine Änderung des Güterstandes — durch Vertrag, Urteil, Konkurs oder aus sonstigen Gründen — eintrat. Dabei wurde meist auch ein nach dem 1. Januar 1900 vom Ehemann gegen den selbständigen Betrieb eines Erwerbsgeschäfts durch die Frau erhobener Einspruch und der Widerruf der erteilten Einwilligung (§ 1405 Abs. 3 BGB.) einer Änderung des Güterstandes hinsichtlich des Registerzwanges gleichgestellt. Siehe für Preußen Art. 59 § 9 Abs. 2 AG.BGB., Bayern Art. 25 Abs. 2 ÜbergG., Baden § 24 Abs. 2 und 3 G. vom 4. Aug. 1902, Hessen Art. 201 Abs. 2, Art. 207 AG. BGB., Hamburg § 30 G. vom 14. Juli 1899 betr. den Güterstand, Oldenburg-Birkenfeld § 61 Satz 2 AG.BGB., Bremen § 5 Abs. 3 G. vom 18. Juli 1899, betr. den Güterstand.

Soweit Landesgesetze den bisherigen Güterstand in den gesetzlichen Güterstand des BGB. übergeleitet hatten, ergibt sich der Registerzwang für eine nachträgliche Änderung dieses Güterstandes auch ohne landesgesetzliche Vorschrift aus § 1435 Abs. 1 BGB.

Einzelne Länder unterwerfen von Anfang an sämtliche bisherigen Güterstände dem Registerzwang, indem sie die entsprechende Anwendung des § 1435 BGB. anordneten, und zwar teils schon vom 1. Januar 1900 ab, wie Lübeck in § 106 AG.BGB., Sachsen-Meiningen § 40 AG.BGB., Sachsen-Coburg-Gotha Art. 42 § 29 AG.BGB., Sachsen-Altenburg § 100 AG.BGB., Reuß ä. L. § 115 AG.BGB., Reuß j. L. § 94 Nr. 3 AG.BGB., Schwarzburg-Rudolstadt Art. 136 AG.BGB., Schwarzburg-Sondershausen Art. 48 §§ 6, 7 AG.BGB.; teils erst vom 1. Januar 1901 ab, nämlich Sachsen in § 34 Abs. 2 AG.BGB., Mecklenburg-Schwerin § 210 AV.BGB., Braunschweig § 75 AG.BGB., Anhalt Art. 59 § 2 AG.BGB., Mecklenburg-Strelitz § 208 AV.BGB. — Art. 41 des bad. AG.BGB., der den Registerzwang ab 1. Januar 1905 verfügt hatte, ist durch § 25 des bad. G. vom 4. Aug. 1902, die Überleitung der Güterstände betr., aufgehoben; s. jetzt § 24 dieses Gesetzes.

8. Örtliche Grenzen der Überleitungsvorschriften *): Die internationalrechtlichen Vorschriften des Art. 15 EG. finden auf die altrechtlichen Ehen keine Anwendung. Das räumliche Geltungsgebiet der Überleitungsvorschriften der einzelnen Länder ist deshalb grundsätzlich nach dem bisherigen internationalen Privatrecht desjenigen deutschen Landes zu begrenzen, in dem die Frage der räumlichen Herrschaft vom Richter zu entscheiden ist; der Richter hat das Recht seines Staates anzuwenden (Planck Bem. III, 7, c; s. auch Lippmann in SächsArch. Bd. 10 S. 273; Kahn in IheringsJ. Bd. 43 S. 309 ff.). Die Unwandelbarkeit des Güterstandes bei Änderung des ehelichen Wohnsitzes ist nach Reichsrecht Regel (RG. in GruchotsBeitr. Bd. 45 S. 358; s. auch Habicht S. 537).

Die Länder haben die räumliche Herrschaft ihrer Überleitungsvorschriften teilweise besonders geregelt.

a) Eine Sonderstellung nehmen die beiden Mecklenburg ein, in denen der Grundsatz der Unwandelbarkeit des Güterstandes keine Anerkennung gefunden hatte. Sie stehen auf dem Standpunkte des reinen Territorialprinzips (§ 209 AV.BGB. für Mecklenburg-Schwerin, § 207 AV.BGB. für Mecklenburg-Strelitz). Abgesehen von vertragsmäßiger Regelung, bei der es sein Bewenden hat, und den besonderen Überleitungsvorschriften für einzelne Güterstände sind die zur Zeit des Inkrafttretens des BGB. bestehenden Güterstände in den gesetzlichen Güterstand des BGB. übergeleitet worden, wenn der Mann seinen Wohnsitz in Mecklenburg hatte oder nahm.

b) Sachsen (s. hiezu Kaufmann im SächsArch. Bd. 10 S. 302, Kloß-Müller, Sächs. LPrR. 3. Aufl. § 142, IV S. 348 f.), Hamburg, Oldenburg, Anhalt, Bremen, Lippe, Lübeck, Sachsen-Weimar leiteten nur diejenigen Ehen, die einen einheimischen Güterstand besaßen, in die Güterstände der neuen Rechtsordnung über und ließen die übrigen Güterstände unberührt (so Affolter S. 225; anders, nämlich im Sinne des Territorialprinzips legen die Gesetze dieser Länder anscheinend aus Planck Bem. III, 7, b, β und Niedner Bem. D, I, 2 S. 434; s. auch Habicht S. 556).

c) Mehrere Staaten, so namentlich Preußen, Art. 44, 65 AG.BGB., Bayern, Art. 19, 22, 23 ÜbergG., Hessen, Art. 169, 207, 208, 230, 264, 265 AG.BGB.,

---

*) Schrifttum: Kahn, Kollisionen und Kompetenzüberschreitungen der deutschen AusführungsG. zum ehelichen Güterrechte in IheringsJ. Bd. 42 S. 309 ff., Bd. 43 S. 229; Schnell in BöhmsZ. Bd. 8 S. 292 ff.; Aron das. Bd. 9 S. 370 ff.; Affolter in GrünhutsZ. Bd. 30 S. 125; Habicht S. 555 ff.; Wieruszowski S. 84; Lippmann SächsArch. Bd. 10 S. 273 ff.; Schöller DJZ. 1900 S. 250.

Elsaß-Lothringen, § 163 AG.BGB. und die meisten thüringischen Staaten gaben Überleitungsvorschriften nur für die Güterstände derjenigen Ehegatten, die in dem betreffenden Bundesstaate Wohnsitz hatten oder nahmen, ohne Rücksicht auf den ersteheelichen Wohnsitz und ohne Rücksicht darauf, welchem Bundesstaate die Ehegatten angehörten, soferne die Ehegatten im Zeitpunkt der Verlegung des Wohnsitzes nicht schon in einem übergeleiteten Güterstand lebten. Sie ließen aber für die nichtheimischen Güterstände die Überleitungsvorschriften desjenigen Bundesstaates maßgebend sein, in dem der Güterstand einheimisch war. (Vgl. wegen bad. LR. BayObLG. im „Recht" 1903 S. 341 Nr. 1857 = BayObLGZ. Bd. 4 S. 402 ff., auch Henle im „Recht" 1903 S. 574, für das preuß. ALR. RG. in JW. 1909 S. 43).

Über die Frage, ob diese Art der Regelung sich mit dem Reichsrechte vereinbaren läßt, s. einerseits Kahn a. a. O. (*-Note S. 547) S. 330 ff., Affolter S. 235 und in GrünhutsZ. Bd. 30 S. 153 f., anderseits Planck Bem. III, 7, d und RG. in JW. 1901 S. 137.

Für ausländische (nicht deutsche) Güterstände gelten die Überleitungsvorschriften der Landesgesetze nicht, auch wenn die Ehegatten im Inlande wohnen und unter einem Güterstande leben, der übergeleitet wird, z. B. nach code civil (Niedner Bem. D S. 434 und im „Recht" 1900 S. 254, Planck Bem. III, 7, b, α; abweichend Habicht S. 557 ff.). Für Elsaß-Lothringen schrieb § 163 Satz 2 AG.BGB. ausdrücklich vor, daß die Unwandelbarkeit der Güterstände auf Ehen, deren Güterstand sich nach code civil als dem Recht eines ausländischen Staates richtet, keine Anwendung finde.

Über das Verhältnis des Art. 200 zu Art. 15 s. OLG. Hamburg OLG. Bd. 14 S. 242 und OLG. Kolmar in DJZ. 1913 Sp. 174.

9. Vorschriften des BGB. über den Güterstand, die nur infolge von landesrechtlichen Überleitungsvorschriften Anwendung finden, sind trotzdem revisibles Recht, soferne sie durch jene Vorschriften nicht als landesgesetzliche, nur inhaltlich mit dem Reichsrecht übereinstimmende Vorschriften, sondern als reichsrechtliche Bestimmungen eingeführt sind (RGZ. Bd. 59 S. 25, 27). Im übrigen sind die Überleitungsvorschriften der Landesgesetze dann nicht revisibel, wenn das übergeleitete Güterrecht selbst der Revision entzogen war (RG. im „Recht" 1913 Nr. 549).

Art. 201.*)

Die Scheidung und die Aufhebung der ehelichen Gemeinschaft erfolgen von dem Inkrafttreten des Bürgerlichen Gesetzbuchs an nach dessen Vorschriften.

Hat sich ein Ehegatte vor dem Inkrafttreten des Bürgerlichen Gesetzbuchs einer Verfehlung der in den §§ 1565 bis 1568 des Bürgerlichen Gesetzbuchs bezeichneten Art schuldig gemacht, so kann auf Scheidung oder auf Aufhebung der ehelichen Gemeinschaft nur erkannt werden, wenn die Verfehlung auch nach den bisherigen Gesetzen ein Scheidungsgrund oder ein Trennungsgrund war.

E. I, 120; II, 171; III, 200.

Ehescheidung, Aufhebung der ehelichen Gemeinschaft.

I. Entstehung. Art. 120 E. I erfuhr in der Redaktionskommission der II. Komm. und in der RTK. Änderungen, welche damit zusammenhängen, daß der I. Entw. z. BGB. noch eine zeitweise Trennung von Tisch und Bett kannte, der zweite aber schon nicht mehr, daß ferner schon im II. Entw. z. BGB. die Ehescheidung wegen Geisteskrankheit (BGB. § 1569) eingeführt wurde, welche der I. Entw. noch nicht kannte, und daß endlich erst in der RTK. die Aufhebung der ehelichen Gemeinschaft (BGB. § 1575) beschlossen wurde (Mot. z. EG. 288, P. VI, 545, 546, RTK. 440 d S. 19).

II. Inhalt. Wenn die Scheidung einer vor dem 1. Januar 1900 geschlossenen Ehe oder die Aufhebung der ehelichen Gemeinschaft nach dem 1. Ja-

---

*) Schrifttum: Habicht S. 599 ff.; Affolter S. 351 ff.; Nöldecke DJZ. 1899 S. 407 ff.; Gerhard, Die Ehescheidungsgründe des BGB. 1898; Erler, Ehescheidungsrecht und Ehescheidungsprozeß 1900; Davidson, Das Recht der Ehescheidung, 1900 S. 210 ff.; Nöldecke, Die rückwirkende Kraft des zukünftigen Ehescheidungsrechts, DJZ. 1899 S. 407 ff.; Köttgen, Die sechsmonatige Frist des § 1571 BGB. während der Übergangszeit, „Recht" 1900 S. 205 ff.; Bregenzer, Zur Auslegung des Art. 201, JW. 1901 S. 193 ff.; Scherer, Die Ehesachen in der Übergangszeit, JW. 1901 S. 243 ff.

nuar 1900 erfolgt, sind **grundsätzlich die Vorschriften des BGB.** (insbesondere die §§ 1564—1587) anwendbar (Abs. 1); dem früheren Recht ist nur insoferne ein Einfluß eingeräumt, als gewisse, nämlich die in den §§ 1565—1568 BGB. aufgestellten Scheidungsgründe, wenn sie sich schon vor dem 1. Januar 1900 ereignet hatten, nur dann berücksichtigt werden dürfen, wenn sie auch nach dem früheren Rechte, dem die Ehegatten damals unterstanden, einen Scheidungs- oder Trennungsgrund bildeten (Abs. 2).

1. Was als **Scheidungsgrund** anzusehen ist, bestimmte sich seit dem 1. Januar 1900 nur mehr nach dem BGB. Scheidung oder Aufhebung der ehelichen Gemeinschaft (§ 1575 BGB.) konnte und kann nur mehr aus den in den §§ 1565—1569 BGB. bestimmten Gründen erfolgen. Gegenseitige Einwilligung, unüberwindliche Abneigung und andere Gründe, die nach bisherigem Rechte zur dauernden oder zeitweiligen Trennung der Ehe führen konnten, finden keine Berücksichtigung mehr.

a) Liegen die Verfehlungen, auf welche das Scheidungsbegehren gestützt wird, nach dem 31. Dez. 1899, so genügt es, daß einer der Gründe der §§ 1565—1569 BGB. gegeben ist und es muß dann die Ehe aus diesem Grunde geschieden werden.

b) Liegen die Verfehlungen dagegen vor dem 1. Januar 1900, so ist nach **Abs. 2** außerdem erforderlich, daß die Verfehlung auch nach dem bisherigen Recht ein Scheidungs- oder Trennungsgrund war, soweit es sich um einen der in den §§ 1565—1568 angeführten Grunde — Ehebruch, Doppelehe, widernatürliche Unzucht, Lebensnachstellung, bösliche Verlassung, Ehezerrüttung — handelt. Der Grund dieser Vorschrift liegt darin, daß ein schuldhaftes Verhalten eines Ehegatten nur angenommen werden kann, wenn er wußte oder doch wissen konnte, daß seine Handlungsweise den Bestand der Ehe in Frage zu stellen geeignet sei (Mot. z. EG. S. 288, OLG. Bd. 2 S. 386). Zur Unterstützung einer Scheidungsklage können aber vor dem 1. Januar 1900 liegende Tatsachen auch dann herangezogen werden (§ 1573 BGB.), wenn sie nach dem bisherigen Recht keinen Scheidungsgrund bildeten (RG. in JW. 1903 S. 88, „Recht" 1908 S. 131). Vgl. die entsprechende Bestimmung für das internationale Recht in Art. 17 Abs. 2 EG. und die Bemerkungen hiezu.

Ist das Scheidungsbegehren auf eine strafbare Handlung des anderen Ehegatten gestützt, so findet Art. 201 Abs. 2 Anwendung, wenn nur die Tat vor dem 1. Januar 1900 verübt ist, wenn auch die Verurteilung erst nach diesem Zeitpunkt erfolgte (RG. in GruchotsBeitr. Bd. 47 S. 124 ff.).

α) Bisherige Trennungs- und Scheidungsgründe sind gleichgestellt. Es genügt schon, daß der Scheidungsgrund des neuen Rechts nach dem bisherigen Rechte die zeitweilige Trennung von Tisch und Bett rechtfertigte (RG. in RGZ. Bd. 47 S. 31, JW. 1900 S. 741, 847, 1901 S. 203, 547).

β) Die Verfehlung muß nach dem alten Recht nicht bloß abstrakt, sondern auch konkret einen Scheidungsgrund gebildet haben. Soferne also eine Verfehlung nach dem bisherigen Rechte an sich rechtlich einen Scheidungs- oder Trennungsgrund bildete, war weiter zu prüfen, ob nicht im einzelnen Falle einer der Gründe vorlag, aus denen das bisherige Recht dem Scheidungsgrunde die Anerkennung versagte. Als solche Gründe kamen namentlich in Betracht die Kompensation (Aufrechnung) beim Ehebruch, die dem jetzigen Recht fremd ist (Bem. 7, a zu § 1565 in Bd. IV), Fristablauf und dgl. Es kommt also darauf an, ob der vor dem 1. Januar 1900 erfüllte Tatbestand, nach dem alten Rechte beurteilt, einen Scheidungs- oder Trennungsgrund bildete; deshalb rechtfertigt ein nach dem 31. Dez. 1899 von anderen Ehegatten verübter Ehebruch die Aufrechnung nicht mehr (Habicht S. 602 und Note 2, Niedner Bem. 2, c, Planck Bem. 2, b RG. in RGZ. Bd. 46 S. 90, 159, Bd. 47 S. 4, Bd. 52 S. 225, JW. 1900 S. 465, 642, 742, 1901 S. 73, 349, 492, 1904 S. 52, 385, 1905 S. 41; and. Ans. Nöldeke in DJZ. 1899 S. 408, Bragenzer in JW. 1901 S. 193 und einzelne Oberlandesgerichte: s. OLG. Bd. 1 S. 34, 43, 46, 142, 323, 325).

γ) Tatsachen, die in die Zeit vor dem 1. Januar 1900 fallen, können gemäß § 1573 BGB. zur Unterstützung einer auf andere Tatsachen gegründeten Scheidungsklage geltend gemacht werden, auch wenn sie nach dem alten Recht einen Scheidungs- oder Trennungsgrund nicht darstellten (Bem. 7 zu § 1573 in Bd. IV; RG. in JW. 1903 Beil. S. 88, im „Recht" 1908 S. 131 Nr. 796 und in LZ. 1919 Sp. 553).

δ) Über das Zusammentreffen örtlicher mit der zeitlichen Statutenkollision s. Habicht S. 604 f., Niedner Bem. 2, d.

ε) Ist ein nach dem BGB. die Scheidung begründendes Verhalten, z. B. ehrloses unsittliches Verhalten (§ 1568 BGB.) nach dem 30. Dez. 1899 fortgesetzt, so kommt Abs. 2 nicht mehr zur Anwendung.

c) Gründe, die zwar nach dem bisherigen Rechte, nicht mehr aber nach dem BGB. die Scheidung der Ehe rechtfertigen, verloren mit dem 31. Januar 1900 ihre Wirksamkeit.

d) Zur Scheidung wegen böslicher Verlassung nach § 1567 Abs. 1 Nr. 1 BGB. genügte ein nach altem Recht ergangener Rückkehrbefehl nicht, es mußte Klage auf Herstellung des ehelichen Lebens erhoben werden. Die Jahresfrist des § 1567 Abs. 1 Nr. 2 BGB. konnte schon von einem vor 1900 liegenden Zeitpunkt an gerechnet werden, wenn das bisherige Recht keine längere Frist für Scheidung wegen böslicher Verlassung gesetzt hatte. War aber die Frist nach dem bisherigen Recht länger als ein Jahr, so mußte diese längere Frist oder seit dem 1. Januar 1900 ein Jahr verstrichen sein, ehe Scheidung begehrt werden konnte (s. hiezu Habicht S. 601, Planck Bem. 2, a, RG. in JW. 1900 S. 584, 636, 1901 S. 322, RGZ. Bd. 46 S. 156 ff).

e) Für den Scheidungsgrund der **Geisteskrankheit** ist in Art. 201 Abs. 2 das Erfordernis, daß er auch nach bisherigem Recht einen Scheidungsgrund oder Trennungsgrund gebildet haben muß, nicht aufgestellt. Zweifelhaft kann sein, wie der Umstand wirkt, daß der eine Ehegatte schon vor 1900 in Geisteskrankheit verfallen war. Die Verhandlungen in der II. Komm. haben diesen Punkt nicht geklärt (P. a. a. O.). Nach dem Wortlaute des Abs. 1 im Zusammenhalte mit jenem des Abs. 2 könnte angenommen werden, daß bezüglich dieses Scheidungsgrundes nur das neue Recht maßgebend ist. Es dürften jedoch folgende Grundsätze aufzustellen sein:

α) Geisteskrankheit, welche vor dem Inkrafttreten des BGB. bei einem Ehegatten eintrat, ist jedenfalls vom 1. Januar 1900 an dann kein Scheidungsgrund mehr, wenn sie von diesem Zeitpunkt an nicht in einem die Voraussetzungen des § 1569 erfüllenden Maße vorhanden ist.

β) Wenn nach bisherigem Rechte wegen Geisteskrankheit weder auf Scheidung noch auf Trennung der Ehe geklagt werden konnte, so wird die Zeit vor dem Inkrafttreten des BGB. in die drei Jahre des § 1569 BGB. eingerechnet werden können (Habicht S. 600, Planck Bem. 2, b).

γ) Bildete Geisteskrankheit nach bisherigem Rechte einen Scheidungsgrund, ohne daß eine bestimmte Zeitdauer derselben Voraussetzung des Scheidungsanspruchs war, so wird sie vom 1. Januar 1900 an die Scheidungsklage nur dann begründen, wenn schon zur Zeit der Klage die Voraussetzung des § 1569 BGB. erfüllt war.

δ) Muß die Zeitdauer der Geisteskrankheit nach dem bisherigen Rechte kürzer (z. B. nach PrALR. über ein Jahr) oder länger als nach dem BGB. sein, um die Scheidungsklage zu begründen, so werden die Grundsätze des Art. 169 dieses Gesetzes Anwendung zu finden haben.

2. Wegen Verlust des Scheidungsrechts durch Fristablauf (§ 1571 BGB.) während der Übergangszeit s. Habicht S. 603 ff., Niedner Bem. 4, Planck Bem. 5; RG. in JW. 1900 S. 636, 1901 S. 204, 1904 S. 115, WarnE. 1912 Nr. 436; auch RGZ. Bd. 46 S. 156 ff., Bd. 48 S. 157 ff., Bd. 66 S. 249 ff., GruchotsBeitr. Bd. 57 S. 445.

3. Das neue Recht galt für jede seit dem 1. Januar 1900 erfolgende Scheidung oder Aufhebung der ehelichen Gemeinschaft. Daraus ergab sich:

a) Es konnte seit dem 1. Januar 1900 nur mehr durch Urteil (§ 1564 BGB.) — das landesherrliche Scheidungsrecht war beseitigt — auf Scheidung oder Aufhebung der ehelichen Gemeinschaft (§ 1575 BGB.), nicht mehr auf Trennung von Tisch und Bett erkannt werden. Bei bedingten Endurteilen ist der Tag der Verkündigung dieses Urteils, nicht der des Läuterungsurteils maßgebend gewesen.

b) Das galt auch in anhängigen Prozessen und auch in der Berufungsinstanz. Dagegen konnte das Revisionsgericht, wenn das Urteil in der Berufungsinstanz noch vor dem 1. Januar 1900 ergangen war, nur die richtige Anwendung des bisherigen Rechts nachprüfen; im Falle der Aufhebung des angefochtenen Urteils und der Rückverweisung an die Vorinstanz mußte aber dort nunmehr nach BGB. mit Art. 201 ff. erkannt werden (RG. in RGZ. Bd. 45 S. 95, JW. 1900 S. 115, 147, 148).

c) Jedes seit dem 1. Januar 1900, auch in einem schon vorher anhängig gewordenen Prozesse ergehende Scheidungsurteil mußte auch über die Schuldfrage nach § 1574 Abs. 1—3 BGB. erkennen. War aber gegen ein vor dem 1. Januar 1900 ergangenes Urteil nur hinsichtlich der Schuldfrage Berufung eingelegt, so war darüber, da das auf Scheidung oder Trennung lautende Erkenntnis rechtskräftig war, nach dem bisherigen Rechte zu entscheiden (RG. in JW. 1900 S. 585, 637, 1901 S. 53, 241, 242, 296, 1902 Beil. S. 226, RGZ. Bd. 46 S. 147, 156).

4. Die **Wirkungen der Scheidung**, die nach dem 1. Januar 1900 erfolgt ist, richten sich nach BGB., die Wirkungen einer vor diesem Zeitpunkt erfolgten Scheidung nach bisherigem Recht (s. OLG. Breslau und Kolmar, OLG. Bd. 1 S. 127, 288, OLG. Dresden, OLG. Bd. 2 S. 167, Bd. 3 S. 42, KG. in OLG. Bd. 3 S. 17).

a) Als besondere Wirkungen der Scheidung kommen namentlich in Betracht:

α) die Namensführung der geschiedenen Frau (jetzt § 1577 BGB.),

β) der Unterhaltsanspruch (jetzt §§ 1578—1583, 1608 Abs. 2, 1609 Abs. 2 Satz 2 BGB.; s. Bem. 14 zu § 1578 in Bd. IV),

γ) der Widerruf von Schenkungen (jetzt § 1584 BGB.); s. RGZ. Bd. 58 S. 382,

δ) die Unterhaltspflicht gegenüber den Kindern im Verhältnis der Ehegatten untereinander, so Beitragspflicht der Frau zu den Kosten des Unterhalts eines gemeinschaftlichen Kindes (jetzt § 1585 BGB.); nicht maßgebend ist in dieser Beziehung Art. 203, der das Verhältnis zwischen Eltern einerseits und Kindern anderseits betrifft,

ε) die Scheidungsstrafen. Diese kennt das BGB. nicht mehr; es kann unter der Herrschaft des BGB. auf dieselben auch nicht mehr erkannt werden, wenn der Grund der Scheidung der Zeit vor 1900 angehört (Mot. IV S. 613—616, Mot. z. EG. S. 290); s. wegen des früheren Rechts Bem. 1 zu § 1578 in Bd. IV.

b) Die Scheidung gilt als erfolgt,

α) wenn das die Scheidung aussprechende Urteil erster oder zweiter Instanz vor 1900 verkündet wurde, unter der Herrschaft des bisherigen Rechts, und zwar auch dann, wenn das Urteil erst nach dem 1. Januar 1900 rechtskräftig geworden ist (RG. in JW. 1902 Beil. S. 226, 227, RGZ. Bd. 48 S. 5, Bd. 50 S. 304); das gilt jedenfalls für die Wirkungen unter a, α—δ; hinsichtlich der Scheidungsstrafen kommt es aber darauf an, ob das bisherige Recht den Anspruch auf dieselben schon mit der Erlassung oder erst mit der Rechtskraft des Scheidungsurteils entstehen ließ (so mit Recht Planck Bem. 8, a Abs. 2; dagegen will Niedner Bem. 3, b immer die Rechtskraft entscheiden lassen, während Habicht S. 609 und Note 2 daselbst den Anspruch auf die Scheidungsstrafe immer an den Erlaß des Urteils knüpft; ebenso für das preuß. Recht KG. in OLG. Bd. 2 S. 159);

β) wenn das die Scheidung aussprechende oder bestätigende Berufungsurteil vor 1900 verkündet und die Revision gegen dasselbe erst nach dem 1. Januar 1900 zurückgewiesen wurde, ebenfalls unter Herrschaft des alten Rechts; s. oben Bem. 3, b;

γ) wenn das Urteil des Berufungsgerichts, das die Berufung gegen das die Scheidung aussprechende, vor 1900 erlassene Urteil erster Instanz zurückweist, nach dem 1. Januar 1900 erlassen ist, unter der Herrschaft des BGB. (RGZ. Bd. 58 S. 382, OLG. Marienwerder OLG. Bd. 12 S. 317).

Erst recht sind die Wirkungen der Scheidung nach dem neuen Recht zu beurteilen, wenn erst das Berufungsgericht nach 1900 unter Abänderung des vorher ergangenen Urteils die Scheidung ausspricht und wenn das Revisionsgericht die Sache an die Vorinstanz zurückverwiesen hat und diese erst nach 1900 die Scheidung ausspricht.

III. Keine Wirkung der Scheidung ist die **Vermögensauseinandersetzung** zwischen den geschiedenen Ehegatten. Für die Frage, welches Recht für diese maßgebend ist, gibt Art. 200 die erforderliche Übergangsvorschrift; denn die Frage, nach welchen Grundsätzen die durch die Eheschließung eingetretene Verbindung der beiderseitigen Vermögen wieder rückgängig zu machen ist, hat nichts damit zu tun, aus welchem Grunde es zur Auflösung der Ehe gekommen ist. Diese Grundsätze können vielmehr nur aus der Natur des für die betreffende Ehe maßgebenden Güterstandes abgeleitet werden. Auch bei der Ehescheidung regelt sich die Abwicklung der Vermögensauseinandersetzung nur nach dem für die Ehe maßgebend gewesenen ehelichen Güterrechte (RG. in RGZ. Bd. 41 S. 125 ff., Bd. 58 S. 382 ff., Bd. 73 S. 24 ff., JW. 1910 S. 227). S. auch Bem. II, B, 5 zu Art. 200.

Einzelne Landesgesetze haben vorgeschrieben, daß im Falle der Überleitung des Güterstandes für die Vermögensauseinandersetzung im Falle der Scheidung das bisherige Recht maßgebend bleibt; s. für Preußen Art. 59 § 6 AG.BGB. (Becher XIV, 1 S. 33), für Bayern Art. 103, 130 ÜbergG. (Becher III, 8 S. 124, 130).

§ 1478 BGB. gibt nach Ehescheidung dem unschuldigen Teil das Recht, Erstattung des Wertes dessen, was er in die Gütergemeinschaft eingebracht hat, zu verlangen; s. hiezu die Übergangsbestimmungen für Preußen in Art. 52 § 5 AG.BGB. (Becher XIV, 1 S. 29) und für Bayern in Art. 65 Abs. 2, 67 Abs. 2, 68, 69 Abs. 1, 70, 71, 76 Abs. 3 ÜbergG. (Becher III, 8 S. 114 ff.).

IV. Für die persönlichen Rechtsbeziehungen der geschiedenen Ehegatten ist Art. 199 EG. maßgebend; s. auch Bem. 2 und 3 hiezu.

V. Über die rechtliche Stellung des Kindes aus geschiedenen Ehen s. Art. 206.

Art. 202.

Für die Wirkungen einer beständigen oder zeitweiligen Trennung von Tisch und Bett, auf welche vor dem Inkrafttreten des Bürgerlichen Gesetzbuchs erkannt worden ist, bleiben die bisherigen Gesetze maßgebend. Dies gilt insbesondere auch von den Vorschriften, nach denen eine bis zu dem Tode eines der Ehegatten fortbestehende Trennung in allen oder einzelnen Beziehungen der Auflösung der Ehe gleichsteht.

E. II, 172; III, 201.

I. **Entstehung.** Dieser Artikel wurde erst in der II. Komm. und zwar anfänglich als Zusatz zu Art. 199 aufgestellt (P. VI, 532—535, 635, Reatz III, 97).

II. **Inhalt.** Art. 202 enthält **Übergangsvorschriften über die Wirkungen einer beständigen oder zeitweiligen Trennung von Tisch und Bett,** auf welche vor dem 1. Januar 1900 richterlich erkannt worden ist.

Hierüber ist folgendes zu bemerken:

1. Das BGB. kennt nur Scheidung und Aufhebung der ehelichen Gemeinschaft (BGB. §§ 1564 ff., 1575). Eine zeitweilige Trennung der Ehegatten kann künftighin nur in Rechtsstreiten, welche die Scheidung, Nichtigkeit oder Anfechtung der Ehe zum Gegenstande haben, in der Art (nach § 627 ZPO.) vorkommen, daß durch einstweilige Verfügung für die Dauer des Rechtsstreites das Getrenntleben der Ehegatten gestattet wird. Auch erkennt das BGB. das tatsächliche Getrenntleben der Ehegatten als berechtigt für den Fall an, daß das Verlangen des einen Ehegatten nach Herstellung der ehelichen Gemeinschaft sich als Mißbrauch seines Rechtes darstellen würde. (Vgl. §§ 1353, 1361 BGB.) Über die Aufhebung der ehelichen Gemeinschaft vgl. Bem. zu § 1575 BGB.

Auf beständige Trennung der Ehegatten von Tisch und Bett konnte schon seit dem Inkrafttreten des PStG. (nach § 77) nicht mehr erkannt werden. Soweit also der gegenwärtige Artikel von der beständigen Trennung von Tisch und Bett handelt, kann er nur eine solche beständige Trennung betreffen, auf welche vor dem Inkrafttreten des Personenstandsgesetzes erkannt wurde, ohne daß seitdem (nach Abs. 2 von § 77 PStG.) eine Wiedervereinigung der Ehegatten stattgefunden hat oder die Auflösung des Bandes der Ehe im ordentlichen Prozeßverfahren ausgesprochen worden ist.

Unter welchen Voraussetzungen im übrigen nach bisherigem Rechte auf beständige oder zeitweise Trennung der Ehegatten von Tisch und Bett erkannt werden konnte, darüber vgl. die Kommentare von Sicherer und Hinschius zu § 77 des PStG., Schulte,

Kirchenrecht 4. Aufl. S. 419 § 189 Ziff. III, S. 421 § 190, PrALR. Tl. I cap. IV §§ 40 ff.; s. auch Stölzel-Spieler PStG. Bem. zu § 77.

2. Der Artikel regelt nur die Wirkungen einer vor dem Inkrafttreten des BGB. erfolgten beständigen oder zeitweisen Ehetrennung und erklärt hierauf das bisherige Recht für anwendbar. Soweit das bisherige Recht der Trennung Wirkungen beilegt, die mit den Vorschriften des BGB. nicht vereinbar sind, gehen die bisherigen Gesetze also vor (P. Bd. 6 S. 533).

Art. 202 betrifft sämtliche Wirkungen der Ehetrennung, also namentlich jene in bezug

a) auf die persönlichen Rechtsbeziehungen der Ehegatten zueinander. In dieser Beziehung bildet Art. 202 eine Ausnahme von Art. 199. Für die hier hauptsächlich in Betracht kommende Frage der **Unterhaltspflicht** ist in erster Linie das Trennungsurteil maßgebend, sodann, wenn dasselbe hierüber keine Verfügung enthält, das bisherige Recht (vgl. z. B. die besonderen Bestimmungen im sächsischen und württembergischen, auch im bayer. Recht, LR. Tl. I cap. 6 § 43 Nr. 3; Vgl. für das sächs. Recht OLG. Dresden OLG. Bd. 3 S. 240 und SächsArch. Bd. 10 S. 631). Kann auch hiernach eine Entscheidung nicht erfolgen, so kommt es darauf an, ob die Trennung in allen Beziehungen oder doch in der fraglichen der Auflösung der Ehe gleichsteht. Im Falle der Bejahung dieser Frage wird die Unterhaltspflicht entfallen, im Falle der Verneinung dagegen wird § 1361 BGB. anwendbar sein, weil die Ehe noch besteht und das die Trennung aussprechende Urteil den Ehegatten berechtigt, die Herstellung des ehelichen Lebens zu verweigern (P. a. a. O.). Auch wenn die Ehe vor dem 1. Januar 1900 für immer oder auf Zeit getrennt worden ist, ist jedoch nach dem 1. Januar 1900 die Klage auf Herstellung der ehelichen Gemeinschaft nach dem BGB. zu beurteilen (RG. in JW. 1905 S. 110).

Wenn dem unschuldigen Ehegatten ein Wahlrecht auf Abfindung oder lebenslängliche Verpflegung zusteht (z. B. preuß. ALR. II, 1 §§ 783 ff., 798), so tritt die Beschränkung dieses Wahlanspruchs auf eine der mehreren geschuldeten Leistungen nur ein durch solche Tatbestände, denen die alte Rechtsordnung diese Wirkung beilegt (preuß. ALR. II, 1 § 804). Auch der Umfang der wahlweisen Leistungen bestimmt sich nach der alten Rechtsordnung, selbst wenn die Wahl unter der neuen erfolgt. Die §§ 1578, 1581, 1580 Abs. 2 BGB. sind nicht anwendbar. Vgl. KG. vom 11. Juli 1900, OLG. Bd. 1 S. 280 ff., RGZ. Bd. 48 S. 4 ff.

Auch die Erlöschungsgründe der Schuld, wenn der schuldige Ehegatte sich zur lebenslänglichen Verpflegung verpflichtet hat, bestimmen sich nach dem früheren Recht; § 1581 BGB. (Wiederverheiratung) bleibt unanwendbar (OLG. Breslau, OLG. Bd. 1 S. 217 f., RGZ. Bd. 48 S. 4 ff.).

b) Das bisherige Recht ist maßgebend für die Frage nach der Ehelichkeit oder Unehelichkeit der während der Ehetrennung geborenen Kinder (vgl. auch Art. 206). Insbesondere ist also die Frage, ob die Vermutung „pater est, quem nuptiae demonstrant" Anwendung findet, nach dem bisherigen Rechte zu beurteilen (ebenso Habicht § 50 S. 613, Niedner Bem. 1 Abs. 2 S. 448, Planck Bem. 7, BayObLGZ. Bd. 2 S. 716; s. auch P. II Bd. 6 S. 533).

c) Auch der Einfluß der Trennung auf das eheliche Güterrecht bestimmt sich nach bisherigem Rechte (vgl. Art. 200).

d) Was die erbrechtlichen Wirkungen betrifft, so wollte ein in der II. Komm. gestellter Antrag eine bis zum Tode des einen Ehegatten fortbestehende Trennung in Ansehung des gesetzlichen Erbrechts des überlebenden Ehegatten und in Ansehung der in den §§ 2077, 2268 und 2279 BGB. bestimmten Wirkungen der Eheauflösung gleichstellen (P. a. a. O.). Dieser Antrag wurde abgelehnt. Später (P. VI, 635 f.) war der Antrag gestellt worden, die Erlassung einer inhaltlich dem abgelehnten Antrage gleichstehenden Bestimmung der Landesgesetzgebung zu überlassen; hiermit war die Kommission einverstanden, beauftragte aber die Redaktionskommission, zu erwägen, ob in dieser Beziehung nicht der nunmehrige Art. 218 ausreiche. Das ist offenbar der Fall. Dagegen wurde der nunmehrige Satz 2 in der Redaktionskommission eingestellt; er sagt eigentlich Selbstverständliches und stellt klar, daß auch Vorschriften aufrecht erhalten bleiben, welche eine bis zum Tode fortbestehende Trennung in allen oder in einzelnen Beziehungen der Auflösung der Ehe gleichstellen.

Aus dieser Entwicklungsgeschichte des Artikels ist zu folgern, daß grundsätzlich bei dem nach Inkrafttreten des BGB. erfolgenden Tode eines der vor dem 1. Januar 1900 getrennten Ehegatten dem Überlebenden das gesetzliche Erbrecht nach §§ 1931 ff. BGB. zusteht, und daß auch hinsichtlich der zu seinen Gunsten getroffenen letztwilligen Verfügungen die Nachteile der §§ 2077, 2268 und 2279 BGB. nicht eintreten; es bleibt grundsätzlich bei der Regel des Art. 213 auch für das Erbrecht des überlebenden Ehegatten nach einer nach bisherigem Recht erfolgten Trennung von Tisch und Bett; eine Abweichung von dieser wäre aber auf Grund eines Landesgesetzes im Sinne des Art. 202 Satz 2 denkbar und zulässig.

3. Soweit nach diesem Artikel das bisherige Recht maßgebend bleibt, kann dasselbe gemäß Art. 218 von der Landesgesetzgebung geändert werden. Soviel ersichtlich, hat kein Land von diesem Vorbehalte Gebrauch gemacht.

Art. 203.*)

Das Rechtsverhältnis zwischen den Eltern und einem vor dem Inkrafttreten des Bürgerlichen Gesetzbuchs geborenen ehelichen Kinde bestimmt sich von dem Inkrafttreten des Bürgerlichen Gesetzbuchs an nach dessen Vorschriften. Dies gilt insbesondere auch in Ansehung des Vermögens, welches das Kind vorher erworben hat.

E. I, 131; II, 173; III, 291.

Rechtsverhältnis zwischen Eltern und ehelichen Kindern:

I. Entstehung. Der Art. 203 entspricht mit unwesentlichen redaktionellen Änderungen dem Art. 121 des E. I (Mot. z. EG. 291 ff., P. VI, 547, 636, Reatz III, 97).

II. Eine Übergangsvorschrift in bezug auf die eheliche Abstammung — im BGB. in den §§ 1591—1600 geregelt — hat das EG. nicht getroffen. Die Frage, **ob ein Kind ehelich ist** oder nicht, ist nach den zur Zeit seiner Geburt geltenden Gesetzen zu beantworten; die §§ 1591—1600 BGB. sind auf Kinder, die vor dem 1. Januar 1900 geboren wurden, nicht anwendbar; so finden auch die Vorschriften des BGB. über Anfechtung der Ehelichkeit eines Kindes, das während der Ehe geboren ist, nur auf Kinder Anwendung, die nach dem 31. Dezember 1899 geboren sind (vgl. OLG. Bd. 4 S. 105, Bd. 6 S. 57, Bd. 7 S. 74 ff., Bd. 14 S. 245, RGZ. Bd. 66 S. 249, BayObLGZ. Bd. 2 S. 714, Bd. 10 S. 217; s. auch Vorbem. 6, b vor § 1591 in Bd. IV, 2 S. 851, Bem. 11 zu § 1593 und Bem. 7 zu § 1594). Die bisherigen Gesetze entscheiden auch darüber, ob das Kind, wenn es vor der Ehe empfangen, aber während derselben geboren wurde, als ehelich oder als durch nachfolgende Ehe legitimiert zu erachten ist, ob und welche Rechtsvermutungen für die eheliche Zeugung Platz greifen, ob und inwieweit die Ehelichkeit angefochten werden kann (Mot. z. EG. S. 291; Habicht S. 620 ff., RG. in JW. 1902 Beil. S. 238; s. auch die in Vorbem. 6, b vor § 1591 angeführten Schriften und Entscheidungen). Maßgebend sind die gesetzlichen Vorschriften, die am Geburtsorte des Kindes, bzw. an dem Orte, wo der Vater seinen Wohnsitz hatte, galten (BayVerwGH. in SeuffBl. Bd. 77 S. 526, OLG. Hamburg in HansGZ. 1912 Hauptbl. S. 250 ff.).

Übergangsvorschriften für die Fragen, inwieweit Kinder aus nichtigen und ungültigen Ehen als ehelich anzusehen sind und inwieweit legitimierte und angenommene Kinder die rechtliche Stellung ehelicher Kinder haben, geben die Art. 207 und 209. (Wegen vereinkindschafteter Kinder nach dem fränkischen Recht s. BayObLGZ. Bd. 12 S. 503 ff.)

Die nach früherem Rechte zulässige Klage eines vor dem 1. Januar 1900 geborenen Kindes auf Feststellung der eigenen Unehelichkeit und auf Verneinung der Vaterschaft desjenigen, der nach gesetzlicher Vermutung als sein ehelicher Vater gilt, kann auch nach dem 1. Januar 1900 noch erhoben werden (OLG. Kiel in OLG. Bd. 4 S. 105, KG. in OLG. Bd. 6 S. 57 und im „Recht" 1903 S. 238 Nr. 1280 = KGBl. Bd. 14 S. 41).

---

*) Schrifttum: Habicht S. 623 ff.; derselbe, Die Einwirkung des BGB. auf elterliche Nutzungsrechte, besonders den Beisitz in GruchotsBeitr. Bd. 42 S. 413—455; Affolter S. 358 ff.; M. Pfiller, Rechtsstellung der Kinder aus nichtigen Ehen nach BGB.

III. Die **Rechtswirkungen** des Verhältnisses zwischen Eltern und einem vor dem Inkrafttreten des BGB. als eines ehelichen, bemessen sich nach Art. 203 vom Inkrafttreten des BGB. ab nach dessen Vorschriften und zwar grundsätzlich auch dann, wenn beim Inkrafttreten des BGB. nur mehr der eine Elternteil am Leben war (RG. in JW. 1906 S. 138). Dabei ist es unerheblich, ob das Kind von Geburt, durch Legitimation oder durch Annahme an Kindes Statt ehelich ist; s. wegen der Anwendung des Art. 203 auf angenommene Kinder, die nach dem bisherigen Rechte die rechtliche Stellung von ehelichen Kindern hatten, RG. in JW. 1919 S. 824 = WarnE. 1919 Nr. 68 und wegen eingekindschafteter Kinder BayObLGZ. Bd. 12 S. 505, 512.

1. Anwendung finden hienach vom 1. Januar 1900 folgende allgemeinen Vorschriften des BGB. über das Rechtsverhältnis zwischen Eltern und ehelichen Kindern:

a) über den Wohnsitz des ehelichen Kindes (§ 11);

b) über das Recht der Kinder zur Führung des Familiennamens des Vaters (§ 1616), die Verpflichtung der Kinder zu häuslichen Diensten (BGB. § 1617), die Verpflichtung des volljährigen Kindes, zu den Kosten des Haushalts beizutragen (§ 1618), Verwaltung des Vermögens des volljährigen Kindes durch die Eltern (§ 1619);

c) über die gegenseitige Unterhaltspflicht (§§ 1601—1615; vgl. auch Mot. z. EG. 296);

d) über die Einholung der Einwilligung der Eltern zur Eheschließung der Kinder (§§ 1305 ff.) und zur Annahme an Kindes Statt (§ 1747);

e) über die Verpflichtung des Vaters und der Mutter zur Aussteuer der Tochter (§§ 1620 bis 1623), soferne sich die Tochter nach dem Inkrafttreten des BGB. verheiratet.

Ist jedoch die Ehe der Tochter vor dem 1. Januar 1900 geschlossen, so kann nur auf Grund der alten Rechtsordnung ein Anspruch auf Mitgift geltend gemacht werden; denn der Anspruch ist nicht schon mit der Geburt als eheliches Kind entstanden, sondern erst mit der Eheschließung; mit dieser ist der Anspruch auf Mitgift als schuldrechtlicher entstanden und deshalb gemäß Art. 170 nach den bisherigen Gesetzen zu beurteilen (Affolter S. 359, Niedner Bem. 2, a, α, Planck Bem. 2, OLG. Frankfurt in OLG. Bd. 1 S. 176);

f) über die Ausstattung eines Kindes (§§ 1624, 1625); maßgebend ist der Zeitpunkt der Gewährung der Ausstattung, nicht der ihrer tatsächlichen Veranlassung; die Vorschriften des BGB. finden auf eine nach dem 1. Januar 1900 gewährte Ausstattung auch dann Anwendung, wenn das Kind schon vor diesem Zeitpunkt geheiratet oder eine Lebensstellung begründet hat (Habicht S. 623 und Note 3 daselbst).

2. Anwendung finden ferner die Vorschriften der §§ 1626—1698 BGB. über die **elterliche Gewalt**, Eintritt, Inhalt, Umfang, Ruhen und Beendigung derselben. In Rechtsgebieten, die nur eine väterliche, keine elterliche Gewalt der Mutter kannten, traten daher alle am 1. Januar 1900 unter Vormundschaft stehenden vaterlosen Minderjährigen, soweit nicht die Vorschriften des BGB. selbst im Wege standen, unter die elterliche Gewalt der Mutter (s. des Näheren unter b). Ferner lebte die vor dem 1. Januar 1900 aufgehobene elterliche Gewalt wieder auf, soweit sie nicht nach den Vorschriften des BGB. ruhte oder verwirkt oder beendet war (§§ 1676—1683 BGB.; s. Näheres unter c). Endlich wurden die Vorschriften der §§ 1684, 1685 BGB. über die elterliche Gewalt der Mutter mit dem 1. Januar 1900 sofort wirksam.

a) Es kehrten in die elterliche Gewalt zurück Minderjährige, wenn die elterliche Gewalt nach den bisherigen Gesetzen erloschen war

α) durch Verheiratung (z. B. nach gemeinem Rechte, den Rechten von Bamberg, Mainz, Bayreuth, Erbach, Solms, Würzburg, Castell, Augsburg, Lindau, Memmingen, Nürnberg sowie der Stadt Kempten), oder

β) durch Emanzipation (z. B. nach gemeinem Rechte, BLR. und PrALR. — anders gemäß Art. 154 nach französischem und badischem Rechte —), oder

γ) durch Gründung eines selbständigen Haushalts (z. B. nach gemeinem Rechte, BLR. und PrALR., den Rechten von Bamberg, Würzburg, Castell, Hohenlohe, Kaufbeuren, Lindau, Memmingen sowie der Städte Augsburg und Kempten), oder δ) durch den Verzicht des Inhabers der elterlichen Gewalt (z. B. nach Bamberger LR.) aus der elterlichen Gewalt getreten sind, oder bezüglich deren nach bisherigem Rechte, sei es

ε) durch Grundteilung (z. B. nach den Rechten von Würzburg, Schweinfurt, Castell, Fulda), oder

ζ) durch Abteilung (z. B. nach Nürnberger Recht) die elterliche Gewalt erloschen ist.

Nach manchen Rechten zog jedoch die Verehelichung — sei es für beide Ehegatten oder wenigstens für die Frau — den Eintritt der Volljährigkeit nach sich (s. für das gemeine Recht RG. in JW. 1903 Beil. S. 50). Es stand nach Art. 153, wer zur Zeit des Inkrafttretens des BGB. nicht das einundzwanzigste Lebensjahr vollendet hatte, aber durch Volljährigkeitserklärung oder sonst die rechtliche Stellung eines Volljährigen erlangt hatte, von dieser Zeit an einem Volljährigen gleich, kehrte also nicht wieder in die Gewalt zurück (§ 1626 BGB.); vgl. Art. 153 und Bem. dazu. Vgl. das BLR., die Rechte von Bayreuth, Ansbach, Dinkelsbühl, Nürnberg, Fulda, Schweinfurt, Erbach, Nördlingen, Augsburg, Lindau, Memmingen, Öttingen, Stadt Kempten, das Hohenloher Landrecht. Weiter stand nach Art. 154 der nach französischem Recht oder badischem Landrecht Emanzipierte oder aus der Gewalt Entlassene von dem Inkrafttreten des BGB. an, wenn er zu dieser Zeit das achtzehnte Lebensjahr vollendet hatte, einem Volljährigen gleich und kehrte deshalb ebenfalls nicht mehr unter die elterliche Gewalt zurück.

b) Es traten in den Rechtsgebieten, die nur die väterliche, nicht auch die mütterliche Gewalt kannten (z. B. gemeines Recht, PrALR. und BLR., Oberpfälzer LR., Rechte von Regensburg, Nürnberg, Lindau, Memmingen, Augsburg, Rettenberg sowie der Stadt und des Hochstifts Kempten), Minderjährige, deren Vater gestorben oder an der Ausübung der elterlichen Gewalt verhindert war oder die elterliche Gewalt verwirkt hatte, unter die elterliche Gewalt der Mutter, soferne die Voraussetzungen der §§ 1684, 1685 BGB. erfüllt und auch nicht Tatsachen eingetreten waren, welche den Verlust der elterlichen Gewalt herbeigeführt hatten oder die Mutter von der Ausübung derselben ausschlossen (§§ 1697, 1676, 1680 mit 1686 BGB.).

Deshalb erlangte die Mutter die elterliche Gewalt auch dann nicht, wenn sie sich vor dem Inkrafttreten des BGB. verheiratet hatte, auch wenn die neue Ehe vor diesem Zeitpunkt wieder aufgelöst war; denn die Mutter erlangt nach dem BGB. die durch die Wiederverheiratung verlorene elterliche Gewalt über ihre erstehelichen Kinder mit Auflösung der neuen Ehe nicht wieder (s. Bem. 4 zu § 1697 in Bd. IV; ebenso Planck Bem. 3, a, Blanckmeister im „Recht“ 1900 S. 226, KG. in DJZ. 1900 S. 166; and. Ans. Habicht S. 615 und Note 2 daselbst und die früheren Auflagen dieses Komm.; RG. in JW. 1901 S. 357, ZBlFG. Bd. 7 S. 832 = BayZ. 1907 S. 211 = „Recht“ 1907 S. 312).

c) Es lebt die elterliche Gewalt des Vaters bzw. der Mutter über minderjährige eheliche Kinder wieder auf, wenn der Vater oder die Mutter nach bisherigem Rechte (vgl. z. B. BLR. Tl. I cap. 5 § 7 Nr. 2, PrALR. Tl. II Tit. 2 §§ 255, 260) dieselbe wegen einer nicht an dem Kinde begangenen Straftat an diesem oder wegen einer an dem einen Kinde verwirkten Straftat auch an den übrigen Kindern verwirkt hat, sowie sie nicht auch nach neuem Rechte (BGB. § 1680) verwirkt ist; vgl. KGJ. Bd. 19 S. 55.

d) Dagegen endet die elterliche Gewalt, welche nach bisherigem Rechte der Mutter, auch wenn sie eine neue Ehe eingeht (vgl. z. B. Mainzer LR. VI § 3), oder dem Stiefvater oder der Stiefmutter, sei es durch Einkindschaftung oder ohne solche (vgl. die Rechte von Würzburg, Schweinfurt, Castell, Hohenlohe, Mainz, Bamberg, Nürnberg, PrALR. Tl. II Tit. 2 § 232) ganz oder in einzelnen Beziehungen zusteht.

3. Der Grundsatz des Art. 203 gilt nach dessen **Satz 2** auch hinsichtlich des Vermögens, das das unter elterlicher Gewalt stehende oder in dieselbe zurückkehrende Kind beim Inkrafttreten des BGB. besaß, also hinsichtlich der **Verwaltung** und **Nutznießung** dieses Vermögens (§§ 1627, 1638 ff., 1649 ff. BGB.). Denn das Recht und die Pflicht für das Vermögen des Kindes zu sorgen und das Recht auf die Nutznießung des Kindervermögens sind Ausfluß der elterlichen Gewalt.

Deshalb bezieht sich auch die Vorschrift des Art. 203 nicht auf die sog. statutarische Nutznießung, ein Recht der Eltern am Vermögen der Kinder auf Grund des ehelichen Güterstandes nach früheren Gesetzen (s. Bem. II, B, 6 zu Art. 200; vgl. Mot. z. württ. AG.BGB. S. 609, Habicht S. 640 und in GruchotsBeitr. Bd. 42 S. 417, 439 ff., Fuchs in GruchotsBeitr. Bd. 44 S. 44, Zelter in ZBlFG. Bd. 4 S. 105; s. auch OLG. Bd. 5 S. 480, Bd. 8 S. 354).

Aus der Anwendbarkeit der Vorschriften des BGB. über Verwaltung und Nutznießung am Kindervermögen seit dem 1. Januar 1900 ergibt sich:

a) Ein nach früherem Recht etwa gültiger Verzicht auf die Vermögensverwaltung wurde unwirksam; der Elternteil erlangte die Vermögensverwaltung wieder, weil nach § 1627 BGB. die Verwaltung des Kindervermögens Pflicht des Inhabers der elterlichen Gewalt ist (Bem. 1 Abs. 2 zu § 1662 in Bd. IV).

b) die Pflicht des Gewalthabers zur Sicherheitsleistung für das seiner Verwaltung unterliegende Vermögen des Kindes, die nach früheren Rechten bestand, insbesondere der gesetzliche Titel des Kindes zur Bestellung einer Hypothek auf den Grundstücken des Gewalthabers (vgl. bayer. Hypothekengesetz vom 1. Juni 1822 § 12 Ziff. 7) kamen in Wegfall (vgl. auch Vorbem. 3, c zu §§ 1638 bis 1647 in Bd. IV S. 1041, Vorbem. 3, b zu §§ 1649—1663 S. 1073). Bestellte Sicherheiten wurden frei unbeschadet der Haftung der bestellten Sicherheit für vor 1900 entstandene Verpflichtungen des Gewalthabers (s. hiezu Planck Bem. 3, c gegen Habicht S. 628, Niedner Bem. 3, welche fortdauernde Haftung der Pfänder auch für nach 1900 entstandene Ansprüche annehmen). Die Pflicht zur Sicherheitsleistung oder zur Hinterlegung von Wertpapieren des Mündels besteht nur mehr unter den beschränkten Voraussetzungen der §§ 1667, 1668 (s. auch §§ 1671, 1672), 1686 BGB., nämlich zur Abwendung der Gefährdung des Kindervermögens durch Pflichtwidrigkeiten oder Vermögensverfall des Gewalthabers.

c) die Pflicht des Gewalthabers zur Aufnahme eines Verzeichnisses des Kindervermögens und Einreichung beim Vormundschaftsgericht nach §§ 1640, 1686 BGB. besteht auch, wenn der andere Elternteil vor 1900 gestorben ist, aber nur hinsichtlich des dem Kinde seit 1900 angefallenen Vermögens (RG. in SeuffA. Bd. 55 Nr. 211). S. auch Bem. 10 zu § 1640 in Bd. IV S. 1054; über Inventarisationspflicht des Gewalthabers nach früherem Recht s. Bem. 1 zu § 1640 in Bd. IV S. 1048.

Ebenso besteht die Pflicht des Vaters zur Einreichung des Verzeichnisses des Kindervermögens im Falle der Eingehung einer neuen Ehe nach § 1669 BGB. auch dann, wenn die Mutter vor 1900 gestorben war, sofern die neue Ehe nach 1900 eingegangen war. Auch die mit § 1669 zusammenhängende Vorschrift des § 1314 BGB. (Wiederverehelichungszeugnis des Vormundschaftsgerichts) findet Anwendung.

Endlich ergeben sich für die vor 1900 Witwe gewordene Mutter im Falle der Wiederverheiratung die in § 1697 Satz 2 festgesetzten Folgen.

Vgl. hiezu Habicht S. 625 und in GruchotsBeitr. S. 435 ff., Niedner Bem. 2, b, d, Planck Bem. 3, c, Schultheis in ZBlFG. Bd. 1 S. 1 ff., Markus in DJZ. 1900 S. 114 ff., OLG. Bd. 1 S. 208, RJA. Bd. 2 S. 213; s. auch Bem. 10 zu § 1640, Bem. VIII zu § 1669 und Bem. 12 zu § 1697 in Bd. IV.

d) Die Verfügungsmacht des Gewalthabers in Ansehung des Kindervermögens bestimmte sich seit 1. Januar 1900 nach den Vorschriften der §§ 1641 bis 1648, soweit hienach Rechte oder Pflichten von bestimmten Ereignissen abhängig sind (s. z. B. § 1646 wegen der Surrogation), nur wenn diese seit 1900 eingetreten sind. Vgl. hiezu KGJ. Bd. 20 A S. 27, Bd. 23 A S. 181).

e) Sind vor dem Inkrafttreten des BGB. von einem Dritten, welcher dem Kinde Vermögen zugewendet hat, in einer nach bisherigem Rechte zulässigen Weise Anordnungen in Ansehung der elterlichen Vermögensverwaltung oder des elterlichen Nießbrauchs getroffen worden, so behielten die Anordnungen der Regel nach auch unter der Herrschaft des BGB. ihre Wirksamkeit, wenn sie nämlich auch nach den Vorschriften des letzteren (BGB. §§ 1638, 1651 Abs. 1 Ziff. 2 und Abs. 2) hätten getroffen werden können und wenn nicht im einzelnen Falle die Absicht des Verfügenden eine andere gewesen ist. S. auch Bem. 11 zu § 1638 in Bd. IV S. 1045.

f) Hinsichtlich der elterlichen **Nutznießung** am Kindervermögen ist noch hervorzuheben:

α) Sofern die Nutznießung des Elternteils nach dem BGB. früher endigt oder einen geringeren Umfang hatte als nach dem bisherigen

Rechte (vgl. z. B. Roth, BZR. 2. Aufl. Bd. 1 § 101 S. 604 Note 97), kam vom 1. Januar 1900 ab insoweit das neue Recht zur Anwendung; dadurch entstand sowohl für den bisher nutznießungsberechtigten Elternteil, als auch unter Umständen für dessen Gläubiger durch das Inkrafttreten des BGB. eine vermögensrechtliche Einbuße; aber selbst die Gläubiger haben keinen Anspruch auf die Fortdauer des dem bisherigen Gesetze entsprechenden Zustands (Mot. z. EG. 293).

β) Dauert die Nutznießung des Elternteils nach dem BGB. länger als nach dem bisherigen Rechte oder hat sie nach ersterem einen weiteren Umfang als nach jenem, so konnte eine schon beendete Nutznießung vom 1. Januar 1900 an wieder aufleben oder Vermögensobjekte des Kindes ergreifen, welche bisher zu dessen freiem Vermögen gehörten (vgl. P. VI, 636 f., OLG. Marienwerder, OLG. Bd. 5 S. 185, 186).

γ) Was bisher freies Vermögen des Kindes gewesen ist, blieb solches vom 1. Januar 1900 an dann, wenn die Tatsachen, welche die Befreiung von der elterlichen Nutznießung begründet hatten, von solcher Art waren, daß sie, wenn sie sich unter der Herrschaft des BGB. ereignet hätten, die Befreiung ebenfalls zur Folge gehabt haben würden. (Vgl. einerseits Stobbe, DPR. § 255 und Mot. Bd. 4 S. 770 ff., anderseits die §§ 1638, 1650, 1651 BGB. und s. hiezu Bem. 11 zu § 1638 und Bem. 1, d, γ zu §§ 1650, 1651 in Bd. IV).

δ) Über Fortdauer der Unterhaltspflicht des nutznießungsberechtigten Ehegatten nach württemb. Recht und das darauf anzuwendende Recht s. OLG. Stuttgart, WürttJ. Bd. 25 S. 158 ff.

4. Seit dem 1. Januar 1900 richtete sich auch das **Ruhen** und die **Beendigung der elterlichen Gewalt** sowie die Beschränkungen der Eltern in der Sorge für die Person oder das Vermögen der Kinder nach dem BGB.; vgl. insbesondere die §§ 1627—1637, 1638 ff., 1676 ff., 1696 ff., 1702, 1765. Dabei war es unerheblich, ob die Tatsachen, welche nach den Vorschriften des BGB. das Ruhen, die Beendigung usw. bedingten, vor oder nach dem 1. Januar 1900 eingetreten waren oder eintraten (Planck Bem. 3, d).

Der vor dem 1. Januar 1900 entstandene Anspruch eines Kindes gegen den sich wieder verehelichenden Vater auf Herausgabe des mütterlichen Nachlasses entspringt einem familienrechtlichen, nicht einem erbrechtlichen Verhältnis; es ist gemäß Art. 203 EG. der § 1681 mit § 260 BGB. auf denselben anzuwenden (RG. in JW. 1910 S. 647).

IV. **Ausnahmen** von den Grundsätzen des Art. 203 (s. Bem. III) enthalten die Art. 204—207, nämlich Art. 204 in Ansehung behördlicher Anordnungen, Art. 205 in Ansehung väterlicher Anordnungen über Vormundschaft und Beistandschaft, Art. 206 in Ansehung der Kinder aus geschiedenen, aufgelösten und getrennten Ehen, Art. 207 in Ansehung der Kinder aus nichtigen oder ungültigen Ehen.

V. **Landesgesetze:** Preußen Art. 69 AG.BGB. (Becher XIV, 1 S. 36 f.) setzt in bisherigen Gesetzen an die Stelle der väterlichen Gewalt und der väterlichen Nutznießung die elterliche Gewalt und Nutznießung; ebenso Sachsen § 35 AG.BGB. (Becher XVII, 1 S. 7, Jäger-Apelt B, 1 S. 285); Hessen Art. 271 AG.BGB. (Becher VIII, 3 S. 85); Mecklenburg-Schwerin § 219 AV.BGB. (Becher XI, 2 S. 46); Lübeck § 109 AG.BGB. (Becher X, 6 S. 58); Mecklenburg-Strelitz § 217 AV.BGB. (Becher XII, 1 S. 42); die jetzt thüringischen Länder Sachsen-Meiningen Art. 26 AG.BGB. (Becher XX, 1 S. 19); Sachsen-Coburg-Gotha Art. 47 (Becher XIX, 8 S. 79); Sachsen-Altenburg § 104 AG.BGB. (Becher XVIII, 1 S. 22); Schwarzburg-Rudolstadt Art. 149 AG.BGB. (Becher XXIII, 2 S. 28); Schwarzburg-Sondershausen Art. 50 AG.BGB. (Becher XXIV, 1 S. 24); Reuß jüngere Linie § 98 AG.BGB. (Becher XVI, 1 S. 22); Braunschweig § 77 AG.BGB. (Becher IV, 1 S. 19); Anhalt Art. 63 AG.BGB. (Becher I, 3 S. 27); Lippe § 37 AG.BGB. (Becher IX, 1 S. 10); Waldeck Art. 33 (Becher XXV, 1 S. 15).

Art. 204.*)

Ist der Vater oder die Mutter zur Zeit des Inkrafttretens des Bürgerlichen Gesetzbuchs in der Sorge für die Person oder für das Vermögen des Kindes

*) Schrifttum: Habicht S. 15, 66, 135, 631 ff.; Affolter, System S. 297 ff.

durch eine Anordnung der zuständigen Behörde beschränkt, so bleibt die Beschränkung in Kraft. Das Vormundschaftsgericht kann die Anordnung nach § 1671 des Bürgerlichen Gesetzbuchs aufheben.

Ist dem Vater oder der Mutter die Nutznießung an dem Vermögen des Kindes durch Anordnung der zuständigen Behörde entzogen, so hat das Vormundschaftsgericht die Anordnung auf Antrag aufzuheben, es sei denn, daß die Entziehung der Nutznießung nach § 1666 Abs. 2 des Bürgerlichen Gesetzbuchs gerechtfertigt ist.

E. I, 122; II, 174; III, 203.

I. Entstehung. Abs. 1 des Art. 204 entspricht dem Art. 122 E. I. Der Abs. 2 wurde erst in der II. Komm. aufgestellt, weil auch erst in dieser die Vorschrift des § 1666 Abs. 2 BGB. beschlossen worden war, während der I. Entw. z. BGB. (nach Mot. Bd. 4 S. 805, 810 und 814) eine Entziehung der elterlichen Nutznießung durch Anordnung einer Behörde nicht gekannt hatte (Mot. z. EG. 293 ff., P. VI, 547, 548, Reatz III, 98).

II. Inhalt. Obrigkeitliche Beschränkungen der Eltern: Art. 204 enthält eine Ausnahme von der Regel des Art. 203. Nach letzterem würden auch obrigkeitliche Beschränkungen, denen der Vater oder die Mutter unter der Herrschaft des alten Rechtes in Ansehung ihrer elterlichen Rechte unterworfen waren, nach dem Inkrafttreten des BGB. nur insoweit aufrecht zu erhalten sein, als sie auch nach dessen Vorschriften begründet sind. Um nicht eine Nachprüfung derartiger Beschränkungen durch das Vormundschaftsgericht nötig zu machen, hält Art. 204 dieselben zunächst aufrecht, auch wenn sie den Vorschriften des BGB. nicht entsprechen. Sie können aber jederzeit aufgehoben werden, wenn sie den Vorschriften des BGB. nicht entsprechen, auch wenn die Umstände, die zu der Anordnung Veranlassung gegeben haben, noch fortbestehen.

Art. 204 unterscheidet hinsichtlich der Aufhebung, ob es sich um Anordnungen in bezug auf die Sorge für die Person oder das Vermögen des Kindes (Abs. 1) oder um Verlust der Nutznießung am Kindervermögen handelt.

1. Beschränkungen eines Elternteils in Ansehung der **Sorge für die Person** oder **für das Vermögen** des Kindes, die vor dem 1. Januar 1900 angeordnet sind, **kann** das Vormundschaftsgericht aufheben **(Abs. 1)** und zwar nach § 1671 BGB., also auf Grund seines Aufsichtsrechts (s. die Bem. zu § 1671 in Bd. IV). Das Vormundschaftsgericht ist zur Aufhebung ausschließlich zuständig, auch wo früher der Klageweg gegeben war. Die Aufhebung steht im Ermessen des Vormundschaftsgerichts, die Aufrechterhaltung ist nicht etwa an die Voraussetzungen der §§ 1666, 1667, 1680 BGB. gebunden; ein Anspruch des betroffenen Elternteils auf die Aufhebung besteht nicht. Anlaß zur Aufhebung gibt der Umstand, daß die Anordnung nach dem BGB. nicht gerechtfertigt war oder nicht mehr ist. In der Befugnis zur Aufhebung liegt auch diejenige zur Änderung (Beschränkung) einer solchen Anordnung.

Zu den Anordnungen im Sinne des Abs. 1 gehört auch die völlige Entziehung der elterlichen Gewalt. Es gehören aber nicht bloß Anordnungen hieher, durch welche der elterlichen Gewalt entspringende Rechte des Vaters oder der Mutter beschränkt wurden, die Vorschrift bezieht sich vielmehr auf jede Beschränkung von Rechten gegenüber dem Kinde, also auch auf Rechte der Mutter, die nach dem früheren Recht nicht Ausfluß der elterlichen Gewalt waren. Unter Art. 204 Abs. 1 fallen also Anordnungen, welche die Rechte der unehelichen Mutter in bezug auf das Kind beschränken (insoferne schließt Art. 204 den Art. 208 aus), ferner Anordnungen, durch welche der Mutter die Erziehung ihrer Kinder entzogen wurde (vgl. § 28 der preuß. Vormundschaftsordnung) oder die Mutter als ungeeignet von der Vormundschaft über das Kind ausgeschlossen oder als Vormund entlassen oder in ihren Rechten gegenüber dem Kinde als Vormund beschränkt wurde (ebenso Habicht S. 631 f., Planck Bem. 4). Dagegen gehört die bloße Übergehung der als Vormund nach altem Recht berufenen Mutter und die Bestellung einer anderen Person als Vormund nicht hieher; in diesem Falle ist der bestellte Vormund nach Art. 210 EG. zu entlassen (ebenso Niedner Bem. 3 S. 452, Planck Bem. 4; and. Ans. Habicht S. 632, Affolter § 71 S. 298).

2. Ist einem Elternteil die **Nutznießung an dem Vermögen des Kindes** durch obrigkeitliche Anordnung **entzogen,** so kann das Vormundschaftsgericht auch eine solche Anordnung von Amts wegen aufheben, es **muß** dieselbe aber auf Antrag des betroffenen Elternteils **aufheben, soferne nicht** die Voraussetzungen vorliegen, unter

denen dem nutzungsberechtigten Elternteil die Nutznießung nach **§ 1666 Abs. 2** BGB. entzogen werden kann (**Abs. 2**). Der Antrag auf Aufhebung kann also nur abgewiesen werden, wenn der nutzungsberechtigte Elternteil das Recht des Kindes auf Gewährung des Unterhalts verletzt und eine erhebliche Gefährdung des Unterhalts auch für die Zukunft noch zu besorgen ist. Ob die Voraussetzung für die Ablehnung des Antrags etwa gegeben ist, hat das Vormundschaftsgericht von Amts wegen zu prüfen und die erforderlichen Erhebungen zu pflegen (§ 12 FGG.; s. auch Bem. III, B zu § 1666 in Bd. IV).

3. Für die Aufhebung der Beschränkungen ist nach Abs. 1 Satz 2 das Vormundschaftsgericht ausschließlich zuständig, auch wo nach bisherigem Recht der Klageweg gegeben war (RG. in JW. 1900 S. 869f.).

III. Die Vorschriften des Art. 204 beziehen sich nicht auf Fälle, in denen die Beschränkung der elterlichen Rechte kraft Gesetzes eingetreten sind, auch wenn die so eingetretene Beschränkung zu einer behördlichen Anordnung Anlaß gegeben hat oder in einer solchen Anordnung noch besonders ausgesprochen wurde.

1. Hat ein Elternteil nach bisherigem Recht die elterliche Gewalt verwirkt (z. B. durch eine Zuchthausstrafe; PrALR. II, 2 § 225) und ist deshalb dem Kinde ein Vormund bestellt worden, so bleibt die Bestellung der Vormundschaft nicht nach Art. 204 Abs. 1 aufrecht (sofern nicht etwa die Voraussetzung des § 1680 BGB. für die Verwirkung der elterlichen Gewalt vorliegt, nämlich die Strafe wegen eines gegen das Kind verübten Verbrechens oder vorsätzlich begangenen Vergehens verhängt ist); die Vormundschaft ist vielmehr aufzuheben, weil die Voraussetzung zur Einleitung einer solchen nach dem BGB. nicht gegeben ist (Art. 210 EG. und Bem. II, 1 hiezu; ebenso KG. in KGJ. Bd. 19 S. 51, Planck Bem. 3; and. Ans. Habicht S. 632 Note).

2. Von den Vorschriften des Art. 204 wird ferner der Fall nicht betroffen, daß eine Hinterlegung von Sondervermögen des Kindes deshalb angeordnet wurde, weil ein bisheriges Recht (z. B. das vorderösterreichische) diese Hinterlegung allgemein vorschrieb.

3. War nach dem bisherigen Recht der Verlust der elterlichen Gewalt infolge Eröffnung des Konkurses über das Vermögen des Gewalthabers eingetreten, so liegt eine behördliche Anordnung im Sinne des Art. 204 nicht vor. Es kommt sofort § 1647 BGB. zur Anwendung, wonach mit der Konkurseröffnung nur die Vermögensverwaltung des Gewalthabers endet, also lediglich Pflegschaftsbestellung zur Fortführung der Verwaltung des Kindervermögens erforderlich ist (Bd. IV Bem. 5 zu § 1647; KG. in KGJ. Bd. 38 A S. 19f.). Der Vater erlangt also die elterliche Gewalt sofort wieder zurück.

Art. **205.***)

Hat der Vater vor dem Inkrafttreten des Bürgerlichen Gesetzbuchs auf Grund der bisherigen Gesetze die Mutter von der Vormundschaft über das Kind ausgeschlossen oder der Mutter einen Beistand zugeordnet, so gilt die Anordnung des Vaters von dem Inkrafttreten des Bürgerlichen Gesetzbuchs an als Anordnung der Bestellung eines Beistandes für die Mutter im Sinne des Bürgerlichen Gesetzbuchs.

E. I, 123; II, 175; III, 204.

1. **Entstehung.** Der Art. 205 entspricht mit unwesentlichen redaktionellen Änderungen dem Art. 123 E. I (Mot. z. EG. 294, P. VI, 548, Reatz III, 98).

2. **Inhalt. Beschränkungen der Mutter durch Anordnungen des Vaters:** Art. 205 enthält eine weitere Ausnahme von der Vorschrift des Art. 203. Nach § 1684 Abs. 1 Nr. 1 BGB. erlangt die Mutter mit dem Tode des Vaters die elterliche Gewalt. Anordnungen über den Ausschluß der Mutter von der Vormundschaft wären deshalb mit dem Inkrafttreten des BGB. ohne weiteres völlig gegenstandslos geworden, da das BGB. eine Vormundschaft der Mutter über das minderjährige eheliche Kind nicht kennt. Dies hätte dem vom BGB. selbst geschaffenen Rechtszustand insoferne widersprochen, als das BGB. Beschränkungen der elterlichen Gewalt der Mutter durch Anordnungen des Vaters zuläßt. Dem trägt die Vorschrift des Art. 205 Rechnung.

---

*) Schrifttum: Habicht S. 17, 142, 635ff., 676 Note 1.

a) Von früheren Rechten kannten nur wenige (z. B. mehrere bayerische Statuten — vgl. Roth, BZR. Bd. 1 § 102 —; die VO. vom 2. Juli 1864 § 2 für Reuß ältere Linie; das weimarische G. vom 27. März 1872; cod. civ. art. 390; BadLR. Satz 390) die elterliche Gewalt oder die gesetzliche Vormundschaft der Mutter. Nach einzelnen Rechten (z. B. Mainzer LR. V, 2) konnte der Vater die Mutter dadurch von der Vormundschaft ausschließen, daß er testamentarisch einen anderen Vormund bestellte. Ein solcher Ausschluß lag im Zweifel nicht nur dann vor, wenn der Vater einen Dritten als Vormund benannte, während nach dem maßgebenden Rechte (z. B. BLR., nach den Rechten von Augsburg und Lindau) die Mutter zunächst zur Vormundschaft berufen war, sondern auch dann, wenn er einen Dritten als Vormund benannte, während (z. B. nach gemeinem Rechte, dem PrALR., den Rechten von Nürnberg, Würzburg, Augsburg und dem vorderösterreichischen Rechte) die Mutter nicht in erster Linie gesetzlich zur Vormundschaft berufen war, und endlich auch dann, wenn der Vater neben der Mutter einen Mitvormund ernannt hatte.

Die Ausschließung der Mutter von der Vormundschaft wird nach Art. 205 als Bestellung eines Beistandes im Sinne des BGB. (§§ 1687 ff.) umgedeutet und behandelt. Dabei sind Anordnungen über den Umfang der Ausschließung der Mutter als Bestimmungen über den Wirkungskreis des Beistands gemäß § 1688 Abs. 3 BGB. anzusehen.

Ist der Vater vor dem 1. Januar 1900 gestorben, so war der auf Anordnung des Vaters an Stelle der Mutter bestellte Vormund zu entlassen und ein Beistand zu bestellen (Nußbaum DJZ. 1899 S. 412 ff., Habicht S. 636, Riedner Bem. 1 Abs. 3, Planck Bem. 1). Die vom Vater als Vormund benannte Person galt als zum Beistand benannt (§§ 1694, 1776 Nr. 1, 1794 Abs. 4 BGB.).

Art. 205 kam aber auch zur Anwendung, wenn der Vater erst nach dem 1. Januar 1900 starb. Die getroffene Anordnung war dann sofort als Anordnung einer Beistandschaft nach § 1687 Nr. 1 BGB. zu behandeln, vorausgesetzt, daß die Anordnung den förmlichen und sachlichen Voraussetzungen des § 1777 BGB. entsprach.

Gegenstandslos war die Vorschrift des Art. 205, wenn sich die Mutter vor dem 1. Januar 1900 wieder verheiratet hatte, da in diesem Falle auch nach § 1697 BGB. ein Vormund zu bestellen war (s. Bd. IV Bem. 3 zu § 1697).

b) Nach französischem und badischem Recht (cod. civ. art. 391, BadLR. Satz 391) konnte der Vater der überlebenden Mutter einen besonderen Beistand (Ratgeber, conseil special) ernennen, ohne dessen Rat sie die auf die gesetzliche Vormundschaft sich beziehenden Handlungen oder einzelne derselben nicht vornehmen konnte.

Auch eine solche Anordnung des Vaters war vom Inkrafttreten des BGB. ab als Anordnung einer Beistandschaft gemäß §§ 1687 ff. BGB. anzusehen und zu behandeln (s. des Näheren unter a).

3. Durch die Vorschrift des Art. 205 wurden nicht berührt und blieben in Kraft Anordnungen des Vaters, durch welche der Vater die Mutter in der Verwaltung des von dem Vater herrührenden Kindervermögens beschränkte oder von der Nutznießung solchen Vermögens ausschloß; denn Anordnungen dieses Inhalts waren auch nach den Vorschriften des BGB. zulässig (§§ 1638, 1651 Nr. 2, 1686). Soweit sich freilich die beschränkende Anordnung des Vaters auch auf Vermögen der Kinder erstreckte, das ihnen nicht vom Vater zugewendet war, blieb Art. 205 von Bedeutung.

Art. 206.*)

Ist auf Grund der bisherigen Gesetze eine Ehe geschieden oder infolge der Todeserklärung eines der Ehegatten aufgelöst oder ist auf Trennung der Ehegatten von Tisch und Bett erkannt worden, so bestimmen sich das Recht und die Pflicht der Eltern, für die Person der gemeinschaftlichen Kinder zu sorgen,

*) Schrifttum: Affolter S. 235 f.; Habicht S. 638 ff.; Zitelmann, Das Erziehungsrecht an Kindern aus einer vor 1900 geschiedenen Ehe, „Recht" 1905 S. 149; Herzfelder, Zur Auslegung des Art. 206 EG.BGB., BayZ. 1905 S. 447 ff.

nach den bisherigen Gesetzen; die Vorschriften des § 1635 Abs. 1 Satz 2, Abs. 2 und des § 1636 des Bürgerlichen Gesetzbuchs finden jedoch Anwendung.

E. I, 124; II, 176; III, 205.

1. Entstehung. Art. 206 entspricht mit unwesentlichen redaktionellen Änderungen dem Art. 124 E. I (Mot. z. EG. 294, P. VI, 548, Reatz III, 98).

2. Inhalt. Kinder aus geschiedenen oder getrennten oder durch Todeserklärung aufgelösten Ehen. Art. 206 bildet ebenfalls eine Ausnahmebestimmung von Art. 203, insofern nach dessen Regel die Vorschriften der §§ 1627, 1634, 1635—1637 Anwendung finden müßten. Die Frage, welchem Elternteile die Sorge für die Person der gemeinschaftlichen Kinder (Erziehungsrecht) zusteht, falls auf Grund der bisherigen Gesetze eine Ehe geschieden oder infolge der Todeserklärung eines der Ehegatten aufgelöst oder auf Trennung von Tisch und Bett erkannt worden ist, bemißt sich — mit den sich aus dem 2. Halbsatz ergebenden Beschränkungen — nach dem bisherigen Recht. Daß in Anwendung desselben schon vor dem 1. Januar 1900 eine richterliche Entscheidung getroffen wurde und daß der dem bisherigen Recht entsprechende Rechtszustand in jenem Zeitpunkt schon eingetreten war, ist nicht erforderlich (Habicht S. 638 f., Affolter S. 237 f.).

a) Die Scheidung der Ehegatten muß vor dem 1. Januar 1900 erfolgt sein; denn nach diesem Zeitpunkt ist eine Scheidung nach den bisherigen Gesetzen nach Art. 201 nicht mehr zulässig; darüber, wann die Scheidung als erfolgt gilt, s. Bem. II, 4, b zu Art. 201.

Im Falle der Todeserklärung findet Art. 206 keine Anwendung, sondern § 1635 Abs. 1 Satz 1 BGB., wenn sich der andere Ehegatte erst nach dem 1. Januar 1900 wieder verheiratet hat, weil sich die Auflösung der früheren Ehe in diesem Falle nach § 1348 BGB. bestimmt; s. Art. 159 Satz 2 (Habicht S. 639).

Die Trennung der Ehegatten kann nur vor dem 1. Januar 1900 erfolgt sein, da auf diese nach dem BGB. nicht mehr erkannt werden kann. Art. 206 ist an sich anwendbar gleichviel, ob auf beständige oder zeitweise Trennung erkannt ist; bei zeitweiliger Trennung finden aber nach Fristablauf ausschließlich die Vorschriften des BGB. Anwendung.

b) Art. 206 regelt nur im Verhältnis der Ehegatten zueinander (s. unten Bem. 4) die Frage, welchem Elternteil die Personenfürsorge (im Sinne der §§ 1631 ff. BGB., RGZ. Bd. 49 S. 156) zukommt und schließt in dieser Beziehung die Anwendung des § 1635 Abs. 1 Satz 1 BGB. aus, für den er eine Ersatzvorschrift ist. Über das Recht oder die Entziehung der Sorge für die Person ist unter den Ehegatten im ordentlichen Rechtsweg zu entscheiden, wenn dieser nach dem bisherigen Recht zulässig war, jedoch unbeschadet des Rechts des Vormundschaftsgerichts, im Interesse des Kindes gemäß **§ 1635 Abs. 1 Satz 2** BGB. eine andere Regelung vorzunehmen (Planck Bem. 4, Niedner Bem. 4, RG. in JW. 1900 S. 642, 1902 Beil. S. 207, OLG. Köln OLG. Bd. 4 S. 104, OLG. Braunschweig in SeuffA. Bd. 55 Nr. 146; a. M. Habicht S. 639 zu Note 2; s. auch RGZ. Bd. 46 S. 168); vgl. übrigens über die zwangsweise Verwirklichung des einem Ehegatten nach § 1635 Abs. 1 BGB. zustehenden Rechts im Wege der streitigen Gerichtsbarkeit Bem. 1, c, γ Abs. 2 zu § 1635 in Bd. IV.

Auch das Recht, die Herausgabe des Kindes von einem Dritten zu verlangen, bestimmt sich nach dem bisherigen Recht (OLG. Hamburg „Recht" 1900 S. 175, RG. GruchotsBeitr. Bd. 49 S. 1177), aber ebenfalls unbeschadet des Rechts des Vormundschaftsgerichts aus § 1635 Abs. 1 Satz 2 BGB., dem an sich zu dem Herausgabeverlangen berechtigten Ehegatten die Personenfürsorge zu entziehen.

Der Inhalt des Rechts und der Pflicht der Personenfürsorge für das Kind bestimmt sich aber nach dem neuen Recht (§§ 1631 ff. BGB.); deshalb kann die fürsorgeberechtigte Mutter von dem Vater die Herausgabe des Kindes nach § 1632 BGB. verlangen (RG. GruchotsBeitr. Bd. 49 S. 1177).

Auf die Unterhaltspflicht der Eltern gegenüber den Kindern bezieht sich Art. 206 nicht; hiefür ist nach Art. 203 seit dem Inkrafttreten des BGB. das neue Recht maßgebend (RGZ. Bd. 49 S. 155, OLG. Bd. 3 S. 42).

Art. 206 regelt nur das Recht und die Pflicht zur tatsächlichen Personenfürsorge. Auf die gesetzliche Vertretung des Kindes findet nach seiner ausdrücklichen Vorschrift **§ 1635 Abs. 2** BGB. Anwendung; das Recht des Vaters zur Vertretung des Kindes bleibt unberührt, wenn nach dem bisherigen Recht die Erziehung des Kindes der Mutter zukommt und auch wenn das bisherige Recht (z. B. das französische) hinsichtlich der Vertretung etwas anderes bestimmt (s. Bem. 3 zu § 1635 in Bd. IV). Der Vater verliert die Vertretungsmacht nur durch die Verwirkung der elterlichen Gewalt (§ 1680 BGB.).

Für anwendbar erklärt Art. 206 endlich den **§ 1636** BGB.; auch wenn das bisherige Recht ein anderes bestimmt, hat der Ehegatte, dem die Sorge für die Person des Kindes nach dem bisherigen Recht nicht zusteht, die Befugnis, mit dem Kinde persönlich zu verkehren; das Vormundschaftsgericht kann den Verkehr näher regeln.

3. Erziehungsverträge, die vor dem 1. Januar 1900 in zulässiger Weise zwischen geschiedenen oder getrennten Ehegatten geschlossen wurden, bleiben in Kraft, es sei denn, daß sie zur Ermöglichung oder Erleichterung der Scheidung geschlossen wurden (RG. GruchotsBeitr. Bd. 49 S. 372 und „Recht" 1912 Nr. 1202 = WarnE. 1912 Nr. 220; s. auch Bem. 8 zu § 1635 in Bd. IV). Die Verträge sind unverbindlich, wenn die Scheidung erst nach dem 1. Januar 1900 erfolgt ist (Kipp § 98 Note 11).

4. Ist einer der Ehegatten gestorben, so findet Art. 206 keine Anwendung; denn er regelt nur das Verhältnis der beiden Ehegatten zueinander hinsichtlich des Erziehungsrechts. Nach der Regel des Art. 203 bemißt sich dann das Rechtsverhältnis des überlebenden Elternteils zu den Kindern ausschließlich nach dem BGB. Im Falle des Todes des Vaters erlangt also die Mutter die elterliche Gewalt mit allen sich daraus ergebenden Rechten (§ 1684 Abs. 1 Nr. 1 BGB.); verheiratet sich die Mutter wieder, so verbleibt ihr das Recht und die Pflicht, für die Person des Kindes zu sorgen (§ 1697 BGB.); ebenso Planck Bem. 5, Herzfelder a. a. O., OLG. München in BayZ. 1905 S. 44, BayObLGZ. Bd. 6 S. 88; a. M. Zitelmann a. a. O. und RG. in RGZ. Bd. 62 S. 286 ff. und JW. 1906 S. 138 f. S. auch Bem. 14 zu § 1635 in Bd. IV S. 1031.

5. Ausführungsgesetze: Schaumburg-Lippe, AG.BGB. § 40 (Becher XXII, 9 S. 68), hat die Gewährungsklausel des Art. 206 EG. beseitigt und bestimmt, daß hinsichtlich des Personenfürsorgerechts ausschließlich die §§ 1635, 1636 BGB. Anwendung finden (s. hiezu Habicht S. 638 Note 4).

Art. 207.*)

Inwieweit die Kinder aus einer vor dem Inkrafttreten des Bürgerlichen Gesetzbuchs geschlossenen nichtigen oder ungültigen Ehe als eheliche Kinder anzusehen sind und inwieweit der Vater und die Mutter die Pflichten und Rechte ehelicher Eltern haben, bestimmt sich nach den bisherigen Gesetzen.

E. I, 125; II, 177; III, 206.

Kinder aus nichtigen oder ungültigen Ehen alten Rechts:

1. Entstehung. Art. 207 entspricht unverändert dem Art. 125 E. I (Mot. z. EG. 295, P. VI, 548, Reatz III, 99).

2. Inhalt. Art. 207 bildet eine Ergänzung zu Art. 198. Ob eine Ehe, die vor Inkrafttreten des BGB. geschlossen wurde, nichtig oder gültig ist, bemißt sich nach Art. 198. Der Art. 207 regelt die **rechtliche Stellung der Kinder aus einer vor dem 1. Januar 1900 geschlossenen nichtigen oder ungültigen Ehe** und erklärt (nicht die Bestimmungen der §§ 1699 ff. BGB., sondern) das **bisherige Recht** für anwendbar hinsichtlich der beiden Fragen,

α) ob die Kinder als ehelich oder als unehelich anzusehen sind (s. nachfolgende Bem. c und d), und

β) inwieweit der Vater und die Mutter die Pflichten und Rechte ehelicher Eltern haben (Bem. e).

a) Für die Anwendung der Übergangsvorschrift des Art. 207 ist es unerheblich, ob die Ehe noch vor dem 1. Januar 1900 aufgelöst, für nichtig oder für

---

*) Schrifttum: Habicht § 56 S. 643 ff.; Schiller, Rechtsstellung der Kinder aus nichtigen Ehen, 1906; Thiesing, Die Wirkungen nichtiger Ehen, 1906.

ungültig erklärt wurde, oder ob sie (nach dem Grundsatze des Art. 198 Abs. 1) auch noch nach dem 1. Januar 1900 als nichtig oder ungültig anzusehen war und erst nach diesem Zeitpunkt für nichtig erklärt wurde (s. §§ 1329, 1343 BGB.).

b) Es kommt auch nicht darauf an, ob die Kinder vor oder nach dem 1. Januar 1900 erzeugt oder geboren sind.

c) Gelten die Kinder nach dem bisherigen Rechte als ehelich, so ist ihre rechtliche Stellung als eheliche Kinder seit dem 1. Januar 1900 nach dem BGB. zu beurteilen; das ergibt sich aus Art. 203 (Affolter S. 237, Habicht S. 643 f. und in GruchotsBeitr. Bd. 42 S. 422, 426 Note 10, Planck Bem. 1, b).

d) Haben die Kinder nach den bisherigen Gesetzen nicht die rechtliche Stellung ehelicher Kinder, so ist für ihre rechtliche Stellung als uneheliche Kinder vom 1. Januar 1900 ab die Vorschrift des Art. 208 maßgebend (s. die Bem. zu Art. 208). Sind die Kinder erst nach dem 1. Januar 1900 geboren, wenn auch vor diesem Zeitpunkte erzeugt, so bestimmt sich ihre rechtliche Stellung als uneheliche Kinder in allen Beziehungen nach dem BGB. Sind die Kinder dagegen vor dem Inkrafttreten des BGB. geboren, so bestimmt sich von diesem Zeitpunkte ab ihre Stellung zu der Mutter und den mütterlichen Verwandten nach dem BGB. Im Verhältnis zum Vater und dessen Verwandten gilt dagegen folgendes: Für die Erforschung der Vaterschaft bleiben die bisherigen Gesetze maßgebend, ebenso für das Recht des Kindes, den Namen des Vaters zu führen, und für die Unterhaltspflicht; in allen übrigen Beziehungen gilt für das Verhältnis des Kindes zum Vater und dessen Verwandten das BGB.; das gilt namentlich für das Erbrecht.

e) Inwieweit der Vater und die Mutter die Pflichten und die Rechte ehelicher Eltern haben, bemißt sich sowohl für das Verhältnis der Eltern zu den Kindern als für das Verhältnis der Eltern unter sich nach dem bisherigen Rechte, also namentlich hinsichtlich der Frage, welchem Elternteile das Erziehungsrecht zukommt (RGZ. Bd. 52 S. 245 = JW. 1902 Beil. S. 268). Die Vorschriften der §§ 1700, 1585 BGB., welche die Unterhaltspflicht gegenüber dem Kinde im Verhältnis unter den Ehegatten regeln, finden nicht Anwendung.

Der Inhalt der nach dem bisherigen Rechte bestehenden Rechte und Pflichten (als solche) ehelicher Eltern ist jedoch gemäß Art. 203 nach BGB. zu beurteilen.

f) Wegen des bisherigen Rechts, insbesondere wegen des Unterschiedes zwischen dem gemeinen, französischen und sächsischen Recht einerseits und dem preußischen Recht anderseits s. Habicht S. 644 f., Dernburg, Pandekten Bd. III § 28 und preuß. Privatrecht Bd. III § 72; Eccius Bd. IV § 227. Der wesentliche Unterschied ist der, daß nach PrALR. die Kinder gegenüber den Eltern grundsätzlich die Rechte ehelicher Kinder auch bei Bösgläubigkeit beider Eltern haben, während nach gemeinem Rechte die Kinder bei Gutgläubigkeit auch nur eines Elternteils die Rechte ehelicher Kinder haben, der bösgläubige Elternteil aber nicht die Rechte als ehelicher Elternteil hat.

3. War die Ehe nach dem bisherigen Rechte nichtig oder ungültig, ist sie aber gemäß Art. 198 Abs. 2 als von Anfang an gültig anzusehen, weil die Ehegatten zur Zeit des Inkrafttretens des BGB. noch als Ehegatten miteinander lebten und der Grund, auf dem die Nichtigkeit oder die Ungültigkeit beruht, nach den Vorschriften des BGB. die Nichtigkeit oder die Anfechtbarkeit der Ehe nicht zur Folge hatte oder diese Wirkung verloren hatte, so gelten auch die aus dieser Ehe hervorgegangenen Kinder als ehelich, auch wenn sie vor dem 1. Januar 1900 erzeugt oder geboren sind.

Die Kinder gelten nicht erst vom 1. Januar 1900 ab als ehelich, sondern sie werden als ehelich geboren angesehen. Jedoch bleiben Rechte Dritter unberührt, die nach den früheren Gesetzen daraus, daß die Kinder darnach noch nicht als ehelich galten, vor dem 1. Januar 1900 entstanden sind (Habicht S. 643 unter II, A, Planck Bem. 3).

4. **Landesgesetze:** Für Bayern vgl. ÜbergG. Art. 105 Abs. 1 Satz 2, Abs. 3 mit Mot. z. Entw. desselben Art. 47 (Becher III, 8 S. 125); ist die Ehe, die zwischen den Eltern unehelicher Kinder vor dem 1. Januar 1900 geschlossen wurde, nach den bisherigen Vorschriften ungültig oder nichtig, so erlangen die Kinder die rechtliche Stellung eines Kindes aus einer nichtigen oder ungültigen Ehe; erworbene Rechte

Dritter bleiben unberührt; für Thüringen erstreckt AV.BGB. vom 16. Mai 1923 § 134 (GS. S. 299) die Vorschriften des BGB. auch auf die vor dem 1. Januar 1900 geschlossenen nichtigen oder ungültigen Ehen; [ebenso früher Sachsen-Weimar AG.BGB. § 197 (Becher XXI, 3 S. 39) und Reuß ältere Linie AG.BGB. § 123 (Becher XV, 1 S. 22)].

Art. 208.*)

Die rechtliche Stellung eines vor dem Inkrafttreten des Bürgerlichen Gesetzbuchs geborenen unehelichen Kindes bestimmt sich von dem Inkrafttreten des Bürgerlichen Gesetzbuchs an nach dessen Vorschriften; für die Erforschung der Vaterschaft, für das Recht des Kindes, den Familiennamen des Vaters zu führen, sowie für die Unterhaltspflicht des Vaters bleiben jedoch die bisherigen Gesetze maßgebend.

Inwieweit einem vor dem Inkrafttreten des Bürgerlichen Gesetzbuchs außerehelich erzeugten Kinde aus einem besonderen Grunde, insbesondere wegen Erzeugung im Brautstande, die rechtliche Stellung eines ehelichen Kindes zukommt und inwieweit der Vater und die Mutter eines solchen Kindes die Pflichten und Rechte ehelicher Kinder haben, bestimmt sich nach den bisherigen Gesetzen.

Die Vorschriften des Abs. 1 gelten auch für ein nach den französischen oder den badischen Gesetzen anerkanntes Kind.

E. I, 126; II, 178; III, 207.

Uneheliche Kinder.

I. Entstehung. Der Art. 208 weicht vom Art. 126 E. I sachlich darin ab, daß für die Erforschung der Vaterschaft eines unehelichen Kindes die bisherigen Gesetze erst im Bundesrat als maßgebend erklärt wurden. Auch mehrere redaktionelle Änderungen wurden vorgenommen, insbesondere fand sich die Vorschrift des nunmehrigen Abs. 3 ursprünglich im ersten Absatze (Mot. z. EG. 296 ff., P. VI. 548 bis 552, Reatz III, 99).

II. Inhalt. Der Art. 208 enthält **Übergangsvorschriften über die rechtliche Stellung der unehelichen Kinder.**

1. Ob ein Kind ehelicher Abstammung oder unehelich ist, ergibt sich für das geltende Recht aus den §§ 1591—1600, 1699 BGB. Unter welchen Voraussetzungen ein vor dem Inkrafttreten des BGB. geborenes oder erzeugtes Kind unter der Herrschaft des neuen Rechts als ehelich oder unehelich gilt, sagt das EG. nicht unmittelbar, es ist den Vorschriften der Art. 198, 202 (über das für die Gültigkeit

*) Schrifttum: Habicht S. 657 ff.; Affolter S. 239 ff.; Scherer, Die Rechtsstellung unehelicher, vor dem 1. Januar 1900 geborener Kinder in der Übergangszeit, JW. 1900 S. 819 ff.; derselbe im „Recht" 1901 S. 119 ff., 281 ff.; Kaiser, Zur Auslegung des Art. 208 EG., DJZ. 1900 Sp. 114; Levi, dasselbe, ebenda Sp. 182; Brogsitter im „Recht" 1901 S. 202, 347 f.; Werner im „Recht" 1901 S. 348 ff.; Fricke, Behält der Vater eines vor dem 1. Januar 1900 außerehelich geborenen Kindes das ihm nach §§ 622 ff. Tl. II Tit. 2 ALR. gewährte Recht, das Kind nach zurückgelegtem vierten Lebensjahr in eigene Erziehung und Verpflegung zu nehmen? JW. 1903 S. 414 ff.; Mothes, Die sächsischen Brautkinder unter neuem Rechte im ZBlFG. Bd. 4 S. 243; Die Rechte des unehelichen, vor 1. Januar 1900 geborenen Kindes am Nachlasse seines nach dem 1. Januar 1900 gestorbenen natürlichen Vaters in BadNotZ. Bd. 1 S. 46; Gräsel ThürBl. Bd. 51 S. 122 ff. (Recht des außerehelichen Vaters, ein vor dem 1. Januar 1900 geborenes uneheliches Kind in Erziehung und Pflege zu nehmen); Schott in BadRpr. 1904 S. 109 (Die vor dem 1. Januar 1900 geborenen außerehelichen Kinder erhalten durch die erst nach dem 1. Januar 1900 erfolgte Anerkennung nicht das Recht, den Familiennamen des Vaters zu führen); Gmelin in WürttZ. 1907 S. 73. (Muß im Unterhaltsstreit gegen den unehelichen Vater eines vor 1. Januar 1900 geborenen Kindes die Mutter der Klage sich anschließen oder kann der Vormund allein klagen?); Mainhard in RheinZ. Jahrg. 4 S. 436 (über das Recht des unehelichen Kindes auf den Familiennamen der Mutter vor dem 1. Januar 1900). S. auch Bd. IV Vorbem. 13 vor § 1705 und die dort erwähnten Schriften und Entscheidungen.

und Dauer einer Ehe maßgebende Recht) und 207 (über Kinder aus nichtigen oder ungültigen Ehen) zu entnehmen; Übergangsvorschriften hinsichtlich der Anwendung der §§ 1591—1600 BGB. fehlen. Grundsätzlich bestimmt es sich nach dem zur Zeit der Geburt des Kindes geltenden Recht, ob es ehelich oder unehelich ist, dasselbe ist maßgebend für die Dauer der Empfängniszeit, die Vermutung der Ehelichkeit des von einer Ehefrau erzeugten Kindes, den Einfluß der Anerkennung usw. (s. Vorbem. 6, b vor § 1592, Bem. 11 zu § 1593, Bem. 8 zu § 1594 in Bd. IV).

2. Die **rechtliche Stellung** des **nach** dem Inkrafttreten des BGB. geborenen unehelichen Kindes bestimmt sich nach dem BGB. (§§ 1705 ff.) und zwar grundsätzlich ohne Rücksicht darauf, ob es vor oder nach jenem Zeitpunkt erzeugt ist.

Von dieser Regel enthält der **Abs. 2** des Art. 208 folgende **Ausnahme:** Es bestimmt sich nach den bisherigen Gesetzen

a) inwieweit unehelichen Kindern aus einem besonderen Grunde, insbesondere wegen **Erzeugung im Brautstande** die rechtliche Stellung eines ehelichen Kindes zukommt (Mot. IV, 858). Das BGB. behandelt Brautkinder nach keiner Richtung günstiger als andere uneheliche Kinder (vgl. hiezu Habicht S. 665 ff., Roth, Deutsches Privatr. Bd. II § 153, III, Stobbe-Lehmann Bd. III § 323, II, Windscheid-Kipp Bd. III § 571 Note 18, Mothes, Die sächsischen Brautkinder unter neuem Recht, ZBlFG. Bd. 4 S. 243 ff., RGZ. Bd. 5 S. 168 ff., KG. in OLG. Bd. 42 S. 149 Anm., BayObLG. in BayObLGZa. Bd. 5 S. 564 ff., BayObLGZ. Bd. 8 S. 313 ff. und in SeuffBl. Bd. 72 S. 951 ff.; s. auch PrALR. Tl. II Tit. 2 § 592 mit Tl. II Tit. 1 §§ 1035—1037, 1115, sächs. GB. § 1578); über Erbrecht der Brautkinder nach sächs. Recht s. OLG. Dresden SächsRpflA. 1913 S. 425 ff., Sächs. OLG. Bd. 35 S. 211.

Die Empfängniszeit bestimmt sich nach § 1717 BGB.

b) inwieweit der Vater und die Mutter die Rechte ehelicher Eltern haben, im Verhältnis zum Kinde und im Verhältnis unter sich; vgl. Bem. 2, c zu Art. 207; der Inhalt der ihnen nach den bisherigen Gesetzen zustehenden elterlichen Rechte und obliegenden Pflichten als eheliche Eltern ist jedoch gemäß Art. 203 nach dem BGB. zu beurteilen.

3. Hinsichtlich der **vor** dem Inkrafttreten des BGB. geborenen unehelichen Kinder enthält Abs. 1 Halbsatz 1 die **Regel:** Ihre rechtliche Stellung bestimmt sich vom Inkrafttreten des BGB. an nach dessen Vorschriften. Einige Ausnahmen enthält der 2. Halbsatz des Abs. 1. Eine ergänzende Vorschrift gibt Abs. 3.

a) **Nach dem bisherigen Rechte** bestimmen sich (Abs. 1, 2. Halbsatz) ohne Rücksicht darauf, ob weitere Ereignisse, die auf die Rechte des Kindes von Einfluß sind (z. B. Anerkennung), erst nach dem 1. Januar 1900 eingetreten sind:

α) die Erforschung der Vaterschaft, also namentlich die Fragen, ob diese überhaupt zulässig ist oder nicht (cod. civ. art. 340, 342, bad. LR. Satz 340, 340 a, hess. G. vom 30. Mai 1821), unter welchen Voraussetzungen die Vaterschaft als erwiesen anzunehmen oder als ausgeschlossen zu betrachten ist (exceptio plurium concumbentium); M. IV, 883, Roth DPR. § 63, bayer. Zivilr. 2. Aufl. Bd. § 24.

Die Erforschung der Vaterschaft ist im bisherigen Geltungsgebiete des Code civil für die vor dem 1. Januar 1900 geborenen Kinder auch ferner ausgeschlossen. Sofern jedoch jenes Verbot als zwingende Vorschrift galt und das Gericht im Gebiete des französischen Rechtes dieses Verbot auch bei Kindern anzuwenden hatte, die unter Herrschaft eines anderen Rechtes geboren sind, hat es seine Bedeutung verloren; der Grundsatz: la recherche de la paternité est interdite kann nicht mehr als zwingender Grundsatz (lex fori) gelten, nachdem der ihm zugrunde liegende sozialpolitische bzw. sittliche Grundsatz von der neueren Gesetzgebung nicht mehr anerkannt ist (so RG. in RGZ. Bd. 48 S. 168 = JW. 1901 S. 477, JW. 1902 Beil. S. 227, Planck Anm. 3, a zu § Art. 208, Affolter S. 240, Scherer, „Erstes Jahr" 1901 S. 47, Werner im „Recht" 1901 S. 348, Kahn in IheringsJ. Bd. 43 S. 407 ff., Fuchs in Gruchots Beitr. Bd. 44 S. 49; and. Ans. OLG. Elberfeld DJZ. 1901 S. 120, OLG. Köln in RheinARV. 1901 S. 11, Niedner Bem. 6, Habicht S. 662, Brogsitter im „Recht" 1901 S. 347);

β) das Recht des Kindes, den Familiennamen des Vaters zu führen. Nach § 1706 BGB. erhält das uneheliche Kind den Namen der Mutter und erlangt den Namen des Vaters nur durch Legitimation oder Ehelichkeitserklärung oder durch Annahme an Kindes Statt. In einzelnen Rechtsgebieten führten vom Vater anerkannte uneheliche Kinder den Namen des Vaters, in anderen erlangten sie das Recht zur Führung durch Zustimmung des Vaters. Den vor dem 1. Januar 1900 geborenen unehelichen Kindern ist das Recht gewahrt, den Vaternamen fortzuführen oder auch nach dem 1. Januar 1900 anzunehmen; zu diesem Zwecke konnte die Anerkennung oder die Zustimmungserklärung nach Maßgabe des bisherigen Rechts auch noch nach dem 1. Januar 1900 erfolgen (RG. in JW. 1911 S. 1012, BayZ. 1912 S. 20, BadRpr. 1912 S. 9). Die Pflicht, bei gegebenen Voraussetzungen den Namen des Vaters zu führen, ist der Vorschrift des Art. 208 Abs. 1 nicht zu entnehmen (ebenso Planck Bem. 3, b); s. über den Familiennamen unehelicher Witwenkinder in Baden einerseits Danner BadRPolG. S. 66, anderseits Mainhard in RheinZ. Bd. 4 S. 436, nunmehr OLG. Karlsruhe in OLG. Bd. 43 S. 364 = JFG. Bd. 2 S. 137 = BadRpr. Bd. 91 S. 65 zugunsten der Fortführung des Frauennamens; kein Recht der unehelichen Kinder zur Führung des Vaternamens in Schleswig-Holstein, s. OLG. Kiel in SchleswHolstAnz. 1915 S. 30.

γ) die Unterhaltspflicht des Vaters (vgl. Mot. z. EG. S. 298 f., Mot. IV S. 864 ff., 893 ff.); nach dem bisherigen Recht bestimmt sich also die Entstehung des Unterhaltsanspruchs des Kindes überhaupt, die Zulässigkeit der Einrede der mehreren Beihälter (Gerstbauer in SeuffBl. Bd. 64 S. 285 ff., Scherer in JW. 1900 S. 819, Habicht S. 663 Note 1), die Wirkung der Anerkennung des Kindes (vgl. BayObLGZ. Bd. 4 S. 286), Umfang, zeitliche Dauer und Art der Unterhaltspflicht, so die Frage, ob der Vater berechtigt ist, das Kind selbst in Pflege zu nehmen (vgl. KGJ. Bd. 19 S. 43, Bd. 20 A S. 139, OLG. Bd. 2 S. 88, Bd. 3 S. 1, Bd. 4 S. 469, Bd. 14 S. 255, BayObLGZ. Bd. 2 S. 210, Bd. 3 S. 1067, KG. in SeuffA. Bd. 59 Nr. 132, SächsArch. Bd. 10 S. 386, Axthausen in JW. 1900 S. 718, Fricke in JW. 1903 S. 414), das Verhältnis der Unterhaltspflicht des Vaters zu der der Mutter, die Vererblichkeit des Unterhaltsanspruchs, die Frage, ob der Unterhalt für die Vergangenheit und ob von einem Dritten Ersatz für gewährten Unterhalt begehrt werden kann (nach gemeinem Rechte konnte die Unterhaltspflicht von einem Dritten erfüllt werden; er erwarb damit gegen den Erzeuger des Kindes die actio negatoria auf Ersatz), ob die Mutter den Unterhaltsanspruch geltend machen kann (s. Habicht S. 664 unter c, Affolter S. 242, 366, auch Planck Bem. 3, e), die Zulässigkeit des Verzichts auf den Unterhalt (wegen der Notwendigkeit vormundschaftsgerichtlicher Genehmigung des Verzichts nach § 1714 Abs. 1 BGB. s. Planck Bem. 3, e).

δ) Auch die Frage, ob hinsichtlich der Unterhaltspflicht gegenüber einem vor dem 1. Januar 1900 geborenen unehelichen Kinde deutsches oder ausländisches Recht anzuwenden ist, ist nicht nach den im EG. enthaltenen Bestimmungen des internationalen Privatrechts, sondern nach dem bisherigen Recht zu beurteilen (OLG. Hamburg in OLG. Bd. 7 S. 121).

b) **In allen übrigen Beziehungen** gelten für die rechtliche Stellung des vor dem 1. Januar 1900 geborenen unehelichen Kindes von dem Inkrafttreten des BGB. an dessen Vorschriften, also insbesondere die Vorschriften der §§ 1705 ff.

Namentlich traten vom 1. Januar 1900 an die sämtlichen vorhandenen unehelichen Kinder mit allen Rechten der Abkömmlinge in den Kreis der mütterlichen Familie und zwar auch dann, wenn ihnen nach bisherigem Rechte (wie z. B. nach PrALR. oder nach cod. civ. — M. IV, 853 ff.) keine oder doch nur eine beschränkte Zugehörigkeit zukam und ihre Existenz als ein Makel für die Familien angesehen worden ist (Mot. z. EG. 297).

Auch die vor dem 1. Januar 1900 geborenen unehelichen Kinder erlangten somit, auch im früheren Geltungsgebiete des code civil, des preußischen ALR., des bayer. LA., im Verhältnisse zur Mutter und deren Verwandten die rechtliche Stellung eines ehelichen Kindes (§ 1705; RGRK. Vorbem. 3 vor § 1705), den Familiennamen, den die Mutter vor der Verheiratung führte, und die Möglichkeit, den Familiennamen des Ehemanns der Mutter nach deren Verheiratung mit Einwilligung des Kindes und der Mutter durch Erklärung des Ehemanns gegenüber der zuständigen Behörde zu erhalten (§ 1706). Das uneheliche Kind kann auch nach Maßgabe der §§ 1601—1615 Unterhalt von seiner Mutter und deren Verwandten verlangen, ferner wurden die Vorschriften der §§ 1617—1625 über elterliche Rechte und Pflichten (Haushaltsbeitrag, Aussteuer, Ausstattung) im Verhältnis der Mutter und ihrem unehelichen Kinde maßgebend, endlich trat zwischen dem unehelichen Kinde einerseits und der Mutter und deren Verwandten andrerseits dasselbe Erb- und Pflichtteilsrecht ein (§§ 1924 ff., 2303), wie wenn das Kind ein eheliches wäre (vgl. SeuffA. Bd. 56 Nr. 129).

Das Erbrecht richtet sich, wenn der Erbfall nach dem 1. Januar 1900 eingetreten ist, nach dem BGB. (BayObLG. in SeuffA. Bd. 56 Nr. 129).

Anderseits kamen vom 1. Januar 1900 an auch hinsichtlich der in jenem Zeitpunkte schon vorhandenen unehelichen Kinder in Wegfall:

α) die elterliche Gewalt der Mutter in Rechtsgebieten, wo sie ihr bisher zustand; es war ein Vormund zu bestellen. Dagegen erlangte die Mutter nach § 1707 Satz 2 das Recht und die Pflicht der Fürsorge für die Person des Kindes;

β) der Unterhaltsanspruch des Vaters gegenüber dem unehelichen Kinde (Mot. IV, 852, Mot. z. EG. S. 297 und 300);

γ) das gegenseitige gesetzliche Erbrecht zwischen Vater und Kind (M. V, 359, Stobbe DPG. §§ 295, 296, Mot. z. EG. S. 297, 300). Das gemeinrechtliche Erbrecht der Konkubinenkinder ist auch für die vor dem 1. Januar 1900 geborenen Kinder beseitigt; ebenso das im preuß. ALR. bestimmte Wahlrecht der unehelichen Kinder beim Mangel ehelicher zwischen einem Sechstel der Erbschaft und Fortgewährung der Alimente. Das Erbrecht fällt selbst dann fort, wenn die Vaterschaft durch Urteil festgestellt und dabei, wie dies in der preuß. Praxis vorkam, dem Kinde sein Erbrecht gegen den Vater vorbehalten war (vgl. KG. in OLG. Bd. 3 S. 119);

δ) die Unterhaltspflicht der Verwandten, insbesondere der Aszendenten des Vaters gegenüber dem unehelichen Kinde (M. IV, 874, 875, Mot. z. EG. S. 297, vgl. auch SeuffBl. Bd. 64 S. 237). Dieselbe war z. B. im bayer. LR. subsidiär anerkannt. Sie fiel selbst dann weg, wenn der Verwandte schon vor dem 1. Januar 1900 rechtskräftig verurteilt worden war (BayObLGZa. Bd. 17 S. 426, RGZ. Bd. 46 S. 65). Die Aufhebung des Urteils konnte durch Klage nach § 323 ZPO. oder durch Widerspruchsklage nach § 767 ZPO. herbeigeführt werden. Was vom Urteil galt, galt auch von einem Vergleich (vgl. Planck Bem. 3 vor Art. 203);

ε) die familienrechtlichen Beziehungen des Kindes zum Vater und dessen Verwandten; das uneheliche Kind gilt seit dem 1. Januar 1900 nicht mehr als verwandt mit dem Vater und dessen Verwandten (§ 1589 Abs. 2 BGB.);

ζ) das Erziehungsrecht des Vaters des Kindes nach französischem und badischem Rechte (Mot. z. EG. S. 300). S. auch nachfolgende Bem. c; vgl. cod. civ. art. 334—342, 158, 383. Das Recht der Einwilligung des natürlichen Vaters zur Eheschließung des unehelichen Kindes ist schon durch das Personenstandsgesetz beseitigt (Mot. z. EG. S. 300);

η) die Beschränkungen der ehewidrigen Kinder (liberi ex damnato coitu procreati, incestuosi). Vgl. Roth DPR. § 172 Note 24—28 und § 178.

ϑ) Auch der Wohnsitz eines vor dem 1. Januar 1900 geborenen unehelichen Kindes ist für die Zeit nach diesem Zeitpunkt nach dem BGB. zu beurteilen. BayObLG. in SeuffBl. Bd. 71 S. 418 = „Recht“ 1906 S. 938 Nr. 2252.

ι) Über die Anwendbarkeit des § 1706 Abs. 2 Satz 2 BGB. — Namenserteilung an das uneheliche Kind durch den Ehemann der Mutter — s. Hinschius-Boschan PersStG. S. 503.

c) Die Bestimmung in **Abs. 3**, daß die Vorschriften des Abs. 1 auch für die **anerkannten Kinder des französischen und badischen Rechts** (art. 340 code civil, BadLR. Art. 340, 340 a) gelten, bezweckt, die Gleichstellung dieser Kinder mit den unehelichen Kindern zweifelsfrei festzustellen, wenn man die Anerkennung nicht als ein Geständnis, sondern als einen der Legitimation gleichkommenden rechtsgeschäftlichen Vorgang ansieht. Die Gleichstellung der anerkannten Kinder mit den unehelichen hat namentlich zur Folge, daß das Erziehungsrecht des Vaters, sein Unterhaltsanspruch und das gegenseitige Erbrecht wegfallen (s. vorstehende Bem. b, β, γ, α); wegen des Familiennamens s. oben Bem. II, 3, α, β.

Die Vorschrift des Abs. 3 bezieht sich nicht nur auf diejenigen unehelichen Kinder, die bei Inkrafttreten des BGB. bereits anerkannt waren, sondern auch auf diejenigen, welche erst nach diesem Zeitpunkt anerkannt wurden; der Anerkennung nach Maßgabe des früheren Rechts nach dem 1. Januar 1900 stand nichts im Wege (RG. in JW. 1911 S. 1012 = GruchotsBeitr. Bd. 56 S. 334 = WarnE. 1911 Nr. 477, BayZ. 1912 S. 20).

Das Nutznießungsrecht, das art. 384 ff. code civil der Mutter im Falle der Anerkennung an dem Vermögen des Kindes einräumte, kam mit dem 1. Januar 1900 in Wegfall.

III. Rechtsstellung der unehelichen Mutter und der geschwächten Frauensperson.

1. Der Anspruch der unehelichen Mutter gegen den Vater des Kindes, d. h. gegen denjenigen, der dem Kinde gegenüber unterhaltspflichtig ist, auf Ersatz der Kosten der Entbindung und der Kosten des Wochenbetts (§§ 1715, 1716 BGB.) beruht auf Gesetz und ist nicht familienrechtlicher Natur. Er bestimmt sich, soferne die Entbindung vor dem Inkrafttreten des BGB. stattgefunden hat, nicht nach dem BGB., sondern nach den bisherigen Gesetzen (vgl. Mot. IV S. 907, 908, Mot. z. EG. S. 301; Bem. 15 zu § 1715 in Bd. IV).

2. Die gemeinrechtliche Deflorationsklage hat das BGB. beseitigt; nur einen teilweisen Ersatz für dieselbe bildet der Anspruch der unbescholtenen Braut, die ihrem Verlobten den Beischlaf gestattet hat, nach § 1300 BGB. Ist die Defloration vor dem Inkrafttreten des BGB. erfolgt, so konnte der Anspruch aus derselben auch noch nach diesem Zeitpunkt klageweise geltend gemacht werden (RGZ. Bd. 49 S. 205 ff.; vgl. auch Mot. IV S. 912 ff., Mot. z. EG. S. 301; Bem. 1 zu § 1715 in Bd. IV).

3. Ob der geschwängerten Braut der Anspruch auf Zuerkennung der Rechte der Ehefrau zukommt, bestimmt sich, wenn die Schwängerung vor dem 1. Januar 1900 erfolgt ist, nach dem bisherigen Recht (Mot. IV S. 917, Mot. z. EG. S. 301).

IV. Landesgesetze:

Bayern: Art. 105, 141 ÜbergG. (Becher III, 8 S. 125, 131): Ein uneheliches Kind, dessen Mutter sich vor dem Inkrafttreten des BGB. verheiratet hat, ohne daß das Kind durch die Ehe legitimiert worden ist, gilt rückwirkend auf den Zeitpunkt der Eheschließung als legitimiert, unbeschadet erworbener Rechte Dritter. Die Regelung ist teilweise eine verschiedene für das rechtsrheinische Bayern (Art. 105) und für die Pfalz (Art. 141); hier ist erforderlich, daß der Ehemann der Mutter nach dem Inkrafttreten des BGB. seine Vaterschaft in einer öffentlichen Urkunde anerkennt.

Sachsen: Nach § 36 AG.BGB. (Becher XVII, 1 S. 7; Jäger-Apelt B, 1 S. 285) stehen Brautkinder, die nach dem Inkrafttreten des AG. erzeugt werden, den unehelichen Kindern auch insoweit gleich, als das BGB. nicht Platz greift. Dazu bestimmt § 53 Abs. 3 AG.BGB. (Becher S. 11, Jäger-Apelt S. 53), daß für diese Brautkinder das Mandat, das Erbfolgerecht der sog. Mantel- und Brautkinder bei Lehensgütern betr., vom 17. Juni 1819 sowie § 11 Abs. 2 und 3 des G., die Ehen unter Personen evangelischen und katholischen Glaubensbekenntnisses und die religiöse Erziehung der von Eltern solcher verschiedener Konfessionen erzeugten Kinder betr. vom 1. März 1836 außer Kraft treten. Wegen Brautkindern (§ 1578 sächs. BG.) s. auch RG. in JW. 1901 S. 477.

Hessen: G. betr. die Legitimation durch nachfolgende Ehe vom 7. Juli 1900 (RegBl. S. 429; Becher VIII, 18 S. 215) wie Bayern.

Sachsen-Weimar § 198 AG.BGB. (Becher XX, 3 S. 39); hiernach hat ein vor dem 1. Januar 1900 außerehelich geborenes oder erzeugtes Kind die rechtliche Stellung eines ehelichen Kindes, wenn es nach einem in den Formen des G. vom 2. Nov. 1848 eingegangenen Verlöbnis der Eltern im Brautstande geboren oder erzeugt worden ist, oder, wenn nach der Geburt des Kindes dessen Eltern ein solches Verlöbnis eingegangen haben, es sei denn, daß das Kind nach den Vorschriften des § 16 Satz 2 des G. vom 6. April 1833 über die Erbfolge ohne Testament und Vertrag und über die damit in nächster Verbindung stehenden Rechtsverhältnisse den unehelichen Kindern beigezählt werden muß. Diese Vorschriften gelten auch, wenn das Kind vor der Verlobung seiner Eltern gestorben ist. Die elterliche Gewalt über ein Brautkind, welches die rechtliche Stellung eines ehelichen Kindes hat, steht der Mutter zu.

Diese Vorschrift ist durch § 155 Abs. 2 Nr. 3 thüring. AB.BGB. vom 15. Juni 1923 (GS. S. 302) aufrecht erhalten.

Sachsen-Altenburg: § 122 AG.BGB. (Becher XVIII, 1 S. 26) hat das G. betr. die erbrechtlichen Verhältnisse der Brautkinder vom 13. Januar 1869 aufgehoben.

Art. 209.*)

Inwieweit ein vor dem Inkrafttreten des Bürgerlichen Gesetzbuchs legitimiertes oder an Kindes Statt angenommenes Kind die rechtliche Stellung eines ehelichen Kindes hat und inwieweit der Vater und die Mutter die Pflichten und Rechte ehelicher Kinder haben, bestimmt sich nach den bisherigen Gesetzen.

E. I, 127; II, 179; III, 208.

Legitimierte und angenommene Kinder:

I. Entstehung. Der Art. 209 entspricht mit unwesentlichen redaktionellen Änderungen dem Art. 127 E. I (Mot. z. EG. 302 ff., P. VI, 556, Reatz III, 100).

II. Inhalt. Art. 209 enthält Übergangsvorschriften hinsichtlich der **Legitimation unehelicher Kinder** sowie der **Annahme an Kindes Statt** und stellt den Grundsatz auf, daß sich die Wirkungen dieser Geschäfte, wenn sie vor dem Inkrafttreten des BGB. vorgenommen waren, nach den bisherigen Gesetzen bestimmen.

1. Die **Gültigkeit** einer vor dem 1. Januar 1900 vorgenommenen Legitimation eines unehelichen Kindes (durch nachfolgende Ehe des Erzeugers mit der Mutter oder durch landesherrliches Reskript) sowie der Annahme an Kindes Statt bestimmt sich **nach dem bisherigen Rechte** (Roth, DPR. §§ 153 bis 155). Nach bisherigem Rechte bestimmt sich auch der Einfluß, welchen der Mangel der Zustimmung der leiblichen Eltern zum Annahmevertrage hat (KG. in OLG. Bd. 7 S. 72; s. auch RG. in GruchotsBeitr. Bd. 47 S. 655).

Im einzelnen ist hervorzuheben:

a) Legitimation durch nachfolgende Ehe: Die Frage der Legitimationsfähigkeit bestimmt sich nach den zur Zeit der Eheschließung geltenden Gesetzen (Habicht S. 646). Sonstige, z. B. förmliche Voraussetzungen der Legitimation sind nach dem bisherigen Rechte zu beurteilen; z. B. trat nach französischem Rechte (Code civil art. 331, 334—342) Legitimation durch die Eheschließung nur ein, wenn das Kind vor der Eheschließung oder in der Heiratsurkunde gesetzmäßig anerkannt wurde. Das BGB. läßt die Anerkennung der Vaterschaft bei einem unehelichen Kinde durch öffentliche Urkunde ohne Beschränkung zu (§ 1720). Nach dem 1. Januar 1900 kann der Mangel der vorher unterlassenen Anerkennung in der Form der Art. 334—342 Code civil nicht durch eine Urkunde im Sinne des § 1720 BGB. nachgeholt werden. Auch vereint können beide Akte die Legitimation nicht mehr herbeiführen, da die ältere Form nicht mehr gültig ist (Habicht S. 647, Planck Bem. 1, a zu Art. 209, Niedner Bem. 1, a, Grüninger in BadRpr. 1900 S. 58, 75, Endemann, Bürgerl. R. Bd. 2 § 209 Anm. 5; vgl. auch KG. in JRJ. Bd. 1 S. 41 = OLG. Bd. 1 S. 189; a. M. Scherer JW. 1900 S. 821).

Vgl. jedoch Preußen: AG.BGB. Art. 71 (Becher XIV, 1 S. 37). Bayern: rechtsrhein. Art. 105 ÜbergG. (Becher III, 8 S. 125), für die Pfalz Art. 141 (Becher III, 8 S. 131). Hessen: G. vom 7. Juli 1900, die Legitimation durch nachfolgende Ehe betr. (RegBl. S. 429, Becher VIII, 18 S. 215).

Wo solche Ausführungsbestimmungen fehlen, kann der Ehemann nur den Antrag auf Ehelichkeitserklärung stellen (§ 1723 BGB.). Die von Habicht S. 647 Note 1 als Aushilfe empfohlene Wiederholung der Eheschließung nach BGB. § 1309 Abs. 1 Satz 2 erscheint, da kein Formmangel der Eheschließung selbst vorliegt, ausgeschlossen.

Nach welchem Landesrechte die rechtliche Stellung des legitimierten Kindes zu beurteilen ist, bestimmt sich nach dem landesrechtlichen internationalen Privatrecht, da die Regelung des internationalen Privatrechts nach dem EG. keine rückwirkende Kraft hat.

b) Annahme an Kindes Statt: Als solche ist jeder ein Eltern- oder Kindesverhältnis begründende Vertrag anzusehen, auch wenn sich die Regelung

*) Schrifttum: Habicht S. 616, 646—657; Affolter S. 292.

des betreffenden Rechtsverhältnisses nach Landesrecht mit der in den §§ 1741 ff. BGB. getroffenen Regelung nicht deckt (BayObLGZ. Bd. 12 S. 508). Falls sie vor dem 1. Januar 1900 vorgenommen ist, bestimmt sich ihre Rechtsgültigkeit nach den früheren Vorschriften, insbesondere auch die Bedeutung der Zustimmung der leiblichen Eltern (RG. in GruchotsBeitr. Bd. 47 S. 655; auch KG. in OLG. Bd. 7 S. 72). Die etwa erforderliche Bestätigung durch eine Behörde kann auch noch nach dem 1. Januar 1900 nach Maßgabe des bisherigen Rechts erfolgen. Vgl. Sachsen: VO. § 127 vom 24. Juli 1899 (Becher XVII, 3 S. 47). [Elsaß-Lothringen: § 74 AG.FGG. (Becher VI, 2 S. 45)].

c) Legitimatio per testamentum: Vgl. Windscheid-Kipp, Pand. Bd. III § 522 Note 6; Dernburg, Pand. Bd. III § 29 Note 6. Sie ist wirkungslos, wenn nicht daraufhin das Reskript vor dem 1. Januar 1900 erwirkt ist; unter der Herrschaft des BGB. ist nach dem Tode des Vaters eine Ehelichkeitserklärung nur unter den Voraussetzungen des § 1733 Abs. 2 zulässig (vgl. Habicht S. 649). Dasselbe gilt für die testamentarische Annahme an Kindes Statt des art. 366 Code civil, wenn der Verfügende erst nach dem 1. Januar 1900 stirbt.

2. Wirkungen: Auch die **Wirkungen** der vor dem 1. Januar 1900 vorgenommenen Legitimation und Annahme an Kindes Statt, inwieweit nämlich ein Kindesverhältnis zwischen dem Legitimierenden oder Annehmenden und dem Legitimierten oder Angenommenen hergestellt war, und hinsichtlich der damit zusammenhängenden Frage, inwieweit der Angenommene aus seiner natürlichen Familie herausgetreten ist, ist **dem bisherigen Rechte** unterstellt. Auch ob sich die Wirkungen der Annahme auf die Abkömmlinge des Angenommenen erstrecken, bestimmt sich nach dem früheren Recht (BayObLGZ. Bd. 12 S. 508). Die bisherigen Gesetze entscheiden auch, inwieweit der Vater und die Mutter die Pflichten und Rechte ehelicher Eltern haben, der Inhalt der dem Annehmenden zukommenden elterlichen Rechte und Pflichten, bestimmt sich aber, soferne das angenommene Kind nach dem bisherigen Recht einem ehelichen Kinde gleichgestellt ist, nach dem BGB. (Habicht S. 646 ff. und in GruchotsBeitr. Bd. 42 S. 423 ff.; Planck Bem. 2 zu Art. 209, RGRK. Vorbem. 3 vor § 1741; Vorbem. 10 vor § 1741 in Bd. IV dieses Komm. und die dort angeführte Rechtsprechung, auch RG. in JW. 1919 S. 824).

a) Die gemeinrechtliche legitimatio per subsequens matrimonium (Dernburg, Pand. Bd. III § 29) verlieh dem Legitimierten vollständig die Rechtsstellung eines ehelichen Kindes; sie verlieh der Mutter die elterliche Gewalt auch dann, wenn der Vater vor dem 1. Januar 1900 gestorben ist.

b) Die gemeinrechtliche legitimatio per rescriptum principis hatte dieselbe Wirkung, wie die per subsequens matrimonium, erzeugte insbesondere ein Erbrecht zwischen dem Legitimierten und allen Verwandten des Legitimierten (Dernburg, Pand. Bd. III § 29 Note 1). Dieses gesetzliche Erbrecht tritt auch ein, wenn der Erblasser erst nach dem 1. Januar 1900 stirbt.

Wegen der legitimatio per rescriptum senatus in Hamburg s. OLG. Hamburg, HansGZ. 1914 Beibl. S. 65 und RG. in JW. 1914 S. 418 = HansGZ. 1914 Beibl. S. 305.

c) Die Legitimation nach preuß. ALR. II, 2 §§ 603—608, sowie nach sächsischem BG. §§ 1783, 2021—2024 erzeugte nur ein Erbrecht zwischen dem Legitimierten und dessen Abkömmlingen einerseits und dem Legitimierenden und dessen Abkömmlingen anderseits, zu anderen Verwandten nur dann, wenn sie einzeln oder durch Familienvertrag der Legitimation zugestimmt haben; s. auch vorstehende Bem. b am Schluß.

d) Hinsichtlich der Annahme an Kindes Statt unterscheidet das gemeine Recht:

α) adoptio plena und arrogatio, wodurch neben elterlicher Gewalt des Annehmenden und Nießbrauch am Kindervermögen auch ein Erbrecht zwischen dem Adoptierten und den agnatischen Verwandten des Adoptierenden bewirkt wurde (RGZ. Bd. 31 S. 187);

β) adoptio minus plena sowie Adoption durch eine Frau, wodurch nur ein gegenseitiges Erbrecht zwischen dem Adoptivkinde und dessen Nachkommen und dem Adoptierenden begründet wird, dagegen keine väterliche Gewalt, keine Nutznießung am Vermögen des Kindes.

Nach preuß. ALR. II, 2 §§ 694—700, 716, sowie nach dem sächs. GB. §§ 1797, 1811, 1816 begründete die Annahme für die Annehmenden nur die Rechte und Pflichten leiblicher Eltern in bezug auf die Person des Kindes, aber weder Nießbrauch noch Erbrecht an seinem Vermögen; der Inhalt des Rechtes an die Person (elterliche Gewalt) bestimmt sich vom 1. Januar 1900 an nach dem BGB. (Art. 203).

e) Nach französischem und badischem Rechte war die Adoption nur bei Volljährigen zugelassen, begründete daher keine elterlichen Rechte; die erbrechtlichen Wirkungen der französischen Adoption decken sich mit denjenigen des BGB. (vgl. Affolter S. 290, Habicht S. 653).

3. Nach dem bisherigen Rechte ist auch die Frage zu entscheiden, welchen Einfluß eine vor dem Inkrafttreten des BGB. erfolgte Adoption auf den Unterhaltsanspruch eines angenommenen unehelichen Kindes gegen seinen natürlichen Vater hat (vgl. M. IV, 879).

Die bisherigen Gesetze sind auch für die Namensführung des angenommenen bzw. legitimierten Kindes maßgebend. Jedoch findet auf die Geltendmachung des Namensrechts der § 12 BGB. Anwendung, RG. in JW. 1903 Beil. S. 51.

IV. Die im preußischen Landrecht (Tl. II Tit. 2 §§ 753 ff.) und im Gebiet des französischen Landrechts (code civil art. 361—370; BadLR. Satz 361—370) anerkannte **Pflegekindschaft** (s. Roth, DPR. Bd. II § 156) hat das BGB. nicht aufgenommen. Mit dem Inkrafttreten des BGB. verloren deshalb die zu dieser Zeit bestehenden Pflegekindschaftsverhältnisse ihre Wirksamkeit (Mot. IV S. 953 f., Mot. z. EG. S. 302, Planck Bem. 4, RGRK. Vorbem. 4 vor § 1741; and. Ans. Affolter S. 291).

V. Auch über die **Einkindschaft** *) (unio prolium) gibt das BGB. keine Vorschrift. Einkindschaft ist die rechtliche Gleichstellung der Kinder erster Ehe eines Ehegatten, der sich wieder verheiratet (Vorkinder), mit den aus der neuen Ehe zu erwartenden Kindern (Nachkinder). Sie beruhte gewöhnlich auf Vertrag, in einzelnen Rechtsgebieten trat sie kraft Gesetzes ein. Die Wirkungen der Einkindschaft lagen im wesentlichen auf vermögensrechtlichem und erbrechtlichem Gebiete. Die Vorkinder gaben ihr Recht an dem erstehelichen Vermögen zugunsten des Ehegatten der neuen Ehe auf; dafür erhielten sie in vermögens- und erbrechtlicher Beziehung die gleiche Stellung wie die Nachkinder. In einzelnen Rechtsgebieten war mit der Einkindschaft auch ein familienrechtliches Verhältnis der Vorkinder zum Stiefvater oder der Stiefmutter verknüpft. Zweck der Einkindschaft war, dem sich wieder verheiratenden überlebenden Ehegatten die Auseinandersetzung mit den Kindern in Ansehung des vorhandenen Vermögens zu ersparen. S. Mot. Bd. IV S. 486 ff.

Das BGB. steht auf dem der Einkindschaft entgegengesetzten Standpunkt. Der überlebende Ehegatte, der die Gütergemeinschaft mit den Kindern fortgesetzt hatte und sich wieder verheiratet, muß nach § 1493 Abs. 2 beim Vorhandensein eines minderjährigen oder bevormundeten Abkömmlings die Gütergemeinschaft aufheben und die Auseinandersetzung herbeiführen. Trotzdem dauerten die Wirkungen einer vor dem Inkrafttreten des BGB. erfolgten Einkindschaftung nach diesem Zeitpunkte fort, es ist aber zwischen elternrechtlichen und vermögensrechtlichen Wirkungen zu unterscheiden.

1. Die familienrechtlichen (elternrechtlichen) Wirkungen der Einkindschaft konnten, wo solche landesrechtlich bestanden, als durch Art. 209 aufrecht erhalten angesehen werden, soferne die Einkindschaft als eine Art der Annahme an Kindes Statt betrachtet werden konnte (s. OLG. München in SeuffA. Bd. 56 Nr. 80; dagegen OLG. Bamberg, OLG. Bd. 1 S. 122). Gegen diese Auffassung der Einkindschaft wendet sich mit beachtlichen Gründen Planck Bem. 5 (s. dort auch die verschiedenen Ansichten im Schrifttum). Die Motive z. EG. S. 288 stehen auf dem Standpunkt, daß die persönlichen, dem Elternrechte angehörenden Wirkungen der Einkindschaft mit dem Inkrafttreten des BGB. wegfallen; ebenso Niedner Bem. 5; and. Ans. Habicht S. 654. Die praktische Bedeutung des Streites über Fortdauer oder Fortfall der elternrechtlichen Wirkungen lag darin, daß bei Fortfall über die erstehelichen Kinder Vormundschaft einzuleiten war, wenn die elterliche Gewalt des leiblichen Vaters, sofern dieser der überlebende war, durch Tod oder aus sonstigem Grunde wegfiel, und auch

---

*) Schrifttum: Herbert Meyer, Die Einkindschaft (Diss.), Breslau 1900; Roth, Deutsches Privatrecht Bd. II § 157; Dernburg, Preuß. Privatrecht Bd. III §§ 65—67; Eccius, Preuß. Privatrecht Bd. IV § 221; Stobbe-Lehmann, Deutsches Privatrecht Bd. IV §§ 305, 306; Roth-Becher, Bayer. Zivilrecht Bd. I § 93; Oertmann, Bayer. Landeszivilrecht S. 573 ff.; Löwenbach, Westfälisches Güterrecht S. 87 f.; Peterssen, Eheliches Güterrecht des Fürstentums Osnabrück S. 231 ff.; Stadelmeyer, Die Fassung und Auslegung der Einkindschaftsverträge nach Bamberger Landrecht, BayZ. 1910 S. 359.

dann (im Hinblick auf § 1697 BGB.), wenn die leibliche Mutter der überlebende Teil war, während bei Fortdauer der elternrechtlichen Wirkungen auch die Mutter oder der Stiefelternteil die elterliche Gewalt behielt.

Darüber, daß vereinkindschaftete Kinder nach fränkischem Recht als angenommen im Sinne des Art. 209 gelten, s. BayObLGZ. Bd. 12 S. 503 ff.

Über Rechtsnatur der hamburgischen Einkindschaft s. OLG. Hamburg HansGZ. 1914 Beibl. S. 76, 1917 Beibl. S. 197.

2. Die erbrechtlichen Wirkungen der Einkindschaft blieben dagegen für alle Beteiligten nach Art. 214 Abs. 2 EG. bestehen (Habicht S. 653, Planck Bem. 5; s. auch RG. in JW. 1915 S. 95 = LZ. 1915 Sp. 37, BayObLG. im „Recht" 1918 S. 352).

S. über Einkindschaft auch die in der Einleitung zum IV. Buch, 6. Titel unter 8, e in Bd. IV S. 218 angeführten Entscheidungen.

VI. Landesgesetze:

Preußen: Art. 71 AG.BGB. (Becher XIV, 1 S. 37) über die rechtliche Stellung anerkannter Kinder im Gebiete des Rheinischen Rechts. Hinsichtlich Einkindschaft s. Art. 67 AG.BGB. (Becher XIV, 1 S. 35).

Bayern: Art. 105, 141 ÜbergG. (Becher III, 8 S. 125, 131) über die Wirkung der Legitimation durch nachfolgende Ehe; s. Bem. IV zu Art. 208. Hinsichtlich Einkindschaft s. Art. 74 AG.BGB. (Becher III, 8 S. 117).

Sachsen: § 127 AV.BGB. (Becher XVII, 3 S. 47) traf nur eine Übergangsvorschrift für das Verfahren wegen Genehmigung der Annahme an Kindes Statt und der Aufhebung.

Thüringen: § 134 AV.BGB. vom 16. Mai 1923 (GS. S. 299) regelt die rechtliche Stellung legitimierter und an Kindes Statt angenommener Kinder; ähnlich früher für Sachsen-Weimar Art. 197 AG.BGB. (Becher XXI, 3 S. 39); Sachsen-Meiningen Art. 24 AG.BGB. (Becher XX, 1 S. 18); Reuß ä. L. § 123 AG.BGB. (Becher XV, 1 S. 22).

Hessen: G., die Legitimation durch nachfolgende Ehe betr., vom 7. Juli 1900 (Becher VIII, 18 S. 215).

Bremen: nach § 54 AG.BGB. (Becher V, 1 S. 14) können die durch Arrogation oder Adoption nach bisherigem Recht Verbundenen künftige Geltung des BGB. durch Vertrag vereinbaren.

Schaumburg-Lippe: § 41 AG.BGB. (Becher XXII, 9 S. 68) wie Bremen.

[Elsaß-Lothringen: § 74 AV.FGG. (Becher VI, 2 S. 45) traf eine Verfahrensvorschrift für Annahme an Kindes Statt.]

Art. 210.*)

Auf eine zur Zeit des Inkrafttretens des Bürgerlichen Gesetzbuchs bestehende Vormundschaft oder Pflegschaft finden von dieser Zeit an die Vorschriften des Bürgerlichen Gesetzbuchs Anwendung. Ist die Vormundschaft wegen eines körperlichen Gebrechens angeordnet, so gilt sie als eine nach § 1910 Abs. 1 des Bürgerlichen Gesetzbuchs angeordnete Pflegschaft. Ist die Vormundschaft wegen Geistesschwäche angeordnet, ohne daß eine Entmündigung erfolgt ist, so gilt sie als eine nach § 1910 Abs. 2 des Bürgerlichen Gesetzbuchs für die Vermögensangelegenheiten des Geistesschwachen angeordnete Pflegschaft.

Die bisherigen Vormünder und Pfleger bleiben im Amte. Das Gleiche gilt im Geltungsbereiche der preußischen Vormundschaftsordnung vom 5. Juli 1875 für den Familienrat und dessen Mitglieder. Ein Gegenvormund ist zu entlassen,

---

*) Schrifttum: Thümen, Die Überleitung der preußischen Vormundschafts- und Pflegschaftssachen in das neue Recht, in GruchotsBeitr. Bd. 43 S. 591 ff.; Kurtz, Das Verfahren der Vormundschaftsgerichte und ihrer Organe bei Überleitung der bisherigen Vormundschaften und Pflegschaften in den Rechtszustand des BGB., Berlin 1899; Schultetus, Vormundschaftsrecht S. 230—242; Schultzenstein und Köhne, Das deutsche Vormundschaftsrecht.

wenn nach den Vorschriften des Bürgerlichen Gesetzbuchs ein Gegenvormund nicht zu bestellen sein würde.

E. I, 129 und 99; II, 180; III, 209.

Überleitung der am 1. Januar 1900 bestehenden Vormundschaften und Pflegschaften:

I. Entstehung. Der Art. 210 hat seine nunmehrige Fassung erst im Bundesrat erhalten. Von Abs. 1 entspricht Satz 1 mit einer unwesentlichen redaktionellen Änderung dem Abs. 1 des Art. 128, Satz 2 entspricht mit der dadurch, daß in der II. Komm. das Institut der Schutzbedürftigkeit (E. I § 1727 BGB.) fallen gelassen wurde, bedingten Änderung dem Art. 99 von E. I; Satz 3 wurde von der II. Komm. neu hinzugefügt. Von Abs. 2 entsprechen Satz 1 und 2 (mit nicht erheblichen redaktionellen Änderungen) dem Abs. 2 des Art. 128 von E. I, während Satz 3 vom Bundesrate neu hinzugefügt wurde (Mot. z. EG. 303 ff., 248 ff., P. VI, 489, 620, 622, 636, Reatz III, 100 ff.).

II. Inhalt. Art. 210 regelt die Überleitung der Vormundschaften und Pflegschaften, die am 1. Januar 1900 nach den bisherigen Gesetzen bestanden.

A. Grundsätzlich sollten auf diese Vormundschaften und Pflegschaften **vom 1. Januar 1900 die Vorschriften des BGB.** Anwendung finden.

Daraus ergab sich:

1. Bestehende Vormundschaften und Pflegschaften, welche den Voraussetzungen des BGB. (§§ 1773, 1896, 1909—1914) nicht entsprachen, wurden am 1. Januar 1900 kraft Gesetzes ohne Aufhebung durch das Vormundschaftsgericht beendigt. Darunter fielen namentlich:

a) Vormundschaften über Minderjährige, wenn nach Maßgabe des Art. 203 die nach bisherigem Rechte beendigte elterliche Gewalt wieder auflebte oder wenn die Minderjährigen in die dem bisherigen Rechte nicht bekannte elterliche Gewalt der Mutter traten (s. Bem. III, 2 zu Art. 203).

b) Pflegschaften über minderjährige angenommene Kinder, wenn der Annehmende nach bisherigem Rechte zwar die elterliche Gewalt, nicht aber die Verwaltung und Nutznießung des Vermögens des Angenommenen hatte (vgl. Bem. II, 2 zu Art. 209),

c) Vormundschaften oder Pflegschaften, welche zum Zwecke der Verwaltung des Sonderguts von Minderjährigen, an welchem dem Inhaber der elterlichen Gewalt die Nutznießung oder Verwaltung nicht zustand, eingeleitet waren, sofern nicht dem Inhaber der elterlichen Gewalt auch nach neuem Rechte (BGB. § 1638, vgl. auch oben Art. 204) die Verwaltung nicht zustand und deshalb gemäß § 1909 BGB. eine Pflegschaft zu bestellen war (in welche sich eventuell die bestehende Vormundschaft verwandelte) —; das traf jedoch nicht zu hinsichtlich einer Spezialkuratel zur Verwaltung eines bei einer Einkindschaft (z. B. nach den Rechten von Würzburg, Castell und Schweinfurt) bestellten Voraus, da desfalls auch gemäß BGB. § 1630 Abs. 2 mit §§ 181, 1975 und 1909 eine Pflegschaft einzutreten hatte,

d) Vormundschaften über Volljährige wegen Gebrechlichkeit, wenn die Voraussetzungen von Abs. 1 Satz 2 dieses Artikels nicht vorlagen (s. unten Bem. 3, a),

e) Pflegschaften, welche aus Anlaß einer von einem Elternteile durch Hinterlegung oder sonstwie für Sondervermögen der Kinder geleisteten Sicherheit bestellt waren (vgl. Bem. II, 1, i zu Art. 203), sofern es sich nicht um Beschränkungen nach Maßgabe der §§ 1670, 1671 BGB. und Art. 204 dieses Gesetzes handelte.

f) Über die Überleitung von Vormundschaften und Pflegschaften, die letztwillig zur Verwaltung von Zuwendungen an bestimmte Personen zum Zwecke der Erhaltung des Stammes des Vermögens und zur Abwehr von Eingriffen Dritter angeordnet waren, in Testamentsvollstreckungen, wenn nicht die Voraussetzungen der §§ 1909 ff. BGB. gegeben waren, s. Habicht S. 671 f., namentlich Note 2 daselbst; vgl. auch Niedner Bem. 2, β, Planck Bem. 1, KGJ. Bd. 20 A S. 21 ff., KGBl. 1909 S. 22.

2. Anderseits war über diejenigen Personen, für welche zwar nicht nach dem bisherigen Rechte, wohl aber nach den Vorschriften des BGB. Vormundschaft oder Pfleg-

schaft zu bestellen war, eine Vormundschaft oder Pflegschaft anzuordnen, namentlich also Vormundschaften

a) über uneheliche Kinder, wenn nach bisherigem Rechte (z. B. weimarischen Gesetz vom 27. März 1872 § 101) der Mutter die elterliche Gewalt zustand (BGB. § 1707),

b) über Kinder aus einer früheren Ehe der Mutter, wenn nach bisherigem Rechte (vgl. Roth DPR. § 170 Ziff. 4; M. IV, 833 ff.) die elterliche Gewalt der Mutter auch mit der Wiederverheiratung der Mutter nicht endete (BGB. § 1697),

c) über eingekindschaftete Minderjährige, in Ansehung deren auf Grund einer Einkindschaft dem Stiefvater nach bisherigem Rechte (Roth DPR. § 157 Note 11) die elterliche Gewalt zustand (vgl. Bem. zu Art. 200 und Bem. zu Art. 209),

d) über Minderjährige, über welche die nach bisherigem Rechte beendigte elterliche Gewalt gemäß Art. 203 wieder aufleben würde, wenn die Eltern nicht gestorben wären oder die Mutter sich nicht verehelicht hätte (s. oben 1, a),

e) über Minderjährige, bezüglich deren der Vater nach BGB. § 1680 die elterliche Gewalt verwirkt hatte, wenn sie nach bisherigem Rechte nicht verwirkt war und die Mutter die elterliche Gewalt (nach § 1684 Abs. 1 Ziff. 2) deshalb nicht erhält, weil die Ehe noch besteht.

3. Das BGB. war auch maßgebend, welche rechtliche Natur Vormundschaften und Pflegeschaften des bisherigen Rechts künftig haben sollten. So verwandelten sich die Abwesenheitsvormundschaften des preußischen und sächsischen Rechts in Abwesenheitspflegschaften nach § 1911 BGB. Anderseits waren gemeinrechtlich unter der Bezeichnung „Pflegschaft" vielfach Fälle mitumfaßt, die sich nach dem BGB. als Vormundschaften darstellten (Planck Bem. 2; s. auch Habicht S. 674 unter b).

Für einzelne Fälle hat Art. 210 Abs. 1 den Übergang von bisherigen Vormundschaften in Pflegschaften des neuen Rechts ausdrücklich ausgesprochen.

a) Die nach bisherigem Rechte wegen eines körperlichen Gebrechens angeordnete Vormundschaft verwandelte sich kraft Gesetzes in eine nach § 1910 Abs. 1 BGB. angeordnete Pflegschaft für die gesamten Angelegenheiten des Fürsorgebedürftigen (Bem. 3, a zu § 1910 in Bd. IV), soferne also die Voraussetzungen des Abs. 1 des § 1910 vorlagen **(Satz 2).** Hieher gehörten namentlich die Vormundschaften über Taube, Stumme und Blinde nach preußischem Recht (§ 81 Nr. 3 VormO.) und über Taubstumme, Taube, Stumme, Blinde, Gebrechliche und solche Personen, die wegen ihres körperlichen Zustandes der Fürsorge bedurften, nach sächsischem Recht (§ 4 des G. vom 20. Febr. 1882).

b) Eine ohne Entmündigung wegen Geistesschwäche angeordnete Vormundschaft des bisherigen Rechtes verwandelte sich — abgesehen vom Falle des Art. 211 — beim Vorliegen der Voraussetzungen des neuen Rechtes kraft Gesetzes in eine Pflegschaft nach § 1910 Abs. 2 BGB. **(Satz 3),** also lediglich für die Vermögensangelegenheiten, nicht auch für die persönlichen Angelegenheiten des Geistesschwachen (Bem. 3, b zu § 1910 in Bd. IV). Hieher gehörten die Vormundschaften des sächsischen Rechts über Geistesschwache und Personen, die wegen ihres geistigen Zustandes der Fürsorge bedurften (Habicht S. 674).

Aus der Umwandlung dieser bisherigen Vormundschaften in Pflegschaften ergab sich, daß eine nach den bisherigen Gesetzen mit der Vormundschaft verbundene Beschränkung der Geschäftsfähigkeit im Hinblick auf § 114 BGB., der eine solche Beschränkung nur im Falle der Entmündigung kennt, wegfiel.

Auf die Pflegschaften war § 1920 BGB. anwendbar, der einen besonderen Aufhebungsgrund für die nach § 1910 angeordneten Pflegschaften enthält, die nunmehrigen Pflegebefohlenen konnten und können die Aufhebung der Pflegschaft beantragen (s. hiezu KG. in RJA. Bd. 1 S. 133, Bd. 4 S. 197).

4. Auch für die Führung der Vormundschaft, für die Rechte und Pflichten des Vormunds und des Pflegers und für die rechtliche Stellung des Vormundschaftsgerichts waren vom 1. Januar 1900 ab die Vorschriften des BGB., namentlich des 3. Abschnittes des IV. Buches maßgebend. Im einzelnen ist hervorzuheben:

a) Ein Gegenvormund konnte bestellt werden, wenn die Voraussetzungen des § 1792 BGB. dafür gegeben waren.

Andernteils war ein vorhandener Gegenvormund zu entlassen, wenn diese Voraussetzungen nicht erfüllt waren, ein Gegenvormund nach den Vorschriften des BGB. nicht zu bestellen gewesen war. Das ist in **Abs. 2 Satz 3** ausdrücklich ausgesprochen.

b) Mitvormünder führten nunmehr die Vormundschaft gemeinschaftlich, falls ihnen nicht schon vor dem 1. Januar 1900 ein bestimmter verschiedener Wirkungskreis zugeteilt war (BGB. § 1797); eine andere Art der Teilung der Geschäfte, als im § 1797 vorgesehen, verlor ihre Wirksamkeit.

c) Die Pflicht zum Verzeichnis des Vermögens, die auch das vor dem Inkrafttreten des BGB. erworbene Vermögen umfaßte (Planck Bem. 4, c), zur Anlegung von Mündelgeld (jedoch ohne Pflicht zu sofortiger Umwandlung bisheriger Anlagen, Planck Bem. 4, d) und zur Hinterlegung von Wertpapieren richtete sich nach §§ 1802, 1806—1811, 1814—1819 BGB., die Pflicht zur Sicherheitsleistung nach § 1844 BGB. Vgl. jedoch Art. 212 wegen der Aufrechterhaltung landesgesetzlicher Vorschriften über die Eignung von Wertpapieren zur Anlegung von Mündelgeld.

d) Der Anspruch des Vormunds oder Pflegers auf Vergütung blieb bestehen, soweit er nach bisherigem Recht entstanden war, vom 1. Januar 1900 ab war, unbeschadet einer für längere Zeit getroffenen Festsetzung, für die aber ebenfalls § 1836 Abs. 1 Satz 4 galt, der § 1836 BGB. maßgebend.

e) Für Befreiungen von Vormündern und Pflegern waren künftig nur noch die Vorschriften der §§ 1852—1855, 1903, 1917 BGB. maßgebend; vorübergehende Befreiungen nach bisherigem Recht hörten auf (vgl. Mot. z. EG. S. 305; Habicht S. 682 f., KGJ. Bd. 20 A S. 220, OLG. Bd. 2 S. 39, 168).

f) Die Voraussetzungen für die Beendigung des Amts eines Vormunds oder Pflegers und die Entlassung bestimmen sich vom 1. Januar 1900 ab nach dem BGB. auch hinsichtlich der vor diesem Zeitpunkt bestellten Vormünder und Pfleger (s. unten Bem. B, 1).

g) Vom 1. Januar 1900 an trat auch für die in diesem Zeitpunkte bereits bestehenden Vormundschaften und Pflegschaften, die Mitwirkung des Gemeindewaisenrats (BGB. §§ 1849 ff.) ein.

5. Mit dem 1. Januar 1900 endete auch die vormundschaftliche Tätigkeit der Gemeinden, soferne nicht die Landesgesetzgebung gemäß Art. 147 EG. mit § 190 FGG. dieselbe aufrecht hielt (Mot. z. EG. Art. 304).

B. Der ungestörten Fortführung dienten die Vorschriften des **Abs. 2** über das Verbleiben der Vormünder und Pfleger und Familienratsmitglieder im Amt.

1. Nach **Satz 1** blieben die bisherigen Vormünder und Pfleger im Amt, auch wenn sie nach den Vorschriften des BGB. (§§ 1776 ff.) nicht berufen waren oder nicht hätten bestellt werden können oder sollen (§§ 1780 ff.). Der alsbaldigen Entlassung namentlich nach § 1780 BGB. von der Vormundschaft ausgeschlossener Personen stand jedoch nichts im Wege.

Die Vorschrift des Satz 1 galt auch für die gesetzlichen Vormünder (RGZ. Bd. 48 S. 355 = JW. 1901 S. 183, KGJ. Bd. 19 S. 43, OLG. Colmar RheinZ. Bd. 5 S. 399).

Sie galt auch für die Gegenvormünder; ein vorhandener Gegenvormund war aber, wenn die Voraussetzungen des § 1792 BGB. für seine Bestellung fehlten, zu entlassen (Abs. 2 Satz 3 und oben Bem. A, 4, a).

2. Nach **Satz 2** blieb der im Geltungsbereich der preuß. VormO. vom 5. Juli 1875 (s. für Amt Lipperode und Stift Cappel G. für Lippe vom 4. Sept. 1879, betr. die Einführung der preuß. VormO.) bestellte Familienrat bestehen, seine Mitglieder blieben im Amt, auch wenn der Familienrat nach den Vorschriften des BGB. (§§ 1858 ff., 1905) nicht zu bestellen gewesen wäre. Die Benutzung des Amts der Familienratsmitglieder und ihr Ersatz durch neue Mitglieder richtete sich nach den Vorschriften des BGB. (§§ 1178, 1866, 1867).

In anderen Rechtsgebieten, namentlich in denen des französischen Rechts, verlor dagegen ein bestehender Familienrat mit dem Inkrafttreten des BGB. seine Wirksamkeit, das Amt der Mitglieder endete (Mot. z. EG. S. 304). Neubestellung konnte nur unter den Voraussetzungen der §§ 1858, 1859, 1905 BGB. und nach den §§ 1860 ff. BGB. erfolgen.

III. Für die Beistandschaften des französischen und badischen Rechts für Verschwender und Geistesschwache galt Art. 210 nicht. Soweit nach Art. 155, 156

Abs. 2 EG. gemäß den Vorschriften des BGB. das Bedürfnis für die Einleitung einer Vormundschaft bestand, war eine solche einzuleiten (Planck Bem. 8; abweichend Habicht S. 675). S. auch Art. 211.

IV. **Landesgesetze:** S. für Bayern Art. 106, 110 ÜbergG. (Becher III, 8 S. 125, 126), auch Art. 3—6 pfälz. LiegenschG. (Becher III, 3 S. 9); Sachsen: MVO. vom 6. Okt. 1899; Württemberg JMVerf. vom 14. Sept. 1899; Hessen Art. 123 Abs. 3 AG.BGB. (Becher VIII, 3 S. 54); Hamburg §§ 69—76 AG. BGB. (Becher VII, 1 S. 11 ff.); Mecklenburg-Schwerin §§ 225—232 AV. BGB. (Becher XI, 2 S. 47 ff.); Braunschweig §§ 80—100, 111 AG.BGB. (Becher IV, 1 S. 20 f.); Mecklenburg-Strelitz §§ 223—230 AV.BGB. (Becher XII, 1 S. 43 ff.); [Elsaß-Lothringen §§ 68 ff. AV.FGG. (Becher VI, 2 S. 44, Erlöschen der gesetzlichen Hypothek des Mündels).]

Art. 211.

Die nach den französischen oder den badischen Gesetzen für einen Geistesschwachen angeordnete Bestellung eines Beistandes verliert mit dem Ablaufe von sechs Monaten nach dem Inkrafttreten des Bürgerlichen Gesetzbuchs ihre Wirkung.

E. I, 97 Abs. 2; II, 181; III, 210.

I. **Entstehung:** Dieser Artikel hat seine nunmehrige Fassung erst im Bundesrat erlangt, welcher dem Artikel nach der von der II. Komm. beschlossenen Fassung noch die Worte „mit dem Ablaufe von sechs Monaten nach" einfügte. Im übrigen entspricht der Artikel im wesentlichen dem Art. 97 Abs. 2 E. I. Ein in der II. Komm. gestellter Antrag, welcher der Beistandsbestellung die Wirkung der Entmündigung wegen Geistesschwäche (BGB. § 114) verleihen wollte, wurde abgelehnt (Mot. z. EG. 246 ff., P. VI, 486—489, 620, 749, Reatz III, 101).

II. **Inhalt.** Art. 211 beseitigte vom 1. Juli 1900 ab **die nach französischem oder badischem Rechte wegen Geistesschwäche angeordnete Bestellung eines Beistandes;** er bildet eine Ausnahme von Art. 210 und eine Ergänzung zu Art. 155.

1. Die Vorschrift dieses Artikels bezieht sich auf Art. 439 des Code civil und auf Satz 409 des bad. LR., wonach durch ein im Interdiktionsverfahren ergangenes Urteil, seit dem 1. Okt. 1879 gemäß § 10 EG.ZPO. im Entmündigungsverfahren durch Beschluß des Amtsgerichts einem Geistesschwachen ein Beistand mit der Wirkung beigegeben werden konnte, daß er ohne dessen Beiziehung gewisse Rechtsgeschäfte (z. B. Vergleich, Aufnahme und Einziehung von Darlehen, Veräußerung und Belastung von Immobilien) nicht rechtswirksam abzuschließen vermochte.

2. Die Vorschrift des Artikels 211 ist dahin aufzufassen, daß eine solche Bestellung eines Beistandes

a) bis zum 30. Juni 1900 ihre bisherige Wirkung beibehielt, also nach dem bisherigen Rechte zu beurteilen war (Habicht S. 697), daß sie aber

b) mit dem 30. Juni 1900 aufhörte, irgendwelche Wirkung zu äußern. Sie konnte also vom 1. Juli 1900 an weder ihre bisherige Wirkung, noch die Wirkung einer Entmündigung wegen Geistesschwäche (nach § 114 BGB.), noch die Wirkung einer Pflegschaft über einen Geistesschwachen (nach § 1910 Abs. 2 BGB. — vgl. Art. 210 dieses Gesetzes) äußern. Das Amt des Beistands endete, der Geistesschwache erlangte die volle Geschäftsfähigkeit, wenn er nicht inzwischen entmündigt war.

Der Zeitpunkt für die Beseitigung der Wirkungen der Beistandsbestellung ist vom Bundesrate wohl nur deshalb auf die Zeit von sechs Monaten nach dem Inkrafttreten des BGB. erstreckt worden, damit die Möglichkeit besteht, für den Geistesschwachen rechtzeitig die den Tatumständen nach dem BGB. entsprechende Fürsorge (Entmündigung wegen Geistesschwäche oder Pflegschaft wegen Geistesschwäche, eventuell vorläufige Vormundschaft nach §§ 1906 ff. BGB.) zu treffen.

III. Hinsichtlich jener Personen, welchen wegen Verschwendung ein Beistand bestellt wurde, vgl. Art. 156 Abs. 2.

Art. 212.

In Kraft bleiben die landesgesetzlichen Vorschriften, nach welchen gewisse Wertpapiere zur Anlegung von Mündelgeld für geeignet erklärt sind.

E. III, 211.

1. Entstehung. Dieser Artikel ist erst vom Bundesrat eingestellt worden. (Reatz III, 101.)

2. Inhalt. Mündelsicherheit von Wertpapieren: Art. 212 bildet gleichfalls eine Ausnahme von Art. 210. Nach § 1807 Abs. 1 Nr. 4 BGB. steht es grundsätzlich dem Bundesrat, nunmehr dem Reichsrat zu, Wertpapiere, insbesondere Pfandbriefe, sowie verbriefte Forderungen jeder Art gegen eine inländische kommunale Körperschaft oder die Kreditanstalt einer solchen Körperschaft zur Anlegung von Mündelgeld für geeignet zu erklären. Art. 212 hält diejenigen Landesgesetze mit Wirkung für das betreffende Land (s. unten c) aufrecht, nach denen derartige Wertpapiere zur Anlegung von Mündelgeld für geeignet erklärt sind.

a) Über den Begriff „Wertpapiere" s. Vorbem. I vor § 793 (vgl. auch P. IV, 764). Der Begriff hat hier die nämliche Bedeutung wie in § 1807 Nr. 4.

b) Bestehende Landesgesetze bleiben in Kraft. Es bleiben also diejenigen Arten von Wertpapieren mündelsicher, die vor dem Inkrafttreten des BGB. landesgesetzlich für mündelsicher erklärt sind. Auf den Zeitpunkt der Ausgabe der Wertpapiere kommt es nicht an; auch nach Inkrafttreten des BGB. ausgegebene Wertpapiere der betreffenden Art sind mündelsicher.

Eine Erweiterung des Kreises der mündelsicheren Wertpapiere nach dem Inkrafttreten des BGB. steht der Landesgesetzgebung dagegen nicht zu. Eine Änderung bestehender Landesgesetze im Sinne des Art. 218 EG. kann nur in der Richtung erfolgen, daß Landesgesetze ganz oder teilweise aufgehoben werden (vgl. BadAG.BGB. alter Fassung Art. 33, neuer Fassung Art. 37 Abs. 4, wo dies ausdrücklich ausgesprochen ist), Wertpapieren die Eigenschaft der Mündelsicherheit entzogen wird. Dagegen kann aus Art. 218, wie Planck Bem. 1 mit Recht ausführt, angesichts der sich aus § 1807 Abs. 1 Nr. 4 BGB. ergebenden ausschließlichen Befugnis des (Bundesrats, jetzt) Reichsrats, Wertpapiere für mündelsicher zu erklären, und mit Rücksicht auf die Stellung des Art. 212 unter den Übergangsbestimmungen (nicht unter den Vorbehalten) für die Landesgesetzgebung nicht die Befugnis abgeleitet werden, auch künftig Wertpapiere für mündelsicher zu erklären (ebenso Niedner Bem. 2, Habicht S. 678, Kipp, Familienrecht § 114, IV, 6).

c) Örtlicher Geltungsbereich: Die durch Landesgesetz für mündelsicher erklärten Wertpapiere haben diese Eigenschaft nur in dem betreffenden Lande, nicht im ganzen Reiche. Sie dürfen also nur für eine in dem betreffenden Lande unter Vormundschaft oder Pflegschaft stehende Person (§§ 36 ff. FGG.; s. auch §§ 1377 Abs. 2, 1642 BGB.) angeschafft werden; unerheblich ist es dagegen, ob der Mündel (Pflegling) die Staatsangehörigkeit in dem Lande besitzt, in dem die Vormundschaft (Pflegschaft) geführt wird.

3. Ausführungsgesetze: Preußen: AG.BGB. Art. 74 (Becher XIV, 1 S. 38; s. hiezu Bd. IV Bem. 3, c zu § 1807); Bayern: ÜbergG. Art. 32 (Becher III, 8 S. 107); MinBek. vom 9. Sept. 1899, JMBl. 1899 S. 383 ff.; Sachsen: G., betr. die Anlegung von Mündelgeld, vom 22. Dez. 1899 § 1; AV.BGB. vom 6. Juli 1899 (Becher XVII, 1 S. 18); s. hiezu Kloß-Müller, Sächs. Landesprivatr. 3. Aufl. § 145, S. 352 ff.; Württemberg: AG.BGB. Art. 70 (Becher XXVI, 1 S. 14); Min.-Verf. vom 2. Okt. 1899 und MinBek. vom 17. Juli 1901; Baden: AG.BGB. Art. 33 (Becher II, 9 S. 25) und nunmehr gleichlautend AG.BGB. in der Fass. vom 15. Okt. 1925 Art. 37 Abs. 4 (GVBl. S. 287); VO. vom 6. Sept. 1906 (GVBl. 1906 S. 330), Erlaß vom 14. Dez. 1910 (JMinBl. 1911 S. 3 ff.), Bek. vom 31. Mai 1920 (GVBl. 1920 S. 285 ff.); Thüringen: AV.BGB. vom 16. Mai 1923 § 137 (GS. S. 299), nunmehr für alle thüringischen Gebietsteile [s. früher für Sachsen-Weimar-Eisenach: AG.BGB. §§ 211—215 (Becher XXI, 3 S. 43), VO. vom 23. April 1912 (RegBl. 1912 S. 201); Sachsen-Meiningen: AG.BGB. Art. 28 §§ 3, 4 (Becher XX, 1 S. 20); Sachsen-Coburg-Gotha: AG.BGB. Art. 50 § 2 (Becher XIX, 8 S. 82); Sachsen-Altenburg: AG.BGB. § 123 (Becher XVIII, 1 S. 26); Reuß ä. L.: AG.BGB. §§ 137—139 (Becher XV, 1 S. 26); Reuß j. L.: AG.BGB. § 116 (Becher XVI, 1 S. 27); Schwarzburg-Rudolstadt: AG.BGB. Art. 166 (Becher XXIII, 3 S. 30); Schwarzburg-Sondershausen: AG.BGB. Art. 56 § 3 (Becher XXIV, 1 S. 26)]; Hessen: AG.BGB. Art. 126 (Becher VIII, 3 S. 54); MinErl. vom 9. Nov. 1895 und 7. März 1898; Mecklenburg-Schwerin: AV.BGB. § 227 (Becher XI, 2 S. 48); Mecklenburg-Strelitz: AV.BGB. § 225 (Becher VII, 1 S. 44); Oldenburg: AG.BGB. u. HGB. § 21 (Becher XIII, 3 S. 11); für Birkenfeld: AG.BGB. § 66 (Becher XIII, 7 S. 41); Braunschweig: AG.BGB. § 101 (Becher IV, 1 S. 23) und § 1

Nr. 1 des Ges. vom 13. Juni 1890, aufrecht erhalten durch § 118 Nr. 99 AG.BGB.; Waldeck: AG.BGB. Art. 37 (Becher XXV, 9 S. 69); Schaumburg-Lippe: AG. BGB. § 44 (Becher XXII, 9 S. 69); Bremen: Ges. vom 24. Jan. 1899. Vgl. auch Bd. IV Bem. 3, c zu § 1807.

Vorbemerkung zu Art. 213—217.

1. Die **Art.** 213—217 regeln die zeitliche Herrschaft der **erbrechtlichen Vorschriften** des alten und des neuen Rechts. Die Regelung ist verschieden, je nachdem gesetzliche oder gewillkürte (testamentarische, vertragsmäßige) Erbfolge in Frage steht. Allgemein, für beide Arten der Erbfolge bestimmt Art. 213, daß auf Erbfälle, die vor dem 1. Januar 1900 eingetreten sind, d. h. wenn der Erblasser vor dem Inkrafttreten des BGB. gestorben ist, die bisherigen Gesetze Anwendung finden.

Hier nimmt der Gesetzgeber an, daß die zunächst im allgemeinen (abgesehen vom Sonderrechte, z. B. Lehnerbrecht, bäuerlichem Erbrecht) durch Gesetz oder Verfügung geschaffene bloße Erwartung sich in ein wohlerworbenes besonderes Recht umgewandelt hat, und zwar ist es nach dem Standpunkte des EG. einerlei, ob eine zum Erwerb der Erbschaft etwa erforderliche Antrittserklärung schon abgegeben war oder nicht, ja selbst, daß etwa die Berufung (Delation) vielleicht, weil sie noch suspensiv bedingt, erst nach dem Inkrafttreten des BGB. eintrat.

2. Ist der Erbfall erst nach dem 1. Januar 1900 eingetreten, so ist für die **gesetzliche Erbfolge** grundsätzlich das neue Recht des BGB. maßgebend; vor bloßen Möglichkeiten und vor Erwartungen, die nach den bisherigen Gesetzen gehegt werden konnten, zieht sich das neue Recht nicht zurück. Nur ausnahmsweise ist erbrechtlichen Vorschriften des bisherigen Rechts fortdauernde Wirkung eingeräumt. So bleiben die Vorschriften der bisherigen Gesetze über die erbrechtlichen Wirkungen des Güterstandes nach **Art.** 200 Abs. 1 Satz 2 maßgebend (s. hiezu auch Bem. 12 zu § 1931 in Bd. V). Ferner bestimmt sich die Rechtsstellung der Kinder aus ungültigen Ehen, der unehelichen Kinder und der legitimierten und angenommenen Kinder gemäß **Art.** 207—209 auch in Ansehung des Erbrechts nach den bisherigen Gesetzen (s. auch Bem. III, B, 2, b zu Art. 213).

3. Für die Beurteilung älterer **Verfügungen von Todes wegen** konnte es zweifelhaft sein, ob die entscheidende Ursache ihrer rechtlichen Wirksamkeit in dem Akte der Errichtung, z. B. des Testaments, oder erst im Tode des letztwilligen Verfügenden zu erblicken ist. Der eigentliche Grund der Berechtigung ist in dem Willensakt des Verfügenden zu suchen. Dieser kann jedoch, soweit es sich nicht um vertragsmäßige Bindung (Erbvertrag) handelt, seinen Willen bis zum Tode jederzeit ändern und eine andere Verfügung treffen; insofern ist hier ein wohlerworbenes Recht bis zum Tode des Verfügenden nicht gegeben. Gleichwohl empfahl es sich aus praktischen Erwägungen, alle letztwilligen Verfügungen, sowohl einseitige wie zweiseitige, in bezug auf ihre förmlichen und sachlichen Erfordernisse ausschließlich den zur **Zeit ihrer Errichtung** gültig gewesenen Rechtsnormen zu unterwerfen. Diesen Satz bringt **Art.** 214 zum Ausdruck, er wird in **Art.** 217 auf **Erbverzichtsverträge** erstreckt. Der **Art.** 215 bestimmt ausdrücklich die Fortdauer der vor dem Inkrafttreten des BGB. erlangten **Fähigkeit zur Errichtung einer Verfügung von Todes wegen** noch nach jenem Zeitpunkt für den Fall, daß vorher von der betreffenden Person eine solche Verfügung errichtet ist, auch wenn sie am 1. Januar 1900 das nach dem BGB. erforderliche Alter noch nicht erreicht hatte. Abs. 2 dieses Art. erstreckt ferner die Anwendbarkeit des § 2230 BGB. auf Testamente, die vor dem 1. Januar 1900 errichtet sind, d. h. das Testament eines Entmündigten bleibt gültig, wenn der Entmündigte noch vor Eintritt der Unanfechtbarkeit des Entmündigungsbeschlusses stirbt, und auch ein Testament, das ein Entmündigter nach der Stellung des Antrags auf Wiederaufhebung der Entmündigung errichtet hat, soll gültig sein, wenn der Antrag Erfolg hat.

Der Art. 216 enthält eine Sondervorschrift in betreff des Pflichtteils für die Mitglieder gewisser ritterschaftlicher Familien.

Art. 213.*)

Für die erbrechtlichen Verhältnisse bleiben, wenn der Erblasser vor dem Inkrafttreten des Bürgerlichen Gesetzbuchs gestorben ist, die bisherigen Gesetze maßgebend. Dies gilt insbesondere auch von den Vorschriften über das erbschaftliche Liquidationsverfahren.

E. I, 129 Abs. 1; II, 182; III, 212.

Erbrechtliche Verhältnisse:

I. Entstehung. Art. 213 entspricht dem Abs. 1 des Art. 129 E. I. Die Änderungen, welche in der II. Komm. getroffen wurden, haben den Inhalt nicht verändert, sind also nur von redaktioneller Bedeutung (Mot. z. EG. 305 ff., P. IV, 557, Reatz III, 101).

II. Inhalt.

1. Der Artikel 213 gibt dem Grundsatz Ausdruck, daß der Übergang des Vermögens einer Person auf deren Erben und die mit diesem Übergang im Zusammenhange stehenden Rechtsverhältnisse sich **nach dem zur Zeit des Todes der Person geltenden Rechte** bestimmen, **daß also über erbrechtliche Verhältnisse**

A. hinsichtlich der vor dem Inkrafttreten des BGB. gestorbenen Personen das bisherige Recht,

B. hinsichtlich der unter der Herrschaft des BGB. versterbenden Personen das BGB. zu entscheiden hat.

Auch der Grundsatz zu B war im Abs. 1 des Art. 120 E. I ausdrücklich ausgesprochen, die bezüglichen Worte („wenn der Erblasser später verstorben ist, nach den Vorschriften des BGB.") sind aber von der Redaktionskommission der II. Komm. gestrichen worden. Der Grund der Streichung ist aus den Protokollen nicht ersichtlich; man wird wohl die Regel unter B als selbstverständlich angesehen haben, um so mehr, da die Ausnahmebestimmungen der Art. 214, 215, 217 die Regel bestätigen.

2. Der **Begriff „erbrechtliche Verhältnisse"** ist im weitesten Sinne aufzufassen; unter denselben fallen alle Verhältnisse, die mit dem Anfall und dem Erwerb einer Erbschaft im Zusammenhange stehen, ohne Unterschied zwischen materiellem Recht und Verfahren. Vgl. RGZ. Bd. 46 S. 73, Bd. 50 S. 186, Bd. 73 S. 291 = JW. 1910 S. 572. Über die Rechtsnatur des Rückfallsrechts nach Art. 747 code civil als erbrechtliches Verhältnis s. OLG. Colmar in PucheltsZ. Bd. 33 S. 237, RGZ. Bd. 50 S. 181 ff. = JW. 1902 Beil. S. 197.

---

*) Schrifttum: Habicht S. 693 ff.; Affolter S. 267 ff.; Lebram im ZBlFG. Bd. 2 S. 593: Bemessen sich die Erbquoten aus einer vor dem 1. Januar 1900 errichteten letztwilligen Verfügung, die erst nach diesem Zeitpunkte in Wirksamkeit tritt, nach dem alten oder dem neuen Recht? — du Chesne im ZBlFG. Bd. 2 S. 869: Der Begriff des Erblassers im Sinne des Art. 213 EG.BGB.; Josef, Das Auseinandersetzungsverfahren und der Erbschein bei altrechtlichen Sterbefällen, GruchotsBeitr. Bd. 47 S. 341; Kohler, Ein Beitrag zu den Bestimmungen hinsichtlich der Ausgleichung während der Übergangszeit, WürttZ. Bd. 44 S. 198; Schmitt, Die Eröffnung alter Testamente und Erbverträge nach § 108 des bayer. AG.BGB. in BayNotZ. 1906 S. 124; Bauer, Erbrechte unehelicher Kinder bei vor 1900 stattgehabten Erbfall, in BadNotZ. Bd. 3 S. 67 ff.; Buchholtz, Altrechtliche gemeinrechtliche Testamente unter der Herrschaft des BGB., Diss. Rostock 1908; Giese, Die Wirksamkeit einer gemeinrechtlichen Quasipupillarsubstitution unter der Herrschaft des BGB., ArchBürgR. Bd. 33 S. 328; Kolbow, Zu § 2066 BGB. Art. 213 EG., § 261 AV.BGB. für Mecklenburg-Strelitz, in MecklZ. Jahrg. 28 S. 418 ff.; Meckbach, Behandlung der seit langer Zeit gerichtlich verwahrten Verfügungen von Todes wegen in Preußen, DJZ. Bd. 14 S. 1430; Stadelmeyer, Die Fassung und Auslegung der Einkindschaftsverträge nach Bamberger Landrecht in BayZ. 1910 S. 359 f.; Winter, Die Einwirkung der Anlegung des Grundbuchs auf Erbengemeinschaften des französischen Rechts in HessRspr. 1909 S. 183 ff.; Weißler, Das Nachlaßverfahren, 2. Aufl., 7. Teil, Bd. II S. 77 ff.; Fraeb, Zur Nachlaßbehandlung nach BGB. in ZBlFG. Bd. 13 S. 273 ff.; Mirre, Das gemeinschaftliche Testament und die Erbschaftssteuer, in DNotV. 1912 S. 281 bis 293; Kretzschmar, Altrechtliche Verfügungen von Todes wegen, JW. 1914 S. 953 ff.; derselbe, Erbrechtliche Übergangsvorschriften, ZBlFG. Bd. 16 S. 91 ff.; Reichel, Zur Lehre vom gemeinschaftlichen Testament, Jena 1915; Haberstumpf, Das in Bayern geltende Nachlaßbehandlungsrecht, München 1922.

III. Im einzelnen ergibt sich aus dem Grundsatze des Art. 213 unter Berücksichtigung der möglichen Fälle folgendes:

A. Tod des Erblassers vor dem 1. Januar 1900: Durch den vor dem 1. Januar 1900 erfolgten Tod wird entschieden, daß sowohl die Voraussetzungen als auch die Wirkungen der Erbfolge — der gesetzlichen wie der auf Grund einer Verfügung von Todes wegen eintretenden — im weitesten Sinne (Bem. II, 2) ausschließlich nach dem früheren Rechte zu beurteilen sind. Es kommt nicht darauf an, ob die Berufung zur Erbschaft vor oder nach Inkrafttreten des BGB. eintritt, so wenn an Stelle des zunächst berufenen Erben wegen dessen Wegfall erst nach dem 1. Januar 1900 ein anderer als Erbe berufen wird.

1. Die **Voraussetzungen der Erbfolge** bestehen zum Teil aus Tatbeständen, die sich vor dem 1. Januar 1900 vollendet haben müssen.

a) Bei der gesetzlichen Erbfolge kommt zunächst nur die Tatsache des vor dem 1. Januar 1900 erfolgten Todes unter diesen der alten Rechtsordnung angehörigen Tatbeständen in Frage. Doch gehören dazu auch die tatsächlichen Voraussetzungen

α) einer etwaigen Todesvermutung, wie z. B. der Präsumtion des früheren Todes bei gemeinschaftlichen Unfällen. (Das gemeine Recht weicht hier von der Bestimmung des BGB. in § 20 erheblich ab, vgl. Bem. I zu § 20 in Bd. I dieses Komm.) Vgl. auch Bem. 4, b zu Art. 158.

Vor allem aber gehört hierher die Wirkung einer Todeserklärung. Vgl. Art. 158, 161 mit Bem. Auch wenn eine Todeserklärung erst nach dem 1. Januar 1900 erfolgt, aber als Todestag einen in die Zeit vor dem 1. Januar 1900 fallenden Tag festsetzt, kommen die bisherigen Gesetze in Ansehung der erbrechtlichen Verhältnisse zur Anwendung (BayObLGZ. Bd. 2 S. 213). Anders wenn nach einem alten, auf Todeserklärung eingeleiteten Verfahren die Todeserklärung erst nach dem 1. Januar mit konstitutiver Wirkung erfolgt, vgl. Bem. 2, b zu Art. 161.

β) Beruht die Erbfolge nicht unmittelbar auf Gesetz (Intestaterbfolge), sondern auf einer letztwilligen Verfügung (Testament, Vermächtnis) oder auf Vertrag (Erbvertrag), so ist die Gültigkeit dieser Verfügungen oder Verträge nach Form und Inhalt lediglich nach den bisherigen Gesetzen zu beurteilen.

Dies gilt grundsätzlich auch hinsichtlich der Auslegung. Nach Habicht S. 740 ff. behalten die alten Auslegungsvorschriften nur insoweit Bedeutung, als sie den natürlichen Denkregeln entsprechen, d. h. kraft der inneren Richtigkeit, die ihnen beiwohnt, und außerdem, wenn vermöge der Herrschaft, die sie während ihrer gesetzlichen Geltung auf den Rechtszustand ihres Gebietes ausübten, anzunehmen ist, daß sie auch die Ausdrucksweise des Erblassers beeinflußt haben; sie sollen aber nicht mehr als positive Rechtssätze gelten, also nicht mehr, wie zur Zeit ihrer früheren Geltung ohne weiteres anzuwenden sein, sobald kein Anhalt für einen abweichenden Willen des Erblassers vorliegt, sondern jeweilig darauf geprüft werden, ob sie wirklich mit der Denkweise des Ortes und der Zeit übereinstimmen. Im übrigen soll nach Habicht auch der Inhalt der Testamente den zwingenden, wie den ergänzenden Bestimmungen des BGB., also auch dessen Auslegungsregeln unterworfen werden. An Habichts Ausführungen ist aber nur soviel richtig, daß das entscheidende Gewicht auf die Erforschung des wahren Willens des Erblassers zu legen ist; vgl. Bem. IV zu Art. 214 und Vorbem. IV vor § 2066.

Die Auslegungsregel des § 2269 BGB. für ein gemeinschaftliches Testament von Ehegatten, das die Bestimmung enthält, daß nach dem Tode des Überlebenden der beiderseitige Nachlaß an einen Dritten fallen soll, ist nicht anwendbar, wenn der Erblasser vor dem Jahre 1900 gestorben ist (RGZ. Bd. 76 S. 20, RG. in OLG. Bd. 24 S. 100, BayObLGZ. Bd. 16 A S. 37, OLG. Dresden in SächsOLG. Bd. 37 S. 139, Reichel a. a. O. [*-Note]; and. Ans. Kretzschmar ZBlFG. Bd. 16 S. 91).

Siehe über Auslegung altrechtlicher Testamente auch noch RG. in DNotV. 1912 S. 98 ff., „Recht" 1912 Nr. 3838, ZBlFG. Bd. 12 S. 549, Bd. 13 S. 454, RGZ. Bd. 79 S. 32 ff. = SeuffA. Bd. 67 Nr. 262, „Recht" 1913 Nr. 72, BayZ. 1920 S. 242, BayObLG. in BayObLGZ. Bd. 13 S. 122 ff., 77 ff., Bd. 17 S. 27 ff., Bd. 18 Abt. B S. 77 ff., Bd. 20 S. 293, 322, „Recht" 1915 Nr. 1127, 1128, OLG. Colmar in OLG. Bd. 24

S. 108 ff., OLG. München BayZ. 1922 S. 156, OLG. Dresden in ZBlFG. Bd. 20 S. 262. S. auch Vorbem. V vor § 2066 in Bd. V S. 458 f.

b) Es gibt aber auch nach altem Recht für die Erbfolge noch weitere Voraussetzungen als den Tod des Erblassers, wenigstens ist, abgesehen von dem Fall der sui et necessarii heredes im gemeinen Recht (vgl. Bem. I zu § 1942 in Bd. V, Windscheid, Pand. § 596, Dernburg, Pand. Bd. 3 § 58, Kuhlenbeck, Von den Pand. z. BGB. Bd. 3 § 2 S. 201 ff.), der **Erwerb der Erbschaft** an einen freien Willensentschluß geknüpft (Erbschaftsantritt, extranei et voluntarii heredes). Im Gegensatz dazu hat die Annahme der Erbschaft nach dem BGB. nur die Bedeutung, daß damit die Befugnis zur Ausschlagung der Erbschaft verloren geht (s. § 1943 und Bem. hiezu in Bd. V). Während das gemeine (römische) Recht zwischen den beiden Abschnitten der Berufung (Delation), d. h. der rechtlichen Möglichkeit, Erbe zu werden, und des Erwerbes unterscheidet, kennt das BGB., dem auch schon im preußischen und französischen Recht anerkannten Grundsatze folgend („Der Tote erbt den Lebendigen"), diese Zwischenstufe nicht (s. Bem. V zu § 1922 in Bd. V). Da nach Art. 213 ausschließlich der Zeitpunkt des Todes des Erblassers über die Anwendbarkeit der bisherigen Gesetze entscheidet, so finden diese im früheren Gebiete des gemeinen Rechts auch in Ansehung des Erwerbes (Antritts) der Erbschaft Anwendung, und zwar ist es gleichgültig, ob der Antritt vor oder nach dem 1. Januar 1900 erfolgt (s. auch Bem. X zu § 1942 in Bd. V). Der Erbe, der die Erbschaft des vor dem 1. Januar verstorbenen Erblassers vor diesem Zeitpunkt noch nicht angetreten hatte, wurde mit dem Inkrafttreten des BGB. nicht nach dessen Vorschrift (§ 1922) von selbst Erbe, sondern mußte den Antritt der Erbschaft auch nach dem 1. Januar 1900 noch erklären.

Im einzelnen ist hervorzuheben:

α) Form der Annahme (des Antritts) und der Ausschlagung bestimmen sich nach altem Rechte; insbesondere bleibt es gemeinrechtlich dabei, daß zum Antritt wie zur Ausschlagung auch die formlose Erklärung, einerseits pro herede gestio, anderseits bloße Nichteinmischung genügt (Windscheid, Pand. Bd. III § 161; auch sächs. BGB. §§ 2252, 2258, 2251). Es verbleibt für gemeinrechtliche Gebiete ferner bei den Vorschriften über die Stellvertretung beim Antritt der Erbschaft, insbesondere auch bei dem nur vorläufig zulässigen Erwerb für einen Geisteskranken (bloß interimistische bonorum possessio, Dernburg, Pand. Bd. 3 § 161, 2, a N. 10). Vgl. auch Habicht S. 699: Anwendbar bleiben die gemeinrechtlichen Rechtsmittel des interdictum quorum bonorum, der missio ventris nomine, der missio ex edicto Carboniano, des remedium ex lege ultima Cod. de ed. divi Hadriani toll. Vgl. Dernburg, Pand. Bd. 3 § 159. Wegen der Erteilung eines Erbscheins s. unten zu 2, h.

Den Besitz der Erbschaft erwirbt der Erbe, dem die Erbschaft des vor dem 1. Januar 1900 verstorbenen Erblassers erst nach diesem Zeitpunkt anfällt, nicht nach Maßgabe des § 857 BGB., es sind vielmehr für den Besitzerwerb die bisherigen Gesetze maßgebend; denn die Vorschrift des § 857 BGB. ist zugleich erbrechtlicher Natur (Bem. II, 2, zu § 857 in Bd. III).

Der Grundsatz des gemeinen Rechts, daß der Vormund eines als Erben berufenen volljährigen Wahnsinnigen nicht zum Erbschaftsantritte für den Mündel befugt ist, sondern nur den vorläufigen Verwaltungsbesitz der Erbschaft bis zur Wiedergenesung des Wahnsinnigen erlangen kann (Dernburg, Pand. Bd. 3 § 159), hat hinsichtlich eines vor dem 1. Januar 1900 eingetretenen Erbfalls noch Gültigkeit; KG. vom 6. Juni 1907 in KGJ. Bd. 35 A S. 120.

β) Auch die mit den Vorschriften über die Berufung des Erben in nahem Zusammenhange stehenden Vorschriften über Substitution, Transmission, Anwachsung bestimmen sich, falls der Erblasser vor dem 1. Januar 1900 verstorben ist, nach den früheren Vorschriften. Habicht S. 700 f. Dies gilt insbesondere auch für die fideikommissarische Substitution, für die, wie Habicht S. 703 mit Recht hervorhebt, das alte Recht noch lange über den 1. Januar 1900 hinaus praktische Bedeutung behält, auch wenn der Substitutionsfall erst nach dem Inkrafttreten des BGB. eintritt. Vgl. RG. in DJZ. 1902 S. 475, JW. 1907 S. 126. Die Vorschriften des BGB., z. B. § 2109, sind nicht anwendbar. Über die Aufrechthaltung einer Quasipupillarsubstitution des gemeinen Rechts als fideikommissarische Substitution oder als Erbschaftsvermächtnis s. KG. in OLG. Bd. 6 S. 318 = KGJ. Bd. 26 A S. 59, BayObLG. im „Recht" 1903 S. 341 Nr. 1858; vgl. dazu Giese a. a. O. (*-Note) Bd. 33 S. 328 sowie Bem. 4 zu § 2064.

γ) Was vom Erbschaftsantritt bzw. der Ausschlagung einer Erbschaft gilt, gilt auch für den Erwerb der Vermächtnisse, wenn auch der sog. dies veniens erst in die Zeit nach dem 1. Januar 1900 fällt (BayObLGZ. Bd. 4 S. 401, OLG. Bd. 7 S. 359). Sofern der Vermächtnisnehmer nach bisherigem Recht nicht bloß eine Forderung gegen den Erben, sondern den Gegenstand selbst erwirbt (Vindikationslegate; s. Vorbem. I vor § 2147, Bem. I zu § 2174 in Bd. V), bedarf es keiner Auflassung des vermachten Grundstücks (Habicht S. 701 f., RG. in JW. 1901 S. 50). S. hierzu Vorbem. VI vor § 2147 und für Bayern: ÜbergG. Art. 33 (Becher III, 8 S. 107).

δ) Auch die Fähigkeit zum Erwerb einer Erbschaft, wie die Erbfähigkeit selbst (die sog. testamenti factio passiva) untersteht, wenn der Erblasser vor dem 1. Januar 1900 gestorben ist, dem bisherigen Rechte (liberi ex damnato coitu procreati, Klosterpersonen, vgl. Mot. z. EG. 311). Vgl. auch Habicht S. 700. Code civil art. 907, 908, 910. Dernburg, Pand. Bd. 3 § 59.

2. Die **Wirkungen des Erbfalls** im weitesten Sinne bestimmen sich, wenn der Erblasser vor dem 1. Januar 1900 gestorben ist, ebenfalls nach dem bisherigen Rechte: Hierher gehören:

a) Der Erbschaftsanspruch in betreff seines Inhalts, auch in Ansehung der Möglichkeit, Beklagter zu sein (Passivlegitimation). Abweichend von § 2018 BGB. (s. Bem. III, B zu § 2018 in Bd. V) ist er z. B. nach gemeinem Recht auch gegen den possessor pro possessore begründet (Dernburg, Pand. Bd. 3 § 172, Windscheid-Kipp Bd. 3 § 614; vgl. auch sächs. BGB. § 2291). Sodann in betreff des Umfangs der Verpflichtungen zur Herausgabe von Nutzungen. Für das gemeine Recht vgl. Dernburg, Pand. a. a. O. § 172 Nr. 3. Dies gilt auch, wenn die Passivlegitimation des Beklagten erst nach dem 1. Januar 1900 entstanden ist. Jedoch kommen für rein deliktische Haftungsgründe, die einen selbständigen Charakter tragen, die Vorschriften des neuen Rechts zur Anwendung, wenn das rechtswidrige Verhalten des Beklagten erst nach dem 1. Januar 1900 begonnen hat. Vgl. Habicht S. 715 § 68.

b) Die Haftung der Erben für die Nachlaßverbindlichkeiten: In Betracht kommen die alten Vorschriften darüber, für welche Verbindlichkeiten der Erbe haftet, über die Rechtswohltat des Inventars, die Form der Inventarerrichtung, die Stellung des Benefizialerben (vgl. für das gemeine Recht Dernburg, Pand. Bd. 3 § 171, Windscheid-Kipp Bd. 3 § 606; für das preuß. Recht ALR. I, 9 § 445, Code civil art. 804); ferner die Rechtswohltat der Gütertrennung (beneficium separationis, vgl. Dernburg a. a. O. § 170, Windscheid-Kipp Bd. 3 § 607, Code civil art. 870—880, PrALR. I, 16 §§ 500 ff., sächs. BGB. §§ 2333 ff.).

Soweit aber gegen den Erben aus einem Tatbestand, der sich erst nach dem 1. Januar 1900 verwirklicht hat, ein zwar mit der Erbfolge tatsächlich zusammenhängender, aber auf selbständigem Rechtsgrunde beruhender Anspruch entstanden ist, ist derselbe nach neuem Recht zu beurteilen.

Wegen des Nachlaßkonkurses s. auch Art. VI EG. z. dem G. betr. Änderungen der KO. vom 17. Mai 1898: „In einem am Tage des Inkrafttretens des Gesetzes betr. Änderungen der Konkursordnung oder nach diesem Tage eröffneten Konkursverfahren bleiben, soweit für ein Rechtsverhältnis die Vorschriften des bisherigen bürgerlichen Rechts maßgebend sind, für das Rechtsverhältnis auch die Vorschriften des bisherigen Konkursrechts maßgebend. Dies gilt insbesondere in Ansehung eines Nachlasses, wenn der Erblasser vor dem bezeichneten Zeitpunkte gestorben ist. Die Landesgesetzgebung kann jedoch auch ein Rechtsverhältnis, für welches nach den Übergangsvorschriften des EG.BGB. die Landesgesetze maßgebend sind, die Vorschriften des neuen Konkursrechts für anwendbar erklären."

c) Die Rechtsstellung der Miterben und die Auseinandersetzung unter denselben. Jedoch erfährt hier der Art. 213 eine Einschränkung durch

Art. 173 EG., soweit es sich nicht um erbrechtliche Besonderheiten bei der nach dem alten Rechte begründeten Erbengemeinschaft handelt (Habicht S. 710; Vorbem. 5 zum II. Abschn., 4. Titel des V. Buches in Bd. V S. 348). Die actio familiae erciscundae des gemeinen Rechts (vgl. Dernburg, Pand. Bd. 3 § 176) ist nach Habicht auch bei Erbanfällen vor dem 1. Januar 1900 beseitigt und durch die §§ 742—758 BGB. ersetzt, da es sich um eine Gemeinschaft nach Bruchteilen handelt (s. auch Bem. I zu § 2042 in Bd. V). Keine Anwendung findet Art. 213, wenn vom Erblasser eine einzelne Sache mehreren Personen zugewendet ist, welche dann bezüglich dieser Sache im Verhältnisse zueinander nicht Miterben, sondern Miteigentümer nach Bruchteilen geworden sind (RGZ. Bd. 52 S. 179 ff. = JW. 1902 Beil. S. 268). Die französischrechtliche Erbengemeinschaft ist (nach RG. in ElsLothZ. Bd. 32 S. 32, 158) ein erbrechtliches Verhältnis im Sinne des Art. 213, keine Gemeinschaft nach Bruchteilen; s. auch LG. Landau vom 4. Febr. 1907 in BayZ. Bd. 3 S. 154, KG. vom 29. Nov. 1906 in KGJ. Bd. 33 A S. 226, 228.

Auch die **Ausgleichungspflicht** bestimmt sich nach altem Recht, wenn der Erbfall vor dem 1. Januar 1900 eingetreten ist (Habicht S. 737 ff., Bem. I, B zu § 2050 in Bd. V, RG. in JW. 1902 Beil. S. 266 = SeuffBl. Bd. 68 S. 422; auch im „Recht" 1910 Nr. 2587, 1912 Nr. 1648, DJZ. 1911 S. 326 — bei einer vor dem 1. Januar 1900 erfolgten Zuwendung ist zur Auslegung des Willens, die Zuwendung der Ausgleichungspflicht zu unterwerfen, das alte Recht in Betracht zu ziehen —; BayObLGZ. Bd. 19 A S. 542).

S. auch die Übergangsbestimmungen für **Bayern** in Art. 36 und 52 ÜbergG. und **Hessen** in Art. 152 AG.FGG.; s. auch unten Bem. IV.

d) Die **Rechtsstellung des Nacherben** (s. oben Bem. A, 1, b, β; auch Vorbem. III vor § 2100 in Bd. V S. 509 f.; über die Eintragung des Rechts des Nacherben bei der Eintragung des Vorerben auch bei einem vor dem 1. Januar 1900 eingetretenen Erbfall s. KG. in OLG. Bd. 1 S. 21), ferner die Rechtsstellung des **Testamentsvollstreckers**, die Wirksamkeit und die Folgen seiner Ernennung, seine Haftung (Habicht S. 695 und Note 2 daselbst; Vorbem. III vor § 2197 und Bem. VIII zu § 2201 in Bd. V; vgl. RGZ. Bd. 46 S. 70 = JW. 1900 S. 466, RG. JW. 1901 S. 322, „Recht" 1906 S. 1378 Nr. 3310, GruchotsBeitr. Bd. 51 S. 612 und DJZ. 1906 S. 1262, KG. in JurRundsch. 1926 Nr. 2027). Auch die Frage, unter welchen Voraussetzungen ein Testamentsvollstrecker, der vor dem Inkrafttreten des BGB. bestellt worden ist, zu entlassen ist, beurteilt sich ausschließlich nach bisherigem Recht, auch wenn es sich um Vorgänge handelt, die erst nach dem 1. Januar 1900 sich ereignet haben (RG. im „Recht" 1908 Nr. 1583).

e) Hinsichtlich des **erbschaftlichen Liquidationsverfahrens** ist die Aufrechterhaltung der bisherigen Gesetze in **Satz 2 des Art. 213** besonders im Gesetz ausgesprochen, weil sonst der Grundsatz, daß neue Verfahrensvorschriften sofort einwirken, zu einer entgegengesetzten Auslegung führen würde (Mot. z. EG. 314, 250). Unter dem erbschaftlichen Liquidationsprozeß ist zunächst die mit diesem Namen belegte Rechtseinrichtung der preußischen allgemeinen Gerichtsordnung Tit. 51 §§ 53 ff., dann aber auch jedes in einem anderen deutschen Lande (z. B. in Württemberg) bestehende ähnliche Verfahren einer Nachlaßauseinandersetzung bei einem mit der Rechtswohltat des Inventars erfolgten Erbschaftsantritte zu verstehen.

Zu beachten ist übrigens, daß auf Grund des § 15 Nr. 3 EG.ZPO. besondere Vorschriften z. B. in **Bayern** durch Art. 150—157, 178, 183, 184 AG.ZPO., in **Preußen** durch das G. betr. die Zwangsvollstreckung gegen Benefizialerben vom 28. März 1897, in **Württemberg** durch § 9 AG.KO. und Art. 23 AG.ZPO. erlassen worden waren, daß aber § 15 Nr. 3 des EG.ZPO. durch das EG. vom 17. Mai 1898, betr. die Änderungen der ZPO., Art. II Ziff. 3 geändert worden ist. Vgl. ferner Bem. IV (Ausführungsgesetze).

f) Die **Eröffnung und Verkündung der Testamente** bemißt sich nach dem bisherigen Recht, wenn der Erblasser vor dem 1. Januar 1900 verstorben ist; die §§ 2259—2264 BGB. finden keine Anwendung. Auch die Vorschriften des § 2273 über die Eröffnung gemeinschaftlicher Testamente finden keine Anwendung, wenn einer der Ehegatten vor dem Inkrafttreten des BGB. verstorben ist (OLG. Bd. 1 S. 130, KGJ. Bd. 21 A S. 225, Planck Bem. 2, i, Körner im „Recht" 1901 S. 95).

g) In Ansehung der Fürsorgepflicht des Nachlaßgerichts, insbesondere der Anordnung einer Nachlaßpflegschaft blieb das bisherige Recht maßgebend, wenn der Erblasser vor dem 1. Januar 1900 verstorben war (Habicht S. 684 f.); die §§ 1960, 1961 BGB. finden nicht Anwendung (Bem. 1, c zu § 1960 in Bd. V; OLG. Bd. 1 S. 385, Bd. 2 S. 346, Bd. 5 S. 366; abweichend aber KG. in KGJ. Bd. 38 A S. 110 ff. und OLG. Bd. 21 S. 304).

h) Für Erbfälle, die vor dem Inkrafttreten des BGB. erfolgt sind, bestimmen sich Voraussetzungen und Wirkungen der Erteilung eines Erbscheins nach bisherigem Recht, auch wenn der Erbschein erst nach dem 1. Januar 1900 erteilt wird. S. Bem. I, 2 zu § 2353. Im Gebiete des preuß. Rechts kann ein Erbschein, abweichend von §§ 2353, 2355 BGB. nur dem gesetzlichen Erben erteilt werden (OLG. Bd. 1 S. 33, Bd. 5 S. 190, 236, BayObLGZ. Bd. 2 S. 87, du Chesne in GruchotsBeitr. Bd. 45 S. 49, Josef das. Bd. 47 S. 341, Dresden ZBlFG. Bd. 3 S. 19, Colmar in ElsLothZ. Bd. 28 S. 576; a. M. Börner in DJZ. 1902 S. 75). Wegen des früheren Rechts s. Vorbem. 1 vor § 2353 in Bd. V S. 1027.

i) Ein nach dem 1. Januar 1900 über eine altrechtliche Erbschaft abgeschlossener Erbschaftskauf unterliegt nicht den besonderen Vorschriften des BGB. über den Erbschaftskauf, soweit erbrechtliche Verhältnisse in Betracht kommen (s. Vorbem. 6 vor § 2371 in Bd. V, Planck Bem. 2, m, Habicht S. 715 f., RGZ. Bd. 73 S. 291, RG. im „Recht" 1912 S. 389, OLG. Bd. 2 S. 242, KG. in JW. 1926 S. 2097); in rein schuldrechtlicher und sachenrechtlicher Hinsicht kommt aber das neue Recht des BGB. zur Anwendung (s. zutreffend Jadisch in JW. 1926 S. 2097 Note 5). Der Erbschaftskauf über eine derartige Erbschaft bedarf insbes. nicht der gerichtlichen oder notariellen Beurkundung nach § 2371 BGB. (RGZ. Bd. 73 S. 291).

k) Wirkungen der Pflichtteilsverletzung sind ebenfalls bei Erbfällen vor dem 1. Januar 1900 ausschließlich nach altem Recht zu beurteilen (s. Bem. V vor § 2303 in Bd. V S. 897, Bem. II, D Abs. 6 zu § 2303 S. 901 und Bem. 1 a. E. zu § 2304 S. 905, RGZ. Bd. 54 S. 243, Bd. 58 S. 127, RG. in JW. 1903 Beil. S. 51, 73 und 128, 1904 S. 362, 1906 S. 223 und 358, 1911 S. 26).

l) Der Einfluß von Willensmängeln auf erbrechtliche Geschäfte, die zwar erst nach dem 1. Januar 1900, aber über schon vorher erfolgte Erbfälle abgeschlossen werden, wie z. B. Annahme und Ausschlagung einer Erbschaft, Verzicht auf die Beschränkung der Haftung, Erbteilungsverträge, Erbschaftskauf, ist nicht nach §§ 116 ff. BGB., sondern nach den bisherigen Gesetzen zu beurteilen (Planck Bem. 2, n, Niedner S. 467, Affolter S. 267; and. Ans. Habicht S. 716 ff., der, von der Annahme und Ausschlagung der Erbschaft abgesehen, die Vorschriften des BGB. anwenden will).

B. **Tod des Erblassers nach dem 31. Dezember 1899:** Grundsätzlich sind nach diesem Zeitpunkte, soweit nicht die unten zu 2 genannten Ausnahmen in Betracht kommen, alle erbrechtlichen Verhältnisse in dem oben unter II. 2 bezeichneten weitesten Sinne nach dem BGB. zu beurteilen.

1. **Im einzelnen** ist dabei hervorzuheben:

a) Vom 1. Januar 1900 ab greift auch älteren Testamenten und Erbverträgen gegenüber das Pflichtteilsrecht des BGB. Platz (BGB. §§ 2303 ff.). Dies folgt insbesondere aus dessen zwingendem Charakter.

b) Der gemeinrechtliche Grundsatz: nemo pro parte testatus pro parte intestatus decedere potest wird nicht mehr berücksichtigt. Als Erbe gilt nur derjenige, dem der ganze Nachlaß oder ein Bruchteil davon zugewendet ist (BGB. § 1922); der heres ex re certa wird als Vermächtnisnehmer behandelt.

c) Vermächtnisse erzeugen nur noch ein Forderungsrecht gegen den Beschwerten; das Vindikationslegat ist, auch wenn der Erblasser den sofortigen Übergang des Eigentums angeordnet hat, nur als Forderungslegat im Sinne des BGB. zu behandeln. Die gemeinrechtliche quarta Falcidia bzw. Trebelliana fällt weg, sofern nicht der Erblasser ihren Abzug im Testamente dem Erben vorbehalten hat. Dagegen ist das Verhältnis des Nacherben zum Vorerben (fideikommissarische Substitution) aus einem gemeinschaftlichen Testamente gemäß Art. 214 Abs. 2 nach den bisherigen Gesetzen und nicht als Einsetzung eines Nacherben im Sinne der §§ 2100 ff. BGB. zu beurteilen (RG. in JW. 1906 S. 222, Bem. III, A, 1, b, β oben).

d) Eine Enterbung in guter Absicht (exhereditatio bona mente), die nach gemeinem Recht allgemein zulässig war (vgl. Dernburg, Pand. Bd. 3 § 153 Nr. 3, Windscheid-Kipp Bd. 3 § 583 Note 6—9, JW. 1900 S. 190 Nr. 24), und die nach verschiedenen Partikularrechten zulässige Beschränkung des Pflichtteils in wohlmeinender Absicht, die in einem vor dem Inkrafttreten des BGB. errichteten Testament erfolgt ist, kann, wenn der Erblasser erst nach diesem Zeitpunkt gestorben ist, nur soweit aufrecht erhalten werden, als sie auch der Vorschrift des § 2338 BGB. entspricht (Bem. 6 zu § 2338 in Bd. V; OLG. Hamburg HansGZ. 1904 Beibl. S. 206).

e) Auch die Ausgleichungspflicht richtet sich in Ermangelung einer bei der Zuwendung getroffenen rechtsgültigen Anordnung nach den Vorschriften des BGB., wenn auch die Zuwendung schon vor 1900 erfolgt ist (RG. in JW. 1902 Beil. S. 266 Nr. 198, „Recht" 1912 Nr. 1648, OLG. Hamburg HansGZ. 1913 Beibl. S. 37).

f) Die Rechtsstellung des Vorerben bestimmt sich nach dem BGB., auch wenn die Beerbung auf Grund einer vor 1900 errichteten letztwilligen Verfügung erfolgt (RG. im „Recht" 1915 Nr. 2309).

g) Wegen Erbunwürdigkeit s. Vorbem. 4 vor § 2339.

2. Ausnahme von dieser Regel: Eine wichtige Ausnahme von diesem Grundsatze der Anwendung des neuen Rechts auf die nach dem 1. Januar 1900 eintretenden Erbfälle besteht jedoch:

a) nach Art. 200 in Ansehung der **erbrechtlichen Wirkungen des Güterstandes.** Vgl. dazu Vorbem. 1 vor § 213 und die Bem. II, B, 3 zu Art. 200.

b) Mittelbar können sich auf Grund der Vorschriften über die rechtliche Stellung der Kinder aus vor dem 1. Januar 1900 geschlossenen nichtigen oder ungültigen Ehen (Art. 207), sowie der unehelichen Kinder (Art. 208) und der legitimierten und angenommenen Kinder (Art. 209) insofern Abweichungen ergeben, als darnach solche Kinder nach den Vorschriften des früheren Rechts erbberechtigt sein können, während sie nach dem BGB. kein Erbrecht haben. Insbesondere behalten die bei dem Inkrafttreten des BGB. bestehenden Einkindschaftsverhältnisse ihre erbrechtliche Bedeutung. (Vgl. Bem. V zu Art. 209, Mot. z. Entw. d. bayer. AG.BGB. Beil. B Art. 36 Ziff. 11, sowie zum Entw. d. preuß. AG.BGB. Art. 51 S. 116. S. auch Bem. II und III, 2, c und d zu Art. 203 sowie Bem. 6 zu § 1941).

c) Vor allem aber bleibt nach **Art. 214** das bisherige Recht auch bei Todesfällen nach dem 1. Januar 1900 maßgebend für die **Beurteilung der vorher erfolgten Errichtung oder Aufhebung einer Verfügung von Todes wegen und der Bindung aus einem vorher errichteten gemeinschaftlichen Testamente oder einem vorher abgeschlossenen Erbvertrag.** Vgl. die Bem. zu Art. 214.

d) Vgl. ferner **Art. 215** über die Fähigkeit zur Errichtung einer Verfügung von Todes wegen, **Art. 216** über das Recht gewisser ritterschaftlicher Familien zur Beschränkung des Pflichtteils und **Art. 217** über einen vor dem 1. Januar 1900 geschlossenen Erbverzichtsvertrag.

IV. Ausführungsgesetze:

Für Preußen s. Mot. z. Entw. des AG.BGB. Art. 48, 53, 55 und 56.

Bayern: ÜbergangsG. Art. 33 („Hat ein Vermächtnis, durch welches der Vermächtnisnehmer den Vermächtnisgegenstand unmittelbar erlangt, ein Recht an einem Grundstück oder ein Recht an einem solchen Rechte zum Gegenstande, so ist bei der Eintragung des Beschwerten in das Grundbuch oder in das Hypothekenbuch der Landesteile rechts des Rheins das Recht des Vermächtnisnehmers einzutragen"), Art. 36 (über Auseinandersetzung in Ansehung eines Nachlasses oder des Gemeinschaftsvermögens einer ehelichen oder einer fortgesetzten Gütergemeinschaft nach den Vorschriften der §§ 86—99 FGG.); Art. 52 (gesetzlicher Hypothektitel nach § 12 Nr. 8 HypothekenG.); ferner Art. 114, 115 (Teilung in der Pfalz, betrifft auch Erbengemeinschaften; Becher III, 8 S. 107, 108, 127). Endlich vgl. Art. 142—146 (für die Pfalz über teilweise Anwendung der neuen Vorschriften in Ansehung der Zuständigkeit der Behörden, der Pflegschaften und Siegelungen, der Verfügungen über Nachlaßgegenstände, der Sicherheitsleistung durch den Benefizialerben; Becher III, 8 S. 132), JMBek. vom 11. Febr. 1900 betr. Anwendung der neuen Vorschriften in Ansehung der Eröffnung von Testamenten.

Sachsen: AV. einiger Reichsgesetze vom 24. Juli 1899 § 126 (Becher XVII, 3 S. 47), für die Einleitung und Durchführung des Erbteilungsverfahrens in erster Instanz bleiben, wenn der Erblasser vor dem 1. Januar 1900 gestorben ist, die bisherigen Vorschriften maßgebend.

Württemberg: AG.BGB. Art. 92, 261, 262 (Becher XXVI, 1 S. 18, 63). Nach Art. 92 treten, soweit nach dem Inkrafttreten des BGB. für das Verfahren in Nachlaßsachen gemäß Art. 213 EG.BGB. die bisherigen Gesetze in Kraft bleiben, an Stelle der bei nicht exemten Personen bisher zuständigen Teilungsbehörden die ordentlichen Nachlaßgerichte und Inventurbehörden des AG.; Art. 262 hält den erbrechtlichen Anspruch der lebenslänglichen (statutarischen) Nutznießung des überlebenden Ehegatten im Güterstande der landrechtlichen Errungenschaftsgesellschaft und der auf Grund eines in Württemberg abgeschlossenen Ehevertrags geltenden allgemeinen Gütergemeinschaft entsprechend den bisherigen Bestimmungen aufrecht; ebenso das Recht des Ehegatten, durch letztwillige Verfügung den überlebenden Ehegatten von der Nutznießung auszuschließen, sowie die Pflicht des letzteren zur Sicherheitsleistung und deren Umfang.

Baden: §§ 36, 37 AG.GBO. betr. Eintragung ins Grundbuch zugunsten der Erbschaftsgläubiger, Vermächtnisnehmer, Enkel und Geschwisterkinder in Anwendung der Sätze 2, III Abs. 2, 1048 ff. des Badischen Landrechts (Becher II, 12 S. 62); nun Art. 34, 35 AG.GBO. in der Fassung der Bek. vom 13. Okt. 1925 (GVBl. S. 301).

Thüringische Länder: Sachsen-Weimar: § 236 AG.BGB. (Becher XXI, 3 S. 48), Aufhebung des G. vom 6. April 1833 über die Erbfolge ohne Testament und Vertrag und über die damit in Verbindung stehenden Rechtsverhältnisse, unbeschadet jedoch der Vorschrift des § 198 und mit der Maßgabe, daß, soweit nach den Übergangsvorschriften der Artikel 202—213 EG.BGB. die bisherigen Gesetze maßgebend bleiben, die entsprechenden des G. vom 6. April 1833 auch fernerhin zur Anwendung zu kommen haben; Schwarzburg-Rudolstadt: Art. 188 AG. BGB. (Becher XXIII, 2 S. 33), Aufhebung der bisherigen Gesetze, welche erbrechtliche Bestimmungen enthalten, unbeschadet der Art. 213, 214, 215, 217 EG.BGB., Art. 191 a. a. O. betr. Eröffnung von Testamenten und Erbverträgen, Anwendung der §§ 2260 bis 2262 BGB.; Reuß ältere Linie: § 142 AG.BGB. (Becher XVI, 1 S. 31). (Ausdrückliche Erklärung, daß die ihm bezeichneten Landesgesetze „unbeschadet der Übergangsvorschriften der Art. 153—217 EG.BGB." aufgehoben werden.)

Hessen: AG.BGB. Art. 155 (Auslegungsregel), Art. 213 (über Nachweis der Erbfolge bei Übertragung von Grundeigentum in der Provinz Rheinhessen, Abänderung des G. vom 6. Juni 1879 doch unbeschadet der fortdauernden Geltung für die vor dem Inkrafttreten des BGB. angefallenen Erbschaften und Vermächtnisse; Becher VIII, 3 S. 60, 71); für Rheinhessen: Art. 229 über Vorzugsrecht der Erbschaftsgläubiger und der Vermächtnisnehmer; Art. 266 über Erbverträge und Schenkungen auf den Todesfall: Macht ein Schenkgeber aus Vermögen, das er vor dem Inkrafttreten des BGB. nach den Artikeln 1082—1086, 1092, 1093 Code civil verschenkt hatte, eine weitere Schenkung, so kann der zuerst Beschenkte seine Rechte nur dann mit Wirkung gegen Dritte geltend machen, wenn er gegen diese Klage erhebt und einen Vermerk über die Erhebung der Klage in das Mutationsverzeichnis eintragen läßt. Diese Klage muß erhoben und der Eintrag erfolgt sein vor dem Zeitpunkte, in welchem das Grundbuch als angelegt anzusehen ist, spätestens innerhalb eines Jahres nach dem Tode des Schenkgebers. Das gleiche gilt, wenn der Schenkgeber die weitere Schenkung bereits vor dem Inkrafttreten des BGB. vorgenommen hat. Ist der Schenkgeber zur Zeit des Inkrafttretens des BGB. gestorben, so beginnt der Lauf der Frist mit diesem Zeitpunkte. — Der Vermerk in dem Mutationsverzeichnis ist als Widerspruch in das Grundbuch zu übernehmen. — Ist ein Vermerk nach Abs. 1 nicht eingetragen, so kann der zuerst Beschenkte, nachdem ihm das Vermögen angefallen ist, von dem anderen Beschenkten die Herausgabe des Geschenkes nach den Vorschriften des BGB. über die Herausgabe einer ungerechtfertigten Bereicherung fordern, es sei denn, daß durch die Schenkung einer sittlichen Pflicht oder einer auf den Anstand zu nehmenden Rücksicht entsprochen wird. Der Anspruch verjährt in drei Jahren von dem Anfalle des Vermögens an. — Hält sich im Falle des Artikels 1084 des Code civil der zuerst Beschenkte ausschließlich an das verschenkte gegenwärtige Vermögen, so bleiben, soweit nichts anderes bestimmt ist, die bisherigen Gesetze maßgebend (Becher VIII S. 79, 84). Art. 152 AG.FGG. (Auseinandersetzung einer vor dem Inkrafttreten des AG. eröffneten Erbschaft).

Hamburg: §§ 81—99 AG.BGB., Übergangsbestimmungen für ältere Nachlässe, insbesondere Testamentsvollstrecker, Erbzeugnisse und Erbscheine, Publikation von Testamenten, Erbschaftsämter (Becher VII, 1 S. 13 ff.).

Mecklenburg-Schwerin: §§ 263, 264 AV.BGB. (Becher XI, 2 S. 54); Mecklenburg-Strelitz: §§ 260, 261 AV.BGB. (Becher XII, 1 S. 50).

Lippe: §§ 44—46 AG.BGB.

[Elsaß-Lothringen: § 76 AG.BGB. schreibt vor, daß die §§ 752—754 BGB. und die §§ 86—99 FGG. sowie die Vorschriften des AG. dazu auch auf die Auseinandersetzung eines vor dem Inkrafttreten des AG. eröffneten Nachlasses Anwendung finden (Becher VI, 2 S. 46). Vgl. ferner § 24 AG.GBO. über Eintragung der Verfügungsbeschränkung der Erben auf Grund des Art. 2111 Code civil (Becher VI, 3 S. 50).]

Art. 214.*)

Die vor dem Inkrafttreten des Bürgerlichen Gesetzbuchs erfolgte Errichtung oder Aufhebung einer Verfügung von Todes wegen wird nach den bisherigen Gesetzen beurteilt, auch wenn der Erblasser nach dem Inkrafttreten des Bürgerlichen Gesetzbuchs stirbt.

Das Gleiche gilt für die Bindung des Erblassers bei einem Erbvertrag oder einem gemeinschaftlichen Testamente, sofern der Erbvertrag oder das Testament vor dem Inkrafttreten des Bürgerlichen Gesetzbuchs errichtet worden ist.

E. I, 129 Abs. 2; II, 183; III, 213.

Verfügungen von Todes wegen, Erbverträge:

I. Entstehung. Art. 214 zeigt gegenüber dem Abs. 2 des Art. 129 E. I neben redaktionellen Änderungen die Ersetzung der Worte „wechselseitige letztwillige Verfügung" durch die Worte „gemeinschaftliches Testament" (Mot. z. EG. 307 ff., P. VI, 557, 558, 636, Reatz III, 101 ff.).

II. Inhalt. Der Art. 214 enthält eine Ausnahme von der Regel des Art. 213, daß für erbrechtliche Verhältnisse die Vorschriften des BGB. Anwendung finden, wenn der Erblasser nach dessen Inkrafttreten stirbt. Nach Art. 214 sind, auch wenn der Erblasser erst nach dem 1. Januar 1900 gestorben ist, **nach den bisherigen Gesetzen zu beurteilen:**

die **Errichtung** und **Aufhebung** von Verfügungen von Todes wegen, wenn sie vor dem 1. Januar 1900 erfolgte (Abs. I),

die **Bindung des Erblassers** bei einem vor dem 1. Januar 1900 errichteten Erbvertrage und gemeinschaftlichen Testamente (Abs. 2).

---

*) Schrifttum: Habicht S. 720 ff., 728 ff., 755 ff.; Affolter S. 333 ff.; Hangen, Die auf Grund des Art. 1094 l. c. getroffenen Verfügungen nach dem Inkrafttreten des BGB., PucheltsZ. Bd. 33 S. 274 ff., 435 ff.; Mangler, Die Wirkung altrechtlicher gemeinschaftlicher Testamente unter Ehegatten in Beziehung auf die Ansprüche des von dem wieder verheirateten Teile unter der Herrschaft des neuen Rechts hinterlassenen zweiten Ehegatten, SächsArch. Bd. 14 S. 684 ff.; Schäfer, Kann ein vor 1900 geschlossener Erbvertrag von dem Erblasser nach Maßgabe der §§ 2281 ff. BGB. angefochten werden?, „Recht" 1903 S. 29; Bollenbeck, Gesetzliches Erbrecht des überlebenden Ehegatten neben dem Anspruche aus letztwilliger Zuwendung in einem unter dem rheinischen Recht geschlossenen Ehevertrage, RheinNotZ. Bd. 54 S. 273 f.; Abeneuer, Welche rechtliche Bedeutung haben gegenüber dem durch das BGB. eingeführten gesetzlichen Erbrecht der Ehegatten letztwillige Verfügungen, welche die Brautleute in einem Ehevertrage des französischen Rechtes vor dem 1. Januar 1900 getroffen haben? JW. 1909 S. 647 ff.; Block, Die Testamentserrichtung nach der VO. für das Herzogtum Schleswig betr. die Gültigkeit testamentarischer Dispositionen ohne Allerhöchste Konfirmation vom 4. Febr. 1854 in Schl.-HolstAnz. 1912 S. 1—4; Buka, Wie ist seit 1900 ein landrechtliches korrespektives Testament bei Lebzeiten beider Erblasser zu widerrufen? DJZ. 1912 S. 564 f.; derselbe, Art. 214 Abs. 2 BGB. Seine Entstehung und Auslegung, JW. 1913 S. 8 f.; Früh, Bindung und Anfechtung des überlebenden Ehegatten bei gemeinschaftlichem unter der Herrschaft des PrALR. errichteten Testamente erster Ehe, DNotV. Bd. 26 S. 114 ff.; Kretzschmar, Altrechtliche Verfügungen von Todes wegen, JW. 1914 S. 953 ff.; derselbe, Erbrechtliche Übergangsvorschriften, ZBlFG. Bd. 16 S. 81 ff.; Kagermann, Die Bindung der Ehegatten und die Anfechtung letztwilliger Verfügungen bei einem wechselseitigen Testaemnt, Berlin 1913; Reichel, Zur Lehre vom gemeinschaftlichen Testament, Jena 1915; Haas, Schenkungen unter Ehegatten in Ansehung des Nachlasses des Schenkers nach französischem Rechte und nach BGB., BayNotV. 1925 S. 73 ff.; Mahla, Widerruf von Schenkungen unter Ehegatten des franz. Rechts, BayNotZ. 1914 S. 281 ff.

1. Zu den **Verfügungen von Todes wegen** im Sinne des **Abs. 1** gehören alle Verfügungen einer Person, die ihre Verhältnisse (auch familienrechtliche) für den Fall ihres Todes regeln und erst nach ihrem Tode wirksam werden sollen, namentlich Verfügungen über ihren Nachlaß, und zwar sowohl einseitige als zweiseitige (vgl. Vorbem. 2 und 3 vor § 1937 in Bd. V), also Testamente, Kodizille, Erbverträge (Erbeinsetzungs- und Vermächtnisverträge), Schenkungen von Todes wegen (Mot. z. EG. S. 313). Hinsichtlich der Erbverzichtsverträge, die das BGB. nicht zu den Verfügungen von Todes wegen rechnet, s. die besondere Vorschrift in Art. 217.

Auch für Verfügungen von Todes wegen gilt zunächst die Regel des Art. 213, die Ausnahme des Art. 214 Abs. 1 betrifft lediglich die vor dem 1. Januar 1900 erfolgte Errichtung und Aufhebung derselben. Dagegen sind Inhalt und Wirksamkeit einer vor dem Inkrafttreten des BGB. nach den bisherigen Gesetzen wirksam errichteten und vor diesem Zeitpunkt nicht aufgehobenen Verfügung von Todes wegen nach BGB. zu beurteilen (Mot. z. EG. 313; Planck Bem. 1; and. Ans. bezüglich des Inhalts Affolter S. 337).

a) Nach dem bisherigen Rechte bestimmt sich die **Form der Errichtung** der Verfügungen von Todes wegen, wenn die Errichtung vor dem 1. Januar 1900 erfolgt ist; dabei ist der wirkliche Zeitpunkt der Errichtung, nicht ein etwaiges unrichtiges Datum maßgebend (Habicht S. 726; Vorbem. 7 Abs. 3 vor § 2229 in Bd. V). Eine Verfügung von Todes wegen, die den Formvorschriften des Rechtes, unter dessen Herrschaft sie errichtet wurde, nicht entspricht, ist also, wenn der Erblasser erst nach dem Inkrafttreten des BGB. stirbt, nicht deshalb als rechtswirksam zu behandeln, weil sie den Formvorschriften des BGB. (§§ 2229 ff., 2276) entsprechen würde.

Die Frage, ob bei der Errichtung beabsichtigt war, einen Erbvertrag oder ein Testament, wechselseitiges oder einseitiges, zu errichten, ist nach dem bisherigen Rechte zu entscheiden (BayObLGZ. Bd. 18 A S. 220 = OLG. Bd. 36 S. 233).

Ist in einer letztwilligen Verfügung die Ergänzung vorbehalten, so muß sie in der Form erfolgen, welche zur Zeit der Vornahme der Ergänzung vorgeschrieben ist. Nachzettel oder Kodizille, die vor dem 1. Januar 1900 in der damals zugelassenen erleichterten Form errichtet sind, behalten ihre Gültigkeit; nach diesem Zeitpunkt können sie in dieser Form nicht mehr errichtet werden, der Vorbehalt ist wirkungslos, da das BGB. eine Erleichterung der Form für Nachzettel gegenüber der Form des Testaments nicht mehr kennt (s. Bem. 7 zu § 1937, Vorbem. 7 Abs. 3 vor § 2229 und Bem. I zu § 2231 in Bd. V; Habicht S. 739, Planck Bem. 2, e, Kretzschmar in ZBlFG. Bd. 16 S. 87 ff. gegen Reichel a. a. O. [* Note] S. 49, der grundsätzlich Wahrung der altrechtlichen Form für erforderlich, die des neuen Rechts aber für genügend erachtet; KG. in OLG. Bd. 8 S. 281, Bd. 34 S. 312, KGBl. Bd. 24 S. 121, KGJ. Bd. 45 A S. 141).

b) Nach dem bisherigen Rechte bemißt sich die Frage, ob der Erblasser bei der unter dessen Herrschaft erfolgten Errichtung einer letztwilligen Verfügung die **Fähigkeit zur Errichtung** (testamenti factio activa) hatte. Es gehören hieher die Vorschriften über Rechts- und Handlungsfähigkeit und über die Testierfähigkeit insbesondere (s. jetzt §§ 2229, 2230, 2275 BGB. und vgl. die Bem. zu §§ 2229, 2230 in Bd. V).

Die vor dem 1. Januar 1900 errichteten letztwilligen Verfügungen aller Personen, die nach altem Recht eine solche gültig errichten konnten, bleiben gültig, auch wenn ihnen diese Fähigkeit nach dem BGB. nicht mehr zukommt; gültig bleiben also insbesondere nach gemeinem und preußischem Rechte solche, die von geschlechtsreifen Personen unter 16 Jahren oder von entmündigten Geisteskranken in lichten Zwischenräumen errichtet sind, nach französischem Rechte solche, die von entmündigten Verschwendern errichtet sind (cod. civ. art. 513), nach preußischem Rechte solche, in denen entmündigte Verschwender über nicht mehr als die Hälfte des Nachlasses verfügt haben. Anderseits bleiben die vor dem 1. Januar 1900 errichteten Verfügungen von Todes wegen unwirksam, wenn den letztwillig Verfügenden zur Zeit der Errichtung die Fähigkeit fehlte, auch wenn das BGB. den Unfähigkeitsgrund beseitigt hat.

Eine Ausnahme von dem Grundsatze, daß sich die Fähigkeit des Testierenden nach dem zur Zeit der Errichtung der letztwilligen Verfügung geltenden Rechte bestimmt, macht jedoch Art. 215 Abs. 2 EG. in Verbindung mit § 2230 BGB.: Hat ein Entmündigter vor dem 1. Januar 1900 ein Testament errichtet, bevor die die Entmündigung aussprechende Entscheidung rechtskräftig geworden war, und hatte die Entmündigung nach dem bisherigen Recht den Mangel der Testierfähigkeit zur Folge, so steht die Entmündigung der Gültigkeit des Testaments nicht im Wege, wenn der Entmündigte den 1. Januar 1900 erlebt hat und vor Eintritt der Unanfechtbarkeit der Entscheidung stirbt; dasselbe gilt, wenn ein Entmündigter ein Testament errichtet hat, ehe die von ihm beantragte Wiederaufhebung der Entmündigung erfolgt ist. Die nach altem Recht bestehende Nichtigkeit des Testaments wegen mangelnder Testierfähigkeit kann also dadurch geheilt werden, daß der Erblasser das Inkrafttreten des BGB. erlebt.

Eine Ausnahme in anderer Richtung macht Art. 215 Abs. 1; er hält die Testierfähigkeit einer Person, die unter altem Recht schon eine rechtsgültige letztwillige Verfügung getroffen hat, über den Zeitpunkt des Inkrafttretens des BGB. hinaus aufrecht, auch wenn der Person nach dem BGB. die Testierfähigkeit mangelt.

c) Auch die Zulässigkeit der **Vertretung** bei der Errichtung einer Verfügung von Todes wegen ist, wenn die Errichtung vor dem 1. Januar 1900 erfolgte, nach den bisherigen Gesetzen zu beurteilen (Habicht S. 72 Note 2, Planck Bem. 2, c). S. jetzt §§ 2064, 2274, 2290 Abs. 2 BGB. und Bem. hiezu in Bd. V.

Dagegen beansprucht die Vorschrift des § 2065 BGB. auch gegenüber altrechtlichen letztwilligen Verfügungen Geltung. Hat der Erblasser in nach früherem Recht zulässiger Weise (vgl. Art. 2086 sächs. BG.) einem Dritten die Bestimmung überlassen, wer einen bestimmten Erbteil erhalten soll, so erlischt die Ermächtigung, wenn der Dritte nicht vor dem Inkrafttreten des BGB. davon Gebrauch gemacht hat, mit diesem Zeitpunkt. Denn Art. 214 Abs. 1 bezieht sich nur auf letztwillige Verfügungen, die vor dem 1. Januar 1900 fertig zum Abschluß gebracht waren; das ist nicht der Fall, wenn der Erblasser nicht über die Erbteile am 1. Januar 1900 schon endgültig verfügt hatte. Stirbt der Erblasser erst nach dem 31. Dez. 1900, so findet § 2065 ohne weiteres Anwendung (RG. in WarnE. 1916 Nr. 231 = LZ. 1917 Sp. 191; s. auch OLG. Dresden in SeuffA. Bd. 72 Nr. 80).

d) Zu den Vorschriften über die Errichtung einer letztwilligen Verfügung gehört auch die Regelung der Frage, ob ein **gemeinschaftliches Testament** nur unter Ehegatten, wie das BGB. in § 2265 bestimmt, oder auch unter anderen Personen errichtet werden kann. Soweit letzteres nach bisherigem Rechte der Fall war (z. B. nach gemeinem Recht, Dernburg, Pand. III § 97, nach Sächs. BGB. §§ 2199—2202, 2214; vgl. M. V, 253), bleibt auch das unter anderen Personen als unter Ehegatten vor dem 1. Januar 1900 errichtete gemeinschaftliche Testament gültig.

e) Nach bisherigem Recht bemißt sich endlich die **Form der Aufhebung** von Verfügungen von Todes wegen und die Fähigkeit hiezu, wenn die Handlungen, welche eine Aufhebung bewirken sollen oder können, vor dem Inkrafttreten des BGB. vorgenommen sind, so insbesondere die Form des Widerrufs, der Einfluß der Vernichtung der Testamentsurkunde, der Einfluß der Errichtung einer letztwilligen Verfügung. S. jetzt §§ 2254 ff., 2290 ff. BGB.

f) Nicht unter Art. 214 Abs. 1 fällt die Eröffnung und Verkündung von letztwilligen Verfügungen, auch eines gemeinschaftlichen Testaments (Vorbem. IV a. E. vor § 2265 in Bd. V).

2. Die bisherigen Gesetze sind nach **Abs. 2** des Art. 214 auch maßgebend für die **Bindung des Erblassers bei einem Erbvertrag oder einem gemeinschaftlichen Testamente,** sofern die Errichtung vor dem 1. Januar 1900 erfolgt ist, auch wenn selbst der Erstversterbende erst nach diesem Zeitpunkte stirbt (RGZ. Bd. 78 S. 268 = JW. 1912 S. 467; s. auch Vorbem. IV vor § 2265, Bem. VII zu §§ 2270 ff. und Vorbem. V vor § 2274).

Hiezu ist folgendes zu bemerken:

a) Was im Sinne des Art. 214 Abs. 2 unter einem Erbvertrag und unter einem gemeinschaftlichen Testament zu verstehen ist, muß dem BGB. entnommen werden (Habicht S. 756 Note 4).

Hienach ist Erbvertrag der Vertrag, in dem die Vertragschließenden vertragsmäßige Verfügungen von Todes wegen treffen, nämlich Erbeinsetzungen, Anordnung von Vermächtnissen und Auflagen (§§ 1941, 2278 BGB.; s. Vorbem. II vor § 2274 in Bd. V). Erbverzichtsverträge gehören nicht hieher.

Gemeinschaftliches Testament ist die letztwillige Verfügung zweier Personen, die in einer einzigen Urkunde zusammengefaßt ist (§§ 2265 ff. BGB.).

Die Bindung des Erblassers an eine letztwillige Verfügung betrifft deren Bestand und Wirkung, welche an sich zufolge der Regel des Art. 213 nach dem zur Zeit des Todes des Erblassers geltenden Rechte zu beurteilen wären. Eine hiervon abweichende ausdrückliche Bestimmung wurde notwendig, um einerseits der materiellen Gerechtigkeit gegenüber dem Mitkontrahenten bzw. demjenigen, der im Vertrauen auf die von dem Mittestierenden getroffenen Anordnungen das gemeinschaftliche Testament mit errichtet hat, Genüge zu leisten, und anderseits, der gewöhnlichen Meinung entgegenzutreten, daß auch der Inhalt eines Erbeinsetzungsvertrags nach den zur Zeit seines Abschlusses geltenden Gesetzen sich richte. (Vgl. Mot. z. EG. 311 und 312.)

b) Bindung im Sinne von Art. 214 Abs. 2 ist eine Rechtslage, vermöge deren der Erblasser die an sich gültig errichtete letztwillige Verfügung nicht mehr frei widerrufen und keine neue damit in Widerspruch stehende Verfügung treffen darf (RGZ. Bd. 77 S. 172 = JW. 1912 S. 23 ff.). Zur Frage der Bindung gehört auch die Frage der Lösbarkeit der Bindung (RGZ. Bd. 62 S. 13 ff., RG. in JW. 1911 S. 441). Ist ein Erbvertrag oder ein gemeinschaftliches Testament vor dem 1. Januar 1900 errichtet, so ist die Bindung beider Erblasser und damit die Lösbarkeit dieser Bindung nach den früheren Gesetzen zu beurteilen, auch wenn beide Ehegatten erst nach dem Inkrafttreten des BGB. versterben. Das ist in Schrifttum und Rechtsprechung herrschende Lehre.

Die „Bindung" umfaßt aber nicht bloß die Widerruflichkeit — d. i. die Möglichkeit, von den getroffenen Verfügungen nachträglich wieder abzugehen, und die Voraussetzungen für die Zulässigkeit des Abgehens —, sondern auch den Widerruf selbst, nämlich die Art, in welcher er zu erklären ist. Auch für diese sind die bisherigen Gesetze maßgebend. Hat aber nach bisherigem Recht der Widerruf durch Testament zu erfolgen, so sind für die Form des Testaments, wenn es erst nach dem 1. Januar 1900 errichtet wird, die Vorschriften des BGB. maßgebend (bestritten; s. Vorbem. IV vor § 2265 in Bd. V; RGZ. Bd. 50 S. 316 = JW. 1902 S. 210, RGZ. Bd. 62 S. 14, Bd. 83 S. 302 = JW. 1914 S. 211, RG. in JW. 1911 S. 414, 1915 S. 1012, 1918 S. 40 = WarnE. 1918 Nr. 14, BayZ. 1917 S. 389, KG. in KGJ. Bd. 22 A S. 25, Bd. 45 A S. 143, OLG. Hamburg in OLG. Bd. 14 S. 289, OLG. Breslau in OLG. Bd. 26 S. 362, Planck Bem. 4, Neumann Bem. 2, a, Habicht S. 762, Niedner Bem. 5 beurteilen die Rechtshandlung, durch welche die Aufhebung der an sich widerruflichen Verfügung von Todes wegen herbeigeführt wird, nach altem Rechte, auch wenn sie nach dem 1. Januar 1900 vorgenommen wird; dagegen hält Buka [* Note] in DJZ. 1905 S. 403, 1912 S. 564 und in JW. 1913 S. 8 ff., Kretzschmar in JW. 1914 S. 958 und ZBlFG. Bd. 16 S. 89, RGRK. Bem. 1 zu § 2253 und BayObLG. in BayObLGZ. Bd. 8 S. 349 das zur Zeit des Widerrufs geltende Recht für maßgebend, während endlich Reichel [* Note] dem Widerrufenden freie Wahl zwischen der Widerrufsart des alten und des neuen Rechts läßt).

Wegen der Widerruflichkeit im Gebiete des PrALR. errichteter Erbverträge nur, wenn der Widerruf vorbehalten ist, s. RGZ. Bd. 87 S. 120 und RG. in JW. 1912 S. 199, neuerdings LG. Nürnberg in JW. 1926 S. 1488 und zustimmend Goldmann in der Note daselbst.

α) Keine Anwendung finden nach dem entwickelten Begriffe der Bindung beim Erbvertrag die Vorschriften der §§ 2286—2288 BGB. darüber, inwieweit der Erblasser über Nachlaßbestandteile unter Lebenden verfügen kann, inwieweit der Überlebende seine Verfügungen bei Lebzeiten durch Schenkungen vereiteln kann (RGZ. Bd. 78 S. 268 = JW. 1912 S. 467, RGZ. Bd. 87 S. 120 = JW. 1915 S. 1120, BayObLGZ. Bd. 16 S. 42; s. auch RG. in WarnE. 1915 Nr. 147 und 1918 Nr. 124); ferner die Vorschriften des § 2271 BGB. über den Widerruf eines gemeinschaftlichen Testaments und der §§ 2289 Abs. 1, 2290 Abs. 1, 2291—2297, 2298 Abs. 2 und 3 BGB. über Aufhebung eines Erbvertrags und Rücktritt von demselben.

β) Dagegen fällt nicht unter den Begriff der „Bindung" die Frage der Anfechtbarkeit und Anfechtung oder der Unwirksamkeit einer Verfügung wegen ihres Inhalts. Seit dem Inkrafttreten des BGB. sind daher die Vorschriften der §§ 2078, 2079, 2281 BGB. über die Anfechtung von Testamenten und Erbverträgen wegen Willensmängeln oder wegen Übergehung eines Pflichtteilsberechtigten, ferner die Vorschriften der §§ 2077, 2268, 2279 über die Unwirksamkeit von Verfügungen zugunsten des Ehegatten wegen Nichtigkeit oder Auflösung der Ehe auf vor dem 1. Januar 1900 getroffene letztwillige Verfügungen anwendbar, soferne der Grund der Anfechtung oder Unwirksamkeit erst unter der Herrschaft des BGB. entstanden ist (RGZ. Bd. 77 S. 165 = JW. 1912 S. 23 ff., RGZ. Bd. 87 S. 95 ff. = JW. 1915 S. 1013, KG. in KGJ. Bd. 44 A S. 92 gegen die frühere Anschauung des KG. in RGZ. Bd. 62 S. 13 ff., Kretzschmar in ZBlFG. Bd. 16 S. 81 ff. gegen Reichel a. a. O. [* Note] S. 29 ff.).

S. hiezu auch Bem. I Abs. 2 und Bem. V zu § 2078, Vorbem. IV vor § 2265, Bem. VII zu § 2271, Vorbem. V vor § 2274 und Bem. 8 zu § 2281 in Bd. V und die weiteren dort angeführten Entscheidungen.

III. **Inhalt** und **Wirksamkeit** einer vor dem Inkrafttreten des BGB. gültig errichteten Verfügung von Todes wegen sind, wenn der Erblasser erst nach dem 1. Januar 1900 stirbt, nach dem sich aus Art. 213 ergebenden Grundsatze nach dem BGB. zu beurteilen (s. oben Bem. II, 1).

a) Die Frage, ob eine Person bedacht werden kann (passive Testamentsfähigkeit), betrifft den Inhalt der Verfügung von Todes wegen; es sind daher, wenn der Erblasser nach dem 1. Januar 1900 verstorben ist, die Vorschriften des BGB. maßgebend und es kann hienach eine im Zeitpunkt der Errichtung nach den bisherigen Gesetzen ungültige Verfügung mit dem Inkrafttreten des BGB. Wirksamkeit erlangen. Dem BGB. sind Beschränkungen der Fähigkeit, letztwillig bedacht zu werden, nicht bekannt; s. hiezu und über die Voraussetzungen der Erbfähigkeit Bem. 1, 7, 8 zu § 1923, Bem. 7 zu § 2065 in Bd. V; s. auch Mot. S. 311 und Bem. III, A, 1, b, δ zu Art. 213.

b) Die Vorschriften des § 116 Satz 1 (Mentalreservation) und § 118 BGB. (Mangel der Ernstlichkeit) betreffen die Wirksamkeit des Erklärungsinhalts und finden deshalb Anwendung. Vgl. auch Kretzschmar im ZBlFG. Bd. 16 S. 81 ff.

c) Hinsichtlich der Anfechtung nach § 2078 BGB. wegen Irrtum und Drohung und der sonstigen Anfechtungsgründe nach BGB. (§§ 2079, 2281) s. oben Bem. II, 2, b, β und ebenda wegen der Unwirksamkeit nach den §§ 2077, 2268, 2279 BGB.

d) Die Vorschriften des BGB. über Erbeinsetzung, Einsetzung von Nach- und Ersatzerben, über Anordnung von Vermächtnissen und Auflagen, über das Pflichtteilsrecht (s. hiezu Planck Bem. 3, c) finden Anwendung. Wegen der Enterbung in guter Absicht s. Bem. III, B, 1, d zu Art. 213 und wegen der Ausgleichungspflicht Bem. III, A, 2, c zu Art. 213.

IV. Die **Auslegungsvorschriften** des BGB., namentlich die §§ 2066 ff. und 2269 betreffen den Inhalt der letztwilligen Verfügung insoferne, als sie den zur Auslegung berufenen Personen (Richter, Testamentsvollstrecker, Bedachten) Anhaltspunkte geben, wie sie im Zweifel den Inhalt der Verfügung verstehen sollen. Auch für die Auslegung ist deshalb nicht Art. 214 Abs. 1, sondern der Grundsatz des Art. 213 maßgebend. Ist der Erblasser noch vor dem Inkrafttreten des BGB. gestorben, so hat die Auslegung ausschließlich von den Vorschriften des alten Rechts auszugehen. Ist aber der Erblasser nach dem 31. Dez. 1899 gestorben, so gilt zunächst die Grundregel des § 133 BGB., daß bei der Auslegung einer Willenserklärung der wirkliche Wille zu erforschen ist. Unter diesem Gesichtspunkt ist dann zu prüfen, ob sich das Ergebnis der besonderen Auslegungsregeln des BGB. mit dem mutmaßlichen Willen des Erblassers vereinbaren läßt; denn es ist zu berücksichtigen, daß der Erblasser, der unter der Herrschaft des alten Rechts bestimmt hat, bei den getroffenen Anordnungen sowohl ihrem sachlichen Inhalte nach als bei der Wahl des Ausdruckes für seinen Willen von den Vorschriften des alten Rechts mindestens beeinflußt gewesen sein kann. Insoferne ist also auch bei der Ausübung einer Verfügung von Todes wegen eines erst nach dem Inkrafttreten des BGB. gestorbenen Erblassers das alte Recht zu berücksichtigen (so namentlich RGZ. Bd. 59 S. 80 ff., BayObLG. in BayObLGZ. Bd. 16 A S. 37, Bd. 18 B S. 77, Bd. 24 S. 299 = JFG. Bd. 3 S. 141 = JW. 1926 S. 823; KG. in OLG. Bd. 34 S. 312). Selbst wenn der Erblasser bei der Errichtung des Testaments den Inhalt des BGB. schon gekannt hat, darf die Bedeutung der dem Erblasser geläufigen altrechtlichen Rechtsbegriffe nicht außer acht gelassen werden.

Hat sich der Erblasser eines Ausdruckes bedient, der mit verschiedener Bedeutung und Tragweite in früheren Gesetzen wie im BGB. gebraucht ist, wie „gesetzliche Erben" oder „Pflichtteil", so ist Veranlassung zu besonders sorgfältiger Prüfung des Willens des Erblassers. Er kann sich dabei bestimmte Personen, eine bestimmte Größe der Zuwendung nach Maßgabe des bei der Errichtung des Testaments geltenden Rechts vorgestellt und deshalb diese Ausdrücke gebraucht haben; es kann aber auch sein Wille gewesen sein, sich dem im Zeitpunkt seines Todes geltenden Rechte zu unterwerfen, so daß die Ausdrücke im Sinne dieses Rechts auszulegen sind.

S. hiezu die Ausführungen in Vorbem. V vor § 2066 in Bd. V und die dort angeführten Schriften und Entscheidungen, auch Planck Bem. 3, d zu Art. 214 (im wesentlichen übereinstimmend), ferner hier Bem. III, A, 1, a, β zu Art. 213.

Über die Praxis bei Auslegung von Ehe- und Erbverträgen, die unter der Herrschaft des rheinisch-französischen Rechts geschlossen sind, s. RheinNotZ. 1926 S. 42 f.

Über die mögliche Auslegung von in Ehe- und Erbverträgen im Gebiete des bayer. LR. getroffenen Vereinbarungen, daß der überlebende Ehegatte den Kindern ein Vater- oder Muttergut auszeigen solle, als Erbeinsetzung der Kinder s. Bay. ObLGZ. Bd. 19 A S. 343.

Besondere Auslegungsregeln geben Art. 155 AG.BGB. für Hessen für Zuwendungen von Ehegatten und § 264 AV.BGB. für Mecklenburg-Schwerin, § 261 AV.BGB. für Mecklenburg-Strelitz für den Fall der Bedenkung erb- oder pflichtteilsberechtigter Personen.

V. **Schenkungen auf den Todesfall** (s. Bem. 1 zu § 2301 in Bd. V): Auf Schenkungsversprechen, die unter der Bedingung erteilt sind, daß der Beschenkte den Schenker überlebt, finden nach § 2301 BGB. die Vorschriften über Verfügungen von Todes wegen, also auch die Vorschriften der Art. 213, 214 EG. Anwendung; vollzieht aber der Schenker die Schenkung durch Leistung des geschenkten Gegenstandes, so sind sie als Schenkungen unter Lebenden zu behandeln. Es ist also bei vor dem 1. Januar 1900 erteilten Schenkungsversprechen zu unterscheiden, ob die Schenkung noch vor dem 1. Januar 1900 vollzogen worden ist oder nicht.

a) Wenn die Schenkung schon vor dem 1. Januar 1900 durch Leistung vollzogen ist, so bleibt für die Beurteilung der Gültigkeit, insbesondere auch der Widerruflichkeit nach Art. 170 das alte Recht maßgebend.

b) Ist ein Schenkungsvertrag vor dem 1. Januar 1900 errichtet, aber nicht vollzogen worden, so bestimmt sich nicht nur die Errichtung, sondern auch die Gebundenheit des Schenkers gemäß Art. 214 Abs. 1 nach den alten Gesetzen; es liegt alsdann ein Erbvertrag im Sinne des EG. und des BGB. vor (Habicht S. 767, Affolter S. 340, Planck Bem. 5, c).

c) Lag nur ein einseitiges Schenkungsversprechen vor, so bestimmt sich die Gültigkeit desselben nach Form und Fähigkeit des Schenkers und die Aufhebung wie bei jeder anderen letztwilligen Verfügung gemäß Art. 214 Abs. 1 nach dem alten Recht. Dagegen ist seine Wirkung, sowie die nach dem 1. Januar 1900 erfolgende Vollziehung eines solchen Versprechens nach dem BGB. zu beurteilen, wenn der Schenker erst nach dem Inkrafttreten des BGB. stirbt.

d) Die Vollziehung sowohl des Schenkungsvertrags als eines einseitigen Schenkungsversprechens ist nach § 2301 Abs. 2 BGB. Schenkung unter Lebenden; weil die Vornahme einer solchen nach dem BGB. auch formlos gültig ist, wird dadurch der Mangel der Form des früheren Schenkungsversprechens geheilt (Habicht a. a. O.). S. hiezu auch Haas in BayNotV. 1925 S. 73 ff.

VI. Hinsichtlich der **Einkindschaft** vgl. Bem. V zu Art. 209 und III, B, 2 zu Art. 213. S. auch Bem. 6 zu § 1941 in Bd. V.

Art. 215.

Wer vor dem Inkrafttreten des Bürgerlichen Gesetzbuchs die Fähigkeit zur Errichtung einer Verfügung von Todes wegen erlangt und eine solche Verfügung errichtet hat, behält die Fähigkeit, auch wenn er das nach dem Bürgerlichen Gesetzbuch erforderliche Alter noch nicht erreicht hat.

Die Vorschriften des § 2230 des Bürgerlichen Gesetzbuchs finden auf ein Testament Anwendung, das ein nach dem Inkrafttreten des Bürgerlichen Gesetzbuchs gestorbener Erblasser vor diesem Zeitpunkt errichtet hat.

E. II, 184; III, 214.

Testierfähigkeit.

I. **Entstehung.** Dieser Artikel wurde erst in der II. Komm. aufgestellt und zwar anfänglich als Zusatz zu den nunmehrigen Art. 213 und 214 (vgl. Mot. z. EG. 310, P. VI, 557—559, Reatz III, 102).

II. **Inhalt.** Aus Art. 214 Abs. 1 ergibt sich, daß die Fähigkeit zur Errichtung letztwilliger Verfügungen nach den bisherigen Gesetzen zu beurteilen ist, auch wenn der Erblasser, der unter deren Herrschaft testiert hat, erst nach dem Inkrafttreten des BGB. stirbt (Bem. II, 1, b zu Art. 214). Von diesem Grundsatze macht Art. 215 Ausnahmen nach zwei verschiedenen Richtungen. Abs. 1 schränkt die Geltung des neuen Rechts des BGB. zugunsten des bisherigen Rechts ein, indem er diesem fortdauernde Kraft verleiht (unten Bem. 1). Abs. 2 dagegen verleiht einer Vorschrift des BGB. rückwirkende Kraft auf unter der Herrschaft der bisherigen Gesetze errichtete letztwillige Verfügungen (Bem. 2).

1. **Fortdauer der nach den bisherigen Gesetzen erlangten Testierfähigkeit (Abs. 1).** Eine Person, die nach den Vorschriften des BGB. (§ 2229 Abs. 2, § 2275) die Fähigkeit zur Errichtung einer letztwilligen Verfügung noch nicht erlangt hatte, konnte unter der Herrschaft des BGB. gleichwohl testieren unter der doppelten Voraussetzung,

a) daß sie nach den bisherigen Gesetzen die Testierfähigkeit schon erlangt hatte; nach gemeinem, preußischem und sächsischem Recht konnte der 14jährige Geschlechtsreife ein Testament errichten, nach einzelnen Rechten konnten Minderjährige mit Genehmigung des gesetzlichen Vertreters oder des Vormundschaftsgerichts einen Erbvertrag errichten;

b) daß sie unter der Herrschaft des bisherigen Rechts nach erlangter Testierfähigkeit schon eine formgültige (ebenso Habicht S. 725; and. Ans. Planck Bem. 1, der auch mit Formmangel behaftete Verfügung genügen läßt) letztwillige Verfügung getroffen hat. Daß die Verfügung auch dem Inhalte nach gültig und frei von Willensmängeln war, ist nicht erforderlich. Daß die Verfügung am 1. Januar 1900 noch in Kraft war, fordert Art. 215 Abs. 1 nicht; auch wer noch unter altem Recht die getroffene letztwillige Verfügung widerrufen hatte, konnte nach dem Inkrafttreten des BGB. wirksam wieder testieren.

Die Vorschrift bezweckte, Personen, die einmal die Testierfähigkeit erlangt und von derselben Gebrauch gemacht hatten, in die Lage zu versetzen, unter der Herrschaft des BGB. die getroffene Verfügung zu widerrufen, abzuändern oder eine neue letztwillige Verfügung der Art (Testament oder Erbvertrag), zu der sie die Fähigkeit unter dem alten Rechte erlangt hatten, zu errichten.

Vgl. die entsprechende Vorschrift des Art. 24 Abs. 3 Satz 1, 2. Halbsatz im internationalen Privatrecht.

2. **Testierfähigkeit Entmündigter (Abs. 2).** Nach einzelnen bisherigen Rechten verlor eine Person die Testierfähigkeit mit dem Ausspruch der Entmündigung sofort vollständig und erlangte sie erst mit der Wiederaufhebung derselben wieder.

§ 2230 BGB. macht für alle Fälle, in denen eine Entmündigung der Testierfähigkeit des Entmündigten entgegensteht (§ 104 Nr. 3, § 2229 Abs. 3 Satz 1 BGB.), eine doppelte Ausnahme:

a) Hat eine Person zwar nach Erlassung des ihre Entmündigung aussprechenden Beschlusses, aber ehe derselbe unanfechtbar geworden ist (§§ 664, 684 ZPO.), ein Testament errichtet, so ist dasselbe gültig, wenn der Entmündigte noch vor Eintritt der Unanfechtbarkeit stirbt. Bis zum Tode des Entmündigten ist also ungewiß, ob das Testament gültig wird oder nicht.

b) Hat ein Entmündigter ein Testament errichtet, nachdem von einer dazu berechtigten Person Antrag auf Wiederaufhebung der Entmündigung gestellt worden ist (§§ 675, 685 ZPO.), so ist das Testament gültig, wenn die Entmündigung auf diesen Antrag hin wirklich aufgehoben wird (s. Bem. III zu §§ 2229, 2230 in Bd. V).

Die Vorschrift des § 2230 BGB. findet auch auf Testamente Anwendung, die vor dem Inkrafttreten des BGB. von einem Entmündigten errichtet worden sind, soferne der Erblasser erst nach diesem Zeitpunkt stirbt. Die nach dem früheren Recht bestehende Nichtigkeit des Testaments wird also dadurch geheilt, daß der Erblasser das Inkrafttreten des BGB. erlebt; der Vorschrift des § 2230 BGB. ist also insoweit rückwirkende Kraft beigelegt.

Im Falle b ist es unerheblich, ob die Wiederaufhebung der Entmündigung vor oder nach dem Inkrafttreten des BGB. erfolgt ist (Bem. III zu §§ 2229, 2230 in Bd. V, Planck Bem. 2, b, Habicht S. 724); nur der Antrag auf Wiederaufhebung muß vor diesem Zeitpunkt gestellt sein.

Die Vorschrift des § 2229 Abs. 3 Satz 2 BGB., wonach die Unfähigkeit zur Testamentserrichtung schon mit der Stellung des Antrags, der zur Entmündigung führt, eintritt, ist nicht anwendbar (Planck Bem. 2, b; s. auch Endemann Bd. 3 § 35, b S. 272).

Art. 216.

Die landesgesetzlichen Vorschriften, nach welchen Mitglieder gewisser ritterschaftlicher Familien bei der Ordnung der Erbfolge in ihren Nachlaß durch das Pflichtteilsrecht nicht beschränkt sind, bleiben in Ansehung derjenigen Familien in Kraft, welchen dieses Recht zur Zeit des Inkrafttretens des Bürgerlichen Gesetzbuchs zusteht.

E. III, 215.

1. Entstehung. Dieser Artikel wurde vom Bundesrat eingestellt (Reatz III, 102, RTK. 440, d S. 19).

2. Inhalt. Bisheriges Recht der Mitglieder gewisser ritterschaftlicher Familien zur Beschränkung des Pflichtteils. Nach einer preuß. Kabinettsordre vom 16. Januar 1836 und einer preuß. VO. vom 21. Januar 1837 haben die Mitglieder bestimmter (dreißig) Familien des rheinischen ritterbürtigen Adels, welche ein Rittergut in der Rheinprovinz besitzen und an einer zum Besten der nicht bedachten Kinder vorgeschriebenen Stiftung (Erziehungsanstalt und Präbendenstiftung) für unverheiratete Töchter teilnehmen, das Recht, bei der Ordnung der Erbfolge in ihrem Nachlaß ohne Rücksicht auf den Pflichtteil (s. §§ 2303—2338 BGB.) zu testieren.

Der Artikel sicherte die Forterhaltung dieses Vorrechtes. Ein Recht, auch von anderen erbrechtlichen Vorschriften des BGB. abzuweichen, stand den ritterschaftlichen Familien auf Grund des Art. 216 nicht zu. Ein Gesuch um weitere Ausdehnung desselben wurde in der Reichstagskommission abgelehnt.

Nach seinem Inhalte trifft Art. 216 eigentlich keine Übergangsvorschrift, sondern er erhält einen in den 3. Abschnitt gehörigen Vorbehalt und war ursprünglich als Erweiterung des Art. 56 (56 a) beantragt.

Das Recht im Sinne des Art. 216 stand zu:

a) denjenigen Familien des Rheinischen Ritterstandes, welche die autonomische Verfügungsfreiheit vor Einführung der fremden (französischen) Gesetzgebung ausgeübt haben, und die in eine besondere Matrikel aufgenommen werden sollten (VO. vom 21. Jan. 1837 § 1);

b) denjenigen Familien, die nach Maßgabe des gleichzeitig mit jener Verordnung landesherrlich bestätigten Stiftungsstatuts über die standesgemäße Erziehung, Abfindung und Aussteuer der Kinder und Versorgung des überlebenden Ehegatten in die Genossenschaft jener zu a genannten Familien aufgenommen worden sind (VO. vom 21. Jan. 1837 § 2).

Zweifelhaft ist, ob die unter b genannten Voraussetzungen zur Zeit des Inkrafttretens des BGB. bestanden haben müssen. In der Reichstagskommission wurde nämlich ein Antrag auf Erweiterung des Art. 216 (und dessen redaktionell richtigere Einreihung in Abschnitt 3 hinter Art. 57, 58) damit begründet, daß sonst den „zur Zeit" der in b genannten Genossenschaft nicht angehörigen Familien, zu deren Gunsten das freie Verfügungsrecht in jener Verordnung zugestanden sei, die Möglichkeit genommen werde, künftighin der Genossenschaft beizutreten und damit ihr Recht wirksam zu machen (Drucksache des RT. 1895/96 Nr. 440d S. 15—17, Heymannsche Ausg. S. 189). Mit Habicht S. 737, Planck Bem. b zu Art. 216 dürfte jedoch die Begründung jenes Antrags für verfehlt zu erachten sein. Es kommt also nur darauf an, ob einer bestimmten Familie vor 1900 das Recht, d. h. die Fähigkeit zu jener autonomischen Verfügungsbefugnis eingeräumt ist, nicht auch darauf, ob sie gerade am 1. Januar 1900 die Bedingungen zur Ausübung dieser Befugnis erfüllte.

3. An sich erstreckte sich die Vorschrift auf alle Mitglieder ritterschaftlicher Familien, denen durch landesgesetzliche Vorschriften das fragliche Sonderrecht verliehen ist. Jedoch sind andere als die zu 2 bezeichneten landesgesetzlichen Vorschriften nicht bekannt. Vgl. Planck a. a. O., Habicht a. a. O. Die Ansicht Scherers S. 240, daß Art. 216 auch für Baden Bedeutung habe, weil dort die Adligen zur Errichtung von Familienfideikommissen berechtigt und von der Beobachtung der Vorschriften über den Pflichtteil befreit seien, ist abzulehnen. Vgl. auch Affolter S. 274.

4. Wie alle Standesvorrechte sind auch die aus Art. 216 abzuleitenden nach Art. 109 Abs. 3 Satz 1 der RV. vom 11. Aug. 1919 durch die Landesgesetzgebung **aufzuheben** (s. hiezu Bem. III zu Art. 57). Die preuß. Verordnungen vom 21. Jan. und 28. März 1837 betr. die rheinischen Ritterschaften sind durch § 34 Nr. 19 des preuß. G. vom 23. Juni 1920 über die Aufhebung der Standesvorrechte ausdrücklich aufgehoben.

Art. 217.*)

Die vor dem Inkrafttreten des Bürgerlichen Gesetzbuchs erfolgte Errichtung eines Erbverzichtsvertrags sowie die Wirkungen eines solchen Vertrags bestimmen sich nach den bisherigen Gesetzen.

Das Gleiche gilt von einem vor dem Inkrafttreten des Bürgerlichen Gesetzbuchs geschlossenen Vertrage, durch den ein Erbverzichtsvertrag aufgehoben worden ist.

E. II, 185; III, 313.

Erbverzichtsvertrag:

1. **Entstehung.** Der Artikel wurde erst in der II. Komm. als besonderer Zusatz zum Art. 129 Abs. 2 E. I (nun Art. 214) aufgestellt (Mot. z. EG. 313, P. VI, 557, 558, 636, Reatz III, 102). Der I. Entw. des BGB. (§ 2019; M. V, 471) hatte den Erbverzichtsvertrag als eine vom Erblasser mit Zustimmung des Verzichtenden getroffene Verfügung von Todes wegen aufgefaßt, durch welche die gesetzliche Erbfolge geändert wird. Das BGB. selbst (§§ 2346 ff.) betrachtet den Erbverzichtsvertrag nicht als Verfügung von Todes wegen, sondern legt den Schwerpunkt darauf, daß ein Vertrag zwischen dem Verzichtenden und dem Erblasser geschlossen ist. Dasselbe gilt für den Vertrag, durch den ein Erbverzichtsvertrag aufgehoben wird. Deshalb findet Art. 214 auf den Erbverzichtsvertrag und den Vertrag über seine Aufhebung keine Anwendung und es war eine besondere Regelung erforderlich.

2. **Inhalt.** Art. 217 bestimmt, abweichend von Art. 214, daß, mag der Erblasser vor oder nach dem Inkrafttreten des BGB. versterben, nicht bloß die Errichtung und die Aufhebung eines vor dem 1. Januar 1900 geschlossenen Erbverzichtsvertrags, sondern, abweichend von Art. 213, auch dessen Wirkungen nach den bisherigen Gesetzen sich bestimmen.

Art. 217 ist nur auf den mit dem Erblasser abgeschlossenen Erbverzichtsvertrag (vgl. §§ 2346, 2352 BGB.) anwendbar, nicht auf einen Vertrag, durch den der Erbe einem Miterben gegenüber auf sein Erbrecht verzichtet (RGZ. Bd. 63 S. 428). Die Vorschrift bezieht sich nur auf die Wirkungen des Verzichts im Verhältnis zwischen dem Verzichtenden (und seinen Abkömmlingen; s. unten Bem. 3, c) einerseits und dem Erblasser anderseits, sie berührt die Wirkungen des Verzichts für diejenigen Personen, welche Erben bleiben, nicht; so bemißt sich der Einfluß des Verzichts auf die Berechnung des Pflichtteils, wenn der Erblasser nach dem 1. Januar stirbt, nach dem neuen Recht (Habicht S. 771).

Wegen Erbabkauf nach der fränkischen Landgerichtsordnung s. BayObLG. im „Recht" 1913 S. 410.

3. Im einzelnen ergibt sich aus der Vorschrift des **Abs. 1**, daß das frühere Recht maßgebend ist:

---

*) Pfäfflin, Der elterliche Erbverzicht und Rückfall nach Ansbacher Recht unter Berücksichtigung des BGB., BayNotZ. 1921 S. 176 ff.

a) für die Frage der Zulässigkeit von Erbverzichtsverträgen mit dem Erblasser,
b) für die Fähigkeit der Beteiligten zum Vertragsabschluß und die Zulässigkeit der Stellvertretung,
c) für die Anfechtung eines Erbverzichtsvertrages wegen Willensmängel,
d) für die Bedeutung und den Umfang des Erbverzichts, also namentlich für die Frage, auf welches Erbrecht verzichtet wurde; vgl. die §§ 2346 und 2352 BGB. über den vertragsmäßigen Verzicht auf gesetzliches und testamentarisches Erbrecht; die für diese Verträge im BGB. aufgestellten Formerfordernisse gelten für die vor dem 1. Januar 1900 abgeschlossenen Erbverzichtsverträge nicht, hiefür ist vielmehr das frühere Recht maßgebend;
e) für die Frage, ob sich der Verzicht auf die Abkömmlinge des Verzichtenden erstreckt; § 2349 BGB. ist nicht anwendbar.
f) Auch die in § 2350 BGB. aufgestellten Auslegungsregeln finden auf die vor dem Inkrafttreten des BGB. abgeschlossenen Erbverzichtsverträge keine Anwendung (Habicht S. 769 ff., Planck Bem. 3).

4. Das in Bem. 3 Gesagte gilt nach **Abs. 2** auch für die Verträge, durch die ein Erbverzichtsvertrag wieder aufgehoben wird. Damit scheidet namentlich die Anwendung des § 2351 BGB. und der dort angeführten Vorschriften des § 2347 Abs. 2 und des § 2348 BGB. aus.

Art. 218.

Soweit nach den Vorschriften dieses Abschnitts die bisherigen Landesgesetze maßgebend bleiben, können sie nach dem Inkrafttreten des Bürgerlichen Gesetzbuchs durch Landesgesetz auch geändert werden.

E. I, 105 Abs. 5, 116, 119 Abs. 1 Satz 3; II, 186; III, 217.

1. Entstehung. Die Vorschrift dieses Artikels war im I. Entw. für einzelne Artikel (105, 116, 119) besonders ausgesprochen, jetzt ist sie für sämtliche Übergangsbestimmungen einheitlich gegeben (Mot. z. EG. 264, 277, 256, P. VI, 497, 509, 526, 535, 544, 556, 557, 627, 651, Reatz III, 103).

2. Inhalt. Befugnis der Landesgesetzgebung zur weiteren Änderung des bisherigen Rechts auf den vorbehaltenen Gebieten. Art. 3 EG. stellt den Grundsatz auf, daß durch das BGB. oder das EG. aufrecht erhaltene Landesgesetze auch geändert werden dürfen. Den nämlichen Grundsatz enthält Art. 218 für die Übergangsbestimmungen, also für diejenigen Landesgesetze, welche nur für beim Inkrafttreten des BGB. bestehende Rechtsverhältnisse durch das EG. aufrecht erhalten sind. Die Ermächtigung des Art. 218 bezieht sich auf alle Übergangsbestimmungen des IV. Abschnittes, auch wenn dort hinsichtlich der Aufrechterhaltung des Landesrechts ein anderer Ausdruck gebraucht ist, als daß die bisherigen Landesgesetze „maßgebend bleiben" sollen (nur die Art. 187, 188, 193—196, welche keine Übergangsbestimmungen enthalten, kommen hieher nicht in Betracht).

Im Einzelnen ist zu bemerken:

a) Der Zweck des Art. 218 ist, der Landesgesetzgebung auf jenen Gebieten, auf denen für die Übergangszeit eine einheitliche Vorschrift für das ganze Reich nicht gegeben werden konnte, die Möglichkeit zu gewähren, zur Überleitung in den neuen Rechtszustand in bestehende Rechte eingreifen und zur Beseitigung hervortretender Mängel oder Dunkelheiten die bessernde Hand anzulegen.
b) Die Landesgesetzgebung darf bei der Änderung bestehender Gesetze die Schranken, welche in den einzelnen Artikeln gezogen sind, nicht überschreiten, also beispielsweise nach dem Inkrafttreten des BGB. nicht gemäß Art. 212 Wertpapiere als mündelsicher erklären, welchen vor dem 1. Januar 1900 diese Eigenschaft nicht beigelegt ist (vgl. dazu Bem. 3 zu Art. 212).
c) Auch soweit für eines der im IV. Abschnitt (Art. 153—217) genannten Rechtsverhältnisse mangels landesgesetzlicher Vorschriften in einzelnen Beziehungen die Vorschriften des BGB. ergänzend Anwendung finden, sei es daß das Landesrecht stillschweigend der Anwendung allgemeiner Vorschriften des bürgerlichen Rechtes Raum gibt (vgl. Art. 4 EG.) oder ausdrücklich Vorschriften des BGB. für anwendbar erklärt (s. z. B. Bem. 5 zu Art. 164), ist die Landes-

gesetzgebung zu einer Änderung und zur Ersetzung der bisher anwendbaren Vorschriften des BGB. durch landesgesetzliche Vorschriften befugt; denn, wie Planck Bem. 2 richtig hervorhebt, gelten hier die Vorschriften des BGB. nicht kraft Reichsrechts, sondern auf Grund Landesrechts und als Teil desselben (ebenso auch Planck Bem. 2, Niedner Einleitung zum IV. Abschnitt, Bem. IX, 3, c S. 297, 298 und Bem. 2 zu Art. 218; and. Ans. Habicht S. 24, 108 Note 2 und die bisherigen Auflagen dieses Komm.; hier wurde zur Stütze der entgegengesetzten Ansicht auf die Notwendigkeit eines Reichsgesetzes [G. vom 17. März 1906], um in Bayern für die Bezirke, in denen das Grundbuch angelegt war, nachträglich eine den in § 1178 Abs. 1 BGB. bezeichneten Hypotheken entsprechende gesetzgeberische Behandlung der sog. Nebensachenkautionen zu ermöglichen, verwiesen; dieser Hinweis trifft nicht zu; das Reichsgesetz war nach der Begründung zum Entwurf desselben notwendig, weil es sich hier um die Änderung von Vorschriften des BGB. handelte, die mit der Anlegung des Grundbuchs kraft reichsgesetzlicher Überleitungsvorschriften in Kraft getreten waren; Art. 218 EG. konnte nicht Anwendung finden, weil landesgesetzliche Vorschriften über den Inhalt von Hypothekenrechten in Kraft geblieben waren).

Alphabetisches Register.

Die Zahlen bezeichnen die Seiten.

B.

C.

D.

E.

H.

J.

N.

Q.

R.

S.

T.

U.

V.

W.

Z.

FSC
www.fsc.org
MIX
Papier | Fördert gute Waldnutzung
FSC® C083411

Kolibri 360 GmbH
Ferdinand-Jühlke-Straße 7
99095 Erfurt, Deutschland
produktsicherheit@kolibri360.de